TEORIA DA SEGURANÇA JURÍDICA

HUMBERTO ÁVILA

TEORIA DA SEGURANÇA JURÍDICA

4ª edição,
revista, atualizada e ampliada

MALHEIROS EDITORES

TEORIA DA SEGURANÇA JURÍDICA

1ª edição, 07.2011; 2ª edição, 05.2012; 3ª edição, 07.2014.

ISBN 978-85-392-0255-3

Direitos reservados desta edição por
MALHEIROS EDITORES LTDA.
Rua Paes de Araújo, 29, conjunto 171
CEP 04531-940 – São Paulo – SP
Tel.: (11) 3078-7205 – Fax: (11) 3168-5495
URL: www.malheiroseditores.com.br
e-mail: malheiroseditores@terra.com.br

Composição
PC Editorial Ltda.

Capa
Criação: Vânia Lúcia Amato
Arte: PC Editorial Ltda.

Impresso no Brasil
Printed in Brazil
08.2016

Dados Internacionais de Catalogação na Publicação (CIP)

A958t Ávila, Humberto.
Teoria da segurança jurídica / Humberto Ávila. – 4. ed., rev., atual. e ampl. – São Paulo : Malheiros, 2016.
752 p. ; 21 cm.

Inclui bibliografia.
ISBN 978-85-392-0346-8

1. Segurança jurídica - Brasil. 2. Direito tributário - Brasil. I. Título.

CDU 34:336.2(81)
CDD 343.8104

Índice para catálogo sistemático:
1. Segurança jurídica : Brasil 34:336.2(81)
(Bibliotecária responsável: Sabrina Leal Araujo – CRB 10/1507)

Deus implantou em todos os seres vivos o instinto da autopreservação. Por isso, entre todos os homens e povos, o medo da morte, o ansioso desejo de proteger a vida e seus bens da destruição. Essa ideia de segurança é a origem do desenvolvimento de todas as capacidades humanas, de toda a civilização. Ela capacitou o homem pré-histórico a conseguir se defender com utensílios de pedra contra ursos agressores; a construir aterros e muros para a proteção da casa, do acampamento ou, como as fronteiras germânicas ou como a Grande Muralha da China, para a proteção do país. O conceito de segurança foi assim o pai da Arte, da Arquitetura, da construção das cidades. Para a proteção da vida e da saúde, atingiu a ciência médica o seu impressionante desenvolvimento com a Biologia, a Bacteriologia e a Higiene, do mesmo modo como seus satélites, envolvendo todas as ciências naturais. Para a proteção contra homens inimigos, surgiu a espada, o utensílio de guerra; para a proteção contra prejuízos econômicos futuros, desenvolveram-se a poupança, o ente de provisão e de seguridade. O coroamento da ideia de segurança é, porém, o Estado e, acima de tudo, triunfa o Direito.

Não apenas a vida e bens terrenos são dominados pelo instinto de segurança da Humanidade. Ele é também a origem de todas as religiões. O medo das forças da natureza e da morte conduziu à crença no desconhecido, em deuses e demônios, em diabos e anjos. Quanto mais próximo do estado primitivo, mais religioso o homem. É sabido que muitos abandonaram suas famílias e obrigações, que a vida e a pátria lhes impunham, e se mudaram para os desertos ou para celas de mosteiros, de modo a levar sua vida com religiosidade e devoção para a segurança da sua salvação. (Franz Scholz, *Die Rechtssicherheit*, Berlin, Walter de Gruyter, 1955, p. 1)

O Direito é, por excelência, acima de tudo, instrumento de segurança. Ele é que assegura a governantes e governados os recíprocos direitos e deveres, tornando viável a vida social. Quanto mais segura uma sociedade, tanto mais civilizada. Seguras são as pessoas que têm certeza de que o Direito é objetivamente um e que os comportamentos do Estado ou dos demais cidadãos dele não discreparão. (Geraldo Ataliba, *República e Constituição*, 3ª ed., São Paulo, Malheiros Editores, 2011, pp. 180-181).

Com segurança:

*à minha mãe e ao meu pai (*in memoriam*), sem quem nada;*

à minha esposa e aos meus filhos, por quem tudo;

aos meus Mestres, sem quem nunca;

*ao Professor Klaus Vogel (*in memoriam*), por tudo.*

PREFÁCIO

Em seu primeiro período diz este livro: "Reconstruir a segurança jurídica, em geral e no âmbito do Direito Tributário, como norma princípio fundada na Constituição da República Federativa do Brasil de 1988 (CF/88), por meio de um método capaz de progressivamente reduzir a sua indeterminação e de atribuir-lhe a maior funcionalidade possível, é a tarefa assumida nesta obra". Devo dizer que a obra alcança plenamente sua finalidade.

Numa primeira parte, o livro cuida da definição da segurança jurídico-tributária e, numa segunda, do conteúdo e eficácia da segurança jurídico-tributária.

Neste prefácio, não vou reproduzir tudo que é examinado na obra. Destaco, porém, que cada elemento da segurança jurídico-tributária é esmiuçado numa análise feita em profundidade. Todavia, não posso deixar de destacar a análise da modulação das decisões do Supremo Tribunal Federal que declaram a inconstitucionalidade de leis.

O estudo da modulação é primoroso, e mostra também o que acontece com declarações idênticas do Tribunal Constitucional alemão. Este, ao modular decisões de inconstitucionalidade, pode declarar a incompatibilidade da lei com a Constituição, mantendo-lhe, porém, eficácia no que houver de constitucional, até que o Poder Legislativo corrija os efeitos inconstitucionais.

O exame da modulação, primorosamente feito, reduz-se a razões de segurança jurídica, mas não às de excepcional interesse social. A Lei n. 9.868, de 10 de novembro de 1999, em seu artigo 27, diz que "Ao declarar a inconstitucionalidade de lei ou ato normativo, e tendo em vista razões de segurança jurídica ou de excepcional interesse social, poderá o Supremo Tribunal Federal, por maioria de dois terços de seus membros, restringir os efeitos daquela declaração ou decidir que ela só tenha eficácia a partir do seu trânsito em julgado ou de outro momento que venha a ser fixado".

A segurança jurídica na modulação é detidamente examinada pelo Autor. Entretanto, e certamente porque a obra cuida da segurança jurídica, o mesmo não acontece quando a modulação resulta, nos termos da lei, de "excepcional interesse social", conceito bastante indeterminado. Como diz Karl Engisch em sua *Introdução ao Pensamento Jurídico* (tradução portuguesa, edição da Fundação Calouste Gulbenkian, 2ª edição, Lisboa, 1968, p. 173) entende-se por indeterminado "um conceito cujo conteúdo e extensão são em larga medida incertos". É o que acontece com o conceito de "excepcional interesse social", uma vez que a par do interesse social há ainda a excepcionalidade. Interesse para quem? Para toda a sociedade ou para algum segmento dela? Excepcional no juízo de quem? De toda a sociedade ou de um de seus segmentos? Haveria outras perguntas a fazer, mas este não é o lugar apropriado. O que quero ressaltar é que, em nome de um "excepcional interesse social" se atinja a segurança do contribuinte. Suponha-se que uma lei que cuida das contribuições para a seguridade social seja declarada inconstitucional, o que, admitido o efeito *ex tunc* implicaria a obrigação de o Estado devolver quantias vultosas, afetando assim o financiamento da seguridade social, especialmente em seu aspecto mais sensível, o da saúde. Nesta hipótese, seria invocável o "excepcional interesse social" para embasar a modulação da decisão declaratória da constitucionalidade para dar-lhe um efeito *ex nunc*? Como ficaria a segurança do contribuinte?

Cabe fazer uma última observação. Pouco se falava em segurança jurídica no campo tributário e parece-me claro que isto acontecia porque não havia um sentimento generalizado de insegurança. A partir de certa época, este sentimento foi aumentando e as causas são claras. Catadupas de leis, medidas provisórias (praga inventada na Constituição de 1988), atos normativos de diversos matizes, convênios e protocolos celebrados pelos Estados, leis extrema e desnecessariamente complexas, jurisprudência por vezes instável, tudo isto fez aumentar a sensação de insegurança. Ao mesmo tempo, apareceram artigos e estudos sobre o tema; assim, é extremamente oportuna a publicação deste livro de excelente qualidade.

São Paulo, 9 de setembro de 2011

Prof. Dr. Alcides Jorge Costa
Professor Titular de Direito Tributário
da Faculdade de Direito da Universidade de São Paulo

PREFÁCIO

Nenhuma das anteriores Constituições brasileiras alterou tão profundamente o panorama jurídico nacional como a Constituição de 1988. Como geralmente acontece com as modificações legislativas, só a pouco e pouco, pela obra da jurisprudência e pelo trabalho da doutrina, é que se vai modelando o verdadeiro perfil dos novos textos, na compreensão que lhes empresta a experiência jurídica. Volvidos, porém, pouco mais de duas décadas da vigência da Carta de 1988, já é possível identificar em que pontos seus preceitos, lidos pelas lentes dos juízes ou interpretados nos artigos e livros dos juristas, introduziram inovações importantes no quadro do nosso direito objetivo.

A mais significativa dessas inovações, no meu modo de ver, está na ênfase dada aos princípios e à utilização com maior frequência de conceitos jurídicos indeterminados. A Constituição vigente, conquanto, a rigor, não seja uma Constituição principiológica, é inegável que, com os princípios explícitos ou implícitos nela acolhidos, tornou mais aberta a textura das normas constitucionais. No velho sistema os aplicadores dessas normas deveriam ser apenas, "a boca que pronuncia as palavras da lei", ou "seres inanimados" irremediavelmente presos à literalidade dos enunciados jurídicos, como pretendia Montesquieu, em passagem célebre do seu *O Espírito das Leis*. Muito embora os adeptos do positivismo jurídico também assim concebessem o papel reservado aos juízes (e aos intérpretes e aplicadores do direito em geral), o certo é que, uns e outros, quando incumbidos de transpor para a realidade dos fatos o que está escrito nas leis, quase nunca se restringem a uma aplicação mecânica das normas. Nas mais das vezes as tarefas de interpretar e de aplicar essas normas exigem do intérprete e aplicador uma função criativa, integradora dos preceitos. O espaço a ser preenchido pela criação pretoriana será maior ou menor conforme a flexibilidade das normas que devam ser aplicadas. Se essas normas forem extremamente rígidas tal espaço será diminuto ou até mesmo nulo. No entanto, se os limites normativos forem mais elásticos, como ocorre quando as normas empregam conceitos jurídicos indeterminados ou quando consistam em princípios jurídicos, especialmente quando estes tenham de ser ponderados com outros princípios, surgem aí, por vezes, áreas em que se admite sejam elas preenchidas por disposições do juiz ou do aplicador da lei.

No que diz especificamente com os princípios, muitos deles estão expressos no texto constitucional, como ocorre, *v.g.*, com os elencados no art. 37, pertinentes à Administração Pública. Outros, todavia, devem ser extraídos, por via interpretativa, uma vez que a respeito deles, a Constituição foi absolutamente silente. É o que sucede, por exemplo, com o princípio da razoabilidade ou com o princípio da proporcionalidade (que Humberto Ávila prefere qualificar, mais corretamente, como "postulados normativos aplicativos"), ou ainda com o princípio da segurança jurídica, todos eles criações pretorianas. Por certo, o caminho para a identificação de princípios constitucionais não explícitos é, em várias situações, facilitado por precedentes extraídos do direito comparado. Cabe lembrar, a propósito, que o direito germânico é rico em exemplos nessa matéria. Ao Tribunal Federal Constitucional alemão (*Bundesverfassungsgericht*), deve-se o reconhecimento, nos anos 70 do século XX, do princípio da segurança jurídica, como princípio constitucional, situado no mesmo nível hierárquico que o princípio da legalidade, derivados ambos diretamente do princípio maior ou do sobreprincípio do Estado de Direito. Esse reconhecimento só viria a ser feito, no Brasil, pelo Supremo Tribunal Federal, nos primeiros anos da primeira década do século XXI, em julgados com fundamentação idêntica à utilizada pelo Tribunal Federal Constitucional germânico.

Por igual, o princípio da proporcionalidade não está referido na Lei Fundamental alemã, sendo criação também do Tribunal Federal Constitucional, aproveitando as valiosas contribuições da doutrina.

No campo dos princípios constitucionais não conheço, no direito brasileiro, quem tenha investigado, com maior profundidade e extensão, nem com tanta originalidade e erudição, como Humberto Ávila, as intrincadas questões jurídicas que o tema suscita. Desde a primeira edição da sua *Teoria dos Princípios*, ocorrida em 2003 (atualmente está na 15ª edição[1]), firmou-se Humberto Ávila como o principal jurista brasileiro com amplo domínio dessa matéria, talvez o mais habilitado a debater com Dworkin e Alexy, e em pé de igualdade com esses renomados teóricos do direito, como tem acontecido, as posições por eles sustentadas relativamente aos princípios constitucionais, especialmente no que tange à distinção entre princípio e regra. Prova da importância de Humberto Ávila e do respeito pela sua produção intelectual no exterior é a pu-

1. *Teoria dos Princípios*, 15ª ed., São Paulo, Malheiros Editores, 2014.

blicação, em língua alemã, da sua *Teoria dos Princípios* (*Theorie der Rechtsprinzipien*), integrando prestigiada coleção de obras sobre teoria do Direito (*Schriften zur Rechtstheorie – Heft 228*), publicada em 2006 pela editora de Berlim, Duncker & Humblot, com prefácio altamente elogioso do Professor Claus-Wilhelm Canaris. Em 2007 veio a lume, em inglês, a edição da mesma obra, com o título de *Theory of Legal Principles,* editada pela Springer. E, mais recentemente, a referida obra foi publicada em Madri, na Espanha, pela Editora Marcial Pons. Antes disso, em 2002, saíra publicada, em alemão, sua tese sobre as limitações constitucionais materiais ao poder de tributar na Constituição brasileira e na Lei Fundamental alemã (*Materiell Verfassungsrechtliche Beschränkungen der Besteuerungsgewalt in der brasilianischen Verfassung und im deutschen Grundgesetz-,* Baden-Baden, Nomos Verlagsgesellschaft), com a qual conquistara o grau de Doutor, pela Universidade de Munique, sob a orientação do Prof. Klaus Vogel. Essas publicações em idiomas estrangeiros deram prontamente a Humberto Ávila notoriedade internacional, designadamente no que se refere a questões sobre princípios, em que se tornou referência obrigatória. Ainda nesse contexto cabe destacar no rol das obras de Humberto Ávila o seu *Sistema Constitucional Tributário* (São Paulo, Saraiva, 4ª edição, 2010) e a *Teoria da Igualdade Tributária* (São Paulo, Malheiros Editores, 2ª edição, 2009), além de artigos publicados em revistas especializadas, no Brasil e no exterior.

Como antigo admirador da obra e do talento de Humberto Ávila não sei o que mais admirar em *Segurança Jurídica – Entre Permanência, Mudança e Realização no Direito Tributário,* que ele me concedeu a honra de prefaciar: se o rigor lógico da sua análise, sempre caracterizada por número considerável de divisões e subdivisões, de classificações e subclassificações, de modo a permitir que a matéria seja examinada por todos os ângulos; se a erudição do autor, apoiada em impressionante pesquisa bibliográfica; se a harmonia existente entre as partes que compõem o livro; ou se a precisão dos conceitos empregados, em que ressalta sempre o refinado espírito científico do autor.

Parece-me ainda oportuno registrar que a obra tem grande interesse prático, pois cuida de investigar de que modo atua a segurança jurídica no território particularmente sensível do direito tributário, onde o Estado cria obrigações pecuniárias a serem satisfeitas pelos indivíduos e institui relações jurídicas com os contribuintes.

O que se controverte, nesse quadro, são os limites a que o Estado deverá submeter-se quando pretender mudar a legislação pertinente a essas relações jurídicas. Além dos limites clássicos, tradicionalmente estampados nas páginas das nossas Constituições, como o direito adquirido, o ato jurídico perfeito e a coisa julgada, há ainda limites que só mais recentemente foram admitidos, como os decorrentes da proteção da confiança, que é, por assim dizer, a face mais nova do princípio constitucional da segurança jurídica.

No que concerne ao direito adquirido, sempre invocado como obstáculo às modificações legislativas, é pacífico o entendimento do Supremo Tribunal Federal de que ele não existe quando se tratar de regime jurídico. Contudo, como os regimes jurídicos criam expectativas legítimas nas pessoas que a eles estão sujeitas, as modificações radicais que se pretenda fazer, para não se macularem de inconstitucionalidade, deverão ser precedidas de normas de transição, o que é uma exigência da proteção da confiança.

Problemas como esses, aqui muito sinteticamente expostos, são examinados com grande profundidade por Humberto Ávila, nos seus aspectos estáticos e dinâmicos, no livro que agora publica. Penso que não me cabe, entretanto, proceder, neste prefácio, a análise das muitas e complexas questões que envolvem a segurança jurídica; questões que dizem respeito à influência do tempo sobre o direito, à luta entre o velho e o novo, entre permanência e mudança, à luz do ordenamento jurídico.

O leitor certamente encontrará resposta a estas e a outras muitas indagações neste belo livro de Humberto Ávila, sobre o qual tenho opinião firme e bem definida, a qual me leva a recomendá-lo com vivo entusiasmo: trata-se de obra de raro valor e que, pelas suas qualidades invulgares, sem dúvida dignificaria qualquer grande universidade em que fosse apresentada.

Porto Alegre, Santa Teresa, 10 de agosto de 2011

Prof. Dr. Almiro do Couto e Silva
Professor de Direito Administrativo da Faculdade de Direito
da Universidade Federal do Rio Grande do Sul

PREFÁCIO DA EDIÇÃO ESPANHOLA

Que conceito resulta inevitável nas disciplinas como o direito comercial, o direito do trabalho, o direito tributário, o direito penal, entre muitas outras? Pois não se surpreenderá o leitor se respondo que o de segurança jurídica.

Hoje, vemos como a segurança jurídica é reclamada como garantia fundamental do comércio internacional e poderia ser invocada também como um elemento de integração social, na medida em que está firmemente vinculada à igualdade na aplicação da lei. Ou como garantia dos cidadãos diante de certas medidas políticas anticrise, como a diminuição unilateral dos salários dos funcionários públicos.

No que diz respeito ao direito vigente, a Constituição Espanhola, como outras declarações de direitos fundamentais, estabelece no seu artigo 9.3 que a segurança jurídica é um dos princípios básicos garantidos pela Carta Magna.

Entretanto, apesar do papel transcendental que os parágrafos precedentes parecem garantir ao conceito de segurança jurídica, uma breve revisão da literatura jurídica, e em especial daquela própria da teoria do direito, permitirá perceber rapidamente um imenso desequilíbrio: tão importante lugar nos debates contrasta com um tratamento muito escasso que lhe tem sido dedicado. Assim, salvo exceções muito honrosas (que o leitor encontrará facilmente na ampla bibliografia deste livro), a segurança jurídica tem sido e segue sendo muitas vezes mencionada, alegada e até vilipendiada, mas poucas, analisada com profundidade.

Talvez seja o próprio caráter multidisciplinar antes destacado o que cause o escasso interesse mostrado pela literatura sobre tão importante conceito. Não é difícil adivinhar que dita característica torna mais complexa a análise, mais trabalhoso o estudo, mais difícil a sua abordagem. No mundo do estudo do direito (caracterizado ainda em grande parte por uma artificial e prejudicial divisão em áreas que atua como se estas fossem compartimentos estanques) o caráter transversal de um conceito ou de um problema atua paradoxalmente como um poderoso desincentivo ao seu estudo. Não escapa a isso a filosofia do direito, tão relutante (ao menos na língua espanhola) ao contato com a sociologia, a antropologia ou a psicologia. Entenda-se bem, não quero dizer que a análise filosófica deva confundir-se com a antropológica, a sociológica ou a psicológica, mas sim que há realidades que escapam às nossas divisões disciplinares e exigem uma análise a partir de perspectivas diversas para captar toda a sua riqueza e alcance.

A necessidade de romper com essa maneira de conceber o direito e seu estudo é hoje, na minha opinião, imperiosa e também um dos objetivos fundadores, do ponto de vista metodológico, da Cátedra de Cultura Jurídica da Universidade de Girona. Assim, em uma apresentação desses objetivos fundadores, no ano de 2009, escrevi:

"Embora as Faculdades de Direito devessem transmiti-la (a cultura jurídica) e formar com base nela novos juristas, hoje a cultura jurídica é objeto de grandes desafios, lançados por uma realidade cambiante, uma sociedade em rápida transformação e um direito de desenvolvimentos frequentemente transbordantes e díspares (...). Os últimos anos nos trouxeram um terremoto no ensino do direito, nos seus métodos e, talvez menos, nos seus conteúdos (...). Que grandes desafios apresenta a nossa realidade ao direito? (...). Esses e outros problemas também devem ser abordados se queremos adequar nossas estruturas institucionais às novas circunstâncias sociais (...). O estudo do direito deverá romper com alguns de seus vínculos tradicionais, algumas de suas barreiras autoimpostas: de um lado, abrir-se ao mundo, adquirir consciência desta nova realidade globalizada, internacionalizar-se como objetivo prioritário. De outro, deverá abrir-se à sociedade. Os problemas jurídicos não são mais do que o reflexo de problemas sociais, políticos, econômicos, morais; problemas que uma sociedade sã deve compreender (...)."

Não surpreenderá, portanto, ao leitor que há três anos a Cátedra de Cultura Jurídica elegeu como um dos seus temas centrais de trabalho o da segurança jurídica, nem que nós, interessados na cultura jurídica iberoamericana, o tivéssemos circunscrito a esse âmbito cultural e geográfico.

Todo o anterior explica, na minha opinião, que quando tive a sorte de conhecer no seu primeiro esboço o trabalho de Humberto Ávila me apressei a propor a sua tradução ao castelhano nesta coleção, que serve de expressão à Cátedra de Cultura Jurídica. Trata-se, na minha opinião, de um estudo completíssimo da noção de segurança jurídica, que aborda sua caracterização conceitual, sua fundamentação, sua finalidade e sua eficácia, suas perspectivas estática e dinâmica, etc. O que faz com muita solidez e um grande rigor na análise; e, é preciso adicionar, com uma indisfarçada pretensão de exaustividade. É por isso que o livro que tenho o imenso prazer de prefaciar é, sem dúvida alguma, qualificável como um verdadeiro tratado sobre a segurança jurídica. Um desses raros livros que devem ser referência ineludível em seu âmbito.

Humberto Ávila, por outra parte, é advogado, mestre em direito público e doutor em direito tributário (pela Ludwig-Maximilians-Universität, de Munique). É professor de direito tributário na Universidade Federal do Rio Grande do Sul (Brasil). Poderá chamar a atenção do leitor de fala espanhola que, com este perfil, o autor demonstre no livro (e em obras precedentes, por outra parte) tão sólida formação em teoria do direito, muito pouco habitual entre nós para um advogado cultor da dogmática jurídica, até o ponto de se poder legitimamente questionar se estamos diante de um livro de teoria do direito ou de alta dogmática tributária. Mas sendo certamente tão pouco habitual, também não é estranho que, como tentei explicar ao início deste prefácio, um tema como o da segurança jurídica exija um situar-se nas fronteiras que separam diversos tipos de conhecimentos. É pouco habitual pela sua dificuldade, mas o livro de Humberto Ávila transita por essas fronteiras com maestria.

Girona, abril de 2012

Prof. Dr. Jordi Ferrer Beltrán
Professor Associado de Filosofia do Direito,
Diretor da Cátedra de Cultura Jurídica
da Faculdade de Direito da Universidade de Girona, Espanha

PREFÁCIO DA EDIÇÃO EM INGLÊS
("Theory of Legal Certainty")

1. Eis um pedido de prefácio para um livro que não carece de qualquer acompanhamento introdutório. *Praefatio* significa, em rigor, uma fala primeira, uma acção de falar primeiro. Falar primeiro ou dizer em primeiro lugar poderia insinuar que o ilustre Autor ainda sente a insegurança do jovem académico, ou que, para honra sua, não dispensa o exórdio cúmplice de companheiros de jornada. Nada disso. O Professor Humberto Ávila dispensa apresentações. O seu currículo é variado e rico. As suas obras seminais – desde a célebre *Teoria dos Princípios* até a esta notável investigação sobre a *Segurança Jurídica* no direito tributário – estão, desde as primeiras edições, inseridas no teste exigente da intersubjectividade crítica. Os resultados dos juízos valorativos externalizam-se nas sucessivas edições e na internacionalização através da sua tradução para línguas estrangeiras.

Compreender-se-á, pois, que pouco poderei acrescentar ao que outros, antes e melhor do que eu, já disseram, sobre este trabalho de investigação. Permitir-me-ei apenas sublinhar algumas dimensões sobre a natureza da obra e do seu relevo na *ambiance* juspublicística actual. Em primeiro lugar, o título da obra, mesmo com o respectivo subtítulo ("Entre permanência, mudança e realização no Direito Tributário") não corresponde à extraordinária riqueza de conteúdo. É um tratado renovado da "teoria de princípios", uma introdução segura e informada ao princípio estruturante da juridicidade, uma visão profunda dos fundamentos da segurança jurídica captada na "superestrutura constitucional", e, naturalmente, uma insubstituível investigação incidente sobre a permanência, mudança e realização no direito tributário. Diríamos ainda mais: alguns dos temas mais controversos, de natureza metódica, metodológica e dogmática, encontram aqui uma retórica argumentativa plena de coerência e consistência.

2. Gostaria de agradecer ao Professor Humberto Ávila a oportunidade que me dá para registar a especial sensibilidade política e jurídica das teses por ele defendidas. Ao olhar para o meu País, onde três "memorandos de entendimento" celebrados entre o Estado Português e uma chamada Troika (Fundo Monetário Internacional, União Europeia, Banco Central Europeu), nos colocam a viver numa "casa de horrores", a leitura do livro do Professor Humberto Ávila serviu-nos de inestimável fonte de conhecimentos e saberes. Para os "talibãs da austeridade" tudo vale: negar o direito às pensões como direito subjectivo, introduzir retroactivamente lenhos profundos nos salários, invocar princípios que nada têm a ver com a justiça tributária (convergência de salários e pensões no sector público e no sector privado), inventar uma contribuição de solidariedade alegando que não é imposto pelo facto de vir acompanhada de afectação de receitas para o sistema de aposentações. Mas não só: junta-se o que há de pior nos dois mundos tributários. O Estado impositivo de impostos massacra os rendimentos do trabalho. O "Estado taxador" (o célebre *Gebührenstaat* dos alemães) acumula taxas sobre taxas. Quando se pergunta se isso é constitucional, se a maioria dessas medidas – desigualitárias e injustas – não liquidam o acto jurídico perfeito, o direito adquirido e a coisa julgada, a resposta oscila entre o "dever de obediência aos credores" e a existência de um "estado de excepção financeiro". Ou seja: a intangibilidade de situações individuais, subjectiva ou objectivamente recortadas, resvala, no entender dos "austériens", para uma figura de retórica típica dos ideólogos da "proibição de retrocesso" e dos direitos adquiridos. O sentido teologicamente profundo do discurso dogmático do Professor Humberto Ávila bem pode ser este: diz-me que direito tributário tens e eu dir-te-ei se há direito, se há justiça, se há equidade, se há segurança jurídica no teu sistema jurídico-constitucional.

Coimbra, 25 de Fevereiro de 2014

Dr. José Joaquim Gomes Canotilho
Professor Titular de Direito Constitucional
da Universidade de Coimbra

PREFÁCIO DA EDIÇÃO EM INGLÊS
("Theory of Legal Certainty")

A literatura sobre a certeza do direito ocupa toda uma biblioteca. Nessa vasta biblioteca imaginária, ao livro de Humberto Ávila é reservada uma importância especial.

Apesar de apresentar-se como um trabalho dogmático sobre a constituição brasileira (e, especificamente, sobre o direito tributário brasileiro, no qual o autor é um reconhecido especialista), o livro tem, sem dúvida, uma dimensão teórica geral. É, ademais, provavelmente o estudo sobre o tema mais vasto e sistemático conduzido com método analítico.

Humberto Ávila desconstrói a certeza do direito, reduzindo-a aos seus elementos constitutivos e mostrando todas as suas múltiplas dimensões, tanto conceituais quanto institucionais.

1. O conceito de certeza jurídica. Na tradição teórica e dogmática prevalente – de origem iluminista e juspositivista – o direito é certo se, e somente se, cada um pode prever com precisão as consequências jurídicas das próprias ações, ou, da mesma forma, se pode conhecer *ex ante* os limites e os modos do exercício dos poderes coercitivos do estado. Humberto Ávila elabora um conceito de certeza jurídica muito mais articulado, em um contexto teórico moderadamente "realista" no tema da interpretação.

A seu sentir, o direito pode ser dito "certo" à condição de que seja (a) cognoscível e inteligível; (b) confiável, e (c) calculável.

(a) A cognoscibilidade do direito traz dois problemas distintos: cognoscibilidade dos textos normativos e cognoscibilidade de seu significado, i.e., das normas, respectivamente. Os textos normativos são cognoscíveis quando são (obviamente) publicados e acessíveis. As normas, de seu turno, são cognoscíveis não somente quando os textos normativos são inteligíveis em virtude de sua formulação, mas, sim, quando sua interpretação é guiada por métodos interpretativos e estratégias argumentativas conhecidos e controláveis intersubjetivamente. Com tais condições, o direito pode ser (relativamente) cognoscível, não obstante sua (fatal) indeterminação, sobre a qual ora falaremos.

(b) A confiabilidade do direito supõe que as normas não tenham efeitos retroativos, respeitem a coisa julgada, os direitos adquiridos e os atos jurídicos perfeitos. Porém, para que o direito seja confiável, é necessário, ainda, que seja razoavelmente estável, que sua mudança não seja muito frequente ou repentina e que sempre seja acompanhada de oportunas normas de direito intertemporal (que, justamente, não atinjam os atos jurídicos perfeitos e os direitos adquiridos).

(c) O direito não é um objeto previamente "dado", independentemente de sua interpretação e aplicação. Os textos normativos não possuem um único, unívoco significado (e, poder-se-ia acrescentar, frequentemente apresentam lacunas, exprimem normas contraditórias). Nesse sentido, o direito é indeterminado. A indeterminação do direito não consente que se prevejam com precisão as consequências jurídicas das próprias ações. Não obstante, é finito o número dos significados possíveis (plausíveis) dos textos normativos, bem como identificáveis à luz dos métodos de interpretação e dos estilos de argumentação em uso. O direito é calculável quando – sendo cognoscível, inteligível e confiável – os cidadãos, conhecendo a prática interpretativa e argumentativa, possuam uma elevada capacidade de antecipar as alternativas interpretativas, de modo a prever (mesmo que somente de maneira aproximada) as possíveis decisões dos órgãos de aplicação e, notadamente, dos juízes. Componente essencial da certeza jurídica é, por conseguinte, o controle racional da arbitrariedade interpretativa.

Resta evidente que cognoscibilidade, confiabilidade e calculabilidade são propriedades estreitamente ligadas umas com as outras.

Por outro lado, é fácil intuir que todos os conceitos em jogo são quantitativos, não classificatórios. Na teoria de Humberto Ávila, em resumo, a certeza não é um conceito com dois valores: é, isto sim, questão de grau. A certeza "absoluta" é inatingível.

2. As bases da certeza. Muitas constituições proclamam solenemente o valor da "segurança", compreendida como ausência de (ou proteções contra) ameaças à vida, à saúde, à liberdade e à propriedade. O princípio da certeza "do direito", de outra banda, raramente é encontrado expressamente constitucionalizado: a constituição espanhola (e, segundo Humberto Ávila, também a brasileira) é uma exceção.

O princípio em questão, todavia, aparece frequentemente nas argumentações dos tribunais constitucionais, como critério de valoração da "razoabilidade" das leis. Encontra-se um bom exemplo disso em uma decisão da Corte constitucional italiana, que, mesmo sem fazer expressa referência à certeza do direito, entendeu parcialmente inconstitucional o princípio "*ignorantia juris non excusat*" (ou "*nemo censetur ignorare jus*"), na medida em que não prevê como causa de justificação a impossibilidade de conhecer e/ou compreender a lei (penal).

Mesmo quando não expressamente formulado, o princípio da certeza jurídica pode ser "construído" – obtido por via argumentativa – através de uma longa série de disposições constitucionais, comuns a muitos ordenamentos liberal-democráticos. Refiro-me àqueles ordenamentos estatais, chamados comumente de "estados de direito", que se caracterizam pela conjunção de dois princípios simétricos:

(i) o primeiro é o princípio da liberdade – "aos cidadãos tudo aquilo que não é (expressamente) proibido é (tacitamente) permitido" – que funciona como norma de fechamento do conjunto de normas que disciplinam a conduta dos cidadãos privados; e

(ii) o segundo é o princípio de legalidade – "aos poderes públicos tudo o que não é (expressamente) permitido é (tacitamente) proibido" – que funciona como norma de fechamento do conjunto das normas que disciplinam, de seu turno, os atos dos órgãos do estado.

Humberto Ávila mostra como o princípio da certeza jurídica, mesmo quando não expressamente formulado na constituição, é instrumental à realização dos outros princípios expressos, que guardam com esse uma conexão evidente, estando, por isso, nesses "implícito". De resto, não é infrequente encontrar, na jurisprudência constitucional de diversos países, a construção de um princípio não expresso com o argumento de que esse seria condição necessária para a eficácia de um ou de outro princípio constitucional expresso.

Os princípios expressos, de que pode ser retirado o princípio não expresso da certeza, são principalmente os princípios de liberdade, igualdade e dignidade. Esse último, para dizer a verdade, é um conceito extremamente elástico e obtuso; Humberto Ávila, muito sensatamente, redefine-o como capacidade de planejar o próprio futuro, de modo que a proteção da dignidade exige – e a certeza do direito é funcional a – o respeito da autonomia individual.

Por outro lado, o princípio da certeza, mesmo quando não expressamente formulado, oferece justificação axiológica e encontra concretização em uma longa série de princípios e regras expressos, de estatura ora constitucional, ora simplesmente legislativa. Entre esses (seria difícil enumerar todos):

(a) as regras em matéria de publicação dos atos normativos e de *vacatio legis*;

(b) o princípio da legalidade da jurisdição (sujeição do juiz à lei e dever de motivação das decisões jurisdicionais);

(c) o princípio da legalidade da administração (e o conexo princípio de tipicidade dos atos administrativos);

(d) o princípio da legalidade estrita e da interpretação estrita (proibição da analogia) em matéria penal;

(e) o princípio da legalidade dos tributos;

(f) o princípio da irretroatividade da lei (apesar desse, em algumas constituições, encontrar-se circunscrito somente à lei penal);

(g) a regra de intangibilidade da coisa julgada, bem como dos atos jurídicos perfeitos e dos direitos adquiridos;

(h) a própria rigidez constitucional, que é funcional à certeza jurídica no nível mais elevado da hierarquia das fontes.

O princípio da certeza do direito, por conseguinte, é instrumental à realização de outros princípios mais elevados, que o justificam; ao mesmo tempo, é, por sua vez, matriz – e fundamento axiológico – de outros princípios subordinados que o concretizam.

3. Os obstáculos à certeza. Não obstante o que foi dito, é bastante evidente que o princípio da certeza jurídica resta desatendido, ou atendido de maneira muito imperfeita, em todos os ordenamentos estatais contemporâneos. A partir do trabalho de Humberto Ávila emerge com clareza quais e quantos fenômenos rendem o direito incerto.

Em seguida, deixando de lado as causas diretas de discricionariedade interpretativa (equivocidade dos textos normativos, vagueza ou "textura aberta" das normas, cláusulas gerais, lacunas, antinomias etc.), enumero sem uma ordem precisa alguns obstáculos, macroscópicos, à certeza.

(A) Uma primeira classe de obstáculos deriva do sistema das fontes, mais precisamente da pluralidade de fontes heterogêneas (leis centrais e locais, atos governamentais com força de lei etc.), não sempre claramente ordenados segundo uma ordem hierárquica. Isso é particularmente verdadeiro, naturalmente, nos países da União Europeia, onde a normativa continental interfere nas fontes nacionais.

(B) Uma segunda classe de obstáculos diz respeito à desordem dos textos normativos. Por exemplo:

(1) o apetite insaciável das autoridades normativas, seguindo-se uma quantidade sem fim de disposições normativas sincronicamente vigentes;

(2) a dispersão das disposições vigentes em uma multiplicidade de documentos normativos (em resumo: a insuficiente codificação);

(3) a instabilidade diacrônica dos textos normativos, visto que a cada dia novas disposições são introduzidas no ordenamento, enquanto disposições anteriormente vigentes são revogadas, ou suprimidas ou substituídas.

(C) Uma terceira classe de obstáculos deriva da (má) técnica de redação dos textos normativos. Por exemplo:

(i) A inclusão de disposições, em um texto normativo sobre uma matéria qualquer (x), que tratem sobre uma matéria completamente diferente (y), sem qualquer relação com a matéria x, tornando bastante difícil a identificação do direito vigente sobre a matéria y.

(ii) Sucede frequentemente que um texto normativo não substitua, mas somente modifique parcialmente um texto anteriormente vigente, alterando, por exemplo, não uma lei inteira, mas somente uma disposição legal, de modo que a disciplina da matéria em questão resulta dispersa em textos legislativos distintos; ou mesmo (e ainda pior) alterando somente algumas palavras de uma disposição preexistente (ou suprimindo-as), e não a disposição em sua totalidade, de modo que, para identificar a disposição vigente, é necessário juntar dois (ou mais) fragmentos de enunciados dispersos em textos normativos diferentes.

(iii) Ocorre, ainda, que um texto normativo A modifique um texto normativo B que, por sua vez, modificara um texto normativo C: com o resultado de tornar quase que incognoscíveis as disposições vigentes.

(iv) Uma disposição que remeta a outra disposição preexistente carece de significado autônomo e independente, de modo que não pode ser compreendida senão em combinação com uma disposição diferente colocada em um texto normativo completamente diferente; e, por outro lado, uma disposição que (como também ocorre) remeta a uma disposição futura (ou seja, inexistente), carece, por sua de qualquer conteúdo normativo (pelo menos quando não acompanhada de uma norma de direito intertemporal).

(v) A revogação, total ou parcial, produz efeitos unívocos somente quando é expressa e, ainda, quando menciona com precisão (com "nome e sobrenome", por assim dizer) as disposições normativas revogadas; por outro lado, quando a autoridade normativa dita uma nova disciplina para um suporte fático qualquer sem revogar expressamente as disposições preexistentes (revogação meramente tácita), o resultado é fatalmente duvidoso e potencialmente controverso.

(D) Por fim, uma quarta classe de obstáculos deriva da prática jurisprudencial. Refiro-me a fenômenos como:

(α) a interpretação não uniforme e não argumentada;

(β) os *revirements*, especialmente quando situados no âmbito dos órgãos jurisdicionais de última instância;

(γ) a interpretação dita "evolutiva" (ou "dinâmica"), que atribui aos textos normativos um significado diferente daquele comumente aceito;

(δ) a aplicação analógica, que – consentindo-se ao juiz colmar as lacunas (reais ou imaginárias), como é seu dever fazer vigendo a proibição de *non liquet* – produz, de qualquer forma, decisões imprevisíveis *ex ante*, pois fundadas em normas até aquele momento não expressas.

Escrevia Jordi Ferrer no prefácio de uma edição anterior deste livro: "O que têm em comum temas clássicos da teoria do direito como a justificação das decisões judiciais, as teses da única resposta correta, a defectibilidade das normas, a disputa entre cognitivismo e ceticismo interpretativo, ou a análise econômica do direito? Entre outras coisas, o papel central desempenhado nesses debates pela certeza do direito". Verdade.

O trabalho de Humberto Ávila mostra como o tema da certeza jurídica é uma espécie de *Aleph* (no sentido de Borges), a partir do qual muitos problemas centrais da moderna teoria do direito mostram-se em toda sua evidência.

Gênova, 22 de novembro de 2013.

Dr. Riccardo Guastini
Professor Titular de Teoria do Direito
da Universidade de Gênova

AGRADECIMENTOS

Um trabalho desta extensão não tem como ser elaborado senão com a valiosa ajuda de muitas pessoas, todas merecedoras de efusivo reconhecimento. Começo, contudo, meus extensos agradecimentos exatamente por onde devo iniciar: pela minha família. Sem o apoio incondicional da minha esposa, Ana Paula, da minha filha, Georgia, e do meu filho, André, este trabalho não teria como ter sido concluído, nem sequer iniciado. A cada um deles e a todos eu agradeço, do fundo do meu coração, pelo suporte afetivo, tão decisivo, e pela superação da distância, tão dolorosa. Embora espere da minha esposa a constatação não demorada de que o produto da nossa distância tem algum valor, confio no tempo, como meu aliado, para que os meus dois filhos pequenos possam, um dia, reconhecer que este livro, embora sem gravuras, desenhos ou cores, foi o melhor que o seu pai, com toda a saudade do mundo, conseguiu a eles dedicar.

Fixar o início de uma pesquisa a respeito de um tema tão vasto como o da segurança jurídico-tributária é quase impossível, especialmente se levadas em consideração as décadas despendidas com a formação fundamental, os longos anos alocados à pesquisa ou o demorado período destinado à docência universitária. Mesmo deixando de lado esses aspectos indiretos, ainda assim a minha reflexão específica a respeito do princípio da segurança jurídico-tributária é bastante antiga. Ela foi fortalecida, sobremodo e especialmente, pelas disciplinas por mim ministradas, desde 2002, no Programa de Pós-Graduação da Faculdade de Direito da Universidade Federal do Rio Grande do Sul ("Princípios Fundamentais de Direito do Estado" e "Princípio da Segurança Jurídica"), e no período de 2000 a 2004, na qualidade de Professor Visitante, no Programa de Pós-Graduação em Direito da Faculdade de Direito da Universidade Estadual do Rio de Janeiro ("Princípios da Segurança Jurídica").

Os prováveis erros e os eventuais acertos contidos nesta obra são de autoria e de responsabilidade exclusivas do autor. Ainda assim, devo agradecer a todos aqueles que garantiram as condições indispensáveis à sua realização.

As pesquisas necessárias e diretamente relativas à elaboração concreta desta tese foram suportadas por várias pessoas e instituições. Agradeço à instituição alemã de fomento à pesquisa, Alexander von Humboldt Stiftung, pela concessão de uma das dez Bolsas de Pós-Doutoramento "Thyssen-Humboldt-Kurzzeitstipendien", concedidas para todas as áreas do conhecimento para pesquisadores da América Latina, no período compreendido entre dezembro de 2007 e fevereiro de 2009.

A concessão da Bolsa deveu-se a mais um apoio certo e decisivo do Prof. Dr. Dr. h. c. Klaus Vogel, que concedeu entusiasmada carta de recomendação, talvez a sua última, antes de infelizmente partir em dezembro de 2007. A ele este trabalho é dedicado, *in memoriam*.

Minha gratidão ao Prof. Dr. Ekkehart Reimer, Titular de Direito Tributário da Faculdade de Direito da Universidade de Heidelberg, por ter-me recebido, de dezembro de 2007 a fevereiro de 2008, como pesquisador convidado do Instituto de Direito Público e, nesse período, ter-me proporcionado, além da amizade, as melhores condições intelectuais e materiais para a pesquisa científica, inclusive a concessão de suporte acadêmico para a organização da extensa bibliografia e a indicação dos melhores antiquários europeus para a procura dos antigos livros que nem nas bibliotecas universitárias estavam disponíveis. Ao Prof. Dr. h. c. Paul Kirchhof, também Titular de Direito Tributário da referida Faculdade, dirijo meus agradecimentos pela calorosa acolhida e pela abertura ao intercâmbio acadêmico entre Brasil e Alemanha.

Meu igual reconhecimento ao Prof. Dr. Christian Waldhoff, meu amigo e incentivador desde os tempos de meu Doutoramento, na Universidade de Munique, agora Professor Titular de Direito Público da Faculdade de Direito da Universidade de Bonn, por ter-me aceito, no período compreendido entre dezembro de 2008 e fevereiro de 2009, como pesquisador visitante do Instituto de Direito Público, também me oportunizando todas as condições necessárias para a finalização da tese, notadamente a indicação da bibliografia mais adequada ao enfrentamento dos seus pontos cruciais.

Sou grato, igualmente, à Profa. Dra. Johanna Hey, Titular de Direito Tributário da Faculdade de Direito da Universidade de Colônia, pela discussão pontual sobre alguns dos temas abrangidos por este trabalho e, especialmente, pela indicação, certeira, de artigos sobre temas mais problemáticos da segurança jurídica. Agradeço, pela solidariedade com minha pesquisa e pelo intercâmbio acadêmico, ao Prof. Dr. Karl-Peter Sommermann, Titular de Direito Público da Escola de Administração de Speyer, ao Prof. Dr. Roman Seer, Titular de Direito Tributário da

Faculdade de Direito de Bochum, e à Prof. Dra. Ana Paula Dourado, Professora da Universidade de Lisboa.

Também dirijo meus agradecimentos ao Prof. Dr. Dr. h. c. mult. Claus-Wilhelm Canaris, Titular Emérito de Direito Civil e Comercial da Faculdade de Direito da Universidade de Munique e profundo conhecedor do tema da proteção da confiança, pelo inestimável apoio na pesquisa de Teoria Geral do Direito durante todos esses anos na Alemanha e na publicação dos meus trabalhos na concorrida produção editorial alemã.

Do mesmo modo, agradeço ao Prof. Dr. Frederick Schauer, David and Mary Harrison Distinguished Professor of Law na Universidade de Virgínia, Estados Unidos, não apenas pela acolhida no meu período de pesquisa como *Visiting Scholar* na Faculdade de Direito da Universidade de Harvard, da qual ele era então Professor, mas, particularmente, pelo fraterno interesse posterior na conclusão deste trabalho e na sugestão de bibliografia anglo-saxã específica sobre seus temas capitais.

Alguns Professores contribuíram por meio da discussão sobre alguns pontos problemáticos do tema, seja indicando bibliografia, seja manifestando a sua posição, sempre com elevado espírito científico e com grande sutileza de raciocínio, mas sem, insista-se, qualquer tipo de comprometimento com os resultados aqui autonomamente sustentados. Dentre outros, agradeço aos Eminentes Professores Robert Alexy, da Faculdade de Direito da Universidade de Kiel, Alemanha, Riccardo Guastini, do Departamento de Cultura Jurídica "Giovane Tarello", da Faculdade de Direito da Universidade de Genova, Itália, e Shelly Kagan, da Faculdade de Filosofia da Universidade de Yale, Estados Unidos.

Meu agradecimento, também, ao Departamento de Direito Econômico e do Trabalho da Universidade Federal do Rio Grande do Sul, pela concessão das licenças para a realização de pesquisas de Pós-Doutoramento na Faculdade de Direito da Universidade de Harvard, nos Estados Unidos, e nas Faculdades de Direito das Universidades de Heidelberg e Bonn, na Alemanha, em períodos específicos entre os anos de 2006 e 2009.

Entre tantos Professores a quem eu devo agradecer, há dois que merecem uma gratidão especial: Eduardo Domingos Bottallo e Almiro do Couto e Silva.

Em 1993, no prestigiado e tradicional Congresso de Direito Tributário do IDEPE, então presidido pelo Eminente e saudoso Professor Geraldo Ataliba, proferi minha primeira palestra, em razão de ter um artigo selecionado pela comissão científica do evento. Muito jovem, se apenas uma palavra devesse ser escolhida para representar o sentimento dominante naquele momento, ela seria precisamente aquela que expressa a antítese deste trabalho: insegurança. Pois foi precisamente naquele momento que surgiu a mão segura do Mestre Bottallo. E foi igualmente por ela que tive a incomparável honra de proferir uma das conferências em uma das recentes edições do referido Congresso. A este Mestre do saber e do ser, desmedidamente generoso, deixo o meu reconhecimento pela confiança em mim desde então depositada. Em seu nome, agradeço a todos os outros Professores de Direito Tributário que, por ora, não tenho como penhorar.

Ao Professor Almiro do Couto e Silva devo o estímulo à investigação crítica e historicamente situada dos princípios fundamentais do Direito Público, na literatura brasileira e estrangeira. A este Mestre do ser e do saber, deixo meu profundo agradecimento pela amizade e pelo incentivo acadêmico desde o início e durante todos esses longos anos.

Este livro foi originalmente apresentado como tese designada a cumprir um requisito parcial para o concurso destinado a prover o cargo de Professor Titular de Direito Tributário da Faculdade de Direito da Universidade de São Paulo. O referido concurso ocorreu entre os dias 25 a 28 de outubro de 2010, com banca examinadora composta pelos Professores Cézar Saldanha Souza Júnior, Diogo Paredes Leite de Campos, Eros Roberto Grau, Hermes Marcelo Huck e Luis Edson Fachin, a quem agradeço pelas valiosas arguições.

A editoração inicial desta tese deve-se ao primoroso trabalho do editor Tito Montenegro Barbosa Neto, amante dos livros, que permitiu, por valores módicos, a finalização e a impressão das cópias necessárias à inscrição no referido Concurso. Ao meu querido colega Cristiano José Ferrazzo agradeço não apenas pelo auxílio na revisão dos originais e na solução dos inevitáveis problemas técnicos surgidos ao longo da elaboração desta extensa tese, como, especialmente, pela arguta discussão a respeito de vários assuntos nela tratados.

Agradeço, agora por último, a todas aquelas pessoas, nomináveis e inomináveis, que, direta ou indiretamente, consciente ou inconscientemente, contribuíram para que eu mantivesse intangível a minha confiança na efetiva conclusão deste trabalho.

HUMBERTO ÁVILA

NOTA À 4ª EDIÇÃO

É com efusiva alegria que apresento ao leitor de língua portuguesa a nova edição da minha *Teoria da Segurança Jurídica*. Ela foi objeto de recente tradução para a língua inglesa pela renomada Editora Springer, de Dordrecht, na Holanda, sob o título *Certainty in Law*, justamente para ilustrar que a segurança jurídica, mais do que segurança *do* Direito, é segurança *no* Direito, isto é, no seu próprio processo de interpretação e de aplicação. Após minucioso e longo *blind review* por integrantes do seu prestigioso Conselho Editorial, a obra foi aceita para integrar a famosa coleção "Law and Philosophy Library", pois apesar de possuir um conteúdo dogmático voltado para o Direito Tributário, ela contém um arcabouço conceitual que a torna de interesse para todos os operadores do Direito, independentemente do seu sistema jurídico. Para minha honra, a obra foi qualificada como "an ambitious work" e "a serious and rigorous piece of scholarship".

Esta edição conta com modificações e acréscimos. Em primeiro lugar, o texto foi totalmente revisado, daí resultando não apenas alterações pontuais de forma e de conteúdo como também especificações de ideias que haviam sido apresentadas apenas de maneira mais geral. Em segundo lugar, o texto foi integralmente atualizado, tanto mediante o acréscimo de novas decisões relativas ao tema, notadamente dos Tribunais Superiores, quanto por meio da atualização dos dispositivos relativos ao novo Código de Processo Civil.

Mais uma vez, agradeço, enormemente, a todos os leitores, brasileiros e estrangeiros, pelo contínuo aprimoramento da presente obra.

Julho de 2016

NOTA À 3ª EDIÇÃO

É com enorme alegria e satisfação que apresento ao leitor brasileiro a nova edição da minha obra sobre *Segurança Jurídica*, objeto de enorme sucesso, tanto editorial quanto intelectual, assim no Brasil como no exterior. Malgrado tenha sido publicada há pouco mais de dois anos, a obra já vai para a 3ª edição no Brasil, tendo sido traduzida para o espanhol e contando agora com traduções praticamente finalizadas para o inglês e para o alemão. Na Espanha, por exemplo, o livro obteve estrondoso sucesso, tendo sido adotada como livro-texto do *I Congreso de Seguridad Jurídica y Democracia en Iberoamérica*, realizado em 2013 na cidade de Girona, onde as principais autoridades acadêmicas e políticas dos países europeus e latino-americanos se reuniram para dialogar sobre o tema da segurança jurídica.

Esta edição conta com várias modificações. Em primeiro lugar, o texto foi totalmente revisado, daí resultando modificações pontuais de forma e de conteúdo. Em segundo lugar, o texto foi totalmente atualizado, especialmente mediante o acréscimo de novas decisões relativas ao tema, provenientes dos Tribunais Superiores. Em terceiro lugar, a obra recebeu um novo título: *Teoria da Segurança Jurídica*. Tal alteração tem duas causas principais.

De um lado, a revisão, atualização e ampliação justificaram a adoção de um título mais amplo, não restrito ao âmbito do Direito Tributário. Como a obra trata da significação, fundamentação, conteúdo e eficácia da segurança jurídica, com exemplos e casos oriundos do Direito Tributário, embora não apenas desse ramo, pareceu-me que um título mais amplo refletiria com mais precisão a extensão do seu conteúdo.

De outro lado, as suas traduções receberam títulos mais abrangentes do que aquele adotado no Brasil: a tradução espanhola foi intitulada de *Teoría de la Seguridad Jurídica*; a inglesa, de *Theory of Legal Certainty*; e a alemã, de *Theorie der Rechtssicherheit*. Além disso, vários juristas chamaram a atenção para o aspecto geral e fundamental da obra, ainda que os casos, as decisões e os institutos examinados com mais profundidade sejam – de fato e como não poderia deixar de ser – oriundos do Direito Tributário. O Professor José Joaquim Gomes Canotilho, da Universidade de Coimbra, em Portugal, assim se manifestou sobre este ponto: "O título da obra, mesmo com o respectivo subtítulo ("Entre permanência, mudança e realização no Direito Tributário") não corresponde à extraordinária riqueza de conteúdo. É um tratado renovado da "teoria de princípios", uma introdução segura e informada ao princípio estruturante da juridicidade, uma visão profunda dos fundamentos da segurança jurídica captada na "superestrutura constitucional", e, naturalmente, uma insubstituível investigação incidente sobre a permanência, mudança e realização no direito tributário". O Professor Riccardo Guastini, da Universidade de Gênova, na Itália, adotou entendimento similar: "Apesar de apresentar-se como um trabalho dogmático sobre a constituição brasileira (e, especificamente, sobre o direito tributário brasileiro, no qual o autor é um reconhecido especialista), o livro tem, sem dúvida, uma dimensão teórica geral. É, ademais, provavelmente o estudo sobre o tema mais vasto e sistemático conduzido com método analítico".

Por todas essas razões, pareceu-me adequado e oportuno alterar o título da obra para *Teoria da Segurança Jurídica.* Assim novos leitores são convidados a examinar este que é um dos principais temas da Ciência do Direito, ainda mais nos dias de hoje, em que a instabilidade e a imprevisibilidade querem tomar conta da maior parte dos ordenamentos jurídicos, especialmente do brasileiro.

Mais uma vez, agradeço, efusivamente, a todos os leitores, brasileiros e estrangeiros, pelo contínuo aprimoramento da presente obra.

Fevereiro de 2014.

NOTA À 2ª EDIÇÃO

É com imensa satisfação que apresento aos leitores a nova edição do *Segurança Jurídica*, cuja 1ª edição, lançada recentemente, para minha grata satisfação, logo se esgotou.

Embora tenha transcorrido tão pouco tempo, ela recebeu uma acolhida impressionante, não apenas porque adotada em vários cursos de graduação e de pós-graduação como leitura curricular, mas, também, porque foi logo traduzida para o espanhol e publicada pela prestigiada editora Marcial Pons, na Espanha, com prefácio do Professor Jordi Ferrer Beltrán, Diretor da Cátedra de Cultura Jurídica da Faculdade de Direito da Universidade de Girona.

Esta edição foi totalmente revisada na sua linguagem, bem como atualizada e ampliada com novos trechos e decisões judiciais sobre vários temas relacionados à segurança jurídica, tais como a revogação unilateral de incentivos fiscais, a mudança retroativa de jurisprudência e as leis interpretativas.

Agradeço a todos os professores e alunos que acolheram tão calorosamente a presente obra pelas valiosas contribuições que levam ao seu contínuo aperfeiçoamento.

Abril de 2012

PLANO DA OBRA

SUMÁRIO

ABREVIATURAS

AC	Ação Cautelar
AG. REG	Agravo Regimental
ADCT	Ato das Disposições Constitucionais Transitórias
ADI	Ação Direta de Inconstitucionalidade
AI	Agravo de Instrumento
AJDA	*L'actualité juridique. Droit Administratif*
AR	Agravo Regimental
AöR	*Archives für Öffentliches Recht*
ARSP	*Archiv für Rechts und Sozialphilosophie*
BayVBl.	*Bayerische Verwaltunsblätter*
BB	*Betriebs-Berater*
BVerfG	*Bundesverfassungsgericht*
BVerfGE	*Bundesverfassungsgerichtsentscheidung*
CF/88	Constituição da República Federativa do Brasil de 1988
D	*Recueil Dalloz Sirey*
DB	*Der Betrieb*
DÖV	*Die Öffentliche Verwaltung*
DStJG	*Veröffentlichungen der Deutschen Steuerjuristischen Gesellschaft*
DStR	*Deutsches Steuerrecht*
DStZ	*Deutsche Steuer Zeitung*
DVBl.	*Deutsches Verwaltungsblatt*
ED	Embargos de Declaração
FESDT	Fundação Escola Superior de Direito Tributário
FR	*Finanz-Rundschau*
FS	*Festschrift*
INF	*Die Information über Steuer und Wirtschaft*
IWB	*Internationale Wirtschafts-Briefe*
JA	*Juristische Arbeitsblätter*
JuS	*Juristische Schulung*
JöR	*Jahrbuch des öffentliches Recht der Gegenwart*
JZ	*Juristen Zeitung*
KÖSDI	*Kölner Steuerdialog*
MC	Medida Cautelar
MS	Mandado de Segurança

NJW	*Neue Juristische Wochenschrift*
NVwZ	*Neue Zeitschrift für Verwaltungsrecht*
ÖStZ	*Österreichische Steuerzeitung*
Orgs.	Organizadores
PGE	Procuradoria-Geral do Estado
QO	Questão de Ordem
RBDP	*Revista Brasileira de Direito Público*
RDA	*Revista de Direito Administrativo*
RDE	*Revista de Direito do Estado*
RDDT	*Revista Dialética de Direito Tributário*
RDP	*Revue de Droit Public et de la Science Économique*
RDT	*Revista de Direito Tributário*
RE	Recurso Extraordinário
RePRO	*Revista de Processo*
RFDA	*Revue Française de Droit Administratif*
RT	*Revista dos Tribunais (editora)*
RTDP	*Revista Trimestral de Direito Público*
SJZ	*Schweizerische Juristen-Zeitung*
Stbg	*Die Steuerberatung*
StbJb	*Steuerberater-Jahrbuch*
SteuerStud	*Steuer und Studium*
StuR	*Staat und Recht*
StuW	*Steuer und Wirtschaft*
StVj	*Steuerliche Vierteljahresschrift*
ThürVBl.	*Thüringisches Verwaltungsblatt*
VRÜ	*Verfassung und Recht in Übersee*
vs.	*versus*
VVDStRL	*Veröffentlichungen der Vereinigung der Deutschen Staatsrechtslehrer*
WiVerw	*Wirtschaft und Verwaltung*
WM	*Wertpapier Mitteilungen*
ZaöRV	*Zeitschrift für Ausländisches öffentliches Recht und Völkerrecht*
ZG	*Zeitschrift für Gesetzgebung*
ZLR	*Zeitschrift für das gesamte Lebensmittelrecht*

CONSIDERAÇÕES INTRODUTÓRIAS

A segurança é, sobretudo e antes que nada, uma radical necessidade antropológica humana e o "saber ao que agarrar-se" é um elemento constitutivo da aspiração individual e social à segurança; raiz comum de suas distintas manifestações na vida e fundamento de sua razão de ser como valor jurídico. (Antonio Enrique Perez Luño, *La seguridad jurídica*, Barcelona, Ariel, 1991, p. 8)

Segurança torna-se assim um tema quando a insegurança se alastra. E quanto mais inseguras são encontradas as circunstâncias na Modernidade tanto mais abrangentes se tornam as expectativas de segurança dos homens. (Andrea Schrimm-Heins, "Gewissheit und Sicherheit: Geschichte und Bedeutungswandel der Begriffe 'certitudo' und 'securitas'" (*Teil* 2), in *Archiv für Begriffsgeschichte* 35, 204, 1992, Bonn, Bouvier)

Aqui está assim qualquer coisa que os meus mestres não me contaram, mas a vida se encarregou de esclarecer: esse fazer saber a qualquer um aquilo que ele pode querer é um benefício que, para poder gozar, demandaria que as leis fossem poucas, mas em vez disso são muitas, muitas e se sucedem rapidamente, assim vertiginosamente uma depois da outra; e, no emaranhado de sua multidão, os homens se perdem como num labirinto. (Francesco Carnellutti, "La certezza del Diritto", *Rivista de Diritto Civile*, n. 20, 1942, p. 81)

Dos dois elementos tradicionais de toda ordem jurídica, a segurança e o progresso, a concepção atual da lei sacrifica deliberadamente a primeira à segunda, atribuindo assim relevo sobre o caráter político da legislação ao passo que a concepção antiga repousava, ao contrário, sobre o papel da lei mais especificamente jurídico e conservador. (Georges Burdeau, "Essai sur l'évolution de la notion de loi en Droit français", in *Archives de Philosophie du Droit*, 1939, p. 48)

1. Justificativa (ou por que (in)segurança jurídica?)

Reconstruir a segurança jurídica, em geral e no âmbito do Direito Tributário, como norma-princípio fundada na Constituição da República Federativa do Brasil de 1988 (CF/88), por meio de um método capaz de progressivamente reduzir a sua indeterminação e de atribuir-lhe a maior funcionalidade possível, é a tarefa assumida na presente obra. Sobram razões para tanto.

A justificativa inicial já é fornecida pelo próprio ordenamento constitucional: ele próprio atribui fundamentalidade à segurança jurídica. Com efeito, a menção a esta última já é feita no seu preâmbulo. De um lado, o preâmbulo institui um Estado Democrático destinado a "assegurar", isto é, a "tornar seguros" tanto os direitos sociais e individuais quanto os valores, dentre os quais o próprio valor "segurança".[1] De outro lado, o mesmo preâmbulo qualifica a liberdade, o bem-estar, o desenvolvimento, a igualdade, a justiça, e também a "segurança", como "valores

1. José Souto Maior Borges, "O princípio da segurança jurídica na criação e aplicação do tributo", *RDDT*, n. 22, p. 25, São Paulo, 1997. Geraldo Ataliba, *República e Constituição*, 3ª ed., São Paulo, Malheiros Editores, 2011, p. 182.

supremos" da sociedade. Essa sociedade, por sua vez, além de fraterna, pluralista e sem preconceitos, deve ser fundada na "harmonia social" e comprometida, na "ordem" interna e internacional, com a solução "pacífica" das controvérsias. Considerando-se que a expressão "segurança jurídica", como será examinado ao longo deste texto, é associada aos ideais de determinação, de estabilidade e de previsibilidade do Direito, dentre outros, verifica-se, portanto, que, já no preâmbulo, a CF/88 demonstra grave preocupação com a segurança jurídica mediante a utilização de termos como "segurança", "assegurar", "harmonia" e "ordem".

A CF/88 contém, igualmente, referências diretas e indiretas à "segurança". No Título referente aos "Princípios Fundamentais", ela institui um Estado Democrático de Direito (art. 1º), doutrinariamente associado, conforme será demonstrado, à ideia de segurança jurídica. No Título relativo aos "Direitos e Garantias Fundamentais", ela não só prevê o direito fundamental à "segurança" (art. 5º, *caput*) como também estabelece uma série de "garantias", isto é, de "instrumentos assecuratórios" de direitos. Em vários âmbitos normativos, institui numerosas "garantias" e "limitações" ao exercício do poder, tradicionalmente compreendidas como elementos parciais da segurança jurídica, de que são exemplo a legalidade (art. 5º, II, e art. 150, I), a irretroatividade (art. 150, III, "a") e a anterioridade (art. 150, III, "b").

Essa ligeira constatação inicial, meramente baseada nos dispositivos constitucionais, já basta para demonstrar que a segurança jurídica – independentemente das disputas, que não são pequenas, a respeito do seu sentido, dos seus fundamentos, dos seus elementos, das suas dimensões e da sua eficácia, a serem oportunamente enfrentadas no decorrer deste trabalho – é, do ponto de vista normativo, uma preferência da própria CF/88. No Direito Tributário, em virtude das regras de legalidade, de anterioridade e de irretroatividade, bem como em razão das numerosas regras de competência, o ideal de segurança jurídica fica ainda mais acentuado. Por esse motivo, Machado Derzi afirma que, no Direito Tributário, "a segurança é fortalecida em ponto máximo".[2]

Outros ideais, porém, também são qualificados, pela própria Constituição, como fundamentais, a exemplo do que ocorre com os ideais de igualdade ou de solidariedade, que, da mesma forma, poderiam servir de tema para uma monografia. A seguinte pergunta surge, assim, inevi-

2. Misabel de Abreu Machado Derzi, *Modificações da jurisprudência no Direito Tributário*, São Paulo, Noeses, 2009, p. 159.

tável logo no início: em um universo tão extenso de assuntos, por que escolher logo a segurança jurídica como objeto de uma tese? A primeira justificativa para tal opção reside no estado de insegurança atualmente existente. "Como a segurança é valor e, pois, bipolar e relacional, implica logicamente seu contravalor, a insegurança, ao qual se contrapõe", assevera Maior Borges.[3] O ponto de partida para a análise da segurança deve ser, pois, a insegurança.[4]

Não se quer, com isso, afirmar que a insegurança jurídica seja um tema completamente novo, e que a tentativa concreta de combatê-la e o objetivo científico de estudá-la também sejam novidades – de modo algum. O estudo da segurança jurídica, é verdade, varia conforme o tempo e o contexto.[5] Mesmo assim, pode-se verificar, em muitos estudos antigos, elementos direta ou indiretamente associados à segurança jurídica ou a um dos seus elementos parciais: no Direito Romano, o debate sobre o *ius certum* ou sobre a *Pax Romana* e seus conceitos implicados de *pax, securitas* e *libertas*, embora não possam ser simplesmente transpostos para os dias atuais em razão do caráter casuístico daquele Direito e da ausência de instituições estatais só muito mais tarde consolidadas, revela um remoto embrião do estudo da certeza do Direito;[6] no século XVI, a discussão a respeito da *certitudo iurisprudentiae* significava, precisamente, a tentativa de imprimir racionalidade ao conhecimento jurídico;[7] no século XVIII e no início do século XIX, parte do debate, no que se refere à codificação, destinava-se a desenvolver leis claras e determinadas;[8] nos séculos XIX e XX, os estudos sobre a proteção da

3. José Souto Maior Borges, "Segurança jurídica: sobre a distinção entre competências fiscais para orientar e atuar o contribuinte", *RDT*, n. 100, pp. 19-26, São Paulo, s.d.

4. Antonio Enrique Perez Luño, *La seguridad jurídica*, Barcelona, Ariel, 1991, p. 13.

5. Herbert Wiedemann, "Rechtssicherheit – ein absoluter Wert? Gedanken zum Bestimmtheitserfordernis zivilrechtlicher Tatbestände", in Gotthard Paulus *et alii* (orgs.), *FS für Karl Larenz*, München, Beck, 1973, p. 202.

6. Winfried Brügger, "Gewährleistung von Freiheit und Sicherheit im Lichte unterschiedlicher Staats- und Verfassungsverständnisse", *VDStRL*, v. 63, p. 103, Berlin, 2004.

7. Andreas Arnauld, *Rechtssicherheit*, Tübingen, Mohr Siebeck, 2006, p. 9. Italo Birochi, *Alla Ricerca dell'Ordine. Fonti e cultura giuridica nell'età moderna*, Torino, Giappichelli, 2002, pp. 159 e ss.

8. Bernd Mertens, *Gesetzgebungskunst im Zeitalter der Kodifikationen*, Tübingen, Mohr Siebeck, 2004, p. 354. Rémy Cabrillac, *Les codifications*, Paris, PUF, 2002, p. 137.

liberdade e da propriedade, nas obras de von Savigny (1814[9] e 1840[10]), Meyer (1851[11]), von Mohl (1855[12]), Holleuffer (1864[13]), não só pressupunham algum grau de insegurança existente à época como também tinham por objetivo garantir a ameaçada segurança por meio do Direito e da sua aplicação uniforme; na primeira metade do século XX, os estudos diretamente relacionados à segurança jurídica exteriorizam um ambiente de instabilidade então presente e a progressiva construção dos elementos da segurança do Direito, como revelam as incipientes obras de Bendix (1914[14]), Rümelin (1924[15]), Germann (1935[16]), Scholz (1955[17]), entre tantos outros.

Além de ser tratada nessas obras mais antigas, a segurança vem sendo examinada em trabalhos mais recentes, tanto em obras diretamente relacionadas à segurança jurídica, em geral, como em trabalhos referidos à segurança jurídico-tributária, em especial, ou, mesmo, em obras relativas a alguns dos seus aspectos. Essa constatação fica evidente quando são examinados os trabalhos mais representativos sobre o tema publicados na Alemanha,[18] na França,[19] na Itália,[20] na Espanha,[21] em

9. Friedrich Carl von Savigny, *Vom Beruf unserer Zeit für Gesetzgebung und Rechtswissenschaft*, Heidelberg, Mohr und Zimmer, 1814, pp. 20, 161 (reimpressão: Goldbach, Keip, 1997).

10. Idem, *System des heutigen Römischen Rechts*, 2ª ed., v. 1, Berlin, Veit und Comp., 1840, p. 322 (reimpressão: Aalen, Scientia, 1981).

11. J. Meyer, *Conversations-Lexicon*, Zweite Abteilung, v. 8, palavra "Segurança".

12. Robert von Mohl, "Die Geschichte und Literatur der Staatswissenschaften", in *Monographien dargestellt*, v. 1, Erlangen, 1855.

13. Carl Eschwin Albert von Holleuffer, *Rechtssicherheit, unabhängige Justiz, ministerielle Cabinets-Justiz im Fürstenthum Schwarzburg-Sonderhausen*, Dessau, 1864, p. 101.

14. Ludwig Bendix, "Das Problem der Rechtssicherheit", in Manfred Weiss (org.), *Zur Psychologie der Urteilsfähigkeit des Berufsrichters und andere Schriften*, Neuwied und Berlin, 1968, p. 12.

15. Max Rümelin, *Die Rechtssicherheit*, Tübingen, Mohr Siebeck, 1924.

16 . Oscar Adolf Germann, "Rechtssicherheit" (1935), *Methodische Grundfragen,* 6. Aufsätze, Basel, 1946, p. 59.

17. Franz Scholz, *Die Rechtssicherheit*, Berlin, Walter de Gruyter, 1955.

18. Na Alemanha, os clássicos mais representativos seriam: Max Rümelin, *Rechtssicherheit*, Tübingen, Mohr Siebeck, 1924; Oscar Adolf Germann, "Rechtssicherheit" (1935), *Methodische Grundfragen,* 6. Aufsätze, Basel, 1946; Franz Scholz, *Die Rechtssicherheit*, Berlin, Walter de Gruyter, 1955. Mais recentemente, sobre

segurança jurídica, ver: Andreas von Arnauld, *Rechtssicherheit*, Tübingen, Mohr Siebeck, 2006. Sobre segurança jurídico-tributária, ver: Johanna Hey, *Steuerplanungssicherheit als Rechtsproblem*, Köln, Otto Schmidt, 2002; Anna Leisner, *Kontinuität als Verfassungsprinzip*, Tübingen, Mohr Siebeck, 2002; Heinz-Jürgen Pezzer (org.), *Vertrauensschutz im Steuerrecht, Deutsche Steuerjuristische Gesellschaft*, t. 27, Köln, Otto Schmidt, 2004.

19. Na França, os clássicos mais representativos seriam: Paul Roubier, *Théorie Générale du Droit*, 2ª ed. Paris, Sirey, 1951. Idem, *Le Droit transitoire: conflits des lois dans le temps*, Paris, Dalloz, 1929/1933 (1ª ed., 2º v.), 1960 (2ª ed., 1º v.), 2008 (reimpressão da 2ª ed.). Mais recentemente, sobre segurança jurídica, ver: Bernard Pacteau, "La sécurité juridique, un principe que nous manque?", *AJDA*, n. 20, p. 151, 1995; François Luchaire, "La sûreté, droit de l'homme ou sabre de M. Prudhomme?" *RDP*, p. 609, 1989; Louis Favoreu, "Une convention collective peut-elle comporter des dispositions à caractère rétroatif?", *D.* 1995-1, C. 82; Michel Fromont, "Le principe de sécurité juridique", *AJDA*, p. 178, 1996; Frank Moderne, "Actualité des principes généraux du droit", *RFDA*, p. 506, 1998; Anne-Laure Valembois, *La Constitutionnalisation de l'exigence de sécurité juridique en Droit français*, Paris, LGDJ, 2005. Sobre segurança jurídico-tributária, ver: Frédéric Douet, *Contribution à l'étude de la sécurité juridique en Droit interne français*, Paris, LGDJ, 1997.

20. Na Itália, os clássicos mais representativos seriam: Enrico Allorio, "La certezza del Diritto dell'Economia", *Rivista del Diritto dell'Economia*, pp. 1.198-1.212, 1956; Massimo S. Giannini, "Certezza pubblica", *Enciclopedia del Diritto*, v. 6, Milano, Giuffrè, pp. 769-792; Flavio Lopez de Oñate, *La certezza del Diritto*, Milano, Giuffrè, 1968; Massimo Corsale, *Certezza del Diritto e crisi di legittimità*, Milano, Giuffrè, 1979; Letizia Gianformaggio, "Certezza del Diritto", in *Studi sulla giustificazione giuridica*, Torino, Giuppichelli, 1986; Claudio Luzzati, *La vaghezza delle norme*, Milano, Giuffrè, 1990. Mais recentemente, sobre segurança jurídica, ver: Enrico Diciotti, *Verità e certezza nell'interpretazione della legge*, Torino, Giappichelli, 1999; Gianmarco Gometz, *La certezza giuridica come prevedibilità*, Torino, Giappichelli, 2005. Sobre segurança jurídico-tributária, ver: Eugenio Della Vale, *Affidamento e certezza del Diritto Tributario*, Milano, Giuffrè, 2001.

21. Na Espanha, os clássicos mais representativos seriam: J. Mezquita de Cacho, *Seguridad jurídica y sistema cautelar:* (v. 1) *Teoría de la Seguridad Jurídica*; (v. 2) *Sistema Español de Derecho Cautelar*, Barcelona, Bosch, 1989; Gregorio Peces-Barba, "La seguridad jurídica desde la Filosofía del Derecho", *Anuario de Derechos Humanos*, n. 6, pp. 215-229, 1990; Antonio Enrique Pérez Luño, *La seguridad jurídica*, Barcelona, Ariel, 1991. Mais recentemente, sobre segurança jurídica, ver: Eduardo García de Enterría, *Justicia y seguridad jurídica en un mundo de leyes desbocadas*, Madrid, Civitas, 1999; Federico Arcos Ramírez, *La seguridad jurídica: una teoría formal*, Madrid, Dykinson, 2000; José Bermejo Vera, *El declive de la seguridad jurídica en el ordenamiento plural*, Madrid, Civitas, 2005. Sobre segurança jurídico-tributária, ver: César García Novoa, *El principio da seguridad jurídica en materia tributaria*, Madrid, Marcial Pons, 2000.

Portugal,[22] nos Estados Unidos e na Inglaterra.[23] A literatura brasileira não foge a essa regra, havendo tanto trabalhos gerais sobre a segurança jurídica quanto obras específicas sobre a segurança jurídico-tributária.[24]

22. Na literatura portuguesa, poderiam ser citados alguns textos fundamentais, como: J. M. Sérvulo Correia, *Legalidade e autonomia contratual nos contratos administrativos*, Coimbra, Almedina, 1987; José Joaquim Gomes Canotilho, *Direito Constitucional e teoria da Constituição*, 7ª ed., 6ª reimp., Coimbra, Almedina, 2004, p. 257; Jorge Miranda, *Manual de Direito Constitucional*, v. 1, Coimbra, Almedina, 2003; Jorge Reis Novaes, *Os princípios constitucionais estruturantes da República Portuguesa*, Coimbra, Coimbra Editora, 2004, pp. 261 e ss. Mais recentemente, sobre segurança jurídico-tributária, ver: Ana Paula Dourado, *O princípio da legalidade fiscal – Tipicidade, conceitos jurídicos indeterminados e margem de livre apreciação*, Coimbra, Almedina, 2007.

23. Na literatura anglo-saxã, os clássicos mais representativos seriam: Jerome Frank, *Law and the Modern Mind*, New Brunswick, Transaction, 2009 (1ª ed., New York, Brentano's Inc., 1930; 2ª ed. rev., New York, Coward-McCann, 1949); Lon Fuller, *The Morality of Law*, New Haven, Yale University Press, 1964; Joseph Raz, "The Rule of Law and its Virtue" (1977), *The Authority of Law. Essays on Law and Morality*, Oxford, Oxford Press, 1979, p. 221; Jeremy Waldron, "The Rule of Law in Contemporary Liberal Theory", *Ratio Juris*, v. 2, n. 1, pp. 79-96, 1989. Mais recentemente, sobre segurança jurídica, ver, Juha Raitio, *The Principle of Legal Certainty in EC Law*, Dordrecht, Kluwer, 2003.

24. No Brasil, os clássicos mais representativos, diretamente relacionados ao tema, seriam: Theophilo Cavalcanti Filho, *O problema da segurança no Direito*, São Paulo, Ed. RT, 1964; Miguel Reale, *Revogação e anulamento do ato administrativo*, 2ª ed., Rio de Janeiro, Forense, 1980. Mais recentemente, sobre segurança jurídica, ver: Patrícia Ferreira Baptista, *Segurança jurídica e proteção da confiança legítima – Análise sistemática e critérios de aplicação no Direito Administrativo brasileiro*, Tese de Doutoramento, USP, 2006, inédita. Sobre segurança jurídico-tributária, ver: José Souto Maior Borges, "O princípio da segurança jurídica na criação e aplicação do tributo", *RDDT*, n. 22, pp. 24-29, São Paulo, 1997; Paulo de Barros Carvalho, "O princípio da segurança jurídica no campo tributário", *RDT*, n. 94, pp. 21-31, São Paulo; Misabel de Abreu Machado Derzi, "Mutações, complexidade, tipo e conceito, sob o signo da segurança e da proteção da confiança", in Heleno Torres (org.), *Estudos em homenagem a Paulo de Barros Carvalho*, São Paulo, Saraiva, 2007, pp. 245-284; Tércio Sampaio Ferraz Júnior, "Segurança jurídica e normas gerais tributárias" *RDT*, ns. 17-18, pp. 51-56, São Paulo, 1981; Luis Eduardo Schoueri, "Segurança jurídica e normas tributárias indutoras", in Maria de Fátima Ribeiro (org.), *Direito Tributário e segurança jurídica*, São Paulo, MP, 2008, pp. 117-146; Ricardo Lobo Torres, "Segurança jurídica e as limitações ao poder de tributar", in Roberto Ferraz (org.), *Princípios e limites da tributação*, São Paulo, Quartier Latin, 2007, pp. 429-445; idem, "Limitações ao poder impositivo e segurança jurídica", in Ives Gandra da Silva Martins (org.), *Limitações ao poder impositivo e segurança jurídica*, São Paulo, Ed. RT e CEU, 2007, pp. 61-77; idem, "Liberdade, segurança e Justiça", in Paulo de Barros Carvalho (org.), *Justiça Tributária*, São Paulo, Max Limonad, 1998, pp. 679-705; idem, *Tratado de Direito Constitucional, Financeiro e Tributário*, v. 2: *Valores e princípios constitucionais tributários*, Rio de Janeiro, Renovar, 2005, pp.

No seu conjunto, tais obras retomam o antigo tema da segurança jurídica, aprofundando alguns dos seus subelementos, notadamente aqueles relacionados à proteção da confiança e à proibição de retroatividade, e examinando alguns subtemas mais recentes, como aquele concernente à mudança jurisprudencial.

Duas razões, no entanto, justificam o reexame aprofundado do tema: o estado de insegurança hoje existente, de um lado, e o modo como a doutrina o analisa, de outro.

Hoje, o nível de insegurança jurídica assumiu um grau nunca antes alcançado. Os termos "complexidade", "obscuridade", "incerteza", "indeterminação", "instabilidade" e "descontinuidade" do ordenamento jurídico servem para ilustrar tal momento. Chega-se ao ponto de se falar em "chuva de leis" (*Gesetzesflut*), "histeria legislativa" (*Gesetzgebungshysterie*) e "caos legislativo" (*Gesetzgebungschaos*).[25] Fala-se, ainda, em "furacão normativo",[26] "incontinência legislativa",[27] "aluvião de normas"[28] e "orgia na produção de leis".[29] Registrar o caráter instável, efêmero e aleatório do Direito tornou-se algo até mesmo banal.[30]

Por que tamanha insegurança? Pode-se, apenas e tão somente com a finalidade de fixar um *ponto de referência* inicial justificador da presente pesquisa, apontar causas de natureza social e causas de natureza jurídica para a referida insegurança hoje existente.

As causas sociais dizem respeito às características da sociedade atual. Vive-se, no nosso tempo, em uma sociedade plural, também de-

167-180; Ricardo Lodi Ribeiro, *A segurança jurídica do contribuinte*, Rio de Janeiro, Lumen Juris, 2008.

25. Dieter Grimm, "Normenflut – eindämmbar?", *Die Verfassung und die Politik. Einsprüche in Störfällen*, München, Beck, 2001, p. 151. Johanna Hey, *Steuerplanungssicherheit als Rechtsproblem*, Köln, Otto Schmidt, 2002, pp. 1, 63, 73. Martin Stötzel, *Vertrauensschutz und Gesetzesrückwirkung*, Frankfurt am Main, Peter Lang, 2002, p. 25. Paulo de Barros Carvalho, "O princípio da segurança jurídica no campo tributário", *RDT*, n. 94, p. 22, São Paulo, s.d.

26. José Luis Palma Fernández, *La seguridad jurídica ante la abundancia de normas*, Madrid, Centro de Estudios Políticos y Constitucionales, 1997, p. 14.

27. Anne-Laure Valembois, *La Constitutionnalisation de l'exigence de sécurité juridique en Droit français*, Paris, LGDJ, 2005, p. 100.

28. Antonio Enrique Pérez Luño, *La seguridad jurídica*, Barcelona, Ariel, 1991, p. 45.

29. Federico Arcos Ramírez, *La seguridad jurídica: una teoría formal*, Madrid, Dykinson, 2000, p. 334.

30. François Ost, *Le temps du Droit*, Paris, Odile Jacob, 1999, p. 281.

nominada de sociedade de risco, sociedade global ou sociedade da informação.[31] Esse tipo de sociedade qualifica-se, em primeiro lugar, pela existência de uma enorme quantidade de informações. Pense-se na quantidade de leis, de leis complementares, de decretos, de instruções normativas, de pareceres normativos, de soluções de consultas, relativamente às três órbitas federativas, referentemente a cada um dos tributos previstos no Sistema Tributário Nacional. Amplie-se, agora, para, além desse material normativo, abranger também o Direito Internacional, o Direito Comunitário e o Direito Comparado. Reflita-se um instante acerca das decisões administrativas e judiciais sobre cada uma dessas normas, bem como os livros e artigos publicados a seu respeito. A comprovação é quase intuitiva: a quantidade de informações é gigantesca. Esse material informativo, embora possibilite uma maior compreensão do mundo, paradoxalmente contribui para o aumento da incerteza: quanto maior é a quantidade de informação, tanto maior é a possibilidade de se prever o futuro; contudo, quanto maior é a quantidade de informação, tanto maior também é aquilo que precisa ser previamente considerado e avaliado. Daí por que o maior conhecimento conduz ao aumento do sentimento de insegurança: o cidadão sabe mais, mas exatamente porque sabe mais, também conhece o que precisa prever e o que pode não se confirmar no futuro. O futuro, antes nas mãos de Deus, com a secularização, foi posto nas mãos do homem, cabendo a este último dominá-lo, por planejamento e não por "adivinhação".[32] No entanto, com a sociedade moderna e com o aumento da complexidade das relações, decorrente dos avanços técnicos e tecnológicos, o futuro ficou maior.[33] Na busca por segurança – eis o paradoxo –, o homem terminou por sentir-se mais inseguro. Afinal, informação demais causa desinformação.[34] Esse quadro é agravado no

31. Andreas von Arnauld, *Rechtssicherheit*, Tübingen, Mohr Siebeck, 2006, p. 218; Ulrich Beck, *Risikogesellschaft*, Frankfurt am Main, Suhrkamp, 1986, pp. 7, 25. Christian Calliess, "Gewährleistung von Freiheit und Sicherheit im Lichte unterschiedlicher Staats- und Verfassungsverständisse", *DVBl*, n. 118, pp. 1.096-1.105, 2003.

32. Andrea Schrimm-Heins, "Gewissheit und Sicherheit: Geschichte und Bedeutungswandel der Begriffe 'certitudo' und 'securitas'" (*Teil* 2), *Archiv für Begriffsgeschichte*, v. 35, pp. 201, 208, 1992.

33. Andreas von Arnauld, *Rechtssicherheit*, Tübingen, Mohr Siebeck, 2006, pp. 68, 73, 116. Martin Stötzel, *Vertrauensschutz und Gesetzesrückwirkung*, Frankfurt am Main, Peter Lang, 2002, p. 31. Theophilo Cavalcanti Filho, *O problema da segurança no Direito*, São Paulo, Ed. RT, 1964, p. 54.

34. Anne-Laure Valembois, *La Constitutionnalisation de l'exigence de sécurité juridique en Droit français*, Paris, LGDJ, 2005, p. 8.

Brasil, em razão da inflação legislativa, não apenas de leis, mas também de medidas provisórias.[35]

Esse tipo de sociedade caracteriza-se, em segundo lugar, pela existência de uma enorme diversidade de interesses. Cada indivíduo busca resguardar os seus interesses nas normas jurídicas. Há o grupo das mulheres, dos imigrantes, dos étnicos, dos ambientalistas, dos consumidores, dos liberais, dos conservadores, dos industriais, dos trabalhadores, dos exportadores, e assim sem fim. Fala-se, por isso, em grupismo e em desagregação moral.[36] Cada grupo também procura forçar a instituição de normas que protejam os seus interesses. O conjunto dessas normas, por essa razão, tende a multiplicar-se. Em uma sociedade como essa, como lembra ironicamente Sendler, não se pode mais viver com apenas dez mandamentos.[37] Os mencionados interesses, ainda por cima, nem sempre são coincidentes. Eles são, em vez disso, muitas vezes colidentes, cabendo ao Estado coordená-los por meio da edição de novas normas. Tais normas tornam-se, assim, não apenas mais numerosas como também quantitativa e qualitativamente mais complexas: quantitativamente, porque são editadas não somente normas gerais e permanentes, mas, igualmente, normas excepcionais (para regular casos marginais), transitórias (para regular provisoriamente os casos) e de transição (para proporcionar a passagem do sistema normativo anterior para o posterior);[38] qualitativamente, porque essas normas destinam-se a solucionar problemas técnicos e específicos – de intrincados problemas tributários a sofisticadas questões ambientais. Daí se falar, também, em "politeísmo de valores", graças à multiplicidade de valores existentes no meio social, incapazes de ser apreendidos em noções conceituais absolutas.[39]

35. Odete Medauar, "Segurança jurídica e confiança legítima", in Humberto Ávila (org.), *Fundamentos do Estado de Direito*, São Paulo, Malheiros Editores, 2005, p. 118.

36. Brian Z. Tamanaha, *Law as a Means to an End – Threat to the Rule of Law*, Cambridge, Cambridge University Press, 2006, pp. 4, 223. Idem, *On the Rule of Law*, Cambridge, Cambridge University Press, 2004, p. 103.

37. Horst Sendler, "Mehr Gesetze, weniger Rechtsgewährung?", *DVBl*, p. 979, 15.9.1995.

38. Luigi Ferrajoli, "The past and the future of the rule of law", in Pietro Costa, e Danilo Zolo (orgs.), *The Rule of Law – History, Theory and Criticism*, Dordrecht, Springer, 2007, p. 337.

39. Gianluigi Palombella, *Dopo la Certezza – Il Diritto in Equilibrio tra Giustizia e Democrazia*, Bari, Dedalo, 2006, p. 11.

O processo acima especificado justifica, de um lado, a avocação estatal da proteção individual nos casos em que os interesses sociais são assimétricos, como é o caso das relações entre empregados e empregadores, vendedores e consumidores e, por que não dizê-lo, entre Estado e cidadão.[40] Ele também explica a assunção (por meio da realização, da coordenação ou da fiscalização), pelo Estado, de novas tarefas, muitas qualificadas como políticas públicas, como, por exemplo, o pleno emprego, o crescimento econômico, a educação, a saúde, a luta contra a inflação, o combate de catástrofes, dentre elas igualmente ocupações que eram atribuídas, em maior ou em menor medida, diretamente aos particulares, como a proteção do meio ambiente ou a garantia da livre concorrência.[41] Além dessas funções, o Estado também assume a tarefa de induzir o comportamento dos cidadãos para que se conformem às finalidades públicas.[42] Ultrapassa-se, pois, uma concepção de Estado Liberal, passa-se pelo Estado Providência (gerador de prestações), pelo Estado Propulsivo (fixador de planos) e pelo Estado Reflexivo (fixador de programas), para se chegar ao Estado Incitador (produtor de influências), em cujo âmbito estão estabelecidos vínculos de coordenação e de cooperação.[43] O intervencionismo estatal, às vezes superutilizado para efeito de ingerência social, aliado à aceleração e à multiplicação das relações sociais, demanda um aumento da quantidade de leis, cada vez mais repletas de regras gerais e excepcionais, e baseadas em normas finalísticas ou normas-objetivo.[44]

40. Dieter Grimm, "Normenflut – eindämmbar?", *Die Verfassung und die Politik. Einsprüche in Störfällen*, München, Beck, 2001, p. 152.

41. Eduardo García de Enterría, *Justicia y seguridad jurídica en un mundo de leyes desbocadas*, Madrid, Civitas, 1999, p. 50. Federico Arcos Ramírez, *La seguridad jurídica: una teoría formal*, Madrid, Dykinson, 2000, p. 330. César García Novoa, *El principio de seguridad jurídica en materia tributaria*, Madrid, Marcial Pons, 2000, p. 32. Christian Calliess, "Gewährleistung von Freiheit und Sicherheit im Lichte unterschiedlicher Staats- und Verfassungsverständisse", *DVBl*, n. 118, pp. 1.096-1.105, 2003.

42. Luís Eduardo Schoueri, "Segurança na ordem tributária nacional e internacional: tributação do comércio exterior", in Aires Fernandino Barreto *et alii* (orgs.), *Segurança jurídica na tributação e Estado de Direito*, São Paulo, Noeses, 2005, p. 376.

43. Judith Martins-Costa, "Almiro do Couto e Silva e a ressignificação do princípio da segurança jurídica na relação entre Estado e cidadãos", in Humberto Ávila, (org.), *Fundamentos do Estado de Direito – Estudos em homenagem a Almiro do Couto e Silva*, São Paulo, Malheiros Editores, 2005, p. 137.

44. Eros Roberto Grau, *Ensaio e discurso sobre a interpretação/aplicação do Direito*, 4ª ed., São Paulo, Malheiros Editores, 2006, p. 45. Ricardo Lobo Torres,

Essa atuação interventiva do Estado igualmente permite entender o aumento das chamadas "leis ônibus", que, em um único instrumento legislativo, introduzem modificações em grandes e em distintos setores do ordenamento jurídico.[45] Um belo exemplo é a Lei n. 11.941, de 27 de maio de 2009, que alterou – em um único diploma legal que ultrapassa as quarenta páginas – dezenas de assuntos, de regras de parcelamento a regras de incidência de numerosos tributos federais. Essa atuação também torna inteligível o crescimento dos atos administrativos criadores de vantagens aos cidadãos, em geral, e aos contribuintes, em particular. Mais do que nunca, os atos administrativos deixam de ser apenas restritivos e passam a servir também de instrumento para a atuação estatal, que cria vantagens variadas para os indivíduos.[46] Além disso: o Estado, em vez de colocar-se verticalmente na posição de impor restrições aos particulares, procura-os para com estes estabelecer vínculos horizontais de cooperação, justificando o movimento que se convencionou chamar de "fuga para o Direito Privado".[47] Esse novo quadro de tarefas estatais motiva, ao seu turno, a contínua criação de novos ramos jurídicos, como o Direito Ambiental ou o Direito das Telecomunicações, ou mesmo de novos sub-ramos para os tradicionais, como ocorre com o Direito Tributário e seus novos sub-ramos – o Direito Tributário Ambiental ou o Direito Internacional Tributário –, para se especificar apenas alguns, deixando de mencionar outros, com grau de especialidade ainda maior,

"Segurança jurídica e as limitações ao poder de tributar", in Roberto Ferraz (org.), *Princípios e limites da tributação*, São Paulo, Quartier Latin, 2007, p. 440. Luis Eduardo Schoueri, "Segurança jurídica e normas tributárias indutoras", in Maria de Fátima Ribeiro (org.), *Direito Tributário e segurança jurídica*, São Paulo, MP, 2008, p. 118. Almiro do Couto e Silva, "Princípios da legalidade da Administração Pública e da segurança jurídica no Estado de Direito contemporâneo", *Revista da Procuradoria-Geral do Estado do Rio Grande do Sul. Cadernos de Direito Público*, v. 27, n. 57, suplemento, p. 19, 2003. Anne-Laure Valembois, *La Constitutionnalisation de l'exigence de sécurité juridique en Droit français*, Paris, LGDJ, 2005, p. 113. Frédéric Douet, *Contribution à l'étude de la sécurité juridique en Droit interne français*, Paris, LGDJ, 1997, p. 28. Federico Arcos Ramírez, *La seguridad jurídica: una teoría formal*, Madrid, Dykinson, 2000, pp. 334, 340.

45. Eduardo García de Enterría, *Justicia y seguridad jurídica en un mundo de leyes desbocadas*, Madrid, Civitas, 1999, p. 77.

46. Fritz Ossenbühl, *Die Rücknahme fehlerhafter begünstigender Verwaltungsakte*, 2ª ed., Berlin, Walter de Gruyter, 1965, p. 1. Almiro Couto e Silva, "Problemas jurídicos do planejamento", *RDA*, n. 170, p. 13, Rio de Janeiro, 1987.

47. Almiro Couto e Silva, "Os indivíduos e o Estado na realização de tarefas públicas" *RDA*, n. 209, pp. 54-57, Rio de Janeiro, 1997. Fritz Ossenbühl, "Vertrauensschutz im sozialen Rechtsstaat", *DÖV*, n. 25, p. 26, 1972.

como o Direito Nuclear (*Atomrecht*), o Direito da Proteção contra Emissão (*Immissionsschutzrecht*), o Direito Genético (*Gentechnikrecht*), o Direito da Proteção de Dados (*Datenschutzrecht*), e assim por diante.[48] Essa sucessiva divisão não apenas aumenta a complexidade do Direito, mas ainda cria o fenômeno da superespecialização: os profissionais sabem, primeiro, cada vez mais de cada vez menos e, depois, cada vez menos de cada vez menos.[49]

O interessante é que todo esse quadro de maior atuação estatal, embora possa ser feito secundariamente por meio de atuação administrativa, demanda, primariamente, a edição de novas leis.[50] Criam-se, com isso, dois paradoxos. De um lado, como lembra Gusy, para se proteger o indivíduo e para se eliminarem os riscos para a sua segurança, tanto jurídica quanto física e social, o Estado precisa saber de tudo, ser capaz de tudo (*alles können*) e poder tudo (*alles dürfen*). Mas quando isso acontece, ele se torna, pela restrição que causa à liberdade, a própria fonte daquilo que desejava afastar: a insegurança.[51] Como afirma Bankowski, pretendendo obter clareza e certeza, e ao eliminar o perigo de conflitos, o excesso de regras faz com que os cidadãos terminem agindo heteronomamente como se fossem máquinas colocadas em movimento pelas regras jurídicas. Com isso, a autonomia individual, paradoxalmente, desaparece.[52] De outro lado, o problema da falta do Direito é solucionado com mais Direito; todavia, mais Direito provoca outros problemas, com as suas próprias complexidade e incerteza. Em suma, soluções tornam-se problemas. O paradoxo reside no fato de que o combate à insegurança contribui para a insegurança.

O fenômeno do aumento da intervenção estatal, todavia, não é linear. No momento em que o Estado não consegue cumprir todas as

48. Andreas von Arnauld, *Rechtssicherheit*, Tübingen, Mohr Siebeck, 2006, pp. 90, 271-317. Dieter Grimm, "Normenflut – eindämmbar?", *Die Verfassung und die Politik. Einsprüche in Störfällen*, München, Beck, 2001, p. 155. Klaus-Michael Groll, *In der Flut der Gesetze: Ursachen, Folgen, Perspectiven*, Düsseldorf, Droste, 1985, p. 45.

49. José Luis Palma Fernández, *La seguridad jurídica ante la abundancia de normas*, Madrid, Centro de Estudios Políticos y Constitucionales, 1997, p. 86.

50. Dieter Grimm, "Normenflut – eindämmbar?", *Die Verfassung und die Politik. Einsprüche in Störfällen*, München, Beck, 2001, p. 153.

51. Christoph Gusy, "Gewährleistung von Freiheit und Sicherheit im Lichte unterschiedlicher Staats- und Verfassungsverständnisse", *VVDStRL*, Berlin, v. 63, p. 160, 2004.

52. Zenon Bankowski, *Living Lawfully: Love in Law and Law in Love*, Dordrecht, Kluwer, 2001, p. 40.

atividades assumidas, inicia processos de privatização, de liberalização e de desregulamentação que conduzem à abertura e à concorrência das atividades por aquele exercidas.[53] Tal movimento não diminui a complexidade do ordenamento jurídico: de um lado, porque o Estado, a par de continuar exercendo atividades essenciais, assume a função de fiscalizar o cumprimento do interesse público pelos particulares, o que implica o aumento de regras sobre a regulação estatal e de processos a esta relativos; de outro, porque a falta de realização do interesse público pelo particular faz com que o Estado reassuma as suas funções anteriores, o que exige, igualmente, novas regras. A respeito desse fenômeno, Sendler é irônico: "Agora nós primeiro regulamos. Mais tarde nós desregulamos. Quando virá o 'depois'?".[54]

Para agravar tal quadro, as normas não são editadas apenas por uma autoridade.[55] Elas podem advir de vários entes: da União, dos Estados ou dos Municípios; ou podem ser editadas por um país específico, por uma comunidade ou mesmo por uma organização internacional. Surge, com isso, a possibilidade de uma concorrência regional, nacional, supranacional ou internacional entre diversos entes legiferantes, circunstância que impede a coerência.[56] Como se não bastasse tudo isso, as autoridades nem sempre editam normas com a finalidade de resolver problemas, mas também com o fim de dar uma satisfação ao público com a edição de uma norma que se sabe, de antemão, que não irá contribuir para a resolução dos problemas. São as "leis propaganda" a que se refere Ferrero Lapatza,[57] que geram o fenômeno das "leis descafeinadas", na linguagem de Novoa.[58]

53. Almiro Couto e Silva, "Privatização no Brasil e o novo exercício de funções públicas por particulares. Serviço público 'à brasileira'?", *Revista da PGE – Cadernos de Direito Público*, n. 57, p. 202, Porto Alegre, 2004.

54. Horst Sendler, "Mehr Gesetze, weniger Rechtsgewährung?", *DVBl*, p. 981, 15.9.1995.

55. Christof Münch, "Rechtssicherheit als Standortfaktor. Gedanken aus Sicht der vorsorgenden Rechtspflege", in Albrecht Weber (org.), *Währung und Wirtschaft. Das Geld im Recht. FS für Hugo J. Hahn*, Baden-Baden, Nomos, 1997, p. 680.

56. Andreas von Arnauld, *Rechtssicherheit*, Tübingen, Mohr Siebeck, 2006, p. 218. Anne-Laure Valembois, *La Constitutionnalisation de l'exigence de sécurité juridique en Droit français*, Paris, LGDJ, 2005, p. 114.

57. J. J. Ferrero Lapatza, "Reflexiones sobre Derecho Tributario y técnica jurídica", *REDF*, 85, 1995.

58. César García Novoa, *El principio de seguridad jurídica en materia tributaria*, Madrid, Marcial Pons, 2000, p. 139.

Como o Estado deve proteger um grande número de interesses, o ente legiferante opta pela edição de normas com maior grau de abstração, capazes, portanto, de resguardar igualitariamente o interesse de todos. E como os processos sociais caracterizam-se pela sua dinamicidade, o ente legiferante, seja ele qual for, muitas vezes opta pela introdução de normas com uma estrutura normativa mais aberta, para evitar a sua contínua modificação, como ocorre no caso de princípios ou de regras portadoras de conceitos jurídicos indeterminados ou de cláusulas gerais.[59] Enfim, para assegurar o maior número de interesses, e para fazê-lo de forma isonômica e com flexibilidade, o Estado institui normas gerais e abstratas com elevado grau de indeterminação. Quanto maior é a abstração e generalidade das normas, mais fácil é a sua compreensão, porém menos previsível é o seu conteúdo, pela falta de elementos concretos relativamente ao que é permitido, proibido ou obrigatório. A tentativa de se regular de maneira mais ampla termina, pois, por aumentar a vagueza e a obscuridade.[60] O esforço para introduzir elementos mais concretos nas normas, com a finalidade de aumentar o caráter orientador do Direito, exige, porém, a edição de regras com mais detalhes e com mais exceções. Isso faz com que a legislação se afaste do paradigma legislativo de instituir leis gerais e abstratas em favor de leis particulares e concretas.[61] No entanto, quanto maior é a concretude e a individualização das normas, mais difícil é a sua compreensão, embora mais previsível seja o seu conteúdo, pela introdução de elementos concretos relativamente ao que é permitido, proibido ou obrigatório. Criam-se, com esse quadro, um dilema e um paradoxo. O dilema está no fato de que, para ser mais acessível, o Direito precisa ser mais simples; no

59. Bernd Mertens, *Gesetzgebungskunst im Zeitalter der Kodifikationen*, Tübingen, Mohr Siebeck, 2004, p. 375. Hinnerk Wissmann, *Generalklauseln – Verwaltungsbefugnisse zwischen Gesetzmäßigkeit und offenen Normen*, Tübingen, Mohr Siebeck, 2008, pp. 297 e ss., pp. 306 e ss. Klaus Meßerschmidt, *Gesetzgebungsermessen*, Baden-Baden, Nomos, 2000, pp. 271 e ss., pp. 1.007 e ss. Anne-Laure Valembois, *La Constitutionnalisation de l'exigence de sécurité juridique en Droit français*, Paris, LGDJ, 2005, p. 109. Frédéric Douet, *Contribution à l'étude de la sécurité juridique en Droit interne français*, Paris, LGDJ, 1997, p. 87. Judith Martins-Costa, *A boa-fé no Direito Privado*, São Paulo, Ed. RT, 1999, pp. 273 e ss.

60. Luigi Ferrajoli, "The past and the future of the rule of law", in Pietro Costa e Danilo Zolo (orgs.), *The Rule of Law – History, Theory and Criticism*, Dordrecht, Springer, 2007, p. 337.

61. Eduardo García de Enterría, *Justicia y seguridad jurídica en un mundo de leyes desbocadas*, Madrid, Civitas, 1999, p. 50.

entanto, para ser mais simples, requer a desconsideração de muitas particularidades individuais, o que dificulta a proteção de todos os interesses. Para ser mais protetivo, o Direito precisa considerar o maior número de interesses, mas, para fazê-lo, demanda mais complexidade, o que o impede de ser facilmente compreensível. O dilema, por conseguinte, é este: se o Direito é mais seguro, porque mais acessível, precisa ser menos assecuratório; se o Direito é mais assecuratório, enquanto mais protetivo, precisa ser menos acessível. O ganho em acessibilidade implica, pois, a perda em protetividade, e o ganho em protetividade, o prejuízo em acessibilidade. O paradoxo reside no fato de que, quanto mais segurança *por meio* do Direito se pretende garantir, menos segurança *do* Direito se pode conquistar. O paradoxo, dito de forma abreviada, é este: a busca da segurança leva à insegurança. Nesse aspecto, o Direito termina sendo vítima dele próprio.[62] E o jurista, antes mero intérprete, transforma-se em uma espécie de detetive, tamanha a dificuldade de identificar qual é a norma aplicável.[63] Apenas dominar a legislação constitui como que uma ciência à parte.[64] É precisamente por isso que o problema da segurança jurídica sempre envolve uma tentativa de reação, por meio do Direito, contra a insegurança criada pelo próprio Direito. Combater a insegurança jurídica envolve, pois, uma luta do sistema jurídico "contra si mesmo".[65] Tal embate, entretanto, não pode ser desmedido, sob pena de também ele envolver um resultado paradoxal: a instituição de regras que possibilitem alternativas decisórias pode levar à própria redução destas últimas, em casos extremos até nulificá-las. Daí a constatação de que a liberdade, por mais contraditório que isto possa parecer, pressupõe alguma medida de insegurança, porque, caso contrário, como lembra Gusy, "a necessidade de segurança devora a aspiração pela liberdade".[66]

62. Anne-Laure Valembois, *La Constitutionnalisation de l'exigence de sécurité juridique en Droit français*, Paris, LGDJ, 2005, p. 8.

63. José Luis Palma Fernández, *La seguridad jurídica ante la abundancia de normas*, Madrid, Centro de Estudios Políticos y Constitucionales, 1997, p. 14.

64. Anne-Laure Valembois, *La Constitutionnalisation de l'exigence de sécurité juridique en Droit français*, Paris, LGDJ, 2005, p. 119.

65. Nicolas Molfessis, "Combattre l'insécurité juridique ou la lutte du système juridique contre lui-même", in *Sécurité juridique et complexité du Droit*, Conseil d'État, *Rapport Public 2006, Études e documents* n. 57, Paris, Documentation française, 2006, p. 391.

66. Christoph Gusy, "Gewährleistung von Freiheit und Sicherheit im Lichte unterschiedlicher Staats- und Verfassungsverständnisse", *VVDStRL*, v. 13, pp. 165-180, Berlin, 2004.

A opção pela edição de normas (mais) vagas e (mais) indeterminadas conduz, por sua vez, a mais regulamentação, pois elas carecem, com mais intensidade, de concretização por meio de normas infralegais, quantitativa e qualitativamente ainda mais complexas que as normas legais. O ordenamento jurídico torna-se, assim, supercomplexo.[67] A regulamentação transforma-se em super-regulamentação, provocando aquilo que Jenetzky chama de "miséria da administração tributária".[68] A atividade legislativa passa a ser denominada de "produtivismo jurídico".[69] Chega-se, por causa disso, a falar-se em Estado "do" Direito, em vez de Estado "de" Direito.[70] Goethe, ironicamente, já afirmava, com relação à multiplicidade de leis, que, se todos tivessem que estudá-las, não sobraria mais tempo para transgredi-las.[71] Incorporou-se ao jargão comum afirmar-se que o legislador deveria pensar como um filósofo, mas escrever como um camponês. No entanto, atualmente, em virtude dos mencionados processos de especificação social e normativa, termina ocorrendo o contrário: o legislador pensa como um camponês desorientado e escreve como um filósofo neurótico. Isso porque, dentre outros motivos, torna-se comum o uso variado de remissões entre dispositivos, o reenvio de um a outro e revogações genéricas.[72] O Direito Tributário,

67. Eros Roberto Grau, *O Direito posto e o Direito pressuposto,* 7ª ed., São Paulo, Malheiros Editores, 2008, p. 187. Federico Arcos Ramírez, *La seguridad jurídica: una teoría formal*, Madrid, Dykinson, 2000, p. 333. Eugenio Della Valle, *Affidamento e certezza del Diritto Tributario*, Milano, Giuffrè, 2001, p. 16. Jacques Chevallier, "Le Droit Économique: l'insécurité juridique ou nouvelle sécurité juridique?", in Laurence Boy, Jean-Baptiste Racine e Fabrice Siiriainen (orgs.), *Sécurité juridique et Droit Économique*, Bruxelles, Larcier, 2008, p. 561. Jean-Pierre Bours, "Sécurité juridique et Droit Fiscal", in *Sécurité juridique et fiscalité* (Les Cahiers de l'Institut d'études sur la Justice, n. 4), Bruxelles, p. 31, 2003.

68. Johannes Jenetzky, "Die Misere der Steuerverwaltung. Über die Wirklichkeit der Steuerrechtsanwendung durch die Steuerbehörden", *StuW*, p. 273, 1982. Eduardo García de Enterría, *Justicia y seguridad jurídica en un mundo de leyes desbocadas*, Madrid, Civitas, 1999, p. 47

69. Frédéric Douet, *Contribution à l'étude de la sécurité juridique en Droit interne français*, Paris, LGDJ, 1997, p. 32.

70. Jean Rivero, "État de Droit, état du Droit", in *L'État de Droit. Mélanges en l'honneur de Guy Braibant*, Paris, Dalloz, 1996, p. 610.

71. Goethe *apud* Horst Sendler, "Mehr Gesetze, weniger Rechtsgewährung?", *DVBl*, p. 979, 15.9.1995.

72. Federico Arcos Ramírez, *La seguridad jurídica: una teoría formal*, Madrid, Dykinson, 2000, p. 336.

com isso e com o perdão para o oximoro, passa a ser fundado em um "sistema juridicamente irracional".[73]

Para acentuar o quadro de incerteza normativa até aqui retratado, os interesses, além de diferentes, são defendidos por grupos sociais e econômicos muitas vezes poderosos.[74] Tais grupos exigem respostas rápidas e precisas para a proteção dos seus interesses, causando uma espécie de "subjetivação do Direito".[75] Quanto maior o número de interesses reclamados, maior o número de normas a serem editadas, e maior a justaposição de atos normativos adotados sob perspectivas, circunstâncias e motivações diversas.[76] Exige-se o Direito em todas as áreas, para todos os interesses: é o "totalitarismo jurídico".[77] A Política, em razão disso, atua sob a pressão do tempo (*Zeitdruck*).[78] E a legislação, feita às pressas, muitas vezes assume caráter experimental.[79] A antiga máxima da "sábia lentidão" (*la sage lenteur*) do Poder Legislativo, que jamais deliberava sem prévio estudo e reflexão, cede passo a uma legislação que dispara, como uma metralhadora, leis sem parar.[80] Não raramente, essa legislação é tão falha que precisa ser ime-

73. Rubén Asorey, "Seguridad jurídica y Derecho Tributario", *RDT*, São Paulo, n. 52, p. 40, 1990.

74. Misabel Derzi, "Mutações, complexidade, tipo e conceito, sob o signo da segurança e da proteção da confiança", in Heleno Torres (org.), *Estudos em homenagem a Paulo de Barros Carvalho*, São Paulo, Saraiva, 2007, p. 248. Idem, *Modificações da jurisprudência no Direito Tributário*, São Paulo, Noeses, 2009, p. 103. Horst Sendler, "Mehr Gesetze, weniger Rechtsgewährung?", *DVBl*, p. 981, 15.9.1995. Andreas von Arnauld, *Rechtssicherheit*, Tübingen, Mohr Siebeck, 2006, pp. 220, 225. José Luis Palma Fernández, *La seguridad jurídica ante la abundancia de normas*, Madrid, Centro de Estudios Políticos y Constitucionales, 1997, p. 28.

75. Anne-Laure Valembois, *La Constitutionnalisation de l'exigence de sécurité juridique en Droit français*, Paris, LGDJ, 2005, p. 8.

76. Federico Arcos Ramírez, *La seguridad jurídica: una teoría formal*, Madrid, Dykinson, 2000, p. 323.

77. Guy Carcassonne, "Société de Droit contre État de Droit", in *L'État de Droit. Mélanges en l'honneur de Guy Braibant*, Paris, Dalloz, 1996, p. 40.

78. Andreas von Arnauld, *Rechtssicherheit*, Tübingen, Mohr Siebeck, 2006, p. 271.

79. Johanna Hey, *Steuerplanungssicherheit als Rechtsproblem*, Köln, Otto Schmidt, 2002, p. 72. Hans-Detlef Horn, *Experimentelle Gesetzgebung unter dem Grundgesetz*, Berlin, Duncker und Humblot, 1989, pp. 20, 25. Martin Stötzel, *Vertrauensschutz und Gesetzesrückwirkung*, Frankfurt am Main, Peter Lang, 2002, p. 40.

80. Eduardo García de Enterría, *Justicia y seguridad jurídica en un mundo de leyes desbocadas*, Madrid, Civitas, 1999, p. 48. Manoel Gonçalves Ferreira Filho, *Estado de Direito e Constituição*, 4ª ed., São Paulo, Saraiva, 2007, pp. 49 e ss.

diatamente revista pelo próprio Poder que a editou. Daí se dizer que o Direito, especialmente o Direito Tributário, encontra-se em estado de permanente reforma.[81] Um belo exemplo é o da reforma constitucional no Brasil: depois de promulgada a Constituição em 1988, foram aprovadas 91 emendas constitucionais modificativas, 6 emendas de revisão, sem falar nos temas permanentes, como o da reforma tributária, objeto de projetos encaminhados, desde 1992, para modificar o Sistema Tributário Nacional. É a "ditadura do instante", a "cultura da urgência".[82]

Essa cultura permite falar, de um lado, na sociedade de "alta velocidade" (*high-speed society*), em que todas as questões terminam sendo decididas como se a sociedade estivesse em uma espécie de perpétuo "estado de emergência", com implicações, inclusive, sobre a atividade do Poder Legislativo.[83] De outro, autoriza a qualificar a sociedade como uma "sociedade líquida" (*liquid society*), na qual são exaltados os valores da mudança, da flexibilidade e da mobilidade, e perdem importância as dimensões espaciais da vida social e jurídica.[84] Aqui, mais um paradoxo: o legislador, para assegurar os interesses dos cidadãos e para orientar a sua ação, age com rapidez; mas, exatamente porque o faz desse modo, termina legislando de maneira equivocada, o que exige a edição de novas normas destinadas a retificar as anteriores. O paradoxo é este: se o legislador age rápido, age mal e tem que rever os seus atos, o que provoca insegurança; se demora, não assegura os direitos reclamados pelos cidadãos, nem os orienta, criando um estado de insegurança. Em busca de garantir segurança, o legislador termina criando insegurança. E, ao lado do fenômeno da particularização da legislação, surge o fenômeno da sua rápida obsolescência, fazendo com que a lei perca as suas características tradicionais de solenidade, de generalidade e de permanência.[85] Tal quadro justifica, pois, a afir-

81. Johanna Hey, *Steuerplanungssicherheit als Rechtsproblem*, Köln, Otto Schmidt, 2002, pp. 1, 72, 74.

82. François Ost, *Le temps du Droit*, Paris, Odile Jacob, 1999, p. 293.

83. Hartmut Rosa e William Scheuermann, "Introduction", in Hartmut Rosa e William Scheuermann (orgs.), *High-speed society: social acceleration, Power and modernity,* Pennsylvania, The Pennsylvania State University Press, 2009, pp. 14, 27.

84. Anton Schütz, "How aufarbeiten 'Liquid Society'? Zygmunt Bauman's Wager", in Firi Pribán (org.), *Liquid Society and Its Law*, Aldershot, Ashgate, 2007, pp. 42-60.

85. Anne-Laure Valembois, *La Constitutionnalisation de l'exigence de sécurité juridique en Droit français*, Paris, LGDJ, 2005, pp. 105, 128. Frédéric Douet, *Con-*

mação de que, quanto mais leis, menos Direito, e quanto menos leis, mais Direito.[86]

Como o Estado, na época do Estado Social e da sociedade de risco, assume tarefas, inclusive a de corrigir desigualdades e a de restaurar equilíbrios, são editadas normas individualizadas relativamente a determinados grupos ou setores, o que também contribui para o aumento da quantidade de leis e para a diminuição das características básicas de abstração e de generalidade das leis.[87] No Direito Tributário, esse fenômeno se verifica pelo aumento dos benefícios fiscais concedidos por meio de termos de acordo celebrados entre o Poder Público e o contribuinte, com a finalidade de corrigir supostas distorções regionais ou econômicas. O essencial é que, em virtude da complexidade socioeconômica, o Direito Tributário, como tal, não tem como deixar de ser também supercomplexo.[88]

Como a interpretação normativa envolve valorações, e se sujeita a ponderações, a incompreensibilidade e a instabilidade normativa também são visíveis na atividade do Poder Judiciário.[89] São perceptíveis não apenas diferentes interpretações provenientes de diferentes órgãos julgadores. Reconhecem-se, igualmente, interpretações diversas de um mesmo órgão julgador. Tome-se, como exemplo, o Supremo Tribunal Federal, em cujo âmbito decisório podem ser encontrados vários casos reveladores de uma mudança de jurisprudência.

Em matéria tributária, há muito disso. No que se refere ao pagamento de débitos tributários por meio de dação em pagamento, o Tribunal, em 2003, negava a competência para o Estado-Membro criar novas formas de extinção do crédito tributário.[90] Em 2007, no entanto,

tribution à l'étude de la sécurité juridique en Droit interne français, Paris, LGDJ, 1997, p. 31.

86. Horst Sendler, "Mehr Gesetze, weniger Rechtsgewährung?", *DVBl*, p. 978, 15.9.1995.

87. Federico Arcos Ramírez, *La seguridad jurídica: una teoría formal*, Madrid, Dykinson, 2000, pp. 337. Fritz Ossenbühl, "Vertrauensschutz im sozialen Rechtsstaat", *DÖV*, n. 25, p. 26, 1972. Klaus-Michael Groll, *In der Flut der Gesetze: Ursachen, Folgen, Perspektiven*, Düsseldorf, Droste, 1985, p. 41.

88. Misabel de Abreu Machado Derzi, *Modificações da jurisprudência no Direito Tributário*, São Paulo, Noeses, 2009, p. 103.

89. Anne-Laure Valembois, *La Constitutionnalisation de l'exigence de sécurité juridique en Droit français*, Paris, LGDJ, 2005, p. 94.

90. ADI n. 1917 MC, Tribunal Pleno, Rel. Min. Marco Aurélio, *DJ* 19.9.2003.

passou a admiti-la.[91] No tocante ao depósito recursal de 30% do valor em discussão para a admissão do recurso administrativo, o Tribunal, em 1995, decidiu pela sua compatibilidade com o devido processo legal.[92] O referido Tribunal, em 2007, decidiu pela sua incompatibilidade com o mesmo princípio, com o direito de petição e com o dever de proporcionalidade.[93] Quanto ao direito aos créditos do imposto sobre circulação de mercadorias nas operações beneficiadas com redução de base de cálculo, o Tribunal, em 1997, declarou a inconstitucionalidade de norma proibitiva da compensação do valor recolhido na operação anterior, em razão do conflito com o princípio da não-cumulatividade.[94] Em 2005, o mesmo Tribunal admitiu a sua constitucionalidade, por entender que a redução da base de cálculo é uma isenção fiscal parcial.[95] No que se refere à aplicação da regra de anterioridade no caso de isenção, o Tribunal, em entendimento firmado em 1993, reconhecia que tal regra não se aplicava ao caso de revogação de isenção.[96] Em 2006, mediante interpretação conforme a Constituição, decidiu que deve ser respeitada a anterioridade nesse caso.[97]

O já citado Supremo Tribunal Federal também apresenta outros casos de mudança jurisprudencial em outras matérias. Alguns exemplos o demonstram. No que diz respeito à progressão do regime de cumprimento da pena nos crimes hediondos, o Tribunal, desde 1993, decidia pela constitucionalidade da sua negativa, por entender que não feria o princípio da individualização da pena, pois o juiz ainda poderia fazê-lo, sobretudo no que se refere à intensidade da mesma.[98] Em 2006, o Tribunal decidiu pela inconstitucionalidade de tal negativa, por ferir, precisamente, o princípio da individualização da pena.[99] No tocante à exigência de concurso para ingresso em sociedade de economia mista, o Tribunal entendeu, em 1993, que não havia obrigatoriedade de concurso público para tal entrada.[100] No mesmo ano, porém, terminou decidindo

91. ADI n. 2.405 MC, Tribunal Pleno, Rel. Min. Carlos Britto, *DJ* 17.2.2006.

92. ADI n. 1.049 MC, Tribunal Pleno, Rel. Min. Carlos Velloso, *DJ* 25.8.95.

93. ADI n. 1.976, Tribunal Pleno, Rel. Min. Joaquim Barbosa, *DJ* 18.5.2007.

94. RE n. 161.031, Tribunal Pleno, Rel. Min. Marco Aurélio, *DJ* 6.6.97.

95. RE n. 174.478, Tribunal Pleno, Rel. Min. Marco Aurélio, Redator para Acórdão Min. Cezar Peluso, *DJ* 30.9.2005.

96. RE n. 99.431, 2ª Turma, Rel. Min. Djaci Falcão, *DJ* 6. 5.83, Súmula n. 615.

97. ADI n. 2.325 MC, Tribunal Pleno, Rel. Min. Marco Aurélio, *DJ* 6.10.2006.

98. HC n. 69.657, Tribunal Pleno, Rel. Min. Marco Aurélio, *DJ* 18.6.93.

99. HC n. 82.959, Tribunal Pleno, Rel. Min. Marco Aurélio, *DJ* 1.9.2006.

100. Acórdão 056/93, publicado no *DOU* de 13.12.1993.

que as autarquias, empresas públicas e sociedades de economia mista estavam sujeitas à regra de que o acesso aos empregos públicos deve ser realizado por concurso.[101] Quanto à fidelidade partidária, o Tribunal entendia, desde 1994, que não perdia o mandato o candidato diplomado pela Justiça Eleitoral que, posteriormente, se desvinculava do partido ou da aliança partidária pelo qual havia sido eleito.[102] Em 2008, o Tribunal entendeu que os efeitos da desfiliação partidária pelo eleito envolvem a perda do direito de continuar a exercer o mandato eletivo.[103] No caso de prisão do depositário infiel, o Tribunal, em 2005, reconheceu que a prisão civil do devedor fiduciante revestia-se de plena legitimidade constitucional e não transgredia o sistema de proteção instituído pela Convenção Americana sobre Direitos Humanos.[104] Em 2008, o mesmo Tribunal decidiu que a Convenção Americana de Direitos Humanos tem caráter supralegal, não sendo possível a prisão do depositário infiel.[105] Quanto ao direito de recorrer em liberdade, o Tribunal decidiu, em 2002, que, não tendo os recursos de natureza extraordinária efeito suspensivo do julgado condenatório, não feria o princípio de presunção de inocência a determinação de expedição do mandado de prisão.[106] Em 2009, o Tribunal considerou que o condenado tem direito de recorrer até a última instância em liberdade, tendo em vista o princípio da presunção de inocência.[107]

Em 2016, contudo, nova reviravolta: o Tribunal considerou que a possibilidade de início da execução da pena condenatória após a confirmação da sentença em segundo grau não ofenderia o princípio constitucional da presunção da inocência.[108] Com relação ao sigilo de dados bancários dos contribuintes, em 2010, o Supremo Tribunal Federal decidiu que as autoridades fiscais não poderiam acessar estes dados sem autorização prévia do Poder Judiciário em função do disposto no art. 5º, XII, da CF/88, concluindo pela inconstitucionalidade da norma que previa esta hipótese.[109] Em 2016, porém, o Tribunal concluiu pela cons-

101. MS n. 21.322, Tribunal Pleno, Rel. Min. Paulo Brossard, *DJ* 23.4.93.

102. MS n. 20.927, Tribunal Pleno, Rel. Min. Moreira Alves, *DJ* 15.4.94.

103. MS n. 26.604, Tribunal Pleno, Rela. Ministra Cármen Lúcia, *DJ* 2.10.2008.

104. HC n. 81.319, Tribunal Pleno, Rel. Min. Celso de Mello, *DJ* 19.8.2005.

105. HC n. 92.566, Tribunal Pleno, Rel. Min. Marco Aurélio, *DJe* 104, 4.6.2009, *Ement.* 2.363-03, p. 451 .

106. HC n. 81.685, 2ª Turma, Rel. Min. Néri da Silveira, *DJ* 17. 5.2002.

107. HC n. 84.078, Tribunal Pleno, Rel. Min. Eros Grau, *DJ* 5.2.2009.

108. HC n. 126.292, Tribunal Pleno, Rel. Min. Teori Zavascki, *DJ* 16.5.2016.

109. RE n. 389.808, Tribunal Pleno, Rel. Min. Marco Aurélio, *DJ* 10.5.2011.

titucionalidade da Lei Complementar n. 105/2001, que permite à Receita Federal receber dados bancários de contribuintes fornecidos diretamente pelos bancos, sem a necessidade de prévia autorização judicial.[110] Enfim, todos esses casos revelam que o entendimento do Poder Judiciário ora é um, ora é outro.

A mudança de jurisprudência, além de tornar-se cada vez mais recorrente, também assume contornos ainda mais intensos, chegando-se, em alguns casos, ao ponto de se falar em jurisprudência "ziguezague" ("*Zick-Zack-Rechtsprechung*").[111] Ainda, em "direito gasoso", em razão do fato de que ele desaparece antes mesmo de ser entendido pelos destinatários.[112] Como exemplo, pode-se escolher o caso da denúncia espontânea com pedido de parcelamento. Depois de idas e vindas das suas Turmas, a Primeira Seção do Superior Tribunal de Justiça finalmente decidiu, em 2001, que, na hipótese de denúncia espontânea, realizada formalmente, com o devido recolhimento do tributo, é inexigível a multa de mora incidente sobre o montante da dívida parcelada, por força do disposto no art. 138 do Código Tributário Nacional.[113] No entanto, como a decisão, supostamente uniformizadora, não foi seguida uniformemente pelas Turmas, a mesma Primeira Seção, em 2004, voltou ao caso, decidindo que, nos casos em que há parcelamento do débito tributário, não deve ser aplicado o benefício da denúncia espontânea da infração, visto que parcelamento não equivale a pagamento e não se pode pressupor que as parcelas vincendas serão pagas, nos termos do artigo 158, I, do referido Código.[114]

A mesma oscilação jurisprudencial pode ser verificada, com ainda mais intensidade, em outro caso. Inicialmente, em julgamento ocorrido em 21.2.2002, a Primeira Turma do Superior Tribunal de Justiça adotava o entendimento de que a definição de "serviço hospitalar" passava pela sua natureza, que deveria ser diretamente atrelada à saúde e não

110. ADI n. 2390, Tribunal Pleno, Rel. Min. Dias Toffoli, *DJ* 17.2.2016.

111. Johanna Hey, *Steuerplanungssicherheit als Rechtsproblem*, Köln, Otto Schmidt, 2002, p. 87. Guido Alpa, *La certezza del Diritto nell'età dell'incertezza*, Napoli, Scientifica, 2006, p. 23.

112. José Luis Palma Fernández, *La seguridad jurídica ante la abundancia de normas*, Madrid, Centro de Estudios Políticos y Constitucionales, 1997, p. 41.

113. EREsp n. 180.700-SC, Rel. Min. Francisco Falcão, Primeira Seção, julgado em 27.9.2000, *DJ* 25.6.2001, p. 99.

114. REsp n. 378.795-GO, Rel. Min. Franciulli Netto, Primeira Seção, *DJ* 21.3.2005, p. 209.

decorrente do local da prestação, se dentro ou fora de um hospital.[115] Essa compreensão passou a ser adotada também pela Segunda Turma do referido Tribunal,[116] e permaneceu a mesma até que a Primeira Turma, em julgamento ocorrido em 17.8.2006, passou a considerar que a redução da base de cálculo concedida aos "serviços hospitalares" era, na verdade, uma isenção parcial, consubstanciando uma regra de exceção que deveria ser interpretada restritivamente, excluindo-se, dessa definição, todos aqueles serviços que não apresentassem uma "estrutura hospitalar" e que prestassem "atendimento integral ao paciente".[117] Diante da divergência então surgida entre a Primeira e a Segunda Turmas do Tribunal, a Primeira Seção foi provocada a manifestar-se e a uniformizar a questão. Ao analisar o caso, a Seção, em 11.10.2006, acatou o novo entendimento firmado pela Primeira Turma, estabelecendo como critério para caracterização de uma atividade como "serviço hospitalar" a "existência de uma estrutura material e de pessoal destinada a atender a internação de pacientes".[118] Em que pese tenha inicialmente resistido a essa interpretação em algumas oportunidades,[119] a Segunda Turma logo se curvou ao posicionamento da Seção.[120] O Superior Tribunal de Justiça aplicou a tese da interpretação restritiva até 15.5.2007, quando, porém, a Segunda Turma voltou a adotar entendimento no sentido de que a questão deveria ser analisada de acordo com a natureza do serviço prestado, e não em função do local da prestação ou da estrutura envolvida.[121] Esse entendimento ainda vacilou perante a Segunda Turma em função da presença da Ministra Eliana Calmon nos julgamentos.[122] A Primeira Turma, por sua vez, manteve seu posicionamento inalterado, apesar do retorno da divergência perante a Segunda Turma em algumas

115. REsp n. 380.584-RS, Rel. Min. Garcia Vieira, 1ª Turma, *DJ* 25.3.2002.

116. REsp n. 380.087-RS, Rel. Min. João Otávio de Noronha, 2ª Turma, *DJ* 7.6.2004.

117. REsp n. 837.778-SC, Rel. Min. Teori Albino Zavascki, 1ª Turma, *DJ* 31.8.2006.

118. REsp n. 786.569-RS, Rel. Min. Teori Albino Zavascki, 1ª Seção, *DJ* 30.10.2006; e REsp n. 832.906-SC, Rel. Min. José Delgado, 1ª Seção, *DJ* 27.11.2006.

119. REsp n. 807.312-RS, Rel.a Ministra Eliana Calmon, 2ª Turma, *DJ* 27.11.2006.

120. REsp n. 873.944-RS, Rel. Min. Castro Meira, 2ª Turma, *DJ* 14.12.2006.

121. REsp n. 807.128-RS, Rela. Ministra Eliana Calmon, 2ª Turma, *DJ* 28.5.2007; e REsp n. 836.783/SC, Rela. Ministra Eliana Calmon, 2ª Turma, 15.5.2007.

122. REsp n. 889.960-RS, Rel. Min. Castro Meira, 2ª Turma, *DJ* 1.6.2007.

oportunidades.[123] No entanto, com o intuito de unificar a jurisprudência das duas Turmas, a Primeira Seção voltou a manifestar-se a respeito da matéria e, em julgamento ocorrido em 22.4.2009, surpreendentemente, retornou ao seu posicionamento inicial, manifestando-se no sentido de que o legislador "não teve em conta os custos arcados pelo contribuinte, mas, sim, a natureza do serviço, essencial à população por estar ligado à garantia do direito fundamental à saúde", excluindo-se apenas as simples consultas médicas realizadas por profissionais liberais sem qualquer outra atividade ambulatorial envolvida.[124] Em suma, a compreensão, acerca desse assunto, primeiro era uma, depois passou a ser outra, para, finalmente, quem sabe, retornar à primeira.

Cabe recordar, agora, que os três Poderes funcionam, como afirmado, sob a pressão do tempo. Há, além disso, também uma outra, igualmente intensa: a pressão do dinheiro. Já que o Estado, nas suas várias formas de atuação, possui novas tarefas, é preciso encontrar novas fontes para custeá-las. Isso é feito por meio da edição de novas leis, que instituam novos tributos ou que elevem os já existentes. O mesmo é conseguido, também, mediante a prolação de novas decisões judiciais, que afastem eventuais inconstitucionalidades das leis tributárias ou que mantenham os seus efeitos pretéritos, mesmo quando elas contradigam frontalmente a Constituição. Comparativamente à atuação estatal pretérita, com o Estado Social, aumentam-se as tarefas e o aparato estatal e, com isso, é preciso aumentar as despesas e as receitas.[125] O aumento destas últimas nem sempre é realizado apenas com a edição de normas que alcancem fatos futuros. Também os fatos pretéritos ficam na mira do Estado, provocando o "drama das leis retroativas".[126] Alguns chegam a dizer que a retroatividade não apenas seria um remédio necessário para se combater leis imprecisas e numerosas – ela seria, pois, a sua única solução.[127] Enfim, resolvem-se problemas com novos problemas. Até mesmo a denominada "automedicação", executada por meio das normas de simplificação, destinadas a tornar o ordenamento jurídico mais inteligível, pela sua própria e paradoxal complexidade, em vez de atingir

123. REsp n. 958.421-PR, Rel. Min. José Delgado, 1ª Turma, *DJ* 6.9.2009.

124. REsp n. 951.251-PR, Rel. Min. Castro Meira, 1ª Seção, *DJ* 3.6.2009.

125. Martin Stötzel, *Vertrauensschutz und Gesetzesrückwirkung*, Frankfurt am Main, Peter Lang, 2002, p. 33.

126. Idem, p. 55.

127. Amélie Lièvre-Gravereaux, *La rétroactivité de la loi fiscale: une nécessité en matière de procédures*, Paris, Harmattan, 2007, pp. 383-384. Ver também: Antonio Enrique Perez Luño, *La seguridad jurídica*, Barcelona, Ariel, 1991, p. 96.

o seu objetivo, termina por agravar o mal, justificando a indagação no sentido de saber se "o remédio não é pior do que o mal" e o pedido para que "paremos assim de 'simplificar'!".[128]

Enfim, o cidadão, em geral, e o contribuinte, em particular, é regulado, de um lado, por leis que muitas vezes são inacessíveis, mas mesmo quando elas são acessíveis, nem sempre são compreensíveis e estáveis; e por decisões que, embora com maior grau de inteligibilidade, padecem de instabilidade. Chevallier, em razão disso, utiliza a expressão "Direito Transitório".[129] A constatação de Ost já é mais impiedosa: o Direito está "em trânsito".[130] É a era da velocidade.[131]

Independentemente de toda essa situação, porém, o contribuinte precisa exercer a sua profissão e a sua atividade econômica. Ele até pode diminuir o seu risco financeiro fazendo uso de seguros, afastando-se de determinado mercado, adotando uma política conservadora de preços, repassando a terceiros o seu risco, entre outras medidas; mas o que ele, definitivamente, não pode é afastar-se da dependência das normas jurídicas.[132] E ele faz isso baseando a sua ação e o seu planejamento precisamente nestas normas: em atos normativos primários, normalmente leis em sentido estrito; em atos normativos secundários, consubstanciados em atos destinados a interpretar a legislação (*norminterpretierende Verwaltunsvorschriften*), a favorecer o esclarecimento de fatos (*Verwaltunsvorschriften der Sachverhaltermittlung*), a tipificar a consideração dos fatos (*Typisierungsvorschriften*) e a orientar a apreciação discricionária da Administração (*ermessenslenkende Verwaltunsvorschriften*); em atos administrativos, como é o caso dos lançamentos e das respostas a consultas, por exemplo; e em atos judiciais, como é o caso das decisões

128. Nicolas Molfessis, "Combattre l'insécurité juridique ou la lutte du système juridique contre lui-même", in *Sécurité juridique et complexité du Droit*, Conseil d'État, *Rapport Public 2006*, Études e documents n. 57, Paris, Documentation française, 2006, pp. 394-396.

129. Jacques Chevallier, *L'État de Droit*, 2ª ed., Paris, Montchrestien, 1994, p. 106.

130. François Ost, *Le temps du Droit*, Paris, Odile Jacob, 1999, p. 282.

131. Luís Roberto Barroso, "Em algum lugar do passado: segurança jurídica, Direito Intertemporal e o novo Código Civil", in Cármen Lúcia Antunes Rocha (org.), *Constituição e segurança jurídica: direito adquirido, ato jurídico perfeito e coisa julgada, Estudos em homenagem a José Paulo Sepúlveda Pertence*, Belo Horizonte, Fórum, 2004, p. 141.

132. Alain Couret, "La sécurité financière", in Laurence Boy, Jean-Baptiste Racine e Fabrice Siiriainen (orgs.), *Sécurité juridique et Droit Économique*, Bruxelles, Larcier, 2008, p. 363.

diretamente relativas ao contribuinte, ou referentes a outros contribuintes, com força normativa (decisões proferidas no controle concentrado de constitucionalidade ou no controle difuso de constitucionalidade, porém objeto de súmula vinculante ou de suspensão da lei pelo Senado Federal), ou sem força normativa (decisões proferidas no controle difuso de constitucionalidade ou mesmo no controle de legalidade, mas que criam a expectativa de igual tratamento futuro para casos similares). O essencial é que esses atos geram um efeito "provocador de iniciativas" (*dispositionsinitiierende Wirkung*), "modificador de iniciativas" (*dispositionsmodifizierende Wirkung*) e "inibidor de iniciativas" (*dispositionsinhibierende Wirkung*) por parte do contribuinte: ele age e planeja em razão desses atos.[133] E mesmo que ele deva contar com a possibilidade da sua modificação futura, o fato é que esses atos normativos criam expectativas por parte dos contribuintes, que confiam na sua permanência e na sua vinculatividade, quando não são inclusive induzidos a adotar determinado comportamento com base naqueles. O essencial, insista-se, é que a previsibilidade da ação estatal, seja em que ato ou em que manifestação ela for baseada, é essencial para a liberdade de ação individual e para a ação empresarial.[134]

Além dessas causas sociais, aqui referidas apenas para justificar o tema desta monografia, a insegurança jurídica também possui causas jurídicas. De um lado, a doutrina nem sempre fornece critérios controláveis para eliminar ou para diminuir a insegurança jurídica. Cada vez mais surgem trabalhos que se valem de linguagem excessivamente abstrata ou que transferem qualquer grau de determinação normativa exclusivamente para a decisão individual. Além disso, muitos trabalhos, em vez de fixarem critérios interpretativos capazes de auxiliar na compreensão e na aplicação do Direito, limitam-se a utilizar e a cunhar definições elevadamente imprecisas, como a de que a segurança jurídica envolve a capacidade de prever os resultados atribuíveis pelo Direito à própria conduta, sem qualquer tipo de especificação relativamente ao que se deve entender por "capacidade", "prever", "resultados" e "Direito". Por essa razão se afirma que a dimensão meramente retórica da doutrina adquire um nível espetacular.[135] Esse modo de análise produz,

133. Johanna Hey, *Steuerplanungssicherheit als Rechtsproblem*, Köln, Otto Schmidt, 2002, pp. 21, 28, 48.

134. Geraldo Ataliba, *República e Constituição*, 2ª ed., São Paulo, Malheiros Editores, 1998, p. 174.

135. Andreas von Arnauld, *Rechtssicherheit*, Tübingen, Mohr Siebeck, 2006, pp. 60, 263.

porém, o efeito inverso ao desejado no caso da segurança jurídica: se o seu estudo é levado a cabo apenas por meio de palavras vagas e sem a fixação de critérios minimamente claros de efetivação, a tentativa de diminuir a insegurança produz paradoxalmente ainda mais insegurança – o elevado grau de abstração não elimina nem diminui o problema de falta de (pre)visibilidade do ordenamento jurídico, antes o agrava. Esse fenômeno explica a afirmação de Racine e Siirianen, no sentido que a "segurança jurídica que parece fazer corpo com o sistema jurídico não foi jamais definida com precisão, o que é o cúmulo para uma noção que põe uma exigência de certeza!"[136]

De outro lado, a discussão doutrinária e jurisprudencial desenvolveu novas teorias, aqui sinteticamente descritas, que paradoxalmente contribuem para o aumento da complexidade do ordenamento jurídico.[137] A teoria da essencialidade (*Wesentlichkeitstheorie*) sustenta que o Poder Legislativo deve editar regras tanto mais detalhadas quanto mais importante for o objeto regulado.[138] A teoria da proibição de insuficiência (*Untermaßverbotstheorie*) argui que a obrigação de proteção dos direitos fundamentais (*grundrechtliche Schutzpflichte*) atribui ao Estado o dever de editar as regras aptas a garantir a sua eficácia mínima.[139] A teoria da igualdade demonstra que o essencialmente diferente deve ser tratado de modo distinto por meio das normas jurídicas.[140] E a teoria do Estado Social defende que o Estado é o principal garantidor da

136. Jean-Baptiste Racine e Fabrice Siiriainen, "Sécurité juridique et Droit Économique. Propos introductifs", in Laurence Boy, Jean-Baptiste Racine e Fabrice Siiriainen (orgs.), *Sécurité juridique et Droit Économique*, Bruxelles, Larcier, 2008, p. 13.

137. Andreas von Arnauld, *Rechtssicherheit*, Tübingen, Mohr Siebeck, 2006, pp. 221, 248.

138. Walter Krebs, "Rechtliche und reale Freiheit", in Hans-Jürgen Papier e Detlef Merten (orgs.), *Handbuch der Grundrechte*, v. 2, Heidelberg, C. F. Müller, 2006, pp. 316 e ss.

139. Mathias Mayer, *Untermaß, Übermaß und Wesensgehaltsgarantie*, Baden-Baden, Nomos, 2005, p. 48. Manfred Stelzer, *Das Wesensgehaltsargument und der Grundsatz der Verhältnismäßigkeit*, Wien, Springer, 1991, p. 100. Johannes Dietlein, *Die Lehre von den grundrechtlichen Schutzpflichten*, 2ª ed., Berlin, Duncker und Humblot, 2005, p. 128. Peter Szczekalla, *Die sogenannten grundrechtlichen Schutzpflichten im deutschen und europäischen Recht*, Berlin, Duncker und Humblot, 2002, p. 223.

140. Letizia Gianformaggio, *Eguaglianza, donne e Diritto*, Bologna, Il Mulino, 2005, pp. 33 e ss. Rolf Eckhoff, *Rechtsanwendungsgleichheit im Steuerrecht*, Köln, Otto Schmidt, 1999, pp. 67 e ss.

ordem social.[141] Independentemente da sua correção e da apreensão de todo o seu extenso significado, todas essas teorias provocam duas consequências específicas: aumentam a quantidade de normas e tornam essas normas mais complexas.[142] Com efeito, quanto mais detalhadas forem as regras, menos compreensíveis elas serão; quanto mais o Estado assumir a tarefa de proteger os direitos fundamentais, maior será o número de normas; e quanto maior a sua quantidade, menos inteligível será o ordenamento jurídico; quanto mais regras particulares existirem, igualmente menos acessíveis elas se tornarão. É o Direito, e a teoria a seu respeito, criando insegurança jurídica.

O essencial, para o objeto deste trabalho, é que o cenário, acima rapidamente descrito, faz surgir determinados problemas para o cidadão, em geral, e para o contribuinte, em particular.[143]

O primeiro problema refere-se à falta de inteligibilidade do ordenamento jurídico (*Unerkennbarkeit der Rechtsordnung*). O cidadão não sabe exatamente qual é a regra válida. Se aquele sabe qual é esta última, não conhece bem o que ela determina, proíbe ou permite. As regras não são acessíveis, abrangentes, compreensíveis ou inclusive suficientemente determinadas. Elas não são, enfim, orientadas para o usuário, já que deixam de prever as informações relevantes para o comportamento que aquele deve adotar. Com isso, o Direito perde a sua função orientadora. O Direito, para usar aqui uma expressão enfática, *deixa de ser sério*. O cidadão torna-se dominado por leis que desconhece, revelando-se o princípio de que a ignorância das leis não escusa o seu cumprimento quase um sarcasmo.[144]

A segunda questão diz respeito à carência de confiabilidade do ordenamento jurídico (*Unzuverlässigkeit der Rechtsordnung*). O cidadão não sabe se a regra, que era e é válida, ainda continuará válida. E, quando ele sabe disso, não está seguro se essa regra, embora válida, será efeti-

141. Hans Michael Heinig, *Der Sozialstaat im Dienst der Freiheit*, Tübingen, Siebeck, 2008, p. 291.

142. José Luis Palma Fernández, *La seguridad jurídica ante la abundancia de normas*, Madrid, Centro de Estudios Políticos y Constitucionales, 1997, p. 27. Klaus-Michael Groll, *In der Flut der Gesetze: Ursachen, Folgen, Perspektiven*, Düsseldorf, Droste, 1985, p. 103.

143. Andreas von Arnauld, *Rechtssicherheit*, Tübingen, Mohr Siebeck, 2006, pp. 167, 271, 391.

144. Eduardo García de Enterría, *Justicia y seguridad jurídica en un mundo de leyes desbocadas*, Madrid, Civitas, 1999, p. 49. Eros Roberto Grau, *O Direito posto e o Direito pressuposto,* 7ª ed., São Paulo, Malheiros Editores, 2008, p. 185.

vamente aplicada ao seu caso. Regras e decisões são, pois, inconstantes. O Direito não é sério – e também *deixa de ser levado a sério*.

O terceiro entrave diz com a falta de calculabilidade do ordenamento jurídico (*Unberechenbarkeit der Rechtsordnung*). Em outras palavras, o cidadão não sabe bem qual norma irá valer. As possibilidades de apreensão de informações sobre futuras decisões são muito pequenas. O Direito, por conseguinte, não é previsível nem calculável. O cidadão, assim, não sabe se o Direito, que já não é sério nem é levado a sério no presente, *será também levado a sério no futuro*.

A ausência ou a pouca intensidade dos ideais de cognoscibilidade, de confiabilidade e de calculabilidade do Direito instalam a incerteza, a descrença, a indecisão no meio social, fazendo com que se coloquem em dúvida até mesmo princípios tradicionais, como a segurança jurídica, a capacidade contributiva, a igualdade e a legalidade.[145]

Essas dificuldades se intensificam no Direito Tributário. Em primeiro lugar, por causa das particularidades desse âmbito normativo: em virtude da regra de legalidade, há uma enorme vinculação aos mandamentos legais no Direito Tributário, que funcionam como as principais bases da confiança do contribuinte, pela repercussão que provocam na sua liberdade e na sua propriedade. As leis, no entanto, não apenas se destinam a atingir finalidades fiscais, mas também servem de instrumento para induzir o comportamento do contribuinte e para atingir uma série de finalidades de índole econômica, social, cultural, científica, ambiental, de saúde pública, entre outras, funcionando essas leis, em maior medida ainda, como bases da confiança do contribuinte. As leis tributárias, fiscais ou extrafiscais, atingem de diferentes formas os resultados da atividade econômica dos contribuintes, alcançando ora a renda, ora a propriedade, ora o consumo, devendo a proteção da confiança no Direito Tributário ser realizada em razão de um conjunto de fatores. As hipóteses legais de incidência, por fim, atingem determinadas atividades que, ao contrário do que ocorre em outros ramos do Direito, desenvolvem-se no tempo, iniciando-se sob a vigência de uma lei e concluindo-se na vigência de outra.[146] Todos esses fatores agravam

145. Misabel de Abreu Machado Derzi, "Mutações, complexidade, tipo e conceito, sob o signo da segurança e da proteção da confiança", in Heleno Torres (org.), *Estudos em homenagem a Paulo de Barros Carvalho*, São Paulo, Saraiva, 2007, p. 247.

146. Rudolf Mellinghoff, "Vertrauen in das Steuergesetz", in Heinz-Jürgen Pezzer (org.), *Vertrauensschutz im Steuerrecht*, Deutsche Steuerjuristische Gesellschaft, v. 27, Köln, Otto Schmidt, 2004, pp. 32-33.

a preocupação com a segurança jurídica no Direito Tributário pela insegurança que causam.

Em segundo lugar, os mencionados empecilhos agravam-se por causa da necessidade de planejamento para o exercício de uma atividade econômica. É que, para conceber e para exercer qualquer atividade, o contribuinte precisa, dentro do seu planejamento, também fazer uma prospecção relativamente às consequências jurídicas futuras, por meio da avaliação das alternativas econômicas sob a perspectiva do seu impacto tributário. As dificuldades existentes no momento da avaliação tanto podem dizer respeito à incerteza com relação à base normativa existente e aos seus efeitos (incerteza estática) como também com relação à permanência, no tempo, dessa mesma base (incerteza dinâmica). Ambas as incertezas podem gerar uma eficácia restritiva ou aniquiladora da capacidade de planejamento, restringindo, sobremodo, o exercício da atividade econômica pelo contribuinte.[147] Certeza para o contribuinte, no entanto, só existe se este tem condições de, no momento do seu planejamento, antecipar, em larga medida, quais serão as consequências tributárias da sua ação. Para que isso seja possível, ele precisa ter conhecimento das fontes normativas aplicáveis, dos seus efeitos e da sua duração no tempo. Ele precisa, enfim, ter cognoscibilidade e calculabilidade do Direito. Isso, no entanto, há muito não acontece com a desejável intensidade. Rümelin, em 1924, por incrível que possa parecer, já afirmava: "A possibilidade de uma previsibilidade, um posicionamento da economia privada a respeito do encargo tributário simplesmente desapareceu e a falta de clareza da situação jurídica pressiona, sobretudo, o cidadão escrupuloso e fiel ao Estado, enquanto permanecem abertas ilimitadas possibilidades ao impostor".[148]

Pode-se, dentro de todo esse contexto, afirmar que não apenas o futuro, mas também o passado termina provocando insegurança. O cidadão, pela ausência de inteligibilidade do ordenamento jurídico, não sabe o que é válido hoje (insegurança com relação ao Direito presente); ele, pela falta de previsibilidade do ordenamento jurídico, igualmente não sabe o que será válido ou vinculante amanhã (insegurança com relação ao Direito futuro); e ele, pela carência de estabilidade do ordenamento jurídico, paradoxalmente também não sabe se o que foi válido ontem

147. Joachim Voß, *Ungewißheit im Steuerrecht*, Wiesbaden, Gabler, 1992, p. 1.

148. Max Rümelin, *Die Rechtssicherheit*, Tübingen, Mohr Siebeck, 1924, p. 38.

continuará valendo hoje (insegurança com relação ao Direito pretérito). O Direito não é seguro. E um Direito que não é seguro, não é Direito, como lembra Carnelutti.[149]

Mas é exatamente porque só se obtém plena consciência do significado de um bem quando se o perde; e precisamente porque a segurança somente adquire significação como valor jurídico sob a impressão do seu oposto – a insegurança – que a investigação da segurança jurídica recupera toda a sua vitalidade. A segurança jurídica aparece, deste modo, como uma espécie de estado paradisíaco para o estado atual de aguda insegurança.[150] O paraíso da segurança surge do inferno da insegurança. A segurança se torna uma "boia de salvação" (*un'ancora di salvezza*), como acentua Alpa.[151] Ou, como lembra Schrimm-Heins, na citação já referida preambularmente, a segurança "torna-se assim um tema quando a insegurança se alastra. E quanto mais inseguras são encontradas as circunstâncias na Modernidade, tanto mais abrangentes se tornam as expectativas de segurança dos homens".[152]

Deve-se ressaltar agora que a busca desse estado ideal justifica-se pelos efeitos negativos que a insegurança jurídica provoca. Assim, a insegurança jurídica pode prejudicar ou mesmo impedir o exercício das atividades pessoais, profissionais e econômicas, pela ausência, no dizer preciso de Carrazza, de um mínimo de exigências para que todos possam viver e desenvolver livremente a suas atividades lícitas.[153] Só se pode planejar e agir quando há segurança para planejar e para agir. Segurança é, deste modo, um meio de realização das liberdades individuais, uma espécie de princípio funcional relativamente àquelas.[154] Afinal, quem não pode confiar nas condições jurídicas para a realização dos seus atos guardará distância das grandes realizações, já que a liberdade significa,

149. Francesco Carnelutti, "Certezza, autonomia, libertà, Diritto", in *Il Diritto della Economia*, n. 2, p. 1.190, 1956.

150. Andreas von Arnauld, *Rechtssicherheit*, Tübingen, Mohr Siebeck, 2006, pp. 15, 68, 90.

151. Guido Alpa, *La certezza del Diritto nell'età dell'incertezza,* Napoli, Scientifica, 2006, p. 43.

152. Andrea Schrimm-Heins, "Gewissheit und Sicherheit: Geschichte und Bedeutungswandel der Begriffe 'certitudo' und 'securitas'" (*Teil* 2), *Archiv für Begriffsgeschichte,* v. 35, p. 204, 1992.

153. Roque Antonio Carrazza, *Curso de Direito Constitucional Tributário*, 27ª ed., São Paulo, Malheiros Editores, 2011, p. 426.

154. Arnauld von Andreas, *Rechtssicherheit*, Tübingen, Mohr Siebeck, 2006, p. 663. Gianmarco Gometz, *La certezza giuridica come prevedibilità*, Torino, Giappichelli, 2005, p. 3.

justamente, a possibilidade de plasmar a própria vida de acordo com os próprios projetos. Por isso a aguda afirmação de Grau no sentido de que, sem calculabilidade, não há como prevalecer uma economia de mercado.[155] A segurança jurídica adquire, pois, caráter instrumental relativamente à liberdade: quanto maior a segurança, maior o grau de liberdade, isto é, maior a capacidade de o indivíduo planejar o seu futuro conforme aos seus ideais. Paradoxalmente, no entanto, quanto maior a liberdade, maior é a possibilidade de cada indivíduo fazer algo diferente e, por conseguinte, menor a possibilidade de os outros indivíduos poderem prever o que cada um irá fazer. Como anota Gusy, "segurança é ausência de riscos; liberdade, ao contrário, causa e aumenta riscos".[156] Eis o dilema: mais segurança significa mais liberdade; mais liberdade permite a existência e a proteção de um maior número de interesses por meio das normas jurídicas, o que, por sua vez, contribui para o aumento da complexidade do ordenamento jurídico. A segurança – eis o interessante paradoxo – gera insegurança.[157]

A segurança jurídica também é um elemento objetivo do ordenamento jurídico. Ela é um meio de atingir o bem de todos.[158] Quando há um elevado grau de insegurança, o indivíduo evita ações que estimulam a integração. Com isso, a cooperação social é reprimida.

A segurança jurídica é, igualmente, um meio de garantir a dignidade da pessoa humana. O respeito à dignidade abrange o tratamento

155. Eros Roberto Grau, *A ordem econômica na Constituição de 1988*, 12ª ed., São Paulo, Malheiros Editores, 2007, p. 32. Idem, *O Direito posto e o Direito pressuposto*, 7ª ed., São Paulo, Malheiros Editores, 2008, p. 102. Sobre as condições jurídicas de uma Economia capitalista de mercado, ver: Stefan Uecker, *Die Rationalisierung des Rechts,* Berlin, Wissenschaftler Verlag, 2005, pp. 70 e ss.; Christof Münch, "Rechtssicherheit als Standortfaktor. Gedanken aus Sicht der vorsorgenden Rechtspflege", in Albrecht Weber (org.), *Währung und Wirtschaft. Das Geld im Recht. FS für Hugo J. Hahn*, Baden-Baden, Nomos, 1997, p. 673; Max Weber, *Wirtschaft und Gesellschaft*, Frankfurt am Main, Zweitausendeins, 2008, pp. 49 e ss., 233 e ss., 599 e ss.; Franz Neumann, "Über die Voraussetzungen und den Rechtsbegriff einer Wirtschaftsverfassung", in *Wirtschaft, Staat, Demokratie*, Frankfurt am Main, Suhrkamp, 1978, pp. 76 e ss. Idem, "Der Funktionswandel des Gesetzes im Recht der bürgerlichen Gesellschaft", in *Demokratischer und autoritärer Staat – Studien zur politischen Theorie*, Frankfurt am Main, Europäische Verlagsanstalt, 1967, pp. 31 e ss.

156. Christoph Gusy, "Gewährleistung von Freiheit und Sicherheit im Lichte unterschiedlicher Staats- und Verfassungsverständnisse", *VVDStRL*, Berlin, v. 63, p. 155, 2004.

157. Andreas von Arnauld, *Rechtssicherheit*, Tübingen, Mohr Siebeck, 2006, pp. 71, 692.

158. Andreas von Arnauld, *Rechtssicherheit*, Tübingen, Mohr Siebeck, 2006, p. 153.

do homem como pessoa capaz de planejar o seu futuro. O homem é um ser orientado para a ação futura, que procura, no seu agir, estabilizar o futuro.[159] A garantia da dignidade engloba, pois, o respeito da autonomia individual do homem.[160]

A insegurança jurídica prejudica, enfim, a vida dos cidadãos. Ela atua negativamente sobre as instituições e sobre os investimentos internos e externos, já que prejudica as decisões de longo prazo em virtude da absoluta impossibilidade de apreensão das normas futuras e das decisões passadas.[161] A mudança frequente da legislação afasta o investimento e impede ações de médio e de longo prazos necessárias a uma economia de mercado.[162]

Esse quadro de insegurança manifesta-se no Direito em geral. No Direito Tributário, no entanto, esse fenômeno de insegurança exterioriza-se ainda com maior intensidade. Primeiro, porque a assunção de novas tarefas estatais conduz ao crescimento das finalidades extrafiscais: além de manter ou de aumentar a arrecadação, o Estado pretende atingir fins específicos por meio da tributação, como proteger o meio ambiente ou garantir a livre concorrência. Essa assunção de novas tarefas, além de tornar a legislação ainda mais complexa, também altera os elementos a serem considerados, na medida em que a proteção da confiança depositada no Estado que induz o contribuinte a seguir a sua orientação deve ser ainda mais forte. Segundo, porque a pressão do tempo e do dinheiro deságuam, principalmente, no campo do Direito Tributário: é por meio deste último que o Estado pretende garantir o financiamento das novas atividades estatais; e é nesse ramo que se manifestam, pela eficácia

159. Franz-Xaver Kaufmann, *Sicherheit als soziologisches und sozialpolitisches Problem*, 2ª ed., Stuttgart, 1973, p. 11.

160. Joseph Raz, "The Rule of Law and its Virtue" (1977), *The Authority of Law. Essays on Law and Morality*, Oxford, Oxford, 1979, p. 221. John Rawls, *Theory of Justice*, Cambridge, Belknap, 1971, p. 407.

161. Andreas von Arnauld, *Rechtssicherheit*, Tübingen, Mohr Siebeck, 2006, pp. 111, 113; Johanna Hey, *Steuerplanungssicherheit als Rechtsproblem*, Köln, Otto Schmidt, 2002, p. 99.

162. Jean-Baptiste Racine, Fabrice Siiriainen, "Sécurité juridique et Droit Économique. Propos introductifs", in Laurence Boy, Jean-Baptiste Racine, Fabrice Siiriainen (orgs.), *Sécurité juridique et Droit Économique*, Bruxelles, Larcier, 2008, pp. 16, 18. Jacques Chevallier, "Le Droit Économique: l'insécurité juridique ou nouvelle sécurité juridique?", in Laurence Boy, Jean-Baptiste Racine, Fabrice Siiriainen, (orgs.), *Sécurité juridique et Droit Économique*, Bruxelles, Larcier, 2008, p. 572.

oneratória e direcionadora das normas tributárias, as pressões para a manutenção ou a modificação das normas jurídicas.[163]

Ao se enfatizar a importância da confiabilidade do ordenamento jurídico, especialmente por meio da sua estabilidade e da sua vinculatividade, não se pretende negar a importância da variabilidade das normas e, com isso, da flexibilidade e da inovação.[164] O Direito situa-se sempre entre tradição e inovação, permanência e adaptabilidade.[165] A CF/88, ao dificultar a mudança constitucional por meio da instituição de requisitos de forma, e ao proibir a emenda constitucional sobre determinados assuntos, protege, de um lado, a estabilidade do ordenamento jurídico; de outro, porém, pressupõe a sua variabilidade e a sua modificabilidade – só se restringe a mudança daquilo que pode mudar.[166] Além disso, o princípio democrático atribui ao Poder Legislativo a competência para continuamente ir assegurando, nas normas jurídicas, os interesses reclamados pela sociedade, inclusive com prerrogativas de configuração e de fixação de premissas.[167] Mais, as regras constitucionais de competência outorgam ao Poder Judiciário o poder de interpretar e de

163. Andreas von Arnauld, *Rechtssicherheit*, Tübingen, Mohr Siebeck, 2006, p. 90.

164. Eberhard Schmidt-Aßmann, "Flexibilität und Innovationsoffenheit als Entwicklungsperspektiven des Verwaltunsrechts", in Wolfgang Hoffmann-Riem, Eberhard Schmidt-Aßmann (orgs.), *Innovation und Flexibilität des Verwaltungshandelns*, Baden-Baden, Nomos, 1994, pp. 407-423. Friedrich Schoch, "Der Verwaltunsakt zwischen Stabilität und Flexibilität", in Wolfgang Hoffmann-Riem, Eberhard Schmidt-Aßmann (orgs.), *Innovation und Flexibilität des Verwaltungshandelns*, Baden-Baden, Nomos, 1994, pp. 199-244. Reiner Schmidt, "Flexibilität und Innovationsoffenheit im Bereich der Verwaltungsmaßstäbe", in Wolfgang Hoffmann-Riem, Eberhard Schmidt-Aßmann (orgs.), *Innovation und Flexibilität des Verwaltungshandelns*, Baden-Baden, Nomos, 1994, pp. 67-110. Hartmut Bauer, "Anpassungsflexibilität im öffentlich-rechtlichen Vertrag", in Wolfgang Hoffmann-Riem, Eberhard Schmidt-Aßmann (orgs.), *Innovation und Flexibilität des Verwaltungshandelns*, Baden-Baden, Nomos, 1994, pp. 245-288. Wolfgang Hoffmann-Riem, "Ermöglichung von Flexibilität und Innovationsoffenheit im Verwaltungsrecht: einleitende Problemskizze", in Wolfgang Hoffmann-Riem, Eberhard Schmidt-Aßmann (orgs.), *Innovation und Flexibilität des Verwaltungshandelns*, Baden-Baden, Nomos, 1994, pp. 9-66. Niklas Luhmann, *Ausdifferenzierung des Rechts. Beiträge zur Rechtssoziologie und Rechtstheorie*, Frankfurt am Main, Suhrkamp, 1999, p. 95.

165. Paul Kirchhof, "Rückwirkung von Steuergesetzen", *StuW*, p. 222, 2000.

166. Werner Krawietz, "Rechtstheorie und Rechtsstaatlichkeit", in Werner Krawietz, Mihály Samu, Péter Szilágyi (orgs.), *Rechtstheorie, Sonderhaft – Verfassungsstaat, Stabilität und Variabilität des Rechts im modernen Rechtssystem*, v. 26, t. 3, Berlin, Duncker und Humblot, 1995, p. 435.

167. Rudolf Mellinghoff, "Vertrauen in das Steuergesetz", in Heinz-Jürgen Pezzer (org.), *Vertrauensschutz im Steuerrecht, Deutsche Steuerjuristische Gesells-*

aplicar as normas instituídas pelo Poder Legislativo, podendo, com isso, continuamente buscar a melhor interpretação, inclusive mediante revisão de decisões equivocadas anteriores, ou da prolação de novas decisões com a consideração de circunstâncias antes não ou mal consideradas. Todos esses fundamentos não só pressupõem a modificabilidade do ordenamento jurídico, como, de algum modo, a permitem. Com este trabalho, porém, como será oportunamente analisado, não se sustenta a proibição de modificação do Direito quando se fala na importância da estabilidade como integrante do estado de confiabilidade que compõe o princípio da segurança jurídica. Defende-se, em vez disso, e apenas, que essa modificação, pressuposta e permitida, seja feita de forma estável e calculável.[168] Até mesmo porque a imobilidade total do Direito levaria à sua falta de efetividade: como os interesses e os valores mudam, um Direito que, em um caso limite, não reflete minimamente os interesses e valores sociais, acaba por não ser aplicado, padecendo, por isso, de falta de efetividade. Daí se poder dizer, com Valembois, que Direito demais termina matando o próprio Direito ou, nessa mesma linha argumentativa, que "segurança demais mataria a segurança".[169] Sendler segue o mesmo caminho, ao dizer que "Direito demais não é Direito" (*Zuviel Recht ist Unrecht*).[170] Observação similar já tinha sido feita por Reale, quando este afirmou que "uma segurança absolutamente certa é uma razão de insegurança (...)".[171] Enfim, o excesso de Direito conduz à chamada "doença de Direito demais" (*maladie du trop-de-droit*).[172] Previsibilidade demais elimina, no limite, a eficácia do Direito.[173] O essencial é que se deverão necessariamente conciliar as exigências de estabilidade e de mutação, imprescindíveis não só ao Direito quanto à vida humana

chaft, v. 27, Köln, Otto Schmidt, 2004, p. 27. Paul Kirchhof, "Rückwirkung von Steuergesetzen", *StuW*, p. 221, 2000.

168. Anna Leisner, *Kontinuität als Verfassungsprinzip*, Tübingen, Mohr Siebeck, 2002, p. 5.

169. Anne-Laure Valembois, *La Constitutionnalisation de l'exigence de sécurité juridique en Droit français*, Paris, LGDJ, 2005, p. 21.

170. Horst Sendler, "Mehr Gesetze, weniger Rechtsgewährung?", *DVBl*, p. 979, 15.9.1995.

171. Miguel Reale, "Prefácio", in Theophilo Cavalcanti Filho, *O problema da segurança no Direito*, São Paulo, Ed, RT, 1964, p. V.

172. Alessandro Pizzorusso, Paolo Passaglia, "Constitution et sécurité juridique – Italie", *Annuaire International de Justice Constitutionnelle 1999*, Paris, Economica, 2000, pp. 199-225.

173. Fabien Lafay, *La Modulation du Droit par le Juge*, t. 2, Aix-en-Provence, PUAM, 2006, p. 576.

a que ele deve servir, como registram as precisas palavras de Cavalcanti Filho.[174]

Até aqui, apresentou-se a primeira justificativa para a escolha da segurança jurídica como tema monográfico – o estado atual de elevada insegurança. Há, ao lado dessa justificativa, digamos, causalista, também outra, de índole doutrinária: embora existam trabalhos sobre o tema, e de grande qualidade, o modo como o tema é apresentado e a maneira como ele é enfrentado justificam a realização de uma nova e diferente pesquisa.

De um lado, o estudo da segurança jurídica é apresentado com elevado grau de *ceticismo*.[175] Alega-se, primeiro, que a segurança jurídica, como princípio, tem pouco a oferecer.[176] Porque ele apresenta acentuado grau de abstração, pode assumir diferentes funções em razão do contexto e poderia colidir, de igual para igual, com outros princípios, o seu estudo não conduziria, nem poderia conduzir, a resultados práticos capazes de eliminar ou de diminuir a insegurança jurídica atualmente existente.

Afirma-se, em segundo lugar, que a fixação doutrinária na busca da certeza jurídica, como solução prévia e abstrata para problemas interpretativos posteriores e concretos, sequer poderia ser objeto de preocupação doutrinária: visto que o conteúdo da decisão somente é verificável *a posteriori*, defender a segurança jurídica como possibilidade de conhecimento prévio das decisões é simplesmente defender o indefensável. Além disso, a tarefa de obter um só fundamento para a compreensão do Direito (daí o termo, pejorativo, de "fundacionalismo") esbarraria na incapacidade de uma única doutrina ou de um único modelo interpretativo poder, de modo simples, resolver uma infindável plêiade de problemas concretos, necessariamente complexos, incertos e inconsistentes.[177]

Sustenta-se, em terceiro lugar, que a busca da segurança jurídica, como procura por um ideal de determinação absoluta do conteúdo das normas jurídicas, é tarefa necessariamente destinada ao insucesso, já

174. Theophilo Cavalcanti Filho, *O problema da segurança no Direito*, São Paulo, Ed. RT, 1964, p. 172.

175. Gianmarco Gometz, *La certezza giuridica come prevedibilità*, Torino, Giappichelli, 2005, p. 2.

176. Manfred Stelzer, "Was leistet das Prinzip Rechtssicherheit? Bemerkungen zur Rücknahme rechtswidriger Verwaltunsakte nach §48 VwVfG", *Verwaltung*, n. 30, pp. 139-160, 1997.

177. Daniel Farber, Suzanna Sherry, *Desperately seeking certainty: the misguided quest for constitutional foundations*, London, The University of Chicago, 2002, pp. 5, 140.

que a linguagem é, em certa medida, sempre indeterminada e, por isso, nunca poderá fornecer a desejada predeterminação. Persegui-la é ir atrás daquilo que não existe e que nem pode existir. E escrever sobre isso seria, tomando de empréstimo uma expressão de Kozinski, "como escrever um ensaio acadêmico sobre as cobras da Irlanda: não há nenhuma".[178]

Considera-se, por fim, que a sociedade atual é, necessária e inapelavelmente, caracterizada pela complexidade, da qual não se pode escapar. Pretender alcançar a previsibilidade nessa sociedade é querer o inalcançável, pela própria complexidade dos já referidos processos de especificação social, econômica e jurídica. Enfim, e em outras palavras, estudar a segurança jurídica seria incumbência destinada ao insucesso, pela impossibilidade mesma de se chegar a resultados práticos minimamente satisfatórios. A insegurança jurídica é, portanto, apresentada como um problema insolúvel. E a segurança jurídica, por consequência, como uma ilusão.[179] Porque a segurança jurídica não é atingível, não há razão para perder tempo com o seu estudo – uma conduta fatalista e renunciatória acaba sendo inevitável.[180]

De outro lado, o estudo da segurança jurídica é enfrentado com acentuado grau de *parcialidade* e de *vagueza*. *Parcialidade*, ou exagerada especialidade, já que o seu exame é normalmente fixado – como se pretende demonstrar no presente texto – em uma de suas manifestações, ou privilegia em demasia um de seus aspectos.[181] Ora ela é apresentada com ênfase na proteção da confiança;[182] ora como o dever de determi-

178. Alex Kozinski, "What I Ate for Breakfast and Other Mysteries of Judicial Decision Making", in David M. O'Brien (org.), *Judges on Judging*, New Jersey, Chatham, 1997, p. 71.

179. Hans Kelsen, *Reine Rechtslehre*, 1ª ed., Leipzig und Wien, Franz Deuticke, 1934, p. 99 (Hans Kelsen, *Reine Rechtslehre. Studienausgabe der 1, Auflage 1934*, Matthias Jestaedt (org.), Tübingen, Mohr Siebeck, 2008, p. 109.

180. Gianmarco Gometz, *La certezza giuridica come prevedibilità*, Torino, Giappichelli, 2005, p. 33.

181. Federico Arcos Ramírez, *La seguridad jurídica: una teoría formal*, Madrid, Dykinson, 2000, p. 1. Andreas von Arnauld, *Rechtssicherheit*, Tübingen, Mohr Siebeck, 2006, pp. 102, 153.

182. Hermann-Josef Blanke, *Vertrauensschutz im deutschen und europäischen Verwaltungsrecht*, Tübingen, Mohr Siebeck, 2000. Kyrill-A. Schwarz, *Vertrauensschutz als Verfassungsprinzip*, Baden-Baden, Nomos, 2002. Sylvia Calmes, *Du principe de protection de la confiance légitime en Droits allemand, communautaire et français*, Paris, Dalloz, 2001. Soren Schonberg, *Legitimate Expectations in Administrative Law*, Oxford, OUP, 2007. Almiro do Couto e Silva, "O princípio da segurança jurídica (proteção à confiança) no Direito Público brasileiro e o direito da Administração Pública de anular os seus próprios atos: o prazo decadencial do art.

nação conceitual da hipótese de incidência;[183] ora, também, como o ideal de previsibilidade;[184] ora, ainda, como a soma de algumas das suas partes, como, por exemplo, a agregação das garantias da legalidade, da irretroatividade e da anterioridade.[185] A segurança jurídica – o todo – é identificada com uma de suas partes, ou tem seu tratamento centrado em uma destas.

Vagueza, ou excessiva generalidade, visto que o estudo da segurança jurídica é feito de maneira muito ampla, mesmo quando examinada em uma de suas manifestações, sem que sejam apontados os critérios funcionalmente adequados à sua efetivação prática.[186] O estudo da segurança jurídica, desse modo, não proporciona segurança alguma para a sua aplicação. Seu conteúdo é apresentado como óbvio demais para ser esclarecido.[187] Conforme lembra ironicamente Gometz, nenhum conceito, entre aqueles considerados pela Filosofia Jurídica, é tão "incerto" como o da "certeza do Direito".[188] Em outras palavras, o estudo da segurança jurídica, pelas suas características, não seria satisfatório para se resolver o problema da insegurança atual.

É preciso referir que, embora os trabalhos que tratam unicamente do tema da segurança jurídica como um todo – como aqui também se pretende fazer, ainda que extremamente importantes, tanto que aqui amplamente citados – centrem a sua análise em uma perspectiva específica do tema, segundo comprovam alguns exemplos de obras recentes já referidas: von Arnauld, apesar de querer examinar todo o arquétipo do princípio da segurança jurídica, por não adotar uma perspectiva analítica, deixa de especificar os vários aspectos, elementos e dimensões que

54 da Lei do Processo Administrativo da União (Lei n. 9.784/99)", *RBDP*, v. 6, Porto Alegre, jul./set. 2004, pp. 7-59.

183. Alberto Xavier, *Tipicidade da tributação, simulação e norma antielisiva*, São Paulo, Dialética, 2001.

184. Gianmarco Gometz, *La certezza giuridica come prevedibilità*, Torino, Giappichelli, 2005, p. 22.

185. Leandro Paulsen, *Segurança jurídica, certeza do Direito e tributação*, Porto Alegre, Livraria do Advogado, 2006.

186. Federico Arcos Ramírez, *La seguridad jurídica: una teoría formal*, Madrid, Dykinson, 2000, p. 1.

187. Franz-Xaver Kaufmann, *Sicherheit als soziologisches und sozialpolitisches Problem*, 2ª ed., Stuttgart, 1973, p. 5. Federico Arcos Ramírez, *La seguridad jurídica: una teoría formal*, Madrid, Dykinson, 2000, p.7.

188. Gianmarco Gometz, *La certezza giuridica come prevedibilità*, Torino, Giappichelli, 2005, p. 22.

tal princípio assume bem como de construir a sua fundamentação;[189] Valembois, conquanto também apresente a segurança jurídica em grande extensão, procura responder a uma pergunta determinada, qual seja, a de saber se aquela pode ser considerada como um princípio constitucional no ordenamento jurídico francês;[190] Arcos Ramírez, ainda que ofereça uma concepção geral da segurança jurídica, não apenas deixa de lado uma investigação mais analítica das suas várias dimensões, aspectos e fundamentos, como também intenta enfrentar indagações filosóficas mais específicas, como as de saber qual é a relação da segurança jurídica com a ideia de Direito e qual é o seu valor;[191] Gometz, embora seja o único que tenha adotado uma perspectiva analítica de exame da segurança jurídica, analisa-a sob uma só perspectiva (do presente ao futuro, isto é, como exigência de previsibilidade), deixando de examiná-la em todas as suas outras perspectivas (de modo atemporal, como exigência de cognoscibilidade, e do passado ao presente, como dever de confiabilidade) e de fundamentá-la em princípios constitucionais.[192] Em suma, essas obras, às quais outras poderiam ser somadas, mesmo que tenham examinado especificamente o princípio da segurança jurídica, não o fizeram da forma como aqui se pretende fazer: como norma-princípio fundada em normas constitucionais, por meio de um método capaz de progressivamente reduzir a sua indeterminação e atribuir-lhe operacionalidade prática mediante a indicação dos comportamentos cuja adoção contribui para a realização dos estados que ela determina atingir.

O importante é que a maneira como o tema da segurança jurídica é apresentado e enfrentado, em vez de enfraquecer, fortalece, sobremodo, a importância do seu reexame. Com efeito, é justamente porque o princípio da segurança jurídica possui elevado grau de abstração, pode assumir diferentes funções em razão do contexto e pode, dependendo como é definido, colidir com outros princípios, é que se faz necessário diminuir o seu grau de abstração, verificar quais são as suas diferentes funções e avaliar o seu peso diante de outros princípios. É precisamente porque há uma fixação doutrinária na busca da certeza jurídica, como solução prévia e abstrata para problemas interpretativos posteriores e concretos,

189. Andreas von Arnauld, *Rechtssicherheit*, Tübingen, Mohr Siebeck, 2006.

190. Anne-Laure Valembois, *La Constitutionnalisation de l'exigence de sécurité juridique en Droit français*, Paris, LGDJ, 2005.

191. Federico Arcos Ramírez, *La seguridad jurídica: una teoría formal*, Madrid, Dykinson, 2000.

192. Gianmarco Gometz, *La certezza giuridica come prevedibilitá*, Torino, Giappichelli, 2005.

que se deve modificar o foco da "segurança de significado" (*Bedeutungssicherheit*) para a "segurança de critérios" (*Kriteriensicherheit*) a fim de fornecer, de antemão, parâmetros prévios e abstratos para problemas interpretativos posteriores e concretos. É exatamente porque a busca da segurança jurídica é realizada por meio da procura por um ideal de determinação absoluta do conteúdo das normas jurídicas que é preciso alterar o eixo central de pesquisa para a busca por alguma previsibilidade relativa para os cidadãos, em geral, e para os contribuintes, em particular. E é, finalmente, porque a sociedade atual é caracterizada pela complexidade que é necessário restaurar a função ordenadora do Direito por meio de uma investigação mais abrangente e menos vaga da segurança jurídica.

Enfim, as dificuldades, inerentes ao tema da segurança jurídica, em vez de funcionarem como causas de resignação do estudioso relativamente ao papel do Direito, devem funcionar como causas de estímulo à sua superação.

Não se trata, pois, de assumir a tarefa inadequada de desesperadamente buscar a "certeza absoluta". Trata-se, em vez disso, de aceitar a incumbência apropriada de não conformadamente deixar de buscar a "certeza relativa". Cuida-se, enfim, de não apresentar de modo inadequado a suposta tarefa inadequada, como bem ilustra a falácia do espantalho: representa-se enganosamente a tese supostamente defendida por outrem para mais facilmente refutá-la. Para não examinar a segurança jurídica, a Ciência Jurídica trata-a de forma "fantasmagórica".[193] Como adverte von Arnauld, a Ciência do Direito, em vez de se conformar com a falta de efetividade do Direito, deve funcionar exatamente como uma espécie de contraponto da Modernidade, capaz de restaurar uma das funções tradicionais do Direito: assegurar expectativas.[194] Isso não significa negar que o Direito seja, de fato, incerto. Nas palavras de Machado Derzi, é preciso, em vez disso, saber como o sistema jurídico se presta a fornecer estabilidade em um mundo instável, tornando suportáveis horizontes temporais mais amplos, por meio da criação de uma previsibilidade que reduza e que torne suportável o alto grau de insegurança, ínsito às sociedades diferenciadas.[195] Eis a razão pela qual a referida autora

193. Anne-Laure Valembois, *La Constitutionnalisation de l'exigence de sécurité juridique en Droit français*, Paris, LGDJ, 2005, p. 8.

194. Andreas von Arnauld, *Rechtssicherheit*, Tübingen, Mohr Siebeck, 2006, p. 98.

195. Misabel de Abreu Machado Derzi, "Mutações, complexidade, tipo e conceito, sob o signo da segurança e da proteção da confiança", in Heleno Torres (org.), *Estudos em homenagem a Paulo de Barros Carvalho*, São Paulo, Saraiva,

afirma que, em um ambiente inseguro, o que se busca, todo o tempo, é a segurança.[196] Não se procurando esse caminho, prevalecerá, de acordo com Gometz, a "incerteza sobre a certeza", capaz de gerar uma postura de total desilusão com a segurança jurídica, por isso tratada como um "dinossauro" ou como uma "quimera" da Filosofia do Direito.[197]

A esse respeito, aliás, convém recordar que a afirmação segundo a qual "não há segurança" é um enunciado descritivo de fato, destinado a dizer como a realidade se apresenta, e não como ela deve ou mesmo deveria se apresentar. Trata-se de uma assertiva situada no plano do ser e não do dever ser.[198] A declaração de que não pode haver segurança jurídica pela impossibilidade de haver certeza parte do pressuposto de que a segurança jurídica se identifica com a certeza prévia e absoluta a respeito do conteúdo das normas jurídicas. Evidente, se segurança é um estado de certeza, e certeza é um *ponto específico* de predeterminação normativa absoluta, a única certeza é a de nunca encontrá-la. É exato, nesse ponto, Cavalcanti Filho: "A invariabilidade, a uniformidade total, no que a ele diz respeito, representaria uma impossibilidade, por ser uma negação do que é específico do homem. Assim, quando se parte de uma preocupação de constância absoluta, de estabilidade absoluta, parte-se de um pressuposto que de antemão já se deve saber que não pode ser alcançado".[199]

No entanto – e aqui se manifesta um dos propósitos da presente pesquisa –, se segurança é a síntese dos estados ideais de cognoscibilidade, de confiabilidade e de calculabilidade normativas, alcançada por meio de instrumentos garantidores de acessibilidade, de abrangência, de inteligibilidade, de estabilidade, de continuidade, de anterioridade e de vinculatividade do ordenamento jurídico, e essa síntese, em vez de um ponto, é um *espectro abrangente* a ser gradualmente atingido de fato por meio da fixação de critérios, parâmetros e procedimentos claros. Com isso, os impedimentos ontológicos para a busca da segurança jurídica

2007, p. 279. Idem, *Modificações da jurisprudência no Direito Tributário*, São Paulo, Noeses, 2009, p. 213. Em sentido similar: Martin Stötzel, *Vertrauensschutz und Gesetzesrückwirkung*, Frankfurt am Main, Peter Lang, 2002, p. 147.

196. Misabel de Abreu Machado Derzi, "Princípio da segurança jurídica", *RDT*, n. 64, p. 186, s.d.

197. Gianmarco Gometz, *La certezza giuridica come prevedibilitá*, Torino, Giappichelli, 2005, p. 160.

198. Federico Arcos Ramírez, *La seguridad jurídica: una teoría formal*, Madrid, Dykinson, 2000, p. 4.

199. Theophilo Cavalcanti Filho, *O problema da segurança no Direito*, São Paulo, Ed. RT, 1964, p. 159.

desaparecem, e a justificativa para o seu estudo ressurge, intacta, diante do investigador. Desse modo, o problema não está propriamente com a segurança jurídica, mas com uma maneira específica de compreendê-la: se, em vez de um conceito dualista (tudo ou nada) e classificatório, se admite um conceito verificável de modo gradual, o seu exame assume outro patamar.[200] Assim, pode-se contornar a melancólica afirmação de Bours, no sentido de que a autópsia do Direito belga, relativamente ao princípio da segurança jurídica, sobre o qual se fala sem parar, porém não mais se respeita, conduz à desesperança.[201]

As referidas considerações servem apenas para ilustrar a abrangência do tema a ser analisado neste trabalho: procurar-se-á romper com o modo tradicional de análise da segurança jurídica (cético, parcial e vago) em favor da apresentação da segurança jurídica em toda a sua arquitetura – sua significação, seus fundamentos, seus elementos estruturais, suas dimensões e sua eficácia no âmbito do Direito Público, especialmente do Direito Tributário. Buscar-se-ão delimitar os *critérios gerais* para a restauração da segurança jurídica como princípio, na crença de que um ordenamento jurídico cognoscível, confiável e calculável é pressuposto tanto para a realização dos direitos fundamentais quanto para a realização das finalidades estatais. Aqui, mais um paradoxo: para lutar contra a insegurança do Direito, é preciso lançar mão de instrumentos jurídicos.[202] A insegurança existente na sociedade, portanto, em vez de motivo de resignação, é precisamente a razão para a busca de um ideal de segurança. Como afirma Machado Derzi, "o sistema jurídico cumpre função insubstituível, que mais se acentua nas sociedades contemporâneas de alta complexidade".[203]

Em suma, a justificativa para a presente obra reside, de um lado, na atualidade e na dificuldade do tema e, de outro, na necessidade de seu reexame para a maior efetividade dos direitos fundamentais e do ordenamento jurídico como um todo.

200. Gianmarco Gometz, *La certezza giuridica come prevedibilità*, Torino, Giappichelli, 2005, p. 33. Anne-Laure Valembois, *La Constitutionnalisation de l'exigence de sécurité juridique en Droit français*, Paris, LGDJ, 2005, p. 252.

201. Jean-Pierre Bours, "Sécurité juridique et Droit Fiscal", in *Les Cahiers de l'Institut d'Études sur la Justice*, n. 4, *Sécurité juridique et fiscalité*, Bruxelles, Bruyant, 2003, p. 63.

202. Anne-Laure Valembois, *La Constitutionnalisation de l'exigence de sécurité juridique en Droit français*, Paris, LGDJ, 2005, p. 9.

203. Misabel de Abreu Machado Derzi, *Modificações da jurisprudência no Direito Tributário*, São Paulo, Noeses, 2009, p. 218.

2. Objeto (ou em que sentido será examinada a segurança jurídica?)

A análise da segurança jurídica pressupõe um processo progressivo de delimitação semântica, especialmente em virtude da pluralidade de significados da expressão "segurança jurídica".[204] O seu primeiro passo consiste em estremar a segurança jurídica de outros tipos de segurança. Nem toda segurança é segurança *jurídica*. Há segurança no sentido externo ou físico, entendida como a busca de proteção concernente a ameaças externas contra a vida, contra a integridade física ou psíquica, contra a propriedade e contra a paz social – daí se falando no dever estatal de garantir a "segurança interna" e a "segurança externa", ameaçada pela violência e pelo terrorismo, e concretizável por meio de estratégias preventivas e repressivas delimitadas pelo Direito Administrativo e pelo Direito Penal.[205] Há, igualmente, a segurança no sentido interno ou psicológico, compreendida como estado mental de tranquilidade diante da realidade.[206] Há, ainda, segurança no sentido estritamente comportamental, como estado de confiabilidade recíproca entre dois indivíduos tanto nas relações estritamente individuais quanto nas relações coletivas.[207] Ainda que possa estar com ela relacionada, nenhuma dessas acepções trata, rigorosamente, da segurança "jurídica". Esta última, além de denotar um valor social protegido pelo ordenamento jurídico, ainda diz respeito a uma determinada configuração da realidade por meio de instituições jurídicas: em vez de envolver o cotejo entre uma norma e a própria

204. Federico Arcos Ramírez, *La seguridad jurídica: una teoría formal*, Madrid, Dykinson, 2000, p. 7.

205. Matthias Kötter, *Pfade des Sicherheitsrechts. Begriff von Sicherheit und Autonomie im Spiegel der sicherheitsrechtlichen Debatte der Bundesrepublik Deutschland*, Baden-Baden, Nomos, 2008, pp. 85, 157, 223. Maria José Bernuz Beneitez e Ana Isabel Pérez Cepeda (orgs.), *La tensión entre libertad y seguridad – Una aproximación sociojurídica*, Rioja, Universidad de La Rioja, 2006. Walter Rudolf, "Sicherheit und Grundrechte", in Michael Brener *et alii* (orgs.), *Der Staat des Grundgesetzes – Kontinuität und Wandel. FS für Peter Badura zum siebzigsten Geburtstag*, Tübingen, Mohr Siebeck, 2004, p. 464. Ignácio Muñagorri, Juan Pegoraro, (orgs.), *La relación seguridad-inseguridad en centros urbanos de Europa y América Latina*, Madrid, Dykinson, 2004. Thomas Feltes, "Akteure der Inneren Sicherheit: Vom Öffentlichen zum Privaten", in Hans-Jürgen Lange, H. Peter Ohly, Jo Reichertz (orgs.), *Auf der Suche nach neuer Sicherheit. Fakten, Theorien und Folgen*, Wiesbaden, VS, 2008, pp. 105 e ss.

206. José Luis Palma Fernández, *La seguridad jurídica ante la abundancia de normas*, Madrid, Centro de Estudios Políticos y Constitucionales, 1997, p. 37.

207. Franz-Xaver Kaufmann, *Sicherheit als soziologisches und sozialpolitisches Problem*, 2ª ed., Stuttgart, 1973, p. 65. Hermann Jahrreiß, *Berechenbarkeit und Recht*, Leipzig, Theodor Weicher, 1927, pp. 5, 8.

realidade, como ocorre com os princípios constitucionais que protegem a liberdade, por exemplo, o princípio da segurança jurídica suscita o contraste entre uma norma constitucional e uma realidade jurídica, de modo que o seu objeto não é diretamente a configuração da realidade, mas, sim, a configuração do Direito ou de um direito como instrumento para configurar a realidade, conforme será adiante examinado.[208]

Ocorre, no entanto, que existem, ainda assim, vários sentidos atribuíveis à própria segurança jurídica: segurança "do Direito"; segurança "pelo Direito"; segurança "frente ao Direito" ou "contra o Direito"; segurança "de direitos"; segurança "sob o Direito", segurança "por um direito"; segurança "como um direito" e "segurança no Direito". A esses mencionados sentidos poderiam ser somados outros igualmente reveladores da ambiguidade da expressão "segurança jurídica" e da dialética interna do próprio "princípio da segurança jurídica".

Essas considerações, a par de demonstrarem a pluralidade semântica da expressão "segurança jurídica", visam a demarcar o objeto de estudo do presente trabalho: procurar-se-á analisar a segurança jurídica em todo o seu arquétipo – segurança do Direito, pelo Direito, frente ao Direito, dos direitos, sob o Direito, por um direito, como um direito e no Direito – não apenas para revelar toda a sua extensão como princípio constitucional, mas também para demonstrar que só há mesmo segurança jurídica quando *todos* esses aspectos possuem um mínimo de efetividade, e só se pode justificar uma decisão com base na segurança jurídica quando os seus subelementos são, *no seu conjunto*, mais promovidos do que restringidos. Em outras palavras, não se atinge um estado mínimo de confiabilidade e calculabilidade do ordenamento jurídico, com base na sua cognoscibilidade, sem que ocorra a *conjugação* das várias dimensões da segurança jurídica. Se o conteúdo da norma for minimamente determinado, porém sua aplicação arbitrária, não há segurança jurídica. Ela também não existe se as normas, embora determinadas e uniformemente aplicadas, forem injustificada e permanentemente alteradas – e assim por diante. Vale dizer, segurança jurídica ou é inteira, ou não é segurança.

Embora este trabalho busque uma compreensão mais abrangente da segurança jurídica, não está livre de dar ênfase a alguns de seus aspectos. Contudo, tais tópicos mais enfatizados não serão aqueles normalmente priorizados, como o dever de determinação da hipótese de incidência ou

208. César García Novoa, *El principio de seguridad jurídica en materia tributaria*, Madrid, Marcial Pons, 2000, pp. 43, 45.

a proteção da confiança relativamente aos atos legislativos. Os elementos privilegiados serão outros, tradicionalmente relegados a um segundo plano, ou a plano nenhum, notadamente aqueles relacionados à própria decomposição analítica do princípio da segurança jurídica, à sua fundamentação normativa, às suas dimensões e à sua eficácia, destacando-se, nesse extenso rol de assuntos, o tratamento da mudança normativa nos três Poderes, dos efeitos das decisões judiciais no âmbito do Direito Tributário e da proteção da confiança no caso de manifestações estatais inválidas.

3. Método (ou sob que perspectiva será analisada a segurança jurídica?)

Mesmo depois de se ter delimitado o objeto de pesquisa – a segurança jurídica como princípio constitucional –, no âmbito do Direito Tributário, ainda resta definir o modo como aquela será analisada – porque ela poderá sê-lo sob várias racionalidades. Sob a perspectiva *histórica*, investiga-se a segurança jurídica no tempo e na sua evolução, atentando-se, primordialmente, à seguinte indagação: como e quando surgiu e como se desenvolveu a ideia de segurança jurídica? Para responder a essa indagação, é necessário investigar a doutrina e o Direito no tempo e na sua coerência evolutiva.[209] Sob o ponto de vista *sociológico*, examina-se a segurança jurídica como elemento de sistemas e de instituições sociais e políticas, procurando responder, notadamente, a seguinte pergunta: a segurança jurídica caracteriza ou diferencia o Direito de outros sistemas e instituições? Para responder esse questionamento, é preciso avaliar outros sistemas valorativos, como a Moral ou a Economia, cotejando os seus elementos centrais, bem como analisar a evolução das sociedades, notadamente a industrial.[210] Pode-se, ainda nessa perspectiva, investigar a segurança jurídica sob o ponto de vista da regularidade comportamental, no sentido de verificar se o comportamento das pessoas é repetitivo e causalista: sempre que “x” ocorre, surge “y”.

209. Nessa perspectiva, ver, por todos, Andrea Schrimm-Heins, “Gewissheit und Sicherheit: Geschichte und Bedeutungswandel der Begriffe ‘certitudo’ und ‘securitas’”, *Archiv für Begriffsgeschichte*, v. 34, pp. 123-213, 1991 (*Teil 1*); v. 35, pp. 115-213, 1992 (*Teil 2*).

210. Sob esse ponto de vista, ver, especialmente: Franz-Xaver Kaufmann, *Sicherheit als soziologisches und sozialpolitisches Problem,* 2ª ed., Stuttgart, 1973, pp. 75 e ss.; Niklas Luhmann, “Vertrautheit, Zuversicht, Vertrauen. Probleme und Alternativen”, in *Vertrauen: Die Grundlage des sozialen Zusammenhalts*, Frankfurt, Campus, 2001, pp. 143-160.

Esse exame descritivo de situações de fato, sob o critério da regularidade comportamental, procura antecipar comportamentos futuros com base na análise da experiência de comportamentos passados.[211] Sob o aspecto *filosófico*, perscruta-se a segurança jurídica por meio de uma avaliação notadamente axiológica, especialmente para responder às seguintes indagações: existe conexão entre o Direito e a segurança jurídica? Qual é o valor (moral) da segurança jurídica? Para lograr êxito nessas respostas, é imprescindível investigar o conceito de Direito bem como o significado de Moral e a relação que a segurança jurídica possui com outros valores.[212] Por meio da perspectiva *política*, analisa-se a segurança jurídica, procurando-se atentar ao seguinte questionamento: a segurança jurídica é requisito para a legitimidade do poder? Para sabê-lo, é preciso investigar o significado de poder e de legitimidade, bem como examinar a relação entre esses elementos.[213] Sob o ponto de vista *sociopsicológico*, examina-se a segurança, também jurídica, mediante um viés comportamental, tentando responder os seguintes questionamentos: quais são os sentimentos atrelados à (in)segurança jurídica? Os cidadãos, nas suas decisões, são influenciados pelas normas jurídicas? Para encontrar tais saídas, é preciso investigar sensações e reações dos indivíduos frente à insegurança, como o medo, o pânico, a tranquilidade, a inquietude, a preocupação, e a sua reação frente às normas, como a obediência ou a desobediência.[214] Sob a perspectiva *jurídico-dogmática*, investiga-se a segurança jurídica relativamente a determinado ordenamento jurídico, com a finalidade de responder a seguinte pergunta: o que é e quais são as exigências que decorrem da segurança jurídica? A fim de encontrar a resposta, é necessário examinar os elementos que compõem o princípio, em

211. Hermann Jahrreiß, *Berechenbarkeit und Recht*, Leipzig, Theodor Weicher, 1927, pp. 5, 8. Theophilo Cavalcanti Filho, *O problema da segurança no Direito*, São Paulo, Ed. RT, 1964, p. 24.

212. Nessa perspectiva, ver, entre outros: Ricardo García Manrique, *El valor de la seguridad jurídica*, México, Fontanamara, 2007; Federico Arcos Ramírez, *La seguridad jurídica: una teoría formal*, Madrid, Dykinson, 2000, pp. 110 e ss.

213. Sob essa perspectiva, ver, entre outros: Federico Arcos Ramírez, *La seguridad jurídica: una teoría formal*, Madrid, Dykinson, 2000, pp. 89 e ss.; Ricardo García Manrique, *El valor de la seguridad jurídica*, México, Fontanamara, 2007, pp. 31-80.

214. Sob esse viés, ver, entre outros: Adalbert Evers, Helga Nowotny, *Über den Umgang mit Unsicherheit. Die Entdeckung der Gestaltbarkeit von Gesellschaft*, Frankfurt am Main, Suhrkamp, 1987; Jerome Frank, *Law and the Modern Mind*, New Brunswick, Transaction, 2009 (1ª ed., New York, Brentano's Inc., 1930; 2ª ed., rev., New York, Coward-McCann, 1949).

determinado ordenamento jurídico, e as relações que eles mantêm entre si. Além dessas perspectivas, outras poderiam ser adotadas, conforme o interesse da investigação.

A perspectiva, aqui privilegiada, é a dogmática. A adoção dessa óptica, no entanto, também pode ser realizada de várias formas. Pode-se analisar a segurança jurídica como norma jurídica, porém centrando-se o seu exame na ênfase e na justificação da sua importância, quando essa perspectiva, de índole quase apologética, é necessária pelo momento histórico vivido, pela ausência de disposição constitucional expressa que a garanta ou pela sua constante violação, como fizeram, sob o ponto de vista da legitimidade jurídica e política, cada qual ao seu modo e ao seu tempo, Lopez de Oñate, no sugestivo ano de 1942, e Corsale, em 1970.[215] Ambos, contudo, fizeram isso sem que fossem detalhadamente investigados tanto o modo como aquela adquire funcionalidade quanto os comportamentos indiretamente prescritos para a sua efetividade.

Pode-se, em vez disso, examinar a segurança jurídica como uma norma, no caso, da CF/88. E, nessa perspectiva, centrar a pesquisa em dois eixos: de um lado, na busca do sentido e dos fundamentos da segurança jurídica no próprio ordenamento constitucional; de outro, no método analítico-funcional, assim entendido o método segundo o qual o objeto de análise – princípio da segurança jurídica como norma de acordo com o ordenamento constitucional brasileiro e de acordo com a sua concretização pelos Poderes Legislativo, Executivo e Judiciário – será investigado no seu sentido e na sua função. Mais do que tentar saber "por que" a segurança jurídica deve ser protegida, intentar-se-á delimitar "como" ela deve ser realizada, até em razão da existência de controvérsia, não com relação a "se" a segurança deve ser protegida, mas relativamente a "quando" e "como" ela deve ser garantida.[216] Isso não quer dizer que as outras perspectivas, acima referidas, não sejam também conjugadas à análise que é aqui privilegiada: como o princípio da segurança jurídica surgiu em determinado contexto normativo, isso revela determinado valor e protege determinados bens jurídicos, sem cuja disponibilidade aquele não se configura como norma jurídica minimamente eficaz. De fato, para se saber o significado e as exigências de-

215. Flavio Lopez de Oñate, *La certezza del Diritto,* 2ª ed., Milano, Giuffrè, 1968 (1ª ed., 1942). Massimo Corsale, *Certezza del Diritto e crisi di legittimità*, 2ª ed., Milano, Giuffrè, 1979 (1ª ed., 1970).

216. Johanna Hey, *Steuerplanungssicherheit als Rechtsproblem*, Köln, Otto Schmidt, 2002, pp. 109, 131.

correntes da segurança jurídica, é por vezes importante recorrer a pontos de vista históricos, filosóficos e sociológicos, sem que isso, no entanto, retire o caráter primordialmente dogmático da presente pesquisa.

O mais importante é que neste trabalho, a partir do convencimento de que o maior obstáculo à efetividade do princípio da segurança jurídica é a falta de rigor na sua análise, procura-se realizar um processo de *redução da vagueza* da expressão "segurança jurídica" por meio da criação de um modelo capaz de atribuir maior *realização* e *controle* ao princípio da segurança jurídica. Com isso, evita-se que se possa justificar a afirmação de Boissart no sentido de que "a noção de segurança jurídica é um conceito tão geral que nós podemos fazê-lo dizendo aquilo que queremos".[217] Para tanto, realiza-se uma decomposição semântica e funcional das palavras "segurança" e "jurídica" com a finalidade de conhecer os seus vários aspectos, elementos e dimensões. Tal perspectiva analítica permitirá visualizar melhor os problemas semânticos e sintáticos que podem ser constatados no tratamento doutrinário do referido princípio.

Em primeiro lugar, pode-se verificar uma ausência de aprofundamento da *extensão ou da amplitude semântica* da expressão "segurança jurídica". A ausência de uma definição acurada de qual é o *conjunto de objetos designados* pela segurança jurídica tem gerado conflitos doutrinários interessantes, mas meramente aparentes. Por exemplo, enquanto a segurança jurídica é tratada por Frank como algo inatingível (uma "ilusão" ou um "mito"),[218] ela é referida por Bobbio como algo necessário (um elemento intrínseco) para a existência do Direito.[219] Entretanto, como pode algo ser, ao mesmo tempo, possível e impossível? Isso ocorre porque esses autores, a rigor, não estão fazendo referência ao mesmo objeto, mas, em vez disso, a objetos diferentes: enquanto o primeiro se refere à segurança jurídica como capacidade de prever com exatidão uma decisão judicial futura, o segundo faz remissão àquela como a capacidade de calculá-la de modo aproximado em toda a complexidade do fenômeno jurídico. O primeiro exame se situa no plano do ser, analisando a seguran-

217. S. Boissard, "Comment garantir la stabilité des situations juridiques sans priver l'autorité administrative de tous moyens d'action et sans transiger sur le respect du principe de légalité? Le difficile dilemme du juge administrative", *Les Cahiers du Conseil Constitutionnel*, n. 11, p. 70, 2001.

218. Jerome Frank, *Law and the Modern Mind*, New Brunswick, Transaction, 2009, p. 13 (1ª ed., New York, Brentano's Inc., 1930; 2ª ed., rev., New York, Coward-McCann, 1949).

219. Norberto Bobbio, "La certezza del Diritto é un mito?" *Rivista Internazionale di Filosofia del Diritto*, n. 28, p. 150, 1951.

ça jurídica como fato, ao passo que o segundo radica no plano do dever--ser, perscrutando-a como norma.[220] O conflito doutrinário é meramente aparente por não tratarem os mencionados autores da segurança jurídica com a mesma extensão, amplitude ou referimento. Essa constatação basta para demonstrar que a análise aprofundada da extensão ou da amplitude semântica da expressão "segurança jurídica" é absolutamente necessária para uma investigação segura do princípio da segurança jurídica.

Em segundo lugar, é possível constatar uma falta de aprofundamento da *intensidade* ou da *profundidade semântica* dos termos "segurança jurídica". A ausência de uma definição acurada de qual é o *conjunto de propriedades do objeto* referido como sendo a "segurança jurídica" tem gerado um elevado grau de indeterminação doutrinária no seu tratamento.

Essa indeterminação doutrinária pode decorrer, de um lado, da falta de especificação do aspecto da segurança jurídica que se está examinando. Por exemplo, enquanto a segurança jurídica é tratada por Calmes como sendo um "princípio",[221] é tratada por Sobota como um "direito".[222] Mas como pode algo ser, ao mesmo tempo, um "princípio" e um "direito"? Isso ocorre porque a expressão "segurança jurídica" tanto pode denotar uma norma objetiva, destinada a assegurar a estabilidade do ordenamento jurídico como um todo, em proveito da coletividade, como a aplicação reflexiva daquela mesma norma relativamente a uma situação específica, em benefício de um indivíduo. Embora ambos os autores examinem o mesmo objeto, um analisa o seu aspecto objetivo e o outro, o seu aspecto subjetivo ou reflexivo.

A indeterminação doutrinária pode surgir, de outro lado, da falta de especificação do ângulo por meio do qual determinado aspecto da segurança jurídica é perscrutado. Três exemplos podem esclarecer a importância do ângulo de análise para o exame dos elementos da segurança jurídica. Primeiro exemplo: enquanto a irretroatividade é tratada por Calmes como fazendo parte do ideal de previsibilidade do ordenamento jurídico,[223] ela é inserida por von Arnauld como parte integrante

220. Letizia Gianformaggio, "Certezza del Diritto", in Enrico Diciotti, Vito Velluzzi (orgs.), *Filosofia del Diritto e ragionamento giuridico,* Torino, Giappichelli, 2008, p. 84.

221. Sylvia Calmes, *Du principe de protection de la confiance légitime en Droits allemand, communautaire et français*, Paris, Dalloz, 2001, p. 163.

222. Katharina Sobota, *Das Prinzip Rechtsstaat*, Tübingen, Mohr Siebeck, 1997, p. 507.

223. Sylvia Calmes, *Du principe de protection de la confiance légitime en Droits allemand, communautaire et français*, Paris, Dalloz, 2001, p. 159.

do ideal de estabilidade do mesmo ordenamento.[224] Aqui se indaga: qual dos dois autores está correto? Na verdade, embora ambos estejam se referindo ao mesmo objeto (segurança jurídica) no mesmo aspecto (finalístico), não estão examinando esse aspecto sob igual ângulo. Em outras palavras, enquanto a primeira autora está analisando a irretroatividade com um olhar prospectivo (do presente ao futuro), isto é, como uma exigência para manter no futuro as normas do presente, o segundo autor está observando a irretroatividade com um olhar retrospectivo (do presente ao passado), isto é, como uma exigência para manter no presente as conquistas do passado. A irretroatividade, dito de outro modo, tanto pode ser reconhecida como a exigência de estabilização presente dos efeitos produzidos no passado como o dever de estabilização futura dos efeitos desencadeados no presente. Segundo exemplo: enquanto a mesma irretroatividade é tratada por Novoa como fazendo parte da segurança normativa de orientação e, portanto, do ideal de cognoscibilidade,[225] e, por Perez Luño, como pertencente à dimensão estrutural da segurança e não da funcional,[226] ela é tratada por von Arnauld como parte integrante do ideal de confiabilidade.[227] Novamente, tem-se um problema de perspectiva: enquanto o primeiro autor está examinando a irretroatividade sob a perspectiva do tempo presente, para demonstrar que o cidadão só pode ser orientado por uma norma que existe ao tempo em que o ato é praticado, von Arnaud está investigando a irretroatividade sob a perspectiva do tempo passado, com a finalidade de comprovar que o cidadão não pode ser surpreendido pela aplicação retroativa de uma nova norma quando agiu conforme à norma existente no momento da sua ação. Terceiro exemplo: enquanto a proteção do direito adquirido é considerada por Valembois como dependendo de elementos objetivos,[228] ela é qualificada por Arcos Ramírez como um tipo de intangibilidade subjetiva.[229] Afinal, com quem está a razão?

224. Andreas von Arnauld, *Rechtssicherheit*, Tübingen, Mohr Siebeck, 2006, p. 324.

225. César García Novoa, *El principio de seguridad jurídica en materia tributaria*, Madrid, Marcial Pons, 2000, p. 76.

226. Antonio Enrique Perez Luño, *La seguridad jurídica*, Barcelona, Ariel, 1991, p. 24.

227. Andreas von Arnauld, *Rechtssicherheit*, Tübingen, Mohr Siebeck, 2006, p. 324.

228. Anne-Laure Valembois, *La Constitutionnalisation de l'exigence de sécurité juridique en Droit français*, Paris, LGDJ, 2005, p. 202

229. Federico Arcos Ramírez, *La seguridad jurídica: una teoría formal*, Madrid, Dykinson, 2000, p. 3.

A rigor, embora ambos estejam se referindo ao mesmo elemento (direito adquirido), não o estão examinando sob o mesmo ângulo: enquanto a primeira está analisando o direito adquirido sob o ponto de vista das situações subjetivas que são pressupostas pela sua aplicação, o segundo está investigando o mesmo tema sob o ponto de vista dos requisitos objetivos exigidos pelo ordenamento jurídico para a sua aplicação. O direito adquirido, noutro dizer, tanto pode ser analisado sob o viés das situações subjetivas que visa a proteger quanto sob o ângulo dos requisitos objetivos que deve observar. O direito adquirido, enfim, é um instrumento de proteção de situações subjetivas cuja aplicação depende da observância de requisitos objetivos.

A indeterminação doutrinária, com relação ao aspecto do objeto examinado e ao ângulo por meio do qual ele é analisado, decorre do fato de os autores tratarem da segurança jurídica com diversa intensidade, profundidade e compreensão, sem qualquer tipo de advertência ou mesmo de discussão dessa diversidade. Essa circunstância demonstra que também a análise aprofundada da intensidade ou da profundidade semântica da expressão "segurança jurídica" é inteiramente indispensável para um exame seguro do princípio da segurança jurídica.

Enfim, as considerações anteriores apenas servem para justificar o método analítico adotado neste trabalho. Ou bem se define qual é o objeto que está sendo examinado, qual o aspecto investigado e qual a perspectiva adotada, ou a segurança jurídica revelar-se-á – tomando de empréstimo uma expressão de Valembois – um "gigante com pés de argila" (*un colosse aux pies d'argile*).[230] A presente pesquisa parte, assim, do pressuposto de que quanto mais precisa for a definição de *segurança*, mais intersubjetivamente seguros serão os resultados da sua investigação.[231] E quanto mais seguros forem esses resultados, mais segura será a efetividade do princípio da segurança jurídica. O que definitivamente não se pode, como aponta Arcos Ramirez, é simplesmente deixar de definir a segurança jurídica por entender que ela é tão óbvia que prescinde de qualquer definição.[232]

230. Anne-Laure Valembois, *La Constitutionnalisation de l'exigence de sécurité juridique en Droit français*, Paris, LGDJ, 2005, p. 65.

231. Gianmarco Gometz, *La certezza giuridica come prevedibilità*, Torino, Giappichelli, 2005, p. 161.

232. Federico Arcos Ramírez, *La seguridad jurídica: una teoría formal*, Madrid, Dykinson, 2000, p. 9.

4. Plano (ou como será feita a análise da segurança jurídica?)

A opção pela investigação da segurança jurídica como norma da CF/88, por meio de uma perspectiva dogmática baseada primordialmente no método analítico-funcional, implica determinado plano a ser seguido.

Como só se pode saber quais são os fundamentos e os elementos de algo depois que se sabe do que devem ser esses fundamentos e elementos, o trabalho examina, na sua primeira parte, a significação da segurança jurídica. Nessa parte, serão investigados os vários sentidos de segurança, de maneira a delimitar o significado de segurança jurídica frente a outros tipos de segurança e a compreender os vários sentidos que a expressão "segurança jurídica" pode admitir.

Depois de apresentadas as suas possibilidades significativas, são buscados, na segunda parte deste trabalho, os fundamentos da segurança jurídica. Não, porém, apenas os fundamentos constitucionais expressos, senão também todos aqueles que, direta ou indiretamente, digam respeito à busca dos ideais de confiabilidade e de calculabilidade do ordenamento jurídico, baseados na sua cognoscibilidade. Somente depois disso é que se propõe um conceito normativo de segurança jurídica e de segurança jurídico-tributária.

Após definida e fundamentada a segurança jurídica, são examinados os seus elementos: a cognoscibilidade, a confiabilidade e a calculabilidade. Esta terceira parte representa o núcleo do trabalho, em que será analisado aquilo que a segurança jurídica exige para sua efetividade. Como já afirmado, o exame de todos os elementos do princípio da segurança jurídica não impede que alguns elementos sejam investigados em maior extensão. Nesse sentido, a mudança de jurisprudência e os efeitos das decisões de inconstitucionalidade, por representarem problemas atuais, serão investigados em maior profundidade. O foco, desse modo, é a dimensão dinâmica da segurança jurídica, reveladora, em maior extensão, da transição no Direito Tributário.

Na quarta parte, será examinada a eficácia do princípio da segurança jurídica. Ela compreenderá a análise dos efeitos e do peso do princípio, principalmente no confronto com outros princípios, também conhecidos como "princípios-irmãos" (*Schwesterprinzipien*), como é o caso dos denominados princípios da justiça e da solidariedade.

Tal desiderato não está, de modo algum, isento de invencível circularidade. É que, a rigor, de um lado, para saber o sentido de um objeto, é preciso conhecer antes os seus fundamentos, pois são estes que fundam o objeto a ser definido; de outro lado, para buscar por fundamentos, é preciso saber antes o que precisamente eles servem para fundar. Vale dizer, o sentido depende dos fundamentos, e os fundamentos, do sentido. A circularidade não termina por aí: para definir os elementos de um objeto, é preciso conhecer antes os seus fundamentos, pois são eles que fundam o objeto cujos elementos precisam ser explicados; e para buscar por fundamentos, é preciso saber antes os elementos do objeto que eles fundam. É dizer, os elementos também dependem dos fundamentos, e os fundamentos, dos elementos. E assim por diante, do início ao fim desta pesquisa.

Essa circularidade, além de verificável no plano do trabalho, também é constatável na construção dos próprios elementos do princípio da segurança jurídica. A presente monografia aponta os ideais de cognoscibilidade, de confiabilidade e de calculabilidade como integrantes dos estados ideais que compõem, no seu conjunto, o princípio da segurança jurídica. Esses ideais, embora discerníveis, não estão isentos de interpenetrações.[233] Um exemplo pode ilustrar o argumento: para que se possa confiar no Direito, é preciso conhecê-lo; desse modo, o conhecimento do Direito é um pressuposto para que ele seja estável; porém, um Direito que muda com frequência e, por isso, é instável, dificilmente pode ser bem conhecido; assim, a estabilidade do Direito é uma condição para que ele seja cognoscível. Dessa forma, o conhecimento do Direito é pressuposto da sua estabilidade, mas a sua estabilidade também é condição para o seu conhecimento. Essa interpenetração permeia os elementos da segurança jurídica. Ela explica, de um lado, a aparente divergência doutrinária a respeito da sua qualificação: von Arnauld sustenta que a segurança do Direito funciona como pressuposto para a segurança por meio do Direito,[234] enquanto que Novoa afirma o contrário, isto é, que a segurança do Direito é que pressupõe a segurança através do Direito.[235] De outro lado, ela torna claro o seu inter-relacionamento interno: os estados de coisas, aqui tratados como elementos da segurança jurídica, condicionam-se e exigem-se mutuamente. Não por acaso a segurança é qualificada como uma noção "proteiforme", por mudar de forma com frequência.[236]

233. Anne-Laure Valembois, *La Constitutionnalisation de l'exigence de sécurité juridique en Droit français*, Paris, LGDJ, 2005, p. 251.

234. Andreas von Arnauld, *Rechtssicherheit*, Tübingen, Mohr Siebeck, 2006, p. 392.

235. César García Novoa, *El principio de seguridad jurídica en materia tributaria*, Madrid, Marcial Pons, 2000, p. 72.

236. Frédéric Douet, *Contribution à l'étude de la sécurité juridique en Droit interne français*, Paris, LGDJ, 1997, p. 4.

O plano escolhido reconhece esses perigos, mas procura contorná-los mediante a construção de partes separadas e desenvolvidas de modo progressivo e relacionado: a definição de segurança, apresentada no primeiro capítulo, além de preliminar, é construída com base no sentido etimológico da palavra "segurança" e baseada em estudos doutrinários relacionados diretamente ao tema; o exame dos fundamentos é, pois, realizado com base nessa definição preliminar apresentada no Primeiro Capítulo do Título I da Primeira Parte, definição essa que, com a análise dos fundamentos, é, progressivamente, reelaborada e aperfeiçoada; a análise dos elementos é feita a partir dos fundamentos, mas vai além, para abranger a concretização legal, administrativa e jurisprudencial daqueles mesmos fundamentos. Com essas cautelas, são contornadas as circularidades, na medida do possível, sem perda da clareza.

Enfim, o presente trabalho impôs-se uma tarefa difícil: examinar o sentido, as dimensões, os elementos, os fundamentos e a eficácia da segurança jurídico-tributária como princípio do ordenamento constitucional brasileiro. Ao longo da pesquisa, tentar-se-á formular e responder as perguntas mais importantes relativamente à segurança jurídica: segurança com base em que – na sua própria proteção, na previsão de comportamentos ou no estabelecimento de ideais? Qual segurança – segurança não-jurídica ou segurança jurídica e, nesse sentido, segurança jurídica como segurança do Direito, pelo Direito, frente ao Direito, sob o Direito, de direitos, de um direito, como um direito ou no Direito? Segurança de quem – do cidadão ou do Estado? Segurança por quem – pelo cidadão ou pelo Estado e, sendo, por este, pelo Poder Legislativo, Executivo ou Judiciário? Segurança para quem – para o cidadão, para o Estado ou para a sociedade como um todo? Segurança como – pela previsão de regras, pela aplicação de regras, pela instituição de procedimentos ou pela garantia de direitos? E assim sucessivamente. Ao se fazer uma separação conceitual dos aspectos, dos elementos e das dimensões da segurança jurídica, não se ignora, de modo algum, que, em muitos casos, haja dificuldade de separá-los, bem como, em outras situações ocorra a sua aplicação simultânea. Como bem aponta Zanella Di Pietro, os vários princípios que compõem o ordenamento jurídico se comunicam, sendo, muitas vezes, difícil diferenciá-los.[237]

237. Maria Sylvia Zanella Di Pietro, "Os princípios da proteção à confiança, da segurança jurídica e da boa-fé na anulação do ato administrativo", in Fabrício Motta (org.), *Direito Público Atual: estudos em homenagem ao Professor Nélson Figueiredo*, Instituto de Direito Administrativo de Goiás (IDAG), Belo Horizonte, Fórum, 2008, p. 298.

A base normativa de tal pesquisa é o ordenamento jurídico brasileiro. Esse campo material da pesquisa não impede, antes mesmo recomenda, o exame da doutrina estrangeira, especialmente a alemã, a italiana, a francesa, a espanhola, a inglesa, a americana e a portuguesa. Esse exame, no entanto, não é feito para colher, nas obras consultadas, conclusões prontas a respeito dos ordenamentos jurídicos estrangeiros, no sentido de que, se tal entendimento é sustentado no exterior, também deverá sê-lo no Brasil. Bem ao contrário: a investigação da doutrina e do Direito estrangeiro serve de instrumento para se verificar quais são os argumentos utilizados pelos autores na interpretação e na aplicação de regras e de princípios positivados de modo similar ao brasileiro. Além disso, o exame minucioso da doutrina estrangeira a respeito dos vários aspectos do princípio da segurança jurídica serve de meio tanto para revelar as insuficiências da doutrina ou da jurisprudência estrangeiras quanto para denunciar, por comparação, as particularidades do ordenamento jurídico brasileiro. Um exemplo de insuficiência de um modelo estrangeiro pode ser colhido na prática jurisprudencial do Tribunal Constitucional Federal Alemão a respeito da modulação de efeitos das decisões preferidas em controle concentrado de constitucionalidade. Enquanto essa técnica é copiada no Brasil, quer em sede legislativa, quer em sede jurisprudencial, como se fosse a quintessência do desenvolvimento teórico, ela é vigorosa e extensamente criticada pela doutrina alemã, que chega ao ponto de afirmar que "o modelo da judicatura do Tribunal Constitucional Alemão não é digno de imitação (*nachahmenswert*)",[238] ou, com referência à manutenção de leis inconstitucionais, que "esse conceito deveria ser abandonado".[239] Um exemplo de particularidade do ordenamento jurídico brasileiro pode ser verificado nos fundamentos normativos do princípio da segurança jurídica. Como a CF/88, ao contrário de outras Constituições, contém disposições expressas a respeito dos ideais parciais que compõem o princípio da segurança jurídica, não só o seu conceito termina sendo diferente, como também alguns dos seus subelementos devem ser aplicados de forma mais rígida do que em outros ordenamentos, como é o caso das regras de proteção do direito adquirido, do ato jurídico perfeito, da coisa julgada e do fato gerador tributário, incapazes de serem superadas em razão do interesse

238. Roman Seer, Jörg Peter Müller, "Begrenzung der Wirkungen seiner Richtersprüche durch den EuGH", *IWB*, n. 5, Gruppe 2, Fach 11, p. 262, 2008.

239. Christoph Moes, "Die Anordnung der befristeten Fortgeltung verfassungswidriger Steuergesetze durch das Bundesverfassungsgericht", *StuW*, n. 1, p. 36, 2008.

público, como excepcionalmente se permite na Alemanha, na Espanha, na França e na Itália. Em suma, a doutrina estrangeira é utilizada, com todo o cuidado, unicamente para se revelar a particularidade do sistema jurídico brasileiro. Essa particularidade fica ainda mais evidente no Direito Tributário, dada a rigidez e analiticidade da Constituição brasileira em matéria tributária.[240] Enfim, a investigação de Direito Comparado obedeceu, em toda a sua extensão, àquilo que Legrand qualifica ser o seu objeto primordial: a percepção das diferenças.[241]

Esta monografia pretende, de maneira diversa, apresentar um conceito distinto de segurança jurídica no âmbito do Direito Tributário.

Quanto ao conceito proposto de segurança jurídica, este trabalho se distingue por apresentar um conceito que não é igual no tipo, na metodologia de construção e no método de verificação.

A distinção concernente ao tipo de conceito proposto reside na adoção de um conceito não-classificatório de segurança jurídica: em vez de sustentar um conceito bivalente de segurança jurídica, baseado no dualismo "segurança-insegurança", este trabalho propõe um conceito gradual e polivalente, fundado no espectro gradativo que oscila entre um estado de fato de "maior ou menor segurança". Esse conceito de segurança jurídica reflete, a seu turno, uma concepção semântico-argumentativa de Direito: em vez de compreender o Direito como algo total e previamente dado, a ser, por meio de um método discursivo, meramente descrito pelo intérprete (concepção objetivista de Direito), ou como uma mera atividade argumentativa não submetida a qualquer limitação anterior ao seu processo decisional de realização (concepção argumentativa de Direito), compreende-se o Direito em uma posição intermediária entre essas duas concepções, isto é, como uma prática reconstrutiva e situativa de sentidos mínimos cuja realização depende de estruturas jurídico-racionais de legitimação, de determinação, de argumentação e de fundamentação. A definição de segurança jurídica reflete, a seu turno, essa concepção de Direito.

O fator diferencial com relação à metodologia de construção do conceito está no fato de que esta monografia adota um procedimento analítico de redução da vagueza conceitual: no lugar de investigar o princípio da segurança jurídica por meio de uma análise centrada na

240. Geraldo Ataliba, *Sistema constitucional tributário brasileiro*, São Paulo, Ed. RT, 1968, p. 39.

241. P. Legrand, "Comparer", in *Le Droit Comparé: aujourd'hui et demain*, Paris, Société de Législation Comparée, 1995, p. 37.

descrição da sua evolução histórica e doutrinária, ou através da sua mera apologia, o presente trabalho opta por uma investigação baseada na decomposição dos vários aspectos que devem ser discernidos para a sua adequada compreensão. Com isso, procura-se desenvolver um modelo destinado a explicar e a operacionalizar o controle do princípio da segurança jurídica.

A peculiaridade relativa ao método de verificação conceitual reside na apresentação de um conceito jurídico de segurança jurídica: no lugar de enunciar um conceito factual e empirista de segurança jurídica, cuja verificação depende da previsão efetiva e factualmente observável, esta monografia adota um conceito normativo que conota propriedades cuja controlabilidade depende da observância de determinadas condições teóricas capazes de indicar uma potencialidade para a promoção de determinados estados de coisas. Esse conceito é também normativo no sentido de que, em vez de meramente apresentar a segurança jurídica como algo desejável, descreve-a como uma prescrição para a adoção de comportamentos que aumentem o grau de promoção de determinados estados de coisas.

Quanto aos elementos do conceito de segurança jurídica, esta monografia se particulariza por defender um conceito diverso e mais complexo de segurança jurídica: em vez de analisar a segurança jurídica de forma parcial, isto é, como norma que visa a preservar apenas um ideal (de previsibilidade ou de estabilidade, por exemplo), uma dimensão (como princípio objetivo ou como direito fundamental) ou um aspecto (segurança do Direito, pelo Direito, frente ao Direito, sob o Direito, de direitos, de um direito, por um direito ou como um direito), por exemplo, este trabalho procura apresentar e explicar o princípio da segurança jurídica como norma que se compõe de uma multiplicidade de ideais, de dimensões e de aspectos a serem conjuntamente considerados, dependendo do contexto normativo em que a sua aplicação se insere. E, mesmo relativamente a cada um desses elementos, este trabalho propõe a modificação, não apenas na nomenclatura, mas também no conteúdo, dos estados ideais cuja promoção é determinada pelo princípio da segurança jurídica: em vez de determinação, cognoscibilidade; no lugar de imutabilidade, confiabilidade; em substituição à previsibilidade, a calculabilidade. E subjacente a toda essa concepção está uma compreensão do Direito não precisamente como um objeto dado, nem como um objeto a ser inteiramente construído, mas como uma atividade argumentativa reconstrutiva de sentidos normativos baseada em postulados hermenêuticos e aplicativos.

O princípio da segurança jurídica determina a busca dos ideais de cognoscibilidade, confiabilidade e calculabilidade no Direito. Esses ideais (porém, e com a permissão para o emprego de uma metáfora) compõem apenas a parte da segurança jurídica que pode ser vista acima do mar, tal qual um *iceberg*, cuja ponta esconde uma imensa, extensa e profunda base submersa. Como o princípio da segurança jurídica delimita os contornos daquilo que é indispensável para que o cidadão possa, de acordo com o Direito, plasmar o seu presente e planejar, livre e autonomamente, sem engano ou injustificada surpresa, o seu futuro, inquiri-lo é, a um só tempo, investigar, de um lado, os direitos de liberdade, de igualdade e de dignidade e, de outro, os princípios relativos à atuação estatal. Mais do que isso: os ideais que o integram revelam, indiretamente, o tipo de sociedade que se visa a constituir, pelos tipos de Estado e de cidadão que resultam da sua configuração. A exigência de cognoscibilidade permite que o cidadão possa "saber" aquilo que "pode ou não fazer" de acordo com o Direito. Essa exigência, dentro de um estado de confiabilidade e de calculabilidade, capacita-o a, com autonomia e com liberdade, "fazer ou não fazer", de modo que possa "ser ou não ser" aquilo que deseja e que tem condições de ser. A segurança jurídica, em outras palavras, é um instrumento para que o cidadão possa saber, antes, e com seriedade, o que pode fazer, de modo que possa melhor ser o que pode e quer ser. Como pontifica Ataliba, seguros são os cidadãos que têm certeza de que o Direito é objetivamente um e que os comportamentos do Estado ou dos demais cidadãos dele não discreparão.[242] Em suma, a segurança jurídica é instrumento de realização da liberdade, e a liberdade é meio de realização da dignidade.

Com essas observações se quer dizer que, entre os extremos da segurança e da insegurança jurídica, surge, paralelamente, uma escala com dois tipos extremos de cidadão: o ativo e o inerte, o atuante e o retraído, o indeciso e o convicto, o confiante e o desconfiado, o inovador e o repetidor, o investidor e o poupador, o fiel pagador e o sonegador. Surgem, espelhadamente, diversas espécies de Estado: o que atua às claras e aquele que age pela calada, o leal e o desleal, o sério e o enganador, o respeitoso e o desrespeitoso, o cuidadoso e o atropelador. Nascem, do mesmo modo, distintos tipos de relações entre o Estado e o cidadão: proximidade ou distanciamento, oposição ou associação, cooperação ou separação. E reinam, na sociedade, distintos valores: certeza ou incerteza, crença ou descrença, obrigatoriedade ou permissividade,

242. Geraldo Ataliba, *República e Constituição*, 3ª ed., São Paulo, Malheiros Editores, 2011, p. 184.

ordem ou caos, estabilidade ou instabilidade. Todas essas consequências da (in)segurança demonstram, com a licença para mais uma expressão conotativa, que o grau de realização da segurança jurídica revela se o Direito e, no campo do Direito Tributário, se o tributo e se as atividades concernentes à sua fiscalização e à sua cobrança, são "muros" ou "pontes" para a realização do ser humano no Estado de Direito. Daí, portanto, se poder afirmar que examinar a segurança jurídica é verificar que tipo de Estado, de cidadão, de sociedade e de valores se pretende constituir. Este trabalho é, sim, sobre segurança jurídica, mas também o é – este é o ponto – sobre liberdade, sobre igualdade e sobre dignidade, e, por isso, sobre moderação ou temperança, sobre civilidade e sobre decência no exercício do poder de tributar.

O título original deste trabalho (*Segurança Jurídica – Entre permanência, mudança e realização no Direito Tributário*) não foi escolhido fortuitamente. Ele poderia ser unicamente "segurança jurídico-tributária" (cuja ênfase estaria, no entanto, no Direito Tributário, em vez de estar na segurança, como se fora esta um mero apêndice daquele). Como será oportunamente demonstrado, a expressão "segurança jurídica" pode assumir vários sentidos: segurança "do Direito", "pelo Direito", "como um direito", "frente ao Direito", "sob o Direito", "de direito(s)" ou "no Direito". Contudo, a expressão que melhor representa o conceito de segurança jurídica defendido nesta obra é "segurança no Direito", pois é esta que melhor ilustra a compreensão de que a segurança jurídica não é uma qualidade intrínseca do Direito ou de suas normas, vinculada à sua prévia determinação, porém um produto cuja existência, maior ou menor, depende da conjugação de uma série de critérios e de estruturas argumentativas a serem verificadas no próprio processo de aplicação do Direito. Isso justifica a ênfase dada à segurança jurídica em geral e à sua realização "no" Direito.

O subtítulo original enfocava a permanência, a mudança e a realização. A ênfase é dada, portanto, à transição. Nesse sentido, o próprio título desta monografia poderia ser, igualmente, Direito Transicional Tributário. Porém, a ideia transcendente ao trabalho é, justamente, sob o fio condutor da segurança jurídica, compreender a tributação, conectando, no tocante ao tempo, o passado, o presente e o futuro e, na referência à aplicação, o plano abstrato e o concreto. Assim, o ideal de cognoscibilidade delimita as condições para o exercício presente dos direitos de liberdade e de propriedade; o ideal de confiabilidade representa, sob perspectiva retrospectiva, a mudança do passado ao presente, denotando aquilo que, do passado, deve permanecer no presente; o ideal de calculabilidade ilustra, sob perspectiva prospectiva, a passagem do presente ao futuro, para demonstrar aquilo que, do presente, deve ser mantido na transição para o futuro; e a transparência do controle semântico-argumentativo revela a necessidade de objetividade discursiva na transição do dispositivo à norma, e da norma à decisão. O objeto do trabalho, em outras palavras, é o exame da transição no Direito Tributário, com base no princípio da segurança jurídica e sob o ângulo do exercício dos direitos fundamentais de liberdade, de propriedade, de igualdade e de dignidade. Isso explica a alteração do título para *Teoria da Segurança Jurídica*. Como a transição se ergue com base no princípio da segurança jurídica, que funciona, inclusive, como critério para saber o que pode mudar e o que deve permanecer, o presente estudo se distancia de outros estudos mais comuns. "Direito Transitório" é expressão tradicional que serve para indicar o conjunto de normas que regula o conflito de leis no tempo, normalmente baseado na noção de situação jurídica, e solucionado por regras de conflito.[243] A questão subjacente a essa análise é a conclusão ou não dos fatos sob a vigência da lei modificada, funcionando a sua validade como um dos principais critérios. A expressão "Disposições transitórias", por sua vez, normalmente qualifica um conjunto de disposições temporárias e secundárias destinadas a regular a aplicação de outras, mediante a utilização de várias técnicas, como a da eficácia diferida. Elas se destinam a aumentar a clareza, derrogar as regras tradicionais de solução de conflito entre leis, diminuir a complexidade ou mesmo diferir a aplicação da nova lei.[244] O presente trabalho assume, porém, perspectiva distinta: não examina o conflito de leis, sob a perspectiva da conclusão de fatos ou atos e no nível das normas, nem analisa disposições temporárias secundárias destinadas a garantir a aplicação, imediata ou diferida, de novas leis. Ele investiga, isto sim, os limites da transição no ordenamento jurídico, no Direito Tributário, sob o ângulo da segurança jurídica, por sua vez erguida com base nos direitos fundamentais, não apenas no âmbito do Poder Legislativo, mas também no dos Poderes Executivo e Judiciário, mesmo quando não há propriamente conflito entre normas, nem direitos adquiridos, mas direitos que, por terem sido exercidos de determinado modo e com determinada intensidade, devam

243. Paul Roubier, *Le Droit transitoire: conflits des lois dans le temps*, Paris, Dalloz, 1929/1933 (1ª ed., 2. vs.), 1960 (2ª ed., 1 v.), 2008 (reimpressão da 2ª ed.), pp. 3 e 146 e ss. Michael Koch, *Die Grundsätze des intertemporalen Rechts im Verwaltungsprozess – Vertrauensschutz im verwaltungsgerichtlichen Verfahren*, Berlin, Duncker und Humblot, 2009, p. 40.

244. Gweltz Éveillard, *Les dispositions transitoires en Droit Public français*, Paris, Dalloz, 2007, pp. 6, 8, 49, 117, 193 e ss.

ser respeitados. O objeto desta pesquisa não se circunscreve, portanto, à sucessão de normas no tempo, mas à realização mesma do Direito, quer no âmbito temporal, quer no campo aplicativo. Essa nova e mais ampla análise, baseada em critérios também diversos, pode ser denominada de "Direito Transicional" (*transitional law*).[245]

Assim, Direito Transicional, na acepção estipulada neste trabalho, não é o mesmo que Direito Intertemporal ou Transitório. Eles se diferenciam quanto ao objeto, à finalidade, ao critério, ao fundamento e à abrangência: o Direito Intertemporal tem por objeto central o exame do conflito entre leis no tempo, ao passo que o Direito Transicional versa sobre quaisquer mudanças normativas provenientes dos Poderes Legislativo, Executivo ou Judiciário, procurando diferenciá-las de acordo com a função de cada Poder; o Direito Intertemporal tem a finalidade básica de permitir a mudança por meio da eliminação do conflito entre normas, com vistas a preservar o exercício do poder de legislar e o interesse público existente, enquanto que o Direito Transicional visa a harmonizar a mudança com a permanência, com o intuito principal de garantir o respeito aos direitos fundamentais de liberdade, de propriedade, de igualdade e de dignidade; o Direito Intertemporal emprega critérios encontrados primariamente no nível normativo abstrato, mediante a verificação da consumação de atos ou de fatos sob a perspectiva da norma modificada, ao passo que o Direito Transicional procura uma solução com apoio em critérios preponderantemente baseados no nível fático concreto, por meio da constatação da medida do exercício de atos de disposição sob o ângulo dos direitos fundamentais, independente da validade da norma anterior e da consumação dos atos ou fatos conforme suas disposições; o Direito Intertemporal fundamenta-se primeiramente em regras de competência, enquanto que o Direito Transicional conjuga-as com direitos fundamentais; o Direito Intertemporal abrange, nomeadamente, a relação entre duas normas em razão de um fato ou, abreviada e metaforicamente, duas normas e um ponto, enquanto que o Direito Transicional envolve a relação entre duas normas e o exercício de direitos fundamentais de um ou mais indivíduos, ou entre duas normas e uma linha. O Direito Transicional é, por isso, erguido com base no princípio da segurança jurídica. E tal princípio edifica-se, a seu turno, pela conjugação de princípios e de direitos fundamentais. O Direito Transicional, construído por meio da delimitação da definição, do conteúdo e da eficácia do princípio da segurança jurídica no âmbito do

245. Ake Frändberg, "Retroactivity, Simulactivity, Infraactivity", in Jes Bjarup, Mogens Blegvad (orgs.), *Time, Law and Society*, Stuttgart, Franz Steiner, 1995, p. 55.

Direito Tributário, é o que se pode denominar de "Direito Transicional Tributário". É o Direito da segurança jurídico-tributária. Ou, se assim se desejar, a realização do Direito sob a ótica jusfundamental aplicada ao Direito Tributário. O "Direito Tributário em Movimento", incluindo-se, no âmbito semântico da palavra "movimento", a própria atividade semântico-argumentativa necessária à sua concretização. É o "Direito Tributário em ação", em suma.

Em face da importância do tema e da sua complexidade, pretende-se, por meio da formulação das antes referidas indagações fundamentais a respeito da segurança jurídica, fixar critérios intersubjetivos que permitam descobrir e controlar os comportamentos concretos cuja adoção provoca efeitos que contribuem para a promoção dos fins de confiabilidade e de calculabilidade do ordenamento jurídico, baseados na sua cognoscibilidade. Sem essa construção criteriosa, o ideal normativo de segurança jurídica, do mesmo modo que outros ideais, como os de igualdade ou de liberdade, não são realizados em toda a sua extensão. Como lembra Molfessis, os fins que compõem a segurança jurídica "não são obtidos por proclamação".[246] Sem um apurado processo de redução da indeterminação, em todos os seus aspectos, a segurança jurídica não passará de um "*slogan* propagandista" (*propagandistisches Schlagwort*) ou de um "sedativo político-jurídico".[247]

Almeja-se cumprir essa tarefa por meio de um trabalho também (quiçá minimamente, dentro das limitações do autor) cognoscível, confiável e calculável. Será, por conseguinte, uma tentativa de estudar a segurança com segurança, e também por meio da segurança. Não se desconsidera a dificuldade do tema. Há, de fato, assuntos que são tão complexos que não podem ser tratados em uma monografia, porém ao mesmo tempo são tão fundamentais que precisam ser examinados em uma só obra. O princípio da segurança jurídica é um deles – complexo, mas fundamental. Tal constatação justifica a assertiva de Ferraz Júnior, de acordo com a qual "o tema da segurança jurídica é, ao mesmo tempo, um dos mais simples e intrincados do direito".[248]

246. Nicolas Molfessis, "Combattre l'insécurité juridique ou la lutte du système juridique contre lui-même", in *Sécurité juridique et complexité du Droit*, Conseil d'État, *Rapport Public 2006*, *Études et documents* n. 57, Paris, Documentation française, 2006, p. 391.

247. Andreas von Arnauld, *Rechtssicherheit*, Tübingen, Mohr Siebeck, 2006, pp. 48, 116.

248. Tércio Sampaio Ferraz Júnior, "Segurança jurídica e normas gerais tributárias", *RDT*, ns. 17-18, p. 51, São Paulo, 1981.

Como o tema é amplo e multifacetado, e o percurso para analisá-lo, repleto de paradoxos e embrenhado de circularidades, a seguir revelados, a tarefa de examinar a segurança há de começar com a progressiva eliminação da insegurança espiritual que tamanha tarefa produz no espírito de quem humildemente ousa assumi-lo.

PRIMEIRA PARTE
DEFINIÇÃO DE SEGURANÇA JURÍDICA

A segurança do Direito exige positividade do Direito: quando não pode ser constatado o que é justo, então deve ser fixado o que juridicamente deve ser, de modo que aquilo que ele determina também esteja em condições de se impor. (Gustav Radbruch, *Rechtsphilosophie. Studienausgabe*, 2ª ed., Heidelberg, C. F. Müller, 2003 (1932), p. 73)

Poderá haver Direito injusto ou falho, mas nunca inseguro, pois a ausência de segurança nega a essência mesma do jurídico. (L. Recaséns Siches, *Filosofía del Derecho*, México, Porrúa, 1959, p. 224)

Título I

Significação da Segurança Jurídica (Ou o que pode significar Segurança Jurídica?)

Apesar de toda a cautela devida relativamente à generalização de estados psíquicos, interpretados do ponto de vista especificamente cultural – que na presente atualidade do nosso tema parece ser especialmente imperativa –, dificilmente se poderá negar a concepção antropológica fundamental de que o homem é um ser imperfeito, um ser amedrontado, um ser ativo que se orienta para o futuro no seu comportamento, que procura ele próprio criar e estabilizar as condições da sua existência futura. (Franz-Xaver Kaufmann, *Sicherheit als soziologisches und sozialpolitisches Problem*, 2ª ed., Stuttgart, 1973, p. 11)

Sem segurança, o homem não consegue nem cultivar as suas forças, nem aproveitar os seus frutos; pois, sem segurança, não há liberdade. (Wilhelm von Humboldt, *Über die Grenzen der Wirksamkeit des Staates (1792)*, 2ª ed., Heidelberg, Carl Winter, 1954, p. 66)

> Confiança é o fundamento do relacionamento humano, assim também do Direito. Quem deseja aprender algo de outro, fazer alguma coisa com ele ou se orientar no seu modelo, deve confiar nesse homem. Por isso é a confiabilidade do ordenamento jurídico uma condição fundamental de uma constituição libertária. O homem só confia num Direito que lhe dá confiança. (Paul Kirchhof, "Vertrauensschutz im Steuerrecht", in Heinz-Jürgen Pezzer (org.), *Vertrauensschutz im Steuerrecht*, "Deutsche Steuerjuristische Gesellschaft", v. 27, Köln, Otto Schmidt, 2004, p. 1)

> Somente a confiança na continuidade das instituições estatais e na vinculação das regras cria a base para o desenvolvimento da liberdade humana. (Dieter Birk, "Kontinuitätsgewähr und Vertrauensschutz", in Heinz-Jürgen Pezzer (org.), *Vertrauensschutz im Steuerrecht*, "Deutsche Steuerjuristische Gesellschaft", v. 27, Köln, Otto Schmidt, 2004, p. 11)

Desde há muito os autores utilizam a expressão "segurança jurídica" com variada significação.[1] O motivo mais evidente para tanto provém da polissemia da palavra "segurança" e da expressão "segurança jurídica".[2] Na primeira acepção pode significar um estado psicológico de ausência de medo ou de alheamento do perigo. Na segunda acepção pode conotar uma pluralidade de sentidos, dependendo do modo como são definidas as palavras "segurança" e "jurídica".

Em razão disso, é preciso, de um lado, definir o significado de "segurança" e, de outro, explicar o conceito de "segurança jurídica", contrapondo este último a outros tipos de segurança.[3] Isso, porém, não é suficiente. É necessário, ainda, definir os vários usos que a expressão "segurança jurídica" pode conotar para poder, depois, analisar o significado preciso da expressão "segurança jurídico-tributária". Sem esse

1. Max Rümelin, *Die Rechtssicherheit*, Tübingen, Mohr Siebeck, 1924, p. 2.

2. Andreas von Arnauld, *Rechtssicherheit*, Tübingen, Mohr Siebeck, 2006, pp. 39, 64 e 103; Bertrand Mathieu, "La sécurité juridique: un principe constitutionnel clandestin mais efficient", in Patrick Fraisseix (org.), *Mélanges Patrice Gélard – Droit Constitutionnel*, Paris, Montchrestien, 1999, p. 301.

3. Gianmarco Gometz, *La certezza giuridica come prevedibilità*, Torino, Giappichelli, 2005, p. 9.

procedimento conduz-se a discussão sobre a segurança jurídica a um "patético naufrágio no oceano semântico", como advertiu Mezquita del Cacho.[4] É o que se passa a fazer.

4. José L. Mezquita del Cacho, *Seguridad jurídica y sistema cautelar*, v. 1, "Teoría de la seguridad jurídica", Barcelona, Bosch, 1989, p. 48.

Capítulo 1

Segurança Não-Jurídica

Emprega-se a palavra "segurança" no sentido da busca do homem em se proteger contra ameaças externas (segurança externa, física ou objetiva), como ocorre no caso em que o homem pretende ficar protegido contra a violência, o crime ou a dor.[1] Esse sentido pode ser ilustrado pelas expressões "dentro de casa o homem está seguro do frio" ou "em um abrigo antiaéreo o cidadão está seguro contra efeitos de ataques aéreos". Nessa acepção, "estar seguro" significa o homem estar protegido de algo ou contra algo que represente uma ameaça externa à sua incolumidade física. Segurança, em vez de ausência de dúvida, é ausência de medo.[2] A língua francesa, para ilustrar esse sentido, possui até outro termo: em vez de *securité*, emprega-se *sûreté*.[3] O uso desse termo, porém, também é ambíguo: utiliza-se, igualmente, para denotar um estado de "asseguramento".[4]

Utiliza-se também a palavra "segurança" no sentido da procura por um estado de liberdade diante do medo e da ansiedade (segurança interna, psicológica ou subjetiva), a exemplo do que se suscita na hipótese em que o homem deseja atingir um estado de tranquilidade emocional diante da realidade.[5] Nesses casos, o termo "segurança" é empregado para expressar uma dimensão psicológica individual, sendo, pois, objeto

1. Andrea Schrimm-Heins, "Gewissheit und Sicherheit: Geschichte und Bedeutungswandel der Begriffe 'certitudo' und 'securitas'" (Teil 1), *Archiv für Begriffsgeschichte* 34, p. 133, 1991; Federico Arcos Ramírez, *La seguridad jurídica: una teoría formal*, Madrid, Dykinson, 2000, p. 15; Andreas von Arnauld, *Rechtssicherheit*, Tübingen, Mohr Siebeck, 2006, p. 97.

2. José L. Mezquita del Cacho, *Seguridad jurídica y sistema cautelar*, v. 1, "Teoría de la seguridad jurídica", Barcelona, Bosch, 1989, p. 213.

3. Frédéric Douet, *Contribution à l'étude de la sécurité juridique en Droit Interne Français*, Paris, LGDJ, 1997, p. 2.

4. Bertrand Mathieu, "La sécurité juridique: un principe constitutionnel clandestin mais efficient", in Patrick Fraisseix (org.), *Mélanges Patrice Gélard – Droit Constitutionnel*, Paris, Montchrestien, 1999, p. 303.

5. Franz-Xaver Kaufmann, *Sicherheit als soziologisches und sozialpolitisches Problem*, 2ª ed., Stuttgart, 1973, p. 10; Andrea Schrimm-Heins, "Gewissheit und Si-

de estudo da *Psicologia*, que analisa as causas psíquicas ou emocionais do medo, bem como os elementos que compõem o conceito de "confiança" do ponto de vista da Psicologia, como fez Freud,[6] e da *Antropologia*, dirigida a encontrar na própria natureza do homem a busca pelo ideal de segurança, como fizeram Evers e Nowotny.[7] Enfim, a segurança, como estado psicológico, revela aquilo a que se referiam os antigos como *animi tranquillitas*, ou estado de ausência de preocupações, criador da própria palavra "segurança" como "*sine+cura*" (sem preocupações).[8] Tal distinção foi argutamente percebida por Reale:

> "Há, pois, que distinguir entre o 'sentimento de segurança' – ou seja, entre o estado de espírito dos indivíduos e dos grupos na intenção de usufruir de um complexo de garantias – e este complexo como tal, como conjunto de providências instrumentais, capazes de fazer gerar e proteger aquele estado de espírito de tranquilidade e concórdia".[9]

A mesma diferenciação foi reconhecida, no âmbito do Direito Tributário, por Villegas, quando distinguiu a segurança subjetiva, como um "sentimento de confiança", e a segurança objetiva, traduzida nas garantias que a sociedade assegura a pessoas, a bens ou a direitos.[10]

Pode-se, igualmente, falar em segurança no sentido de confiança e, dentro dessa perspectiva, examiná-la também sob vários ângulos: da *Psicologia*, examinando-se as características das relações de confiança entre as pessoas, como a incerteza e o risco, e os seus efeitos, como a motivação, a exemplo do que fez Petermann;[11] da *Economia*, investigando-se

cherheit: Geschichte und Bedeutungswandel der Begriffe 'certitudo' und 'securitas'" (Teil 1), *Archiv für Begriffsgeschichte* 34, p. 137, 1991.

6. Sigmund Freud, *Abriß der Psychoanalyse*, Frankfurt am Main, 1960; Franz Petermann, *Psychologie des Vertrauens*, 3ª ed., Göttingen, Hogrefe, 1996.

7. Adalbert Evers e Helga Nowotny, *Über den Umgang mit Unsicherheit. Die Entdeckung der Gestaltbarkeit von Gesellschaft*, Frankfurt am Main, Suhrkamp, 1987.

8. Andrea Schrimm-Heins, "Gewissheit und Sicherheit: Geschichte und Bedeutungswandel der Begriffe 'certitudo' und 'securitas'" (*Teil* 1), *Archiv für Begriffsgeschichte* 34, p. 134, 1991; José Roberto Vieira, "Medidas provisórias tributárias e segurança jurídica: a insólita opção estatal pelo 'viver perigosamente'", in Aires Fernandino Barreto *et alii* (orgs.), *Segurança jurídica na tributação e Estado de Direito*, São Paulo, Noeses, 2005, p. 319.

9. Miguel Reale, "Prefácio", in Theophilo Cavalcanti Filho, *O problema da segurança no Direito*, São Paulo, Ed. RT, 1964, p. IV.

10. Héctor Villegas, "Principio de seguridad jurídica en la creación y aplicación del tributo", *RDT* 66, p. 10, São Paulo, s.d.

11. Franz Petermann, *Psychologie des Vertrauens*, 3ª ed., Göttingen, Hogrefe, 1996.

a confiança como princípio organizacional e de trocas, a fim de saber como se formam e como se intensificam as relações entre os agentes econômicos, da maneira como fizeram Ripperger e Thies/Schweer;[12] da *Sociologia*, perscrutando a confiança como valor social, antecipador de comportamentos e indispensável para intensificar as relações sociais, para controlar o futuro e para diminuir a complexidade da sociedade, como o fizeram Kaufmann, Luhmann e Geiger;[13] da *Filosofia*, indagando a respeito do valor da confiança como fenômeno espiritual ou valor moral, como defenderam Lagerspetz e Köhl;[14] da *Política*, analisando-se os processos de confiabilidade estabelecidos entre os cidadãos nos sistemas de governo, como examinou Offe.[15]

A segurança também pode significar um estado de proteção de bens individuais ou coletivos, como a vida, a saúde, a liberdade ou a propriedade. É precisamente esse sentido que denota a expressão "segurança pública", tanto interna quanto externa, objeto de garantia por meio de estratégias preventivas e repressivas.[16] Nessa acepção, "segurança" é afastamento de ameaças (externas ou internas) à paz das pessoas.[17] Embora não possa haver segurança pública sem que aquilo que o Direito

12. Tanja Ripperger, *Ökonomik des Vertrauens*, 2ª ed., Tübingen, Mohr Siebeck, 2003; Martin Schweer e Barbara Thies, *Vertrauen als Organisationsprinzip*, Bern, Hans Huber, 2003.

13. Franz-Xaver Kaufmann, *Sicherheit als soziologisches und sozialpolitisches Problem*, 2ª ed., Stuttgart, 1973, p. 10; Niklas Luhmann, *Vertrauen – Ein Mechanismus der Reduktion sozialer Komplexität*, 4ª ed., Stuttgart, Lucius & Lucius, 2000; Theodor Geiger, *Vorstudien zu einer Soziologie des Rechts*, 4ª ed., Berlin, Duncker und Humblot, 1987, pp. 63 e ss.

14. Olli Lagerspetz, "Vertrauen als geistiges Phänomen", in Martin Hartmann e Claus Offe (orgs.), *Vertrauen: Die Grundlage des sozialen Zusammenhalts*, Frankfurt, Campus, 2001, pp. 85-113; Harald Köhl, "Vertrauen als zentraler Moralbegriff?", in Martin Hartmann e Claus Offe (orgs.), *Vertrauen: Die Grundlage des sozialen Zusammenhalts*, Frankfurt, Campus, 2001, pp. 114-140.

15. Claus Offe, "Wie können unseren Mitbürgern vertrauen?", in Martin Hartmann e Claus Offe (orgs.), *Vertrauen: Die Grundlage des sozialen Zusammenhalts*, Frankfurt, Campus, 2001, pp. 241-294.

16. Markus Möstl, *Die staatliche Garantie für die öffentliche Sicherheit und Ordnung*, Tübingen, Mohr Siebeck, 2002, pp. 654 e 659; Jutta Limbach, *Ist die kollektive Sicherheit der Feind der individuellen Freiheit?*, Köln, Carl Heymanns, 2002, p. 4; Ricardo Lobo Torres, "Liberdade, segurança e justiça", in Paulo de Barros Carvalho (org.), *Justiça tributária*, São Paulo, Max Limonad, 1998, p. 704.

17. Christian Calliess, "Die Staatsaufgabe der Äußeren Sicherheit im Wandel: Staatstheoretische Grundlagen und völkerrechtliche Konsequenzen", in Christian Calliess (org.), *Äußere Sicherheit im Wandel – Neue Herausforderungen an eine alte Staatsaufgabe*, Baden-Baden, Nomos, 2005, p. 15.

preveja seja passível de execução judicial, não se pode confundir "segurança pública" com "segurança jurídica": enquanto a primeira expressão diz respeito às condutas que o Estado deve tomar para proteger os bens das pessoas e da coletividade, a segunda faz referência a propriedades, a conteúdos, a processos, a métodos e a resultados que devem estar presentes para que o Direito possa ser instrumento garantidor dos direitos fundamentais.

Pode-se, ainda, conceber a segurança como proteção contra as ameaças às condições essenciais de sobrevivência. Nesse viés, utiliza-se o termo "segurança" como segurança social, assim entendido o conjunto de instituições, financiadas pública ou privadamente, que visa a garantir aos indivíduos as prestações destinadas a protegê-los dos riscos sociais, como a maternidade, a doença, o acidente de trabalho, a perda do cargo, a velhice, a morte, a invalidez, a viuvez, entre outros.[18]

Em todas essas hipóteses, portanto, não se está examinando a segurança jurídica propriamente dita. Está-se falando, simplesmente, de segurança, normalmente na acepção de confiança. A segurança jurídica só entra em cena quando se ultrapassa a dimensão psicológica individual para adentrar a dimensão axiológica social, mas não meramente comportamental: segurança jurídica representa, pois, a segurança como fenômeno valorativo intersubjetivável vinculado ao Direito de uma dada sociedade, quer como valor, quer como norma, tendo o jurídico como seu objeto ou como seu instrumento.[19] A distinção é importante também porque revela uma dissociação entre o conceito de "segurança não-jurídica" e o conceito de "segurança jurídica": alguém pode estar psicologicamente seguro, enquanto privado de ameaças físicas exteriores, como o frio ou a violência, porém sem qualquer segurança jurídica, em face da ausência, decorrente do arbítrio estatal, da capacidade de conceber e de planejar livremente as suas ações com base no Direito.[20]

Tal definição, contudo, é ainda insuficiente, visto que, embora representando um valor e mantendo alguma vinculação com o Direito, a segurança jurídica ainda pode ter mais de um sentido. O segundo passo

18. Alexia Bierweiler, *Soziale Sicherheit als Grundrecht in der Europäischen Union*, Stuttgart, Boorberg, 2007, p. 135.

19. Franz-Xaver Kaufmann, *Sicherheit als soziologisches und sozialpolitisches Problem*, 2ª ed., Stuttgart, 1973, pp. 140 e ss.

20. Andrea Schrimm-Heins, "Gewissheit und Sicherheit: Geschichte und Bedeutungswandel der Begriffe 'certitudo' und 'securitas'" (*Teil* 2), *Archiv für Begriffsgeschichte* 35, p. 209, 1992.

desse processo progressivo de delimitação semântica consiste em visualizar os vários sentidos de "segurança jurídica".[21]

21. Federico Arcos Ramírez, *La seguridad jurídica: una teoría formal*, Madrid, Dykinson, 2000, p. 3; Andreas von Arnauld, *Rechtssicherheit*, Tübingen, Mohr Siebeck, 2006, p. 79.

Capítulo 2

Segurança Jurídica

Seção 1. Segurança como elemento definitório

A segurança jurídica pode fazer referência a um elemento da definição de Direito e, nessa função, ser uma condição estrutural de qualquer ordenamento jurídico. Nesse sentido, um ordenamento jurídico privado de certeza não poderá, por definição, ser considerado "jurídico". Essa concepção foi aquela sustentada por muitos autores, dentre os quais se destacam alguns. Assim, Radbruch afirma que a segurança jurídica, ao lado da justiça e da conformidade a fins, são os elementos que compõem o núcleo do Direito e sem os quais ele não se caracteriza.[1] Bobbio sustenta ser a segurança jurídica não apenas uma exigência decorrente da coexistência ordenada do homem, mas também um "elemento intrínseco do Direito", destinado a afastar o arbítrio e a garantir a igualdade, não se podendo sequer imaginar um ordenamento jurídico sem que subsista uma garantia mínima de segurança.[2] Fuller assevera que sem segurança jurídica simplesmente não se pode falar em Direito, enumerando vários elementos que fazem parte daquilo que ele denomina de moralidade do Direito, como ambiente social de reciprocidade de expectativas baseado no conhecimento de regras vigentes que permitam antecipar o agir alheio.[3] Coing, considerando a necessidade de instituições e de relações duradouras para a garantia da segurança jurídica, somente consolidadas com o longo passar do tempo, chega ao ponto de declarar que um Direito jovem, na verdade, nem Direito o é.[4] Rawls igualmente aponta o Direito como uma estrutura capaz de possibilitar a cooperação social, por

1. Gustav Radbruch, *Rechtsphilosophie. Studienausgabe*, 2ª ed., Heidelberg, C. F. Müller, 2003 (1932), p. 73.

2. Norberto Bobbio, "La certezza del Diritto é un mito?", *Rivista Intenazionale di Filosofia del Diritto* 28, pp. 150-151, 1951.

3. Lon Fuller, *Anatomy of Law*, Connecticut, Greenwood, 1968, p. 73.

4. Helmut Coing, *Grundzüge der Rechtsphilosophie*, 5ª ed., Berlin, Walter de Gruyter, 1993, p. 149.

meio do asseguramento de expectativas recíprocas.[5] Hart, a seu modo, também defende a certeza a respeito das regras primárias e secundárias bem como da regra de reconhecimento, como um elemento definitório do Direito, capaz de defini-lo em contraposição a outros sistemas.[6] Mezquita del Cacho faz alusão à segurança jurídica como "noção medular da Teoria Geral do Direito".[7] Na mesma linha, embora fazendo referência à certeza do Direito, Carvalho reconhece que a "certeza do Direito é algo que se situa na própria raiz do dever-ser, é ínsita ao deôntico, sendo incompatível imaginá-lo sem determinação específica".[8]

Enfim, alguns autores tratam da segurança jurídica sem falar dos mecanismos para promovê-la; outros mencionam os instrumentos para a sua realização, sem diretamente fazer referência àquela. Seja como for, para ambos os grupos de autores a segurança jurídica é um "elemento" integrante de uma definição; portanto, uma proposição metalinguística relativa ao Direito como fenômeno histórico.[9] Em outras palavras, significa uma *concepção definitória* de segurança jurídica. Tal concepção é bem ilustrada por afirmação de Recaséns Siches, de acordo com quem a segurança jurídica é uma qualidade "sem a qual não poderia haver Direito, nem bom, nem mau, nem de nenhuma espécie".[10]

É preciso frisar também que a segurança jurídica, quando analisada sob essa perspectiva, não é uma norma, mas sim um conceito ou um elemento de um conceito. Sob esse viés, ela é definida como uma ideia "supraordenadora" (*übergeordneter Idee*) ou como um "sobreconceito" (*Überbegriff*).[11] Note-se que, nesse aspecto, a segurança jurídica é um elemento da metalinguagem doutrinária, e não uma norma sobre a qual ela verte.

5. John Rawls, *A Theory of Justice*, Cambridge, Belknap, 1971, pp. 235 e 310 e ss.

6. H. L. Hart, *The Concept of Law*, Oxford, Clarendon, 1991 (1961), pp. 90 e ss.

7. José L. Mezquita del Cacho, *Seguridad jurídica y sistema cautelar*, v. 1, "Teoría de la Seguridad Jurídica", Barcelona, Bosch, 1989, p. 41.

8. Paulo de Barros Carvalho, *Curso de Direito Tributário*, 21ª ed., São Paulo, Saraiva, 2009, p. 165; idem, *Direito Tributário, linguagem e método*, São Paulo, Noeses, 2008, p. 265.

9. Rubén Asorey, "Seguridad jurídica y Derecho Tributario", *RDT* 52, p. 28, São Paulo, 1990; José L. Mezquita del Cacho, *Seguridad jurídica y sistema cautelar*, v. 1, "Teoría de la seguridad jurídica", Barcelona, Bosch, 1989, p. 11.

10. L. Recaséns Siches, *Tratado general de Filosofía del Derecho*, México, Porrúa, 1961, p. 224.

11. Andreas von Arnauld, *Rechtssicherheit*, Tübingen, Mohr Siebeck, 2006, p. 7.

Seção 2. Segurança como fato

A segurança jurídica pode referir-se a um estado de fato, isto é, a uma determinada realidade concreta passível de constatação.[12] Nesse sentido, a segurança jurídica não diz respeito a um comportamento que deva ser adotado ou a um estado ideal de coisas que deva ser atingido. Ela se vincula, em vez disso, a uma realidade fática que se entende existente.[13] Sendo assim, o emprego da expressão "segurança jurídica" denota, nesse aspecto, um juízo de fato a respeito daquilo que se julga existir no plano da realidade. A expressão "não há segurança jurídica no Brasil, porque os órgãos aplicadores não confirmam as previsões feitas para a maior parte das suas decisões" representa essa significação. A segurança jurídica, nessa compreensão, significa, pois, a possibilidade de alguém prever, concretamente, as consequências jurídicas de fatos ou de comportamentos. Para o contribuinte a segurança jurídica significa a possibilidade de saber, antecipadamente, aquilo que vai, de fato, ocorrer. É, enfim, a capacidade de antecipar uma situação de fato ou prever efetivamente uma situação. Trata-se, como se vê, de uma *concepção jusrealista* de segurança jurídica, que pressupõe um *conceito descritivo*.[14]

Seção 3. Segurança como valor

A segurança jurídica pode, da mesma forma, denotar uma asserção sobre um estado desejável, isto é, de um estado que seja qualificado como digno de ser buscado, por razões sociais, culturais ou econômicas, porém não especificamente por uma imposição normativa. Desse modo, o uso da expressão "segurança jurídica" denota um *juízo axiológico* concernente àquilo que se julga bom existir de acordo com *determinado sistema de valores*.[15] A frase "um ordenamento previsível é muito melhor

12. Gianmarco Gometz, *La certezza giuridica come prevedibilità*, Torino, Giappichelli, 2005, pp. 12, 25, 37; Letizia Gianformaggio, "Certezza del Diritto", in Enrico Diciotti e Vito Velluzzi (orgs.), *Filosofia del Diritto e ragionamento giuridico*, Torino, Giappichelli, 2008, p. 83.

13. Federico Arcos Ramírez, *La seguridad jurídica: una teoría formal*, Madrid, Dykinson, 2000, p. 63; Antonio Enrique Perez Luño, *La seguridad jurídica*, Barcelona, Ariel, 1991, p. 21.

14. Otto Pfersmann, "Constitution et sécurité juridique – Autriche", *Annuaire International de Justice Constitutionnelle 1999*, Paris, Economica.

15. Franz-Xaver Kaufmann, *Sicherheit als soziologisches und sozialpolitisches Problem*, 2ª ed., Stuttgart, 1973, p. 32; Antonio Enrique Perez Luño, *La seguridad jurídica*, Barcelona, Ariel, 1991, p. 104; Gianmarco Gometz, *La certezza giuridica come prevedibilità*, Torino, Giappichelli, 2005, p. 36; José Souto Maior Borges,

para o desenvolvimento econômico que um imprevisível" denota que a segurança jurídica é um valor substancial da vida humana.[16] Ainda, a segurança jurídica revela um valor igualmente porque apresenta as notas gerais dos valores, como implicação bipolar, referibilidade, preferibilidade, hierarquia, incomensurabilidade, inexauribilidade, objetividade e historicidade.[17]

A segurança jurídica, dentro de uma *concepção axiológica*, pode igualmente denotar um ideal político, como ideal de justiça ou de política do Direito com o qual determinado ordenamento possa ser cotejado. Nessa acepção, ela pode ser utilizada para mensurar o grau de aproximação dos ordenamentos jurídicos àquele ideal.

Seção 4. Segurança como norma-princípio

A segurança jurídica ainda pode consubstanciar uma norma jurídica, isto é, uma prescrição normativa por meio da qual se estabeleça, direta ou indiretamente, algo como permitido, proibido ou obrigatório. Nessa acepção – a ser progressivamente detalhada neste trabalho –, a segurança jurídica diz respeito a um estado de coisas que deve ser buscado mediante a adoção de condutas que produzam efeitos que contribuem para a sua promoção. O emprego da expressão "segurança jurídica" denota, pois, um *juízo prescritivo* a respeito daquilo que deve ser buscado de acordo com *determinado ordenamento jurídico*. A expressão "a eficácia das decisões judiciais deve ser garantida" ilustra esse sentido. A segurança jurídica, nessa concepção, não significa a *possibilidade* de alguém prever as consequências jurídicas de fatos ou de comportamentos, mas

"O princípio da segurança jurídica na criação e aplicação do tributo", *RDDT* 22, p. 24, São Paulo, 1997.

16. Eduardo García de Enterría, *Justicia y Seguridad Jurídica en un Mundo de Leyes Desbocadas*, Madrid, Civitas, 1999, p. 48.

17. Miguel Reale, *Filosofia do Direito*, 12ª ed., São Paulo, Saraiva, 1987, pp. 189 e ss.; Paulo de Barros Carvalho, "O princípio da segurança jurídica no campo tributário", *RDT* 94, pp. 26-27, São Paulo, s.d.; idem, *Curso de Direito Tributário*, 21ª ed., São Paulo, Saraiva, 2009, p. 162; Ricardo Lobo Torres, "Segurança jurídica e as limitações ao poder de tributar", in Roberto Ferraz (org.), *Princípios e limites da tributação*, São Paulo, Quartier Latin, 2007, p. 430; idem, "Limitações ao poder impositivo e segurança jurídica", in Ives Gandra da Silva Martins (org.), *Limitações ao poder impositivo e segurança jurídica*, São Paulo, Ed. RT/CEU, 2007, p. 75; idem, *Tratado de Direito Constitucional, Financeiro e Tributário*, v. 2, "Valores e princípios constitucionais tributários", Rio de Janeiro, Renovar, 2005, p. 168; idem, "Liberdade, segurança e justiça", in Paulo de Barros Carvalho (org.), *Justiça Tributária*, São Paulo, Max Limonad, 1998, p. 680.

sim a prescrição para alguém adotar comportamentos que aumentem o grau de previsibilidade. A segurança jurídica, nesse aspecto, é matéria de Direito posto.[18] Trata-se, assim, de uma *concepção juspositivista* de segurança jurídica. Essa concepção, no entanto – e como ficará mais claro adiante –, é uma concepção juspositivista argumentativa (por isso, pós-positivista), pois, se, de um lado, defende a segurança jurídica como dever decorrente do Direito posto, de outro, sustenta que a sua realização depende da reconstrução de sentidos normativos por meio de estruturas argumentativas e hermenêuticas, não advindo da mera descrição imparcial de significados externos ao sujeito cognoscente.

Todas as considerações precedentes demonstram que não se pode, portanto, confundir a segurança jurídica como fato (dimensão fática), como valor (dimensão estritamente axiológica) e como norma (dimensão normativa): uma coisa é o *fato* de os julgadores aplicarem o ordenamento jurídico a fim de confirmar as previsões feitas para a maioria das suas decisões; outra é a asserção de que é muito *melhor* um ordenamento previsível que um imprevisível; e outra, ainda, a obrigação de os julgadores aplicarem o ordenamento de modo a aumentar a probabilidade de previsões das suas decisões por parte dos operadores do Direito. Trata-se de planos diferentes, sujeitos a juízos diversos: segurança jurídica como fato é a capacidade de prever uma situação de fato; segurança jurídica como valor é a manifestação de aprovação ou de desaprovação a respeito da segurança jurídica; a segurança jurídica como norma é a prescrição para adoção de comportamentos destinados a assegurar a realização de uma situação de fato de maior ou menor difusão e a extensão da capacidade de prever as consequências jurídicas dos comportamentos.[19] Enfim, uma coisa é o *estado de fato* indicador da possibilidade de o cidadão antecipar efeitos jurídicos de atos presentes; outra é a *norma* que prescreve que a instituição e a aplicação de normas sejam realizadas de maneira a incrementar a capacidade de o cidadão antecipar efeitos jurídicos futuros de atos presentes: enquanto lá a segurança jurídica refere-se a um fato, aqui ela diz respeito a uma *norma-princípio*.[20]

Tal constatação, entretanto, não quer dizer que esses juízos não mantenham entre si uma necessária *correlação* – essa observação é crucial. De um lado, a segurança jurídica, como norma, também repre-

18. José Souto Maior Borges, "O princípio da segurança jurídica na criação e aplicação do tributo", *RDDT* 22, p. 24, São Paulo, 1997.

19. Gianmarco Gometz, *La certezza giuridica come prevedibilità*, Torino, Giappichelli, 2005, pp. 12 e 46.

20. Claudio Luzzati, *La vaghezza delle norme*, Milano, Giuffrè, 1990, p. 421.

senta uma valoração legislativa positiva, consubstanciando, assim, um valor.[21] Ela igualmente pressupõe a possibilidade de realização de um determinado estado de fato, relacionando-se, por conseguinte, com uma situação de fato. Caso contrário envolveria, por exemplo, o comando de "tocar o céu com o dedo".[22] O princípio da segurança jurídica – como bem anota Luzzati – pressupõe a possibilidade de realizar, pelo menos parcialmente, a segurança jurídica como prática efetiva.[23] De outro lado, a segurança jurídica, como situação de fato, também envolve um tipo de valoração positiva e, nesse aspecto, incorpora tanto um aspecto valorativo quanto normativo.[24] E, por fim, a avaliação de que a segurança jurídica é um elemento definitório do Direito, um mero elemento de um *definiens*, é feita com base na importância do princípio da segurança jurídica para a instituição e para a aplicação das normas jurídicas. A segurança jurídica, como elemento definitório, pressupõe, desse modo, a valoração científica da segurança jurídica como princípio jurídico. Quer-se, com essas ponderações, afirmar tanto que a *diferenciação analítica* das várias formas de analisar a segurança jurídica não elimina o seu *relacionamento concreto* ou mesmo a sua *inter-relação semântica* quanto que, reversamente, a interdependência conceitual não afasta a diferenciação analítica dos três conceitos.

Com relação à segurança jurídica, pode-se ainda referir que ela (como fato, como valor ou como norma) pode ser usada – no metanível doutrinário, portanto – de diferentes modos: pode-se tanto descrever a segurança jurídica ("há segurança jurídica no Brasil") como valorá-la ("a segurança jurídica é uma exigência fundamental"), separada ou conjuntamente.[25]

Todas as observações precedentes têm a finalidade de demonstrar que, a pretexto de tratar de um mesmo objeto sob idêntica perspectiva, pode-se estar examinando diferentes objetos sob igual ou sob diferente

21. Paulo de Barros Carvalho, "O princípio da segurança jurídica no campo tributário", *RDT* 94, pp. 26-27, São Paulo, s.d.; Ricardo Lobo Torres, *Tratado de Direito Constitucional, Financeiro e Tributário*, v. 2, "Valores e Princípios Constitucionais Tributários", Rio de Janeiro, Renovar, 2005, p. 168.

22. Gianmarco Gometz, *La certezza giuridica come prevedibilità*, Torino, Giappichelli, 2005, p. 43.

23. Claudio Luzzati, *l'interprete e il legislatore*, Milano, Giuffrè, 1999, p. 254; Federico Arcos Ramírez, *La seguridad jurídica: una teoría formal*, Madrid, Dykinson, 2000, p. 66.

24. Gianmarco Gometz, *La certezza giuridica come prevedibilità*, Torino, Giappichelli, 2005, p. 37.

25. Idem, p. 42.

ponto de vista. De fato, a delimitação do objeto e da sua perspectiva de análise é pressuposto inapelável da sua efetiva compreensão. O exame da segurança jurídica não foge a essas condições epistemológicas.

No presente trabalho a segurança jurídica é examinada primordialmente na qualidade de norma jurídica da espécie "princípio", isto é, como prescrição, dirigida aos Poderes Legislativo, Judiciário e Executivo, que determina a busca de um estado de confiabilidade e de calculabilidade do ordenamento jurídico com base na sua cognoscibilidade. Como será adiante explicado em pormenor, trata-se de um conceito normativo de segurança jurídica que conota determinadas propriedades (estados de coisas realizáveis em vários graus) cuja subsistência depende da implementação de determinadas condições jurídicas. Trata-se, como se vê, de um conceito normativo, indicador de propriedades determinadas, que remete a estados de fato, a serem mais ou menos realizados.

Como princípio jurídico, a segurança jurídica deve ser diferenciada das regras. Estas são aquelas normas que descrevem o que é permitido, proibido e obrigatório.[26] Daí se afirmar que elas são compostas de uma hipótese (suposto ou antecedente), a que se conjuga um mandamento, uma consequência ou estatuição, tendo como forma associativa a cópula deôntica, que caracteriza a imputação normativa.[27] Em um exemplo singelo: aquele que aufere renda em determinado ano-base no Brasil deve pagar imposto sobre a renda para a União Federal à alíquota de 27,5% sobre os rendimentos auferidos. Dada a conduta, deve ser aplicada a consequência. Por isso se afirma que o modelo deôntico regular é representado pela expressão "se, então".

Nesse modelo de regras, que se compõem de uma hipótese e de uma consequência, vários aspectos relacionados a cada uma dessas partes devem ser examinados para que se possa verificar qual é a conduta a ser adotada. Quanto à hipótese, é preciso verificar qual é o comportamento previsto (aspecto material), o período compreendido (aspecto temporal) e o espaço abrangido (aspecto espacial). E, quanto à consequência, quem são os sujeitos ativo e passivo (aspecto pessoal) e qual é o montante da obrigação revelado pela base de cálculo e pela alíquota (aspecto quantitativo).[28] Dito de outro modo: em razão da estrutura normativa das regras, as perguntas essenciais à compreensão do seu sentido e do seu

26. Aulis Aarnio, *Reason and authority*, Dartmouth, Ashgate, 1997, pp. 174 e ss.; Ota Weinberger, *Norm und Institution*, Wien, Manz, 1988, p. 87.

27. Paulo de Barros Carvalho, *Curso de Direito Tributário*, 21ª ed., São Paulo, Saraiva, 2009, p. 262.

28. Idem, p. 263.

alcance são, relativamente à sua hipótese, "o que", "quando" e "onde"; e, no tocante à sua consequência, "quem" e "quanto". A expressão "regra-matriz de incidência" designa, pois, os elementos essenciais da regra de tributação, e aquela tem a finalidade de permitir a identificação e o conhecimento aprofundado da sua unidade irredutível mediante a apresentação de uma esquematização formal operativa e prática.[29]

Logo se constata que o procedimento de interpretação e de aplicação de regras envolve primordialmente uma operação terminal de *correspondência conceitual* entre os aspectos anteriormente mencionados e a situação de fato. Daí a importância da decomposição analítica dos aspectos da hipótese e da consequência da regra de tributação para as suas adequadas interpretação e aplicação. Semelhante procedimento de interpretação e de aplicação, no entanto, não se verifica no caso dos princípios jurídicos, de que é exemplo a segurança jurídica, ora examinada.

É que os princípios jurídicos são aquelas normas que estabelecem um estado ideal de coisas para cuja realização é necessária a adoção de comportamentos que provocam efeitos que contribuem para a sua promoção. Daí se afirmar que eles envolvem um fim (estado de coisas) e meios (condutas necessárias à sua promoção).[30] Em uma simples ilustração, para garantir um estado de moralidade é preciso adotar condutas sérias, leais, motivadas e contínuas. Em suma, para atingir o fim é necessário escolher comportamentos cujos efeitos contribuam para a sua promoção. Pode-se, por isso, asseverar que o modelo dos princípios pode ser simbolizado pela expressão "para, então é preciso".

Como se vê, o procedimento de interpretação e de aplicação de princípios abrange, primordialmente, o exame da correlação entre *estados de coisas, efeitos e condutas*. Os elementos a serem considerados e comprovados são, por conseguinte, diversos daqueles referentes às regras. Isso não quer dizer – eis o ponto fundamental, normalmente esquecido pela doutrina – que os princípios não careçam de um modelo que permita identificar e conhecer os seus elementos estruturais, isto é, aqueles elementos sem cuja identificação e sem cujo conhecimento eles não podem ser racionalmente compreendidos e aplicados. Assiste total razão a Carvalho quando constata a impossibilidade de objetividade no trato com os princípios, sempre caracterizados pelo seu subjetivismo: "E não há de causar desalento em ninguém que nós não possamos dar

29. Idem, p. 381.

30. Humberto Ávila, *Teoria dos princípios*, 17ª ed., São Paulo, Malheiros Editores, 2016, p. 61.

um cunho de objetividade aos princípios. Isso nunca ocorrerá, senão eles deixariam de ser princípios".[31] Com efeito, se o conceito de objetividade utilizado é o *conceito semântico*, segundo o qual objetivo é algo externo ao sujeito, apreensível mediante descrição, os princípios, realmente, não podem ser examinados com objetividade, já que envolvem a análise de efeitos e de finalidades, incapazes de serem antecipadamente descritos. Os elementos dos princípios, em virtude da sua distinção estrutural, não encontram, pois, *paralelismo* com aqueles presentes nas regras: enquanto as regras compõem-se de uma "hipótese" (descrição de um fato) e de uma "consequência" (prescrição de uma relação jurídica), os princípios compõem-se de um "fim" (descrição de um estado ideal de coisas) e de "meios" (prescrição de comportamentos cuja adoção contribua para a promoção do estado de coisas). O conteúdo de um princípio é composto dos meios para se atingir o resultado que ele determina alcançar.[32]

No entanto, se, no lugar da *objetividade semântica*, existente no conhecimento sem intuição ou sentimento de algo externo ao sujeito, da *objetividade metafísica*, presente quando há algo real no mundo, independente até do seu conhecimento, e da *objetividade lógica*, que surge quando há consistência formal e ausência de vagueza nas proposições, procurar-se um outro conceito de objetividade, verificável quando houver capacidade de controle relativamente aos elementos e ao funcionamento de determinada espécie normativa, poder-se-á, sim, falar em uma espécie de objetividade no trato dos princípios jurídicos: a *objetividade discursiva ou metodológica*, baseada na neutralidade e na igualdade no proceder interpretativo e aplicativo, como acentua Marmor, ou a *objetividade em sentido fraco ou modesto*, fundada em um discurso baseado em princípios públicos, intersubjetivos, de justificação das suas pretensões cognoscitivas, como sustenta Villa.[33]

O essencial é que, na busca dessa objetividade discursiva no trato dos princípios, vários aspectos relacionados a cada um dos seus elementos estruturais devem ser especificados para que se possa verificar quais são as condutas a serem adotadas a fim de promover o estado de coisas

31. Paulo de Barros Carvalho, "O princípio da anterioridade em matéria tributária", *RDT* 63, p. 104, São Paulo, s.d.

32. César García Novoa, *El principio de seguridad jurídica en materia tributaria*, Madrid, Marcial Pons, 2000, p. 43.

33. Andrei Marmor, *Positive Law and objective values*, Oxford, Clarendon, 2001, pp. 112 e ss., especialmente pp. 119 e 153; idem, "An essay on the objectivity of law", in Brian Bix (org.), *Analyzing Law – New Essays in Legal Theory*, Oxford, Clarendon, 1998, pp. 4-6; Vittorio Villa, *Costruttivismo e teorie del Diritto*, Torino, Giappichelli, 1999, p. 161.

cuja realização é por aqueles determinada. Quanto ao fim (aspectos finalísticos), é preciso verificar qual é o sentido atribuído ao estado de coisas (aspecto material), a que objeto ele se refere (aspecto objetivo), quem lhe serve de parâmetro (aspecto subjetivo), qual momento é considerado (aspecto temporal) e em que medida ele deve ser atingido (aspecto quantitativo). E, quanto aos meios (aspectos instrumentais), qual é a conduta necessária para a promoção do fim (aspecto material) e quem deverá adotá-la (aspecto subjetivo). Dito de outro modo, em razão da estrutura normativa dos princípios, as perguntas essenciais à compreensão do seu sentido e do seu alcance são diferentes, porque, no lugar de uma hipótese e de uma consequência, têm-se um fim e os meios necessários à sua promoção. A segurança jurídica, como adiante será demonstrado, é uma norma-princípio, visto que estabelece um fim do Direito.[34] Empregando a segurança jurídica como exemplo, as indagações essenciais à sua compreensão são as seguintes: Segurança em que sentido? – aspecto finalístico-material; Segurança do quê? – aspecto finalístico-objetivo; Segurança para quem, na visão de quem e por quem? – aspecto finalístico-subjetivo; Segurança a ser realizada quando e a ser aferida quando? – aspecto finalístico-temporal; Segurança em que medida? – aspecto finalístico-quantitativo; Segurança como? – aspecto instrumental-material; Segurança por quem? – aspecto instrumental-pessoal. Como ficará claro ao longo deste trabalho, é precisamente a falta de configuração desses elementos que tem contribuído para a paradoxal insegurança no tratamento da segurança jurídica tanto no plano metateórico científico quanto no plano teórico da proibição de arbitrariedade argumentativa.

Com efeito – e como será demonstrado –, não se pode, a rigor, compreender o conteúdo normativo da segurança jurídica sem se especificar os aspectos antes mencionados.[35] Alguns questionamentos podem melhor ilustrar esse ponto. Segurança em que sentido – como cognoscibilidade ou como determinação? Como confiabilidade ou como imutabilidade? Como calculabilidade ou previsibilidade? Se como previsibilidade, por exemplo, como previsibilidade absoluta ou relativa? Absoluta e relativa em que sentido? Previsibilidade baseada em normas ou em máximas da experiência? Segurança do quê – cognoscibilidade, confiabilidade ou calculabilidade de uma norma geral, de uma decisão, do ordenamento jurídico, da Ciência do Direito, do Direito, da conduta

34. Anne-Laure Valembois, *La constitutionnalisation de l'exigence de sécurité juridique en Droit Français*, Paris, LGDJ, 2005, p. 4.

35. Gianmarco Gometz, *La certezza giuridica come prevedibilità*, Torino, Giappichelli, 2005, p. 193.

própria, da conduta alheia, de uma omissão, de um fato ou de consequências normativas? Do Direito como norma ou como atividade argumentativa? Da decisão, tal como está prevista no seu fundamento ou tal como é efetivamente cumprida pelos agentes estatais? Segurança para quem, na visão de quem e por quem? Para o Estado ou para o contribuinte? Na visão do leigo ou do especialista? Pelo Poder Legislativo, pelo Poder Judiciário ou pelo Poder Executivo? Segurança a ser realizada quando – hoje, ontem ou amanhã? A ser aferida quando – hoje ou amanhã? Amanhã, quando? Amanhã, por qual instrumento ou por qual parâmetro aferidor? Segurança em que medida – como previsibilidade total para todos ou como previsibilidade parcial para a maioria? Segurança como – por meio de comportamentos ou de efeitos de comportamentos? Quais comportamentos? Quais efeitos? Efeitos aferíveis de que modo? Segurança por meio do comportamento de quem – do Estado ou dos seus agentes? Quais agentes?

Essas indagações, às quais serão somadas outras, a serem devidamente enfrentadas no decorrer deste trabalho, já servem para demonstrar que o problema da segurança jurídica – e o dos princípios jurídicos em geral, especialmente os materiais – depende da progressiva especificação dos seus vários aspectos. Dois exemplos podem ilustrar esse argumento.

Primeiro exemplo: alguns juristas reconhecem a segurança jurídica como algo impossível de ser buscado (uma ilusão, um mito ou uma quimera), enquanto outros a entendem como algo possível de ser atingido. A disputa, referida na "Introdução", entre Frank e Bobbio é um belo exemplo disso. O primeiro assevera que a segurança jurídica é um mito ou uma ilusão básica, decorrente do desejo infantil do homem de substituir o sentimento de segurança paterna por uma instituição que aparentemente lhe traria similar efeito. Ou, na sua distinta linguagem: "Por que os homens buscam uma certeza irrealizável no Direito? Porque, dizemos nós, eles ainda não abandonaram o desejo infantil de um pai com autoridade, e inconscientemente tentaram encontrar no Direito um substituto para aqueles atributos de firmeza, convicção (*sureness*), certeza e infalibilidade atribuídas ao pai na infância".[36] O segundo autor, em vez disso, não só entende a segurança jurídica como algo possível, como, depois de qualificar o exame do primeiro autor de "cientificismo simplista e unilateral", atribui àquela o caráter de elemento constitutivo

36. Jerome Frank, *Law and the modern mind*, New Brunswick, Transaction, 2009, p. 22 (1ª ed., New York, Brentano's Inc., 1930; 2ª ed. rev., New York, Coward-McCann, 1949).

da própria ideia de Direito.[37] Uma análise mais detida das referidas asserções doutrinárias revela que o primeiro autor, a rigor, está se referindo à segurança jurídica como dever de buscar um ideal de certeza absoluta ou previsibilidade total, garantida apenas por meio de uma aplicação "definitiva, certa e mecânica"; em contrapartida, o segundo está fazendo menção ao dever de atingir um ideal de certeza relativa ou de calculabilidade em elevado grau. Os juristas, em suma, estão fazendo asserções relativamente a objetos distintos: um se refere à segurança jurídica, na dimensão estritamente pessoal, como fato no plano do ser, isto é, como a capacidade de prever exatamente e em concreto aquilo que irá ocorrer, enquanto o outro analisa a segurança jurídica, na dimensão social e histórica, como norma, no plano do dever-ser, referente a um estado de fato mais ou menos atingível, isto é, como dever geral de observância de um conjunto de regras para um campo normativo determinado.[38]

Segundo exemplo: alguns juristas entendem a segurança jurídica como um princípio que se contrapõe ao princípio democrático, porque provoca um engessamento das instituições;[39] outros a compreendem como um princípio perfeitamente compatível com o ideal democrático.[40] Um exame mais aprofundado desses enunciados doutrinários revela que os primeiros, em verdade, estão se referindo à segurança jurídica como dever de buscar um ideal de imutabilidade normativa, mediante a proibição insuperável de modificações legislativas sobre determinados temas, enquanto os segundos estão fazendo menção ao dever de atingir um ideal de continuidade do ordenamento jurídico por meio de mudanças suaves e protetoras de legítimas expectativas. Os juristas, noutro dizer, estão se referindo a objetos diferentes.

Esses dois exemplos, aos quais outros poderiam ser somados, demonstram que sem o mencionado processo analítico de redução de ambiguidades o princípio da segurança jurídica, além de poder ser manipulado de modo arbitrário, ainda pode suscitar uma série de discussões meramente aparentes ou simples disputas verbais, causando enormes

37. Norberto Bobbio, "La certezza del Diritto é un mito?", *Rivista Intenazionale di Filosofia del Diritto* 28, pp. 150-151, 1951.

38. Gianmarco Gometz, *La Certezza giuridica come prevedibilità*, Torino, Giappichelli, 2005, p. 20. Sobre os equívocos de Frank, ver: Theophilo Cavalcanti Filho, *O problema da segurança no Direito*, São Paulo, Ed. RT, 1964, pp. 144 e ss.

39. Anna Leisner, *Kontinuität als Verfassungsprinzip*, Tübingen, Mohr Siebeck, 2002, pp. 376 e ss.

40. Christian Waldhoff, "Vertrauensschutz im Steuerrechtsverhältnis", in Heinz-Jürgen Pezzer (org.), *Vertrauensschutz im Steuerrecht*, v. 27, Deutsche Steuerjuristische Gesellschaft, Köln, Otto Schmidt, 2004, p. 142.

confusões e ilustrando um verdadeiro diálogo entre surdos.[41] Esse fenômeno se deve ao fato de que a expressão "segurança jurídica", a exemplo de outras palavras, como "liberdade", é extremamente vaga, em virtude do alto número de objetos que são intrinsecamente incertos para se incluir ou não na classe denotada pela expressão (vagueza extensional) ou do alto grau de indeterminação do conjunto de propriedades que conotam tais objetos (vagueza intensional).[42] Enfim, sem esse processo de redução de ambiguidades, ao qual devem ser agregados outros questionamentos, não há como definir nem "o fim" nem "os meios" necessários à realização do princípio da segurança jurídica. Em outras palavras, não há, de um lado, como lhe imprimir condições de realização e, de outro, como tratá-lo de acordo com as exigências de clareza e de precisão do discurso científico.[43]

O essencial é que sem perscrutar os vários aspectos da segurança jurídica não é possível compreender o seu sentido e o seu alcance. Afirmar – como o fazem, por exemplo, Cavalcanti Filho, Pintore e Jori – que segurança jurídica é a possibilidade de o sujeito conhecer, antes de agir, qual é a valoração das próprias ações que será dada pelo ordenamento jurídico, embora importante, isso é insuficiente.[44] "Conhecer" em que aspecto – no sentido de ter acesso material à norma ou acesso intelectual ao seu conteúdo? Acesso intelectual absoluto ou relativo, em um caso ou em todos os casos, para todos ou para alguns? "Valoração" em que sentido – como atribuição de consequências concretas ou como qualificação meramente abstrata? "Ordenamento jurídico" em qual sentido – como conjunto de textos normativos, como conjunto de normas abstratas previstas, de modo geral, na Constituição e na legislação ou, ainda, como decisões individuais proferidas pelo Poder Judiciário ou pelos órgãos decisórios do Poder Executivo? Enfim, esse conceito, aqui utilizado apenas como um exemplo representativo[45] de muitos outros, revela que o conceito de segurança jurídica precisa ser progressivamente especificado, sob pena de o próprio conceito de segurança jurídica ser um instrumento de insegurança jurídica. O mesmo ocorre quando

41. Gianmarco Gometz, *La certezza giuridica come prevedibilità*, Torino, Giappichelli, 2005, pp. 15 e 162.

42. Idem, p. 15.

43. Idem, pp. 13 e 29.

44. Theophilo Cavalcanti Filho, *O problema da segurança no Direito*, São Paulo, Ed. RT, 1964, p. 59; Mario Jori e Anna Pintore, *Manuale di Teoria Generale del Diritto*, 2ª ed., Torino, Giappichelli, 1995, p. 194.

45. Federico Arcos Ramírez, *La Seguridad Jurídica: una teoría formal*, Madrid, Dykinson, 2000, p. 32.

se conceitua a segurança jurídica como a necessidade de que o Direito desempenhe a sua função de ordem, de estrutura normativa das relações sociais e políticas de uma comunidade, como faz, ainda que preliminarmente, Arcos Ramírez.[46] Tal definição é tão vaga que sequer pode ser compreendida. O que significa desempenhar uma função de ordem ou de estrutura normativa de relações sociais? Desempenhar em que sentido e em que medida? O que significa precisamente uma função de ordem? E qual é o sentido de "relações sociais"? Tal conceito, juntamente com outros similares, reveste-se de um grau de indeterminação que impede qualquer espécie de funcionalidade prática, ou até mesmo qualquer tipo de falsificação científica. Lembre-se que semelhante fenômeno de indeterminação ocorre no Direito Tributário, prolífero em definir a segurança jurídica, a exemplo do que faz Douet, como o dever de garantir aos contribuintes o montante de imposição estabelecido de tal modo que cada um deles possa prever e calcular esse resultado,[47] sem qualquer tipo de redução semântica do significado das palavras "garantir", "prever", "calcular" e "montante da imposição". Todas essas definições, enfim, padecem de uma espécie de "anemia analítica".

Apesar de o princípio da segurança jurídica apresentar a referida estrutura finalística comum a todos os princípios, ele apresenta elementos que o distinguem dos demais princípios e regras: pressupõe, pois, a intermediação de uma realidade jurídica. Por exemplo, uma regra de tributação prevê, em sua hipótese, a descrição de um fato cuja ocorrência faz surgir a obrigação tributária. A sua interpretação exige uma correspondência entre o conceito da norma e o conceito da situação de fato. Para a sua aplicação, portanto, é preciso relacionar um elemento normativo com um elemento fático; ou, em uma explicação elíptica não rigorosa, porém mais direta, "uma norma com um fato". Um princípio material, como o princípio da proteção da esfera privada, exige a busca de um estado de respeito à individualidade, para cuja realização é necessária a adoção de comportamentos que contribuam para a sua promoção, como é o caso da inviolabilidade do domicílio. A sua aplicação exige a correlação entre os efeitos de uma conduta e o estado de coisas que, com a sua adoção, deve ser realizado. Correlaciona-se, pois, também um elemento normativo com um elemento fático; ou, em uma explicação mais singela, "uma norma com um fato". O princípio material, desse modo,

46. Federico Arcos Ramírez, *La seguridad jurídica: una teoría formal*, Madrid, Dykinson, 2000, p. 32.

47. Frédéric Douet, *Contribution à l'étude de la sécurité juridique en Droit interne français*, Paris, LGDJ, 1997, p. 11.

opera sobre uma realidade que é objeto de normatização. No caso do princípio da segurança jurídica, contudo, sucede algo sutilmente distinto.

Com efeito, a aplicação do princípio da segurança jurídica exige a sua relação com uma *realidade jurídica* ou, em uma expressão mais simples, a sua aplicação pressupõe o cotejo de uma norma (princípio da segurança jurídica) com outra norma (norma legal, administrativa ou judicial). Nesse sentido, é preciso verificar se a norma inferior está de acordo com o princípio da segurança jurídica; por exemplo, se a norma legal é ou não retroativa, se a lei contém regras de transição, se o ato normativo não extrapola a lei que visa a interpretar, se a sentença preservou a legítima expectativa do cidadão, e assim por diante. Vale dizer, é preciso verificar a compatibilidade de uma norma inferior com o princípio da segurança jurídica. Esse princípio, portanto, diz respeito a uma determinada configuração da realidade *por meio de instituições jurídicas*: a sua aplicação não envolve a análise da subsunção de um pressuposto de fato a uma norma, mas o contraste entre uma norma constitucional e uma realidade jurídica, quer seja ela uma norma, quer seja ela uma aplicação de uma norma.[48] A referida distinção reside, pois, na interposição de uma norma entre a norma superior e a realidade fática: enquanto um princípio material qualquer exige a correlação entre os efeitos de um comportamento e o estado de coisas que este determina realizar, o princípio da segurança jurídica exige a correlação entre os efeitos de uma norma e o estado de coisas cuja realização ele estabelece. O objeto do princípio da segurança jurídica não é, por assim dizer, diretamente a configuração da realidade, mas sim a configuração do Direito ou de um direito como instrumento para se configurar a realidade. Como será oportunamente examinado, não é por outro motivo que ele é definido, na qualidade de norma, como um "princípio instrumental" e, na qualidade de direito, como uma espécie de "direito-garantia": sua função é servir de instrumento de realização de princípios ou de direitos. Essa distinção, no entanto, não altera o fato de que o princípio da segurança jurídica compõe-se de um estado de coisas cuja realização depende da adoção de meios (jurídicos que sejam) que causem efeitos que contribuam para essa realização.

Em suma, é preciso estruturar o princípio da segurança jurídica por meio de um processo analítico capaz de progressivamente reduzir as suas ambiguidades, especialmente por meio da indicação das suas

48. César García Novoa, *El principio de seguridad jurídica en materia tributaria*, Madrid, Marcial Pons, 2000, pp. 43 e 45.

dimensões, de seus aspectos e de seus elementos. Uma ressalva final, porém, precisa ser feita. Ela é da mais alta importância.

A construção de uma espécie de "princípio-matriz" do princípio da segurança jurídica, conquanto tenha o mesmo propósito elucidador da organização analítica das regras, não tem – nem sequer pretende ou mesmo poderia almejar – a mesma rigidez e igual exatidão. Com efeito, a decomposição das regras de competência em diversos aspectos, dado o seu caráter configurador do poder estatal de tributar, tem a finalidade de demonstrar os elementos sem os quais não surge a competência estatal. Assim, sem transferência de propriedade de mercadoria no território estadual não há competência estadual para a instituição do imposto sobre circulação de mercadorias; sem esforço humano remunerado, decorrente de atividade econômica praticada no território municipal, não há competência municipal para a instituição do imposto sobre serviços – e assim sucessivamente. A ocorrência de fatos que se enquadrem nos aspectos da hipótese da regra de tributação é condição sem a qual não surge competência estatal a ser exercida. No caso dos princípios, e, em especial, do princípio da segurança jurídica, o mesmo não ocorre.

De fato, e conforme ficará mais claro ao longo desta obra, a configuração de cada elemento nunca é "sim ou não", porém sempre "mais ou menos". Por exemplo, a segurança de orientação pressupõe a cognoscibilidade das normas, a qual depende da quantidade de informações fornecidas aos destinatários. Ocorre, no entanto, que "informação demais" provoca complexidade, e complexidade não orienta; "informação de menos", contudo, não guia o comportamento e, por isso, também não orienta. *Dosis facit venenum.*[49] Além disso, a presença de um elemento sempre deverá ser coordenada com a de outro. Por exemplo, para garantir confiabilidade ao Direito, o Estado deve assegurar direitos fundamentais, por meio de sua proteção e de sua não-restrição. Para cumprir os seus deveres de proteção, o Estado precisa dispor de instrumentos normativos e de informações. Ocorre, todavia, que, quanto mais lançar mão desses instrumentos, mais irá limitar o exercício da liberdade individual. Se proteger demais, limita; se proteger de menos, não garante.[50]

Essas breves considerações apenas visam a demonstrar que, embora estruturados, os elementos que compõem a segurança jurídica precisam

49. Andreas von Arnauld, *Rechtssicherheit*, Tübingen, Mohr Siebeck, 2006, p. 690.

50. Christoph Gusy, "Gewährleistung von Freiheit und Sicherheit im Lichte unterschiedlicher Staats- und Verfassungsverständnisse", *VVDStRL* 63, p. 160, Berlin, 2004.

ser *individualmente medidos* e *conjuntamente coordenados*, o que não ocorre com o exame estrutural de regras de incidência. A sua absolutização, por paradoxal que isso possa parecer, pode terminar com a própria segurança jurídica como instrumento de garantia da liberdade, da igualdade e da dignidade.

Examinada a imprescindibilidade do exame estrutural do princípio da segurança jurídica, é preciso passar, agora, à investigação dos seus vários aspectos. Nesta primeira aproximação serão analisados os sentidos possíveis de cada um dos aspectos, deixando-se para um segundo momento, após o exame dos fundamentos normativos da segurança jurídica, a verificação de quais sentidos devem ser adotados.

Seção 5. Aspectos finalísticos – O estado de coisas a ser promovido

§ 1º. Aspecto material (qual é o conteúdo de segurança jurídica?)

I – Os sentidos da palavra "segurança"

A) Quanto ao fim

A-1) Em perspectiva estática e atemporal: determinação vs. *cognoscibilidade*

Quanto ao conhecimento do Direito, há dois entendimentos que podem ser, para fins didáticos, estremados. De um lado, pode-se sustentar que a segurança jurídica demanda a capacidade de o cidadão poder entender, com exatidão, o conteúdo normativo das normas, quer gerais, quer individuais. É nesse sentido que se fala em determinação e certeza (absoluta) do Direito ou em "univocidade de resultados".[51] É igualmente nesse sentido que parte da doutrina – especialmente os primeiros estudos de Kelsen e os trabalhos de Frank – qualifica a segurança jurídica como uma "ilusão", um "mito" ou uma "quimera".[52] É também nessa acepção que a doutrina – notadamente tributária, mas também administrativista – se refere ao princípio da legalidade "estrita" ou tipicidade material "cerrada" como uma determinação absoluta e prévia de conteúdos normati-

51. César García Novoa, *El principio de seguridad jurídica en materia tributaria*, Madrid, Marcial Pons, 2000, p. 113.

52. Hans Kelsen, *Reine Rechtslehre. Studienausgabe der 1. Auflage 1934* (Herausgegeben und eingeleitet von Matthias Jestaedt (org.), Tübingen, Siebeck, 2008, p. 109. Jerome Frank, *Law and the modern mind*, New Brunswick, Transaction, 2009, p. 35 (1ª ed., New York, Brentano's Inc., 1930; 2ª ed. rev., New York, Coward--McCann, 1949).

vos.[53] A melhor expressão para exprimir esse sentido é, portanto, "determinação" (*Bestimmtheit*), como a total capacidade de conhecimento de conteúdos normativos. O Direito – para usar uma enfática expressão de Frank – está "pronto (*ready-made*), preexiste às decisões judiciais".[54]

De outro lado, porém, pode-se defender que a segurança jurídica exige a elevada capacidade do cidadão de compreender os sentidos possíveis de um texto normativo, a partir de núcleos de significação a serem reconstruídos por meio de processos argumentativos intersubjetivamente controláveis. É nesse sentido que se fala em determinabilidade e certeza (relativa) do Direito. É igualmente nessa acepção que parte da doutrina qualifica a segurança jurídica como algo a ser progressivamente atingido. O mesmo Kelsen, em estudo posterior, não mais utiliza o termo "ilusão", porém emprega o termo "ficção" para descrever um ideal que pode ser "aproximadamente realizável" (*annährungsweise realisierbar*).[55] É também nesse sentido que a doutrina, notadamente tributária, refere-se ao princípio da legalidade "estrita" ou tipicidade material "aberta".[56] A palavra mais adequada para denotar esse sentido é, em vez de "determinação" (*Bestimmtheit*), "determinabilidade" (*Bestimmtbarkeit*) de conteúdos normativos. Porque a exigência de determinabilidade é muito restrita; no entanto, por não abranger necessariamente aspectos relacionados à existência material da fonte a partir da qual se reconstruirá a norma jurídica, pode-se usar o termo "cognoscibilidade", ou "compreensibilidade", como capacidade, formal ou material, de conhecimento de conteúdos normativos possíveis de um dado texto normativo ou de práticas argumentativas destinadas a reconstruí-los. Note-se que tal expressão ainda é mais ampla que "determinabilidade", pois permite abranger tanto aspectos materiais relativos à acessibilidade do conteúdo (como publicação e intimação, por exemplo) e à sua abrangência quanto à sua inteligibilidade (como clareza e determinabilidade, por exemplo).

53. Alberto Xavier, *Os princípios da legalidade e da tipicidade da tributação*, São Paulo, Ed. RT, 1978, p. 92. Mais recentemente, em sentido análogo: idem, *Tipicidade da tributação, simulação e norma antielisiva*, São Paulo, Dialética, 2001, p. 18.

54. Jerome Frank, *Law and the modern mind*, New Brunswick, Transaction, 2009, p. 35 (1ª ed., New York, Brentano's Inc., 1930; 2ª ed. rev., New York, Coward-McCann, 1949).

55. Hans Kelsen, *Reine Rechtslehre*, 2ª ed., Wien, Franz Deuticke, 1960, p. 353.

56. Marciano Seabra de Godoi, "O quê e o porquê da tipicidade tributária", in Ricardo Lodi Ribeiro e Sérgio André Rocha (orgs.), *Legalidade e tipicidade no Direito Tributário*, São Paulo, Quartier Latin, 2008, p. 96; Fernando Aurélio Zilvetti, "Tipo e linguagem: a gênese da igualdade na tributação", in Ricardo Lodi Ribeiro e Sérgio André Rocha (orgs.), *Legalidade e tipicidade no Direito Tributário*, São Paulo, Quartier Latin, 2008, pp. 30-51.

A-2) Em perspectiva dinâmica e intertemporal

a) Com vista ao passado: imutabilidade *vs.* confiabilidade

Quanto às mudanças do Direito e à referência a normas existentes antes da modificação, há igualmente duas acepções possíveis. De um lado, pode-se entender que a segurança jurídica envolve a busca do ideal de imutabilidade de determinadas normas. É com esse significado que se emprega a expressão "imutabilidade do Direito", e é também nessa acepção que a doutrina publicista usa o termo "estabilidade" ou, mesmo, a expressão – às vezes pejorativa – "petrificação do Direito".[57] Nessa significação, a segurança jurídica vincula, inexoravelmente, o Direito futuro ao Direito passado. Como afirma Gutierrez, a imutabilidade, qualificada como a propriedade daquilo que não pode ser modificado, está estreitamente vinculada à ideia de intangibilidade.[58]

De outro lado, no entanto, pode-se compreender a segurança jurídica como exigência de "estabilidade na mudança", isto é, como a proteção de situações subjetivas já garantidas individualmente e a exigência de continuidade do ordenamento jurídico por meio de regras de transição e de cláusulas de equidade. A palavra mais consistente para denotar esse sentido é, assim, "confiabilidade", compreendida como a exigência de um ordenamento jurídico protetor de expectativas e garantidor de mudanças estáveis. Essa relação recíproca entre estabilidade e mudança foi bem percebida por Cavalcanti Filho: "É assim inevitável que haja uma margem de incerteza e de insegurança no Direito, pois de outra forma se tornaria ele um instrumento de estagnação social. Mas essa incerteza e insegurança constituem o preço do progresso humano e da busca de formas mais justas de organização social."[59]

Nessa segunda significação a segurança jurídica apenas estabelece exigências relativamente à transição do Direito passado ao Direito futuro. Não uma imutabilidade, portanto, mas uma estabilidade ou racionalidade da mudança, que evite alterações violentas.[60] Como lembra Vedel,

57. Antonio Enrique Perez Luño, *La seguridad jurídica*, Barcelona, Ariel, 1991, p. 33.

58. Monica Madariaga Gutierrez, *Derecho Administrativo y Seguridad Jurídica*, Santiago do Chile, Editorial Jurídica de Chile, 1965, pp. 7 e 49.

59. Theophilo Cavalcanti Filho, *O Problema da Segurança no Direito*, São Paulo, Ed. RT, 1964, p. 162.

60. Anne-Laure Valembois, *La constitutionnalisation de l'exigence de sécurité juridique en Droit Français*, Paris, LGDJ, 2005, p. 17; César García Novoa, *El principio de seguridad juridica en materia tributaria*, Madrid, Marcial Pons, 2000, p. 88 ; Jean-Baptiste Racine e Fabrice Siiriainen, "Sécurité juridique et Droit Économique.

"um avião pode ser estável mesmo se ele traça a mais rápida das rotas".[61] O movimento, por mais paradoxal que isso possa ser, é condição da estabilidade, tal qual um passeio de bicicleta: o ciclista que para, cai. O patinador que desliza sobre a fina camada de gelo, se parar, afunda. Portanto, o que o Direito não pode é ser modificado de maneira frequente, brusca e drástica; ele deve, porém, adaptar-se à nova realidade, sob pena de ser um freio à própria atividade econômica.[62] Busca-se, na verdade, a segurança do movimento.[63] O essencial é que "o caráter evolutivo do Direito repele as cristalizações e a estagnação" – como registra acertadamente Machado Derzi.[64]

b) Com vista ao futuro: previsibilidade *vs.* calculabilidade

Quanto à eficácia futura do Direito, pode-se, heuristicamente, também esboçar duas concepções. De um lado, pode-se sustentar que a segurança jurídica prescreve a total capacidade de antecipar as consequências jurídicas da conduta (própria ou alheia).[65] O termo "previsibilidade" e a expressão "certeza absoluta" denotam esse sentido. Nessa significação, a segurança jurídica garante o direito de o particular, com exatidão, conhecer, hoje, o Direito de amanhã, antecipando o conteúdo da decisão futura que irá qualificar juridicamente o ato hoje praticado.

De outro lado, no entanto, pode-se arguir que a segurança jurídica apenas exige a elevada capacidade de prever as consequências jurídicas de atos ou fatos pela maioria das pessoas. Nessa acepção, a segurança

Propos introdutifs", in Laurence Boy, Jean-Baptiste Racine e Fabrice Siiriainen (orgs.), *Sécurité Juridique et Droit Économique*, Bruxelles, Larcier, 2008, p. 13.

61. Georges Vedel, "Discontinuité du Droit Constitutionnel et continuité du Droit Administratif: le rôle du juge", in *Le juge et le Droit. Mélanges offerts à Marcel Waline*, v. 2, Paris, LGDJ, 1974, p. 779.

62. Jean-Baptiste Racine e Fabrice Siiriainen, "Sécurité juridique et Droit Économique. Propos introductifs", in Laurence Boy, Jean-Baptiste Racine e Fabrice Siiriainen (orgs.), *Sécurité juridique et Droit Economique*, Bruxelles, Larcier, 2008, p. 21.

63. Cármen Lúcia Antunes Rocha, "O princípio da coisa julgada e o vício de inconstitucionalidade", in Cármen Lúcia Antunes Rocha (org.), *Constituição e segurança jurídica: direito adquirido, ato jurídico perfeito e coisa julgada. Estudos em homenagem a José Paulo Sepúlveda Pertence*, Belo Horizonte, Fórum, 2004, p. 168; Leandro Paulsen, *Segurança jurídica, certeza do direito e tributação*, Porto Alegre, Livraria do Advogado, 2006, p. 26.

64. Misabel de Abreu Machado Derzi, *Modificações da jurisprudência no Direito Tributário*, São Paulo, Noeses, 2009, p. 284.

65. José Luis Palma Fernández, *La seguridad jurídica ante la abundancia de normas*, Madrid, Centro de Estudios Políticos y Constitucionales, 1997, p. 38.

jurídica garante que se possa, em larga medida, antecipar alternativas interpretativas e efeitos normativos de normas jurídicas. A palavra mais correta para denotar esse sentido, em vez de "previsibilidade" (*Voraussehbarkeit*), é "calculabilidade" (*Berechenbarkeit*).[66] Calculabilidade significa, pois, a capacidade de o cidadão prever, em grande medida, os limites da intervenção do Poder Público sobre os atos que pratica, conhecendo antecipadamente o âmbito de discricionariedade existente para os atos estatais.[67]

B) Quanto ao fundamento

B-1) *Segurança como resultado da ideia de Direito*

A segurança jurídica é muitas vezes associada à própria ideia de Direito, independentemente de sua positivação em determinado ordenamento jurídico. Nessa linha de raciocínio, por exemplo, Radbruch, embora afirme, primeiramente, que a ideia central do Direito é a justiça (*Gerechtigkeit*), constata, depois, que a segurança jurídica (*Rechtssicherheit*), a segurança do Direito (*Sicherheit des Rechts*) e a conformidade a fins (*Zweckmässigkeit*) também compõem o seu núcleo.[68] A segurança jurídica, nessa acepção, é um valor que, ao lado da justiça e da paz social, inspira qualquer ordenamento jurídico no seu conjunto.[69] De igual modo, Fuller enumera vários elementos que fazem parte da "moralidade do Direito", os quais, entre outros objetivos, visam a garantir um tráfico social baseado em reciprocidade de expectativas, isto é, em um ambiente em que, tendo conhecimento das regras vigentes, os cidadãos podem agir, antecipando como os outros também irão agir.[70] Algo semelhante também faz, por exemplo, Luhmann quando apresenta o Direito unido à segurança jurídica de modo essencial e conceitual: como o mundo social apresenta complexidade (existem sempre mais possibilidades

66. Andreas von Arnauld, *Rechtssicherheit*, Tübingen, Mohr Siebeck, 2006, p. 391; Sylvia Calmes, *Du principe de protection de la confiance légitime en Droits Allemand, Communautaire et Français*, Paris, Dalloz, 2001, p. 159.

67. Gianmarco Gometz, *La certezza giuridica come prevedibilità*, Torino, Giappichelli, 2005, p. 224; Eros Roberto Grau, *O Direito posto e o Direito pressuposto*, 9ª ed., São Paulo, Malheiros Editores, 2014, p. 103.

68. Gustav Radbruch, *Rechtsphilosophie. Studienausgabe*, 2ª ed., Heidelberg, C. F. Müller, 2003 (1932), p. 73. Sobre o assunto, ver: Theophilo Cavalcanti Filho, *O problema da segurança no Direito*, São Paulo, Ed. RT, 1964, p. 75.

69. Anne-Laure Valembois, *La constitutionnalisation de l'exigence de sécurité juridique en Droit Français*, Paris, LGDJ, 2005, p. 6.

70. Lon Fuller, *Anatomy of Law*, Connecticut, Greenwood, 1968, p. 73.

de ação que aquelas que podem ser efetivamente adotadas) e contingência (a experiência pode não coincidir com as expectativas), o cidadão precisa, de um lado, escolher e, de outro, assumir riscos de se frustrar, funcionando o Direito, precisamente, como um instrumento redutor da complexidade e da contingência por meio da garantia de expectativas comuns a todos os cidadãos.[71]

O que importa é que a segurança jurídica, nessa concepção, mais que um valor positivado, é uma noção inerente à própria ideia de Direito.[72] Segurança jurídica é um valor constitutivo do Direito, visto que sem um mínimo de certeza, de eficácia e de ausência de arbitrariedade não se pode, a rigor, falar de um sistema jurídico.[73] A função primeira do Direito é uma função asseguradora.[74] Daí se afirmar que a segurança jurídica, especialmente no Direito Tributário, revela um pleonasmo: é da própria essência do Direito garantir a segurança.[75]

Note-se, porém, que a preocupação desses juristas é definitória, isto é, demonstrar em que medida a segurança jurídica faz parte do próprio conceito de Direito. É preciso dizer, no entanto, que simplesmente aceitar essa vinculação, apesar de importante, pouco adianta com relação a "como" a segurança jurídica deve ser realizada. Para tanto, conforme defendido neste trabalho, não basta aceitar a "ideia" de segurança como vinculada à "ideia" de Direito; é preciso definir a segurança jurídica de modo a atribuir-lhe operacionalidade – o que exige, a seu turno, tanto uma perspectiva analítica, capaz de desvelar as suas várias dimensões e os seus vários aspectos, quanto uma perspectiva dogmática, apta a demonstrar, dentre as várias dimensões e os vários aspectos, aqueles que devem ser adotados diante de determinado ordenamento jurídico.

71. Niklas Luhmann, *Vertrauen – Ein Mechanismus der Reduktion sozialer Komplexität*, 4ª ed., Stuttgart, Lucius & Lucius, 2000, p. 27; Federico Arcos Ramírez, *La seguridad jurídica: una teoría formal*, Madrid, Dykinson, 2000, p. 24.

72. Sylvia Calmes, *Du principe de protection de la confiance légitime en Droits Allemand, Communautaire et Français*, Paris, Dalloz, 2001, p. 112.

73. Federico Arcos Ramírez, *La seguridad jurídica: una teoría formal*, Madrid, Dykinson, 2000, p. 120.

74. Gérard Farjat, "Observations sur la sécurité juridique, le lien social et le Droit Économique", in Laurence Boy, Jean-Baptiste Racine e Fabrice Siiriainen (orgs.), *Sécurité Juridique et Droit Économique*, Bruxelles, Larcier, 2008, p. 47.

75. Frédéric Douet, *Contribution à l'étude de la sécurité juridique en Droit Interne Français*, Paris, LGDJ, 1997, p. 1; Jacques Chevallier, "Le Droit Économique: l'insécurité juridique ou nouvelle sécurité juridique?", in Laurence Boy, Jean-Baptiste Racine e Fabrice Siiriainen (orgs.), *Sécurité juridique et Droit Économique*, Bruxelles, Larcier, 2008, p. 559.

B-2) Segurança como produto do Direito Positivo

Exatamente por isso, a segurança jurídica pode ser explicada como uma norma específica de um dado ordenamento jurídico, e não, simplesmente, como uma noção inerente à ideia de Direito. A diferença está, precisamente, no fato de que, como *norma*, a segurança jurídica já adquire contornos mais precisos, porque o próprio ordenamento jurídico já se encarrega de responder às perguntas necessárias à progressiva redução da sua indeterminação, como àquelas concernentes aos ideais que a compõem, aos objetos a que faz referência, aos sujeitos que protege ou ao peso que possui no confronto com outras normas. Além disso, se só há sentido em falar em eficácia jurídica da segurança jurídica como norma, o mesmo não se pode fazer em relação a ela como elemento definitório, fato, ideal político ou valor.

A consideração da segurança jurídica como norma de um ordenamento jurídico determinado não exclui a sua qualificação como elemento essencial à própria ideia de Direito. O que ela faz é definir o seu conteúdo de acordo com os fundamentos diretos e indiretos de um ordenamento jurídico específico. Em outras palavras, a sua apreciação como norma – conforme se pretende demonstrar ao longo deste trabalho permite verificar que, embora a segurança jurídica seja inerente à ideia de Direito, ela não se exterioriza do mesmo modo em todos os ordenamentos jurídicos, como é o caso do brasileiro, ora examinado, no qual, por exemplo, assume uma elevada importância sistemática e tem vários dos seus subelementos especificamente regrados. A compreensão da segurança jurídica como norma torna, pois, possível verificar de que modo e em que medida ela deve ser realizada.

Analisados os sentidos possíveis do vocábulo "segurança", é necessário, agora, perscrutar a extensão da significação da palavra "jurídica". É a esse exame que este trabalho, agora, se dirige.

II – Os sentidos da palavra "jurídica"

A) Quanto à referência ao "Direito"

Em primeiro lugar, a segurança jurídica pode ser entendida como segurança do Direito (*Rechtssicherheit*, *securité juridique*, *certezza del Diritto*, *legal certainty*, *seguridad del Derecho*), tanto no sentido de que o próprio Direito, para ser considerado um "Direito seguro", deve conter determinadas qualidades ditas objetivas, como clareza e determinação, quanto no sentido de que o Direito, para ser qualificado como um "Direito com segurança", deve envolver processos impessoais e uniformes de aplicação.[76]

Essa dimensão procura responder à seguinte pergunta: "O próprio Direito é seguro?". Veja-se que nessa oração a palavra "Direito" funciona como sujeito, isto é, como elemento do qual se diz alguma coisa; ao passo que "seguro" exerce a função de núcleo do predicado nominal por meio de um adjetivo, ao denotar aquilo que se diz sobre o sujeito, caracterizando-o pela indicação de uma propriedade. Segurança é, enfim, um atributo do Direito.

Nessa acepção de segurança do Direito (quer como segurança das normas, quer como segurança da sua aplicação), a compreensão da segurança jurídica privilegia aspectos denominados de objetivos, já que abarca várias qualidades que o ordenamento jurídico deve possuir, independentemente da sua eficácia concreta relativamente a determinados sujeitos, como demonstrará o exame da acessibilidade, da abrangência e da compreensibilidade das normas jurídicas. No primeiro sentido (Direito seguro), também referível como "segurança de significado" (*Bedeutungssicherheit*), atribui-se, porém, maior peso a elementos estáticos, que o ordenamento jurídico como tal deve inicialmente conter, independentemente do surgimento de futuros elementos a serem gerados no processo de aplicação. E na segunda acepção (Direito com segurança), que pode ser também denominada de "segurança de aplicação" (*Anwendungssicherheit*), enfatizam-se aspectos dinâmicos, a serem enfrentados no próprio processo de aplicação do Direito.

Esclareça-se que definir a segurança jurídica como segurança do Direito, entretanto, nada diz com relação ao modo como aquela deve ser compreendida. É que, mesmo sendo definida dessa forma, ela pode ser entendida como *fim em si próprio* ou *como meio para a garantia de outros fins*: no primeiro caso, quando a própria segurança jurídica, independentemente da garantia indireta de outros valores, é considerada

76. César García Novoa, *El principio de seguridad jurídica en materia tributaria*, Madrid, Marcial Pons, 2000, p. 25; Federico Arcos Ramírez, *La seguridad jurídica: una teoría formal*, Madrid, Dykinson, 2000, p. 29; José Afonso da Silva, "Constituição e segurança jurídica", in Cármen Lúcia Antunes Rocha (org.), *Constituição e segurança jurídica: direito adquirido, ato jurídico perfeito e coisa julgada. Estudos em homenagem a José Paulo Sepúlveda Pertence*, Belo Horizonte, Fórum, 2004, p. 17; Christof Münch, "Rechtssicherheit als Standortfaktor. Gedanken aus Sicht der vorsorgenden Rechtspflege", in Albrecht Weber (org.), *Währung und Wirtschaft. Das Geld im Recht. FS für Hugo J. Hahn*, Baden-Baden, Nomos, 1997, p. 674.

importante (*certainty for its own sake*);[77] no segundo, quando a segurança jurídica serve de instrumento para garantir outros valores, como a liberdade, a propriedade e a dignidade.[78]

Em segundo lugar, a segurança jurídica pode ser entendida como segurança *pelo* Direito, tanto no sentido de que o Direito deve servir de instrumento para assegurar, *por meio do conteúdo das suas normas*, a segurança quanto no sentido de que o Direito dever servir, *por via dos procedimentos que ele estabelece*, de meio para assegurar expectativas (*Sicherheit durch den Recht, securité pour le Droit, certezza per il Diritto, certainty throught law, seguridad por el Derecho*).[79] A segurança jurídica, nesse sentido, representa uma forma de garantir segurança, isto é, de "assegurar" direitos e obrigações.

A indagação que fundamenta essa acepção é a seguinte: "Existe segurança por meio do Direito?". Note-se que nessa oração a palavra "Direito" funciona como predicado verbal mediante uso de adjunto adverbial de instrumento ("por meio do Direito"). Esse modo de compreensão da segurança jurídica privilegia o aspecto instrumental formal e procedimental: formal, porque compreende o Direito como instrumento assecuratório de determinadas expectativas, sejam elas quais forem; procedimental, porque reconhece os procedimentos administrativos e judiciais como os meios de assegurar determinados valores. Nessa acepção, pode-se falar em "segurança procedimental" (*Verfahrenssicherheit*). Aqui, é o Direito que é instrumental da segurança. E a segurança se apresenta de modo neutro: o Direito pode assegurar vários tipos de segurança (do Direito, de direitos, de um direito), como será adiante analisado.

Dentro dessa segunda acepção – segurança pelo Direito –, a segurança jurídica pode ser compreendida, de um lado, como segurança *dos direitos*, no sentido de que o Direito pode ser o instrumento para

77. Frederick Schauer, *Profiles, probabilities and stereotypes*, Cambridge, Belknap, 2003, p. 261.

78. Federico Arcos Ramírez, *La Seguridad Jurídica: una Teoría Formal*, Madrid, Dykinson, 2000, p. 15; Andreas von Arnauld, *Rechtssicherheit*, Tübingen, Mohr Siebeck, 2006, p. 79.

79. Andreas von Arnauld, *Rechtssicherheit*, Tübingen, Mohr Siebeck, 2006, p. 89; José L. Mezquita del Cacho, *Seguridad Jurídica y Sistema Cautelar*, v. 1, *Teoría de la seguridad jurídica*, Barcelona, Bosch, 1989, p. 67; José Afonso da Silva, "Constituição e segurança jurídica", in Cármen Lúcia Antunes Rocha (org.), *Constituição e segurança jurídica: direito adquirido, ato jurídico perfeito e coisa julgada. Estudos em homenagem a José Paulo Sepúlveda Pertence*, Belo Horizonte, Fórum, 2004, p. 24.

"assegurar" quaisquer outros direitos, como de liberdade, de propriedade e de igualdade, ou mesmo o direito à segurança jurídica. Esse modo de compreensão da segurança jurídica privilegia o seu aspecto dinâmico, visto que abarca os efeitos decorrentes da aplicação do Direito para os cidadãos em geral. Segurança, aqui, significa garantia de direitos frente às manifestações do próprio Direito.[80] Essa acepção advém da resposta ao seguinte questionamento: "Os direitos são seguros ou assegurados?". Veja-se que a palavra "direitos" (com letra minúscula, no plural, indicando um conjunto de direitos subjetivos) funciona como sujeito nessa oração, isto é, como elemento do qual se diz alguma coisa; enquanto "seguros" exerce a função de predicado nominal por meio do emprego de adjetivo, denotando aquilo que se diz sobre o sujeito, caracterizando-o pela indicação de uma propriedade. Segurança é, enfim, qualidade dos direitos. Note-se que "direitos" está no plural: não se trata do direito de um sujeito determinado, mas do conjunto de direitos em face do ordenamento jurídico. Esse é um dos sentidos atribuídos por Torres à segurança jurídica: "Segurança jurídica é certeza e garantia dos direitos", significando, sobretudo, "segurança dos direitos fundamentais".[81]

De outro lado, ainda dentro da acepção de segurança *pelo Direito*, pode-se utilizar a segurança jurídica com um sentido sutilmente distinto do anterior: a segurança como se referindo não ao Direito em geral, nem mesmo aos direitos dos cidadãos em perspectiva coletiva, mas, em vez disso, a "um direito" específico de uma pessoa determinada em uma situação concreta. Esse sentido – conforme será visto adiante – não diz propriamente respeito ao princípio da segurança jurídica como norma objetiva que exige a realização de um estado de confiabilidade e de calculabilidade do Direito, baseado na sua cognoscibilidade, mas à eficácia reflexiva dessa norma relativamente a determinado sujeito. Trata-se,

80. Gianmarco Gometz, *La certezza giuridica come prevedibilità*, Torino, Giappichelli, 2005, p. 257; José Afonso da Silva, "Constituição e segurança jurídica", in Cármen Lúcia Antunes Rocha (org.), *Constituição e segurança jurídica: direito adquirido, ato jurídico perfeito e coisa julgada. Estudos em homenagem a José Paulo Sepúlveda Pertence*, Belo Horizonte, Fórum, 2004, p. 17.

81. Ricardo Lobo Torres, "Segurança jurídica e as limitações ao poder de tributar", in Roberto Ferraz (org.), *Princípios e limites da tributação*, São Paulo, Quartier Latin, 2007, p. 430; idem, "Limitações ao poder impositivo e segurança jurídica", in Ives Gandra da Silva Martins (org.), *Limitações ao poder impositivo e segurança jurídica*, São Paulo, Ed. RT/CEU, 2007, p. 74; idem, *Tratado de Direito Constitucional, Financeiro e Tributário*, v. 2, *Valores e Princípios Constitucionais Tributários*, Rio de Janeiro, Renovar, 2005, p. 168; idem, "Liberdade, segurança e justiça", in Paulo de Barros Carvalho (org.), *Justiça Tributária*, São Paulo, Max Limonad, 1998, p. 686.

pois, do direito subjetivo à proteção da confiança legítima.[82] Esse sentido decorre da resposta à seguinte questão: "O direito é seguro?". Veja-se que a palavra "direito" (com letra minúscula, no singular, como direito subjetivo, e não como Direito ou ordem objetiva) igualmente exerce a função de sujeito, e "seguro" cumpre a função de predicado nominal mediante o uso de adjetivo. Segurança, nesse sentido, tanto pode revelar uma qualidade de um direito específico de algum sujeito determinado como pode denotar um instrumento para a sua proteção. Nos dois casos, no entanto, a segurança é instrumento de garantia de um direito. A proteção dos direitos adquiridos, dos atos jurídicos perfeitos e da coisa julgada situa-se nesse âmbito.

Em terceiro lugar, a segurança jurídica pode ser entendida como segurança *frente ao Direito*, tanto no sentido de que o Direito deve oferecer condições procedimentais para o indivíduo se defender das suas próprias manifestações, por meio de procedimentos administrativos ou judiciais utilizáveis diante do exercício do poder por uma dada autoridade, por exemplo, como no sentido de que o Direito deve preencher determinados requisitos para que o indivíduo possa se precaver dele próprio, por meio da publicação e da intimação de atos, por exemplo.[83] Esse sentido advém da resposta à seguinte indagação: "Há segurança frente ao Direito?". A palavra "Direito" não funciona como instrumento de garantia da segurança, porém como objeto causador dela. Paradoxalmente, para fazer face à insegurança decorrente do Direito, são necessários instrumentos jurídicos. É o Direito como causa e como solução da segurança jurídica. Essa é a significação atribuída à segurança jurídica por Lambert, quando verifica que o princípio da segurança jurídica serve para proteger o cidadão "contra" um perigo que vem do próprio Direito.[84]

Em quarto lugar, a segurança jurídica pode ser entendida como segurança do indivíduo *sob o amparo individual do Direito*. Nesse aspecto, não se está focando as normas gerais e abstratas, mas sim as normas individuais, que asseguram algo a alguém, como é o caso da sentença judicial ou da decisão administrativa. Trata-se, como se pode perceber, de uma versão de sentido da própria segurança pelo Direito e de direitos.

82. Sylvia Calmes, *Du principe de protection de la confiance légitime en Droits Allemand, Communautaire et Français*, Paris, Dalloz, 2001, p. 171.

83. Federico Arcos Ramírez, *La seguridad jurídica: una teoría formal*, Madrid, Dykinson, 2000, pp. 3, 16 e 159.

84. Pierre Lambert, "Le principe général de la sécurité juridique et les validations législatives", *Les Cahiers de l'Institut d'Études sur la Justice* 4, p. 6 ("Sécurité Juridique et Fiscalité"), Bruxelles, Bruyant, 2003.

Em quinto lugar, pode-se utilizar a segurança jurídica fazendo referência não "ao Direito", "a direitos" ou "a um direito", porém, em vez disso, "como um direito", isto é, em vez de a expressão "jurídica" dizer respeito ao objeto da segurança, ela se refere à caracterização normativa da segurança. Esse sentido apenas demonstra que o princípio da segurança jurídica pode funcionar, do ponto de vista concreto e subjetivo, como um direito subjetivo: como norma jurídica, ele cria, ainda que indiretamente, obrigações e proibições para o Estado, as quais podem ser judicialmente requeridas pelo cidadão, quando houver legitimação processual para tanto – daí se falando em "direito à segurança jurídica".[85] Evidentemente, tal caracterização não é isenta de controvérsias. Alguns autores entendem que "não há direito subjetivo à segurança jurídica. Com efeito, consagrar um direito subjetivo à segurança jurídica seria, talvez (e seguramente!), abrir a caixa de Pandora".[86] Longe de permitir exageros, a conceituação da segurança jurídica como direito nada mais é que o reflexo subjetivo do princípio objetivo da segurança jurídica. Se, por um lado, é certo que a segurança jurídica é positivada como um fim, a ser concretizada pelo Estado, no exercício legítimo da sua liberdade de configuração – o que afasta a pretensão do indivíduo de exigir judicialmente políticas públicas específicas destinadas a protegê-la –, por outro lado, não é menos verdadeiro que a falta da realização do dever estatal de protegê-la pode densificá-la normativamente ao ponto de criar não pretensões gerais a políticas públicas, mas pretensões individuais destinadas a concretizá-la minimamente.[87] O direito subjetivo surge com relação ao "se", não com referência ao "como" da atuação estatal.[88]

85. César García Novoa, *El principio de seguridad jurídica en materia tributaria*, Madrid, Marcial Pons, 2000, pp. 41-42.

86. Jean-Baptiste Racine e Fabrice Siiriainen, "Sécurité juridique et Droit Économique. Propos introdutifs", in Laurence Boy, Jean-Baptiste Racine e Fabrice Siiriainen (orgs.), *Sécurité juridique et Droit Économique*, Bruxelles, Larcier, 2008, p. 12; Ingo Wolfgang Sarlet, "A eficácia do direito fundamental à segurança jurídica: dignidade da pessoa humana, direitos fundamentais e proibição de retrocesso social no Direito Constitucional brasileiro", in Cármen Lúcia Antunes Rocha (org.), *Constituição e segurança jurídica: direito adquirido, ato jurídico perfeito e coisa julgada. Estudos em homenagem a José Paulo Sepúlveda Pertence*, Belo Horizonte, Fórum, 2004, p. 92.

87. Winfried Brugger, "Gewährleistung von Freiheit und Sicherheit im Lichte unterschiedlicher Staats- und Verfassungsverständnisse". *VVDStRL* 63, p. 132, Berlin, 2004; Markus Möstl, *Die staatliche Garantie für die öffentliche Sicherheit und Ordnung*, Tübingen, Mohr Siebeck, 2002, p. 652.

88. Jutta Limbach, *Ist die kollektive Sicherheit der Feind der individuellen Freiheit?*, Köln, Carl Heymanns, 2002, p. 5.

Essa constatação não impede de afirmar – como o faz Torres – que a segurança jurídica "é um autêntico *direito fundamental*".[89] Ao longo deste trabalho ficarão claros os contornos dos direitos que podem ser gerados a partir da eficácia do princípio da segurança jurídica – como são, por exemplo, os direitos à proteção da confiança legítima ou à instituição de regras de transição ou de cláusulas de equidade.

A segurança jurídica, em sexto lugar, pode denotar um estado de segurança por meio não do Direito, mas sim *de um direito* específico, como, por exemplo, o direito ao contraditório. Nesse sentido bem específico, pode-se afirmar que o cidadão, ao ter direito de ser intimado da juntada de documento novo, por exemplo, terá incrementado o seu estado de calculabilidade da manifestação da parte contrária. A afirmação, concernente a esse sentido, seria: "Eu me sinto seguro por meio do direito ao contraditório". O cidadão, tendo em vista isso, não poderá ser surpreendido com uma decisão final tomada com base em documento de cujo inteiro teor não tenha sido intimado para, regularmente, se manifestar. Trata-se, aqui, de uma segurança por meio de um direito. Um direito é instrumental da segurança jurídica. É, por assim dizer, a segurança jurídica (por meio de um direito procedimental) garantindo a segurança jurídica (de um direito, de direitos ou do Direito).

A segurança jurídica pode, por fim, indicar não propriamente segurança "do" ou "pelo Direito", mas, em vez disso, segurança "no" Direito. Como ficará mais claro adiante, a compreensão do Direito como um objeto previamente dado, que se coloca diante do intérprete, favorece a compreensão da segurança jurídica como segurança "do" Direito: a segurança é uma qualidade intrínseca do Direito ou de suas normas, algo que ele "contém" ou de que ele é "portador". Nessa acepção, afirma-se que o Direito é, ou não, seguro. O fundamento desse entendimento é a compreensão do próprio Direito como um objeto a ser descrito pelo cientista ou compreendido pelo destinatário graças a um abstrato ato de conhecimento. No entanto, se o Direito deixa de ser um elemento previamente dado, cuja existência precede o próprio processo interpretativo, para passar a ser algo a ser realizado, cuja existência depende do processo interpretativo e aplicativo, mais que segurança "do" Direito, deve-se

89. Ricardo Lobo Torres, "Segurança jurídica e as limitações ao poder de tributar", in Roberto Ferraz (org.), *Princípios e limites da tributação*, São Paulo, Quartier Latin, 2007, p. 433; idem, *Tratado de Direito Constitucional, Financeiro e Tributário*, v. 2, "Valores e Princípios Constitucionais Tributários", Rio de Janeiro, Renovar, 2005, p. 170; idem, "Liberdade, segurança e justiça", in Paulo de Barros Carvalho (org.), *Justiça Tributária*, São Paulo, Max Limonad, 1998, p. 687.

falar em segurança "no" Direito: a segurança jurídica é um estado ideal que se *conquista* no próprio processo de interpretação e de aplicação do Direito.[90] Esta última expressão – segurança "no" Direito – abrange, de algum modo, as acepções anteriores, das quais depende a sua realização. Pode-se, em razão disso, afirmar que ela denota a segurança jurídica no sentido mais amplo.[91]

Todos os sentidos anteriormente mencionados não são, porém, paralelos. A segurança pelo Direito – isto é, a garantia de um estado de segurança por meio do Direito – pode concretizar-se através da garantia de "um direito" (garante-se um direito adquirido), "de direitos" (garantem-se os direitos dos cidadãos ao salário-mínimo) ou "via um direito" (garante-se um direito por meio do direito ao contraditório). Com isso se quer apenas dizer que não há sentidos concretamente apartados, mas modos de exteriorização que se entrecruzam. Até mesmo noções que podem ser analiticamente separadas não podem ser funcionalmente apartadas. Por exemplo, pode-se separar o conceito de segurança *do* Direito do conceito de segurança *por meio* do Direito. Como, entretanto, se garante a segurança do Direito senão por meio de normas – e, portanto, por meio do Direito? Inversamente: como se preserva a segurança por meio do Direito sem que o próprio Direito seja seguro? Isso significa que todos esses conceitos – "segurança do Direito", "segurança pelo Direito", "segurança de um direito", "segurança de direitos", "segurança frente ao Direito", "segurança sob o Direito", "segurança como um direito", "segurança por meio de um direito" – são coimplicados, apesar de analiticamente discerníveis.

Deve-se salientar, ainda, que vários desses conceitos de segurança jurídica fazem referência à concretização do princípio da segurança jurídica como segurança do Direito – como é o caso, por exemplo, da "segurança de um direito", da "segurança de direitos", da "segurança como um direito" e da "segurança por meio de um direito". Isso significa, sob outro viés, que, embora existam vários conceitos de segurança jurídica, eles não se situam em uma relação paralela, mas em uma relação de gênero e espécie e de geral e concreto.

Por todas essas razões, quando se fala em *princípio da segurança jurídica* não se está fazendo referência a uma modalidade única de se-

90. Stefano Bertea, *Certezza del Diritto e argomentazione giuridica*, Soveria Manelli, Rubbertino, 2002, pp. 19, 23 e 55.

91. Markus Möstl, *Die staatliche Garantie für die öffentliche Sicherheit und Ordnung*, Tübingen, Mohr Siebeck, 2002, p. 66.

gurança jurídica (segurança do Direito, pelo Direito, como um direito, frente ao Direito, sob o Direito, de direito(s), como um direito, ou no Direito). Se uma só acepção, contudo, tivesse que ser utilizada como sendo aquela que, com maior abrangência, caracterizaria o conceito de segurança jurídica defendido nesta obra, a escolha cairia na acepção "segurança no Direito", pois é esta que melhor ilustra a compreensão de que a segurança jurídica não é uma qualidade intrínseca do Direito ou de suas normas, vinculada à sua prévia determinação, porém um produto cuja existência, maior ou menor, depende da conjugação de uma série de critérios e de estruturas argumentativas a serem verificadas no próprio processo de aplicação do Direito. Essa observação ficará mais clara quando forem analisados os vários sentidos da palavra "Direito".

B) Quanto ao sentido de "Direito"

Examinar os vários sentidos do termo "jurídica" constante na expressão "segurança jurídica", como acaba de ser feito, ainda é algo insuficiente. Isso porque, mesmo se afirmando que ela faz referência ao Direito, é preciso definir, pelo menos em linhas gerais, o que se pode compreender por "Direito".

Em primeiro lugar, o vocábulo "Direito" pode referir-se ao Direito como um *objeto*. A esse conceito classificatório de segurança jurídica corresponde uma *concepção objetivista de interpretação*, focada no *resultado*, no sentido de que cabe ao intérprete, por meio de uma atividade estática e determinista, centrada em aspectos exclusivamente semânticos, apenas revelar um conteúdo normativo preexistente ao próprio processo de interpretação. O conteúdo normativo, aferível antecipada e totalmente, corresponde a um ponto, com o qual a realidade se conforma, ou não. O Direito, nessa perspectiva, é visto como um objeto dado, independente do sujeito e do seu processo de interpretação e de aplicação. A cada regra corresponde uma alternativa interpretativa ou um sentido normativo ($R = A$). Desse modo, o problema da segurança jurídica é substancialmente um *problema semântico* circunscrito à predeterminação de sentido. Segurança jurídica é a exigência de conhecimento, *ex ante*, dos limites materiais do exercício legislativo da competência.[92] Trata-se, aqui, de uma concepção objetivista da interpretação baseada

92. Stefano Bertea, *Certezza del Diritto e argomentazione giuridica*, Soveria Manelli, Rubbertino, 2002, p. 47.

em regras materiais (*rule-dependent certainty of law*).[93] Como decorrência disso, a própria concepção de segurança jurídica é dual, porquanto se baseia nos extremos "segurança/insegurança" (certeza/incerteza).[94] Nessa perspectiva, o Direito independe dos processos interpretativos e argumentativos que o realizam; e, como consequência disso, a segurança jurídica qualifica-se como exigência de predeterminação semântica de algo que antecede e que independe desses processos posteriores.

Em segundo lugar, a palavra "Direito" pode fazer referência ao Direito não como um objeto, mas como uma prática, no caso, argumentativa. A esse conceito não-classificatório de segurança jurídica corresponde uma *concepção argumentativa de interpretação*, baseada no *processo* por meio do qual se chega a um resultado, no sentido de que cabe ao intérprete, mediante atividade dinâmica e intermediária, centrada não apenas em aspectos semânticos, mas também em estruturas argumentativas, reconstruir um conteúdo normativo a partir de núcleos semânticos gerais mínimos. O conteúdo normativo, aferível antecipadamente apenas com relação às alternativas interpretativas possíveis, e os critérios para a sua delimitação correspondem a um espectro com o qual a realidade se conforma em maior ou em menor medida. O Direito, nessa acepção, é considerado como uma atividade dependente do processo de interpretação e de aplicação. A cada regra correspondem algumas alternativas interpretativas ou sentidos normativos (*R = A, B ou C*), a serem determinadas por meio de estruturas argumentativas fornecidas por metanormas de interpretação, como os postulados de proporcionalidade, de coerência e de razoabilidade. Desse modo, o problema da segurança jurídica é substancialmente um *problema argumentativo* circunscrito à predeterminação de sentidos mínimos possíveis por meio de estruturas argumentativas definidas e da sua correlação com elementos concretos por meio de postulados normativos aplicativos. Trata-se, aqui, de uma concepção procedimental da interpretação baseada em procedimentos racionais (*procedure-dependent certainty of law*).[95] Como consequência disso, a concepção dos estados de fato relacionados à segurança jurídica,

93. Stefano Bertea, *Certezza del diritto e argomentazione giuridica*, Soveria Manelli, Rubbertino, 2002, p. 14; Antonio Enrique Perez Luño, *La Seguridad Jurídica*, Barcelona, Ariel, 1991, p. 100.

94. Gianmarco Gometz, *La certezza giuridica come prevedibilità*, Torino, Giappichelli, 2005, p. 30.

95. Stefano Bertea, *Certezza del diritto e argomentazione giuridica*, Soveria Manelli, Rubbertino, 2002, p. 301; Gianluigi Palombella, *Dopo la Certezza – Il Diritto in equilibrio tra Giustizia e Democrazia*, Bari, Dedalo, 2006, p. 12.

em vez de dual, é gradual, no sentido de abranger um espectro entre os extremos de insegurança total e segurança total, por isso mesmo cabendo falar em "nenhuma", "pouca" ou "muita" segurança do ponto de vista fático.[96] O essencial é que o Direito não é meramente descrito ou revelado, mas reconstruído a partir de núcleos de significado de dispositivos normativos que, por sua vez, precisam ser conectados com elementos factuais no processo de aplicação. O material normativo, assim, não é totalmente, mas apenas parcialmente dado. Como decorrência disso, a segurança jurídica deixa de ser uma exigência de simples conhecimento de conteúdo total e previamente dado, para passar a ser um dever de reconstrução e de aplicação de sentidos normativos de acordo com regras de argumentação e de postulados hermenêuticos (coerência substancial e formal) e aplicativos (proporcionalidade e razoabilidade).

§ 2º. Aspecto objetivo (segurança jurídica do quê?)

I – O objeto da segurança jurídica

A) Segurança normativa

A-1) Segurança das normas

O objeto da segurança jurídica normalmente é qualificado como abrangendo as consequências jurídicas de atos ou de fatos: há segurança jurídica quando o cidadão tem a capacidade de conhecer e de calcular os resultados que serão atribuídos pelo Direito aos seus atos.[97] Essa é a constatação geral. Como o princípio da segurança jurídica se dirige aos três Poderes, a sua aplicação pode dizer respeito a uma norma geral, legal ou regulamentar, a um ato administrativo ou a uma decisão administrativa ou judicial. Nesse sentido, os ideais de confiabilidade e de calculabilidade, baseados na sua cognoscibilidade, vertem sobre cada um desses objetos.

a) Segurança do ordenamento jurídico

Em algumas situações o objeto da segurança jurídica não é uma norma, mas o ordenamento jurídico: a cognoscibilidade dirige-se ao ordenamento jurídico em geral, no sentido de que este, no seu conjunto,

96. Gianmarco Gometz, *La certezza giuridica come prevedibilità*, Torino, Giappichelli, 2005, p. 30; Federico Arcos Ramírez, *La seguridad jurídica: una teoría formal*, Madrid, Dykinson, 2000, p. 68.

97. Gianmarco Gometz, *La certezza giuridica come prevedibilità*, Torino, Giappichelli, 2005, p. 204.

deve ser inteligível formal e materialmente; a estabilidade pode também referir-se ao ordenamento em geral, no sentido de que este, globalmente considerado, deve ter durabilidade; e a calculabilidade igualmente pode fazer referência à ordem jurídica, no sentido de que esta, na sua totalidade, não pode ser objeto de modificações abruptas, drásticas e incoerentes. A segurança jurídica, como princípio objetivo, sem qualquer referência à sua subjetivação concreta, nessa inteligência, é princípio relativo ao ordenamento jurídico como um todo.[98]

A menção ao ordenamento jurídico em geral traz repercussões relativamente aos elementos a serem analisados bem como às provas a serem eventualmente produzidas. Como será oportunamente analisado em pormenor, a segurança jurídica possui duas dimensões: uma, objetiva, concernente a qualidades que o Direito como tal deve possuir; outra, subjetiva, referente à eficácia concreta e objetiva que aquele deve experimentar. A dimensão objetiva da segurança jurídica demanda estabilidade e credibilidade do ordenamento jurídico, cuja restrição requer, por parte de quem a alega, a demonstração de que uma determinada regra, ato ou decisão causará, sob o ponto de vista da maioria das pessoas e de acordo com critérios médios de racionalidade, forte abalo na própria credibilidade regular do Direito como instituição. É o caso, por exemplo, de uma decisão judicial que, modificando orientação jurisprudencial consolidada anterior, atinja um sem-número de cidadãos que confiaram na orientação abandonada, causando uma desconfiança geral e abstrata da comunidade jurídica no Poder Judiciário e no Direito como instituições sociais.

Diferentemente ocorre se a segurança jurídica é utilizada sob a dimensão subjetiva, tendo como objeto não o ordenamento jurídico, mas a sua aplicação concreta a determinado caso e a determinada pessoa. A dimensão subjetiva da segurança jurídica demanda intangibilidade de situações subjetivas, cuja restrição requer a demonstração de que alguém, confiando em determinada regra, ato ou decisão, exerceu concretamente atos de disposição dos seus direitos de liberdade e de propriedade. É o caso, por exemplo, de uma decisão judicial que, modificando orientação jurisprudencial consolidada anteriormente, afete alguém em específico, que fez significativos investimentos causalmente vinculados à decisão modificada, que podia servir e que efetivamente serviu de orientação para a sua ação passada, causando uma significativa e imprevisível

98. Willy Zimmer, "Constitution et sécurité juridique – Allemagne", *Annuaire International de Justice Constitutionnelle 1999*, Paris, Economica.

restrição individual e concreta nos seus direitos de liberdade e de propriedade.[99]

Esses dois exemplos demonstram, pois, que a segurança jurídica tanto pode dizer respeito ao ordenamento jurídico, como instituição globalmente considerada, sob o ponto de vista da coletividade, quanto à sua aplicação individual e concreta, sob a perspectiva de um indivíduo determinado. Mais: esses exemplos demonstram que o conhecimento do objeto da segurança não se limita a uma distinção analítica destinada à sua melhor compreensão, porém vai além, para repercutir nos requisitos e nas provas necessários à sua aplicação.

b) Segurança de uma norma

Em face da multiplicidade dos ideais parciais que compõem a segurança jurídica, ela pode se referir apenas a uma norma, e não ao ordenamento jurídico em geral, conforme foi acima demonstrado. A exigência de cognoscibilidade, como dever de estabelecimento de um Direito acessível e inteligível, pode dizer respeito ao ordenamento em geral como também pode fazer referência a uma norma específica. Neste último aspecto, o debate em torno da determinação ou da determinabilidade da hipótese de incidência, também referido como "tipicidade material", envolve, precisamente, uma exigência dirigida a uma norma, a regra de tributação, cuja hipótese de incidência deve – dependendo, é claro, do modo como essa exigência é entendida – se revestir de um nível de determinação capaz de efetivamente servir de orientação aos contribuintes. A exigência de confiabilidade, como dever de estabelecimento de um Direito durável e estável, também pode dizer respeito ao ordenamento em geral, como igualmente fazer referência a uma norma específica. Neste último aspecto, a discussão a respeito da intangibilidade de situações subjetivas com base no princípio da proteção da confiança envolve, justamente, uma exigência dirigida à aplicação de uma norma anterior, que não pode ser revista caso tenha havido atos de disposição praticados com base nela.

A segurança jurídica também pode ter por objeto não o ordenamento jurídico ou, mesmo, uma norma geral, mas, em vez disso, um ato administrativo ou normativo. A importância da definição do objeto, nesse caso, decorre do fato de que, sendo um ato administrativo ou normativo, os requisitos para a realização ou para a restrição do princípio da

99. Bodo Viets, *Rechtsprechungsänderung und Vertrauensschutz*, Bern, Herbert Lang, 1976, p. 203.

segurança jurídica são diversos: sendo ato administrativo, caracterizado pelos seus efeitos concretos, a exigência de cognoscibilidade dirige-se à sua intimação, pertinência e adequada fundamentação; a exigência de confiabilidade faz referência à eventual intangibilidade de situações subjetivas que afastam a sua revogação ou a sua anulação para casos individuais e concretos; a exigência de calculabilidade se destina a impor regras de transição ou cláusulas de equidade para atenuar a modificação no entendimento administrativo.

Sendo um ato normativo o objeto da segurança jurídica, no entanto, os deveres desta decorrentes já se alteram: a exigência de cognoscibilidade passa a dizer respeito à sua publicação e à sua suficiente determinação; a exigência de confiabilidade faz referência à eventual intangibilidade de situações subjetivas que impedem efeitos retroativos; e a exigência de calculabilidade se destina a impor regras de transição ou cláusulas de equidade para resguardar a confiabilidade no entendimento administrativo em nível geral e abstrato.

Do mesmo modo, a segurança jurídica pode ter por objeto uma decisão, administrativa ou judicial, de efeitos gerais ou individuais, o que também traz repercussão para as exigências dela decorrentes: a exigência de cognoscibilidade se dirige à sua intimação ou publicação, pertinência e adequada fundamentação; a exigência de confiabilidade repercute sobre o dever de atribuição de eficácia prospectiva com base na proibição de retroatividade jurisprudencial quando a eficácia retroativa for comprometer a credibilidade do ordenamento jurídico ou atingir situações subjetivas de modo injustificado; a exigência de calculabilidade destina-se a impor efeitos prospectivos, regras de transição ou cláusulas de equidade para temperar as conquistas do passado com as perspectivas do futuro.

O importante das distinções entre segurança "do ordenamento", "de norma", "de norma como ato" ou "de norma de decisão" é que estas não apenas permitem a identificação do objeto da segurança jurídica e, com isso, os requisitos indispensáveis à sua aplicação em cada hipótese, como também demonstram que a existência de segurança jurídica relativamente a um objeto não está necessariamente vinculada à presença de segurança referentemente a outro. Pode, por exemplo, tanto haver segurança "de norma" sem segurança "do ordenamento", no caso em que as normas jurídicas, embora acessíveis e inteligíveis, são elevadamente instáveis, como segurança "do ordenamento" sem segurança "da norma", no caso inverso, em que as normas jurídicas, ainda que estáveis, são incompreensíveis, porque portadoras de elevada indeterminação ou de excessivo detalhamento, de falta de clareza e de grande número de remissões. Essas distinções demonstram, por conseguinte, que não se pode falar, com rigor, de segurança jurídica sem a indicação clara do objeto ao qual ela faz referência.

A-2) Segurança da aplicação das normas

A segurança jurídica pode da mesma forma ter como objeto não a norma propriamente dita, mas a sua aplicação uniforme e não-arbitrária. Daí se falar em "segurança de aplicação das normas", no lugar de "segurança das normas". Essa segurança depende de elementos argumentativos e processuais. Os elementos argumentativos dizem respeito ao uso de estruturas claras e objetivas de raciocínio, presentes quando as premissas e as conclusões do raciocínio jurídico são esclarecidas e fundadas no ordenamento jurídico, bem como a sua construção obedece a critérios racionais de argumentação, baseados na sua consistência formal e na sua coerência material.[100] Os elementos processuais dizem respeito a um procedimento, administrativo ou judicial, que permite e que considera a ampla defesa e o contraditório, bem como garanta a fundamentação escrita e lógica das decisões – como será mais adiante analisado.

Tal distinção é igualmente operativa, já que uma norma pode ser considerada segura, enquanto acessível e inteligível, porém pode ser aplicada de modo arbitrário, sem critérios objetivos e uniformes e sem uma adequada justificação e fundamentação. Sem segurança de aplicação a segurança jurídica da norma seria anulada pela insegurança da sua aplicação. Com a devida licença poética, a segurança que havia entrado pela porta sairia depois pela janela.

B) Segurança comportamental

B-1) Segurança da (in)ação própria

Além da segurança normativa, há, também, a segurança comportamental. Com efeito, a segurança jurídica pode ser definida como a possibilidade de prever a reação dos órgãos jurídicos ao comportamento dos cidadãos – e, no caso do Direito Tributário, dos contribuintes.[101] Essa

100. Theophilo Cavalcanti Filho, *O problema da segurança no Direito*, São Paulo, Ed. RT, 1964, p. 7.

101. Gianmarco Gometz, *La certezza giuridica come prevedibilità*, Torino, Giappichelli, 2005, pp. 13 e 204.

concepção pode referir-se aos efeitos a serem atribuídos à própria ação: o contribuinte que vende uma mercadoria deve poder saber de antemão se há, ou não, incidência do imposto sobre circulação de mercadorias e, em caso afirmativo, sob qual alíquota.

Note-se que a mencionada segurança comportamental pode referir-se tanto a uma segurança normativa quanto a uma segurança social, essa entendida não como segurança "do Direito" mas como segurança "das relações sociais". Nesse aspecto, a língua francesa possui dois termos diferentes: *sécurité*, no sentido de segurança (*Sicherheit*), e *sûreté*, como confiabilidade (*Verlässlichkeit*) das relações sociais.[102]

B-2) *Segurança da (in)ação de terceiro*

A mesma segurança jurídica pode, em vez disso ou conjuntamente a isso, envolver a possibilidade de prever a reação dos órgãos aplicadores ao comportamento das ações de terceiros. Trata-se, nesse caso, da antecipação da conduta alheia, no lugar dos efeitos da própria. Como da prática de um ato próprio decorrerão consequências normativas e, no entanto, essas consequências normativas dependem de qualificações jurídicas que serão feitas, no todo ou em parte (mesmo que por meio de homologações tácitas), por órgãos aplicadores, é correto falar em segurança jurídica como capacidade de prever a reação dos órgãos aplicadores relativamente à prática de atos próprios. Por esse motivo, Torres realça que a segurança jurídica "torna-se valor fundamental do Estado de Direito, pois o capitalismo e o liberalismo necessitam de certeza, calculabilidade, legalidade e objetividade nas *relações jurídicas* e previsibilidade *na ação do Estado*".[103] Nessa acepção, a segurança jurídica serve de critério para prever o que os outros poderão fazer e exigir.[104]

102. Sylvia Calmes, *Du principe de protection de la confiance légitime en Droits Allemand, Communautaire et Français*, Paris, Dalloz, 2001, p. 157.

103. Ricardo Lobo Torres, "Segurança jurídica e as limitações ao poder de tributar", in Roberto Ferraz (org.), *Princípios e limites da tributação*, São Paulo, Quartier Latin, 2007, p. 430; idem, "Limitações ao poder impositivo e segurança jurídica", in Ives Gandra da Silva Martins (org.), *Limitações ao poder impositivo e segurança jurídica*, São Paulo, Ed. RT/CEU, 2007, p. 74; idem, *Tratado de Direito Constitucional, Financeiro e Tributário*, v. 2, "Valores e Princípios Constitucionais Tributários", Rio de Janeiro, Renovar, 2005, p. 168; idem, "Liberdade, segurança e justiça", in Paulo de Barros Carvalho (org.), *Justiça Tributária*, São Paulo, Max Limonad, 1998, p. 686 (grifos nossos).

104. Theophilo Cavalcanti Filho, *O problema da segurança no Direito*, São Paulo, Ed. RT, 1964, p. 7.

É relevante lembrar que o objeto da segurança pode também abranger uma inação por parte dos órgãos aplicadores, isto é, uma consequência jurídica concernente à ausência de reação estatal no caso da prática de determinado ato.[105] Esse realce é importante no caso de o particular, com base nas alternativas interpretativas de uma regra de tributação, praticar propositada e efetivamente um ato não coincidente com quaisquer das alternativas previstas na regra de tributação. Nesse caso, contrariaria o princípio da segurança jurídica a decisão posterior que determinasse a tributação do referido ato, pela frustração e pela surpresa daí decorrentes para o contribuinte.

Nesse aspecto, aliás, é preciso lembrar que os atos aos quais a segurança jurídica pode estar se referindo podem ser reais ou imaginários: o cidadão deve poder prever não apenas as consequências jurídicas dos atos que praticou, pratica ou venha a praticar, mas também dos que pudesse imaginariamente vir a praticar. E isso porque a calculabilidade do cidadão deve envolver, precisamente, a capacidade de verificar linhas de ação de modo a poder melhor escolher aquilo que ele vai, ou não, fazer. Essa circunstância explica, por exemplo, a existência de consultas tributárias, assim entendidos aqueles instrumentos por meio dos quais o contribuinte, relativamente a algum projeto concreto, requer o pronunciamento das autoridades administrativas relativamente à incidência, ou não, de tributos sobre atos que praticou ou que pretenda praticar. Desse modo, a rigor, a calculabilidade deve abranger não apenas as consequências para atos ou fatos ocorridos, mas a atos (próprios ou alheios, comissivos ou omissivos) ou fatos ocorridos ou que, se tivessem sido praticados, presumidamente teriam provocado determinadas consequências. Em suma, calculabilidade não apenas envolve a previsibilidade relativamente à reação efetiva dos órgãos decisores quanto a atos praticados ou fatos ocorridos, mas também a sua reação presumível caso fossem investidos do poder de decidir relativamente a atos que poderiam ter sido praticados ou fatos que poderiam ter ocorrido. Nesse quadro, a segurança jurídica não diz respeito unicamente a atos ou fatos ocorridos, controversos e cujos efeitos sejam heterônoma e coativamente impostos, mas igualmente a atos ou fatos possíveis de ocorrerem, incontroversos e cujos efeitos sejam autônoma e espontaneamente qualificados.[106]

105. Gianmarco Gometz, *La certezza giuridica come prevedibilità*, Torino, Giappichelli, 2005, p. 225.

106. Idem, pp. 243-244.

C) Segurança fática

A segurança jurídica não apenas abrange atos, mas também fatos, assim entendidos aqueles eventos que independem diretamente da atuação humana.[107] Pense-se, por exemplo, na mera deterioração de uma máquina: a sua ocorrência será importante para saber as regras aplicáveis à dedução do valor referente à sua depreciação; ou no simples transcurso do tempo: a sua passagem será decisiva para a verificação da ocorrência de prescrição ou de decadência no Direito Tributário – e assim sucessivamente.

O importante é que dentro do espectro da segurança jurídica também deve estar a capacidade de conhecer e de antecipar as consequências jurídicas atribuíveis pelos órgãos aplicadores do Direito não apenas a atos, próprios ou de terceiros, mas igualmente a fatos que venham a ocorrer e que, direta ou indiretamente, repercutam sobre a esfera jurídica do contribuinte.

D) Segurança doutrinária

Por fim, há uma última versão significativa da segurança: a segurança doutrinária. Com efeito, quando se examina a segurança jurídica, analisam-se, normalmente, os requisitos para que o Direito possa ser considerado seguro (segurança do Direito) ou para que ele possa servir de instrumento assecuratório de direitos (segurança pelo Direito e de direitos). A segurança jurídica, por assim dizer, verte sobre o Direito e os direitos, isto é, sobre os enunciados prescritivos, gerais ou individuais, que compõem a linguagem-objeto nas variadas manifestações normativas do Direito. Pode-se, porém, também usar – e muitos o fazem sem o perceber – a segurança jurídica não relativamente ao Direito, mas referentemente ao *modo como ele é tratado*. A segurança jurídica, nesse aspecto, verte sobre os enunciados descritivo-explicativos ou reconstrutivos que compõem a metalinguagem doutrinária.

Nessa interpretação, portanto, está-se fazendo referência à clareza, à abrangência, à consistência (formal) e à coerência (material) não das normas (linguagem-objeto), mas dos enunciados doutrinários que vertem sobre elas (metalinguagem), inclusive sobre aqueles que fazem referência ao próprio princípio da segurança jurídica. Isso explica por que razão alguns autores afirmam que a segurança jurídica tem sido tratada de "modo inseguro" pela doutrina, que, no afã de tratar da certeza, termi-

107. Idem, p. 228.

na deixando, pela ausência de uma definição clara e de critérios inteligíveis, de eliminá-la ou, mesmo, de minimamente diminuí-la.[108] Trata-se, em suma, de segurança jurídica como segurança da "Ciência do Direito".

Parte da insegurança com que a segurança jurídica tem sido tratada decorre do fato de que esta, em vez de uma norma-regra, é uma norma-princípio, e, como tal, não possui uma estrutura dual de hipótese e consequência, mas uma conexão entre fins e meios cuja análise depende da investigação de efeitos e da promoção de estados de coisas. Em outras palavras, a insegurança com que o princípio da segurança jurídica tem sido tratado também decorre da sua própria estrutura: aquele que, ao examiná-lo, espera uma estrutura deôntica composta de um fato e de uma consequência frustra-se ao encontrar uma norma com uma estrutura que abrange fins e meios e a produção de efeitos. Como já foi asseverado, no entanto, esse juízo negativo parte de uma concepção semântica de objetividade, baseada na ideia de que só há objetividade quando existe conhecimento de algo exterior, independente do sujeito cognoscente. Porém, se, em vez dessa concepção, for adotada uma noção discursiva de objetividade, como controlabilidade semântico-argumentativa do discurso prático do Direito – como se defende neste trabalho –, outra passa a ser a segurança doutrinária requerida.

II – O modo de compreensão do objeto da segurança jurídica

A) Quanto ao caráter da compreensão

A-1) Concepção unívoca do objeto

Simplesmente afirmar, todavia, que a segurança jurídica envolve o conhecimento e a calculabilidade de uma norma é apenas tergiversar o problema central, que é o de saber o que significa "conhecer e calcular o conteúdo de uma norma": é ter condições de conhecer e antecipar *exata e totalmente o seu único resultado* ou ter condições de conhecer e de antecipar uma *gama de resultados alternativos genéricos* compatíveis com o texto normativo? Em outras palavras, o problema do objeto da segurança jurídica não está primordialmente na fonte normativa, se legal, administrativa ou judicial, mas no tipo de resultado que lhe é atribuído – significado *unívoco* ou *alternativo*. Como os atos administrativos e as decisões, dada a sua individualidade, possuem um nível de concretização maior que o das leis, o problema reside, com maior intensidade, na

108. Massimo Corsale, "Il problema della certezza del Diritto in Italia dopo il 1950", in Flavio Lopez de Oñate, *La certezza del Diritto*, Milano, Giuffrè, 1968, p. 288.

definição do que significa conhecer e calcular o conteúdo de uma norma legal.[109] Nesse aspecto, há duas concepções que podem ser estremadas.

Pode-se entender que aquilo que se deve compreender e calcular tem apenas um sentido: a regra "X" tem o sentido "A" ($X = A$). Esse entendimento parte do pressuposto de que as normas jurídicas são portadoras de sentidos objetivados e únicos. Assim, quando se fala em determinação e previsibilidade está-se fazendo referência à capacidade de o cidadão, em geral, e de o contribuinte, em particular, conhecer o conteúdo da norma a que vai obedecer e antecipar o conteúdo a ser dado àquela pelo Poder Executivo e pelo Poder Judiciário. Nessa acepção, "determinação" significa a capacidade de conhecer o *único sentido da norma*, e a previsibilidade, a capacidade geral de antecipar o *sentido exato das decisões normativas futuras*. É a posição de Lièvre-Gravereaux, para quem previsibilidade "significa que a estrutura e a formulação do texto deverão tender a permitir uma interpretação e uma qualificação unívoca dos fatos".[110] E é a posição já criticada, há muito, por Frank, que a qualificou como uma básica ilusão ou mito.[111] Segurança jurídica, portanto, é qualificada como a garantia de que o cidadão possa *generalizadamente conhecer e exatamente prever* as consequências que serão atribuídas pelo Direito aos seus atos. Sua previsão é bem-sucedida quando o significado finalmente atribuído pelos órgãos decisores é exatamente aquele que, com base na regra legal, já poderia ser anteriormente deduzido.

No Direito Tributário esse entendimento é manifestado na discussão acerca do conteúdo do princípio da legalidade, compreendido, do ponto de vista do Estado, como o dever de o Poder Legislativo, ao instituir a regra de tributação, determinar, de maneira inequívoca, todos os elementos da obrigação tributária e, do ponto de vista do contribuinte, a sua capacidade de compreender, com exatidão, o significado da regra a que deverá obedecer. É nesse contexto que se defende a existência do denominado "princípio da tipicidade cerrada", como sendo a obrigatoriedade

109. Gianmarco Gometz, *La certezza giuridica come prevedibilità*, Torino, Giappichelli, 2005, p. 208.

110. Amélie Lièvre-Gravereaux, *La rétroactivités de la loi fiscale: une nécessite en matière de procédures*, Paris, Harmattan, 2007, p. 33. Similar, sobre clareza: Antonio Enrique Perez Luño, *La seguridad jurídica*, Barcelona, Ariel, 1991, p. 24. Criticamente sobre o tema: Gianmarco Gometz, *La certezza giuridica come prevedibilità*, Torino, Giappichelli, 2005, pp. 13, 205 e 209.

111. Jerome Frank, *Law and the modern mind*, New Brunswick, Transaction, 2009, p. 37 (1ª ed., New York, Brentano's Inc., 1930; 2ª ed. rev., New York, Coward-McCann, 1949).

– nas palavras de Xavier – de a norma tributária "conter em si todos os elementos da valoração dos fatos e produção de efeitos, sem carecer de qualquer recurso a elementos a ela estranhos e sem tolerar qualquer valoração que se substitua ou acresça à contida no tipo legal".[112] Segurança jurídica, nesse aspecto, significa "determinação unívoca"[113] ou "objetiva" das obrigações tributárias.[114]

A-2) Concepção alternativa do objeto

Pode-se igualmente sustentar que aquilo que se deve compreender e calcular apresenta sentidos alternativos. A compreensão alternativa do objeto, todavia, pode dar-se de formas distintas.

Pode-se, em primeiro lugar, sustentar a alternância afirmando que a regra "X" pode ter os sentidos possíveis "A", "B" e "C" (*X = A, B ou C*).[115] Essa concepção pode ser denominada de concepção indeterminada da interpretação, visto que defende a total ou a ampla indeterminação da linguagem constante das regras, sendo o intérprete, por conseguinte, incapaz tanto de conhecer quanto de prever o sentido de uma regra jurídica. Trata-se de uma concepção radical, que, levada às últimas consequências, rejeita a própria noção de regra jurídica, visto que, não tendo esta sentido algum antes da decisão, somente a decisão judicial tem valor. É a concepção realista extrema de Frank.[116] Adotar essa concepção implica aceitar que toda decisão judicial é retroativa, porquanto antes dela nada havia. Mais: é rejeitar, implicitamente, a própria capacidade de realização do princípio da irretroatividade.

Pode-se, em segundo lugar, defender a alternância, sob outro ângulo, afirmando que a regra "X" prevê uma noção (*X = A*), mas essa noção, por sua vez, apresenta vários elementos que não precisam estar presentes

112. Alberto Xavier, *Os princípios da legalidade e da tipicidade da tributação*, São Paulo, Ed. RT, 1978, p. 92. Mais recentemente, em sentido análogo: idem, *Tipicidade da tributação, simulação e norma antielisiva*, São Paulo, Dialética, 2001, p. 18.

113. Wilhelm Hartz, "Mehr Rechtssicherheit im Steuerrecht. Ziele, Wege, Grenzen", *StbJb*, p. 77, 1965/1966.

114. Frédéric Douet, *Contribution à l'étude de la sécurité juridique en Droit Interne Français*, Paris, LGDJ, 1997, p. 17.

115. Tércio Sampaio Ferraz Jr., "Segurança jurídica, coisa julgada e justiça", *Revista do Instituto de Hermenêutica Jurídica*, v. 1, n. 3, p. 264, Porto Alegre, 2005.

116. Jerome Frank, *Law and the modern mind*, New Brunswick, Transaction, 2009, pp. 37 e ss. (1ª ed., New York, Brentano's Inc., 1930; 2ª ed. rev., New York, Coward-McCann, 1949).

integralmente, sendo eles, em vez disso, prescindíveis, bastando que algum ou que alguns deles (dependendo do caso) estejam presentes. Essa concepção pode ser qualificada de *concepção tipológica da interpretação*, já que se fundamenta na ideia de que as regras, no lugar de conceitos classificatórios, cuja verificação depende da existência necessária de todos os elementos abstratamente previstos (*A* = *a* + *b* + *c*), contêm tipos, isto é, noções valorativas gerais, cuja constatação depende da configuração concreta da ideia geral – e, portanto, da existência de um ou mais elementos, mas não necessariamente de todos (*A* = *a, b e/ou c*).[117]

Pode-se, em terceiro lugar, defender a alternância ainda sob outro viés, ao asseverar que a regra "X" prevê um conceito (*X* = *A*), mas esse conceito, a seu turno, embora apresente um halo de certeza ou núcleo de significação, pode apresentar, em maior ou em menor medida, margens de indeterminação (*A* = *A+ ou A-*), dependendo da espécie de regra que o prevê (se conceitual ou finalística) e dos princípios a ela atinentes (se privilegiadores da segurança jurídica ou da justiça). Essa concepção pode ser qualificada de *concepção determinável da interpretação*, porquanto se baseia na ideia de que as regras contêm conceitos, no entanto estes são, em virtude da linguagem, em alguma medida indeterminados e em alguma medida determinados (geralmente pela prática jurisprudencial ou pelo consenso doutrinário) ou determináveis (individualmente pelo contexto normativo e fático do caso). Esses núcleos de sentido, já fixados intersubjetivamente, quer pela doutrina, quer pela jurisprudência, não podem ser ignorados pelo intérprete.

Essas duas últimas visões, embora diferentes, partem do pressuposto comum de que as normas jurídicas, vertidas em linguagem, são – em alguma medida, maior ou menor – necessariamente indeterminadas.[118] Por essa razão, elas são capazes de apresentar sentidos alternativos.[119] E, em decorrência dessa constatação, em vez de se falar em "determinação" e "previsibilidade", utilizam-se as palavras "deter-

117. Ricardo Lobo Torres, "O princípio da tipicidade no Direito Tributário", in Ricardo Lodi Ribeiro e Sergio André Rocha (orgs.), *Legalidade e tipicidade no Direito Tributário*, São Paulo, Quartier Latin, 2008, p. 137.

118. Joseph Raz, "The rule of law and its virtue (1977)", in *The authority of Law. Essays on Law and Morality*, Oxford, Oxford, 1979, p. 215. Sobre a textura aberta da linguagem, ver, sobretudo: H. L. Hart, *The concept of Law*, Oxford, Clarendon, 1991 (1961).

119. Gianmarco Gometz, *La Certezza giuridica come prevedibilità*, Torino, Giappichelli, 2005, pp. 13 e 205; Misabel de Abreu Machado Derzi, *Modificações da jurisprudência no Direito Tributário*, São Paulo, Noeses, 2009, p. 72.

minabilidade" e "calculabilidade" para fazer referência à capacidade de o cidadão, em geral, e de o contribuinte, em particular, conhecer os sentidos possíveis da norma a que vai obedecer e de controlar a concretização a ser dada àquela pelo Poder Executivo e pelo Poder Judiciário. Nessa acepção, determinabilidade significa a capacidade de conhecer os sentidos alternativos da norma, e calculabilidade, a capacidade de controlar os sentidos alternativos das decisões normativas futuras.[120] Segurança jurídica, por conseguinte, é a garantia de que o cidadão possa conhecer e calcular as consequências alternativas atribuíveis pelo Direito a atos ou fatos, de modo que a consequência efetivamente aplicada no futuro situe-se *dentro* daquelas alternativas reduzidas e antecipadas. Sua previsão é bem-sucedida não quando o significado finalmente atribuído pelos órgãos decisores é exatamente aquele único antecipado, mas quando a decisão adotada se enquadra no *âmbito* das alternativas interpretativas antecipáveis e nas consequências abstratamente previstas. A limitação material representada pelo ordenamento constitucional funciona como valioso instrumento de delimitação dos conteúdos normativos possíveis da legislação.[121] Tais significados, no entanto, embora alternativos, podem ser fechados pela decisão judicial em um único sentido, criando-se – como lembra Machado Derzi – uma verdadeira expectativa normativa de comportamento para todos, integrantes do mesmo grupo de casos.[122]

Essa última concepção é a mais acertada diante da impossibilidade de se adotar uma concepção unívoca de sentido. Isso significa, porém, que o eixo central da segurança jurídica deixa de ser propriamente a previsibilidade conteudística para passar a ser o da controlabilidade decisional.[123] Deixa-se o binômio "previsibilidade *vs.* determinação" em favor do binômio "controlabilidade *vs.* não-arbitrariedade". Esse é o caminho geral, mesmo que sem a adequada indicação dos critérios, to-

120. Gianmarco Gometz, *La Certezza giuridica come prevedibilità*, Torino, Giappichelli, 2005, pp. 13 e 208.

121. Luigi Ferrajoli, "The past and the future of the rule of law", in Pietro Costa e Danilo Zolo (orgs.), *The rule of Law – History, theory and criticism*, Dordrecht, Springer, 2007, p. 329.

122. Misabel de Abreu Machado Derzi, *Modificações da jurisprudência no Direito Tributário*, São Paulo, Noeses, 2009, p. 188.

123. Federico Arcos Ramírez, *La seguridad jurídica: una teoría formal*, Madrid, Dykinson, 2000, p. 326; Letizia Gianformaggio, "Certezza del Diritto", in Enrico Diciotti e Vito Velluzzi (orgs.), *Filosofia del Diritto e ragionamento giuridico*, Torino, Giappichelli, 2008, p. 85.

mado por Gianformaggio, Habermas e Palombella – para indicar apenas alguns exemplos.[124]

No Direito Tributário esse entendimento também é manifestado na discussão acerca do conteúdo da exigência de legalidade, compreendida, do ponto de vista do Estado, como o dever de o Poder Legislativo, ao instituir a regra de tributação, determinar, com a maior determinabilidade possível, os parâmetros gerais da obrigação tributária e, do ponto de vista do contribuinte, a sua capacidade de compreender os significados alternativos possíveis da regra a que deverá obedecer. É nesse contexto que se defende a existência do denominado "princípio da tipicidade aberta".[125]

Até aqui examinou-se o sentido das palavras "conhecer" e "calcular" o Direito. É preciso, neste passo, voltar ao exame do sentido do termo "Direito". Isso porque, dependendo do tipo de teoria do conhecimento e do Direito que se venha a adotar, o conhecimento e a calculabilidade podem não se referir exclusivamente a uma norma, mas, em vez disso, a um procedimento racional para a (re)construção de uma norma – o que é algo sutilmente diferente. Vale dizer: se se admite que as consequências jurídicas estejam encapsuladas na norma jurídica, cabendo ao intérprete extraí-las, a segurança jurídica tem, mesmo, por objeto uma norma. No entanto, se se aceita que as consequências jurídicas dependem, essencialmente, de um *processo argumentativo* reconstrutor do seu significado normativo, a segurança jurídica não tem por objeto uma norma ou, pelo menos, não a tem por objeto exclusivo; ela tem por objeto, em vez disso, um processo argumentativo. Neste aspecto, portanto, pode-se entender existente a segurança jurídica quando o cidadão apresenta condições de conhecer e de calcular o Direito como conteúdo semântico de normas jurídicas ou quando tem aptidão para conhecer e para calcular o Direito entendido como a estrutura e os critérios da argumentação necessária a reconstruir o conteúdo de normas jurídicas. São essas duas concepções,

124. Letizia Gianformaggio, "Certezza del Diritto", in Letizia Gianformaggio (org.), *Studi sulla giustificazione giuridica*, Torino, Giuppichelli, 1986; Jürgen Habermas, *Faktizität und Geltung*, Darmstadt, Wissenschaftliche Buchgesellschaft, 2002, pp. 239-291; Gianluigi Palombella, *Dopo la certezza – Il Diritto in equilibrio tra Giustizia e Democrazia*, Bari, Dedalo, 2006, p. 8.

125. Ricardo Lobo Torres, "O princípio da tipicidade no Direito Tributário", in Ricardo Lodi Ribeiro e Sergio André Rocha (orgs.), *Legalidade e tipicidade no Direito Tributário*, São Paulo, Quartier Latin, 2008, p. 137.

relativamente ao objeto de compreensão e cálculo por parte do cidadão, que se passa a analisar.

B) Quanto ao objeto da compreensão

***B-1)** Concepção objetivista do Direito*

Nessa concepção o Direito é reconhecido como um objeto a ser inteiramente revelado pelo intérprete. A norma jurídica contém um sentido, de modo que a atividade do intérprete consiste em descobrir o sentido predeterminado pela norma, por meio de uma atividade estática e determinista. O Direito, nessa perspectiva, envolve, sobretudo, um problema semântico; e a interpretação, uma atividade objetivista. E a segurança jurídica, a seu turno, abrange, por conseguinte, um problema de "segurança do objeto": o Direito é algo pronto posto diante do intérprete, cuja atividade se resume a passivamente revelá-lo.

***B-2)** Concepção argumentativa do Direito*

Nesta outra acepção o Direito é entendido como uma estrutura argumentativa por meio da qual são reconstruídas as alternativas semânticas possíveis de uma norma mediante critérios hermenêuticos. A norma jurídica, em geral, não contém um único sentido, mas alternativas semânticas e núcleos de significação, de maneira que a atividade do intérprete consiste em reconstruir alternativas decisórias por meio de uma atividade dinâmica e argumentativa. O Direito, nessa perspectiva, envolve, sobretudo, um problema argumentativo; e a interpretação, uma atividade intermediária. E a segurança jurídica, por fim, abrange um problema de "segurança da argumentação". A segurança jurídica, em vez de ser segurança do objeto, é segurança racional e argumentativa.[126]

Essas considerações – às quais novamente se voltará – são suficientes para demonstrar que a expressão "segurança jurídica" pode referir-se a dois objetos diferentes: de um lado, segurança de um objeto (um resultado revelado por uma norma); de outro, segurança de uma atividade relativa a um objeto (um meio mediante o qual se reconstrói um sentido normativo).[127]

126. Neil MacCormick, "Rhetoric and rule of law", in David Dyzenhaus (org.), *Recrafting the rule of Law – The Limits of Legal Order*, Oxford, Hart, 1999, p. 163.

127. Stefano Bertea, *Certezza del Diritto e argomentazione giuridica*, Soveria Manelli, Rubbertino, 2002, p. 294.

§ 3º. *Aspecto subjetivo (quem são os sujeitos da segurança?)*

I – Considerações introdutórias

Como lembra Pacteau, "a segurança de uns não é a segurança de outros".[128] Vale dizer: dependendo da *perspectiva* com que sejam analisados os estados de cognoscibilidade, de confiabilidade e de calculabilidade, eles podem existir ou inexistir, existir em maior ou em menor medida. Uma lei pode ser óbvia para o especialista, porém não o ser para o cidadão comum.[129] Uma lei ou um ato administrativo podem ser evidentemente nulos para uns e válidos para outros.[130] É por isso mesmo que a questão da certeza do Direito envolve, no fundo, um aspecto subjetivo.[131] Em decorrência disso, examinar a segurança jurídica sem perscrutar o seu aspecto pessoal é tratá-la de modo inseguro.

II – Perspectiva de quem irá se beneficiar com a segurança jurídica (segurança para quem?)

A) Segurança jurídica para um cidadão

O primeiro elemento a ser examinado no aspecto subjetivo diz respeito à perspectiva de quem irá se beneficiar com a segurança jurídica. A clareza das normas denota uma exigência objetiva, porque objetivamente se pode apreciar a sua precisão. O mesmo, no entanto, não ocorre com a sua inteligibilidade, marcada por uma dimensão subjetiva, visto que ela é apreciada do ponto de vista do destinatário da norma: dependendo de quem a analisa, ela pode ser mais ou menos inteligível.[132] Isso se deve à subjetivação da segurança, em virtude da qual se pode diferenciar se algo é seguro e se algo parece seguro *para alguém*.[133]

128. Bernard Pacteau, "La sécurité juridique, un principe que nous manque?", *AJDA* 20, 1995, p. 154.

129. Federico Arcos Ramírez, *La seguridad jurídica: una teoría formal*, Madrid, Dykinson, 2000, p. 260.

130. Almiro do Couto e Silva, "O princípio da segurança jurídica (proteção à confiança) no Direito Público brasileiro e o direito da Administração Pública de anular os seus próprios atos: o prazo decadencial do art. 54 da Lei do Processo Administrativo da União (Lei n. 9.784/99)", *RDA* 237, p. 300, Rio de Janeiro, 2004.

131. Antonio Perez Luño, *La Seguridad Jurídica*, Barcelona, Ariel, 1991, p. 22.

132. Anne-Laure Valembois, *La constitutionnalisation de l'exigence de sécurité juridique en Droit Français*, Paris, LGDJ, 2005, p. 287.

133. Christoph Gusy, "Gewährleistung von Freiheit und Sicherheit im Lichte unterschiedlicher Staats- und Verfassungsverständnisse", *VVDStRL* 63, p. 159, Berlin, 2004.

A segurança jurídica pode assumir uma dimensão estritamente individual quando a sua utilização visa a resguardar interesses particulares do indivíduo.[134] O ordenamento jurídico contém várias normas que protegem essa dimensão, como é o caso da proteção do direito adquirido, do ato jurídico perfeito e da coisa julgada, nos quais a segurança jurídica atua, concreta e reflexivamente, relativamente a um sujeito determinado. Analisam-se questões individuais, e não coletivas.

B) Segurança jurídica para os cidadãos

A segurança jurídica, todavia, também pode assumir uma dimensão coletiva, quando o seu uso tem a finalidade de preservar a ordem jurídica como um todo para toda a coletividade. O ordenamento jurídico também contém várias normas que protegem essa dimensão, como é o caso da competência para o Supremo Tribunal Federal, em controle concentrado de constitucionalidade, modular os efeitos da declaração de inconstitucionalidade com base na segurança jurídica. Esse também é o caso do controle difuso de constitucionalidade quando, no recurso extraordinário, é reconhecida a repercussão geral. Nesses casos examinam-se questões gerais relacionadas à efetividade do ordenamento jurídico ou de um setor seu – como será oportunamente enfrentado.

C) Segurança jurídica para o Estado?

Uma questão importantíssima é a de saber se o Estado pode ser beneficiário da segurança jurídica. Nesse aspecto, é preciso, antes, definir em que sentido se está tomando a "segurança jurídica".

Se segurança jurídica é empregada no sentido de princípio objetivo, obviamente a cognoscibilidade, a confiabilidade e a calculabilidade do ordenamento jurídico em geral também são imprescindíveis para o funcionamento do próprio ente estatal. A abstração e a tipificação são instrumentos técnicos para garantir a função-certeza inerente ao conceito de segurança jurídica, sendo essa certeza avaliável na perspectiva do emissor dos comandos normativos, como assevera Ferraz Jr.[135] Não por outro motivo a doutrina emprega a expressão *Funktionsfähigkeit*

134. Anne-Laure Valembois, *La constitutionnalisation de l'exigence de sécurité juridique en Droit Français*, Paris, LGDJ, 2005, p. 19.

135. Tércio Sampaio Ferraz Jr., "Segurança jurídica e normas gerais tributárias", *RDT* 17-18, p. 55, São Paulo, 1981.

des Staates para denotar a ideia de que sem racionalidade não há como assegurar a funcionalidade do próprio ente estatal.[136]

Em face dessas considerações, pode-se postular, por exemplo, a eficácia prospectiva (*ex nunc*) de uma decisão do Supremo Tribunal Federal, sustentando que a atribuição da eficácia normal retroativa (no sentido de declaratória, *ex tunc*) causaria uma instabilidade normativa ou institucional muito grande ou, mesmo, poderia afetar o próprio "funcionamento" do Estado. Como será visto adiante, essa possibilidade depende não só da efetiva comprovação da referida instabilidade, como também de uma ponderação de todas as consequências, para o próprio princípio da segurança, decorrentes da escolha por uma ou outra atribuição de eficácia para a decisão: em algumas situações, manter os efeitos passados da norma ou do ato inquinado de inconstitucional protege a estabilidade do ordenamento jurídico sem causar problemas de calculabilidade; em outras situações, contudo, a mantença dos referidos efeitos contribui, paradoxalmente, para a perda da credibilidade, da estabilidade e da calculabilidade do ordenamento jurídico. É o caso – a ser mais adiante esmiuçado – em que a eficácia prospectiva da decisão, em nome da estabilidade do ordenamento jurídico, termina por não desvalorizar a edição da norma inconstitucional pelo Estado, estimulando-o a futuramente voltar a editar normas inconstitucionais, pelo benefício decorrente da própria ilicitude. Nessa hipótese, em nome da segurança jurídica (na sua dimensão dinâmica, sob o aspecto objetivo da confiabilidade pela estabilidade), cria-se ainda mais insegurança (na sua dimensão dinâmica, sob o aspecto objetivo da confiabilidade pela credibilidade e pela eficácia e da confiabilidade pela continuidade).

Se, em vez disso, a segurança jurídica é utilizada no sentido subjetivo, como a aplicação reflexiva do princípio da segurança jurídica relativamente a algum sujeito, já existem sérios obstáculos normativos à sua consideração em favor do Estado. Esses obstáculos são de duas ordens.

De um lado, e em geral, a eficácia reflexiva e subjetiva do princípio da segurança jurídica, como proteção da confiança, é desenvolvida sob o influxo dos direitos fundamentais, e não, primordialmente, do princípio do Estado de Direito. E os direitos fundamentais, na sua eficácia defensiva e protetiva, só podem ser utilizados pelos cidadãos, não pelo Estado. Ao Estado falta o substrato pessoal, a vinculação com o exercício da liberdade, a relação com a dignidade humana e a posição

136. Paul Kirchhof, *Schrifte des Instituts Finanzen und Steuern*, n. 362, p. 28, Bonn, 1998.

de destinatário das normas: o Estado é uma instituição objetiva, não uma pessoa humana; não exerce liberdade, mas competência e poder; não tem dignidade; não é destinatário das normas, mas seu editor. Desse modo, o Estado não pode valer-se do princípio da proteção da confiança para tornar intangíveis determinados efeitos passados sob o argumento de que teria atuado confiando na permanência da norma posteriormente declarada inconstitucional, tendo em vista que esse princípio é construído com base nos direitos fundamentais de liberdade e de propriedade.

De outro lado, e em particular no caso do Direito Tributário, como será visto, o princípio da segurança jurídica assume uma feição protetiva do cidadão, em razão de os seus fundamentos, relacionados à tributação (legalidade, anterioridade, irretroatividade, proteção de confiança, igualdade), serem destinados a limitar a atuação estatal, e não a servir para o seu exercício. Em razão disso – e como será adiante justificado –, o Estado não pode valer-se do princípio da proteção da confiança, no âmbito do Direito Tributário, para tornar intangíveis determinados efeitos passados, tendo em vista que esse princípio, nesse âmbito, serve ao contribuinte, e não ao Estado.

III – Perspectiva de quem serve de critério para aferir a segurança jurídica (segurança na visão de quem?)

A) Segurança jurídica do ponto de vista do cidadão comum

O aspecto subjetivo envolve, além de se saber quem irá se beneficiar com a segurança jurídica, também examinar quem lhe deve servir de *critério* aferidor. A segurança jurídica pode, em primeiro lugar, envolver o conhecimento, a confiança e o cálculo do Direito por meio do cidadão comum. Essa compreensão decorre da consideração do destinatário das normas, vocacionadas a servir de instrumento de orientação para aqueles que estão sujeitos às prescrições normativas.[137]

No plano do Direito Tributário tal exigência repercute sobre os próprios conceitos utilizados pelo Poder Legislativo: haverá cognoscibilidade, por exemplo, quando o próprio contribuinte, e não seu advogado ou seu contador, puder ter acesso à norma a que deve obedecer e cujo conteúdo tiver condições de compreender. Essa perspectiva também é

137. Gianmarco Gometz, *La certezza giuridica come prevedibilità*, Torino, Giappichelli, 2005, pp. 202-203; Katharina Sobota, *Das Prinzip Rechtsstaat*, Tübingen, Mohr Siebeck, 1997, p. 155.

importante para saber se há, ou não, proteção da confiança do contribuinte quando a base geradora da confiança (uma lei, um ato administrativo, uma decisão administrativa ou judicial) é manifestamente ilegal ou padece de obscuridade. Nesse sentido, a doutrina do Direito Civil e, depois, do Direito Administrativo desenvolveu a figura dos "cidadãos médios" (*citoyens moyens*) ou dos "bons pais de família" (*bons pères de famille*) para representar o cidadão comum, não-especialista em Direito, sem má-fé, prudente e informado.[138] O cidadão, nesse aspecto, deve poder compreender a norma "sem exercício de ginástica intelectual" – como lembra Pfersmann.[139]

A perspectiva de quem deve ser aferida a qualidade normativa passa, portanto, a ser essencial, pois não se pode saber se um ato é, ou não, evidentemente ou manifestamente ilegal sem saber na visão de quem essa ilegalidade deve ser verificada. Alguns vícios são razoavelmente previsíveis para um especialista em Direito Tributário, mas imperceptíveis para o leigo nessa matéria. Não por outro motivo que Doung faz referência a uma segurança razoável, enquanto dependente do conteúdo do texto em causa, do domínio por ela coberto e do número e da qualidade dos seus destinatários.[140]

B) Segurança jurídica do ponto de vista do operador do Direito

A segurança jurídica, em segundo lugar, pode envolver o conhecimento, a confiança e o cálculo do Direito por meio de um especialista na matéria objeto de regulação. Essa compreensão decorre da matéria versada nas normas, cuja adequada regulação não há como ser feita sem apelo a termos técnicos e precisos.

No plano do Direito Tributário tal entendimento também repercute sobre os conceitos utilizados pelo Poder Legislativo: haverá cognoscibilidade, por exemplo, se os técnicos puderem decifrar os conceitos tributários, pouco importando se o contribuinte, sem assessoria, também pode fazê-lo.

138. Sylvia Calmes, *Du principe de protection de la confiance légitime en Droits Allemand, Communautaire et Français*, Paris, Dalloz, 2001, pp. 367 e 378.

139. Otto Pfersmann, "Constitution et sécurité juridique – Autriche", *Annuaire International de Justice Constitutionnelle 1999*, Paris, Economica.

140. Lémy Duong, "La sécurité juridique et les standards du Droit Économique: la notion de raisonnable", in Laurence Boy, Jean-Baptiste Racine e Fabrice Siiriainen (orgs.), *Sécurité juridique et Droit Économique*, Bruxelles, Larcier, 2008, pp. 217 e 229.

C) Segurança jurídica do ponto de vista do Estado?

Uma questão intrincada reside em saber se a segurança jurídica pode ser avaliada sob o ponto de vista do Estado. Essa possibilidade deve ser desde logo afastada, já que as normas que instituem tributos se dirigem ao contribuinte, e não ao Estado. O Estado institui norma a ser cumprida pelo contribuinte. Ora, se assim o é, é totalmente descabido avaliar a sua cognoscibilidade, a sua confiabilidade e a sua calculabilidade com base na visão daquele que edita a norma, e não com fundamento na perspectiva de quem deverá, para cumpri-la, entendê-la, nela confiar e com base nela calcular.

IV – Perspectiva de quem irá garantir a segurança jurídica (segurança por quem?)

A) Segurança jurídica pelo Poder Legislativo

O aspecto subjetivo envolve, por fim, saber quem deverá garantir a segurança jurídica. Nesse diapasão, é preciso referir que a segurança jurídica deve ser garantida pelos três Poderes, o Legislativo, o Executivo e o Judiciário.[141] Como a função exercida por cada um deles é diferente, a realização da segurança jurídica também é diversa.

Com efeito, a atividade do Poder Legislativo é, via de regra, orientada para o futuro, na medida em que as leis vertem sobre fatos que irão ocorrer após a sua edição. O legislador, assim, ocupa-se do futuro, deseja construir um "novo" Direito, orientando-se pelo que normalmente ocorre.[142] É precisamente por esse motivo que as leis se qualificam como normas gerais e abstratas, enquanto dirigidas a um número indeterminado de pessoas e de situações. Com isso, assegura-se tratamento uniforme

141. Maria Sylvia Zanella Di Pietro, "Os princípios da proteção à confiança, da segurança jurídica e da boa-fé na anulação do ato administrativo", in Fabrício Motta (org.), *Direito Público atual: Estudos em homenagem ao Professor Nélson Figueiredo*, Instituto de Direito Administrativo de Goiás (IDAG), Belo Horizonte, Fórum, 2008, p. 297; José Joaquim Gomes Canotilho, *Direito Constitucional e Teoria da Constituição*, 7ª ed., 6ª reimpr., Coimbra, Livraria Almedina, 2004, p. 257; Andreas Vonkilch, *Das Intertemporale Privatrecht*, Wien, Springer, 1999, p. 336; Xavier Philippe, "Constitution et sécurité juridique", *Annuaire International de Justice Constitutionnelle 1999*, Paris, Economica, 2000, p. 81; José L. Mezquita del Cacho, *Seguridad jurídica y sistema cautelar*, v. 1, *Teoría de la Seguridad Jurídica*, Barcelona, Bosch, 1989.

142. Gehart Husserl, *Recht und Zeit*, Frankfurt am Main, Vittorio Klostermann, 1995, p. 54.

aos cidadãos, em geral, e aos contribuintes, em particular. Em virtude, porém, das causas sociais e jurídicas expostas na parte introdutória deste trabalho, a legislação tem causado problemas de cognoscibilidade, de confiabilidade e de calculabilidade: de cognoscibilidade, em virtude da indeterminação e complexidade das leis; de confiabilidade, em razão da sua instabilidade ou da restrição de situações consolidadas no passado ou mesmo de expectativas asseguradas; e de calculabilidade, pela falta de suavidade das alterações e de coerência no desenvolvimento do ordenamento jurídico.

Em razão desses problemas, vários deveres devem ser cumpridos pelo Poder Legislativo para preservar a segurança jurídica, dentre os quais o dever de determinabilidade das hipóteses de incidência, a proibição de restrição de direitos adquiridos, de atos jurídicos perfeitos ou de coisas julgadas, a proibição de legislação retroativa que a atinja confiança legítima, a obrigação de instituição de regras de transição ou cláusulas de equidade – e assim por diante.

B) Segurança jurídica pelo Poder Executivo

A atividade do Poder Executivo é primordialmente a de concretizar os mandamentos legais. O administrador, desse modo, ocupa-se do presente, deseja concretizar o Direito posto, avaliando caso a caso.[143] Tal função, contudo, às vezes é cumprida não apenas contrariando o disposto em lei, mas também mediante a edição de atos administrativos, atos normativos ou contratos administrativos que também causam problemas de cognoscibilidade, de confiabilidade e de calculabilidade do Direito: de cognoscibilidade, em virtude da contrariedade ao que dispõe a lei, gerando um obstáculo para o contribuinte saber ao que deve obedecer, ou a excessiva pormenorização e, mesmo, a contrariedade dos atos normativos editados; de confiabilidade, em razão de atos administrativos que revogam ou que anulam outros atos sob cuja égide foram consolidadas situações no passado ou de atos normativos interpretativos que pretendem interpretar dispositivos legais anteriores com efeitos retroativos; e de calculabilidade, pela ausência de regras de transição para alterações de entendimentos administrativos, por exemplo.

Em razão desses empecilhos, também vários deveres devem ser cumpridos pelo Poder Executivo para preservar a segurança jurídica, dentre os quais a proibição de revogar ou de anular atos anteriores com

143. Idem, p. 52.

base nos quais o contribuinte tenha praticado atos de disposição, o dever de edição de normas de transição quando há modificação abrupta de entendimento – e assim sucessivamente.

C) Segurança jurídica pelo Poder Judiciário

A atividade do Poder Judiciário é orientada, primordialmente, para o passado, porque as decisões vertem sobre fatos narrados pelas partes ocorridos antes da prolação da decisão que culmina a prestação jurisdicional. O julgador, por consequência, ocupa-se do passado, orientando-se pelas normas vigentes e pelos fatos ocorridos antes do seu pronunciamento.[144] Isso não quer dizer – como esclarece Machado Derzi – que as manifestações do Poder Judiciário, embora com eficácia centrada no passado, não tenham efeitos com relação ao presente e ao futuro: dependendo da eficácia que se almeja (declaratória, constitutiva, condenatória), repercutem também sobre o presente e sobre o futuro, sendo inerente a toda decisão uma eficácia pluridimensional, pela mescla que produz relativamente ao passado e ao futuro.[145]

Em virtude, no entanto, das causas sociais e jurídicas expostas na parte introdutória deste trabalho, também a jurisdição tem causado problemas de cognoscibilidade, de confiabilidade e de calculabilidade: de cognoscibilidade, em virtude da falta de fundamentação adequada das decisões ou, mesmo, da existência de divergências entre decisões, órgãos ou tribunais; de confiabilidade, em razão da modificação jurisprudencial de entendimentos anteriormente consolidados com eficácia retroativa inclusive para aqueles que, com base no entendimento abandonado, praticaram atos de disposição dos seus direitos fundamentais; e de calculabilidade, pela falta de suavidade das alterações de entendimento ou, mesmo, pela ausência de coerência na interpretação do ordenamento jurídico.

Em decorrência desses problemas, igualmente numerosos deveres são dirigidos ao Poder Judiciário para preservar a segurança jurídica, dentre os quais o dever de fundamentação suficiente e racional das decisões judiciais, a proibição de mudanças jurisprudenciais retroativas que atinjam confianças legítimas, a obrigação de utilização de mecanismos de moderação na alteração de precedentes – e assim por diante.

144. Gerhart Husserl, *Recht und Zeit*, Frankfurt am Main, Vittorio Klostermann, 1995, p. 58.

145. Misabel de Abreu Machado Derzi, *Modificações da jurisprudência no Direito Tributário*, São Paulo, Noeses, 2009, pp. 236 e 246.

O essencial é que o princípio da segurança jurídica é dirigido aos três Poderes, cada qual exercendo uma parte substancial para a sua realização.

§ 4º. Aspecto temporal (ou segurança jurídica quando?)

I – Momento da realização do estado ideal

A questão temporal relativa à segurança jurídica é normalmente enfrentada tomando-se em consideração o tempo na qualidade de mera perspectiva por meio da qual são examinados os subelementos do mencionado princípio. Assim, por exemplo, afirma-se que a exigência de estabilidade do Direito, por meio da intangibilidade de determinadas situações, diz respeito ao período passado, enquanto o dever de garantir previsibilidade à atuação estatal concerne ao período futuro. Os tempos – passado, presente e futuro – funcionam apenas como perspectivas por meio das quais os subelementos da segurança jurídica são analisados, servindo, pois, a critérios eminentemente classificatórios. O que se pretende demonstrar, aqui, é algo diferente: evidenciar que o exame do aspecto temporal pode – e, como será adiante fundamentado, *deve* – funcionar como critério para comprovar a própria *realização* do princípio da segurança jurídica. Dois exemplos podem melhor demonstrar o presente argumento.

Vejam-se, em um primeiro exemplo, as *alternativas de conteúdo interno das decisões* possíveis no controle difuso de constitucionalidade: diante de um ato administrativo praticado por autoridade incompetente e sobre matéria fora do seu âmbito de competência, o Supremo Tribunal Federal pode declarar a nulidade do ato e dos seus efeitos ou, em vez disso, manter a sua validade e os seus efeitos. Suponha-se que o Tribunal decida manter a validade do ato e preservar os seus efeitos, com base no princípio da segurança jurídica, sob o argumento de que a aparência de legalidade do ato administrativo e o transcurso de longo período desde a sua prática consolidaram uma situação de fato que o referido princípio exige que se torne juridicamente intangível. O Tribunal, nesse caso, mantém a validade do ato e preserva todos os seus efeitos.

Imaginem-se, em um segundo exemplo, as *alternativas de eficácia externa das decisões* proferidas no controle concentrado de constitucionalidade: diante da incompatibilidade de uma norma infraconstitucional com a Constituição, o Supremo Tribunal Federal pode declarar a nulidade *ex tunc* da norma inconstitucional ou, em vez disso, declarar a sua invalidade *ex nunc* ou *pro futuro*. Suponha-se que o Tribunal decida declarar a inconstitucionalidade da norma apenas para o futuro, mantendo intactos os efeitos produzidos pela norma no passado, com base no princípio da segurança jurídica, sob o fundamento de que, se viesse a declarar a sua nulidade, provocaria um "estado de insegurança jurídica". O Tribunal, nessa hipótese, declara a incompatibilidade da norma com a Constituição; contudo, relativamente à sua decisão, restringe os seus efeitos para o período futuro.

Nesses dois exemplos o raciocínio destacado apresenta o "estado de insegurança jurídica" e, por via reflexa, o princípio da segurança jurídica, de forma dicotômica dual "segurança *x* insegurança", sem, porém, atentar para a circunstância – que se pretende, aqui, evidenciar – de que a realização da segurança jurídica *em um período* pode implicar a sua restrição *em outro*.

Com efeito, com relação ao primeiro exemplo, se o ato administrativo tiver mantido a sua validade e os seus efeitos, resolve-se o problema da insegurança relativamente ao que foi feito no passado; no entanto, ao mesmo tempo, cria-se um problema de insegurança com relação ao presente e ao futuro: *relativamente ao presente*, porque tal decisão gera uma falta de segurança no que se refere à validade e à vigência das normas, quer porque os cidadãos não terão clareza relativamente a quais normas devem obedecer, tendo também em vista que as normas inválidas podem produzir efeitos, quer porque as autoridades administrativas não saberão exatamente os limites da sua competência, já que também os atos praticados na sua ausência podem eventualmente gerar eficácia; *relativamente ao futuro*, porque tal decisão produz uma falta de segurança com relação aos efeitos a serem atribuídos futuramente pelo ordenamento jurídico aos atos praticados no presente, tanto para os cidadãos – que não poderão prever quais serão os efeitos futuros desses atos, considerando-se que também os atos inválidos poderão produzir efeitos – quanto para as autoridades administrativas – que poderão se sentir estimuladas a praticar atos fora do âmbito de competência, apostando que, mesmo assim, produzirão efeitos no futuro.

No que diz respeito ao segundo exemplo ocorre fenômeno semelhante: se a declaração de inconstitucionalidade produzir efeitos apenas para o futuro, também se soluciona o problema da insegurança no que concerne ao passado mas, simultânea e igualmente, causa-se um problema de insegurança com relação ao presente e ao futuro: *relativamente ao presente*, porquanto tal decisão gera uma falta de segurança com referência à eficácia geral das decisões judiciais, quer porque os cidadãos não terão clareza relativamente a quais normas devem obedecer, tendo em vista que também as leis inconstitucionais podem estar produzindo efeitos, quer porque as autoridades administrativas não conhecerão precisamente os limites da sua competência, pois também o exercício inconstitucional do poder pode gerar efeitos; *relativamente ao futuro*, porque tal modulação de efeitos decisórios ocasiona uma falta de segurança concernente aos efeitos a serem atribuídos futuramente pelo ordenamento jurídico aos atos praticados fora do âmbito constitucional de competência, seja porque os cidadãos não poderão prever quais serão os efeitos futuros desses atos, considerando-se que também as leis inconstitucionais poderão produzir efeitos, seja porque o Poder Legislativo poderá ocasionalmente se sentir motivado a editar leis inconstitucionais, pela ausência de consequências negativas atribuídas pelo Poder Judiciário à violação da Constituição.

Esses dois exemplos demonstram que, para efeito de realização do princípio da segurança jurídica, não se pode fazer aquilo que só analiticamente, para efeito de compreensão, é recomendável: *cindir* o passado, o presente e o futuro. Para efeito de aplicação do Direito, é preciso, em vez disso, analisar, em perspectiva *unitária*, o conjunto temporal, os três períodos: a segurança hoje, ontem e amanhã. Como magistralmente pontifica Machado Derzi, a confiança envolve tanto o passado quanto o presente e o futuro: o fato da confiança, situado no passado; a confiança que persiste no presente; a confiança que se projeta no futuro.[146]

A) Segurança jurídica hoje

No que se refere à segurança presente, é preciso verificar o aspecto estático ou estrutural da segurança jurídica concernente à existência de um estado de maior ou de menor cognoscibilidade material, pela acessibilidade e pela abrangência normativas, e a maior ou a menor cognoscibilidade intelectual, por meio da clareza e da determinabilidade normativas.

Nessa dimensão, investiga-se a capacidade de o cidadão compreender as normas a que deve obedecer. Qualquer decisão, portanto, que venha a restringir a "segurança de existência e de vigência" e a "segurança de conteúdo" – a serem oportunamente analisadas – deve ser qualificada como uma decisão que restringe "a dimensão presente do estado de segurança". Além dessa dimensão, no entanto, há outras duas: a passada e a futura.

146. Misabel de Abreu Machado Derzi, *Modificações da jurisprudência no Direito Tributário*, São Paulo, Noeses, 2009, p. XXIV.

B) Segurança jurídica ontem

No tocante à segurança passada, é preciso examinar o aspecto dinâmico ou intertemporal da segurança jurídica para se verificar se estão realmente presentes as condições de intangibilidade das situações passadas. O problema, relativamente à compreensão global do aspecto temporal da segurança jurídica, não se relaciona ao período passado, pois, em regra, é nele que normalmente as decisões visam a realizar um "estado de segurança". O empecilho, na verdade, diz respeito às consequências que a busca da segurança no passado pode trazer com relação à segurança do presente e à do futuro.

C) Segurança jurídica amanhã

Com relação à segurança futura, é necessário analisar, ainda dentro do aspecto dinâmico da segurança jurídica, se a preservação da segurança do passado não cobra o custo da realização da segurança do futuro. Em algumas situações a manutenção dos efeitos de normas, gerais ou individuais, contrárias ao ordenamento jurídico (ou, melhor, a uma parte dele, normalmente aquela concernente aos princípios formais ou às regras de competência) faz com que os destinatários das normas, especialmente o ente estatal, vejam-se estimulados à adoção de comportamentos ilícitos, pela expectativa de, mesmo assim procedendo, obterem a preservação dos efeitos jurídicos do ato irregular. Aqui, precisamente, o problema maior: a decisão de manutenção, no passado, de norma ou de efeitos de norma pode implicar, em maior ou menor medida, a restrição do estado de segurança no presente e no futuro, pela singela razão de que esse tipo de decisão contém uma "contraordem".

Essa "contraordem" manifesta-se pela existência de uma ordem posterior (decisão que mantém efeitos de norma inválida) que se contrapõe a uma ordem anterior (regra que exclui efeitos de ato inválido). Em palavras singelas, o contramandado se exterioriza pela restrição à segurança de orientação e de aplicação decorrentes da manutenção de efeitos de atos ilícitos: se as normas servem de orientação aos cidadãos e de limite e de fundamento ao exercício do poder pelas autoridades, sempre que se mantém um ato contrário às normas válidas e vigentes no momento da sua prática está-se convalidando, hoje, o ilícito de ontem e, com isso, pode-se estimular, hoje, o ilícito de amanhã. O Direito, que deve orientar, desorienta e, com isso, cria uma restrição para a sua obediência amanhã. Estabelece-se, pois, um conflito relativamente à consequência pela qual o destinatário da norma deve aguardar: ou espera que as normas inconstitucionais sejam declaradas nulas e, por isso, sem efeitos, ou conta que elas sejam declaradas válidas e seus efeitos mantidos. Entretanto – e aqui se manifesta com toda a gravidade o problema –, se o cidadão não sabe pelo que esperar, não consegue prever; e, se não consegue prever, não consegue orientar-se pelo Direito. Se isso ocorre, a segurança do passado cobra o custo da insegurança do futuro. No Estado de Direito, porém, os cidadãos devem poder legitimamente esperar que as normas inconstitucionais sejam declaradas como tais e que essa declaração suponha a sua efetiva expulsão do ordenamento jurídico.[147] Se o cidadão, esperando pela inconstitucionalidade, encontrar a constitucionalidade, ou no lugar de pão receber pedras ("des pierres à la place de pain"), o Direito começará a perder parte da sua efetividade e, por consequência, parte da segurança jurídica que visa a preservar.[148] E se o Estado, conhecendo a ausência de confirmação concreta das consequências abstratamente previstas, apostar na manutenção futura de atos inconstitucionais presentes, ficará tentado a financiar receitas públicas com tributos inconstitucionais.[149]

Essas observações – a serem oportunamente retomadas – são de grande importância prática, pois demonstram que o "estado de segurança", embora possa e deva ser desmembrado analiticamente em unidades conceitualmente autônomas de tempo, só pode ter a sua realização examinada *em seu conjunto*. Para o Direito Tributário – como será analisado na parte deste trabalho relativa ao conteúdo da segurança jurídica – essa constatação é decisiva, porque a manutenção dos efeitos de leis tributárias inconstitucionais, a pretexto de promover a segurança jurídica, pode causar, na verdade, e em maior medida, sua restrição.

Essas considerações justificam a tese, sustentada neste trabalho, no sentido de que a segurança jurídica precisa ser analisada em todos os seus aspectos e, no aspecto temporal, na sua dimensão global "passado-presente-futuro". A "natureza ambivalente" do princípio da segurança, que exige, a um só tempo, manutenção e inovação, rigidez e flexibilidade, não pode, pois, ser desconsiderada.[150] Exatamente por

147. César García Novoa, *El principio de seguridad jurídica en materia tributaria*, Madrid, Marcial Pons, 2000, p. 183.

148. Anne-Laure Valembois, *La constitutionnalisation de l'exigence de sécurité juridique en Droit Français*, Paris, LGDJ, 2005, p. 226.

149. Gerhardt Habscheidt, *Der Anspruch des Bürgers auf Erstattung verfassungswidriger Steuern*, Köln, Otto Schmidt, 2003, p. 54.

150. Heike Pohl, *Rechtsprechungsänderung und Rückanknüpfung*, Berlin, Duncker und Humblot, 2005, p. 178.

isso, se apenas uma das dimensões temporais é perscrutada, um de três problemas necessariamente surge: se apenas o presente é focado, perdem-se a coerência narrativa do Direito e a própria justificação no tempo das decisões; se exclusivamente o passado é privilegiado, corre-se o risco da imobilidade, assim como se pode incentivar o descumprimento do Direito futuro; e, se somente o futuro é examinado, perde-se o foco na realidade do Direito, desprezando o presente e o passado do qual o futuro é beneficiário.[151] Como será oportunamente examinado, esse risco surge, notadamente, na manutenção de atos administrativos ilícitos e na conservação de leis inconstitucionais sob o argumento de que a decretação da sua nulidade criaria um estado de instabilidade. Ao garantir a estabilidade relativamente aos efeitos passados do ato contrário ao Direito corre-se o risco de se incentivar a sua própria contrariedade no futuro.

II – Momento da verificação ou da previsão do estado ideal

O fator temporal também serve de critério para a análise do momento em que a calculabilidade deve ser verificada. Nesse sentido, é importante, ainda, realçar que o tempo de reação para a aplicação das consequências é um elemento decisivo para o aumento do grau de calculabilidade normativa. Isso porque, quanto maior for a capacidade de o cidadão prever o momento em que será definida a consequência jurídica aplicável aos atos ou fatos, tanto maior será a sua capacidade de traçar linhas de ação relativamente ao que pretende fazer.[152] Por exemplo, se o contribuinte souber que o processo administrativo é longo, poderá decidir não percorrê-lo, ingressando imediatamente com um processo judicial; se ele souber que o processo judicial é longo, poderá optar por uma medida judicial que o proteja contra a passagem do tempo, como seria o caso de optar pelo depósito judicial para evitar a cobrança futura de juros sobre o montante deixado de recolher por longo tempo.

Essa constatação é de grande valia para se compreender a segurança jurídica. Isso porque, se a calculabilidade for definida como a mera capacidade de prever consequências jurídicas, haverá tanto mais segurança jurídica quanto menor for o tempo transcorrido entre a previsão das consequências e a sua definição. A calculabilidade ideal é aquela

151. Gehart Husserl, *Recht und Zeit*, Frankfurt am Main, Vittorio Klostermann, 1995, p. 50.

152. Gianmarco Gometz, *La certezza giuridica come prevedibilità*, Torino, Giappichelli, 2005, p. 229.

existente em um sistema jurídico em que a previsão e a definição das consequências ocorrem quase instantaneamente. Nesse sentido, não haveria calculabilidade nos sistemas em que os processos administrativos ou judiciais são longos. No entanto, se a calculabilidade for definida como a capacidade de prever o *espectro de consequências* e o *espectro de tempo* necessário para a sua definição, haverá tanto mais segurança jurídica quanto maior a capacidade de prever as consequências e o momento da sua definição. Nesse outro sentido, pode haver calculabilidade mesmo quando os processos administrativos ou judiciais demoram a ser definitivamente solucionados.[153]

Em face dessas considerações, a segurança jurídica, como exigência de calculabilidade, deve ser conceituada como a capacidade de o cidadão prever o espectro de consequências atribuíveis a atos ou a fatos e o espectro de tempo dentro do qual será definida a consequência aplicável.

Investigado o aspecto temporal da segurança jurídica, é preciso, agora, analisar o seu aspecto quantitativo. É exatamente para onde esta pesquisa ora se desloca.

§ 5º. Aspecto quantitativo (ou segurança jurídica em que medida?)

I – Quanto à grandeza

A) Segurança como certeza

A segurança jurídica é associada, por exemplo, ao ideal de previsibilidade. O cidadão deve poder prever as consequências que serão imputadas às ações praticadas. A enunciação doutrinária a respeito desse ideal de previsibilidade assim feita, porém, revela muito pouco do seu conteúdo, pois nada diz com relação ao que significa "prever" e a "qual ação" se refere essa previsão. Nesse quadro, pode-se compreender a segurança como a realização *em todos os casos* e *de modo absoluto* dos ideais que a representam, como, no que se refere ao ideal de previsibilidade, prever sempre e tudo. Pode-se, em vez disso, entender a segurança como a realização *na maior parte dos casos* e *em elevada medida* dos ideais que a consubstanciam, como, ainda no caso da previsibilidade, prever *bastante* de *quase* tudo. Diferenciam-se, aqui, as noções de segurança (ou certeza) jurídica absoluta e relativa.[154]

153. Idem, p. 231.
154. Idem, p. 13.

Com efeito, a segurança jurídica é muitas vezes representativa de um estado ideal de certeza (absoluta) como possibilidade de o cidadão conseguir prever, com exatidão, o conteúdo das normas a que está e a que estará sujeito e as consequências exatas que serão atribuídas aos seus atos. Nessa acepção, segurança equivale à certeza conteudística da norma e à previsibilidade exata das consequências a serem atribuídas aos atos praticados, ilustrada pela expressão redundante "certeza absoluta". O seu conceito é, pois, classificatório, ou "tudo ou nada", sem margem de indeterminação.[155]

A esse conceito classificatório de segurança jurídica corresponde uma *concepção objetivista de interpretação*, focada no *resultado*, no sentido de que cabe ao intérprete, por meio de uma atividade estática e determinista, centrada em aspectos exclusivamente semânticos, apenas revelar um conteúdo normativo preexistente ao próprio processo de interpretação. O conteúdo normativo, aferível antecipada e totalmente, corresponde a um ponto, com o qual a realidade se conforma, ou não. O Direito, nessa perspectiva, é visto como um *objeto dado*, independente do sujeito e do seu processo de interpretação e de aplicação. A cada regra corresponde uma alternativa interpretativa ou um sentido normativo ($R = A$). Desse modo, o problema da segurança jurídica é substancialmente um *problema semântico* circunscrito à predeterminação de sentido. Trata-se, como foi acima examinado, de uma concepção objetivista da interpretação baseada em regras materiais (*rule-dependent certainty of law*).[156] Como decorrência disso, a própria concepção de segurança jurídica é dual, visto que se baseia nos extremos segurança/insegurança (certeza/incerteza).[157] Mais: essa concepção equipara duas realidades que são distintas: a norma e a norma de decisão.[158]

No âmbito tributário essa concepção, direta ou indiretamente, é representada pela compreensão do princípio da legalidade como exigência de determinação absoluta dos elementos essenciais da obrigação tributária, também denominado de *princípio da tipicidade fechada ou cerrada*. O contribuinte, desse modo, pode reconhecer de antemão o sentido

155. Idem, p. 11.

156. Stefano Bertea, *Certezza del Diritto e argomentazione giuridica*, Soveria Manelli, Rubbertino, 2002, p. 14.

157. Gianmarco Gometz, *La certezza giuridica come prevedibilità*, Torino, Giappichelli, 2005, p. 30.

158. Eros Roberto Grau, *Ensaio e discurso sobre a interpretação/aplicação do Direito*, 5ª ed., São Paulo, Malheiros Editores, 2009, p. 28.

normativo pela interpretação da regra de tributação, cabendo ao Poder Legislativo fixá-lo, às inteiras, na sua hipótese de incidência.

B) Segurança como determinabilidade

A segurança jurídica, noutro giro, é representativa de um estado ideal de certeza (relativa) como a possibilidade de o cidadão conseguir prever, com alto grau de determinação, o conteúdo das normas materiais e procedimentais a que está e a que estará sujeito, ou a estrutura argumentativa por meio da qual o conteúdo dessas normas é determinado. Nessa acepção, a segurança está associada à determinabilidade conteudística da norma, por meio de processos argumentativos prévios de determinação, ou à predeterminação da estrutura argumentativa por meio da qual as normas serão interpretadas e aplicadas, por meio da indicação clara de critérios e de estruturas argumentativas, sendo representada pelo oximoro "certeza relativa". No que se refere ao conteúdo normativo, o conceito de segurança apresenta caráter não-classificatório, com inevitável margem de indeterminação.[159] No tocante ao processo de argumentação jurídica, o conceito de segurança é argumentativo, baseado em critérios intersubjetivamente controláveis.[160] Segurança jurídica, nessa acepção, é, acima de tudo, controle racional de arbitrariedade argumentativa.[161]

A esse conceito não-classificatório de segurança jurídica, por sua vez, corresponde uma *concepção argumentativa de interpretação*, baseada no *processo* por meio do qual se chega a um resultado, no sentido de que cabe ao intérprete, graças a uma atividade dinâmica e intermediária, centrada não apenas em aspectos semânticos, mas também em estruturas argumentativas, reconstruir um conteúdo normativo a partir de núcleos semânticos gerais mínimos. O conteúdo normativo, aferível antecipadamente apenas com relação às alternativas interpretativas possíveis, corresponde a um espectro, com o qual a realidade se conforma, em maior ou em menor medida. O Direito, nessa acepção, é reconhecido como uma *atividade*, dependente do processo de interpretação e de aplicação. A cada regra correspondem algumas alternativas interpretativas ou sentidos normativos (*R = A, B ou C*), a serem determinados por meio de

159. Gianmarco Gometz, *La certezza giuridica come prevedibilità*, Torino, Giappichelli, 2005, p. 12.

160. Stefano Bertea, *Certezza del Diritto e argomentazione giuridica*, Soveria Manelli, Rubbertino, 2002, p. 295.

161. Aulis Aarnio, *The rational as reasonable*, Dordrecht, Reidel, 1987, p. 3.

estruturas argumentativas fornecidas por metanormas de interpretação, como os postulados da proporcionalidade, da coerência e da razoabilidade. Desse modo, o problema da segurança jurídica é substancialmente um *problema argumentativo* circunscrito à predeterminação de sentidos mínimos possíveis por meio de estruturas argumentativas definidas. Trata-se, aqui, de uma concepção procedimental da interpretação baseada em procedimentos racionais (*procedure-dependent certainty of law*).[162] Como consequência disso, a concepção de segurança jurídica, no lugar de dual, é *gradual*, no sentido de abranger um espectro entre os extremos de insegurança total e segurança total, por isso mesmo cabendo falar em "nenhuma", "pouca" ou "muita" segurança do ponto de vista fático.[163]

No âmbito tributário essa concepção, direta ou indiretamente, é representada pela compreensão do princípio da legalidade como exigência de determinabilidade dos elementos essenciais da obrigação tributária. O contribuinte, dessa maneira, pode apenas reconhecer, de antemão, os reduzidos sentidos normativos possíveis pela interpretação da regra de tributação, cabendo ao Poder Legislativo fixar um conceito da sua hipótese de incidência e ao Poder Judiciário decidir, por meio de procedimentos racionais de aplicação, qual deles é o correto, quando houver divergência a respeito da existência de mais de um, relativamente a uma situação específica – o que, insista-se, dificilmente ocorre, dada a existência de processos argumentativos anteriores, legais, jurisprudenciais ou mesmo doutrinários, de determinação da linguagem. Como lembra Dourado, "a indeterminação, nos ordenamentos jurídicos com alguma maturidade, não é tão frequente como os cépticos temem, pois de entre os casos de indeterminação (disciplinas lacunares em sistemas legais pobres, contradições entre as leis em sistemas legais muito ricos ou complexos, e leis que não garantem uma resposta única num caso particular) normalmente só nos *casos difíceis* encontramos leis cujos argumentos não justificam uma resposta única (...)".[164]

Como adiante ficará mais claro, a compreensão do Direito como uma prática argumentativa e a aceitação de que a norma não envolve apenas um sentido, mas sentidos normativos alternativos – como será

162. Stefano Bertea, *Certezza del Diritto e argomentazione giuridica*, Soveria Manelli, Rubbertino, 2002, p. 301.

163. Gianmarco Gometz, *La certezza giuridica come prevedibilità*, Torino, Giappichelli, 2005, p. 30.

164. Ana Paula Dourado, *O princípio da legalidade fiscal – Tipicidade, conceitos jurídicos indeterminados e margem de livre apreciação*, Coimbra, Livraria Almedina, 2007, p. 767.

adiante retomado –, tudo isso não impede a persecução dos ideais de cognoscibilidade, de confiabilidade e de calculabilidade. Isso porque, de um lado, o caráter argumentativo do Direito é limitado por postulados hermenêuticos e aplicativos que diminuem, sobretudo, o âmbito decisional, como é o caso dos postulados (ou metanormas de aplicação) da proporcionalidade e da razoabilidade; e, de outro, porque o espectro em que se situam as consequências normativas alternativas é limitado por meio da prática doutrinária e jurisprudencial, que, paulatinamente, vai qualificando algumas opções de sentido como sendo as mais corretas ou as mais fortemente suportadas pelo ordenamento constitucional. A concepção realista, de que a decisão judicial depende de aspectos frívolos, como se o juiz teve uma boa noite e tomou um bom café da manhã, é, ela, sim, totalmente irreal, pois a decisão nunca opera em um vácuo, tendo em vista, entre outros fatores, os significados intersubjetivamente assimilados à linguagem e os séculos de interpretação e de significações compartilhadas pelos operadores do Direito.[165] Cardozo apresenta a questão de maneira inigualável:

> "O juiz, mesmo quando ele é livre, ele não é ainda totalmente livre. Ele não pode inovar por prazer. Ele não é um errante, divagando voluntariamente na busca do seu próprio ideal de beleza ou bondade. Ele deve buscar sua inspiração em princípios consagrados. Ele não está ali para um sentimento espasmódico, para vaga e desregulada benevolência. Ele deve exercer a discricionariedade informado pela tradição, metodizado pela analogia, disciplinado pelo sistema, e subordinado à 'primordial necessidade de ordem na vida social'".[166]

Por fim, é preciso registrar, com Grau, que "a 'abertura' dos textos de Direito, embora suficiente para permitir que o Direito permaneça a serviço da realidade, não é absoluta. Qualquer intérprete estará, sempre, permanentemente por eles atado, retido. Do rompimento dessa relação pelo intérprete autêntico resultará a subversão do texto".[167]

Até aqui foram examinadas duas concepções opostas da segurança jurídica no tocante à sua grandeza – previsibilidade (absoluta) ou calcu-

165. Alex Kozinski, "What I ate for breakfast and other mysteries of judicial decision making", in David M. O'Brien (org.), *Judges on judging*, New Jersey, Chatham, 1997, p. 74.

166. Benjamin N. Cardozo, *The nature of judicial process*, New York, 1921, p. 141.

167. Eros Roberto Grau, *Ensaio e discurso sobre a interpretação/aplicação do Direito*, 5ª ed., São Paulo, Malheiros Editores, 2009, p. 56.

labilidade (relativa). Dizer, porém, que a segurança jurídica envolve a calculabilidade como capacidade de prever, mais ou menos, as consequências jurídicas futuras é ainda insuficiente. Mais ou menos quanto? É preciso, pois, saber, pelo menos aproximadamente, o *grau de calculabilidade* que deve estar presente para se poder falar em segurança jurídica. A respeito disso, é preciso diferenciar a *profundidade* da *extensão* da capacidade antecipatória do cidadão.[168]

De um lado, a *profundidade quantificativa* ou a *dimensão vertical* da antecipação diz respeito à efetividade, à exatidão e à extensão no tempo da previsão. Assim, existe grande capacidade de calculabilidade das consequências normativas futuras quando o indivíduo está em condições de verificar um *número reduzido de consequências* compreensíveis *dentro de um período razoável* – assim entendido aquele que permite uma tomada de decisão relativamente a efetuar um planejamento estratégico juridicamente orientado, dependendo da ação a que se faça referência.

De outro lado, a *extensão* ou a *dimensão horizontal* da antecipação faz referência à difusão da segurança entre uma classe considerada de previsores. Desse modo, existe elevada capacidade de calculabilidade das consequências normativas futuras quando a *maior parte dos contribuintes* – para usar o Direito Tributário como exemplo – está em condições de verificar um referido número reduzido de consequências compreensíveis dentro de um período razoável. Uma norma jurídica extremamente complexa, inclusive para especialistas, ou uma cuja hipótese possa ser interpretada de inúmeras maneiras não permite a referida calculabilidade. A calculabilidade – é bom frisar – não diz respeito à previsão de acontecimentos futuros. É sabido que somente o passado e o presente existem; o futuro, por definição, não.[169] A calculabilidade, no sentido aqui estipulado, não concerne à antecipação de acontecimentos, mas, em vez disso, à capacidade de antecipar, em medida razoável de profundidade e de extensão, as consequências jurídicas que o ordenamento jurídico determina que sejam implementadas. Não se antecipa o futuro, mas o sentido normativo do presente no futuro ou, mais tecnicamente, o sentido normativo da ação ou da inação praticadas no presente por uma decisão a ser proferida no futuro.

168. Gianmarco Gometz, *La certezza giuridica come prevedibilità*, Torino, Giappichelli, 2005, p. 269.

169. Mark van Hoecek, "Time and law. Is it the nature of law to last? A conclusion", in François Ost e Mark van Hoecke (orgs.), *Temps et Droit. Le Droit a-t-il pour vocation de durer?*, Bruxelles, Bruylant, 1998, p. 452.

II – Quanto à medição

A) Exame fático

Além de definir os sentidos de inteligibilidade e de calculabilidade, é indispensável, ainda, formular uma outra questão: como dimensionar o grau de cognoscibilidade e de calculabilidade do Direito? Nesse aspecto, há dois caminhos que podem ser, didaticamente, discernidos.

De um lado, pode-se examinar o grau de segurança jurídica mediante o confronto das previsões passadas com as decisões futuras, se há, e em que grau, uma correspondência entre a consequência que se previa que deveria ser implementada e aquela que, *de fato*, terminou sendo executada. O método de exame seria de natureza estatística e sobre base factual: quanto mais forem confirmadas as previsões, mais seguro é o Direito. Só se pode saber se há, ou não, segurança jurídica *a posteriori*.

B) Exame normativo

De outro lado, pode-se examinar o grau de segurança jurídica por meio da análise de determinadas condições normativas teóricas, previstas antecipada e abstratamente. O método, portanto, é jurídico: quanto mais forem atendidas condições abstratamente previstas, mais seguro é o Direito. Nesse sentido, pode-se saber se há, ou não, segurança jurídica *ex ante*.

Como se pretende comprovar ao longo deste trabalho, o conceito de segurança jurídica proposto envolve a definição de estados de coisas (fins) cuja existência depende da adoção de comportamentos (meios) que provoquem efeitos que contribuam para a sua promoção. Sendo assim, serão precisamente as definições dos fins e dos meios que irão compor os requisitos cujo preenchimento permitirá verificar a existência, ou não, de segurança jurídica e a sua medida. Usando um exemplo que só mais adiante ficará mais claro, pode-se dizer que a segurança jurídica exige a existência de um estado de cognoscibilidade normativa; a cognoscibilidade normativa existe quando há condições de acessibilidade e de inteligibilidade das normas; a acessibilidade normativa existe quando o contribuinte é capaz de conhecer as normas que deve cumprir, e a inteligibilidade quando aquele pode entender minimamente o seu conteúdo; o contribuinte pode conhecer quando está em condições de ter acesso material à norma vigente que deve cumprir e pode entender minimamente o seu conteúdo quando este for claro e determinável; e – para logo terminar esse longo porém necessário encadeamento de elementos – o contribuinte está em condições de ter acesso material à norma vigente que deve cumprir quando ela for publicada ou a decisão que a prever for objeto de intimação pessoal, e o seu conteúdo é determinável quando as alternativas interpretativas forem limitadas, reduzidas e compreensíveis pelo cidadão comum. Em suma – e aqui se chega ao ponto ora pertinente –, haverá segurança jurídica, como estado de cognoscibilidade, quando houver publicação, intimação, linguagem acessível e número reduzido de consequências previstas. Para confirmar se há, ou não, segurança jurídica, portanto, não é necessário seguindo no exemplo ora examinado – pesquisar se os contribuintes, e quantos deles, conhecem ou não as normas jurídicas, mas, em vez disso, verificar se o ordenamento jurídico contém regras a respeito da publicação, da intimação, da linguagem das leis e da sua abrangência.[170]

Em suma, pode-se identificar, doutrinariamente, quais são as condições teóricas cuja subsistência conduz à existência dos fins a serem realizados por imposição principiológica.

III – Quanto à medida suficiente

A) Pouca insegurança

Uma questão importantíssima diz respeito à medida suficiente de insegurança que deve ser evitada ou suportada. A segurança jurídica, no sentido de princípio objetivo, envolve as exigências de cognoscibilidade, de confiabilidade e de calculabilidade do Direito em geral. Nessa acepção, pode-se entender que uma norma não muito clara, um ordenamento jurídico um pouco instável ou não totalmente previsível constituem violação ao princípio da segurança jurídica. A segurança jurídica, no sentido subjetivo, envolve a proteção dos atos de disposição dos direitos de liberdade e de propriedade com base em norma (regra, ato administrativo, ato normativo ou decisão administrativa ou judicial). E, nessa interpretação, pode-se compreender que qualquer tipo de frustração de expectativa já legitima a aplicação do princípio da proteção da confiança.

No aspecto ora analisado, portanto, qualquer restrição aos ideais de cognoscibilidade, de confiabilidade e de calculabilidade normativas já representa uma violação ao princípio da segurança jurídica. À baixa

170. Christof Münch, "Rechtssicherheit als Standortfaktor. Gedanken aus Sicht der vorsorgenden Rechtspflege", in Albrecht Weber (org.), *Währung und Wirtschaft. Das Geld im Recht. FS für Hugo J. Hahn*, Baden-Baden, Nomos, 1997, p. 675.

medida de insegurança exigida para a sua violação corresponde um *conceito absoluto* de segurança jurídica.

B) Muita insegurança

De outro lado, porém, pode-se entender que somente uma norma elevadamente indeterminada, um ordenamento jurídico expressivamente instável ou elevadamente imprevisível podem conduzir a uma violação da dimensão objetiva do princípio da segurança jurídica, e somente uma frustração significativa de expectativa é capaz de legitimar a aplicação do princípio da proteção da confiança.

Nesse sentido específico, por conseguinte, não é qualquer restrição aos ideais de cognoscibilidade, de confiabilidade e de calculabilidade normativa que conduz a uma violação do princípio da segurança jurídica. À alta medida de insegurança exigida para a sua violação corresponde um *conceito relativo* de segurança jurídica.

Pois bem, definir qual medida de insegurança é suficiente para violar o princípio da segurança jurídica é algo crucial. Por exemplo, pode o Estado, em nome da segurança jurídica, postular a modulação dos efeitos de decisão de inconstitucionalidade para o futuro, alegando que o afastamento dos efeitos passados trará instabilidade? Que instabilidade, melhor, "quanto" de instabilidade é necessário para justificar o abandono da regra de eficácia *ex tunc* das decisões? Rombo financeiro enquadra-se em "instabilidade" do ordenamento jurídico? Outro exemplo: pode o contribuinte alegar comportamento desleal do Estado causador de frustração de confiança quando o Estado altera mínima e gradualmente norma tributária para ajustá-la às necessidades do comércio exterior? Enfim, essas e outras indagações precisam ser respondidas para que se possa constatar ou não a violação ao princípio da segurança jurídica.

§ 6º. Aspecto justificativo (ou segurança jurídica para quê e por quê?)

I – Segurança com valor funcional

A segurança jurídica pode ser analisada como tendo um valor em si mesma (valor meramente funcional) ou como sendo instrumento para realizar outros valores (valor instrumental). Valores puramente funcionais não possuem qualquer valor adicional além do valor que é corporificado pela função que eles cumprem.[171] Assim, uma faca pode ser boa

171. Andrei Marmor, *Law in the age of pluralism*, Oxford, OUP, 2007, p. 9.

unicamente por ser afiada, e poder cortar qualquer coisa, pouco importa o quê, tendo, pois, valor decorrente do seu afiamento, independente de qualquer outro elemento adicional; ou pode ser qualificada como boa porque pode cortar determinadas coisas, sendo, assim, valorada ou desvalorada pelo valor daquilo que pode cortar. Valorar uma faca pelo simples fato de ser afiada, sem qualquer valor adicional, é atribuir-lhe *valor meramente funcional*; adicionar-lhe valor pelos objetos que pode cortar, é atribuir-lhe *valor instrumental*. Isso que sucede com a faca, nesse singelo exemplo ilustrativo, ocorre com a segurança jurídica: ela pode ser valorada pelo simples fato de proporcionar inteligibilidade, confiabilidade e calculabilidade, sem qualquer valor adicional, ou ser estimada pelos valores a cuja realização ela serve. No primeiro caso ela tem mero valor funcional – é importante simplesmente porque serve de pressuposto para guiar as pessoas; no segundo, valor instrumental – é valiosa porque, ao servir de pressuposto para guiar as pessoas, permite o respeito ao exercício da liberdade e o tratamento digno do ser humano.

Assim, atribui-se valor funcional à segurança jurídica quando se entende que ela é portadora de um valor em si mesma, isto é, cristaliza uma exigência que, independente de ser instrumento de outros valores, possui valor em si própria: um ordenamento jurídico que proporciona segurança jurídica é, por si só, desejável. Nesse aspecto, ainda, a segurança pode ser entendida de dois modos.

De um lado, a segurança jurídica pode ter valor intrínseco independente do valor justiça. A esse entendimento se chega pela consideração de que a segurança é, por si só, um valor. Fala-se, assim, em segurança pelos seus próprios propósitos (*certainty for its own sake*). Essa compreensão é própria de um formalismo normativo, assim entendida aquela concepção de Direito segundo a qual melhor que um regramento justo é, pelo menos, um regramento qualquer. Em outras palavras, defende-se a segurança apesar da injustiça, porque a segurança é uma forma de justiça geral. Um sistema previsível, estável e certo é importante, especialmente para se evitar a arbitrariedade, o casuísmo e a quebra de expectativas.[172]

De outro lado, a segurança jurídica pode ter um valor intrínseco agregatório de outros valores, no sentido de que, mesmo em uma ordem injusta, a existência de segurança proporciona um valor *a mais*. Apesar da injustiça, pelo menos haveria segurança. A ideia é a de que, mesmo

172. Brian Z. Tamanaha, *Law as a means to an end – Threat to the rule of Law*, Cambridge, Cambridge University Press, 2006, p. 230.

quando há injustiça, a existência de segurança jurídica traz vantagens *adicionais* aos cidadãos, no sentido de que eles podem adotar ações estratégicas, procurando evitar práticas *mais* injustas. Tal verificação exteriorizaria um valor intrínseco da segurança jurídica no sentido de que um sistema injusto com sua presença é melhor que um sistema injusto sem ela. Essa parece ser a posição de MacCormick e Summers.[173] A segurança jurídica, em um sistema injusto, teria, pelo menos, a função de evitar injustiças maiores.[174]

II – Segurança com valor instrumental

A segurança jurídica, de outro lado, pode ser considerada como instrumento assecuratório de outros direitos que envolvem a autonomia individual.[175] Fala-se, por isso, em vida, em liberdade e em propriedade "na" segurança, pelo papel estabilizador e garantidor das condições necessárias ao exercício da liberdade.[176] Esse exercício da autonomia individual pressupõe o conhecimento das normas existentes e válidas bem como a sua estabilidade no tempo, pois sem esses elementos os homens deixam de ser pessoas capazes de planejar e conceber o seu futuro.[177] Isso explica a circunstância de Rümelin analisar a segurança jurídica sempre em conexão com os interesses do cidadão, com os interesses de determinação e de igualdade, de liberdade, de asseguramento probatório, de estabilidade e de continuidade.[178] O tratamento sob o ângulo do interesse é uma forma subjetivada e, por isso, instrumental de se examinar

173. Neil MacCormick, *Legal reasoning and legal theory*, Oxford, Clarendon, 1978, p. 63; Robert Summers, *Lon L. Fuller*, Londres, Edward Arnold, 1984, p. 66.

174. Federico Arcos Ramírez, *La seguridad jurídica: una teoría formal*, Madrid, Dykinson, 2000, p. 170.

175. Gianmarco Gometz, *La certezza giuridica come prevedibilità*, Torino, Giappichelli, 2005, pp. 220 e 228; Andreas von Arnauld, *Rechtssicherheit*, Tübingen, Mohr Siebeck, 2006, p. 668.

176. Winfried Brugger, "Gewährleistung von Freiheit und Sicherheit im Lichte unterschiedlicher Staats- und Verfassungsverständnisse", *VVDStRL* 63, p. 102, Berlin, 2004; Christoph Gusy, "Gewährleistung von Freiheit und Sicherheit im Lichte unterschiedlicher Staats- und Verfassungsverständnisse", *VVDStRL* 63, p. 162, Berlin, 2004.

177. Joseph Raz, "The rule of law and its virtue (1977)", in *The authority of Law. Essays on Law and Morality*, Oxford, Oxford, 1979, p. 221; Neil MacCormick, "Diritto, *rule of law* e democrazia", in Paolo Comanducci e Riccardo Guastini (orgs.), *Analisi e Diritto*, Torino, Giappichelli, 1994, p. 194.

178. Max Rümelin, *Die Rechtssicherheit*, Tübingen, Mohr Siebeck, 1924, pp. 9-10 e 12-13.

a segurança jurídica. Daí também a afirmação de Recaséns Siches no sentido de que "o jurídico não é um fim em si, senão um meio especial posto a serviço da realização de vários fins".[179] Não por outro motivo que Reale a enquadrou na classe de "valores-meios", em contraposição a "valores-fins", como seria o caso da justiça.[180] A segurança jurídica, enfim, está a serviço da autonomia individual.[181] As palavras candentes de Ataliba bem o evidenciam:

> "A previsibilidade da ação estatal, decorrente do esquema de Constituição rígida, e a representatividade do órgão legislativo asseguram aos cidadãos, mais que os direitos constantes da tábua do art. 5º, a paz e o clima de confiança que lhes dão condições psicológicas para trabalhar, desenvolver-se, afirmar-se e expandir sua personalidade".[182]

Em virtude de a segurança jurídica dever existir para que outros direitos possam também existir é que ela é denominada de "valor-escopo" por Grau e de "direito-garantia" por outros autores.[183] Não uma "garantia", como o mandado de segurança ou o *habeas corpus*, pela própria linguagem da CF/88, porque uma garantia é um instrumento externo, normalmente processual, que serve para a proteção de um direito. Ela é, em vez disso, um "direito-garantia", isto é, um direito cuja realização serve à realização de outro direito.[184] Atento a essa sutileza, Torres, de um lado, afirma que os subprincípios do princípio da segurança jurídica, como a legalidade, a irretroatividade e a anterioridade, consubstanciam "garan-

179. L. Recaséns Siches, *Filosofia del Derecho*, México, Porrúa, 1959, p. 222. Igualmente: Theophilo Cavalcanti Filho, *O problema da segurança no Direito*, São Paulo, Ed. RT, 1964, p. 84.

180. Miguel Reale, "Prefácio", in Theophilo Cavalcanti Filho, *O problema da segurança no Direito*, São Paulo, Ed. RT, 1964, p. VI.

181. Hanns Uhlrich, "La sécurité juridique en Droit Économique allemand: observations d'un privatiste", in Laurence Boy, Jean-Baptiste Racine e Fabrice Siiriainen (orgs.), *Sécurité juridique et Droit Économique*, Bruxelles, Larcier, 2008, p. 92.

182. Geraldo Ataliba, *República e Constituição*, 3ª ed., São Paulo, Malheiros Editores, 2011, p. 167.

183. Eros Roberto Grau, *O Direito posto e o Direito pressuposto*, 9ª ed., São Paulo, Malheiros Editores, 2014, p. 186; Anne-Laure Valembois, *La constitutionnalisation de l'exigence de sécurité juridique en droit français*, Paris, LGDJ, 2005, pp. 53, 55 e 456.

184. Paul Roubier, *Théorie Générale du Droit*, 2ª ed., Paris, Sirey, 1951, p. 334; Anne-Laure Valembois, *La constitutionnalisation de l'exigence de sécurité juridique en droit français*, Paris, LGDJ, 2005, p. 53.

tias principiológicas";[185] de outro, sustenta que o próprio princípio da segurança jurídica não se confunde nem com instrumentos processuais, como o mandado de segurança, nem com garantias processuais, como a ampla defesa, nem mesmo com garantias institucionais, como o Poder Judiciário.[186] Quando se utiliza o termo "segurança" como garantia, quer-se apenas ilustrar o caráter instrumental da segurança jurídica relativamente à proteção de outros direitos. Isso porque "garantia" significa nada mais que um instrumento assecuratório de direitos.[187] O essencial, portanto, é que a previsibilidade da atuação estatal, nessa compreensão, abre espaço – nas palavras de Carvalho – para o planejamento de ações futuras, cuja disciplina jurídica os cidadãos podem conhecer.[188]

Cabe assinalar, agora, que a aceitação da instrumentalidade da segurança jurídica nada diz, de um lado, com relação aos valores para cuja realização ela serve de instrumento; de outro lado, nada adianta com relação ao próprio valor dessa instrumentalidade, se bastante em si, ou não, para assegurar esses outros valores. Isso explica a necessidade de se encontrar no ordenamento jurídico os fundamentos para a vinculação instrumental da segurança jurídica. Tal expediente – insista-se – é imprescindível para não tornar a segurança instrumento de qualquer concepção. A esse respeito é elucidativo o estudo do General Göring, no sugestivo ano de 1935, no qual ele sustentava ser a segurança jurídica um instrumento exclusivo da "comunidade do povo", jamais podendo servir a fins egoísticos do indivíduo.[189]

No primeiro aspecto, como será oportunamente enfatizado –, este trabalho sustenta que a segurança jurídica serve de instrumento de reali-

185. Ricardo Lobo Torres, "Limitações ao poder impositivo e segurança jurídica", in Ives Gandra da Silva Martins (org.), *Limitações ao poder impositivo e segurança jurídica*, São Paulo, Ed. RT/CEU, 2007, p. 64.

186. Ricardo Lobo Torres, "Segurança jurídica e as limitações ao poder de tributar", in Roberto Ferraz (org.), *Princípios e limites da tributação*, São Paulo, Quartier Latin, 2007, p. 434; idem, *Tratado de Direito Constitucional, Financeiro e Tributário*, v. 2, "Valores e Princípios Constitucionais Tributários", Rio de Janeiro, Renovar, 2005, p. 172; idem, "Liberdade, segurança e justiça", in Paulo de Barros Carvalho (org.), *Justiça Tributária*, São Paulo, Max Limonad, 1998, p. 687.

187. José Souto Maior Borges, "O princípio da segurança jurídica na criação e aplicação do tributo", *RDDT* 22, p. 25, São Paulo, 1997.

188. Paulo de Barros Carvalho, *Curso de Direito Tributário*, 21ª ed., São Paulo, Saraiva, 2009, p. 166.

189. General Hermann Göring, "Die Rechtssicherheit als Grundlage der Volksgemeinschaft", in Hans Frank (org.), *Schriften der Akademie für Deutsches Recht*, Hamburg, Hanseatische Verlagsanstalt, 1935, p. 6.

zação dos valores de liberdade, de igualdade e de dignidade: de liberdade, porque, quanto maior for o acesso material e intelectual do cidadão relativamente às normas a que deve obedecer, e quanto maior for a sua estabilidade, tanto maiores serão as suas condições de conceber o seu presente e de planejar o seu futuro; de igualdade, porque, quanto mais gerais e abstratas forem as normas, e mais uniformemente elas forem aplicadas, tanto maior será o tratamento isonômico dos cidadãos; e de dignidade, porque, quanto mais acessíveis e estáveis forem as normas, e mais justificadamente elas forem aplicadas, com tanto mais intensidade se estará tratando o cidadão como ser capaz de se autodefinir autonomamente, quer pelo respeito presente da autonomia exercida no passado, quer pelo respeito futuro da autonomia exercida no presente. A segurança jurídica assume, assim, uma função garantista.[190]

No segundo aspecto, ainda que se aceite o valor instrumental da segurança jurídica relativamente a outros valores, podem ser atribuídos valores diferentes a essa própria instrumentalidade: de um lado, pode-se entender a segurança jurídica como valor necessário e suficiente para garantir a liberdade, no sentido de que, garantida a segurança jurídica, protegida está, automaticamente, a liberdade, como o faz Hayek;[191] de outro, pode-se conceber a segurança jurídica como valor necessário, porém não suficiente, no sentido de que o Direito, embora previsível, pode ter conteúdos contrários ao exercício autônomo da liberdade, como sustentam Rawls e Waldron.[192] Nesta última acepção, pode-se afirmar que sem segurança jurídica não pode haver liberdade, mas com segurança jurídica não há necessariamente liberdade.

É preciso notar, contudo, que esta última concepção só se sustenta – como ficará mais claro adiante – quando se adota um conceito de segurança jurídica no sentido de segurança do Direito por meio de requisitos estruturais do ordenamento jurídico: o Direito pode ser previsível e estável e, no entanto, mesmo assim não permitir o exercício autônomo e livre da liberdade, se, por exemplo, for aplicado de forma arbitrária. Se for adotada, entretanto, uma concepção mais ampla de segurança jurídica, que envolve não apenas elementos estáticos e estruturais do

190. Stefano Bertea, *Certezza del Diritto e argomentazione giuridica*, Soveria Manelli, Rubbertino, 2002, p. 69.

191. Friedrich A. Hayek, *The Constitution of liberty*, Oxford, Clarendon, 1961, p. 155.

192. John Rawls, *Theory of Justice*, Cambridge, Belknap, 1971, pp. 235 e ss.; Jeremy Waldron, "The rule of law in contemporary liberal theory", *Ratio Juris*, v. 2, n. 1, p. 85, 1989.

ordenamento jurídico, mas também elementos dinâmicos e funcionais, como a exigência de continuidade e a proibição de arbitrariedade, quanto maior for o grau de segurança jurídica, maior será também a medida de liberdade. Sem confiabilidade e calculabilidade – como lembra Ataliba – não há como trabalhar, produzir, empreender e atuar em uma economia de mercado.[193] O essencial, neste momento, é firmar a compreensão de que a segurança jurídica é pressuposto da liberdade. Ou, nas sugestivas palavras de Gusy: "Segurança é pressuposto constitucional; liberdade é conteúdo constitucional".[194] A segurança jurídica, assim, é um valor essencial sem cuja presença dificilmente poderão ser realizados os restantes valores, como aponta Villegas.[195]

Concluído o primeiro exame dos aspectos finalísticos que compõem a estrutura do princípio da segurança jurídica, é preciso, agora, passar à análise dos seus aspectos instrumentais, assim entendidos aqueles que dizem respeito aos meios necessários à promoção dos estados ideais.

Seção 6. Aspectos instrumentais – Os meios necessários à promoção do fim

§ 1º. Aspecto material

I – Comportamento humano

Acima, a segurança jurídica, como espécie normativa, foi definida como princípio; e, nessa qualidade, ela exige a realização de um estado de coisas cuja promoção gradual depende da adoção de determinados comportamentos. Esses comportamentos – como publicar uma lei ou instituir regras de transição – criam, pois, "meios", "condições de fato" ou "bens jurídicos" necessários para se realizar um estado de segurança jurídica.[196] Desse modo, existe como que uma cadeia de elementos a serem considerados: o princípio da segurança jurídica impõe a realização

193. Geraldo Ataliba, *República e Constituição*, 3ª ed., São Paulo, Malheiros Editores, 2011, p. 175.

194. Christoph Gusy, "Gewährleistung von Freiheit und Sicherheit im Lichte unterschiedlicher Staats- und Verfassungsverständnisse", *VVDStRL* 63, p. 154, Berlin, 2004.

195. Héctor Villegas, "Principio de seguridad jurídica en la creación y aplicación del tributo", *RDT* 66, p. 15, São Paulo, s.d.

196. Gianmarco Gometz, *La certezza giuridica come prevedibilità*, Torino, Giappichelli, 2005, p. 252.

de estados ideais (de cognoscibilidade, confiabilidade e de calculabilidade); a promoção desses estados ideais depende da existência de condições de fato; a existência dessas condições de fato depende da adoção de comportamentos; a adoção de comportamentos é ou determinada indiretamente por meio da instituição concreta de regras (decisões) ou diretamente por meio da previsão abstrata de regras concretizadoras do princípio da segurança jurídica.

Esses elementos (comportamentos → condições de fato → estado de coisas → segurança jurídica) compõem a estrutura do princípio da segurança jurídica. Pode-se, com isso, afirmar que a segurança jurídica é uma norma jurídica que determina a adoção de comportamentos humanos que provoquem efeitos que contribuam para a promoção de um estado de cognoscibilidade, de confiabilidade e de calculabilidade do Direito, cuja concretização depende de regras abstratas ou concretas. Noutras palavras, segurança jurídica é uma *norma* que determina a realização de um *estado de fato* marcado, como já foi referido, pela capacidade do indivíduo de fazer dignamente um planejamento estratégico juridicamente informado e respeitado da sua ação.

II – Efeitos

A aplicação de uma regra envolve o exame de correspondência entre o conceito do fato ou do ato previsto na sua hipótese e o conceito do fato ocorrido ou do ato praticado. A conduta devida é aquela, direta ou indiretamente, prevista na hipótese. Assim, porém, não sucede com os princípios. A conduta devida não pode ser verificada pela sua conceituação, mas pelos seus *efeitos* relativamente a um estado de coisas. A sua definição não é por descrição, mas por efeito. Desse modo, os comportamentos obrigatórios são aqueles que contribuem para a promoção do estado de coisas cujo dever de promoção justifica a sua adoção. No caso do princípio da segurança jurídica, portanto, é preciso verificar quais são os comportamentos cuja adoção contribui para a promoção das condições de fato que compõem os estados ideais de cognoscibilidade, de confiabilidade e de calculabilidade do Direito.

Todo o primeiro capítulo da Segunda Parte deste trabalho é dedicado a delimitar esses comportamentos, parte dos quais já é objeto de regras abstratas e outra parte dependente da instituição de decisões concretas: publicação de leis; intimação de atos administrativos e decisões; definição dos parâmetros gerais das obrigações tributárias; exclusão de inovações normativas relativamente a direitos adquiridos, consolidados e assegurados; instituição de regras de transição, efeitos diferidos e prospectivos no caso de mudanças administrativas ou judiciais – e assim sucessivamente. O que importa, por ora, é enfatizar que esses comportamentos são tão obrigatórios quanto o são aqueles previstos em regras jurídicas. A normatização comportamental por *implicação eficacial* não é menos obrigatória que aquela feita por *descrição hipotética*. São apenas formas diferentes e complementares de normatizar a conduta humana.

§ 2º. Aspecto pessoal

I – Destinatário do dever de agir

Os comportamentos cuja adoção contribui para a promoção dos ideais que compõem a segurança jurídica deverão ser praticados no exercício do poder por cada um dos três Poderes.[197]

Assim, o Poder Legislativo, ao editar leis, deverá garantir determinabilidade das hipóteses de incidência, excluir do seu âmbito normativo direitos adquiridos e direitos assegurados por confianças legítimas, evitar a surpresa por meio de regras de transição ou de cláusulas de equidade – e assim por diante. O Poder Executivo não poderá revogar ou anular atos anteriores com base nos quais o contribuinte tenha praticado atos de disposição; deverá editar normas de transição quando houver modificação abrupta de entendimento – e assim sucessivamente. E o Poder Judiciário deverá fundamentar suficiente e racionalmente suas decisões judiciais, afastar mudanças jurisprudenciais retroativas, utilizar mecanismos de temperança ou moderação na modificação de precedentes – e assim por diante. O essencial, neste momento, é simplesmente dizer que os três Poderes, cada qual na sua área de competência, são corresponsáveis pela adoção de comportamentos que contribuam para a promoção dos ideais de cognoscibilidade, de confiabilidade e de calculabilidade normativas, por meio de regras que os concretizem.

II – Beneficiário do dever de agir

A parte reflexa do destinatário do dever de agir é o seu beneficiário. Embora toda a coletividade seja o destinatário último do princípio da

197. Maria Sylvia Zanella Di Pietro, "Os princípios da proteção à confiança, da segurança jurídica e da boa-fé na anulação do ato administrativo", in Fabrício Motta (org.), *Direito Público atual: Estudos em homenagem ao Professor Nélson Figueiredo*, Instituto de Direito Administrativo de Goiás (IDAG), Belo Horizonte, Fórum, 2008, p. 297.

segurança jurídica, tanto a sua dimensão objetiva quanto a sua aplicação reflexiva podem ser exigidas por quem puder comprovar a sua falta de realização. Evidentemente, como a segurança jurídica é estabelecida normativamente como um fim, cuja realização depende da configuração de cada um dos Poderes estatais, na sua área de competência, o indivíduo não pode judicialmente exigir a execução de políticas públicas gerais destinadas a protegê-lo. Isso, porém, não quer dizer que os atingidos pela ausência do cumprimento dos comportamentos específicos que compõem o seu conteúdo não possam exigir judicialmente a sua adoção. Quem, por exemplo, for atingido por um ato administrativo que atinja situação tornada intangível pelo tempo ou pela existência de direito adquirido, quem for alcançado por lei que inclua em sua hipótese fato gerador já ocorrido ou exercício irreversível de liberdade induzida ou quem for abrangido por decisão judicial que desconsidere orientação jurisprudencial consolidada anteriormente tem o direito de ver sua situação judicialmente afastada do âmbito dessas normas. Os beneficiários do dever de ação necessária à proteção do princípio da segurança são titulares de direitos capazes de forçar a sua realização.[198]

Até aqui examinou-se o que a segurança jurídica "pode significar", isto é, quais são todos os seus aspectos e quais são os vários sentidos que estes podem assumir. A adoção desse procedimento de redução de ambiguidades demonstra que sem uma progressiva delimitação dos vários aspectos e das dimensões da segurança jurídica, a rigor, não há como, adequadamente, conceituá-la e, por conseguinte, como, corretamente, aplicá-la. Em outras palavras: o exame científico da segurança jurídica pressupõe a decomposição dos seus vários aspectos (material, objetivo, subjetivo, temporal, quantitativo e justificativo).

Todavia, se até aqui foi examinado o que a segurança jurídica "pode significar", agora é preciso investigar o que ela "deve significar" – isto é, dentre os vários sentidos que a segurança jurídica pode assumir dentro de cada aspecto, faz-se necessário analisar qual ou quais deles *devem* ser

198. Ricardo Lobo Torres, "Segurança jurídica e as limitações ao poder de tributar", in Roberto Ferraz (org.), *Princípios e limites da tributação*, São Paulo, Quartier Latin, 2007, p. 433; idem, *Tratado de Direito Constitucional, Financeiro e Tributário*, v. 2, *Valores e princípios constitucionais tributários*, Rio de Janeiro, Renovar, 2005, p. 170; idem, "Liberdade, segurança e justiça", in Paulo de Barros Carvalho (org.), *Justiça Tributária*, São Paulo, Max Limonad, 1998, p. 687; Winfried Brügger, "Gewährleistung von Freiheit und Sicherheit im Lichte unterschiedlicher Staats- und Verfassungsverständnisse", *VVDStRL* 63, p. 132, Berlin, 2004.

escolhidos. É preciso – como adverte Vonkilch, com base em Schneider – reconduzir a discussão da "cabeça" hermenêutica para os seus "pés" constitucionais.[199] Esse procedimento depende do exame dos seus fundamentos no ordenamento jurídico: é a CF/88 que irá definir os sentidos a serem escolhidos dentre os tantos possíveis.

É o que se passa a fazer.

199. Andreas Vonkilch, *Das Intertemporale Privatrecht*, Wien, Springer, 1999, p. 312.

Título II

Fundamentação da Segurança Jurídica (Ou qual é a base da Segurança Jurídica?)

A lei, qualquer que seja o lado que se queira considerar a sua noção, é estabelecimento de segurança. (Carmignani, *Teoria delle leggi della sicurezza sociale*, v. 1, Pisa, 1831, p. 151)

A observância do Estado de Direito é necessária se o Direito deve respeitar a dignidade humana. Respeitar a dignidade humana envolve tratar os humanos como pessoas capazes de planejar e configurar o seu futuro. Assim, respeitar a dignidade de alguém inclui respeitar sua autonomia, seu direito de controlar seu futuro. (Joseph Raz, *The authority of Law. Essays on Law and Morality*, Oxford, Clarendon, 1979, p. 221)

Nossas leis não são geralmente conhecidas, elas são segredo de um pequeno grupo. Nós estamos convencidos de que essas leis antigas serão cumpridas, mas é extremamente estranho ser dominado por leis que não se conhece. (Franz Kafka, *Zur Frage der Gesetze – Fragment*, 1920/22)

Justiça não apenas deve ser feita. Ela deve também ser vista para ser feita. (Eivind Smith, "Constitution et securite juridique – Norvège", *Annuaire International de Justice Constitutionnelle 1999*, Paris, Economica, p. 2)

Como afirma Cavalcanti Filho, "a razão fundamental do Direito é a exigência de certeza e segurança nas relações que se estabelecem na sociedade".[1] A segurança jurídica, porque inerente ao Direito, já estaria fundamentada pela própria ideia de Direito. Não careceria, portanto, de fundamentação positiva. Essa afirmação – como será oportunamente enfatizado –, embora verdadeira, não é suficiente para indicar os sentidos que a expressão "segurança jurídica" pode e deve experimentar. Vale dizer: embora a segurança jurídica seja mesmo ínsita à própria ideia de Direito, somente o ordenamento jurídico poderá densificá-la normativamente como princípio jurídico apto a efetivamente limitar a atuação estatal.

A palavra "segurança" consta expressamente do catálogo dos direitos fundamentais (CF/88, art. 5º). E em mais uma série de dispositivos: direito de receber informações de órgãos públicos, ressalvadas aquelas imprescindíveis à "segurança da sociedade e do Estado" (art. 5º, XXXIII); direito à redução dos riscos inerentes ao trabalho, por meio de normas de saúde, higiene e "segurança" (art. 6º, XXII); competência comum para estabelecer e implantar política de educação para a "segurança do trânsito" (art. 23, XII); previsão de crime de responsabilidade por atentado à "segurança interna do País" (art. 85, IV); instituição de competência do Conselho de Defesa Nacional para propor critérios e condições de utilização de áreas indispensáveis à "segurança do território nacional" (art. 91, § 1º, III); previsão de competência para edição

1. Theophilo Cavalcanti Filho, *O Problema da segurança no direito*, São Paulo, Ed. RT, 1964, p. 52.

de súmula para evitar grave "insegurança jurídica" (art. 103-A, § 1º); previsão de normas relativas à "segurança pública" (art. 144); requisitos para exploração direta de atividade econômica pelo Estado por imperativos de "segurança nacional" (art. 173); condições para contabilização de despesas, excetuadas aquelas relativas à "segurança e defesa nacional" (ADCT, art. 35, § 1º, II); previsão de enfiteuse para terrenos situados na "faixa de segurança" (ADCT, art. 49, § 3º).

O Supremo Tribunal Federal, em mais de uma oportunidade, já assentou a hierarquia constitucional do princípio da segurança jurídica. Para esse efeito, basta recordar a afirmação do Ministro Gilmar Mendes no sentido de que o princípio da segurança jurídica, "como se sabe, também entre nós é dotado de hierarquia constitucional"; "No que diz respeito à segurança jurídica, parece não haver dúvida de que encontra expressão no próprio princípio do Estado de Direito, consoante amplamente aceito pela doutrina pátria e alienígena".[2]

A investigação do seu fundamento poderia, assim, parecer supérflua – este já estaria posto, não precisando ser construído, nem mesmo reconstruído, pelo intérprete. Bastar-lhe-ia, digamos, descobri-lo inteiramente pronto, sem precisar minimamente inventá-lo. Essa impressão inicial é logo desfeita assim que são postas as seguintes questões: O termo "segurança", utilizado pela CF/88, refere-se à segurança jurídica, como ideia diretriz do Direito, ou à segurança física, como garantia de incolumidade do cidadão diante de ameaças externas, ou do território, relativamente a invasões de outros Países? Se a referência é ao princípio da segurança jurídica, e se ele é, inclusive, reconhecido pelo Supremo Tribunal Federal, mesmo assim resta saber: o que ele precisamente exige? Exige segurança do Direito, por meio do Direito, frente ao Direito, sob o Direito, de direitos, por um direito, como um direito ou no Direito? Se segurança do Direito, ele exige "segurança" em que sentido, como previsibilidade absoluta ou apenas como conhecimento relativo das suas normas? Se segurança por meio do Direito, ele exige segurança para garantir o exercício da liberdade para o cidadão ou para permitir a realização das finalidades estatais pelo Estado, ou ambas? Enfim, essas e outras indagações começam a ser respondidas apenas depois que os fundamentos da segurança jurídica são considerados. É dizer: a mera constatação

2. HC n. 82.959, Tribunal Pleno, Rel. Min. Marco Aurélio, *DJ* 1.9.2006. Voto do Ministro Gilmar Mendes, pp. 64 e 76. No mesmo sentido: QO na Pet n. 2.900, 2ª Turma, Rel. Min. Gilmar Mendes, *DJ* 1.8.2003; MS n. 24.268, Tribunal Pleno, Rel. Min. Gilmar Mendes, *DJ* 17.9.2004.

de que a CF/88 garante literalmente a "segurança" não permite responder a algumas das perguntas fundamentais que lhe são relacionadas: Que segurança? Segurança do quê? Segurança de que modo? Segurança por quem? Segurança para quem? Segurança na visão de quem? Segurança quando? Segurança com que peso? Segurança constatada como?

O exame dos dispositivos mencionados, no entanto, revela a própria complexidade da CF/88: à diferença de outras Constituições, ela contém não apenas a proteção expressa da "segurança", seja com que significado for; também prevê vários dos elementos que lhe são normalmente atribuídos pela doutrina – as garantias da legalidade, da irretroatividade e da anterioridade, os deveres de publicidade e de moralidade, os direitos de ampla defesa e o devido processo legal, por exemplo.[3] Nessa plêiade de dispositivos é preciso, portanto, adotar um ponto de referência para a procura dos seus fundamentos. Afinal, só se pode procurar por algo previamente determinado. A procura por um fundamento, por mais paradoxal que possa parecer, depende da prévia determinação do que se pretende procurar.[4] O encontro, em alguma medida, antecede a procura, por assim dizer. Não se pode procurar por nada, senão por alguma coisa. Dito de outro modo, a definição precede o encontro.

Nesse sentido, e por causa disso, adotou-se uma definição preambular mínima de segurança jurídica, conforme exposto no capítulo anterior, que gira em torno daquilo que Rümelin referiu, embora sem especificar nem os fundamentos nem os critérios, como sendo os três eixos da segurança jurídica: inteligibilidade, confiabilidade ou seriedade e calculabilidade do Direito.[5] A noção de segurança jurídica está atrela-

3. Paulo de Barros Carvalho, "Segurança jurídica e modulação dos efeitos", *Revista da Fundação Escola Superior de Direito Tributário* 1, p. 207, Porto Alegre, 2008; Ingo Wolfgang Sarlet, "A eficácia do direito fundamental à segurança jurídica: dignidade da pessoa humana, direitos fundamentais e proibição de retrocesso social no Direito Constitucional brasileiro", in Cármen Lúcia Antunes Rocha (org.), *Constituição e segurança jurídica: direito adquirido, ato jurídico perfeito e coisa julgada. Estudos em Homenagem a José Paulo Sepúlveda Pertence*, Belo Horizonte, Fórum, 2004, p. 91.

4. Max Rümelin, *Die Rechtssicherheit*, Tübingen, Mohr Siebeck, 1924, pp. 9, 12 e 14.

5. Max Rümelin, loc. cit. Seguem a mesma direção: Oscar Adolf Germann, "Rechtssicherheit (1935)", in idem, *Methodische Grundfragen*, 6. Aufsätze, Basel, 1946, p. 55; Sylvia Calmes, *Du principe de protection de la confiance légitime en Droits Allemand, Communautaire et Français*, Paris, Dalloz, 2001, p. 114; Andreas von Arnauld, *Rechtssicherheit*, Tübingen, Mohr Siebeck, 2006, p. 104; Rafael Maffini, *O princípio da proteção substancial da confiança no Direito Administrativo brasileiro*, Porto Alegre, Verbo Jurídico, 2007, p. 50.

da, assim, às ideias de estabilidade e de previsibilidade.[6] Desse modo, é preciso, a partir desse ponto de referência inicial, buscar na CF/88 as normas jurídicas que prevejam diretamente os meios para alcançar esse estado de confiabilidade e de calculabilidade (regras) ou que apontem para esses estados, deixando para o aplicador escolher os meios dentre aqueles necessários à sua realização (princípios). Nesse quadro, pode-se construir um arquétipo normativo revelador – com a permissão para a metáfora – dos vários afluentes normativos que formam e que definem o grande rio da segurança jurídica. O importante, por ora, é constatar que a segurança jurídica não necessariamente carece de um suporte escrito, o que de nenhuma maneira lhe retira o fundamento constitucional.[7]

Esse exame, embora pareça trivial, é complexo, porquanto a CF/88 institui fundamentos diretos e indiretos da segurança jurídica, tal como aqui preliminarmente definida. Os fundamentos diretos correspondem quer à proteção expressa da própria "segurança" (art. 5º, *caput*), quer à proteção da eficácia reflexiva do próprio princípio da segurança jurídica por meio da garantia do direito adquirido, do ato jurídico perfeito e da coisa julgada (art. 5º, XXXVI). Os fundamentos indiretos consistem em regras e em princípios que, dependendo do ponto de vista por meio dos quais sejam analisados, ora revelam meios ou fins menos abrangentes dos quais se podem induzir os elementos estruturantes da segurança jurídica, ora traduzem fins mais abrangentes dos quais se podem deduzir esses mesmos elementos. Esses fundamentos indiretos são estabelecidos de vários modos pelo ordenamento constitucional.[8]

Em primeiro lugar, a CF/88 exige a busca de fins mais amplos (Estado de Direito e Estado Social de Direito) que permitem deduzir fins mais restritos necessários à sua realização (cognoscibilidade, confiabilidade e calculabilidade). Nessa situação, a CF/88, no lugar de prever meios ou fins mais restritos, estabelece finalidades mais amplas, que, por sua vez, permitem deduzir fins mais restritos, os quais traduzem, no seu conjunto, os ideais de confiabilidade e de calculabilidade do (e pelo) ordenamento jurídico. Aqui, a descoberta dos elementos da segurança jurídica se dá por dedução a partir de sobreprincípios que impõem a

6. Odete Medauar, "Segurança jurídica e confiança legítima", in Humberto Ávila (org.), *Fundamentos do Estado de Direito*, São Paulo, Malheiros Editores, 2005, p. 115.

7. Gianmarco Gometz, *La certezza giuridica come prevedibilità*, Torino, Giappichelli, 2005, p. 47.

8. Anne-Laure Valembois, *La constitutionnalisation de l'exigence de sécurité juridique en Droit Français*, Paris, LGDJ, 2005, p. 380.

realização de fins mais amplos relativamente à segurança jurídica (graficamente ilustrando: Estado de Direito → segurança jurídica → cognoscibilidade, confiabilidade e calculabilidade).[9] Nesse aspecto, a segurança jurídica funciona como meio para a realização de outros fins.

Em segundo lugar, a CF/88 determina a realização de fins específicos (estados de proteção da liberdade, da propriedade e da igualdade) que permitem deduzir fins menores necessários à sua realização (cognoscibilidade, confiabilidade e calculabilidade). Nesse ponto, a CF/88, no lugar de prever diretamente os meios ou os fins mais restritos, estabelece finalidades específicas que, a seu turno, só se realizam plenamente com a existência de pressupostos que revelam, no seu conjunto, a segurança jurídica. Aqui, a descoberta dos elementos da segurança jurídica se dá por indução a partir de princípios específicos que pressupõem os elementos da segurança jurídica para a sua realização (graficamente ilustrando: liberdade, propriedade, igualdade → segurança jurídica → cognoscibilidade, confiabilidade e calculabilidade). Nesse aspecto, a segurança jurídica funciona como pressuposto instrumental para a realização de outros fins.

Em terceiro lugar, a CF/88 exige a busca de fins mais restritos (estados de moralidade e de publicidade administrativas) que, de um lado, permitem deduzir os comportamentos necessários à sua realização (adotar comportamentos sérios e leais, publicar as normas gerais e individuais e intimar o cidadão àquilo que lhe diz respeito) e, de outro, permitem induzir fins maiores que compõem o estado de confiabilidade e de calculabilidade do (e pelo) ordenamento jurídico. Por intermédio dessa normatização, a CF/88, no lugar de prever os meios que, uma vez adotados, contribuirão para a existência dos elementos que compõem a segurança jurídica, estabelece finalidades mais restritas, que, por sua vez, funcionam como meios para a realização da finalidade mais ampla de garantia e de preservação da segurança jurídica. Aqui, a descoberta dos elementos da segurança jurídica se dá por indução a partir de subprincípios que funcionam como fins menos amplos relativamente àquele cuja realização é determinada pelo princípio da segurança jurídica (graficamente ilustrando: publicação e intimação → moralidade, publicidade → cognoscibilidade, confiabilidade e calculabilidade → segurança jurídica). Nesse aspecto, a segurança jurídica também funciona como um fim.

9. Otto Pfersmann, "Constitution et sécurité juridique – Autriche", *Annuaire International de Justice Constitutionnelle 1999*, Paris, Economica, 2000, p. 114.

Em quarto lugar, a CF/88 prescreve determinados comportamentos (editar lei em sentido formal para instituir tributos, esperar até o início do exercício seguinte ao da publicação para exigir os tributos, incluir na hipótese normativa apenas eventos que irão ocorrer após o início da vigência da lei que instituir o tributo) cuja adoção produz efeitos que contribuem para a promoção do estado de confiabilidade e de calculabilidade do (e pelo) ordenamento jurídico, baseado na sua cognoscibilidade. Por meio desse tipo de normatização, a CF/88 prevê os meios que, uma vez adotados, contribuem para a existência dos elementos estruturantes da segurança jurídica. Aqui, a descoberta dos elementos da segurança jurídica se dá por indução a partir de regras (graficamente ilustrando: legalidade, anterioridade e irretroatividade → cognoscibilidade, confiabilidade e calculabilidade → segurança jurídica). A segurança jurídica – com permissão para a expressão figurativa – como que "se ergue por dentro", a partir dessas regras.[10] Nesse aspecto, a segurança jurídica funciona como um fim.

As considerações anteriores destinam-se a demonstrar que a construção do princípio da segurança jurídica, embora altamente complexa, pode ser claramente explicada por meio de operações dedutivas e indutivas reveladoras dos fundamentos dos seus elementos estruturantes. Em outras palavras, a CF/88 protege a segurança jurídica de várias formas ao mesmo tempo: protegendo-a diretamente, determinando a busca de ideais que a pressupõem, instituindo ideais que a instrumentalizam ou mesmo prevendo comportamentos necessários à realização dos ideais parciais que a compõem.

O exame dos fundamentos, da forma como é feito neste trabalho, torna-se necessário por três principais motivos.

Em primeiro lugar, porque nenhum dos fundamentos, adiante examinados, constitui fundamento exclusivo de todos os elementos estruturantes da segurança jurídica.[11] Somente a sua análise conjunta é que permitirá a construção de todos. E o conhecimento de todos os fundamentos permite verificar a existência de uma relação recíproca entre eles, cuja importância será reconhecida quando do exame da eficácia da segurança jurídica, porque, quanto mais extensos os fundamentos de um princípio, e quanto mais independentes forem esses fundamentos, tanto

10. Andreas von Arnauld, *Rechtssicherheit*, Tübingen, Mohr Siebeck, 2006, p. 662.

11. Stefan Muckel, *Kriterien des verfassungsrechtlichen Vertrauensschutzes bei Gesetzesänderungen*, Berlin, Duncker und Humblot, 1989, pp. 29-58.

maior será o seu suporte constitucional e, com isso, tanto maior será o seu peso relativamente a outros princípios.[12]

Em segundo lugar, porque, conquanto possa parecer secundário, o exame dos fundamentos é repleto de consequências práticas. De um lado, se a segurança jurídica estiver fundamentada apenas em uma norma garantidora de um direito fundamental individual, a sua eficácia irá limitar-se à proteção do cidadão que tiver restringida a sua liberdade ou a sua propriedade. A eficácia da segurança jurídica será, pois, meramente reflexiva e individual. Se, em vez disso, a segurança jurídica tiver origem em normas que estabeleçam determinadas exigências para a produção de normas jurídicas gerais ou individuais, ou que prescrevam determinados comportamentos de lealdade aos agentes públicos, a sua eficácia ultrapassará a dimensão individual para alcançar também uma dimensão objetiva capaz de permitir, por exemplo, a declaração de nulidade de determinada norma mesmo que essa norma não tenha experimentado qualquer eficácia subjetiva reflexiva relativamente a determinado indivíduo. De outro lado, se a segurança jurídica for suportada tanto por normas que garantem direitos individuais como por normas que estabelecem finalidades estatais, será preciso examinar a ênfase que a CF/88 atribui a cada um desses fundamentos para, ao final, graduar o seu peso. Com isso, por exemplo, poder-se-á verificar se a segurança jurídica só pode amparar pretensões individuais ou também pretensões estatais, como é o caso da tentativa de restringir para o futuro a eficácia da declaração de inconstitucionalidade de normas tributárias com base no argumento de que o Ente Federado havia confiado na constitucionalidade do tributo e na obtenção das receitas dele decorrentes.

Em terceiro lugar, visto que a expressão "segurança jurídica" é portadora de vários sentidos, é somente o exame do ordenamento constitucional que irá permitir saber qual é a sua dimensão normativa (se fato, valor ou norma), qual a sua espécie normativa (se regra ou princípio), qual é o sentido de "segurança" (se cognoscibilidade ou determinação, confiabilidade ou imutabilidade, calculabilidade ou previsibilidade), qual é o significado de "jurídica" (se "do", "pelo", "frente ao", "sob o", "de direitos", "como um direito", "no Direito"), qual o objeto ao qual ela se refere (se ao ordenamento jurídico, a uma norma ou a um comportamento), qual é o sujeito que ela protege (se o contribuinte ou o Estado, ou ambos), em qual perspectiva ela é concebida (se na visão do cidadão comum ou do especialista), quem deverá protegê-la (se o Poder Legisla-

12. Aleksander Peczenick, *Scientia Juris*, Dordrecht, Springer, 2005, p. 144.

tivo, o Poder Executivo ou o Poder Judiciário), qual é o momento em que ela deverá ser realizada (se hoje ou amanhã), em que medida ela deve ser garantida (se relativa ou absolutamente) e por que ela é protegida (se como fim ou como meio). Somente o exame minucioso do ordenamento jurídico permite responder a essas indispensáveis indagações, sem cuja resposta a sua investigação se assemelha a uma luta de esgrima contra rajadas de vento – com a devida licença para uma expressão figurativa.

É preciso, porém, não confundir os "fundamentos" do princípio da segurança jurídica com os seus "elementos". Os primeiros dizem respeito à base normativa que justifica a sua consideração como princípio jurídico, respondendo à seguinte indagação: De onde provém, ou com base no quê se ergue o princípio da segurança jurídica? Os segundos, por sua vez, dizem respeito aos estados de coisas cuja realização é por aquele determinada, respondendo à seguinte pergunta: O que envolve o princípio da segurança jurídica? Isso explica por que o princípio da segurança jurídica não se identifica com a regra da legalidade ou com o princípio da publicidade; contudo, de modo circular, deles decorre e por meio deles se concretiza.

Enfim, a investigação dos fundamentos da segurança jurídica é um meio indispensável para se iniciar a construção do seu conteúdo, das suas dimensões e dos seus efeitos. Tal exame deve ser realizado tanto no conjunto quanto nas partes do ordenamento jurídico, como se passa a proceder.

Capítulo 1

Os Fundamentos na Superestrutura Constitucional: A Visão do Conjunto

O exame dos fundamentos da segurança jurídica deve começar com a seguinte indagação: Quais são as normas constitucionais que resguardam, direta ou indiretamente, a cognoscibilidade ou a determinação, a confiabilidade ou a imutabilidade, a calculabilidade ou a previsibilidade do ordenamento jurídico? Indagando de modo mais simples: Quais são as normas constitucionais destinadas a permitir, em maior ou em menor medida, que o cidadão possa saber qual é a norma válida e aplicável ao seu caso e qual é o seu conteúdo e a garantir que essa norma, conhecida e válida, seja efetivamente aplicada, vinculante e estável? A leitura da CF/88, com a finalidade de responder a esses questionamentos, revela a primeira grande surpresa: ela não é apenas uma Constituição que protege a segurança jurídica; ela é uma Constituição que consubstancia a própria segurança jurídica. Vale dizer, ela não é somente uma Constituição para a segurança jurídica; ela é uma Constituição da segurança jurídica, por excelência. Quer-se, com isso, dizer que, mais que prever competência para a instituição posterior (em nível infraconstitucional) de um sistema de segurança, ela própria o constitui (em nível constitucional). Em suma, mais que atribuir a tarefa de realizar a segurança, ela própria assume, largamente, embora não totalmente, esse ônus. Essas considerações explicam a expressão, dirigida à Constituição italiana – porém aplicável, ainda mais intensamente, à Constituição brasileira –, feita por Pizzorusso, no sentido que a segurança jurídica "é um princípio fundamental que, mesmo que não esteja expressa e especificamente contido em algum artigo, caracteriza a Carta Constitucional inteira".[1]

A essa constatação se chega pelo exame da superestrutura constitucional. A CF/88, do ponto de vista da extensão, é uma Constituição de regras, mais que de princípios. Depois de uma parte inicial, em que são

1. Alessandro Pizzorusso e Paolo Passaglia, "Constitution et sécurité juridique – Italie", *Annuaire International de Justice Constitutionnelle*, Paris, Economica, 1999, pp. 221-222.

previstos os princípios fundamentais da República Federativa do Brasil (art. 1º) e os direitos e garantias individuais e sociais (arts. 5º e 6º), na sua maior parte, aliás, garantidos por meio de regras, a CF/88 revela-se um grande catálogo de regras que preveem competências, que estabelecem procedimentos e instituem garantias. A verdade é esta: a CF/88, na sua ênfase, não é uma Constituição principiológica: ela é uma Constituição regulatória. De fato, a insistência da CF/88 está em estabelecer, de antemão, quais são as autoridades competentes, quais são os atos a serem editados, quais são os conteúdos a serem regulados, quais são os procedimentos a serem seguidos, quais são as matérias a serem tratadas – e assim por diante. Pode-se afirmar, resumidamente, que a CF/88, por ser extremamente detalhada com relação à produção normativa, procura, ela própria, responder as seguintes indagações: Quem? O quê? Como? Quando? Em que medida? Todo o sistema constitucional, em geral, e o Sistema Tributário Nacional, em particular, é destinado a prever as respostas a essas perguntas – soluções, aliás, vocacionadas, precisamente, a proporcionar a cognoscibilidade, confiabilidade e calculabilidade do e por meio do ordenamento jurídico. Em resumo, a CF/88 não deixou para depois as respostas relativas ao exercício do poder e à efetividade dos direitos de liberdade, de propriedade e de igualdade. Ela própria já forneceu os resultados e, beirando as raias do casuísmo, instituiu um sistema de segurança jurídica, pela miríade de regras e princípios que contém.[2]

Com efeito, ao estabelecer as regras do processo legislativo, por exemplo, instituindo competências, prevendo procedimentos e fixando matérias e fontes específicas para a produção normativa, a CF/88 favorece os ideais que compõem a segurança jurídica: o cidadão, ao saber quem pode produzir normas e qual o procedimento que deve ser seguido, não só conhece e compreende melhor as normas a que está sujeito, como também pode mais facilmente antecipar e acompanhar as suas futuras modificações, podendo calcular, hoje, as consequências futuras dos seus atos. Ao estabelecer as regras da atividade do Poder Executivo, igualmente instituindo competências, estabelecendo procedimentos e fixando matérias e fontes específicas para a atuação administrativa, a CF/88 também protege a cognoscibilidade, a confiabilidade e a calculabilidade do ordenamento jurídico. Em outras palavras, o administrado, ao saber qual autoridade pode e deve agir, o que ela pode e deve fazer e

2. Roque Antonio Carrazza, *Curso de Direito Constitucional Tributário*, 30ª ed., São Paulo, Malheiros Editores, 2015, pp. 443-444.

qual o procedimento que ela deve adotar, não só conhece e compreende melhor as normas a que deve obedecer e os atos que podem restringir ou condicionar as suas atividades como, da mesma forma, pode melhor antecipar a atuação administrativa futura, planejando com maior autonomia as suas próprias atividades. E, ao estabelecer as regras da atividade do Poder Judiciário, também instituindo competências e estabelecendo procedimentos para a atividade judicial, a CF/88, mais uma vez, privilegia a cognoscibilidade, a confiabilidade e a calculabilidade do ordenamento jurídico: o jurisdicionado, ao saber quem deverá julgar o seu caso e como deverá fazê-lo, não só conhece e compreende melhor as alternativas de defesa dos seus interesses como, acima de tudo, sabe de antemão que não poderá ser surpreendido arbitrariamente com a restrição das suas atividades senão por meio de um devido processo legal, repleto de garantias já especificadas.

Enfim, essas singelas considerações, às quais outras (quase da extensão do texto constitucional) poderiam ser somadas, apenas revelam o sistema de segurança criado pela Constituição: ao contrário de outras, a CF/88 optou por um sistema de previsibilidade por meio da regulação pormenorizada das competências, das matérias, dos procedimentos e das fontes.[3] Com isso, ela permite que os cidadãos possam saber onde se encontram os limites para o exercício da sua liberdade.[4] O poder de configuração do legislador não é figura teórica, porém é jurídico-dogmática: o âmbito concreto da liberdade legislativa decorre diretamente das regras constitucionais materiais.[5]

O mencionado sistema se exterioriza com maior nitidez ainda no âmbito tributário: o Sistema Tributário Nacional consubstancia um conjunto de normas destinado a prever quais tributos podem ser instituídos (arts. 145, 148 e 149, 153 e ss., 155 e ss., 156 e ss. e 195 e ss.), como devem ser cobrados (art. 150, I), quando podem ser exigidos (art. 150, I e III) e em que medida podem restringir os direitos fundamentais dos contribuintes (art. 150, II e IV). Enfim, o Sistema Tributário é um sistema que procura tornar predeterminável, ao nível constitucional,

3. Geraldo Ataliba, *Sistema Constitucional Tributário Brasileiro*, São Paulo, Ed. RT, 1968, p. 39.

4. Andreas von Arnauld, *Rechtssicherheit*, Tübingen, Mohr Siebeck, 2006, p. 20.

5. Anja Bräunig, *Die Gestaltungsfreiheit des Gesetzgebers in der Rechtsprechung des Bundesverfassungsgerichts zur deutschen Wiedervereinigung*, Berlin, Duncker und Humblot, 2007, p. 177.

quais são os poderes do Estado e quais são as garantias do contribuinte. "O quê", "como", "quando" e "em que medida" são as perguntas postas e já respondidas pela própria CF/88 por meio de regras jurídicas.[6] Assim procedendo, ela privilegia a cognoscibilidade, a confiabilidade e a calculabilidade do ordenamento jurídico: o contribuinte – ao saber por quem podem os tributos ser instituídos, sobre quais fatos eles podem incidir, por meio de quais procedimentos eles podem ser instituídos, a partir de quando eles podem ser exigidos e em que medida podem sê-lo – não só conhece e compreende melhor os tributos que irá pagar, e como e quando eles podem ser exigidos, como pode melhor exercer os direitos fundamentais de liberdade, de propriedade e de igualdade, e mais acuradamente antecipar a tributação futura.

Em outras palavras, a segurança jurídica decorre do próprio sistema constitucional como um todo. Vale dizer: um dos seus fundamentos não está contido na Constituição; ele é a própria Constituição. A segurança jurídica, em outro dizer ainda, não decorre apenas do que a Constituição prevê, mas também do modo como ela o faz. Usando metáforas já desgastadas pelo uso e pelo tempo, porém, ainda assim, portadoras de elevado poder explicativo, pode-se, de um lado, comparar o ordenamento jurídico a uma floresta, e as suas normas, às árvores; de outro, pode-se identificá-lo com um edifício, e as suas normas, com os seus pilares. Nessa linguagem metafórica, pode-se afirmar que a segurança jurídica não é apenas protegida pelas árvores, mas também pela própria floresta; não somente pelos pilares, mas igualmente pela própria arquitetura do edifício.

Esse "sistema de segurança jurídica", visível por meio da análise do conjunto do ordenamento constitucional, é também exteriorizado por meio das suas partes, como se passa a demonstrar.

6. Roque Antonio Carrazza, *Curso de Direito Constitucional Tributário*, 30ª ed., São Paulo, Malheiros Editores, 2015, p. 529 e ss.

Capítulo 2

Os Fundamentos na Estrutura Constitucional: a visão das partes

Seção 1. Fundamentos diretos

§ 1º. Proteção geral da "segurança"

Como já afirmado, a CF/88 prevê, expressamente, a proteção da "segurança". No "Preâmbulo", prevê que os representantes do Povo Brasileiro se reuniram em Assembleia Nacional Constituinte para instituir um Estado Democrático "destinado a assegurar (...) a segurança, o bem-estar, o desenvolvimento, a igualdade e a justiça como valores supremos de uma sociedade fraterna, pluralista e sem preconceitos, fundada na harmonia social, e comprometida, na ordem interna e internacional, com a solução pacífica das controvérsias, (...)". Assim, se forem conjugadas as palavras dessa expressão, pode-se afirmar que a Constituição institui um Estado Democrático destinado a "assegurar a segurança, o bem-estar, o desenvolvimento, a igualdade e a justiça como valores supremos de uma sociedade fundada na harmonia social e comprometida com a ordem".[1] A segurança jurídica está presente, no mínimo, cinco vezes naquela expressão: "assegurar" significa tornar seguro; "segurança" quer dizer algum estado digno de proteção; "valor" é algo digno de ser assegurado; "harmonia social" revela um estado de estabilidade e de previsibilidade e, portanto, de segurança; e "ordem" denota, igualmente, um estado desejado de estabilidade e, assim, de segurança.[2] Pode-se dizer, com isso, que a Constituição como que eleva a segurança à "quinta potência", já no seu "Preâmbulo", ao estabelecer, com redundância

1. Maria Sylvia Zanella Di Pietro, "Os princípios da proteção à confiança, da segurança jurídica e da boa-fé na anulação do ato administrativo", in Fabrício Motta (org.), *Direito Público atual: Estudos em Homenagem ao Professor Nélson Figueiredo*, Instituto de Direito Administrativo de Goiás (IDAG), Belo Horizonte, Fórum, 2008, p. 296.

2. Theophilo Cavalcanti Filho, *O problema da segurança no Direito*, São Paulo, Ed. RT, 1964, pp. 8 e 39.

enfática, algo como "tornar segura a segurança como algo digno de ser assegurado em uma sociedade segura".

Acrescente-se a isso o fato de que o "Preâmbulo", pela sua própria natureza, estabelece, de um lado, um compromisso intertemporal, isto é, destinado a permanecer no futuro, em manifesta vinculação com a ideia de continuidade do ordenamento jurídico; de outro, exterioriza a vinculação com a obediência à ordem recém-estabelecida, instituindo, com isso, uma promessa de estabilidade.[3] A fixação de uma nova ordem implica segurança pela pressuposição de algo a buscar e a manter.[4] Não há sentido em criar uma norma ou em instituir um ordenamento que não se destine a durar, pelo menos, por algum tempo.[5]

No *caput* do art. 5º, a mesma Constituição ainda estabelece que "todos são iguais perante a lei, sem distinção de qualquer natureza, garantindo-se aos brasileiros e aos estrangeiros residentes no País a inviolabilidade do direito (...) à segurança (...)", entre outros.[6]

A segurança prevista no "Preâmbulo" é claramente um valor social. A Constituição é inequívoca: institui um Estado Democrático destinado a "assegurar a segurança como valor". Essa expressão denota, pois, a utilização da segurança jurídica como "segurança pelo Direito", porquanto o Direito deve servir de instrumento assecuratório da segurança ("assegurar a segurança"). A respeito disso, surge a pergunta: Assegurar qual segurança – a segurança não-jurídica, como proteção contra ameaças externas, ou a segurança jurídica propriamente dita? Ao instituir um Estado Democrático destinado a assegurar a "segurança como valor", isto é, como algo transcendente ao indivíduo e que assume conteúdo axiológico perante a sociedade como um todo, a Constituição dá mostras de adotar o segundo sentido: segurança jurídica. Enfim, o "Preâmbulo" da Constituição protege diretamente a segurança jurídica pelo Direito. Como essa segurança só se viabiliza se o próprio Direito for seguro – como será oportunamente demonstrado –, a Constituição termina por proteger indiretamente também a segurança como segurança do Direito.

3. Anne-Laure Valembois, *La constitutionnalisation de l'exigence de sécurité juridique en Droit Français*, Paris, LGDJ, 2005, pp. 381 e 390.

4. Federico Arcos Ramírez, *La seguridad jurídica: una teoría formal*, Madrid, Dykinson, 2000, p. 20.

5. Mark van Hoecek, "Time and law. Is it the nature of law to last? A conclusion", in François Ost e Mark van Hoecke (orgs.), *Temps et Droit. Le Droit a-t-il pour vocation de durer?*, Bruxelles, Bruylant, 1998, p. 466.

6. Geraldo Ataliba, *República e Constituição*, 3ª ed., São Paulo, Malheiros Editores, 2011, p. 179.

A previsão contida no *caput* do art. 5º já não revela igual clareza com que o termo é utilizado no "Preâmbulo" da Constituição. Nesse dispositivo garante-se a inviolabilidade do "direito à segurança". Fica evidente que a segurança é um direito individual, oponível ao Estado e a ser por ele próprio garantido, em virtude do capítulo em que a expressão é inserida. Inicialmente, porém, não fica claro se o termo "segurança" se refere à segurança individual, como incolumidade física, ou diz respeito à segurança jurídica, como exigência de um ordenamento cognoscível, confiável e calculável. De fato, o mencionado dispositivo garante o "direito à segurança", sem qualquer qualificativo para o termo "segurança". A verdade é que vários dos valores e dos direitos mencionados nesses dispositivos são portadores de elevada ambiguidade, porque se prestam a denotar tanto aspectos físicos quanto valorativos: a proteção do direito à vida pode significar tanto a proteção da vida biológica quanto a preservação de um conjunto de bens jurídicos necessários a uma existência digna; o direito à liberdade pode tanto significar a garantia do direito de ir e vir quanto o direito de plasmar autonomamente a própria vida. A linguagem constitucional aberta, sem qualquer restrição de sentido, favorece a interpretação segundo a qual o termo "segurança" abrange tanto a segurança jurídica quanto a não-jurídica.

A leitura de todo o art. 5º leva, no entanto, à conclusão de que o termo "segurança" é usado no sentido estrito de segurança jurídica. Primeiro, porque ele garante o direito à segurança ao lado do direito à liberdade, à igualdade e à propriedade. Ora, sendo a liberdade, a igualdade e a propriedade valores sociais objetivos, e não meramente estados psicológicos individuais, a proteção da segurança de *modo paralelo* à garantia desses outros valores é claro indicador de que o termo foi utilizado no sentido de segurança jurídica, tendo em vista que a segurança física não revela esses atributos. Segundo, porque entre os direitos fundamentais catalogados pelos incisos do art. 5º há vários relativos tanto à segurança física e individual (como são os casos da proteção da residência e da instituição da garantia do *habeas corpus* contra restrições abusivas da liberdade) quanto às exteriorizações específicas da liberdade (como são os casos da proteção da liberdade de manifestação do pensamento, da liberdade de consciência e de crença, da liberdade de expressão intelectual, artística, científica e de comunicação ou da liberdade de associação para fins lícitos) – o que conduz à conclusão de que a previsão do *caput*, para ter algum sentido, só pode mesmo se referir à segurança em toda a sua abrangência, inclusive como segurança jurídica, quer como segurança do Direito, quer como segurança pelo Direito. Se os incisos já garantem a incolumidade física, a previsão do *caput* do mencionado artigo só adquire significado para proteger outro bem. Daí a afirmação certeira de Ataliba no sentido de que o radical que unifica todas as disposições do art. 5º e que lhes dá plenitude de sentido é a segurança jurídica.[7]

É preciso também dizer que, embora o termo "segurança" fosse interpretado de modo restritivo, apenas como liberação, contraposta à ideia de medo, de perigos e de ameaças externas, ainda assim esse sentido contribuiria para a construção da segurança jurídica. E isso porque a segurança externa é um dos elementos iniciais formadores da segurança jurídica: o indivíduo, inicialmente preocupado em afastar perigos e ameaças externas à sua incolumidade física, passa também a buscar um estado psíquico de despreocupação relativamente a outras surpresas, a partir de cujo momento a segurança passa a incorporar um elemento interno (um sentimento) criador de um estado de confiança por parte do cidadão, mais tarde deixando de ser propriedade de uma pessoa para constituir-se em valor social e jurídico, quando a sua realização depende de pressupostos jurídicos e institucionais.[8]

As considerações anteriores demonstram que a previsão da "segurança" no "Preâmbulo" e no *caput* do art. 5º qualifica-se como proteção da segurança *jurídica* como segurança *do* Direito e segurança *pelo* Direito, do *cidadão frente* ao Estado, a ser realizada *pelo* Estado por meio de regras, de atos e de procedimentos capazes de efetivar a segurança como *direito individual* e como *valor social*.

§ 2º. Proteção pontual da "segurança jurídica"

Apenas em um dispositivo, inserido pela Emenda Constitucional n. 45/2004, a CF/88 faz menção expressa à segurança jurídica. O art. 103-A autoriza o Supremo Tribunal Federal a aprovar, de ofício ou por provocação, mediante decisão de dois terços dos seus membros, após reiteradas decisões sobre matéria constitucional, súmula que, a partir de sua publicação na imprensa oficial, terá efeito vinculante em relação aos demais órgãos do Poder Judiciário e à Administração Pública direta e indireta, nas esferas federal, estadual e municipal. O § 1º desse artigo estabelece que "a súmula terá por objetivo a validade, a interpretação e a eficácia de normas determinadas, acerca das quais haja controvérsia atual entre órgãos judiciários ou entre esses e a Administração Pública

7. Idem, p. 179.

8. Andreas von Arnauld, *Rechtssicherheit*, Tübingen, Mohr Siebeck, 2006, p. 63.

que acarrete *grave insegurança jurídica* e relevante multiplicação de processos sobre questão idêntica" (grifos nossos).

Evidentemente, a expressão "segurança jurídica" é utilizada sem ser definida. Mesmo assim, o exame do âmbito normativo em que ela foi inserta permite delimitar o seu conteúdo: se a edição da súmula tem "por objetivo a validade, a interpretação e a eficácia de normas determinadas, acerca das quais haja controvérsia atual entre órgãos judiciários ou entre esses e a Administração Pública", a citada expressão refere-se a dois aspectos materiais principais: a cognoscibilidade do ordenamento jurídico, como exigência de clareza e inteligibilidade das normas e de sua aplicação; a calculabilidade do ordenamento jurídico, como exigência de previsibilidade e de vinculação normativa. Isso significa que a própria CF/88, ainda que por emenda constitucional, reconhece a segurança jurídica como elemento fundamental, assim como a define como exigência de cognoscibilidade e de calculabilidade de orientação e de aplicação do Direito.

§ 3º. Proteção de um dos efeitos da segurança jurídica

A CF/88, ao estabelecer que "a lei não prejudicará o direito adquirido, o ato jurídico perfeito e a coisa julgada" (art. 5º, XXXVI), protege a própria segurança jurídica na eficácia de um dos seus elementos parciais – a confiabilidade do ordenamento jurídico.

A proteção do direito adquirido, do ato jurídico perfeito e da coisa julgada é manifestação dos princípios da proteção da confiança e da boa-fé, que, a seu turno, traduzem a eficácia reflexiva do princípio da segurança jurídica, orientada a determinado sujeito e a determinado caso concreto.[9] Ao proteger esses direitos, a CF/88 como que assegurou, por regra, a eficácia reflexiva do princípio objetivo da segurança jurídica, destinada a manter algo conquistado por meio do Direito no passado. Regrou o aspecto subjetivo orientado ao passado de um princípio que, além de possuir uma dimensão objetiva, protege interesses supraindividuais, podendo, inclusive, opor-se a determinado interesse individual, como ocorre no caso de um direito subjetivo ser atingido pela deca-

9. Stefan Muckel, *Kriterien des verfassungsrechtlichen Vertrauensschutzes bei Gesetzesänderungen*, Berlin, Duncker und Humblot, 1989, p. 63; Constantin Yannakopoulos, *La notion de droits acquis en Droit Administratif Français*, Paris, LGDJ, 1997, p. 53; Enrico Riva, *Wohlerworbene Rechte – Eigentum – Vertrauen*, Bern, Stämpfli, 2007, p. 79; Miguel Reale, *Revogação e anulamento do ato administrativo*, 2ª ed., Rio de Janeiro, Forense, 1980, p. 81.

dência ou pela prescrição por falta de exercício.[10] A Constituição, ao proceder desse modo, estabeleceu uma espécie de "garantia do passado", como lembram Carvalho e Carrazza.[11]

Em outras palavras, a proteção expressa desses direitos – a serem oportunamente explicados em pormenor – demonstra que a CF/88 garante a segurança jurídica, como segurança do Direito e segurança pelo Direito, de algum cidadão frente ao Estado, a ser realizada pelo Estado por meio de regras, de atos e de procedimentos capazes de efetivar os direitos individuais decorrentes da eficácia reflexiva da segurança como princípio objetivo do ordenamento jurídico.

Seção 2. Fundamentos indiretos

§ 1º. Por dedução

I – Princípios objetivos estruturantes

A) Princípio do Estado de Direito

Além de diretamente prever a segurança, a CF/88 também exige a busca de fins mais amplos que permitem deduzir fins mais restritos necessários à sua realização, que traduzem, no seu conjunto, os ideais de confiabilidade e de calculabilidade do (e pelo) ordenamento jurídico. Aqui, a descoberta dos elementos da segurança jurídica se dá por *dedução* a partir de sobreprincípios que impõem a realização de fins mais amplos relativamente à segurança jurídica.[12]

A CF/88 inicia estabelecendo que "a República Federativa do Brasil, formada pela união indissolúvel dos Estados e Municípios e do Distrito Federal, constitui-se em Estado Democrático de Direito (...)" (art. 1º). Aqui não é o espaço para se investigar o princípio do Estado de Direito em toda a sua extensão; é, porém, o local para se verificar em que medida o princípio do Estado de Direito contribui para o conteúdo do princípio da segurança jurídica – nessa medida, ele é, pois, decisivo.

10. Andreas von Arnauld, *Rechtssicherheit*, Tübingen, Mohr Siebeck, 2006, pp. 153 e 156.

11. Paulo de Barros Carvalho, *Curso de Direito Tributário*, 21ª ed., São Paulo, Saraiva, 2009, p. 166; Roque Antonio Carrazza, *Curso de Direito Constitucional Tributário*, 30ª ed., São Paulo, Malheiros Editores, 2015, pp. 482 e 1.076-1.077.

12. Katharina Sobota, *Das Prinzip Rechtsstaat*, Tübingen, Siebeck, 1997, p. 411; Willy Zimmer, "Constitution et sécurité juridique – Allemagne", *Annuaire International de Justice Constitutionnelle 1999*, Paris, Economica, 2000, p. 114.

Com efeito, o princípio da segurança jurídica é normalmente deduzido do princípio do Estado de Direito.[13] Tal princípio – como afirma Carrazza – "hospeda-se nas dobras do Estado Democrático de Direito".[14] Esse princípio não apenas é associado com a universalidade e com a não-arbitrariedade do Direito, mas também com a exigência de que a atuação estatal seja governada por regras gerais, claras, conhecidas, relativamente constantes no tempo, prospectivas e não-contraditórias.[15] Um Estado de Direito caracteriza-se igualmente pelo ideal de protetividade de direitos e de responsabilidade estatal, somente atingido por meio de um ordenamento inteligível, confiável e previsível: a atividade estatal não é fundada e limitada pelo Direito se os poderes e se os procedimentos não são previstos, estáveis e controláveis (segurança do Direito); ainda, os direitos fundamentais não são minimamente efetivos se o cidadão não sabe previamente dentro de que limites pode exercer plenamente a sua liberdade (segurança de direitos) e se não há instrumentos que possam assegurar as suas expectativas (segurança pelo Direito) e atribuir-lhes eficácia no caso de restrições injustificadas (segurança frente ao Direito). Se o Estado de Direito é a proteção do indivíduo contra a arbitrariedade, somente um ordenamento acessível e compreensível pode desempenhar essa função.[16] O Estado de Direito ou é seguro, ou não é Estado de Direito. Como bem assevera Raz: "A observância do Estado de Direito é necessária caso o Direito

13. Klaus Stern, "Der Rechtsstaat", in *Kölner Universitätsreden*, Krefeld, Scherpe, 1971, p. 8; Andreas von Arnauld, *Rechtssicherheit*, Tübingen, Mohr Siebeck, 2006, pp. 665 e 671; Philip Kunig, *Das Rechtsstaatsprinzip*, Tübingen, Siebeck, 1986, pp. 163 e 390 e ss.; idem, "Der Rechtsstaat", in Peter Badura e Horst Dreier (orgs.), *FS 50 Jahre Bundesverfassungsgericht. Klärung und Fortbildung des Verfassungsrechts*, v. 2, Tübingen, 2001, p. 440; Delf Buchwald, *Prinzipien des Rechtsstaats*, Aachen, Shaker, 1996, pp. 181 e ss.; Katharina Sobota, *Das Prinzip Rechtsstaat*, Tübingen, Siebeck, 1997, p. 422; Karl Albert Schachtschneider, *Prinzipien des Rechtsstaates*, Berlin, Duncker und Humblot, 2006, p. 359; Lúcia Valle Figueiredo, "Planejamento, Direito Tributário e segurança jurídica", *RTDP* 12, p. 14, São Paulo, 1995; Carlos Alberto Alvaro de Oliveira, "O formalismo valorativo no confronto com o formalismo excessivo", *RF* 15, p. 388, separata, s.d.

14. Roque Antonio Carrazza, "Segurança jurídica e eficácia temporal das alterações jurisprudenciais – Competência dos Tribunais Superiores para fixá-la – Questões conexas", in Tércio Sampaio Ferraz Jr. *et alii* (orgs.), *Efeito "ex nunc" e as decisões do STF*, São Paulo, Manole, 2008, p. 41.

15. Jeremy Waldron, "The rule of law in contemporary liberal theory", *Ratio Juris*, v. 2, n. 1, p. 84, 1989; Hans-Wolfgang Arndt, "Das Rechtsstaatsprinzip", *JuS* 27, pp. L41-L44, 1987.

16. Sylvia Calmes, *Du principe de protection de la confiance legitime en droits Allemand, Communautaire et Français*, Paris, Dalloz, 2001, p. 115.

queira respeitar a dignidade humana. Respeitar a dignidade humana envolve tratar os homens como pessoas capazes de planejar e definir o seu futuro. Assim, respeitar a dignidade das pessoas inclui respeitar a sua autonomia, seu direito de controlar o seu futuro".[17] Essas considerações explicam a correção da afirmação de Maior Borges a respeito da segurança jurídica, "sem a qual o Brasil não poderia sequer se definir como Estado Democrático de Direito".[18]

De fato, o princípio do Estado de Direito relaciona-se com o princípio da segurança jurídica nas suas duas dimensões. A sua dimensão formal diz respeito à separação dos Poderes, à hierarquização das normas e à proteção jurisdicional.[19] A separação dos Poderes favorece o controle do exercício do Poder e a sua alocação por meio de regras de competência – elementos, esses, que contribuem para um incremento da cognoscibilidade, confiabilidade e calculabilidade do ordenamento jurídico. A lei, como fonte de normas gerais e abstratas, justamente dirigidas a um número indeterminado de pessoas e de situações, favorece a estabilidade do ordenamento, pela desnecessidade de alterar normas pela modificação das pessoas ou das circunstâncias. No Estado de Direito, os governantes sujeitam-se ao império da lei, e não ao da vontade.[20] A hierarquização das normas, cada qual requerendo um fundamento de validade em uma norma superior, auxilia na maior previsibilidade e controle da atuação estatal. Essa estrutura formal favorece a acessibilidade normativa, visto que, por exemplo, o cidadão pode saber que a norma de escalão inferior deverá estar de acordo com a superior, que, ao seu modo, deve estar conforme a outra superior, até chegar à Constituição. Assim, embora a fundamentação das leis na Constituição cause, de um lado, insegurança, visto que a validade da lei passa a depender da sua compatibilidade vertical com a Constituição – nem sempre fácil de ser aferida –, de outro lado, também contribui para a segurança, porque limita os

17. Joseph Raz, "The rule of law and its virtue (1977)", in *The authority of law. Essays on law and morality*, Oxford, Oxford, 1979, p. 221.

18. José Souto Maior Borges, "Segurança jurídica: sobre a distinção entre competências fiscais para orientar e autuar o contribuinte", *RDT* 100, p. 20, São Paulo, s.d.

19. Robert Summers, "A formal theory of the rule of law", in *Essays in Legal Theory*, Dordrecht, Kluwer, 2000, p. 169; Brian Z. Tamanaha, *On the rule of law*, Cambridge, Cambridge University Press, 2004, p. 91; Manoel Gonçalves Ferreira Filho, *Estado de Direito e Constituição*, 4ª ed., São Paulo, Saraiva, 2007, pp. 86 e ss.

20. Roque Antonio Carrazza, *Curso de Direito Constitucional Tributário*, 30ª ed., São Paulo, Malheiros Editores, 2015, p. 447.

sentidos possíveis da lei.[21] A proteção jurisdicional, a seu turno, funciona como instrumento assecuratório de direitos, bem como de efetividade do ordenamento jurídico como um todo.

Em suma, a estruturação formal do Direito é um elemento assegurador da realização da segurança jurídica. Todos esses elementos de uma concepção formal de Estado de Direito contribuem para os ideais de segurança jurídica, como clareza, certeza, precisão, inteligibilidade, generalidade e abstração.[22] Evidentemente que esses elementos do Estado de Direito são apenas *necessários* para a criação de um estado de segurança jurídica, mas não *suficientes*: as regras de competência podem entrar em conflito; a regra da legalidade apenas exige a instituição de novas obrigações em fontes formais do Direito, sem impedir uma margem, maior ou menor, de indeterminação, inevitável no uso da linguagem, e sem evitar o processo argumentativo de interpretação; a hierarquização das normas pode levar a resultados antagônicos pela existência não de uma, porém de uma pluralidade de normas, muitas das quais portadoras de conceitos jurídicos elevadamente indeterminados – e assim sucessivamente. Enfim, o princípio do Estado de Direito é ambíguo com relação à segurança jurídica: a exigência de legalidade, por exemplo, ao prescrever a edição de leis para qualquer intervenção na liberdade, termina sendo a causa do aumento indiscriminado de leis; o dever de igualdade faz com que as diferenças devam ser contempladas ou na lei ou na sua aplicação, tornando ou a legislação complexa, ou a sua aplicação não-uniforme – e assim por diante.[23] Essa constatação, no entanto, não retira do princípio do Estado de Direito o papel fundamental de conformação de todo o sistema jurídico.

A dimensão material do Estado de Direito também favorece os ideais de segurança jurídica. Como essa dimensão visa a proteger um conjunto de direitos, a segurança jurídica funciona como um princípio destinado a assegurar esses mesmos direitos. Por essa razão foi criada a denominação "direitos-garantia" (ou "direitos de suporte", "direitos à garantia de direitos" ou "direitos-tutores"), isto é, aqueles direitos que visam a garantir outros, como a liberdade de expressão e

21. Luigi Ferrajoli, "The past and the future of the rule of law", in Pietro Costa e Danilo Zolo (orgs.), *The Rule of Law – History, theory and criticism*, Dordrecht, Springer, 2007, p. 329.

22. Anne-Laure Valembois, *La constitutionnalisation de l'exigence de sécurité juridique en Droit Français*, Paris, LGDJ, 2005, pp. 35 e 39.

23. Klaus-Michael Groll, *In der Flut der Gesetze: Ursachen, Folgen, Perspektiven*, Düsseldorf, Droste, 1985, pp. 32 e ss.

de comunicação, por exemplo, que são instrumentos de efetividade do princípio da segurança jurídica.[24] O princípio da segurança jurídica é, de algum modo, um "direito-garantia", porque a sua realização é prévia ao exercício efetivo de determinados direitos fundamentais. Esses direitos – enfatize-se – servem para que o indivíduo possa exercer a sua autonomia. Por esse motivo, a própria concepção de Estado de Direito deve ser uma concepção "robusta", no sentido de envolver aspectos materiais sem os quais aquele não serve de instrumento de realização da dignidade humana.[25]

Importa ressaltar que é o princípio do Estado de Direito que serve de instrumento para assegurar a segurança jurídica, não o denominado Estado de Polícia, nem também o Estado Legal: não o Estado de Polícia, justamente pela ausência de limite para o exercício do poder, que tornava o seu exercício, ademais de imprevisível, opressivo; também não o Estado Legal, que exigia apenas a previsão legal, sem limitações decorrentes dos direitos fundamentais, levando a uma espécie de onipotência do Poder Legislativo e não impedindo o exercício arbitrário do Poder pela incorporação de direitos fundamentais materiais, como a igualdade na lei.[26]

Todas essas observações, às quais poderiam ser somadas outras, explicam por que o Supremo Tribunal Federal considera o princípio da segurança jurídica um subprincípio do princípio do Estado de Direito, como exemplifica o seguinte trecho do voto do Min. Gilmar Mendes no MS n. 24.268-0:

> "Considera-se, hodiernamente, que o tema tem, entre nós, assento constitucional (princípio do Estado de Direito) e está disciplinado, parcialmente, no plano federal, na Lei n. 9.784, de 29.1.99 (*v.g.*, art. 2º). Como se vê, em verdade, a segurança jurídica, como subprincípio do Estado de Direito, assume valor ímpar no sistema jurídico, cabendo-lhe papel diferenciado na realização da própria justiça material".[27]

24. Anne-Laure Valembois, *La constitutionnalisation de l'exigence de sécurité juridique en Droit Français*, Paris, LGDJ, 2005, p. 50.

25. Sebastián Urbina, *Legal method and the rule of law*, Dordrecht, Kluwer, 2002, p. 227.

26. Anne-Laure Valembois, *La constitutionnalisation de l'exigence de sécurité juridique en Droit Français*, Paris, LGDJ, 2005, p. 36; Michel Troper, "Le concept d'État de Droit", *Cahiers de Philosophie Politique et Juridique* 24, p. 28, 1993.

27. MS n. 24.268, Tribunal Pleno, Relator Ministro Gilmar Mendes, *DJ* 17.9.2004, p. 183 do acórdão.

Em suma, a instituição do princípio do Estado de Direito demonstra que a Constituição, por meio do estabelecimento de um ideal mais amplo a ser buscado, garante a segurança *jurídica* como segurança *do* Direito, *pelo* Direito, *frente* ao Direito e *dos direitos*, *dos cidadãos frente* ao Estado, a ser realizada *pelo* Estado por meio de regras, de atos e de procedimentos capazes de efetivar os direitos individuais e de assegurar o exercício legítimo do poder pelo Estado. Toda a teoria do Estado de Direito, no dizer de Chevallier, foi construída para enquadrar e limitar o poder do Estado.[28] Um Estado que não é regulado pelo Direito é imprevisível, bem como arbitrário – enfim, causador de insegurança jurídica.

Logo se vê que a fundamentação do princípio da segurança jurídica no princípio do Estado de Direito traz repercussões significativas sobre o seu conteúdo. Isso porque o princípio do Estado de Direito, como o seu próprio nome ilustra, é, preliminarmente, contrário à mantença de atos violadores do Direito: manter atos ilegais ou inconstitucionais afeta a cognoscibilidade e a calculabilidade da atuação estatal, pois isso pode incentivar a prática de novos atos ilegais, impedindo que o cidadão possa antecipar os atos governamentais; contribui para a arbitrariedade estatal, pela ausência de critérios objetivos reguladores da atividade estatal; diminui o controle dos atos estatais, pela manutenção dos atos irregulares; abala a uniformidade de tratamento, por atribuir tratamento diferenciado em razão do ingresso, ou não, em juízo.[29] Quer-se, com isso, apenas dizer que a fundamentação do princípio da segurança jurídica no princípio do Estado de Direito restringe, sobremodo, o seu significado. Não se poderá, em nome unicamente do princípio da segurança jurídica, como subprincípio do Estado de Direito, ausente outro fundamento, dar guarida a qualquer atuação estatal que não seja governada por regras gerais, claras, conhecidas, relativamente constantes no tempo, prospectivas e não-contraditórias.

B) Princípio do Estado Social de Direito

A CF/88, embora institua nominalmente apenas um "Estado Democrático de Direito" (art. 1º), possui uma série de dispositivos que, no seu conjunto, criam um ideal de Estado Social de Direito: no "Preâmbulo" prevê-se a instituição do Estado Democrático destinado a assegurar o

28. Jacques Chevallier, *L'État de Droit*, 2ª ed., Paris, Montchrestien, 1994, p. 11.

29. Robert Summers, "A formal theory of the rule of law", in *Essays in legal theory*, Dordrecht, Kluwer, 2000, p. 169.

exercício dos direitos sociais e individuais, a igualdade e a justiça como *valores supremos* de uma sociedade fraterna, pluralista e sem preconceitos, fundada na *harmonia social*; no art. 3º são estabelecidos os objetivos fundamentais da República Federativa do Brasil, dentre os quais estão a construção de uma sociedade livre, justa e solidária, a erradicação da pobreza e da marginalização e a redução das desigualdades sociais; no art. 5º garante-se o direito à assistência jurídica integral e gratuita aos que comprovarem insuficiência de recursos, por exemplo; no art. 6º são assegurados os direitos sociais à educação, à saúde, ao trabalho, à moradia, ao lazer, à *segurança*, à previdência social, à proteção à maternidade e à infância, à assistência aos desamparados. E no capítulo referente aos princípios gerais da atividade econômica a CF/88 garante uma ordem econômica fundada na valorização do trabalho humano com a finalidade de assegurar a todos existência digna, conforme os ditames da justiça social (art. 170).

A vinculação do princípio do Estado Social de Direito à segurança jurídica está no fato de que uma ordem social é aquela que garante segurança social, isto é, uma ordem que permita não apenas a criação, mas também a manutenção de instituições e de medidas que, preventiva ou remediadamente, garantam os meios de subsistência digna aos cidadãos.[30] Desse conteúdo normativo pode-se deduzir o dever de considerar as posições e as expectativas dos cidadãos.[31] Esse princípio exige, enfim, que os cidadãos não sejam surpreendidos, sem uma grave justificativa racional, com riscos maiores que aqueles que a própria vida apresenta e que a seguridade social deve proteger, para não colocá-los em situação incompatível com as condições sociais mínimas de sobrevivência.[32]

Na verdade, porém, o princípio do Estado Social de Direito, por não possuir caráter eminentemente protetivo, deixa de assumir a função de garantidor de expectativas – papel, esse, desempenhado pelo princípio do Estado de Direito. O que acaba sucedendo é justamente uma contraposição entre esses princípios: o princípio do Estado Social de Direito exige que o Estado cumpra a sua função planificadora e indutora da

30. Alexia Bierweiler, *Soziale Sicherheit als Grundrecht in der Europäischen Union*, Stuttgart, Boorberg, 2007, p. 135. No mesmo sentido: Wilhelm Hartz, "Mehr Rechtssicherheit im Steuerrecht. Ziele, Wege, Grenzen", *StbJb*, 1965/1966, p. 89.

31. Stefan Muckel, *Kriterien des verfassungsrechtlichen Vertrauensschutzes bei Gesetzesänderungen*, Berlin, Duncker und Humblot, 1989, p. 31.

32. Anna Leisner, *Kontinuität als Verfassungsprinzip*, Tübingen, Mohr Siebeck, 2002, p. 300; Ricardo Lobo Torres, *O Direito ao mínimo existencial*, Rio de Janeiro, Renovar, 2009, p. 83.

sociedade, realizando mudanças sociais, especialmente por meio da distribuição da riqueza; já, o princípio do Estado de Direito funciona como contraponto garantidor de expectativas, impedindo determinadas mudanças.[33] O que o princípio do Estado Social exige é uma espécie de mudança estável do ordenamento jurídico: um compromisso entre inovação e continuidade.[34] E a continuidade é, sim, um dos elementos da segurança jurídica. Nesse aspecto, é bom lembrar que na era do Estado Social, embora o Estado atue com mais intensidade, inclusive para corrigir desigualdades e desequilíbrios, este não pode abrir mão da imparcialidade e da proibição de arbitrariedades mais consentâneas com as normas gerais e abstratas, sob pena de corromper a própria justiça social.[35] Assim, ou o princípio do Estado Social se harmoniza com o princípio do Estado de Direito – e, portanto, com a segurança jurídica –, ou se comprometerá a própria realização isonômica e não-arbitrária do princípio do Estado Social. Por esse motivo – sustenta, com razão, Schoueri –, deve haver uma conformação do princípio da segurança jurídica no sentido de, de um lado, manter as garantias clássicas do Estado Liberal e, de outro, prever mecanismos que permitam certa flexibilidade necessária para se alcançar a finalidade buscada pela ordem econômica.[36]

O princípio do Estado Social de Direito, além disso, estabelece uma certa prevalência da vida humana sobre os outros valores, bem como uma espécie de inerência de determinados direitos à pessoa humana, não só limitando o exercício das atividades econômicas pelos particulares como, também, exigindo do Estado prestações e redistribuições.[37] Essas funções também repercutem sobre os estados de confiabilidade e de calculabilidade normativas. O respeito à dignidade humana, por exemplo, afasta a instituição de normas que façam do homem mero objeto, como é o caso de leis indutivas dotadas de retroatividade, que, sob o pretexto de

33. Stefan Muckel, *Kriterien des verfassungsrechtlichen Vertrauensschutzes bei Gesetzesänderungen*, Berlin, Duncker und Humblot, 1989, p. 33; Federico Arcos Ramírez, *La seguridad jurídica: una teoría formal*, Madrid, Dykinson, 2000, p. 351.

34. Anna Leisner, *Kontinuität als Verfassungsprinzip*, Tübingen, Mohr Siebeck, 2002, p. 2.

35. Federico Arcos Ramírez, *La seguridad jurídica: una teoría formal*, Madrid, Dykinson, 2000, p. 361.

36. Luís Eduardo Schoueri, "Segurança na ordem tributária nacional e internacional: tributação do comércio exterior", in Aires Fernandino Barreto *et alii* (orgs.), *Segurança jurídica na tributação e Estado de Direito*, São Paulo, Noeses, 2005, pp. 382-383.

37. Francisco González Navarro, *El Estado Social y Democrático de Derecho*, Pamplona, EUNSA, 1992, pp. 61 e 98 e ss.

influir no comportamento humano, atingem também comportamentos já adotados e, como tais, incapazes de sofrer qualquer influência.

Em resumo, a instituição do princípio do Estado Social de Direito demonstra que CF/88, por meio do estabelecimento de um ideal mais amplo a ser buscado, protege a segurança *jurídica* como segurança *pelo* Direito e *dos direitos*, *dos cidadãos frente* ao Estado, a ser realizada *pelo* Estado por meio de regras, de atos e de procedimentos capazes de criar as condições sociais mínimas para se efetivar os direitos individuais.

C) Princípio da divisão funcional dos Poderes

O princípio da divisão dos Poderes demanda uma repartição de funções e de tarefas entre os Poderes Legislativo, Executivo e Judiciário. Isso, contudo, só é possível se o Direito for minimamente capaz de funcionar como heterolimitação para esses mesmos Poderes: somente um Direito acessível, inteligível e estável é capaz de permitir que o Poder Judiciário atue *predominantemente* de modo declarativo e não-criativo e que o Poder Executivo atue de acordo com pautas previamente definidas pelo Poder Legislativo.[38]

Desse modo, a CF/88, ao instituir, no seu art. 2º, o princípio da separação dos Poderes, exige um mínimo de acessibilidade, de inteligibilidade e de estabilidade do Direito. Isso não quer dizer, de modo algum, que os sentidos mínimos dos textos normativos não precisem ser contextualizados do ponto de vista normativo e fático. Quer, em vez disso, significar que há limites semânticos que não podem ser desprezados na reconstrução normativa que deverá ser realizada pelo Poder Judiciário.

II – Princípio democrático

O princípio democrático mantém um vínculo com o princípio da segurança jurídica, porque se baseia e porque exige uma relação de confiança entre os representados e seus representantes, cuja permanência, em eleições periódicas, depende da ausência de frustração da vontade neles depositada.[39] Precisamente por isso que o princípio democrático,

38. Federico Arcos Ramírez, *La seguridad jurídica: una teoría formal*, Madrid, Dykinson, 2000, p. 86; Christoph Möllers, *Gewaltenteilung*, Tübingen, Mohr Siebeck, 2005, p. 133; idem, *Die drei Gewalten*, Göttingen, Velbrück, 2008, pp. 118 e 153; Eros Roberto Grau, *O Direito posto e o Direito pressuposto*, 9ª ed., São Paulo, Malheiros Editores, 2014, p. 226.

39. Anne-Laure Valembois, *La constitutionnalisation de l'exigence de sécurité juridique en Droit Français*, Paris, LGDJ, 2005, p. 61.

além de exigir e de pressupor confiança, também conduz à estabilidade, visto que a manutenção da confiança também leva à permanência das estruturas de poder. Como ilustrativamente lembra Redor, "que o Estado respeite a palavra dada, aqui está aquilo que pode se constituir no ápice da democracia".[40] Assim, o princípio democrático contribui especialmente para o ideal de confiabilidade que compõe o princípio da segurança jurídica.

Ainda, o princípio democrático, ao exigir a participação dos cidadãos na formação e na condução das políticas públicas, funciona como elemento garantidor de transparência estatal: só há efetiva participação cidadã no controle das atividades estatais quando há transparência com relação a resultados, a processos, a conteúdos e a responsabilidades.[41] O princípio democrático, desse modo, funda a exigência de transparência informativa, a qual contribui para a realização do ideal de cognoscibilidade da atuação estatal, inclusive por meio da transparência financeira.

III – Princípios subjetivos de liberdade

A) Patrimoniais

A-1) Princípio da proteção da propriedade

Além de fixar esses ideais mais amplos, a partir dos quais se podem deduzir os elementos da segurança jurídica, a CF/88 igualmente determina a realização de mais fins específicos que pressupõem, para a sua eficácia, a existência de cognoscibilidade, de confiabilidade e de previsibilidade do ordenamento jurídico. Os princípios de proteção da propriedade e da liberdade foram – como anota Carrazza – sobremodo valorizados pela Constituição.[42]

A CF/88 garante aos cidadãos a inviolabilidade do direito à propriedade (art. 5º, *caput* e incs. XXII e XXIII). O mesmo direito de propriedade também é estabelecido como princípio da ordem econômica (art. 170, II e III). Esse direito assume importância para a segurança jurídica quando entendida como fator de proteção de determinadas posições ju-

40. Marie-Joële Redor, *De l'État legal à l'État de Droit*, Paris, Economica, 1992, p. 291.

41. Jürgen Bröhmer, *Transparenz als Verfassungsprinzip*, Tübingen, Mohr Siebeck, 2004, p. 377.

42. Roque Antonio Carrazza, *Curso de Direito Constitucional Tributário*, 30ª ed., São Paulo, Malheiros Editores, 2015, p. 492.

rídicas patrimoniais: o cidadão pode efetivamente exercer determinadas posições jurídicas se puder confiar na estabilidade das relações jurídicas que lhe dizem respeito – daí por que a proteção da confiança na sua permanência é *imanente* ao próprio direito de propriedade.[43] A proteção da confiança baseada no direito de propriedade, no entanto, não exclui a existência de proteção de direitos imateriais com base em outros fundamentos.

O essencial, para o ponto restrito ora examinado, reside no fato de que a proteção da propriedade envolve uma *pretensão de durabilidade*: protege-se uma esfera patrimonial disponível para o cidadão livremente dela se utilizar – o que pressupõe uma pretensão de durabilidade desse estado de intangibilidade, pois, se a esfera pudesse ser constante e injustificadamente modificada, não permitiria que o seu titular pudesse dela fazer livre uso.[44] Tanto o direito de propriedade pressupõe permanência, que a própria CF/88 somente prevê a sua restrição por meio de procedimentos específicos, e a desapropriação em casos extraordinários, também mediante a ocorrência de pressupostos nada fáceis de ocorrer, e mediante indenização proporcional. Isso significa, em outras palavras, que mesmo a restrição do direito de propriedade deve ocorrer de maneira previsível. Mais: a fixação expressa do direito à herança também é uma forma indireta de preservar a continuidade: o direito de transmissão patrimonial aos herdeiros é uma forma de permanência do falecido na pessoa dos outros.[45]

Essas considerações demonstram, de um lado, que a pretensão de durabilidade imanente ao direito de propriedade permite deduzir os ideais parciais da segurança jurídica: ao proteger a esfera patrimonial, tornando-a regra somente excepcionável por meio da observância de rigoroso procedimento e da ocorrência de graves pressupostos, a CF/88 protege obliquamente a confiabilidade e a calculabilidade do ordenamento jurídico: o cidadão, ao saber que detém tal direito, em regra irrestringível, pode planejar com maior autonomia suas próprias atividades, transformando esse direito em meio de realização da liberdade. Protege-

43. Stefan Muckel, *Kriterien des verfassungsrechtlichen Vertrauensschutzes bei Gesetzesänderungen*, Berlin, Duncker und Humblot, 1989, p. 41; Paul Kirchhof, "Rückwirkung von Steuergesetzen", *StuW*, 2000, p. 230.

44. Johanna Hey, *Steuerplanungssicherheit als Rechtsproblem*, Köln, Otto Schmidt, 2002, p. 136; Anna Leisner, *Kontinuität als Verfassungsprinzip*, Tübingen, Mohr Siebeck, 2002, p. 290.

45. Anna Leisner, *Kontinuität als Verfassungsprinzip*, Tübingen, Mohr Siebeck, 2002, p. 292.

-se, assim, a segurança jurídica como segurança *do* Direito, *pelo* Direito e *de* direitos. De outro lado, as considerações anteriores também evidenciam que os ideais de confiabilidade e de previsibilidade assumem a condição de pressupostos para o exercício pleno do direito fundamental de propriedade: sem um ordenamento jurídico cognoscível, confiável e calculável não se pode minimamente exercer com autonomia os direitos patrimoniais de liberdade.[46] Protege-se, com isso, a segurança jurídica como segurança *de* direitos com base na segurança *do* Direito.

O direito fundamental de propriedade, além disso, funciona, em conexão com o direito fundamental de liberdade, como alicerce para a proteção do exercício passado desse direito: aquele que tiver configurado a sua propriedade com base na orientação estatal poderá merecer a proteção da confiança, caso existentes os seus pressupostos.[47]

A-2) Princípios da liberdade de exercício de profissão e de atividade econômica

A CF/88, já no capítulo dos princípios fundamentais, estabelece que a República Federativa do Brasil constitui-se em Estado Democrático de Direito e tem como fundamentos os valores sociais do trabalho e da livre iniciativa (art. 1º). Mais adiante, na parte relativa aos direitos e às garantias individuais, garante a liberdade de exercício de qualquer trabalho, ofício ou profissão (art. 5º, XIII). E, no capítulo referente aos princípios gerais da atividade econômica, garante uma ordem econômica, fundada na valorização do trabalho humano e na livre iniciativa (art. 170, *caput*), "assegurando" a todos, ainda, o livre exercício de qualquer atividade econômica, independentemente de autorização de órgãos públicos, salvo nos casos previstos em lei. E mesmo no Sistema Tributário Nacional a Constituição não permite a diferenciação em razão da atividade profissional exercida (art. 150, II) – o que, elipticamente, protege qualquer tipo de exercício de atividade profissional.

O exercício livre de um trabalho ou de uma atividade econômica funciona como instrumento para o indivíduo plasmar a própria vida. É por meio do trabalho e da atividade econômica que o cidadão constrói autonomamente a sua individualidade. Esses direitos fundamentais, portanto, adquirem uma relevância central para a autodeterminação

46. Andreas von Arnauld, *Rechtssicherheit*, Tübingen, Mohr Siebeck, 2006, p. 663.

47. Johanna Hey, *Steuerplanungssicherheit als Rechtsproblem*, Köln, Otto Schmidt, 2002, p. 152.

e para a realização digna do homem. A liberdade funciona como uma espécie de *status*: somente a proteção *contínua* da capacidade de agir permite o exercício efetivo da liberdade e da autoformação da personalidade. Ao contrário da propriedade, que muitas vezes troca de titular, a profissão, como uma duradoura capacidade, acompanha o indivíduo por toda a sua vida – e, como tal, apresenta-se como um objeto em contínuo desenvolvimento. Profissão nada mais é que a duradoura realização de um fundamento de vida.[48] O direito fundamental à profissão, portanto, pressupõe uma dimensão temporal caracterizada pela pretensão de permanência: ao Estado cabe *continuamente* proteger e não restringir o seu exercício.[49] Essa pretensão de estabilidade revela-se, uma vez mais, na utilização do exame de proporcionalidade no controle de constitucionalidade das restrições ao exercício dos direitos de liberdade, inclusive de profissão: a restrição só é considerada constitucional se adequada, necessária e proporcional. Isso significa, para o ponto ora investigado, que as condições de exercício da profissão devem manter-se estáveis, a não ser que haja uma razão que justifique proporcionalmente a restrição.[50]

O mesmo ocorre com o direito fundamental ao livre exercício de atividade econômica: como este pressupõe a livre escolha e o livre exercício de determinada atividade, afasta modificações legislativas ou administrativas abruptas.[51] A previsibilidade dos efeitos das decisões futuras e a sua estabilidade constituem condições necessárias para o exercício racional e funcional da liberdade, especialmente considerando que a autonomia é fundada no Direito e é exercida dentro dos seus limites.[52] No que se refere ao exercício da atividade econômica, essa exigência de durabilidade é decorrência de determinadas atividades: o investimento que envolve imóveis ou atividades industriais, por exemplo, carece de

48. Anna Leisner, *Kontinuität als Verfassungsprinzip*, Tübingen, Mohr Siebeck, 2002, p. 315.

49. Johanna Hey, *Steuerplanungssicherheit als Rechtsproblem*, Köln, Otto Schmidt, 2002, pp. 163-164; Anna Leisner, *Kontinuität als Verfassungsprinzip*, Tübingen, Mohr Siebeck, 2002, p. 314.

50. Anna Leisner, *Kontinuität als Verfassungsprinzip*, Tübingen, Mohr Siebeck, 2002, p. 318.

51. Johanna Hey, *Steuerplanungssicherheit als Rechtsproblem*, Köln, Otto Schmidt, 2002, p. 171.

52. Hanns Uhlrich, "La sécurité juridique en Droit Économique allemand: observations d'un privatiste", in Laurence Boy, Jean-Baptiste Racine e Fabrice Siiriainen (orgs.), *Sécurité juridique et Droit Économique*, Bruxelles, Larcier, 2008, p. 77.

uma extensa duração; o investidor somente investe, portanto, se puder julgar e calcular, com base no Direito Tributário, em longo prazo.[53]

O exposto demonstra que a pretensão de durabilidade é também imanente aos direitos de liberdade de exercício de profissão e de atividade econômica, dos quais se podem deduzir os ideais parciais da segurança jurídica: ao proteger a esfera de ação do indivíduo, seja através da profissão, seja através do trabalho ou de uma atividade econômica qualquer, proibindo o Estado de criar restrições desproporcionais ou excessivas, a CF/88 preserva indiretamente a confiabilidade e a calculabilidade do ordenamento jurídico: o cidadão, titular de um direito de autodeterminação ativa, pode agir e planejar as suas atividades. Garante-se, com tudo isso, a segurança jurídica como segurança de direitos por meio da segurança *do* Direito, mesmo *frente* ao Direito. Mais que a garantia de durabilidade do ordenamento jurídico, o exercício concreto da liberdade pode gerar a aplicação subjetiva do princípio da segurança jurídica por meio da proteção da confiança: quem exerce a sua liberdade de modo orientado pelo Direito, em determinados casos – adiante examinados –, não pode ser prejudicado.[54]

B) Não-patrimoniais

B-1) Princípio da proteção da liberdade

A CF/88 é insistente na proteção da liberdade não só no seu conjunto, como já analisado, como nas suas partes. Já no "Preâmbulo" ela institui um Estado Democrático, destinado a garantir a liberdade. E no capítulo dos direitos e das garantias individuais inicia garantindo aos cidadãos a inviolabilidade do direito à liberdade para, em seguida, instituir uma série de direitos mais específicos (liberdade de manifestação do pensamento, de consciência e de crença, da atividade intelectual, artística, científica e de comunicação, de associação para fins lícitos) e de garantias destinadas à efetivação da liberdade (recebimento de informações dos órgãos públicos, impetração de mandado de segurança ou de *habeas corpus*).

53. Karl Heinrich Friauf, "Steuerrechtsänderungen und Altinvestitionen. Zum Verfassungsgebot der steuerlichen Investitionssicherheit", *StbJb*, 1986/1987, p. 279; Herbert Wiedemann, "Rechtssicherheit – ein absoluter Wert? Gedanken zum Bestimmtheitserfordernis zivilrechtlicher Tatbestände", in Gotthard Paulus *et alii* (orgs.), *FS für Karl Larenz*, München, Beck, 1973, pp. 204-205.

54. Johanna Hey, *Steuerplanungssicherheit als Rechtsproblem*, Köln, Otto Schmidt, 2002, p. 162.

É ocioso repetir tudo quanto se afirmou relativamente aos princípios de liberdade de exercício de profissão e de atividade econômica. Com relação ao princípio de liberdade em geral, vale tudo quanto se disse até aqui, porém de modo ainda mais amplo: além de proteger de maneira subsidiária qualquer restrição que não seja protegida por algum princípio específico de liberdade, esse princípio geral de liberdade protege a autoafirmação e a autodeterminação (capacidade de definir sua própria identidade), a autoproteção (capacidade de se resguardar e de se recolher tanto juridicamente, na sua esfera privada e na sua intimidade, quanto fisicamente, na sua residência) e a autoexposição (capacidade de se afastar de exposições que considere atentatórias à sua pessoa e de decidir aquilo que deseja divulgar relativamente a si próprio).[55] Liberdade jurídica significa, pois, o *poder de escolha* entre alternativas comportamentais que evitem ou que amenizem riscos jurídicos, isto é, consequências jurídicas, capazes de prognóstico e de controle, que afetam decisões individuais.[56] Liberdade envolve, assim, autonomia, e esta última opõe-se a uma vida de *escolhas forçadas* ou *sem escolhas*.[57]

O exame do conteúdo dos princípios de liberdade permite comprovar que os ideais de confiabilidade e de calculabilidade funcionam como pressupostos para a sua eficácia. Sem um ordenamento jurídico cognoscível, confiável e calculável não se pode minimamente exercer com autonomia os direitos patrimoniais de liberdade, nem exercer a liberdade de autodeterminação: para poder trabalhar ou para exercer atividade econômica, o cidadão precisa saber quem pode produzir as normas que irão regular a sua atividade e o seu funcionamento, como estas podem ser editadas, qual é o seu conteúdo e como elas condicionam e restringem a escolha da profissão ou da atividade e o seu contínuo exercício. Sem saber quais são as normas e quais são as autoridades que as podem editar, e sem que essas normas sejam minimamente estáveis e vinculantes para as autoridades, o cidadão, a rigor, não tem condições mínimas de agir e de planejar com liberdade.[58] Daí se afirmar que a confiabilidade e

55. Pieroth/Schlink, *Staatsrecht II: Grundrechte*, 23ª ed., Heidelberg, C. F. Müller, 2007, p. 87.

56. Christoph Gusy, "Gewährleistung von Freiheit und Sicherheit im Lichte unterschiedlicher Staats- und Verfassungsverständnisse", *VVDStRL* 63, p. 155, Berlin, 2004.

57. Joseph Raz, *The Morality of Freedom*, Oxford, Clarendon, 1986, p. 371.

58. Christoph Gusy, "Gewährleistung von Freiheit und Sicherheit im Lichte unterschiedlicher Staats- und Verfassungsverständnisse", *VVDStRL* 63, p. 164, Berlin, 2004.

a calculabilidade da atuação estatal consubstanciam fundamentos para a ação e para o planejamento individual, inclusive econômico.[59] Decorre disso, também, a correlação necessária entre liberdade e segurança. Ou, no dizer de von Arnauld, "conduzir a vida com autonomia significa poder planejá-la".[60] Ou, nas palavras de Vogel, *"a segurança jurídica é pressuposto para a segurança dos direitos subjetivos"*.[61] Ou, ainda, na expressão de Hey, "liberdade só prospera na confiança, e confiança só na liberdade".[62] Enfim, a proteção da liberdade funciona como garantia indireta da segurança jurídica como segurança *de* direitos por meio da segurança *do* Direito.

Os direitos fundamentais de liberdade e de propriedade são decisivos para se verificar a existência de eficácia reflexiva do princípio da segurança jurídica. Em algumas situações, ainda que não haja comprometimento da credibilidade integral do ordenamento jurídico, o contribuinte já dispôs do seu patrimônio e de sua liberdade com tal intensidade e duração que se torna injustificável que uma mudança posterior o possa prejudicar. Mais ainda: muitas vezes o problema não diz apenas respeito à existência de atos de disposição adotados livre e espontaneamente pelo contribuinte; em alguns casos é o próprio Estado que incentiva, atrai ou, mesmo, obriga o contribuinte a praticar determinadas atividades. Diante dessas situações, questões atinentes à retroatividade deverão ser resolvidas tendo em vista o exercício dos direitos de propriedade e de liberdade, e não simplesmente com base na eficácia retroativa ou retrospectiva da norma modificadora. O que se quer dizer com isso é que a consideração dos direitos fundamentais do contribuinte altera significativamente a própria compreensão do princípio da segurança jurídica: se ele significa não apenas a proteção da continuidade do ordenamento jurídico, mas também a proteção do exercício de determinados direitos fundamentais, problemas decorrentes da mudança do ordenamento jurídico não mais podem ser resolvidos apenas sob a mera perspectiva da relação entre normas no tempo, verificando se o contribuinte consumou, ou não, o seu ato sob a vigência da legislação anterior; esses problemas, em vez

59. Andreas von Arnauld, *Rechtssicherheit*, Tübingen, Mohr Siebeck, 2006, pp. 37, 118, 155 e 162.

60. Idem, p. 668.

61. Klaus Vogel, "Rechtssicherheit und Rückwirkung zwischen Vernunftrecht und Verfassungsrecht", *Juristen Zeitung*, n. 43, 1988, p. 833.

62. Johanna Hey, *Steuerplanungssicherheit als Rechtsproblem*, Köln, Otto Schmidt, 2002, p. 120; Anna Leisner, *Kontinuität als Verfassungsprinzip*, Tübingen, Mohr Siebeck, 2002, p. 280.

disso, devem ser solucionados sob a perspectiva da restrição dos direitos fundamentais, por meio do exame do grau de intensidade da restrição e do peso da justificativa para essa restrição, ainda que, eventualmente, os atos não tenham sido consumados no passado. Em outras palavras, a fundamentação do princípio da segurança jurídica nos direitos fundamentais altera os próprios critérios de verificação da validade das modificações normativas, que deixam de ser exclusivamente baseados no Estado de Direito e passam a ser fundamentados nos direitos fundamentais e nos princípios que conformam a atuação estatal. Essa refundação do princípio da segurança jurídica traz repercussões pontuais para o exame dos meios para a sua realização. Por exemplo, no lugar de um conceito de irretroatividade vinculado à hipótese de incidência (*tatbestandsbezogener Rückwirkungsbegriff*) deve ser construído um conceito vinculado ao comportamento (*handlungsbezogener Rückwirkungsbegriff*); em vez de uma competência administrativa ilimitada para a modificação de atos administrativos, uma faculdade limitada à existência de atos de disposição da liberdade e do patrimônio – e assim sucessivamente.[63]

A fundamentação da segurança jurídica nos direitos fundamentais repercute na valorização de elementos que não necessariamente são relevantes do ponto de vista das hipóteses de incidência das regras de tributação. Em muitas situações, a atuação do contribuinte será relevante do ponto de vista do princípio da segurança jurídica mesmo que, do ponto de vista das regras constitucionais de irretroatividade, os atos praticados não tenham sido consumados sob a vigência da norma anterior.

B-2) Princípio da proteção da família

A CF/88, além de estabelecer que a família deve receber especial proteção do Estado (art. 226), institui uma série de direitos e de garantias vinculados à família, como a proteção do casamento e da união estável (art. 226), a proteção da propriedade rural familiar (art. 5º, XXVI), o salário-mínimo capaz de garantir a subsistência da família (art. 7º, IV), o salário-família (art. 7º, XII), a assistência social à família (art. 203, I), entre outros. A proteção da família abrange, em uma concepção mais ampla, a garantia de permanência e a proteção de confiança contra restrições que atinjam a família como instituição e como direito fundamental – o que pressupõe condições sociais mínimas e, especialmente,

63. Johanna Hey, *Steuerplanungssicherheit als Rechtsproblem*, Köln, Otto Schmidt, 2002, pp. 215 e 237.

estáveis.[64] A proteção da família significa o dever de criar condições para a sua manutenção.[65]

Novamente, a proteção de instituições sociais estáveis, como a família e o casamento, pressupõe a criação de um estado de estabilidade institucional que marca, precisamente, um dos elementos do princípio da segurança jurídica: confiabilidade pela permanência. Ao proteger a família, a CF/88 está protegendo a segurança jurídica como segurança do Direito e dos direitos.

Todas as considerações acima realizadas a respeito dos direitos de liberdade, patrimoniais e não-patrimoniais, atestam que A CF/88, por meio do estabelecimento de ideais específicos a serem buscados, protege a segurança *jurídica* como segurança *dos direitos*, que pressupõe segurança *do* Direito, *de qualquer cidadão frente* ao Estado, a ser realizada *pelo* Estado por meio de regras, de atos e de procedimentos capazes de garantir os direitos individuais.

IV – Princípio da igualdade

Depois de, no "Preâmbulo", instituir um Estado Democrático destinado a assegurar a igualdade, a CF/88 garante, no capítulo destinado aos direitos e às garantias individuais, a inviolabilidade do direito à igualdade (art. 5º, *caput*), em geral, e a igualdade de direitos e de obrigações entre homens e mulheres (art. 5º, I), em especial ao lado de outras manifestações indiretas. Embora não pareça, a proteção da igualdade é uma forma indireta de se proteger a segurança jurídica.

Isso ocorre principalmente de dois modos. De um lado, pelo dever de igualdade perante a lei: como as normas, gerais e abstratas, devem ser aplicadas de maneira uniforme e impessoal, sem a consideração da pessoa, os cidadãos que se encontram em situação equivalente deverão receber igual tratamento.[66] Ao serem gerais e abstratas, as normas fornecem parâmetros fixos de comportamento para os destinatários, permitindo

64. Stefan Muckel, *Kriterien des verfassungsrechtlichen Vertrauensschutzes bei Gesetzesänderungen*, Berlin, Duncker und Humblot, 1989, p. 48; Paul Kirchhof, "Rückwirkung von Steuergesetzen", *StuW*, 2000, p. 229.

65. Misabel de Abreu Machado Derzi, "A família e o Direito Tributário", *RDT* 65, p. 162, São Paulo, s.d.

66. Federico Arcos Ramírez, *La seguridad jurídica: una teoría formal*, Madrid, Dykinson, 2000, p. 160.

que eles possam antecipar as consequências de suas ações e os comportamentos dos demais cidadãos. Sendo assim, o conhecimento de um ato administrativo ou de uma decisão administrativa ou judicial cria para o cidadão a expectativa de que, ocorrendo caso similar, idêntica solução deverá ser adotada.[67] Dessa exigência de uniformidade aplicativa, decorrente da igualdade, podem ser deduzidos os elementos de confiabilidade e calculabilidade que compõem a segurança jurídica: de confiabilidade, porque o dever de aplicação uniforme gera o dever de manutenção da mesma decisão para casos iguais, favorecendo a estabilidade e a vinculatividade do Direito; de calculabilidade, visto que o cidadão pode prever a mesma solução para casos iguais, planejando suas atividades ao saber que, praticando o mesmo ato, a ele deverá ser atribuída idêntica consequência.[68]

De outro lado, pelo dever de igualdade no tempo, como os cidadãos devem ser tratados igualmente, a não ser que haja uma justificativa para o tratamento desigual, o cidadão sabe que, não havendo modificações substanciais nas situações que serviram de base para a edição do ato administrativo ou para a prolação da decisão administrativa ou judicial, o ato e a decisão devem ser mantidos. Dessa exigência de igualdade no tempo, ou de igualdade sistemática, decorrente da igualdade, também podem ser deduzidos os elementos de confiabilidade e de calculabilidade que compõem a segurança jurídica: de confiabilidade, já que o dever de manutenção do ato ou da decisão, a não ser que existam razões justificativas para sua mudança, favorece os ideais de estabilidade e de vinculatividade do Direito; de calculabilidade, porquanto o cidadão pode prever a manutenção do ato ou da decisão, ausente qualquer nova razão justificativa para a mudança. A igualdade, assim, é instrumento de segurança, pela uniformidade e imparcialidade que destas decorrem.[69]

Além disso, várias questões relacionadas à calculabilidade do Direito também representam um problema de igualdade. Veja-se, por exemplo, a questão da retroatividade: se duas pessoas, *A* e *B*, estão na mesma situação legal em determinado momento mas uma delas, *A*, adota uma

67. Misabel de Abreu Machado Derzi, "Mutações, complexidade, tipo e conceito, sob o signo da segurança e da proteção da confiança", in Heleno Torres (org.), *Estudos em homenagem a Paulo de Barros Carvalho*, São Paulo, Saraiva, 2007, p. 284.

68. Michael Reinhardt, *Konsistente Jurisdiktion*, Tübingen, Mohr Siebeck, 1997, p. 499.

69. Anne-Laure Valembois, *La constitutionnalisation de l'exigence de sécurité juridique en Droit Français*, Paris, LGDJ, 2005, p. 386.

conduta cuja consequência vem a ser posteriormente alterada, enquanto a outra pessoa, *B*, deixa de praticar aquela conduta, a posição de *B* é mais favorável que a de *A*, por razões que escapam ao controle de ambos.[70] Vale dizer: a retroatividade desiguala pessoas juridicamente iguais: a única diferença entre aquele que foi atingido pela nova regra e aquele que não foi é o tempo, apesar de ambas as condutas serem as mesmas.[71]

É fácil constatar, portanto, que a proteção da igualdade conduz à garantia da segurança *jurídica* como segurança *do* Direito e *dos direitos*, *de qualquer cidadão frente* ao Estado, a ser realizada *pelo* Estado por meio da aplicação coerente e consistente do ordenamento jurídico para todos aqueles que se encontram em situação equivalente.

V – Princípio da dignidade humana

Pode parecer exagerado incluir o princípio da dignidade humana entre os fundamentos do princípio da segurança jurídica. Uma análise mais detida, porém, revela que aquele mantém vinculação estreita com as exigências de cognoscibilidade, confiabilidade e de calculabilidade do Direito.

Com efeito, esses ideais parciais que compõem o ideal maior de segurança jurídica constituem os pressupostos para a realização do ser humano: sem um ordenamento jurídico minimamente inteligível, estável e previsível o homem não tem como se autodeterminar, plasmando o seu presente e planejando o seu futuro com liberdade e autonomia. Sem essas condições, portanto, o homem não tem como se definir como um sujeito autônomo e digno. A segurança jurídica constitui, assim, o pressuposto jurídico para a realização da dignidade humana. Em razão disso, pode-se afirmar que a dignidade humana é um fundamento indireto da segurança jurídica. Sem esta última, a dignidade humana, como participação ativa e corresponsável nos destinos da própria existência e da vida em comunhão com os demais seres humanos, fica severamente restringida.[72]

70. Ake Frändberg, "Retroactivity, simulactivity, infraactivity", in Jes Bjarup e Mogens Blegvad (orgs.), *Time, Law and Society*, *ARSP*, v. 64, Stuttgart, Franz Steiner, 1995, p. 70.

71. Ben Juratowitch, *Retroactivity and the Common Law*, Oxford, Hart, 2008, p. 212.

72. Ingo Wolfgang Sarlet, "A eficácia do direito fundamental à segurança jurídica: dignidade da pessoa humana, direitos fundamentais e proibição de retrocesso social no Direito Constitucional brasileiro", in Cármen Lúcia Antunes Rocha (org.),

Além disso, o desrespeito à segurança jurídica provoca, igualmente, a violação ao princípio da dignidade humana. Veja-se o caso da eficácia retroativa da legislação. Para que o indivíduo possa livre e autonomamente plasmar o seu presente e planejar o seu futuro, ele precisa ser regulado pelas regras vigentes no tempo em que age. Quando, porém, a modificação legislativa tem efeitos retroativos, a sua ação termina sendo valorada por regras inexistentes ao tempo da sua ação. As regras deixam de atuar sobre a sua vontade, porque surgem somente depois de esta última ter sido manifestada. O indivíduo, desse modo, age sob a influência da lei vigente no momento da ação mas é regulado por uma lei então inexistente. Ele é, assim, manipulado: age com base numa norma, mas é regulado por outra. Ele é também enganado: age pensando estar sendo regulado por uma norma, mas termina futuramente sendo regulado por outra. Ele acaba sendo, enfim, tratado como um objeto, e não como um ser humano digno de respeito e com possibilidade de livremente orientar as suas próprias escolhas dentro do quadro normativo que conhece. Essas considerações explicam a afirmação de Della Vale no sentido de que a retroatividade normativa *in pejus* degrada o homem "de sujeito a objeto".[73] A razão dessa degradação é evidente: se o princípio da dignidade humana exige que se estabeleçam condições para que o homem, de maneira responsável, livre e racional, possa desenvolver sua personalidade, a eficácia retroativa simplesmente é contrária àquele, pois o impede simplesmente de decidir e de reagir.[74]

Além disso, um homem *racional* adota condutas, examinando as consequências ligadas às várias alternativas comportamentais. Algumas dessas consequências são atribuídas pelo ordenamento jurídico. A ação individual, portanto, pode mudar em razão das consequências atribuídas aos comportamentos. Ora, se esse ordenamento atribui, a determinado comportamento, em um dado momento, uma certa consequência, mas a altera, depois de o comportamento ter sido praticado, está automaticamente modificando a própria fundamentação normativa da ação comportamental. Se fosse dado ao indivíduo conhecer as consequências que, depois da sua ação, passariam a existir, talvez ele não tivesse adotado o

Constituição e segurança jurídica: direito adquirido, ato jurídico perfeito e coisa julgada. Estudos em homenagem a José Paulo Sepúlveda Pertence, Belo Horizonte, Fórum, 2004, p. 94.

73. Eugenio Della Vale, *Affidamento e certezza del Diritto Tributario*, Milano, Giuffrè, 2001, p. 92.

74. Heike Pohl, *Rechtsprechungsänderung und Rückanknüpfung*, Berlin, Duncker und Humblot, 2005, p. 198.

curso de ação que terminou adotando. Pois bem, a restrição da dignidade humana está no fato de o destinatário *ser* atingido por uma consequência pela qual *não* esperava, e *não* ser alcançado pela consequência pela qual aguardava. O legislador, desse modo, brinca com o destinatário, como se fosse ele um objeto, especialmente por aniquilar a sua autonomia, na medida em que este, por já ter agido com base na norma então existente, não mais pode modificar o seu comportamento, levando em consideração a norma que somente depois passou a existir. Como as consequências que o atingem já foram completamente determinadas por uma conduta já adotada, é-lhe subtraída a possibilidade de fazer planos diferentes, considerando-se as distintas consequências jurídicas.[75] Isso explica por que Marmor qualifica uma norma retroativa como uma afronta à dignidade humana e à liberdade: as pessoas merecem ser tratadas de um modo racional e digno, razão pela qual o Direito deve estabelecer previamente os modelos de conduta, permitindo, com isso, que elas possam decidir obedecer ou voluntariamente desobedecer.[76] Daí se dizer que respeitar a autonomia do indivíduo envolve respeitar a sua aptidão para planejar; essa, por sua vez, requer o respeito pela aptidão do indivíduo de se apoiar no Direito para a sua ação. Esse respeito impede, assim, que o Direito seja algo diverso do que ele efetivamente era no momento em que a ação foi praticada.[77]

Veja-se, igualmente, o caso da ausência de segurança procedimental por meio da garantia do contraditório e da ampla defesa. A pretensão à tutela jurídica exige que as partes sejam informadas a respeito dos atos praticados no processo e sobre os elementos dele constantes, para que possam manifestar-se sobre os elementos fáticos e jurídicos presentes no processo e para que consigam ver seus argumentos considerados de forma isenta, imparcial e fundamentada. Quando essas garantias não são obedecidas, isto é, quando o cidadão é surpreendido relativamente a decisões ou a atos que restringem os seus direitos, não podendo contra eles autonomamente reagir, não apenas está sofrendo restrição no seu direito à segurança jurídica procedimental (pela ausência de cognoscibilidade, confiabilidade e calculabilidade da manifestação judicial ou administrativa do Direito), como também está tendo a sua dignidade injustificada-

75. Ake Frändberg, "Retroactivity, simulactivity, infraactivity", in Jes Bjarup e Mogens Blegvad (orgs.), *Time, Law and Society*, *ARSP*, v. 64, Stuttgart, Franz Steiner, 1995, p. 70.

76. Andrei Marmor, *Law in the age of pluralism*, Oxford, OUP, 2007, p. 20.

77. Ben Juratowitch, *Retroactivity and the Common Law*, Oxford, Hart, 2008, p. 49.

mente afetada. Nesse sentido, oportunas são as considerações do Min. Cézar Peluso no julgamento do MS n. 24.268, em que se questionou o cancelamento de pensão concedida por longo período, sob o argumento de fraude, sobre o direito ao contraditório e à ampla defesa por parte da pessoa interessada: "Tem de ser ouvida, porque o fato de não ser ouvida, sob pretexto de suposta aparência de fraude, transforma a pessoa humana em objeto, em se dispondo sobre ela sem lhe dar oportunidade de ser ouvida e considerada como sujeito".[78]

É preciso referir, por fim, que os direitos fundamentais (anteriormente referidos – de propriedade, de liberdade, de igualdade e de dignidade) foram instituídos na parte inicial da Constituição, logo após os princípios fundamentais. Mais ainda: eles foram dotados, pelo § 1º do art. 5º, de aplicabilidade imediata – que implica, no dizer de Maior Borges, a sua autoaplicação.[79] Nesse sentido, a própria Constituição atribuiu-lhes – nas palavras de Machado Derzi – autoaplicabilidade, prevalência, integridade, irreversibilidade e inesgotabilidade.[80] É sintomático, ainda, o fato de que, em boa medida, esses direitos fundamentais foram instituídos sempre por meio de expressões categóricas, a fim de afastar a sua limitação – como: "é inviolável" –, ou para garantir-lhes eficácia – como: "é plena". Esse modo através do qual a Constituição estabeleceu os direitos fundamentais é um indicador da eficácia com que ela os quis objetivamente qualificar.

§ 2º. Por indução

I – Princípios administrativos

A) Princípio da moralidade

Além de estabelecer ideais amplos e específicos que permitem deduzir os elementos estruturais da segurança jurídica, a CF/88 também exige a busca de ideais mais restritos a partir dos quais se podem induzir fins maiores que compõem o estado de confiabilidade e de calculabilidade do (e pelo) ordenamento jurídico. Nesse caso, cabe ao jurista – na

78. MS n. 24.268, Tribunal Pleno, Relator Ministro Gilmar Mendes, *DJ* 17.9.2004, p. 189 do acórdão.

79. José Souto Maior Borges, "Segurança jurídica: sobre a distinção entre competências fiscais para orientar e autuar o contribuinte", *RDT* 100, p. 20, São Paulo, s.d.

80. Misabel de Abreu Machado Derzi, *Modificações da jurisprudência no Direito Tributário*, São Paulo, Noeses, 2009, p. 463.

plástica expressão de Carvalho relativa à segurança jurídica – examinar "os princípios que, conjugados, formariam os fundamentos a partir dos quais se levanta".[81]

A CF/88, a par de princípios fundamentais, institui princípios administrativos que igualmente repercutem sobre o princípio da segurança jurídica. Entre eles está o princípio da moralidade administrativa (art. 37). Malgrado a sua amplitude, pode-se inferir desse princípio a exigência de comportamentos sérios e leais por parte da Administração Pública: sérios, no sentido de fundamentados e justificados; leais, no sentido de respeitarem a confiança e as expectativas legítimas do cidadão.[82] São justamente essas exigências de seriedade e de lealdade que compõem o ideal de segurança jurídica. Elas redundam, em maior ou em menor medida, na busca do autêntico interesse público, não confundível com o interesse do aparato estatal ou do erário, no respeito aos interesses privados e na observância da boa-fé objetiva.[83]

Com efeito, a exigência de seriedade é meio para atingir um estado de confiabilidade e de calculabilidade do ordenamento jurídico, baseado na sua cognoscibilidade: o dever da Administração de adotar comportamentos sérios, no sentido de fundamentados e justificados, permite que o cidadão tenha acesso aos atos administrativos e às condições de compreender a sua motivação, podendo, com isso, organizar-se e prever as suas próprias atividades; ainda, o dever da Administração de adotar comportamentos leais, no sentido de criadores de um ambiente de confiabilidade recíproca entre o Estado e o cidadão, permite que este último possa agir sem ser surpreendido no exercício da sua liberdade.

O princípio da moralidade desempenha, dessa forma, uma dupla função: para o Estado, a função de evitar comportamentos desleais e não fundamentados; para o cidadão, a função de orientar-lhe a conduta, evitando a sua frustração e a sua surpresa. Pode-se, com isso, afirmar que o princípio da moralidade apresenta um componente individual e um componente estatal. Essa sua dualidade faz com que o princípio da segurança jurídica, que nele se fundamenta, também adquira uma natureza híbrida,

81. Paulo de Barros Carvalho, "Segurança jurídica e modulação dos efeitos", *Revista da Fundação Escola Superior de Direito Tributário* 1, p. 206, Porto Alegre, 2008.

82. Celso Antônio Bandeira de Mello, "Legalidade e moralidade", *RDT* 69, p. 183, São Paulo, s.d.

83. Marçal Justen Filho, "O princípio da moralidade pública e o Direito Tributário", *RTDP* 11, pp. 52 e ss., 1995.

no sentido de proteger o cidadão e de regular a conduta estatal. Essa singela constatação, aparentemente desprovida de significado, adquire, na concretização do princípio da segurança jurídica, um relevo especial. Por exemplo, a proteção da confiança legítima (como será examinada na parte relativa à dimensão temporal da segurança jurídica) só se verifica quando existir uma base da confiança, assim entendida aquela manifestação estatal inequívoca capaz de gerar expectativa. Segundo a doutrina, não há expectativa legítima quando a base de confiança for imprecisa e obscura, ou mesmo inválida.[84] Contudo, se a proteção da confiança é afastada pela falta de clareza da norma, quanto mais obscuro for o Direito, menos protegida será a expectativa dos cidadãos que com base naquele atuaram. Essa compreensão, porém, é incompatível, justamente, com o princípio da moralidade: se a proteção da confiança for afastada pela mera ausência de clareza normativa, o Estado, a par de ser estimulado a adotar uma legislação obscura, também será beneficiado pela sua adoção, em manifesta violação ao dever de adoção de comportamentos sérios e leais.

Relativamente à manutenção de atos ilícitos, o princípio da proteção da confiança possui eficácia ambígua. De um lado, o transcurso de longo período cria uma aparência de legalidade que, se modificada, causa comportamento estatal contraditório: quanto maior o tempo transcorrido, maior a expectativa de que o ato é válido e de que o Estado não o considera como ilícito.[85] A revisão de atos administrativos, depois de transcorrido longo período, é um exemplo de conduta desleal da Administração.[86] De outro lado, no entanto, o mesmo princípio da moralidade estatal se contrapõe à preservação de atos contrários ao Direito: como ele exige comportamento leal, sério e fundamentado do Estado, a ação contrária ao Direito é desleal, especialmente quando a ilicitude do ato praticado é inicialmente conhecida por quem o pratica. Essa ambiguidade é vencida pela decretação da nulidade dos atos ilícitos sempre que a autoridade que os praticou ou os indivíduos que dele se beneficiaram sabiam ou podiam razoavelmente saber da sua ilegitimidade, salvo nos casos em que, independente disso, outro elemento esteja presente para

84. Anne-Laure Valembois, *La constitutionnalisation de l'exigence de sécurité juridique en Droit Français*, Paris, LGDJ, 2005, p. 252; Kyrill-A. Schwarz, *Vertrauensschutz als Verfassungsprinzip*, Baden-Baden, Nomos, 2002, p. 301.

85. Johannes Mainka, *Vertrauensschutz im öffentlichen Recht*, Bonn, Ludwig Röhrscheid, 1963, p. 32.

86. Fritz Ossenbühl, *Die Rücknahme fehlerhafter begünstigender Verwaltungsakte*, 2ª ed., Berlin, Walter de Gruyter, 1965, p. 99.

suprir a deficiência da base normativa, como o longo transcurso do tempo ou o caráter sinalagmático da relação travada com a Administração – como será oportunamente analisado.

Esses e outros exemplos servem para demonstrar que o princípio da moralidade altera a própria configuração do princípio da segurança jurídica, por atribuir-lhe uma função conformadora dos atos estatais e protetora das expectativas dos cidadãos.

B) Princípio da publicidade

A CF/88 não só estabelece que a Administração Pública deverá obedecer ao princípio da publicidade (art. 37, *caput*), como também prescreve que a lei só poderá restringir a publicidade dos atos processuais quando a defesa da intimidade ou o interesse social o exigirem (art. 37, LX). Ao fazê-lo, a Constituição institui ideais que fazem parte dos ideais de cognoscibilidade, de confiabilidade e de calculabilidade do ordenamento jurídico.[87]

Com efeito, a exigência da busca de um estado de publicidade, de um lado, depende da adoção de determinados comportamentos que contribuam para a sua promoção, como é o caso da adoção da forma escrita para os atos normativos e administrativos, da publicação das leis e dos atos administrativos e processuais, da intimação dos atos administrativos e processuais, da fundamentação dos atos administrativos. Vale dizer, a instituição do princípio da publicidade conduz à prescrição da adoção de comportamentos necessários à sua realização. A publicidade é o *fim* do qual se devem deduzir os meios necessários à sua realização.

De outro lado, o dever de atingir um estado de publicidade faz parte do ideal maior de garantir um estado de confiabilidade e de calculabilidade do ordenamento jurídico, baseado na sua cognoscibilidade. De fato, o dever de publicidade contribui para o incremento da inteligibilidade do ordenamento jurídico, porque, pela publicação e pela intimação, o cidadão possui maiores condições de acesso às normas e de compreensão destas.[88] A publicidade é o *meio* a partir do qual se deduz um dos ideais parciais componentes da segurança jurídica.

87. Jürgen Bröhmer, *Transparenz als Verfassungsprinzip*, Tübingen, Mohr Siebeck, 2004, pp. 159 e ss.

88. Alessandro Pizzorusso e Paolo Passaglia, "Constitution et sécurité juridique – Italie", *Annuaire International de Justice Constitutionnelle 1999*, Paris, Economica, 2000, p. 202

Enfim, a instituição da moralidade e da publicidade como princípios administrativos leva, pois, à garantia da segurança *jurídica* como segurança *do* Direito e *pelo* Direito, *dos cidadãos frente* ao Estado, a ser realizada *pelo* Estado no exercício sério, leal e transparente das competências administrativas.

II – Princípios procedimentais

A CF/88, ao estabelecer que a lei não excluirá da apreciação do Poder Judiciário lesão ou ameaça a direito (art. 5º, XXXV), que ninguém será processado nem sentenciado senão pela autoridade competente (art. 5º, LIII), que ninguém será privado da liberdade ou de seus bens sem o devido processo legal (art. 5º, LIV) e que aos litigantes, em processo judicial ou administrativo, e aos acusados em geral são assegurados o contraditório e ampla defesa, com os meios e recursos a ela inerentes (art. 5º, LV), igualmente está estabelecendo a promoção da segurança jurídica, tanto na sua dimensão de segurança *pelo* Direito quanto na sua dimensão de segurança *frente ao* Direito. A promoção da segurança pelo Direito se dá pela instituição de procedimentos por meio dos quais o cidadão pode defender os seus direitos, como é o caso das garantias do devido processo legal, da ampla defesa e do contraditório, inclusive frente às próprias manifestações do Direito.

A instituição de regras delimitadoras dos Poderes do Estado e de regras garantidoras de direitos processuais favorece os ideais de confiabilidade e de calculabilidade do ordenamento: de confiabilidade, porque o cidadão não poderá ser simplesmente surpreendido com a restrição dos seus direitos sem que possa defender-se – com o quê o ordenamento jurídico ganha em estabilidade; de calculabilidade, porque o cidadão poderá prever a atuação estatal e proteger-se desta última por meio de instrumentos processuais adequados.[89] Em razão dessa vinculação entre segurança jurídica e instrumentos processuais de proteção, chega-se mesmo a falar em "princípio da segurança jurídica instrumental" (*Grundsatz der Rechtsmittelsicherheit*): o cidadão não pode ser surpreendido com a mudança das regras procedimentais nas quais confiou e com as quais poderá proteger os seus direitos fundamentais; daí por que qualquer alteração, além de medida na intensidade da restrição que provoca

89. E. Schmidt-Aßmann, "Verwaltungsverfahren", in Paul Kirchhof e Josef Isensee (orgs.), *Handbuch des Staatsrechts*, 2ª ed., v. 3, Heidelberg, C. F. Müller, 1996, p. 634.

nesses direitos, deverá passar pelos critérios de proporcionalidade e de razoabilidade.[90]

A instituição de regras de competência e de direitos processuais conduz, por conseguinte, à garantia da segurança *jurídica* como segurança *pelo* Direito e *frente ao* Direito, do *cidadão frente* ao Estado, a ser realizada *pelo* Estado no exercício não-arbitrário das competências administrativas e pela efetivação dos direitos processuais.

III – Regras

A) Proibição de modificação constitucional

A CF/88 estabelece condições específicas para sua alteração. De um lado, impõe requisitos de forma: ela só poderá ser emendada por meio de proposta de um terço, no mínimo, dos membros da Câmara dos Deputados ou do Senado Federal (art. 60, I), do Presidente da República (art. 60, II) ou de mais da metade das Assembleias Legislativas das unidades da Federação, manifestando-se cada uma delas pela maioria relativa de seus membros (art. 60, III); a proposta será discutida e votada em cada Casa do Congresso Nacional, em dois turnos, considerando-se aprovada se obtiver, em ambos, três quintos dos votos dos respectivos membros (art. 60, § 2º). De outro lado, a Constituição estabelece requisitos de conteúdo: não será objeto de deliberação a proposta de emenda tendente a abolir a forma federativa de Estado, o voto direto, secreto, universal e periódico, a separação dos Poderes e os direitos e as garantias individuais (art. 60, § 4º). Ao fazê-lo, a Constituição está indiretamente protegendo a segurança jurídica, pois favorece a promoção dos ideais de confiabilidade e de previsibilidade do ordenamento: de confiabilidade, porque os requisitos de forma e de conteúdo contribuem para a estabilidade do ordenamento, tanto por impedir a modificação de algumas matérias quanto por condicionar a modificação à observância de uma série de requisitos de forma; de previsibilidade, porque os requisitos de forma e de conteúdo permitem que o cidadão possa saber de antemão o que não pode e o que pode ser modificado.

Em outras palavras, a própria promulgação de uma Constituição, cuja modificação não é permitida senão por meio de um procedimento mais dificultoso, implica uma pretensão de permanência e, por isso,

90. Michael Koch, *Die Grundsätze des intertemporalen Rechts im Verwaltungsprozess – Vertrauensschutz im verwaltungsgerichtlichen Verfahren*, Berlin, Duncker und Humblot, 2009, p. 256.

postula o ideal de segurança jurídica. Como assevera Barroso, a "Constituição, assim, demarca o espaço público e o espaço privado, organizando o poder político e definindo direitos fundamentais. Tem vocação de permanência e é dotada de rigidez".[91]

B) Legalidade

Além de fixar ideais a serem buscados, a partir de cuja análise se podem deduzir ideais mais restritos ou mais amplos capazes de justificar a adoção de determinados comportamentos por parte do Estado, a CF/88 também opta por prescrever diretamente determinados comportamentos cuja adoção produz efeitos que contribuem para a promoção do estado de confiabilidade e de previsibilidade do (e pelo) ordenamento jurídico, baseado na sua inteligibilidade.

A CF/88, ao prescrever que ninguém será obrigado a fazer ou a deixar de fazer alguma coisa senão em virtude de lei (art. 5º, II), que não há crime sem lei anterior que o defina, nem pena sem prévia cominação legal (art. 5º, XXXIX), elipticamente determina que o Estado só pode instituir tributos se assim o fizer por meio de lei.[92] Mesmo assim, a Constituição, no Sistema Tributário Nacional, condiciona a instituição e o aumento de tributos à edição prévia de lei (art. 150, I), inclusive proibindo a concessão de benefício fiscal sem a previsão em lei específica (art. 150, § 6º).

A exigência de lei é, por si só, instrumento de segurança jurídica, porque, ao demandar normas gerais e abstratas, dirigidas a um número indeterminado de pessoas e de situações, contribui, de um lado, para afastar a surpresa decorrente tanto da inexistência de normas escritas e públicas quanto do decisionismo e das decisões circunstanciais *ad hoc*; de outro, favorece a estabilidade do Direito, porque somente graças a determinados procedimentos é que a legislação vigente pode ser modificada.[93] A exigência de legalidade, além de favorecer o ideal de participação democrática, ainda privilegia aos governados tranquilidade, confiança e certeza quanto à tributação.[94]

91. Luís Roberto Barroso, "A segurança jurídica na era da velocidade e do pragmatismo", *RTDP* 43, p. 53, São Paulo, 2003.

92. Roque Antonio Carrazza, *Curso de Direito Constitucional Tributário*, 30ª ed., São Paulo, Malheiros Editores, 2015, pp. 283 e ss.

93. Federico Arcos Ramírez, *La Seguridad Jurídica: una Teoría Formal*, Madrid, Dykinson, 2000, p. 220.

94. Sacha Calmon Navarro Coelho, "Princípios retores da tributação: legalidade e tipicidade", *RDT* 33, p. 206, São Paulo, 1985.

A obrigatoriedade de edição prévia de lei para a instituição e para o aumento de tributos é instrumento de promoção dos ideais de confiabilidade e de previsibilidade do (e pelo) ordenamento jurídico, porquanto a exigência de lei favorece: a inteligibilidade do ordenamento jurídico, já que o contribuinte possui maiores condições de acesso às normas a que deverá obedecer e de compreensão do seu conteúdo; a confiabilidade do ordenamento jurídico, porque as normas legais só poderão ser modificadas por meio de outras normas legais – o que contribui para a sua estabilidade; a calculabilidade do ordenamento, visto que o contribuinte apresenta melhores condições de prever as obrigações tributárias futuras. Note-se que a generalidade da lei não é condição para a previsibilidade, pois, de um lado, uma norma individual pode servir de instrumento de planejamento para o seu destinatário de modo muito mais eficiente e, de outro lado, uma norma geral que não seja conhecida e estável também não serve de meio adequado para que o indivíduo trace os seus próprios ideais.[95] A generalidade é, na verdade, um instrumento de planejamento para todos, e não para alguns, baseado na preservação da exigência de legalidade conjuntamente com a de igualdade.

C) Anterioridade

A CF/88 proíbe a instituição e o aumento de tributos no mesmo exercício financeiro em que haja sido publicada a lei que os instituiu ou aumentou (art. 150, III, "b") e antes de decorridos 90 dias da data em que haja sido publicada a lei que os instituiu ou aumentou (art. 150, III, "c"). Ao fazê-lo, indiretamente protege a segurança jurídica.[96]

Com efeito, a proibição de instituição abrupta de tributos contribui para a promoção da inteligibilidade do ordenamento jurídico, já que o contribuinte tem mais condições de compreender o conteúdo das normas jurídicas a que deverá obedecer, e para a realização da previsibilidade do ordenamento, porque o contribuinte possui melhores condições de prever com antecedência as suas modificações futuras.[97]

Registre-se, por oportuno, que ambas as garantias – de legalidade e de anterioridade – não são avessas ao dinamismo, comportando, por isso, atenuações relativamente a determinados impostos. É o caso do

95. Jeremy Waldron, "The rule of law in contemporary liberal theory", *Ratio Juris*, v. 2, n. 1, p. 82, 1989.

96. Francisco Pinto Rabello Filho, *O princípio da anterioridade da lei tributária*, São Paulo, Ed. RT, 2002, p. 83.

97. Eduardo Maneira, *Direito Tributário – Princípio da não-surpresa*, Belo Horizonte, Del Rey, 1994, p. 161.

empréstimo compulsório e dos impostos sobre a importação, exportação, industrialização e operações financeiras, que podem ter as suas alíquotas modificadas por decreto, nas condições e nos limites fixados em lei, com vigência no próprio exercício em que forem alteradas (arts. 150, § 1º, e 153, § 1º). Isso significa, em outras palavras, que a própria Constituição, embora tenha garantido previsibilidade, não deixou de preservar a flexibilidade em razão da atuação estatal indutora.[98]

D) Irretroatividade

A CF/88, ao proibir a cobrança de tributos em relação a fatos geradores ocorridos antes do início da vigência da lei que os houver instituído ou aumentado (art. 150, III, "a"), igualmente estabelece a promoção dos ideais de confiabilidade e previsibilidade do (e pelo) ordenamento jurídico: não podendo os efeitos das normas jurídicas hoje válidas ser objeto de modificação por normas futuras, o contribuinte apresenta maiores condições de confiar tanto na permanência das normas e dos seus efeitos quanto na vinculatividade do ordenamento jurídico como um todo.[99]

Todas as considerações acima realizadas a respeito das regras constitucionais demonstram que a Constituição, por meio do estabelecimento dos comportamentos a serem adotados, protege a segurança *jurídica* como segurança do Direito, do *cidadão frente* ao Estado, a ser realizada *pelo* Estado por meio da instituição e da cobrança dos tributos. A proibição de retroatividade – como se terá ocasião de demonstrar – não foge a essa regra. Tanto é assim que foi editada pelo Supremo Tribunal Federal a Súmula n. 654, segundo a qual "a garantia da irretroatividade da lei, prevista no art. 5º, XXXVI, da Constituição da República, não é invocável pela entidade estatal que a tenha editado".

E) Proibição de tributo com efeito de confisco

A CF/88, ao proibir a instituição de tributo com efeito de confisco, indiretamente contribui para o aumento da calculabilidade por parte

98. Luís Eduardo Schoueri, "Segurança na ordem tributária nacional e internacional: tributação do comércio exterior", in Aires Fernandino Barreto *et alii* (orgs.), *Segurança jurídica na tributação e Estado de Direito*, São Paulo, Noeses, 2005, p. 389.

99. Maria Luíza Vianna Pessoa de Mendonça, *O Princípio constitucional da irretroatividade da lei – A irretroatividade da lei tributária*, Belo Horizonte, Del Rey, 1996, p. 74.

do contribuinte: além de saber, pelas regras de competência, quais são os fatos que podem ser tributados, o contribuinte tem condições, pela proibição de efeito confiscatório, de saber que a tributação não poderá comprometer as condições mínimas para o exercício da liberdade e da propriedade.[100]

Isso significa, em outras palavras, que o contribuinte pode contar antecipadamente com uma margem intocável de liberdade, dentro de cujo âmbito não poderá ser surpreendido. Embora aquele não possa saber o resultado exato da tributação futura, pode pelo menos saber de antemão os limites da intervenção estatal nos seus direitos de liberdade.

Note-se, a propósito, que as referidas normas – legalidade, anterioridade, irretroatividade, proibição de tributo com efeito de confisco – estão, além de inseridas no Sistema Tributário Nacional, constitucionalmente qualificadas como "Limitações ao Poder de Tributar". Tal caracterização lhes atribui um caráter eminentemente protetivo do cidadão em face do Estado. Com base nisso, pode-se afirmar – com amparo nas lições de Machado Derzi – que, ao contrário do que sucede em outros sistemas, há um *reforço* da segurança jurídica no âmbito do Direito Tributário.[101]

F) Reserva de lei complementar

A CF/88 reserva à lei complementar as funções de dispor sobre conflitos de competência, em matéria tributária, entre a União, os Estados, o Distrito Federal e os Municípios (art. 146, I) e de estabelecer normas gerais em matéria de legislação tributária (art. 146, III), especialmente para definir as espécies tributárias e os seus elementos essenciais (art. 146, III, "a") e para fixar as diretrizes fundamentais para a instituição e extinção das obrigações tributárias (art. 146, III, "b"). Além disso, a Constituição veda a instituição, pela União, de tributo que não seja *uniforme* em todo o território nacional ou que implique distinção ou preferência em relação a Estado, ao Distrito Federal ou a Município,

100. Cassiano Menke, *A proibição aos efeitos de confisco no Direito Tributário*, São Paulo, Malheiros Editores, 2008, pp. 110 e ss.; Estevão Horvath, *O Princípio do Não-Confisco no Direito Tributário*, São Paulo, Dialética, 2002, pp. 41 e ss. e 118.

101. Misabel de Abreu Machado Derzi, *Modificações da jurisprudência no Direito Tributário*, São Paulo, Noeses, 2009, p. 469; idem, "A irretroatividade do Direito, a proteção da confiança, a boa-fé e o RE n. 370.682-SC", in Valdir de Oliveira Rocha (coord.), *Grandes questões atuais do Direito Tributário*, v. 11, São Paulo, Dialética, 2007, p. 317.

em detrimento de outro (art. 151). Ao fazê-lo, também acaba por prescrever a promoção dos ideais de cognoscibilidade (pela acessibilidade, abrangência e inteligibilidade normativas decorrentes das normas gerais aplicáveis, em âmbito nacional, a todos os entes federados), de confiabilidade (pela estabilidade advinda da maior dificuldade para a alteração das normas gerais) e de calculabilidade (pela vinculatividade material das normas gerais).[102]

Com efeito, a exigência de lei complementar, cuja aprovação depende de *quorum* qualificado (art. 69), favorece a estabilidade do ordenamento, já que condiciona a sua modificação à observância de requisitos mais difíceis de serem preenchidos. A atribuição da função de evitar conflitos de competência entre os entes federados contribui para a inteligibilidade do ordenamento jurídico, quer por parte dos entes federados entre si – que veem, geralmente, solucionada a disputa pelo exercício da competência tributária –, quer por parte dos contribuintes – que têm mais condições de saber para qual Ente Federado devem pagar os seus tributos. E a atribuição da função de fixar as diretrizes fundamentais para a instituição e para a extinção das obrigações tributárias, a serem observadas em todo o território nacional e por todos os entes federados, favorece a inteligibilidade do ordenamento jurídico, pelo incremento da acessibilidade, da abrangência e da compreensibilidade das normas.

O estabelecimento de uma regra de reserva para a edição de leis complementares sobre determinadas matérias e para a realização de determinadas finalidades leva, por conseguinte, à garantia da segurança *jurídica* como segurança *do* Direito e *pelo* Direito, não apenas para garantir uma relação de confiabilidade recíproca entre o cidadão e os entes federados, mas também dos entes federados entre si.

G) Atividade financeira do Estado

A CF/88 ainda contém uma série de regras destinadas a regular a atividade financeira do Estado, como exemplificam as regras instituidoras do orçamento, da lei de diretrizes orçamentárias e dos planos plurianuais (arts. 165 e ss.). Essas regras exigem o planejamento da atuação estatal, favorecendo, pois, os ideais de cognoscibilidade, confiabilidade e calculabilidade do Direito: de cognoscibilidade, porque permitem que o cidadão possa conhecer, de maneira acessível e abrangente, a fonte das

102. Fábio Canazaro, *Lei complementar tributária na Constituição de 1988*, Porto Alegre, Livraria do Advogado, 2005, p. 108; Frederico Araújo Seabra de Moura, *Lei complementar tributária*, São Paulo, Quartier Latin, 2009, pp. 331 e ss.

receitas e das despesas estatais; de confiabilidade, porque tornam a atuação mais estável, pela permanência da atuação estatal por mais de um exercício financeiro; de calculabilidade, porque permitem que o contribuinte possa controlar antecipadamente a atuação administrativa futura.

Essas normas financeiras desempenham, igualmente, uma função de controle e de publicidade da atividade do Poder Público, permitindo que o Poder Legislativo e os cidadãos possam controlar a atividade financeira do Estado.[103]

É preciso enfatizar, no entanto, que essas regras dizem respeito à organização e ao controle das receitas obtidas, nada dizendo com relação ao seu auferimento. As normas que regulam a obtenção das receitas são as regras de competência tributária, cuja função é, precisamente, delimitar o poder de tributar por meio da descrição dos aspectos materiais das suas hipóteses de incidência. Com isso se pretende realçar o fato de que, embora contribuam para os ideais de cognoscibilidade, de confiabilidade e de calculabilidade do ordenamento jurídico, as regras orçamentárias não servem de instrumento para legitimar o *momento anterior* de *obtenção* de receita, mas para regular o *momento posterior* de *uso* controlável da receita. Essa observação é de grande valia para, desde já, afastar, para esse fim, a vinculação do princípio da segurança jurídica com a gestão orçamentária, no sentido de que a previsão orçamentária de receita justificaria, por si só, a expectativa legítima do seu auferimento, mesmo contra as regras de competência, que não poderia ser frustrada pela declaração de inconstitucionalidade *ex tunc* de leis tributárias. Como ficará claro na parte relativa à modulação de efeitos das decisões de inconstitucionalidade do Supremo Tribunal Federal, razões orçamentárias não podem ser assimiladas ao conceito de segurança jurídica, muito menos ainda à noção de segurança jurídico-tributária.

H) Atividade interventiva do Estado

A CF/88, além de prever garantias aos contribuintes, a partir das quais se pode construir o ideal de previsibilidade, também assegura coerência e previsibilidade necessárias ao planejamento indicativo exigido pelo art. 174.[104] Importa observar – com Schoueri – que tal previsão

103. Anne-Laure Valembois, *La constitutionnalisation de l'exigence de sécurité juridique en Droit Français*, Paris, LGDJ, 2005, p. 266; Ricardo Lobo Torres, "O orçamento na Constituição", in *Tratado de Direito Constitucional, Financeiro e Tributário*, 3ª ed., Rio de Janeiro, Renovar, 2008, pp. 173 e 203.

104. Luís Eduardo Schoueri, "Segurança na ordem tributária nacional e internacional: tributação do comércio exterior", in Aires Fernandino Barreto *et alii*

implica uma correção sistemática do próprio conceito de segurança jurídica, no sentido exclusivo de previsibilidade. Isso porque, se as garantias tributárias exigem previsibilidade, a atuação indutiva do Estado implica flexibilidade, de modo a permitir que o Estado possa efetuar os ajustes, positivos e negativos, exigidos para manter o domínio econômico no rumo prestigiado pelo constituinte. Precisamente por esse motivo, a CF/88 previu competências para regular, também no âmbito tributário, a Economia (art. 146-A).

I) Legitimação para ações diretas

A CF/88 reserva apenas a alguns órgãos ou a algumas instituições a legitimação ativa para propor ação direta de inconstitucionalidade (Presidente da República, Mesa do Senado Federal, Mesa da Câmara dos Deputados, Mesa de Assembleia Legislativa, Governador de Estado, Procurador-Geral da República, Conselho Federal da Ordem dos Advogados do Brasil, partido político com representação no Congresso Nacional, confederação sindical ou entidade de classe de âmbito nacional). O cidadão, diretamente, não pode fazê-lo. Uma das justificativas dessa limitação diz respeito à continuidade do ordenamento jurídico.

Como o efeito normal da ação direta é declarar a inconstitucionalidade de uma norma geral infraconstitucional, alterando, por isso, o próprio ordenamento jurídico, a CF/88, como modo de evidenciar a importância da sua subsistência, restringiu o número de pessoas que podem provocar a sua alteração. Nesse sentido, uma das ideias subjacentes a essa reserva de legitimação processual ativa diz respeito à garantia de permanência do ordenamento jurídico: seria demasiado inseguro, no sentido de instável, um ordenamento que pudesse ser alterado por vontade impugnatória de qualquer cidadão, a qualquer e a todo momento.[105]

Seção 3. Conclusões parciais

Ao fim e ao cabo, o exame dos fundamentos da segurança jurídica permite chegar a algumas importantes conclusões gerais.

Em primeiro lugar, autoriza concluir que a CF/88 protege a "segurança jurídica". Ela o faz diretamente – ao "assegurar a segurança"

(orgs.), *Segurança Jurídica na Tributação e Estado de Direito*, São Paulo, Noeses, 2005, p. 376.

105. César García Novoa, *El principio de seguridad jurídica en materia tributaria*, Madrid, Marcial Pons, 2000, p. 50.

como "direito" e como "valor" ou ao regrar a sua eficácia reflexiva por meio da proteção do direito adquirido, do ato jurídico perfeito e da coisa julgada – e indiretamente – ao prever comportamentos cuja adoção promove os ideais de calculabilidade e de confiabilidade que compõem a segurança jurídica, ou ao estabelecer ideais, amplos, restritos ou específicos, cuja realização pressupõe ou implica a existência dos ideais da segurança jurídica. A segurança jurídica é, enfim, princípio positivo inequívoco da CF/88.

Em segundo lugar, a análise dos fundamentos permite comprovar que a CF/88 não apenas garante a segurança jurídica, como também a protege em várias das suas dimensões. Com efeito, a previsão de regras e de princípios correlatos conduz à garantia da segurança jurídica como segurança *do* Direito, *pelo* Direito, *frente ao* Direito e *dos* direitos. Para todas essas dimensões é necessária a existência dos elementos de cognoscibilidade, de confiabilidade e de calculabilidade do ordenamento jurídico.

Em terceiro lugar, o exame dos fundamentos permite constatar que a CF/88 não só protege a segurança jurídica em todas as suas manifestações, como ainda o faz atribuindo-lhe elevada importância no ordenamento constitucional. Isso é exteriorizado de várias formas:

> – Pelo modo como a segurança jurídica é garantida pelo todo e pelas partes do ordenamento constitucional: a superestrutura constitucional exprime segurança jurídica e a estrutura constitucional prevê segurança jurídica, quer como princípio fundamental, quer como direito fundamental.
>
> – Pela *insistência* com que a CF/88 a protege: não há somente um dispositivo a partir do qual aquela possa ser construída, mas um extenso plexo de dispositivos que levam, direta e indiretamente, aos ideais de confiabilidade e de calculabilidade do e pelo ordenamento jurídico, com base na sua cognoscibilidade.
>
> – Pela *independência* dos seus fundamentos: aquela é protegida de diferentes modos e por meio de diversos dispositivos, de tal sorte que ela mantém a sua eficácia mesmo com a retirada de um ou até de vários dos seus fundamentos; valendo-se de uma metáfora, é como se a segurança jurídica fosse uma construção erguida e sustentada por tantas e diferentes vigas que a retirada de uma, ou mesmo de mais de uma, sequer abalaria a sua estrutura, que permaneceria inabalável.
>
> – Pela *eficácia recíproca* desses mesmos fundamentos; assim, por exemplo, a eficácia do princípio do Estado de Direito pressupõe a existência de direitos individuais e a das garantias de legalidade e de irretroatividade, e a eficácia dos direitos individuais e das garantias de legalidade e de irretroatividade pressupõe a existência de um Estado de Direito.

Como tanto o princípio do Estado de Direito como os referidos direitos e garantias estão expressamente previstos, a interpretação de um depende da consideração conjunta dos outros, e a interpretação dos outros, da compreensão simultânea de um, a tal ponto que se pode falar em uma eficácia recíproca geradora e interpretativa dos fundamentos da segurança jurídica.

Em quarto lugar, a investigação dos fundamentos possibilita concluir que a CF/88 protege a segurança jurídica de modo a permitir que se possa saber qual é a segurança protegida, de quem é a segurança jurídica resguardada, por quem ela deve ser efetivada, para quem é instituída e como deve ser efetivada. A análise de todos os fundamentos da segurança jurídica autoriza verificar que, de um lado, há uma insistência constitucional da instituição da segurança jurídica em favor do cidadão e frente ao Estado, diferentemente do que se pode, eventualmente, sustentar em outros sistemas, em que ela serve de margem de ação estatal.[106] Essa conotação protetiva da segurança jurídica se dá pela forma e pelo conteúdo dos seus fundamentos:

– Pela *forma*, visto que os fundamentos consubstanciam: direitos e garantias individuais, com conotação protetiva, sendo que algumas garantias são até mesmo autointituladas de "limitações ao poder de tributar"; princípios administrativos, com conotação restritiva do exercício arbitrário do poder; por fim, princípios estruturantes, com conotação igualmente limitativa do poder e protetiva dos direitos individuais.

– Pelo *conteúdo*, porque os fundamentos, como previsão de comportamentos ou de ideais, implicam ou pressupõem a segurança em favor dos direitos de liberdade pelo indivíduo.

Em suma, o exame minucioso dos seus fundamentos permite concluir que a Constituição protege todas as dimensões da segurança jurídica, atribuindo-lhe, pelo modo e pela insistência com que prevê os seus independentes fundamentos, elevada importância como princípio constitucional protetivo do indivíduo e destinado a garantir um estado de confiabilidade e de calculabilidade do e pelo ordenamento jurídico, baseado na sua cognoscibilidade.

Todas essas constatações são de extrema importância tanto para a compreensão do conteúdo do princípio constitucional da segurança jurídica como para a delimitação da sua eficácia. A Constituição, repita-se, não apenas protege a segurança jurídica – ela a *superprotege*. Essa

106. Amélie Lièvre-Gravereaux, *La rétroactivité de la loi fiscale: une necessité en matière de procédures*, Paris, Harmattan, 2007, p. 43.

superproteção está intimamente conectada com o princípio do Estado de Direito tanto na sua dimensão formal, que visa a regrar e repartir o poder do Estado, quanto na sua dimensão material, que se destina a limitar o exercício do poder por meio da proteção dos direitos fundamentais.[107]

Essas considerações são também decisivas para preencher de significado determinadas normas infraconstitucionais cuja aplicação depende do sentido que se atribua à expressão "segurança jurídica". Esse é o caso, por exemplo, da Lei n. 9.868/98, que, em seu art. 27, estabelece que o Supremo Tribunal Federal, ao declarar a inconstitucionalidade de lei ou de ato normativo, e "tendo em vista razões de segurança jurídica ou de excepcional interesse social", poderá restringir os efeitos daquela declaração ou decidir que ela só tenha eficácia a partir de seu trânsito em julgado ou de outro momento que venha a ser fixado.

É preciso, por fim, realçar que o exame dos fundamentos da segurança jurídica permite também chegar a algumas importantes conclusões específicas sobre a segurança jurídico-tributária: os estados de cognoscibilidade, de confiabilidade e de calculabilidade não só possuem um relevo especial no subsistema tributário como, além disso, possuem um *sentido mais protetivo*. A essa conclusão se chega pelo exame das normas do Sistema Tributário Nacional: há normas específicas e enfáticas que servem de instrumento para se garantir a inteligibilidade do Direito pela determinabilidade das hipóteses de incidência (regra da legalidade e sistema de regras de competência); a confiabilidade do Direito pela estabilidade no tempo (regra de reserva de competência para lei complementar regular prescrição e decadência), pela vigência (regra de proibição de retroatividade) e pelo procedimento (regras expressas de abertura do subsistema tributário a direitos e a garantias nele não previstos, como é caso das proteções ao direito adquirido, à coisa julgada e ao ato jurídico perfeito); a calculabilidade do Direito pela não-surpresa (regra da anterioridade). Há, por assim dizer – na expressão de Maior Borges –, uma reiteração, no âmbito tributário, que lhe "adensa" o conteúdo ou – agora nas palavras de Machado Derzi – uma insistência na proteção da segurança jurídica no Direito Tributário, que se traduz em um "reforço" na sua garantia.[108]

107. Anne-Laure Valembois, *La constitutionnalisation de l'exigence de sécurité juridique en Droit Français*, Paris, LGDJ, 2005, p. 32.

108. José Souto Maior Borges, "O princípio da segurança jurídica na criação e aplicação do tributo", *RDDT* 22, p. 25, São Paulo, 1997; Misabel de Abreu Machado Derzi, "Mutações, complexidade, tipo e conceito, sob o signo da segurança e da

Esse reforço da segurança jurídica no âmbito tributário se manifesta, sobretudo, na inclinação das garantias previstas em favor do contribuinte. Os fundamentos mais diretos da segurança jurídica no capítulo destinado ao "Sistema Tributário Nacional" demonstram que a CF/88 não só instituiu garantias em favor do contribuinte como, ainda, deixou clara a existência de outras decorrentes dos princípios e dos direitos previstos constitucionalmente. O estabelecimento de garantias em favor do contribuinte torna a segurança jurídico-tributária um princípio vinculado aos direitos fundamentais do contribuinte. Desse modo, várias questões que poderiam ser resolvidas com base apenas no princípio do Estado de Direito precisam ser solucionadas sob a perspectiva dos direitos fundamentais. Elementos que, sob o ponto de vista das normas tributárias, poderiam ser considerados irrelevantes, sob a perspectiva dos direitos fundamentais de liberdade e de propriedade passam a ser decisivos, como é o caso dos atos de disposição de direitos praticados sob a vigência de leis posteriormente modificadas.

Dessa maneira, se é correto afirmar que o princípio da segurança jurídica exige um estado de segurança que pende para o cidadão, é adequado sustentar que o princípio da segurança jurídico-tributária exige um estado de segurança que propende, ainda com mais intensidade, para o contribuinte.

proteção da confiança", in Heleno Torres (org.), *Estudos em Homenagem a Paulo de Barros Carvalho*, São Paulo, Saraiva, 2007, pp. 275-276.

Título III

Conceituação de Segurança Jurídica (Ou o que significa segurança jurídica?)

O Direito sempre foi, é agora, e sempre continuará a ser amplamente vago e variável. (Jerome Frank, *Law and the modern mind*, New Brunswick, Transaction, 2009, p. 6; 1ª ed., New York, Brentano's Inc., 1930; 2ª ed., New York, Coward-McCann, 1949).

(...) o Direito é certo ou não é nem mesmo Direito. (Norberto Bobbio, "La certezza del diritto é un mito?", in *Rivista Internazionale di Filosofia del Diritto*, n. 28, p. 150, 1951)

No fim nós estamos de acordo: nós queremos fundamentos de um Direito seguro, seguro contra ingerência da arbitrariedade e injusta disposição. (Friedrich Carl von Savigny, *Vom Beruf unserer Zeit für Gesetzgebung und Rechtswissenschaft*, Heidelberg, Mohr und Zimmer, 1814, p. 161)

(...) os homens precisam de normas certas, aprovadas, reconhecidas, de outro modo não há nem liberdade, nem segurança, nem propriedade. (Romagnosi, *Assunto primo della scienza del Diritto Naturale*, 3ª ed., 1832, p. 127)

No Capítulo 2, do Título I da Primeira Parte foram analisados os vários sentidos que a expressão "segurança jurídica" pode assumir, dependendo do aspecto por meio do qual ela seja examinada. No Capítulo 3 do Título II da Primeira Parte, foram investigados os fundamentos do princípio da segurança jurídica de acordo com o ordenamento constitucional brasileiro. Desse modo, resta agora saber, dentre todos aqueles sentidos possíveis, dentro de cada aspecto considerado, quais são os sentidos efetivamente atribuídos pela CF/88 à segurança jurídica. Esta última *pode* significar muita coisa, porém o que ela *deve* significar de acordo com a CF/88?

Nesse quadro, é preciso sumarizar as respostas, parcialmente já dadas, às seguintes indagações: qual é a dimensão normativa da segurança jurídica segundo a CF/88 – fato, valor ou norma? Se norma, qual é a espécie normativa – regra ou princípio? Qual o aspecto material da segurança jurídica de acordo com a CF/88 – quanto à palavra "segurança", ela denota um estado de cognoscibilidade ou de determinação, de confiabilidade ou de imutabilidade, de calculabilidade ou de previsibilidade? E quanto à palavra "jurídica", ela designa segurança "do", "pelo", "frente ao" ou "sob" o Direito, "de direitos", "como" um direito ou "no" Direito? Qual é o aspecto objetivo da segurança jurídica com base na CF/88 – segurança do ordenamento jurídico, de uma norma ou de um comportamento? Se de uma norma, uma norma geral ou individual? Se de um comportamento, um comportamento próprio ou alheio? Qual é o aspecto subjetivo da segurança jurídica de acordo com a CF/88 – quanto ao beneficiário, destina-se a proteger o contribuinte ou o Estado? Quanto ao sujeito que serve de critério para aferir a segurança, deve haver segurança jurídica na perspectiva do cidadão comum ou do especialista em Direito Tributário? Quanto ao sujeito que a deve garantir, cabe ao Poder Legislativo, ao Poder Executivo ou ao Poder Judiciário assegurá-la? Qual é o aspecto temporal da segurança jurídica conforme a CF/88 – deve-se buscar segurança jurídica ontem, hoje ou amanhã? Qual é o aspecto quantitativo da segurança jurídica – deve-se garantir segurança total ou parcial? E, por fim, qual é o aspecto justificativo da segurança jurídica – a segurança é um fim em si ou um instrumento de realização de outros fins? Essas indagações são, pois, cruciais. Passa-se, por isso, a respondê-las.

Capítulo 1

Conceito de Segurança Jurídica

O conceito de segurança jurídica, tal como concebido neste trabalho, depende da resposta a uma série de questionamentos que, no seu conjunto, compõem os aspectos finalísticos da segurança. Nesse sentido, passa-se a responder às indagações centrais que, ao final, irão conformar o conceito de segurança jurídica.

Qual é o sentido da palavra "segurança" na CF/88 – segurança "jurídica" ou segurança "física"?

É *segurança jurídica*. Primeiro porque, ao instituir, no seu art. 1º, um Estado Democrático de Direito destinado a "assegurar a segurança como valor", a CF/88 refere-se a um objetivo social que ultrapassa a dimensão meramente psicológica ou física.

Segundo porque o art. 5º, ao garantir o "direito à segurança" *ao lado* do direito à liberdade, à igualdade e à propriedade, que são qualificados como valores sociais objetivos, e não meramente estados psicológicos individuais, termina por proteger a segurança de modo paralelo à garantia desses outros valores, isto é, como valores jurídicos.

Terceiro porque, entre os direitos fundamentais catalogados pelos incisos do art. 5º, há vários relativos quer à segurança física e individual (proteção da residência e garantia do *habeas corpus* contra restrições abusivas da liberdade), quer às exteriorizações específicas da liberdade (liberdade de manifestação do pensamento, de consciência e de crença, de expressão intelectual, artística, científica e de comunicação ou de associação para fins lícitos), o que pressupõe a maior amplitude da previsão do *caput* do mencionado artigo.

Qual é a dimensão normativa da segurança jurídica segundo a CF/88 – fato, valor ou norma? Se norma, qual é a espécie normativa – regra ou princípio?

A segurança jurídica qualifica-se como norma jurídica da espécie norma-princípio, porque, pelo exame da sua estrutura e das suas partes constituintes, verifica-se que ela determina a proteção de um ideal de coisas cuja realização depende de comportamentos, muitos dos quais já previstos expressamente. Todos os fundamentos constitucionais anteriormente referidos, diretos e indiretos, obtidos por dedução ou por indução, não só expressam a vinculatividade dos ideais de cognoscibilidade, de confiabilidade e de calculabilidade estabelecidos como ainda definem esses ideais quanto aos seus vários aspectos. O qualificativo de norma jurídica de modo algum afasta o aspecto axiológico do princípio: apenas indica que, como princípio, incorpora e positiva um valor em um nível maior de concretização.[1]

Qual é o aspecto material da segurança jurídica de acordo com a CF/88? – Quanto à palavra "segurança", esta denota um estado de cognoscibilidade ou de determinação? Confiabilidade ou imutabilidade? Calculabilidade ou previsibilidade?

Um estado de cognoscibilidade, de confiabilidade e de calculabilidade.

De *cognoscibilidade*, quer por razões teóricas, quer por razões normativas. As razões teóricas que conduzem à cognoscibilidade, em vez da determinação, dizem respeito à indeterminação da linguagem: não há como sustentar que esta última possa apresentar significados *totalmente* prontos antes mesmo de se iniciar a atividade interpretativa. Desse modo, não há como defender uma concepção unívoca de interpretação. Isso, porém – e isto é fundamental –, não quer dizer que a linguagem normativa não contenha núcleos de significação já determinados paulatinamente pela atividade doutrinária e jurisprudencial.[2] Dessa maneira, por exemplo, embora possa haver indecisão com relação a quais sejam os casos enquadráveis no conceito de serviço, para efeito de incidência do imposto sobre serviços de qualquer natureza, há um elevado consenso doutrinário e jurisprudencial no sentido de que "serviço" envolve uma obrigação de fazer e não uma obrigação de dar. Nesse sentido, a ideia de cognoscibilidade deve ser reconhecida como a capacidade de o contribuinte ter acesso material e intelectual ao conceito normativo, ainda que se saiba que esse conceito, embora apresente um halo de certeza ou núcleo de significação (serviço é obrigação de fazer), pode apresentar,

1. Ricardo Lobo Torres, "Valores e princípios constitucionais tributários", in *Tratado de Direito Constitucional Financeiro e Tributário*, v. 2, Rio de Janeiro, Renovar, 2005, p. 198.

2. José Souto Maior Borges, *Curso de Direito Comunitário*, São Paulo, Saraiva, 2005, p. 10.

em maior ou em menor medida, margens de indeterminação (operação de *leasing* envolve ou não um serviço?). Adota-se, pois, uma concepção determinável da interpretação, no sentido de que as regras contêm conceitos, contudo, estes são, em virtude da linguagem, em alguma medida indeterminados, possuindo, entretanto, núcleos de sentido já fixados intersubjetivamente, quer pela doutrina, quer pela jurisprudência, ao longo do seu uso, dos quais o intérprete não pode se afastar.

As razões normativas que conduzem à cognoscibilidade concernem a normas jurídicas que, de algum modo, se contrapõem à determinação: a regra de legalidade deve ser conjugada com vários princípios, como o democrático e o da separação dos Poderes, que pressupõem uma margem limitada de configuração ao Poder Executivo, exigindo que o Poder Legislativo estabeleça os padrões normativos sem adentrar em aspectos técnicos de competência de órgãos administrativos. Deve-se adotar, portanto, o conceito de cognoscibilidade, como capacidade, material e intelectual, de compreensão das alternativas interpretativas e dos critérios indispensáveis à sua concretização, no lugar do de determinação, como a capacidade de conhecer um único sentido normativo prévio. Enfim, como pontifica Grau, "não existem soluções previamente estruturadas, como produtos semi-industrializados de uma linha de montagem, para os problemas jurídicos".[3]

De *confiabilidade*, no lugar de imutabilidade, porque a CF/88, a par de prever cláusulas pétreas, que tornam mais difícil a mudança, mas pressupõe a sua possibilidade, prevê o princípio do Estado Social de Direito, o qual exige que o Estado cumpra sua função planificadora e indutora da sociedade, realizando mudanças sociais, especialmente por meio da distribuição da riqueza. Tais modificações, todavia, devem assegurar estabilidade e continuidade normativas, visto que os direitos de propriedade e liberdade pressupõem um mínimo de permanência das regras válidas como condição para que o homem possa livremente plasmar a sua própria vida, e o direito à profissão carece de durabilidade das condições de vida. Sendo o ideal de confiabilidade do Direito aquele exigido pelo princípio da segurança jurídica, não cabe falar, como o faz Seiller, com apoio em Rivero, que a "segurança jurídica se encontra aqui necessariamente sacrificada em favor do progresso presumido do Direito".[4]

3. Eros Roberto Grau, *Ensaio e discurso sobre a interpretação/aplicação do Direito*, 4ª ed., São Paulo, Malheiros Editores, 2006, p. 36.

4. Bertrand Seiller, "Le procès de la rétroactivité", in Bertrand Seiller, *La rétroactivité des décisions du juge administratif*, Paris, Economica, 2007, p. 17.

E de *calculabilidade*, em substituição à previsibilidade (absoluta), como a total capacidade de antecipar os conteúdos normativos, porque, apesar de a CF/88 conter uma série de regras destinadas a permitir uma antecipação da ação estatal, como são os casos das regras da legalidade e da anterioridade, a natureza do Direito – como será visto em pormenor na Segunda Parte deste trabalho –, vertido em linguagem largamente indeterminada e dependente de processos argumentativos para a reconstrução de sentidos, impede a existência de univocidade dos seus enunciados. Em razão disso, é mais correto falar em calculabilidade, em duas dimensões.

No que se refere aos conteúdos normativos a serem atribuídos às normas vigentes no momento da ação, como a elevada capacidade de prever o espectro das consequências jurídicas atribuíveis abstratamente a fatos ou a atos, próprios ou alheios, e o espectro de tempo dentro do qual a consequência será definida, por meio de um processo de reconstrução argumentativa dos significados mínimos dos dispositivos. Não se adota, portanto, o conceito de previsibilidade como a capacidade de antecipação total do conteúdo das normas jurídicas e da atuação estatal final.

No que se refere à modificabilidade das normas, a calculabilidade deve ser entendida como a elevada capacidade de prever o espectro das consequências jurídicas que normas futuras poderão atribuir aos fatos regulados por normas passadas: embora o Poder Legislativo tenha competência para inovar o ordenamento jurídico, os direitos fundamentais só serão efetivamente respeitados se as inovações não forem bruscas, drásticas e desleais. Assim, não há calculabilidade quando o contribuinte, embora deva saber que a norma pode futuramente mudar, não apresenta condições de saber dentro de que limites ou em que medida aquela será alterada. A mudança da alíquota de um tributo em 5% não pode ser igualada a uma alteração de 600%, porquanto, nesta última hipótese, o contribuinte, além de ser colocado em uma posição irreversível, talvez não fosse praticar o ato caso soubesse que a alteração seria tão intensa.

Em suma, a calculabilidade envolve a capacidade de prever o espectro de consequências a que o contribuinte estará submetido no futuro. Essa exigência não é satisfeita quando o contribuinte apenas tem a capacidade de prever que a norma pode mudar, entretanto não possui a mínima aptidão para saber em que medida.[5]

5. Johanna Hey, *Steuerplanungssicherheit als Rechtsproblem*, Köln, Otto Schmidt, 2002, p. 285.

Deve-se adotar, portanto, uma concepção alternativa de calculabilidade, verificável quando o previsor seja capaz de determinar os vários modos por meio dos quais os órgãos aplicadores poderão reconstruir a norma jurídica, de definir o número reduzido de qualificações jurídicas que podem ser atribuídas à situação fática existente e de calcular em grande medida as consequências jurídicas abstratas atribuíveis a quaisquer dessas qualificações.[6] O contribuinte, enfim, deve poder reconstruir os fatos, as qualificações jurídicas abstratas e prever, com grande aproximação, não a futura consequência singular que será efetivamente atribuída aos seus atos, mas sim as reduzidas consequências alternativamente aplicáveis que podem ser efetivamente atribuídas aos seus atos e o espectro temporal dentro do qual a consequência definitiva será definida.

Cabe ressaltar, agora, que a adoção de um conceito de segurança jurídica vinculado a um estado de calculabilidade não implica a ausência de controle das previsões. De um lado, porque a interpretação, embora envolva algum grau de indeterminação, não é nem desvinculada nem independente de critérios de legitimação, como aqueles fornecidos pela proporcionalidade e pela razoabilidade.[7] De outro, porque a escolha do sentido depende, igualmente, de estruturas externas dadas por regras materiais e procedimentais, como regras de competência administrativa ou jurisdicional, ou procedimentos administrativos ou judiciais.[8] Além disso, a atividade interpretativa é reconstrutiva, no sentido de ser, de um lado, constitutiva, mas, de outro, não ser discricionária, por que a norma de decisão é constrangida pelos sentidos do texto.[9] Mesmo a aceitação da margem de indeterminação da linguagem não autoriza o "vale tudo" interpretativo, ou uma manipulação "*a la diable*" dos elementos normativos, como enuncia Machado Derzi, em razão da necessidade de referência do aplicador aos elementos internos do sistema jurídico, de modo fundamentado. Caso contrário, haveria violação não apenas do princípio do Estado de Direito como igualmente do princípio da separação dos Po-

6. Gianmarco Gometz, *La certezza giuridica come prevedibilità*, Torino, Giappichelli, 2005, p. 211.

7. Ricardo Lobo Torres, "Valores e princípios constitucionais tributários", in *Tratado de Direito Constitucional Financeiro e Tributário*, v. 2, Rio de Janeiro, Renovar, 2005, pp. 203 e ss.

8. Anne-Laure Valembois, *La constitutionnalisation de l'exigence de sécurité juridique en Droit français*, Paris, LGDJ, 2005, p. 81.

9. Eros Roberto Grau, *Ensaio e discurso sobre a interpretação/aplicação do Direito*, 4ª ed., São Paulo, Malheiros Editores, 2006, pp. 28, 66. Misabel de Abreu Machado Derzi, *Modificações da jurisprudência no Direito Tributário*, São Paulo, Noeses, 2009, p. 106.

deres.[10] O que não se pode é simplesmente desconhecer que a aplicação das normas, inclusive tributárias, envolve, em maior ou em menor medida, algum grau de incerteza, decorrente da indeterminação das normas ou da multiplicidade de relações que elas podem manter entre si, e da sua conexão com os fatos sobre os quais elas vertem.[11]

A respeito disso, a concepção de segurança jurídica aqui defendida segue a reboque de uma concepção de Direito *intermediária* entre as concepções objetivistas e argumentativas. Para as primeiras, o Direito é um objeto previamente dado, cujo conteúdo depende, primordialmente, de atividades cognoscitivas reveladoras de sentidos predeterminados. Para as segundas, o Direito é uma atividade cuja realização depende, nuclearmente, de estruturas argumentativas a serem utilizadas no processo decisional.[12] O que se defende, aqui, é a compreensão do Direito como uma harmoniosa composição entre atividades semânticas e argumentativas: a atividade do operador do Direito parte de reconstruções de significados normativos por meio de regras de argumentação – contudo tem a sua aplicação dependente de postulados hermenêuticos e aplicativos. O Direito, assim, ao contrário de ser um mero objeto cuja realização independe de estruturas argumentativas, ou uma simples atividade argumentativa sem qualquer heterolimitação decorrente de significados normativos que o antecedem; é uma espécie de "objeto-atividade", pois requer, para a sua realização, a reconstrução de significados e de estruturas argumentativas de legitimação e de fundamentação. Afinal, não há como negar o caráter argumentativo do Direito. Como assevera MacCormick:

> "O Direito é uma disciplina argumentativa. Seja qual for a questão sobre a qual se pensa, se nós a colocamos como uma questão ou problema legal, nós procuramos uma solução ou resposta no sentido de uma proposição que parece significativa ou pelo menos sustentável, embora preferencialmente conclusiva, como um problema jurídico. Para checar se faz sentido ou é genuinamente arguível, ou até mesmo conclusiva, nós pensamos através de argumentos que poderiam ser utilizados para a proposta de resposta ou solução."[13]

10. Misabel de Abreu Machado Derzi, *Modificações da jurisprudência no Direito Tributário*, São Paulo, Noeses, 2009, pp. 105, 110.

11. César García Novoa, *El principio de seguridad jurídica en materia tributaria*, Madrid, Marcial Pons, 2000, p. 122.

12. Aulis Aarnio, *The Rational as Reasonable*, Dordrecht, Reidel, 1987, p. 4. Stefano Bertea, *Certezza del Diritto e argomentazione giuridica*, Soveria Manelli, Rubbertino, 2002, pp. 13 e ss.

13. Neil MacCormick, "Rhetoric and Rule of Law", in David Dyzenhaus (org.), *Recrafting the rule of Law – The Limits of Legal Order*, Oxford, Hart, 1999, p. 163.

Dworkin segue o mesmo caminho, ao dizer que a "prática legal, diferentemente de tantos outros fenômenos sociais, é argumentativa. Cada ator na prática compreende que o que permite ou o que requer depende da verdade de certas proposições que somente recebem sentido por meio *da* e *na* prática; a prática consiste em larga medida no emprego e na arguição dessas proposições".[14]

Segurança jurídica, por consequência, deixa de ser uma mera exigência de predeterminação para consubstanciar um dever de controle racional e argumentativo. Essa mudança de perspectiva demonstra que a segurança jurídica envolve elementos que devem permear o processo de aplicação do Direito e não simplesmente estarem aqueles presentes no seu resultado. Daí a certeira afirmação de Habermas, no sentido de que a segurança jurídica não significa "segurança de resultado" (*Ergebnissicherheit*), mas o esclarecimento discursivo de elementos normativos e fáticos a ser realizado por meio de um devido processo legal capaz de indicar os argumentos que conduziram à decisão. A segurança jurídica, por estar vinculada tanto a uma dimensão lógico-semântica quanto a uma dimensão pragmática do processo argumentativo de fundamentação, deve ser entendida, assim, como uma segurança jurídica processualmente dependente (*verfahrensabhängige Rechtssicherheit*).[15] Como bem assevera Neves, a fundamentação no Direito deixa de ser meramente semântica, e passa a ser discursiva e, com isso, passa a envolver a questão da aceitabilidade racional da decisão por meio de um procedimento de produção jurídica que gere legitimidade.[16]

Tal conceituação da segurança jurídica aproxima-a da exigência de transparência estatal. O princípio da segurança jurídica, no entanto, não pode ser totalmente assimilado ao princípio da transparência. Isso porque a exigência de transparência tem o seu núcleo conceitual vinculado à ideia de informação, destinando-se a garantir abertura em todo e qualquer procedimento estatal, de modo a permitir a sua compreensão e a sua efetividade.[17] O conceito aqui proposto de segurança jurídica, embora também pressuponha transparência, não se centra na questão meramente

14. Ronald Dworkin, *Law's Empire*, Cambridge, Belknap, 1986, p. 13.

15. Jürgen Habermas, *Faktizität und Geltung*, Darmstadt, Wissenschaftliche Buchgesellschaft, 2002, pp. 270, 277.

16. Marcelo Neves, *Entre Têmis e Leviatã: uma relação difícil – O Estado Democrático de Direito a partir e além de Luhmann e Habermas*, São Paulo, Martins Fontes, 2006, pp. 107, 112, 118.

17. Jürgen Bröhmer, *Transparenz als Verfassungsprinzip*, Tübingen, Mohr Siebeck, 2004, p. 376.

informativa, mas sim na questão racional-argumentativa: mais do que informar, o princípio da segurança jurídica visa a garantir racionalidade e efetividade ao Direito como um todo.

E quanto à palavra "jurídica", ela designa segurança "do", "pelo", "frente ao" ou "sob" o Direito, "de direitos", "como um direito" ou "no Direito"?

Ela designa cada uma dessas hipóteses, dependendo do contexto e da perspectiva.

Do Direito, porque, ao instituir as regras da legalidade, da anterioridade e da irretroatividade, a CF/88 estabeleceu condições para que o próprio Direito se torne seguro, mediante a clareza dos seus enunciados e a antecipação das suas normas; por exemplo: ao prever os princípios da moralidade e da publicidade, erigiu a fundamentação e a publicação como requisitos de validade das normas jurídicas.

Pelo Direito, porquanto, ao instituir, no seu art. 1º, um Estado Democrático destinado a "assegurar a segurança como valor", a CF/88 estabelece que o Direito deve servir de *instrumento assecuratório* da segurança; de outro lado, porque a instituição de procedimentos por meio dos quais o cidadão poderia defender os seus direitos, como é o caso das garantias do devido processo legal, da ampla defesa e do contraditório, ou mesmo do mandado de segurança e do *habeas corpus*, serve para que os cidadãos utilizem o Direito como instrumento protetor dos seus direitos.

Frente ao Direito, já que a atuação estatal, que só pode se dar por meio do exercício de poderes previstos em regras de competência e por meio das fontes e dos procedimentos previstos pelo Direito, não pode atingir direitos que o particular tenha conquistado conforme ao Direito.

De direitos, visto que as proteções, pelo art. 5º, XXXVI, do direito adquirido, do ato jurídico perfeito e da coisa julgada, traduzem a eficácia reflexiva do princípio da segurança jurídica, orientada a determinado sujeito e a determinado caso concreto, garantindo o exercício de direitos específicos.

Como um direito, já que a eficácia reflexiva do princípio objetivo da segurança jurídica faz surgir, para determinado sujeito, o direito a determinado comportamento estatal sem o qual os estados de cognoscibilidade, de confiabilidade e de calculabilidade não se concretizam minimamente.

No Direito, tendo em vista que a segurança jurídica, tal como foi defendida neste trabalho, não tem o seu núcleo na exigência de conhecimento de conteúdos total e previamente determinados, mas na controlabilidade de estruturas argumentativas exigidas na reconstrução e na aplicação de sentidos normativos. A segurança jurídica, em suma, revela-se no curso do processo de realização do Direito.[18] Essa acepção – segurança *no* Direito – ilustra, com maior amplitude, o significado geral do princípio da segurança jurídica, que deixa de ser centrado no conhecimento prévio de efeitos jurídicos para passar a abranger, especialmente, a controlabilidade de processos argumentativos.[19]

Qual é o aspecto objetivo da segurança jurídica com base na CF/88 – segurança do ordenamento jurídico, de uma norma ou de um comportamento? Se, de uma norma, uma norma geral ou individual? Se de um comportamento, um comportamento próprio ou alheio?

Segurança do ordenamento, de uma norma e de um comportamento. Novamente, esses sentidos não são excludentes: cada um existe em razão do contexto em que a segurança jurídica é aplicada.

Do ordenamento, porque vários princípios, como é o caso do Estado de Direito ou do Estado Social de Direito, dizem respeito ao conjunto do ordenamento jurídico e não a uma manifestação particular sua.

De uma norma, tanto *geral*, porque várias regras impõem condições de validade para a criação normativa, como é o caso da regra tributária de proibição de retroatividade, quanto *individual*, porque várias regras protegem situações individuais garantidas por sentença ou por ato administrativo, como é o caso da regra que protege o ato jurídico perfeito, a coisa julgada e o direito adquirido.

De um comportamento, notadamente estatal, tendo em vista que a CF/88, além de instituir os princípios da publicidade e da moralidade, ainda contém uma série de regras, procedimentais e materiais, que favorecem o conhecimento e a fundamentação da atividade estatal. Esses princípios, quando aliados às regras de competência (de exercício, de delimitação material e procedimental) permitem que o contribuinte pos-

18. Arthur Kaufmann, "Die ontologische Struktur des Rechts", in *Die ontologische Begründung des Rechts*, Darmstadt, Wissenschaftliche Buchgesellschaft, 1965, p. 482.

19. Stefano Bertea, *Certezza del Diritto e argomentazione giuridica*, Soveria Manelli, Rubbertino, 2002, p. 113.

sa antecipar as consequências que serão atribuídas pelo ordenamento à própria conduta.

Quanto ao(s) sujeito(s) que a deve(m) garantir, deve o Poder Legislativo, o Poder Executivo ou o Poder Judiciário assegurá-la?

Os três Poderes.[20] O *Poder Legislativo*, porque a CF/88 contém regras sobre a produção de normas, como é o caso das regras de legalidade, de anterioridade e de irretroatividade, impondo a esse Poder o dever de criar obrigações por meio de lei formal, de prever fatos destinados a ocorrer após determinado período e de alcançar situações ocorridas apenas após a edição das leis.

O Poder Executivo, porquanto a CF/88 estabelece normas concernentes à aplicação uniforme da legislação, como é o caso do princípio da igualdade, e à obediência das regras estabelecidas pelo Poder Legislativo, como exemplifica a regra da legalidade.

E *o Poder Judiciário*, tendo em vista que a CF/88, a par de exigir a instituição de regras gerais a serem uniformemente aplicadas, contém uma série de regras destinadas à fundamentação e à publicidade da atividade judicial.

Essa vinculação dos três Poderes decorre, ainda, da eficácia imediata dos direitos fundamentais relativamente a todos eles, como prescreve o art. 5º da CF/88.[21]

Quanto ao beneficiário, ele se destina a proteger o contribuinte ou o Estado?

O *contribuinte*, na medida em que as normas constitucionais têm como objetivo, de um lado, permitir a antecipação da atuação estatal, como comprovam os princípios da moralidade e da publicidade; de outro, têm como finalidade permitir o conhecimento das consequências atribuíveis aos atos praticados pelo contribuinte, como ilustra o conjunto de regras de competência e as regras da anterioridade e da irretroatividade tributárias. A segurança jurídica, nesse aspecto, na feliz expressão de Machado Derzi, "não tem mão dupla", não podendo a irretroatividade, a

20. Bertrand Mathieu, "Constitution et sécurité juridique – France", in *Annuaire International de Justice Constitutionnelle, 1999*, Paris, Economica, 2000.

21. Roque Antonio Carrazza, *Curso de Direito Constitucional Tributário*, 30ª ed., São Paulo, Malheiros Editores, 2015, p. 456.

proteção da confiança e a boa-fé serem invocadas para proteger os cofres públicos contra efeitos das variações jurisprudenciais, por exemplo.[22]

Quanto ao critério subjetivo para aferir a segurança, deve haver segurança jurídica na perspectiva do cidadão comum ou do especialista em Direito Tributário?

Na perspectiva do *cidadão comum*, porque o princípio do Estado de Direito pressupõe o conhecimento das normas por todos os cidadãos, inclusive como instrumento de sua participação democrática, e os princípios da publicidade e da moralidade não apresentam qualquer tipo de destinatário específico, antes se dirigindo a todos os cidadãos. As normas jurídicas – e as tributárias, em especial – destinam-se a tornar permitidos, proibidos ou obrigatórios determinados comportamentos; por isso, para que elas possam ter algum efeito prático, precisam ser compreendidas por quem pode fazer algo, ou está proibido ou obrigado a fazê-lo. Estando as normas vocacionadas a servir de instrumento de orientação para os destinatários, a perspectiva com que devem ser consideradas precisa ser a dos destinatários, inclusive como condição de que a segurança seja um instrumento da sua autonomia individual.[23] Desse modo, como é o cidadão que deve servir de referência para a avaliação da clareza e da inteligibilidade das normas, elas devem ser portadoras de "amizade aos destinatários" (Benutzerfreundlichkeit) e de "compreensibilidade pelos destinatários" (Adressatenverständlichkeit).[24]

No campo do Direito Tributário, é preciso referir que o Sistema Tributário Nacional, posto na CF/88, contém regras específicas sobre a cognoscibilidade, confiabilidade e calculabilidade, que adotam, como perspectiva, o contribuinte. Nesse sentido, as regras da legalidade, da anterioridade e da irretroatividade estão postas como "limitações ao Poder de Tributar", servindo, desse modo, como instrumentos de proteção do contribuinte em face do Estado; as referidas regras, além disso, são de-

22. Misabel de Abreu Machado Derzi, *Modificações da jurisprudência no Direito Tributário*, São Paulo, Noeses, 2009, p. 160. Idem. "Mutações jurisprudenciais, em face da proteção da confiança e do interesse público no planejamento da receita e da despesa do Estado", in Roberto Ferraz (org.), *Princípios e limites da tributação 2 – Os princípios da ordem econômica e a tributação*, São Paulo, Quartier Latin, 2009, p. 746.

23. Gianmarco Gometz, *La certezza giuridica come prevedibilità*, Torino, Giappichelli, 2005, p. 202.

24. Andreas von Arnauld, *Rechtssicherheit*, Tübingen, Mohr Siebeck, 2006, p. 230.

nominadas de "garantias", assim entendidas aquelas normas que funcionam como instrumentos assecuratórios de direitos individuais em face do Poder Público. A definição dessas normas como "limitações ao Poder de Tributar" e como "garantias" revela, com clareza, a preocupação constitucional de que o contribuinte, e não outro sujeito, seja a referência para a verificação dos estados de cognoscibilidade, de confiabilidade e de calculabilidade do Direito.

Por fim, é preciso lembrar que as normas tributárias gerais, de que são exemplo as regras contidas no Código Tributário Nacional, ao preverem modos de cálculo e de antecipação do pagamento dos tributos diretamente pelo próprio contribuinte (art. 150) e ao excluírem a imposição de penalidades para os contribuintes que se antecipam a qualquer medida de fiscalização (art. 100), pressupõem o cumprimento espontâneo das normas tributárias pelo próprio contribuinte, independentemente da participação de advogados em processos administrativos ou judiciais ou de autoridades em procedimentos administrativos. Segurança jurídica deve ser avaliada, portanto, na perspectiva do destinatário. No Direito Tributário, isso significa que há segurança quando o contribuinte tem condições de, em elevada medida, conhecer o Direito, confiar nele e calcular os seus efeitos. A exigência de determinabilidade será tanto maior, quanto mais intensamente forem restringidos os direitos fundamentais de liberdade, de propriedade e de igualdade.[25] Esse é, precisamente, o caso do Direito Tributário, pela eficácia oneratória e indutora das normas tributárias.

É preciso atentar, porém, para uma ressalva: como a segurança jurídica não envolve apenas um aspecto, mas vários, nem sempre esse critério geral de analisar a sua existência sob a perspectiva do contribuinte é mantido. Isso porque, dependendo do aspecto material, objetivo e subjetivo, pode haver a necessidade de se considerar não apenas um contribuinte, mas vários, ou ainda todos, ou até mesmo o Poder Executivo. Assim, se o problema disser respeito à inteligibilidade, tanto se pode estar verificando uma norma tributária destinada ao contribuinte quanto dirigida à Fazenda Pública, embora, nesse caso, a rigor, a mencionada norma experimente natureza predominantemente administrativa, em vez de tributária; se o problema fizer referência à confiabilidade, é preciso saber se se está tratando de uma questão de estabilidade individual, caso em que apenas a visão do contribuinte atingido deverá ser considerada

25. Federico Arcos Ramírez, *La seguridad jurídica: una teoría formal*, Madrid, Dykinson, 2000, p. 263.

pela aplicação reflexiva da segurança jurídica, ou se se está enfocando um problema relativo ao ordenamento jurídico como um todo, hipótese em que a perspectiva do conjunto de contribuintes deverá ser utilizada. Em suma, essas considerações demonstram que a segurança jurídico-tributária deve ser aferida com base na visão do destinatário, se não houver razão para a consideração de uma perspectiva diversa.

Quanto à extensão subjetiva buscada pela segurança, deve haver segurança jurídica para o indivíduo ou de um direito seu, ou para a coletividade, ou do ordenamento jurídico como um todo?

Isso depende das normas aplicáveis. Com efeito, a segurança jurídica pode ser tanto considerada um princípio objetivo do ordenamento jurídico quanto pode experimentar uma aplicação reflexiva relativamente a um sujeito específico. Daí se dizer que a segurança jurídica pode assumir tanto uma dimensão objetiva e impessoal, relacionada ao interesse coletivo ou geral de manutenção da ordem, quanto uma dimensão estritamente pessoal, vinculada a interesses individuais.[26] No primeiro caso, tem-se o princípio da segurança jurídica; no segundo, o denominado princípio da proteção da confiança legítima (*Vertrauensschutzprinzip*). Embora relacionados, eles são diferentes: o princípio da segurança jurídica diz respeito ao ordenamento jurídico, de modo geral e abstrato, independentemente do interesse específico de alguém, podendo, inclusive, ser instrumento para contrariar interesses individuais; o princípio da proteção da confiança faz referência a uma situação subjetiva e concreta e destina-se unicamente a manter uma situação jurídica favorável a determinado sujeito.[27] Pode-se, nessa direção, afirmar que o princípio da segurança jurídica serve de instrumento de proteção "das confianças" (dos cidadãos em geral, em face do ordenamento jurídico globalmente

26. Sylvia Calmes, *Du principe de protection de la confiance légitime en Droits allemand, communautaire et français*, Paris, Dalloz, 2001, p. 170. Anne-Laure Valembois, *La constitutionnalisation de l'exigence de sécurité juridique en Droit français*, Paris, LGDJ, 2005, p. 19. Rafael Maffini, *O princípio da proteção substancial da confiança no Direito Administrativo brasileiro*, Porto Alegre, Verbo Jurídico, 2007, pp. 55, 61. O referido autor assimila o conceito de proteção da confiança ao de segurança jurídica ao afirmar que o primeiro visa a realizar um estado de estabilidade, de previsibilidade e de calculabilidade.

27. Sylvia Calmes, *Du principe de protection de la confiance légitime en Droits allemand, communautaire et français*, Paris, Dalloz, 2001, p. 167. Anne-Laure Valembois, *La constitutionnalisation de l'exigence de sécurité juridique en Droit français*, Paris, LGDJ, 2005, p. 237.

considerado), enquanto que o princípio da proteção da confiança constitui meio de garantia "da confiança" (de um cidadão em razão de uma manifestação particularizada do ordenamento jurídico). O denominado princípio da proteção da confiança, mais do que proteger "a estabilidade do Direito para todos", como o faz o princípio da segurança jurídica, protege "a confiança de alguém na estabilidade de uma manifestação do Direito", *em vista da qual* o cidadão colocou em prática alguma atividade, o que é algo sutilmente diverso. O princípio da segurança jurídica, como bem aponta Calmes, visa a afastar a imprevisibilidade, notadamente a retroatividade, "seja ela qual for" (*soit qu'il soit*), e a instabilidade do ordenamento em geral, seja ela qual for.[28] Por isso, a rigor, é mais correto falar em *direito subjetivo* à proteção da confiança legítima do que em princípio da proteção à confiança legítima.[29]

Para saber quando a segurança jurídica visa a resguardar interesses individuais e quando objetiva preservar interesses coletivos, é preciso analisar o contexto normativo e fático em que ela é utilizada. Por exemplo, quando está em causa a proteção do direito adquirido, do ato jurídico perfeito, da coisa julgada e da confiança legítima, o princípio da segurança jurídica experimenta uma aplicação reflexiva relativamente a interesses particulares, quer porque as normas que protegem as mencionadas situações são qualificadas de "garantias individuais", quer porque elas tratam de circunstâncias individuais. Quando, porém, se analisa a regra prevista no artigo 27 da Lei n. 9.868/98, que permite que o Supremo Tribunal Federal, no controle concentrado de constitucionalidade, ao declarar a inconstitucionalidade de lei ou ato normativo, e "tendo em vista razões de segurança jurídica ou de excepcional interesse social", module os efeitos da declaração de inconstitucionalidade, o princípio da segurança jurídica visa a proteger a confiabilidade e a calculabilidade do ordenamento jurídico como um todo, quer porque tal regra se refere ao controle concentrado de constitucionalidade, que visa a examinar a constitucionalidade da lei em tese, sem atenção primordial a interesses particulares, quer porque, nesse controle, não há como provar a obediência dos requisitos indispensáveis à aplicação do denominado princípio da confiança (existência da base da confiança, da confiança, do nexo de causalidade entre a base e a confiança, do exercício da confiança e da frustração da confiança), tendo em vista que essa prova só pode ser

28. Sylvia Calmes, *Du principe de protection de la confiance légitime en Droits allemand, communautaire et français*, Paris, Dalloz, 2001, p. 170.

29. Katharina Sobota, *Das Prinzip Rechtsstaat*, Tübingen, Mohr Siebeck, 1997, p. 507.

feita no controle difuso e por meio de um processo de cognição ampla e exauriente.

Como será visto na segunda parte desta obra, o fato de a segurança jurídica poder experimentar uma dimensão normativa individual e uma transindividual não quer dizer que essas dimensões não mantenham relação entre si e – mais importante ainda – que não devam ser harmonizadas. Por exemplo, quando se analisa a existência dos requisitos para a configuração da intangibilidade de uma situação de fato, embora devam ser examinados requisitos concretos e individuais, deverá ser verificado se a proteção individual da segurança jurídica pode comprometer a realização coletiva da segurança jurídica. Isso pode ocorrer, por hipótese, quando são mantidos os efeitos de atos administrativos inválidos em circunstâncias tais que a decisão de mantê-los, pela capacidade da sua repetitividade, pode estimular a extrapolação futura das competências pelas autoridades administrativas. Nesse caso, a proteção da estabilidade dos atos individuais terminaria por comprometer a calculabilidade do ordenamento jurídico, na medida em que muitas autoridades administrativas poderiam ser estimuladas a praticar atos fora das regras de competência apostando na sua intangibilidade futura pelo decurso do tempo. Dito de forma abreviada: a estabilidade individual cobraria o preço da calculabilidade geral.[30] Em um outro dizer ainda: a proteção da segurança (pela estabilidade) provocaria perda de segurança (pela calculabilidade). A segurança jurídica causaria, pois, insegurança jurídica. Trata-se, como será visto na parte deste trabalho relativa à eficácia da segurança jurídica, de um conflito da segurança jurídica consigo mesma – um conflito interno. A tese defendida neste trabalho é no sentido de que, embora possa ser priorizada, dependendo do contexto normativo, uma das dimensões da segurança jurídica, a realização de uma não pode nunca cobrar o preço da aniquilação de outra, e a realização de uma não pode implicar a falta de realização de todas. Isso explica por que se conceitua o princípio da segurança jurídica como a exigência de se realizar um estado de "mais" segurança.

Qual é o aspecto temporal da segurança jurídica conforme a CF/88? – Deve-se buscar segurança jurídica do passado, do presente e do futuro?

Das três dimensões do tempo, analisadas de modo unitário.

30. Anne-Laure Valembois, *La constitutionnalisation de l'exigence de sécurité juridique en Droit français*, Paris, LGDJ, 2005, p. 20.

Do presente, porque a CF/88 estabelece regras para a criação do Direito, de modo a permitir que o cidadão possa conhecer as normas a que deve obedecer no exercício atual das suas atividades. A Constituição, como será demonstrado no capítulo seguinte, institui uma série de deveres relativamente à existência (como publicação da norma e citação da parte), à vigência (como anterioridade e irretroatividade) e ao conteúdo (como clareza e determinabilidade), assegurando, pois, uma espécie estática de "segurança de orientação".

Do passado, porque a CF/88 estabelece normas que protegem situações já resguardadas pelo próprio Direito no passado, como as garantias do direito adquirido, da coisa julgada e do ato jurídico perfeito. A Constituição, como será especificado no capítulo seguinte, institui uma série de prescrições concernente à mudança do Direito, garantindo, por conseguinte, um tipo dinâmico de "segurança rítmica".

Do futuro, porque a CF/88 estabelece normas sobre o caráter vinculativo do Direito, com a finalidade de fazer com que o cidadão possa saber, hoje, qual será o grau de vinculatividade das normas amanhã. A Constituição, como também será examinado em pormenor no próximo capítulo, institui várias normas referentes à anterioridade e à eficácia da instituição normativa, assegurando, assim, uma espécie de "segurança de aplicação".

Qual é o aspecto quantitativo da segurança jurídica?
– Deve-se garantir segurança total ou parcial?

Total. Essa questão, cujo exame posterior irá revelar a sua alta complexidade, não corresponde à dualidade "absoluta *vs.* relativa", visando, em vez disso, a demonstrar que a segurança jurídica deve ser *mais* promovida do que restringida. Como ela não envolve apenas um ideal uniforme, mas um *complexo multiforme de ideais*, podem surgir conflitos internos, relativamente a vários de seus aspectos: ao se assegurar a estabilidade do Direito por meio da proteção da expectativa legítima de uma pessoa, pode-se comprometer tanto a inteligibilidade do Direito para os demais cidadãos, que não terão certeza com relação àquilo que é permitido ou proibido pelo ordenamento jurídico, quanto à vinculatividade do Direito, visto que um princípio formal irá perder pontualmente a sua efetividade; e ao se preservar a estabilidade de uma expectativa legítima, protege-se a segurança do passado, mas se compromete a segurança do futuro, na medida em que se pode estimular a aposta de que atos contrários ao Direito possam ter seus efeitos protegidos pela sustentação de uma situação consolidada.

Esses exemplos, aos quais outros casos serão agregados, demonstram que pode haver conflitos da segurança jurídica "consigo mesma", isto é, conflitos entre mais de um aspecto da própria segurança jurídica – conflito entre confiabilidade e calculabilidade, entre segurança do Direito e segurança pelo Direito, entre segurança do passado e segurança do futuro, e assim sucessivamente. Por isso mesmo é que se defende que o princípio da segurança jurídica só pode ser usado quando a sua utilização conduzir, na média dos seus vários aspectos, mais à sua promoção do que à sua restrição. Vale dizer, o princípio da segurança jurídica só pode servir de fundamento para uma decisão quando se possa, racional e argumentativamente, demonstrar que a sua utilização promove uma média maior dos seus aspectos. Nesse sentido, por exemplo, uma decisão que torna intangíveis, para um sujeito, os efeitos de um ato passado contrário ao Direito, comprometendo, porém, a vinculatividade do ordenamento jurídico para a maioria dos cidadãos, só aparentemente promove o princípio da segurança jurídica, pois, para se preservar a segurança jurídica do passado para um cidadão, restringe-se, em maior medida, a segurança jurídica do futuro para a maioria dos cidadãos. Em suma, e numa expressão abreviada, protege-se (pouco) a segurança jurídica, restringindo-a (muito). Protege-se um membro, esquecendo-se do corpo. Por isso, só se promove o princípio da segurança jurídica quando a *síntese* dos seus aspectos revele a sua *maior* promoção conjunta. Daí se afirmar, figurativamente, que a segurança jurídica ou é inteira ou não é segurança jurídica.

E, por fim, qual é o aspecto justificativo da segurança jurídica? – A segurança é um fim em si ou um instrumento de realização de outros fins?

É um *instrumento de realização de outros fins*: de um lado, dos direitos fundamentais de liberdade e de propriedade, porque sem estabilidade e sem calculabilidade da atuação estatal, o indivíduo não tem como exercer o direito de autodeterminação livre da sua vida digna; de outro lado, das finalidades estatais, tendo em vista que o exercício da ação e do planejamento estatal, a médio e a longo prazos (arts. 70 e ss.), pressupõe uma permanência das regras válidas. Essa permanência, porém, não é em benefício do Estado, mas em benefício do particular, que pode, de um lado, controlar a atividade estatal e, de outro, planejar as suas atividades. Esse caráter instrumental é ainda mais visível no âmbito do Direito Tributário, porquanto, no Sistema Tributário Nacional, ancorado na CF/88, os princípios e as regras relacionados à segurança jurídica, instituídos como "garantias" e como "limitações ao poder de tributar", assumem feição protetiva em favor do contribuinte e não em favor do Estado.

O caráter instrumental da segurança jurídica leva a um *ajuste* importantíssimo no conceito de cognoscibilidade e de calculabilidade, sem o qual o princípio da segurança perde tal instrumentalidade. A cognoscibilidade foi definida como a capacidade de compreensão das *alternativas de sentido* reconduzíveis a um texto normativo, e a calculabilidade, como a capacidade de antecipar o *espectro de consequências* alternativamente aplicáveis a atos ou a fatos e o *espectro de tempo* dentro do qual a consequência será efetivamente aplicada. Entretanto, nesse contexto, indaga-se: haverá cognoscibilidade se as alternativas normativas de sentido forem em elevado número? Existirá calculabilidade se os espectros de consequências e de tempo forem excessivamente amplos? Em outras palavras, há cognoscibilidade quando o cidadão tem a capacidade de saber que há dez alternativas de sentido para uma dada norma e há calculabilidade quando o cidadão tem a aptidão de prever que há dez consequências jurídicas que podem ser atribuídas à sua ação no período de dez anos? Se a segurança jurídica for entendida como instrumento necessário para que o indivíduo seja capaz de planejar e de conceber o seu futuro, aumentando o seu espectro de ação livre, a resposta é negativa: o indivíduo não tem como planejar e como conceber seu futuro se o espectro de consequências normativas atribuíveis a atos ou a fatos for muito amplo, ou muito discrepante, e o espectro de tempo dentro do qual haverá uma confirmação da consequência aplicável for muito extenso.[31] Isso porque não há como, com autonomia e com liberdade, fazer um planejamento estratégico juridicamente informado quando as consequências normativas são em número ilimitado, ou muito amplo, e diferenciam-se muito entre si. A ampla incerteza quanto às consequências normativas da ação leva à inação, pela falta de controle mínimo sobre o futuro. A generalidade da previsão, quando muito elevada, conduz à falta de informação e essa leva à impossibilidade de planejamento.

Desse modo, o problema não está em conseguir prever as consequências normativas, mas em conseguir prever um número *reduzido* e *não muito diverso* de consequências normativas. O cidadão pode prever apenas duas consequências para um ato seu, mas se uma consequência é a imposição de uma multa de mil reais e a outra é a aplicação de uma

31. Gianmarco Gometz, *La certezza giuridica come prevedibilità*, Torino, Giappichelli, 2005, p. 232.

pena de prisão perpétua, a rigor não há calculabilidade alguma, na medida em que o particular não tem como *medir* as consequências dos seus próprios atos. Do mesmo modo, se o contribuinte pode prever apenas duas consequências para a prática de um ato próprio, mas se uma consequência é a obrigação de pagar mil reais a título de tributo e a outra é a obrigação de pagar um milhão de reais ao mesmo título, a rigor, também não há calculabilidade alguma. Em suma, a calculabilidade abrange alternativas de consequências normativas, entretanto pressupõe que elas não sejam nem muito extensas nem muito diferentes entre si, e a sua fixação não exceda um período razoável. Prever um número reduzido de consequências incertas, ou um número amplo de consequências certas, isso não é calcular. Assim, calculabilidade ilimitada ou ampla demais quanto ao *número* e à *variedade* de consequências, e ilimitada ou ampla demais quanto ao *período* para sua definição não é calculabilidade. É por isso que a calculabilidade também depende da duração razoável do processo, como será examinado mais adiante.

Em razão dessas considerações é que se deve definir a calculabilidade como um estado de coisas em que o cidadão tem, em grande medida, a capacidade de *antecipar* e de *medir* o espectro *reduzido* e *pouco variável* de consequências atribuíveis abstratamente a atos, próprios e alheios, ou a fatos, e o espectro *reduzido* de tempo dentro do qual a consequência definitiva será aplicada. Sem essa ressalva, calculabilidade torna-se imprevisibilidade. Isso explica por que a exigência de calculabilidade por meio da continuidade do ordenamento jurídico afasta não apenas as mudanças *bruscas*, mesmo que não drásticas, mas também as mudanças *drásticas*, ainda que não bruscas. Dependendo do caso, até se admite a mudança, mas ela deve ser feita de maneira respeitosa, com proteção da confiança, com regras de transição e com cláusulas de equidade, sob pena de ser, na expressão de Ost, "*trop brutal*".[32]

Há, ainda, mais um ponto a realçar: pode existir a capacidade de *antecipar* e de *medir* o espectro *reduzido* e *pouco variável* de consequências atribuíveis abstratamente a atos ou a fatos, e o espetro *reduzido* de tempo dentro do qual a consequência definitiva será aplicada e, mesmo assim, não haver calculabilidade. Isso porque o cidadão, embora possa saber que há duas consequências atribuíveis à prática de um ato (digamos, X e Y), possa ter precisão com relação ao seu significado ($X = A$ e $Y = B$) e tenha condições de saber o espectro de tempo dentro do qual será definida a consequência aplicável (digamos, entre $T1$ e $T5$), pode não

32. François Ost, *Le temps du Droit*, Paris, Odile Jacob, 1999, p. 291.

ter condições de saber se qualquer daquelas consequências (*X* ou *Y*) será *efetivamente* executada pelos órgãos estatais. Por essa razão, a eficácia jurídica, ou a efetividade jurídica, deve fazer parte do próprio conceito de segurança jurídica.[33]

Em virtude disso, deve-se conceituar a calculabilidade como sendo a capacidade de antecipar e de medir o espectro reduzido e pouco variável de consequências atribuíveis abstratamente a atos ou fatos, e o espetro reduzido de tempo dentro do qual a consequência definitiva será *efetivamente* aplicada. Essa eficácia jurídica depende do acesso ao Poder Judiciário e da existência de instrumentos processuais assecuratórios, como, por exemplo, o mandado de segurança.

Todos esses aspectos serão aprofundados na segunda parte deste trabalho, referente ao conteúdo e à eficácia do princípio da segurança jurídica. Mesmo assim, já é possível esboçar um conceito de segurança jurídica geral e de segurança jurídico-tributária.

Em face de todas as considerações anteriores, pode-se conceituar a segurança jurídica como sendo *uma norma-princípio que exige, dos Poderes Legislativo, Executivo e Judiciário, a adoção de comportamentos que contribuam mais para a existência, em benefício dos cidadãos e na sua perspectiva, de um estado de confiabilidade e de calculabilidade jurídica, com base na sua cognoscibilidade, por meio da controlabilidade jurídico-racional das estruturas argumentativas reconstrutivas de normas gerais e individuais, como instrumento garantidor do respeito à sua capacidade de – sem engano, frustração, surpresa e arbitrariedade – plasmar digna e responsavelmente o seu presente e fazer um planejamento estratégico juridicamente informado do seu futuro.*

Nessa definição, *cognoscibilidade* significa um estado de coisas em que os cidadãos possuem, em elevada medida, a capacidade de compreensão, material e intelectual, de estruturas argumentativas reconstrutivas de normas gerais e individuais, materiais e procedimentais, minimamente efetivas, por meio da sua acessibilidade, abrangência, clareza, determinabilidade e executoriedade. A *confiabilidade*, por sua vez, denota um estado de coisas em que os atos de disposição dos direitos fundamentais de liberdade são respeitados por meio do Direito,

33. Gianmarco Gometz, *La certezza giuridica come prevedibilità*, Torino, Giappichelli, 2005, p. 237. Erhard Denninger, "Rechtsstaat oder Rule of Law – was is das heute?", in Cornelius Prittwitz *et alii* (orgs.), *FS für Klaus Lüderssen*, Baden-Baden, Nomos, 2002, p. 49. Niklas Luhmann, *Ausdifferenzierung des Rechts – Beiträge zur Rechtssoziologie und Rechtstheorie*, Frankfurt am Main, Suhrkamp, 1999, p. 271.

graças à existência de estabilidade, de durabilidade e de irretroatividade do ordenamento jurídico. Ainda, a *calculabilidade* significa um estado de coisas em que os cidadãos têm, em grande medida, a capacidade de, aproximadamente, antecipar e medir o espectro reduzido e pouco variado de critérios e de estruturas argumentativas definidoras de consequências atribuíveis, heterônoma e coativamente ou autônoma e espontaneamente, a atos, próprios e alheios, ou a fatos, ocorridos ou passíveis de ocorrerem, controversos ou incontroversos, e o espectro razoável de tempo dentro do qual a consequência definitiva será aplicada, por meio da anterioridade e da continuidade das modificações e da força vinculante das suas normas, gerais e individuais.

Importa destacar que a definição de segurança jurídica, aqui proposta, não faz referência a uma qualidade intrínseca de uma norma. Ela diz respeito, ao contrário disso, a um estado ideal de coisas de realização determinada por uma norma jurídica e cuja existência, maior ou menor, depende de um complexo de condições normativas, fáticas e racionais. Trata-se, por assim dizer, de uma "segurança jurídica de fato" dependente de "condições normativas teóricas" que abrangem aspectos semânticos e argumentativos.

O conceito acima exposto, como já foi referido na introdução, é um *conceito jurídico não-classificatório* construído por meio de um *processo analítico* de redução de ambiguidades.

Ele se apresenta como *não-classificatório* porque, no lugar de ser baseado em um dualismo de estado de coisas "segurança/insegurança" e só admitir a verificação "tudo ou nada" desses estados, como ocorre com os conceitos classificatórios bivalentes, apresenta requisitos abstratos que se referem a condições de fato a serem gradualmente verificadas.

É *jurídico*, não apenas por ser baseado no ordenamento constitucional e implicar prescrições normativas, mas também por não indicar elementos cuja *verificação* dependa da previsão *efetiva* e *factualmente observável* de estados de fato, como ocorre nos conceitos factuais e empiristas, mas conotar propriedades cuja *controlabilidade* depende da observância de determinadas *condições teóricas* capazes de indicar uma *potencialidade* para a promoção de determinado estado de coisas.

E a sua construção se dá por um *processo analítico* de redução de ambiguidades, porque, em vez de ser investigado por meio de uma análise centrada na descrição da sua evolução histórica e doutrinária, o presente trabalho opta por uma investigação baseada na decomposição dos vários aspectos que podem ser discernidos relativamente à segurança jurídica, elucidando os seus vários sentidos e dimensões.

Diante das várias dimensões da segurança jurídica, surgem como inevitáveis as seguintes indagações: qual dessas dimensões é aquela que denota o "verdadeiro" núcleo da segurança jurídica? Não havendo uma que o faça, pergunta-se: qual, dentre todas essas dimensões, é a mais importante?

A tese defendida neste texto, ao contrário de atribuir uma só dimensão ou mesmo uma dimensão principal à segurança, sustenta que a segurança jurídica, para ser entendida como tal, deve necessariamente abranger *todas* as referidas dimensões. Em outras palavras, segurança jurídica é segurança *do* e *pelo* Direito, e segurança *dos direitos frente ao* Direito. Sem a *conjugação* dessas várias dimensões da segurança jurídica, não se atinge um estado mínimo de confiabilidade e de calculabilidade do ordenamento jurídico, com base na sua cognoscibilidade, porque o estado de segurança conquistado por uma dimensão será solapado pela ausência de qualquer uma das outras dimensões. Em outras palavras, sustenta-se que há um *nexo de pressuposição* ou *vínculo de reciprocidade* entre as várias dimensões da segurança jurídica, no sentido de que uma não funciona sem a outra. Afinal, pode o Direito garantir segurança sem ser seguro, isto é, pode o Direito assegurar expectativas sem ser minimamente cognoscível, confiável e calculável? Pode ele ser seguro sem ser para assegurar outros valores, isto é, pode o Direito ser cognoscível, confiável e calculável sem que esses elementos estejam a serviço de outros valores? Pode o Direito garantir segurança sem permitir segurança frente a si mesmo, isto é, pode o Direito assegurar calculabilidade e confiabilidade sem preencher determinados requisitos para que o indivíduo possa dele se precaver? E assim por diante. Responder esses questionamentos é uma das tarefas propostas para esta obra.

Esse modo global de compreender a segurança jurídica explica por que o seu exame parcial está relacionado à impressão de que o seu estudo é inútil: ao se limitar o exame da segurança jurídica a uma das suas dimensões, nem sempre adequadamente descrita, não se criam condições mínimas para a sua própria eficácia. Isso explica, por exemplo, por que a compreensão da segurança jurídica centrada no binômio "determinação/previsibilidade" foi perdendo importância ao longo do tempo, até ser qualificada de estéril: ao se buscar a segurança jurídica exclusivamente em uma dimensão, tida como absoluta, sem atenção às outras, esperava-se de uma dimensão o que ela, sozinha, não podia oferecer. Daí a tentativa de se apresentar uma visão global da segurança jurídica, fixada em outros fundamentos.

O resultado disso tudo é um conceito mais complexo e abrangente de segurança jurídica, que não se circunscreve a um dos seus elementos, a uma de suas dimensões ou a um de seus aspectos, mas a apresenta como norma que se compõe de uma multiplicidade de ideais, de dimensões e de aspectos a serem *conjunta* e *equilibradamente* considerados. Propõe-se, assim, um conceito de segurança jurídica não exclusivamente centrado na ideia de certeza mas na concepção de *equilíbrio*, como o faz, embora apenas apologeticamente, Palombella.[34] A exigência de equilíbrio é uma decorrência do caráter multifacetado do princípio da segurança jurídica, que permite a sua análise em várias perspectivas, conforme o aspecto que se esteja investigando. Por esse motivo, ele é comparado a Janus, deus romano que tinha uma cabeça com dois, quando não com quatro lados.[35]

Quando se preconiza uma análise integral da segurança jurídica, portanto, sustenta-se a imprescindibilidade do exame de todos os seus aspectos e perspectivas. Assim, por exemplo, com relação ao tempo, é preciso considerar, de maneira sintética e equilibrada, as três perspectivas – passado, presente e futuro: não só presente, sem passado e futuro; não só passado, sem presente e futuro; e não apenas futuro, sem presente e passado. Como precisamente aponta Machado Derzi, com base em Heidegger, a análise do tempo deve ser quadridimensional: passado, presente e futuro, e a unidade dessas três dimensões.[36] Mais até do que essas dimensões, poder-se-ia falar no instante, na duração, na eternidade ou mesmo nas relações de simultaneidade ("ao mesmo tempo") ou de sucessividade ("uma depois da outra").[37] Com a permissão para uma metáfora, a indispensabilidade de uma análise das três dimensões em perspectiva unitária – isto é , em quatro – poderia ser comparada a um trabalho com cores: não se pode analisar o fenômeno da cor sem atenção

34. Gianluigi Palombella, *Dopo la Certezza – Il Diritto in Equilibrio tra Giustizia e Democrazia*, Bari, Dedalo, 2006, p. 9.

35. Andreas von Arnauld, *Rechtssicherheit*, Tübingen, Mohr Siebeck, 2006, p. 671. Jutta Limbach, *Ist die kollektive Sicherheit der Feind der individuellen Freiheit?*, Köln, Carl Heymanns, 2002, p. 77

36. Misabel de Abreu Machado Derzi, *Modificações da jurisprudência no Direito Tributário*, São Paulo, Noeses, 2009, p. 197.

37. François Ost, "Conclusions générales: le temps, la justice et le droit", in Simone Gaboriau e Hélène Pauliat (orgs.), *Le Temps, la Justice et le Droit*, Limoges, Pulim, 2003, p. 359.

a nenhuma delas, pois isso redundaria apenas na cor preta, equivalente à ausência total de cor; também não se podem investigar apenas as cores primárias, azul, vermelho e amarelo, separadamente; no plano ideal, o que se deve fazer é um exame do conjunto de todas as cores, representado pela cor branca. Essa análise simultânea, aplicada às três perspectivas temporais, deve ser realizada com relação a cada uma das perspectivas de cada um dos aspectos da segurança jurídica: material, objetivo, subjetivo, quantitativo e instrumental.

Importa ressaltar, ainda, que o conceito, aqui proposto, promove um deslocamento em vários aspectos da discussão envolvendo a segurança jurídica. Em vez de se propor um conceito de segurança jurídica exclusivamente vinculado à certeza por meio do conhecimento da determinação prévia e abstrata de hipóteses legais e aferível mediante *descrição* da linguagem – e para o qual o Direito é mera criação de um Poder e precede, como algo totalmente dado, a sua própria atividade aplicativa –, apresenta-se um conceito de segurança jurídica centrado no controle argumentativo e constatável por meio do uso da linguagem, por meio do conhecimento de critérios e de estruturas hermenêuticas, e para o qual o Direito é produto da experiência e resulta da conjugação de aspectos objetivos e subjetivos inerentes à sua aplicação. A segurança jurídica deixa, assim, de ser, no seu núcleo, mero fator lingüístico baseado na determinação prévia de hipóteses legais, para centrar-se em um conjunto de processos de determinação, de legitimação, de argumentação e de fundamentação de premissas, de métodos e de resultados envolvidos na definição de normas gerais e individuais. Em vez de algo pronto ("o Direito como segurança"), a segurança jurídica denota algo a construir ("um direito à segurança"); no lugar da "certeza semântica", a "controlabilidade argumentativa"; no espaço da "atividade descritiva", um "conjunto de atividades reconstrutivas e decisionais". Intenta-se, com isso, ultrapassar a compreensão da segurança jurídica como *garantia de conteúdo*, baseada no paradigma da determinação, para uma segurança jurídica como *garantia de respeito*, fundada no paradigma da controlabilidade semântico-argumentativa e cuja realização depende de elementos, de dimensões e de aspectos a serem conjunta, sintética e equilibradamente avaliados.

É preciso, por fim, insistir em um ponto. Ao se deslocar o núcleo da segurança jurídica da questão semântica para a questão argumentativa, não se está aceitando a arbitrariedade estatal. À primeira vista, poder-se-ia pensar que a exigência de certeza seria incompatível com o caráter argumentativo do Direito. Tal questão é bem posta por MacCormick:

"Muitas pessoas, e eu sou certamente uma delas, acham atrativa tanto a tese quanto a antítese acima referidas. Eu acredito no caráter argumentativo do Direito, e acho isso admirável numa sociedade aberta. Nós deveríamos olhar para cada lado de cada importante questão, não se deixar levar por um preconceito ou uma aparente certeza. Nós devemos ouvir cada argumento, e celebrar, não deplorar, a qualidade argumentativa que parece estar incorporada ao Direito. Mas eu também acredito no Estado de Direito, e acho que nossa vida como humanos numa comunidade com outros é enormemente enriquecida por ele. Sem ele, não há perspectiva de realizar a dignidade dos seres humanos como seres independentes embora interdependentes participantes em atividades públicas e privadas numa sociedade. Dignidade dessa espécie e independência-na-interdependência são, no meu modo de pensar, valores morais e humanos fundamentais.

"Como é possível acreditar em ambos? Pode isso ser alguma coisa diferente de um desejo veleitário? Essas são as questões que estão diante de nós. Nós podemos reconciliar o lugar-comum do 'caráter argumentativo do Direito' com a ideologia do 'Estado de Direito'?".[38]

Essa aparente contradição, no entanto, é dissipada quando se verifica que o caráter argumentativo do Direito é objeto de controle por meio dos já referidos processos de determinação, de legitimação, de argumentação e de fundamentação. E o caráter argumentativo, que permeia esses processos, depende tanto de condições de *racionalidade* quanto de *coerência*. A *racionalidade* é assegurada por regras racionais de argumentação, dentre as quais a necessidade de justificação e de universalização. Desse modo, nenhuma asserção pode ser feita sem que lhe seja agregado um argumento.[39] Essa justificação, a seu turno, depende da sua capacidade de universalidade: sempre que ocorrer determinado fato, deve ser aplicada determinada consequência, assim ocorrendo para todos os casos que tiverem as mesmas características. A *coerência* é garantida por meio da recondução da decisão a um conjunto, internamente consistente, formal e materialmente, de princípios e regras, especialmente graças ao suporte material dado por princípios fundamentais.[40] Isso impede tanto que se parta do zero para decidir cada novo caso, quanto que se encontre

38. Neil MacCormick, "Rhetoric and Rule of Law", in David Dyzenhaus (org.), *Recrafting the Rule of Law – The Limits of Legal Order,* Oxford, Hart, 1999, pp. 165-166.

39. Robert Alexy, *Theorie der juristischen Argumentation*, Frankfurt am Main, Suhrkamp, 1983, pp. 261 e ss. Neil. MacCormick, *Legal Reasoning and Legal Theory*, Oxford, Clarendon, 1995, pp. 272-274.

40. Neil MacCormick, "Rhetoric and Rule of Law", in David Dyzenhaus (org.), *Recrafting the Rule of Law – The Limits of Legal Order*, Oxford, Hart, 1999, pp. 166, 169.

uma decisão arbitrária e *ad hoc*. Se a essas regras de racionalidade argumentativa e de coerência substancial forem agregadas regras a respeito da determinação, da legitimação, da argumentação e da fundamentação, o nível de controle passa a ser bastante elevado. Com essas precauções, pode-se compatibilizar o caráter argumentativo do Direito com as exigências de cognoscibilidade e de calculabilidade do Direito decorrentes do princípio da segurança jurídica.

O que não se pode fazer – e aqui se chega ao ponto crucial da discussão – é, em nome da segurança jurídica, ignorar o fato de que o dever de determinação das hipóteses legais de incidência, mesmo que existam termos já objeto de processos anteriores de conotação, é incapaz de neutralizar totalmente os vários problemas inerentes à sua aplicação concreta, conforme demonstra MacCormick.[41]

Em primeiro lugar, os *problemas de prova*: para que surja o dever tributário, é preciso que o fato gerador ocorra; contudo para que ele seja "considerado ocorrido", é preciso que haja a comprovação da sua ocorrência, conforme, aliás, preconiza o disposto no art. 142 do Código Tributário Nacional. Assim, por exemplo, para que surja o dever de pagar imposto sobre serviços, é preciso que seja comprovada a prestação de serviços.

Em segundo lugar, os *problemas de qualificação*: aquilo que foi considerado ocorrido precisa ser "caracterizado" ou "classificado" do ponto de vista do Direito. Seguindo no mesmo exemplo, é preciso saber se a atividade humana considerada ocorrida pode ou não ser qualificada como sendo serviço para efeito de pagamento do imposto sobre serviço.

Em terceiro lugar, os *problemas de interpretação*: a qualificação dos fatos ocorridos e comprovados depende de uma prévia determinação conceitual, sem a qual eles não podem ser, juridicamente, definidos. Assim, para se poder qualificar uma atividade como sendo serviço, será preciso, de um lado, definir, do ponto de vista normativo, o que significa "prestação de serviço", e, de outro, do ponto de vista fático, "o que ocorreu". Para saber se a operação de *leasing* gera a obrigação de pagar o imposto sobre serviços, é preciso definir tanto o significado de *leasing* quanto o de serviço.

Em quarto lugar, os *problemas de relevância*: dentre os inúmeros elementos da situação de fato, será necessário atribuir importância a alguns em detrimento de outros para descrever juridicamente o que

41. Ibidem, p. 175.

ocorreu. Para saber se *leasing* consiste ou não em uma prestação de serviço, será preciso atribuir uma dimensão de importância maior ou menor a elementos como a formação do fundo financeiro, a análise do crédito, a elaboração do contrato, a assinatura do contrato, a entrega do veículo, o uso do veículo, o pagamento mensal para uso do veículo, a possibilidade de compra, entre outros. A relevância atribuída a cada um desses elementos não apenas indicará a existência ou não de "prestação de serviço" como ainda demonstrará o local da sua eventual ocorrência.

Ora, todos esses problemas demonstram que, embora a hipótese de incidência contenha expressões cujo significado seja revestido de elevada determinação (há clareza para os casos fáceis representativamente maiores em número), ainda assim essa determinação não garante previsibilidade absoluta com relação aos efeitos que serão atribuídos aos atos que venham a ser praticados pelo contribuinte, pois aquilo que foi feito precisa ser provado, qualificado, interpretado e relevado em um devido processo legal. Além disso, a interpretação depende de adequações a interpretações anteriores, bem como requer, muitas vezes, a conexão entre vários fragmentos de dispositivos.[42] Isso significa, entre outras coisas, que a impossibilidade de previsibilidade absoluta não resulta apenas da ambiguidade e da vagueza inerente à linguagem, como normalmente se afirma. Ela decorre, especialmente, dos problemas de prova, de qualificação, de interpretação e de relevância inerentes à própria aplicação do Direito. As alternativas silogísticas iniciais ($X = A, B$ ou C) fornecem apenas uma "certeza putativa" a ser, durante um longo processo de argumentação e de comprovação, confirmada por uma decisão, como assevera MacCormick.[43] Essa decisão – eis o ponto –, além de se manter dentro das reduzidas e pouco discrepantes alternativas iniciais, deverá ser objeto de criterioso controle racional e argumentativo, além de ser objeto de posterior fundamentação. Não por outro motivo que Günther afirma:

> "A segurança de expectativa dos participantes em discursos institucionalizados de aplicação deveria se deslocar da segurança jurídica, que é garantida mediante significados e paradigmas estabilizados, para a certeza

42. Andrei Marmor, *Interpretation and Legal Theory*, Clarendon, Oxford, 1992, p. 126.

43. Neil MacCormick, "Rhetoric and Rule of Law", in David Dyzenhaus (org.), *Recrafting the Rule of Law – The Limits of Legal Order*, Oxford, Hart, 1999, p. 175.

procedimental, que é garantida por meio de uma densa rede de direitos procedimentais."[44]

Essas considerações demonstram que a arbitrariedade não é afastada pela mera exigência de determinação da hipótese legal. Se a aplicação dessa hipótese não puder ser argumentativamente questionada, é que haverá arbitrariedade, por mais paradoxal que isso possa parecer. É ilusório achar que não há arbitrariedade sempre que, dado o fato, é implementada a consequência, se a questão da definição do "fato" e a comprovação da sua ocorrência, e a questão da definição de "consequência" e a delimitação da sua extensão, não puderem ser argumentativamente questionados. Essa constatação, todavia, conduz à conclusão de que o caráter argumentativo do Direito não é contrário à segurança jurídica, porém pressuposto dela: sem a capacidade de, por meio de uma argumentação racional (universal e coerente), questionar a ocorrência do fato gerador e da consequência normativa, admite-se a arbitrariedade, pela impossibilidade de se contestar aquilo que é, ontologicamente, inerente ao Direito – problemas de prova, de qualificação, de interpretação e de relevância. Assim, repita-se, o caráter argumentativo do Direito, em vez de obstáculo, é pressuposto da segurança jurídica. MacCormick define esse ponto com precisão, quando se refere, no exemplo de uma acusação, aos desafios argumentativos inerentes aos problemas de prova, de caracterização, de interpretação e de relevância: "Não há segurança contra um governo arbitrário a menos que esses desafios sejam livremente permitidos, e sujeitos a julgamento por autoridades estatais separadas e distantes daquelas autoridades que promovem a acusação".[45] Veja-se que a arbitrariedade não existe por causa do caráter argumentativo do Direito: ela surge quando esse caráter é negado como se não existisse. Vale dizer, por mais contraditório que isso possa parecer, haveria arbitrariedade se as obrigações tributárias surgissem da ocorrência do fato gerador sem que os contribuintes, por meio do devido processo legal, pudessem questionar, argumentativamente, a "ocorrência" desse mesmo "fato ge-

44. Klaus Günther, "Universalistische Normbegründung und Normanwendung in Recht und Moral", in *Generalisierung und Individualisierung im Rechtsdenken*, *ARSP* n. 45, p. 75, Stuttgart, Franz Steiner, 1992. Sobre o assunto, ver: Tobias Lieber, *Diskursive Vernunft und formelle Gleichheit*, Tübingen, Mohr Siebeck, 2007, p. 318.

45. Neil MacCormick, "Rhetoric and Rule of Law", in David Dyzenhaus (org.), *Recrafting the Rule of Law – The Limits of Legal Order*, Oxford, Hart, 1999, p. 176.

rador". Também por essa razão que Torres declara ser ingênua a crença de se obter segurança jurídica por meio da determinação de hipóteses legais de incidência.[46] É preciso insistir no fato de que a determinação conceitual permanece sendo importante, tendo em vista que há processos argumentativos anteriores à interpretação e à aplicação de determinados dispositivos que, pelo uso, já determinaram conceitualmente termos empregados pelo legislador. No entanto, continuar alicerçando a segurança jurídica – exclusivamente, insista-se – na exigência de determinação conceitual, apesar do caráter argumentativo do Direito e como se ele fosse uma patologia, é edificá-la sobre pés claros e determinados... de argila. É, com a vênia para nova translação, deixar que um balão plástico derrube um... avião.

É preciso ainda referir que a ideia de que existindo indeterminação (em qualquer medida), haverá arbitrariedade parte do pressuposto de que a indeterminação não só é contrária à segurança jurídica como também envolve, necessariamente, arbitrariedade, por permitir a subjetividade, a inconsistência e a incerteza. Esse pressuposto, contudo, precisa ser revisto. Se a linguagem sempre é, em alguma medida, vaga, o Direito, veiculado por meio dela, também é, necessariamente, vago. Ocorre que – e aqui se chega ao cerne da questão – a precisão não é necessariamente boa, nem a formulação precisa sempre torna o Direito também preciso: a precisão pode gerar efeitos negativos, quando, por exemplo, em vez de inserir a previsão "prazo razoável" para a apresentação de informações ou para a conclusão de um procedimento, é fixado um prazo certo, cuja aplicação pode se revelar irrazoável quando a quantidade de informações ou a situação é anormal, de modo que o aumento da precisão pode paradoxalmente aumentar a arbitrariedade, no sentido de irracionalidade. Também a formulação precisa de uma regra não conduz à certeza do Direito quando a sua aplicação é feita de forma flexível, de maneira que o aumento da precisão não conduz necessariamente à elevação da uniformidade de tratamento.[47] Assim, se o Direito é necessariamente vago, o ideal de certeza, como ausência de vagueza, é um ideal inatingível. Essa conclusão, porém, é alterada se, em vez de completa vinculação, consistência e previsibilidade, de modo a guiar o comportamento em toda

46. Ricardo Lobo Torres, "Legalidade tributária e riscos sociais", *Revista Dialética de Direito Tributário*, São Paulo, n. 59, pp. 101, 103, 2000. Sobre o assunto, ver: Ricardo Lodi Ribeiro, *A segurança jurídica do contribuinte*, Rio de Janeiro, Lumen Juris, 2008, pp. 31 e ss.

47. Timoty A. O. Endicott, "Law is necessarily vague", *Legal Theory* n. 7, pp. 379-380, 2001.

e em qualquer situação, o princípio da segurança jurídica simplesmente postular a aplicação racional e razoável do Direito.[48]

Essas observações, reitere-se o quanto for necessário, não dispensam elevado grau de determinação das hipóteses normativas, notadamente aquelas concernentes a obrigações tributárias principais, quando houver termos cujo significado já tenha sido, por processos anteriores de fixação conceitual, determinados. O que se quer dizer com isso é que não se pode defender a realização do princípio da segurança jurídica por meio exclusivo do ideal da determinação absoluta, pois, sobre ser inatingível, não necessariamente elimina a arbitrariedade na produção e na aplicação do Direito.

Pois bem, a compreensão da segurança jurídica como *garantia de respeito*, fundada no paradigma da controlabilidade semântico-argumentativa e cuja realização depende de elementos, dimensões e aspectos a serem conjuntamente avaliados, pressupõe, assim, a obediência aos seguintes fatores:

– Examinar se a Constituição pôs ou pressupôs, mediante incorporação, conceitos pré-constitucionais infraconstitucionais, em razão de processos anteriores de determinação conceitual, caso em que a atividade (legislativa e administrativa) deles não se poderá afastar; a reconstrução conceitual, destinada a fundamentar a justificação externa do raciocínio jurídico, deverá priorizar, dentre os argumentos linguísticos, sistemáticos, genéticos, históricos e pragmáticos, aqueles que são mais fortemente suportados pelos princípios do Estado de Direito e da segurança jurídica, o que implica a prevalência dos argumentos linguísticos e sistemáticos, sempre com o suporte final na coerência substancial dos argumentos.

– Verificar, para a situação a ser normatizada, a existência de termos que já tenham sido semanticamente conotados e cuja utilização seja adequada à sua regulação, só sendo permitido o emprego de expressões cujo significado seja mais indeterminado nos casos em que, não havendo, em uma primeira fase, pressuposição conceitual constitucional, e, em uma segunda, utilização legal de termos que já sofreram processos argumentativos anteriores de determinação, seja necessário e proporcional o seu uso, hipótese, porém, em que o controle de razoabilidade da concretização administrativa deve ser mais rigoroso.

– Comprovar se na concretização normativa, por qualquer um dos Poderes, os contra-argumentos do contribuinte foram considerados e avaliados, e os problemas de prova, de qualificação, de interpretação e de

48. Idem, "The Impossibility of the Rule of Law", *Oxford Journal of Legal Studies*, v. 19, n. 1, pp. 4, 19, 1999. Idem, *Vagueness in Law*, Oxford, OUP, 2003, pp. 183 e ss.

relevância, puderam ser devidamente enfrentados. Isso pressupõe tanto uma autêntica justificação racional, assim entendida aquela que preserva a universalização e a coerência na argumentação, capaz de indicar os elementos a serem avaliados e os critérios, intersubjetivamente controláveis, indispensáveis à sua avaliação, quanto um devido processo legal no qual seja garantida a transparência, que ocorre quando há imparcialidade, publicidade, ampla defesa, contraditório e fundamentação.

– Certificar se todos os processos anteriores tiveram a sua justificação exteriorizada por meio de linguagem clara, logicamente encadeada e com elevado grau informativo, aferido pelos seus destinatários.

Em suma, o princípio da segurança jurídica implica processos de determinação, de legitimação, de argumentação e de fundamentação que viabilizem a controlabilidade semântico-argumentativa da atuação estatal, de um lado, e a respeitabilidade da ação do contribuinte fundada no Direito, de outro, bem como, por via reflexa, da argumentação referente a essa ação. De fato, essa exigência de transparência argumentativa torna visível a aplicação do Direito. O princípio da segurança jurídica, como acentua Ferraz Júnior com referência ao processo decisório, exige um "decorrer previsível desse proceder decisório".[49] Nesse ponto, é oportuno recordar a afirmação elucidativa de Smith: "A justiça não deveria apenas ser feita. Ela deveria também ser vista para ser feita".[50] Seguindo a trilha aberta por essa afirmação, poder-se-ia dizer que o princípio da segurança jurídica, nessa acepção de respeito não apenas pela ação – mas pela argumentação que lhe é atinente –, não só exige respeitabilidade, mas também *transparência da respeitabilidade* pelo contribuinte. Por esse viés, pode-se falar em objetividade discursiva no trato dos princípios, de modo a garantir, no discurso intersubjetivo, a inteligibilidade dos desacordos, como salienta Marmor.[51]

49. Tércio Sampaio Ferraz Júnior, "Segurança jurídica, coisa julgada e justiça", *Revista do Instituto de Hermenêutica Jurídica*, Porto Alegre, v. 1, n. 3, p. 271, 2005.

50. Eivind Smith, "Constitution et sécurité juridique – Norvège", *Annuaire International de Justice Constitutionnelle, 1999*, Paris, Economica,

51. Andrei Marmor, "An Essay on the Objetivity of Law", in Brian Bix (org.), *Analysing Law. – New Essays in Legal Theory*, Oxford, Clarendon, 1998, p. 31.

Capítulo 2

Conceito de Segurança Jurídico-Tributária

O conceito de segurança jurídica incide da mesma forma no Direito Tributário.[1] Não há dois princípios da segurança jurídica, um geral e outro tributário, mas a aplicação setorial do princípio da segurança jurídica. Apesar disso, há algumas nuanças que precisam ser referidas, quer decorrentes do modo como a segurança jurídica foi positivada na CF/88, no âmbito do Direito Tributário, quer advindas da própria natureza da relação obrigacional tributária. Essas nuanças atribuem ao princípio da segurança jurídico-tributária um caráter *especial*.

Em primeiro lugar – e como foi enfatizado na parte relativa à fundamentação da segurança jurídica –, os estados de cognoscibilidade, de confiabilidade e de calculabilidade não só apresentam um relevo especial no subsistema tributário como, além disso, possuem um sentido *mais protetivo*. Isso porque há normas específicas e enfáticas no Sistema Tributário Nacional que servem de instrumento para se garantir a inteligibilidade do Direito pela determinabilidade das hipóteses de incidência (regra da legalidade e sistema de regras de competência); a confiabilidade do Direito pela estabilidade no tempo (regra de reserva de competência para lei complementar regular prescrição e decadência), pela vigência (regra de proibição de retroatividade) e pelo procedimento (regras expressas de abertura do subsistema tributário a direitos e a garantias nele não previstos, como é o caso das proteções ao direito adquirido, à coisa julgada e ao ato jurídico perfeito); a calculabilidade do Direito pela não-surpresa (regra da anterioridade). Essas normas específicas como que dão um *caráter de resistência* ou de *proteção* aos ideais cuja realização é determinada pelo princípio da segurança jurídica. Atribuem-lhe, pois, uma espécie de *conteúdo qualificado*.[2] Mais que isso, elas delimitam – na exata expressão de Carrazza – o "conteúdo possível"

1. César García Novoa, *El principio de seguridad jurídica en materia tributaria*, Madrid, Marcial Pons, 2000, pp. 91 e 104.

2. Leandro Paulsen, *Segurança jurídica, certeza do direito e tributação*, Porto Alegre, Livraria do Advogado, 2006, p. 74.

das leis.[3] Repetindo afirmação feita anteriormente, o Direito Tributário é geralmente um direito de segurança jurídica. Ele existe, acima de tudo – como bem acentua Machado –, "para limitar o poder estatal".[4]

A constatação de que o princípio da segurança jurídico-tributária é protetivo dos interesses dos contribuintes não implica deixar de tratá-lo no seu aspecto reflexivo e concreto. É preciso não confundir "princípio objetivo que protege os cidadãos" com a "proteção concreta de um cidadão com base em um princípio objetivo". Uma coisa é a orientação subjetiva de um princípio objetivo; outra, a dimensão subjetiva como aplicação reflexiva e concreta de um princípio objetivo. Nesse aspecto, quando se atribui caráter protetivo ao princípio da segurança jurídico-tributária apenas se quer demonstrar que os estados ideais cuja realização é determinada por ele são protetivamente orientados, o que – como será visto adiante – altera a sua eficácia.

Em segundo lugar, os estados cuja realização é determinada pelo princípio da segurança jurídica adquirem, em virtude do referido sentido protetivo, um peso especial relativamente a eventuais conflitos externos. Vale dizer: caso o princípio da segurança jurídico-tributária venha a entrar em conflito com outro princípio, como aquele possui uma preponderância abstrata, a prevalência de outro princípio irá depender de um ônus argumentativo diferenciado – como será objeto de exame na parte relativa à eficácia do princípio da segurança jurídica.

Em terceiro lugar, os bens jurídicos restringidos pela concretização da relação obrigacional tributária – normalmente relacionados à liberdade, à propriedade e à igualdade – podem reclamar uma protetividade ainda mais acentuada, tanto mais quanto mais intensa for a restrição dos direitos fundamentais.[5] Como observa Asorey, "se o Direito Tributário é um Direito de exação constitucionalmente expresso, deriva que o princípio da segurança jurídica, por seu caráter fundamental, resulta preeminente no âmbito tributário".[6] Assim – como será analisado ao longo do trabalho –, dependendo do *objeto*, da *intensidade* e da *finalidade* da

3. Roque Antonio Carrazza, *Curso de Direito Constitucional Tributário*, 30ª ed., São Paulo, Malheiros Editores, 2015, p. 473.

4. Hugo de Brito Machado, *Curso de Direito Tributário*, 28ª ed., São Paulo, Malheiros Editores, 2007, p. 19.

5. Herbert Wiedemann, "Rechtssicherheit – ein absoluter Wert? Gedanken zum Bestimmtheitserfordernis zivilrechtlicher Tatbestände", in Gotthard Paulus *et alii* (orgs.), *FS für Karl Larenz*, München, Beck, 1973, p. 212.

6. Rubén Asorey, "Seguridad jurídica y Derecho Tributario", *RDT* 52, p. 36, São Paulo, 1990.

restrição dos direitos fundamentais, o princípio da segurança jurídica deve ser considerado de uma forma ainda mais protetiva. Isso ocorre, por exemplo, quando a tributação tem uma finalidade extrafiscal: se o contribuinte terminou exercendo uma atividade por causa da orientação dada pelo próprio Estado, ainda que ele devesse contar com a mudança futura e, por isso, houvesse razões para que sua confiança não fosse legítima, a sua confiança exercida deve ser protegida. Esse exemplo – ao qual serão somados outros – apenas demonstra que as normas tributárias, em virtude das diversas finalidades a que podem servir e dos distintos efeitos que podem provocar, exigem um tratamento distinto.

O que deve ficar claro é que, como o princípio da segurança jurídica é fundado também nos direitos fundamentais, e a instituição de tributos provoca a sua restrição, dependendo do direito fundamental restringido e da intensidade com que ele é afetado, maior deverá ser a proteção por ele exigida. Em algumas situações o imposto de renda para as pessoas físicas poderá restringir o direito fundamental à formação da família, pela falta de distinção para os contribuintes que têm filhos ou pela ausência de abatimento para educação. Em outras situações o imposto de renda para as pessoas jurídicas poderá restringir o direito fundamental de propriedade, por atingir não o resultado negocial, mas sua base, ou por ignorar investimentos anteriores sem a previsão de regras de transição. Em outras situações, ainda, o referido imposto poderá restringir o direito fundamental à liberdade de exercício de profissão, por atingir determinada profissão sem qualquer justificativa para a diferenciação – e assim sucessivamente.[7] Essas considerações apenas demonstram que, graças ao caráter oneratório do Direito Tributário, os direitos fundamentais relacionados à dignidade, à família, à liberdade, à propriedade e à igualdade são atingidos, reclamando, por parte do princípio da segurança jurídica, uma proteção especial. E isso, notadamente, porque não há como esses direitos fundamentais serem minimamente efetivos sem confiabilidade e sem calculabilidade normativas.

Desse modo, o conceito de segurança jurídico-tributária pode ser definido como uma norma-princípio que exige dos Poderes Legislativo, Executivo e Judiciário a adoção de comportamentos que contribuam mais para a existência, em benefício dos contribuintes e na sua perspectiva, de um elevado estado de confiabilidade e de calculabilidade jurídica, com base na sua elevada cognoscibilidade, por meio da controlabilidade

7. Paul Kirchhof, "Rückwirkung von Steuergesetzen", *StuW*, 2000, pp. 229-231.

jurídico-racional das estruturas argumentativas reconstrutivas de normas gerais e individuais, como instrumento garantidor do respeito à sua capacidade de, sem engano, frustração, surpresa ou arbitrariedade, plasmar digna e responsavelmente o seu presente e fazer um planejamento estratégico juridicamente informado do seu futuro.

Tal conceito – insista-se – evidencia, de um lado, que o princípio da segurança jurídica não é diferente, na estrutura formal dos seus elementos e das suas dimensões, no âmbito do Direito Tributário; de outro, que ele é, sim, distinto, nos seus fundamentos e na sua eficácia, em razão das normas setoriais diversas e da finalidade e dos efeitos peculiares que essas normas podem experimentar. No âmbito do Direito Tributário não se cuida, como ocorre no Direito Privado, do exercício da autonomia privada, por meio da qual os sujeitos criam para si limitações, e os estados de cognoscibilidade, de confiabilidade e de calculabilidade dizem respeito a *autorrestrições* ao patrimônio e à liberdade. No campo do Direito Tributário, em vez disso, o particular está sujeito a *heterorrestrições* aos seus direitos fundamentais, em razão de finalidades variadas – o que modifica o objeto do conhecimento, da confiança e do cálculo. Ora, se o princípio da segurança jurídica – como será adiante aprofundado – exige um estado de *respeitabilidade estatal* pelo exercício particular da liberdade, aquele experimenta um conteúdo e uma eficácia diferentes quando o exercício da liberdade também se submete a determinadas diferenças, como é o caso do Direito Tributário.

Tendo sido a segurança jurídica qualificada como *garantia de respeito*, fundada no paradigma do controle semântico-argumentativo e cuja realização depende de elementos, de dimensões e de aspectos a serem conjuntamente avaliados, é preciso, agora, examinar precisamente esses elementos, essas dimensões e esses aspectos, sempre na sua aplicação no Direito Tributário.

É o que se passa a fazer.

SEGUNDA PARTE
CONTEÚDO E EFICÁCIA DA SEGURANÇA JURÍDICA

Como pode haver crença em alguém que não sabe o que quer, que continuamente muda o que ele mesmo criou, que não tem nenhuma confiança em si mesmo, que não oferece a mais longínqua segurança de que qualquer coisa determinada, de que qualquer coisa em algum momento ainda absolutamente existe? Mas em quem eu não deposito confiança, em quem eu não acredito, para ele eu não peço nada, nele eu não me apoio, para ele não faço nada. (Robert von Mohl, "Staatsrecht", in *Völkerrecht, Politik*, v. 1, Tübingen, 1860)

A previsibilidade dos comportamentos, assim como a sua valoração, é o motivo pelo qual a lei não raciocina com coisas particulares e presentes, mas com coisas futuras e gerais, segundo a genial intuição de Aristóteles. Nisso a lei torna possível a continuidade, que liga a ação presente à ação futura, que liga os homens uns com os outros. (Piero Calamandrei, "La certezza del diritto e le responsabilità della dottrina", *Rivista di Diritto Commerciale* 1, p. 341, 1942)

Título I

CONTEÚDO DA SEGURANÇA JURÍDICA
(Ou o que pressupõe e o que exige o princípio da segurança jurídica?)

(...) ali onde esse valor essencial que é a segurança jurídica desapareceu, não há nenhum outro valor que possa subsistir. (Paul Roubier, *Théorie Générale du Droit*, 2ª ed., Paris, Sirey, 1951, p. 334)

Porque, no primeiro sentido [*como valor*], poder prever as decisões jurídicas seria tão belo (e tão bela também seria a desilusão subsequente a uma previsão desmentida) quanto seria prever o início e o fim de uma guerra, o curso do câmbio, o andamento da produção, o tempo de amanhã ou o número vencedor de uma loteria. (Letizia Gianformaggio, "Certezza del Diritto", in Enrico Diciotti e Vito Velluzzi (orgs.), *Filosofia del Diritto e ragionamento giuridico*, Torino, Giappichelli, 2008, p. 85) (orig. *Studi sulla giustificazione giuridica,* Torino, Giappichelli, 1986, pp. 157-169)

Aquilo que os homens chamam de estabilidade não é o imobilismo, é o movimento lento e uniforme do conjunto que deixa subsistir uma certa forma geral das coisas às quais eles estão habituados. (Maurice Hauriou, *Précis de Droit Constitutionnel*, Paris, Sirey, 1929, p. 6)

A noção de segurança jurídica é um conceito tão geral que nós podemos fazê-lo dizer aquilo que queremos. (S. Boissard, "Comment garantir la stabilité des situations juridiques sans priver l'autorité administrative de tous moyens d'action et sans transiger sur le respect du principe de legalité? Le difficile dilemme du juge administratif", *Les Cahiers du Conseil Constitutionnel* 11, p. 70, 2001)

A segurança jurídica, nos seus vários aspectos já examinados, pode melhor ser compreendida se analisada em duas dimensões: uma dimensão estática, destinada a examinar qual é o conteúdo do Direito; uma dimensão dinâmica, vocacionada a investigar qual é a força do Direito, na linha proposta por Mathieu e Valembois, embora com conteúdo diverso.[1] A maior parte dos autores não diferencia essas dimensões; alguns, até, às vezes, confundem "dimensões" com "partes". Outros autores seguem orientação semelhante à adotada neste trabalho, nem sempre incluindo os mesmos elementos em cada dimensão, porém usando termos diversos para denotar, ainda que diferentemente e nem sempre sob pontos de vista comensuráveis, ideia similar de separação conceitual entre a dimensão estática e a dinâmica da segurança jurídica e do tempo no Direito: estática e pragmática (Carvalho), de orientação e de realização (Geiger, Novoa), de fonte, de aplicação e de interpretação (Mesquita del Cacho), estrutural e funcional (Perez Luño), qualitativa e temporal (Mathieu, Calmes, Zimmer), sincrônica ou estrutural e diacrônica ou histórica (Jackson), sincrônica e diacrônica (Della Valle), intrínseca e extrínseca ou referencial (Azoulai), formal e substancial (Aarnio, Peczenick, Reis), objetiva e subjetiva (Duong, Asorey).[2]

1. Anne-Laure Valembois, *La constitutionnalisation de l'exigence de sécurité juridique en Droit Français*, Paris, LGDJ, 2005, pp. 13 e 16; Bertrand Mathieu, "Constitution et sécurité juridique – France", *Annuaire International de Justice Constitutionnelle*, Paris, Economica, 1999, p. 157.

2. Paulo de Barros Carvalho, "Segurança jurídica e modulação dos efeitos", *Revista da Fundação Escola Superior de Direito Tributário* 1, p. 206, Porto Alegre,

Pois bem. A dimensão *estática* diz respeito ao *problema do conhecimento* do Direito, ao seu saber, ou à *questão da comunicação* no Direito, e revela quais são as *qualidades* que ele deve possuir para que possa ser considerado "seguro" e, com isso, possa servir de *instrumento de orientação* ao cidadão, em geral, e ao contribuinte, em especial. Nesse aspecto, o Direito deve ser compreensível e efetivo.[3]

Compreensível, no sentido de permitir que o cidadão possa, material e intelectualmente, conhecer o Direito. Se o Direito é para ser obedecido, deve ser capaz de guiar o comportamento dos seus sujeitos – o que só pode ocorrer se estes últimos puderem saber o que aquele significa e pu-

2008; Theodor Geiger, *Vorstudien zu einer Soziologie des Rechts*, 4ª ed., Berlin, Duncker und Humblot, 1987, pp. 64-65; César García Novoa, *El principio de seguridad jurídica en materia tributaria*, Madrid, Marcial Pons, 2000, p. 81; José L. Mezquita del Cacho, *Seguridad jurídica y sistema cautelar*, v. 1, *Teoría de la seguridad jurídica*, Barcelona, Bosch, 1989, pp. 87 e ss.; A. Perez Luño, *La seguridad jurídica*, Barcelona, Ariel, 1991, pp. 22 e ss.; Bertrand Mathieu, "Constitution et sécurité juridique – France", *Annuaire International de Justice Constitutionnelle 1999*, Paris, Economica, 2000, p. 157; Sylvia Calmes, *Du principe de protection de la confiance légitime en Droits Allemand, Communautaire et Français*, Paris, Dalloz, 2001, p. 158; Willy Zimmer, "Constitution et sécurité juridique – Allemagne", *Annuaire International de Justice Constitutionnelle 1999*, Paris, Economica, 2000, p. 94; Bernard Jackson, "On the atemporality of legal time", in François Ost e Mark van Hoecke (orgs.), *Temps et Droit. Le Droit a-t-il pour vocation de durer?*, Bruxelles, Bruylant, 1998, p. 225; Eugenio Della Valle, *Affidamento e certezza del Diritto Tributario*, Milano, Giuffrè, 2001, p. 1; Loïc Azoulai, "La valeur normative de la sécurité juridique", in Laurence Boy, Jean-Baptiste Racine e Fabrice Siiriainen (orgs.), *Sécurité juridique et Droit Économique*, Bruxelles, Larcier, 2008, p. 26; Aulis Aarnio, *Reason and authority*, Dartmouth, Ashgate, 1997, pp. 189-193; idem, *The rational as reasonable*, Dordrecht, Reidel, 1987, pp. 189-193; idem, *The Rational as Reasonable*, Dordrecht, Reidel, 1987, pp. 3-8, 44; Aleksander Peczenick, *On Law and reason*, Dordrecht, Kluwer, 1989, p. 31; Patrice Reis, "Les méthodes d'interprétation, analyse formelle, analyse substancielle et sécurité juridique", in Laurence Boy, Jean-Baptiste Racine e Fabrice Siiriainen (orgs.), *Sécurité juridique et Droit Économique*, Bruxelles, Larcier, 2008, p. 193; Lémy Duong, "La sécurité juridique et les standards du Droit Économique: la notion de raisonnable", in *Sécurité juridique et Droit Économique*, cit., p. 9; Rubén Asorey, "Seguridad jurídica y Derecho Tributário", *RDT*, n. 52, p. 34, São Paulo, 1990.

3. Max Rümelin, *Die Rechtssicherheit*, Tübingen, Mohr Siebeck, 1924, p. 9; A. Perez Luño, *La Seguridad Jurídica*, Barcelona, Ariel, 1991, p. 106; Federico Arcos Ramírez, *La seguridad jurídica: una teoría formal*, Madrid, Dykinson, 2000, p. 38; Frédéric Douet, *Contribution à l'étude de la sécurité juridique en Droit Interne Français*, Paris, LGDJ, 1997, p. 2; Sylvia Calmes, *Du principe de protection de la confiance légitime en Droits Allemand, Communautaire et Français*, Paris, Dalloz, 2001, p. 158; Andreas von Arnauld, *Rechtssicherheit*, Tübingen, Mohr Siebeck, 2006, p. 167.

derem agir com base nele.[4] Essa cognoscibilidade só existe, assim, se ele for acessível e inteligível, e se aquilo que for compreendido for também posteriormente *efetivado*.[5]

A dimensão *estática* diz respeito, como se pode perceber, à segurança "do Direito" (*Rechtssicherheit*), mais que à segurança "pelo Direito" (*Rechtssicherung*). Ela trata, assim, das qualidades que o Direito deve possuir para poder ser considerado, pelo cidadão, como seguro. "Seguro", aqui, tem o sentido de *certus*.[6] E segurança jurídica significa, relativamente às normas, "segurança de vigência" (*certezza della sua vigenza*), "segurança de suficiência" (*certezza della sua sufficienza*) e "segurança de significado" (*certezza del suo significato*), de modo que se assegurem, respectivamente, a vigência, a clareza e o conteúdo da norma a que se deve obedecer.[7] Ela caracteriza – para dizer com Arcos Ramírez – uma espécie de segurança para o indivíduo, frente ao Direito, e obtida através do próprio Direito.[8]

A dimensão *dinâmica*, a seu turno, refere-se ao *problema da ação* no tempo e prescreve quais são os ideais que devem ser garantidos para que o Direito possa "assegurar" direitos ao cidadão e, com isso, possa servir-lhe de *instrumento de proteção*. Nesse sentido, o Direito deve ser confiável e calculável.

Confiável, no sentido de permitir que o cidadão possa saber *quais* são as mudanças que podem ser feitas e quais as que não podem ser realizadas, evitando que os seus direitos sejam *frustrados*. Essa confiabilidade só existe se o cidadão puder ver assegurados, hoje, os efeitos que lhe foram garantidos pelo Direito ontem. Se ele puder, enfim, "presentificar o passado", isto é, se ele puder tornar seguro o passado no presente. Em outras palavras, se houver "segurança do passado" (mais exatamente, sem a elipse: se houver estabilidade dos efeitos jurídicos atribuídos pelo Direito a atos praticados no passado). Isso, como será demonstrado,

4. Joseph Raz, "The rule of law and its virtue (1977)", in *The authority of Law. Essays on Law and Morality*, Oxford, Oxford, 1979, p. 214.

5. Anne-Laure Valembois, *La constitutionnalisation de l'exigence de sécurité juridique en Droit Français*, Paris, LGDJ, 2005, p. 16.

6. Theodor Geiger, *Vorstudien zu einer Soziologie des Rechts*, 4ª ed., Berlin, Duncker und Humblot, 1987, p. 64.

7. Guido Alpa, *La certezza del Diritto nell'età dell'incertezza*, Napoli, Scientifica, 2006, p. 37.

8. Federico Arcos Ramírez, *La seguridad jurídica: una teoría formal*, Madrid, Dykinson, 2000, p. 16.

depende da existência de um estado de intangibilidade de situações passadas, de durabilidade do ordenamento jurídico e de irretroatividade de normas presentes.

Calculável, no sentido de permitir que o cidadão possa saber *como* as mudanças podem ser feitas e *quando* elas serão realizadas, impedindo que ele seja *surpreendido*. Essa calculabilidade só existe se o cidadão puder controlar, hoje, os efeitos que lhe serão atribuídos pelo Direito amanhã. Se ele puder, em suma, "presentificar o futuro" (*Zukunft zu vergegenwärtigen*), isto é, se ele puder tornar seguro o futuro no presente, de modo a aumentar as suas possibilidades de ação.[9] Em outras palavras, se houver "segurança do futuro" (mais rigorosamente, sem a elipse: se houver calculabilidade dos efeitos jurídicos futuros de atos praticados no presente). Essa consideração justifica a afirmação de Kaufmann no sentido de que o futuro é a "dimensão da liberdade": o homem só pode ser considerado "livre" quando tem "futuro", o que só ocorre quando ele pode "realizar", do ponto de vista estratégico, o porvir, ainda que dele não possa dispor.[10] Não por outro motivo que Blegvad declara, no mesmo sentido, que "toda ordem social implica uma tendência de vincular o futuro".[11] Esse "fechamento" do futuro – como será examinado – depende da existência de um estado de continuidade e de vinculatividade normativas. Sem isso a ação do homem fica sem sentido, dando azo ao pensamento melancólico de Pessoa: "Vivo sempre no presente. O futuro, não o conheço. O passado, já o não tenho. Pesa-me um como a possibilidade de tudo, o outro como a realidade de nada. Não tenho esperanças nem saudades".[12]

A dimensão dinâmica trata, como se deixa facilmente realçar, da segurança "pelo Direito" (*Rechtssicherung*), mais que da segurança "do Direito" (*Rechtssicherheit*). Diz respeito às condições que devem ser preenchidas para que o Direito possa "assegurar" direitos e expectativas.

9. Niklas Luhmann, *Vertrauen – Ein Mechanismus der Reduktion sozialer Komplexität*, 4ª ed., Stuttgart, Lucius & Lucius, 2000, p. 15; Francis Delpérée, Rasson-Roldand e Marc Verdussen, "Constitution et sécurité juridique – Belgique", *Annuaire International de Justice Constitutionnelle 1999*, Paris, Economica, 2000, p. 121.

10. Franz-Xaver Kaufmann, *Sicherheit als soziologisches und sozialpolitisches Problem*, 2ª ed., Stuttgart, 1973, p. 159.

11. M. Blegvad, "Preface", in J. Bjarup e M. Blegvad (orgs.), *Time, Law and Society*, *ARSP*, v. 64, Stuttgart, Franz Steiner, 1995, p. 7.

12. Fernando Pessoa, *Livro do desassossego*, São Paulo, Companhia das Letras, 1997, p. 129.

"Seguro", aqui, tem o sentido de *securus*, e não de *certus*.[13] E segurança jurídica significa, relativamente às normas, "certeza de duração" (*certezza della sua durata*), de modo que se garanta a estabilidade da norma a que se deve obedecer.[14] Essa dimensão deve permitir que o cidadão possa – como lembra Rümelin – afirmar: "O meu direito, no qual eu confiei, deve continuar comigo, ele deve ser protegido pela comunidade e não pode ser arbitrariamente subtraído de mim nem restringido".[15]

As dimensões, estática e dinâmica, do princípio da segurança jurídica revelam, no seu conjunto, os estados ideais a serem buscados: a cognoscibilidade, a confiabilidade e a calculabilidade. Esses ideais, no entanto, não se situam em um mesmo plano horizontal e paralelo uns com relação aos outros. Eles guardam, antes, uma relação geral de meio e fim. Com efeito, o ideal de cognoscibilidade configura um pressuposto para a concretização dos ideais de confiabilidade e de calculabilidade, no sentido de que só é possível assegurar, no presente, o Direito passado ou controlar, no presente, o Direito futuro se o cidadão puder conhecer o Direito, os seus direitos e os instrumentos de sua realização, bem como puder forçar a sua realização caso isso não seja espontaneamente feito. Com razão, assim, Rümelin quando aduz que a determinação do Direito é "pressuposto" da segurança jurídica.[16] Por esse motivo, é correto afirmar que a dimensão estática situa-se numa relação de pressuposição relativamente à dimensão dinâmica do princípio da segurança jurídica: para existir confiabilidade e calculabilidade é preciso existir cognoscibilidade, pois não é possível nem confiar no respeito nem calcular a permanência daquilo que não se conhece ou que não obriga.

Essa relação de pressuposição entre os ideais é, como foi afirmado, uma relação interna de meio e fim. Todavia, ela nem sempre é unidirecional. É que em alguns casos – a serem oportunamente enfrentados – essa relação de pressuposição é recíproca. Assim, se é normalmente correto asseverar que a cognoscibilidade do ordenamento é um pressuposto

13. Theodor Geiger, *Vorstudien zu einer Soziologie des Rechts*, 4ª ed., Berlin, Duncker und Humblot, 1987, p. 65.

14. Guido Alpa, *La certezza del Diritto nell'età dell'incertezza*, Napoli, Scientifica, 2006, p. 37.

15. Max Rümelin, *Die Rechtssicherheit*, Tübingen, Mohr Siebeck, 1924, p. 1.

16. Max Rümelin, *Die Rechtssicherheit*, Tübingen, Mohr Siebeck, 1924, p. 9. No mesmo sentido: Antonio Enrique Perez Luño, *La seguridad jurídica*, Barcelona, Ariel, 1991, p 20.

da sua confiabilidade, o contrário também pode ocorrer. Um exemplo pode esclarecer o argumento: para que o Direito seja estável, ele precisa ser conhecido, pois não se pode confiar naquilo que se desconhece; entretanto, se o Direito padece de elevada instabilidade, ele dificilmente poderá ser razoavelmente conhecido pelos seus destinatários. Pode-se, dessa maneira, tanto declarar que a cognoscibilidade do ordenamento é um pressuposto da sua confiabilidade quanto que a sua confiabilidade é condição da sua cognoscibilidade. Essa *relação de reciprocidade* entre os elementos também pode ser evidenciada no exame dos requisitos para a existência de cada um deles. Por exemplo, para que o ordenamento jurídico seja estável, ele precisa ser cognoscível; para que ele seja cognoscível, ele precisa ser claro; para que ele seja estável, ele precisa respeitar as expectativas legítimas dos cidadãos; ocorre, no entanto, que essas expectativas somente serão respeitadas quando houver uma base "confiável de confiança", o que só existirá se essa base for clara e precisa. Vale dizer: a falta de clareza da base da confiança impede a sua proteção.[17] Nesse sentido, pode-se atestar, também com relação aos requisitos de aplicação dos elementos de cada dimensão do princípio da segurança jurídica, que há uma relação de interdependência de conteúdo entre eles: sem cognoscibilidade, nenhuma confiabilidade; sem confiabilidade, nenhuma cognoscibilidade.

A síntese das duas dimensões – estática e dinâmica – do princípio da segurança jurídica permitirá demonstrar que ele busca garantir, no seu conjunto, um estado ideal de respeitabilidade do ser humano, infenso ao engano, à frustração, à surpresa e à arbitrariedade. Respeitar a dignidade humana – na já repetida afirmação de Raz – envolve tratar os homens como pessoas capazes de planejar e de conceber o seu futuro.[18] É exatamente porque o princípio da segurança jurídica serve de instrumento para garantir o respeito ao indivíduo – evitando o engano, a frustração e a surpresa relativamente ao Direito – que ele é associado à proibição de arbítrio na sua instituição e na sua aplicação.[19] Não por outro motivo, também, que a segurança jurídica, como núcleo do princípio do Estado

17. Anne-Laure Valembois, *La constitutionnalisation de l'exigence de sécurité juridique en Droit Français*, Paris, LGDJ, 2005, p. 252.

18. Joseph Raz, "The rule of law and its virtue (1977)", in *The authority of Law. Essays on Law and Morality*, Oxford, Oxford, 1979, p. 221.

19. Anne-Laure Valembois, *La constitutionnalisation de l'exigence de sécurité juridique en Droit Français*, Paris, LGDJ, 2005, p. 4; Federico Arcos Ramírez, *La seguridad jurídica: una teoría formal*, Madrid, Dykinson, 2000, p. 35.

de Direito, serve para garantir consideração e respeito aos homens como cidadãos.[20] Conforme acertadamente pontifica Sypnowich, referindo-se ao Estado de Direito na acepção de segurança jurídica como ética da civilidade: "Ele conduz o governo a ser respeitoso com seus cidadãos, a tratar os cidadãos com uma consideração que seja generalizada e abstrata, não-intrusiva e distante".[21] Por esse motivo, Garlicki menciona que a segurança jurídica na Polônia incorpora aquilo que a jurisprudência denomina de "princípios da legislação decente".[22]

Essas considerações permitem dizer que o princípio da segurança jurídica visa, na dimensão dinâmica, a garantir a respeitosa transição do passado ao presente e do presente ao futuro por meio do conhecimento do Direito. É um instrumento para "ver antes" mas também para "ver depois", nas sugestivas palavras de Carnellutti, baseadas na obra de Onãte.[23] Ou para "saber (ou conhecer)" e "prever", nas palavras de Pacteau.[24] Ou, por fim, para obter o controle de resultados relativos ao futuro e da segurança da situação presente, na expressão de Luhmann.[25]

Seja qual for a perspectiva adotada, o importante é que não se pode separar a dimensão estática (ou estrutural ou sistêmica) da dimensão dinâmica (ou funcional ou operativa) da segurança jurídica.[26] Pode-se dizer – com base em Ferraz Jr. – que ambas as dimensões, na perspectiva da duração do tempo, visam a evitar que um passado, de repente, torne-se estranho, um futuro, algo opaco e incerto, e a duração, uma coleção

20. José Roberto Vieira, "Medidas provisórias tributárias e segurança jurídica: a insólita opção estatal pelo 'viver perigosamente'", in Aires Fernandino Barreto *et alii* (orgs.), *Segurança jurídica na tributação e Estado de Direito*, São Paulo, Noeses, 2005, p. 317.

21. Christine Sypnowich, "Utopia and the rule of law", in David Dyzenhaus (org.), *Recrafting the rule of Law – The Limits of Legal Order*, Oxford, Hart, 1999, p. 194.

22. Leszek Garlicki, "Constitution et sécurité juridique – Pologne", *Annuaire International de Justice Constitutionnelle 1999*, Paris, Economica, 2000, p. 241.

23. Francesco Carnellutti, "La certezza del Diritto", in Flavio Lopez Onãte, *La certezza de Diritto*, Milano, Giuffrè, 1968, p. 195.

24. Bernard Pacteau, "La sécurité juridique, un principe que nous manque?", *AJDA* 20, p. 154, 1995.

25. Niklas Luhmann, *Vertrauen – Ein Mechanismus der Reduktion sozialer Komplexität*, 4ª ed., Stuttgart, Lucius & Lucius, 2000, p. 17.

26. Anne-Laure Valembois, *La constitutionnalisation de l'exigence de sécurité juridique en Droit Français*, Paris, LGDJ, 2005, pp. 13 e ss.; César García Novoa, *El principio de seguridad jurídica en materia tributaria*, Madrid, Marcial Pons, 2000, p. 81.

de surpresas desestabilizadoras da vida.[27] O tempo no Direito, insista-se, não é o tempo psíquico-objetivo ('são oito horas', 'a viagem dura três horas'), nem o tempo subjetivo ('um beijo de um minuto na amada dura uma hora', 'sentar-se um minuto na brasa dura uma eternidade'), mas, ao contrário disso, o tempo social-histórico, estabelecido por meio de sentidos atribuídos ao tempo e à sua duração.[28]

Em virtude dessas ponderações, o princípio da segurança jurídica, em vez de ser definido como aquela norma que prescreve a busca dos ideais – postos paralelamente em sequência – de cognoscibilidade, de confiabilidade e de calculabilidade, é, neste texto, redefinido como aquela norma que prescreve a busca dos ideais de confiabilidade e de calculabilidade do Direito, que marcam os fins, *com base* na sua cognoscibilidade, que caracteriza o seu pressuposto interno. São essas dimensões e esses ideais que serão adiante examinados.

Ressalte-se, ainda, que os referidos ideais, além de não serem justapostos ou sobrepostos, inserem-se no binômio "estático *x* dinâmico", em vez de serem inseridos no binômio "formal *x* material". Deixadas de lado outras razões adiante aprofundadas, a utilização da palavra "formal", como denotativa de qualidades normativas totalmente independentes do conteúdo das normas, para qualificar as exigências de acessibilidade e inteligibilidade normativas levaria à ideia de que a segurança jurídica estaria resguardada por meio da adoção de expedientes técnicos independentemente do conteúdo das normas jurídicas. Não é esse, porém, o caso da segurança jurídica, como é defendida nesta tese.

Em primeiro lugar porque não se pode, a rigor, saber se a norma foi, ou não, publicada, ou se é, ou não, determinada sem que aspectos subjetivos sejam analisados, já que a publicidade e a determinação (embora sejam qualidades objetivas das normas) só podem ser verificadas mediante a adoção de uma perspectiva subjetiva. Saber se a norma pode, ou não, ser conhecida pressupõe saber *por quem* e *em que condições*. Saber

27. Tércio Sampaio Ferraz Jr., "Anterioridade e irretroatividade no campo tributário", *RDDT* 56, p. 125, São Paulo, 2001; idem, "Segurança jurídica, coisa julgada e justiça", *Revista do Instituto de Hermenêutica Jurídica*, v. 1, n. 3, p. 264, Porto Alegre, 2005; idem, "Coisa julgada em matéria tributária e as alterações sofridas pela legislação da contribuição social sobre o lucro (Lei n. 7.689/88)", *RDDT* 125, p. 73, São Paulo, 2006.

28. François Ost, "Conclusions générales: le temps, la justice et le Droit", in Simone Gaboriau e Hélène Pauliat (orgs.), *Le temps, la Justice et le Droit*, Limoges, Pulim, 2003, p. 359.

se a norma é, ou não, determinada pressupõe saber *na visão de quem* e *em que medida*. Por essa razão é que, na parte relativa à significação da segurança jurídica, foram examinados os vários sentidos que podem ser adotados no aspecto subjetivo da segurança jurídica e, dentre eles, qual aquele que é efetivamente adotado pelo ordenamento jurídico (perspectiva do destinatário contribuinte, como regra).

Em segundo lugar porque só se pode verificar se as qualidades normativas são, ou não, preenchidas se for possível saber, de antemão, a quais finalidades servem aquelas qualidades. Saber se a norma é, ou não, *determinada* pressupõe saber a qual propósito a determinação serve, pois somente desse modo é que se pode descobrir quais são as informações sem cuja compreensão não se pode realizar determinado estado de coisas. Um conteúdo não é um ponto cego, mas um elemento cujo conhecimento serve de instrumento para determinada ação. Por esse motivo é que, na parte relativa à significação da segurança jurídica, foram examinados os vários sentidos que podem ser adotados no aspecto axiológico da segurança jurídica e, dentre eles, qual aquele que é efetivamente adotado pelo ordenamento jurídico (segurança jurídica como instrumento de realização dos direitos fundamentais de liberdade, de igualdade e de dignidade).

Essas considerações servem para justificar por que o conteúdo da segurança jurídica foi dividido nas partes "estática e dinâmica", em vez de ser separado nas dimensões "formal e material". Razões similares servem para rechaçar a divisão entre elementos objetivos e subjetivos, adotada por alguns autores.[29] Embora alguns elementos possam ser descritos como objetivos, no sentido de regulados objetivamente pelo ordenamento jurídico – como a decadência ou a proteção do direito adquirido –, eles se referem a modos de aplicação reflexiva do princípio da segurança jurídica, orientada a determinados sujeitos, o que permitiria, de algum modo, qualificá-los como elementos subjetivos. Evidentemente que a denominação depende tanto dos sentidos atribuídos aos termos "objetivo" e "subjetivo" quanto das perspectivas escolhidas para a sua análise, podendo um mesmo elemento ser qualificado de objetivo ou de subjetivo, dependendo do sentido e da perspectiva escolhidos. É o que ocorre com a exigência de estabilidade do ordenamento jurídico: ela é qualificada por Gomes Canotilho como um elemento objetivo da segurança jurídica, enquanto von Arnauld trata da estabilidade como

29. Antonio Enrique Perez Luño, *La seguridad jurídica*, Barcelona, Ariel, 1991, p. 69; Federico Arcos Ramírez, *La seguridad jurídica: una teoría formal*, Madrid, Dykinson, 2000, p. 71.

gênero dentro do qual se verifica a proteção da confiança legítima como elemento essencialmente subjetivo.[30] Isso se explica pela perspectiva diversa adotada pelos autores: o primeiro examina a objetividade dos requisitos; o segundo avalia a subjetividade dos efeitos. A adoção das dimensões estática e dinâmica contorna esse problema bem como evidencia que alguns elementos são neutros relativamente a aspectos objetivos ou subjetivos, formais ou materiais.

As considerações anteriores permitem, também, demonstrar por que se adotou, em contraposição a outros autores, uma concepção mais propriamente denominada de material.[31] Como o ideal de cognoscibilidade depende de perspectivas subjetivas e de critérios fornecidos pelos direitos fundamentais de liberdade, de igualdade e de dignidade, a realização da segurança jurídica não é independente do conteúdo das normas: só são satisfeitas as exigências de segurança jurídica quando as normas jurídicas possuem qualidades indispensáveis à realização de determinados conteúdos.

Feitas essas observações preambulares, é preciso, neste momento, passar, respectivamente, à análise das dimensões estática e dinâmica da segurança jurídica.

30. José Joaquim Gomes Canotilho, *Direito Constitucional e Teoria da Constituição*, 7ª ed., Coimbra, Almedina, 2004, p. 256; Andreas von Arnauld, *Rechtssicherheit*, Tübingen, Mohr Siebeck, 2006, p. 284.

31. Joseph Raz, "The rule of law and its virtue (1977)", in *The authority of Law. Essays on Law and Morality*, Oxford, Oxford, 1979, p. 221; Robert Summers, "A formal theory of the rule of law", *Ratio Juris*, v. 6, n. 2, pp. 127-142, 1993; Federico Arcos Ramírez, *La seguridad jurídica: una teoría formal*, Madrid, Dykinson, 2000, p. 3.

Capítulo 1

Dimensão Estática

Seção 1. Considerações iniciais

A dimensão estática do princípio da segurança jurídica diz respeito aos requisitos estruturais que o Direito deve reunir para servir de instrumento de orientação. Ela abrange, portanto, todos aqueles pressupostos sem os quais o cidadão não é capaz de propriamente se submeter ao Direito. Sendo assim, essa dimensão faz referência, fundamentalmente, aos problemas do *conhecimento* e da *comunicação*, procurando responder ao seguinte questionamento: Quais são os elementos necessários para que o cidadão possa, sem engano, livre e autonomamente, plasmar com dignidade o seu presente conforme ao Direito?

Nesse aspecto, são analisadas as condições ou as qualidades para que o Direito possa ser objeto de conhecimento tanto do ponto de vista material quanto do ponto de vista intelectual: para poder obedecer a uma norma jurídica o cidadão não apenas precisa ter acesso a ela, mediante a observância de requisitos que permitam considerá-la como existente e vigente; ele precisa, conjuntamente, ter a possibilidade de entender o que ela determina, proíbe ou permite. Exatamente por isso – como será demonstrado –, as normas devem ser acessíveis, abrangentes, claras e suficientemente determinadas. O Direito e, portanto, as normas jurídicas, individualmente consideradas, e o ordenamento jurídico, no seu conjunto, precisam ser "seguros", no sentido de certos.[1]

Uma questão interessante é a de saber se são as *normas* que precisam ser compreensíveis ou se são os *textos normativos* que o devem ser. Se as normas são os textos interpretados, evidentemente que são eles o objeto da compreensão: sendo norma o texto compreendido ou o sentido do texto, a expressão "norma compreensível" é tautológica, pois faz referência à exigência de compreensão do que já foi compreendido. Nesse sentido, objeto da exigência de cognoscibilidade são, de fato, os textos

1. Theodor Geiger, *Vorstudien zu einer Soziologie des Rechts*, 4ª ed., Berlin, Duncker und Humblot, 1987, p. 64.

normativos. No entanto, se a exigência de cognoscibilidade normativa não envolver apenas o "entendimento", como mera capacidade de captação do sentido, mas sim também a "compreensão", qualificada como a capacidade de atuação em conformidade com algo que se entende, aí, o objeto de compreensão não são propriamente os textos, mas as normas jurídicas como sentidos mínimos de textos normativos. Trata-se, como se vê, de uma questão estipulativa.

Seja como for, o uso da expressão "dimensão estática" deve ser entendido como estrutural, e não como imóvel. Isso porque o exame dos seus elementos também exige, por assim dizer, um movimento e, nesse sentido, um dinamismo: a acessibilidade e a inteligibilidade normativas, por exemplo, ilustram a capacidade de o destinatário poder compreender o sentido dos textos normativos, o que pressupõe, de algum modo, uma transição do texto à norma. Essas observações bastam para demonstrar que a expressão "dimensão estática", em contraposição à "dimensão dinâmica", no sentido aqui estipulado, representa os elementos estruturais que o Direito deve ter para servir de guia de conduta e de fundamento e de limite do exercício do poder.

Embora a segurança jurídica seja normalmente associada aos pressupostos de determinação e de clareza, inclusive às vezes relacionada exclusivamente a estes, o seu estudo revelará como esses elementos carecem de um reexame.

É o que se passa a fazer.

Seção 2. Cognoscibilidade material: "segurança de existência e vigência" pela acessibilidade, pela abrangência e pela possibilidade de identificação normativa

§ 1º. Acessibilidade normativa

I – Da disposição normativa

A) Publicação

Para poder entender é preciso conhecer; para poder conhecer é preciso ter acesso.[2] As pessoas só podem ser guiadas por normas se elas sabem da sua existência.[3] Essas duas dimensões são, pois, inseparáveis: o acesso material não tem sentido sem o acesso intelectual, porém esse

2. Ben Juratowitch, *Retroactivity and the Common Law*, Oxford, Hart, 2008, p. 130.

3. Andrei Marmor, *Law in the age of pluralism*, Oxford, OUP, 2007, p. 7.

é impossível sem aquele. A condição necessária da acessibilidade é a publicidade, e esta última depende da publicação. Daí não se poder confundir publicidade (ou divulgação pública) com publicação: esta consiste em um expediente técnico de natureza jurídico-formal que se caracteriza como meio para se atingir aquela, que se revela como um fim.[4] Sem existência prévia e pública, a rigor, o Direito não tem como desempenhar a sua função de orientação. Por isso mesmo, é preciso incluir no conceito de segurança jurídica o elemento relativo à "certeza de existência" e à "certeza de vigência": não há como ser orientado por aquilo cuja existência e vigência são desconhecidas.[5] Não por outro motivo, Novoa trata esses requisitos como fazendo parte da segurança normativa de orientação e, portanto, do ideal de cognoscibilidade.[6]

O ideal de publicidade passa, assim, a ser elemento da segurança jurídica, e a publicação a ser uma de suas condições não apenas para a cognoscibilidade do Direito, mas igualmente para a sua confiabilidade e calculabilidade.[7] A jurisprudência segue esse entendimento.[8] Desse modo, se o jornal que publica o edital não possui ampla circulação, não serve de meio para publicação;[9] se a matéria não é efetivamente sigilosa, não há razão para excepcionar a regra da publicidade das decisões judiciais;[10] uma ordem administrativa que interrompe serviços de publicidade causa grave lesão à ordem pública[11] – e assim por diante.

Todas as considerações precedentes demonstram que a publicidade, por meio da publicação, consiste em um importante fator de segurança

4. Federico Arcos Ramírez, *La seguridad jurídica: una teoría formal*, Madrid, Dykinson, 2000, p. 246.

5. Idem, p. 37.

6. César García Novoa, *El principio de seguridad jurídica en materia tributaria*, Madrid, Marcial Pons, 2000, p. 77.

7. Anne-Laure Valembois, *La constitutionnalisation de l'exigence de sécurité juridique en Droit Français*, Paris, LGDJ, 2005, pp. 14 e 190; Federico Arcos Ramírez, *La seguridad jurídica: una teoría formal*, Madrid, Dykinson, 2000, pp. 36 e 249.

8. AgR no REsp n. 753.469-SP, 1ª Turma, Rel. Min. Luiz Fux, *DJ* 27.3.2006, p. 203; ED no AgR no REsp n. 572.642-RS, 1ª Turma, Rel. Min. Luiz Fux, *DJ* 29.8.2005, p. 148.

9. AgR no Ag n. 650.055-PR, 2ª Turma, Rel. Min. Humberto Martins, *DJ* 20.4.2007, p. 332; AgR no Ag n. 650.055-PR, 2ª Turma, Rel. Min. Humberto Martins, *DJ* 20.4.2007, p. 332.

10. HC n. 91-DF, 3ª Seção, Rel. Min. Arnaldo Esteves Lima, *DJ* 16.4.2005, p. 164.

11. AgR na STA n. 29, Rel. Min. Edson Vidigal, *DJ* 6.12.2004, p. 180.

jurídica.[12] Sua função, entretanto, só pode ser realizada se conjugada com duas ficções.

De um lado, com a ficção de que, uma vez completada a publicação e transcorrido o prazo de *vacatio legis*, as leis gozam de conhecimento por parte dos seus destinatários. *Neminem ignorantia legis excusat*. Sem essa ficção, a rigor, não há como existir segurança do Direito relativamente às consequências jurídicas atribuídas pelo ordenamento jurídico às ações de terceiros. Daí a necessidade de que haja confiança dos cidadãos de que todos se submeterão às leis, independentemente do seu *efetivo* conhecimento – confiança, essa, que desapareceria se a eficácia normativa só pudesse ser efetivada se os seus destinatários *realmente* conhecessem o seu conteúdo.[13]

A aceitação dessa ficção, positivada na Lei de Introdução às Normas do Direito Brasileiro, causa uma espécie de conflito interno da segurança jurídica: se, de um lado, ela estabelece o conhecimento como pressuposto de validade do Direito, de outro, despreza o conhecimento como condição dessa mesma validade. Vale dizer: ora é o conhecimento que é relevante para a inteligibilidade do Direito, ora é o desconhecimento que é significativo para a mesma inteligibilidade.[14] Essa constatação demonstra que, a rigor, não é o conhecimento do Direito que é pressuposto da segurança jurídica, mas sim a sua cognoscibilidade, isto é, a possibilidade de acesso material e intelectual ao Direito – o que é bastante diverso.

De outro lado, a publicidade também depende da existência de outra ficção, a relativa à completude do ordenamento jurídico, no sentido de que, embora não diretamente, será o ordenamento o critério universal de solução dos conflitos de interesses surgidos socialmente: se o Direito pretende funcionar como gerador de certeza e de confiança acerca dos seus conteúdos e do seu funcionamento, não pode deixar sem resposta nenhum conflito de interesses.[15] A aceitação dessa ficção não implica concordância com a ideia de que todo e qualquer conflito de interesses tenha uma resposta específica pronta em uma dada norma abstrata particular. Tal concepção implicaria aceitar a tese da univocidade dos enun-

12. Hugo de Brito Machado, "Os princípios da anterioridade e da irretroatividade das leis tributárias e a publicação da lei", *Cadernos de Direito Tributário e Finanças Públicas* 8, p. 107, São Paulo, 1994.

13. Federico Arcos Ramírez, *La seguridad jurídica: una teoría formal*, Madrid, Dykinson, 2000, p. 249.

14. Idem, p. 250.

15. Idem, p. 283.

ciados normativos. Isso, porém, não pode ser aceito, pois "nem mesmo o juiz Hércules [Dworkin] estará em condições de encontrar para cada caso uma resposta verdadeira, pois aquela que seria a única resposta correta simplesmente não existe".[16] Quer dizer, em vez disso, que o Direito, no seu conjunto e nas suas variadas manifestações, e não uma norma específica decorrente de uma fonte determinada, deve ser o ponto de apoio para se encontrar os critérios de solução de qualquer conflito mediante atos de uma autoridade competente. Vale dizer: para existir segurança jurídica como inteligibilidade é necessário haver *completude dinâmica* e não estática do Direito.

B) Intimação

A intimação é a exteriorização da necessidade de cognoscibilidade e de calculabilidade no plano individual e procedimental. Sem ter conhecimento de atos ou de fatos que sejam do seu interesse, o cidadão, a rigor, não tem como agir de acordo com o Direito, nem tampouco, se for o caso, de exercer o seu direito de ampla defesa. Com efeito, o devido processo legal procedimental pressupõe que as partes sejam *informadas* a respeito dos atos praticados no processo e sobre os elementos dele constantes, para que possam manifestar-se sobre os elementos fáticos e jurídicos constantes no processo e para que possam ver seus argumentos considerados de forma isenta, imparcial e fundamentada – como, inclusive, já decidiu o Supremo Tribunal Federal.[17]

Ora, não havendo intimação a respeito de atos ou de procedimentos administrativos ou judiciais, o interessado é surpreendido relativamente a decisões ou a atos que restringem os seus direitos, não podendo contra aqueles autonomamente reagir. Quando isso ocorre o interessado está sofrendo restrição ao seu direito à segurança jurídica procedimental, pela ausência de cognoscibilidade, de confiabilidade e de calculabilidade da manifestação judicial ou administrativa do Direito. Ele está, além disso, e indiretamente, tendo a sua dignidade injustificadamente afetada, porque se dispõe dela sem lhe dar oportunidade de manifestação, reação ou defesa, transformando-o não num ser autônomo, capaz de ativa e responsavelmente plasmar a sua vida, mas em um ser atingido por algo em face do qual não tem como reagir – em um objeto, portanto.

16. Eros Roberto Grau, *Ensaio e discurso sobre a interpretação/aplicação do Direito*, 5ª ed., São Paulo, Malheiros Editores, 2009, p. 40.

17. MS n. 24.268, Tribunal Pleno, Rel. Min. Gilmar Mendes, *DJ* 17.9.2004, p. 189 do acórdão.

II – Da vigência

O cidadão não pode ser guiado por um Direito retroativo, porque este último não existia no momento da sua ação.[18] Por isso mesmo, além de aquele conhecer a norma que deve cumprir, ele deve ter conhecimento da sua vigência. Não por outro motivo a própria CF/88 estabeleceu a regra da anterioridade – oportunamente enfrentada –, para permitir que o contribuinte possa, antecipadamente, saber quando entrarão em vigor as normas tributárias a que deverá obedecer.

Não por outra razão, também, que o Código Tributário Nacional prevê, nos arts. 101 e ss., normas relativas à vigência das regras tributárias nos casos em que a própria norma já não indica o período da sua vigência. Desse modo, ainda que as normas jurídicas relativas à vigência, em geral, sejam aplicáveis ao Direito Tributário, para evitar dúvida, o Código instituiu, no seu art. 103, regras específicas para os casos em que a norma tributária não preveja o momento da sua entrada em vigor: os atos administrativos, na data da sua publicação; as decisões administrativas, quanto a seus efeitos normativos, 30 dias após a data da sua publicação; os convênios interestaduais, na data neles prevista.

Como a certeza de vigência é um aspecto da cognoscibilidade, que é um dos elementos da segurança jurídica, é preciso insistir em um ponto: o cidadão deve ter a capacidade de saber a qual norma deve obedecer, sob pena de não poder ser orientado. Em outras palavras, sem segurança de conteúdo e de vigência não há segurança jurídica de orientação. E sem isso não há exercício autônomo e responsável dos direitos fundamentais de liberdade e de propriedade.

§ 2º. Abrangência normativa

I – Codificação

A codificação é um dos principais instrumentos de abrangência normativa, pois permite o agrupamento, de maneira lógica e em um só documento, sob o ponto de vista da matéria e do âmbito de aplicação, das disposições gerais.[19] É fácil reconhecer a vinculação da codificação

18. Joseph Raz, "The rule of law and its virtue (1977)", in *The authority of Law. Essays on Law and Morality*, Oxford, Oxford, 1979, p. 214; César García Novoa, *El principio de seguridad jurídica en materia tributaria*, Madrid, Marcial Pons, 2000, p. 76.

19. Anne-Laure Valembois, *La constitutionnalisation de l'exigence de sécurité juridique en Droit Français*, Paris, LGDJ, 2005, p. 289; Eugenio Della Valle, *Affidamento e certezza del Diritto Tributario*, Milano, Giuffrè, 2001, p. 32.

com os ideais de cognoscibilidade e de calculabilidade do ordenamento jurídico: o agrupamento em um só documento favorece a acessibilidade material, porque o cidadão, pelo mais fácil acesso e pela abrangência do diploma, tem maiores condições de saber onde procurar o dispositivo legal aplicável; por sua vez, a ordenação sistemática serve de instrumento de acessibilidade intelectual, já que permite que o cidadão, pela ordenação das partes, possa ter maior clareza com relação ao conteúdo das normas a que deve obedecer. A codificação, assim, elaborada pelos critérios da autenticidade, da completude e da apresentação, é um meio que contribui para a promoção da segurança jurídica.[20] Não por outra razão, von Savigny já propugnava pela codificação como um instrumento a fim de assegurar maior "certeza" (*Gewissheit*).[21] Para conhecer o Direito, ele precisa, ao contrário de estar disperso, estar concentrado. Por isso, Münch insere como elemento do próprio princípio da segurança jurídica, ao lado da determinação, da compreensibilidade, da efetividade e da continuidade, também a "concentração jurídica" (*Rechtskonzentration*).[22]

A aceitação de que a codificação é importante fator de segurança jurídica não implica o acolhimento de que ela fornece, por si só, segurança jurídica. Ela é apenas um meio, dentre outros, para incrementar a cognoscibilidade, a confiabilidade e a calculabilidade do Direito.[23] E esse meio se revela, hoje, tão valioso como foram as codificações oitocentistas: se elas pretenderam unificar o Direito consuetudinário esparso, para garantir acessibilidade e inteligibilidade das normas, o mesmo problema surge nos tempos atuais, em decorrência do elevado número de leis especiais, circunstanciais e transitórias, cujo conjunto se assemelha a um "labirinto jurídico" e torna o ordenamento contemporâneo – no dizer de Ferrajoli – muito parecido com aquele pré-moderno.[24]

20. Andreas von Arnauld, *Rechtssicherheit*, Tübingen, Mohr Siebeck, 2006, pp. 211 e 214.

21. Friedrich Carl von Savigny, *Vom Beruf unserer Zeit für Gesetzgebung und Rechtswissenschaft*, Heidelberg, Mohr und Zimmer, 1814, p. 20 (reimpr. Goldbach, Keip, 1997).

22. Christof Münch, "Rechtssicherheit als Standortfaktor. Gedanken aus Sicht der vorsorgenden Rechtspflege", in Albrecht Weber (org.), *Währung und Wirtschaft. Das Geld im Recht. FS für Hugo J. Hahn*, Baden-Baden, Nomos, 1997, p. 675.

23. Eduardo García de Enterría, *Justicia y seguridad jurídica en un mundo de leyes desbocadas*, Madrid, Civitas, 1999, p. 32.

24. Luigi Ferrajoli, "The past and the future of the rule of law", in Pietro Costa e Danilo Zolo (orgs.), *The Rule of Law – History, Theory and Criticism*, Dordrecht, Springer, 2007, p. 342.

II – Normas gerais

A CF/88 reserva à lei complementar a função de instituir normas gerais de Direito Tributário, especialmente sobre obrigação, crédito, decadência e prescrição tributários. As normas gerais têm precipuamente a função de garantir segurança e estabilidade em um ambiente federativo, quer entre os Entes Federados entre si, quer entre estes e os contribuintes.[25] Para esse efeito, aquelas se destinam a garantir dois objetivos coimplicados: a uniformidade e a diversidade.

A *uniformidade* reside no tratamento normativo unitário dos Entes Federados autônomos: todos devem se submeter às mesmas normas (gerais). Com isso, regras relativas a prazos de prescrição e decadência, por exemplo, em vez de serem não-uniformes, recebem tratamento comum que proporciona unidade normativa à diversidade de cada Ente Federado. Ao garantir essa homogeneidade normativa, a exigência de normas gerais tributárias favorece os ideais parciais cuja realização é exigida pelo princípio da segurança jurídica, para os contribuintes e para os Entes Federados, na relação paralela com outros entes ou na relação vertical com os contribuintes: a cognoscibilidade, visto que cada Ente Federado tem mais fácil acesso material e intelectual às regras que norteiam sua relação com outros entes, na delimitação das zonas federativas de conflito, e a sua relação com os contribuintes, relativamente aos deveres de ambas as partes; a confiabilidade, pela maior estabilidade das normas, já que, sendo a sua edição objeto de reserva legislativa qualificada, sua modificação torna-se mais difícil; e a calculabilidade, pela continuidade das normas gerais, postulada pela maior dificuldade de sua alteração e pela sua vinculatividade, decorrente da proibição de os Entes Federados, independente das suas dificuldades financeiras, exercerem as suas competências legislativas em desacordo com as normas gerais.

Essa uniformidade federativa cresce em importância no caso da Federação brasileira. É que, além de existirem três ordens federativas – federal, estadual e municipal –, os Entes Federados são muito numerosos – 26 Estados, mais o Distrito Federal, e mais de 5.500 Municípios. Além disso, considerados os fatores geográficos, sociais e econômicos, os Entes Federados são profundamente desiguais. Tanto basta para demonstrar que a uniformidade normativa funciona como força centrípeta em torno de ideais normativos igualitários. Esses ideais, para o que ora importa,

25. Fábio Canazaro, *Lei complementar tributária na Constituição de 1988*, Porto Alegre, Livraria do Advogado, 2005, p. 108; Frederico Araújo Seabra de Moura, *Lei complementar tributária*, São Paulo, Quartier Latin, 2009, pp. 331 e ss.

contribuem para a melhor inteligibilidade, estabilidade e previsibilidade das normas a que os Entes Federados e os contribuintes estarão sujeitos nas relações tributárias que se concretizarão.

A *diversidade* reside no tratamento normativo com respeito à autonomia federativa de que gozam os Entes Federados: embora todos estes devam se submeter às mesmas normas, cada qual goza de poder para exercer autonomamente as competências normativas que a Constituição lhe atribui. Assim, por exemplo, os Municípios, obedecidos os limites estabelecidos em lei complementar, podem prever alíquotas diferentes para a tributação de serviços prestados no seu âmbito territorial; os Estados podem, sempre dentro das diretrizes estabelecidas pelas normas gerais, tributar de forma diversa a venda de mercadorias ocorridas no seu território – e assim sucessivamente. Note-se, porém, que, embora exista autonomia, ela é limitada: a constituição, a cobrança e a execução dos créditos tributários deverão obedecer às normas gerais estabelecidas em lei complementar. Autonomia ilimitada não é autonomia: é soberania. E soberania tributária os Entes Federados não a têm, precisamente porque o exercício das suas competências constitucionais deve ser uniforme, assegurando-se essa uniformidade pela observância de normas gerais comuns.

Logo se vê que há uma relação de coimplicação entre os ideais de uniformidade e de diversidade federativos, porque o aumento de um significa o decréscimo do outro: uniformidade demais aniquila, no limite, a autonomia do Ente Federado, transformando a Federação em Estado unitário; diversidade demais acaba, no extremo, com a uniformidade, transformando os Entes Federados em simples Estados independentes. Embora inexista fórmula capaz de fixar com exatidão o momento em que o Estado Federado se desconfigura, pode-se, em abstrato, afirmar que nenhum dos dois ideais pode ser excessivamente perseguido. O Estado Federado, nas diversas configurações que a História consolidou, há de harmonizar a diversidade com a uniformidade.

As normas gerais sobre a constituição e sobre a extinção de obrigações tributárias foram consolidadas no Código Tributário Nacional, instituído por lei ordinária recepcionada pela CF/88 com o *status* de lei complementar, por exercer o Código a função atribuída a essa fonte normativa pela Constituição. Nesse diploma, com o perdão da metáfora, estão agrupadas as regras básicas de nascimento, vida e morte das obrigações tributárias. Isso não quer dizer que não existam outras leis complementares de índole geral, como aquelas destinadas a garantir os mesmos propósitos uniformizadores relativamente a tributos específicos.

A respeito disso, lembre-se, por exemplo, da lei complementar que estabelece normas gerais referentes ao imposto estadual sobre a circulação de mercadorias e a prestação de serviços de transporte e comunicação (Lei Complementar n. 87/96) e da lei complementar destinada a regular o exercício da competência municipal para instituir o imposto sobre serviços de qualquer natureza (Lei Complementar n. 116/2003).

Para o tema em pauta interessa o fato de as normas gerais serem mecanismos imprescindíveis para a garantia dos estados de cognoscibilidade, de confiabilidade e de calculabilidade do ordenamento jurídico. Elas são meios a serviço da *função-certeza*, pela abstração e tipificação, e da *função-igualdade*, pela generalidade em termos de discriminação de competências, na concretização da relação entre os contribuintes e determinado Ente Federado e entre os Entes Federados entre si, com a função maior de racionalizar o exercício das competências tributárias, afastando, com isso, uma irrealizável ordem espontânea.[26] Sem elas – e isto é o quanto basta para demonstrar a sua importância – o contribuinte não tem como exercer a sua atividade econômica no presente e efetuar um planejamento estratégico juridicamente informado do seu futuro, em toda a extensão da República Federativa do Brasil, graças à ausência de abrangência, de acessibilidade, de estabilidade e de previsibilidade do ordenamento jurídico. Exatamente por isso que as normas gerais também exercem uma *função expletiva*, muitas vezes ignorada.

Com efeito, a leitura dos dispositivos do Código Tributário Nacional, por exemplo, pode conduzir à conclusão de que vários dos seus dispositivos são supérfluos.[27] Vejam-se alguns exemplos.

Pode-se afirmar que há dispositivos *tautológicos*, como aqueles que dizem que o Código regulará o Sistema Tributário Nacional (arts. 1º e 2º) ou aquele que, ao introduzir o capítulo da interpretação e de aplicação das normas tributárias, estabelece que as normas tributárias serão interpretadas e aplicadas de acordo com o disposto no capítulo (art. 107). Com o perdão do trocadilho, esses dispositivos são como aquela placa de trabalho do pintor com os dizeres "Pinto casas a domicílio".

Pode-se, da mesma forma, dizer que há dispositivos *repetitivos*, que simplesmente reproduzem artigos já constantes da Constituição: os arts.

26. Tércio Sampaio Ferraz Jr., "Segurança jurídica e normas gerais tributárias", *RDT* 17-18, pp. 53 e 55, São Paulo, 1981.

27. Sobre o assunto, ver, por todos: Ricardo Lobo Torres, *Normas de interpretação e integração do Direito Tributário*, 3ª ed., Rio de Janeiro, Renovar, 2000, pp. 21 e ss.

9º a 11 tornam a reproduzir as limitações constitucionais ao poder de tributar previstas nos arts. 150 e ss.; os arts. 19 a 85 do Código repetem os aspectos das hipóteses das regras de competência previstas nos arts. 153 a 156; o art. 97 do Código reproduz a regra da legalidade constante do inciso I do art. 150; o art. 104 repete a alínea "b" do inciso III do art. 150; os arts. 105 e 106 reproduzem o previsto na alínea "a" do inciso III do art. 150.

Pode-se, igualmente, asseverar que há dispositivos que preveem *normas implicadas*, isto é, normas cujo conteúdo já pode ser deduzido por meio da interpretação sistemática da própria Constituição: a previsão constante dos arts. 6º e 7º, no sentido de que a competência é indelegável e nem se confunde com a função arrecadatória, decorre da própria natureza da regra de competência e do postulado da supremacia da Constituição; a disposição prevista no art. 14, de que a imunidade depende da observância dos requisitos constitucionais, decorre do próprio conteúdo das regras previstas nos parágrafos do art. 150 da Constituição; o previsto nos §§ 1º e 2º do art. 108, no sentido de que a analogia não pode justificar a cobrança de tributo não previsto em lei e de que a equidade não pode levar à dispensa de tributo devido, é especificação já decorrente da regra da legalidade tributária prevista no inciso I do art. 150 da Constituição; o disposto no art. 109, no sentido de que os conceitos de Direito Privado não servem para alterar efeitos tributários, decorre da superioridade das regras constitucionais de competência e da especialidade das normas tributárias; a previsão do art. 110, de que os conceitos constitucionais não podem ser alterados pelo legislador tributário, decorre da natureza limitadora das regras de competência e da supremacia da Constituição; o previsto no art. 111 do Código, no sentido de que os benefícios fiscais devem ser interpretados literalmente, pode ser construído por meio do exame do caráter excepcional da desoneração tributária, conforme previsão do art. 150, inciso I e § 6º, da Constituição; a disposição do art. 112, de que as penalidades devem ser interpretadas de maneira favorável ao acusado, pode ser inferida da retroatividade penal prevista no art. 5º da Constituição; a disposição constante do art. 142, segundo a qual o ato de lançamento é vinculado, pode ser construída com base na regra de legalidade e nos princípios constitucionais administrativos previstos no art. 37 da Constituição, sobretudo as exigências de legalidade, de impessoalidade e de moralidade; e assim por diante.

Com rigor, pode-se até mesmo dizer que os dispositivos relativos ao conceito de tributo (art. 3º) e aos elementos a serem considerados na delimitação das espécies tributárias (art. 4º) também são meras implicações materiais de normas constitucionais: de um lado, o exame conjunto das normas constitucionais tributárias conduz ao entendimento de que o conceito de tributo envolve prestações pecuniárias instituídas em lei e que não se confundem com sanções por atos ilícitos; de outro, a interpretação dos elementos constantes das regras de competência já permite especificar quais são os elementos juridicamente relevantes para a configuração de cada espécie tributária, se fatos (impostos), pressupostos (contribuições de intervenção e empréstimos compulsórios) ou finalidades (contribuições sociais), separados ou conjuntamente.

Desse modo, se forem desconsiderados os dispositivos tautológicos, repetitivos, implicados e concretizadores, e se forem, ainda, deixados de lado os que são meramente conceituais ou didáticos, como aqueles que definem os conceitos de "legislação tributária" (art. 96), "normas complementares" (art. 100), "fato gerador", "obrigação principal" e "obrigação acessória" (art. 113), ou que são simplesmente incorporadores de conceitos de Direito Privado, como aqueles que disciplinam a "responsabilidade" (arts. 128 e ss.), fica a indagação: para quê serve, mesmo, o Código Tributário Nacional?

Não se ignora que a instituição de um Código de normas gerais tira o foco no instrumento normativo fundamental, que é a Constituição. A luta de Ataliba e Carrazza é prova disso.[28] Também não se desconhece que a repetição e a concretização de disposições constitucionais provocam efeitos negativos. Basta pensar em artigos que são repetidos, contudo, sem a consideração total do dispositivo objeto de reprodução, como é o caso dos arts. 21 e 25 do Código Tributário Nacional, referentes aos impostos sobre o comércio exterior, que densificaram aquilo que passaria a ser disposto no § 1º do art. 150 da Constituição. Realmente, em vez de mencionarem apenas a prerrogativa do Poder Executivo para alterar as "alíquotas" daqueles impostos, previram essa faculdade também com relação à sua "base de cálculo", contrariamente à Constituição atual. Pense-se, também, no caso do art. 110, que impede o legislador tributário de alterar conceitos de "Direito Privado" que tenham sido utilizados pela Constituição para definir ou para limitar competências, deixando de mencionar conceitos de Direito Público (salário) ou, mesmo, tributários (faturamento), também utilizados pela Constituição para o mesmo fim. Em suma, a repetição, supostamente feita para auxiliar, prejudica.

28. Geraldo Ataliba, *Sistema Constitucional Tributário Brasileiro*, São Paulo, Ed. RT, 1968, p. 15; Roque Antonio Carrazza, *Curso de Direito Constitucional Tributário*, 30ª ed., São Paulo, Malheiros Editores, 2015, p. 61.

Mesmo considerando esse risco, não se pode desprezar – e aqui se chega, finalmente, ao ponto que se quer realçar – a função orientadora das normas gerais. Com efeito, a própria finalidade das normas gerais é aumentar o acesso material e intelectual às normas tributárias para todos os operadores do Direito, independentemente de serem estes um estudioso do Direito Tributário, um contribuinte que se refere a todos os tributos como sendo "taxas" e à antiga contribuição sobre movimentação financeira como sendo o "imposto do cheque", ou mesmo um agente público experiente em Direito Administrativo, porém leigo em Direito Tributário. Nesse ponto, a função expletiva é instrumento de segurança jurídica. Afinal, quantos destinatários das normas tributárias podem facilmente compreender que a indelegabilidade da competência tributária advém da própria estrutura federativa tributária? Ou que a inalterabilidade dos conceitos tributários decorre da natureza limitadora das regras de competência e da supremacia da Constituição? Sousa viu no Código Tributário Nacional um instrumento de cognoscibilidade e de calculabilidade do Direito Tributário por meio da fixação de "determinados princípios gerais, a serem obrigatoriamente observados pelas leis tributárias federais, estaduais e municipais"[29] – nada mais que um instrumento de segurança jurídico-tributária, enfim. Maior Borges, nesse sentido, é categórico: "O Código Tributário Nacional é um repositório de normas gerais de direito tributário a serviço da segurança jurídica".[30] Ferraz Jr. segue o mesmo caminho ao admitir que "a presença de normas gerais tributárias é fundamental para a segurança jurídica, quer da perspectiva do emissor (função-certeza), quer da do receptor (função-igualdade)".[31]

As mesmas observações realizadas quanto à desnecessidade de dispositivos do Código Tributário Nacional também podem ser feitas relativamente à CF/88. Também nesta há dispositivos que, interpretados a rigor, são meramente expletivos de normas já previstas implícita ou explicitamente no ordenamento constitucional. Alguns exemplos assim o demonstram: o disposto no § 1º do art. 145, que veda aos Entes Federados instituir tratamento desigual entre contribuintes que se encontrem em situação equivalente, proibida qualquer distinção em razão de

29. Rubens Gomes de Sousa, *Compêndio de legislação tributária*, ed. póstuma, São Paulo, Resenha Tributária, 1975, p. 190.

30. José Souto Maior Borges, "Segurança jurídica: sobre a distinção entre competências fiscais para orientar e autuar o contribuinte", *RDT* 100, p. 24, São Paulo, s.d.

31. Tércio Sampaio Ferraz Jr., "Segurança jurídica e normas gerais tributárias", *RDT* 17-18, p. 55, São Paulo, 1981.

ocupação profissional ou função por eles exercida, é uma decorrência necessária do princípio geral da igualdade, já previsto no *caput* do art. 5º; o disposto no § 1º do art. 145, de acordo com o qual os contribuintes deverão ser tratados conforme a sua capacidade econômica, é uma decorrência do princípio da igualdade, que exige a escolha de critérios diferenciadores que mantenham vínculo de pertinência razoável com a finalidade da diferenciação; a previsão contida no inciso I do art. 150, no sentido de que somente a lei pode instituir ou aumentar tributos, é uma implicação dos princípios do Estado de Direito e da separação dos Poderes, que exigem atuação estatal vinculada ao disposto em regras gerais e abstratas e que já estão positivados nos arts. 1º e 2º; o disposto na alínea "a" do inciso III do art. 150, em razão do qual é vedado aos Entes Federados cobrar tributos em relação a fatos geradores ocorridos antes do início da vigência da lei que os houver instituído ou aumentado, é uma decorrência indireta dos princípios do Estado de Direito e da segurança jurídica, previstos nos arts. 1º e 5º, respectivamente; a disposição contida no inciso IV do art. 150, no sentido de que é vedado aos Entes Federados utilizar tributo com efeito de confisco, é uma implicação lógica da positivação dos direitos fundamentais de liberdade e de propriedade, impassíveis de terem estes restringido o seu núcleo sem a perda de sua eficácia; a previsão contida no inciso I do art. 151, vedando a instituição de tributo que não seja uniforme em todo o território nacional ou que implique distinção ou preferência em relação a Estado, ao Distrito Federal ou a Município, em detrimento de outro, é uma decorrência do princípio federativo, estabelecido no art. 1º; e assim sucessivamente.

Igualmente não se desconhece que tais previsões também podem provocar efeitos negativos. A previsão da regra de irretroatividade vinculada ao fato gerador – como adiante será demonstrado – pode ser erroneamente entendida como uma autorização para efeitos retrospectivos em todos os casos em que o fato gerador ainda não ocorreu. A previsão da proibição de instituição de tributo com efeito de confisco pode ser equivocadamente interpretada no sentido de que, tendo a Constituição vedado o tributo confiscatório, teria permitido a multa excessiva. Mesmo assim – e aqui se volta ao ponto que se quer realçar –, a CF/88 tem uma valiosa função orientadora para o exercício do poder previsto nas regras de competência, visto que nem todas as autoridades e nem todos os contribuintes nesta vasta Federação, composta de milhares de Entes Federados, apresentam razoáveis condições de conhecer, de antemão e com clareza, normas que só a complexa implicação lógica é capaz de desvelar.

III – Pertinência

Um dos problemas que impede a inteligibilidade das normas é a introdução em um único documento legislativo de normas sobre temas completamente diferentes. Tais leis, denominadas de "leis-ônibus", normalmente se caracterizam por dispor, na sua parte final, e de maneira totalmente aleatória, de vários assuntos, inclusive por meio da inclusão de dispositivos de revogação indeterminada ("revogam-se as disposições em contrário") ou de revogação complexa ("revogam-se os dispositivos de todas as leis abaixo enumeradas..."). Tal expediente, à evidência, contrapõe-se, diretamente, ao dever de inteligibilidade do Direito, por manter elevado grau de incerteza.[32]

Nesse quadro, para que a novidade legislativa seja conforme ao princípio da segurança jurídica é preciso, de um lado, tratar de um só assunto, em vez de vários, em cada diploma legislativo. Com relação aos benefícios fiscais, a CF/88 foi expressa ao exigir que a sua instituição seja prevista em lei que os regule em caráter exclusivo (art. 150, § 6º). Tal exigência, válida para a exoneração, também deve valer para a oneração. A Lei Complementar n. 95/98 também estabeleceu que, com exceção da codificação, cada lei tratará somente de um assunto, bem como não conterá matéria estranha a seu objeto ou a este não vinculada por afinidade, pertinência ou conexão (art. 7º, I e II). De outro lado, é preciso – como se exigia, outrora, na Espanha – que a nova disposição consigne, expressamente, as disposições anteriores que tenham sido total ou parcialmente revogadas.[33] Tal exigência também consta da Lei Complementar n. 95/98 quando esta, na redação dada pela Lei Complementar n. 107/2001, determina que a cláusula de revogação deverá enumerar, expressamente, as leis ou as disposições legais revogadas.

§ 3º. Possibilidade de identificação normativa

I – Norma aplicável

O cidadão pode ter conhecimento da existência e da vigência das normas em geral, contudo pode não ter um mínimo de certeza com relação a qual norma deve ele obedecer, dentro do vasto universo dos ordenamentos jurídicos modernos. Pode haver dúvida com relação a qual

32. Eduardo García de Enterría, *Justicia y seguridad jurídica en un mundo de leyes desbocadas*, Madrid, Civitas, 1999, pp. 78 e 84.

33. Eduardo García de Enterría, *Justicia y seguridad jurídica en un mundo de leyes desbocadas*, Madrid, Civitas, 1999, p. 94.

norma legislativa deve ser seguida, quando houver contradição entre elas. Em alguns casos até pode haver certeza com relação a qual norma legislativa deve ser seguida, mas essa certeza se transforma em dúvida quando há decisões judiciais que afastam a aplicabilidade da referida norma legislativa, declarando a sua inconstitucionalidade, para todos os cidadãos ou para algum cidadão em particular. Nessa hipótese, a norma legislativa aplicável está definida, no entanto não está definida a sua validade. Em casos mais emblemáticos, há posições judiciais antagônicas a respeito da validade da norma aplicável. Esse antagonismo às vezes é sincrônico: em um dado momento há duas decisões contraditórias, de órgãos diferentes de um mesmo Tribunal ou de Tribunais diferentes. Outras vezes, tal conflito é diacrônico: o mesmo órgão profere, em um momento, uma decisão e, em outro, outra diversa, sobre a mesma norma legislativa. O destinatário, em face disso, embora saiba a qual norma deve obedecer, não sabe se ela é juridicamente merecedora de obediência, pela controvérsia existente a respeito da sua validade em um momento ou em uma sequência temporal. Um exemplo pode melhor demonstrar isso.

Em 1996, foi editada a Lei n. 9.430, cujo art. 56 revogou a isenção anteriormente concedida pelo inciso II do art. 6º da Lei Complementar n. 70/91. Assim, a partir de 1996 as sociedades civis de prestação de profissão regulamentada, do ponto de vista da norma legislativa a aplicar, deviam pagar a contribuição social sobre a receita. Pode-se dizer, dessa maneira, que havia clareza, do ponto de vista legislativo, a respeito da norma aplicável. Todavia, tal norma começou a ser questionada perante o Poder Judiciário, até que, entre 2002 e 2003, o Superior Tribunal de Justiça proferiu decisões pela inconstitucionalidade da cobrança, sob o argumento de que haveria hierarquia entre lei complementar e lei ordinária, em razão da qual a norma constante dessa fonte não poderia revogar norma constante daquela.[34] Tal entendimento do Tribunal transformou-se, em 2003, na Súmula n. 276, segundo a qual os contribuintes não tinham que pagar a contribuição sobre a receita.[35] Em 2007, em contrapartida, o Supremo Tribunal Federal decidiu, primeiro em sede de ação

34. REsp n. 227.939, 1ª Turma, Rel. Min. Milton Luiz Pereira, *DJ* 12.3.2001; REsp n. 260.960, 1ª Turma, Rel. Min. Humberto Gomes de Barros, *DJ* 26.3.2001; AgR no REsp n. 297.461, 1ª Turma, Rel. Min. Francisco Falcão, *DJ* 3.9.2001; REsp n. 422.741, 1ª Turma, Rel. Min. José Delgado, *DJ* 9.9.2002; ED no AgR no REsp n. 422.342, 1ª Turma, Rel. Min. Paulo Medina, *DJ* 17.3.2003; REsp n. 221.710, 2ª Turma, Rel. Min. Peçanha Martins, *DJ* 18.2.2002; ED no AgR no REsp n. 258.630, 2ª Turma, Rela. Ministra Eliana Calmon, *DJ* 9.9.2002.

35. Súmula n. 176, 1ª Seção, *DJ* 2.6.2003.

cautelar e depois em recursos extraordinários, que não havia hierarquia entre lei complementar e lei ordinária quando a matéria não fosse reservada pela Constituição à lei complementar.[36] As sociedades civis de prestação de profissão regulamentada deveriam pagar as contribuições sobre a receita. Em 2008, tal entendimento foi reafirmado em decisão proferida em ação direta de inconstitucionalidade.[37]

Tal caso – analisado, aqui, em seus aspectos gerais, sem atenção para questões relevantes para outros problemas – demonstra a incerteza com relação à aplicabilidade das normas legislativas: entre 1996 e 2003, havia clara norma legislativa mandando os contribuintes pagar a contribuição social sobre a receita; a partir de 2002, o Superior Tribunal de Justiça começou a proferir decisões no sentido de que não haveria aquele dever de pagar, abalando a presunção de constitucionalidade da lei tributária; em 2003, o referido Tribunal editou Súmula uniformizadora do entendimento das duas Turmas de Direito Tributário, no sentido de que não havia dever de pagar a dita contribuição; em 2007, o Supremo Tribunal Federal manifesta entendimento no sentido de que a norma legislativa editada em 1996 era constitucional. Qual é, pois, a norma aplicável: é, a norma legal, presumidamente válida e nunca declarada inconstitucional pelo Supremo Tribunal Federal? Ou a norma legal interpretada pelo Superior Tribunal de Justiça, que a declarava incompatível com lei complementar supostamente superior? Afinal, do ponto de vista do destinatário, qual é a norma aplicável: a norma legal ou a norma legal judicialmente interpretada? E, se judicialmente interpretada, por qual órgão – pelo Superior Tribunal de Justiça ou pelo Supremo Tribunal Federal?

Essas considerações, às quais poderiam ser somadas outras, demonstram que a cognoscibilidade material não apenas depende do conhecimento das normas aplicáveis, mas também do conhecimento das normas concernentes à sua aplicação. Em outras palavras, deve haver clareza não somente com relação às normas de primeiro grau (normas-objeto), mas igualmente no que diz respeito às normas que regulam conflitos entre elas mesmas (regras de antinomia), que estruturam a sua aplicação (postulados normativos) e que confirmam seu sentido e sua validade (decisões judiciais). Além de clareza a respeito das normas, é preciso, por assim dizer, clareza a respeito das *normas das normas*. Se

36. ACi-MC-AgR n. 1.717, 2ª Turma, Rel. Min. Gilmar Mendes, *DJ* 28.9.2007; RE n. 377.457, Tribunal Pleno, Rel. Min. Gilmar Mendes, j. 19.9.2008, *DJe* 19.12.2008; RE n. 381.964, Tribunal Pleno, Rel. Min. Gilmar Mendes, j. 17.9.2008, *DJe* 29.9.2008.

37. ADI n. 4.071, Tribunal Pleno, Rel. Min. Menezes Direito, *DJe* 13.10.2008.

houver segurança de existência e de vigência, mas não houver segurança de identificação, a rigor não se pode saber com mínima certeza qual é a norma aplicável ao caso.[38]

Não há como obedecer ao "ordenamento jurídico", nem exclusivamente a "princípios", no tocante ao cumprimento de obrigações tributárias pontuais. Do mesmo modo que não se pode dizer "Observe!", sem apontar para o objeto merecedor de atenção, porque não é possível observar tudo; igualmente, não se pode cumprir obrigação comportamental sem que ela esteja prevista em alguma regra do ordenamento jurídico.[39] Nesse sentido, a norma aplicável deve ser aquela *presumidamente válida e diretamente aplicável* ao comportamento objeto de questionamento. A esse entendimento se chega pela observância das próprias regras constitucionais de legalidade, tanto a geral – segundo a qual só se pode fazer ou deixar de fazer alguma coisa em virtude de lei (art. 5º, I) – quanto a tributária – de acordo com a qual só se pode instituir ou aumentar tributo em virtude de lei (art. 150). Em outras palavras, o contribuinte deve obedecer à lei.

Caso haja conflito entre as regras legais, deve-se recorrer às regras de solução de antinomias: a norma superior revoga a norma inferior (critério hierárquico); a norma posterior revoga a anterior, conforme prevê o art. 2º da Lei de Introdução às Normas do Direito Brasileiro (critério cronológico); e a norma especial revoga a geral (critério de especialidade). Não é o momento para tratar deste tormentoso tema das antinomias. Mesmo assim, para o assunto em pauta, importa estabelecer uma presunção pela aplicabilidade em favor da regra legal especial válida. É a essa que o destinatário deve obedecer – salvo, como é evidente, se houver decisão judicial com eficácia geral ou decisão judicial específica para o destinatário em sentido contrário. Para efeito de saber a norma aplicável, contam, portanto, os critérios da *força normativa* (legal ou judicial com eficácia geral) e da *especialidade* (regra específica ou decisão individual relativa ao destinatário).

Embora possa haver uma regra legal especial válida, porque ainda não declarada inconstitucional com eficácia *erga omnes* pelo Supremo Tribunal Federal, pode sua presunção de constitucionalidade ser colocada em dúvida, de tal sorte que o destinatário já não saiba mais se deve obedecer à norma legal ou à norma legal judicialmente interpretada.

38. Andreas von Arnauld, *Rechtssicherheit*, Tübingen, Mohr Siebeck, 2006, p. 106.

39. José Souto Maior Borges, *Obrigação tributária – Uma introdução metodológica*, São Paulo, Saraiva, 1984, p. 7.

Nessas situações, é preciso saber em quais casos as decisões judiciais devem servir de orientação não apenas para as partes envolvidas nos processos em que elas são proferidas, mas também para os cidadãos em geral – a própria CF/88 responde, pois, a essa pergunta.

As decisões que possuem eficácia geral são apenas aquelas proferidas no controle concentrado de constitucionalidade (ação direta de inconstitucionalidade, ação declaratória de constitucionalidade) ou no controle difuso de constitucionalidade a respeito de lei que tenha sido objeto de resolução do Senado Federal suspendendo a sua eficácia ou que tenham sido objeto de súmula, vinculando as instâncias inferiores e toda a Administração Pública. Essas decisões têm força prescritiva, no sentido de criarem obrigações suscetíveis de constrição judicial. Pois bem, quando houver um conflito, a rigor aparente, entre uma norma legal e uma decisão judicial com eficácia vinculante, dúvida não há de que o cidadão deve obedecer à decisão judicial, pela singela razão de que esta possui força vinculante para todos e, nesse sentido, substitui – ou lhe densifica o conteúdo – a norma legal anteriormente aplicável.

Há decisões, no entanto, que, embora sem eficácia geral, têm finalidade orientadora para a coletividade, como aquelas de alguns órgãos e de alguns Tribunais que são destinadas, especificamente, à orientação dos Tribunais inferiores, diretamente, e dos destinatários das normas interpretadas, indiretamente, por meio de expedientes de uniformização. É o caso, por exemplo, das decisões das Seções do Superior Tribunal de Justiça proferidas em embargos de divergência e das decisões que são objeto de súmula desse Tribunal. A sua função não é apenas dirimir um conflito entre as partes, mas também orientar os órgãos judiciais e os jurisdicionados a respeito da interpretação de determinada norma legal. Como acentua Alvaro de Oliveira, "nos institutos destinados precipuamente à uniformização da jurisprudência revela-se de forma aguda o valor segurança, em face da periclitação do princípio da igualdade para casos semelhantes ou idênticos".[40]

Mesmo assim, como se trata de saber qual é a norma aplicável, a ser cumprida pelo destinatário, deve-se ter em conta que a própria CF/88 definiu que deve ser a norma legal específica, existente, válida e vigente, salvo se ela tiver sido objeto de exclusão por ação direta de inconstitucionalidade, ação declaratória de constitucionalidade ou recurso extraordinário, em razão dos quais tenha havido suspensão da lei por resolução do Senado Federal ou edição de súmula vinculante – essa é a regra.

40. Carlos Alberto Alvaro de Oliveira, *Do formalismo no Processo Civil*, 3ª ed., São Paulo, Saraiva, 2009, p. 81.

Pode haver casos em que, embora não se trate de uma decisão com eficácia geral, ainda assim ela se revista de algumas particularidades que a tornam merecedora de confiança por parte dos destinatários, como a sua pretensão de correção, a sua inserção em cadeia de decisões no mesmo sentido, a sua finalidade orientadora – e assim sucessivamente. Apesar de não-vinculante, ela pode produzir efeitos relativamente àqueles que com base nela exerceram atos de disposição dos direitos fundamentais de liberdade e de propriedade. Esses elementos serão investigados na parte relativa ao aspecto subjetivo da exigência de confiabilidade do Direito.

II – Valor da norma aplicável

Para haver segurança de orientação é preciso também que, além de o destinatário saber qual a norma a que deve obedecer, saiba qual é o *valor* da norma a que deve obedecer. Ainda que essa questão seja adiante retomada, na parte relativa à confiabilidade por meio da eficácia jurídica, é preciso deixar clara, desde já, a vinculação entre cognoscibilidade e confiabilidade.

Para que haja cognoscibilidade do Direito é necessário que haja clareza com relação à consequência geral para o descumprimento das normas legais aplicáveis. Aqui não se está tratando da eficácia jurídica, como existência de condições institucionais e procedimentais para fazer valer o Direito, nem da efetividade ou da eficácia social do ordenamento jurídico, entendida como cumprimento médio das normas jurídicas pelos seus destinatários. Está-se examinando, em vez disso, o dever de clareza com relação às consequências *abstratas* e *gerais* aplicáveis ao não-cumprimento das normas jurídicas: se o destinatário, mesmo que saiba qual é a norma aplicável, não souber minimamente os efeitos atribuídos ao seu não cumprimento, não há cognoscibilidade do Direito.

O tema ora debatido diz respeito tanto à manutenção de atos administrativos inválidos quanto à preservação de efeitos passados de atos inconstitucionais por meio da modulação de efeitos no controle de constitucionalidade. Ambos os casos serão analisados na parte relativa à confiabilidade do Direito. Neste passo, interessa apenas uma parte da discussão: se houver institucionalização da manutenção de atos inválidos em controle difuso de constitucionalidade e da manutenção de efeitos de atos ou de normas inconstitucionais por meio de modulação da eficácia das decisões em controle concentrado ou difuso de constitucionalidade, quer pela sua transformação em regra, em vez de exceção, quer pela ausência de clareza com relação aos critérios orientadores e aos casos em que devem ser utilizados, haverá também um problema de cognoscibilidade do ordenamento jurídico. Isso porque os destinatários não mais saberão, com clareza, se a regra vale ou não vale e, em razão disso, se devem cumprir a regra ou apostar na ausência de efeitos a serem futuramente atribuídos ao seu descumprimento.

A respeito disso, é preciso que a regra continue sendo a de que todo descumprimento de norma legal enseja a aplicação da consequência abstrata e geralmente prevista. Somente os casos excepcionais podem justificar o abandono da consequência normal atribuída ao descumprimento da norma legal aplicável. No caso dos atos administrativos, somente aqueles que envolverem circunstâncias não facilmente repetíveis, como, por exemplo, atos aplicados com presunção de legitimidade por longo período ou criadores de relação onerosa ou sinalagmática. No caso de leis, somente aquelas, exemplificativamente, que já produziram efeitos que não mais podem ser desfeitos ou cuja perda de eficácia irá certamente comprometer a proteção conjunta dos direitos fundamentais e a credibilidade do próprio ordenamento jurídico – conforme analisado no capítulo concernente à confiabilidade do Direito.

O essencial para a existência de cognoscibilidade do Direito é que haja regras e exceções, mas que as exceções possam ser, na maior parte dos casos, perceptíveis com base em critérios minimamente objetivos e controláveis. Quando, porém, ocorre a institucionalização da exceção ou a sua transformação paulatina em regra, os destinatários já não irão saber qual norma seguir, se a normal legal específica aplicável ou outra eventualmente determinada pelo Poder Judiciário. No limite, já não se sabe mais o que é certo e o que é errado. E quando isso ocorre – como rigorosamente aponta Machado Derzi – o Direito perde uma de suas funções fundamentais, que é a de, por meio do binômio lícito/ilícito, generalizar e estabilizar expectativas normativas de comportamento.[41] O que diferencia o Direito é o fato de este ser portador do código binário lícito/ilícito, de modo a ser operativamente fechado, ainda que cognoscitivamente aberto.[42] Isso, no entanto, fica afastado pela transformação, do ponto de vista pragmático, em lícito daquilo que é ilícito. A esse res-

41. Misabel de Abreu Machado Derzi, *Modificações da Jurisprudência no Direito Tributário*, São Paulo, Noeses, 2009, p. 308.

42. Niklas Luhmann, *Ausdifferenzierung des Rechts. Beiträge zur Rechtssoziologie und Rechtstheorie*, Frankfurt am Main, Suhrkamp, 1999, p. 140; Marcelo Neves, *Entre Têmis e Leviatã: uma relação difícil – O Estado Democrático de Direito a partir e além de Luhmann e Habermas*, São Paulo, Martins Fontes, 2006, pp. 80-81.

peito são oportunas as palavras de Preiser: "Quanto mais exceções faz um Estado relativamente à sua obrigação de proteger a confiança dos seus cidadãos na validade das suas leis, tanto mais ele perde a confiança dos seus cidadãos e mais longe ele fica da essência de um Estado de Direito".[43]

Seção 3. Cognoscibilidade intelectual: "Segurança de conteúdo" pela inteligibilidade normativa

§ 1º. Inteligibilidade pela clareza normativa

Prescrições normativas só podem guiar a conduta humana se os seus destinatários puderem compreender aquilo que elas prescrevem.[44] Segurança – como dizia São Tomás de Aquino – é relacionada a uma capacidade cognitiva do homem: "certitudo est proprietas cognitivae virtutis".[45] É preciso, pois, evitar descrições genéricas demais, bem como uma exagerada pormenorização.[46]

Nesse aspecto, é preciso ter em conta que a generalidade ou a universalidade do destinatário é um importante instrumento de inteligibilidade normativa, contudo não é condição nem necessária nem suficiente para se permitir a previsibilidade. Uma norma particular, dirigida a uma só pessoa, que seja conhecida e estável pode ajudar em maior medida um indivíduo a planejar a sua própria vida que uma norma abstrata e geral.[47] Isso, no entanto, só pode ser aceito se se considera a segurança jurídica como instrumento de previsibilidade de um indivíduo relativamente às consequências da sua própria ação. Se, em vez disso, estiverem em causa a previsibilidade das consequências das ações alheias, bem como a avaliação da previsibilidade geral, e não meramente individual, a gene-

43. Friedrich Preiser, "Rechtsstaatswidrige Rechtsunsicherheit. Vorschläge zur Erzielung von Rechtsunsicherheit", *DVBl* 83, p. 545, 1968.

44. Andrei Marmor, *Law in the Age of Pluralism*, Oxford, OUP, 2007, p. 7.

45. São Tomás Aquino, *apud* Andrea Schrimm-Heins, "Gewissheit und Sicherheit: Geschichte und Bedeutungswandel der Begriffe 'certitudo' und 'securitas'" (Teil 1), *Archiv für Begriffsgeschichte* 34, pp. 169, 1991.

46. César García Novoa, *El principio de seguridad jurídica en materia tributaria*, Madrid, Marcial Pons, 2000, p. 79; J. J. Ferrero Lapatza, "El principio de seguridad jurídica en la creación y aplicación del tributo", *CT*, p. 52, 1968; Jacques Chevallier, "Le Droit Économique: l'insécurité juridique ou nouvelle sécurité juridique?", in Laurence Boy, Jean-Baptiste Racine e Fabrice Siiriainen (orgs.), *Sécurité juridique et Droit Économique*, Bruxelles, Larcier, 2008, p. 564.

47. Federico Arcos Ramírez, *La seguridad jurídica: una teoría formal*, Madrid, Dykinson, 2000, p. 227.

ralidade passa a ser um elemento essencial. Assim, uma norma particular da qual tenha tomado conhecimento apenas o seu destinatário, embora possa servir de instrumento planificador para este último, nada adianta para os outros cidadãos o modo como o destinatário irá se comportar. A generalidade, portanto, é instrumento indispensável para a segurança do Direito e dos direitos de todos. Isso não significa, porém, que a existência de normas particulares seja incompatível com essa segurança, se aquelas forem editadas de acordo com normas gerais sobre a sua produção e sobre a sua modificação.[48] É precisamente o que ocorre no Brasil, com a exigência de normas gerais.

A clareza somente é obtida por meio de uma dose de informações. Falta de informação causa insegurança: sem especificação apropriada, na norma, da conduta a ser adotada, o destinatário fica incapacitado de obedecer a ela, pela ausência da fixação do comportamento a seguir. O destinatário sabe que deve fazer algo, mas esse algo não está definido. Excesso de informações também causa insegurança: uma quantidade demasiada de especificações, que se entrecruzam e que se contradizem, dependendo do ângulo por meio do qual sejam analisadas, igualmente impede o destinatário de obedecer a um comando, pela falta de fixação de qual comando deve ser obedecido. O destinatário sabe que deve fazer algo, porém esse algo é contraditoriamente definido. Daí a constatação de von Arnauld no sentido de que tanto "informação demais" quanto "informação de menos" não guiam o comportamento. É preciso, pois, acertar na dose: *dosis facit venenum*.[49]

§ 2º. Inteligibilidade pela determinabilidade normativa

I – Da norma

A) Clareza linguística

Se o Direito serve para guiar as pessoas, elas devem ter condições de saber o que ele significa. Por isso o seu sentido deve ser claro, porquanto um Direito ambíguo, vago, obscuro ou impreciso termina por enganar ou por confundir pelo menos aqueles que desejam ser guiados por ele.[50] Daí se afirmar que a inteligibilidade das normas requer clareza

48. Joseph Raz, "The rule of law and its virtue (1977)", in *The Authority of Law. Essays on Law and Morality*, Oxford, Oxford, 1979, p. 215.

49. Andreas von Arnauld, *Rechtssicherheit*, Tübingen, Mohr Siebeck, 2006, p. 690.

50. Joseph Raz, "The rule of law and its virtue (1977)", in *The authority of Law. Essays on Law and Morality*, Oxford, Oxford, 1979, p. 214.

e precisão, sendo essa condição de existência daquela.[51] Não por outro motivo a própria Lei Complementar n. 95/98 estabelece critérios para incrementar tanto a clareza quanto a precisão das normas (art. 11, I e II, respectivamente).

Essa clareza, contudo, depende da medida da particularização normativa: precisão demais conduz à complexidade e, por isso, impede a inteligibilidade bem como compromete a própria generalidade da norma – o que, por sua vez, restringe a sua estabilidade; precisão de menos, a seu turno, impede que o Direito exerça a sua função de orientação, além de impedir que o cidadão possa prever os efeitos atribuídos aos seus atos. Daí Zimmer declarar que a clareza depende da realização de um "meio-termo" (*juste milieu*).[52]

A clareza exigida pela segurança jurídica não pode, porém, ser confundida com univocidade,[53] visto que não há um único sentido possível, mas sim uma escala entre aquilo que é mais óbvio e aquilo que é mais contestável.[54]

B) Determinabilidade de conteúdo

Além de clareza, as normas também devem ter uma "densidade suficiente" para poderem ser cumpridas pelos destinatários e pelos aplicadores.[55] A jurisprudência terminou incorporando a compreensão segundo a qual as normas tributárias devem determinar, com exatidão, todos os elementos da obrigação tributária. Sob nomenclaturas diversas, sustenta-se que a lei tributária se submete a uma exigência acentuada de determinação. Algumas decisões do Superior Tribunal de Justiça são bastante ilustrativas.

> "É de sabença que, realçado no campo tributário pelo art. 150, I, da Carta Magna, o princípio da legalidade consubstancia a necessidade de que a lei defina, de maneira absolutamente minudente, os tipos tributários.

51. Anne-Laure Valembois, *La constitutionnalisation de l'exigence de sécurité juridique en Droit Français*, Paris, LGDJ, 2005, p. 15.

52. Willy Zimmer, "Constitution et sécurité juridique – Allemagne", *Annuaire International de Justice Constitutionnelle 1999*, Paris, Economica, p. 100.

53. Federico Arcos Ramírez, *La seguridad jurídica: una teoría formal*, Madrid, Dykinson, 2000, p. 259.

54. Neil MacCormick, *Legal reasoning and legal theory*, Oxford, Clarendon, 1978, p. 197.

55. José Joaquim Gomes Canotilho, *Direito Constitucional e Teoria da Constituição*, 7ª ed., 6ª reimpr., Coimbra, Almedina, 2004, p. 258.

Esse princípio edificante do Direito Tributário engloba o da tipicidade cerrada, segundo o qual a lei escrita – em sentido formal e material – deve conter todos os elementos estruturais do tributo, quais sejam, a hipótese de incidência – critério material, espacial, temporal e pessoal – e o respectivo consequente jurídico, consoante determinado pelo art. 97 do CTN."[56]

"Em obediência aos princípios da legalidade e tipicidade fechada, inerentes ao ramo do Direito Tributário, a Administração somente pode impor ao contribuinte o ônus da exação quando houver estrita adequação entre o fato e a hipótese legal de incidência do tributo, ou seja, sua descrição típica – o que se verifica na hipótese dos autos."[57]

"O sistema tributário brasileiro adotou os princípios da legalidade estrita e da tipicidade fechada, ou seja, o tipo tributário (*Tatbestand*) deve estar com todos os seus elementos definidos em lei *stricto sensu* (art. 97 do CTN)."[58]

"O princípio da legalidade, insculpido no texto constitucional, exalta que ninguém é obrigado a fazer ou deixar de fazer alguma coisa senão em virtude de lei (art. 5º, II). No campo tributário significa que nenhum tributo pode ser criado, extinto, aumentado ou reduzido sem que o seja por lei (arts. 150, I, da CF/88 e 97 do CTN). É o princípio da legalidade estrita."[59]

Essas decisões refletem, de algum modo, a discussão, antiga, a respeito da legalidade estrita no âmbito do Direito Tributário, fundadas especialmente, porém não exclusivamente, na obra de Xavier.[60] Há, todavia, duas posições, aqui analisadas em ligeira síntese, que precisam ser consideradas: a de Machado Derzi e a de Torres.

Para Machado Derzi prepondera no Direito Tributário a tendência conceitual classificatória, tendo em vista os princípios tributários relacionados à segurança jurídica.[61] Sua análise parte da distinção entre "tipo" e "conceito": o tipo é a noção cujas propriedades são alternativas, não havendo necessidade de que todas aquelas sejam verificadas diante

56. REsp n. 724.779-RJ, STJ, 1ª Turma, Rel. Min. Luiz Fux, *DJ* 20.11.2006, p. 278.

57. AgR no REsp n. 636.377-SP, 2ª Turma, Rel. Min. Humberto Martins, *DJ* 2.10.2006, p. 248.

58. REsp n. 395.143-RS, 2ª Turma, Rela. Ministra Laurita Vaz, *DJ* 27.5.2002, p. 165.

59. REsp n. 1.015.855-SP, 1ª Turma, Rel. Min. José Delgado, *DJ* 30.4.2008.

60. Alberto Xavier, *Os Princípios da legalidade e da tipicidade da tributação*, São Paulo, Ed. RT, 1978, p. 92. Mais recentemente, em sentido análogo: idem, *Tipicidade da tributação, simulação e norma antielisiva*, São Paulo, Dialética, 2001, p. 18.

61. Misabel de Abreu Machado Derzi, *Direito Tributário, Direito Penal e tipo*, São Paulo, Ed. RT, 1988, pp. 191 e 248.

do caso concreto, pois o decisivo é o seu conjunto ou a sua ideia geral; o conceito, em vez disso, conota propriedades que precisam, necessariamente, estar presentes, sem o quê ele não se verificaria.[62] Pois bem. Deixando de lado numerosas questões dignas de análise, uma específica merece relevo: a autora chama a atenção para o fato de que o princípio da segurança jurídica, no âmbito do Direito Tributário, não tolera que as hipóteses de incidência contenham elementos que possam, ou não, ser verificados para o surgimento da obrigação tributária, sem que, com isso, se desconsidere o fato de que existem halos conceituais mais ou menos indeterminados e que, embora se possa falar em tendência conceitual classificatória, não se podem negar resíduos tipológicos.[63] "O fato de se admitirem conceitos classificatórios no Direito não importa negar a historicidade do Direito, nem a abertura do sistema como um todo", esclarece a autora.[64] Contudo, tendo o legislador optado, em setores jurídicos em que seja mais forte a necessidade de segurança, por um conceito classificatório, e a hipótese normativa prevê as notas "a, b, c", somente haverá subsunção se todos esses elementos estiverem presentes na situação de fato.[65] Tal consideração se deve, entre outros fatores, ao fato de que o sistema jurídico necessita de um fechamento operacional, de modo a permitir pautas comportamentais capazes de gerar confiabilidade. Daí por que os Poderes Legislativo e Judiciário devem estar voltados para o passado, em razão das vinculações decorrentes da Constituição e das leis.[66]

Correndo o risco que uma análise demasiadamente sintética sempre oferece, pode-se afirmar que a autora emprega o princípio da segurança jurídica "por dentro", isto é, como princípio axiologicamente sobrejacente às regras constitucionais de competência e às hipóteses legais de competência para "apertar" a interpretação do seu conteúdo não apenas no sentido de não tolerar a analogia ou a interpretação extensiva das normas que instituem ou que aumentam tributos, mas também para demonstrar que a sua própria estrutura normativa não pode ser compatível com elementos não fixados em abstrato. A ilustre autora tem toda a ra-

62. Misabel de Abreu Machado Derzi, *Modificações da jurisprudência no Direito Tributário*, São Paulo, Noeses, 2009, pp. 77 e ss.

63. Misabel de Abreu Machado Derzi, *Direito Tributário, Direito Penal e tipo*, São Paulo, Ed. RT, 1988, pp. 195 e 264. Idem, *Modificações da Jurisprudência no Direito Tributário*, São Paulo, Noeses, 2009, pp. 122, 124 e 144.

64. Idem, *Modificações da jurisprudência no Direito Tributário*, São Paulo, Noeses, 2009, p. 120.

65. Ibidem, p. 71.

66. Ibidem, p. 57.

zão: as hipóteses normativas devem ter notas fixas, sob pena de um dos elementos do princípio da segurança jurídica – a cognoscibilidade – não poder ser minimamente realizado.

Torres, a seu turno, demonstra inexistir no plano da linguagem a possibilidade de aprisionamento do mundo em hipóteses completas, tendo em vista a indeterminação necessária da linguagem.[67] Sua análise parte, de um lado, da impossibilidade de determinação linguística absoluta: a segurança jurídica não poderia ser satisfeita por meio da ingênua crença na possibilidade de fechamento dos conceitos jurídicos; de outro, da necessidade de que, em uma sociedade de risco, caracterizada pela ambivalência, pela insegurança e pelo redesenho do relacionamento entre as atribuições das instituições do Estado e da própria sociedade, seja até mesmo inconcebível exigir que as hipóteses de incidência contenham conceitos fechados, especialmente no caso dos impostos com destinação, das contribuições sociais e das taxas, que incidem sobre atividades extremamente complexas e tecnologicamente cambiantes e que, por isso, repelem a rigidez conceitual classificatória.[68] Isso não quer dizer que o mencionado autor deixe de considerar a importância do princípio da segurança jurídica e aceite hipóteses de incidência totalmente indeterminadas – de modo algum. Também assumindo o risco que uma análise fortemente sintética sempre oferece, pode-se afirmar que o autor utiliza o princípio da segurança jurídica "por fora" e em conexão com o que ele denomina de "princípios de legitimação", como a proporcionalidade e a razoabilidade. Em outras palavras, ele entende que a segurança jurídica, como princípio geral do ordenamento jurídico, precisa de princípios que restrinjam, na elaboração das normas e na sua aplicação, o âmbito de indeterminação das hipóteses legais, limitando a arbitrariedade do poder estatal. Assim, determinados tributos podem ser, justificadamente, mais indeterminados, como é o exemplo das taxas e das contribuições,

67. Ricardo Lobo Torres, "Legalidade tributária e riscos sociais", *RDDT* 59, pp. 95-112, São Paulo, 2000; idem, "O princípio da tipicidade no Direito Tributário", *RDA* 235, p. 207, 2004. Em sentido similar: Ricardo Lodi Ribeiro, "Legalidade tributária, tipicidade aberta, conceitos indeterminados e cláusulas gerais tributárias", *RDA* 229, pp. 313-333, 2002; Sérgio André Rocha, "Existe um princípio da tipicidade no Direito Tributário?", *RDDT* 136, pp. 68-79, São Paulo, 2007.

68. Ricardo Lobo Torres, "Legalidade tributária e riscos sociais", *RDDT* 59, pp. 101 e 103, São Paulo, 2000; idem, "Interação entre princípios constitucionais tributários e princípios da ordem econômica", in Roberto Ferraz (org.), *Princípios e limites da tributação 2 – Os princípios da Ordem Econômica e a tributação*, São Paulo, Quartier Latin, 2009, p. 504. Sobre o assunto, ver: Ricardo Lodi Ribeiro, *A segurança jurídica do contribuinte*, Rio de Janeiro, Lumen Juris, 2008, pp. 31 e ss.

que remetem o aplicador a realidades cambiantes que não podem ser aprisionadas em conceitos classificatórios; outros, no entanto, devem ser mais determinados, como é o caso dos impostos sobre a propriedade. O essencial é que não pode haver uma uniformidade de determinação das hipóteses legais de incidência porque os tributos fazem referência a realidades distintas, nem todos se adaptando, da mesma forma, à realidade social cambiante e à proteção de interesses difusos. Além disso, o fato de alguns tributos terem uma hipótese mais indeterminada não quer dizer que não possam ter sua concretização controlada: as exigências de proporcionalidade e de razoabilidade irão limitar a atuação estatal regulamentar para verificar se a indeterminação era necessária e se os instrumentos executórios estabeleceram distinções razoáveis entre as situações normatizadas.[69]

Essas ligeiras observações – às quais numerosas outras, do tamanho da grandeza das obras dos autores referidos, poderiam ser somadas – têm um objetivo modesto: demonstrar que o estado de cognoscibilidade, e não o de determinação, cuja realização é exigida pelo princípio da segurança jurídica, pode ser concretizado por mais de um caminho. Com efeito, pode-se basear a sua realização nas hipóteses de incidência das regras de tributação, salientando-se a incompatibilidade de hipóteses indeterminadas (por alternatividade ou por indeterminação dos seus elementos) com o ideal de inteligibilidade normativa, assim como se pode fundar a sua concretização em mecanismos de legitimação que irão temperar a incontornável indeterminação normativa com outros fins que o Estado igualmente precisa atingir. Tais expedientes, longe de serem antagônicos, são complementares. Sendo a linguagem inevitavelmente indeterminada, a maior ou a menor indeterminação irá depender da situação a ser regulada e da estrutura do tributo que com ela irá lidar, correspondendo à maior indeterminação da hipótese legal de incidência um maior controle das atividades do Poder Executivo e do Poder Judiciário pelos postulados da proporcionalidade e da razoabilidade.

Note-se que por trás desse debate estão presentes diversas formas de se compreender o próprio Direito: pode-se compreendê-lo como *objeto* – e, em razão disso, examinar a realização da segurança jurídica por meio do dever prévio de garantir o maior fechamento semântico possível das normas, com a rejeição de normas elevadamente indeterminadas, mas sem prejuízo de um incontornável âmbito marginal de indeterminação;

69. Ricardo Lobo Torres, "Legalidade tributária e riscos sociais", *RDDT* 59, p. 105, São Paulo, 2000.

pode-se, de outro lado, vislumbrá-lo como *prática argumentativa* – e, em virtude disso, analisar o cumprimento da segurança jurídica primeiro por intermédio do dever prévio de maior determinação semântica possível, admitindo-se uma margem maior de indeterminação, caso a mutabilidade e a difusão do conteúdo não permitirem um fechamento semântico maior, e, segundo, por meio de um controle de legitimidade e de argumentação dos processos de regulamentação e de aplicação normativas. O que se quer dizer, com essas sintéticas observações, é que ambas as posturas, embora por caminhos diversos, negam a (demasiada ou desnecessária) indeterminação das hipóteses de incidência e postulam o controle da arbitrariedade estatal: a primeira, preponderantemente, por controle semântico; a segunda, primordialmente, por controle argumentativo.

Longe de optar pelo caminho cômodo do ecletismo, esta tese, com base nos fundamentos já expostos, opta por uma proposta que reúne elementos semânticos e argumentativos. A segurança jurídica, desse modo, envolve uma espécie de controlabilidade semântico-argumentativa por meio dos seguintes métodos:

(1) *Legitimação* – As hipóteses normativas, por fazerem referência a realidades normativas distintas, não podem ter um grau de determinação uniforme, tendo em vista que algumas realidades são mais complexas e instáveis que outras, sendo, em alguns casos, inviável a sua apreensão conceitual classificatória. Nesse sentido, deverá ser controlada, por meio dos postulados da proporcionalidade e da razoabilidade, a legitimação para a adoção de hipóteses legais de incidência com maior grau de indeterminação.

O dever de proporcionalidade exige que as medidas estatais sejam adequadas, necessárias e proporcionais em sentido estrito: a adequação é decorrência da positivação de um fim a ser atingido e exige que os meios utilizados produzam efeitos que contribuam para a sua promoção gradual; a necessidade advém da positivação de vários fins a serem simultaneamente realizados e exige que, dentre todos os meios igualmente adequados para atingir um fim, seja escolhido aquele meio menos restritivo relativamente aos outros fins; a proporcionalidade é consequência da positivação de um conjunto de fins que devem ser globalmente realizados e demanda que os efeitos positivos decorrentes da promoção de um fim guardem proporção com os efeitos negativos advindos da restrição de outros fins.[70] Pois bem, no caso da determinação das hipóteses

70. Ricardo Lobo Torres, "A legitimação dos direitos humanos e os princípios da ponderação e da razoabilidade", in idem (org.), *Legitimação dos direitos humanos*, 2ª ed., Rio de Janeiro, Renovar, 2007, pp. 502 e ss.

normativas, o dever de proporcionalidade prescreve que as hipóteses portadoras de conceitos mais indeterminados só possam ser escolhidas pelo legislador quando não houver termos que conotem propriedades mais precisas. Caso contrário a indeterminação será desnecessária – e, pois, ilegítima. Assim, por exemplo, determinados tributos ambientais, destinados a proteger o meio ambiente, poderão ter as suas hipóteses legais com maior grau de indeterminação. Isso, porém, não quer dizer que elas possam ser concretizadas de modo arbitrário. O postulado da razoabilidade deverá ser utilizado para controlar a existência de congruência, de equivalência e de equidade na sua concretização.

O dever de razoabilidade já exige, entre outros mandamentos, a concretização do conceito de maneira atenta às particularidades do caso concreto, sem tratamentos irrazoáveis entre sujeitos que se encontrem em situação equivalente.[71] Desse modo, o fato de a hipótese ser mais indeterminada não conduz, inexoravelmente, à arbitrariedade da sua aplicação. É que, tendo o Poder Executivo que concretizar o conceito (menos) determinado por meio de instrumentos normativos secundários que atentem às particularidades dos casos concretos, mediante razoável distinção entre os contribuintes, todo o processo de concretização está submetido ao controle jurisdicional. Assim, os atos normativos secundários, consubstanciados em atos destinados a interpretar a legislação (*norminterpretierende Verwaltunsvorschriften*), a favorecer o esclarecimento de fatos (*Verwaltunsvorschriften der Sachverhaltermittlung*), a tipificar a consideração dos fatos (*Typisierungsvorschriften*) e a orientar a apreciação discricionária da Administração (*ermessenslenkende Verwaltunsvorschriften*), deverão estar de acordo com os ideais de igualdade e de equidade.[72]

(2) *Determinação* – O intérprete deverá reconstruir os sentidos mínimos das expressões utilizadas pela Constituição, com vistas a verificar se os termos utilizados não possuem conceitos que já foram objeto de processos argumentativos de objetivação. Por exemplo, quando a Constituição usou o termo "salário", terminou fazendo referência ao conceito de salário já sedimentado no âmbito da legislação e da doutrina do Direito do Trabalho; quando a Constituição utilizou o termo "faturamento", fez relação ao conceito utilizado pela legislação ordinária pré-constitucional, especialmente ao Decreto-lei n. 2.397/87 e à Lei das S.A. Nesse sentido, a atividade interpretativa não é livre, pois parte de

71. Idem, p. 498.

72. Johanna Hey, *Steuerplanungssicherheit als Rechtsproblem*, Köln, Otto Schmidt, 2002, pp. 21, 28 e 48.

conceitos que já foram elevadamente determinados pelo uso argumentativo anterior, de tal sorte que a utilização de determinadas expressões indica um processo de incorporação conceitual do qual o intérprete não pode se afastar. Afasta-se, assim, a concepção segundo a qual a norma é exclusivamente construída diante do caso, como se antes dele não existissem sentidos intersubjetivados dos quais o intérprete não pudesse se afastar. Assiste razão, pois, a Barzotto:

> "Se o Direito é interpretação, devemos identificar Direito e interpretação, lei e sua interpretação. Mas onde está o objeto a ser interpretado, se ele é dado pela interpretação? E se o objeto é dado pela interpretação, como diferenciar a interpretação da Bíblia, de um livro de culinária e da Constituição, uma vez que não podemos recorrer a uma diferença objetiva entre Bíblia, livro de culinária e Constituição antes da interpretação? Se o objeto a ser interpretado se identifica com sua interpretação, então, não há como distinguir entre boas e más interpretações por referência ao objeto, pois este não tem existência fora da interpretação. A pergunta não é mais: 'Qual a melhor interpretação de *x*?', pois essa formulação supõe que *x* se diferencia da interpretação de *x*."[73]

Em suma, a atividade interpretativa não é nem totalmente construtiva, nem integralmente descritiva, mas reconstrutiva e situacional de sentidos mínimos de dispositivos normativos.

Esse processo de incorporação, no entanto, só é viável se for permitido pelo *contexto constitucional*, isto é, se houver espaço constitucional para o conceito que se pretende incorporar. Esse espaço existirá se a incorporação for permitida pelas regras tributárias de competência, de um lado, e pelas regras gerais de competência, de outro. A incorporação será permitida se a interpretação conjunta das regras *tributárias* de competência não implicar conceito diverso. É que a Constituição também fixa indiretamente conceitos por *implicação* quando, ao atribuir poder a um Ente Federado para tributar somente *um fato*, termina obliquamente atribuindo a Ente Federado diverso apenas o poder para tributar *outro fato*. Assim, por exemplo, se a CF/88 atribui poder para os Estados tributarem a venda de mercadorias, enquadrada no conceito de "obrigações de dar" pela legislação civil, quando atribui poder aos Municípios para tributar a prestação de serviços só pode estar atribuindo competência para que eles tributem as "obrigações de fazer". Como a CF/88 institui uma República Federativa (art. 1º), que pressupõe autonomia legislativa dos Entes Fede-

73. Luís Fernando Barzotto, *Filosofia do Direito: os Conceitos fundamentais e a tradição jusnaturalista*, Porto Alegre, Livraria do Advogado, 2009, pp. 130-131.

rados e uniformidade de atuação entre eles, a cada um é atribuído poder de tributar determinados fatos, cujos conceitos não podem "coincidir" com aqueles conferidos a outro Ente Federado. Isso significa, em um primeiro passo, que haverá espaço constitucional para a incorporação conceitual pretendida se o contexto das regras tributárias de competência não contiver termos comparáveis cuja utilização simultânea implique conceituação divergente.

Além disso, a incorporação será permitida se a interpretação conjunta das regras *gerais* de competência não implicar conceito diferente. É que a Constituição muitas vezes utiliza termos similares em outras regras de competência, o que faz com que o conceito a ser atribuído ao termo constante da regra tributária de competência deva ser diverso. Por exemplo: a Constituição, com a redação anterior à Emenda Constitucional n. 20/98, empregava o termo "salário" para atribuir competência à União Federal para instituir contribuições sociais. A rigor, porém, não havia um só conceito de salário, mas, sim, dois: salário conforme a legislação trabalhista, conhecido como "salário de remuneração", e salário de acordo com a legislação previdenciária, também denominado "salário de contribuição". Ao ter de decidir qual dos dois conceitos foi adotado pela Constituição, o Supremo Tribunal Federal entendeu que o termo "salário" foi usado no sentido previsto na legislação trabalhista, pois a própria Constituição, quando quis conotar propriedades diversas daquelas compreendidas nesse conceito, utilizou, no § 5º do art. 201, a expressão "salário de contribuição", em contraposição ao simples vocábulo "salário", bem como em outros dispositivos usou o termo "trabalhador" em vez da palavra "empregado".[74] Isso significa, em um segundo passo, que haverá espaço constitucional para a incorporação conceitual pretendida se o conceito a ser incorporado estiver conforme ao conjunto das regras gerais de competência, isto é, se o contexto das regras gerais de competência não contiver termos comparáveis cuja utilização simultânea implique conceituação distinta.

De tudo quanto se disse é preciso reter que o uso de termos que já tenham sido objeto de prática anterior de conotação fixa balizas conceituais que o legislador não poderá desconsiderar.

(3) *Argumentação* – Embora a referência a determinados termos institua um processo de incorporação conceitual já sedimentado pelo uso argumentativo anterior e, por isso, limite a liberdade do intérprete por meio de fatores semânticos, ela não exclui a própria argumentação. Isso porque

74. RE n. 166.772-9, Tribunal Pleno, Rel. Min. Marco Aurélio, j. 12.5.94, *DJ* 16.12.94, p. 34.896.

há outros elementos não previamente determinados semanticamente. Por exemplo, se é correto afirmar que a Constituição utilizou o termo "faturamento", na regra prevista no art. 195, também é adequado constatar que há pelo menos três conceitos de "faturamento": conforme ao Código Comercial, de 1850, assim compreendido o resultado das vendas feitas com a emissão de faturas; de acordo com a Lei das S.A., de 1976, assim entendido o resultado da atividade operacional; e consoante o Decreto-lei n. 2.397/87, assim conceituado como o resultado da prestação de serviços e da venda de mercadorias. Ao ter que optar pelo conceito comercial, societário ou tributário de "faturamento", o Supremo Tribunal Federal entendeu que o referido termo foi usado no seu conceito tributário conforme previsto no Decreto-lei n. 2.397/87. Embora a escolha não tenha sido expressamente motivada, pode-se afirmar que o Tribunal descartou o conceito do Código Comercial, por ser muito antigo e, por isso, anacrônico, e adotou o conceito do Decreto-lei n. 2.397/87, em conjugação com aquele previsto na Lei das S.A., por ser, relativamente àquele previsto pela Lei das S.A., mais específico e mais atual e, por isso, mais adequado à regra de competência que o utilizava – uma regra de competência tributária.[75] Esse exame comprova que para saber qual é o conceito pressuposto pela Constituição é preciso eleger critérios para a solução de antinomias, escolhendo, dentre os existentes, aquele que melhor se conforma à regra de competência específica que o prevê.

Em suma, a incorporação de conceitos vigentes no ordenamento infraconstitucional pré-constitucional deverá ser compatível com as regras, tributárias e gerais, de competência, não podendo ser incorporado conceito que seja incompatível com a nova ordem constitucional. Tal decisão, no entanto, não está pronta, porém *resulta* de um processo de contextualização dos conceitos atribuíveis aos termos constantes dos dispositivos constitucionais. Esse processo de contextualização – é bom que se reitere – é permeado de argumentos de variadas dimensões: argumentos linguísticos, sistemáticos, genéticos, históricos, pragmáticos.[76] Será preciso, dentro do assunto a ser equacionado, justificar o uso dos argumentos e a prevalência de um sobre outro na construção normativa que se pretende fazer.[77] A principal regra é a de que se deve atribuir

75. RE n. 150.755-1, Tribunal Pleno, Rel. Min. Carlos Velloso, Rel. para o acórdão Min. Sepúlveda Pertence, j. 18.11.92, *DJ* 20.8.93, p. 16.322.

76. Juha Raitio, *The Principle of Legal Certainty in EC Law*, Dordrecht, Kluwer, 2003, p. 307.

77. Humberto Ávila, "Juristische Theorie der Argumentation", in Andreas Heldrich *et alii* (orgs.), *FS für Claus-Wilhelm Canaris zum 70. Geburtstag*, München, Beck, 2007, pp. 963-989.

prevalência a argumentos que se reconduzem aos princípios do Estado de Direito e Democrático, privilegiando-se, dessa forma, os argumentos linguísticos e sistemáticos em detrimento de outros argumentos.[78]

Registre-se, por fim, que a argumentação não se limita apenas ao plano normativo, mas se dirige também ao plano fático: os elementos fáticos não estão prontos antes mesmo do processo aplicativo, mas dependem de valorações orientadas pelo ordenamento jurídico. Muito embora possa haver clareza com relação ao conceito normativo, pode haver incerteza com referência à situação de fato. Assim, por exemplo, podem inexistir dúvidas com relação a envolver o conceito de serviço com uma obrigação de fazer, no entanto podem existir incertezas com relação a poder ser considerado ocorrida, no plano dos fatos, a prestação de serviço, pela dificuldade de avaliar qual, dentre os elementos fáticos, é o preponderante. É o que se verifica no caso da tributação das operações de *leasing* ou da industrialização por encomenda pelos Municípios a título de serviços: embora haja acordo com relação ao conceito de serviço envolver uma obrigação de fazer, ocorre, porém, uma discussão a respeito de saber se pode ser considerada configurada, no plano dos fatos, tal obrigação. Isso se deve ao fato de que, como já foi mencionado, há problemas de prova, de qualificação, de interpretação e de relevância que são inerentes ao Direito e que ultrapassam questões meramente semânticas e estritamente conceituais.[79]

(4) *Fundamentação* – Os processos de legitimação, de determinação e de argumentação precisam, entretanto, ser objeto de um discurso racional e escrito capaz de garantir acesso às razões que motivaram a reconstrução normativa, de um lado, bem como às provas que demonstraram a ocorrência de elementos factuais a que eles fazem referência, de outro. Insista-se nisso: a aplicação do Direito, inclusive – e sobremodo – do Direito Tributário, envolve tanto normas quanto fatos em relação coimplicada. A construção dos fatos pela linguagem depende da perspectiva com que o aplicador os analisa, podendo a norma inicialmente aplicável revelar-se finalmente inaplicável pela consideração que se venha a ter do quadro fático.[80] Desse modo, é preciso tanto fundamentar a parte normativa quanto a fática, indicando, de forma pormenorizada,

78. Juha Raitio, *The Principle of Legal Certainty in EC Law*, Dordrecht, Kluwer, 2003, p. 316.

79. Neil MacCormick, "Rhetoric and rule of law", in David Dyzenhaus (org.), *Recrafting the rule of Law – The Limits of Legal Order*, Oxford, Hart, 1999, p. 175.

80. Jürgen Habermas, *Faktizität und Geltung*, Darmstadt, Wissenschaftliche Buchgesellschaft, 2002, p. 268.

o percurso percorrido e os fundamentos utilizados para justificar o seu resultado.

Quer-se – com todas as observações precedentes – dizer que a segurança jurídica, tal como aqui descrita, deixa de ser centrada *exclusivamente* em aspectos semânticos, para passar a fundar-se na *conjugação* de elementos semânticos e argumentativos, isto é, de fatores de legitimação, de determinação, de argumentação e de fundamentação. Em suma, em vez de uma noção de segurança jurídica baseada exclusivamente num método discursivo de determinação conceitual das premissas normativas, propõe-se uma concepção de segurança jurídica fundada em um método metadiscursivo e aplicativo de controlabilidade semântico-argumentiva, por meio de controles de legitimação, de determinação, de argumentação e de fundamentação não apenas das premissas, mas também dos métodos e dos resultados normativos. Assim, no lugar de uma concepção *atomista*, propõe-se uma espécie de noção *holística* de segurança jurídica, baseada no *equilíbrio* entre vários elementos.[81]

As observações precedentes – é bom que se enfatize – não conduzem ao abandono do denominado princípio da tipicidade. Como foi afirmado acima, o dever de determinação da hipótese permanece, tanto quanto possível.[82] Podendo a matéria ser regulada graças à utilização de termos cujas propriedades já tenham sofrido processo anterior de fixação conceitual, é dever do Ente Federado escolher esses termos, diminuindo, tanto quanto possível, a margem de arbitrariedade. E, sendo esse o caso, tendo sido os elementos da obrigação tributária definidos em lei, não pode a atuação administrativa, de modo algum, deles transbordar.[83] É preciso sempre lembrar que as regras e os conceitos que as suas palavras podem conotar também "cristalizam" valores – como afirma Machado Derzi –, especialmente os valores de segurança e de igualdade.[84] O que também precisa ser compreendido, no entanto, é que a exigência de determinação não é absoluta e uniforme para todo e para qualquer setor da realidade. Em alguns casos, marginais – insista-se –, pode haver

81. Gianluigi Palombella, *Dopo la Certezza – Il Diritto in equilibrio tra Giustizia e Democrazia*, Bari, Dedalo, 2006, p. 7.

82. Luís Eduardo Schoueri, "Tributação e indução econômica: os efeitos econômicos de um tributo como critério para sua constitucionalidade", in Roberto Ferraz (org.), *Princípios e limites da tributação 2 – Os Princípios da Ordem Econômica e a Tributação*, São Paulo, Quartier Latin, 2009, p. 163.

83. Roque Antonio Carrazza, *Curso de Direito Constitucional Tributário*, 30ª ed., São Paulo, Malheiros Editores, 2015, pp. 485-487.

84. Misabel de Abreu Machado Derzi, *Modificações da jurisprudência no Direito Tributário*, São Paulo, Noeses, 2009, p. 186.

um grau de determinação menor; em outros, gerais, deverá ser maior.[85] Assinale-se, uma vez mais: o emprego desnecessário de termos com elevado grau de indeterminação, quando há, para o setor objeto de normatização, termos cujas propriedades já sofreram processos argumentativos de conotação, viola o princípio da segurança jurídica. Não se pode, entretanto, continuar sustentando que o princípio da segurança jurídica se concretiza exclusiva ou preponderantemente por meio da determinação das hipóteses de incidência, sem se aceitar que, em uma sociedade moderna, nem toda a realidade é "agarrável" conceitualmente.[86]

Uma das contrapartidas da compreensão da segurança jurídica como exigência de determinabilidade – como aqui se sustenta –, em vez de determinação absoluta, reside na necessidade de se rever a aplicação de penalidades nos casos em que o comportamento do contribuinte corresponde a uma das alternativas possíveis de interpretação normativa. Ora, se a segurança jurídica, relativamente à calculabilidade, consiste na exigência de um estado em que o contribuinte possua elevada capacidade de antecipar as alternativas de sentido, como pode ele ser punido se a alternativa escolhida, embora seja diversa da definida posteriormente pelo órgão aplicador, era uma das possíveis, de acordo com a norma abstrata? Assim, a compreensão do princípio da segurança jurídica como exigência de cognoscibilidade e de calculabilidade conduz a uma reinterpretação da norma prevista no art. 100 do Código Tributário Nacional. Ela, embora na direção correta, apenas afasta a imposição de penalidades quando há uma decisão administrativa legitimando o comportamento do contribuinte, sem, porém, excluir a aplicação de penalidades pelo exercício de atividade compatível com uma das alternativas semânticas da norma de tributação, sem que exista qualquer resquício de dúvida que possa levar o contribuinte a adotar mecanismos preventivos para a eliminação da incerteza ou do risco da autuação, como formulação de consulta ou ingresso com uma ação judicial declaratória com postulação de uma medida suspensiva da exigibilidade do crédito tributário.

Pois bem, até aqui examinaram-se os requisitos necessários para a existência de acessibilidade intelectual às normas. Nada se disse, porém, com relação às espécies de norma que são compatíveis, e em que medida o são, com a segurança jurídica, se regras ou se princípios. Como a segurança jurídica exige cognoscibilidade, confiabilidade e calcula-

85. Ricardo Lobo Torres, "Legalidade tributária e riscos sociais", *RDDT* 59, pp. 101 e 102, São Paulo, 2000.

86. Ricardo Lodi Ribeiro, *A segurança jurídica do contribuinte*, Rio de Janeiro, Lumen Juris, 2008, pp. 58 e 261.

bilidade, um sistema exclusivamente composto de princípios é com ela incompatível, por lhe faltarem hipóteses comportamentais minimamente compreensíveis para garantir a chamada "segurança de orientação".[87] Um sistema composto apenas de princípios só se tornaria minimamente inteligível após sua contínua, uniforme e justificada aplicação por parte do Poder Judiciário. Nessa hipótese, contudo, não seriam os princípios os instrumentos garantidores de cognoscibilidade, mas a sua criteriosa aplicação por meio de regras concretas de prevalência. Dessa maneira, a segurança jurídica seria proporcionada pelas regras concretizadoras dos princípios, e não pelos princípios, enquanto tais. Daí se afirmar que são incompatíveis com a segurança jurídica os modelos de decisão que não se baseiam em normas gerais prévias, limitando-se à busca de uma justiça individualizada e ajustada a cada caso.[88] Vale dizer: um sistema jurídico composto preponderantemente de regras, e não de princípios. Dentre tantos motivos para tanto, está, de um lado, o fato de que as regras, por descreverem o que é proibido, permitido ou obrigatório, favorecem a inteligibilidade do Direito; de outro, a circunstância de que as regras, se a elas for atribuído algum grau de rigidez, incluem, por sua hipótese, as razões que devem, bem como excluem aquelas que não devem ser consideradas na sua aplicação.[89] A inclusão e a exclusão de elementos a serem considerados favorecem os ideais que compõem a segurança jurídica: a cognoscibilidade, na medida em que os cidadãos sabem o que devem e o que não devem considerar; a calculabilidade, visto que a aplicação normativa, ao valorizar elementos predeterminados, não pode ser meramente subjetiva e caprichosa e, portanto, arbitrária. A esse tema se retornará na parte relativa à calculabilidade do Direito.

II – Do ordenamento

A) Coerência

O princípio da segurança jurídica, tal como está conceituado nesta tese, exige a realização de um estado de coisas, entre outros fatores, em

87. Theodor Geiger, *Vorstudien zu einer Soziologie des Rechts*, 4ª ed., Berlin, Duncker und Humblot, 1987, p. 64; Theophilo Cavalcanti Filho, *O problema da segurança no Direito*, São Paulo, Ed. RT, 1964, p. 50; Frederick Schauer, *Thinking like a Lawyer: a New Introduction to Legal Reasoning*, Cambridge, Harvard University Press, 2009, p. 190.

88. Federico Arcos Ramírez, *La seguridad jurídica: una teoría formal*, Madrid, Dykinson, 2000, p. 220.

89. Idem, p. 230.

que os cidadãos possuem, em elevada medida, a capacidade de compreensão intelectual de estruturas argumentativas reconstrutivas dos *conteúdos normativos possíveis* de uma norma e a capacidade de antecipar e de medir o *espectro de consequências atribuíveis* a atos ou fatos. Esse conceito pressupõe, pois, a alternatividade de conteúdos e de consequências normativas. Um dos fatores que decisivamente contribuem para a elevação da cognoscibilidade desses conteúdos e da calculabilidade das consequências é a coerência do ordenamento jurídico, ou a chamada *consistência material*.

Coerência significa, do ponto de vista estático, a relação gradual de suporte que determinada alternativa obtém do conjunto do ordenamento jurídico e, do ponto de vista dinâmico, a exigência de aplicação uniforme das normas.[90] A dimensão estática contribui para diminuir a incerteza com relação a qual alternativa interpretativa é a correta, indicando, dentre as alternativas compatíveis com o dispositivo objeto de interpretação, qual é a opção mais fortemente suportada pelo ordenamento jurídico, especialmente pelos seus princípios fundamentais. A dimensão dinâmica concorre para reduzir a incerteza no que diz respeito a saber qual é a consequência normativa mais provável de ser futuramente imposta, já que o dever de aplicação uniforme permite que o cidadão, conhecendo as consequências normativas atribuídas a atos ou a fatos análogos, possa antecipar a imposição da mesma consequência para atos similares que venha a praticar. A esse ponto se retornará quando da análise da exigência de calculabilidade do Direito.

B) Consistência

O dever de consistência ou de coerência formal significa a exigência de não-contradição entre as normas tanto na fase da sua edição pelo Poder Legislativo quanto na fase da sua aplicação.[91]

Igualmente, contribui para a cognoscibilidade e para a calculabilidade do ordenamento jurídico: como as normas não podem entrar em desacordo umas com as outras, as alternativas semânticas possíveis ficam reduzidas àquelas que sejam compatíveis com as normas axiologicamen-

90. Anne-Laure Valembois, *La constitutionnalisation de l'exigence de sécurité juridique en Droit Français*, Paris, LGDJ, 2005, p. 199; Susanne Bracker, *Kohärenz und juristische Interpretation*, Baden-Baden, Nomos, 2000, p. 177; Aleksander Peczenik, ***Scientia Juris***. *Legal doctrine as knowledge of Law and as a source of Law*, Dordrecht, Springer, 2005, pp. 115 e ss.

91. Anne-Laure Valembois, *La constitutionnalisation de l'exigence de sécurité juridique en Droit Français*, Paris, LGDJ, 2005, p. 198.

te sobrejacentes; como a aplicação dessas normas não pode contradizer as soluções anteriormente dadas, o cidadão pode, com maior grau de aproximação, antecipar as consequências futuras a serem atribuídas aos atos que venha a praticar. Daí se afirmar que o nível de congruência e de harmonia entre as proposições normativas faz parte do princípio da segurança jurídica.[92]

Seção 4. Considerações finais

As observações precedentes permitem concluir, previamente, que, para que se possa falar em segurança jurídica, como exigência de cognoscibilidade do Direito, é preciso que haja conhecimento mínimo a respeito da existência, da validade, da vigência e da eficácia das normas pelos seus destinatários; é preciso que eles saibam que a norma existe, que ela presumidamente vale, que ela está produzindo efeitos e que será provavelmente cumprida institucionalmente, caso não obedecida espontaneamente. E, para que isso ocorra, os destinatários precisam entender a norma, compreender o seu sentido e a sua extensão, conhecer o seu valor e as consequências do seu descumprimento. O que se quer dizer com isso é que ou a cognoscibilidade é integral, e conectada com a sua eficácia, ou ela não garante segurança jurídica. Um exemplo singelo pode melhor demonstrá-lo.

Imagine-se o caso da chegada do exterior de um brasileiro na repartição alfandegária, onde seja utilizado o sistema de sinalização por meio da mudança das cores, significando "verde" para passar sem inspeção e "vermelho" para se submeter à revista da bagagem pelas autoridades fiscais. Para que se possa falar em cognoscibilidade normativa é preciso o preenchimento dos seguintes requisitos: o destinatário deve poder entender "qual a norma" – o que, no caso, significa que ele deve saber que o sistema de revista se submete ao critério da cor que aparece no semáforo; ele deve poder compreender "qual é o sentido da norma" – o que, no caso, quer dizer que ele deve saber que "verde" significa passar sem revista, e "vermelho", se submeter àquela; ele deve poder compreender "qual é a extensão da norma" para a sua ação – o que, no caso, significa saber que "verde" quer dizer "siga em frente", e "vermelho", "abra sua bagagem". No entanto – como ficará mais claro depois do exame da parte seguinte deste trabalho –, apenas entender e compreender o

92. Paulo de Barros Carvalho, "Segurança jurídica e modulação dos efeitos", *Revista da Fundação Escola Superior de Direito Tributário* 1/206, Porto Alegre, 2008.

sentido e a extensão da norma não é bastante para garantir segurança. É preciso que, além disso, o destinatário conheça o valor da norma e as consequências do seu descumprimento. Seguindo no mesmo exemplo, o destinatário precisa saber se "vermelho" é mesmo "vermelho" ou se, com um "jeitinho", pode significar "verde", ou se, mesmo que a autoridade o considere como tal, o órgão institucional encarregado de aplicar a regra não poderá vir, posteriormente, a mudar essa valoração, atribuindo ao "vermelho" os mesmos efeitos do "verde". Em outras palavras – e continuando no exemplo –, não há segurança jurídica se o destinatário, embora saiba que "verde" significa passar sem revista e "vermelho" se submeter a isso, e que "verde" quer dizer "siga em frente" e "vermelho" quer dizer "abra sua bagagem", não sabe se "vermelho" será considerado como "vermelho" ou como "verde" pela autoridade ou se ao "vermelho" podem ser atribuídos os mesmos efeitos de "verde" pelo órgão aplicador. Para que haja segurança jurídica, portanto, é preciso que aquilo que foi garantido pela observância da exigência de cognoscibilidade do Direito não seja frustrado pelo descumprimento do dever de confiabilidade. Ou, em uma expressão metafórica, é preciso que aquilo que tenha antes entrado pela porta não termine saindo depois pela janela. "Segurança de existência e de vigência" sem "segurança de aplicação" não é segurança jurídica. Mais uma vez repete-se a afirmação que permeia todo este trabalho: ou a segurança jurídica é inteira, ou não é segurança jurídica.

Capítulo 2
Dimensão Dinâmica

Seção 1. Considerações iniciais

Até esta parte examinou-se a dimensão estática do princípio da segurança jurídica, isto é, aquela sua parte que diz respeito aos requisitos estruturais que o Direito deve reunir para servir de instrumento de orientação, de modo a que o cidadão possa, sem engano, livre e autonomamente, plasmar com dignidade o seu presente conforme ao Direito. Agora, ultrapassado o problema do conhecimento do Direito, é preciso investigar a sua dimensão dinâmica, assim considerada aquela que concerne, especialmente, aos problemas de realização do Direito, intentando responder à seguinte indagação: Quais são os elementos necessários para que o cidadão possa, sem frustração nem surpresa, livre e autonomamente, assegurar os efeitos jurídicos da liberdade exercida no passado e fazer um planejamento estratégico juridicamente informado do seu futuro? Em vez de perscrutar requisitos relacionados à *norma*, é preciso examinar requisitos relativos aos *atos* indispensáveis à sua aplicação.[1] Se a dimensão estática diz respeito aos problemas do conhecimento e da qualidade do Direito, a dimensão dinâmica – cujo exame ora se inicia – refere-se aos problemas da ação no tempo e da transição no Direito.

Para cumprir tal desiderato, são analisadas as condições de realização do Direito: o cidadão precisa ter condições de saber se a liberdade juridicamente exercida ontem será respeitada hoje, e se a liberdade hoje exercida será respeitada amanhã. "O cidadão ganha confiança no Direito que lhe é confiado" – pontifica Kirchhof.[2] No entanto, a definição daquilo que deve ser inserido como elemento de confiabilidade ou de calculabilidade depende de definições estipulativas, visto que a frustração ou a surpresa, embora conceitualmente vinculadas à ideia de tempo, não estão atreladas a qualquer perspectiva *retrospectiva* ou *prospectiva* de análise desse tempo. Isso explica, por exemplo, por que a exigência

1. Federico Arcos Ramírez, *La seguridad jurídica: una teoría formal*, Madrid, Dykinson, 2000, p. 54.

2. Paul Kirchhof, "Rückwirkung von Steuergesetzen", *StuW*, 2000, p. 222.

de continuidade é para alguns – como Arcos Ramírez – elemento integrante da exigência de confiabilidade por meio da estabilidade, enquanto é para outros – como Hey – elemento integrante da exigência de calculabilidade por meio dos deveres de coerência sistemática e de igualdade no tempo.[3] Isso ocorre porque termos como "estabilidade", "continuidade" ou "permanência" são indeterminados relativamente ao *conteúdo* e à *perspectiva temporal* com que podem ser analisados: estável, no sentido daquilo que se firma e que não muda, tanto pode dizer respeito a algo ocorrido no passado e que não pode ser modificado no presente quanto a algo que ocorre no presente e que não possa ser alterado no futuro. E assim também com relação ao uso dos termos "contínuo" ou "permanente", porque se pode perguntar tanto se aquilo que ocorreu ontem deve continuar ou permanecer hoje, quanto se aquilo que está ocorrendo hoje deve continuar ou permanecer amanhã. Exatamente por esse motivo que a proibição de retroatividade tanto pode ser inserida como elemento de confiabilidade do Direito pela sua estabilidade, no sentido de ilustrar o dever de manter hoje o que valia ontem, como pode ser descrita como elemento de calculabilidade do Direito pela sua vinculatividade na acepção de exigência de manter amanhã o que vale hoje. Isso permite entender por que a irretroatividade é tratada por Calmes como fazendo parte do ideal de previsibilidade do ordenamento jurídico,[4] enquanto é inserida por von Arnauld como parte integrante do ideal de estabilidade.[5] Não por outro motivo que Ost, atento a essa diversidade de perspectivas e referindo-se ao passado como "memória" e ao futuro como "promessa", afirma que a memória é a *projeção retrospectiva* da promessa, e a promessa, a *projeção futura* da memória.[6] Poder-se-ia também dizer que a confiabilidade é a projeção retrospectiva da calculabilidade, e esta última a projeção futura da confiabilidade – são dois lados da mesma moeda.

Em suma, sem um *acordo semântico* com relação ao objeto, à perspectiva e à ênfase, termos como "continuidade", "permanência",

3. Federico Arcos Ramírez, *La seguridad jurídica: una teoría formal*, Madrid, Dykinson, 2000, p. 269. Johanna Hey, *Steuerplanungssicherheit als Rechtsproblem*, Köln, Otto Schmidt, 2002, p. 189.

4. Sylvia Calmes, *Du principe de protection de la confiance légitime en Droits Allemand, Communautaire et Français*, Paris, Dalloz, 2001, p. 159.

5. Andreas von Arnauld, *Rechtssicherheit*, Tübingen, Mohr Siebeck, 2006, p. 324.

6. François Ost, *Le Temps du Droit*, Paris, Odile Jacob, 1999, p. 34. Idem, "L'instantané ou l'institué? L'institué ou l'intantuant? Le Droit a-t-il pour vocation de durer?", in François Ost e Mark van Hoecke (orgs.), *Temps et Droit. Le Droit a-t--il pour vocation de durer?*, Bruxelles, Bruylant, 1998, p. 14.

"estabilidade" e "duração", por ausência de referibilidade com relação ao "que" continua, permanece, se estabiliza ou dura, e com referência "a que" e ao "por que" continua, permanece, se estabiliza ou dura, são totalmente intercambiáveis. É preciso, desse modo, estipular a "direção do tempo", se retrospectiva ou prospectiva.[7]

Consciente de que os termos podem ser permutados, dependendo do sentido que lhes seja atribuído, é que se estipulou o significado dos termos "confiabilidade" e "calculabilidade" na presente tese: o termo "confiabilidade" (*Verlässlichkeit*) é utilizado na *perspectiva retrospectiva* (*mit Blick in die Vergangenheit, past-oriented analysis*), concernente ao passado ou à transição do passado ao presente (*ex post, par renvoi au passé*), com *foco na permanência* e na *ênfase no objeto*, abrangendo, assim, os elementos que proíbem a modificação ou determinado tipo de modificação, no presente, daquilo que foi conquistado no passado; já, o termo "calculabilidade" (*Berechenbarkeit*) é usado na *perspectiva prospectiva* (*mit Blick in die Zukunft, future-oriented analysis*), concernente ao futuro ou à transição do presente ao futuro (*ex ante, par renvoi au futur*), com *foco na mudança* e com *ênfase no modo*, abarcando, dessa maneira, os elementos que prescrevem o ritmo da mudança, no futuro, daquilo que está sendo realizado no presente. Em outras palavras, o termo "confiabilidade" é utilizado para denotar aquilo que, do passado, deve permanecer no presente do Direito, ao passo que "calculabilidade" é empregada para demonstrar aquilo que, do presente, deve ser mantido na transição para o seu futuro. Na linha argumentativa de Ost, a confiabilidade seria a "memória" do Direito, atenuada pelo "perdão", ao passo que a calculabilidade seria a sua "promessa", flexibilizada pela "adaptação": contra o esquecimento, instaura-se a tradição; confrontando-se com a incerteza do futuro, institui-se a promessa.[8] Com esse expediente estipulativo não se deixa de atentar para o fato de que a segurança jurídica, mais que necessariamente envolver a questão do tempo, envolve este último em uma *bidirecionalidade passado/futuro*, devendo o jurista reconhecer que ora ela deve ser analisada sob o ponto de vista do passado, ora deve ser examinada sob o ponto de vista do futuro.[9]

7. Mark van Hoecek, "Time and law. Is it the nature of law to last? A conclusion", in François Ost e Mark van Hoecke (orgs.), *Temps et Droit. Le Droit a-t-il pour vocation de durer?*, Bruxelles, Bruylant, 1998, p. 469.

8. François Ost, *Le Temps du Droit*, Paris, Odile Jacob, 1999, p. 37.

9. Paulo de Barros Carvalho, "Segurança jurídica e modulação dos efeitos", *Revista da Fundação Escola Superior de Direito Tributário* 1, pp. 208-209, Porto Alegre, 2008.

Essa opção semântica, além de viabilizar a clara distinção entre as duas dimensões dinâmicas da segurança jurídica, harmoniza-se com o uso mais tradicional dos termos: "confiabilidade" é normalmente associada à ideia de proibição de mudança, onde se insere a questão da intangibilidade subjetiva e da durabilidade objetiva, ao passo que "calculabilidade" é tradicionalmente atrelada à concepção de suavidade ou de constância da mudança, em que se inclui a questão da continuidade.[10]

É o que se passa a examinar, iniciando-se pela análise do dever de permanência relativamente à liberdade juridicamente exercida no passado e que não pode, no presente, ser alterada. Pela confiabilidade, tal como foi aqui estipulada, portanto.

Seção 2. Confiabilidade normativa e o problema da permanência: "segurança de transição do passado ao presente" pela estabilidade e pela eficácia normativas

§ 1º. Estabilidade normativa

I – Considerações iniciais

Para que exista segurança jurídica do Direito e pelo Direito é necessário o preenchimento de alguns pressupostos. Esses tanto podem dizer respeito ao Direito, propriamente dito, quanto fazer referência a situações subjetivas. Em razão dessa ambiguidade, é absolutamente impossível tratar do tema sem que se faça, também com relação a esse aspecto particular, um acordo semântico. É que a palavra "estabilidade" é, ela própria, ambígua, podendo quer se referir a aspectos objetivos e subjetivos, quer a aspectos estáticos e dinâmicos. Desse modo, é imprescindível estipular os vários sentidos que o termo "estabilidade" pode assumir.

Em razão disso optou-se, de um lado, pela utilização do termo "permanência" (*Dauerhaftigkeit*) para representar a exigência de estabilidade objetiva do ordenamento jurídico como um todo; de outro, pelo uso do termo genérico "confiabilidade" (*Verlässlichkeit*) em dois sentidos: um objetivo, expresso pelo termo "credibilidade", mais relacionado a objetos, e um subjetivo, denotado pelo termo "confiabilidade", mais relacionado a pessoas.

10. Anna Leisner, *Kontinuität als Verfassungsprinzip*, Tübingen, Mohr Siebeck, 2002, p. 1. Johanna Hey, *Steuerplanungssicherheit als Rechtsproblem*, Köln, Otto Schmidt, 2002, p. 190.

II – Dimensão objetiva

A) Permanência do ordenamento jurídico

A-1) Pela manutenção de conteúdos: as cláusulas pétreas

A CF/88, ao excluir, no § 4º do art. 60, determinadas matérias do Poder Constituinte Derivado de emendar, terminou por garantir, indiretamente, a estabilidade do ordenamento jurídico: parte substancial deste último, referente aos princípios fundamentais, deverá permanecer.[11] De fato, a instituição das cláusulas pétreas apresenta várias repercussões. A primeira delas diz respeito à hierarquia sintática disso resultante: ao proibir a modificação de determinadas normas, a CF/88 lhes atribui uma importância maior. E essa preponderância axiológica influencia a própria interpretação do Direito: a interpretação dos princípios e das regras constitucionais deverá gravitar em torno dos princípios fundamentais.

Com relação à segurança jurídica, a instituição das cláusulas pétreas diz com a resistência à modificação do núcleo axiológico da Constituição, que não pode ser objeto de emenda constitucional. Nesse sentido, a própria CF/88 instituiu, ainda que indiretamente, um ideal harmonizador da permanência e da mudança: a Constituição possui uma parte que não pode ser modificada e uma outra que até pode, desde que por meio de um procedimento específico mais rígido com relação ao quórum de aprovação.

A-2) Pela manutenção das normas: a durabilidade do ordenamento jurídico

Para que o Direito possa guiar a conduta humana não apenas em curto, mas em médio e longo prazos, o ordenamento jurídico deve ser minimamente estável, duradouro, contínuo, permanente. Se ele for frequentemente modificado os cidadãos terão dificuldade para saber qual a norma a obedecer, bem como terão relutância em agir, por não saber se as normas que conhecem continuarão valendo. A modificação contínua impede, assim, o planejamento.[12] Por isso, Raz afirma que a estabilidade

11. Maria Sylvia Zanella Di Pietro, "Os princípios da proteção à confiança, da segurança jurídica e da boa-fé na anulação do ato administrativo", in Fabrício Motta (org.), *Direito Público atual: Estudos em homenagem ao Professor Nélson Figueiredo*, Instituto de Direito Administrativo de Goiás (IDAG), Belo Horizonte, Fórum, 2008, p. 297.

12. Johanna Hey, *Steuerplanungssicherheit als Rechtsproblem*, Köln, Otto Schmidt, 2002, p. 189.

do ordenamento jurídico (como permanência, durabilidade) é condição para que o Direito possa funcionar como guia de conduta em longo prazo.[13] Sendo assim, é preciso que o Direito nasça com vocação para a vigência duradoura, e não como solução contingente para questões momentâneas.[14]

A exigência de durabilidade, como dever de permanência no tempo, não pode ser confundida, todavia, com a exigência de imutabilidade do ordenamento jurídico.[15] Com efeito, se é verdade que a mudança contínua do ordenamento impede o seu conhecimento e conduz à desconfiança, pela perda de autoridade do legislador e pela repetitiva frustração da confiança dos cidadãos em geral – sendo, portanto, contrária às exigências de cognoscibilidade e de confiabilidade –, também é verdadeiro que a ausência total de modificação leva à perda da efetividade, visto que o Direito – não mais acompanhando, em larga medida, a evolução social – deixará de ser aceito como instrumento orientador da ação. Em outras palavras: mudança "demais" gera desconhecimento e desconfiança, porém mudança "de menos" provoca inefetividade. Não por outro motivo que Aarnio e Peczenik incluem na definição de segurança jurídica não apenas a *ausência de arbitrariedade* (segurança jurídica em sentido formal), mas, igualmente, a *existência de aceitabilidade* (segurança jurídica em sentido substancial).[16] Também por isso Habermas inclui no conceito de Direito tanto a *consistência no decidir* (presente quando casos análogos são decididos do mesmo modo com amparo no ordenamento jurídico) quanto a *aceitabilidade racional* (existente quando as decisões

13. Joseph Raz, "The rule of law and its virtue (1977)", in *The Authority of Law. Essays on Law and Morality*, Oxford, Oxford, 1979, p. 215.

14. Eros Roberto Grau, *O Direito posto e o Direito pressuposto*, 9ª ed., São Paulo, Malheiros Editores, 2014, p. 185. Federico Arcos Ramírez, *La seguridad jurídica: una teoría formal*, Madrid, Dykinson, 2000, p. 265. Johanna Hey, *Steuerplanungssicherheit als Rechtsproblem*, Köln, Otto Schmidt, 2002, p. 193.

15. Eros Roberto Grau, *O Direito posto e o Direito pressuposto*, 9ª ed., São Paulo, Malheiros Editores, 2014, p. 188. Federico Arcos Ramírez, *La seguridad jurídica: una teoría formal*, Madrid, Dykinson, 2000, p. 269. Johanna Hey, *Steuerplanungssicherheit als Rechtsproblem*, Köln, Otto Schmidt, 2002, p. 193. Christof Münch, "Rechtssicherheit als Standortfaktor. Gedanken aus Sicht der vorsorgenden Rechtspflege", in Albrecht Weber (org.), *Währung und Wirtschaft. Das Geld im Recht. FS für Hugo J. Hahn*, Baden-Baden, Nomos, 1997, p. 677.

16. Aulis Aarnio, *Reason and Authority*, Dartmouth, Ashgate, 1997, pp. 189-193. Idem, *The rational as reasonable*, Dordrecht, Reidel, 1987, pp. 3-8 e 44. Aleksander Peczenick, *On Law and reason*, Dordrecht, Kluwer, 1989, p. 31.

são racionalmente fundamentadas, de modo a que possam ser recebidas como decisões racionais pelos destinatários).[17]

Esclareça-se que a exigência de permanência de que ora se fala é no sentido objetivo, isto é, como dever de o ordenamento jurídico, como um todo, ser estável, como condição de exercício das liberdades dos cidadãos. A estabilidade por meio da durabilidade do ordenamento jurídico, portanto, é uma condição fundamental para a garantia da liberdade e para o funcionamento institucional.[18] Isso porque o exercício das liberdades pressupõe a *credibilidade* das condições normativas e das instituições jurídicas. Como enfatiza Hey, liberdade só prospera em confiança, esta última somente em liberdade, razão pela qual, nesse sentido, a durabilidade do ordenamento jurídico possui valor "em si", independentemente do exercício de uma liberdade específica.[19] A permanência do ordenamento, enfim, é uma condição para que se possa falar em segurança jurídica do Direito.

A exigência de durabilidade do ordenamento jurídico, desse modo, é decorrente da segurança jurídica na dimensão objetiva, relacionada ao ordenamento jurídico e em benefício do conjunto de liberdades, independentemente da demonstração do seu efetivo exercício individual. A sua utilização contrapõe-se, pois, à própria mudança, porque ela, em si, afeta a *credibilidade institucional* do Direito como pressuposto do exercício *potencial* das liberdades. Ou, nas palavras de Zanella Di Pietro: "A ideia é a de proteger a crença de que os atos praticados pelo Poder Público estão de acordo com a lei".[20] Outra questão é a exigência de proteção da confiança – adiante examinada –, que consiste na dimensão subjetiva do princípio da segurança jurídica, relativa ao exercício da liberdade de alguém. Seu uso não se contrapõe à mudança propriamente dita, mas sim à produção de efeitos normativos que atinjam o exercício passado

17. Jürgen Habermas, *Faktizität und Geltung*, Darmstadt, Wissenschaftliche Buchgesellschaft, 2002, p. 243.

18. Rudolf Mellinghoff, "Vertrauen in das Steuergesetz", in Heinz-Jürgen Pezzer (org.), *Vertrauensschutz im Steuerrecht. Deutsche Steuerjuristische Gesellschaft* 27, Köln, Otto Schmidt, 2004, p. 30. Johanna Hey, *Steuerplanungssicherheit als Rechtsproblem*, Köln, Otto Schmidt, 2002, p. 129.

19. Johanna Hey, *Steuerplanungssicherheit als Rechtsproblem*, Köln, Otto Schmidt, 2002, pp. 120-121, 129 e 182.

20. Maria Sylvia Zanella Di Pietro, "Os princípios da proteção à confiança, da segurança jurídica e da boa-fé na anulação do ato administrativo", in Fabrício Motta (org.), *Direito Público atual: Estudos em homenagem ao Professor Nélson Figueiredo*, Instituto de Direito Administrativo de Goiás (IDAG), Belo Horizonte, Fórum, 2008, p. 303.

de determinada(s) liberdade(s).[21] Isso não quer dizer que a confiança dos cidadãos não seja avaliável na dimensão objetiva da segurança jurídica. Nessa hipótese, contudo, não se analisa em que medida a mudança normativa afetou ou irá afetar o exercício passado da liberdade de alguém e provocar uma injustificada frustração da sua confiança, mas, em vez disso, o exercício presumido passado do conjunto de liberdades sob o amparo da norma alterada e o significado da frustração do conjunto das confianças para a credibilidade do ordenamento jurídico. Em hipóteses como essa, melhor que falar em confiança individual é falar em credibilidade sistemática – ou, nas palavras de Carvalho, "grave ameaça a todo o sistema legislativo vigente".[22]

Sendo assim, portanto, não é qualquer ameaça à estabilidade e à credibilidade do ordenamento jurídico que pode ser considerada uma violação ao princípio da segurança jurídica, mas apenas uma restrição que possa comprometer a credibilidade institucional do Direito. Apenas uma restrição elevada, portanto, como foi objeto de distinção no aspecto quantitativo.

B) Intangibilidade de situações individuais por razões objetivas

B-1) Pelo transcurso do tempo

a) Decadência

Diferentemente de outros sistemas jurídicos, a própria CF/88, no seu art. 146, reserva à lei complementar a competência para instituir normas gerais de Direito Tributário, "especialmente sobre (...) prescrição e decadência". Isso significa que a própria Constituição reconheceu a importância da fixação de prazos gerais para assegurar cognoscibilidade e calculabilidade ao ordenamento jurídico no âmbito federativo.

No exercício dessa competência, o Código Tributário Nacional, nos arts. 150 e 173, especialmente, estabeleceu um prazo de decadência para a constituição do crédito tributário. Não havendo manifestação fazendária nesse período, o Estado perde o direito de constituir o crédito tributário pelo transcurso do tempo. A decadência significa, portanto, um efeito jurídico instituído por regra infraconstitucional que marca a

21. Johanna Hey, *Steuerplanungssicherheit als Rechtsproblem*, Köln, Otto Schmidt, 2002, p. 134.

22. Paulo de Barros Carvalho, "Segurança jurídica e modulação dos efeitos", *Revista da Fundação Escola Superior de Direito Tributário* 1, p. 203, Porto Alegre, 2008.

prevalência incondicional da segurança jurídica sobre a justiça: mesmo que o contribuinte deva, e saiba que deve, o transcurso do prazo opera a perda do direito da Fazenda de constituir o crédito tributário.[23]

A decadência foi inserta nesta obra na parte relativa à intangibilidade de situações individuais por razões objetivas, em vez de ser introduzida no capítulo concernente à aplicação do princípio da proteção da confiança. Isso se deve ao fato de que a decadência depende do transcurso de um prazo, sendo aplicada mesmo em benefício de quem ou contra quem não manifestou confiança. Precisamente por isso é que se pode afirmar ser a decadência uma decorrência objetiva do princípio objetivo da segurança jurídica.[24]

O essencial é que a própria fixação de prazos opera em favor da estabilidade das situações jurídicas e da eliminação das incertezas. O que se prestigia, em outras palavras, é o princípio da segurança jurídica.[25] Nesse aspecto, o Código Tributário Nacional foi categórico, estabelecendo que o prazo para a constituição do crédito tributário é de cinco anos da data da ocorrência do fato gerador. Tal previsão foi feita de maneira equivocada, já que a decadência foi inserta, pelo art. 156, V, como uma das espécies de extinção do crédito tributário, quando, na verdade, ele sequer surge pelo transcurso do tempo em que ele deveria ter sido constituído por meio do lançamento.[26] O que importa para o presente trabalho, contudo, é que o Código Tributário Nacional, atento àquilo que passaria a ser o seu desiderato constitucional, regrou de maneira categórica a perda da prerrogativa do Estado de constituir o crédito tributário pelo decurso do prazo de cinco anos. Como o instituto da decadência é tam-

23. Sobre decadência, no Direito Alemão, ver: Johanna Hey, *Steuerplanungssicherheit als Rechtsproblem*, Köln, Otto Schmidt, 2002, p. 786. Annette Guckelberger, *Die Verjährung im Öffentlichen Recht*, Tübingen, Mohr Siebeck, 2004, pp. 376 e ss. Andreas Piekenbrock, *Befristung, Verjährung, Verschweigung und Verwirkung*, Tübingen, Mohr Siebeck, 2006, pp. 346 e ss.

24. Johanna Hey, *Steuerplanungssicherheit als Rechtsproblem*, Köln, Otto Schmidt, 2002, p. 785.

25. Maria Sylvia Zanella Di Pietro, "Os princípios da proteção à confiança, da segurança jurídica e da boa-fé na anulação do ato administrativo", in Fabrício Motta (org.), *Direito Público atual: Estudos em homenagem ao Professor Nélson Figueiredo*, Instituto de Direito Administrativo de Goiás (IDAG), Belo Horizonte, Fórum, 2008, p. 311.

26. Paulo de Barros Carvalho, *Curso de Direito Tributário*, 18ª ed., São Paulo, Saraiva, 2007, pp. 481 e ss. Luciano Amaro, *Direito Tributário Brasileiro*, 15ª ed., São Paulo, Saraiva, 2009, p. 406. Sacha Calmon Navarro Coelho, *Curso de Direito Tributário*, 9ª ed., Rio de Janeiro, Forense, 2006, pp. 831 e ss.

bém regulado pelo Direito Privado, o Código Tributário Nacional dispôs de modo explícito para eliminar qualquer tipo de dúvida com relação à consolidação de determinada situação pela falta do exercício da prerrogativa de constituir o crédito tributário por meio do lançamento. Mais: o referido Código deixou claro que mesmo nas hipóteses em que haja fraude, dolo ou simulação, ainda assim o prazo decadencial irá fluir, com a diferença de que irá iniciar no primeiro dia do exercício seguinte àquele em que ocorreu o fato gerador, conforme previsão do art. 173. Com isso se quer dizer que o Código colocou a previsibilidade e a uniformidade acima de outros valores como a justiça (ou, mais rigorosamente, entendeu como justo excluir uma prerrogativa quando ela não foi exercida dentro de um período razoável).

b) Prescrição

Com a prescrição o fenômeno é semelhante, porque o Código Tributário Nacional, dentro do que passou a exigir, no art. 146, a Constituição Federal, regrou a prescrição como forma de extinção do crédito tributário nos arts. 156, V, e 174. Assim, se o Estado, embora tenha constituído o crédito tributário dentro do prazo decadencial, deixou de executá-lo no prazo de cinco anos, perderá o direito de fazê-lo, por imposição da regra geral.

O prazo prescricional, na linguagem original do Código, iniciava-se com o lançamento e findava com a citação do devedor, conforme previsão do art. 174. Dessa maneira, se a ação de execução tivesse sido interposta no período de cinco anos, mas a citação somente após esse prazo, haveria prescrição. A lógica era no sentido de que o Estado, sendo um só, ainda que dividido em vários órgãos, deveria exercer a sua prerrogativa executiva dentro de determinado prazo, sob pena de perdê-la. A Lei Complementar n. 118/2005, no entanto, alterou tal sistemática ao incluir nas causas de interrupção do prazo prescricional o despacho do juiz que ordenar a citação em execução fiscal. Tal modificação, embora seja salutar para não punir a ação estatal que promove a execução, é danosa, visto que eterniza a cobrança de débitos tributários, que se poderão estender por um período muito superior àquele que a redação original pretendia fixar para a solução dos litígios.

Para o restrito tema ora debatido, interessa realçar que o referido Código, do mesmo modo que fez com a decadência, também regrou de modo específico o instituto da prescrição, com a finalidade de estabelecer, de modo geral e indistinto, o período dentro do qual o Estado deve exercer a sua pretensão. Com isso, favoreceu um estado de confiabilidade: o contribuinte pode saber que, não tendo essa pretensão sido exercida dentro do prazo legal, não mais poderá sê-lo, ainda que o Estado tivesse, em tese, a prerrogativa de fazê-lo. Em outras palavras, o próprio Código ponderou o conflito entre a segurança e a justiça, fazendo a primeira pontualmente prevalecer sobre a segunda (ou, melhor, qualificando a primeira como sendo a própria opção pela segunda, compreendida esta como intangibilidade em decorrência de razões objetivas).

B-2) *Pela consolidação jurídica das situações*

a) Considerações iniciais

A CF/88, ao contrário de outras Constituições, *regrou* a proibição de restrição do ato jurídico perfeito, do direito adquirido e da coisa julgada. Precisamente por isso que sua aplicação é *inflexível*: havendo uma dessas hipóteses, afastados estão os efeitos retroativos, por obra da incidência da própria regra, sendo impertinentes outras razões, como aquelas atinentes ao interesse público, para efeito de tentar afastar, mediante ponderação, a sua aplicação. Nesses casos – como assevera Couto e Silva –, foi o constituinte mesmo que ponderou, tornando intangíveis situações passadas, descabendo nova ponderação judicial destinada a permitir efeitos retroativos.[27] A Constituição – como observa Weber-Dürler – "antecipou uma ponderação de interesses", regrando previamente o conflito.[28] Nem mesmo, portanto, razões de ordem pública, de comum alegação no Brasil, são capazes de superar a rigidez estabelecida pela CF/88.[29] O essencial, como esclarece notável voto do Ministro Sepúlveda Pertence, é o fato de que o entendimento de que essas regras podem ser superadas por razões de interesse público é "fruto da impor-

27. Almiro do Couto e Silva, "O princípio da segurança jurídica (proteção à confiança) no Direito Público brasileiro e o direito da Administração Pública de anular os seus próprios atos: o prazo decadencial do art. 54 da Lei do Processo Administrativo da União (Lei n. 9.784/99)", *RBDP* 6, pp. 7-59, Porto Alegre, jul.-set./2004.

28. Beatrice Weber-Dürler, Vertrauensschutz im öffentlichen Recht, Basel/Frankfurt a.M., Helbing & Lichtenhahn, 1983, p. 125.

29. Carlos Mário da Silva Velloso, "O princípio da irretroatividade da lei tributária", *RTDP* 15, p. 18, São Paulo, 1996. Luís Roberto Barroso, "Em algum lugar do passado: segurança jurídica, Direito Intertemporal e o novo Código Civil", in Cármen Lúcia Antunes Rocha (org.), *Constituição e segurança jurídica: direito adquirido, ato jurídico perfeito e coisa julgada. Estudos em homenagem a José Paulo Sepúlveda Pertence*, Belo Horizonte, Fórum, 2004, p. 149.

tação precipitada de lições doutrinárias fundadas em ordenamentos em que a sua salvaguarda não tem estatura constitucional (...)".[30]

A CF/88, embora tenha regrado hipóteses de intangibilidade, foi ambígua quando incluiu no mesmo dispositivo tanto o direito adquirido quanto o ato jurídico perfeito e a coisa julgada, porquanto, a rigor, tem-se um gênero (direito adquirido) colocado par a par com suas espécies (ato jurídico perfeito e coisa julgada). A diferença entre essas hipóteses está no fato de que o direito adquirido surge da lei, ao passo que o ato jurídico perfeito surge de um negócio jurídico, celebrado com base na lei, e a coisa julgada, de uma sentença não mais impugnável.[31] Ambos são, na verdade, situações constituídas com base no Direito, razão pela qual podem, nesse aspecto, ser aproximadas.[32] Vale dizer: a distinção entre as espécies diz respeito à fonte da geração dos direitos, se diretamente legal, ou se diretamente negocial ou judicial, ainda que, obviamente, com fundamento legal. Em todos os casos, entretanto, há direitos adquiridos, sejam eles advindos da lei, do negócio jurídico ou da sentença.[33] Daí se reconhecer que a CF/88, embora tenha tentado assegurar de plano a intangibilidade de institutos conhecidos, sem afastar a proteção de outros, terminou por confundir *gênero* com *espécie* e *fonte* com *efeito* ao fazer um paralelismo entre o ato jurídico perfeito e o direito adquirido. Com razão Moreira Alves ao entender que o objetivo da CF/88, mesmo que de modo atécnico, foi apenas garantir a intangibilidade de hipóteses conhecidas, sobre as quais já poderia se pronunciar, deixando as outras para configuração no caso concreto.[34]

Independentemente dessas questões conceituais, importa, para o tema em pauta, o fato de a CF/88 ter instituído regras de intangibilidade pela conclusividade dos requisitos necessários à existência de direitos,

30. RE 226.855, Tribunal Pleno, Rel. Min. Moreira Alves, *DJ* 13.10.2000.

31. José Afonso da Silva, "Constituição e segurança jurídica", in Cármen Lúcia Antunes Rocha (org.), *Constituição e segurança jurídica: direito adquirido, ato jurídico perfeito e coisa julgada. Estudos em homenagem a José Paulo Sepúlveda Pertence*, Belo Horizonte, Fórum, 2004, p. 21.

32. Jacques Petit, *Les conflits de lois dans le temps en Droit Public Français*, Paris, LGDJ, 2002, pp. 145 e ss.

33. Luís Roberto Barroso, "Em algum lugar do passado: segurança jurídica, Direito Intertemporal e o novo Código Civil", in Cármen Lúcia Antunes Rocha (org.), *Constituição e segurança jurídica: direito adquirido, ato jurídico perfeito e coisa julgada. Estudos em homenagem a José Paulo Sepúlveda Pertence*, Belo Horizonte, Fórum, 2004, p. 155.

34. José Carlos Moreira Alves, "Direito adquirido", *Fórum Administrativo* 15, p. 582, 2002.

sejam eles provenientes de uma lei, de um negócio ou de uma decisão judicial.

Feita essa observação inicial, é preciso analisar quais são as hipóteses abrangidas pela regra constitucional, a começar com o ato jurídico perfeito.

b) Ato jurídico perfeito

De acordo com o § 1º do art. 6º da Lei de Introdução às Normas do Direito Brasileiro, ato jurídico perfeito é aquele já consumado segundo a lei vigente ao tempo em que se efetuou. A cláusula de proteção do ato jurídico perfeito pode ser entendida, assim, como a proibição de que uma nova norma venha a alterar requisitos dos atos jurídicos que já tenham sido celebrados por meio do preenchimento de todos os elementos necessários à sua existência com base na norma anterior, vigente no momento da sua celebração.[35]

c) Direito adquirido

A cláusula do direito adquirido pode ser compreendida como a proibição de aplicação de nova norma relativamente a direitos surgidos pela concretização dos requisitos legais necessários à eficácia de fatos ou de atos jurídicos com base em norma anterior, vigente no momento da sua verificação.

A proteção do direito adquirido visa a proibir que uma norma posterior altere os efeitos surgidos pela completude dos fatos necessários à geração de direito subjetivo conforme a norma anterior. Essa proteção advém da eficácia ampla do direito de proteção patrimonial, decorrente dos direitos fundamentais de liberdade e de propriedade. Como o legislador estabeleceu determinadas condições para o nascimento de um direito subjetivo, cujo preenchimento desencadearia a produção de efeitos, ele instituiu uma base da confiança tão próxima que cria, em considerável medida, a proteção da confiança frente a alterações legislativas posteriores. Nesse caso, aceitar que uma nova lei impeça o surgimento do direito ou que restrinja os seus efeitos, quando preenchidas as suas condições de eficácia, é aceitar que o legislador possa transformar o cidadão em um mero objeto da oscilação da sua vontade.[36] Vulgarmente, seria como permitir que o legislador pudesse colocar o cidadão no papel de bobo.

35. Limongi França, *Direito Intertemporal Brasileiro*, 2ª ed., São Paulo, Ed. RT, 1968, pp. 426 e ss.

36. Martin Stötzel, *Vertrauensschutz und Gesetzesrückwirkung*, Frankfurt am Main, Peter Lang, 2002, p. 189.

Em face dessa breve consideração, fica claro que a proteção do direito adquirido decorre dos próprios direitos fundamentais de liberdade e de propriedade, bem como do direito à dignidade. Mesmo assim, a CF/88, para afastar qualquer possibilidade de restrição por meio de uma ponderação dos princípios de liberdade e de propriedade com alguma finalidade pública, regrou expressamente a prevalência da segurança jurídica, por meio da garantia da inviolabilidade do direito adquirido.[37] Nesse sentido, e ao contrário de outros ordenamentos jurídicos, em que o direito adquirido pode ser afastado pela prevalência de interesses públicos, no brasileiro essa possibilidade foi excluída.

O importante é que a intangibilidade da situação individual decorre de o efeito jurídico produzido pelo ato eventualmente inconstitucional ter sido incorporado ao patrimônio do destinatário. Assim, por exemplo, decidiu o Supremo Tribunal Federal no RE n. 122.202-6 quando analisou a validade de pagamentos feitos a funcionário com base em lei posteriormente declarada inconstitucional. Nesse caso, entendeu o Tribunal que os pagamentos recebidos não deveriam ser devolvidos, por terem sido incorporados ao patrimônio do destinatário.[38]

d) Coisa julgada

A cláusula constitucional impede que uma nova norma seja aplicada relativamente aos efeitos de atos ou de fatos abrangidos por decisão judicial da qual não caiba mais recurso. O que qualifica a coisa julgada é o esgotamento de todos os meios regularmente admitidos em Direito para o seu questionamento, de modo a evitar que as discussões se eternizem, em favor da estabilidade das relações jurídicas e da certeza dos atos estatais.[39] Nessa hipótese, a CF/88 apenas procura dar um ponto-final à discussão, ainda que a alegação para a sua modificação seja suportada por argumentos de justiça. A justificativa da coisa julgada é precisamente a interrupção de uma cadeia de julgados que poderia eternizar os litígios, podendo ser o último revisto por um outro, e assim sucessivamente. Para afastar essa *recursividade*, a coisa julgada funciona como limite objetivo

37. Almiro do Couto e Silva, "O princípio da segurança jurídica (proteção à confiança) no Direito Público brasileiro e o direito da Administração Pública de anular os seus próprios atos: o prazo decadencial do art. 54 da Lei do Processo Administrativo da União (Lei n. 9.784/99)", *RBDP* 6, pp. 7-59, Porto Alegre, jul.-set./2004.

38. RE 122.202-6, 2ª Turma, Rel. Min. Francisco Rezek, *DJ* 8.4.94.

39. Cármen Lúcia Antunes Rocha, "O princípio da coisa julgada e o vício de inconstitucionalidade", in idem (org.), *Constituição e segurança jurídica: direito adquirido, ato jurídico perfeito e coisa julgada. Estudos em homenagem a José Paulo Sepúlveda Pertence*, Belo Horizonte, Fórum, 2004, pp. 173 e 178.

à reabertura da discussão, mesmo que argumentos relacionados à justiça da decisão possam ser trazidos. A garantia da coisa julgada, portanto, é – como acentua Ferraz Jr. – uma manifestação da segurança jurídica, segundo a qual não se pode, desde o presente, alterar o sentido normativo decorrente de decisão judicial anterior, com o quê se confere segurança, por estabilidade, à relação jurídica objeto da decisão, impedindo a continuidade da discussão.[40]

Isso não quer dizer, contudo, que não ocorram situações em que um estado grave de desigualdade possa surgir no caso de relações continuativas, em razão de uma decisão favorecer ou prejudicar um contribuinte em detrimento de outros. Nesses casos, deverão ser verificados os próprios contornos da coisa julgada em face de uma decisão posterior do Supremo Tribunal Federal declarando a (in)constitucionalidade do tributo.[41] Sendo assim, se um contribuinte tiver uma decisão transitada em julgado declarando a constitucionalidade do tributo em discussão e for proferida uma decisão posterior pelo Supremo Tribunal Federal, em controle concentrado de constitucionalidade ou em controle difuso, com algum expediente de ampliação da eficácia subjetiva da decisão (suspensão da lei pelo Senado ou súmula vinculante), a validade da coisa julgada decorrente da decisão judicial individual fica ainda assim mantida; apenas os seus *efeitos futuros* é que ficam limitados em decorrência da decisão judicial do Supremo Tribunal Federal.[42] Se a decisão for em controle difuso, com eficácia subjetiva restrita às partes do processo, não se poderá alterar a coisa julgada anterior.[43]

Tal entendimento decorre da conjugação de dois fatores.[44]

40. Tércio Sampaio Ferraz Jr., "Coisa julgada em matéria tributária e as alterações sofridas pela legislação da contribuição social sobre o lucro (Lei n. 7.689/88)", *RDDT* 125, p. 74, São Paulo, 2006.

41. Luiz Guilherme Marinoni, *Coisa julgada inconstitucional*, São Paulo, Ed. RT, 2008, pp. 137 e ss. Gustavo Sampaio Valverde, *Coisa julgada em matéria tributária*, São Paulo, Quartier Latin, 2004, pp. 140 e ss.

42. José Souto Maior Borges, "Limites constitucionais e infraconstitucionais da coisa julgada tributária (contribuição social sobre o lucro)", *Cadernos de Direito Tributário e Finanças Públicas* 27, p. 191, 1999.

43. Tércio Sampaio Ferraz Jr., "Coisa julgada em matéria tributária e as alterações sofridas pela legislação da contribuição social sobre o lucro (Lei n. 7.689/88)", *RDDT* 125, p. 77, São Paulo, 2006. Gustavo Sampaio Valverde, *Coisa julgada em matéria tributária*, São Paulo, Quartier Latin, 2004, p. 169.

44. Tércio Sampaio Ferraz Jr., "Coisa julgada em matéria tributária e as alterações sofridas pela legislação da contribuição social sobre o lucro (Lei n. 7.689/88)", *RDDT* 125, p. 77, São Paulo, 2006.

De um lado, da compreensão do disposto no art. 505 do Código de Processo Civil (art. 471 do Código de Processo Civil de 1973), segundo o qual nenhum juiz decidirá novamente as questões já decididas, relativas à mesma lide, salvo se, tratando-se de relação jurídica de trato continuado, sobreveio modificação no estado de fato ou de direito; caso em que poderá a parte pedir a revisão do que foi estatuído na sentença. Desse modo, se a decisão disser respeito a uma relação pontual, em que o fato gerador for classificado como instantâneo, como o do imposto sobre transferência de bens imóveis, descabe falar em alteração dos efeitos futuros de decisão passada em julgado. No entanto, se a decisão abranger uma relação continuativa, assim entendida aquela que abrange tributos classificados como periódicos, a serem pagos a cada novo exercício, como é o caso do imposto sobre a renda ou das contribuições sociais sobre o faturamento, os efeitos futuros – somente esses – da decisão passada em julgado poderão ser limitados pela interferência da decisão proferida pelo Supremo Tribunal Federal no controle concentrado de constitucionalidade. Isso não significa dizer que a decisão do Supremo Tribunal Federal produzirá efeitos automáticos relativamente às ações existentes ou já transitadas em julgado. Como a decisão proferida no controle concentrado de constitucionalidade examina a compatibilidade de uma norma geral e abstrata com a Constituição, seus efeitos não podem automaticamente afastar uma decisão individual e concreta, cujo conteúdo depende das especificidades do caso concreto. Assim, para que haja efetiva limitação dos efeitos da coisa julgada, é preciso que haja ou a interposição de uma ação rescisória para desconstituí-la, se e quando cabível (art. 966 do Código de Processo Civil), ou o ingresso de uma ação ordinária para revisar, para o futuro e a partir do seu ingresso, o que foi nela estatuído (art. 505, I, do Código de Processo Civil), caso haja problemas de igualdade a serem devidamente comprovados. A aplicação desse último dispositivo pressupõe o enquadramento da decisão do Supremo Tribunal Federal como uma espécie de modificação no "estado de direito". Esse é o entendimento subjacente à Súmula n. 239 do referido Tribunal, segundo a qual "a decisão que declara indevida a cobrança do imposto em determinado exercício não faz coisa julgada em relação aos posteriores".

De outro lado, tal entendimento decorre da conciliação do princípio da segurança jurídica, por meio da coisa julgada, com o princípio da igualdade, por meio da revisão da coisa julgada. Tal harmonização repele tanto a solução extremada de manter os efeitos futuros da coisa julgada – independente do estado de desigualdade por ela provocado por meio da obrigação de alguém ter de pagar o que ninguém deverá pagar, ou de alguém não pagar o que todos deverão pagar – como a solução de anular totalmente a decisão transitada em julgado, independente da confiança nela depositada pela parte que dela se beneficiou. A manutenção da validade da coisa julgada, com a possibilidade de mera limitação dos seus efeitos futuros, no caso das relações continuativas, preserva ambos os valores, sem comprometer – para o que aqui interessa mais de perto – a estabilidade da decisão judicial.

O essencial é verificar que a coisa julgada, limitada à certeza judicial relativa ao conjunto do pedido e da causa de pedir que marca uma situação jurídica declarada no dispositivo sentencial, deve prevalecer, ausente, pois, uma relação continuativa e uma atuação do Poder Executivo ou do Poder Judiciário que a revise, com base em decisão superveniente do Supremo Tribunal Federal.[45] Com isso, não só se respeita a regra constitucional da sua inviolabilidade, como o estado de confiabilidade do Direito por meio da estabilização das decisões, conforme é preconizado pelo Supremo Tribunal Federal. Simplesmente afastar a coisa julgada por decisão, em controle difuso de constitucionalidade, do Supremo Tribunal Federal é incompatível com o princípio da segurança jurídica.[46] Por essa razão, são de duvidosa constitucionalidade os arts. 525, § 12, e 535, § 5º, (arts. 741, parágrafo único, e 475-L, § 1º, do Còdigo de Processo Civil de 1973) que permitem, mesmo na ausência de um processo de cognição exauriente, que se alegue inexigibilidade de título executivo unicamente em razão da declaração de inconstitucionalidade proferida pelo Supremo Tribunal Federal em controle difuso.[47]

As considerações precedentes deixam clara a vinculação do instituto da coisa julgada com o princípio da segurança jurídica: os indivíduos alcançados pela eficácia subjetiva da coisa julgada confiam na sua validade.[48] Isso explica por que a coisa julgada, em determinadas ordens jurídicas em que ela não é expressamente garantida, mesmo assim é protegida por meio da jurisprudência: a sua base constitucional é,

45. Humberto Theodoro Jr., "Notas sobre sentença, coisa julgada e interpretação", *RePro* 167, p. 19, 2009.

46. Tércio Sampaio Ferraz Jr., "Coisa julgada em matéria tributária e as alterações sofridas pela legislação da contribuição social sobre o lucro (Lei n. 7.689/88)", *RDDT* 125, p. 79, São Paulo, 2006.

47. Carlos Alberto Alvaro de Oliveira, *Do formalismo no Processo Civil*, 3ª ed., São Paulo, Saraiva, 2009, p. 82.

48. Luiz Guilherme Marinoni, *Coisa julgada inconstitucional*, São Paulo, Ed. RT, 2008, pp. 67-68.

diretamente, a segurança jurídica e, indiretamente, a proteção de direitos fundamentais, não havendo necessidade de sua proteção em dispositivo específico.[49]

e) Fato gerador ocorrido

Como será visto na parte relativa à regra de irretroatividade tributária, o Supremo Tribunal Federal desenvolveu uma jurisprudência baseada no disposto na alínea "a" do inciso III do art. 150 da CF/88, segundo o qual o poder de tributar não poderá alcançar "fatos geradores ocorridos antes do início da vigência da lei que os houver instituído ou aumentado".[50] Essa jurisprudência, adiante melhor analisada, desconsidera – equivocadamente, como se verá – outras situações em que, embora não tenha havido ainda a consumação do fato gerador, tal como foi legalmente previsto, ainda assim deve haver proteção dos efeitos dos fatos iniciados, porém não concluídos, sob a égide da lei anterior.

O importante, neste momento, é apenas acentuar que a intangibilidade ora em análise decorre da aplicação chapada da própria regra, independente de qualquer elemento subjetivo relativo ao contribuinte, como a sua confiança e a sua boa-fé, ou qualquer elemento objetivo ou concreto, como o exercício de atos de disposição do patrimônio e da liberdade. A intangibilidade opera por força exclusiva da regra de irretroatividade, aplicável quando o fato gerador já tiver ocorrido. Nesse âmbito estrito, a regra é soberana e afasta qualquer ponderação horizontal.

B-3) *Pela consolidação fática das situações*

Em algumas situações extraordinárias, pela ausência de norma que dê suporte à produção de efeitos jurídicos, a rigor não se pode falar em direito adquirido ou ato jurídico perfeito. Mesmo assim, seja pelo transcurso do tempo, seja pela ausência de mecanismos alternativos, a situação pode ter sido de tal sorte consolidada, do ponto de vista fático,

49. Enrico Riva, *Wohlerworbene Rechte – Eigentum – Vertrauen*, Bern, Stämpfli, 2007, pp. 8 e 38.

50. RE n. 181.664, Tribunal Pleno, Rel. Min. Ilmar Galvão, *DJ* 19.12.97. No mesmo sentido: AgR no AI n. 333.209-9, 1ª Turma, Rel. Min. Sepúlveda Pertence, j. 22.06.2004; RE n. 194.612, 1ª Turma, Rel. Min. Sydney Sanches, *DJ* 8.5.98; ED no AgR no RE n. 278.466, 2ª Turma, Rel. Min. Maurício Corrêa, *DJ* 6.2.2003; AgR no AI n. 511.024, 1ª Turma, Rel. Min. Eros Grau, j. 14.6.2005. No mesmo sentido: RE n. 254.459, 1ª Turma, Rel. Min. Ilmar Galvão, *DJ* 10.8.2000. Com votos divergentes do Min. Carlos Velloso, ver: AgR no RE n. 433.878, Rel. Min. Carlos Velloso, j. 1.2.2005; AgR no RE n. 305.212, 2ª Turma, Rel. Min. Carlos Velloso, j. 17.9.2002.

que a desconstituição retrospectiva dos seus efeitos se revela, do ponto de vista do Direito propriamente dito, proibida.

Nesses casos, a jurisprudência do Supremo Tribunal Federal fala em "situação consolidada" pela "força normativa dos fatos", que o Direito não pode desconsiderar. A rigor, não se está diante quer de direito adquirido, quer de ato jurídico perfeito, nem de casos enquadráveis nas regras específicas de decadência ou de prescrição. Mesmo assim, a situação revela alguma particularidade, normalmente – mas não só – vinculada ao tempo, que o seu desfazimento ou a desconstituição dos seus efeitos terminaria por causar insegurança jurídica.

Por exemplo, em julgamento de um mandado de segurança, o Supremo Tribunal Federal examinava o caso de uma pensionista que, tendo sido adotada como filha pelo próprio bisavô uma semana antes do seu falecimento por câncer, para ter direito à pensão por morte, teria gozado desta última durante longos 18 anos, até a sua suspensão por ato unilateral e sumário do Tribunal de Contas da União. O Supremo Tribunal Federal concedeu a segurança pleiteada, para efeito de determinar a observância do devido processo legal também na esfera administrativa.[51] Nas discussões, no entanto, houve debate a respeito da aplicabilidade do princípio da segurança jurídica no caso, tendo em vista o transcurso de 18 anos entre a concessão da pensão e a sua cassação pelo Tribunal de Contas, e 20 anos até o pronunciamento do Supremo Tribunal Federal a respeito da validade da sua cassação sem a observância do devido processo legal. Nesse sentido, o Relator, Ministro Gilmar Mendes, em trecho que passou a constar da ementa do acórdão, sustentou a aplicação do "princípio da segurança jurídica, enquanto subprincípio do Estado de Direito – Possibilidade de revogação de atos administrativos que não se pode estender indefinidamente – Poder anulatório sujeito a prazo razoável – Necessidade de estabilidade das situações criadas administrativamente". O importante, para o ponto ora examinado, é que, mesmo considerando a afirmação da Relatora, Ministra Ellen Gracie, no sentido de que "é evidente, é clara, é cristalina, aqui, a situação de fraude" (p. 186 do acórdão), ou do Ministro Carlos Britto, de que "houve fraude, é evidente que sim" (p. 196), o Tribunal decidiu devolver o caso ao Tribunal de Contas, pela inobservância do princípio do devido processo legal, asseverando, em todos os votos, a necessidade de se preservar a estabilidade das situações jurídicas em virtude do tempo transcorrido.

51. MS n. 24.268, Tribunal Pleno, Rel. Min. Gilmar Mendes, *DJ* 17.9.2004.

Nessa situação, verifica-se que a ausência de uma base da confiança, e mesmo de confiança subjetiva, dado o caráter aparentemente simulado da adoção da bisneta pelo bisavô uma semana antes do seu falecimento, não impediu a intangibilidade da situação, em virtude da sua consolidação temporal: a pensão foi percebida por 18 anos e a destinatária, não mais jovem, não tinha outra fonte de renda. O elemento gerador da intangibilidade, portanto, não foi, a rigor, a proteção da confiança legítima, mas a consolidação de situação de fato cuja preservação, na hipótese de transcurso de longo período, independe, inclusive, da boa-fé do beneficiário. Fica clara nessa decisão a vinculação da segurança jurídica com outros princípios, notadamente com os princípios e com os direitos fundamentais da personalidade humana.[52]

O mesmo argumento foi utilizado em um caso mais recente analisado pelo Supremo Tribunal Federal, em que se julgava a nulidade de concessões de domínio de terras públicas através de atos celebrados há 53 anos.[53] No caso, a ação foi julgada improcedente, apesar do reconhecimento da falta de autorização prévia do Poder Legislativo para a sua concessão, tendo em vista a consolidação destes atos, com a celebração de uma série de negócios jurídicos, e, inclusive, a criação de cidades, a fixação de famílias, e a construção de estabelecimentos e obras públicas. Reconheceu-se, portanto, que a anulação dessas concessões representaria ofensa aos princípios da segurança jurídica e da proteção à confiança, decorrentes do Estado de Direito. Assim, a declaração do Ministro Relator Cezar Peluso: "*O Estado de Direito é sobremodo Estado de confiança*".

O decisivo, em termos gerais, é que o transcurso do tempo pode consolidar uma situação, ainda que ela seja ilegal ou baseada em norma declarada inconstitucional. Nesse sentido também se manifestou o Supremo Tribunal Federal no RE n. 217.141.[54] Tratava-se de servidor público que havia, em 11.4.84, se aposentado no cargo de Diretor de Divisão, para o qual tinha sido promovido com base na Lei Complementar n. 317/83. Essa lei, no entanto, foi posteriormente, em 2.9.87, declarada inconstitucional pelo Supremo Tribunal Federal, com os regulares efei-

52. Judith Martins-Costa, "Almiro do Couto e Silva e a ressignificação do princípio da segurança jurídica na relação entre Estado e cidadãos", in Humberto Ávila (org.), *Fundamentos do Estado de Direito – Estudos em homenagem a Almiro do Couto e Silva*, São Paulo, Malheiros Editores, 2005, p. 134.

53. ACO 79, Tribunal Pleno, Acórdão Eletrônico, *DJe* 103, Rel. Min. Cezar Peluso, *DJU* 15.3.2012.

54. RE n. 217.141, 2ª Turma, Rel. Min. Gilmar Mendes, *DJ* 4.8.2006.

tos *ex tunc*. Em virtude disso, colocou-se a questão de saber se a anulação da aposentadoria do funcionário, feita em 21.3.92 – portanto, oito anos depois –, era compatível, ou não, com o princípio da segurança jurídica. O Tribunal entendeu que não, em virtude, principalmente, do transcurso de prazo superior a cinco anos antes da data da aposentadoria e o início do procedimento destinado à sua cassação. O Ministro Gilmar Mendes, nesse aspecto, separou o âmbito da declaração de inconstitucionalidade da lei do seu âmbito concreto de aplicação, deixando claro que "os atos praticados com base na lei inconstitucional que não mais se afigurarem suscetíveis de revisão não são afetados pela declaração de inconstitucionalidade". E concluiu afirmando que, "em face do princípio da segurança jurídica, o ato administrativo que homologou a transposição deve ser mantido" (p. 699 do acórdão). A respeito disso, a rigor, o Tribunal não efetuou modulação de efeitos, nem considerou a existência de direito adquirido. Ele simplesmente entendeu intangível a situação jurídica em razão de haver transcorrido lapso de tempo razoável para a sua anulação.

Situação semelhante ocorreu quando o Supremo Tribunal Federal analisou a contratação de funcionários de sociedade de economia mista sem concurso público. O Tribunal considerou que "a existência de controvérsia, à época das contratações, quanto à exigência de concurso público no âmbito das empresas públicas e sociedades de economia mista, questão dirimida somente após a concretização dos contratos, não tem o condão de afastar a legitimidade dos provimentos, realizados em conformidade com a legislação então vigente". Em razão disso, não declarou a inconstitucionalidade dos atos. Ao contrário, por considerá-los consumados e, por isso, estáveis, viu-se impedido de considerá-los contrários ao Direito. Assim, preservou a estabilidade das relações jurídicas em "observância ao princípio da segurança jurídica".[55]

No mesmo sentido também decidiu o Tribunal no AgR n. 328.232-8, em que se discutia a manutenção de gratificação de produtividade a funcionário concedida com base em lei estadual inconstitucional que, posteriormente, terminou sendo recepcionada pela nova ordem constitucional.[56] O Ministro Carlos Velloso feriu bem a questão:

55. MS n. 22.357-DF, Tribunal Pleno, Rel. Min. Gilmar Mendes, j. 27.5.2004, *DJ* 5.11.2004, p. 6; RE/AgR/AgR/AgR/AgR n. 348.364-RJ, 1ª Turma, Rel. Min. Eros Grau, *DJ* 11.3.2005, p. 19.

56. AgR no RE n. 328.232-8, 2ª Turma, Rel. Min. Carlos Velloso, *DJ* 2.9.2005.

> "O princípio da segurança jurídica assenta-se, sobretudo, na boa-fé e na necessidade de estabilidade das situações criadas administrativamente. No caso, não custa repetir, o ato administrativo embasa-se no princípio da boa-fé, tanto do órgão administrativo que deferiu a vantagem como, e principalmente, do servidor público, o que recomenda a manutenção dos efeitos do ato, efeitos, esses, que, de resto, conforme linhas atrás foi dito, se viram convalidados pela Constituição de 1988." (p. 433 do acórdão)

Aqui, como se pode constatar, o Tribunal manteve os efeitos dos atos apesar de incompatíveis com a Constituição no momento da sua celebração, tanto pelo transcurso do tempo quanto pela existência de boa-fé. Trata-se de um caso, portanto, em que há simultânea incidência dos aspectos objetivos e subjetivos do princípio da segurança jurídica.

***B-4)** Pela ausência de prejuízo*

Em outras hipóteses o que torna intangível a situação não é preponderantemente o tempo, mas sim a ausência de prejuízo: embora ilegalmente praticado o ato, a finalidade legal, por via transversa, é atingida, inexistindo qualquer prejuízo para as partes envolvidas.

Há várias decisões antigas do Supremo Tribunal Federal nesse sentido. Por exemplo, no RE n. 78.209, instado a se manifestar sobre a validade de atos praticados com base em lei posteriormente declarada inconstitucional pelo Supremo Tribunal Federal, por serventuários no exercício da função de oficiais de justiça, o Tribunal declarou-os funcionários de fato e reconheceu "válida a penhora feita por agentes do Executivo, sob as ordens dos juízes, nos termos da Lei estadual de São Paulo, s.n., de 3.12.71, mormente se nenhum prejuízo disso adveio para o Executado".[57] No mesmo sentido decidiu o Supremo Tribunal Federal no RE n. 78.594: ao examinar os atos praticados por funcionários de fato no exercício irregular da função de oficiais de justiça, o Tribunal manteve os atos praticados porque eles não afetaram a defesa nem criaram danos irreparáveis e prejudiciais à exequente.[58]

O importante é que, nesses casos, a ausência de prejuízo funciona como fator estabilizador do ato impugnado, cujos efeitos são mantidos em nome da permanência e durabilidade do Direito. O princípio da segurança jurídica opera na sua dimensão objetiva, independendo, portanto, de interesses subjetivos ou, mesmo, de elementos outros que não a singela ausência de prejuízo.

57. RE n. 78.209, 1ª Turma, Rel. Min. Aliomar Baleeiro, *DJ* 9.10.74.

58. RE n. 78.594, 2ª Turma, Rel. Min. Bilac Pinto, *DJ* 30.10.74.

III – Dimensão subjetiva: intangibilidade de situações individuais por razões subjetivas

A) Considerações gerais sobre a proteção da confiança

O chamado princípio da proteção da confiança serve de instrumento de defesa de interesses individuais nos casos em que o particular, não sendo protegido pelo direito adquirido ou pelo ato jurídico perfeito, em qualquer âmbito, inclusive no tributário, exerce a sua liberdade, em maior ou menor medida, confiando na validade (ou na aparência de validade) de um conhecido ato normativo geral ou individual e, posteriormente, tem a sua confiança frustrada pela descontinuidade da sua vigência ou dos seus efeitos, quer por simples mudança, quer por revogação ou anulação, quer, ainda, por declaração da sua invalidade. Por isso, o princípio da proteção da confiança envolve, para a sua configuração, a existência de (a) uma base da confiança, de (b) uma confiança nessa base, do (c) exercício da referida confiança na base que a gerou e da (d) sua frustração por ato posterior e contraditório do Poder Público.

Como o princípio requer a confiança do particular em alguma manifestação (regular ou irregular, como se verá) do Poder Público, a sua aplicação envolve, por definição, uma tensão com outros princípios também integrantes do princípio da segurança jurídica: com o princípio democrático, que confere ao Poder Legislativo liberdade de configuração, em cujo núcleo está a faculdade de instituir novas regras ou de modificar as anteriores para adaptá-las à realidade – o que pode levar a uma descontinuidade de aplicação das regras anteriores; com o princípio da separação dos Poderes, que confere a cada um dos Poderes, inclusive ao Poder Executivo, a prerrogativa de, dentro da sua área de competência, porém mediante critérios de conveniência e de oportunidade, concretizar o interesse público legalmente definido – o que também pode levar a uma interrupção, por anulação ou revogação de norma anterior ou edição de uma nova, na continuidade dos efeitos produzidos anteriormente; e assim com outros princípios que, de um ou outro modo, habilitam o Estado a introduzir novas regras ou a modificar as anteriores. Afinal, o particular não tem o direito de postular a manutenção da ordem jurídica tal como esta se configura no presente, dada a competência do Poder Legislativo de modificar a realidade normativa.[59] Em outras palavras, no âmbito de aplicação do princípio da proteção da confiança apresenta-se – nas palavras de Couto e Silva – a luta entre o novo e o velho dentro do

59. Kyrill-A. Schwarz, *Vertrauensschutz als Verfassungsprinzip*, Baden-Baden, Nomos, 2002, pp. 296 e 299.

próprio Estado ou – no dizer de Martins-Costa – a tensão entre permanência e ruptura, estabilidade e mudança, entre o que pode ser eterno e o que tende à perpétua mudança.[60]

O âmbito de aplicação do princípio da proteção da confiança, portanto, não abrange apenas os atos praticados com base em atos normativos válidos que tenham sido modificados sem que o particular possa ser protegido por meio das garantias dos direitos adquiridos, do ato jurídico perfeito e da coisa julgada. Sua extensão engloba também os atos, concluídos ou iniciados, praticados com base em atos normativos que se revestiam de legalidade meramente aparente, ou nem isso, e cuja anulação desde o início causaria frustração da expectativa individual sobre eles lançada. Desse modo, sempre que se aplica o princípio da proteção da confiança, ou se estabelece um conflito com o princípio democrático ou da separação dos Poderes, que habilitam o Estado a mudar a sua orientação, ou se provoca uma tensão com regras constitucionais de competência, que condicionam a validade das leis e dos atos administrativos à obediência de requisitos de forma e de conteúdo.

Ao contrário do direito adquirido, do ato jurídico perfeito e da coisa julgada, porém, que são protegidos por uma regra constitucional expressa, a confiança legítima, concernente a atos iniciados (mas, do ponto de vista da regra imediatamente aplicável, ainda não concluídos), não é amparada por qualquer regra constitucional expressa. Isso poderia levar ao entendimento de que, protegendo apenas algumas situações envolvendo o exercício passado da liberdade juridicamente orientada, e não outras, a CF/88 teria negado proteção às expectativas de direito. Tal entendimento, todavia, não merece prosperar.

Isso porque o catálogo de direitos e de garantias individuais expressamente consigna que "os direitos e garantias expressos nesta Constituição não excluem outros decorrentes do regime e dos princípios por ela adotados, ou dos tratados internacionais em que a República Federativa

60. Almiro do Couto e Silva, "O princípio da segurança jurídica (proteção à confiança) no Direito Público brasileiro e o direito da Administração Pública de anular os seus próprios atos: o prazo decadencial do art. 54 da Lei do Processo Administrativo da União (Lei n. 9.784/99)", *RDA* 237, p. 276, Rio de Janeiro, 2004. Judith Martins-Costa, "Almiro do Couto e Silva e a ressignificação do princípio da segurança jurídica na relação entre Estado e cidadãos", in Humberto Ávila (org.), *Fundamentos do Estado de Direito – Estudos em homenagem a Almiro do Couto e Silva*, São Paulo, Malheiros Editores, 2005, p. 131. No mesmo sentido: Rudolf Mellinghoff, "Vertrauen in das Steuergesetz", in Heinz-Jürgen Pezzer (org.), *Vertrauensschutz im Steuerrecht. Deutsche Steuerjuristische Gesellschaft* 27, Köln, Otto Schmidt, 2004, p. 27.

do Brasil seja parte" (art. 5º, § 2º). Essa ressalva final, portanto, é expressa ao incorporar *outros direitos e garantias* decorrentes dos princípios adotados pela Constituição – como é o caso, precisamente, dos direitos e das garantias decorrentes do princípio da segurança jurídica e dos direitos fundamentais expressamente consagrados. Sendo assim, e porque a proteção da confiança é uma eficácia reflexa do princípio da segurança jurídica, em conjunto com os direitos fundamentais de liberdade e de propriedade, e com os princípios definidores da atuação estatal, não há razão para preexcluir a proteção da confiança do rol de direitos e garantias previstos pela CF/88. A sua falta de previsão expressa possui apenas o efeito de a sua proteção depender de uma ponderação concreta com outros princípios eventualmente colidentes e da sua relação com os direitos fundamentais de liberdade, de propriedade e de igualdade; ao contrário do que ocorre com as regras que protegem o direito adquirido, o ato jurídico perfeito, a coisa julgada e o fato gerador ocorrido do ponto de vista legal.

O princípio da proteção da confiança (*Vertraensschutzprinzip*, *principe de protection de la confiance légitime*, *principle of protection of legitimate expectations*) é diferenciado do princípio da segurança jurídica pelos seguintes critérios: (a) *âmbito normativo* – enquanto o princípio da segurança jurídica diz respeito ao ordenamento jurídico como um todo, focando o âmbito macrojurídico, o princípio da confiança legítima relaciona-se com um aspecto normativo do ordenamento jurídico, enfatizando um âmbito microjurídico; (b) *âmbito pessoal* – enquanto o princípio da segurança jurídica representa uma norma objetiva, não necessariamente vinculada a um sujeito específico, o princípio da confiança legítima protege o interesse de uma pessoa específica; (c) *nível de concretização* – enquanto o princípio da segurança jurídica refere-se, primordialmente, ao plano abstrato, o princípio da confiança legítima pressupõe o nível concreto de aplicação; (d) *amplitude subjetiva de proteção* – enquanto o princípio da segurança jurídica serve de instrumento de proteção de interesses coletivos, o princípio da confiança legítima funciona como meio de proteção de interesse(s) individual(is); (e) *protetividade individual* – enquanto o princípio da proteção da segurança jurídica é neutro com relação ao interesse dos cidadãos, podendo tanto ser usado em seu favor quanto em seu desfavor, o princípio da proteção da confiança só é utilizado com a finalidade de proteger os interesses daqueles que se sentem prejudicados pelo exercício passado de liberdade juridicamente orientada.[61]

61. Sylvia Calmes, *Du principe de protection de la confiance légitime en Droits Allemand, Communautaire et Français*, Paris, Dalloz, 2001, pp. 167-171.

A sistematização dessas diferenciações permite afirmar que o princípio da segurança jurídica qualifica, sob o ângulo macrojurídico, uma norma objetiva, abstrata e protetiva de interesses coletivos, que serve, portanto, como instrumento de proteção "das confianças" ou do "conjunto de confianças" no ordenamento jurídico, ao passo que o princípio da proteção da confiança representa uma aplicação reflexiva, subjetiva e concretamente orientada do princípio objetivo da segurança jurídica, sendo um veículo de proteção "de uma confiança". O princípio da segurança jurídica revelaria, assim, a face geral da segurança jurídica, protegendo o interesse de todos, apesar, eventualmente, do interesse de alguns; ao passo que o princípio da proteção da confiança garantiria o interesse de um ou de alguns apesar, eventualmente, do interesse de todos. O primeiro seria vinculado, portanto, à justiça geral; enquanto o segundo, à justiça individual. Sendo isso, porém, verdadeiro, algumas consequências relevantes não podem ser desconsideradas.

Em primeiro lugar, a aplicação desses princípios pode conduzir a resultados opostos, gerando, desse modo, um conflito interno dentro da própria segurança jurídica, considerada como princípio maior: sendo o princípio da segurança jurídica *o todo* e o princípio da proteção da confiança legítima *a parte*, pode ser que a garantia deste leve à restrição daquele, e vice-versa. Daí se afirmar que o princípio da proteção da confiança, a rigor, não é mera decorrência, obtida por dedução, do princípio da segurança jurídica, mas, em vez disso, uma *limitação* ou um *corolário limitativo* desse princípio.[62] A respeito disso, será preciso – como já explicado na parte concernente à significação da segurança jurídica e adiante pormenorizado – encontrar critérios de harmonização entre esses princípios, de modo a que seja produzida *mais* segurança que insegurança; ou, em outro dizer, de maneira a que a proteção da confiança, representativa da dimensão passada da segurança jurídica, sob a perspectiva individual, não termine por comprometer, ainda em maior grau, a dimensão presente e futura da segurança jurídica, sob a perspectiva coletiva, e, a pretexto de se aumentar a proteção da segurança jurídica, termine-se por diminuí-la. Ou – seguindo a distinção que ora se faz – de modo a que a proteção da confiança não conduza à perda da segurança jurídica; ou, mais pontual e rigorosamente, a preservação da dimensão subjetiva individual da segurança jurídica não cobre o preço da perda da sua dimensão objetiva transindividual.

62. Sylvia Calmes, *Du principe de protection de la confiance légitime en Droits Allemand, Communautaire et Français*, cit., p. 181.

Em segundo lugar, porque esses princípios são diferentes quanto ao âmbito normativo, à pessoalidade, ao plano normativo e ao espectro de proteção, também são diversos o seu conteúdo, o momento da sua verificação e as provas necessárias à sua realização. Essa constatação é, pois, de fundamental importância. É que, representando o princípio da proteção da confiança uma aplicação reflexiva, subjetiva e concreta de um princípio objetivo, a demonstração dos requisitos necessários à sua realização (base da confiança, confiança, exercício da confiança e frustração da confiança) depende de provas concretas, a serem produzidas em processos judiciais com cognição ampla e exauriente, não podendo, assim, ser objeto de discussão em processos que examinam, em caráter abstrato e concentrado, a constitucionalidade em tese de uma lei. Em suma, a demonstração da ocorrência dos requisitos do princípio da proteção da confiança só pode ser feita em ações ordinárias e no controle difuso de constitucionalidade, que analisa a violação concreta da Constituição por meio de um ato administrativo ou judicial; não em ações declaratórias de constitucionalidade, envolvendo o controle concentrado de constitucionalidade, que examina a violação em tese da Constituição por meio de um ato normativo qualquer, por faltar, nesse controle, cognição relativamente aos elementos concretos cuja configuração densifica o princípio da proteção da confiança.

Essa constatação demonstra que o art. 27 da Lei n. 9.868/98, quando menciona "razões de segurança jurídica" como fundamento para que o Supremo Tribunal Federal, no controle concentrado de constitucionalidade, possa modular os efeitos dessa declaração de inconstitucionalidade, está fazendo referência não ao princípio da proteção da confiança, como "segurança subjetivada", mas, sim, ao princípio da segurança jurídica na sua dimensão objetiva e no seu aspecto pessoal relacionado ao interesse coletivo. O princípio da proteção da confiança depende do *exercício* da confiança (*Betätigung des Vertrauens* ou *Vertrauensdisposition*), ao passo que o princípio da segurança jurídica deve ser garantido independentemente da *atuação concreta* (*tatsächliche Betätigung*).[63] Assim, alegar em ações declaratórias de constitucionalidade que o cidadão confiou em algum ato administrativo específico ou em uma decisão judicial e, por isso, a declaração de inconstitucionalidade da lei, com eficácia geral, só pode produzir efeitos para o futuro, considerando-se o prejuízo individual concreto, é levar para essas ações elementos que nelas não podem ser objeto de comprovação, confundindo, ainda, ques-

63. Johanna Hey, *Steuerplanungssicherheit als Rechtsproblem*, Köln, Otto Schmidt, 2002, p. 129.

tões relacionadas ao conteúdo interno da decisão com questões externas relacionadas aos seus efeitos.

Isso, contudo, não quer dizer que a confiança *de todos* ou *da maioria*, ou mesmo a confiança *em si mesma*, como elemento configurador dos ideais de permanência e de continuidade do *ordenamento jurídico*, não possa ser avaliada no processo concentrado de constitucionalidade, ainda que de maneira presumida, ou mesmo no controle difuso, quando haja repercussão transindividual da decretação de nulidade da lei, como admite o Supremo Tribunal Federal.[64] Nesse caso, no entanto, não se deve provar que a mudança afeta injustificadamente o *exercício concreto da liberdade de alguém*, mas que ela injustificadamente restringe o *direito abstrato de todos à liberdade*. Aqui, entretanto, o que se está, a rigor, analisando é a face objetiva da proteção da confiança – nada mais, portanto, que o próprio princípio da segurança jurídica.

É preciso reiterar que o princípio da proteção da confiança é uma aplicação "subjetivada" do princípio da segurança jurídica.[65] Mais que meramente significar que o princípio da proteção da confiança se refere a uma dimensão individual e concreta do princípio da segurança jurídica, isso significa que ele se fundamenta também nos direitos fundamentais individuais, notadamente nos direitos à liberdade e de exercício de atividade econômica. Esses direitos, conjuntamente com o princípio do Estado de Direito, protegem a confiança colocada em prática pelo cidadão com base causal tanto nas normas jurídicas quanto na credibilidade da atuação estatal, com os quais se ligam as suas expectativas e a configuração da sua liberdade.[66]

Esses direitos adquirem ainda maior relevância no âmbito do Direito Tributário, visto que a tributação, pelas suas eficácias, oneratória e indutora, atinge, quanto mais intensas elas forem, os direitos do contribuinte relacionados à configuração da sua liberdade e ao uso de seu patrimônio, de modo que a modificação posterior que atinge, retroativa ou, mesmo, retrospectivamente, uma atuação anterior do contribuinte significa, em

64. RE n. 197.917-8, Tribunal Pleno, Rel. Min. Maurício Corrêa, *DJ* 7.5.2004.

65. Johanna Hey, *Steuerplanungssicherheit als Rechtsproblem*, Köln, Otto Schmidt, 2002, p. 110.

66. Kyrill-A. Schwarz, *Vertrauensschutz als Verfassungsprinzip*, Baden-Baden, Nomos, 2002, pp. 145 e ss. Rudolf Mellinghoff, "Vertrauen in das Steuergesetz", in Heinz-Jürgen Pezzer (org.), *Vertrauensschutz im Steuerrecht. Deutsche Steuerjuristische Gesellschaft* 27, Köln, Otto Schmidt, 2004, p. 28. Sylvia Calmes, *Du principe de protection de la confiance légitime en Droits Allemand, Communautaire et Français*, Paris, Dalloz, 2001, p. 391.

regra, uma restrição ao exercício passado da liberdade, que se orientou – e que só podia se orientar – pelas normas vigentes no momento da ação.[67] O contribuinte não age com base em normas futuras. *In praeteritum non vivitur*: ele o faz com base nas normas presentes. E justamente porque os direitos fundamentais passam a ser a medida para a protetividade da confiança é que ocorre uma inversão do ônus argumentativo: não é o contribuinte que deve encontrar uma razão para afastar os efeitos pretéritos da nova orientação normativa, mas, sim, o Estado, que deve ter uma justificativa proporcional para a restrição dos direitos fundamentais.[68]

É preciso realçar, por fim, que o princípio da proteção da confiança, representativo da eficácia reflexiva do princípio da segurança jurídica, igualmente serve de proteção do cidadão em face do Estado. Essa é a razão pela qual Machado Derzi, com todo acerto, afirma que a proteção da confiança, em uma relação vertical, como é a tributária, só pode ser considerada de forma unilateral, isto é, em favor do contribuinte, e não em benefício do Estado.[69]

B) Requisitos de aplicação

B-1) Base da confiança

a) Considerações gerais

A base da confiança traduz-se nas normas que serviram de fundamento para a (in)ação individual.[70] Essa base tanto pode ser geral e abstrata, como uma lei, quanto individual e concreta, como um ato administrativo ou uma decisão judicial. Ela também pode ser *positiva*, por meio de atos voluntários e ativos, a exemplo do que ocorre com uma decisão judicial clara e precisa, com um ato administrativo concludente e portador de uma promessa ou com uma prática reiterada e uniforme da Administração ou, ainda, com um ato normativo legislativo. A base pode também ser *negativa*, passiva e, por vezes, involuntária, como, por exemplo, a tolerância administrativa ou a longa ausência de exercício de

67. Rudolf Mellinghoff, "Vertrauen in das Steuergesetz", in Heinz-Jürgen Pezzer (org.), *Vertrauensschutz im Steuerrecht. Deutsche Steuerjuristische Gesellschaft* 27, Köln, Otto Schmidt, 2004, p. 29.

68. Johanna Hey, *Steuerplanungssicherheit als Rechtsproblem*, Köln, Otto Schmidt, 2002, p. 134.

69. Misabel de Abreu Machado Derzi, *Modificações da jurisprudência no Direito Tributário*, São Paulo, Noeses, 2009, p. 266.

70. Sabine Altmeyer, *Vertrauensschutz im Recht der Europäischen Union und im deutschen Recht*, Baden-Baden, Nomos, 2003, p. 43.

uma prerrogativa administrativa, cujo uso não seja submetido a prazo decadencial.[71] O *conhecimento* da base da confiança capaz de gerar confiança é, portanto, o primeiro elemento do princípio da proteção da confiança.

A questão da base da confiança está longe de ser incontroversa. Para comprová-lo, basta formular algumas indagações: Uma norma manifestamente inconstitucional pode servir de base da confiança? E uma norma confusa e obscura? Uma norma que contenha uma reserva de modificação posterior? Uma norma que verse sobre uma questão econômico-conjuntural? Uma norma que se insira em um âmbito normativo sabidamente inconstante? O aviso de que a legislação irá mudar ou a notícia de que há um projeto de lei afasta a confiança na legislação vigente? Enfim, essas e outras questões demonstram que o estudo da base da confiança envolve não só a verificação de quais são os elementos que a podem configurar, mas também como esses elementos interagem entre si para, no conjunto, gerar uma "relação de confiança".

A tese aqui defendida é no sentido de que o que caracteriza a base é a sua *aptidão para servir de fundamento para o exercício dos direitos de liberdade e de propriedade*, e não os requisitos objetivos que ela possua. Isso ficará claro quando da demonstração de que os atos administrativos inválidos e as leis inconstitucionais, editados em desconformidade com os requisitos objetivos para a sua edição, da mesma forma, podem gerar confiança digna de proteção.[72]

Essa constatação não significa que todas as bases tenham igual aptidão para gerar confiança. Isso se deve ao fato de que, sendo fundamental o caráter gerador de expectativas da base normativa, nem todas as bases normativas apresentam o mesmo grau de confiabilidade. Desse modo, o decisivo passa a ser encontrar *critérios orientadores* que permitam apontar quais são as bases geradoras de confiança legítima e quais são aquelas que não geram a referida confiança, de modo que a jurisprudência deixe de ser casuística e, por consequência, insegura.[73]

71. Sylvia Calmes, *Du principe de protection de la confiance légitime en Droits Allemand, Communautaire et Français*, Paris, Dalloz, 2001, p. 324.

72. Johanna Hey, "Vertrauen in das fehlerhafte Steuergesetz", in Heinz-Jürgen Pezzer (org.), *Vertrauensschutz im Steuerrecht. Deutsche Steuerjuristische Gesellschaft* 27, Köln, Otto Schmidt, 2004, pp. 91-127.

73. Fritz Ossenbühl, *Die Rücknahme fehlerhafter begünstigender Verwaltungsakte*, 2ª ed., Berlin, Walter de Gruyter, 1965, p. 33. Rudolf Mellinghoff, "Vertrauen in das Steuergesetz", in Heinz-Jürgen Pezzer (org.), *Vertrauensschutz im Steuerrecht. Deutsche Steuerjuristische Gesellschaft* 27, Köln, Otto Schmidt, 2004, p. 42.

A doutrina normalmente apresenta uma divisão draconiana entre bases legítimas e bases ilegítimas da confiança. A proteção da confiança deveria ser afastada quando a base da confiança fosse juridicamente inexistente ou manifestamente inválida, contivesse cláusula de reserva de modificação futura, fosse meramente experimental ou conjuntural ou se inserisse em âmbito normativo sabidamente inconstante. Em todos esses casos, a base da confiança não mereceria confiabilidade, razão pela qual o cidadão não poderia contar com a sua permanência, devendo, em vez disso, contar com a sua alteração. A investigação do tema, portanto, é realizada por meio da indicação das propriedades intrínsecas que a base da confiança deve possuir para gerar confiança: ser válida e ter pretensão de permanência. O ângulo de análise é estritamente formal.

Ocorre, porém, que o exame jurisprudencial – a ser adiante feito – revela que a base da confiança é merecedora de confiabilidade mesmo quando possui determinadas características que, à primeira vista, parecem desqualificá-la como fonte produtora de confiança. Afirma-se, por exemplo, que uma lei inconstitucional ou um ato nulo não geram confiança.[74] Mas se o particular, em função da lei ou do ato, terminou atuando durante longo tempo, não sendo mais possível reverter o estado em que se encontra, mesmo assim não há proteção? Se o particular só agiu porque foi induzido pelo Estado por meio do próprio ato que, mais tarde, veio a ser considerado nulo, e o fez de maneira dispendiosa, por longo período e por meio de uma estreita cooperação com o Estado na realização de finalidades públicas, ainda assim não há proteção? A investigação doutrinária revela, justamente, que a jurisprudência protege esses atos ou os seus efeitos em algumas situações.[75]

Essas considerações conduzem à necessidade de que se ultrapasse uma concepção classificatória entre atos que geram e atos que não geram proteção, em favor de uma concepção que, a par de indicar outros elementos a serem considerados na análise, ainda forneça critérios de harmonização entre eles. Nesse sentido, é preciso ter em conta, de um lado, que há vários elementos a serem considerados, e não um só. Além de haver

Johanna Hey, *Steuerplanungssicherheit als Rechtsproblem*, Köln, Otto Schmidt, 2002, p. 230.

74. Kyrill-A. Schwarz, *Vertrauensschutz als Verfassungsprinzip*, Baden-Baden, Nomos, 2002, p. 297. Stefan Muckel, *Kriterien des verfassungsrechtlichen Vertrauensschutzes bei Gesetzesänderungen*, Berlin, Duncker und Humblot, 1989, p. 84.

75. Almiro do Couto e Silva, "O princípio da segurança jurídica (proteção à confiança) no Direito Público brasileiro e o direito da Administração Pública de anular os seus próprios atos: o prazo decadencial do art. 54 da Lei do Processo Administrativo da União (Lei n. 9.784/99)", *RDA* 237, p. 300, Rio de Janeiro, 2004.

variação com relação aos elementos, também há distinção com relação a qual aspecto da base da confiança eles dizem respeito. Com efeito, há elementos que fazem referência a qualidades objetivas ou intrínsecas da base da confiança – como o seu grau de vinculatividade, de permanência, de onerosidade, de eficácia no tempo ou de efetividade – e elementos que dizem respeito a efeitos subjetivos da base da confiança – como o grau de aparência de legalidade, de indução comportamental ou de dependência do cidadão relativamente ao Poder Público. O decisivo é que a aptidão desses elementos para atribuir confiabilidade à base é também decorrente dos *efeitos* que eles, efetiva ou potencialmente, produzem no âmbito de proteção dos direitos fundamentais envolvidos e dos princípios constitucionais relativos à atuação estatal. Por exemplo, um termo de acordo oneroso e com finalidade extrafiscal que consolide uma estreita relação de cooperação entre o Estado e o contribuinte na realização de finalidades públicas e induza o comportamento do contribuinte de tal modo que os atos já praticados e os gastos já realizados o coloquem em uma situação de fato irreversível reclama a aplicação dos princípios de liberdade e de propriedade, de um lado, e de moralidade, de outro. Quanto maior a relação de cooperação do cidadão com o Estado, tanto maior será a pretensão de permanência dos reflexos jurídicos da sua ação.[76] Isso significa, em outras palavras, que a proteção da confiança é, em um modo de ver, uma espécie de aplicação reflexiva do princípio da segurança jurídica, erguido com base nos princípios protetivos de direitos fundamentais e qualificadores da atuação estatal, ou, em outra perspectiva, uma espécie de aplicação reflexiva desses próprios princípios. Por isso a correta afirmação de Lehner no sentido de que a problemática da proteção da confiança e da retroatividade, antes vinculada à constatação da existência, ou não, de atos concluídos no passado, conformes aos requisitos legais, passa a ser vinculada à atuação do contribuinte e do Estado.[77] Mudou-se o foco – e, com ele, os pressupostos de configuração do princípio da proteção da confiança: o eixo deixa de ser a validade da base, a consumação dos fatos segundo a lei anterior ou a mera relação intertemporal entre as normas, e passa a ser o exercício dos direitos fundamentais e a atuação estatal, sem

76. Christof Münch, "Rechtssicherheit als Standortfaktor. Gedanken aus Sicht der vorsorgenden Rechtspflege", in Albrecht Weber (org.), *Währung und Wirtschaft. Das Geld im Recht. FS für Hugo J. Hahn*, Baden-Baden, Nomos, 1997, p. 677.

77. Moris Lehner, "Das Rückwirkungsproblem im Spiegel der Abschnittsbesteuerung", in Paul Kirchhof, Karsten Schmidt e Wolfgang Schön (orgs.), *FS für Arndt Raupach. Steuer- und Gesellschaftsrecht zwischen Unternehmerfreiheit und Gemeinwohl*, Köln, Otto Schmidt, 2006, p. 67.

que a validade da base e a consumação dos fatos sob a vigência da norma anterior sejam, por si só, fatores excludentes da proteção.[78]

Em outras palavras, a proteção da confiança passa a refletir menos aqueles aspectos intrínsecos relacionados à regularidade formal dos atos praticados pelo Poder Público e mais aqueles que dizem respeito à *eficácia* que eles provocam nos princípios ligados à liberdade, à propriedade, à igualdade e à própria atuação estatal. O essencial não é, portanto, se a base da confiança é, ou não, regular, definitiva, inequívoca, precisa, positiva ou concludente – como sustenta, em geral, a doutrina.[79] Decisivos passam a ser os *efeitos* da base relativamente aos direitos e aos princípios fundamentais, até mesmo quando a base da confiança seja irregular, transitória, equívoca, imprecisa, negativa ou includente, havendo proteção da confiança se a *inter-relação* entre os elementos dessa base e a sua *conexão* com os direitos fundamentais assim o justificarem – como será demonstrado.

A análise da doutrina tradicional, no entanto, demonstra que durante longo tempo, e, de algum modo, até hoje, a aplicação do princípio da segurança quanto aos atos legislativos, pela proibição de retroatividade, quanto aos atos administrativos, pelo ato jurídico perfeito ou pelo direito adquirido, e quanto aos atos judiciais, pela coisa julgada, sempre foi centrada, no tocante ao Estado, na *regularidade formal* do ato e, no tocante ao particular, na *conclusividade ou na consumação dos pressupostos normativos*. Tanto é assim que as próprias regras constitucionais atinentes à matéria fazem referência à conclusividade dos atos: o art. 5º, XXXVI, protege o direito *adquirido*, o ato jurídico *perfeito* e coisa *julgada*, e o art. 150, III, "b", proíbe a retroatividade da lei relativamente a fatos geradores *ocorridos* antes do início da sua vigência. Questões relacionadas ao âmbito de aplicação dos princípios de liberdade e dos princípios administrativos e à sua restrição não tinham hora, nem vez. O critério técnico e formal da consumação só admite "sim" ou "não" como resposta, nunca "mais ou menos".[80]

Contudo, a jurisprudência foi, paulatinamente, alargando o campo de proteção, inicialmente com base na teoria dos fatos consolidados

78. Martin Stötzel, *Vertrauensschutz und Gesetzesrückwirkung*, Frankfurt am Main, Peter Lang, 2002, p. 119.

79. Sylvia Calmes, *Du principe de protection de la confiance légitime en Droits Allemand, Communautaire et Français*, Paris, Dalloz, 2001, pp. 305-332.

80. Johanna Hey, *Steuerplanungssicherheit als Rechtsproblem*, Köln, Otto Schmidt, 2002, p. 235.

para, mais recentemente, utilizar o próprio princípio da segurança jurídica subjetivada a fim de proteger a confiança do cidadão nos casos em que não há conclusividade do ato praticado ou regularidade formal na atividade estatal.[81] Se o foco da discussão passa a ser o comportamento do contribuinte, e ele se desenvolve no tempo, as mudanças normativas nunca se iniciam do nada, mas em um momento em que comportamentos podem ter sido adotados, de modo que o conceito de retroatividade ou de mudança não pode apenas envolver um problema qualitativo, mas quantitativo; não de "sim ou não", mas de "mais ou menos"; não de "ponto", mas de "escala".[82]

Mesmo assim, os casos em que o Supremo Tribunal Federal utiliza, expressa ou implicitamente, o princípio da proteção da confiança, pelo próprio nome, como recentemente passou a fazê-lo, ou por meio da consolidação das situações de fato, como desde há muito procede, dizem respeito a situações mais ou menos extremadas relativas à atividade administrativa, nas quais o longo transcurso do tempo desempenhou um papel decisivo na declaração de intangibilidade do ato e de seus efeitos. Em outras situações, todavia, em que está em pauta a atuação legislativa e em que há regras constitucionais a respeito da matéria, o Supremo Tribunal Federal tem admitido a eficácia retrospectiva das normas relativamente a atos ou a fatos iniciados, porém não consumados, sob o argumento de que só merece proteção aquilo que foi consumado sob o amparo da norma anterior. É preciso, pois, avançar na investigação da aplicação do princípio da proteção da confiança nesse âmbito.

As indagações feitas acima revelam, de outro lado, que há uma *escala* de intensidade de realização dos elementos configurados da base da confiança. Essa escala, todavia, não pode ser delimitada com base em critérios de *verificação fixa dual* (sim ou não); em vez disso, ela só pode ser construída com base em critérios de *verificação gradual* (mais ou menos). Mais que isso – e como se pretende, adiante, demonstrar –, haverá proteção da confiança quando houver, relativamente aos vários critérios, *mais razões* para proteger a confiança que para não a proteger. Esta é a proposta aqui defendida: a verificação da base da confiança com apoio em critérios de verificação graduais, cuja soma, a ser também

81. Almiro do Couto e Silva, "O princípio da segurança jurídica (proteção à confiança) no Direito Público brasileiro e o direito da Administração Pública de anular os seus próprios atos: o prazo decadencial do art. 54 da Lei do Processo Administrativo da União (Lei n. 9.784/99)", *RDA* 237, p. 302, Rio de Janeiro, 2004.

82. Johanna Hey, *Steuerplanungssicherheit als Rechtsproblem*, Köln, Otto Schmidt, 2002, pp. 238 e 243.

gradualmente examinada, indicará se existem, ou não, mais justificativas para a proteção da confiança que o contrário. O exame desses critérios permitirá construir regras gerais de confirmação ou de infirmação da base da confiança.

Como se vê, os elementos a serem verificados – o que ficará mais claro depois – não se enquadram em uma rigidez conceitual classificatória, no sentido de apontar requisitos cuja presença seja obrigatória. Eles possuem apenas valor indiciário.[83] Os referidos elementos afeiçoam-se mais a uma representação tipológica, assim considerada aquela que, à diferença dos conceitos, envolve elementos que não são individualmente nem necessários, nem suficientes, valendo para a sua configuração a visão de conjunto, de modo que a base da confiança possa existir apesar da falta de um ou de mais elementos. Não se trata, porém, de analisar a jurisprudência para construir tipos reais, isto é, uma tipologia que, por meio da *descrição* do que habitualmente tem sido decidido na jurisprudência, indique quais são os casos que, excepcional ou normalmente, merecem proteção, como o faz Stötzel.[84] Trata-se, em vez disso, de indicar quais são os elementos e os critérios jurídicos que devem ser levados em consideração na aplicação do princípio da proteção da confiança nos casos em que o fato ocorrido ou o ato praticado no passado não se consumaram de acordo com a lei anterior, de modo que, presentes esses elementos, deve o aplicador utilizar os critérios indicados. Em vez de tipos reais, é preciso construir – na linha de Hey – uma tipologia material.[85]

A necessidade de indicação dos elementos a serem considerados para a configuração da base da confiança e o modo como eles se configuram e interagem decorrem também da exigência de segurança jurídica na aplicação do Direito. Não basta, como é recorrente na doutrina, simplesmente afirmar que deve ser feita uma ponderação ou um balanceamento entre o interesse estatal de mudar as normas aplicáveis, baseado no princípio democrático, e o interesse particular de manter os efeitos passados por elas produzidos, fundado na proteção da confiança. Afinal, deve-se ponderar: quais os elementos atinentes a esses interesses? Com base em que critérios? Com que peso? Sem a indicação prévia do objeto da ponderação e dos seus critérios, a ponderação é instrumento

83. Fritz Ossenbühl, *Die Rücknahme fehlerhafter begünstigender Verwaltungsakte*, 2ª ed., Berlin, Walter de Gruyter, 1965, pp. 92-93.

84. Martin Stötzel, *Vertrauensschutz und Gesetzesrückwirkung*, Frankfurt am Main, Peter Lang, 2002, pp. 149 e ss.

85. Johanna Hey, *Steuerplanungssicherheit als Rechtsproblem*, Köln, Otto Schmidt, 2002, p. 245.

de arbitrariedade e, desse modo, incompatível com o princípio da segurança jurídica na sua dimensão dinâmica.[86] E deixar tudo para uma casuísta ponderação também é insuficiente.[87] Os critérios apresentados neste trabalho são, portanto, produto de um esforço no sentido de criar parâmetros para uma ponderação segura. Ou se adota essa precaução, ou se chega a um interessante paradoxo: a prevalência da segurança jurídica, pela manutenção de atos ou de normas passadas, ou dos seus efeitos pretéritos, é feita por meio de uma ponderação que, por falta de critérios intersubjetivamente controláveis, revela-se arbitrária e, por isso mesmo, ofensiva à segurança jurídica. Em outras palavras, ou a ponderação é orientada por critérios universalizáveis e juridicamente justificáveis ou, a pretexto de se garantir, de um lado, a segurança jurídica (na sua dimensão dinâmica, como confiabilidade no seu aspecto subjetivo de proteção da confiança), restringe-se, de outro, a mesma segurança jurídica (na sua dimensão dinâmica, como calculabilidade no seu aspecto objetivo de proibição de arbitrariedade). Mais uma vez retorna-se à proposição geral que permeia toda esta tese: ou a segurança jurídica é inteira, ou não é segurança jurídica; ou, com mais rigor, ou a eficácia da segurança jurídica é examinada às inteiras ou, a pretexto de se garantir a segurança jurídica, faz-se com que a sua restrição *efetiva* e *verificada* seja superior à sua realização *desejada* e *proclamada*.

b) Critérios de configuração

Os critérios de configuração da base da confiança ora dizem respeito a toda e qualquer manifestação estatal, ora dizem respeito somente às leis ou aos atos administrativos ou judiciais. A relação realizada adiante reflete, inicialmente, aqueles requisitos dirigidos a qualquer manifestação estatal, finalizando com aqueles que dizem respeito a manifestações estatais individuais.

Critério do grau de vinculação da base (base vinculante ↔ base não-vinculante):

Quanto maior for o grau de vinculação normativa da base normativa, maior deve ser a proteção da confiança nela depositada. Esse requi-

86. Matthias Jestaedt, "Die Abwägungslehre – ihre Stärken und ihre Schwächen", in Otto Depenhauer *et alii* (orgs.), *Staat im Wort – FS für Josef Isensee*, Heidelberg, C. F. Müller, 2007, pp. 265 e 267.

87. Bodo Pieroth, *Rückwirkung und Übergangsrecht*, Berlin, Duncker und Humblot, 1981, p. 147.

sito decorre do fato de que nem todas as normas têm o mesmo grau de vinculatividade: há leis cogentes, que obrigam, assim como há leis dispositivas, que permitem; há atos administrativos com eficácia externa, dirigidos aos particulares, a exemplo dos atos normativos interpretativos, como atos administrativos com eficácia interna, a exemplo das ordens de serviço; há decisões do Supremo Tribunal Federal em controle concentrado de constitucionalidade, com eficácia *erga omnes*, decisões no controle difuso de constitucionalidade, com suspensão da lei por resolução editada pelo Senado Federal, assim como há decisões no controle difuso de constitucionalidade, com eficácia *inter partes*; há decisões do Superior Tribunal de Justiça objeto de súmula ou proferidas pela Seção competente do Tribunal sobre a matéria discutida, bem como há decisões proferidas por uma das suas Turmas; há decisões dos Tribunais inferiores que são proferidas por Grupos Cíveis, assim como há decisões proferidas pelas Câmaras – e assim interminavelmente. O importante é que esses atos não têm o mesmo grau de vinculação: alguns têm força vinculante formal (leis e decisões proferidas pelo Supremo Tribunal Federal no controle concentrado ou no controle difuso com suspensão da lei por resolução do Senado Federal ou que sejam objeto de súmula vinculante); outros possuem força material (atos administrativos uniformizadores do entendimento do Poder Executivo, decisões reiteradas dos Tribunais Superiores, por seus órgãos Plenos ou pelos órgãos de uniformização jurisprudencial ou que sejam objeto de súmula não-vinculante); e outros não têm força vinculativa definitiva, embora produzam eficácia desde logo (decisões administrativas de primeira instância ou decisões judiciais liminares em primeira ou em segunda instância).

Nesse sentido, e porque a aptidão para gerar confiança é o critério distintivo da base, não se pode igualar a eficácia constitutiva de confiança de um ato vinculante com um ato não-vinculante, e de um ato com vinculação material com um ato sem essa vinculação. Isso porque, quanto maior a vinculação, maior deve ser a confiabilidade do cidadão, indo de um extremo de vinculabilidade formal (em que deve haver obediência, diferentemente da confiança, que pressupõe a capacidade de disposição e a liberdade de ação) até outro extremo de vinculabilidade meramente material (em que deve haver mera confiança, em maior ou em menor medida). Em suma, admitindo o ato algum grau de disposição por parte do particular, quanto maior a sua vinculatividade, maior a expectativa que o cidadão deve ter com relação ao seu futuro cumprimento, pela menor capacidade de escolha da decisão a tomar e pela menor presença de circunstância justificadora da repartição do risco na tomada de decisão.

É preciso lembrar que o princípio da segurança jurídica, no aspecto aqui examinado, é instrumento de respeitabilidade da liberdade exercida no passado sob a orientação do próprio Direito. Sendo assim, ele deve proteger tanto mais o cidadão quanto mais ele tiver seguido a orientação fornecida pelo Direito. E isso ocorre quanto maior for a força vinculativa do ato gerador da confiança, visto que, quanto maior ela for, maior será a influência do Direito no exercício da liberdade.

Critério do grau de aparência de legitimidade da base (base válida ↔ base inválida):

Quanto maior for o grau de aparência de legitimidade da base, maior deve ser a proteção da confiança nela depositada. A essa regra se chega, de um lado, por meio das próprias exigências de cognoscibilidade e de eficácia jurídica que compõem o princípio da segurança jurídica: para que o Direito possa servir de orientação para o cidadão, ele precisa poder ser conhecido e executável; para que ele seja cognoscível e minimamente eficaz, porém, é necessário que o cidadão *confie* na validade dos atos normativos que tenham sido objeto de publicação ou de intimação, jamais os considerando suspeitos. Em outras palavras, o princípio da legalidade só funciona, e o Direito só é minimamente eficaz, se lhe for atribuída presunção de validade.[88] Essa presunção, no entanto, cobra um preço: o cidadão que confia na validade dos atos estatais não pode, posteriormente, ser prejudicado. É que sem presunção de validade não há confiabilidade. Sem nenhuma confiabilidade, entretanto, também não há nenhuma obediência. E sem nenhuma obediência não há como existir um mínimo de efetividade. O preço da efetividade é, portanto, a proteção daqueles que, confiando na validade dos atos estatais, seguiram a sua orientação, ainda que esses atos, mais tarde, sejam declarados ilícitos.

É precisamente da confiabilidade, mais especificamente da credibilidade que o Direito deve merecer, que decorre a maior resistência dos atos cuja aparência demonstre validade. Sendo assim, os atos que sejam manifestamente despidos de validade, como o são os atos inexistentes, assim considerados aqueles atos excepcionais que revelam uma irregularidade tão grosseira e evidente que os vícios de que padecem saltam imediatamente à vista, não são merecedores – por esse critério, ao menos – de confiança.[89]

88. Fritz Ossenbühl, *Die Rücknahme fehlerhafter begünstigender Verwaltungsakte*, 2ª ed., Berlin, Walter de Gruyter, 1965, p. 65.

89. Almiro do Couto e Silva, "O princípio da segurança jurídica (proteção à confiança) no Direito Público brasileiro e o direito da Administração Pública de

O critério da aparência de validade, aliás, como todos os outros, não é nem definitivo, no sentido de necessário e suficiente para a proteção da confiança, nem tem a sua configuração isenta de dificuldades. Em algumas situações não será possível diferenciar um ato inexistente de um ato nulo ou mesmo de um ato anulável, ou uma lei constitucional de uma inconstitucional.[90] Daí se falar em *aparência* de legitimidade do ato, em vez de legitimidade do ato. A aparência de legitimidade depende, a seu turno, de questões vinculadas aos sujeitos do ato (quanto maior o escalão da autoridade emanadora do ato e maior o número de sujeitos envolvidos na composição do seu conteúdo, maior é a presunção de que ele seja conforme ao Direito, pela pressuposição de que autoridades mais altas erram menos) e à forma adotada (quanto maiores a publicidade e a participação democrática na sua elaboração, maior é a presunção de que o ato esteja correto, pela assunção de que atos públicos não visam a esconder defeitos e de que a participação de mais pessoas contribui para diminuir os vícios do ato), dentre outros elementos.[91] O importante é que não se pode simplesmente afastar a proteção da confiança apenas e tão somente porque a base da confiança é, sob alguma perspectiva, irregular, como entende a doutrina.[92] O *conhecimento* de uma *visível* inconstitucionalidade, portanto, embora gere uma *limitada* proteção da confiança, não a exclui automaticamente.[93]

Do mesmo modo, o conhecimento efetivo do vício do ato, especialmente quando ele é evidente, milita contra a geração de uma confiança legítima. Mais ainda: a participação do particular na produção do vício, quando, por exemplo, age com dolo, coação ou suborno, ou fornece dados falsos ou inexatos.[94] Daí se afirmar que sem boa-fé subjetiva,

anular os seus próprios atos: o prazo decadencial do art. 54 da Lei do Processo Administrativo da União (Lei n. 9.784/99)", *RDA* 237, p. 301, Rio de Janeiro, 2004. Sylvia Calmes, *Du principe de protection de la confiance légitime en Droits Allemand, Communautaire et Français*, Paris, Dalloz, 2001, pp. 334 e 341.

90. Rudolf Mellinghoff, "Vertrauen in das Steuergesetz", in Heinz-Jürgen Pezzer (org.), *Vertrauensschutz im Steuerrecht. Deutsche Steuerjuristische Gesellschaft* 27, Köln, Otto Schmidt, 2004, p. 35.

91. Fritz Ossenbühl, *Die Rücknahme fehlerhafter begünstigender Verwaltungsakte*, 2ª ed., Berlin, Walter de Gruyter, 1965, p. 99.

92. Sabine Altmeyer, *Vertrauensschutz im Recht der Europäischen Union und im deutschen Recht*, Baden-Baden, Nomos, 2003, p. 45.

93. Martin Stötzel, *Vertrauensschutz und Gesetzesrückwirkung*, Frankfurt am Main, Peter Lang, 2002, p. 174.

94. Almiro do Couto e Silva, "O princípio da segurança jurídica (proteção à confiança) no Direito Público brasileiro e o direito da Administração Pública de

como estado subjetivo de ausência de dolo, não há boa-fé objetiva, como proteção do ordenamento relativamente a atos, mesmo irregulares, que criam direitos para o particular.[95]

Novamente, entretanto, é preciso insistir no fato de que mesmo em situações como essa o arranjo dos elementos da base da confiança, adiante explicado, pode compensar a falta de um elemento, como é o caso do transcurso de longo período entre a data da prática do ato e a constatação do vício ou a dependência do particular relativamente aos seus efeitos, até mesmo em caso de má-fé. Tanto é assim que mesmo a legislação assegura a manutenção dos atos viciados, transcorridos determinados prazos de decadência. É o caso do Direito Tributário: o art. 173 do Código Tributário Nacional apenas desloca para o início do exercício seguinte o termo de início do prazo de decadência quando há dolo do sujeito passivo, mantendo, porém, a perda definitiva da prerrogativa da Fazenda Pública de constituir o crédito tributário.

A doutrina exclui a existência de uma base legitimadora da confiança em algumas situações, dentre as quais se destacam três: obscuridade, anúncio prévio de modificação e ilicitude.[96] Em nenhum dos três casos, todavia, a base da confiança pode ser *automaticamente* desconsiderada.

No caso da obscuridade da base da confiança afirma-se que o cidadão não pode basear a sua conduta em uma norma que não seja clara o suficiente para orientar o seu comportamento no sentido efetivamente adotado. Sem clareza não se tem nenhuma proteção da confiança. Esse entendimento, contudo, desconsidera o fato de que o cidadão pode ter efetivamente confiado em uma das alternativas de sentido da norma, por cuja obscuridade, aliás, não pode ser, de nenhum modo, responsável. Caso se exclua a proteção da confiança quando a base da confiança for, de algum modo, obscura, ter-se-á um resultado paradoxal: o Estado,

anular os seus próprios atos: o prazo decadencial do art. 54 da Lei do Processo Administrativo da União (Lei n. 9.784/99)", *RDA* 237, p. 305, Rio de Janeiro, 2004.

95. Sylvia Calmes, *Du principe de protection de la confiance légitime en Droits Allemand, Communautaire et Français*, Paris, Dalloz, 2001, p. 363. Almiro do Couto e Silva, "O princípio da segurança jurídica (proteção à confiança) no Direito Público brasileiro e o direito da Administração Pública de anular os seus próprios atos: o prazo decadencial do art. 54 da Lei do Processo Administrativo da União (Lei n. 9.784/99)", *RDA* 237, p. 304, Rio de Janeiro, 2004.

96. César García Novoa, *El principio de seguridad juridica en materia tributaria*, Madrid, Marcial Pons, 2000, p. 179. Sylvia Calmes, *Du principe de protection de la confiance légitime en Droits Allemand, Communautaire et Français*, Paris, Dalloz, 2001, p. 305.

tendo deixado de cumprir com o seu dever de assegurar, por meio de uma normatização clara e isenta de contradições – uma "segurança de orientação" –, será beneficiado, pela sua própria falta, no momento de se efetivar a "segurança de aplicação". A esse respeito, não se pode esquecer que o planejamento tributário também é uma consequência da complexidade e da instabilidade da legislação, que, em vez de orientar, desorienta o contribuinte.[97]

Além de criar uma hipótese de benefício decorrente do próprio descumprimento de um dever, essa interpretação é incompatível tanto com o princípio da segurança jurídica quanto com o princípio da moralidade: inconciliável com o princípio da segurança jurídica porque causa um estado maior de insegurança que o contrário, porquanto o cidadão, que deve seguir a orientação estatal, em razão da exigência de confiabilidade por meio da eficácia normativa, será penalizado precisamente por tê-lo feito – resultado, esse, que gera o efeito de desestimular a obediência a normas com algum grau de indeterminação, situação que afronta tanto a exigência de confiabilidade quanto a de calculabilidade do Direito; incompatível com o princípio da moralidade administrativa porque faz com que o Estado, a quem deve ser imputada a responsabilidade pela obscuridade, seja por ela beneficiado e atue em desacordo com o seu próprio comportamento anterior de exigir cumprimento das normas que edita. O afastamento da proteção da confiança, por conseguinte, criaria uma situação conflituosa: o Estado seria obrigado a editar normas claras, mas, em vez de punido, seria beneficiado pela inobservância dessa obrigação. O Estado seria obrigado a editar normas claras, ao mesmo tempo em que seria estimulado a fazer o contrário.

No caso de anúncio prévio da possibilidade de modificação, afirma-se que o cidadão não pode futuramente pretender ter a sua confiança protegida se a mudança ocorrida foi previamente anunciada.[98] Esse entendimento igualmente não pode ser acatado. Como visto acima, um dos elementos da exigência de cognoscibilidade do Direito é a segurança com relação à existência e à vigência da norma que o particular é obrigado a obedecer. Só há segurança jurídica, assim, se o cidadão tiver a capacidade de saber qual a norma a que deve obedecer. O entendimento de que o anúncio de uma possível futura modificação do ordenamento jurídico elimina a proteção da confiança vai de encontro a esse elemen-

97. Frédéric Douet, *Contribution à l'étude de la sécurité juridique en Droit Interne Français*, Paris, LGDJ, 1997, p. 47.

98. César García Novoa, *El principio de seguridad jurídica en materia tributaria*, Madrid, Marcial Pons, 2000, p. 179.

to, já que coloca o cidadão na dúvida com relação a qual a norma a que deve obedecer: à norma atual e vigente ou à norma que eventualmente pode vir a tornar-se um dia vigente; obrigando-o, além disso, a analisar meros projetos de modificação da legislação, numerosos e nem sempre publicados.

Essa dualidade de normas nas quais se orientar, além de contrariar o estado de cognoscibilidade do Direito, ainda contradita o seu estado de confiabilidade: o ordenamento jurídico é vocacionado para durar no tempo, e não para ser logo e continuamente modificado. Afastar a proteção da confiança quando o Estado anuncia a intenção de modificar a legislação presente contraria o princípio da continuidade do ordenamento não com base em mudanças já efetivadas, conquanto ainda não vigentes, mas, em vez disso, com fundamento em meros desejos políticos de alteração da legislação. Afastar a proteção da confiança quando há anúncio de mudança da legislação é dar credibilidade a um "possível Direito futuro", e não ao "vigente Direito presente". É, em outras palavras, atribuir mais peso à mudança que à permanência do ordenamento jurídico, em manifesta contradição com as exigências de estabilidade e de continuidade normativas inerentes ao princípio da segurança jurídica. Daí se afirmar que a legislação válida e vigente deve constituir o único parâmetro de orientação para o cidadão.[99]

O entendimento de que a confiabilidade do ordenamento é desfeita quando há o anúncio do desejo de modificação ainda milita contra a compreensão do princípio da segurança jurídica como princípio instrumental da liberdade, visto que a indefinição com relação às normas aplicáveis restringiria a capacidade do indivíduo de conceber o seu presente e plasmar o seu futuro. Não há como o indivíduo livre e autonomamente planejar sem ter um mínimo de segurança de orientação. Quem não sabe qual a norma a que deve obedecer hesita em agir, ou age de forma insegura, por não saber onde estão os limites para o exercício da sua liberdade.[100] Aceitar o afastamento da proteção da confiança com base em projetos de lei, cujo resultado é totalmente imprevisível, seria fundamentar a confiabilidade do Direito não em uma lei, mas, sim, na

99. Johanna Hey, *Steuerplanungssicherheit als Rechtsproblem*, Köln, Otto Schmidt, 2002, pp. 126 e ss.

100. Franz-Xaver Kaufmann, *Sicherheit als soziologisches und sozialpolitisches Problem*, 2ª ed., Stuttgart, 1973, p. 22. John Rawls, *Theory of Justice*, Cambridge, Belknap, 1971, p. 407.

ausência dela.[101] Com total acerto, portanto, Machado Derzi rejeita a transposição do denominado "efeito anúncio" para a ordem jurídica brasileira.[102]

No caso de ilicitude da base da confiança, sustenta-se que o cidadão não pode pautar sua conduta em uma base normativa ilícita.[103] Sem licitude não há nenhuma proteção da confiança. Esse entendimento, no entanto, desconsidera que o foco decisivo para a proteção da confiança, como acima afirmado, não é a regularidade formal da atuação estatal, mas, sim, a restrição dos direitos fundamentais. Nesse sentido, pode ter havido determinado exercício da liberdade ou uso da propriedade que justifique a restrição dos efeitos da nova lei ao futuro, em razão da proteção dos referidos direitos fundamentais, mesmo que haja uma base normativa ilícita. A ilicitude da base da confiança, em vez de fator excludente da proteção da confiança, deve funcionar como elemento da ponderação entre as razões para proteger e as razões para negar a proteção da confiança.[104]

É preciso referir, ainda, que a ilicitude do ato é normalmente declarada posteriormente aos atos de disposição do particular. Tais atos, no entanto, foram praticados na crença de que a base da confiança era legítima. Sendo assim, à obrigação de obedecer às leis deve corresponder a proteção da confiança na sua constitucionalidade. A *aparência de uma norma* gera tanta confiança quanto a *própria norma*.[105] Tanto o ato estatal lícito quanto o ilícito produzem efeitos concretos que não podem ser simplesmente desconsiderados: aquele que confiou, sem negligência nem culpa, em um ato estatal, em razão do qual dispôs de maneira intensa e irreversível da sua liberdade e de seu patrimônio, deve ser protegido, pouco importando a ilicitude do ato.[106]

101. Kyrill-A. Schwarz, *Vertrauensschutz als Verfassungsprinzip*, Baden--Baden, Nomos, 2002, p. 305.

102. Misabel de Abreu Machado Derzi, *Modificações da jurisprudência no Direito Tributário*, São Paulo, Noeses, 2009, p. 448.

103. Stefan Muckel, *Kriterien des verfassungsrechtlichen Vertrauensschutzes bei Gesetzesänderungen*, Berlin, Duncker und Humblot, 1989, p. 54.

104. Johanna Hey, *Steuerplanungssicherheit als Rechtsproblem*, Köln, Otto Schmidt, 2002, p. 183.

105. Martin Stötzel, *Vertrauensschutz und Gesetzesrückwirkung*, Frankfurt am Main, Peter Lang, 2002, p. 204.

106. Fritz Ossenbühl, *Die Rücknahme fehlerhafter begünstigender Verwaltungsakte*, 2ª ed., Berlin, Walter de Gruyter, 1965, pp. 66 e 91.

Critério do grau de modificabilidade da base (base com alta pretensão de permanência ↔ base com baixa pretensão de permanência):

Quanto maior for o grau de permanência da base, maior deve ser a proteção da confiança nela depositada. Isso porque há: *atos com pretensão de permanência*, como uma lei sem prazo final de vigência; *atos meramente provisórios*, cuja eficácia definitiva depende de outro ato subsequente, como uma medida provisória ou uma decisão administrativa intermediária; e *atos carentes de definitividade*, dada a existência de competência para a sua modificação por questões de política econômica, como alterações de tributos, que podem ter a sua alíquota modificada por meio de decreto do Presidente da República. Ora, esses atos não têm o mesmo grau de permanência – alguns nascem para durar e outros são destinados, desde o início, a uma existência provisória, quando não efêmera.

Pois bem, sendo a aptidão para gerar confiança o critério distintivo da base, também não se pode igualar a eficácia constitutiva de confiança de um ato com pretensão de permanência com a de um ato meramente transitório e circunstancial.[107] Isso porque, quanto maior a pretensão de permanência, maior deve ser a confiabilidade do cidadão, indo de um extremo de definitividade até outro extremo de efemeridade. Recorde-se, igualmente, que o princípio da segurança jurídica, no aspecto ora investigado, é meio de proteção da respeitabilidade da liberdade exercida no passado sob orientação do próprio Direito. Mas, se assim o é, ele deve proteger tanto mais o cidadão quanto mais ele *poderia* confiar na orientação fornecida pelo Direito. E isso ocorrerá quanto maior for a pretensão de continuidade do ato gerador da confiança, na medida em que, quanto maior essa pretensão, maior deverá ser a consideração do cidadão à manifestação do Direito no exercício da liberdade.

É preciso, por fim, referir que o princípio da segurança jurídica visa a garantir – como afirmado acima – a respeitabilidade do exercício livre, autônomo e juridicamente orientado da liberdade. Há exercício autônomo da liberdade quando o cidadão é responsável, em alguma medida, pelas suas decisões, ainda que tenha agido nos limites do Direito. O princípio da segurança jurídica deve proteger, em outras palavras, o exercício responsável da liberdade. Isso não ocorrerá se for protegida a confiança

107. Kyrill-A. Schwarz, *Vertrauensschutz als Verfassungsprinzip*, Baden-Baden, Nomos, 2002, p. 297. Martin Stötzel, *Vertrauensschutz und Gesetzesrückwirkung*, Frankfurt am Main, Peter Lang, 2002, p. 167.

depositada em um ato que se saiba ser, ou que se deva saber ser, marcadamente transitório e, portanto, capaz de futura modificação. Nesse caso, ainda que se possa considerar existente a confiança, não haverá confiança legítima, nem, muito menos, base digna de confiabilidade capaz de permitir que se venha a falar em frustração ou surpresa: só há surpresa quando o cidadão não espera por algo que, de repente, surge de inopino. A surpresa deixa de existir quando o evento que surge já era esperado, hipótese em que o atingido deveria contar, de antemão, com a sua modificação (*mit der Änderung rechnen müsste*).[108] A questão central, assim, não é se o particular confiou, mas se ele *poderia* ter confiado.[109] Quem prevê futura modificação não se surpreende, mas espera. Com razão o Ministro Cézar Peluso, quando, ao examinar suposta mudança de jurisprudência, no caso em que a "decisão modificada" ainda não tinha transitado em julgado – sendo, portanto, provisória –, asseverou que "o fundamento de validade do ato anulado (crédito) era provisório, porque a decisão não havia transitado em julgado, a reversão ou a existência não constituem, de forma alguma, consequência inesperada".[110] A sua expectativa é, assim, confirmada pela modificação futura da norma presente. A expectativa legítima, nesse caso, é a expectativa da mudança, não da permanência; de onde, proteger a confiança é viabilizar a mudança, não a estabilidade.

Não se pode, porém, confundir o grau de confiabilidade gerado por uma norma com baixa pretensão de permanência com uma norma com vigência a prazo certo: essa norma gera um alto grau de confiabilidade, na medida em que o particular confia em que durante o prazo de sua vigência ela irá permanecer. Isso significa que, ao contrário das normas com baixa pretensão de permanência, com cuja permanência o particular não pode contar, as normas com prazo certo de vigência permitem que aquele conte, precisamente, com a sua permanência.[111]

108. Josef Isensee, "Vertrauensschutz für Steuervorteile. Ein Folgeproblem der Wirtschaftslenkung durch Steuer des §3a EStG", in Paul Kirchhof, Klaus Offerhaus e Horst Schöberle (orgs.), *Steuerrecht, Verfassungsrecht, Finanzpolitik. FS für Franz Klein*, Köln, 1994, p. 627. Johanna Hey, *Steuerplanungssicherheit als Rechtsproblem*, Köln, Otto Schmidt, 2002, p. 127. Martin Stötzel, *Vertrauensschutz und Gesetzesrückwirkung*, Frankfurt am Main, Peter Lang, 2002, p. 167.

109. Johanna Hey, *Steuerplanungssicherheit als Rechtsproblem*, Köln, Otto Schmidt, 2002, p. 127.

110. RE n. 370.682-9, Tribunal Pleno, Rel. Min. Ilmar Galvão, *DJ* 19.12.2007, p. 562 do acórdão.

111. Martin Stötzel, *Vertrauensschutz und Gesetzesrückwirkung*, Frankfurt am Main, Peter Lang, 2002, pp. 171 e 200.

Não por outro motivo, o art. 178 do Código Tributário Nacional estabelece que as isenções concedidas a *prazo certo* e mediante condições são irrevogáveis.

Novamente, é preciso reiterar a diretriz inicial, que deve permear o exame de todos os elementos: a baixa pretensão de permanência da norma ou a sua reserva de revogação, ao contrário do que se sustenta,[112] não afastam, por si sós, a proteção da confiança. O contribuinte pode saber que a norma é transitória, mas não ter condições de saber *em que medida* ela será modificada – o que afasta a calculabilidade das consequências futuras dos seus atos. De nada adianta ter a capacidade de saber que a norma poderá ser modificada se não se sabe *em que medida* ela poderá ser alterada. Seria como ter "certeza da incerteza", incompatível com a exigência de calculabilidade do Direito. O conhecimento da possibilidade da modificação, além disso, não elimina a restrição de direitos fundamentais nem afasta a necessidade de justificação para a mudança.[113]

Desse modo, será preciso verificar se a ausência de permanência não é compensada por outras qualidades da base da confiança. Excepcionalmente, portanto, poderá haver proteção da confiança mesmo quando o particular pode contar com a sua modificação futura.[114]

Critério do grau de eficácia no tempo da base (eficácia curta ↔ eficácia duradoura):

Quanto mais duradoura no tempo for a eficácia temporal da base, maior proteção merece a confiança nela depositada. Isso porque o *passar do tempo* vai reforçando a aparência de legitimidade da base, normalmente dos atos administrativos: quanto mais longa for a produção de efeitos, mais vai se desfazendo a dúvida eventualmente existente com relação à validade do ato. O tempo, aqui, "cria" ou "reforça" a confiança do particular na base normativa. Daí a afirmação certa de Reale no sentido de que, "quando a inércia da Administração já permitiu se constituíssem situações de fato revestidas de forte aparência de legalidade, a ponto de gerar nos espíritos a convicção da sua legitimidade, seria absurdo que, a pretexto da eminência do Estado, se concedesse às autoridades um

112. Sylvia Calmes, *Du principe de protection de la confiance légitime en Droits Allemand, Communautaire et Français*, Paris, Dalloz, 2001, p. 344.

113. Johanna Hey, *Steuerplanungssicherheit als Rechtsproblem*, Köln, Otto Schmidt, 2002, p. 288.

114. Martin Stötzel, *Vertrauensschutz und Gesetzesrückwirkung*, Frankfurt am Main, Peter Lang, 2002, p. 168.

poder-dever indefinido de autotutela".[115] A respeito disso, pode-se afirmar, de um lado, que a prática reiterada de aplicação de um ato tem uma espécie de eficácia concludente com relação à sua validade, podendo fazer com que o particular aja causalmente orientado por essa prática;[116] de outro, essa prática faz gerar no administrado a concepção de que a Administração não irá revogar o ato. Mesmo que seja inexistente o prazo decadencial para a revisão do ato administrativo, o transcurso do tempo sem qualquer tipo de ação estatal pode comprometer o próprio direito da Administração de revisá-lo.[117] É precisamente nesse sentido a disposição contida no parágrafo único do art. 100 do Código Tributário Nacional, segundo a qual devem ser afastados a penalidade e os juros quando o particular confia na prática reiterada da Administração.

O essencial é que a prática continuada seja capaz de gerar no cidadão impressão de validade do ato, de tal modo que a descontinuidade futura da produção de efeitos possa ser vista como ato de deslealdade. Desse modo, portanto, a relação entre a base da confiança e o tempo é inversamente proporcional: quanto maior for o tempo de eficácia do ato, menos forte precisa ser a base da confiança; quanto menor for o tempo de eficácia do ato, mais forte deve ser a base da confiança.[118]

Uma observação ainda é necessária. Este trabalho distingue duas dimensões no que se refere à proteção de situações individuais: de um lado, há a dimensão objetiva da aplicação reflexiva da segurança jurídica, revelada pela intangibilidade de situações individuais por razões objetivas decorrentes da sua consolidação fática; de outro lado, há a dimensão subjetiva da aplicação reflexiva da segurança jurídica, exteriorizada pela intangibilidade de situações individuais por razões subjetivas originadas do exercício da confiança. Conceitualmente, essas duas espécies de proteção são distintas: uma coisa é manter os efeitos jurídicos de ato ilegal ou inconstitucional em razão de o longo transcurso do tempo tê-los tornado irreversíveis, pouco importando se o ato foi, ou

115. Miguel Reale, *Revogação e anulamento do ato administrativo*, 2ª ed., Rio de Janeiro, Forense, 1980, p. 86.

116. Johanna Hey, *Steuerplanungssicherheit als Rechtsproblem*, Köln, Otto Schmidt, 2002, p. 737. Beatrice Weber-Dürler, *Vertrauensschutz im öffentlichen Recht*, Basel/Frankfurt a.M., Helbing & Lichtenhahn, 1983, p. 102.

117. Fritz Ossenbühl, *Die Rücknahme fehlerhafter begünstigender Verwaltungsakte*, 2ª ed., Berlin, Walter de Gruyter, 1965, p. 108.

118. Roland Kreibich, *Der Grundsatz von Treu und Glauben im Steuerrecht*, Heidelberg, C. F. Müller, 1992, p. 162. Martin Stötzel, *Vertrauensschutz und Gesetzesrückwirkung*, Frankfurt am Main, Peter Lang, 2002, p. 225. Eugenio Della Valle, *Affidamento e certezza del Diritto Tributario*, Milano, Giuffrè, 2001, p. 102.

não, praticado de boa-fé e se o particular tinha ou deveria ter conhecimento da sua ilegitimidade; outra é conservar os efeitos jurídicos de ato inconstitucional, em virtude do exercício da confiança, nos casos em que o particular atuou confiando na legitimidade do ato sem ter ou dever ter conhecimento da sua ilegitimidade. Na primeira hipótese a confiança é irrelevante; na segunda ela é relevante. Daí não se poder *conceitualmente* confundir um caso de situação consolidada com um caso envolvendo proteção da confiança. A distinção entre ambas as situações, no entanto, não é pontual, mas, sim, continuada: a transição entre uma e outra é semelhante à passagem do dia para a noite, em que não há dúvida com relação à distinção entre os dois estados, embora haja incerteza no tocante ao momento exato em que se passa de um para outro. Isso ocorre porque há entre a situação consolidada e a proteção da confiança um ponto de contato, que é o tempo: ele tanto funciona como *fator gerador de irreversibilidade fática ou jurídica* quanto como *fator gerador de confiança*. O transcurso do tempo vai paulatinamente legitimando a base normativa, a tal ponto que o seu destinatário, ainda que saiba do seu nascimento inválido, começa a acreditar na sua validade, pela longa e concreta produção de efeitos. Sendo assim, embora não se deva confundir situação faticamente consolidada com confiança legítima, em casos limítrofes não se saberá exatamente se a intangibilidade será garantida por um ou por outro motivo. Sobre esse aspecto, assiste total razão a Zanella Di Pietro quando afirma que, na verdade, pode haver incidência simultânea de vários aspectos do princípio da segurança jurídica em alguns casos: "Em todas essas situações, protege-se a *estabilidade das relações jurídicas*, ou seja, o princípio da segurança jurídica em seu aspecto objetivo; protege-se também a *confiança do cidadão*, ou seja, o princípio da segurança jurídica em seu aspecto subjetivo ou princípio da confiança legítima; e ainda se protege a *boa-fé*".[119]

Critério do grau de realização das finalidades da base (base efetiva ↔ base não-efetiva):

Quanto maior o grau de realização da finalidade subjacente à regra supostamente violada, tanto maior deve ser a proteção dos efeitos do ato inquinado de ilegalidade. A essa regra se chega pela constatação de

119. Maria Sylvia Zanella Di Pietro, "Os princípios da proteção à confiança, da segurança jurídica e da boa-fé na anulação do ato administrativo", in Fabrício Motta (org.), *Direito Público atual: Estudos em homenagem ao Professor Nélson Figueiredo*, Instituto de Direito Administrativo de Goiás (IDAG), Belo Horizonte, Fórum, 2008, p. 305.

que as exigências formais dirigidas à lei e aos atos administrativos não constituem um fim em si, mas meios para assegurar, para a maior parte dos casos, a realização de determinados fins. A exigência de lei para a instituição de um benefício fiscal, por exemplo, serve para evitar o desperdício de dinheiro público, para afastar a desigualdade e para garantir a igualdade de concorrência. A exigência de concurso para o ingresso na carreira pública funciona como instrumento a fim de se evitar o preenchimento inadequado de cargos, garantir a igualdade de condições entre os concorrentes e afastar a arbitrariedade no processo de seleção.

Se assim o é, porém, quando a finalidade subjacente à regra formal for atingida, mesmo com o descumprimento do comportamento estabelecido pela sua hipótese, haverá uma razão que, conjugada a outras, poderá conduzir à manutenção do ato inválido. É o caso, no exemplo adiante analisado, da seleção feita para ocupar cargos de sociedade de economia mista: embora não tenha havido concurso público, o Supremo Tribunal Federal decidiu manter a contratação sob o argumento de que a seleção foi de tal forma rigorosa, e a igualdade de chances entre os candidatos com tal intensidade garantida, que não haveria sentido em anulá-la. Em outras palavras, o que o Tribunal fez foi manter o ato inquinado de invalidade porque a finalidade da regra foi indiretamente atingida, sem prejuízo para a estabilidade geral do ordenamento jurídico.[120]

No campo do Direito Tributário esse raciocínio é de extrema relevância, porquanto existem atos que, embora praticados em desacordo com as regras formais, atingem indiretamente a sua finalidade. É o caso de benefícios fiscais setoriais concedidos onerosamente a determinados contribuintes, em troca de investimentos de caráter publicamente relevante. Nessa situação, ainda que tenha havido a concessão de benefício fiscal sem lei (ou sem convênio interestadual), não há prejuízo para o Estado, devido à realização de finalidades públicas; o eventual desequilíbrio de concorrência (em razão da onerosidade do benefício) pode ser atenuado, não se descartando, *ipso facto*, a proteção da confiança.[121]

Critério do grau de indução da base (base indutora ↔ base neutra):

Quanto maior o grau de indução decorrente da base, maior deve ser a proteção merecida pela confiança com base nela exercida. Isso porque

120. MS n. 22.357, Tribunal Pleno, Rel. Min. Gilmar Mendes, *DJ* 5.11.2004.

121. Beatrice Weber-Dürler, *Vertrauensschutz im öffentlichen Recht*, Basel/Frankfurt a.M., Helbing & Lichtenhahn, 1983, p. 224.

nem todas as normas funcionam, da mesma forma, como fundamento para a ação individual: algumas exercem uma função fundante maior que outras. É o caso, por exemplo, das normas indutoras: nestas, o particular não apenas atua dentro de um *âmbito de ação permitido* por uma legislação que estabelece apenas uma moldura para a ação, mas também age dentro de um *âmbito de ação estimulado* por uma legislação – e, portanto, pelo Estado, que induz a sua ação.[122] As normas indutoras não são apenas condições de ação, mas ainda o seu apelo e o seu objeto, e o fundamento da atividade; não são limites de atuação, mas a sua oferta e o seu modelo.[123] Não se pode, portanto, igualar o exercício permitido da liberdade com o seu exercício induzido; a lei que permite uma atuação com aquela que a induz. De fato, uma coisa é a imprevisão concernente à liberdade livremente concebida dentro dos limites do permitido; outra, a surpresa relativa à liberdade induzidamente exercida dentro dos limites do que passou a ser obrigatório. Lá, há mera *surpresa* do contribuinte, decorrente da prerrogativa legislativa ou administrativa de mudar; aqui, mais que surpresa, há *engano* do contribuinte, decorrente de *deslealdade* do Poder Público, que em um dia incentiva, e em outro desconsidera. Por esse motivo, é preciso distinguir os níveis de surpresa, cuja repercussão está em proibir a eficácia retroativa da nova norma sobre atividades iniciadas no passado, quando o grau de indução normativa for maior, ou exigir regras transitórias, exceções ou cláusulas de equidade, quando o grau de indução for menor. Com isso evita-se a deslealdade e afasta-se não apenas a violação ao princípio da segurança jurídica, mas também ao princípio da moralidade administrativa.

No âmbito do Direito Tributário, portanto, é preciso diferenciar os atos normativos com mera eficácia oneratória (*Belastungswirkung*), baseados em normas que visam a repartir isonomicamente os encargos tributários (*Lastenausteilungsnormen*), dos atos normativos com eficácia modificadora de comportamentos (*Gestaltungswirkung*), fundados em normas que se destinam a ter efeitos indutivos (*Lenkungsnormen*).[124]

122. Federico Arcos Ramírez, *La seguridad jurídica: una teoría formal*, Madrid, Dykinson, 2000, p. 265. Martin Stötzel, *Vertrauensschutz und Gesetzesrückwirkung*, Frankfurt am Main, Peter Lang, 2002, p. 183.

123. Josef Isensee, "Vertrauensschutz für Steuervorteile. Ein Folgeproblem der Wirtschaftslenkung durch Steuer des §3a EStG", in Paul Kirchhof, Klaus Offerhaus e Horst Schöberle (orgs.), *Steuerrecht, Verfassungsrecht, Finanzpolitik. FS für Franz Klein*, Köln, 1994, p. 611.

124. Kyrill-A. Schwarz, *Vertrauensschutz als Verfassungsprinzip*, Baden-Baden, Nomos, 2002, p. 298. Luís Eduardo Schoueri, "Segurança jurídica e normas

As normas indutoras provocam uma *maior* expectativa de permanência. Isso não quer dizer que as normas com finalidade fiscal, em muitos casos difíceis de serem diferenciadas das normas com finalidade extrafiscal, não possam criar expectativas, já que os encargos tributários também provocam ou inibem, em maior ou em menor medida, comportamentos e servem, portanto, de fundamento para o planejamento.[125] Não se pode confundir "norma com finalidade indutora" com "norma com efeito indutor": uma norma sem finalidade indutora pode produzir efeitos indutores no comportamento do contribuinte, na medida em que ele faz ou deixa de fazer alguma coisa em razão da existência de uma carga tributária maior ou menor. Nesse sentido, uma norma com finalidade fiscal pode produzir efeitos indutores e ser qualificada, assim, como uma "norma com finalidade fiscal influenciadora de comportamentos" (*verhaltensbeeinflussende Fiskalzwecknorm*).[126] Sendo assim, o importante não é apenas a *finalidade* objetiva da norma, mas também o seu *efeito*: quanto maior o efeito indutor, maior deve ser a proteção da confiança – o que se pode verificar tanto nas normas com finalidade fiscal quanto nas portadoras de finalidade extrafiscal.

O importante é que as normas indutoras, quer pela finalidade, quer pelos efeitos, por produzirem resultados comportamentais, criam uma expectativa *maior* de manutenção da sua eficácia, sem a qual perderiam totalmente o seu sentido, especialmente porque nesses casos o Estado não simplesmente exerce, de cima para baixo, o seu poder em uma relação estritamente tributária, mas ainda atrai o contribuinte para cooperar, lado a lado, em uma relação econômico-tributária.[127] O Estado, nesse caso, não apenas adota um plano indicativo, mas também incitativo, no sentido de, além de sinalizar, também pretender o engajamento da

tributárias indutoras", in Maria de Fátima Ribeiro (org.), *Direito Tributário e segurança jurídica*, São Paulo, MP, 2008, pp. 117-146.

125. Rudolf Mellinghoff, "Vertrauen in das Steuergesetz", in Heinz-Jürgen Pezzer (org.), *Vertrauensschutz im Steuerrecht. Deutsche Steuerjuristische Gesellschaft* 27, Köln, Otto Schmidt, 2004, p. 37.

126. Johanna Hey, *Steuerplanungssicherheit als Rechtsproblem*, Köln, Otto Schmidt, 2002, p. 215. Paul Kirchhof, "Rückwirkung von Steuergesetzen", *StuW*, 2000, p. 226.

127. Johanna Hey, *Steuerplanungssicherheit als Rechtsproblem*, Köln, Otto Schmidt, 2002, p. 313. Josef Isensee, "Vertrauensschutz für Steuervorteile. Ein Folgeproblem der Wirtschaftslenkung durch Steuer des §3a EStG", in Paul Kirchhof, Klaus Offerhaus e Horst Schöberle (orgs.), *Steuerrecht, Verfassungsrecht, Finanzpolitik. FS für Franz Klein*, Köln, 1994, p. 614. Kyrill-A. Schwarz, *Vertrauensschutz als Verfassungsprinzip*, Baden-Baden, Nomos, 2002, p. 306.

iniciativa privada para lograr os seus fins.[128] Ele não apenas dirige, mas também induz comportamentos.[129] E, ao se utilizar de dispositivos motivadores de comportamento (*verhaltensmotivierende Vorschriften*) como meio para atingir alguma finalidade pública, acaba por "instrumentalizar o cidadão" para a realização do interesse público, e, mais que simplesmente instituir uma regra, ele firma autênticos "trabalhos de parceria 'lado a lado' com os destinatários da norma" (*kooperative Hand-in-Hand-Arbeiten von Staat und Normadressaten*).[130] Pois bem, nesses casos, a norma assume a característica similar à de um negócio jurídico com eficácia sinalagmática, porque o destinatário cumpre a sua parte na espera de que o Estado cumpra a sua. Trata-se, assim, de um ato jurídico *do-ut-des*, "eu faço de modo que você faça", qualificativo de uma relação de reciprocidade, própria de uma sociedade cooperativa.[131]

É preciso constatar, por fim, que as normas com finalidade extrafiscal visam a atingir finalidades econômicas e sociais, em sentido largo, por meio da indução comportamental. Sendo assim – e isto é essencial –, se o seu objetivo é influenciar o comportamento do contribuinte, elas devem estar vigentes antes dele, nunca depois. Norma indutora posterior ao comportamento que visa a induzir é uma contradição em termos: é impossível influir em um comportamento já adotado. Norma indutora retroativa é, portanto, um oximoro, por reunir palavras contraditórias.[132] Por definição, uma norma jurídica não pode influir em um comportamento passado, só em uma ação futura.[133] O homem não pode ser guiado por uma norma que não existia na época da sua ação.[134] Uma vontade já manifestada no passado não pode sofrer influência de

128. Lúcia Valle Figueiredo, "Planejamento, Direito Tributário e segurança jurídica", *RTDP* 12, p. 12, São Paulo, 1995.

129. Luís Eduardo Schoueri, *Normas tributárias indutoras e intervenção econômica*, Rio de Janeiro, Forense, 2005, pp. 43 e ss.

130. Martin Stötzel, *Vertrauensschutz und Gesetzesrückwirkung*, Frankfurt am Main, Peter Lang, 2002, p. 194.

131. Josef Isensee, "Vertrauensschutz für Steuervorteile. Ein Folgeproblem der Wirtschaftslenkung durch Steuer des §3a EStG", in Paul Kirchhof, Klaus Offerhaus e Horst Schöberle (orgs.), *Steuerrecht, Verfassungsrecht, Finanzpolitik. FS für Franz Klein*, Köln, 1994, p. 628. John Rawls, *Theory of Justice*, Cambridge, Belknap, 1971, p. 235.

132. Andrei Marmor, *Law in the Age of Pluralism*, Oxford, OUP, 2007, p. 20.

133. Thomas Berger, *Zulässigkeitsgrenzen der Rückwirkung von Gesetzen*, Frankfurt am Main, Peter Lang, 2002, p. 33.

134. Joseph Raz, "The rule of law and its virtue (1977)", in *The authority of Law. Essays on Law and Morality*, Oxford, Oxford, 1979, p. 214.

uma norma ainda não existente.[135] Na perspectiva dos direitos fundamentais e dos princípios que delimitam a atividade estatal, mais que uma contradição em termos, a eficácia retroativa das normas indutoras significa, respectivamente, uma arbitrariedade e um embuste: *uma arbitrariedade*, porque a sua aplicação relativamente a comportamentos já adotados, pouco importando a conclusividade das consequências normativas do ponto de vista legal, carece de justificação, pela impossibilidade de realização da finalidade legal consistente em alcançar objetivos econômicos ou sociais por meio da indução comportamental; e *um embuste*, porque revela uma atuação estatal totalmente desleal de, em um primeiro momento, estimular determinado comportamento e, em um segundo, desconsiderar juridicamente a sua adoção, ainda fazendo com que o suposto objetivo de induzir se transforme no mero desejo de arrecadar.

Com efeito, se o objetivo de uma norma indutora é influenciar um comportamento a ser adotado e ela atinge um comportamento já adotado, simplesmente não produz o efeito desejado: não se pode influir em comportamentos passados; só em futuros. Assim, aplicar uma norma indutora sobre conduta já adotada é utilizar uma norma com finalidade extrafiscal com objetivo meramente fiscal: como o contribuinte já agiu, a aplicação da nova norma aos efeitos desse comportamento só pode ter a finalidade de arrecadar, não de induzir. Daí se poder afirmar que toda eficácia retroativa ou retrospectiva de norma indutora a respeito de comportamento já concluído do contribuinte envolve um desvio de finalidade: institui-se para induzir, porém cobra-se sem induzir. A justificativa da norma indutora, assim, desaparece. Por exemplo, a aplicação do aumento de alíquota do imposto de importação, instituído para desincentivar a importação de automóveis estrangeiros e para proteger a indústria nacional, também para as importações que haviam sido incentivadas pela anterior redução da alíquota e que já tinham sido concluídas, sob o argumento de que o fato gerador ainda não tinha ocorrido com o desembaraço da mercadoria importada, significa não só frustrar e enganar o contribuinte. Significa, ainda, aplicar uma regra indutora também relativamente a comportamentos que não mais são passíveis de indução. Não se pode desestimular uma importação passada, pouco importando – eis o ponto – se o fato gerador ocorreu, ou não. O comportamento já foi adotado, e isso é o que importa nessa modalidade de norma. O momento da ocorrência do fato gerador não coincide com o momento da adoção

135. Martin Stötzel, *Vertrauensschutz und Gesetzesrückwirkung*, Frankfurt am Main, Peter Lang, 2002, p. 104.

do comportamento induzido. Sempre, portanto, que não houver uma *identificação temporal* entre o momento da ocorrência do fato gerador e o momento da adoção do comportamento que se quer induzir, ou entre o momento da ocorrência do fato gerador e a intensidade da confiança gerada, não se pode aceitar eficácia retroativa nem retrospectiva da norma indutora modificativa.

A aplicação da retroatividade das consequências jurídicas a atividades já iniciadas no passado é, pois, uma afronta aos direitos fundamentais dos contribuintes e aos princípios que conformam a atividade estatal. Isso explica por que razão a jurisprudência alemã, ao lado do dever de clareza da lei (*Normenklarheitsgebot*), também exige a observância do dever de verdade da lei (*Normenwahrheitsgebot*): o legislador não deve apenas instituir normas de modo a que o contribuinte possa conhecer qual o tributo e em que medida ele deverá pagar; ele deve, além disso, manter-se *fiel* a um objetivo legal *reconhecível*.[136]

Critério do grau de individualidade da base (base individual ↔ base geral):

Quanto maior for o grau de proximidade do ato, maior deve ser a proteção da confiança nele depositada. Isso porque há atos de eficácia individual, dirigidos a determinados cidadãos, às vezes só a estes, como termos de acordo ou contratos administrativos, e atos de eficácia geral, como leis. Como esses atos não têm o mesmo grau de individualidade, criam bases de confiança diversas. É que, sendo a aptidão para gerar confiança o critério distintivo da base, também não se pode igualar a eficácia constitutiva de confiança de um ato dirigido especificamente a um cidadão com a de um ato dirigido a todos, sem qualquer elemento subjetivo. Isso porque, quanto maior a individualidade do ato, maior deve ser a confiabilidade do cidadão, pois maior será a "relação de confiança" estabelecida.[137] Um ato individualizado produz no destinatário a ideia de que o direito previsto é "seu". Não se pode, assim, equiparar um ato dirigido a determinado contribuinte assinado pelo governador de um Estado e pelo secretário da Fazenda – vale dizer, as maiores autoridades públicas estaduais sobre a matéria tributária – e contendo elementos re-

136. *BVerfGE* v. 19.3.2003. Rudolf Mellinghoff, "Vertrauen in das Steuergesetz", in Heinz-Jürgen Pezzer (org.), *Vertrauensschutz im Steuerrecht. Deutsche Steuerjuristische Gesellschaft* 27, Köln, Otto Schmidt, 2004, p. 37.

137. Kyrill-A. Schwarz, *Vertrauensschutz als Verfassungsprinzip*, Baden-Baden, Nomos, 2002, p. 299.

lacionados ao próprio contribuinte com um ato que não preveja qualquer distinção com relação ao destinatário. Quanto maior a proximidade entre o Poder Público e o cidadão, maior a relação de lealdade que se cria, e tanto maior será o engano com a modificação posterior. Nesses casos, o normal distanciamento entre o Estado e o contribuinte cede passo a uma relação de proximidade.[138]

Nesse aspecto, é preciso lembrar que o princípio da moralidade, além de exercer função eficacial autônoma relativamente ao princípio da segurança jurídica, funciona como um dos seus fundamentos. Entre outras exigências, o princípio da moralidade proíbe o comportamento desleal do Poder Público, assim caracterizado aquele ato que não se revela fiel aos compromissos assumidos. Pois bem, a individualidade do ato exterioriza um *compromisso* entre o Poder Público e o cidadão; o seu rompimento é causa de *deslealdade* violadora do princípio da moralidade administrativa, que exige respeito aos interesses públicos e – o que aqui interessa mais de perto – privados.[139]

Critério do grau de onerosidade da base (base onerosa ↔ base gratuita):

Quanto maior for o grau de onerosidade da base, maior deve ser a proteção da confiança nela depositada. A essa regra se chega pela constatação de que há atos que criam ônus aos particulares, como termos de acordo ou contratos administrativos que preveem cláusulas criadoras de obrigações para o particular, e atos gratuitos, que não se submetem a condições nem criam deveres. A diferença quanto à onerosidade cria bases distintas de confiança, porque, quanto maior a onerosidade, maior será o compromisso assumido pelo cidadão frente ao Estado e, sendo as condições sinalagmáticas, tanto maior será também a persecução do interesse público. Nessa situação, deve ser maior também a proteção da confiança depositada no Estado enquanto o particular estiver fazendo a sua parte.[140]

138. Josef Isensee, "Vertrauensschutz für Steuervorteile. Ein Folgeproblem der Wirtschaftslenkung durch Steuer des § 3a EStG", in Paul Kirchhof, Klaus Offerhaus e Horst Schöberle (orgs.), *Steuerrecht, Verfassungsrecht, Finanzpolitik. FS für Franz Klein*, Köln, 1994, p. 614.

139. Marçal Justen Filho, "O princípio da moralidade pública e o Direito Tributário", *RTDP* 11, p. 52, 1995.

140. Josef Isensee, "Vertrauensschutz für Steuervorteile. Ein Folgeproblem der Wirtschaftslenkung durch Steuer des § 3a EStG", in Paul Kirchhof, Klaus Offerhaus

Na hipótese, não há interesse público em contraposição ao privado, mas um conflito interno ao próprio interesse público (*In-sich-Konflikt*).[141] Não se pode, desse modo, igualar um termo de acordo por meio do qual uma empresa se comprometa a investir, a criar empregos e tecnologia em troca de um benefício fiscal com um ato gratuito de perdão de débitos tributários. A manutenção do vínculo, nessas hipóteses, não advém de interesses subalternos, mas do próprio interesse público.[142] Nos casos de atos onerosos, a expectativa de que o Estado faça a sua parte não advém do ato normativo que a gerou, mas do caráter sinalagmático da relação: se o contribuinte faz a sua parte, ele possui legítima expectativa de esperar que o Estado também o faça.

Nesse quadro é necessário, ainda, recordar a influência do princípio da moralidade, que veda não apenas a deslealdade estatal como o enriquecimento ilícito do ente público. Sendo assim, também a onerosidade do ato marca um compromisso maior do particular, que não pode em um determinado momento ser incentivado e em outro desconsiderado, sob pena de malferimento do princípio da moralidade em conjunto com o princípio da segurança jurídica.

Relação interna entre os critérios:

A indicação dos critérios anteriores de verificação dos elementos da base da confiança demonstra que a sua configuração depende de vários elementos, e não de um só. Cada critério, como visto, depende de uma verificação gradual: a base da confiança será tanto maior quanto mais intensamente estiver presente o elemento considerado. Vale dizer: o grau de intangibilidade do ato será tanto maior quanto maior for a presença dos elementos anteriormente mencionados. Dentre todos os elementos, o tempo é aquele que apresenta uma importância inversamente proporcional à de todos os outros: quanto maior o tempo transcorrido, tanto menores serão as exigências com relação aos outros elementos, até o ponto

e Horst Schöberle (orgs.), *Steuerrecht, Verfassungsrecht, Finanzpolitik. FS für Franz Klein*, Köln, 1994, p. 614.

141. Beatrice Weber-Dürler, *Vertrauensschutz im öffentlichen Recht*, Basel/ Frankfurt a.M., Helbing & Lichtenhahn, 1983, p. 118.

142. Almiro do Couto e Silva, "Problemas jurídicos do planejamento", *RDA* 170, p. 15, Rio de Janeiro, 1987. Joachim Burmeister, "Selbstbindung der Verwaltung. Zur Wirkkraft des rechtsstaatlichen Übermaßverbots, des Gleichheitssatzes und des Vertrauensschutzprinzips", *DÖV* 34, p. 505, 1981.

que, tendo transcorrido longuíssimo período, até um ato manifestamente nulo fica convalidado.[143]

O problema, todavia, é que os critérios antes descritos podem entrar em conflito entre si. Alguns exemplos podem ilustrar o argumento: um ato pode apresentar alto grau de eficácia com baixa intensidade de permanência – como é o caso de uma liminar em mandado de segurança, que, embora produza efeitos imediatos, é provisória; um ato pode apresentar baixo grau de vinculatividade com alta intensidade de proximidade e de onerosidade – como é o caso de um termo de acordo instituidor de benefício fiscal oneroso; um ato pode revelar baixa aparência de validade com alto grau de duração e de geração de dependência – como é o caso de uma pensão concedida por ato simulado mas fruída durante décadas – e assim por diante. A dependência do cidadão em razão da atividade estatal passa, nessas hipóteses, a ser fator decisivo de proteção da confiança.[144]

Esses casos revelam, assim, que pode haver conflito na verificação dos vários critérios propostos. A tese aqui defendida é, precisamente, a de que a baixa intensidade da presença de um elemento deve ser compensada pela alta intensidade da presença de outros, de tal sorte que se possa comprovar, em uma síntese, a *maior presença* de elementos em favor da existência de uma "base confiável de confiança". A esse "critério dos critérios" se chega pela consideração de que os requisitos essenciais para a configuração da existência da base da confiança são a capacidade geradora de confiança, de um lado, e a proteção dos direitos fundamentais de liberdade, de propriedade e de igualdade, de outro. O preenchimento desse critério depende da verificação de um conjunto de fatores, e não de um só.

Para tanto, é preciso que a baixa intensidade da presença de um elemento seja *compensada* com a alta intensidade da presença dos demais. Para usar uma metáfora, a relação entre os elementos da base da confiança funcionaria como uma espécie de sistema de "vasos comunicantes": aquilo que é retirado de um vaso migra para outro, de modo a proporcionar um equilíbrio compensatório entre eles, já que a diminuição do líquido em um deles é compensada pelo aumento em outro. A jurisprudência do Supremo Tribunal Federal confirma as regras aqui expostas.

143. Roland Kreibich, *Der Grundsatz von Treu und Glauben im Steuerrecht*, Heidelberg, C. F. Müller, 1992, p. 166.

144. Misabel de Abreu Machado Derzi, *Modificações da jurisprudência no Direito Tributário*, São Paulo, Noeses, 2009, p. 398.

No julgamento de medida cautelar discutia-se o caso em que um estudante do Curso de Direito, com base em decisão de primeira instância da Justiça Federal proferida em mandado de segurança, havia logrado transferência de uma Universidade Pública para outra e, depois de cursar todas as disciplinas, estava na iminência de colar grau. No entanto, como a decisão do Tribunal Regional Federal da 4ª Região havia reformado a decisão de primeiro grau, o estudante ingressou com medida cautelar perante o Supremo Tribunal Federal com a finalidade, com base na segurança jurídica, de atribuir efeito suspensivo à decisão. O Supremo Tribunal Federal deferiu a medida cautelar por vislumbrar, no caso, a evocação do princípio da segurança jurídica.[145] Nesse caso, constata-se a presença de uma base com baixo grau de permanência (uma sentença de primeiro grau, caracterizada pela provisoriedade) compensada pelo alto grau de eficácia no tempo, de indução comportamental e de geração de dependência (a sentença produziu efeitos durante anos, servindo de causa para o prosseguimento do curso, de cuja conclusão o aluno passou a depender). Daí se poder afirmar que a anulação da transferência iria produzir mais injustiça que justiça.

No julgamento de mandado de segurança o Supremo Tribunal Federal examinava o caso de uma seleção, sem concurso público, para preenchimento de cargos em sociedade de economia mista (Infraero), em contradição com o disposto no art. 37, I e II, da CF/88. Na época da contratação, porém, havia dúvida com relação à exigência de concurso também no caso das sociedades de economia mista, tanto que o Tribunal de Contas, à época, aceitou o procedimento adotado, apenas sugerindo que nos casos futuros fosse feito concurso público. O Tribunal, com base no princípio da segurança jurídica, manteve a validade da seleção.[146] Nesse caso, constata-se a presença de uma base com grau ambíguo de aparência de legitimidade (embora o art. 37, I e II, da CF/88 exigisse concurso público para a carreira pública, o art. 173, § 1º, previa que as sociedades de economia mista se sujeitavam ao regime jurídico das empresas de Direito Privado quanto às obrigações trabalhistas), compensada, porém, pelo alto grau de permanência, de dependência dos destinatários e de realização da finalidade subjacente (a seleção foi pública e rigorosa, tendo os selecionados sido contratados e exercido a sua função remunerada por vários anos). O fundamento da decisão, no entanto, foi o princípio

145. MC n. 2.900, Rel. Min. Gilmar Mendes. No mesmo sentido, ver: RMS n. 13.807 (*RTJ* 37, p. 248); RMS 17.144 (*RTJ* 45, p. 589).

146. MS n. 22.357, Tribunal Pleno, Rel. Min. Gilmar Mendes, *DJ* 5.11.2004.

da segurança jurídica, em virtude da "necessidade de estabilidade de situações criadas administrativamente".

As considerações precedentes demonstram que a existência da base da confiança depende do exame de vários critérios a respeito de elementos que interagem entre si, sempre vinculados, de um lado, aos direitos fundamentais de liberdade, de propriedade e de igualdade e, de outro, aos princípios ligados à atividade estatal. Essa constatação tem uma importância enorme no Direito Tributário, pois nesse ramo, para utilizar um exemplo representativo, em virtude da guerra fiscal travada entre os Estados, são comuns os benefícios fiscais baseados em termos de acordo, em conflito com o que dispõe o § 6º do art. 150 da CF/88 – que exige lei específica para a sua concessão – e com o que exige a alínea "g" do inciso XII do § 2º do art. 155, que prevê a obediência a condições estabelecidas em lei complementar, que, a seu turno, demanda a celebração de convênio interestadual. Nesses casos, a ausência de lei não pode afastar, por si só, a produção de efeitos dos benefícios, devendo-se considerar, relativamente aos atos normativos que os concederam, o grau de permanência, de individualidade, de onerosidade, de eficácia no tempo, de realização das finalidades, de aparência de legitimidade, de dependência dos destinatários e de indução comportamental. O Supremo Tribunal Federal recentemente atribuiu repercussão geral a recurso em que se discute a concessão de crédito de ICMS nos casos em que a operação inicialmente tributada é feita em Estado que concede, unilateralmente, incentivo fiscal.[147] Além de o Tribunal ter de analisar se a referida tributação fere os princípios da separação dos Poderes, da universalidade da jurisdição, da legalidade e da não cumulatividade, terá também que considerar os elementos anteriormente referidos, uma vez que a ausência de lei, por si só, não poderá afastar a existência de uma base digna de confiança. A questão é tormentosa e envolve ainda a separação dos Poderes, já que a discussão de fundo se refere à possibilidade de os Estados, reciprocamente, retaliarem-se por meio de sua autonomia, adentrando na competência privativa do Poder Judiciário. A jurisprudência do Supremo Tribunal Federal, porém, embora tenha protegido, em questões relacionadas à tangibilidade de efeitos de atos administrativos, a confiança dos cidadãos, no âmbito do Direito Tributário, ainda se prende ao critério da consumação do fato gerador, ou de atos ou de fatos, como é o caso das garantias do ato jurídico perfeito e da coisa julgada, desprezando outros

147. RE n. 628.075-RS, STF, Rel. Min. Joaquim Barbosa, *DJ* 1.12.2011.

elementos que poderiam eventualmente ser considerados. A esse tema se retornará oportunamente.

O que deve ficar claro é que esses critérios dizem respeito aos direitos fundamentais e aos princípios de atuação estatal envolvidos: de um lado, a base da confiança desencadeia, em graus diversos, alterações comportamentais do cidadão relacionadas ao seu trabalho, ao exercício da sua liberdade e ao uso da sua propriedade; de outro, ela exterioriza o tipo de atuação – leal ou desleal, séria ou arbitrária – da Administração Pública. A existência da base da confiança, portanto, é resultado da aplicação do princípio da segurança jurídica sob o influxo dos direitos fundamentais de liberdade, de propriedade e de igualdade e dos princípios atinentes à atuação estatal. Desse modo, não se pode afastar a proteção da confiança simplesmente porque o particular atuou em conformidade com um ato inválido, com um contrato que versa sobre matéria reservada à lei ou com um ato sem força legal, como um regulamento. É preciso analisar os outros elementos que digam respeito aos direitos fundamentais envolvidos e às diretrizes de atuação da Administração Pública. Mesmo um ato inválido, em razão do qual o particular dispôs intensa, ativa e irreversivelmente dos seus direitos de liberdade e de propriedade, e cuja revisão causará elevados danos àquele, não pode ser anulado.[148]

B-2) Confiança

Para existir proteção da confiança é preciso que o particular tenha confiado na "base da confiança". E, para que isso ocorra, é preciso que aquele, antes de tudo, tenha conhecimento da base da confiança. Aqui, nota-se a relação da exigência de confiabilidade com a exigência de cognoscibilidade do Direito: o particular precisa conhecer a base da confiança por meio da publicação ou da intimação.[149]

A confiança, justamente porque o cidadão deve orientar-se por leis válidas e vigentes ou por atos normativos que produzam efeitos, inicia-se com a publicação da lei e com a intimação do ato ou decisão administrativa. Meros projetos de lei ou manifestações administrativas ainda não reduzidas a termo e objeto de intimação não geram confiança.[150]

148. Fritz Ossenbühl, *Die Rücknahme fehlerhafter begünstigender Verwaltungsakte*, 2ª ed., Berlin, Walter de Gruyter, 1965, p. 132.

149. Kyrill-A. Schwarz, *Vertrauensschutz als Verfassungsprinzip*, Baden-Baden, Nomos, 2002, p. 302.

150. Rudolf Mellinghoff, "Vertrauen in das Steuergesetz", in Heinz-Jürgen Pezzer (org.), *Vertrauensschutz im Steuerrecht. Deutsche Steuerjuristische Gesellschaft* 27, Köln, Otto Schmidt, 2004, p. 38.

O grau de intensidade da confiança, porém, não é linear: às vezes é maior; às vezes, menor. A variabilidade da intensidade da confiança depende da relação entre a confiança e a sua base, mediante o exame daqueles critérios antes analisados, que dizem respeito à base da confiança, como grau de vinculatividade, grau de aparência de legitimidade, grau de permanência, grau de durabilidade e grau de individualidade. A confiança depende do peso normativo da base da confiança.[151]

Assim, por exemplo, o grau de confiança será menor: quanto mais livremente o cidadão puder atuar em face do ato normativo – como ocorre em grande medida com os atos normativos dispositivos; quanto mais o cidadão dever contar com a mudança – o que se verifica em elevado grau no caso dos atos normativos provisórios; quanto mais frágil for a aparência de legitimidade do ato – o que se constata em larga intensidade no caso dos atos praticados por autoridade manifestamente incompetente; quanto menor o tempo durante o qual o ato normativo produziu efeitos – como ocorre em grande medida no caso de atos editados há pouquíssimo tempo; quanto mais geral for o ato – o que se constata no caso de leis gerais. Repita-se: esses critérios são apenas indícios para a construção da intensidade da confiança, especialmente porque eles podem colidir entre si e a falta de intensidade de um pode ser compensada pelo elevado grau de realização de outro(s).

B-3) Exercício da confiança

Para que exista proteção da confiança é também necessário que haja o exercício da confiança, isto é, que o cidadão tenha "colocado em prática" (*ins Werk gesetzt*) a sua confiança, por meio do exercício concreto da sua liberdade.[152] A doutrina é oscilante com relação à exigência de que o exercício da confiança seja efetivamente um requisito para a proteção da confiança: alguns sustentam que sim;[153] outros, não.[154] A jurisprudência do Supremo Tribunal Federal, pelo menos com relação

151. Kyrill-A. Schwarz, *Vertrauensschutz als Verfassungsprinzip*, Baden-Baden, Nomos, 2002, p. 306.

152. Kyrill-A. Schwarz, *Vertrauensschutz als Verfassungsprinzip*, Baden-Baden, Nomos, 2002, p. 307. Johanna Hey, *Steuerplanungssicherheit als Rechtsproblem*, Köln, Otto Schmidt, 2002, p. 126. Rudolf Mellinghoff, "Vertrauen in das Steuergesetz", in Heinz-Jürgen Pezzer (org.), *Vertrauensschutz im Steuerrecht. Deutsche Steuerjuristische Gesellschaft* 27, Köln, Otto Schmidt, 2004, p. 38.

153. Kyrill-A. Schwarz, *Vertrauensschutz als Verfassungsprinzip*, Baden-Baden, Nomos, 2002, p. 308.

154. Beatrice Weber-Dürler, *Vertrauensschutz im öffentlichen Recht*, Basel/Frankfurt a.M., Helbing & Lichtenhahn, 1983, p. 98. Stefan Muckel, *Kriterien des*

ao Direito Administrativo, é no sentido de que deve haver atos concretos baseados na confiança, como exemplifica o caso da obtenção de licença para construir, no qual se exige, para a proteção, que o particular tenha iniciado a construção.[155]

Nesse aspecto, é preciso diferenciar a exigência de estabilidade como dever de o ordenamento jurídico, como um todo, ser estável e duradouro, enquanto condição para o exercício das liberdades dos cidadãos, e a exigência de estabilidade como proibição de frustração e de engano frente à determinada manifestação do ordenamento jurídico que atinja o exercício da liberdade de alguém. Essa distinção é da mais alta importância.

Com efeito, duas são as questões: uma coisa é saber se modificações normativas constantes, intensas e inconsistentes ou, mesmo, uma modificação normativa específica, afetam (ou podem presumidamente afetar) a credibilidade do ordenamento jurídico como um todo, para o exercício da liberdade pela maioria; outra, diferente, é saber se uma determinada alteração normativa restringe o exercício do direito de liberdade de alguém. Em algumas situações, a mudança pode abalar a credibilidade institucional do Direito em determinada matéria, âmbito normativo, setor ou região; em outras situações, embora não tenha esse impacto, pode restringir injustificadamente o exercício passado da liberdade juridicamente orientada de alguém. Daí se afirmar que a estabilidade, pela durabilidade e credibilidade do ordenamento jurídico, é uma exigência *objetiva* decorrente do princípio da segurança jurídica, ao passo que a intangibilidade de situações subjetivas e individuais, pela proteção da confiança, é uma aplicação reflexa e limitada do princípio da segurança jurídica em decisiva conexão com os direitos fundamentais patrimoniais e não-patrimoniais.

Pois bem, sendo distintas essas duas exigências, os seus fundamentos também o são: enquanto a durabilidade do ordenamento fundamenta-se nos princípios do Estado de Direito e na consideração objetiva, conjunta e abstrata dos direitos fundamentais de liberdade, a proteção da confiança – como adiante será examinado – baseia-se na relação do princípio da segurança jurídica com os direitos fundamentais. Essa diferenciação passa a ser relevante na medida em que os requisitos a serem demonstrados para a configuração de uma ou de outra exigência são

verfassungsrechtlichen Vertrauensschutzes bei Gesetzesänderungen, Berlin, Duncker und Humblot, 1989, p. 83.

155. RE n. 85.002, Rel. Min. Moreira Alves, *RDA* 130, p. 252.

distintos – aqui reside a questão central. Com efeito, se o problema diz respeito ao ordenamento jurídico como um todo, deve ser demonstrado que a mudança normativa provoca efeitos que comprometem a mantença de um ordenamento jurídico estável, capaz de proporcionar condições mínimas de exercício conjunto de liberdades individuais. Nesse caso não são necessárias provas no sentido de que o interesse específico de alguém foi atingido, que a sua liberdade foi exercida desta ou daquela forma, com esta ou aquela intensidade, e que havia confiança legítima a ser protegida. É essencial a demonstração geral, baseada no princípio do Estado de Direito e na dimensão objetiva do princípio da segurança jurídica, de que a aceitação da validade da mudança abalará a credibilidade dos cidadãos no ordenamento jurídico.

No entanto – e nessa perspectiva o eixo de fundamentação se altera –, se a questão diz respeito à proteção do interesse individual de alguém, então, deve ser comprovado que a mudança normativa provocou efeitos que comprometeram, injustificadamente, o exercício passado de uma liberdade juridicamente orientada. Nessa hipótese são indispensáveis, sim, provas a respeito do exercício da liberdade, desta ou daquela forma, com esta ou aquela intensidade. É imprescindível a demonstração individual, baseada nos direitos fundamentais e na dimensão subjetiva do princípio da segurança jurídica, de que a aceitação da validade da mudança restringirá injustificadamente os direitos de liberdade, de propriedade ou de igualdade de alguém.

Sendo verdadeiras as considerações anteriores, a questão de saber se o exercício da liberdade é, ou não, requisito indispensável para a proteção da confiança resolve-se verificando, primeiramente, qual é o *tipo de estabilidade* pretendida, se referente ao ordenamento jurídico como um todo, com base na face objetiva do princípio da segurança jurídica, que exige durabilidade normativa (confiabilidade por meio da permanência) e desenvolvimento normativo estável, moderado e consistente (calculabilidade por meio da continuidade), ou se relativa a uma situação concreta, com base na aplicação reflexiva do princípio da segurança jurídica, que veda restrições injustificadas no exercício passado da liberdade juridicamente orientada (confiabilidade por meio da proteção da confiança); segundo – e como consequência –, se a estabilidade pretendida está, ou não, fundamentada nos direitos fundamentais individuais. Assim, se o problema diz respeito às exigências objetivas de permanência e de continuidade do ordenamento jurídico, não se deve falar em demonstração do exercício passado da liberdade. Caso, porém, o problema se refira à intangibilidade de direitos individuais, o exercício da confiança é pressuposto para a proteção da confiança.[156]

Essas considerações, portanto, demonstram que a exigência de exercício da confiança depende de a pretensão à sua proteção estar, ou não, fundamentada na proteção de direitos fundamentais individuais. Quando a pretensão de proteção tem esse fundamento, resta saber qual é a medida de exercício da liberdade exigida para a protetividade da confiança: se basta uma decisão de agir, não seguida ainda de efetiva ação; se é suficiente qualquer tipo de ação, como um ato preparatório ou um projeto; ou se, em vez disso, é preciso uma atuação qualificada pela sua intensidade, onerosidade e permanência.[157]

A tese deste trabalho – como antes explicado – sustenta a conexão entre os vários critérios apontados, dentre os quais estão, justamente, a onerosidade, a permanência e a irreversibilidade da atuação do cidadão. Quanto maiores forem os encargos causados, maior a duração da eficácia da base e mais difícil a reversão dos efeitos produzidos, mais intensa será a restrição nos direitos fundamentais de propriedade e de liberdade do cidadão, e, por consequência, maior será a protetividade da confiança e maiores deverão ser as justificativas para o seu afastamento.

Nessa perspectiva, a falta de atuação intensamente onerosa ou duradoura não é motivo preexcludente da proteção da confiança. O baixo grau de intensidade desses elementos, porém, deve ser compensado pela presença mais intensa de outros. Deve haver proteção da confiança, por exemplo, quando o contribuinte, tendo firmado termo de cooperação assinado pelas mais altas autoridades do Estado com a finalidade de obter benefício fiscal em troca de investimento e de criação de empregos, embora não tenha ainda feito o investimento propriamente dito, não só já investiu em ações preparatórias (como projetos e contratações), como também já alterou de modo irreversível o seu plano estratégico.[158] Nesse caso, o baixo grau de exercício da confiança é compensado pela irreversibilidade da sua atuação e pelo efeito que a descontinuidade dos efeitos pode provocar na credibilidade da atuação estatal.

156. Johanna Hey, *Steuerplanungssicherheit als Rechtsproblem*, Köln, Otto Schmidt, 2002, p. 128. Beatrice Weber-Dürler, *Vertrauensschutz im öffentlichen Recht*, Basel/Frankfurt a.M., Helbing & Lichtenhahn, 1983, p. 97.

157. Johanna Hey, *Steuerplanungssicherheit als Rechtsproblem*, Köln, Otto Schmidt, 2002, p. 406.

158. Fritz Ossenbühl, *Die Rücknahme fehlerhafter begünstigender Verwaltungsakte*, 2ª ed., Berlin, Walter de Gruyter, 1965, pp. 89-90.

B-4) Frustração da confiança

O princípio da proteção da confiança só se justifica nos casos em que o cidadão tem a sua confiança, gerada por um ato estatal anterior, frustrada por uma nova manifestação estatal posterior contraditória. É preciso, em outras palavras, que haja frustração da confiança. Nem toda frustração, porém, justifica a proteção da confiança. Isso, de um lado, porque as mudanças que afetam de maneira insignificante os direitos de liberdade, de propriedade e de igualdade não justificam que os efeitos não possam atingir atos iniciados antes da sua introdução. Os direitos fundamentais de liberdade demandam um exercício responsável e compatível com os interesses da maioria, descabendo falar em proteção de expectativas relativamente a atos cujos efeitos apenas tangenciam o âmbito de proteção desses direitos. De outro, porque o cidadão não tem o direito subjetivo de que a ordem jurídica permaneça sempre como está, em virtude da prerrogativa de o Poder Legislativo inová-la, por meio da sua liberdade de configuração democrática.[159]

C) Relação externa entre os critérios e ponderação

Até aqui foram examinados os critérios para a existência dos elementos necessários à configuração da proteção da confiança. Se todos os elementos não estão presentes, não há falar em proteção da confiança. Se todos estão presentes, garantida deve ser a confiança existente. Mas, se todos estiverem presentes, alguns em pouca intensidade, outros em maior, deve haver, ainda assim, proteção da confiança? Pode, por exemplo, existir uma base forte de confiança, mas nenhuma ou pouca atuação com base nesta, assim como pode não existir uma base forte de confiança, mas, em contrapartida, existir uma longa e consistente atuação do particular com base naquela. Da mesma forma, podem existir situações em que haja base forte de confiança (ato administrativo válido de licença para construção) sem, porém, longo exercício da confiança (o destinatário da licença, embora tenha elaborado o projeto, abandonado outro e feito contratações, ainda não iniciou a construção). Assim como também pode haver situações em que a base da confiança seja fraca (ato administrativo inválido editado sobre matéria que só pode ser regulada por lei) mas, em contrapartida, tenha suscitado o longo e continuado exercício

159. Kyrill-A. Schwarz, *Vertrauensschutz als Verfassungsprinzip*, Baden-Baden, Nomos, 2002, p. 308. Anja Bräunig, *Die Gestaltungsfreiheit des Gesetzgebers in der Rechtsprechung des Bundesverfassungsgerichts zur deutschen Wiedervereinigung*, Berlin, Duncker und Humblot, 2007, p. 76.

da confiança (construção de fábrica, realização de investimento e criação de empregos). Nesses casos há um desequilíbrio de intensidade entre os elementos. Como solucionar, portanto, a discrepância entre as intensidades de cada um dos elementos do princípio da proteção da confiança?

A tese aqui defendida propõe que todos os elementos do princípio da proteção da confiança (base da confiança, confiança, exercício da confiança e frustração da confiança) têm que estar presentes, mas a fraca intensidade de um deve ser compensada pela alta intensidade de outro, de modo que, na média, possa ser possível afirmar a densidade mínima dos seus pressupostos. Dessa maneira, quanto mais forte for a base da confiança, menos intensa, com relação ao tempo e ao dispêndio, precisa ser a atuação do particular; quanto mais intensa for essa atuação, mais fraca pode ser a base da confiança. A justificativa para essa regra é singela: quanto mais forte é a base da confiança, maior o grau de confiabilidade por ela merecido e maior a deslealdade pela sua frustração, tanto menores devem ser as exigências com relação à atuação do particular; quanto mais extensa e intensa for a atuação do particular, maiores serão a deslealdade e o enriquecimento ilícito do Estado pela frustração da confiança, devendo ser tanto menores as exigências com relação à base da confiança.

Por fim, é preciso saber se, estando presentes os requisitos para a proteção da confiança, pela existência dos elementos antes referidos e pela compensação da baixa intensidade de um pela alta intensidade de outros, ainda assim a proteção da confiança pode ser afastada por meio de uma ponderação que atribua a uma finalidade estatal um peso maior que aquele atribuído ao princípio da proteção da confiança. Nesse aspecto, é preciso fazer algumas diferenciações.

A CF/88 particulariza-se pelo fato de instituir regras concretizadoras do princípio da segurança jurídica, especialmente no tocante à sua dimensão dinâmica de exigência de confiabilidade no ordenamento jurídico. Nesse sentido, há a regra que protege o direito adquirido, o ato jurídico perfeito e a coisa julgada (art. 5º, XXXVI), bem como a regra que proíbe a retroatividade das leis tributárias relativamente a fatos geradores ocorridos antes da sua vigência (art. 150, III, "a"). Essas regras – eis o ponto – preexcluem a mera ponderação horizontal da segurança jurídica frente a outros princípios eventualmente colidentes quando se está diante de atos consumados no passado. Pois bem, o princípio da proteção da confiança, nesse contexto, assume importância quando os atos praticados no passado, embora iniciados, não se consumaram a ponto de gerar um direito adquirido, um ato jurídico perfeito, uma coisa julgada ou um fato gerador de obrigação tributária. Quando esse for o caso, portanto, e os requisitos de aplicação do princípio, conforme antes mencionado, forem preenchidos, será preciso verificar, tratando-se de lei tributária, qual é a finalidade legal.

Se a finalidade legal for meramente fiscal – isto é, se a lei visar à obtenção de receita para financiar despesas públicas gerais –, não há justificação para a realização dos efeitos futuros do exercício passado da liberdade juridicamente orientada, porque o objetivo legal permanece, apesar da restrição desses efeitos. A única consequência é que o Estado auferirá menos receita, o que de modo algum compromete a finalidade legal.

Se a finalidade legal for extrafiscal – isto é, se a lei pretender atingir um objetivo econômico ou social, em sentido amplo, por meio da indução do comportamento do contribuinte –, será preciso saber se o alcance dos efeitos futuros do exercício passado da liberdade juridicamente orientada é, ou não, essencial para a realização da finalidade legal. Se não for essencial – isto é, se o objetivo legislativo for atingido mesmo deixando os referidos atos passados de fora do âmbito normativo da nova lei –, abarcá-los, mesmo assim, é restringir, desnecessariamente, os direitos fundamentais do contribuinte. É, portanto, violar o postulado da proporcionalidade.[160] Se, porém, o alcance desses atos passados for indispensável para a obtenção mínima da finalidade legal – e somente nesse caso –, deverá ser feita uma ponderação entre a norma constitucional que suporta a finalidade legal e o princípio da segurança jurídica na sua dimensão de exigência de confiabilidade pela proteção da confiabilidade. Nesse aspecto, ainda, são necessárias algumas distinções.

Caso a finalidade legal só possa ser atingida com a restrição dos direitos fundamentais de liberdade, por meio do alcance dos efeitos futuros do exercício passado desses direitos, será, ainda, preciso verificar se os direitos de muitos cidadãos são restringidos. Se só alguns são atingidos, não há como a finalidade geral deixar de ser concretizada. Ela só deixa de ser realizada quando muitas "confianças" são restringidas. No entanto, quando isso ocorre, o problema deixa de ser apenas relativo ao princípio da proteção da confiança, para passar a ser também um problema de segurança jurídica no sentido objetivo – que, como foi visto, protege tanto a estabilidade do ordenamento por meio da sua durabilidade e da sua continuidade quanto a preservação da confiança dos cidadãos, no seu conjunto, no sistema jurídico. Pode-se afirmar, assim, que a necessi-

160. Karl Heinrich Friauf, "Steuerrechtsänderungen und Altinvestitionen. Zum Verfassungsgebot der steuerlichen Investitionssicherheit", *StbJb*, 1986, p. 294, 1987.

dade de retroatividade imprópria (ou retrospectividade) para a obtenção da finalidade conduz à restrição não apenas do aspecto subjetivo como também do aspecto objetivo do princípio da segurança jurídica.

Sendo assim, a ponderação deve ser feita entre a finalidade pública perseguida pela lei e o princípio da segurança jurídica, tanto no seu aspecto subjetivo como objetivo. E, nesse quadro, é preciso chamar a atenção para o peso distinto do princípio da segurança jurídica no ordenamento jurídico brasileiro – como na parte deste trabalho destinada à sua eficácia se terá ocasião de demonstrar: ele possui elevado peso quando em confronto com outros princípios constitucionais, graças à sua hierarquia e ao seu imbricamento sistemático com outros princípios que lhe dão suporte e para os quais exerce uma função de suporte. Em decorrência disso, o balanceamento do princípio da segurança jurídica com outro princípio – se aceito –, para lançar mão de uma metáfora, inicia-se com a balança inclinada em seu favor, só tendo a sua posição alterada se houver gravíssimas razões que justifiquem o seu detrimento. Nesse caso, cabe ao Estado encontrar e demonstrar as razões para justificar a diferente configuração do princípio da segurança jurídica em razão da finalidade pública, e não ao contribuinte encontrar e demonstrar razões para justificar a proteção da sua confiança.

Todas as considerações anteriores conduzem a algumas conclusões. Quando se tratar de ato consumado no passado (direito adquirido, ato jurídico perfeito, coisa julgada e fato gerador tributário ocorrido), a retroatividade é proibida por regra, sendo, no caso, excluído qualquer tipo de mera ponderação horizontal. Em hipóteses assim – como afirma Couto e Silva –, "o legislador ordinário é que efetuou essa ponderação, decidindo-se pela prevalência da segurança jurídica, quando verificadas as circunstâncias perfeitamente descritas no preceito".[161] O Supremo Tribunal Federal segue caminho semelhante quando enuncia que "a regra de que a lei nova não prejudicará o direito adquirido, o ato jurídico perfeito e a coisa julgada, por estar inserida no texto da Carta Magna (art. 5º, XXXVI), tem caráter constitucional, impedindo, portanto, que a legislação infraconstitucional, ainda quando de ordem pública, retroaja para alcançar o direito adquirido, o ato jurídico perfeito ou a coisa julgada, ou que o juiz a aplique retroativamente".[162]

161. Almiro do Couto e Silva, "O princípio da segurança jurídica (proteção à confiança) no Direito Público brasileiro e o direito da Administração Pública de anular os seus próprios atos: o prazo decadencial do art. 54 da Lei do Processo Administrativo da União (Lei n. 9.784/99)", *RBDP* 6, pp. 7-59, Porto Alegre, jul.-set./2004.

162. RE n. 188.366, 1ª Turma, Rel. Min. Moreira Alves, *DJ* 19.11.99.

No entanto, quando o fato normativamente previsto tiver se iniciado mas ainda não concluído ou consumado segundo a legislação e, por isso, não for capaz de ser protegido pelas regras de irretroatividade, será, então, necessário verificar a ocorrência dos pressupostos configuradores do princípio da proteção da confiança, capaz de afastar a retroatividade imprópria (*unechte Rückwirkung*) ou a referência retroativa a situações de fato preexistentes (*tatbestandliche Rückanknüpfung*) – como mais adiante será explicado. Nesse quadro, deve-se considerar existente um estado de protetividade da confiança quando o conjunto dos seus elementos estiver previsto em maior medida, assim entendido o caso em que o baixo grau de presença de um elemento for compensado pelo alto grau de presença de outros. Configurada a hipótese de protetividade da confiança, será preciso examinar se a finalidade da atribuição de efeitos também aos atos praticados no passado é essencial para a realização da finalidade. Caso essa eficácia seja necessária, e somente nesse caso, far-se-á uma ponderação entre o princípio da segurança jurídica e a finalidade pública a ser perseguida, cabendo ao Estado justificar, com redobrado ônus argumentativo, a maior importância da realização da finalidade pública. Somente nesse caso, portanto, é que a modificação normativa poderá atingir situações ocorridas, mas não consumadas, no passado. Em todos os outros casos a modificação normativa deverá ter eficácia *pro futuro*. Isso demonstra que não se pode conceber um mero afastamento do princípio da proteção da confiança por "razões superiores de Estado", como sustenta a doutrina estrangeira.[163]

A ponderação entre a finalidade pública e o princípio da proteção da confiança deverá levar em conta a intensidade da restrição causada nos direitos fundamentais de liberdade e de propriedade do contribuinte. E, nesse aspecto, o grau de intensidade irá depender da irreversibilidade dos atos de disposição do particular, da dependência gerada pela produção anterior de efeitos do ato estatal e do prejuízo causado pela confiança depositada nesse ato. Em algumas situações, em razão dos dispêndios financeiros gerados pela promessa estatal, do tempo empregado pelo particular nos seus atos de disposição, da significação que passou a assumir a fluência dos efeitos do ato para a sua atividade, da impossibilidade de tornar útil de outra forma a atuação estatal, o particular fica em uma situação totalmente irreversível relativamente

163. Sylvia Calmes, *Du principe de protection de la confiance légitime en Droits Allemand, Communautaire et Français*, Paris, Dalloz, 2001, p. 413.

àquilo que fez em função do ato estatal.[164] A intensidade da restrição dos direitos de liberdade e de propriedade corresponde à dificuldade de reversão da medida.[165] Nesses casos, admitir que o particular, que dispôs dos seus direitos em razão de incentivo ou de promessa do próprio Estado, venha a ser surpreendido pela perda dos efeitos jurídicos esperados dos atos que praticou é aceitar que o particular seja tratado como objeto, e não como um ser humano. Assim, quanto mais gravosa for a reversibilidade do ato e quanto maior for a dependência do particular relativamente à manutenção dos seus efeitos, maior deverá ser a importância da finalidade estatal.

Cabe também observar que, embora seja atribuído à finalidade estatal um elevado peso, a eficácia retrospectiva ainda não está justificada. Isso porque essa eficácia, além de causar uma restrição com relação a um elemento (exigência de proteção da confiança) do aspecto passado da dimensão dinâmica da segurança jurídica (exigência de confiabilidade), pode também provocar uma limitação de outro elemento desse mesmo aspecto (como a exigência de credibilidade do ordenamento jurídico) ou de algum elemento do aspecto futuro dessa dimensão (exigência de calculabilidade). Com efeito, o cidadão que tem uma frustração intensa relativamente ao exercício passado da sua liberdade, ainda que essa frustração tenha sido justificada por uma finalidade pública relevante, levará em consideração, nas suas ações futuras, a possibilidade de ter o exercício da liberdade novamente frustrado, eventualmente deixando até mesmo de agir.[166] Sendo assim, mesmo ultrapassada, com sucesso, a ponderação inicial entre o princípio da proteção da confiança e a finalidade pública, ainda assim será preciso verificar se a finalidade pública justifica as outras restrições provocadas no princípio da segurança jurídica como um todo. Em outras palavras, quer-se dizer que a importância da eficácia retrospectiva da modificação normativa para a realização da finalidade pública deve justificar todas as restrições ao princípio da segurança jurídica, e não somente a restrição do princípio da proteção da confiança legítima. Mais uma vez: ou a segurança jurídica é inteira, ou não é segurança jurídica.

Registre-se que a construção da proibição de retroatividade foi feita com base na restrição dos direitos fundamentais. Isso explica, portanto,

164. Martin Stötzel, *Vertrauensschutz und Gesetzesrückwirkung*, Frankfurt am Main, Peter Lang, 2002, pp. 219 e 231.

165. Johanna Hey, *Steuerplanungssicherheit als Rechtsproblem*, Köln, Otto Schmidt, 2002, p. 251.

166. Martin Stötzel, *Vertrauensschutz und Gesetzesrückwirkung*, Frankfurt am Main, Peter Lang, 2002, p. 18.

por que leis sem eficácia restritiva podem produzir efeitos retrospectivos sem ofensa ao princípio da segurança jurídica. Nesse sentido, decidiu o Supremo Tribunal Federal, julgando caso de leis interpretativas, que, quando a "retroprojeção normativa da lei não gere nem produza os gravames referidos, nada impede que o Estado edite e prescreva atos normativos com efeito retroativo. As leis, em face do caráter prospectivo de que se revestem, devem, ordinariamente, dispor para o futuro. O sistema jurídico-constitucional brasileiro, contudo, não assentou, como postulado absoluto, incondicional e inderrogável, o princípio da irretroatividade".[167]

Por fim, importa referir algo que será retomado na parte relativa à eficácia do princípio da segurança jurídica: mesmo quando se atribui prevalência a uma finalidade pública, em detrimento do princípio da segurança jurídica, está-se, a rigor, apenas justificando a restrição de um elemento de uma de suas dimensões (no caso, o aspecto subjetivo da dimensão dinâmica). O princípio da segurança jurídica, em outras palavras, não é *afastado*. Daí se dizer que tal princípio, em verdade, não tem eficácia *prima facie*, entendida esta última como aquela eficácia que pode ser dissipada em razão de princípios opostos. Ele nunca poderá ser afastado de modo integral, sem que se afaste juntamente o próprio Direito.

Após todas as considerações precedentes, podem ser formuladas algumas regras para a aplicação do princípio da proteção da confiança:

> ***1ª regra*** – O grau de proteção da confiança será tanto maior quanto maior for o grau da presença dos elementos normativos, pertinentes à situação de fato, abaixo indicados:
>
> – vinculatividade – quanto maior for o grau de vinculação normativa do ato, maior deve ser a proteção da confiança nele depositada;
>
> – aparência de legitimidade do ato – quanto maior for o grau de aparência de legitimidade do ato, maior deve ser a proteção da confiança nele posta;
>
> – modificabilidade – quanto maior for o grau de permanência do ato, maior deve ser a proteção da confiança a ele atribuída;
>
> – efetividade – quanto maior o grau de realização da finalidade subjacente à regra supostamente violada, tanto maior deve ser a proteção dos efeitos do ato inquinado de ilegal;

167. ADI/MC n. 605-DF, Tribunal Pleno, Rel. Min. Celso de Mello, *DJ* 5.3.93, p. 2.897. Sobre as leis interpretativas ver: Sacha Calmon Navarro Coelho, "Segurança jurídica e mutações legais", in Valdir de Oliveira Rocha (org.), *Grandes questões atuais do Direito Tributário* 10, São Paulo, Dialética, 2006, pp. 402-431.

– indução – quanto maior o grau de indução decorrente do ato, maior deve ser a proteção merecida pela confiança com base nele exercida;

– individualidade – quanto maior for o grau de proximidade do ato, maior deve ser a proteção da confiança nele depositada;

– onerosidade – quanto maior for o grau de onerosidade do ato, maior deve ser a proteção da confiança nele recaída;

– durabilidade – quanto mais duradoura no tempo for a eficácia temporal do ato, maior proteção merece a confiança nele depositada.

2ª regra – Quanto maior for a presença do elemento durabilidade, isto é, quanto maior o tempo transcorrido entre a prática do ato e a decisão a respeito da sua anulação ou da sua revogação, tanto menor poderá ser a presença dos outros elementos.

3ª regra – O baixo grau da presença de um elemento deve ser compensado pelo alto grau da presença dos outros.

4ª regra – No caso de norma tributária com finalidade extrafiscal, deve-se afastar o efeito retrospectivo sempre que o objetivo puder ser atingido deixando os referidos atos passados de fora do âmbito normativo da nova lei e o efeito comportamental da mudança não atingir o comportamento dos contribuintes relativamente aos atos já praticados.

5ª regra – Se o objetivo só puder ser atingido com a eficácia retrospectiva da nova lei, ele deverá ser tanto mais importante quanto mais intensamente forem restringidos os direitos de liberdade e de propriedade do cidadão.

6ª regra – Os direitos de liberdade e de propriedade do cidadão são tanto mais restringidos quanto mais brusca e drástica for a modificação normativa, mais difícil a reversão das disposições, maior a dependência do ato e mais extensos os prejuízos causados.

7ª regra – Ainda que o efeito retrospectivo seja necessário e a sua importância justifique a restrição da dimensão passada do princípio da segurança jurídica, ele deve ser afastado se a restrição da dimensão futura desse princípio for ainda mais restringida.

As regras acima mencionadas devem servir de parâmetros heurísticos para a verificação da protetividade da confiança, ultrapassando-se o critério formal da consumação em favor de critérios materiais que permitam valorizar os atos de disposição dos contribuintes.[168] A sua análise deverá ser feita sempre que as regras de irretroatividade tributária e de proteção do ato jurídico perfeito e do direito adquirido forem insuficientes para proteger o cidadão.

168. Johanna Hey, *Steuerplanungssicherheit als Rechtsproblem*, Köln, Otto Schmidt, 2002, p. 242.

Logo se vê que a manutenção das normas e dos seus efeitos depende do grau de participação estatal e da restrição dos direitos fundamentais do particular. Assim, quanto maior for a ingerência estatal, maiores são as razões para se manter a norma. Essa ingerência estatal na liberdade vai de um extremo de normas que apenas estabelecem indiretamente condições para o exercício da liberdade, passando por normas que induzem o comportamento do particular e por normas que instituem promessas em troca de ações, até normas que obrigam a adoção de determinado comportamento. A responsabilidade do particular é inversamente proporcional ao grau de ingerência estatal na sua liberdade: diante de normas que apenas estabelecem indiretamente condições para o exercício da liberdade, o particular age porque quer, por conta e risco; no caso de normas que induzem o comportamento do particular, este age porque o Estado o incentivou a fazê-lo; frente a normas que instituem promessas em troca de ações, o particular age porque o Estado prometeu algo em contrapartida; no caso de normas cogentes, aquele age cumprindo um dever. Desse modo, quanto maior o grau de ingerência estatal na liberdade, tanto menores a responsabilidade do cidadão e o risco por ele assumido. Em razão disso, maiores são as razões para proteger a sua confiança depositada no Estado.

D) Proteção da confiança e o Poder Legislativo: a mudança legislativa

D-1) Considerações introdutórias

Uma lei pode atuar no futuro relativamente a atos futuros. Nesse caso, ela será *prospectiva*. Ela pode atuar no futuro, mas sobre fatos passados, hipótese em que ela será *retrospectiva*. E ela pode também atuar no passado sobre fatos passados, caso em que será *retroativa*.[169] Essa diferenciação entre prospectividade, retrospectividade e retroatividade, apesar de desconsiderar uma série de situações intermediárias, é suficiente para mostrar que, se uma das funções do Direito é guiar a conduta humana, ele deve ser, em regra, prospectivo. Ele não pode ser retroativo, pelo simples fato de que o homem não pode ser guiado por uma norma que não existia na época da sua ação.[170] Como claramente acentua Marmor: "Regras retroativas, especificamente, regras objeti-

169. Ben Juratowitch, *Retroactivity and the Common Law*, Oxford, Hart, 2008, p. 6.

170. Joseph Raz, "The rule of law and its virtue (1977)", in *The Authority of Law. Essays on Law and Morality*, Oxford, Oxford, 1979, p. 214.

vando afetar comportamento que já tenha ocorrido antes da promulgação da regra, não podem atingir o objetivo de verdadeiramente guiar a conduta humana".[171] Mais: o Direito não pode ser retroativo, sob pena de causar falta de confiabilidade relativamente a quem deve cumpri-lo: a retroatividade faz com que a ordem que parecia existir se revele jamais ter existido.[172] Como a retroatividade faz com que a norma anterior, em cuja eficácia se confiou, tenha parte da sua eficácia anulada pela norma posterior, a retroatividade não diz respeito apenas a um problema relacionado à transição do passado ao presente, mas também do presente ao futuro: o cidadão, tendo sido frustrada a sua confiança com relação à eficácia da norma anterior pela modificação introduzida pela norma presente, passa a desconfiar de que também a eficácia da norma presente pode ser alterada por uma norma futura. Em outras palavras, o fenômeno da retroatividade causa tanto uma frustração da confiança normativa com relação ao passado quanto o nascimento de uma desconfiança jurídica com relação ao futuro. Retroatividade, enfim, é um problema que toca tanto à exigência de confiabilidade quanto à de calculabilidade do ordenamento jurídico. Ela atinge, em suma, a segurança jurídica na sua dupla dimensão.

A CF/88 possui um dispositivo específico a respeito da proibição de retroatividade das leis tributárias, segundo o qual é vedado aos entes federados "cobrar tributos em relação a fatos geradores ocorridos antes do início da vigência da lei que os houver instituído ou aumentado" (art. 150, III, "a"). Uma leitura preliminar desse dispositivo permite levar à conclusão de que a CF/88 tem uma "regra constitucional" vedando a retroatividade das leis tributárias, por meio da qual se adotaria, unicamente, o "critério do fato gerador" como parâmetro de validade das leis tributárias: se a nova lei iniciou a sua vigência após a ocorrência do fato gerador e pretende produzir efeitos relativamente a este último, é retroativa e, por isso, inválida; porém, se a nova lei iniciou a produzir efeitos antes da ocorrência do fato gerador, mesmo que um dia antes, deixa de ser retroativa e mantém seus efeitos relativamente a qualquer fato praticado antes desse momento.

O Supremo Tribunal Federal – como será adiante explicado – usa o critério do fato gerador, tal como posto na regra anteriormente referida: ao analisar a constitucionalidade da modificação da contribuição social sobre o lucro líquido no meio do exercício e com o início da vigência

171. Andrei Marmor, *Law in the Age of Pluralism*, Oxford, OUP, 2007, p. 7.

172. Henri Battiffol, "Le déclin du Droit. Examen critique", *Archives de Philosophie du Droit*, 1963, p. 45.

para o próprio exercício, o Tribunal entendeu inexistir violação à proibição de retroatividade, tendo em vista que a nova lei tinha iniciado a sua vigência antes do final do exercício, data da ocorrência do fato gerador da referida contribuição; ao examinar a constitucionalidade do aumento da alíquota do imposto de importação, mesmo diante de anterior promessa do Presidente da República de reduzi-la, o Tribunal entendeu inocorrer infração à proibição de retroatividade, em virtude de o decreto modificador ter sido publicado antes do desembaraço da mercadoria, momento da ocorrência do fato gerador do mencionado imposto.

As referidas decisões, às quais outras poderiam ser somadas, demonstram que o Supremo Tribunal Federal adotou o "critério (da consumação) do fato gerador" como parâmetro definidor da irretroatividade da lei tributária. Porque a CF/88, em vez de instituir um princípio geral de proteção da segurança jurídica ou um princípio mais específico de proteção da confiança, estabeleceu, ao lado de outras, uma regra específica no âmbito tributário, adotando o critério do fato gerador como o elemento definidor dos elementos a serem considerados pelo intérprete; outro elemento seria irrelevante para o efeito de se avaliar a retroatividade das leis tributárias. Elementos como a "causa da obrigação tributária" ou a "legítima expectativa dos contribuintes" seriam impertinentes, devido à opção constitucional por atribuir relevância "apenas" ao fato gerador como elemento necessário e suficiente para a verificação da retroatividade das leis tributárias.[173]

As decisões do Supremo Tribunal Federal são semelhantes àquelas tomadas pelo Tribunal Constitucional alemão no controle de retroatividade: para esse Tribunal, a retroatividade própria (*echte Rückwirkung*) ocorre quando uma lei atinge posteriormente, e de modo modificativo, fato gerador ocorrido no passado, ao passo que a retroatividade imprópria (*unechte Rückwirkung*) sucede quando a lei atinge apenas situações de fato ou relações jurídicas ainda não concluídas.[174] O critério usado pela 1ª Turma do Tribunal Constitucional alemão, portanto, é semelhante ao utilizado pelo Supremo Tribunal Federal: para verificar se uma lei é, ou não, retroativa, recorre o Tribunal ao critério da finalização (*Abgeschlossenheitskriterium*) do fato gerador. Nesse sentido, a lei deixa de ser retroativa se atingir fato ainda não gerador, sendo, porém, retroativa se alcançar fato gerador já finalizado ou ocorrido (consumado). A 2ª Turma

173. Atílio Dengo, "Irretroatividade tributária e modo de aplicação das regras jurídicas", *RDDT* 124, p. 24, 2006.

174. Johanna Hey, *Steuerplanungssicherheit als Rechtsproblem*, Köln, Otto Schmidt, 2002, p. 204.

do Tribunal alemão emprega outra nomenclatura: no lugar de "retroatividade própria", usa a locução "modificação retroativa das consequências jurídicas" (*Rückbewirkung von Rechtsfolgen*) para se referir aos casos em que a nova lei estabelece consequências jurídicas relativamente a um *âmbito temporal de incidência* localizado em período anterior à data da sua publicação: os efeitos da nova lei são aplicados como se a lei tivesse existido quando da prática dos atos no passado. E, em vez de "retroatividade imprópria", emprega a expressão "ligação retroativa da hipótese de incidência" ou "referência retroativa a situações de fato preexistentes" (*tatbestandliche Rückanknüpfung*) para se referir aos casos em que a nova lei apenas estabelece consequências jurídicas relativamente a circunstâncias referentes a um *âmbito material de incidência* localizado em período anterior ao do início da sua vigência: a eficácia da norma só se produz do presente para o futuro, mas com referência a acontecimentos – isto é, âmbitos materiais – iniciados no passado.[175] Independente da consistência das novas expressões – já referidas apenas como novo "etiquetamento" (*Umetikettierung*) das velhas expressões[176] –, o fato é que o critério decisivo continua sendo a ocorrência do fato gerador (ou, com algum pleonasmo, o critério da consumação do fato gerador), sendo irrelevantes outros fatores, como "causa", "confiança" ou "exercício de liberdade".

Dentro desse contexto, é preciso indagar: Será o "critério do fato gerador" o único critério de verificação da irretroatividade das leis tributárias, no sentido de *exaurir* o exame da irretroatividade?

É essa a pergunta que será adiante respondida.

D-2) *Conteúdo normativo da proibição de retroatividade*

Como visto anteriormente, o princípio da segurança jurídica consiste no dever de realização dos ideais de confiabilidade e de calculabilidade normativos, com base na sua cognoscibilidade. Um dos seus fundamentos parciais é a regra de proibição de retroatividade tributária, prevista na alínea "a" do inciso III do art. 150 da CF/88, que, juntamente com outras regras, permite a sua construção indutiva por dentro da Constituição. Essa regra de proibição de retroatividade tributária, portanto, não se identifica com a segurança jurídica, nem exaure os seus fundamentos; ela é, apenas, um dos seus fundamentos parciais, ao

175. Johanna Hey, *Steuerplanungssicherheit als Rechtsproblem*, cit., p. 207.

176. Bodo Pieroth, *Rückwirkung und Übergangsrecht*, Berlin, Duncker und Humblot, 1981, p. 382.

lado de outros. Em suma, o princípio da segurança jurídica possui um âmbito material muito maior que aquele coberto pela regra de proibição de retroatividade tributária prevista na alínea “a” do inciso III do art. 150 da CF/88: enquanto aquele princípio resguarda a cognoscibilidade, a confiabilidade e a calculabilidade do Direito, em suas variadas manifestações, essa regra protege o aspecto da intangibilidade de situações passadas do elemento confiabilidade em uma de suas exteriorizações.

Além disso, a proibição de retroatividade, como norma de Direito Intertemporal destinada a afastar a aplicação retro-operante de normas tributárias, não é exaurida pela hipótese da regra de proibição de retroatividade tributária prevista na alínea “a” do inciso III do art. 150 da CF/88. O *princípio* da irretroatividade, como será demonstrado, também possui um âmbito material mais extenso que aquele coberto pela *regra* de irretroatividade tributária prevista na alínea “a” do inciso III do art. 150 da CF/88, pelos seguintes motivos.

A proibição de aplicação retro-operante de normas tributárias é coberta pela eficácia tanto das regras de proteção da coisa julgada, do direito adquirido e do ato jurídico perfeito quanto do princípio da segurança jurídica: as mencionadas regras protegem, em um âmbito um pouco mais amplo que aquele abrangido pela regra de proibição de retroatividade vinculada ao fato gerador, atos praticados no passado, independentemente de serem, ou não, geradores de obrigações tributárias principais, resguardando-os da eficácia de normas modificativas posteriores – como é o caso de compensações tributárias efetuadas no passado; o referido princípio, no seu elemento de confiabilidade pela estabilidade do ordenamento jurídico, resguarda, em um âmbito ainda mais amplo, atos praticados no passado, afastando-os da eficácia de normas modificativas posteriores, também independentemente de serem, ou não, geradores de obrigações tributárias principais. Vale dizer: as regras de proteção da coisa julgada, do direito adquirido e do ato jurídico perfeito e o próprio princípio da segurança jurídica servem de fundamento normativo para a proibição de aplicação retro-operante de normas tributárias, sem uma necessária vinculação com fatos geradores.

Nesse aspecto, porém, surge a pergunta: A “regra de irretroatividade vinculada ao fato gerador” não exauriria a proteção do contribuinte contra a aplicação retro-operante de normas tributárias? Em outras palavras, a “regra de irretroatividade vinculada ao fato gerador” não seria a própria concretização da segurança jurídica no âmbito do Direito Intertemporal – o que afastaria a consideração de outros elementos, que até poderiam ser considerados com base direta no princípio da segurança jurídica ou com base em outras garantias, mas apenas se essa regra específica não existisse? Em outro dizer, o que se procura saber é se a "regra de irretroatividade vinculada ao fato gerador" não funcionaria normativamente como exclusão da eficácia das regras de proteção da coisa julgada, do direito adquirido e do ato jurídico perfeito e do princípio da segurança jurídica no âmbito do Direito Intertemporal. A resposta é não, pelos seguintes motivos.

Em primeiro lugar, a "regra de irretroatividade vinculada ao fato gerador" não exclui a eficácia de outras normas constitucionais protetivas de um estado de confiabilidade, porque a própria CF/88 assim expressamente o determina. De fato, a vedação de "cobrar tributos em relação a fatos geradores ocorridos antes do início da vigência da lei que os houver instituído ou aumentado" é antecedida da expressão "sem prejuízo de outras garantias asseguradas ao contribuinte". O dispositivo expressamente autopreserva a sua inexauribilidade protetiva. Ora, isso significa, primeiro, que há "outras" garantias, isto é, que aquelas previstas no dispositivo não são exaurientes; segundo, que elas são "garantias", isto é, instrumentos assecuratórios de direitos; terceiro, que elas são garantias asseguradas "ao contribuinte". O decisivo, assim, passa a ser, de um lado, saber quais são as outras garantias e, de outro, quais são os direitos a que elas servem de instrumento assecuratório.

As outras garantias são precisamente aquelas decorrentes das regras de proteção da coisa julgada, do direito adquirido e do ato jurídico perfeito, previstas no inciso XXXVI do art. 5º. Ocorre que os direitos e as garantias expressos, em virtude da cláusula final do § 2º do art. 5º, "não excluem outros decorrentes do regime e dos princípios por ela adotados". Ora, uma das outras garantias é, precisamente, a proteção da confiança, "decorrente" do princípio da segurança jurídica e qualificada, justamente, de "garantia" em virtude do seu caráter instrumental. E os direitos dos contribuintes, cuja realização é instrumentalizada por essas garantias, são os direitos de liberdade, de propriedade e de igualdade. Sendo assim, entender que a regra da irretroatividade tributária vinculada ao fato gerador excluiria a garantia da irretroatividade tributária vinculada a outros elementos implicaria desconsiderar o próprio mandamento constitucional de não excluir outras garantias que preservem os direitos dos contribuintes. Em outras palavras, isso significaria ler "*com* prejuízo de outras garantias" onde está escrito "*sem* prejuízo de outras garantias".

Em segundo lugar, a "regra de irretroatividade vinculada ao fato gerador" não exclui a eficácia de outras normas constitucionais, porque esse entendimento seria totalmente incoerente com a própria instituição de limitações ao poder de tributar. Com efeito, a instituição de limitações expressas ao poder de tributar só tem sentido se estas se somarem às já previstas e às decorrentes do próprio sistema constitucional. Não sendo assim, a pretexto de aumentar a proteção do contribuinte, mediante a atribuição de nova e específica eficácia normativa – não necessariamente decorrente de normas já previstas no ordenamento constitucional –, a instituição de limitações expressas terminaria por diminuir a proteção do contribuinte, pela anulação da eficácia de outras normas mais abrangentes. Isso ocorreria não apenas com a proibição de retroatividade, mas também com as outras limitações expressamente previstas.

Por exemplo, entender que a regra de proibição de instituição de tributo com efeito confiscatório, prevista no inciso IV do art. 150 da CF/88, tem seu âmbito de proteção limitado ao que dispõe a sua hipótese diminuiria as garantias do contribuinte em vez de aumentá-las, pois a referida regra teria a sua aplicação limitada aos tributos confiscatórios, quando a eficácia direta e a aplicação proporcional dos princípios da proteção da liberdade e da propriedade afastariam não apenas a instituição de *tributos* com efeito de confisco, mas também a cobrança de *obrigações acessórias* e de *multas* excessivas. Entender que a regra de proibição de discriminação em razão da atividade profissional, prevista no inciso II do art. 150 da CF/88, tem seu âmbito de proteção limitado ao que dispõe a sua hipótese restringiria as garantias do contribuinte em vez de ampliá-las, já que a referida regra teria a sua aplicação restrita às distinções em razão da ocupação profissional, quando a eficácia direta e a aplicação proporcional do princípio da igualdade (e dos critérios regrados noutros dispositivos constitucionais) afastariam não apenas a utilização desse critério, como também a utilização de outros, como sexo, raça, idade ou qualquer outro critério que não mantenha relação de congruência valorativa com a finalidade da distinção. Admitir que a regra de proibição de instituição e aumento de tributo sem lei, prevista no inciso I do art. 150 da CF/88, tem o seu âmbito de proteção limitado ao que dispõe a sua hipótese apequenaria as garantias do contribuinte em vez de engrandecê-las, pois a referida regra teria a sua aplicação limitada à instituição e ao aumento de tributo, quando a eficácia direta e a aplicação proporcional do princípio da legalidade afastariam não apenas a instituição e o aumento de tributo, mas igualmente a instituição de obrigações acessórias e de multas restritivas dos direitos de liberdade e de propriedade – e assim por diante.

Desse modo, aceitar que a regra de irretroatividade tributária tenha o seu âmbito de proteção limitado ao que dispõe a sua hipótese, com exclusão de outras hipóteses, levaria à diminuição da proteção dos contribuintes, porque a mencionada regra teria sua aplicação limitada à consideração exclusiva do fato gerador, quando a eficácia direta e a aplicação proporcional do princípio da segurança jurídica, e mesmo a eficácia das regras de proteção do direito adquirido, do ato jurídico perfeito e da coisa julgada – se não existisse tal regra , levariam à consideração de outros elementos, como o exercício já iniciado e não passível de modificação dos direitos de liberdade e de propriedade e a promessa estatal digna de confiança, por exemplo.[177] Essa interpretação das limitações ao poder de tributar, em vez de conduzir à ampliação das garantias dos contribuintes, levaria à conclusão de que a CF/88 teria instituído garantias específicas destinadas a restringi-las. Mais limitações seriam menos limitações – um verdadeiro *non sense.*

Em terceiro lugar, a "regra de irretroatividade vinculada ao fato gerador" não exclui a eficácia de outras normas constitucionais, porquanto, ao contrário de outras regras, ela não se contrapõe ao princípio da segurança jurídica e às regras de proteção do direito adquirido, do ato jurídico perfeito e da coisa julgada, mas as reforça. Com efeito, não se tem, nessa relação, um conflito de vetores, como ocorre nos casos de oposição sintática entre as regras de competência e determinados princípios constitucionais. Nesses casos, a sobreposição do princípio anularia, sim, o conteúdo mínimo e a própria função das regras, a exemplo do que ocorreria no caso de sobreposição do princípio da solidariedade social à regra de competência para instituir contribuições sociais, ou no caso da prevalência do princípio da liberdade de expressão à regra de imunidade dos livros. Haveria poder de tributar fora do âmbito material das regras de competência ou ausência de poder de tributar fora do âmbito material das regras de incompetência. Na hipótese ora analisada, no entanto, a aplicação do princípio da segurança jurídica e das regras de proteção do direito adquirido, do ato jurídico perfeito e da coisa julgada não anula a eficácia da regra de irretroatividade vinculada ao fato gerador, mas, em vez disso, amplia essa eficácia, pela consideração de outros fatores por ela não abrangidos, pela confluência vetorial dessas normas. De acordo

177. O Supremo Tribunal Federal reconheceu que a primeira condição da segurança jurídica é "a irretroatividade da lei, que é editada para viger prospectivamente, alcançando atos e fatos que venham a ocorrer" (RE 579.167, Tribunal Pleno, voto do Min. Rel. Marco Aurélio, *DJU* 16.5.2013, pp. 1-2 do Acórdão).

com a CF/88, portanto, não se pode afirmar que a ocorrência, ou não, do fato gerador é o único elemento crucial para a avaliação da retroatividade, como ocorre em outros sistemas.[178]

É preciso, ainda, referir que a regra de irretroatividade vinculada à "consumação" de fatos nasceu da influência da doutrina do Direito Penal, em que o "critério da consumação" abrange a maioria dos fatos previstos em lei e serve de clara limitação para o Poder Legislativo.[179] Tal critério, porém, embora possa servir de orientação para o Poder Legislativo em muitos casos, é totalmente *insuficiente* para fazer face às particularidades existentes em um âmbito normativo como o tributário, em que se apresentam as seguintes particularidades: relações obrigacionais continuadas (*Dauerschuldverhältnisse*), que se desenvolvem ao longo do tempo e envolvem uma sucessão de atos de disposição da propriedade e da liberdade pelo contribuinte, por vezes intensamente praticados antes da consumação do fato gerador; leis com finalidades indutoras de atividades lícitas do contribuinte nos campos da economia, da cultura, da pesquisa, do meio ambiente, da saúde, entre tantos outros.[180] Em outras palavras – e como ficará mais claro com a análise dos casos –, o critério *formal* da consumação do fato gerador, sem critérios *materiais* adicionais, é insuficiente para dar conta da riqueza aplicativa do Direito Tributário, especialmente porque a consumação do fato gerador não mantém correlação necessária com o exercício passado da liberdade juridicamente orientada: o contribuinte pode ter sido intensamente surpreendido, inclusive depois de ter sido incentivado pelo próprio Estado a dispor dos seus direitos de liberdade e de propriedade, mas nenhuma proteção terá caso o fato gerador não tenha sido consumado antes do advento da nova lei.[181] Se a alíquota da contribuição social sobre o lucro líquido, por exemplo, é aumentada em 100% no último dia do exercício financeiro, o que importa é que o fato gerador desse tributo ainda não se

178. César García Novoa, *El principio de seguridad jurídica en materia tributaria*, Madrid, Marcial Pons, 2000, p. 174.

179. Walter Leisner, "Das Gesetzesvertrauen des Bürgers. Zur Theorie der Rechtsstaatlichkeit und der Rückwirkung der Gesetze", in Dieter Blumenwitz e Albrecht Randelhofer (orgs.), *FS für Friedrich Berger*, München, 1973, p. 286.

180. Rudolf Mellinghoff, "Vertrauen in das Steuergesetz", in Heinz-Jürgen Pezzer (org.), *Vertrauensschutz im Steuerrecht. Deutsche Steuerjuristische Gesellschaft* 27, Köln, Otto Schmidt, 2004, p. 33. Joachim Burmeister, "Selbstbindung der Verwaltung. Zur Wirkkraft des rechtsstaatlichen Übermaßverbots, des Gleichheitssatzes und des Vertrauensschutzprinzips", *DÖV* 34, pp. 503-512, 1981.

181. Martin Stötzel, *Vertrauensschutz und Gesetzesrückwirkung*, Frankfurt am Main, Peter Lang, 2002, p. 115.

consumou com o encerramento do exercício, nada importando se os efeitos da modificação atingirão atos de disposição dos direitos de liberdade e de propriedade decorrentes do estímulo do próprio Poder Público e que não mais poderão ser revertidos sem a inevitável assunção de elevados prejuízos. O critério formal da consumação do fato gerador é, portanto, *indiferente* ao exercício dos direitos de liberdade e de propriedade: ele se preocupa com a ocorrência de *fatos* tributários, não com *atos* de disposição dos particulares – isso é fundamental.

Essa preocupação com fatos é decorrência da orientação das limitações "ao poder de tributar", configuradas sob a perspectiva daquilo que *o Estado* pode ou não fazer, e não sob a perspectiva daquilo que *o contribuinte* fez ou deixou de fazer. Por isso mesmo, o próprio dispositivo já estabelece que outros instrumentos assecuratórios de direitos do contribuinte não deverão ser excluídos. A hipótese da regra de irretroatividade claramente dirige o seu âmbito de aplicação para casos em que haja uma simultaneidade entre a consumação do fato gerador e a atuação do contribuinte: quando a atuação deste último ocorrer noutro momento – e, portanto, seus direitos de liberdade e de propriedade puderem ser restringidos –, a regra expressamente já remete o aplicador a outros instrumentos que possam assegurar esses direitos. Pretender aplicar a regra prevista no art. 150 também para situações nas quais existam outros elementos geradores de confiança é utilizá-la fora do seu âmbito de aplicação. Isso significa, portanto, que a regra da irretroatividade tributária não se aplica aos tributos denominados de periódicos, como o imposto de renda e a contribuição social sobre o lucro líquido, em que há uma dissociação entre os atos de disposição do contribuinte e a consumação do fato gerador; nem se aplica, também, a outros casos em que, em virtude de outro elemento, como a indução estatal, o contribuinte dispõe dos seus direitos de liberdade e de propriedade antes que o fato gerador esteja consumado, como pode ocorrer com os impostos de importação, exportação, industrialização de produtos e operações financeiras.

De mais a mais, pretender usar no Direito Tributário um modelo formado no Direito Penal é desconhecer uma diferença brutal entre esses dois âmbitos normativos: enquanto neste ramo as hipóteses de incidência dizem respeito a *atos ilícitos*, naquele as hipóteses preveem *atos lícitos*. A norma penal visa à prevenção; a tributária, à participação no resultado da ação ou até na própria ação.[182] Ora, se o problema da retroatividade

182. Johanna Hey, *Steuerplanungssicherheit als Rechtsproblem*, Köln, Otto Schmidt, 2002, p. 242.

diz respeito à confiabilidade no ordenamento jurídico e visa a evitar a surpresa e a restrição do exercício de liberdades, também deve haver uma resistência grande a qualquer tipo de efeito retroativo ou retrospectivo, pois esses efeitos atingem, precisamente, aqueles que exerceram atividades lícitas e, embora não sejam privados da sua liberdade, como no Direito Penal, têm uma restrição muito severa com relação à disposição da sua liberdade e da sua propriedade.

Todas essas considerações conduzem à conclusão de que a "regra de irretroatividade vinculada ao fato gerador" apenas possui por finalidade afastar a ponderação horizontal sobre situações abrangidas por sua hipótese de incidência (fatos geradores cuja ocorrência está conexa aos atos de disposição do contribuinte), sem, no entanto, excluir que, fora dela, possa haver proteção do contribuinte. "Sem prejuízo de outras garantias", como expressamente estabeleceu a Constituição. Essa proteção ocorrerá se, mesmo fora da hipótese dessa regra de irretroatividade tributária, a situação seja enquadrada na hipótese das regras de proteção do direito adquirido, do ato jurídico perfeito ou da coisa julgada, ou seja, alcançada pela concretização do princípio da proteção da confiança, por meio de uma ponderação entre o princípio da segurança jurídica e a finalidade pública justificadora da modificação legislativa. A instituição da "regra de irretroatividade vinculada ao fato gerador", portanto, apenas cria *uma* hipótese de irretroatividade *resistente à mera ponderação horizontal*, sem prejuízo de que outros fatores, por ela não abarcados, sejam abrangidos por outras normas igualmente protetivas dos direitos de liberdade e de propriedade.

Esta última constatação – de que a regra da irretroatividade vinculada ao fato gerador cria uma resistência à ponderação horizontal – é de extrema importância. Isso porque em outros sistemas em que não há regra de irretroatividade os Tribunais Superiores terminam efetuando uma ponderação entre o princípio da segurança jurídica e o princípio do interesse público.[183] Nesses sistemas, o "interesse público", o "interesse geral", o "interesse público superior", muitas vezes qualificado de "urgência", "motivo grave", "razão imperiosa", "interesse peremptório, imperativo ou predominante", funcionam como fundamento justificador da retroatividade, mesmo no Direito Tributário, quando a retroatividade

183. Antonio Enrique Perez Luño, *La seguridad jurídica*, Barcelona, Ariel, 1991, p. 96. César García Novoa, *El principio de seguridad jurídica en materia tributaria*, Madrid, Marcial Pons, 2000, p. 84. Sylvia Calmes, *Du principe de protection de la confiance légitime en Droits Allemand, Communautaire et Français*, Paris, Dalloz, 2001, p. 413.

é imprescindível para a eficácia de uma norma.[184] Vale dizer: inexistindo uma regra neutralizadora da ponderação horizontal, o julgador se vê legitimado para confrontar o princípio da segurança jurídica com o princípio do interesse público, eventualmente atribuindo primazia a este último. Não é o caso, porém, do ordenamento jurídico brasileiro: precisamente porque a CF/88 instituiu regras (regra de irretroatividade tributária e regra de proteção do ato jurídico perfeito, do direito adquirido e da coisa julgada), não está o julgador legitimado a efetuar uma singela ponderação horizontal que possa, ao final, justificar a retroatividade. O Supremo Tribunal Federal, em decisão já referida, adota entendimento similar quando afirma que essas regras "têm caráter constitucional, impedindo, portanto, que a legislação infraconstitucional, *ainda quando de ordem pública*, retroaja para alcançar o direito adquirido, o ato jurídico perfeito ou a coisa julgada, ou que o juiz a aplique retroativamente"[185] (grifos nossos). Essa ponderação até poderá ser feita, desde que ali não haja incidência das mencionadas regras. Essa constatação permite compreender a proibição de retroatividade vinculada ao fato gerador como um reforço e não como uma diminuição da segurança jurídica. Alerte-se, entretanto, que a ponderação não irá simplesmente contrapor o interesse público na mudança ao interesse particular na manutenção dos efeitos, pois – como ficará mais claro adiante – será preciso avaliar toda a extensão das restrições à segurança jurídica, bem como verificar se não faz parte do próprio interesse público a manutenção dos efeitos passados. A eficácia retrospectiva não apenas atinge o exercício passado da liberdade: ela mina a confiança na credibilidade e na estabilidade do sistema jurídico, afetando, por consequência, a própria autoridade e obrigatoriedade do Direito.[186]

Contrariamente à tese de que poderia haver o afastamento dos efeitos de lei nova relativamente a fatos iniciados, mas não consumados conforme a lei vigente no momento da sua ocorrência, poderia ser dito que a CF/88, de fato, assegurou, no art. 150, a incidência de "outros direitos e garantias", tendo-o feito, todavia, por meio das garantias do direito adquirido, do ato jurídico perfeito e da coisa julgada. E essas garantias, do mesmo modo que aquela prevista na alínea "a" do inciso III do art.

184. Willy Zimmer, "Constitution et sécurité juridique – Allemagne", *Anuaire International de Justice Constitutionnelle 1999*, Paris, Economica, p. 106. César García Novoa, *El Principio de Seguridad Jurídica en Materia Tributaria*, Madrid, Marcial Pons, 2000, p. 170.

185. RE n. 188.366, 1ª Turma, Rel. Min. Moreira Alves, *DJ* 19.11.99.

186. Martin Stötzel, *Vertrauensschutz und Gesetzesrückwirkung*, Frankfurt am Main, Peter Lang, 2002, p. 143.

150, também pressupõem a consumação dos requisitos legais existentes à época da celebração do ato, do surgimento do direito ou da prolação da sentença. Em outras palavras, o argumento seria o de que, além da regra tributária de proibição de retroatividade, a CF/88 teria afastado a retroatividade *somente* relativamente a atos ou fatos consumados – o que, por consequência, afastaria a hipótese de proteção da "mera" expectativa, ainda que eventualmente fosse digna de proteção pela aplicação do princípio da segurança jurídica. Pois bem, além de o mencionado argumento desconsiderar o fato trivial de que as garantias previstas no rol do art. 5º também não excluem outras decorrentes do sistema e dos princípios constitucionais (como é o caso daquela fundada no princípio da proteção da confiança), ele também desconhece uma importante razão para não se pretender buscar nas garantias do direito adquirido, do ato jurídico perfeito e da coisa julgada a solução para todos os problemas de Direito Intertemporal no âmbito tributário: a total distinção das finalidades das garantias previstas no inciso XXXVI do art. 5º e daquela prevista na regra tributária de irretroatividade, disposta na alínea "a" do inciso III do art. 150.

Com efeito, a regra tributária de irretroatividade regula a eficácia da modificação de uma norma anterior, que continha uma *previsão de um fato*, cuja *ocorrência* fazia *surgir* uma *obrigação*, vedando que a norma posterior modifique os efeitos surgidos pela *ocorrência do fato* previsto na norma anterior; a garantia do ato jurídico perfeito regula a eficácia da modificação de uma norma anterior, que continha uma *previsão de requisitos de existência* de *atos jurídicos*, cuja *observância* os tornava *aptos a produzir os seus efeitos* assim que verificados todos os seus pressupostos, proibindo que a norma posterior altere a potencialidade de produção de efeitos decorrente da *prática do ato* ou da *celebração do negócio jurídico* conforme à norma anterior; a garantia do direito adquirido regula a eficácia da mudança de uma norma anterior, que continha a *previsão de requisitos de eficácia de direitos*, cujo *preenchimento* desencadeou a sua produção de efeitos, proibindo que a norma posterior altere os efeitos surgidos pela completude dos fatos necessários à *geração do direito subjetivo* conforme à norma anterior.

Pois bem, o cotejo entre essas garantias permite constatar que a regra de irretroatividade tributária proíbe o surgimento de *obrigações* decorrentes da *ocorrência de fatos independentes da vontade*, ao passo que as garantias do ato jurídico perfeito e do direito adquirido – não por acaso originárias do Direito Civil – proíbem a restrição de *direitos* decorrentes da *prática de atos ou da celebração de negócios dependentes da vontade*. Enquanto aquela se refere ao *cumprimento de obrigações*, estas dizem respeito à *obtenção de direitos*. Mais ainda, a regra de irretroatividade tributária atua sobre um âmbito normativo que envolve uma *relação vertical* entre o contribuinte e o Estado, por meio da qual este *impõe* uma obrigação àquele. Já, as garantias do ato jurídico perfeito e do direito adquirido têm o seu foco principal nas *relações horizontais* por meio das quais as partes se autoimpõem obrigações e direitos correlatos.[187] Em suma, as garantias do ato jurídico perfeito e do direito adquirido possuem eixos aplicativos diversos da regra de irretroatividade tributária.

Sendo assim, essas garantias só têm aplicabilidade fora do âmbito das regras tributárias de incidência, como é o caso dos modos de extinção e de exclusão do crédito tributário. O que se quer dizer com isso é que as garantias do direito adquirido e do ato jurídico perfeito, embora possam ser usadas para tanto, não têm a finalidade principal de proteger a legítima expectativa do contribuinte relativamente a modificações legislativas que introduzem novas obrigações tributárias. O seu foco principal não é regular a aplicabilidade de modificações legislativas que instituem *obrigações*, mas que preveem requisitos de existência e de eficácia de atos ou de negócios geradores de *direitos*. Daí por que – e aqui se chega ao ponto central da questão – a proteção das legítimas expectativas, quanto a novas obrigações, deve ser buscada no princípio da segurança jurídica e na sua eficácia subjetiva reflexiva, e de nenhum modo podem ficar excluídas por meio de uma análise restritiva das garantias expressamente consignadas no art. 5º da CF/88.

Note-se, por fim, que o exame da proibição de retroatividade foi inserido neste trabalho dentro do capítulo destinado à proteção da confiança. Com isso se quer dizer que será a proteção da confiança o critério fundamental – embora não o único – da aplicação da proibição de retroatividade quando a regra da irretroatividade vinculada ao fato gerador não proteger atos que, iniciados no passado, não foram concluídos do ponto de vista de lei vigente no momento da sua prática.[188] Isso significa, porém, que o próprio conceito de retroatividade, fora do âmbito de aplicação da regra da irretroatividade, fica alterado: retroeficaz não é apenas

187. Claus-Wilhelm Canaris, *Die Vertrauenshaftung im deutschen Privatrecht*, Munchen, Beck, 1971, p. 439. Peter Loser, *Die Vertrauenshaftung im schweizerischen Schuldrecht*, Bern, Stämpfli, 2006, p. 169.

188. Johanna Hey, *Steuerplanungssicherheit als Rechtsproblem*, Köln, Otto Schmidt, 2002, p. 108. Martin Stötzel, *Vertrauensschutz und Gesetzesrückwirkung*, Frankfurt am Main, Peter Lang, 2002, p. 157.

a lei nova que atinge fato gerador consumado com base na lei antiga; é também a lei que atua *restritivamente* sobre um *acontecimento* ocorrido antes da sua edição. Para esse efeito, considera-se "acontecimento" qualquer disposição dos direitos de liberdade e de propriedade ocorrida antes da edição da nova lei, e "restritivamente" uma desvalorização posterior dessa disposição. Retroatividade, portanto – na precisa conceituação de Stötzel –, ocorre quando uma lei estabelece consequências posteriores mais gravosas, comparativamente ao regramento anterior, para um ato de disposição da liberdade e da propriedade praticado antes da sua edição, desvalorizando-o, ainda que parcialmente.[189] Dengo, igualmente, e com total acerto, defende a mudança do critério de configuração da retroatividade, que deve passar a ser o princípio da proteção da confiança.[190]

A retroatividade, portanto, não fica afastada se a lei estabelece que entra em vigor na data da sua publicação e produz efeitos a partir dessa data; se atinge fatos iniciados, mas não concluídos no passado. Mesmo nesses casos, a disposição sobre direitos fundamentais pode ter sido atingida injustificadamente, podendo, embora não necessariamente, ser protegida pela eficácia subjetiva do princípio da segurança jurídica. Como outros critérios além daquele referente à consumação de atos ou de fatos no passado passam a ser relevantes, o próprio conceito de retroatividade deve ultrapassar a referência a eventos pontuais ocorridos, ou não, no passado para abranger uma graduação de referibilidade ao passado.[191] Afinal, se a proibição de retroatividade é fundada no princípio do Estado de Direito e nos direitos fundamentais, o que interessa são os atos de disposição relativos a esses direitos, e não a *casualidade* da consumação técnica de o fato gerador ter, ou não, ocorrido.[192]

Ao se vincular a retroatividade à proteção da confiança deve-se ter o cuidado de não se desconsiderar as particularidades de abstração e de generalidade dos atos legislativos. A generalidade das leis exige que elas sejam aplicadas a todos os que se enquadrem na sua hipótese. Permitir que a avaliação da retroatividade dependa de o destinatário ter efetivamente baseado seu comportamento na lei significaria que pessoas

189. Martin Stötzel, *Vertrauensschutz und Gesetzesrückwirkung*, Frankfurt am Main, Peter Lang, 2002, p. 159.

190. Atílio Dengo, *Contributo para uma teoria da irretroatividade tributária*, Tese de Doutoramento/UFRGS, 2008, inédita, pp. 88 e ss. e 124.

191. Bodo Pieroth, *Rückwirkung und Übergangsrecht*, Berlin, Duncker und Humblot, 1981, p. 161.

192. Karl Heinrich Friauf, "Steuerrechtsänderungen und Altinvestitionen. Zum Verfassungsgebot der steuerlichen Investitionssicherheit", *StbJb*, 1986/1987, p. 287.

responsáveis pelo mesmo comportamento em idêntico momento estariam sujeitas a diferentes leis, dependendo da consideração subjetiva de terem baseado a sua conduta na lei ao tempo da ação. Quem baseou o seu comportamento na lei alterada estaria fora do alcance da lei retroativa posterior, mas quem ignorava a lei anterior, ou era ambivalente com relação a esta, seria atingido pela lei retroativa posterior. É por isso que, com relação à retroatividade legal, a confiança a ser considerada não é a efetiva, mas a presumida: o aplicador deve assumir que as condutas adotadas ao tempo da lei sofreram ou poderiam sofrer a sua influência.[193] A confiança necessária para admitir a retroatividade não pressupõe, portanto, o conhecimento efetivo da norma anterior, mas sim a *aptidão* para tomar conhecimento dela.

Essa reconceituação da retroatividade apresenta consequências expressivas. É preciso diferenciar, antes de tudo, a "regra da irretroatividade", estabelecida pelo art. 150 da CF/88, do "princípio da irretroatividade", como norma decorrente do princípio da segurança jurídica na sua dimensão de proteção da confiança. A solução da "regra da irretroatividade" é vinculada à hipótese de incidência, sendo aplicável e protetiva somente para os casos em que ocorra *simultaneidade* entre a consumação do fato gerador e a disposição dos direitos pelo contribuinte. Para a sua aplicação importa apenas a consumação do fato gerador de acordo com a lei anterior, sendo irrelevantes outros elementos, como a confiança ou a disposição. Já, a solução do "princípio da irretroatividade" é vinculada à disposição dos direitos de liberdade e de propriedade (*grundrechtsbezogen*), sendo aplicável e protetiva para os casos em que haja *ausência de simultaneidade* entre a consumação do fato gerador e a disposição dos direitos pelo contribuinte. Para a sua aplicação importa a restrição injustificada e gravosa dos direitos fundamentais dos contribuintes, sendo relevantes, pois, elementos como a confiança e a disposição e irrelevante o critério formal da consumação. Isso porque há normas que, segundo a concepção tradicional, não seriam retroativas, mas que, mesmo assim, terminam provocando efeitos restritivos ao exercício de direitos fundamentais.[194] A tipologia da (ir)retroatividade deverá observar essa diferença, para evitar que se busque assegurar direitos por meio da norma errada.

193. Ben Juratowitch, *Retroactivity and the Common Law*, Oxford, Hart, 2008, p. 47.

194. Johanna Hey, *Steuerplanungssicherheit als Rechtsproblem*, Köln, Otto Schmidt, 2002, p. 236.

Há, ainda, uma última consideração a fazer. É que, embora se admita que a regra prevista no art. 150, III, "a", da CF/88 pressuponha o fato gerador, a rigor aquela admite duas interpretações: de um lado, pode-se interpretar a expressão "fatos geradores ocorridos" como a consumação de todos os requisitos legais necessários e suficientes ao surgimento da obrigação tributária; de outro lado, pode-se compreender tal expressão como eventos passados que a lei tributária tipifique como geradores independentemente de eles terem, no seu conjunto, sido consumados. Quer-se, com isso, dizer que, além de todos os argumentos anteriores em favor de uma interpretação mais ampla da proibição da retroatividade, também há um outro argumento, construído a partir do próprio dispositivo em comento, segundo o qual a regra de irretroatividade tributária não necessariamente se destina a proteger, exclusivamente, os fatos geradores já consumados, mas os eventos que eram tipificados como geradores antes do advento da nova lei. Essa é a consistente interpretação de Ferraz Jr., para quem a garantia da irretroatividade tributária apenas tem sentido quando destinada não só a alcançar atos jurídicos perfeitos e acabados, mas também "eventos ocorridos" no momento em que eram considerados geradores.[195]

Pois bem, as considerações anteriores, baseadas nos direitos fundamentais e nos princípios que configuram a atuação estatal, conduzem à conclusão de que o essencial, em vez da consumação do fato gerador, é a intensidade dos atos de disposição dos contribuintes relativamente à sua liberdade e propriedade: são vedados efeitos retrospectivos quando a modificação legislativa alterar desfavoravelmente consequências jurídicas de comportamentos que tenham sido praticados pelos contribuintes em razão da finalidade ou da eficácia de hipótese de incidência vigente no momento de sua prática e que não teriam sido presumidamente praticados caso eles tivessem conhecimento da medida da modificação futura no momento da sua adoção.

Antes, porém, de se fazer uma apreciação crítica da aplicação da proibição de retroatividade, é preciso construir uma tipologia da sua aplicação.[196]

195. Tércio Sampaio Ferraz Jr., "Anterioridade e irretroatividade no campo tributário", *RDDT* 56, pp. 127-128, São Paulo, 2001.

196. Klaus Vogel e Christian Waldhoff, *Grundlagen des Finanzverfassungsrechts*, Heidelberg, C. F. Müller, 1999, p. 321.

D-3) Tipologia da (ir)retroatividade

a) Modificação retroativa das consequências jurídicas

A chamada "retroatividade genuína" (*echte Rückwirkung*), também denominada de "modificação retroativa das consequências jurídicas" (*Rückbewirkung von Rechtsfolgen*), ocorre quando a nova norma atinge as consequências jurídicas de atos praticados e consumados no passado segundo a norma anterior alterada.

A referida retroatividade, rigorosamente, consiste em uma ficção: como o passado passou, não há, nunca, como uma norma futura atingir fatos ou efeitos passados.[197] O tempo é implacável: nunca retrocede. O que o legislador, nesses casos, pretende é aplicar consequências jurídicas que teriam sido produzidas se a regra posterior tivesse incidido no momento da prática do ato no passado, funcionando a proibição de retroatividade como a vedação de que a norma posterior altere os efeitos decorrentes da incidência da norma anterior.[198] A proibição de retroatividade, portanto, do ponto de vista jurídico, não visa a impedir a alteração da cadeia de acontecimentos, cujo fluxo é, de resto, inexorável. Como lembra Ferraz Jr., o tempo corrói tudo, tem uma inelutável qualidade chamada entrópica: tudo morre.[199] A proibição de retroatividade destina-se, em vez disso, a alterar o *sentido* normativo de um evento passado, impedindo que este possa ser modificado ao arbítrio de um ato presente.[200]

Esse tipo de situação é regulado expressamente pela CF/88 por meio da regra de proibição de retroatividade vinculada ao fato gerador (art. 150, I). Quando o fato ocorrido no passado for um fato gerador tributário, a própria CF/88 definiu a consumação legal do fato previsto na hipótese legal como critério definidor da proibição de retroatividade: se

197. Antonio Enrique Perez Luño, *La seguridad jurídica*, Barcelona, Ariel, 1991, p. 91. Johanna Hey, *Steuerplanungssicherheit als Rechtsproblem*, Köln, Otto Schmidt, 2002, p. 230. Karl Albert Schachtschneider, *Prinzipien des Rechtsstaates*, Berlin, Duncker und Humblot, 2006, p. 364. Paul Kirchhof, "Rückwirkung von Steuergesetzen", *StuW*, 2000, p. 223.

198. Klaus Vogel, "Rückwirkung: eine festgefahrene Diskussion. Ein Versuch, die Blockade zu lösen", in Klaus Schlaich *et alii* (orgs.), *FS für Martin Heckel zum 70. Geburtstag*, Tübingen, Mohr Siebeck, 1999, p. 878.

199. Tércio Sampaio Ferraz Jr., "Irretroatividade e jurisprudência judicial", in Tércio Sampaio Ferraz Jr., Roque Carrazza e Nelson Nery Jr. (orgs.), *Efeito "ex nunc" e as decisões do STF*, São Paulo, Manole, 2008, p. 7.

200. Tércio Sampaio Ferraz Jr., "Anterioridade e irretroatividade no campo tributário", *RDDT* 56, p. 125, São Paulo, 2001.

o fato gerador ocorreu, tendo sido completados os seus requisitos, a nova norma não pode alcançar os efeitos produzidos por esses fatos. A regra constitucional vedou essa espécie de retroatividade.

Quando o fato ocorrido no passado for um fato de outra natureza, que não diga respeito a hipóteses de incidência tributária, a CF/88 também afastou a retroatividade se o fato ocorrido no passado puder ser incluído nas categorias do direito adquirido, do ato jurídico perfeito e da coisa julgada: uma nova norma, que altere requisitos de validade de atos jurídicos previstos em norma anterior, não pode ser aplicada relativamente a atos jurídicos que já tenham sido celebrados mediante o preenchimento dos elementos necessários à sua existência com base na norma anterior, vigente no momento da sua celebração, sob pena de violar a proteção do ato jurídico perfeito; uma nova norma, que modifique condições de fruição de direitos previstos em norma anterior, não pode ser aplicada relativamente a direitos surgidos pela concretização dos requisitos legais necessários à eficácia de fatos ou de atos jurídicos com base na norma anterior, vigente no momento da sua verificação, sob pena de violar a garantia do direito adquirido; e uma nova norma, que mude exigências normativas para a validade ou para a eficácia de atos ou de fatos jurídicos que tenham sido objeto de aplicação por meio de decisão judicial da qual não caiba mais recurso, não pode ser aplicada relativamente aos efeitos da decisão que tenha versado sobre esses atos ou fatos, sob pena de violar a proteção da coisa julgada. A regra constitucional também vedou essas espécies de retroatividade.

O importante, nesse ponto, é que as hipóteses de retroatividade antes mencionadas envolvem atos ou fatos que foram *consumados* no passado, segundo a lei vigente no momento da sua prática ou ocorrência – isto é, atos ou fatos que cumpriram todos os requisitos da hipótese de incidência da norma que regulava a sua prática ou ocorrência. No que toca ao Direito Tributário, isso significa que a CF/88 veda que uma nova norma atinja os efeitos decorrentes de uma situação passada que tenha sido consumada segundo a norma objeto de alteração: os efeitos jurídicos de um ato jurídico surgido pela consumação das condições necessárias à sua existência; os efeitos de um direito adquirido pela consumação dos requisitos necessários à sua eficácia; os efeitos de uma decisão judicial proferida e da qual não caiba mais recurso; os efeitos de um fato gerador pela consumação das exigências necessárias à sua ocorrência.

Nesse sentido tem decidido o Supremo Tribunal Federal: afastou a aplicação de nova regra referente ao imposto sobre a renda auferida por pessoa jurídica relativamente a exercício social *encerrado* antes do início da sua vigência;[201] afastou a aplicação de resoluções que majoraram a alíquota do imposto de exportação relativamente a operações de exportação *já registradas*;[202] afastou a aplicação de decreto-lei editado em 20.7.83 relativamente a rendimentos auferidos no exercício fiscal de 1982 – portanto, referentemente a exercício anterior *já encerrado* e relativamente a pagamentos já feitos ou iniciados.[203]

Em todos esses casos, portanto, o Tribunal afastou a aplicação da nova norma relativamente a fatos que se consumaram conforme a legislação vigente à época da sua ocorrência, como também produziram as suas *consequências* ainda antes da vigência da nova lei. A regra de irretroatividade tributária é *suficiente* para garantir os direitos dos contribuintes.

b) Ligação retroativa de hipótese de incidência I

Por vezes os requisitos de validade de um ato jurídico ou as condições para o exercício de um direito se completam sob a vigência da lei anterior, mas as consequências jurídicas só se verificam após a edição da nova lei. Os atos praticados no passado desencadeiam efeitos que só se produzem depois da alteração legislativa. Aqui, pode-se falar tanto em retroatividade genuína como também em uma espécie mais forte de retroatividade não-genuína (*unechte Rückwirkung*) ou referência retroativa a situações preexistentes (*tatbeständliche Rückanknüpfung*). Ela surge quando a nova norma atinge as consequências jurídicas futuras de atos praticados no passado.

Observe-se que, nesse caso, o fato jurídico ocorre no passado e se consuma em conformidade com a norma vigente no momento da sua ocorrência. No entanto, a consequência normativa, por algum motivo, não se verifica ainda sob a vigência da lei anterior. Nesse caso a regra da irretroatividade tributária é insuficiente para proteger os contribuintes. Será preciso buscar outras garantias a estes últimos asseguradas, como é o caso das garantias do ato jurídico perfeito e do direito adquirido, destinadas – como visto acima – a proteger atos ou fatos jurídicos ocorridos no passado que não se enquadrem na categoria de fatos geradores.

201. AgR no RE n. 242.688-RS, 1ª Turma, Rel. Min. Sepúlveda Pertence, j. 17.10.2006.

202. ED no AgR no RE n. 234.954-AL, 2ª Turma, Rel. Min. Maurício Corrêa, *DJ* 24.10.2003.

203. RE n. 111.954-PR, Tribunal Pleno, Rel. Min. Maurício Corrêa, *DJ* 24.6.88.

Assim, uma nova norma que altere *requisitos de validade* de atos jurídicos previstos em norma anterior não pode ser aplicada relativamente a atos jurídicos que já tenham sido celebrados mediante o preenchimento dos elementos necessários à sua existência com base na norma anterior, vigente no momento da sua celebração, sob pena de violar a proteção do ato jurídico perfeito. Por exemplo, se um contrato foi celebrado tendo como indexador o salário-mínimo, uma nova lei não pode determinar a utilização de outro indexador, como a ORTN, pois, nesse caso, modificaria *requisitos de validade* de atos jurídicos celebrados sob a vigência de norma anterior, o que violaria a garantia do ato jurídico perfeito, conforme decidiu o Supremo Tribunal Federal.[204]

Do mesmo modo, se um contrato escolar foi firmado em conformidade com os índices previstos na legislação vigente no momento da sua celebração, não poderá a nova lei modificar esse indexador, pois, se assim procedesse, estaria alterando os requisitos de validade de atos praticados na vigência da norma anterior. Daí a decisão do Supremo Tribunal Federal, referente a esse caso, no sentido de que essa garantia "não foi observada pelo acórdão recorrido, que determinou a aplicação das Leis ns. 8.030 e 8.039, ambas de 1990, aos *efeitos posteriores* a elas decorrentes de contrato celebrado em outubro de 1989, prejudicando, assim, ato jurídico perfeito"[205] (grifos nossos).

Ainda no mesmo sentido é a decisão do Supremo Tribunal Federal a respeito de contrato de poupança cuja celebração e cujo depósito ocorreram sob o amparo da lei anterior, mas cujos rendimentos foram creditados somente depois da modificação legislativa. Decidiu o Tribunal que, "nos casos de caderneta de poupança cuja contratação ou sua renovação tenha ocorrido antes da entrada em vigor da Medida Provisória n. 32, de 15.1.89, convertida na Lei n. 7.730, de 31.1.89, a elas não se aplicam, em virtude do disposto no art. 5º, XXXVI, da Constituição Federal, as normas dessa legislação infraconstitucional, *ainda que os rendimentos venham a ser creditados em data posterior*"[206] (grifos nossos).

Em todos esses casos, a norma posterior alterou requisitos de validade de atos jurídicos previstos em norma anterior e, por isso, não poderia alcançar atos que já tivessem sido celebrados mediante o preenchimento de todos os requisitos necessários à sua existência com base na norma vigente no momento da sua celebração – esses atos já estavam

204. RE n. 96.037, 2ª Turma, Rel. Min. Djaci Falcão, *DJ* 12.11.82.

205. RE n. 188.366, 1ª Turma, Rel. Min. Moreira Alves, *DJ* 19.11.99.

206. RE n. 208.861, 1ª Turma, Rel. Min. Sydney Sanches, *DJ* 6.6.97.

"perfeitos". O que importa é a completude dos requisitos de validade do negócio jurídico celebrado de acordo com a lei anterior: não importa que o pagamento das mensalidades do contrato de locação, os pagamentos dos valores do contrato de mensalidade escolar ou o depósito dos rendimentos da poupança tenham ocorrido após a alteração legislativa. O que importa é que os contratos foram celebrados por meio do preenchimento de todos os requisitos de validade previstos na lei pretérita e, por causa disso, os seus efeitos deverão submeter-se ao regramento anterior.

Também uma nova norma que altere requisitos de fruição de direitos previstos em norma anterior não pode ser aplicada relativamente a direitos já surgidos pela completude dos requisitos legais de eficácia de fatos ou de atos jurídicos com base na norma anterior, vigente no momento da sua verificação, sob pena de violar a garantia do direito adquirido. Quando, porém, os requisitos não estiverem completados, não se deve falar em direito adquirido. Assim se pronunciou o Supremo Tribunal Federal ao decidir sobre caso envolvendo aposentadoria por tempo de serviço, em que os interessados postulavam aplicação dos requisitos estabelecidos na norma anterior, a Emenda Constitucional n. 20/98: "Os servidores públicos, que não tinham *completado* os requisitos para a aposentadoria quando do advento das novas normas constitucionais, passaram a ser regidos pelo regime previdenciário estatuído na Emenda Constitucional n. 41/2003, posteriormente alterada pela Emenda Constitucional n. 47/2005".[207] Para que se pudesse falar em direito adquirido seria necessário tivessem sido verificados todos os requisitos legais de eficácia dos fatos ou atos jurídicos com base na norma anterior, o que não ocorreu.

Tudo se resume, pois, em saber quando todos os requisitos de existência de um ato ou de eficácia de um direito foram preenchidos conforme a norma anterior. Essa constatação nem sempre é isenta de controvérsias: em algumas situações existe dúvida relativamente a quais são os requisitos a serem verificados.

Note-se que, até aqui, a CF/88 contém regras suficientes para proteger os direitos dos particulares: a regra da irretroatividade tributária e as regras de proteção do ato jurídico perfeito e do direito adquirido. Os problemas surgem, no ordenamento constitucional brasileiro, quando essas regras se revelam *insuficientes* para proteger os contribuintes contra restrições injustificáveis e indevidas aos direitos de liberdade e de propriedade. Nessas hipóteses será necessário recorrer ao princípio da proteção da confiança e verificar se os seus requisitos estão preenchidos.

207. ADI n. 3.104, Tribunal Pleno, Rela. Ministra Cármen Lúcia, *DJ* 9.11.2007.

c) Ligação retroativa de hipótese de incidência II

Pode ocorrer que, embora os atos já se tenham iniciado ainda sob a vigência da lei anterior, nem todos os requisitos necessários à produção dos efeitos jurídicos se tenham verificado: os requisitos de validade de um ato jurídico, as condições para o exercício de um direito ou os elementos da hipótese de incidência de uma obrigação não se completaram sob a vigência da lei anterior. Nessas situações as regras antes mencionadas não se aplicam: não há ocorrência do fato gerador, razão pela qual não incide a regra da irretroatividade tributária; não há completude dos requisitos de validade dos atos jurídicos, em virtude do quê não há incidência da regra de proteção do ato jurídico perfeito; os requisitos de eficácia de um direito não se consumaram, em decorrência do quê não há incidência da regra de proteção do direito adquirido. Nesses casos, a aplicação de uma lei nova, relativamente a esses fatos passados, provocaria uma retroatividade não-genuína (*unechte Rückwirkung*) ou uma espécie de referência retroativa a situações preexistentes (*tatbeständliche Rückanknüpfung*).

Quando a questão se refere a fatos geradores tributários a regra da irretroatividade tributária não protege o contribuinte, pois, nesses casos, não há consumação do fato gerador. Seguindo esse entendimento, o Supremo Tribunal Federal tem várias decisões no sentido de que uma alteração legislativa ocorrida antes do momento da ocorrência do fato gerador pode ser aplicada a fatos ocorridos anteriormente, mesmo que decorrentes de negócios jurídicos celebrados antes da vigência da nova lei. Assim, ao analisar o aumento de alíquota da contribuição social sobre o lucro líquido, de 8% para 10%, por lei conversora de medida provisória cujo início de vigência se deu em 22.12.89, o Tribunal entendeu que poderia ser aplicada relativamente ao lucro do próprio ano de 1989, pela simples questão de que o fato gerador do tributo só ocorreria em 31.12.89, quando da verificação do resultado do lucro do exercício.[208] Igual entendimento seguiu o Tribunal quando analisou o aumento de 3% para 18% da alíquota do imposto de renda referente aos lucros decorrentes de exportações incentivadas no ano-base de 1989, pela Lei n. 7.968, de 28.12.89. Na ocasião, o Tribunal afastou a retroatividade afirmando que "o fato gerador somente se completa e se caracteriza ao final do respectivo período, ou seja, a 31 de dezembro".[209] O entendi-

208. RE n. 181.664, Tribunal Pleno, Rel. Min. Ilmar Galvão, *DJ* 19.12.97. No mesmo sentido: AgR no AI n. 333.209-9, 1ª Turma, Rel. Min. Sepúlveda Pertence, j. 22.6.2004.

209. RE n. 194.612, 1ª Turma, Rel. Min. Sydney Sanches, *DJ* 8.5.98. No mesmo sentido o Plenário do Tribunal: RE n. 197.790-6.

mento do Tribunal é singelo: como a regra da irretroatividade proíbe a alteração de efeitos de fatos geradores ocorridos de acordo com a norma anteriormente vigente, aquela não se aplica relativamente a situações em que o referido fato gerador ainda não ocorreu, pouco importando – como se verificou no caso – se o fato gerador era resultado de negócios jurídicos realizados anteriormente. A circunstância de o tributo ser periódico e, por isso, possuir um fato gerador que não ocorre em um "tempo instantâneo" (*instant time*), mas, em vez disso, em um "tempo duradouro" (*longlasting time*), não teve relevância.[210]

No mesmo sentido decidiu o Tribunal ao analisar caso referente não a fato gerador, mas a ato jurídico praticado pelo contribuinte: uma lei de 1992 permitia que o contribuinte compensasse os prejuízos fiscais com o lucro real apurado até quatro anos-calendário subsequentes ao da apuração, sem qualquer limite; uma nova lei, editada em 31.12.94, porém, limitou a 30% a compensação dos prejuízos fiscais verificados em períodos-base anteriores com o lucro líquido apurado no encerramento do ano-calendário, para efeito da base de cálculo do tributo. Segundo a lei anterior, os prejuízos ocorridos no exercício de 1992 poderiam ser compensados com lucros até o exercício de 1996. E assim por diante, até o ano de 1994, cujos prejuízos poderiam ser compensados com lucros auferidos até o exercício de 1998. Confrontado com a questão de saber se a nova lei poderia atingir aqueles casos em que o encontro de contas não tinha ocorrido, mas o prejuízo tinha-se verificado na vigência da lei anterior, o Supremo Tribunal Federal decidiu que, não havendo nem direito adquirido, nem violação ao princípio da irretroatividade, a compensação só poderia ser feita de acordo com a limitação de 30%.[211] Igual entendimento foi confirmado pelo Tribunal ao decidir que, se "o crédito se constituiu após o advento do referido texto normativo, é fora de dúvida que a sua extinção, mediante compensação, ou por outro qualquer meio, há de processar-se pelo regime nele estabelecido e não pelo da lei anterior, uma vez que aplicável, no caso, o princípio segundo o qual não há direito adquirido a regime jurídico".[212] Adotando o critério

210. Mark van Hoecke, "Time and law. Is it the nature of law to last? A conclusion", in François Ost e Mark van Hoecke (orgs.), *Temps et Droit. Le Droit a-t-il pour vocation de durer?*, Bruxelles, Bruylant, 1998, pp. 458-459.

211. ED no AgR no RE n. 278.466, 2ª Turma, Rel. Min. Maurício Corrêa, *DJ* 6.2.2003.

212. AgR no AI n. 511.024, 1ª Turma, Rel. Min. Eros Grau, j. 14. 6.2005. No mesmo sentido: RE n. 254.459, 1ª Turma, Rel. Min. Ilmar Galvão, *DJ* 10.8.2000. Com votos divergentes do Min. Carlos Velloso, ver: AgR no RE n. 433.878, Rel.

da consumação, e tratando o caso sobre direitos, e não sobre fatos geradores, a questão se resume a saber se se poderia falar em ato jurídico perfeito de compensação ou direito adquirido à compensação antes do início da vigência da nova lei. A decisão do Supremo Tribunal Federal foi no sentido negativo: não haveria ato jurídico perfeito, porque o ato de compensação só surge com a existência de um crédito e de um débito, o que não teria ocorrido, na medida em que, embora já se tivessem verificado prejuízos sob a vigência da lei anterior, os lucros, com os quais os prejuízos seriam encontrados, só foram auferidos sob a vigência da nova lei; e não haveria, tampouco, direito adquirido, porque, da mesma forma, e apenas sob outro ângulo, a eficácia do direito à compensação só poderia surgir após a existência tanto do prejuízo quanto do lucro, o que, como foi referido, não teria ocorrido. O Tribunal entendeu, assim, que só haveria direito adquirido à compensação quando houvesse crédito e débito – condições, essas, que somente com o auferimento dos lucros estariam presentes. O entendimento do Tribunal é, do mesmo modo, singelo: como as regras de proteção do ato jurídico perfeito e do direito adquirido proíbem que nova norma alcance atos jurídicos celebrados com a observância de todos os requisitos previstos na lei anterior ou fatos ocorridos mediante a verificação de todos os requisitos necessários à eficácia de um direito, elas não se aplicam relativamente a situações em que todos os requisitos não foram completados, pouco importando outros elementos.

d) Fatos pré-causados

Outra situação pode surgir quando apenas a *causa* do fato tenha ocorrido antes do início da vigência da nova lei, verificando-se após a lei tanto o fato quanto as suas consequências jurídicas. Também nessa hipótese as regras antes mencionadas não se aplicam: não há ocorrência do fato gerador, razão pela qual não incide a regra da irretroatividade tributária; e também não há completude dos requisitos de validade dos atos jurídicos ou de eficácia de um direito, em decorrência do quê não há incidência nem da regra de proteção do ato jurídico perfeito, nem da que garante o direito adquirido.

Um exemplo dessa situação seria o de uma importação celebrada no momento em que vige uma alíquota, mas só ocorrido o fato gerador sob a vigência de uma norma posterior que a aumenta. Um caso como esse foi julgado pelo Supremo Tribunal Federal, que decidiu não haver viola-

Min. Carlos Velloso, j. 1.2.2005; AgR no RE n. 305.212, 2ª Turma, Rel. Min. Carlos Velloso, j. 17.9.2002.

ção da proibição de retroatividade no caso de contribuinte que celebrou contrato de importação de veículo sob a vigência da alíquota de 32%, prevista no Decreto n. 1.391, de 10.2.95, tendo sido surpreendido com o aumento da alíquota para 70% pelo Decreto n. 1.427, de 29.3.95, antes do momento da consumação do fato gerador, ocorrido no dia 3.4.95.[213] O Tribunal afastou a retroatividade sob o argumento de que o aumento de alíquota ocorreu antes do momento da ocorrência do fato gerador.

A posição do Tribunal segue o modelo adotado para os outros casos: só há retroatividade quando a lei atinge fato gerador consumado sob a vigência da norma anterior. E, como se trata de um tributo cuja alíquota, por questões econômicas e conjunturais, pode ser alterada pelo Poder Executivo, não se poderia obstaculizar a eficácia das alterações.

D-4) *Considerações finais*

O estudo da irretroatividade revela, em primeiro lugar, que a CF/88 possui dois tipos de proteção em favor do exercício passado da liberdade: quando os atos praticados tiverem sido concluídos de acordo com a previsão legal há defesa, relativamente a fatos geradores, pelo disposto na alínea "a" do inciso III do art. 150, e no restante pelo disposto no inciso XXXVI do art. 5º. Como essa tutela é realizada por meio de regras, a sua efetivação não se submete a uma ponderação horizontal entre as normas que garantem a manutenção dos interesses individuais e aquelas que asseguram a modificação das normas jurídicas pelo Estado. Nada justifica que uma lei nova atinja fatos consolidados no passado. Quando os atos praticados não tiverem sido concluídos de acordo com a previsão legal, a manutenção das situações passadas depende da protetividade da confiança, de acordo com os critérios apresentados. Esses critérios – é bom repetir – nada mais são que o resultado da relação entre os direitos fundamentais do cidadão com os princípios atinentes à atuação estatal.

Em segundo lugar, a investigação da irretroatividade demonstrou que esta, mais que simplesmente se destinar a afastar determinado tipo de efeito normativo no tempo, possui a finalidade de evitar a restrição *surpreendente* e *enganosa* de exercício passado de liberdade juridicamente orientada. Exatamente por isso que o essencial não é saber se há nova norma regulando efeitos futuros de atos pretéritos, mas, em vez disso, se há nova norma que atinge, e em que medida o faz, o exercício passado da liberdade juridicamente orientada. O problema da irretroatividade não é exclusivamente um problema de efeitos normativos inter-

213. RE n. 224.285, Tribunal Pleno, Rel. Min. Maurício Corrêa, *DJ* 28.5.99.

temporais, mas também de efeitos restritivos de direitos fundamentais realizados, em maior ou em menor medida, pela influência do próprio Direito. É precisamente nesse sentido que a jurisprudência deve evoluir: passar de um conceito vinculado a fatos ou atos consumados para um conceito atrelado a comportamentos praticados, de modo a abranger também mudanças legislativas não-retroativas, mas *desvalorizadoras* das atuações dos contribuintes.[214]

Com efeito, os elementos anteriormente referidos para a verificação da proteção da confiança não são examinados pela jurisprudência. O Supremo Tribunal Federal simplesmente nega a existência de retroatividade sempre que o ato ou o fato não puder ser considerado consumado de acordo com a legislação vigente no momento da sua prática ou da sua ocorrência. A jurisprudência do Tribunal é rígida e draconiana: há retroatividade se há fato ou ato consumado; não há, se não há fato ou ato consumado. Não há exceções. A jurisprudência é elogiável pela previsibilidade, mas questionável pela inflexibilidade. A jurisprudência do Tribunal Constitucional alemão já segue caminho diverso: normas com efeitos retroativos não são admitidas, salvo se houver um interesse público prevalente; normas com efeitos retrospectivos são admitidas, salvo se houver atos de disposição dos contribuintes.[215] Há regras, mas há exceções, cujos contornos não são, porém, previamente definidos. A jurisprudência é louvável pela flexibilidade, mas discutível pela imprevisibilidade. É preciso, pois, ultrapassar ambos os modelos em favor de um novo, que considere elementos relevantes do ponto de vista dos direitos fundamentais, mas mediante a consideração de critérios materiais intersubjetivamente controláveis e, pois, previsíveis. Um exame da jurisprudência do Supremo Tribunal Federal pode melhor ilustrá-lo.

O Tribunal, quando analisou o aumento de 3% para 18% da alíquota do imposto de renda referente aos lucros do ano-base de 1989, pela Lei n. 7.968, de 28.12.89, afastou a alegação de retroatividade, por considerar que a modificação era anterior ao fato gerador.[216] Ocorre, porém, que outros elementos deveriam ter sido analisados: os lucros eram decorrentes de exportações incentivadas, isto é, o contribuinte foi induzido a praticar determinadas operações pelo próprio Estado com o apelo da alíquota reduzida de 3%, e este, depois de praticadas as operações, elevou a

214. Johanna Hey, *Steuerplanungssicherheit als Rechtsproblem*, Köln, Otto Schmidt, 2002, p. 236.

215. Johanna Hey, *Steuerplanungssicherheit als Rechtsproblem*, cit., p. 209.

216. RE n. 194.612, 1ª Turma, Rel. Min. Sydney Sanches, *DJ* 8.5.98. No mesmo sentido o Plenário do Tribunal: RE n. 197.790-6.

alíquota; o aumento da alíquota não só foi feito a pouco dias do final do exercício (28 de dezembro), como foi da ordem de 600%. Desse modo, houve, de um lado, atos de disposição da liberdade e da propriedade do contribuinte induzidos pelo próprio Poder Público, que não podiam mais ser revertidos; de outro, houve uma mudança brusca (meros três dias antes do final do exercício) e drástica (aumento de 600% da carga tributária) da legislação, cuja manutenção causou prejuízos para aqueles que atuaram apenas em razão do incentivo estatal. Ora, dentro desse quadro, torna-se manifesta a protetividade da confiança, pouco importando se o fato gerador da contribuição social sobre o lucro líquido se consumou, ou não. A eficácia retrospectiva, embora não seja afastada pela incidência da regra de irretroatividade tributária, deve ser excluída pela eficácia reflexiva do princípio da segurança jurídica, que não tolera mudanças bruscas, drásticas e desleais que atinjam atos de disposição dos direitos de liberdade e de propriedade. Ainda que o Estado possa abstratamente mudar, ele não pode deixar de produzir mudanças moderadas (*maßvolle Änderungen*);[217] precisa mudar suavemente e com lealdade. Lembre-se que o princípio da segurança jurídica exige um estado de calculabilidade, tanto no aspecto da cognoscibilidade (pela capacidade de antecipação do conteúdo da norma) quanto no aspecto da calculabilidade (pela capacidade de conhecimento do espectro reduzido das modificações futuras das normas presentes). Isso significa, em outras palavras, que, mesmo que o contribuinte possa contar com a mudança, deve poder contar com um *espectro reduzido* ou *pouco divergente* de mudanças. Assim, mesmo que a alteração não seja brusca, ela não pode ser drástica. Para os tributos cujo fato gerador é pontual, o critério deve ser não a consumação do fato gerador, mas a completude do comportamento do contribuinte: quando este fez tudo que precisava fazer para que o fato gerador ocorresse, deve-se entender completa a sua disposição, razão pela qual a norma futura não poderá ter efeitos retrospectivos.[218] Entendimento contrário poderia levar à admissão, por exemplo, de efeitos retrospectivos no caso de um aumento de 500% da alíquota do imposto de importação em que o contribuinte, embora já tivesse preenchido a declaração de importação, não tivesse o seu adequado encaminhamento em virtude de greve que impedisse a ocorrência do fato gerador.

O Tribunal, ao analisar a eficácia de nova lei que limitava em 30% o montante do lucro a ser objeto de compensação com prejuízos ante-

217. Johanna Hey, *Steuerplanungssicherheit als Rechtsproblem*, Köln, Otto Schmidt, 2002, p. 218.

218. Johanna Hey, *Steuerplanungssicherheit als Rechtsproblem*, Köln, Otto Schmidt, 2002,, p. 266.

riores, entendeu inexistir violação à proibição de retroatividade, sob o argumento de que não teria havido direito adquirido ou ato jurídico perfeito antes do advento da nova lei.[219] Uma análise mais detida do caso, porém, demonstra algumas particularidades que não foram levadas em consideração pelo Tribunal: de acordo com as próprias razões da União, "o legislador, movido pelo ânimo de incentivar o crescimento das empresas e inibir a sonegação fiscal, houve por bem instituir um benefício fiscal" – o que demonstra ter sido a permissão de compensação de prejuízos fiscais um instrumento para induzir o contribuinte a incrementar as suas operações; o direito à compensação fiscal foi limitado em 30%, de modo que, comparativamente, os contribuintes que suportaram prejuízos tiveram um aumento equivalente a esse percentual na sua carga tributária, não tendo o Estado demonstrado por que a restrição deveria necessariamente alcançar, depois de transcorridos dois anos do benefício, justamente contribuintes que estavam obtendo prejuízos consecutivos e cuja subsistência dependia gravemente da continuidade do direito de compensar. Os contribuintes não deveriam contar com a modificação, muito menos com uma mudança brusca e drástica.

O mesmo Tribunal, ao analisar caso em que o contribuinte celebrou contrato de importação de veículo quando ainda estava vigente uma alíquota, mas teve a importação concretizada por meio da entrada do veículo no território nacional apenas quando já estava em vigor uma nova alíquota, afastou a retroatividade em razão de a mudança ter ocorrido antes do fato gerador.[220] Um olhar atento a essa decisão evidencia particularidades que não poderiam ter sido negligenciadas: o contrato de importação foi celebrado com base na promessa do Poder Executivo, por meio do Decreto n. 1.391/95, de futuramente baixar as alíquotas do imposto de importação em dois pontos percentuais por ano, indo da alíquota de 32% em 1995 até 20% em 2001; a promessa foi descumprida por meio de um aumento drástico de 118% da alíquota do tributo; o prévio conhecimento da carga tributária teria inibido a maioria dos contribuintes de celebrar contratos de importações, inviabilizando qualquer tipo de arrecadação; como os contratos de importação já haviam sido celebrados antes do aumento da alíquota, o comportamento dos contribuintes não poderia ser objeto de qualquer efeito indutor da nova legislação. O contribuinte, mais que não dever contar com a modificação futura da alíquota, deveria, mesmo, é contar

219. ED no AgR no RE n. 278.466, 2ª Turma, Rel. Min. Maurício Corrêa, *DJ* 6.2.2003.

220. RE n. 224.285, Tribunal Pleno, Rel. Min. Maurício Corrêa, *DJ* 28.5.99.

com a sua manutenção, pela promessa categórica contida no ato estatal. Depois de celebrado o contrato de importação e remetido o veículo, o contribuinte ficou em uma situação irreversível. Como lembra Hey, a irreversibilidade é a medida da intensidade da restrição nos direitos de liberdade e de propriedade.[221] A desconsideração futura da promessa passada envolve uma espécie de versão qualificada de retroatividade. O absurdo do comando retroativo é este, em linguagem singela: mandar, hoje, que alguém faça algo ontem – emite-se uma ordem impossível de ser cumprida. O legislador manda, hoje, algo que *não* mandou fazer ontem. Mais: manda, hoje, que se faça alguma coisa que não pode mais ser feita ontem. Daí se dizer que uma regra retroativa, pela reunião de palavras portadoras de sentidos contraditórios, é um oximoro, porque não pode ser seguida.[222] Afinal, se o destinatário da norma já agiu, o seu comportamento não mais pode ser influenciado.[223] Quando, porém, há uma promessa descumprida, o legislador desconsidera, hoje, precisamente o que mandou fazer ontem. Mais que retroatividade, há, nesse caso, o que se poderia denominar – na falta de uma palavra – de desprezo pela conduta do contribuinte.

Todas essas considerações demonstram que mesmo nos casos em que não há ato ou fato consumado no passado podem haver atos de disposição dos contribuintes e condutas estatais que justifiquem o afastamento dos efeitos retrospectivos da legislação. O fato gerador é um elemento importante, mas as ações do contribuinte adotadas *em razão* deste último são igualmente relevantes. Rejeitar a proteção da confiança dos contribuintes nos casos de mudanças bruscas, drásticas e desleais provoca um problema grave relativamente ao princípio da segurança jurídica: a credibilidade do ordenamento jurídico estará severamente comprometida, na medida em que os contribuintes serão levados a acreditar que as promessas futuras também serão descumpridas, do mesmo modo como foram as passadas. E a ausência de credibilidade do ordenamento jurídico não diz respeito apenas à dimensão passada da segurança jurídica; ela afeta a sua dimensão futura. A manutenção dos efeitos retrospectivos da legislação cobra um preço alto demais: o contribuinte só poderia realmente confiar na total ausência de confia-

221. Johanna Hey, *Steuerplanungssicherheit als Rechtsproblem*, Köln, Otto Schmidt, 2002, p. 253.

222. Brian Z. Tamanaha, *On the Rule of Law*, Cambridge, Cambridge University Press, 2004, p. 97.

223. Karl Albert Schachtschneider, *Prinzipien des Rechtsstaates*, Berlin, Duncker und Humblot, 2006, p. 364.

bilidade.[224] Se o único elemento fosse a consumação do fato gerador, bastaria que, nos tributos periódicos, o período fosse extremamente longo para que o contribuinte nunca pudesse estar totalmente seguro do seu investimento.[225]

Essa constatação evidencia que o *ponto de partida* para a análise da retroatividade deve ser modificado. O princípio da segurança jurídica exige que se promovam os estados de confiabilidade e de calculabilidade do Direito, com base na sua cognoscibilidade. Sua fundamentação não reside exclusivamente no princípio do Estado de Direito, que proíbe que o contribuinte possa ter o seu comportamento regulado pela norma posterior quando agiu sob a vigência da anterior; ela também reside nos direitos fundamentais e nos princípios que configuram a atuação estatal. De acordo com essa fundamentação, o problema da retroatividade deixa de ser apenas um problema de relacionamento de normas no tempo (Direito Intertemporal) e passa a ser um problema de não-restrição arbitrária de direitos fundamentais e de atuação estatal leal e justificada. A solução do problema da retroatividade deve ser uma solução material vinculada a direitos fundamentais.[226] Daí se usar, no lugar de Direito Intertemporal, Direito Transicional. Com total razão Depenheuer quando afirma que a separação entre retroatividade própria e imprópria convence cada vez menos, devendo-se, no lugar dela, efetuar uma análise material, para a qual "a medida não é a eficácia – própria ou imprópria – da lei, mas o comportamento digno de proteção do cidadão".[227]

Sendo assim, a própria concepção de retroatividade deve mudar: retroativa não é a norma que alcança *fato gerador* consumado, mas a norma que alcança *disposição consumada em razão da hipótese de incidência vigente no momento da sua adoção* – assim entendida aquela que não mais pode ser revertida por reação do contribuinte. Deixa, portanto, de haver correspondência entre consumação do fato gerador e consumação da disposição do contribuinte: o comportamento do contribuinte pode ter sido adotado, não mais podendo ser alterado, antes da ocorrência do fato gerador, tendo o contribuinte feito tudo o que precisava fazer

224. Johanna Hey, *Steuerplanungssicherheit als Rechtsproblem*, Köln, Otto Schmidt, 2002, p. 221.

225. Karl Heinrich Friauf, "Steuerrechtsänderungen und Altinvestitionen. Zum Verfassungsgebot der steuerlichen Investitionssicherheit", *StbJb*, 1986/1987, p. 287.

226. Julia Iliopoulos-Strangas, *Rückwirkung und Sofortwirkung*, Baden-Baden, Nomos, 1987, p. 306.

227. Otto Depenheuer, *Vertrauensschutz durch Eigentum*, Karlsruhe, Versicherungswirtschaft, 2007, p. 13.

para desencadear a ocorrência do fato gerador.[228] O eixo gravitacional da retroatividade deixa de ser o momento da oneração (*Belastungszeitpunkt*) e passa a ser o momento da disposição (*Dispositionszeitpunkt*).[229] Schoueri esclarece a questão com precisão: "Quando se versa acerca de normas tributárias indutoras, entretanto, parece que a discussão deve assumir novas cores: a par da segurança jurídica, deve-se indagar acerca da eficácia das normas tributárias indutoras, em si. Tendo elas a função de modificar comportamentos do contribuinte, não podem elas atingir situações sobre as quais o contribuinte já não tem mais qualquer controle ou influência".[230]

Em decorrência disso, o próprio fundamento da proteção do contribuinte deixa de residir exclusivamente na alínea "a" do inciso III do art. 150, ou mesmo no inciso XXXVI do art. 5º, e passa a fixar-se no princípio da segurança jurídica em conexão com os direitos fundamentais previstos nos incisos XXII e XXIII do art. 5º e II e III do art. 170 (direito de propriedade) e no *caput* do art. 1º, inciso XIII do art. 5º e *caput* do art. 170 (direito de liberdade). Retroatividade não é exclusivamente relação entre normas no tempo; é relação entre efeitos normativos, exercício de direitos e atuação estatal. Seus problemas não se restringem à consumação ou à não-consumação de requisitos normativos no passado; ela abrange também, e especialmente, a eficácia de determinadas disposições do contribuinte e atuações do Estado. Nesse novo âmbito, aquilo que eventualmente seria menos que direito adquirido, mas mais que mera expectativa, passa a ser *direito assegurado* do contribuinte. O Estado, ainda que tenha competência para modificar a legislação, não pode efetuar qualquer mudança: alterações bruscas, drásticas e desleais ou, em uma expressão, *mudanças destemperadas* ou *imoderadas* não são admitidas pelo princípio da segurança jurídica. Deve-se, pois, deslocar a discussão das regras da irretroatividade, ou mesmo do princípio da irretroatividade (como aplicação reflexiva do princípio da segurança jurídica por meio da proteção da confiança), em favor daquilo que se poderia chamar de *princípio da temperança* (ou moderação). Deve-se, igualmente, enxergar além dos extremos dos direitos adquiridos e de

228. Johanna Hey, *Steuerplanungssicherheit als Rechtsproblem*, Köln, Otto Schmidt, 2002, pp. 215 e 249.

229. Paul Kirchhof, "Rückwirkung von Steuergesetzen", *StuW*, 2000, p. 233. Em sentido análogo: Atílio Dengo, *Contributo para uma Teoria da Irretroatividade Tributária*, Tese de Doutoramento/UFRGS, 2008, inédita, pp. 88 e ss. e 124.

230. Luís Eduardo Schoueri, *Normas Tributárias Indutoras e Intervenção Econômica*, Rio de Janeiro, Forense, 2005, p. 271.

meras expectativas, para também se verificar a existência de *direitos assegurados*. Só assim o conceito de retroatividade é adequado ao problema que visa a resolver.[231]

Essas considerações demonstram, assim, que o Estado não pode usar uma finalidade indutiva como justificativa para a retrospectividade, em razão de os comportamentos objeto de indução já terem sido adotados. Mesmo, porém, que haja uma finalidade extrafiscal que eventualmente justifique atingir condutas anteriores ao surgimento da nova lei, ainda assim é preciso verificar se o objetivo legal não pode ser atingido sem a eficácia retrospectiva. Se puder, e mesmo assim a lei alcançar disposições individuais anteriores à sua edição, ela deverá ser declarada inconstitucional, por desnecessária. Em razão disso, o controle deve ser duplo: um controle objetivo, que verifica a necessidade de a lei alcançar disposições passadas para a realização da finalidade que justifica a sua edição; um controle subjetivo, que examina a existência de disposições que possam ser alcançadas pelo princípio da proteção da confiança.[232] Em outras palavras, a retrospectividade só é legítima se necessária e moderada.

Nesse novo quadro, é preciso não perder de vista o imbricamento da proibição de retroatividade com outros princípios. Uma lei retroativa, porque modifica os efeitos depois que a conduta foi praticada, viola o direito fundamental de liberdade, pois impede a livre escolha individual, já que atinge conduta já exercida e, portanto, imodificável; viola o direito à dignidade humana, pois trata o homem como objeto, em vez de tratá-lo como ser capaz de livremente plasmar o seu futuro; viola o direito fundamental à igualdade, pois diferencia as pessoas unicamente em razão do momento em que a ação foi praticada, atribuindo efeitos iguais para quem sabia da regra e para quem a desconhecia; viola a própria exigência de generalidade inerente à regra de legalidade e ao princípio da igualdade, pois, em vez de atingir um número indeterminado e desconhecido de situações e de pessoas e abarcar uma *classe* de casos *hipotéticos*, atinge um número determinado e conhecido de situações e pessoas, englobando, assim, casos *escolhidos* e *concretos*. Enfim, toda retroatividade – e um grande número de retrospectividade – não é apenas uma violação à garantia de irretroatividade; é também uma violação aos

231. Klaus Vogel, "Rückwirkung: eine festgefahrene Diskussion. Ein Versuch, die Blockade zu lösen", in Klaus Schlaich *et alii* (orgs.), *FS für Martin Heckel zum 70. Geburtstag*, Tübingen, Mohr Siebeck, 1999, p. 876.

232. Marina Gigante, *Mutamenti nella regolazione dei rapporti giuridici e legittimo affidamento*, Milano, Giuffrè, 2008, p. 43.

direitos fundamentais de liberdade, de dignidade e de igualdade. Por atuar sobre uma escolha já feita e incapaz de ser mudada, a lei retroativa apresenta uma escolha forçada ao homem, impedindo-o de exercer aquilo que o distingue como ser humano: a sua autonomia.[233]

Além de restringir a autonomia do cidadão-contribuinte, a retroatividade, em sentido amplo, também altera a própria concepção do Direito. As palavras candentes de Friauf bem o demonstram:

> "Livre e responsável somente pode dispor quem está na situação de calcular as consequências tributárias de suas medidas. Onde o legislador puder minar como quiser os fundamentos tributários de um investimento por meio de regras retrospectivas, lá se transformaria a decisão empresarial em jogo de azar (*Glücksspiel*), a consultoria tributária em Astrologia. Ao jogo de azar e à Astrologia, porém, não pode uma coletividade, que se entende um Estado de Direito, forçar, em nenhum caso, seus cidadãos".[234]

Todas as observações precedentes conduzem a uma modificação da própria representação do fenômeno da retroatividade, que deve passar a ser ilustrado do seguinte modo:

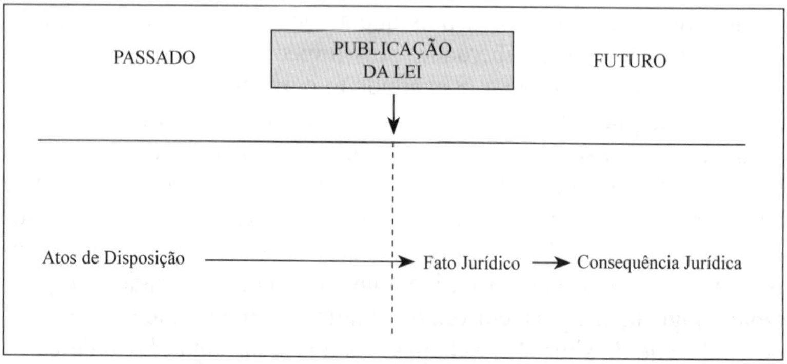

Observe-se que antes do advento da nova lei há apenas atos de disposição, e não fatos consumados. O que passa a interessar, desse modo, é se houve, ou não, atos de disposição de direitos fundamentais, praticados com base na lei anterior, que não mais possam ser objeto de modificação pela intensidade da nova lei.

233. Joseph Raz, *The morality of freedom*, Oxford, Clarendon, 1986, p. 371.

234. Karl Heinrich Friauf, "Steuerrechtsänderungen und Altinvestitionen. Zum Verfassungs-gebot der steuerlichen Investitionssicherheit", *StbJb*, 1986/1987, p. 295.

Tendo sido analisada a proteção da confiança sob a perspectiva da mudança legislativa, deve-se, agora, examiná-la sob o viés da alteração administrativa.

É o que se passa a fazer.

E) Proteção da confiança e o Poder Executivo: a mudança administrativa

E-1) Considerações introdutórias

A atuação da Administração – como foi visto na parte relativa aos fundamentos do princípio da segurança jurídica – deve ser leal, séria e justificada, de um lado, e respeitosa relativamente ao exercício dos direitos fundamentais, de outro. Dentro desse quadro normativo deve ser solucionada a questão de saber se a Administração pode anular, desde o início, ou revogar, para a frente, atos normativos, atos administrativos ou, mesmo, práticas administrativas que tenham criado alguma vantagem para os contribuintes. O problema não surge com relação à atuação administrativa restritiva, pois contra a sua modificação os contribuintes não se insurgem com base no princípio da proteção da confiança: a sua anulação (*Rücknahme*) ou a sua revogação (*Widerruf*) vêm em seu benefício.[235] A questão, em vez disso, aparece nos casos em que a atuação administrativa cria uma vantagem ao contribuinte e a Administração pretende modificá-la, quer porque entende ter encontrado alguma irregularidade na sua edição, quer porque julga ter desaparecido o interesse na sua continuidade.

Logo se vê que o principal problema associado à revisão administrativa diz respeito à atuação administrativa que cria vantagens e é revestida de alguma invalidade. Quando o ato administrativo é lícito, por exemplo, ele não pode ser anulado, e a sua revogação também fica impedida caso ele seja oneroso e a prazo certo, como determina o art. 178 do Código Tributário Nacional. Quando, porém, ele é ilegal, surge a questão de saber se ele deve ou pode ser anulado ou revogado, tendo em vista a afirmação geral de que atos administrativos ilícitos não geram qualquer tipo de proteção, a não ser quando tiver transcorrido um eventual prazo legal decadencial para o seu desfazimento.[236] Sendo assim,

235. Fritz Ossenbühl, *Die Rücknahme fehlerhafter begünstigender Verwaltungsakte*, 2ª ed., Berlin, Walter de Gruyter, 1965, p. 11.

236. Stefan Muckel, *Kriterien des verfassungsrechtlichen Vertrauensschutzes bei Gesetzesänderungen*, Berlin, Duncker und Humblot, 1989, p. 54.

passa a ser crucial saber como se define uma atuação administrativa vantajosa e ilícita.

Atuação administrativa vantajosa é aquela que cria para o destinatário algum tipo de benefício, diferentemente de um ato administrativo restritivo, que lhe atribui apenas novas obrigações. Um ato administrativo que condiciona a fruição do benefício ao preenchimento de obrigações também deve ser qualificado de vantajoso. Um ato ilícito é aquele editado em contrariedade a regras legais formais ou materiais vinculantes, que digam respeito a requisitos sem cujo preenchimento a finalidade legal não é atingida. Nesse sentido, não é qualquer irregularidade que torna o ato ilícito: meros equívocos de forma – como erros de digitação, equívocos de citação ou falhas de cálculo – não podem ser qualificados de atos contrários ao Direito. Nem é qualquer mudança de orientação que qualifica o ato de ilícito: alterações de compreensão valorativa não comprometem a licitude do ato praticado sob outra orientação.[237] Sendo assim, o problema maior, relativamente à modificação dos atos administrativos, reside na alteração daqueles atos que criam benefícios, com ou sem contrapartida, e violam regras legais cogentes que comprometem a realização da sua finalidade. Pode ocorrer, igualmente, que os atos administrativos sejam baseados em lei considerada, à época, constitucional, mas que, posteriormente, venha a ser declarada inconstitucional.

Esse tipo de alteração gera uma tensão entre os seguintes princípios: de um lado, o princípio da legalidade administrativa, que só permite a atuação administrativa dentro dos parâmetros legais, e o princípio da igualdade, que exige uniformidade na concessão de vantagens; de outro, o princípio da proteção da confiança, que ampara os interesses dos cidadãos que confiaram na validade do ato administrativo.[238]

Esse conflito é expressivo no Direito Tributário, manifestando-se tanto em relação a atos normativos interpretativos da legislação quanto a atos ou a contratos administrativos que criam benefícios fiscais. Este último caso é dramático, tendo em vista que os Estados têm continuamente concedido benefícios fiscais referentes ao imposto sobre circulação de mercadorias como instrumento de atração de investimentos para o seu território. Como a concessão de benefícios está reservada à lei específica, pelo § 6º do art. 150 da CF/88, a sua concessão é inválida. Em razão

237. Fritz Ossenbühl, *Die Rücknahme fehlerhafter begünstigender Verwaltungsakte*, 2ª ed., Berlin, Walter de Gruyter, 1965, pp. 5 e 8.

238. Kyrill-A. Schwarz, *Vertrauensschutz als Verfassungsprinzip*, Baden-Baden, Nomos, 2002, p. 324.

dessa situação surge a questão de saber se esses benefícios podem ser protegidos pelo princípio da segurança jurídica. A compreensão tradicional é no sentido de que a legalidade tributária impõe, sem qualquer exceção, a cobrança do tributo; essa imposição decorre, também, dos princípios do Estado de Direito e da igualdade, que proíbem, respectivamente, a atuação estatal fora do marco legal e o tratamento que não seja uniforme entre os contribuintes.[239]

A evolução jurisprudencial e doutrinária tem demonstrado que, em circunstâncias excepcionais, também os atos ilícitos são dignos de proteção pela eficácia reflexa do princípio da proteção da confiança: como os atos administrativos se revestem de força normativa, também a confiança daqueles que acreditaram na sua aparência de legitimidade deve ser protegida.[240]

Inicialmente a doutrina e a jurisprudência entendiam que um ato contrário à lei não podia produzir qualquer efeito: admiti-lo seria violar não apenas o princípio da legalidade, como também o da igualdade.[241]

Em momento posterior, essa compreensão foi fortalecida pelo argumento de que, ao se preservarem os efeitos de atos ilícitos, estar-se-ia também violando o princípio do interesse público. As antigas Súmulas do Supremo Tribunal Federal seguiram esse entendimento: a Súmula n. 473 prevê que a Administração pode anular os seus próprios atos quando eivados de vícios que os tornem ilegais, porque deles não se originam direitos, ou revogá-los, por motivo de conveniência ou oportunidade, respeitados apenas os direitos adquiridos; e a Súmula n. 346 prevê que a Administração Pública pode declarar a nulidade de seus próprios atos. Essas duas Súmulas, conjugadas, demonstram que a jurisprudência encampava o "princípio da livre anulação dos atos administrativos ilegais" (*Grundsatz der freien Rücknahme rechtswidriger Verwaltungsakte*).[242] Em razão disso, não haveria qualquer tipo de proteção decorrente dos

239. Johanna Hey, *Steuerplanungssicherheit als Rechtsproblem*, Köln, Otto Schmidt, 2002, p. 585.

240. Almiro do Couto e Silva, "O princípio da segurança jurídica (proteção à confiança) no Direito Público brasileiro e o direito da Administração Pública de anular os seus próprios atos: o prazo decadencial do art. 54 da Lei do Processo Administrativo da União (Lei n. 9.784/99)", *RDA* 237, p. 273, Rio de Janeiro, 2004. Idem, "Problemas jurídicos do planejamento", *RDA* 170, p. 24, Rio de Janeiro, 1987.

241. Kyrill-A. Schwarz, *Vertrauensschutz als Verfassungsprinzip*, Baden-Baden, Nomos, 2002, p. 323.

242. Fritz Ossenbühl, *Die Rücknahme fehlerhafter begünstigender Verwaltungsakte*, 2ª ed., Berlin, Walter de Gruyter, 1965, p. 15.

direitos fundamentais, como observava Püttner: "nenhum direito fundamental à fruição de vantagens ilícitas".[243]

No entanto, essa análise, feita sob a *perspectiva do Estado e da norma*, foi paulatinamente cedendo espaço para um exame baseado no *ponto de vista do cidadão e do caso*: a revisão dos atos administrativos deveria levar em consideração outros elementos, como confiança e boa-fé do administrado, a serem sopesados em uma ponderação dos interesses colidentes diante do caso concreto.[244] Um dos motivos reside no fato de que a exigência de legalidade não decorre apenas do princípio democrático, mas igualmente do princípio do Estado de Direito, que justifica a proteção daqueles que utilizaram o Direito como fundamento para o planejamento, ainda mais considerando que os atos provenientes da Administração são muitas vezes necessários, devido à indeterminação legal e à carência de uniformização administrativa.[245]

Essa mudança de perspectiva, contudo, foi apenas parcial: a confiança do cidadão é avaliada relativamente ao ato administrativo, especialmente para comprovar se ele era, ou não, capaz de gerar confiança. Nesse sentido, o poder irrestrito de revisão dos atos administrativos começou a enfrentar restrições apenas no tocante aos efeitos de atos cuja aparência de legalidade, somada à ausência de má-fé ou de negligência do destinatário, era capaz de gerar confiabilidade: se a ilicitude é intensa ou evidente, o ato administrativo deve ser anulado.[246]

243. Günter Püttner, "Vertrauensschutz im Verwaltungsrecht", *VVDStRL* 32, p. 204, 1974. Em sentido similar, mas com moderação: Patrícia Baptista, "A tutela da confiança legítima como limite ao exercício do poder normativo da Administração Pública – A proteção às expectativas legítimas dos cidadãos como limite à retroatividade normativa", *RDE* 3, p. 180, Rio de Janeiro, 2006.

244. Fritz Ossenbühl, *Die Rücknahme fehlerhafter begünstigender Verwaltungsakte*, 2ª ed., Berlin, Walter de Gruyter, 1965, pp. 10-15. Kyrill-A. Schwarz, *Vertrauensschutz als Verfassungsprinzip*, Baden-Baden, Nomos, 2002, p. 323. Almiro do Couto e Silva, "Princípios da legalidade da Administração Pública e da segurança jurídica no Estado de Direito contemporâneo", *Revista da Procuradoria-Geral do Estado do Rio Grande do Sul. Cadernos de Direito Público*, v. 27, n. 57, p. 30, suplemento, 2003. Idem, "O princípio da segurança jurídica (proteção à confiança) no Direito Público brasileiro e o direito da Administração Pública de anular os seus próprios atos: o prazo decadencial do art. 54 da Lei do Processo Administrativo da União (Lei n. 9.784/99)", *RDA* 237, pp. 281-288, Rio de Janeiro, 2004.

245. Johanna Hey, *Steuerplanungssicherheit als Rechtsproblem*, Köln, Otto Schmidt, 2002, pp. 587 e 589.

246. Fritz Ossenbühl, *Die Rücknahme fehlerhafter begünstigender Verwaltungsakte*, 2ª ed., Berlin, Walter de Gruyter, 1965, p. 27. Almiro do Couto e Silva, "O

Nessa linha argumentativa pode-se referir o RE n. 442.683, em que o Supremo Tribunal Federal analisou o caso em que funcionários públicos haviam sido promovidos com base em provimento derivado vertical – sem, portanto, concurso público.[247] O Tribunal salientou que, embora o concurso público fosse a forma universal de acesso aos cargos públicos, na época da ocorrência dos fatos, entre 1987 e 1992, esse não era o entendimento pacífico, inclusive dentro do próprio Tribunal. Somente em 1993 é que o Tribunal, em medida cautelar, suspendeu os efeitos dos dispositivos pertinentes da Lei n. 8.112/90 que haviam embasado os atos administrativos impugnados, e apenas em 1998 é que veio o Tribunal, na ADI n. 837, a declarar a inconstitucionalidade da referida lei. Em razão da situação peculiar, o Tribunal decidiu manter os efeitos dos atos impugnados, para tanto relevando os seguintes fatores: existência de interesse público na manutenção dos funcionários nas funções atuais, sem o quê haveria verdadeiro tumulto administrativo; longo tempo de desempenho das funções para as quais os funcionários foram transferidos; longo período, mais de 10 anos, entre a data da ascensão funcional e a data da sua impugnação; e existência de boa-fé dos funcionários e da Administração, em face da vigência de lei que autorizava a prática dos atos impugnados. Embora o Ministro Relator tenha feito referência à modulação de efeitos das decisões no controle de constitucionalidade, a rigor, a decisão, proferida em controle difuso, apenas manteve efeitos concretos de atos baseados em leis declaradas inconstitucionais em outro âmbito de controle.

Essa perspectiva, centrada na regularidade formal da atuação estatal e no aspecto subjetivo da confiança, deve ceder lugar a uma análise também baseada nos direitos fundamentais e nos princípios que regulam o exercício da atividade estatal. Nesse novo quadro, outros são os critérios a serem analisados – como se passa a demonstrar.

E-2) *Atuação administrativa abstrata e geral*

a) Atos normativos

A Administração utiliza-se com frequência de atos normativos, como atos normativos interpretativos e pareceres normativos, que in-

princípio da segurança jurídica (proteção à confiança) no Direito Público brasileiro e o direito da Administração Pública de anular os seus próprios atos: o prazo decadencial do art. 54 da Lei do Processo Administrativo da União (Lei n. 9.784/99)", *RDA* 237, p. 300, Rio de Janeiro, 2004.

247. RE n. 442.683, 2ª Turma, Rel. Min. Carlos Velloso, *DJ* 24.3.2006.

dicam a sua posição a respeito de determinada matéria. À diferença dos atos administrativos, os atos normativos são manifestações gerais e abstratas, dirigidas, pois, a um número indeterminado de situações e de pessoas. Quando o ato normativo é contrário aos interesses do contribuinte, este pode insurgir-se contra a sua aplicação, recorrendo ao Poder Judiciário e sustentando a sua ilegalidade. O problema ocorre quando o contribuinte pretende usar o ato normativo em seu benefício e não logra êxito em virtude de alguma mudança administrativa. Essa mudança pode ocorrer simplesmente porque a Administração modifica o mérito do seu entendimento ou porque entende que a sua posição anterior era ilegal e, com isso, prejudica aqueles contribuintes que agiram com base no ato normativo revisado, com relação a atos passados ou mesmo com referência a atos futuros.[248] Nesse quadro, é preciso saber se pode haver proteção da confiança relativamente a atos normativos.

A principal objeção que pode ser levantada relativamente à proteção da confiança frente aos atos normativos diz respeito à sua falta de vinculatividade: como no Direito Tributário vigora o princípio da legalidade, os atos provenientes da Administração possuiriam função meramente secundária e vinculada à lei. Desse modo, quem confia em um ato normativo – para seguir usando a frase tradicional – saberia ou deveria saber que o ato não merece confiança e, sendo assim, não pode futuramente alegar frustração de confiança caso seja aquele considerado ilegal.

Embora a falta de vinculatividade seja elemento diminuidor da protetividade da confiança, é preciso fazer algumas diferenciações relativamente aos atos normativos, já que eles não têm uma única e idêntica função.

Há atos normativos que restringem competências administrativas discricionárias ou preenchem conceitos jurídicos indeterminados, mesmo no Direito Tributário. Como já decidiu o Supremo Tribunal Federal, compete à lei estabelecer os parâmetros gerais da obrigação tributária, ficando os atos normativos da Administração, no caso de competências cujo exercício dependa de prerrogativas técnicas, encarregados de definir, dentro daqueles parâmetros, os sentidos vinculantes.[249] Pois bem, esses atos normativos atuam, por assim dizer, "dentro da lei", e, por isso, têm vinculação externa.[250] Esses atos normativos, embora não sejam en-

248. Johanna Hey, *Steuerplanungssicherheit als Rechtsproblem*, Köln, Otto Schmidt, 2002, p. 655.

249. RE n. 343.446, Tribunal Pleno, Rel. Min. Carlos Velloso, *DJ* 4.4.2003.

250. Johanna Hey, *Steuerplanungssicherheit als Rechtsproblem*, Köln, Otto Schmidt, 2002, p. 660.

quadráveis na categoria de atos normativos primários, apresentam grau de vinculatividade distinto, já que definem o exercício de competências ou concretizam conceitos legais. Desse modo, a Administração até pode revisá-los, ou porque modificou o seu entendimento, ou porque passou a considerá-los ilegais. O que ela não pode é atingir fatos ocorridos ainda na sua vigência. Fazê-lo é violar o princípio da proteção da confiança e – por paradoxal que isso possa parecer – também a exigência de legalidade.

Da mesma forma, há atos normativos que preenchem padrões legais, estabelecendo pautas, valores ou critérios a serem aplicados a casos massificados. Ora, esses atos normativos, fora os casos em que sejam evidentemente irrazoáveis, igualmente se situam dentro da lei cujo padrão visam a concretizar.[251] A Administração, igualmente, pode modificá-los, mas não pode atingir os contribuintes que intensamente dispuseram dos seus direitos de liberdade e de propriedade com base neles, sob pena de violar o princípio da proteção da confiança e a exigência de legalidade.

Não há dúvida de que todos os outros atos normativos, dirigidos aos funcionários públicos, e cuja eficácia seja, portanto, originariamente interna, fecundam uma protetividade menor: o contribuinte sabe ou deve saber que o ato não tem força vinculante, bem como é dirigido primordialmente aos agentes públicos, razão pela qual a sua ação importa uma maior responsabilidade pessoal e, por consequência, também um risco maior.[252] No entanto, não se pode desconhecer que esses atos normativos, pouco importa se indiretamente, têm eficácia externa, inclusive porque o Estado não pode nem se afastar injustificadamente das suas próprias posições, nem deixar de atribuir tratamento uniforme a todos os cidadãos.[253] Tal eficácia aumenta ainda mais quando os atos normativos são publicados, pois não há sentido algum em dar publicidade ao conteúdo dos atos da Administração para depois liberá-la de segui-los.[254] Se, por exemplo, o ato normativo se reveste de uma aparência de legalidade, e se ele foi causa de disposição intensa do contribuinte, a sua anulação

251. Johanna Hey, *Steuerplanungssicherheit als Rechtsproblem*, cit., p. 668.

252. Hartmut Maurer, "Kontinuitätsgewähr und Vertrauensschutz", in Josef Isensee e Paul Kirchhof (orgs.), *Handbuch des Staatsrechts*, 2ª ed., v. 3, § 60, n. de margem 93, Heidelberg, Müller, 1996.

253. Hermann-Josef Blancke, *Vertrauensschutz im deutschen und europäischen Verwaltungsrecht*, Tübingen, Mohr Siebeck, 2000, p. 259.

254. Eugenio Della Valle, *Affidamento e Certezza del Diritto Tributario*, Milano, Giuffrè, 2001, p. 131.

deve ser afastada. Isso porque, nesse caso, a falta de um elemento (vinculatividade) é minorada pela existência de outros (aparência de legalidade, indutividade, onerosidade).

Nesse sentido, o fato de os atos normativos da Administração não possuírem vinculatividade não afasta a possibilidade de, mesmo assim, haver proteção da confiança, quando a exigência de vinculação da Administração aos seus próprios atos e os direitos fundamentais assim o exigirem. É preciso referir que a própria função dos atos normativos reforça o dever de proteção da confiança que o contribuinte neles depositou: esses atos, que podem ser modificados pela Administração a qualquer tempo, também possuem presunção de validade, e, embora o contribuinte possa se insurgir judicialmente contra eles, não pode deixar de ordinariamente cumpri-los. Se o contribuinte pudesse simplesmente desconsiderá-los, a sua função de orientar a aplicação das normas tributárias e reduzir a insegurança de aplicação ficaria totalmente prejudicada.[255]

Essas considerações conduzem, de um lado, à conclusão de que a contrapartida da funcionalidade dos atos normativos é a proteção da confiança dos contribuintes cujas disposições foram baseadas na presunção da sua validade. Os atos normativos funcionam como instrumentos garantidores de segurança de orientação e, precisamente por isso, não podem deixar de proteger a confiabilidade inerente ao seu próprio funcionamento. De outro, porém, levam à conclusão de que os contribuintes não têm direito a pleitear a manutenção da aplicação passada desses atos normativos senão *depois* de terem *efetivamente* exercido os seus direitos de liberdade e de propriedade com base neles.[256] O entendimento de que o contribuinte poderia pleitear, inclusive para o futuro, a manutenção de ato normativo ilegal, independentemente de ter atuado com base nele, entraria em rota de colisão com a exigência de legalidade tributária.

É precisamente nessa direção que o art. 146 do Código Tributário Nacional estabelece que a mudança de orientação da Administração só tem eficácia com relação aos casos futuros, não alcançando, portanto, os casos passados.[257] Embora esse dispositivo pressuponha a validade do

255. Johanna Hey, *Steuerplanungssicherheit als Rechtsproblem*, Köln, Otto Schmidt, 2002, pp. 672, 673 e 681.

256. Johanna Hey, *Steuerplanungssicherheit als Rechtsproblem*, cit., 2002, p. 678.

257. Paulo de Barros Carvalho, *Curso de Direito Tributário*, 18ª ed., São Paulo, Saraiva, 2007, p. 440. Luciano Amaro, *Direito Tributário Brasileiro*, 15ª ed.,

ato normativo modificado, a eficácia reflexa do princípio da segurança jurídica protege aqueles contribuintes que atuaram com base na presunção da validade antes da sua modificação.[258] Torres, nesse aspecto, é enfático: "Se o contribuinte acreditou na palavra da Administração, firmada no lançamento tributário notificado, não poderá ficar à mercê de eventuais alterações de critérios jurídicos, a pretexto de erro na interpretação. Pelo menos no Estado de Direito".[259]

Desse modo, todas as razões já expendidas relativamente à retroatividade das leis também valem para o caso dos atos normativos, com a diferença de que com relação a estes últimos, maior deve ser a presença de outros elementos que possam compensar a sua falta geral de vinculatividade, e tanto maior ainda quanto mais evidente for a ilegalidade do ato normativo. O essencial é que, pela própria aplicação do princípio da segurança jurídica, não se pode admitir a eficácia retroativa de mudança de orientação administrativa, ainda mais sem a observância do postulado da proporcionalidade.[260] E, no campo do Direito Tributário, sempre que a mudança de critérios agravar a situação do contribuinte em relação a fatos geradores que já foram objeto de lançamento, por mudança administrativa ou judicial, há vedação de retroação.[261]

São Paulo, Saraiva, 2009, p. 350. Sacha Calmon Navarro Coelho, *Curso de Direito Tributário*, 9ª ed., Rio de Janeiro, Forense, 2006, p. 761. Roque Antonio Carrazza, "Segurança jurídica e eficácia temporal das alterações jurisprudenciais – Competência dos Tribunais Superiores para fixá-la – Questões conexas", in Tércio Sampaio Ferraz Jr. *et alii* (orgs.), *Efeito "ex nunc" e as decisões do STF*, São Paulo, Manole, 2008, pp. 52 e ss.

258. Ricardo Lodi Ribeiro, "A proteção da confiança legítima do contribuinte", *RDDT* 145, p. 102, São Paulo, 2007.

259. Ricardo Lobo Torres, "Limitações ao poder impositivo e segurança jurídica", in Ives Gandra da Silva Martins (org.), *Limitações ao poder impositivo e segurança jurídica*, São Paulo, Ed. RT/CEU, 2007, p. 70.

260. Maria Sylvia Zanella Di Pietro, "Os princípios da proteção à confiança, da segurança jurídica e da boa-fé na anulação do ato administrativo", in Fabrício Motta (org.), *Direito Público atual: Estudos em homenagem ao Professor Nélson Figueiredo*, Instituto de Direito Administrativo de Goiás (IDAG), Belo Horizonte, Fórum, 2008, p. 312. Hans-Jürgen Brischke, "Heilung fehlerhafter Verwaltungsakte im verwaltungsgerichtlichen Verfahren. Durch Nachholen der Begründung, Nachschieben von Gründen, Umdeutung, Ergänzung von Ermessenserwägungen und förmliche Änderung oder Ergänzung des streitbefangenen Verwaltungsaktes", *DVBl* 117, pp. 429-434, 2002.

261. Misabel de Abreu Machado Derzi, *Modificações da jurisprudência no Direito Tributário*, São Paulo, Noeses, 2009, p. 488.

b) Prática administrativa

Pode ocorrer que a Administração não tenha editado formalmente um ato administrativo, todavia tenha, durante um período, tornado visível seu entendimento geral sobre determinada matéria.[262]

Os argumentos utilizados para justificar a proteção excepcional da confiança relativamente aos atos normativos servem para explicar a sua garantia relativamente à prática administrativa: também nesse caso – ainda que mais excepcionalmente, dada a falta de formalização e de publicação, que produzem uma maior confiabilidade à base normativa – pode haver proteção da confiança do contribuinte, desde que, porém, tenha havido, de sua parte, disposição dos seus direitos de liberdade e de propriedade com base na prática administrativa. Essa proteção decorre do fato de que, embora sem uma manifestação pontual inequívoca, o conjunto de atos administrativos vai, ao longo do tempo, consolidando um entendimento administrativo acerca de determinado assunto. Esse entendimento, ainda que exteriorizado de forma diferente, também serve de base da confiança e, como tal, pode – presentes os requisitos já mencionados – ensejar a proteção do princípio da segurança jurídica.

E-3) Atuação administrativa individual e concreta

a) Atos administrativos

A atuação da Administração, em vez de geral e abstrata, pode ser individual e concreta, isto é, dirigida a determinados contribuintes em determinadas situações.[263] Como já afirmado, a protetividade da confiança depende de uma articulação entre vários critérios. Nesse sentido, inexistindo outros elementos, a invalidade de um ato administrativo conduz à inexistência de confiança digna de proteção. No entanto, essa regra deve ser superada caso outros elementos estejam presentes. Isso porque, como já afirmado, o foco decisivo para a proteção da confiança não é a regularidade formal da atuação estatal, mas a restrição dos direitos fundamentais e do modo de atuação estatal, em razão da sua fundamentação tanto nos direitos fundamentais quanto nos princípios atinentes à atuação estatal. Por consequência, pode ter havido algum

262. Luciano Amaro, *Direito Tributário Brasileiro*, 15ª ed., São Paulo, Saraiva, 2009, p. 192. Johanna Hey, *Steuerplanungssicherheit als Rechtsproblem*, Köln, Otto Schmidt, 2002, p. 692.

263. Michael Randak, "Bindungswirkung von Verwaltunsakten", *JuS* 1992, pp. 33-39. Jörn Ipsen, "Verbindlichkeit, Bestandkraft und Bindungswirkung von Verwaltungsakten", *Verwaltung* 17, pp. 169-195, 1984.

exercício da liberdade ou uso da propriedade que justifique a restrição dos efeitos da modificação administrativa em razão da proteção dos referidos direitos fundamentais, mesmo que haja uma base normativa ilícita.[264] O essencial é que, tendo o indivíduo atuado em razão do ato administrativo, aquele não possa ter a sua confiança simplesmente frustrada. Do contrário o seu investimento, em vez de orientado e respeitado pelo Direito, transformar-se-ia em jogo de azar.[265]

Entre os vários elementos a serem considerados, destacam-se, relativamente à atuação do Poder Executivo, os seguintes: aparência de legitimidade do ato, indução, individualidade, onerosidade e durabilidade. Esses elementos poderão, assim, compensar a ilicitude da base da confiança: quanto maiores forem a aparência de legitimidade do ato, a influência comportamental dele decorrente, a proximidade com o Estado, a onerosidade gerada pela sua aplicação e a durabilidade de sua eficácia no tempo, tanto maiores serão as razões para a sua manutenção. Esses elementos compensam a ilicitude da base da confiança.

Esses critérios decorrem da circunstância de – diferentemente da atuação por meio de leis ou de atos normativos – a atuação administrativa por meio de atos administrativos revelar um grau maior de proximidade com o contribuinte. O ato administrativo quebra a anonimidade do Direito.[266] Os atos administrativos individuais, dirigidos a determinados contribuintes, criam uma "relação de confiança", na medida em que conotam uma "pessoalidade".[267] A maior proximidade entre o Poder Público e o cidadão também instaura um compromisso entre eles e, por consequência, gera um dever de lealdade: o descumprimento de um compromisso é causa de deslealdade, a seu turno violadora do princípio da moralidade administrativa.[268] Exatamente em decorrência dessa proximidade é que se fala, no caso dos atos e dos contratos administrativos,

264. Johanna Hey, *Steuerplanungssicherheit als Rechtsproblem*, Köln, Otto Schmidt, 2002, p. 183.

265. Christoph Engel, *Planungssicherheit für Unternehmen durch Verwaltungsakt*, Tübingen, Mohr Siebeck, 1992, p. 95.

266. Johanna Hey, *Steuerplanungssicherheit als Rechtsproblem*, Köln, Otto Schmidt, 2002, p. 590.

267. Kyrill-A. Schwarz, *Vertrauensschutz als Verfassungsprinzip*, Baden-Baden, Nomos, 2002, p. 299.

268. Josef Isensee, "Vertrauensschutz für Steuervorteile. Ein Folgeproblem der Wirtschaftslenkung durch Steuer des § 3a EStG", in Paul Kirchhof, Klaus Offerhaus e Horst Schöberle (orgs.), *Steuerrecht, Verfassungsrecht, Finanzpolitik. FS für Franz Klein*, Köln, 1994, p. 614. Kyrill-A. Schwarz, *Vertrauensschutz als Verfassungsprinzip*, Baden-Baden, Nomos, 2002, p. 321.

em dever de boa-fé administrativa: a relação de proximidade entre Estado e contribuinte cria deveres recíprocos de lealdade que restringem ou que atenuam as próprias exigências de legalidade e de previsibilidade.[269]

Além da nota da individualidade, os atos administrativos também podem criar encargos para o contribuinte. Como visto, quanto maior for o grau de onerosidade do ato, maior deve ser a proteção da confiança nele depositada, na medida em que o ato estatal é causa direta da atuação do particular.[270]

Dentre todos esses elementos, o tempo desempenha uma função especial: quanto maior o tempo transcorrido entre a prática do ato e a decisão a respeito da sua anulação ou revogação, tanto menor deverá ser a presença dos outros elementos. O transcurso do tempo vai consolidando, de um lado, uma aparência de legalidade do ato administrativo e, de outro, vai permitindo a existência de uma série de consequências diretas e indiretas que vão se tornando irreversíveis, quanto maior for o período entre a edição do ato e o seu eventual desfazimento.

Essas considerações demonstram que não se pode automaticamente afastar a proteção da confiança pelo simples fato de que o ato administrativo, no qual a confiança se baseia, é ilegal. A favor desse entendimento não apenas militam razões relacionadas ao interesse dos contribuintes, como as acima mencionadas: suporta também razões relativas ao próprio interesse público.[271] É que os atos administrativos – nesse gênero incluídos os contratos administrativos – podem ter a sua invalidade relacionada apenas a aspectos formais, estando o seu conteúdo, porém, justificado pela realização de finalidades públicas, como a realização de investimentos, criação de empregos, desenvolvimento de tecnologia, a promoção de uma região – e assim por diante. Nesse aspecto, a revisão do ato, quer por anulação, quer por revogação, vai de encontro a finalidades que o próprio Estado deve atingir e que, com

269. Johanna Hey, *Steuerplanungssicherheit als Rechtsproblem*, Köln, Otto Schmidt, 2002, p. 591. Roland Kreibich, *Der Grundsatz von Treu und Glauben im Steuerrecht*, Heidelberg, C. F. Müller, 1992, p. 56. Sven Müller-Grune, *Der Grundsatz von Treu und Glauben im Allgemeinen Verwaltungsrecht*, Hamburg, Kovac, 2006, pp. 40 e ss.

270. Kyrill-A. Schwarz, *Vertrauensschutz als Verfassungsprinzip*, Baden-Baden, Nomos, 2002, p. 297.

271. Maria Sylvia Zanella Di Pietro, "Os princípios da proteção à confiança, da segurança jurídica e da boa-fé na anulação do ato administrativo", in Fabrício Motta (org.), *Direito Público atual: Estudos em homenagem ao Professor Nélson Figueiredo*, Instituto de Direito Administrativo de Goiás (IDAG), Belo Horizonte, Fórum, 2008, p. 305.

a revisão do ato, ficarão prejudicadas. Nesse sentido, quanto maior for o grau de realização das finalidades públicas, maior a protetividade da confiança do contribuinte.

Assim, a modificação dos atos administrativos não depende da sua invalidade, mas da intensidade da atuação do contribuinte baseada na sua confiança e na intensidade da restrição que a sua modificação irá causar. Pode-se até aceitar a regra segundo a qual a anulação é permitida, salvo se houver fundadas razões para a sua manutenção, e a revogação proibida, salvo se houver fundados motivos para a sua manutenção.[272] Essa concepção, porém, padece de um tautológico círculo vicioso: o ato é imodificável quando houver direito a ser protegido; há direito a ser protegido quando o ato é imodificável. Além disso, comete uma petição de princípio, pois pressupõe como demonstrado aquilo mesmo que tinha que demonstrar: em quais situações e por que razão o ato é imodificável.

Desse modo, devem ser buscados critérios indicativos da modificabilidade dos atos administrativos baseados nos princípios e nos direitos fundamentais, em vez de propriedades eventualmente residentes nos próprios atos administrativos, como a sua inexistência, nulidade ou anulabilidade. Sendo assim, o decisivo não é se o ato administrativo é definitivo ou "meramente" provisório; se é total ou "simplesmente" parcial; se a atuação administrativa é concludente ou "simples" promessa; se o ato é formal ou "somente" uma prática administrativa. Essas questões relacionadas à atuação estatal são, sim, relevantes, mas apenas como elementos provisórios, pois elas não eliminam automaticamente – eis o ponto – a protetividade da confiança. E não o fazem porque o aspecto formal do ato, embora importante, não exaure a base da confiança: esta é configurada por meio de outros elementos, especialmente aqueles atinentes à aparência de legalidade, à individualidade, à bilateralidade, à onerosidade e ao tempo.

Com efeito, um ato administrativo provisório, cujos efeitos são transitórios, ou um ato administrativo parcial, cuja eficácia depende de confirmação de outro ato posterior, geram, é verdade, uma protetividade limitada: o contribuinte sabe ou deve saber que o ato não permanecerá no futuro, razão pela qual a sua atuação corre, em princípio, por sua própria conta e risco. Mesmo assim, se o ato, por exemplo, criar vantagem ao contribuinte, auferida por longo tempo, sem que a Administração de-

272. Kyrill-A. Schwarz, *Vertrauensschutz als Verfassungsprinzip*, Baden--Baden, Nomos, 2002, p. 328.

monstre objetivamente a intenção de modificá-lo, e o contribuinte tenha disposto da sua liberdade e da sua propriedade em razão desse ato, de tal sorte que a sua revisão causará elevados e irreversíveis danos àquele, a sua anulação deve ser afastada. Nesse caso, a ausência de um elemento (pretensão de permanência) é suprida pela presença de outros (individualidade, onerosidade, irreversibilidade, dependência, indutividade).

Igualmente, um ato administrativo que envolva apenas uma promessa, cuja validade seja depois questionada, dá ensejo, é claro, a uma protetividade menor: o contribuinte sabe ou deve saber que o ato precisa ser futuramente efetivado, em virtude do quê a sua ação envolve uma parcela de responsabilidade pessoal e, por isso, um risco também maior. Ainda assim, no entanto, se o ato, por exemplo, reveste-se de uma aparência de legalidade, em razão da autoridade que o edita ou do procedimento por meio do qual ele é editado, se ele foi causa da ação intensa do contribuinte, sem que a Administração tenha dado qualquer sinal de que o ato pudesse ser questionado, a sua anulação deve ser afastada. Nessa situação, a ausência de um elemento (vinculatividade) é compensada pela presença de outros (individualidade, dependência, indutividade, duração).

Dentre os atos administrativos, deve-se destacar a consulta administrativa, regulada pelo Decreto n. 70.235/72. O contribuinte pode, diante de uma situação concreta, formular consulta perante a Administração Tributária quando houver dúvida relativamente à incidência de tributo. Não havendo inadequação da descrição da situação de fato pelo contribuinte, a resposta à consulta obriga a Administração: o caráter preventivo da consulta fiscal deve colocar o consulente em estado de certeza jurídica, conferidora de segurança.[273] Não fosse assim, a consulta perderia totalmente a sua função de diminuir o risco tributário da operação e garantir calculabilidade à atuação administrativa.

No contexto da mudança administrativa, aqui examinada, o problema de segurança envolvendo a consulta não surge quando a resposta dada é cumprida pela Administração, mas, em vez disso, quando esta última revê o entendimento manifestado, quer por alterar a sua posição anterior, quer por entender que a posição antes externada era ilegal. Bem, nesses casos, os mesmos argumentos antes apresentados para justificar a proteção da confiança relativamente aos atos administrativos surgem no caso da consulta: se o contribuinte dispôs, de maneira significativa, dos seus direitos de liberdade e de propriedade e há um nexo de causalidade entre os atos de disposição e a eficácia tributária decorrente

273. Valdir de Oliveira Rocha, *A consulta fiscal*, São Paulo, Dialética, 1996, p. 88.

da consulta, no sentido de que a resposta à consulta foi decisiva para a atuação do contribuinte, deve haver proteção da confiança nela depositada.[274] Novamente, se a confiança depositada na consulta não é garantida, a sua própria eficácia fica comprometida: o contribuinte só se utiliza da consulta para reduzir o seu risco estratégico. Se ela não vincular a Administração, a sua função instrumental, relativamente à segurança jurídica, fica comprometida. Portanto, a eficácia da consulta, no que concerne à proteção da confiança, não decorre da sua qualidade normativa – aliás, secundária –, mas da sua função relativamente à segurança jurídica: ainda que ela não tenha força normativa por si, ela exerce uma função instrumental relativamente à realização dos ideais de cognoscibilidade e de calculabilidade do Direito.[275]

Igual entendimento deve ser aplicável aos acordos sobre bases de cálculo no âmbito da substituição tributária para frente. Em algumas situações, o Fisco entra em acordo com setores relativamente aos valores a serem utilizados como base de cálculo para substituição. O Fisco, ainda que possa reiniciar as tratativas para novo acordo, de modo algum pode atingir aqueles contribuintes que dispuseram da sua liberdade e da sua propriedade em razão do acordo, sob pena de violar o princípio da proteção da confiança.

Questão difícil é aquela que diz respeito à prática individual consolidada da Administração. O parágrafo único do art. 100 do Código Tributário Nacional apenas determina a exclusão da multa nos casos em que o contribuinte confia na validade de atos normativos e nas práticas reiteradas da Administração. E o art. 146 do referido Código estabelece que a mudança de orientação na interpretação dada pela Administração só vale para os casos vindouros.[276] Novamente, a questão relativa à segurança jurídica surge quando a Administração quer rever retroativamente a sua posição, por entender que a orientação até então adotada era ilegal.

Os argumentos utilizados até aqui também se aplicam à prática administrativa. Um obstáculo a essa compreensão, porém, residiria no caráter provisório da prática administrativa ainda não abrangida pelo prazo decadencial: os atos administrativos, cujo conjunto forma a men-

274. Johanna Hey, *Steuerplanungssicherheit als Rechtsproblem*, Köln, Otto Schmidt, 2002, p. 707.

275. Winfried Fiedler, *Funktion und Bedeutung öffentlich-rechtlicher Zusagen im Verwaltungsrecht*, Heidelberg, 1977, p. 234.

276. Aliomar Baleeiro, *Direito Tributário Brasileiro*, 11ª ed. atual. por Misabel de Abreu Machado Derzi, Rio de Janeiro, Forense, 1999, pp. 649 e 811.

cionada prática reiterada da Administração, são editados sob condição resolutiva, isto é, eles produzem efeitos, salvo se verificação posterior, feita ainda dentro do prazo decadencial, demonstre a necessidade de sua revisão. O art. 149 do Código Tributário Nacional autoriza a Administração Tributária a rever os atos de lançamento já feitos quando houver erro de fato. Esse quadro normativo levaria ao entendimento de que a posição anterior da Administração pode ser revista dentro do prazo decadencial e com eficácia para todo o período examinado. É preciso, mesmo assim, fazer alguns temperamentos.

Em primeiro lugar, a mudança de orientação da Administração, quer com relação à prática até então adotada, quer com referência aos atos de lançamento já efetuados, só pode dizer respeito a erros de fato, nunca a erros de direito.[277] Com efeito, se a Administração, por algum motivo, entende que a legislação foi mal-aplicada, só pode mudar a orientação para o futuro, não para o passado, inclusive por determinação do art. 146 do Código Tributário Nacional.

Em segundo lugar, quando envolvidas situações repetitivas no tempo e já houver transcorrido o prazo decadencial relativamente a algum período, pode ocorrer que o contribuinte tenha disposto dos seus direitos de liberdade e de propriedade em razão da avaliação anterior da Administração. Nesse caso, quando houver outros elementos que compensem a falta de vinculatividade da prática administrativa, pode haver proteção da confiança no caso de práticas administrativas sobre situações repetitivas.[278] Do contrário seria de se admitir que tributos nunca exigidos há décadas pudessem, de inopino, relativamente aos últimos cinco anos, ser exigidos, em contrariedade manifesta aos ideais de cognoscibilidade, de confiabilidade e de calculabilidade do Direito.

b) Contratos administrativos

No mesmo sentido, um contrato ou um termo de acordo que seja celebrado com o contribuinte com a finalidade de conceder um benefício fiscal – seja um regime especial para o pagamento de tributos ou para o cumprimento de obrigações acessórias, seja, mesmo, uma isenção, uma redução de base de cálculo ou uma concessão de crédito presumido – desencadeia uma protetividade menor: o contribuinte sabe ou deve saber que o contrato não pode conceder benefício fiscal; somente a lei pode

277. Sacha Calmon Navarro Coelho, *Curso de Direito Tributário*, 9ª ed., Rio de Janeiro, Forense, 2006, p. 761.

278. Johanna Hey, *Steuerplanungssicherheit als Rechtsproblem*, Köln, Otto Schmidt, 2002, p. 739.

fazê-lo, como expressamente preveem o inciso I e o § 6º do art. 150 da CF/88 – em razão do quê a sua ação provoca uma responsabilidade e risco mais expressivos.

Mesmo assim, é preciso fazer os seguintes temperamentos. Em primeiro lugar, é preciso constatar que as regras previstas no inciso I e no § 6º do art. 150 da CF/88 apresentam finalidades protetivas contra a atuação estatal restritiva de direitos. Com efeito, a regra da legalidade, inserida dentro da seção "Das Limitações ao Poder de Tributar", serve de instrumento para o contribuinte se opor à atuação restritiva do Estado, exercida por meio de leis que instituem tributos. Ela não se refere, pelo menos diretamente, à atuação estatal indutiva e cooperativa, cumprida por meio de leis que têm a finalidade de induzir o contribuinte ou contratos que têm o objetivo de usar o contribuinte como instrumento de realização de políticas públicas mediante a contrapartida em benefícios fiscais, muitas vezes onerosos. E a regra que exige lei específica para a concessão de benefícios fiscais, também inserida na seção "Das Limitações ao Poder de Tributar", embora seja diretamente aplicável à concessão de qualquer benefício por meio de ato ou de contrato administrativo ou de ato normativo, consiste em uma regra geral, que visa a impedir a concessão de vantagens injustificadas a determinados contribuintes em detrimento de outros, sem qualquer referência aos elementos eventualmente existentes nas situações concretas, como onerosidade e bilateralidade. É preciso lembrar, outrossim, que um benefício fiscal oneroso e bilateral não viola tão intensamente o princípio da igualdade, na medida em que o contribuinte abrangido pelo benefício não tem direito a este senão em virtude do cumprimento de determinadas obrigações, havendo, em virtude disso, uma justificativa concreta para o tratamento desigual, não extensível aos outros contribuintes que não praticaram iguais atos de disposição e que não dependem da implementação do contrato.[279]

Em segundo lugar, é preciso considerar não só os efeitos que esses contratos podem provocar no exercício da liberdade e da propriedade, como também a sua relação com a realização de finalidades públicas.[280] Se, por exemplo, o contrato é oneroso e a prazo certo, envolve obrigações instituídas de forma bilateral e sinalagmática e foi cumprido de forma reiterada pela Administração, ele não pode ser simplesmente anula-

279. Elke Gurlit, *Verwaltungsvertrag und Gesetz*, Tübingen, Mohr Siebeck, 2000, p. 392.

280. Kyrill-A. Schwarz, *Vertrauensschutz als Verfassungsprinzip*, Baden-Baden, Nomos, 2002, p. 355. Almiro do Couto e Silva, "Problemas jurídicos do planejamento", *RDA* 170, p. 14, Rio de Janeiro, 1987.

do, e mesmo sua revogação, pelo dever de continuidade do ordenamento jurídico, deve ser analisada com regras de transição e de adaptação – como será visto no próximo capítulo. Isso porque, nessa hipótese, a carência de um elemento (vinculatividade) é compensada pela presença de outros (indutividade, onerosidade, bilateralidade).

As considerações precedentes não demonstram que benefícios fiscais podem ser concedidos por outro instrumento que não a lei. Elas apenas visam a demonstrar que pode haver situações em que, não tendo sido o benefício concedido por meio de lei, expressivos efeitos concretos podem ter sido produzidos relativamente à liberdade e à propriedade do contribuinte, que podem justificar, excepcionalmente, a manutenção passada do benefício e, eventualmente, a instituição de regras de transição após a postulação da sua descontinuidade. Embora o Estado tenha liberdade de concretizar políticas públicas, uma vez tendo feito isso, passa a vincular-se à sua atuação anterior, da qual não pode simplesmente afastar-se.[281]

E-4) *Inação administrativa*

Em algumas situações, embora não tenha ainda transcorrido o prazo decadencial, o contribuinte pode ter agido em razão de atuação estatal concludente no sentido de que não iria exigir determinado tributo. Nessa situação, e muito excepcionalmente, pode-se falar em proteção da confiança do contribuinte que intensamente age por causa de manifestação estatal omissiva – é o que os alemães chamam de *Verwirkung*.[282]

Note-se que nessa situação não há impedimento para o Estado exercer o seu poder em geral. O que há é algo diverso: nos casos em que o contribuinte exerceu, efetiva e intensamente, os seus direitos de liberdade e de propriedade, vinculado causalmente a um ato estatal inequívoco no sentido de não cobrar o tributo, o Estado não poderá restringir a confiança legítima do contribuinte, sob pena de malferir o princípio da proteção da boa-fé no seu aspecto de proibição de *venire contra factum*

281. Joachim Burmeister, "Selbstbindung der Verwaltung. Zur Wirkkraft des rechtsstaatlichen Übermaßverbots, des Gleichheitssatzes und des Vertrauensschutzprinzips", *DÖV* 34, p. 506, 1981.

282. Johanna Hey, *Steuerplanungssicherheit als Rechtsproblem*, Köln, Otto Schmidt, 2002, p. 791. Andreas Menzel, *Grundfragen der Verwirkung dargestellt insbesondere anhand des Öffentlichen Rechts*, Frankfurt am Main, Peter Lang, 1987, pp. 2 e ss. Johannes Beermann, *Verwirkung und Vertrauensschutz im Steuerrecht*, Münster, Waxmann, 1991, pp. 85 e ss.

proprium e, por consequência, violar o princípio da moralidade administrativa.[283] O Estado não pode dar com uma mão e retirar com a outra sem cair em proibida contradição.[284]

E-5) *Considerações finais*

O que se pretende dizer com todas as considerações anteriores é que não se pode decretar a nulidade de uma atuação administrativa pelo simples fato de que ela é, do ponto de vista formal, contrária ao Direito. Porque os direitos fundamentais e os princípios relacionados à atuação estatal são os fundamentos da aplicação reflexiva do princípio da segurança jurídica, é preciso ultrapassar a perspectiva meramente estatal e normativa em favor de uma perspectiva baseada na disposição dos contribuintes e na atuação séria, legal e justificada da Administração. Assim, atos que indiquem a sua modificação futura, em virtude do conteúdo (atos sob reserva de modificação, de caráter experimental ou excepcional), da necessidade de regulamentação ou da frequência com que são normalmente modificados, ainda que o contribuinte possa contar com sua modificação, podem, excepcionalmente, justificar a proteção da confiança, caso existam outros elementos compensadores da falta de pretensão de permanência da base. Atos que estabelecem apenas condições da ação, mas não induzem o contribuinte a agir, conquanto lhe atribuam o risco da ação, também podem, ainda que limitadamente, ser objeto de proteção, se presentes os elementos que minimizem a responsabilidade individual do particular. Atos que induzem o contribuinte a agir normalmente merecem proteção em grande medida, ainda mais aqueles que criam obrigações bilaterais com o Estado, em face da restrição que causam ao exercício da liberdade e da propriedade, mesmo que apresentem alguma falha formal.[285]

Nesse novo quadro normativo não há mais espaço para o denominado "princípio da livre anulação dos atos administrativos ilegais",

283. Johanna Hey, *Steuerplanungssicherheit als Rechtsproblem*, Köln, Otto Schmidt, 2002, p. 792. Jesus Gonzales Perez, *El Principio General de la Buena Fe en el Derecho Administrativo*, 2ª ed., Madrid, Civitas, 1983, pp. 144 e ss. Roque Antonio Carrazza, *Curso de Direito Constitucional Tributário*, 30ª ed., São Paulo, Malheiros Editores, 2015, pp. 497-501.

284. Christoph Engel, *Planungssicherheit für Unternehmen durch Verwaltungsakt*, Tübingen, Mohr Siebeck, 1992, p. 9.

285. Martin Stötzel, *Vertrauensschutz und Gesetzesrückwirkung*, Frankfurt am Main, Peter Lang, 2002, p. 159.

segundo o qual a Administração pode anular ou revogar os seus atos segundo critérios de conveniência e de oportunidade, independentemente de outro elemento. O Estado, ainda que tenha competência para rever os seus atos, não pode efetuar qualquer revisão: anulações ou revogações que atinjam disposições dos contribuintes de maneira intensamente desfavorável, somente por meio de uma ponderação entre os vários elementos presentes no caso podem ser justificadas. Deve-se, pois, deslocar a discussão de uma competência irrestrita da Administração para rever os seus próprios atos em favor daquilo que, conectando a atuação da Administração com o respeito ao exercício da liberdade do particular, se poderia chamar de *princípio da Administração respeitável*.

F) Proteção da confiança e o Poder Judiciário: a mudança jurisprudencial

F-1) Considerações iniciais

A questão relativa à mudança jurisprudencial pode ser enfrentada sob vários ângulos. Em primeiro lugar, existe a questão de saber se o Poder Judiciário está, ou não, vinculado aos seus próprios precedentes e, por isso, pode, ou não, mudar a sua orientação. Em segundo lugar, é preciso examinar se, podendo aquele alterar o seu entendimento, de que modo ele pode fazê-lo, se bruscamente ou apenas suavemente, com regras de transição ou com cláusulas de equidade. Em terceiro lugar, é necessário analisar com que efeitos pode ser feita a mudança de orientação, se com efeitos retroativos e retrospectivos ou apenas com efeitos prospectivos. Cada uma dessas questões envolve uma série de outras, difíceis de serem respondidas.

A primeira e a segunda questões serão respondidas no capítulo referente à calculabilidade do Direito, em que se analisa o ritmo da mudança no Direito. Lá ficará claro que o princípio da igualdade, do qual se deduz o princípio da coerência temporal, exige que o Poder Judiciário se vincule aos seus precedentes, salvo se tiver alguma justificativa para a sua alteração. É que, se a decisão anterior foi em um sentido, das duas, uma: ou ela estava correta, e diante de caso similar deve ser proferida a mesma decisão, ou ela estava incorreta, devendo ser, por isso, alterada. Isso significa que a vinculação aos precedentes judiciais é uma decorrência do próprio princípio da igualdade: onde existirem as mesmas razões, devem ser proferidas as mesmas decisões, salvo se houver uma justificativa para a mudança de orientação, a ser devidamente objeto de mais severa fundamentação. Daí se dizer que os precedentes possuem uma força presumida ou subsidiária.[286] Com isso se quer afirmar que o Poder Judiciário, embora esteja vinculado aos seus precedentes, pode, sim, mudar de orientação, desde que o faça de maneira fundamentada e com respeito às posições anteriormente consolidadas sob a orientação então pronunciada. Ele pode mudar, desde que o faça de maneira estruturada ou suave, graças ao dever de respeito às decisões anteriores e à necessidade de freios à mudança.[287] O princípio da segurança jurídica serve, precisamente, de critério para nortear essa avaliação.[288]

A mudança de orientação jurisprudencial, em si, pode ser boa: pode evidenciar um melhor entendimento a respeito da matéria pelo Poder Judiciário; pode corrigir equívocos produzidos em decisões anteriores; pode avaliar fato ou argumento não devidamente avaliado anteriormente. Como afirma Molfessis, "a mudança jurisprudencial é a manifestação da vida do Direito, o sinal de sua adaptação aos fatos. Um Direito sem mudança jurisprudencial (...) será no fundo um Direito totalmente esclerosado".[289] Lord of Birkenhead magistralmente apresenta a questão: "Rigidez na operação de um sistema legal é um sinal de fraqueza, não de força. Ela priva o sistema legal da necessária elasticidade. Longe de atingir um resultado constitucionalmente exemplar, ela produz um sistema legal incapaz de funcionar efetivamente em tempos de mudança. 'Nunca diga nunca' é um sábio preceito judicial, no interesse de todos os cidadãos do País".[290] O próprio princípio da segurança jurídica não exige imobilidade – e, portanto, não afasta a mudança jurisprudencial.[291] O problema, porém, não é a mudança em si, mas os seus efeitos. Se ela surpreender o indivíduo que exerceu intensamente os seus direitos de

286. Lorenz Kähler, *Strukturen und Methoden der Rechtsprechungsänderung*, Baden-Baden, Nomos, 2004, p. 19.

287. Isabelle Rorive, *Le revirement de jurisprudence*, Bruxelles, Bruylant, 2003, p. 498. Paul Kirchhof, "Kontinuität und Vertrauensschutz bei Änderungen der Rechtsprechung", *DStR* 27, p. 268, 1989.

288. Dieter Medicus, "Neues zur Rückwirkung von Rechtsprechung", *WM*, 1997, p. 2.336.

289. Nicolas Molfessis (org.), *Les Revirements de Jurisprudence. Rapport Remis à Monsieur le Premier Président Guy Canivet. Grupe de Travail*, Paris, Litec, 2005, p. 14.

290. "National Westminster Bank plc. *vs.* Spectrum Plus Limited and others", *apud* Horatia Muir Watt, "*Never say never*: *post-scriptum* comparatif sur la rétroactivité des revirements de jurisprudence", in Bertrand Seiller (org.), *La retroactivite des decisions du juge administratif*, Paris, Economica, 2007, p. 61.

291. Christine Lübbe, *Grenzen der Rückwirkung bei Rechsprechungsänderungen*, Frankfurt am Main, Peter Lang, 1997, p. 41.

liberdade e de propriedade confiando e podendo confiar na sua permanência, a mudança de orientação pode ter efeitos negativos expressivos. O que se busca – no dizer de Machado Derzi – é a "permanência na mutação".[292]

No âmbito do Direito Tributário, a mudança jurisprudencial pode afetar desfavoravelmente quem atuou confiando na mantença da decisão anterior e efetuou todos os seus cálculos econômicos com base no quadro normativo anterior. A aplicação do novo entendimento também a esses casos causa efeitos restritivos de direitos fundamentais: como os atos voluntariamente praticados foram baseados em um cálculo econômico realizado com base no entendimento jurisprudencial abandonado, a aplicação àqueles do novo entendimento gera não só um sentimento de injustiça, como também um sentimento de descrença com relação ao Direito. Como a orientação jurisprudencial anteriormente existente, e na qual o indivíduo confiou, foi abandonada, este tenderá a deixar de orientar-se novamente com base em outra orientação jurisprudencial, com receio de que esta também possa vir a ser futuramente abandonada.[293] Em outras palavras, a mudança jurisprudencial provoca um *déficit* de confiabilidade e de calculabilidade do ordenamento jurídico: se a orientação jurisprudencial anterior não for mantida, haverá surpresa e frustração, abaladoras dos ideais de estabilidade e de credibilidade do ordenamento jurídico; se a orientação jurisprudencial anterior for abandonada, a orientação jurisprudencial futura, pela desconfiança na sua conformação, não será mais calculável. A falta de proteção da confiabilidade (passada) compromete a calculabilidade (futura) do Direito. Elucidador, sobre esse aspecto, o voto do Ministro Celso de Mello na MC na AC n. 1.886, quando fez referência genérica à mudança jurisprudencial:

> "Esse quadro de divergências decisórias, especialmente porque delineado no âmbito desta Suprema Corte, compromete um valor essencial à estabilidade das relações entre o Poder Público, de um lado, e os contribuintes, de outro, gerando situação incompatível com a exigência de segurança jurídica, que se agrava ainda mais por se instaurar em matéria tributária, em cujo âmbito se põem em evidência as relações sempre tão estruturalmente desiguais entre o Estado e as pessoas em geral".[294]

292. Misabel de Abreu Machado Derzi, "Princípio da segurança jurídica", *RDT* 64, p. 186, s.d.

293. Nicolas Molfessis (org.), *Les Revirements de Jurisprudence. Rapport Remis à Monsieur le Premier Président Guy Canivet. Grupe de Travail*, Paris, Litec, 2005, p. 16.

294. AC/QO n. 1.886, 2ª Turma, Rel. Min. Celso de Mello, *DJe* 7.11.2008.

No entanto – e como será adiante demonstrado –, nem toda alteração jurisprudencial pode ser considerada efetivamente uma "mudança"; nem toda mudança tem efeitos retroativos; nem todas as mudanças com efeitos retroativos merecem amparo pelo princípio da proteção da confiança.

É o que se passa a examinar.

F-2) *Conceito de mudança jurisprudencial*

Embora pareça trivial, a definição de "mudança jurisprudencial" apresenta uma série de dificuldades. Em primeiro lugar, é preciso diferenciar a "mudança" de outros fenômenos similares. Nesse sentido, indaga-se: Ocorre "mudança" quando se instala uma divergência dentro de um mesmo Tribunal? Quando o Poder Judiciário, com base em novos critérios, desenvolve uma nova figura dogmática até então inexistente? Quando constata e corrige um equívoco constante de decisão anterior? Quando concretiza um conceito jurídico indeterminado, definindo, pela primeira vez, sua extensão? Quando, em virtude de um novo regime jurídico, profere decisão contrária às anteriores? Quando se contrapõe à decisão anterior ainda não transitada em julgado? Essas e outras indagações são suficientes para demonstrar que o conceito de "mudança de jurisprudência" deve ser estremado de figuras afins, como correção, esclarecimento, especificação, desenvolvimento, complementação, divergência, concretização e inovação.

Em segundo lugar, é necessário também delimitar a "mudança jurisprudencial" dentro do contexto do Poder Judiciário. Assim, outras perguntas se impõem: Ocorre "mudança jurisprudencial" quando uma sentença de um juiz de primeiro grau manifesta entendimento divergente da de outro? Ela ocorre quando um acórdão do Tribunal de Justiça de um Estado modifica o entendimento de determinado Grupo Cível sobre uma dada matéria? Ela se verifica quando uma Seção do Superior Tribunal de Justiça altera o seu entendimento sobre determinada matéria, ainda que seja uma matéria envolvendo Direito Constitucional?

Em terceiro lugar, é indispensável definir a "mudança jurisprudencial" em face do caráter da decisão modificativa. Nesse quadro, surgem novas indagações: Ocorre "mudança jurisprudencial" quando o juiz de primeira instância revoga liminar anteriormente concedida? Ela se verifica quando o Tribunal reforma decisão de primeira instância? Ou quando, indo mais adiante, o Supremo Tribunal Federal profere decisão final incompatível com entendimento do Superior Tribunal de Justiça?

Esses três eixos argumentativos e as perguntas antes formuladas já indicam o caminho necessário à definição de mudança jurisprudencial como ocorrendo apenas quando "uma decisão judicial afasta-se, pela primeira vez, de uma outra decisão judicial eficaz sobre a mesma questão".[295] Em suma, não é qualquer alteração que substancia "mudança jurisprudencial".

É preciso, em primeiro lugar, que existam duas decisões conflitantes *sobre o mesmo objeto*. A observação é trivial, porém, mesmo assim, importante. Se duas decisões não possuem objetos idênticos, pode-se afirmar que elas são diferentes, mas não se pode dizer, a rigor, que elas se opõem. Isso explica, por exemplo, por que motivo o Supremo Tribunal Federal, no RE n. 370.682-9, rejeitou a proposta de modulação de efeitos da sua decisão.[296] Na ocasião, o Ministro Ricardo Lewandowsky sustentou que teria havido mudança de jurisprudência: no RE n. 212.484 o Tribunal ter-se-ia pronunciado sobre o direito de creditamento de imposto sobre produtos industrializados nas compras de insumos isentos, não tributados ou sujeitos à alíquota zero;[297] como o Tribunal, no exame do mérito do RE n. 370.682-9, negou o direito de creditamento do imposto nas compras de insumos não tributados ou sujeitos à alíquota zero, teria havido "mudança de jurisprudência"; em razão disso, o Tribunal deveria afastar efeitos *ex tunc* à decisão, para não prejudicar aqueles contribuintes "que se fiaram na tendência jurisprudencial indicada nas decisões anteriores desta Corte sobre o tema" (p. 506 do acórdão). O Tribunal, no entanto, declarou que as decisões anteriores não teriam discutido o creditamento no caso de insumos não-tributados ou sujeitos à alíquota zero, mas, apenas, aqueles submetidos ao regime de isenção. Em outras palavras – e para o que interessa neste momento –, o Tribunal descaracterizou a "mudança de jurisprudência", por entender que a "decisão modificadora" e a "decisão modificada" não versavam sobre o mesmo objeto.

É preciso registrar que só se pode afirmar que há modificação de jurisprudência quando houver duas decisões contraditórias eficazes sobre a mesma matéria, assim entendidas aquelas decisões que envolvem o mesmo fundamento e a mesma situação fática. Assim, se há uma mudança da base normativa para a decisão, a rigor, não se pode falar em mudança

295. Lorenz Kähler, *Strukturen und Methoden der Rechtsprechungsänderung*, Baden-Baden, Nomos, 2004, p. 25.

296. RE n. 370.682-9, Tribunal Pleno, Rel. Min. Ilmar Galvão, *DJ* 19.12.2007.

297. RE n. 212.484, Tribunal Pleno, Rel. para o acórdão Min. Nelson Jobim, *DJ* 27.11.98.

jurisprudencial. Por exemplo, em 1997, o Supremo Tribunal Federal, reiterando entendimento antigo, entendeu que o caráter real do imposto sobre a propriedade territorial urbana mostrava-se incompatível com a progressividade decorrente da capacidade econômica do contribuinte.[298] Recentemente, o Tribunal permitiu a progressividade como meio de se assegurar o cumprimento da função social da propriedade.[299] Ocorre, porém, que, entrementes, veio a Emenda Constitucional n. 29/2000, permitindo a alteração de alíquota em razão da localização e da destinação do imóvel. O fundamento normativo da questão modificou-se entre a primeira e a segunda decisão.

E se houver alteração da situação fática também não se pode falar, a rigor, em mudança de jurisprudência. Por exemplo, no tocante à necessidade de lei para o exercício de greve no setor público, em 2002, o Tribunal decidiu que havia necessidade de lei e que podia ser constatada a omissão do Poder Legislativo quanto à sua edição, mas esta omissão não poderia ser suprida pelo Tribunal, que deveria se limitar a dirigir uma notificação ao legislador, certificando a sua omissão.[300] Em 2007, entendeu o Tribunal que os dispositivos da Lei de Greve (Lei n. 7.783/89), que regem o exercício de greve dos trabalhadores da iniciativa privada, também valem para as greves do serviço público.[301] Ocorre, no entanto, que nesse meio-tempo caracterizou-se uma omissão por prazo razoável do Poder Legislativo em regulamentar o direito de greve do setor público e, em razão dessa omissão, decidiu o Tribunal aplicar por analogia a legislação existente. O fundamento de fato se modificou entre a decisão anterior e a posterior.

É necessário, em segundo lugar, que a "decisão modificada" tenha *transitado em julgado* ou, no mínimo, possa ter razoavelmente produzido efeitos orientadores relativamente àquele que suscita a resistência dos seus efeitos referentemente à "decisão modificadora". Antes disso, a rigor, não se pode falar em mudança: só se muda aquilo que já se firmou, não o que ainda não se estabeleceu. Admitir o contrário seria como aceitar que houve uma alteração do resultado de uma partida de futebol porque o time que estava ganhando no primeiro tempo terminou perdendo a partida com a inversão do resultado no segundo. Daí se afirmar

298. RE n. 153.771, Tribunal Pleno, Rel. Min. Moreira Alves, *DJ* 5.9.97.

299. RE n. 423.768, Tribunal Pleno, Rel. Min. Marco Aurélio, *DJe* 86, divulg. 9.5.2011, public. 10.5.2011; *Ement* vol. 2518-02, pp. 286.

300. MI n. 485-MT, Tribunal Pleno, Rel. Min. Maurício Corrêa, *DJ* 25.4.2002.

301. MI n. 670-ES, Tribunal Pleno, Rel. Min. Maurício Corrêa, Rel. para o acórdão Min. Gilmar Mendes, *DJ* 25.10.2007.

que só há mudança quando uma decisão judicial posterior modificativa (*Änderungsentscheidung*) se afasta de outra decisão judicial inicial (*Ausgangsentscheidung*) *eficaz* sobre a mesma matéria.[302] É preciso que a decisão que serve de orientação já não possa ser afastada por meios jurídicos ordinários.[303] Em decorrência disso, não se pode falar em "mudança jurisprudencial" quando o Supremo Tribunal Federal decide sobre a mesma questão de modo diverso de decisões anteriores suas que, porém, ainda não transitaram em julgado. Também não se pode falar em "mudança" quando o Supremo Tribunal Federal, em recurso extraordinário, altera decisão anterior do Superior Tribunal de Justiça proferida em recurso especial ainda não transitado em julgado. Isso porque a decisão anterior possui caráter provisório, não se podendo saber, ainda, em razão da possibilidade de revisão, se será, ou não, mantida.[304] Pode-se, todavia, falar em "mudança" quando o mesmo órgão do Tribunal profere decisão sobre igual matéria com conteúdo distinto de decisão anterior já transitada em julgado. Desse modo, pode-se falar em mudança jurisprudencial quando o mesmo Tribunal adota decisões diferentes no tempo, já tendo a "decisão modificada" produzido efeitos estabilizadores.

Precisamente por isso que o Supremo Tribunal Federal, no caso em que se examinava se as aquisições de insumos sujeitas à alíquota zero ou não tributadas conferiam direito ao crédito de imposto sobre produtos industrializados, negou efeitos prospectivos à decisão.[305] Em tal recurso extraordinário, antes referido, o Tribunal examinou, dentro da técnica de não-cumulatividade, se as aquisições de insumos tributadas com a alíquota zero ou não tributadas conferem, ou não, direito ao crédito de imposto sobre produtos industrializados para a etapa seguinte do ciclo econômico. O Tribunal, por apertada maioria de seis votos a cinco, entendeu não haver esse direito. Ao final do julgamento, no entanto, o Ministro Ricardo Lewandowsky levantou a questão da modulação de efeitos, tendo em vista a tendência anterior do Tribunal no sentido de declarar o direito de crédito nas aquisições de insumos com alíquota zero, na linha de entendimento supostamente posta no RE n. 212.484 para os produtos

302. Lorenz Kähler, *Strukturen und Methoden der Rechtsprechungsänderung*, Baden-Baden, Nomos, 2004, p. 25.

303. Michael Scheffelt, *Die Rechtsprechungsänderung. Ein Beitrag zu methodischen und verfassungsrechtlichen Grundlagen und zur Anwendung der Ergebnisse im Verwaltungsrecht*, Konstanz, Hartung-Gorre, 2001, p. 52.

304. Lorenz Kähler, *Strukturen und Methoden der Rechtsprechungsänderung*, Baden-Baden, Nomos, 2004, p. 47.

305. RE n. 370.682-9, Tribunal Pleno, Rel. Min. Ilmar Galvão, *DJ* 19.12.2007.

isentos.[306] O fundamento jurídico da proposta de modulação de efeitos seria a proteção da segurança jurídica contra a suposta "mudança de jurisprudência". Segundo o Ministro, seria "conveniente evitar que um câmbio abrupto de rumos acarrete prejuízos aos jurisdicionados que pautaram suas ações pelo entendimento pretoriano até agora dominante", razão pela qual conviria "emprestar efeitos prospectivos às decisões em tela, sob pena de impor-se pesados ônus aos contribuintes que se fiaram na tendência jurisprudencial indicada nas decisões anteriores desta Corte sobre o tema, com todas as consequências negativas que isso acarretará nos planos econômico e social" (p. 506 do acórdão).

Por 10 votos a 1, contudo, o Tribunal rejeitou a atribuição de efeitos prospectivos à decisão, por entender que, a rigor, não teria havido mudança de jurisprudência do Tribunal a respeito do direito ao creditamento na aquisição de insumos sujeitos à alíquota zero e não tributados: os recursos nos quais essa questão tinha sido discutida – RE n. 350.446-1, n. 353.668-1 e n. 358.493-6 – não tinham transitado em julgado, razão pela qual não se poderia falar em mudança de jurisprudência que jamais havia sido firmada. Ou, nas palavras do Ministro Eros Grau: "Não houve, no caso, mudança de jurisprudência desta Corte, visto que ela – essa jurisprudência – não fora estabelecida" (p. 536 do acórdão). A essa conclusão chegou o Tribunal por entender que a Fazenda Nacional nunca havia se conformado com a orientação adotada, mas não firmada, nos RE ns. 212.484 e 357.277, em que havia sido garantido o direito de crédito no caso de insumos sujeitos à alíquota zero. Embora tenha havido divergência com relação a esses julgamentos terem versado sobre o creditamento nos casos das operações não tributadas ou sujeitas à alíquota zero, o voto do Ministro Sepúlveda Pertence afasta a modulação pelo fato de nunca ter sido sedimentada a questão: "Desde então já não se pode falar em jurisprudência sedimentada. A Fazenda não deixou nunca que o tema morresse, e o destino do que eu não diria virada de jurisprudência, mas de reversão de um precedente, é o que se veio a dar, em função da mudança da compreensão do Tribunal e da rediscussão longa do assunto, nesses casos em que hoje se suscita a questão de ordem". Em suma, decidiu o Tribunal que a única decisão transitada em julgado (RE n. 212.484) dizia respeito apenas a insumos isentos, e os outros julgados, que versavam sobre insumos sujeitos à alíquota zero e não-tributados (RE ns. 353.657 e 370.682), não haviam transitado em julgado. Em razão disso, não se poderia falar em "mudança de jurisprudência".

306. RE n. 212.484, Tribunal Pleno, Rel. para o acórdão Min. Nelson Jobim, *DJ* 27.11.98.

Além disso, ainda foi apontado pelo Ministro Marco Aurélio, em observação acompanhada pelos Ministros Carlos Britto e Sepúlveda Pertence, outro óbice à incidência do dispositivo que permite a atribuição de efeitos prospectivos à decisão: "A incidência reclama declaração de inconstitucionalidade de lei ou ato normativo. Na espécie, em momento algum declarou-se a inconstitucionalidade de lei ou ato normativo" (p. 513 do acórdão). No caso então em julgamento, o Tribunal, em vez de declarar a inconstitucionalidade de lei ou ato normativo, declarou a sua constitucionalidade. Por todas essas razões, o Tribunal rejeitou a modulação de efeitos.

Sendo assim, o Tribunal rejeitou a atribuição de efeitos prospectivos à decisão, por considerar que não teria havido mudança de jurisprudência a respeito do direito ao creditamento na aquisição de insumos sujeitos à alíquota zero e não tributados, pela singela razão de que nenhuma das "decisões modificadas" tinha transitado em julgado. Assim as palavras do Ministro Eros Grau, cuja transcrição é oportuna:

> "Como se falar, destarte, em mudança de jurisprudência que jamais foi fixada? Isso consubstanciaria autêntico *non sense*. Não se pode alterar o que jamais foi fixado definitivamente por este Tribunal. O argumento de que existiria 'jurisprudência pacífica' mesmo quando as decisões não tenham transitado em julgado – e nenhuma delas transitou em julgado – é quase ingênuo. O que detém força de verdade legal é a coisa julgada, cuja autoridade, quando reiterada, faz jurisprudência. Não houve, no caso, mudança de jurisprudência desta Corte, visto que ela – essa jurisprudência – não fora estabelecida". (p. 536 do acórdão)

O Ministro Marco Aurélio, na mesma linha, afirmou que "o tema do creditamento, ao contrário de outros em que, de qualquer forma, houve reversão do quadro decisório, não chegou a ser pacificado no Tribunal (...). Então, não cabe dizer que o Supremo assentou, mediante acórdão coberto pela coisa julgada, o direito ao creditamento" (p. 517 do acórdão).

Pois bem, essas observações servem para demonstrar que só se pode falar, a rigor, em mudança de jurisprudência quando a decisão modificada já foi estabilizada pelo trânsito em julgado no caso específico. Para haver proteção da confiança, o cidadão deve agir com base em decisão conhecida e eficaz.[307] Os limites à modificação jurisprudencial só se aplicam, desse modo, quando houver *causae finitae*, isto é, deci-

307. Joachim Burmeister, *Vertrauensschutz im Prozeßrecht – Ein Beitrag zur Theorie vom Dis-positionsschutz des Bürgers bei Änderung des Staatshandelns*, Berlin, De Gruyter, 1979, p. 27.

sões que produzam efeitos e envolvam algum grau de preclusividade.[308] O essencial – como anota Machado Derzi – é que a alternatividade de sentidos normativos, compatível com o texto legal, tenha sido fechada pela atuação do Poder Judiciário.[309] Dessa maneira, o contribuinte que se apoia em decisão provisória, ausentes outros elementos, o faz sob conta e risco. Exatamente por isso, o Ministro Cézar Peluso, no mesmo julgamento, salientou que o contribuinte que se orientou em decisão provisória "agiu por conta e risco, *influenciado* pela jurisprudência anterior, mas ciente de que seu hipotético direito só estaria garantido após o trânsito em julgado da decisão" (p. 560 do acórdão). O contribuinte sabe ou deve saber que o ato não tem força vinculante, razão pela qual a sua ação importa uma maior responsabilidade pessoal e, por consequência, também um risco maior, que precisa ser assumido.[310]

Nem sempre, no entanto, que há uma decisão anterior já transitada em julgado, sobre o mesmo assunto, há "mudança de jurisprudência". É preciso, ainda, que exista a *contraposição* efetiva entre os julgados. Nesse sentido, é preciso diferenciar o conceito de "mudança jurisprudencial" de outros fenômenos similares.

Realmente, "mudança jurisprudencial" não se confunde com "inovação": essa ocorre quando uma decisão judicial inova pela introdução de elementos dogmáticos ou critérios antes inexistentes, mas sem que haja contraposição com alguma decisão anterior. Ela também não se identifica necessariamente com uma "divergência jurisprudencial": essa ocorre quando dois órgãos do mesmo Tribunal manifestam entendimentos dissonantes, mas ainda não transitados em julgado ou uniformizados por decisão superior. Ela, igualmente, não se identifica com uma "mudança de paradigma jurisprudencial": esta última tem lugar quando um conjunto de decisões judiciais – mas não uma decisão específica em comparação com outra – recebe uma fundamentação baseada em novos critérios dogmáticos, como exemplifica a interpretação do Direito Civil com base na Constituição, e não com base no Código Civil.[311] Só há mudança jurisprudencial, portanto, quando a alteração é decorrência da

308. Andreas Vonkilch, *Das Intertemporale Privatrecht*, Wien, Springer, 1999, pp. 290 e 305.

309. Misabel de Abreu Machado Derzi, *Modificações da Jurisprudência no Direito Tributário*, São Paulo, Noeses, 2009, p. 266.

310. Hartmut Maurer, "Kontitnuitätsgewähr und Vertrauensschutz", in Josef Isensee e Paul Kirchhof (orgs.), *Handbuch des Staatsrechts*, 2ª ed., v. 3, § 60, n. de margem 93, Heidelberg, Müller, 1996.

311. Lorenz Kähler, *Strukturen und Methoden der Rechtsprechungsänderung*, Baden-Baden, Nomos, 2004, pp. 24, 27 e 30. Verena Klappstein, *Die Rechtspre-*

própria atividade judicial, de modo que a mesma questão receba duas soluções antinômicas sucessivas, não se verificando, portanto, quando aquela advém de modificação legal ou constitucional.[312]

Desse modo, a "mudança jurisprudencial" somente ocorre quando uma decisão judicial manifesta entendimento diretamente contrário àquele manifestado em uma decisão judicial anterior eficaz sobre a mesma matéria.[313] O "entendimento contrário" pode ser manifestado de várias formas: de forma expressa (quando a decisão posterior diretamente explicita que está modificando decisão anterior), implícita (quando a decisão posterior adota compreensão incompatível com a decisão anterior, cuja contraposição só é perceptível por quem conhece a decisão anterior) ou, mesmo, encoberta (quando a decisão posterior contraria decisão anterior sem fazer qualquer referência ao entendimento anterior ou, mesmo, à contraposição). O "entendimento contrário" pode, igualmente, ser concretizado por meio de vários tipos de decisão: por meio de negação (quando a decisão posterior define inexistir norma que estabeleça determinada consequência havida como existente por decisão anterior), substituição (quando a decisão posterior define que o aspecto material da hipótese de incidência de uma norma, em vez de possuir as propriedades *A* e *B*, como definido na decisão anterior, possui as propriedades *C* e *D*), contradição (quando a decisão posterior entende que a consequência jurídica deve ser aplicada se os elementos fáticos *A* e *B* ocorrerem, contrapondo-se à decisão anterior, que entendia que a consequência jurídica deveria ser produzida se os elementos fáticos *A* e *B* não ocorressem) ou modificação (quando a decisão posterior entende que a consequência jurídica só pode ser aplicada se os elementos fáticos *A*, *B* e *C* ocorrerem, contrapondo-se à decisão anterior, que entendia que a consequência jurídica já poderia ser produzida apenas com a concretização dos elementos *A* e *B*).[314]

O essencial para a configuração da mudança é, portanto, a sua *eficácia*.[315] De um lado, se o problema da proteção da confiança é a defesa do contribuinte que agiu com base em uma decisão, se essa decisão ainda

chungsänderung mit Wirkung für die Zukunft, Berlin, Duncker und Humblot, 2009, pp. 41 e ss.

312. Isabelle Rorive, *Le Revirement de Jurisprudence*, Bruxelles, Bruylant, 2003, p. 207.

313. Verena Klappstein, *Die Rechtsprechungsänderung mit Wirkung für die Zukunft*, Berlin, Duncker und Humblot, 2009, p. 53.

314. Lorenz Kähler, *Strukturen und Methoden der Rechtsprechungsänderung*, Baden-Baden, Nomos, 2004, pp. 49-59.

315. Johanna Hey, *Steuerplanungssicherheit als Rechtsproblem*, Köln, Otto Schmidt, 2002, p. 634. Lorenz Kähler, *Strukturen und Methoden der Rechtspre-*

não produz efeito, não é eficaz, nem em geral nem relativamente ao próprio contribuinte, torna-se inadmissível sustentar que ele possa ter agido "com base" na decisão modificada se essa, simplesmente, não estava ainda produzindo qualquer efeito. Quando o contribuinte age com base em decisão não atingida pelos mecanismos de estabilização, faz isso por sua própria conta e risco. Como lembra Burmeister, decisões a respeito do direito material só produzem efeitos para as partes envolvidas no processo.[316] Recorde-se, a esse propósito, que o princípio da segurança jurídica, que deve nortear o exame ora feito, serve de instrumento garantidor do respeito à capacidade de o contribuinte, sem engano, frustração ou surpresa, plasmar digna e responsavelmente o seu presente e fazer um planejamento estratégico juridicamente informado do seu futuro. Em outras palavras, a segurança jurídica não pode ser invocada para neutralizar efeitos jurídicos que o contribuinte sabia ou deveria saber (dada a sua precariedade) inapropriados para servir de pauta comportamental, a não ser que outros elementos possam estar presentes.

Ademais, se a questão relativa à proteção da confiança diz respeito à restrição causada pela mudança jurisprudencial nos direitos fundamentais, é preciso analisar não a capacidade de a decisão produzir efeitos, mas os efeitos concretamente produzidos relativamente ao exercício dos referidos direitos. Daí se poder afirmar que o conceito de mudança jurisprudencial depende da força normativa da decisão e dos efeitos concretos que, efetiva ou presumidamente, produziu.

F-3) Conceito de mudança jurisprudencial retroativa

A questão principal e mais problemática, portanto, não é a de saber se o Poder Judiciário pode, ou não, mudar de orientação. Ele pode, sim, mudar, pois não há uma vinculação absoluta aos precedentes.[317] Além disso, a mudança é inevitável, em razão das mudanças internas e externas ao ordenamento jurídico.[318] A questão crucial, em vez disso,

chungsänderung, Baden-Baden, Nomos, 2004, pp. 24 e 60. Andreas Vonkilch, *Das Intertemporale Privatrecht*, Wien, Springer, 1999, p. 290.

316. Joachim Burmeister, *Vertrauensschutz im Prozeßrecht – Ein Beitrag zur Theorie vom Dispositionsschutz des Bürgers bei Änderung des Staatshandelns*, Berlin, De Gruyter, 1979, pp. 33 e 43.

317. Hans Dubs, *Praxisänderungen. Eine methodologische Untersuchung über die Stellung des Richters zum eigenem Präjudiz auf Grund von Entscheidungen des schweizerischen Bundesgerichts*, Basel, Helbing & Lichtenhahn, 1949, p. 7.

318. Georg Seyfarth, *Die Änderung der Rechtsprechung durch das Bundesverfassungsgericht*, Berlin, Duncker und Humblot, 1998, p. 292.

é a de saber *como* e *com que efeitos* ele deve fazê-lo. Uma coisa é o aperfeiçoamento do Direito pela mudança jurisprudencial; outra, a sua aplicação retroativa.[319] A esta última questão é que se pretende, agora, responder, especialmente enfrentando o problema da "retroatividade jurisprudencial".

Esse problema não pode ser respondido com as mesmas categorias da retroatividade referente ao Poder Legislativo, entre outros motivos porque, enquanto a lei se destina ao futuro, as decisões judiciais, em regra, vertem sobre o passado. "O futuro do legislador é geral, desconhecido. O passado do juiz é concreto, conhecido." Estas são as palavras de van Hoecke para demonstrar a brutal diferença existente entre a atividade legislativa e a judicial.[320] O que o julgador faz é "dizer qual é o estado do Direito, o bom Direito, assim diz o que deveria ter sido feito, o que foi malfeito ou que não foi feito" – esclarece Pacteau.[321] Nem por isso, no entanto, pode-se ligeiramente afirmar que as decisões judiciais não são retroativas no mesmo sentido que o podem ser as leis ou os atos administrativos. É preciso, diante desse quadro, diferenciar dois fenômenos que são normalmente baralhados, mas que, para os efeitos da proteção da confiança, são diversos: eficácia declaratória de decisão judicial e eficácia retroativa de decisão judicial.

A *eficácia declaratória* das decisões judiciais refere-se aos efeitos da decisão final do processo, que verte sobre e alcança os fatos narrados na petição inicial e, portanto, ocorridos antes da prolação da decisão. Essa eficácia, porém, não se assemelha à eficácia legal retroativa, por vários motivos. Imagine-se que o autor ingresse com a ação sustentando, no tempo *T1*, que a norma *N* tem o sentido *X*, e o réu conteste, defendendo que esta possui o sentido *Y*, e, ao final do processo, o julgador decida em proveito de uma das partes, definindo, por exemplo, que *N* = *X*. Exemplo similar seria aquele em que o autor ingressa com ação, no tempo *T1*, sustentando que a norma *N* prevê a tributação do fato *F1* e que ele, autor, praticou o fato *F2*; o réu contesta, defendendo que o autor

319. Nicolas Molfessis (org.), *Les revirements de jurisprudence. Rapport remis à Monsieur le Premier Président Guy Canivet. Groupe de Travail*, Paris, Litec, 2005, p. 32.

320. Mark van Hoecek, "Time and law. Is it the nature of law to last? A conclusion", in François Ost e Mark van Hoecke (orgs.), *Temps et Droit. Le Droit a-t-il pour vocation de durer?*, Bruxelles, Bruylant, 1998, p. 457.

321. Bernard Pacteau, "Comment aménager la rétroactivité de la Justice? Sécurité juridique, sécurité juridictionnelle, sécurité jurisprudencielle", in Bertrand Seiller (org.), *La Rétroactivité des Décisions du Juge Administratif*, Paris, Economica, 2007, p. 114.

praticou, sim, o fato *F1* e, por isso, deve pagar o tributo. Nos dois casos a decisão, proferida em *T2*, alcança os fatos praticados e a norma discutida desde o momento do ingresso da ação, no momento *T1*. Nesses casos, porém, é preciso registrar algumas particularidades: tanto o autor quanto o réu sabiam, desde o início do processo, da *existência* da norma *N*; ambos conheciam, desde o início do processo, as *alternativas reduzidas de sentido normativo* da norma *N*, que abrangiam *X* ou *Y*, ou as *alternativas reduzidas de enquadramento fático* do fato *F*, que englobam *F1* ou *F2*; as partes só não tinham certeza ou controvertiam com relação à definição do sentido da norma (*N = X ou Y*?) ou ao enquadramento dos fatos no conceito dos fatos previstos na hipótese da norma (*F = F1 ou F2*?). Em outras palavras, tanto o autor quanto o réu tinham certeza de existência, certeza de vigência e calculabilidade (embora não da determinação) do conteúdo da norma *N* desde o início do processo, embora tivessem dúvidas, dimensionadas, a respeito do seu conteúdo ou do seu alcance. Sendo isso verdadeiro, pode-se afirmar que no caso da eficácia declaratória da decisão judicial, em termos gerais, não há nem problema de cognoscibilidade, nem de calculabilidade do Direito: as partes sabem da existência da norma e conseguem calcular o seu conteúdo e a sua eficácia. Dito de forma mais abreviada: em *T2* as partes *não* são surpreendidas com uma norma cuja existência e vigência, em *T1*, ignoravam, e com base nela, e sem capacidade de reação, podiam dispor. Por isso que a eficácia declaratória é neutra com relação à retroatividade, já que a decisão judicial tem uma relação necessária com o passado.[322] O mesmo não ocorre quando se fala da retroatividade das leis.

No caso da *eficácia retroativa das leis*, quando uma norma *N2* é editada em um momento, *T2*, e produz efeitos relativamente a um período anterior à sua edição, *T1*, no qual vigia outra norma, *N1*, no momento da prática do ato, em *T1*, o destinatário não tinha como saber da *existência*, da *vigência* ou do *conteúdo* da norma *N2*, nem podia calcular as consequências a serem impostas caso o ato nela descrito fosse praticado. Em outras palavras, em *T1* o destinatário só conhecia a norma *N1*, então existente e vigente, desconhecendo, por completo, a norma *N2*. Sendo assim, pode-se afirmar que no caso da eficácia retroativa das leis há tanto um problema de cognoscibilidade quanto um problema de calculabilidade do Direito: o destinatário da norma modificadora, *N2*, não sabe da sua existência, nem consegue calcular o seu conteúdo e

322. Christian Waldhoff, "Recent developments relating to the retroactive effect of decisions of the ECJ", *Common Market Law Review* 46, p. 5, 2009 (manuscrito).

a sua eficácia. De modo singelo: em *T2*, o destinatário *é* surpreendido com uma norma cuja existência e vigência, em *T1*, totalmente ignorava, e com base nela não podia dispor, ficando, com a sua aplicação também para o seu caso, sem qualquer capacidade de reação. Por isso, a retroatividade envolve um problema de liberdade: quem é atingido por uma lei retroativa não pode fazer nada porque a sua ação já foi praticada.[323] O homem age no presente, não no futuro.[324] O seu poder de configuração da realidade, dentro dos limites do Direito, é reconfigurado depois que a sua liberdade foi exercida. Não por outro motivo que Fuller, com a sua linguagem afiada, mencionava o "brutal absurdo de mandar alguém hoje fazer alguma coisa ontem".[325] Esse absurdo decorre precisamente do fato de a norma retroativa não permitir o exercício da liberdade: como a ação já foi praticada, a atuação da norma retroativa é contrária à autonomia individual, pois elimina a possibilidade de decisão individual a respeito de comportamentos alternativos, visto que impõe uma consequência normativa sem permitir a *livre escolha* individual.[326]

Essas considerações demonstram, portanto, que eficácia declaratória de decisão não é igual à eficácia retroativa de leis. O termo "retroatividade", quando utilizado com referência à eficácia declaratória das decisões judiciais, faz relação à eficácia anterior ao momento da prolação das decisões, mas sem referência à falta de cognoscibilidade e de calculabilidade. Quem afirma que o problema da retroatividade da jurisprudência é um falso problema está, na verdade, assimilando integralmente o problema da retroatividade ao da eficácia declaratória de decisão. É o que faz Ost quando afirma que a retroatividade do julgamento, longe de ser uma anomalia, é da sua própria essência.[327] Na verdade, o problema da retroatividade jurisprudencial é outro.[328]

323. Ben Juratowitch, *Retroactivity and the Common Law*, Oxford, Hart, 2008, p. 51.

324. Paul Kirchhof, "Rückwirkung von Steuergesetzen", *StuW*, 2000, p. 221.

325. Lon Fuller, *The Morality of Law*, New Haven, Yale University Press, 1964, p. 59.

326. Jeremy Waldron, "The rule of law in contemporary liberal theory", *Ratio Juris*, v. 2, n. 1, p. 85, 1989.

327. François Ost, "L'heure du jugement. Sur la rétroactivité des décisions de justice. Vers un Droit transitoire de la modification des règles jurisprudentielles", in François Ost e Mark van Hoecke (orgs.), *Temps et Droit. Le Droit a-t-il pour vocation de durer?*, Bruxelles, Bruylant, 1999, p. 93.

328. Christoph Louven, *Problematik und Grenzen rückwirkender Rechtsprechung des Bundesarbeitsgerichts*, München, Beck, 1996, p. 5.

Feitos esses ajustes, logo se reconhece que a expressão "eficácia retroativa das decisões judiciais" só pode dizer respeito aos casos em que o cidadão atua com base em decisão judicial, cuja eficácia se restringe a uma terceira pessoa ou a uma coletividade, que, posteriormente, é alterada por nova orientação que tem efeitos retroativos. Nessa situação específica, o particular atua com base em uma decisão judicial que entende também aplicável ao seu caso, mas tem seu comportamento valorado por outra que desconhecia no momento da sua ação. Somente nesse sentido estrito é que se pode falar em "retroatividade da jurisprudência": quando uma decisão *D2* é proferida em um momento, *T2*, e produz efeitos relativamente a um período anterior à sua edição, *T1*, no qual se poderia razoavelmente sustentar a aplicação de outra decisão, *D1*, e no momento da prática do ato, em *T1*, o destinatário não tinha como saber da *existência* ou do *conteúdo* da decisão *D2*, nem também podia calcular as consequências a serem impostas caso o ato nela descrito fosse praticado. Em outras palavras, em *T1* o destinatário só conhecia a decisão *D1*, então existente, desconhecendo por completo a decisão *D2*. Note-se, por oportuno, que no caso da "retroatividade das leis" a surpresa do cidadão refere-se à aplicação de uma norma *N2* relativamente a um período em que *vigia* a norma *N1*: nesse período ele era *obrigado* a obedecer à norma *N1*. No caso da "retroatividade da jurisprudência" podem ocorrer duas situações: a surpresa do cidadão pode referir-se à aplicação de uma decisão *D2* relativamente a um período em que a decisão *D1* era aplicável ao seu caso, em virtude da sua eficácia geral: nesse período ele *era obrigado a obedecer* à decisão *D1*; ou a surpresa do cidadão pode dizer respeito à aplicação de uma decisão *D2* relativamente a um período em que *se podia acreditar ser aplicável* a decisão *D1*: nesse período ele *podia razoavelmente contar com a aplicação* da decisão *D1* também para o seu caso. Nos dois casos, porém, existe um problema de surpresa e, portanto, de falta de cognoscibilidade e de calculabilidade do Direito. É aqui, precisamente, que se situa o problema da retroatividade da jurisprudência.

Fixadas essas premissas, é preciso refazer algumas considerações centradas nos capítulos anteriores, com a finalidade de verificar quando há, efetivamente, uma "retroatividade jurisprudencial", especialmente porque o critério para a sua ocorrência ou para a sua inocorrência deve ser buscado no princípio da segurança jurídica em conexão com os direitos fundamentais e com os princípios que orientam a atuação estatal.

Como já ficou assentado, o princípio da segurança jurídica exige cognoscibilidade, confiabilidade e calculabilidade do Direito. O indivíduo precisa conhecer a regra que regula a sua ação, de modo a que possa calcular as consequências que serão àquela atribuídas pelo ordenamento jurídico. Não há calculabilidade quando o indivíduo não consegue minimamente antecipar as consequências jurídicas de seus atos. Sem calculabilidade o indivíduo não tem liberdade jurídica de ação, na medida em que não tem como *deliberar* a respeito dos efeitos jurídicos a serem atribuídos à ação que quer adotar. Isso significa dizer que a cognoscibilidade e a calculabilidade do Direito implicam a capacidade de o indivíduo poder *conhecer* a regra que regula a sua ação e poder minimamente *medir* as consequências jurídicas que ela lhe atribui. Conhecendo a regra que regula a sua ação e medindo os efeitos que ela lhe atribui, a decisão de agir envolve um ato de liberdade e de responsabilidade: de liberdade, na medida em que o indivíduo, podendo agir ou não agir, e podendo agir em um ou em outro sentido, *decide* adotar um comportamento que se enquadra na hipótese de uma regra; de responsabilidade, porque o indivíduo, tendo possibilidade de calcular os efeitos atribuídos pela regra à sua conduta, opta pela ação e, com isso, decide aceitar a imposição dos referidos efeitos. É precisamente em virtude dessas razões que a segurança jurídica não tolera a retroatividade.

É que a retroatividade faz com que o indivíduo atue com base na norma vigente no tempo da sua ação, no entanto tenha a sua conduta valorada com base noutra norma, inexistente e incapaz de consideração no momento em que foi adotada. A retroatividade contradiz, portanto, as exigências de cognoscibilidade e de calculabilidade do Direito: o indivíduo age com base em uma regra, por aceitar as consequências jurídicas atribuídas pelo ordenamento jurídico à sua ação, mas, depois, tem o seu comportamento regulado por outra norma, que desconhecia, e cujas consequências jurídicas não tinha como considerar. A retroatividade elimina, assim, tanto a liberdade quanto a responsabilidade. Elimina a liberdade, porquanto subtrai do indivíduo a capacidade de decidir entre agir ou não agir, e entre agir em um ou em outro sentido com base no ordenamento jurídico: como o comportamento já foi adotado, e o foi sem levar em consideração as consequências jurídicas decorrentes da aplicação da nova norma, então inexistente, o indivíduo não apresenta qualquer capacidade de medição de consequências nem de eventual reação no que concerne à adoção, ou não, de condutas. As consequências jurídicas são atribuídas a um indivíduo sem que ele possa *escolher* entre agir ou não agir em virtude dos efeitos que serão imputados à sua ação ou à sua inação. A retroatividade elimina também a responsabilidade: como o indivíduo age pensando estar sendo regulado por uma norma, mas termina sendo regulado por outra, ele não é responsável pelo sentido jurídico da sua ação, pois não tem capacidade de entendimento dos efeitos jurídicos, nem de determinação de vontade relativamente à prática de atos cuja ocorrência desencadeia a sua aplicação.

A retroatividade das normas envolve, assim, um problema de valoração jurídica de ações com base em normas inexistentes no momento em que elas são praticadas. Por isso se afirma que a retroatividade elimina o caráter orientador do Direito, na medida em que o indivíduo age orientado por uma norma, entretanto a sua ação é regulada por outra, então inexistente, e, por isso, desconhecida no momento da ação. Pode-se, com isso, afirmar que o problema da retroatividade envolve, por definição, a *inexistência* e o *desconhecimento* da norma no momento da ação. Justamente porque a norma não existia no momento da ação, o indivíduo não tinha como se orientar por ela, e, portanto, não tinha como determinar a sua linha de ação levando em consideração o seu conteúdo. A liberdade é exercida sem a eficácia da norma modificadora, porém é valorada, posteriormente, por ela. A eficácia retroativa envolve, também por definição, a *incapacidade de reação*: como o indivíduo age com base em uma norma, mas é regulado por outra inexistente no momento da sua ação, não pode medir as consequências jurídicas atribuídas pelo Direito ao seu comportamento e, com base nessa previsão, livremente optar por um ou por outro comportamento; ele fica, assim, totalmente impedido de recuar relativamente à prática de ato cuja consequência jurídica não quer suportar. Retroatividade, em suma, envolve ausência de liberdade, de responsabilidade e de reação. O indivíduo age calculando que, se praticar o ato *X*, terá a consequência *A*, mas termina sendo obrigado a suportar a consequência *B*, em virtude da aplicação da norma *Y*, inexistente no momento da sua ação. Em uma linguagem mais sugestiva, ele age esperando pão, e recebe pedra. A retroatividade envolve, pois, a aplicação de regra para o indivíduo que ignorava a sua existência ou não poderia razoavelmente contar com ela. É precisamente aqui que é necessário fazer uma distinção com relação à atividade jurisprudencial: nem todas as mudanças jurisprudenciais envolvem problemas de conhecimento e de calculabilidade normativas.

Com efeito, em algumas situações a mudança jurisprudencial não atinge nem a capacidade do indivíduo de poder *conhecer* a regra que regula a sua ação, nem a faculdade de poder *medir* as consequências jurídicas atribuídas àquela pelo ordenamento jurídico. A mudança jurisprudencial não opera retroativamente quando o comportamento do indivíduo não dependeu da solução jurisprudencial existente na época dos fatos.[329]

Isso ocorre, por exemplo, quando o indivíduo é parte em um processo judicial em que o autor sustenta que a norma *N* atribui a consequência *X*, ao passo que o réu sustenta que esta impõe a consequência *Y*. Ora, ao fazer parte desse processo, o indivíduo tem conhecimento de que a norma que regula o seu caso é a norma *N*, bem como pode antecipar que as consequências jurídicas poderão ser *X* ou *Y*. Enquanto esse processo não terminar, nem autor nem réu poderão afirmar que ignoravam a existência da norma *N* ou que não tinham capacidade de antecipar as consequências *X* ou *Y* – a norma era conhecida, e as consequências, minimamente antecipáveis. Além disso, nenhuma das partes poderá dizer que, relativamente à norma e ao período objetos de controvérsia, houve algum impacto relativamente à mudança jurisprudencial ocorrida durante a sua duração: como a matéria está *sub judice* e o efeito da decisão final será declaratório, os atos praticados relativamente à norma e ao período objetos do processo não podem, em regra, ter sido influenciados pela modificação eventualmente existente na jurisprudência em outros processos. A ação interna das partes no processo não pode ser orientada pela decisão de outros processos: ela só pode ser orientada com base na decisão a ser proferida no processo que integram. Por isso mesmo que, para eliminar a dúvida, o autor ingressou com a ação. Entender de modo diverso é aceitar que uma das partes tenha, no curso da ação, direito subjetivo a determinado resultado apenas porque, entre o seu início e o seu fim, houve decisão proferida em outro processo. Não há, como ocorre com uma lei retroativa, fato consumado, sobre o qual não é concebível qualquer reação, relativamente a um quadro normativo objeto de discussão judicial; nem há, como ocorre com a eficácia retrospectiva, prática de ato irreversível com base em uma norma desconhecida no momento da sua execução; o que há, em vez disso, é dúvida delimitada a respeito do conteúdo e do alcance de norma existente e vigente.

Isso explica a diferenciação feita por Hey entre "caso precursor" (*Anlaßfall*) – no qual a mudança ocorre ou por meio do qual ela é provocada – e os outros casos ainda não decididos:

> "Apenas com relação ao caso provocador da mudança se coloca a questão de saber se já deve ser garantida a proteção da confiança no plano

329. Nicolas Molfessis (org.), *Les revirements de jurisprudence. Rapport remis à Monsieur le Premier Président Guy Canivet. Groupe de Travail*, Paris, Litec, 2005, p. 18.

do Poder Judiciário. Em todos os outros casos antigos e ainda abertos, assim especialmente nos casos nos quais ainda não foi tomada nenhuma decisão definitiva, deve a proteção da confiança necessariamente ser garantida no plano administrativo(...)".[330]

A conclusão anterior se altera se, embora existente o processo, uma das partes fez ou deixou de fazer alguma coisa com base na mudança de jurisprudência operada sobre a mesma matéria discutida e que, muito provavelmente, iria orientar a solução do seu processo. Por exemplo, o autor de uma ação ordinária em que se discute a constitucionalidade de um tributo deixa de efetuar o depósito judicial que suspendia a exigibilidade do tributo em razão de decisão transitada em julgado de Tribunal Superior com competência para decidir, em última instância, a matéria *sub judice*. Nesse caso há, digamos, um *efeito externo*, decorrente de outra decisão, que altera comportamento do contribuinte que é autor de uma ação, dentro ou fora do processo. Aqui, não se trata de saber se o contribuinte tem direito a determinado resultado. Trata-se, em vez disso, de saber se o seu comportamento, guiado por determinada orientação jurisprudencial, pode ter os seus efeitos avaliados com base nessa diretriz caso ela seja modificada e não seja confirmada para o seu caso.

Para que se possa falar em retroatividade de mudança jurisprudencial, portanto, é preciso que a decisão modificadora da jurisprudência desconsidere a confiança do indivíduo nos casos em que o seu comportamento foi orientado – e podia razoavelmente sê-lo – pela decisão abandonada, ocasião em que o indivíduo é como que ludibriado pela decisão na qual ele podia confiar, alterando as consequências jurídicas dos atos já praticados com base no entendimento jurisprudencial anterior.[331] Não há retroatividade, porém, quando a orientação jurisprudencial não serviu nem podia servir de guia para o indivíduo, pela incapacidade de generalização da decisão anterior.[332]

É o que se passa a demonstrar.

330. Johanna Hey, *Steuerplanungssicherheit als Rechtsproblem*, Köln, Otto Schmidt, 2002, pp. 639-640. Christine Lübbe, *Grenzen der Rückwirkung bei Rechsprechungsänderungen*, Frankfurt am Main, Peter Lang, 1997, p. 118.

331. Nicolas Molfessis (org.), *Les revirements de jurisprudence. Rapport remis à Monsieur le Premier Président Guy Canivet. Groupe de Travail*, Paris, Litec, 2005, p. 18.

332. Ulrich Keil, *Die Systematik privatrechtlicher Rechtsprechungsänderungen*, Tübingen, Mohr Siebeck, 2007, p. 69.

F-4) Configuração da protetividade da confiança em caso de mudança jurisprudencial

O fato de existir mudança jurisprudencial com efeitos sobre o passado não garante que haja aplicação do princípio da proteção da confiança. Embora toda insegurança jurídica deva envolver alguma frustração, nem toda frustração é caso de insegurança jurídica digna de proteção. Para que ela ocorra é necessária a concorrência dos requisitos antes referidos, com as especificidades relativas à atividade jurisprudencial.

Em primeiro lugar, é preciso existir base da confiança. Como se trata de "mudança jurisprudencial", é necessária a existência de duas decisões: a decisão "modificadora", o "caso modificador" (*Anlaßfall*) ou o "procedimento de saída" (*Ausgangsverfahren*) e a decisão "modificada". Esta última constitui, portanto, a base da confiança para o comportamento que se pretende proteger com base na eficácia reflexiva do princípio da segurança jurídica. A proteção da confiança surge, assim, quando o cidadão legitimamente espera que o seu comportamento seja valorado de acordo com uma decisão com base na qual ele se orientou ou podia se orientar e que, mais tarde, veio a ser modificada.[333]

Rememorando as observações oportunamente feitas sobre a base da confiança, é preciso analisar, antes de tudo, a aptidão da decisão "modificada" para gerar confiança. Decisões ainda não eficazes já ficam de fora, pelo simples fato de que sequer podem ser modificadas. Dentro do universo das decisões eficazes, entretanto, é preciso diferenciar as decisões em razão dos seguintes fatores: vinculatividade e pretensão de permanência; finalidade orientadora; inserção em uma cadeia de entendimento uniforme e capacidade de generalização. Esses fatores – é importante registrar – funcionam como *critérios heurísticos* com função meramente indicativa, isto é, a ausência de um deles não necessariamente conduz à falta de protetividade da confiança. O importante é a presença do seu conjunto.

Primeiro, quanto maiores forem a *vinculatividade* e a *pretensão de permanência* da decisão, tanto maior deve ser a protetividade da confiança nela depositada pelo contribuinte. A vinculatividade e a pretensão de permanência das decisões decorrem da sua força normativa formal ou material. A força normativa *formal* é atribuída pelas próprias normas do ordenamento jurídico que atribuem força vinculativa à decisão. De acordo com a CF/88, somente as decisões proferidas no controle concen-

333. Christoph Louven, *Problematik und Grenzen rückwirkender Rechtsprechung des Bundesarbeitsgerichts*, München, Beck, 1996, p. 220.

trado de constitucionalidade (ação direta de inconstitucionalidade, ação declaratória de constitucionalidade) ou no controle difuso de constitucionalidade a respeito de lei que tenha sido objeto de resolução do Senado Federal suspendendo a sua eficácia ou que tenham sido objeto de súmula vinculante obrigam as instâncias inferiores e toda a Administração Pública.[334] A rigor, portanto, somente essas decisões têm força vinculante, no sentido de criarem obrigações objeto de constrição judicial. E somente elas funcionam como mecanismos de estabilização, como acertadamente mencionou o Ministro Joaquim Barbosa em voto sobre questão relativa à suposta mudança jurisprudencial.[335] A ausência desses mecanismos não quer dizer que não possa a vinculatividade da decisão decorrer de razões materiais.

A força normativa *material* decorre do conteúdo ou do órgão prolator da decisão. Sua força não advém da possibilidade de executoriedade que lhe é inerente, mas da sua pretensão de definitividade e de permanência. Assim, há decisões sem força vinculante formal, mas que indicam a pretensão de permanência ou a pouca verossimilhança de futura modificação. Decisões do Supremo Tribunal Federal, proferidas pelo seu Órgão Plenário, do Superior Tribunal de Justiça, prolatadas pelo seu Órgão Especial ou pela Seção competente sobre a matéria, ou objeto de súmula manifestam elevado grau de pretensão terminativa, na medida em que permitem a ilação de que dificilmente serão modificadas, bem como uma *presunção formal de correção*, em virtude da composição do órgão prolator, que cria uma espécie de "base qualificada de confiança".[336] Observe-se, ademais, que o relator dos processos que envolvam matérias já decididas por meio dessas decisões pode indeferir de plano o recurso, por mero despacho. Em contraposição, isso não ocorre com decisões intermediárias de órgãos jurisdicionais, como sentenças e acórdãos de Tribunais de Justiça ou de Tribunais Regionais Federais sobre matérias suscetíveis de análise em sede de recurso especial e extraordinário pelo Superior Tribunal de Justiça e pelo Supremo Tribunal Federal, respectivamente. Isso significa, em outras palavras, que, embora a decisão não tenha eficácia vinculante relativamente

334. Misabel de Abreu Machado Derzi, *Modificações da Jurisprudência no Direito Tributário*, São Paulo, Noeses, 2009, pp. 272 e ss.

335. RE n. 370.682-9, Tribunal Pleno, Rel. Min. Ilmar Galvão, *DJ* 19.12.2007, voto do Min. Joaquim Barbosa, p. 546 do acórdão.

336. Johanna Hey, *Steuerplanungssicherheit als Rechtsproblem*, Köln, Otto Schmidt, 2002, p. 627. Heike Pohl, *Rechtsprechungsänderung und Rückanknüpfung*, Berlin, Duncker und Humblot, 2005, p. 90.

às instâncias inferiores e aos órgãos da Administração Pública, não alteradas as circunstâncias, as ações em tramitação que versem sobre a mesma matéria e que não possuam nenhum elemento diferenciador relevante presumidamente terão o mesmo resultado no futuro quando apreciadas pelas instâncias superiores.[337]

O próprio Tribunal Pleno do Supremo Tribunal Federal vem reconhecendo esta força normativa de seus precedentes, capaz de criar uma base qualificada de confiança, ao prever a necessidade de garantir a segurança jurídica em casos de mudança jurisprudencial. Dois casos recentes podem ser citados. Primeiro, o julgamento acerca do direito à remarcação de provas em concursos públicos, em que, ao alterar o entendimento jurisprudencial que vinha sendo aplicado, o Ministro Relator Gilmar Mendes reconheceu que as "mudanças radicais na interpretação da Constituição devem ser acompanhadas da devida e cuidadosa reflexão sobre suas consequências, tendo em vista o postulado da segurança jurídica".[338] E, segundo, o julgamento sobre o alcance da proibição de reeleição, em que o Tribunal também reconheceu que a alteração da interpretação até então vigente sobre esta norma não poderia ser "repentina e radical", tendo em vista a repercussão drástica da alteração de uma jurisprudência longamente adotada sobre a confiança depositada no processo eleitoral.[339]

Note-se, ainda, que as decisões do Supremo Tribunal Federal depois da alteração promovida pela inserção do art. 543-A, § 3º, do Código de Processo Civil de 1973 (art. 1.035, § 3º, do Código de Processo Civil atual), ao passarem pelo teste de repercussão geral, embora não tenham força vinculante formal, servem de critério orientador para os outros contribuintes: como só há repercussão geral em controvérsias que vão além do interesse individual das partes, toda decisão proferida em recurso extraordinário sinaliza a orientação também para toda uma classe de casos iguais.[340]

337. Este argumento foi perfilhado em decisão do Supremo Tribunal Federal, em que o Tribunal Pleno reconheceu que os princípios do Estado de Direito, da segurança jurídica, da legalidade e do devido processo legal impedem o Tribunal de ignorar dispositivo que sempre considerou vigente a fim de abreviar determinado processo penal (AgR na AP 470, Tribunal Pleno, Rel. Min. Joaquim Barbosa, Rel. para o Acórdão Min. Roberto Barroso, *DJU* 18.9.2013).

338. RE 630.733, Tribunal Pleno, Rel. Min. Gilmar Mendes, *DJU* 15.5.2013, voto do Min. Gilmar Mendes, p. 19 do Acórdão.

339. RE 637.485, Tribunal Pleno, Rel. Min. Gilmar Mendes, *DJU* 1.8.2012, voto do Min. Gilmar Mendes, p. 25 do Acórdão.

340. Misabel de Abreu Machado Derzi, *Modificações da jurisprudência no Direito Tributário*, São Paulo, Noeses, 2009, p. 279.

Ainda dentro do aspecto da força normativa material, podem ser diferenciadas as decisões em razão da sua pretensão de correção relativa não ao seu órgão prolator, mas ao seu conteúdo. Trata-se, aqui, da *pretensão material de correção* das decisões. De um lado, há decisões cuja fundamentação, segundo a doutrina, é extremamente frágil, quer por razões de consistência lógica, quer por razões de coerência argumentativa, quer, ainda, por questões relacionadas ao suporte normativo do entendimento nelas manifestado. Em alguns casos as críticas apontam determinada decisão como tendo cometido uma espécie de "assombro interpretativo" (*Auslegungsüberraschung*).[341] O elevado número de críticas doutrinárias sérias e de juristas respeitados na comunidade jurídica sobre a decisão, por exemplo, enfraquece tanto mais a força normativa material da decisão quanto mais intensas e consistentes forem essas críticas. E o inverso também é verdadeiro: o consenso doutrinário funciona como elemento de densificação da força material de uma decisão. Há, evidentemente, dificuldade em saber quando a crítica doutrinária é "substancial" (*wesentlich*) e "considerável" (*erheblich*), bem como quando se pode afirmar que "numerosos" (*zahlreiche*) e "renomados" (*namhafte*) autores fizeram críticas a uma determinada decisão.[342] De outro lado, há decisões com elevada força normativa material, com grande pretensão de permanência, mas que, ou visivelmente transbordam da competência do órgão emissor, ou também envolvem matéria de competência de outro Tribunal Superior. Seria o caso, por exemplo, de decisões do Superior Tribunal de Justiça que também envolvem matéria constitucional.

Quando se fala em "decisão" faz-se referência à sua parte vinculativa, representada pela sua parte final prescritiva. Isso não quer dizer que, excepcionalmente, razões constantes da fundamentação da decisão, quando devidamente discutidas pelo Tribunal, não possam gerar confiança. Em algumas situações são precisamente as *rationes decidendi* que informam a posição do Tribunal a respeito da matéria. *Obiter dicta* e esclarecimentos incidentais também podem funcionar, portanto – dependendo da sua extensão, da sua clareza e do seu consenso –, como base excepcional de confiança.[343] Um bom exemplo é o já referido julgamento em que o Supremo Tribunal Federal examinava o caso de

341. Johanna Hey, *Steuerplanungssicherheit als Rechtsproblem*, Köln, Otto Schmidt, 2002, p. 636.

342. Christoph Louven, *Problematik und Grenzen rückwirkender Rechtsprechung des Bundesarbeitsgerichts*, München, Beck, 1996, p. 226.

343. Hans Lilie, *Obiter Dictum und Divergenzausgleich in Strafsachen*, Köln, Carl Heymanns, 1993, pp. 207 e ss. Christoph Louven, *Problematik und Grenzen rückwirkender Rechtsprechung des Bundesarbeitsgerichts*, München, Beck, 1996,

uma pensionista que, tendo sido adotada como filha pelo próprio bisavô uma semana antes do seu falecimento por câncer, para ter direito à pensão por morte, teria gozado desta durante longos 18 anos, até a sua suspensão por ato unilateral e sumário do Tribunal de Contas da União. Embora o Tribunal tenha concedido a segurança pleiteada, para efeito de determinar a observância do devido processo legal também na esfera administrativa, houve ampla discussão nos votos, que passou a constar da ementa do acórdão, a respeito da aplicabilidade do princípio da segurança jurídica no caso, tendo em vista o longo transcurso de tempo entre a concessão da pensão e a sua cassação pelo Tribunal de Contas.[344]

Segundo, quanto maior for a *finalidade orientadora da decisão*, tanto maior deve ser a protetividade da confiança nela depositada pelo contribuinte. Nesse ponto há duas questões a diferenciar. A finalidade orientadora pode decorrer indiretamente da própria força vinculativa e da pretensão de permanência da decisão: como a decisão tem força normativa e indica o entendimento provavelmente definitivo do Poder Judiciário sobre determinada matéria, ela serve de base normativa para o comportamento dos jurisdicionados. Contudo, há, também, a finalidade orientadora decorrente da própria função da decisão: as decisões de alguns órgãos e de alguns Tribunais são destinadas, especificamente, a orientar os Tribunais inferiores, diretamente, e os destinatários das normas interpretadas, indiretamente, por meio de expedientes de uniformização. É o caso, por exemplo, das decisões das Seções do Superior Tribunal de Justiça e das decisões que são objeto de súmula. O seu caráter orientador é, literalmente, "superior".

Terceiro, quanto maior for a *inserção da decisão em uma cadeia de decisões uniformes*, tanto maior deve ser a protetividade da confiança nela depositada pelo contribuinte. Decisões das Turmas do Superior Tribunal de Justiça ou do Supremo Tribunal Federal que, embora não tenham sido objeto de confirmação pelas Seções ou pelo Tribunal Pleno, sejam uniformes em um só sentido autorizam a presunção de que manifestam o entendimento do Tribunal respectivo a respeito da matéria, podendo, portanto, servir de guia normativo. Isso não quer dizer – enfatize-se – que *uma só* decisão não possa funcionar como base da confiança.[345] Bem ao contrário, em muitas situações uma só decisão

pp. 224 e 226. Ulrich Keil, *Die Systematik privarechtlicher Rechtsprechungsänderungen*, Tübingen, Mohr Siebeck, 2007, p. 53.

344. MS n. 24.268, Tribunal Pleno, Rel. Min. Gilmar Mendes, *DJ* 17.9.2004.

345. Christoph Louven, *Problematik und Grenzen rückwirkender Rechtsprechung des Bundesarbeitsgerichts*, München, Beck, 1996, p. 221. Heike Pohl,

constitui um fundamento mais sólido de orientação que uma cadeia de julgamentos (*Kette von Urteilen*).[346] Pense-se, por exemplo, em uma decisão do Plenário do Supremo Tribunal Federal sobre determinada matéria constitucional em contraposição a decisões reiteradas das Turmas do Superior Tribunal de Justiça. Isso significa que uma só decisão, que seja vinculante, ultrapassa na função orientadora uma longa cadeia de julgamentos. Até mesmo porque o fato de uma decisão estar inserida em uma antiga cadeia de julgamentos pode significar que ela é muito antiga e, por esse motivo, pode, excepcionalmente, gerar uma expectativa de mudança.[347] Desse modo, deve-se conjugar o grau de vinculação da decisão com a sua inserção em uma cadeia de decisões: quanto maior o grau de vinculação da decisão, menores são as exigências relativamente à sua inserção em uma cadeia de julgamentos; quanto menor for o grau de vinculação da decisão, maiores devem ser as exigências relativamente à sua inserção em uma cadeia de julgamentos.[348]

Importa destacar, ainda nesse aspecto, que a base da confiança envolve elementos estáticos e dinâmicos. Assim, podem ser diferenciados os graus de vinculatividade e de pretensão de permanência de uma decisão analisando-se apenas os seus aspectos intrínsecos e sincrônicos: o nível do Tribunal que a proferiu e a sua força formal ou material. Esses graus, contudo, podem alterar-se com o passar do tempo: uma decisão do Superior Tribunal de Justiça que, somada a outras no mesmo sentido, gera uma súmula apresenta alto grau de vinculatividade e de pretensão de permanência; no entanto, a insistência de novos litigantes em alterar a decisão existente e as críticas doutrinárias, em qualidade e em quantidade consideráveis, podem fragilizar a pretensão de correção da decisão a tal ponto que ela venha a ser modificada, com a revogação da súmula e com a remessa dos processos ao Supremo Tribunal Federal. Em casos como esse, pode-se afirmar que os graus de vinculatividade e de pretensão de permanência em dado momento (*T1*) eram altos, mas em outro momento posterior (*T2*) passaram a ser frágeis. Com essa constatação se quer apenas demonstrar que a base da confiança não pode ser analisada apenas na

Rechtsprechungsänderung und Rückanknüpfung, Berlin, Duncker und Humblot, 2005, p. 95.

346. Johanna Hey, *Steuerplanungssicherheit als Rechtsproblem*, Köln, Otto Schmidt, 2002, p. 628. Hans-Wolfgang Arndt, *Probleme rückwirkender Rechtsprechungsänderung*, Frankfurt, Athenäum, 1974, p. 3.

347. Christoph Louven, *Problematik und Grenzen rückwirkender Rechtsprechung des Bundesarbeitsgerichts*, München, Beck, 1996, p. 222.

348. Heike Pohl, *Rechtsprechungsänderung und Rückanknüpfung*, Berlin, Duncker und Humblot, 2005, p. 95.

perspectiva estática, mas também na dinâmica, em atenção ao *momento do exercício da confiança*, e não em qualquer momento. Essa observação é da mais alta relevância, tendo em vista que, caso haja efetivamente confiança a ser digna de proteção, será preciso saber como e em que procedimento ela deve ser protegida; caso seja ela protegida por meio da modulação de efeitos das decisões (a ser analisada no próximo capítulo), será preciso muito cuidado para não fazer *tábula rasa* da confiança durante todo o período passado, permitindo, por meio da eficácia prospectiva da decisão, que seja protegida a confiança em período em que não existia a decisão modificada supostamente geradora da confiança.

Quarto, quanto maior for a *capacidade de generalização da decisão*, tanto maior deve ser a protetividade da confiança nela depositada pelo contribuinte. Nesse sentido, as decisões dos Tribunais Superiores, especialmente as do Supremo Tribunal Federal, possuem maior capacidade de universalização, em razão do teor abstrato dos seus julgados.[349] Isso porque, quanto maior a capacidade de universalização da decisão, tanto maior é a sua aptidão para funcionar como base da confiança.

Pois bem, sendo a importância da base da confiança decorrente da sua aptidão para gerar confiança, e considerando que só se pode falar em mudança jurisprudencial relativamente a decisões eficazes e transitadas em julgado, deve haver tanto mais protetividade quanto maiores forem a vinculatividade e a pretensão de permanência da decisão. O caráter orientador da jurisprudência é tanto maior quanto maior for a presença desses elementos. Uma decisão liminar proferida em um processo de um terceiro ou uma decisão isolada de um Tribunal, ainda que Superior, ausentes outros elementos, não merece elevada confiança: a sua capacidade de orientação é quase inexistente, quer porque só se dirige às partes envolvidas no processo, quer porque a sua força normativa material é ínfima. Em atenção à tese defendida neste trabalho, o fato de a decisão que serviu de base para o exercício da confiança não ter força normativa formal ou ter baixa força normativa material não elimina a possibilidade de protetividade dos atos exercidos com base nela. A proteção será excepcional e estará vinculada à existência de outros elementos que possam compensar a fragilidade da base. Entretanto, não existindo esses elementos, não deve haver proteção da confiança.

Todas as considerações precedentes sobre a base da confiança demonstram que deve haver uma *conjugação* entre os diversos fatores de

349. Johanna Hey, *Steuerplanungssicherheit als Rechtsproblem*, Köln, Otto Schmidt, 2002, p. 627.

confiabilidade anteriormente mencionados, nenhum deles possuindo, porém, qualidade suficiente para garantir ou para afastar a protetividade da confiança. Como foi demonstrado, o número de decisões é um critério, devendo haver presumidamente mais proteção quanto maior for a cadeia uniforme de decisões. Pode ocorrer, todavia, que exista apenas uma decisão em um sentido, mas essa decisão se revista de vinculatividade e gere elevado consenso doutrinário. Daí por que o número de decisões em um sentido – apesar de dever ser levado em consideração – não é condição nem necessária nem suficiente para configurar uma base confiável. A antiguidade da decisão também é um critério, devendo presumidamente haver mais proteção quanto mais consolidada no tempo for a decisão que serve de base para a ação. Pode suceder, no entanto, que, precisamente por ser a decisão antiga, ela careça de modificação e, por isso, não deva servir de base para a ação. Por isso, a antiguidade da decisão, conquanto configure um elemento importante, não é condição nem necessária nem suficiente para configurar uma base confiável – e assim por diante. Com razão, portanto, Arndt quando afirma que não há uma resposta-padrão para o problema da eficácia retroativa da jurisprudência.[350]

Essas ponderações sobre a ambiguidade dos critérios não conduzem à sua irrelevância: apenas levam à sua utilização como *elementos indicativos*, mas não necessários, nem suficientes. O fato de eles serem indicativos e não fornecerem certeza absoluta não lhes retira, de modo algum, a importância. A ausência de critérios impede a controlabilidade da aplicação do princípio da proteção da confiança – o que vai de encontro ao próprio princípio da segurança jurídica, que não tolera o arbítrio e a falta de fundamentação.[351] A falta de critérios também conduz à utilização de qualquer decisão como base da confiança, inclusive decisões que não fornecem nem devem fornecer qualquer tipo de orientação. Aceitar que qualquer tipo de decisão gere confiança digna de proteção também conduz a um resultado contrário ao princípio da segurança jurídica, pois, ao levar à proteção confianças baseadas em qualquer tipo de decisão, termina por fomentar o oportunismo e a ausência de responsabilidade individual pelo risco deliberadamente assumido pela ação – o que é frontalmente contrário ao próprio ideal da segurança jurídica. Daí a importância de indicar os critérios, os elementos e as relações, ainda que móveis, de preferência entre eles.

350. Hans-Wolfgang Arndt, *Probleme rückwirkender Rechtsprechungsänderung*, Frankfurt, Athenäum, 1974, p. 130.

351. Christoph Louven, *Problematik und Grenzen rückwirkender Rechtsprechung des Bundesarbeitsgerichts*, München, Beck, 1996, p. 240.

Além da base da confiança, é preciso, em segundo lugar, existir confiança por parte do contribuinte relativamente à decisão que lhe serve de orientação. Sobre isso, é preciso saber se a confiança deve ser efetiva ou se basta uma confiança meramente presumida. Em outras palavras, o contribuinte deve ter conhecimento de fato da decisão que ele alega ter seguido, ou basta que ele tenha tido a possibilidade de ter conhecido a decisão, para que haja confiança? A doutrina se divide quanto a esse aspecto: alguns entendem que a confiança pode ser abstrata e fictícia;[352] outros, no entanto, exigem uma confiança concreta.[353] Como as decisões judiciais – ao contrário das leis, que são dirigidas a todos – são destinadas eminentemente às partes, salvo aquelas com eficácias subjetivas ampliadas, é preciso que haja confiança concreta e efetiva na decisão "modificada" para que se possa justificar o vínculo de causalidade entre a base da confiança e o comportamento adotado pelo cidadão.

Em terceiro lugar, é preciso haver exercício da confiança. A confiança – para repetir a frase já incorporada ao debate sobre a proteção da confiança – deve ter sido "colocada em prática". Não se protege a esperança, nem a confiança abstrata, mas, apenas, o exercício da confiança, isto é, os atos concretos de disposição dos direitos fundamentais de liberdade e de propriedade. O particular, portanto, deve ter praticado atos concretos em razão da decisão "modificada", como efetivar um investimento, assinar um contrato, deixar de efetuar um depósito judicial, deixar de pagar um tributo – e assim por diante.[354]

Entre os elementos a serem demonstrados e comprovados relativamente à intensidade da restrição dos direitos fundamentais estão a onerosidade, a duração e a reversibilidade da atuação do cidadão. Quanto maiores forem os encargos causados, maior a duração da eficácia da base, e quanto mais difícil for a reversão dos efeitos produzidos, mais intensa será a restrição nos direitos fundamentais de propriedade e de liberdade do cidadão, e maior deverá ser a protetividade da confiança por ele depositada na base normativa.

Em quarto lugar, é preciso haver frustração da confiança. A decisão "modificadora" deve gerar um resultado desvantajoso para aquele que

352. Wolfgang Grunsky, *Grenzen der Rückwirkung bei einer Änderung der Rechtsprechug*, Heidelberg, C. F. Müller, 1970, p. 26.

353. Christoph Louven, *Problematik und Grenzen rückwirkender Rechtsprechung des Bundesarbeitsgerichts*, München, Beck, 1996, p. 235.

354. Christoph Louven, *Problematik und Grenzen rückwirkender Rechtsprechung des Bundesarbeitsgerichts*, cit., p. 237.

atuou com base na decisão "modificada".[355] Como já afirmado, não é qualquer tipo de frustração que gera a proteção do exercício da confiança: é necessário haver algum grau de restrição decorrente da mudança jurisprudencial. Daí a relação entre os pressupostos de aplicação do princípio da proteção da confiança: o cidadão deve ter agido com base na decisão e ter sido posteriormente surpreendido com a sua mudança.

O Supremo Tribunal Federal já reconheceu a necessidade de proteção dos cidadãos em caso de mudança jurisprudencial. Exemplo disso é o caso da discussão acerca da aplicação retroativa da Lei Complementar n. 118/2005. Embora esta lei tenha se autoproclamado interpretativa, em verdade, provocou inovação normativa, tendo na prática reduzido o prazo para repetição de indébito de dez para cinco anos. Isso porque, se o início da fluência do prazo decadencial para pleitear a restituição de tributo pago a maior, conforme o entendimento do Poder Judiciário, ocorria *no momento da homologação do pagamento* efetuado pelo sujeito passivo, com a tentativa de introdução da nova regra interpretativa da Lei Complementar n. 118/2005, o termo inicial do prazo decadencial passaria a ser *o momento do pagamento antecipado*. Assim, enquanto o Poder Judiciário havia consolidado jurisprudência no sentido de que o início da fluência do prazo decadencial para pleitear a restituição era o momento da homologação do pagamento, o Poder Legislativo, por meio da suposta lei interpretativa, pretendeu substituir esse momento pelo momento do pagamento antecipado. Tal mudança, todavia, foi considerada inconstitucional pelo Supremo Tribunal Federal. Com absoluta razão. A Constituição Federal estabeleceu o princípio da separação dos poderes, segundo o qual os Poderes Legislativo, Executivo e Judiciário são independentes e harmônicos entre si (art. 2º). Em função desse princípio, cabe ao Poder Legislativo legislar e, não, julgar, já que essa função está reservada ao Poder Judiciário. Tanto a função de interpretar a legislação está reservada ao Poder Judiciário, que a Constituição Federal estabelece que nenhuma lei poderá excluir "*da apreciação do Poder Judiciário lesão ou ameaça a direito*" (art. 5º, inciso XXXV). Além disso, a Constituição Federal instituiu regras de competência que reservam ao Poder Judiciário a exclusividade da interpretação dos atos provenientes do Poder Legislativo. Entre essas regras, ressalta-se a regra inserta no art. 105, que reserva ao Superior Tribunal de Justiça a competência para se pronunciar sobre a interpretação da legislação federal. Todas essas considerações demonstram que não pode o Poder

355. Christoph Louven, *Problematik und Grenzen rückwirkender Rechtsprechung des Bundesarbeitsgerichts*, cit., p. 234.

Legislativo editar leis interpretativas a respeito da legislação federal pelo simples fato de que a interpretação da legislação, no Brasil, está reservada ao Poder Judiciário, em geral, e ao Superior Tribunal de Justiça, em particular.[356] Entender de modo diverso é violar a regra da reserva de jurisdição. De outro lado, tal atuação do Poder Legislativo viola, e de modo explícito, o princípio da separação dos Poderes. Ao modificar o entendimento consolidado pela jurisprudência a respeito dos prazos de prescrição e de decadência, o Poder Legislativo ultrapassou o seu núcleo de ação típica, desrespeitando os limites traçados à sua atuação pelo Poder Judiciário. No caso, o Poder Legislativo instituiu, precisamente, uma lei com a finalidade de interpretar dispositivos legais anteriormente editados que já tinham sido objeto de interpretação pelo Poder Judiciário. Ao fazê-lo, deixou de exercer uma função que lhe é típica – instituir normas vinculantes, prospectivas, gerais e permanentes –, e passou a exercer uma função típica do Poder Judiciário – tomar decisões retrospectivas e, em geral, individuais, mediante a atribuição de sentidos normativos a dispositivos legais. Como consequência disso, não pode a lei atingir fatos ocorridos sob o amparo de lei anterior, sob pena de violar a regra da irretroatividade e a proteção da confiança. Como a regra da irretroatividade é um meio para preservar a segurança jurídica no Estado Democrático de Direito, para que sejam preservadas as expectativas dos contribuintes, os créditos tributários surgidos antes do início da vigência da Lei Complementar n. 118/2005 deverão ser compensados sem as restrições da nova lei. Isso porque, quando esses créditos surgiram, existia o direito, expressamente previsto no Código Tributário Nacional e firmado pelo Poder Judiciário, de efetuar a compensação dentro de um prazo de cinco anos a contar da homologação do pagamento. Daí a obrigatoriedade de proteger os contribuintes diante da modificação de entendimento, sob pena de violação do princípio da segurança jurídica. Nesse sentido, o voto da Min. Relatora Ellen Gracie:

> "A aplicação retroativa de novo e reduzido prazo para a repetição ou compensação de indébito tributário estipulado por lei nova, fulminando, de imediato, pretensões deduzidas tempestivamente à luz do prazo então aplicável, bem como a aplicação imediata às pretensões pendentes de ajuizamento quando da publicação da lei, sem resguardo de nenhuma regra de transição, implicam ofensa ao princípio da segurança jurídica

356. Humberto Ávila, "A Separação dos Poderes e as Leis Interpretativas Modificativas de Jurisprudência Consolidada", in Misabel Abreu Machado Derzi (coord.), *Separação de Poderes e Efetividade do Direito Tributário*, Belo Horizonte, Del Rey, 2010, p. 59.

em seus conteúdos de proteção da confiança e de garantia do acesso à Justiça."[357]

Estando presentes os pressupostos de aplicação do princípio da proteção da confiança, e porque a confiança é digna de proteção, surge a questão fundamental: Como – isto é, por meio de que instrumentos – deve ser protegida a confiança daquele cidadão que exerceu os seus direitos de liberdade e de propriedade com base na decisão modificada?

É o que se passa a responder.

F-5) Meios de proteção da confiança em caso de mudança jurisprudencial

Como foi dito, existe protetividade da confiança relativamente aos atos de disposição dos direitos fundamentais vinculados causalmente à decisão judicial modificada.[358] Sendo assim, a proteção deve concentrar-se nesses atos de disposição, e não em outros. Qualquer tipo de restrição do conteúdo ou dos efeitos da decisão modificadora, em nome do princípio da proteção da confiança, deve manter-se vinculado aos atos de disposição relacionados causalmente com a decisão judicial modificada. Não sendo assim corre-se o risco de, em nome do princípio da proteção da confiança, proteger o exercício inexistente de confiança. Um exemplo pode melhor esclarecer tal argumento.

Imagine-se que determinado contribuinte tenha iniciado uma discussão tributária por meio do protocolo da sua petição inicial em um primeiro momento (*T1*), quando não havia qualquer pronunciamento do Poder Judiciário a respeito da matéria. Em um segundo momento (*T2*), é proferida uma decisão do Superior Tribunal de Justiça sobre matéria aparentemente idêntica àquela tratada nos autos do processo em curso. E em um terceiro momento (*T3*), o Supremo Tribunal Federal prolata a decisão final sobre a matéria, em sentido contraposto à decisão anterior do Superior Tribunal de Justiça. Tem-se, assim, o seguinte quadro: ingresso da ação em *T1*, "decisão modificada" em *T2* e "decisão modificadora" em *T3*. Imaginemos, por fim, que, em virtude dos vários processos semelhantes, sejam realizadas duas postulações: uma no processo em que foi proferida a "decisão modificadora", com a finalidade de atribuir

357. RE n. 566.621-RS, STF, Tribunal Pleno, Rel. Min. Ellen Gracie, *DJ* 11.10.2011.

358. Bodo Viets, *Rechtsprechungsänderung und Vertrauensschutz*, Bern, Herbert Lang, 1976, p. 203.

efeito prospectivo à decisão, em nome da proteção da segurança jurídica daqueles que confiaram na "decisão modificada"; outra no processo individual em curso, no qual ainda não tenha sido proferida qualquer decisão, com o objetivo de redefinir o conteúdo da decisão, também em nome da proteção da segurança jurídica de quem confiou na "decisão modificada". Nesse sentido, indaga-se: A atribuição, em bloco e sem distinção eficacial minuciosa, de efeito prospectivo à "decisão modificadora" serviria de instrumento adequado para a proteção da confiança? E a modificação do resultado da ação em curso consistiria em um meio apropriado para proteger a confiança? Essas duas indagações, por si sós, já evidenciam a dificuldade de se resolver padronizadamente questões relativas à proteção do exercício de confianças legítimas. Como a finalidade do princípio em exame é proteger atos concretos de disposição dos direitos fundamentais que tenham sido praticados "em razão" da decisão modificada, qualquer solução que não atente para a relação causal necessária entre atos individuais de disposição e decisão judicial modificada não é uma solução adequada do ponto de vista do princípio da proteção da confiança.

Relativamente à questão de saber se a atribuição de efeito prospectivo à "decisão modificadora" serviria de instrumento adequado para a proteção da confiança, é preciso atentar para o fato de que, se o Tribunal competente atribuir esses efeitos prospectivos, com base na existência de mudança jurisprudencial, afastando todo e qualquer efeito passado, estará protegendo a "confiança" também com relação aos atos praticados entre *T1* e *T2*, isto é, no período em que a "decisão modificada" sequer existia e, por isso, não poderia ter servido de base para o exercício causalmente orientado da confiança.

De fato, nesse período os atos praticados pelos contribuintes em geral e pelo autor da ação em comento não podem ter sido causalmente influenciados pela "decisão modificada" porque ela, simplesmente, não existia. Sendo assim, afastar efeitos passados, com base no princípio da proteção da confiança, inclusive sobre o período em que a "decisão modificada" sequer existia, por mais paradoxal que isso possa parecer, é provocar efeito retroativo com base na proibição de retroatividade: como entre *T1* e *T2* ainda não existia a "decisão modificada", o estabelecimento de efeitos prospectivos envolve fazer com que os efeitos da decisão proferida em *T2* retroajam para o momento *T1*. Em nome da irretroatividade, retroage-se. Portanto, somente se poderia postular a proteção do exercício da confiança baseado na "decisão modificada", isto é, entre *T2* e *T3*, desde que se pudesse comprovar a efetiva prática de atos de disposição causalmente vinculados à decisão modificada, conforme os requisitos acima referidos. O exemplo aqui concebido serve, especialmente, para demonstrar que a atribuição de efeitos prospectivos na própria "decisão modificadora" pode ser um mecanismo impróprio para avaliar as particularidades de cada caso, bem como para separar os períodos em que sequer pode ter havido exercício da confiança daqueles em que o exercício pode ter existido. A esse ponto se retornará no próximo capítulo.

Relativamente à questão de saber se a modificação do resultado de ação em curso consistiria em um meio apropriado para se proteger a confiança, é preciso lembrar as ponderações feitas. De um lado, quem é parte no processo submete ao Poder Judiciário a dúvida relativamente à determinada questão, não podendo se surpreender caso venha, ao final, a ter resultado desfavorável. De outro lado, enquanto o processo do contribuinte estiver em curso e a "decisão modificada" proferida em outro processo não for definitiva, não pode esta última servir de parâmetro para a prática de atos de disposição de direitos fundamentais. A questão se altera quando a "decisão modificada" transitou em julgado e possui alto grau de vinculatividade, pretensão de permanência, capacidade de generalização, finalidade orientadora e inserção em cadeia uniforme de decisões. Quando isso ocorrer, e o autor da ação ou outros tiverem praticado atos concretos em razão dela, aí se poderá falar em proteção da confiança. Assim, se o autor, por exemplo, que efetuava depósitos do valor integral do débito em discussão, interrompeu essa prática em razão da "decisão modificadora", poderá ter a sua confiança protegida. No entanto, surge a pergunta: protegida *como* e *em que processo*? Protegida da decisão modificadora por meio da decisão final do seu processo ou por meio de adequados lançamentos a serem lavrados pela Fazenda?

Essas indagações já revelam a dificuldade de uma posição padronizante. Como a proteção da confiança no âmbito da mudança jurisprudencial depende da existência de atos concretos de disposição causalmente vinculados à decisão modificada, é preciso comprovar a prática desses atos. E, para isso, é indispensável que haja uma fase processual adequada à instrução probatória, salvo se os atos de disposição de que se cuida forem relacionados ao processo (como depósitos judiciais) e a vinculação com a "decisão modificada" puder ser presumida (a interrupção dos depósitos judiciais foi feita após a publicação da "decisão modificadora"). O que não se pode é simplesmente fazer *tábula rasa* do exercício da confiança.

Pois bem, precisamente em virtude das considerações precedentes é que não se pode admitir uma solução-padrão a fim de se proteger o exercício concreto da confiança vinculada a uma decisão judicial modificada. Em cada caso deve ser comprovado o exercício causalmente orientado de atos de disposição de direitos fundamentais. Sendo assim, porém, algumas conclusões se impõem na perspectiva negativa: não se podem admitir soluções padronizantes de afastamento total de efeitos declaratórios de decisão judicial modificadora de entendimento judicial anterior com base no princípio da proteção da confiança porque elas são incapazes de avaliar o exercício de atos concretos de disposição baseados na decisão modificada; não se podem admitir soluções em processos ou procedimentos que não admitam ou que não considerem a prova do exercício efetivo de atos concretos de disposição baseados na decisão modificada, pelo menos quando o fundamento para o efeito prospectivo for o princípio da proteção da confiança (em vez da segurança jurídica em sentido objetivo).

Precisamente em razão do que ora se afirma é que a doutrina sugere a utilização de outros instrumentos para se evitar que a mudança jurisprudencial atinja injustamente quem exerceu a sua confiança com base na orientação jurisprudencial abandonada. Assim, quando a própria decisão modificadora não puder dar conta da variedade de situações eventualmente existentes e a decisão judicial relativamente a um processo em curso quando da ocorrência da modificação jurisprudencial também não puder (por razões materiais ou processuais) avaliar a existência de atos concretos de disposição baseados na decisão modificada, outros instrumentos deverão ser encontrados. Entre estes estão os seguintes: regras formais gerais de transição fixadas pelo Poder Judiciário ou pelo Poder Executivo, para permitir que os contribuintes que confiaram na orientação abandonada possam se adaptar ao novo entendimento; regras materiais gerais de transição firmadas pelo Poder Judiciário ou pelo Poder Executivo afastando os efeitos retroativos para aqueles contribuintes que possam comprovar a prática de atos de disposição vinculados à decisão modificada; decisões individuais específicas tanto do Poder Judiciário quanto do Poder Executivo em processos ou em procedimentos destinados especificamente a comprovar, com instrução probatória adequada, a existência de efetivos atos de disposição de direitos fundamentais causalmente vinculados à orientação jurisprudencial abandonada.[359] É preciso, pois, considerar um "arsenal de flexíveis consequências jurídico-prescritivas" (*Arsenal flexibler Rechtsfolgenaussprüche*), que

359. Johanna Hey, *Steuerplanungssicherheit als Rechtsproblem*, Köln, Otto Schmidt, 2002, p. 646. Christiane Lübbe, *Grenzen der Rückwirkung bei Rechtsprechungsänderungen*, Frankfurt am Main, Peter Lang, 1998, pp. 113 e ss.

podem, afastando os efeitos retrospectivos, abranger prazos ou regras de transição, excetuar o processo judicial precursor e os processos judiciais paralelos em andamento, apelar ao legislador para promover, com ou sem prazo, as mudanças necessárias ao retorno da constitucionalidade – e assim por diante.[360]

Um bom exemplo desse tipo de solução é a regra de transição estabelecida pelo Supremo Tribunal Federal no caso da mudança de jurisprudência a respeito do direito de greve. Em um primeiro momento, o Tribunal entendeu que o exercício desse direito dependia de previsão legal. Em um segundo momento, ele observou que o direito de greve dos servidores públicos civis continuava sem receber tratamento legislativo minimamente satisfatório para garantir o seu exercício, razão pela qual decidiu que não poderia se abster de reconhecer que seria possível que o Tribunal atuasse também nos casos de inatividade ou omissão do Legislativo. No entanto, tendo em vista a "evolução jurisprudencial sobre o tema da interpretação da omissão legislativa do direito de greve dos servidores públicos civis e em respeito aos ditames de segurança jurídica, fixa-se o prazo de 60 dias para que o Congresso Nacional legisle sobre a matéria".[361]

Um outro exemplo é a regra de transição estabelecida para o caso de mudança jurisprudencial em matéria de competência. Em um primeiro momento, interpretando o inciso I do art. 109 da CF/88, o Supremo Tribunal Federal entendeu que as ações de indenização por danos morais e patrimoniais decorrentes de acidente do trabalho, ainda que movidas pelo empregado contra seu (ex-)empregador, eram da competência da Justiça Comum dos Estados-membros. Em um segundo momento, porém, o Plenário concluiu que a Constituição conferiu tal competência à Justiça do Trabalho. No entanto, considerando o significativo número de ações que já haviam tramitado e que ainda tramitavam nas instâncias ordinárias, bem como o relevante interesse social em causa, o Plenário decidiu não apenas que o marco temporal da competência da Justiça Trabalhista seria o advento da Emenda Constitucional n. 45/2004, como que a nova orientação alcançaria os processos em trâmite pela Justiça Comum estadual, desde que pendentes de julgamento de mérito, de modo que as ações que tramitavam perante a Justiça Comum dos Estados, com sentença de méri-

360. Roman Seer, "Rechtsschutz in Steuersachen", in Klaus Tipke e Joachim Lang, *Steuerrecht*, 19ª ed., Köln, Otto Schmidt, 2008, § 22, n. de margem 286, pp. 1.090 e ss.

361. MI n. 670, Tribunal Pleno, Rel. para o acórdão Min. Gilmar Mendes, j. 25.10.2007, *DJe*-206, p. 1.

to anterior à promulgação da referida Emenda, lá continuariam até o trânsito em julgado e correspondente execução; já, aquelas cujo mérito ainda não tinha sido apreciado haveriam de ser remetidas à Justiça do Trabalho, no estado em que se encontravam, com total aproveitamento dos atos praticados até então. Tal decisão foi tomada em razão de que o Tribunal, "guardião-mor da Constituição Republicana, pode e deve, em prol da segurança jurídica, atribuir eficácia prospectiva às suas decisões, com a delimitação precisa dos respectivos efeitos, toda vez que proceder a revisões de jurisprudência definidora de competência *ex ratione materiae*".[362]

O que não se conforma ao princípio da proteção da confiança, pela desconsideração do liame causal necessário entre a decisão modificada e os atos individuais de disposição dos direitos fundamentais de liberdade e de propriedade, é a solução de atribuir efeitos *pro futuro* de maneira draconiana, padronizada e em bloco. Nesse aspecto, vale lembrar a ponderação feita pelo Ministro Bilac Pinto, no controle difuso (ou de exceção), a respeito do controle concentrado (ou de ação):

> "Com efeito, são bem conhecidos os efeitos da declaração de inconstitucionalidade por via de exceção, ou seja, aquela que é tomada pelo STF a respeito de texto legal aplicável a um caso concreto. Na espécie, a inconstitucionalidade foi pronunciada por via de ação. Esta segunda hipótese se distingue da primeira porque desvinculada da aplicação da lei a um caso concreto e porque a declaração de inconstitucionalidade é feita contra a lei em tese. Os efeitos desse tipo de declaração de inconstitucionalidade não podem ser sintetizados numa regra única, que seja válida para todos os casos".[363]

Daí a importância de se analisar a atribuição de efeitos às decisões proferidas no controle de constitucionalidade.

É o que se passa a fazer.

IV – Excurso: modulação de efeitos de decisões com base na segurança jurídica

A) Considerações iniciais

O Supremo Tribunal Federal, quando constata a incompatibilidade de uma lei em face da Constituição, tradicionalmente declara a sua inconstitucionalidade com efeitos para o passado – isto é, decreta a nu-

362. CC n. 7.204-MG, Tribunal Pleno, Rel. Min. Carlos Britto, *DJ* 9.12.2005, p. 5.

363. RE n. 78.594, 2ª Turma, Rel. Min. Bilac Pinto, *DJ* 30.10.74.

lidade da lei desde a sua origem e, portanto, com efeito declaratório (eficácia *ex tunc*). Essa é a regra. Há, porém, uma exceção: eventualmente, pode o Tribunal entender que, apesar de a norma objeto de controle de constitucionalidade ser incompatível com a Constituição, há razões que justificam a manutenção ou a continuidade dos seus efeitos, ou de parte deles, produzidos no passado. Nesses casos, o Tribunal declara inconstitucional a lei, porém restringe ao futuro ou a outro momento os efeitos da decisão de inconstitucionalidade, estabelecendo, ou não, regras de transição. Enfim, o Tribunal resguarda a eficácia passada de lei inconstitucional por reconhecer que, assim procedendo, estará mais promovendo a ordem constitucional do que faria se declarasse a inconstitucionalidade da norma com efeitos declaratórios.[364]

Em decisão proferida pelo Tribunal Pleno do Supremo Tribunal Federal, o Ministro Ayres Britto reconhece que a modulação de efeitos deve ser aplicada em um panorama no qual a falta de modulação de efeitos causaria uma ofensa ainda maior à Constituição do que aquela declarada na ação direta, passando o sistema constitucional a experimentar desequilíbrio entre o que se perde e o que se ganha com a declaração de inconstitucionalidade.[365]

A "modulação" dos efeitos temporais das decisões consiste, pois, numa forma de "moderar" os efeitos da anulação.[366]

A competência para o Supremo Tribunal Federal atribuir efeitos diferidos à decisão de declaração de inconstitucionalidade de lei está ex-

364. Gilmar Mendes, *Jurisdição constitucional*, 3ª ed., São Paulo, Saraiva, 1999, pp. 212 e ss. Idem, "Anteprojeto de lei sobre processo e julgamento da ação direta de inconstitucionalidade e da ação declaratória de constitucionalidade", *Cadernos de Direito Constitucional e Ciência Política* 29, pp. 24-36, São Paulo, 1999. Klaus Schlaich e Stephan Korioth, *Das Bundesverfassungsgericht – Stellung, Verfahren, Entscheidungen*, 7ª ed., München, Beck, 2007, pp. 225 e ss. Christian Hillgruber e Christoph Goos, *Verfassungsprozessrecht,* 2ª ed., Heidelberg, C. F. Müller, 2006, p. 194. Hans Lechner e Rüdiger Zuck, *Bundesverfassungsgerichtsgesetz*, 5ª ed., München, Beck, 2006, pp. 411 e ss. Dieter Umbach, Thomas Clemens e Franz-Wilhelm Dollinger (orgs.), *Bundesverfassungsgerichtsgesetz*, 2ª ed., Heidelberg, C. F. Müller, 2005, p. 988. Michael Sachs, *Verfassungsprozessrecht*, 2ª ed., Frankfurt am Main, Recht und Wirtschaft, 2007, pp. 62 e ss.

365. ED na ADI 2.797, Tribunal Pleno, Rel. Min. Menezes Direito, Rel. para o Acórdão Min. Ayres Britto, *DJU* 16.5.2012, p. 32 do Acórdão.

366. Bernard Pacteau, "Comment aménager la rétroactivité de la Justice? Sécurité juridique, sécurité juridictionnelle, sécurité jurisprudentielle", in Bertrand Seiller (org.), *La rétroactivité des décisions du juge administratif*, Paris, Economica, 2007, p. 117.

pressamente prevista na Lei n. 9.868/98. Ela estabelece, em seu art. 27, que o Supremo Tribunal Federal, ao declarar a inconstitucionalidade de lei ou de ato normativo, e "tendo em vista razões de segurança jurídica ou de excepcional interesse social", poderá restringir os efeitos daquela declaração ou decidir que ela só tenha eficácia a partir de seu trânsito em julgado ou de outro momento que venha a ser fixado. É justamente a menção à segurança jurídica que conecta o tema da declaração de inconstitucionalidade ao aqui definido Direito Transicional Tributário.

Como a atribuição de efeitos prospectivos à decisão de inconstitucionalidade envolve a manutenção dos atos ou de seus efeitos contrários ao Direito, sem a necessária análise de todas as particularidades concretas antes mencionadas, a sua utilização sempre abrange – como afirmado na parte relativa ao aspecto temporal da segurança jurídica – aquilo que se poderia denominar de "contraordem" ou "contramandado": se o Direito postula a sua obediência, sempre que são mantidos os efeitos produzidos por ato contrário àquele tolera-se e, por via reflexa, incentiva-se a sua violação. Em outras palavras, instaura-se uma espécie de duplo comando, internamente contraditório ao próprio Direito: este deve ser obedecido, mas pode ser descumprido, e, se pode ser descumprido, não precisa ser obedecido. O que importa, para o tema em pauta, é que esse fenômeno restringe os ideais inerentes à segurança jurídica: a cognoscibilidade, a confiabilidade e a calculabilidade do Direito.

A cognoscibilidade do Direito é afetada na medida em que a manutenção dos efeitos da ilicitude causa incerteza quanto a qual é a regra aplicável tanto para a autoridade quanto para o destinatário: se há uma regra, mas seu descumprimento não é sancionado, não se tem certeza a respeito de qual é a regra válida, se aquela associada ao significado mínimo da hipótese da regra abstrata ou se aquela decorrente da sua aplicação pelo Poder Judiciário. Além disso, como as regras se caracterizam por envolverem razões excludentes, no sentido de que os elementos não previstos na sua hipótese não podem ser geralmente considerados, e a manutenção dos efeitos da sua violação representa, precisamente, a consideração de outros elementos nela não previstos, cria-se uma incerteza com relação aos elementos que devem ser considerados, se aqueles previstos nas hipóteses das regras jurídicas ou aqueles eventualmente consideráveis pelo Poder Judiciário. Tergiversa-se sobre a estrutura das regras, portanto.[367] A incerteza com relação à norma aplicável e aos ele-

367. Joseph Raz, *Practical reason and norms*, New Jersey, Princeton, 1990, pp. 40 e ss.

mentos juridicamente relevantes restringe a "segurança de orientação" desempenhada pelo Direito: tanto as autoridades quanto os particulares não sabem no que se orientar, se na regra ou se na sua exceção, nem sabem em que valoração se apoiar, se na razão autoritativa da regra ou se na razão de correção da decisão. Essas considerações ficam mais claras se for usado um exemplo relacionado às ordens paternas dirigidas a filhos pequenos que insistem na sua desobediência.[368] Se o filho entende o que é "não", porém não tem certeza de que "não" é realmente "não", ou, ainda que o tenha, não está certo de que, depois de chorar ou de insistir, o "não" pode transformar-se em "sim", ele simplesmente não cumpre ou pelo menos duvida da ordem emitida pelos pais. Esse exemplo demonstra a ausência de cognoscibilidade e, indiretamente, de calculabilidade normativas: não há cognoscibilidade porque o destinatário não sabe qual é a norma ("não" ou "sim"?), ou não sabe o seu valor ("não" como "não" ou como "sim"?); não há calculabilidade porque o destinatário não sabe qual é a eficácia da norma ("não" sempre como "não" ou talvez como "sim"?). Esse exemplo, quando transportado para o âmbito das normas jurídicas, evidencia o significado da ausência de certeza normativa para a realização dos princípios do Estado de Direito e da segurança jurídica: só há um estado de coisas em que o Direito exerce papel constitutivo e a segurança jurídica desempenha função instrumental para a liberdade quando há um mínimo de certeza dos destinatários quanto à validade, à vigência e à eficácia das normas. Como afirma Summers, um elemento central do princípio do Estado de Direito é a existência de um sistema estável de regras garantidoras de um sentido aparente, com base no qual os cidadãos podem planejar a sua conduta e os seus negócios.[369]

A confiabilidade do Direito é afetada na medida em que a manutenção dos efeitos da ilicitude compromete a credibilidade do ordenamento e a sua eficácia. O conceito de *regras jurídicas* envolve uma hipótese e uma consequência, representada, analiticamente, pela expressão "se, então": dado o fato, deve ser aplicada a consequência. A função orientadora do Direito é cumprida, exatamente, quando os cidadãos, conhecendo as regras vigentes, podem razoavelmente contar que, ocorrendo o fato previsto nas suas hipóteses, as consequências serão, na maior parte dos casos, aplicadas. Não por outro motivo que o estado de confiabilidade do Direito envolve os ideais de estabilidade e de eficácia do ordenamento.

368. Frederick Schauer, *Thinking like a Lawyer: a new introduction to legal reasoning*, Cambridge, Harvard University Press, 2009, p. 62.

369. Robert Summers, "A formal theory of the rule of law", in idem, *Essays in Legal Theory*, Dordrecht, Kluwer, 2000, p. 171.

Ora bem, o abuso na utilização do mecanismo de manutenção de efeitos de atos inconstitucionais altera, justamente, esse paradigma regulatório: em vez de "se, então", passa-se a ter "se, então talvez". Com isso, cria-se um problema de orientação e de confiabilidade tanto para as autoridades quanto para os destinatários: para as autoridades, porque podem deixar de praticar atos contrários ao Direito, confiando na aplicação da consequência caso haja descumprimento ("se, então"), ou podem praticá-los, apostando na ausência de aplicação da consequência ("se, então talvez"); para os destinatários, que terminam sem saber qual das duas condutas será adotada pelo Poder Público e qual das eficácias será definida pelo Poder Judiciário.

A calculabilidade do Direito é igualmente restringida, já que a manutenção dos efeitos da ilicitude compromete a previsibilidade da conduta alheia e a vinculatividade do próprio Direito. A incerteza com relação às consequências a serem aplicadas aos atos contrários à Constituição germina dúvida com relação a qual será o comportamento adotado pelas autoridades estatais. Quando se mantém o ingresso na carreira pública sem concurso, surge a dúvida com relação às próximas contratações, tanto para as autoridades ("Promovo concurso público ou contratação direta ou derivada?") quanto para os destinatários ("Haverá concurso público ou será feita seleção indireta?"). Quando a cobrança de um tributo inconstitucional é mantida, igualmente surgem incertezas com relação às próximas cobranças, quer para o Poder Legislativo ("Instituir tributo de acordo com a regra constitucional de competência ou extrapolando o seu âmbito?"), quer para os destinatários ("A competência será exercida conforme ou contra a Constituição?"). Quando os efeitos dos atos praticados em desacordo com o princípio do devido processo legal são mantidos, surgem suspeitas no tocante aos próximos atos processuais, seja para as autoridades ("Dou vista à parte contrária do novo documento juntado, ou não?"), seja para os destinatários ("O julgamento será baseado em elementos sobre os quais me manifestei, ou não?"). Como bem afirmou o Ministro Cézar Peluso – em caso adiante analisado –, "quando o Tribunal flexibiliza, qual é a tendência? Não se observar a norma (...)". Do mesmo modo, o Ministro Marco Aurélio mostrou que o que o "preocupa é o estímulo ao descumprimento da Constituição, ao descumprimento da lei".[370]

Esclareça-se que essas observações iniciais não pretendem afastar, por completo, a utilização do mecanismo de modulação dos efeitos tem-

370. RE n. 401.953-1, Tribunal Pleno, Rel. Min. Joaquim Barbosa, *DJ* 21.9.2007, pp. 467-468 do acórdão, respectivamente.

porais das declarações de inconstitucionalidade. Em algumas hipóteses, e mediante a observância de determinados requisitos, ela pode – e deve – ser aplicada conforme a Constituição. Quer-se, em vez disso, demonstrar que o seu espaço, dentro do âmbito dos princípios do Estado de Direito e da segurança jurídica, é muito pequeno – demasiadamente pequeno.

Por isso mesmo, é preciso saber, da forma mais precisa possível, o que significam "razões de segurança" e em que medida essas razões podem justificar a manutenção dos efeitos de lei declarada inconstitucional. Esse desiderato pode ser mais bem cumprido por meio da análise do Direito alemão. Isso porque a previsão legal brasileira foi inspirada na jurisprudência do Tribunal Constitucional Federal da Alemanha, que desenvolveu várias formas para atribuir efeitos a suas decisões (*Teorierungsformen*). Normalmente, quando entende que a lei é incompatível com a Constituição, o Tribunal profere uma declaração de inconstitucionalidade (*Verfassungswidrigkeitserklärung*), cujo efeito é a declaração de nulidade (*Nichtigkeitserklärung*) desde o início da vigência da lei incompatível com a Constituição (*ex tunc*), com a sua consequente cassação. Ao lado desse tipo de decisão, há também a declaração de incompatibilidade (*Unvereinbarkeitserklärung*).[371]

Na declaração de incompatibilidade, o Tribunal, apesar de considerar que a lei viola a Constituição, decide manter os efeitos da lei para o passado ou para algum momento do futuro, por entender que a só declaração de nulidade da lei não restauraria, ou, pelo menos, não automaticamente, o estado de constitucionalidade. A segurança jurídica é uma das justificativas utilizadas pelo Tribunal para adotar esse tipo de decisão: em alguns casos, para evitar o surgimento de um "vácuo jurídico" (*rechtliches Vakuum*) ou de "insegurança sobre a situação jurídica" (*Unsicherheit über die Rechtslage*); para assegurar "segurança jurídica

371. Roman Seer e Jörg Peter Müller, "Begrenzung der Wirkungen seiner Richtersprüche durch den EuGH", *IWB* n. 5, Gruppe 2, Fach 11, p. 263, 2008. Roman Seer, "Rechtsschutz in Steuersachen", in Klaus Tipke e Joachim Lang, *Steuerrecht*, 19ª ed., Köln, Otto Schmidt, 2008, § 22, ns. de margem 285-291, p. 1.091. Klaus Schlaich e Stephan Korioth, *Das Bundesverfassungsgericht – Stellung, Verfahren, Entscheidungen*, 7ª ed., München, Beck, 2007, pp. 225 e ss. Christian Hillgruber e Christoph Goos, *Verfassungsprozessrecht*, 2ª ed., Heidelberg, C. F. Müller, 2006, p. 194. Hans Lechner e Rüdiger Zuck, *Bundesverfassungsgerichtsgesetz*, 5ª ed., München, Beck, 2006, pp. 411 e ss. Dieter Umbach, Thomas Clemens e Franz-Wilhelm Dollinger (orgs.), *Bundesverfassungsgerichtsgesetz*, 2ª ed., Heidelberg, C. F. Müller, 2005, p. 988. Michael Sachs, *Verfassungsprozessrecht*, 2ª ed., Frankfurt am Main, Recht und Wirtschaft, 2007, pp. 62 e ss.

e clareza do Direito" (*Rechtssicherheit und Rechtsklarheit*), o Tribunal mantém os efeitos da lei inquinada de inconstitucional.[372]

A manutenção dos efeitos da lei pode ser feita de várias formas, dependendo do objetivo pretendido pelo Tribunal e do modo como os efeitos são modulados, destacando-se os seguintes:

(a) Declaração de incompatibilidade com eficácia geral *pro futuro* – O Tribunal simplesmente atribui efeitos *ex nunc* à decisão de inconstitucionalidade, atribuindo ao Poder Legislativo a incumbência de elaborar nova lei.[373]

(b) Declaração de incompatibilidade com regras judiciais de transição para o imediato restabelecimento do estado de constitucionalidade (*Unvereinbarkeitserklärung mit Übergangsregelung zur sofortigen Wiederherstellung einer verfassungsgemäßen Rechtslage*) – O Tribunal mantém os efeitos produzidos pela norma inconstitucional, mas, desde já, estabelece uma norma transitória a ser aplicada até a sobrevinda da norma legislativa.[374]

(c) Declaração de incompatibilidade com disposição provisória de prolongamento da validade (*Unvereinbarkeitserklärung mit vorläufiger Weitergeltungsordnung*) – O Tribunal mantém os efeitos produzidos pela norma inconstitucional no passado, prolongando provisoriamente esses efeitos por um período, até que o Poder Legislativo institua nova regra com efeitos retroativos à data da decisão.[375]

(d) Declaração de incompatibilidade com disposição definitiva de prolongamento da validade e obrigação de modificação para o futuro (*Unvereinbarkeitserklärung mit endgültiger Weitergeltungsordnung und pro-futuro-Änderungspflicht*) – O Tribunal mantém os efeitos produzidos pela norma inconstitucional no passado, prolongando definitivamente esses efeitos por um período, e atribuindo ao Poder Legislativo a tarefa de instituir nova regra para o futuro.[376]

Não há, pois, um só tipo de modulação de efeitos usado pelo Tribunal Constitucional Federal alemão. Há vários, cada qual obedecendo a uma situação específica e a um objetivo determinado.

372. Jens Blüggel, *Unvereinbarkeitserklärung statt Normkassation durch das Bundesverfassungsgericht*, Berlin, Duncker und Humblot, 1998, p. 98. Roman Seer, "Rechtsschutz in Steuersachen", in Klaus Tipke e Joachim Lang, *Steuerrecht*, 19ª ed., Köln, Otto Schmidt, 2008, § 22, n. de margem 286, p. 1.090.

373. *BVerfGE* 37, 217 (261); 55, 100 (110); 61, 319 (356); 73, 40 (101); 82, 126 (155); 84, 9 (21); 84, 168 (187); 87, 114 (136); 87, 153 (178); 93, 386 (402).

374. *BVerfGE* 37, 217 (218 e 261); 73, 40 (101).

375. *BVerfGE* 61, 319.

376. *BVerfGE* 33, 303 (305); 87, 153 (178); 91, 186 (207); 93, 121 (148); 93, 165 (168); 99, 216 (244).

Essas considerações, de um lado, demonstram a importância do tema para a investigação da segurança jurídica; de outro, entretanto, conduzem a uma série de importantes questionamentos: Quais são os pressupostos para a declaração de incompatibilidade de lei? O que significa "segurança jurídica" para fins de manipulação dos efeitos das decisões no controle de constitucionalidade? Pode a segurança jurídica ser utilizada como justificativa para manter a eficácia pretérita de lei tributária instituidora de um tributo? Razões de segurança jurídica podem ser equiparadas a razões orçamentárias ou a prejuízos financeiros?

Essas e outras importantes indagações serão agora respondidas.

B) Pelo Tribunal Constitucional alemão

B-1) Hipóteses de aplicação

a) Só a nulidade não restaura a constitucionalidade

Os casos tradicionais em que o Tribunal Constitucional alemão utiliza a declaração de incompatibilidade podem ser divididos em dois grandes grupos: casos em que a só declaração de nulidade da lei não restaura o estado de constitucionalidade e casos em que a declaração de nulidade da lei não restaura automaticamente o estado de constitucionalidade.[377]

No primeiro grupo de casos (somente a declaração de nulidade da lei não restaura o estado de constitucionalidade) encontram-se leis anti-isonômicas e leis deficitárias.[378]

As leis anti-isonômicas são aquelas que, com a finalidade de concretizar algum princípio constitucional, terminam por conceder determinado benefício, de cujo gozo, porém, excluem, injustificadamente, alguns sujeitos. A violação ao princípio da igualdade ocorre pela atribuição do benefício para alguns sujeitos, em detrimento de outros em situação equivalente. Alguns exemplos podem demonstrá-lo.

Com a finalidade de garantir a proteção dos direitos fundamentais, a lei instituiu a prestação de consultoria gratuita relativamente a todas as matérias, menos a trabalhista. Sentindo-se desigualmente tratados

377. Gerhardt Habscheidt, *Der Anspruch des Bürgers auf Erstattung verfassungswidriger Steuern*, Köln, Otto Schmidt, 2003, p. 18. Jens Blüggel, *Unvereinbarkeitserklärung statt Normkassation durch das Bundesverfassungsgericht*, Berlin, Duncker und Humblot, 1998, p. 98.

378. Christoph Moes, "Die Anordnung der befristeten Fortgeltung verfassungswidriger Steuergesetze durch das Bundesverfassungsgericht", *StuW* 1, p. 29, 2008.

relativamente a outras profissões, empregados insurgiram-se contra a lei, alegando violação ao princípio da igualdade, por ausência de justificação para o tratamento diferenciado consubstanciado na exclusão do benefício com base no critério da matéria.[379] O Tribunal, embora tenha entendido que a lei violava o princípio constitucional da igualdade, decidiu manter os seus efeitos, por entender que a simples declaração de nulidade da lei não iria eliminar o estado de inconstitucionalidade existente, já que algum tipo de garantia tinha mesmo de ser legalmente previsto, de nada adiantando – aqui o cerne da questão – retirar a garantia prevista em lei, de resto incompatível com a Constituição mais na relação de desigualdade decorrente da sua aplicação e, por conseguinte, naquilo que *deixou de garantir*, do que unicamente naquilo que previu. Além disso, caberia ao Poder Legislativo, a quem a Constituição atribuía liberdade de configuração para proteger os direitos fundamentais, decidir qual é a melhor forma de restaurar o estado de constitucionalidade.[380]

Com o objetivo de concretizar o princípio da igualdade da tributação por meio do critério da capacidade contributiva, a lei previu o direito de dedução da base de cálculo do imposto sobre a renda das despesas com gastos familiares com educação e assistência dos filhos apenas para os casais que tenham dois ou mais filhos com menos de 18 anos. Sentindo-se desigualmente tratados relativamente aos casais que tinham dois ou mais filhos, contribuintes que tinham apenas um filho, e para quem as despesas com sua educação não são menores, insurgiram-se contra a lei, alegando violação ao princípio da igualdade, por ausência de justificação para o tratamento diferenciado consubstanciado na proibição de dedução com base no critério do número de filhos.[381] O Tribunal, embora tenha entendido que a lei violava o princípio constitucional da igualdade, decidiu manter os seus efeitos, por entender que a simples declaração de nulidade da lei – aqui, novamente, o ponto central da questão – não iria restaurar o estado de constitucionalidade, já que algum instrumento para concretizar a capacidade contributiva e prestigiar a educação tinha de ser legalmente encontrado, de nada adiantando retirar o instrumento previsto em lei, de resto incompatível com a Constituição mais na relação de desigualdade decorrente da sua aplicação e, portanto, naquilo que *deixou*

379. *BVerfGE* 88, 5, 13.

380. Roman Seer, "Rechtsschutz in Steuersachen", in Klaus Tipke e Joachim Lang, *Steuerrecht*, 19ª ed., Köln, Otto Schmidt, 2008, § 22, n. de margem 286, p. 1.090.

381. *BVerfGE* 47, 1. Jens Blüggel, *Unvereinbarkeitserklärung statt Normkassation durch das Bundesverfassungsgericht*, Berlin, Duncker und Humblot, 1998, p. 34.

de prever, que exclusivamente naquilo que previu. Ademais, a Constituição não predeterminava o modo por meio do qual o Poder Legislativo deveria concretizar o princípio da igualdade no Direito Tributário, razão pela qual caberia a esse Poder decidir qual a melhor forma de restaurar o estado de constitucionalidade.

Com o fim de concretizar o princípio da igualdade dos cidadãos por meio da previsão de uma indenização para quem prestou serviço público obrigatório no período do nacional-socialismo, a lei previu o direito à indenização a partir de 1.4.51 para alguns, e de 1.1.61, para outros. Sentindo-se desigualmente tratados relativamente àqueles ex-servidores que iriam receber indenizações mais cedo, os cidadãos prejudicados insurgiram-se contra a lei, alegando violação ao princípio da igualdade, por ausência de justificação para o tratamento diferenciado consubstanciado no pagamento da indenização em datas arbitrariamente distintas.[382] O Tribunal, embora tenha entendido que a lei violava o princípio constitucional da igualdade, decidiu manter os seus efeitos, por considerar que a simples declaração de nulidade da lei não iria restaurar o estado de constitucionalidade, já que algum instrumento para reparar os prejuízos sofridos por ex-servidores tinha de ser legalmente encontrado, de nada adiantando retirar o instrumento previsto em lei, também incompatível com a Constituição mais na relação de desigualdade criada, e, portanto, naquilo que *deixou de prever*, que exclusivamente naquilo que previu. Além disso, a Constituição não determinaria uma única forma de reparação a ser obrigatoriamente escolhida pelo Poder Legislativo. Em razão disso, caberia a esse Poder, da mesma forma, decidir qual a melhor forma de restaurar o estado de constitucionalidade.

Pois bem, a análise desses casos de violação do dever de igualdade – nos quais o Tribunal, por reconhecer que apenas a declaração de nulidade da lei não restaura o estado de constitucionalidade, declara a mera incompatibilidade da lei com a Constituição, sem a pronúncia da sua nulidade – demonstra a concorrência de alguns requisitos, a saber:

> (a) Liberdade de configuração do legislador – Embora a Constituição estabeleça algum ideal a ser realizado pelo legislador, como proteger os direitos fundamentais ou tributar conforme a capacidade contributiva, não predetermina o meio a ser escolhido para sua realização, deixando, com isso, ampla margem de apreciação para o legislador decidir a melhor forma de fazê-lo.

382. *BVerfGE*, 18, 288. Jens Blüggel, *Unvereinbarkeitserklärung statt Normkassation durch das Bundesverfassungsgericht*, Berlin, Duncker und Humblot, 1998, p. 37.

(b) A lei promove, em alguma medida, o ideal constitucional – Apesar de a lei violar o princípio da igualdade, criando uma relação injustificável de desigualdade entre os cidadãos, ela institui um meio, ainda assim, capaz de promover, em alguma medida, o ideal constitucional.

(c) A declaração de nulidade da lei não restaura o estado de constitucionalidade – A declaração de nulidade da norma legal, desde o início, eliminaria, de um lado, a parte do dispositivo legal que promove em alguma medida o ideal constitucional e, de outro, não garantiria o cumprimento do ideal constitucional, isto é, a nulidade afastaria o efeito positivo da norma, sem suprir o seu efeito negativo.

(d) Existem vários modos tanto de promover o ideal constitucional quanto de restabelecer o estado de constitucionalidade, não podendo o Poder Judiciário adotar alguns, e cabendo ao legislador escolher outros – Constatada a violação da Constituição e verificada a promoção, em alguma medida, do ideal constitucional, surgem várias maneiras para se restaurar o estado de constitucionalidade exigido pela Constituição, não podendo o Poder Judiciário, de um lado, ampliar o benefício ou criar outro sistema de benefícios, sob pena de violar o princípio da separação dos Poderes, e cabendo ao Poder Legislativo, de outro, a liberdade de configuração desse sistema de benefícios.

Esses pressupostos demonstram que o Tribunal Constitucional deixa de declarar a nulidade da lei, apesar de esta contrariar a Constituição, por entender que o legislador atuou "na direção certa" e, de algum modo – embora em medida menor que a obrigatória –, promoveu o ideal constitucional. O Tribunal – com a permissão para o uso de uma linguagem mais vulgar – como que reconhece que "o ótimo é inimigo do bom", ou que "alguma coisa é melhor que nada", e, por isso, por não poder melhorar a lei, por falta de competência, resolve mantê-la, para evitar o retrocesso. Entre declarar a nulidade da lei, e retirar o efeito positivo em alguma medida causado pela lei relativamente ao princípio constitucional que justificou a sua edição, e manter os efeitos da lei, apesar de inconstitucional, o Tribunal escolhe a segunda alternativa. Trata-se, como se vê, de uma decisão baseada na promoção global da Constituição e reforçada pelo princípio da separação dos Poderes. Repita-se, pela importância: tal solução promove direitos fundamentais, além de ser compatível com o princípio da separação dos Poderes.

O Tribunal, contudo, deixa de proferir uma declaração de incompatibilidade, sem pronúncia da nulidade, em favor de uma declaração de inconstitucionalidade, com consequente pronúncia de nulidade e cassação da lei, em dois casos.

Em primeiro lugar, no caso de a Constituição, em vez de conceder liberdade de configuração ao legislador, predeterminar o meio a ser por este adotado, e ele escolher outro. Isso ocorre, por exemplo, quando a Constituição, em vez de normatizar a matéria por meio de um princípio, faz isso por meio de uma regra com delimitação do seu conteúdo material, predeterminado o meio de promoção de determinado ideal.

Em segundo lugar, nos casos em que, conquanto haja liberdade atribuída ao legislador, pode-se objetivamente presumir que este iria usá-la exatamente nos termos da lei anterior, cuja eficácia é restaurada por meio da declaração de nulidade da lei posterior. Por exemplo, a lei a respeito da mudança do prenome por transexuais previa o direito à sua mudança apenas para pessoas com mais de 25 anos.[383] O Tribunal declarou a lei incompatível com a Constituição, por entender que teria havido uma distinção injustificável baseada no critério da idade. Mas como o legislador, ao conceder autorização para a mudança de sexo, já não tinha usado o critério da idade, presumiu o Tribunal que o próprio legislador, dentre as alternativas possíveis para eliminar o estado de inconstitucionalidade, iria justamente escolher a fixação da regra sem o critério da idade. Ao proceder dessa forma, o Tribunal não estaria invadindo a liberdade de configuração do legislador.

Nesse caso, portanto, a declaração de nulidade da lei não é capaz de restaurar o estado de constitucionalidade exigido pela Constituição. Em razão disso, a declaração de incompatibilidade é o único caminho para realizar o ideal constitucional.[384]

Ainda no grupo de casos em que somente a declaração de nulidade da lei não restaura o estado de constitucionalidade encontram-se, ao lado das leis contrárias ao princípio da igualdade, as leis deficitárias. Nesses casos, as leis são incompatíveis com a Constituição porque deixam de prever conteúdo ou diferenciação obrigatórios. Alguns exemplos podem demonstrá-lo.

Com a finalidade de promover a educação e a proteção aos jovens, a lei instituiu o direito a "férias de formação" e a "férias remuneradas para trabalhos de ajuda aos jovens", obrigando os empregadores a deixar livre o posto de trabalho e a pagar remuneração durante o período de duração das referidas férias. Sentindo-se restringidos na sua liberdade de exercício de profissão, alguns empregadores insurgiram-se contra a lei,

383. *BVerfGE* 88, 87, 97-101.

384. Jens Blüggel, *Unvereinbarkeitserklärung statt Normkassation durch das Bundesverfassungsgericht*, Berlin, Duncker und Humblot, 1998, p. 43.

alegando violação aos princípios da liberdade de profissão e de exercício de atividade econômica.[385] O Tribunal – embora tenha entendido que a lei efetivamente violava os referidos princípios, especialmente porque os restringia desproporcionalmente, pela desnecessidade da medida, dada a ausência de mecanismos de compensação para os empregadores – decidiu manter os seus efeitos, por reconhecer que a declaração de nulidade da lei não iria restaurar o estado de constitucionalidade existente. Instrumentos para a proteção da educação e dos jovens tinham de ser legalmente previstos, e aqueles escolhidos eram incompatíveis com a Constituição, porque promoviam os referidos fins aquém do constitucionalmente exigido. A sua eliminação, portanto, seria ainda pior, para efeito de promoção desses ideais, que a sua mantença. Além disso, ainda que a lei pudesse ser aperfeiçoada, não poderia o próprio Poder Judiciário decidir qual é a melhor forma de compensação para os empregadores, se por meio da ajuda do sindicato dos empregadores, por meio de indenização a ser paga pelo Poder Público ou mediante indenização a ser paga pelos estabelecimentos de ensino ou de assistência aos jovens, por exemplo. Caberia ao Poder Legislativo tal decisão.

Com o propósito de proteger a saúde e os consumidores, a lei previu a exigência de um alvará de funcionamento para o comércio de alimentos, cuja obtenção demandava o cumprimento de uma série de requisitos, sem, porém, diferenciar os estabelecimentos que vendiam todos os tipos de alimento daqueles que vendiam apenas um tipo ou tipos restritos. Alguns estabelecimentos insurgiram-se contra a lei, alegando violação ao princípio da liberdade de exercício de atividade econômica, especialmente porque a lei, ao deixar de diferenciar os tipos de estabelecimento, pelo tamanho ou pelo tipo de produto vendido, terminava por instituir requisitos excessivos e desnecessários para aqueles que só vendiam um tipo de alimento.[386] O Tribunal, embora tenha entendido que a lei violava o mencionado princípio, especialmente porque o restringia desproporcionalmente, devido à ausência de previsão de concessão de autorização parcial, com menos exigências, para determinados vendedores, decidiu, ainda assim, manter os seus efeitos, por considerar que a declaração de nulidade da lei não iria restaurar o estado de constitucionalidade existente. Instrumentos para a proteção da saúde e dos consumidores deveriam ser legalmente previstos, e aqueles escolhidos eram incompatíveis com

385. *BVerfGE* 77, 308.

386. *BVerfGE* 34, 71, 71. Jens Blüggel, *Unvereinbarkeitserklärung statt Normkassation durch das Bundesverfassungsgericht*, Berlin, Duncker und Humblot, 1998, p. 47.

a Constituição, porque promoviam os referidos fins aquém do constitucionalmente exigido. A sua eliminação, portanto, seria ainda pior, para efeito de promoção desses ideais, que a sua mantença. O essencial, segundo o Tribunal, é que não poderia o próprio Poder Judiciário decidir qual a melhor forma de prever o adequado tratamento aos pequenos vendedores. Caberia ao Poder Legislativo deliberar sobre essa forma.

Com o objetivo de regulamentar o mercado de trabalho e de assegurar determinadas prerrogativas às empresas, a lei proibiu a indenização para diretores no caso de despedida com justa causa mesmo quando, pelo contrato, o diretor afastado era obrigado a ficar um período de quarentena, sem poder trabalhar em empresas concorrentes. Sentindo-se prejudicados, alguns cidadãos insurgiram-se contra a lei, alegando violação ao princípio da liberdade de profissão, especialmente porque a lei, ao deixar de diferenciar as várias situações nas quais os ex-diretores poderiam se encontrar, terminava por restringir excessiva e desproporcionalmente o referido princípio.[387] Novamente, o Tribunal, embora tenha entendido que a lei violava o mencionado princípio, especialmente porque o restringia desproporcionalmente, dada a ausência de previsão de compensações ou de indenizações para situações particulares, decidiu manter os seus efeitos, por reconhecer que a declaração de nulidade da lei não iria restaurar o estado de constitucionalidade existente. Instrumentos para a proteção da liberdade de trabalho e de concorrência deveriam ser legalmente previstos, e aqueles escolhidos eram incompatíveis com a Constituição, porque promoviam os referidos fins aquém do constitucionalmente exigido. A sua eliminação, portanto, seria ainda pior, para efeito de promoção desses ideais, que a sua preservação. Todavia, de acordo com o Tribunal, caberia ao Poder Legislativo, por razões de competência, decidir quais seriam as diferenças a fazer entre os ex-empregados.

Com o propósito de regulamentar o comércio de vinhos e, com isso, proteger o consumidor, a lei previu a exigência de um alvará de estabelecimento de vinícolas, restringindo a sua concessão apenas para propriedades com o mínimo de 5 hectares, com exceção restrita àquelas que demonstrassem haver algum tipo de restrição ao uso da terra ou algum impedimento decorrente do tipo de uva cultivado. As exceções legais, portanto, eram limitadas. Alguns estabelecimentos insurgiram-se contra a lei, alegando violação ao princípio da liberdade de exercício de atividade econômica, especialmente porque a lei, ao abrir apenas duas exceções, terminava por impedir que algumas propriedades, com outras

387. *BVErfGE* 81, 242.

justificativas, pudessem obter o alvará.[388] Novamente, o Tribunal, ainda que tenha entendido que a lei violava o referido princípio, devido à sua rigidez, decidiu manter os seus efeitos, por considerar que a declaração de nulidade da lei não iria restaurar o estado de constitucionalidade existente. Em outras palavras, instrumentos para a proteção da saúde e dos consumidores deveriam ser legalmente previstos, e aqueles escolhidos eram incompatíveis com a Constituição, porque promoviam os referidos fins aquém do constitucionalmente exigido. Era preferível manter a eliminar a lei. E não poderia o próprio Poder Judiciário decidir como deveriam ser estabelecidas as novas exceções para a obtenção do alvará.

Com o fim de proteger a educação, a lei previu a obrigatoriedade de doação de exemplares de livros publicados para todas as bibliotecas públicas, sem qualquer tipo de exceção para pequenas editoras ou edições com pequenas tiragens. Algumas editoras insurgiram-se contra a lei, alegando violação ao princípio da liberdade de exercício de atividade econômica, notadamente porque a lei, pela sua rigidez, terminava por restringir excessivamente o exercício da atividade econômica por algumas editoras.[389] Mais uma vez, o Tribunal, apesar de ter entendido que a lei violava o referido princípio, decidiu manter os seus efeitos, por reconhecer que a declaração de nulidade da lei não iria restaurar o estado de constitucionalidade existente. Em outras palavras, instrumentos para a proteção da educação deveriam ser legalmente previstos, e aqueles escolhidos eram incompatíveis com a Constituição, porque promoviam os referidos fins aquém do constitucionalmente exigido. Era novamente preferível manter a eliminar a lei. E faltaria competência ao Poder Judiciário para decidir como seriam estabelecidas as novas exceções para o dever de entrega dos exemplares para as bibliotecas públicas.

O exame desses casos de violação de leis deficitárias ou rígidas – nos quais o Tribunal reconhece que somente a declaração de inconstitucionalidade não restaura o estado de constitucionalidade e assim declara a mera incompatibilidade da lei com a Constituição, sem a pronúncia da sua nulidade – demonstra a concorrência de alguns requisitos, a saber:

(a) Liberdade de configuração do legislador – Embora a Constituição estabeleça algum ideal a ser realizado pelo legislador, como proteger a

388. *BVerfGE* 51, 193.

389. *BVerfGE* 58, 137. Jens Blüggel, *Unvereinbarkeitserklärung statt Normkassation durch das Bundesverfassungsgericht*, Berlin, Duncker und Humblot, 1998, p. 53.

educação ou a saúde, não predetermina o meio a ser escolhido para a sua realização, deixando, com isso, ampla margem de apreciação para o legislador decidir a melhor forma de fazê-lo.

(b) A lei promove em alguma medida o ideal constitucional – Apesar de a lei violar algum princípio de liberdade, normalmente pela instituição de gravame desproporcional, ela institui um meio, ainda assim, capaz de promover, em alguma medida, o ideal constitucional.

(c) A declaração de nulidade da lei não restaura o estado de constitucionalidade – A declaração de nulidade da norma legal, desde o início, eliminaria, de um lado, a parte do dispositivo legal cuja aplicação promove, em alguma medida, o ideal constitucional, e, de outro, não garantiria o cumprimento do ideal constitucional.

(d) Existem vários modos de se promover o ideal constitucional e de se restabelecer o estado de constitucionalidade, não podendo o Poder Judiciário adotar alguns, e cabendo ao legislador escolher outros – Constatada a violação da Constituição e verificada a promoção, em alguma medida, do ideal constitucional, surgem várias maneiras para se restaurar o estado de constitucionalidade exigido pela Constituição, não podendo o Poder Judiciário criar um novo sistema ou criar exceções não previstas em lei.

(e) A lei, objeto do controle de constitucionalidade, deve ser aperfeiçoável e lacunosa – O problema da lei não está propriamente em deixar de promover o ideal constitucional, mas em fazê-lo de modo desproporcional, pela ausência de diferenciações necessárias, quer por ser muito ampla, quer por ser muito restrita.

b) A nulidade não restaura automaticamente a constitucionalidade

Além de utilizar a declaração de incompatibilidade nos casos em que somente a declaração de nulidade da lei não restaura o estado de constitucionalidade, o Tribunal Constitucional alemão também a utiliza nas hipóteses em que a declaração de nulidade da lei não restaura automaticamente o estado de constitucionalidade.[390]

Nesse grupo encontram-se os casos de leis que protegem bens jurídicos, que garantem o exercício de liberdades e que preveem instituições estatais necessárias ao exercício de determinados direitos. Nesses casos, a Constituição exige um mínimo normativo por meio de lei para a eficácia do direito fundamental, como seria o caso da proteção do poder familiar sobre filho fora do casamento, relativamente à proteção da família, do direito de escolher livremente a escola, no que se refere ao direito à educação, ou, ainda, da revisão dos salários, no que diz respeito à proteção do trabalho.

390. Jens Blüggel, *Unvereinbarkeitserklärung statt Normkassation durch das Bundesverfassungsgericht*, Berlin, Duncker und Humblot, 1998, p. 62.

O que assemelha todos esses últimos casos é o fato de que, existente uma finalidade estatal ou previsto um direito fundamental, o Estado tem a obrigação de, por meio de lei, assegurar determinadas garantias ou prever a criação de determinadas instituições estatais. E o legislador, com essa finalidade, institui normas que promovem o ideal constitucional, embora de maneira insatisfatória. A Constituição, por assim dizer, exige "mais lei", e não "menos lei". Nessas hipóteses, o Tribunal confronta-se com a alternativa de eliminar a lei – com isso retirando a eficácia do dispositivo legal cuja aplicação promove, mesmo que insatisfatoriamente, o ideal constitucional – ou de manter o dispositivo, preservando o mínimo feito pelo legislador e atribuindo a este último a tarefa de restaurar totalmente a constitucionalidade.[391]

Veja-se que nos casos mencionados o legislador tenta cumprir, relativamente aos direitos fundamentais, os seus deveres de proteção (*Schutzpflichte*), porém o faz "a menor" ou "de modo desproporcional".[392] Esses casos não dizem respeito a leis restritivas de direitos fundamentais – muito menos a exercício de competência prevista em regra constitucional. Essa constatação é crucial.

B-2) *Pressupostos de aplicação*

Todos os casos examinados e as considerações realizadas conduzem a algumas conclusões, do ponto de vista normativo, relativamente à adoção pelo Tribunal Constitucional alemão da declaração de incompatibilidade de lei e à sua consequente manutenção, em vez da declaração de inconstitucionalidade de lei, e a sua consequente nulidade.

Em primeiro lugar, é preciso que exista *dever de ação* estatal. Deve haver uma imposição constitucional determinando a busca de um ideal, como proteção da educação, da capacidade contributiva, da igualdade, da liberdade de profissão e de exercício de atividade econômica, a exemplo do que ocorreu nos casos jurisprudenciais analisados. Vale dizer: o Estado não pode simplesmente ter o poder de agir: ele deve ter a *obrigação* de agir.

Em segundo lugar, é preciso que haja *liberdade de ação* estatal. Para que isso ocorra é necessário que a lei objeto de controle de consti-

391. Jens Blüggel, *Unvereinbarkeitserklärung statt Normkassation durch das Bundesverfassungsgericht*, cit., p. 79.

392. Johannes Dietlein, *Die Lehre von den grundrechtlichen Schutzpflichten*, 2ª ed., Berlin, Duncker und Humblot, 2005, p. 128. Peter Szczekalla, *Die sogenannten grundrechtlichen Schutzpflichten im deutschen und europäischen Recht*, Berlin, Duncker und Humblot, 2002, p. 223.

tucionalidade vise a promover um ideal constitucional cuja realização é determinada pela instituição de um princípio. É precisamente da instituição do princípio, tanto por meio da previsão de uma finalidade estatal quanto da instituição de um direito fundamental, que surgem duas consequências que permitem a adoção da declaração de incompatibilidade de lei: possibilidade de promoção gradual (calibragem) do estado de coisas cuja realização é determinada pela instituição do princípio constitucional; liberdade (discricionariedade ou liberdade de configuração) para o legislador escolher entre todos os meios necessários à promoção do fim. O Estado tem, de um lado, o *dever de agir*, mas, de outro, *liberdade relativamente a como fazê-lo*.

Em outras palavras, como a Constituição, em vez de delimitar o meio, apenas impõe a realização de um fim – deixando, com isso, ampla margem de configuração para o legislador a respeito do meio a ser escolhido –, cabe ao Poder Legislativo, e não ao Poder Judiciário, a competência para a definição do sistema legal a ser implantado; como o ideal constitucional pode ser realizado em vários graus, caso o Poder Legislativo tenha escolhido, por lei, um meio cuja adoção produza efeitos que contribuam para a promoção do fim, embora em escala insatisfatória (pela relação de desigualdade que cria, pela lacuna que abre ou pela desproporção que causa), não cabe ao Poder Judiciário, por meio do controle de constitucionalidade de leis, eliminar o efeito positivo, embora insuficiente, produzido pela lei incompatível com a Constituição, sob pena de mais restringir a Constituição do que a promover.

Em terceiro lugar, é preciso que a ponderação entre os efeitos provenientes da declaração de nulidade da lei e os efeitos decorrentes da declaração de incompatibilidade, tendo como parâmetro a Constituição na sua inteireza, revelem que *a eliminação da lei não restaura o estado de constitucionalidade exigido pela Constituição, antes o prejudica*. Entre declarar a inconstitucionalidade (com a consequente declaração de nulidade da lei, sem nenhum grau de realização do ideal constitucional) e declarar apenas a incompatibilidade da lei – com a consequente manutenção da norma (*Normerhaltung*), assegurando algum grau de realização do ideal constitucional, sem adentrar a esfera reservada ao Poder Legislativo –, o Tribunal escolhe a segunda alternativa.

Essa é, digamos, a jurisprudência tradicional ou original do Tribunal Constitucional.[393] Esse Tribunal, com base no caráter principiológico da Lei Fundamental alemã, tem, porém, flexibilizado ou ampliado ainda

393. Gerhardt Habscheidt, *Der Anspruch des Bürgers auf Erstattung verfassungswidriger Steuern*, Köln, Otto Schmidt, 2003, p. 18.

mais o uso da declaração de incompatibilidade de lei, estendendo-o, ainda que excepcionalmente, para os casos em que "razões de segurança jurídica" ou a "expectativa do planejamento orçamentário" poderiam justificar a manutenção dos efeitos da lei inconstitucional.

No primeiro caso (razões de segurança jurídica), o Tribunal tem, excepcionalmente, declarado a compatibilidade da lei violadora da Constituição quando a nulidade iria produzir um vácuo jurídico ou um estado de incerteza. Por exemplo, determinada lei, destinada a fazer uma revisão geral de salários, estabelece vencimento insatisfatório. Como a revisão deve ser feita por meio de lei, a declaração de nulidade da lei, de um lado, criaria um vácuo jurídico, porque faltaria a necessária previsão legal; de outro, geraria uma situação de incerteza com relação aos salários já percebidos, por terem sido pagos sem previsão legal.[394] As "razões de segurança jurídica" são utilizadas, portanto, para assegurar o exercício de um direito dependente de previsão legal. Reitere-se: o Tribunal utiliza-se da segurança jurídica como fundamento para manter benefícios instituídos de modo inconstitucional, e não como base para justificar a restrição de direitos fundamentais.

No segundo caso ("expectativa do planejamento orçamentário"), o Tribunal, sem muita justificativa, simplesmente mantém a validade da lei para não frustrar planos orçamentários já apresentados. Essa jurisprudência baseada nos efeitos financeiros das decisões de inconstitucionalidade apresenta duas fases.

Em uma primeira fase, o Tribunal apenas declarou a inconstitucionalidade com eficácia prospectiva por entender que o dever de restituição das quantias cobradas indevidamente afetaria a expectativa de planejamento e de execução orçamentária.[395] Como dito acima, o fundamento do suposto princípio da confiança orçamentária estaria na confiança estatal, fundada no orçamento, de executar um planejamento financeiro e decisório que não poderia ser futuramente frustrado com a declaração de inconstitucionalidade do tributo com efeito retroativo que implicasse o dever de restituição dos tributos cobrados indevidamente.[396]

394. *BVerfGE* 32, 199 (217); 34, 9 (43); 44, 249 (264), entre outras.

395. *BVerfGE* 87, 153 (178 e ss.); *BVerfGE* 93, 121 (148); 165 (178). Christoph Moes, "Die Anordnung der befristeten Fortgeltung verfassungswidriger Steuergesetze durch das Bundesverfassungsgericht", *StuW* 1, p. 30, 2008.

396. Klaus-Dieter Drüen, "Haushaltsvorbehalt bei der Verwerfung verfassungswidriger Steuergesetze?", *FR* 6, p. 291, 1999.

Esse entendimento sofreu e vem sofrendo severas críticas doutrinárias.[397] Em razão disso, o Tribunal – naquilo que se poderia denominar de segunda fase da jurisprudência relativa ao princípio da proteção da confiança orçamentária – terminou estabelecendo uma série de restrições, mesmo em casos de elevado impacto financeiro para o Estado. O Tribunal decidiu que a eficácia *pro futuro* não alcança os seguintes casos:

(a) O próprio caso no qual é pronunciada a declaração de incompatibilidade (*Anlaßfall*) – Como o Tribunal está declarando pela primeira vez a inconstitucionalidade no caso precursor (*Ausgangsfall* ou *instant case*), negar a declaração de nulidade pretendida pelo autor da ação seria restringir-lhe excessivamente os seus direitos fundamentais de liberdade, bem como o seu direito à proteção judicial, na medida em que se daria àquele "pedra, em vez de pão" (*Steine, statt Brot*), dando-lhe uma espécie de "vitória de Pirro" ou "vitória pírrica" (*Pyrrhus-Sieg*).[398]

(b) Os procedimentos paralelos (*Parallelverfahren*) em que se discute a mesma questão – Além do procedimento precursor (*Ausgangsverfahren*), no qual o Tribunal faz o seu pronunciamento, também todos os outros já iniciados, em que os contribuintes tenham a mesma pretensão, ficam de fora do efeito prospectivo, igualmente como forma de respeitar o já postulado direito fundamental à proteção judicial.[399]

(c) Os casos nos quais ainda não houve procedimento irreversível de cobrança por parte da Administração – Como esta última, com base no inciso II do art. 363 do Código Tributário alemão, tem competência

397. Roman Seer, "Die Unvereinbarkeitserklärung des BVerfT am Beispiel seiner Rechtsprechung zum Abgabenrecht", *NJW* 5, p. 289, 1996. B. Sangmeister, "Das Bundesverfassungsgericht und das Verfassungsrecht", *StuW* 2, pp. 176 e ss., 2001. Klaus Tipke, "Rezensionen. Gerhard Habscheidt. Der Anspruch des Bürgers auf Erstattung verfassungswidriger Gesetze", *StuW* 2, p. 187, 2004. Christoph Moes, "Die Anordnung der befristeten Fortgeltung verfassungswidriger Steuergesetze durch das Bundesverfassungsgericht", *StuW* 1, p. 30, 2008.

398. Roman Seer e Jörg Peter Müller, "Begrenzung der Wirkungen seiner Richtersprüche dur den EuGH", *IWB* n. 5, Gruppe 2, Fach 11, p. 264, 2008. Klaus-Dieter Drüen, "Haushaltsvorbehalt bei der Verwerfung verfassungswidriger Steuergesetze?", *FR* 6, p. 292, 1999. Christoph Moes, "Die Anordnung der befristeten Fortgeltung verfassungswidriger Steuergesetze durch das Bundesverfassungsgericht", *StuW* 1, p. 34, 2008. Christian Waldhoff, "Recent developments relating to the retroactive effect of decisions of the ECJ", *Common Market Law Review* 46, p. 13, 2009 (manuscrito). Ben Juratowitch, *Retroactivity and the Common Law*, Oxford, Hart, 2008, p. 210.

399. Roman Seer, "Rechtsschutz in Steuersachen", in Klaus Tipke e Joachim Lang, *Steuerrecht*, 19ª ed., Köln, Otto Schmidt, 2008, § 22, n. de margem 288, p. 1.091.

para efetuar uma espécie de suspensão da execução (*Aussetzung der Vollziehung*) do débito tributário, deve, obrigatoriamente, deixar de exigir o tributo quando tem conhecimento da sua inconstitucionalidade.

Sendo assim, é importante registrar, primeiro, que mesmo nos casos em que problemas orçamentários servem como fundamento para a atribuição de eficácia prospectiva às decisões do Tribunal Constitucional alemão o referido princípio da "proteção da confiança orçamentária" está relacionado mais à capacidade de funcionamento do Estado (*Funktionsfähigkeit des Staates*) que, a rigor, ao princípio da segurança jurídica. A mencionada capacidade de funcionamento do Estado atua como um limite imanente interno dos direitos fundamentais, no sentido de que o particular não pode exigir do Estado aquilo que, fornecido, possa comprometer o funcionamento da sua atuação normal.[400] Segundo, que a manutenção dos efeitos pretéritos da lei, com base na suposta proteção da confiança orçamentária, além de pressupor uma situação-limite de estrangulamento estatal, tem sido determinada sem abranger o caso judicial precursor, os casos judiciais paralelos, os casos em que a Administração ainda pode deixar de cobrar ou que poderia ter razoavelmente evitado a cobrança. Inclusive esses casos excepcionais têm recebido, por parte da doutrina, severas críticas. Precisamente por esse motivo que Seer e Müller fazem uma afirmação que merece ser reproduzida aqui: "O modelo da judicatura do Tribunal Constitucional alemão não é digno de imitação (*nachahmenswert*)".[401] No mesmo sentido, referindo-se à manutenção de leis tributárias inconstitucionais pelo Tribunal, afirma Moes: "Esse conceito deveria ser abandonado".[402]

Pois bem, esses são os casos em que a declaração de compatibilidade é utilizada pelo Tribunal Constitucional alemão. A sua utilização, como visto, depende da concorrência de uma série de requisitos. Tais requisitos, no entanto, decorrem das normas constitucionais. São elas que atribuem, ou não, liberdade de configuração ao legislador, ao estabelecer algum ideal a ser realizado sem predeterminar o meio a ser escolhido, e que estabelecem as competências de cada Poder. Em outras palavras, o fato de a declaração de compatibilidade ser utilizada desta

400. Martin Kriele, "Grundrechte und demokratischer Gestaltungsspielraum", in Paul Kirchhof e Josef Isensee, *Handbuch des Staatsrechts* 5, Heidelberg, C. F. Müller, 1992, § 110, n. de margem 65, pp. 134 e ss.

401. Roman Seer e Jörg Peter Müller, "Begrenzung der Wirkungen seiner Richter-sprüche durch den EuGH", *IWB* n. 5, Gruppe 2, Fach 11, p. 262, 2008.

402. Christoph Moes, "Die Anordnung der befristeten Fortgeltung verfassungswidriger Steuergesetze durch das Bundesverfassungsgericht", *StuW* 1, p. 36, 2008.

ou daquela forma, com maior ou com menor flexibilidade, pelo Tribunal Constitucional alemão nada – repita-se: nada – diz com relação à sua adequada ou à sua necessária utilização pelo Supremo Tribunal Federal no Brasil: sendo outra a Constituição e, portanto, sendo outras as normas, as competências e sendo outro o próprio significado de segurança jurídica, outro poderá ou deverá ser o uso da referida declaração, caso haja diferenças normativas suficientes.

Diante de todas essas considerações, retomam-se as indagações iniciais: Pode o Supremo Tribunal Federal declarar a incompatibilidade de lei, sem pronunciar a sua nulidade, no caso de instituição de tributos? Admitindo-se, com base na Lei n. 9.868/98, que a segurança jurídica possa ser usada como justificativa para a manutenção da validade da lei inquinada de inconstitucional, qual deve ser o significado de "razões de segurança jurídica"? Pode ela ser empregada como justificativa em favor do Estado para se manter a eficácia pretérita de lei tributária instituidora de tributo? Perda de arrecadação pode ser subsumida ao conceito de segurança jurídica?

É o que se passa a responder.

C) Pelo Supremo Tribunal Federal

C-1) Considerações iniciais

O art. 27 da Lei n. 9.868/98 estabelece que o Supremo Tribunal Federal, ao declarar a inconstitucionalidade de lei ou de ato normativo, e "tendo em vista razões de segurança jurídica ou de excepcional interesse social", poderá restringir os efeitos daquela declaração ou decidir que ela só tenha eficácia a partir de seu trânsito em julgado ou de outro momento que venha a ser fixado. Visto como a modulação tem sido aplicada pelo Tribunal Constitucional Federal alemão, é preciso, agora, analisar como ela tem sido utilizada pelo Supremo Tribunal Federal.

Esclareça-se, de início, que há dois fenômenos normativos que, embora próximos e com repercussões semelhantes, não podem ser baralhados.

Uma primeira grande distinção deve ser feita entre efeitos (externos) da decisão de inconstitucionalidade no controle concentrado e conteúdo (interno) da decisão de inconstitucionalidade no controle difuso. Vale dizer: uma coisa é o Supremo Tribunal Federal declarar a inconstitucionalidade da norma impugnada e, na modulação dos *efeitos* da decisão, estabelecer eficácia prospectiva (*pro futuro* ou *ex nunc*); outra é o Tribunal deixar de declarar a inconstitucionalidade de uma norma, de um ato ou dos seus efeitos por causa de razões que o impedem de fazê-lo, como ocorre, por exemplo, no caso de situação consolidada pelo tempo. No primeiro caso o conteúdo da decisão é de *in*constitucionalidade, porém os seus efeitos são produzidos apenas para o futuro; no segundo, o próprio conteúdo da decisão é de *cons*titucionalidade. Lá, o Tribunal declara a inconstitucionalidade; aqui, ele deixa de fazê-lo.

Essa distinção fica evidente no julgamento do RE n. 78.209: o Supremo Tribunal Federal, ao se manifestar sobre a validade de atos de serventuários, no exercício da função de oficiais de justiça, executados com base em lei declarada inconstitucional após a sua prática, reconheceu "válida a penhora feita por agentes do Executivo".[403] O voto do Ministro Aliomar Baleeiro é elucidador: "Uma coisa é a inconstitucionalidade da Lei paulista de 3.12.71. Outra, as consequências jurídicas dos atos materiais e até dos atos jurídicos por eles praticados por ordem e sob responsabilidade dos juízes, como serventuários destes, antes da declaração daquela inconstitucionalidade". Nesse aspecto, o Tribunal tornou intangíveis os atos praticados, por meio do controle *difuso* de constitucionalidade e do próprio *conteúdo interno* da decisão. De um lado, não houve modulação dessa decisão proferida no controle difuso de constitucionalidade. O seu próprio *conteúdo* era no sentido de reconhecer a constitucionalidade dos atos praticados, ainda que com base em lei inconstitucional. De outro lado, também não houve modulação de *efeitos* da decisão de inconstitucionalidade no controle concentrado de constitucionalidade, que simplesmente não cuidou de situações particulares. Insista-se, aqui, que, no caso ora analisado, em controle difuso, não houve graduação dos *efeitos* da decisão; o próprio *conteúdo* da decisão é que foi alterado em razão do entendimento de que os atos praticados não mais poderiam ser revistos nem desfeitos. Em outras palavras, a segurança jurídica funcionou como critério para configurar *o conteúdo da decisão*, e não para conformar *os efeitos da decisão* proferida no controle de constitucionalidade.

Igual análise foi feita pelo Tribunal no julgamento do RE n. 78.594: ao se manifestar sobre a ilegalidade da investidura do funcionário público na função de oficial de justiça, em razão da inconstitucionalidade da lei estadual que autorizou a sua designação, decidiu que "o ato por ele praticado é válido", deixando de conhecer do recurso.[404] Isso significa, igualmente, que o Tribunal, a rigor, não graduou *efeitos* da decisão de inconstitucionalidade, mas, posteriormente, e no controle difuso de cons-

403. RE n. 78.209, 1ª Turma, Rel. Min. Aliomar Baleeiro, *DJ* 9.10.74.

404. RE n. 78.594, 2ª Turma, Rel. Min. Bilac Pinto, *DJ* 30.10.74.

titucionalidade, já concebeu de maneira diversa o seu próprio *conteúdo*, para manter a validade do ato impugnado.

Não é exata, portanto, a afirmação do Ministro Gilmar Mendes feita no HC n. 82.959, em que o Tribunal analisava a constitucionalidade da norma reguladora da progressão de regime no caso dos crimes hediondos, no sentido de que o Supremo Tribunal Federal utiliza há muito, e com frequência, o mecanismo de modulação de efeitos em sede de controle difuso de constitucionalidade.[405] Os casos referidos pelo Ministro não foram, tecnicamente, casos de modulação exterior e anterior de efeitos de decisões proferidas no controle concentrado de constitucionalidade, mas de conformação interna e posterior do próprio conteúdo de decisões no controle difuso de constitucionalidade.[406]

Também não houve, a rigor, modulação de efeitos no já referido RE n. 442.683, no qual o Tribunal analisou o caso em que funcionários públicos haviam sido promovidos com base em procedimento derivado vertical – sem, portanto, concurso público.[407] O Tribunal decidiu manter os efeitos dos atos impugnados, em controle difuso, por entender que havia interesse público na manutenção dos funcionários nas funções atuais, longo tempo de desempenho das funções, longo período entre a data da ascensão funcional e a data da sua impugnação, além da boa-fé dos funcionários e da Administração. Assim, não houve graduação dos efeitos da decisão; foi a decisão propriamente dita, no seu conteúdo, que entendeu preservar os atos impugnados, desprovendo o recurso extraordinário interposto. Não é exata, desse modo, a afirmação da Ministra Ellen Gracie no sentido de que o Relator "modulou adequadamente os efeitos dessa declaração de inconstitucionalidade". Essa asserção só teria sentido se fosse entendido que, no controle difuso posterior, o Tribunal, ao restringir, concretamente, os efeitos *ex tunc* da declaração de inconstitucionalidade proferida em controle concentrado, faria uma espécie de modulação. Nessa linha questionável de raciocínio, também poderia ser qualificada como modulação de efeitos a eficácia da decisão proferida no controle difuso, posteriormente à declaração precursora de inconstitucionalidade em controle concentrado, que mutilasse parte do seu efeito retroativo. A restrição concreta, em controle difuso, dos efeitos

405. HC n. 82.959, Tribunal Pleno, Rel. Min. Marco Aurélio, *DJ* 1.9.2006.

406. RE n. 78.594, Rel. Min. Bilac Pinto, *DJ* 4.11.74; RE n. 79.620, Rel. Min. Aliomar Baleeiro, *DJ* 13.12.74; RE n. 78.809, Rel. Min. Aliomar Baleeiro, *DJ* 11.10.74; RE n. 122.202, Rel. Min. Francisco Rezek, *DJ* 8.4.94.

407. RE n. 442.683, 2ª Turma, Rel. Min. Carlos Velloso, *DJ* 24.3.2006.

retroativos de declaração de inconstitucionalidade também seria uma espécie de modulação, ainda que vista às avessas.

Na verdade, não se pode confundir, de um lado, *efeito* de decisão com *conteúdo* de decisão e, de outro, plano *abstrato da norma* com plano *concreto do ato*. A doutrina alemã, nesse aspecto, procede à adequada separação entre o plano da norma (*Normebene*) e o plano do ato singular (*Einzelaktebene*).[408] Essa distinção é essencial, pois os casos de alteração do próprio conteúdo da decisão em virtude da intangibilidade dos atos praticados, além de envolverem o controle difuso de constitucionalidade, normalmente dizem respeito a elementos concretos e individuais incapazes de serem analisados no controle concentrado de constitucionalidade.

Em suma, não se podem confundir os casos em que o Tribunal deixa de pronunciar-se sobre a inconstitucionalidade, por entender que a situação ficou consolidada, com aqueles em que o Tribunal declara a inconstitucionalidade, porém restringe os seus efeitos.

Uma segunda grande distinção deve ser feita entre os casos em que o Tribunal declara a inconstitucionalidade de determinada norma – com eficácia declaratória total, mas com regras ou com prazos de transição que melhor viabilizem o cumprimento do julgado – e aqueles em que a própria declaração de inconstitucionalidade tem seus efeitos temporais alterados. Nos primeiros casos o Tribunal, a rigor, não restringe a declaração de inconstitucionalidade – ela é total. O que ele faz é fixar uma regra transitória ou um prazo de adequação à eficácia declaratória da decisão. Nos outros casos, a própria extensão da declaração de inconstitucionalidade no tempo é alterada, de modo que, relativamente a um período, a norma é declarada apenas incompatível com a Constituição, mas não nula. Apenas a título de exemplo, quando um julgador concede um prazo à parte perdedora para cumprir a decisão, ou quando a própria lei concede prazo para a devolução de valores recolhidos indevidamente – como é o caso dos precatórios parcelados –, não há modulação de efeitos da decisão, mas mero prazo para o cumprimento de decisão.

Em resumo, também não se podem confundir, no universo de casos em que o Tribunal declara a inconstitucionalidade, aqueles em que este não restringe a extensão temporal da declaração (apenas fixa normas de transição para viabilizar sua execução) com aqueles outros em que a própria extensão da declaração de inconstitucionalidade se vê alterada por

408. Jörg Ipsen, *Rechtsfolgen der Verfassungswidrigkeit von Norm und Eizelakt*, Baden-Baden, Nomos, 1980, p. 266.

meio da preservação de parte ou de todos os efeitos passados da norma inquinada de inconstitucionalidade. A sutileza está em separar a *eficácia temporal da decisão* da *eficácia temporal da declaração* contida na decisão com repercussão sobre o seu âmbito material. Aqui a extensão da inconstitucionalidade é alterada; lá, não.

As ponderações precedentes, acerca da necessidade de se diferenciar os casos, são da mais alta importância. Isso porque sob o rótulo maior de "modulação de efeitos temporais das decisões no controle de constitucionalidade" pode-se confundir, de um lado, o conteúdo de uma decisão com os seus efeitos e, de outro, pode-se baralhar a modulação dos efeitos temporais *da decisão* declaratória de inconstitucionalidade com a modulação dos efeitos temporais *da própria declaração* de inconstitucionalidade contida na decisão de inconstitucionalidade. Parece tudo igual, mas não é.

Outro aspecto fundamental, que não pode passar despercebido, é a diferenciação entre os ordenamentos jurídicos brasileiro e alemão. Novamente, o fato de que o Tribunal Constitucional Federal alemão atribui determinados tipos de efeitos às suas decisões nada diz com relação à sua compatibilidade com o ordenamento jurídico brasileiro desses mesmos efeitos. Trata-se de constatação até certo ponto trivial, mas, mesmo assim, nem sempre é levada em consideração pelos entusiastas da mera transposição de modelos jurídicos estrangeiros, supostamente mais desenvolvidos, para o Brasil – como lembram Ataliba e Maior Borges.[409] Nesse aspecto, é preciso traçar algumas diferenças entre os dois sistemas jurídicos que podem repercutir, no mínimo, para estreitar o espaço de aplicação dos referidos modelos eficaciais no âmbito do ordenamento jurídico brasileiro, especialmente em matéria tributária. Dentro de um grande universo de distinções, duas têm maior relevância para o tema em pauta: a distinção relativa às regras constitucionais de competência tributária e a diferença referente às regras constitucionais sobre o controle de constitucionalidade.

Em primeiro lugar, o "Sistema Tributário Nacional" da CF/88 é composto substancialmente de regras de competência, ao passo que o capítulo destinado ao Regime Financeiro (*das Finanzwesen*) pela Lei Fundamental alemã apenas contém a indicação de espécies tributárias, sem a determinação dos aspectos das hipóteses de incidência. Em razão

409. Geraldo Ataliba, *Sistema Constitucional Tributário brasileiro*, São Paulo, Ed. RT, 1968, p. 39. José Souto Maior Borges, *Obrigação tributária – Uma introdução metodológica*, São Paulo, Saraiva, 1984, p. 7.

disso, a atividade do Supremo Tribunal Federal centra-se na verificação do exercício do poder no âmbito atribuído pelas regras de competência e pelos princípios tributários. O resultado disso é enorme: no Brasil as declarações de inconstitucionalidade nesse âmbito envolvem, sobretudo, leis tributárias que extrapolaram os limites traçados por aspectos da hipótese das regras de competência; na experiência do Tribunal alemão, como não há regras de competência tributárias tais como as brasileiras, a inconstitucionalidade manifesta-se pelo exercício da liberdade de configuração do legislador em desconformidade com os princípios tributários.

Essa distinção é de grande importância para a eficácia do controle de constitucionalidade. No Brasil, o Supremo Tribunal Federal, como guardião da Constituição, deve verificar o exercício do poder de tributar dentro do âmbito conferido pelas regras de competência e conformado pelos princípios constitucionais. E, como essas regras já estão previstas na própria Constituição, é esta que já postula o efeito da sua transgressão: só podendo haver o exercício do poder no âmbito traçado pelas regras, o exercício fora disso deve ser considerado nulo. Embora tal efeito não possa ser considerado uma consequência lógica da positivação das regras de competência, pode-se certamente afirmar que é um *efeito geral implicado* pela sua positivação. Fosse a ponderação concreta entre princípios conflitantes o método desejado, o Constituinte teria escolhido outro tipo de normatização. Na Alemanha, o Tribunal Constitucional Federal, na ausência de regras de competência estabelecendo os aspectos materiais dos tributos, deverá efetuar uma ponderação entre o princípio democrático e os princípios com ele conflitantes. A falta das mencionadas regras, ao contrário do caso brasileiro, não postula determinado efeito, devendo este ser o resultado do entrechoque entre princípios. Novamente, embora não seja esta uma consequência lógica, pode-se afirmar que a maior liberdade de configuração judicial do efeito das decisões é implicada pela ausência de positivação de regras de competência. Isso significa que a instituição de um sistema principiológico repercute na atribuição de um âmbito maior de conformação do Tribunal Constitucional Federal alemão com relação ao conteúdo e com relação aos efeitos das decisões.

Com isso se quer dizer que, enquanto a instituição de regras de competência pela CF/88 implica a inexistência de poder fora dos seus limites e, com isso, postula a nulidade dos atos praticados além deles como regra geral, a ausência da sua instituição pela Lei Fundamental alemã implica a determinação dos limites de configuração do Poder

Legislativo por meio de uma ponderação entre princípios a ser efetuada pelo Tribunal Constitucional, repercutindo essa maior amplitude de poder do Tribunal no tocante ao conteúdo das decisões também na parte relativa aos seus efeitos.

Em segundo lugar, enquanto a própria CF/88 contém uma série de regras relativas à declaração de inconstitucionalidade das leis, adiante analisada, a Lei Fundamental alemã, além do seu art. 100, que regula a declaração de inconstitucionalidade, não contém previsões expressas nesse sentido, tendo sido essa matéria regulada diretamente pela Lei do Tribunal Constitucional alemão (*Bundesverfassungsgerichtsgesetz*). Isso significa que a própria CF/88 tratou da matéria, tendo mencionado apenas a declaração de inconstitucionalidade, e não a de compatibilidade. Além disso – e o que é mais importante –, ela mesma regulou algumas questões relacionadas à eficácia das decisões proferidas pelo Tribunal. Por exemplo: as decisões definitivas de mérito prolatadas nas ações diretas de *inconstitucionalidade* e nas ações declaratórias de *constitucionalidade* produzirão *eficácia contra todos* e *efeito vinculante* relativamente aos demais órgãos do Poder Judiciário e à Administração Púbica direta e indireta, nas esferas federal, estadual e municipal (art. 102, § 2º); a súmula, a ser editada após reiteradas decisões sobre a mesma matéria, terá *efeito vinculante* em relação aos demais órgãos do Poder Judiciário e à Administração Pública direta e indireta, nas esferas federal, estadual e municipal (art. 103-A), tendo por objetivo a *validade*, a *interpretação* e a *eficácia* de normas determinadas acerca das quais haja controvérsia atual entre órgãos judiciários ou entre estes e a Administração Pública que acarrete grave insegurança jurídica e relevante multiplicação de processos sobre questão idêntica (art. 103-A, § 1º); declarada a inconstitucionalidade por omissão de medida para tornar *efetiva* norma constitucional, será dada ciência ao Poder competente para a adoção das *providências necessárias* e, tratando-se de órgão administrativo, para fazê-lo em 30 dias (art. 103, § 2º); a reclamação para a preservação de sua competência e garantia da autoridade de suas decisões (art. 102, I, "l").

Como se vê, além de a CF/88 contrapor "inconstitucionalidade" e "constitucionalidade", sem prever uma decisão intermediária entre esses dois limites, ela previu instrumentos para tornar efetiva a Constituição, vinculando todos os Poderes que eventualmente questionem a validade de normas infraconstitucionais. Toda a preocupação constitucional está em *restaurar o estado de constitucionalidade* por meio da atribuição de maior eficácia possível às decisões do Supremo Tribunal Federal, inclusive com o mecanismo da reclamação, que ultrapassa todas as instâncias para acelerar a referida restauração. Nenhum – insista-se: nenhum – desses dispositivos encontra paralelo na Lei Fundamental alemã. Nesta não se fala em (in)constitucionalidade, nem em efeitos, nem em (in)validade de normas infraconstitucionais. Esses temas, assumidos pela CF/88, no sistema alemão foram deixados para o legislador infraconstitucional regular.

Outro elemento – destacado por Machado Derzi – deve ser observado: a CF/88, ao tratar da inconstitucionalidade, utiliza-se das expressões "ação direta de inconstitucionalidade" e "ação declaratória de constitucionalidade" (art. 102, I, "a", e § 2º) e "declarada a inconstitucionalidade" (art. 103, § 2º), assim como estabelece a competência do Supremo Tribunal Federal para "declarar a inconstitucionalidade de tratado ou lei federal" (art. 102, III, "b"), com isso fazendo alusão, precisamente, ao efeito declaratório das decisões. Desse modo, o "caráter declaratório de tais decisões, assim extraído da própria Constituição, por inferência lógica, corroborada pelos textos clássicos já citados, acarreta então os tempos de eficácia *ex tunc*, que são inerentes àquelas sentenças ditas 'declaratórias'".[410]

Com essas observações se quer registrar que, enquanto o controle de constitucionalidade é regulado pela própria CF/88, com a finalidade de afastar, com maior eficácia e abrangência, qualquer tipo de violação à Constituição, tal matéria é deixada pela Lei Fundamental alemã para definição por meio do Poder Legislativo. Essa distinção não pode ser colocada de lado.

Não se pretende afirmar, com isso, que a atribuição de eficácia prospectiva pelo Supremo Tribunal Federal seja, necessariamente e em todos os casos, inconciliável com a CF/88. Quer-se, em vez disso, sustentar que, seja qual for o seu espaço constitucional, ele é inevitavelmente menor que aquele atribuído pela Lei Fundamental ao Tribunal Constitucional Federal alemão. A CF/88, em matéria de controle de constitucionalidade, foi explícita: ela previu mecanismos para afastar a inconstitucionalidade e para restabelecer o estado de constitucionalidade, com maior eficácia e abrangência possíveis, com foco especial na Administração Pública direta e indireta, nas esferas federal, estadual e municipal. A competência para a edição de súmula vinculante para todos os Poderes, a regulação da eficácia geral em matéria de controle concentrado de constitucionalidade ou a faculdade para instar o Poder Legislativo a adotar as medidas necessárias a fim de afastar a inconstitu-

410. Misabel de Abreu Machado Derzi, *Modificações da jurisprudência no Direito Tributário*, São Paulo, Noeses, 2009, p. 238.

cionalidade são exemplos claríssimos de que o foco da CF/88 é a rápida e a eficiente restauração do estado de constitucionalidade afastado pela lei inconstitucional. Pode-se dizer, em outras palavras, que, em regra, a CF/88 foi intolerante com qualquer tipo de preservação de estados de inconstitucionalidade. Sendo isso verdadeiro, simplesmente transpor para a ordem jurídica brasileira qualquer tipo de experiência estrangeira, sem atentar para as suas particularidades, é desconsiderar essa preocupação com o afastamento de qualquer estado de inconstitucionalidade.

Analisadas essas questões mais gerais, atinentes à diferença entre os sistemas alemão e brasileiro, é preciso, agora, examinar os casos em que o Supremo Tribunal Federal tem mitigado o efeito ordinário da declaração de inconstitucionalidade das leis.

C-2) Casos de declaração de inconstitucionalidade mitigada

Em algumas decisões, o Supremo Tribunal Federal, a rigor, não altera o efeito declaratório da decisão, deixando de declarar a inconstitucionalidade de norma; entretanto, ainda que declare a inconstitucionalidade, estabelece uma regra de transição ou um prazo para cumprimento da decisão. A eficácia da decisão, portanto, é retroativa, porém, para evitar determinadas consequências havidas como indesejáveis, o Tribunal estabelece um regramento ou um prazo específico de transição.

Nessas hipóteses, o Tribunal mantém os efeitos produzidos pela norma inconstitucional, mas, desde já, estabelece uma norma transitória a ser aplicada até a sobrevinda da norma legislativa.

No RE n. 401.953-1, o Tribunal examinou a constitucionalidade de lei estadual que, pretendendo sanar supostas desigualdades sociais e regionais, excluiu, completa e abruptamente, um Município da participação na partilha e do repasse do produto arrecadado com a cobrança do imposto sobre serviços.[411] O Tribunal decidiu pela inconstitucionalidade da norma impugnada pela violação ao disposto no parágrafo único do inciso IV do art. 158 da CF/88. Em consequência disso, determinou o recálculo dos coeficientes de participação dos Municípios no produto da arrecadação para efeito de atribuir ao Município prejudicado a sua cota constitucional. No entanto, o Tribunal ressalvou: "Uma vez que o recálculo do quadro da partilha poderá implicar diminuição da cota de participação dos demais Municípios do Estado do Rio de Janeiro, com eventual compensação dos valores recebidos com os valores relativos

411. RE n. 401.953-1, Tribunal Pleno, Rel. Min. Joaquim Barbosa, *DJ* 21.9.2007.

aos exercícios futuros, a execução do julgado não poderá comprometer o sustentáculo financeiro razoável e proporcional dos Municípios. Logo, a lei que irá normatizar o recálculo e a transferência ao recorrente dos créditos pertinentes aos períodos passados deverá prever, ainda, compensação e parcelamento em condições tais que não impliquem aniquilamento das parcelas futuras devidas aos Municípios" (ementa, itens 6 e 7).

C-3) *Casos de declaração de incompatibilidade*

Em outras decisões, o Supremo Tribunal Federal não se limita a estabelecer uma regra de transição ou um prazo para o cumprimento da decisão declaratória de inconstitucionalidade. O Tribunal altera a própria qualificação jurídica dos atos praticados ou dos fatos ocorridos no passado, os quais, embora contrários à Constituição, deixam de perder a sua eficácia. Aqui, em vez de alteração dos efeitos temporais da decisão, ocorre a modificação dos efeitos temporais da declaração de inconstitucionalidade. Isso, porém, não é feito de uma só forma, mas de várias, conforme se busca, agora, sistematizar.

a) Declaração de incompatibilidade com eficácia geral *pro futuro* total

Nesses casos, o Tribunal simplesmente atribui efeitos *ex nunc* à decisão de inconstitucionalidade, atribuindo ao Poder Legislativo a incumbência de elaborar nova lei.

Nos RE ns. 197.917 e 266.994, o Supremo Tribunal Federal analisou a compatibilidade de leis municipais com o art. 29, IV, da CF/88, especificamente para saber se o número de vereadores obedeceria à exigência constitucional de proporcionalidade à população.[412] Como o Tribunal Pleno entendeu que as leis municipais eram inconstitucionais, surgiu a questão de saber se a decisão de inconstitucionalidade poderia ter efeitos declaratórios. Por entender que os efeitos pretéritos da ação poderiam causar grave repercussão para a organização da Administração e para a própria credibilidade do sistema legislativo municipal, tendo em vista as leis até então editadas, o Tribunal declarou a eficácia prospectiva. O fundamento da decisão, assim, reside na segurança jurídica como exigência de estabilidade institucional do Direito e de credibilidade do ordenamento jurídico no seu conjunto pelos Municípios e munícipes. Nesse sentido é a própria ementa do acórdão: "Princípio da segurança jurídica – Situação excepcional em que a declaração de nulidade, com

412. RE n. 197.917-8, Tribunal Pleno, Rel. Min. Maurício Corrêa, *DJ* 7.5.2004; RE n. 266.994, Tribunal Pleno, Rel. Min. Maurício Corrêa, *DJ* 21.5.2004.

seus normais efeitos *ex tunc*, resultaria em *grave* ameaça a *todo* o *sistema* legislativo vigente – Prevalência do interesse público para assegurar, em caráter de exceção, efeitos *pro futuro* à declaração incidental de inconstitucionalidade" (grifos nossos). Além disso, a manutenção dos efeitos pretéritos não prejudicava os particulares. Bem ao contrário, os beneficiava, na medida em que mantinha as leis até então editadas, bem como os efeitos pretéritos do funcionamento da máquina administrativa.

Na ADI n. 3.615, o Supremo Tribunal Federal analisou a compatibilidade da redefinição do limite territorial do Município de Conde, do Estado da Paraíba, com o disposto no § 4º do art. 18 da CF/88, de acordo com o qual a criação, a incorporação, a fusão e o desmembramento de Municípios deveriam ser feitas por lei estadual, dentro do período determinado por lei complementar federal, ainda dependendo de consulta prévia, mediante plebiscito, às populações dos Municípios envolvidos, após a divulgação dos Estudos de Viabilidade Municipal, apresentados e publicados na forma da lei.[413] Como a redefinição dos limites territoriais do referido Município foi feita sem a prévia consulta, mediante plebiscito, das populações das localidades limítrofes, mas apenas com pesquisas de opinião, abaixo-assinados e declarações de organizações comunitárias, o Tribunal declarou a inconstitucionalidade da lei municipal. No entanto, tendo em vista que a contestação judicial foi feita em 2005, relativamente a norma promulgada em 1989, nesse período de 16 anos foram "consolidadas diversas situações jurídicas, principalmente no campo financeiro, tributário e administrativo, que não podem, sob pena de ofensa à segurança jurídica, ser desconstituídas desde a sua origem" (voto da Ministra Ellen Gracie). Em razão disso, o Tribunal declarou a inconstitucionalidade com eficácia *ex nunc*. O fundamento da decisão pode igualmente ser reconstruído com base na segurança jurídica na qualidade de exigência de estabilidade institucional do Direito e de credibilidade do ordenamento jurídico: para assegurar a manutenção dos atos praticados, bem como para viabilizar a organização dos Municípios, foi estabelecida eficácia prospectiva. Registre-se, do mesmo modo, que a manutenção dos efeitos pretéritos não prejudicava os particulares; antes os beneficiava, pela consolidação jurídica dos atos já consolidados do ponto de vista fático. Interessa destacar, por fim, que o Ministro Eros Grau acompanhou o voto da Ministra Relatora, para o efeito de declarar a inconstitucionalidade da norma impugnada, especialmente "para a superação das incertezas que dão causa a indesejável conflito entre os Municípios". Vale dizer: o Tribunal declarou a inconstitucionalidade da

413. ADI n. 3.615-7, Tribunal Pleno, Rela. Ministra Ellen Gracie, *DJ* 9.3.2007.

norma impugnada como instrumento para preservar a segurança jurídica na sua dimensão futura de exigência de calculabilidade do Direito, ao mesmo tempo em que manteve os atos praticados, garantindo, com isso, a segurança jurídica na sua dimensão passada de exigência de intangibilidade de situações consolidadas.

Na ADI n. 2.907, o Tribunal deliberou acerca de uma portaria do Presidente do Tribunal de Justiça do Estado do Amazonas que disciplinava o horário de trabalho dos servidores.[414] Na ocasião, o Tribunal decidiu que, embora não houvesse ofensa ao princípio da separação dos Poderes, visto que a portaria em questão não alterava a jornada de trabalho dos servidores, constatava-se vício de natureza formal, consistente no uso de portaria ao invés de resolução, monocraticamente e não por meio de decisão colegiada, vulnerando o art. 96, I, "a" e "b", da Constituição Federal. O Tribunal, no entanto, declarou a eficácia *ex nunc* ao julgado, "para que não se vá anular eventualmente ou dar pretexto para anular qualquer ato praticado" (voto Ministro Cézar Peluso).

b) Declaração de incompatibilidade com eficácia geral *pro futuro* parcial

Nessas situações, o Tribunal atribui efeitos *ex nunc* à decisão de inconstitucionalidade, mas faz com que esses efeitos atinjam casos não consolidados. Trata-se de uma espécie de eficácia retrospectiva da decisão: os casos já considerados irreversíveis não são atingidos, mas aqueles que podem, de algum modo, ser alterados ficam de fora do alcance da decisão.

No HC n. 82.959, o Tribunal analisou compatibilidade da previsão do § 1º do art. 2º da Lei n. 8.072/90, reguladora da progressão de regime no caso dos crimes hediondos, com o previsto no inciso XLVI do art. 5º da CF/88.[415] Considerando que a progressão no regime de cumprimento da pena, nas espécies fechado, semiaberto e aberto, teria como razão maior a ressocialização do preso, concluiu conflitar com a garantia da individualização da pena a imposição, mediante norma, do cumprimento da pena em regime integralmente fechado. O Tribunal, porém, por ter modificado a sua jurisprudência anterior, que entendia pela constitucionalidade da proibição de progressão no caso dos crimes hediondos, entendeu que haveria de modular os efeitos da declaração de inconstitucionalidade. O voto do Ministro Gilmar Mendes, fortemente baseado na doutrina alemã (especialmente em Karl Larenz e Peter Hä-

414. ADI n. 2.907, Tribunal Pleno, Rel. Min. Eros Grau, *DJ* 16.5.2008.

415. HC n. 82.959, Tribunal Pleno, Rel. Min. Marco Aurélio, *DJ* 1.9.2006.

berle) e na jurisprudência estadunidense sobre mudança jurisprudencial (*prospective overruling*), propugnou pela modulação de efeitos também no controle concreto de constitucionalidade (p. 50 do voto), com base em argumentos constitucionais, e não de mera conveniência. Sua argumentação foi no sentido de que, embora o "princípio" da nulidade continue sendo a "regra", em algumas situações, mesmo no controle difuso, pode o Tribunal restringir os efeitos da decisão nos casos em que a nulidade provocar vácuo ou benefício incompatível com o princípio da igualdade ou danos para o próprio sistema jurídico constitucional (p. 58), como teria feito o Tribunal em várias oportunidades:[416] "Em outros termos, razões de segurança jurídica podem obstar à revisão do ato praticado com base na lei declarada inconstitucional" (p. 63). Por fim, concluiu afirmando que, "no caso em tela, observa-se que eventual declaração de inconstitucionalidade com efeito *ex tunc* ocasionaria repercussões em todo o sistema vigente". O Tribunal, nessa linha, declarou a eficácia *pro futuro*, para afastar da progressão as penas já extintas, sem prejuízo de o juiz competente analisar os outros requisitos necessários à individualização da pena.

No RE n. 560.626, o Tribunal analisou se as normas relativas à prescrição e à decadência tributárias tinham, ou não, natureza de normas gerais de Direito Tributário, cuja disciplina, em caso positivo, é reservada à lei complementar, tanto sob a Constituição pretérita (art. 18, § 1º, da CF/67-69) quanto sob a Constituição atual (art. 146, III, "b", da CF/88).[417] O Tribunal entendeu que as leis estaduais e municipais não poderiam tratar dos prazos, pois, nesse caso, "permitir regulação distinta sobre esses temas, pelos diversos entes da Federação, implicaria prejuízo à vedação de tratamento desigual entre contribuintes em situação equivalente e à segurança jurídica". Em razão disso, o Tribunal declarou a inconstitucionalidade dos arts. 45 e 46 da Lei 8.212/91, por violação do art. 146, III, "b", da CF/88 e do parágrafo único do art. 5º do Decreto-lei n. 1.569/77, em face do § 1º do art. 18 da CF/67-69. No entanto, o Tribunal modulou os efeitos da decisão, declarando "legítimos os recolhimentos efetuados nos prazos previstos nos arts. 45 e 46 da Lei n.

416. RE n. 78.594, Rel. Min. Bilac Pinto, *DJ* 4.11.74; RE n. 79.620, Rel. Min. Aliomar Baleeiro, *DJ* 13.12.74; RE n. 78.809, Rel. Min. Aliomar Baleeiro, *DJ* 11.10.74; RE n. 122.202, Rel. Min. Francisco Rezek, *DJ* 8.4.94. Em outras situações, o Tribunal fez a ponderação, mas concluiu pela inocorrência de situação justificadora: ADI n. 513, Rel. Min. Célio Borja, *RTJ* 141; ADI n. 1.102, Rel. Min. Maurício Corrêa, *DJ* 17.11.95.

417. RE n. 560.626, Tribunal Pleno, Rel. Min. Gilmar Mendes, *DJe* 5.12.2008.

8.212/91 e não impugnados antes da data de conclusão deste julgamento". O Ministro Gilmar Mendes seguiu essa orientação "tendo em vista a repercussão e a insegurança que se pode ter na hipótese; mas estou tentando delimitar a possibilidade de repetição de indébito de valores recolhidos nestas condições, com exceção das ações propostas antes da conclusão do julgamento". Finalmente, o Ministro Relator concluiu o julgamento declarando a inconstitucionalidade dos dispositivos impugnados, "porém com modulação dos efeitos, *ex nunc*, apenas em relação às eventuais repetições de indébito ajuizadas após a presente data, a data do julgamento".

c) Declaração de incompatibilidade com disposição provisória de prolongamento da validade

Nessas situações, o Tribunal mantém os efeitos produzidos pela norma inconstitucional no passado, prolongando provisoriamente esses efeitos por um período, até que o Poder Legislativo institua nova regra com efeitos retroativos à data da decisão. Nas ADI ns. 2.240, 3.316, 3.489 e 3.689, o Tribunal examinou a compatibilidade da criação de Municípios sem a intermediação de lei complementar com o disposto no § 4º do art. 18 da CF/88, segundo o qual a criação deveria ser feita por lei estadual, no entanto dentro do período determinado por lei complementar federal.[418] Novamente, o Tribunal, para manter a organização da Administração e a validade das leis até então editadas, declarou a inconstitucionalidade do ato impugnado, mas garantiu a sua "vigência pelo prazo de 24 (vinte e quatro) meses até que o legislador estadual estabeleça novo regramento". O fundamento da decisão, seguindo os precedentes anteriormente referidos, pode ser reconstruído com base na segurança jurídica, como exigência de estabilidade institucional do Direito e de credibilidade do ordenamento jurídico. A esse entendimento o Tribunal chegou pela consideração de que o Município em questão tivera existência de fato durante seis anos, criando uma "situação excepcional consolidada, de caráter institucional, político"; "a situação de exceção, situação consolidada – embora ainda não jurídica –, não pode ser desconsiderada" (voto do Ministro Eros Grau na ADI n. 2.240). Foi considerado, especialmente, o caráter excepcional da situação, decor-

418. ADI n. 2.240-7, Tribunal Pleno, Rel. Min. Eros Grau, *DJ* 3.8.2007; ADI n. 3.316, Tribunal Pleno, Rel. Min. Eros Grau, *DJ* 29.6.2007; ADI n. 3.489, Tribunal Pleno, Rel. Min. Eros Grau, *DJ* 3.8.2007; ADI n. 3.689, Tribunal Pleno, Rel. Min. Eros Grau, *DJ* 29.6.2007.

rente do fato de que a lei complementar em questão nunca havia sido editada, exteriorizando "omissão do Congresso Nacional que inviabiliza o que a Constituição autoriza: a criação de Município. A não-edição da lei complementar dentro de um prazo razoável consubstancia autêntica violação da ordem constitucional". O remate final da ementa é ilustrativo: "O princípio da segurança jurídica prospera em benefício da preservação do Município – Princípio da continuidade do Estado". E o voto do Ministro Eros Grau é emblemático:

> "O Município legisla sobre assuntos de interesse local; até maio de 2006 foram sancionadas mais de duzentas leis municipais. O Município elegeu seus Prefeito e Vice-Prefeito, bem assim seus Vereadores, em eleições realizadas pela Justiça Eleitoral. Instituiu e arrecadou tributos de sua competência. Prestou e está a prestar serviços públicos de interesse local. Exerce poder de polícia. Em seu território (...) foram celebrados casamentos e registrados nascimentos e óbitos. (...). Em suma (...) o Município de Luís Eduardo Magalhães existe, de fato, como Ente Federativo dotado de autonomia municipal, a partir de uma decisão política. Esta realidade não pode ser ignorada. Em boa-fé, os cidadãos domiciliados no Município supõem seja juridicamente regular a sua autonomia política".

Segundo o Relator, a declaração de inconstitucionalidade institucional do Município, embora criado em contradição com a Constituição, "agravará a moléstia do sistema" (item 27), pois "não é possível anularmos a decisão política de caráter institucional sem desabrida agressão ao princípio federativo" (item 34); "impossível retornarmos no tempo, para anular essa existência" (item 35); "Na tarefa de concretização da Constituição, a Corte aplica-se a prover a sua força normativa e sua função *estabilizadora* (...)" (item 41, grifo nosso); "Cumpre verificarmos o que, no caso, menos compromete a força normativa futura da Constituição e sua função de *estabilização*" (item 43); "no caso está em pauta o *princípio da continuidade do Estado*, não o *princípio da continuidade do serviço público*" (item 45). Em razão de todas essas considerações, o Ministro Relator propugnou pela improcedência da ação. Em voto-vista, o Ministro Gilmar Mendes, sintetizando a necessidade de se ponderar o "princípio da nulidade da lei com o princípio da segurança jurídica" (p. 313), defendeu a declaração de inconstitucionalidade com efeitos *pro futuro* (p. 323), por 24 meses, especialmente considerando, com base na afirmação de Bachof, que a nulidade da lei inconstitucional pode gerar uma "verdadeira catástrofe" (p. 326) e "trazer danos para o próprio sistema jurídico constitucional (grave ameaça à segurança jurídica)" (p. 328).

d) Declaração de incompatibilidade
com disposição definitiva de prolongamento da validade
e obrigação de modificação para o futuro

Nesses casos, o Tribunal mantém os efeitos produzidos pela norma inconstitucional no passado, prolongando definitivamente esses efeitos por um período e atribuindo ao Poder Legislativo a tarefa de instituir nova regra para o futuro.

Na ADI n. 3.660-2, o Tribunal analisou a compatibilidade da destinação de custas judiciais a entidades associativas privadas com os arts. 5º, 98, parágrafo único, e 145, II, da CF/88.[419] O Tribunal reiterou o seu entendimento no sentido da vedação da destinação dos valores recolhidos a título de custas e emolumentos a pessoas jurídicas de Direito Privado, pela violação ao princípio da isonomia e pelo desvirtuamento da destinação constitucionalmente prevista para as taxas, que deve ser o custeio de serviços públicos aos quais estejam vinculadas. No entanto, "tendo em vista razões de segurança jurídica e de excepcional interesse social, aplica-se o art. 27 da Lei n. 9.868/99, para atribuir à declaração de inconstitucionalidade efeitos a partir da Emenda Constitucional n. 45, de 31.12.2004" (ementa). Interessa notar que, no caso, havia jurisprudência constitucional consolidada do Tribunal a respeito. Por isso, a afirmação reticente do Ministro Joaquim Barbosa relativamente à modulação de efeitos proposta pelo Ministro Gilmar Mendes, Relator do Acórdão: "A posição do Tribunal quanto a este tipo de inconstitucionalidade é conhecida de longa data" (p. 67 do acórdão).

Na ADI n. 3.022, o Supremo Tribunal Federal examinou a compatibilidade da Lei Complementar Estadual n. 10.194/94, que assegurava a atuação da Defensoria Pública na defesa de servidores processados, civil ou criminalmente, em razão de ato praticado no exercício regular de suas funções, com o disposto no art. 134 da CF/88, segundo o qual caberia à Instituição a orientação jurídica e a defesa, em todos os graus, apenas dos necessitados, conforme exigência do inciso LXXIV do art. 5º.[420] O Tribunal declarou a inconstitucionalidade da norma infraconstitucional, mas manteve os seus efeitos até o final do ano (31.12.2004) em que foi proferida a decisão (2.8.2004). O fundamento da decisão foi novamente a segurança jurídica como exigência de estabilidade institucional do Direito e de credibilidade do ordenamento jurídico: para assegurar a continuidade do serviço público e a manutenção dos atos processuais

419. ADI n. 3.660-2, Tribunal Pleno, Rel. Min. Gilmar Mendes, *DJ* 13.3.2008.
420. ADI n. 3.022-1, Tribunal Pleno, Rel. Min. Joaquim Barbosa, *DJ* 4.3.2005.

praticados, foi estabelecido um prazo "dando um tempo ao legislador gaúcho de disciplinar a matéria adequadamente". Note-se, igualmente, que a manutenção dos efeitos pretéritos não prejudicava os particulares, sendo pontualmente destinada apenas a manter os atos praticados até que se pudesse, concretamente, reestruturar a instituição. Registre-se, igualmente, que a posição da Defensoria Pública era no sentido de que os defensores também poderiam enfrentar dificuldades salariais e, por isso, necessitar de assistência. Observe-se, por fim, que a própria Procuradoria da República entendia que a declaração de inconstitucionalidade geraria "prejuízo injustificado" para as partes envolvidas.

Na ADI n. 3.819, o Tribunal analisou a compatibilidade do ingresso na carreira de Defensor Público por provimento derivado com o disposto no inciso II do art. 37 e com o § 1º do art. 134 da CF/88, segundo os quais a investidura em cargo ou em emprego público depende de aprovação prévia em concurso público de provas ou de provas e títulos.[421] No caso, os servidores estaduais investidos na função de Defensor Público e nos cargos de Assistente Jurídico de penitenciária e de Analista de Justiça (em exercício de cargo de provimento em comissão) foram transpostos para a então recém-criada carreira de Defensor Público Estadual sem prévio concurso público. O Tribunal entendeu haver inconstitucionalidade, por violação à regra segundo a qual o ingresso na carreira pública se dá por concurso público, realizadora do princípio da isonomia e do princípio republicano, em razão dos critérios objetivos e impessoais que prestigia. Por esse motivo, entendeu o Tribunal que "a violação de preceitos constitucionais sob o pretexto da defesa do interesse público é inconcebível" (voto do Ministro Eros Grau, item 23). Todavia, para assegurar a continuidade do serviço público e o acesso à jurisdição, atribuiu efeitos prospectivos à decisão de inconstitucionalidade, para manter os defensores ilegalmente investidos apenas pelo período de seis meses, sem a sua efetivação, com a finalidade de permitir a renovação do quadro de defensores, mediante o chamamento dos aprovados no último concurso homologado. O fundamento da decisão também pode ser reconstruído com base na segurança jurídica, como exigência de estabilidade institucional do Direito e de credibilidade do ordenamento jurídico.

Na ADI n. 3.458-8, o Tribunal examinou a compatibilidade de lei estadual, de iniciativa do Poder Executivo, versando sobre o depósito, em conta única administrada pelo Tesouro Estadual, dos depósitos judi-

421. ADI n. 3.819-2, Tribunal Pleno, Rel. Min. Eros Grau, *DJ* 28.3.2008.

ciais e extrajudiciais com o disposto no § 1º do art. 61, que exige iniciativa do Poder Judiciário, e com o art. 2º, que garante a independência e a harmonia dos Poderes.[422] O Tribunal decidiu pela inconstitucionalidade da lei impugnada em virtude de entender, do ponto de vista formal, que a matéria só poderia ser objeto de iniciativa do Poder Judiciário e, do ponto de vista material, que haveria violação ao princípio da separação dos Poderes, por não se tratar de valores vinculados à Fazenda Estadual (mas de quantias objeto de depósito judicial). O Tribunal, no entanto, efetuou – nas suas palavras "modulação de efeitos", pois, como a referida lei estava vigente há seis anos (voto do Ministro Eros Grau, parte final):

> "(...) dos efeitos *ex tunc* da declaração resultariam prejuízos e insegurança jurídica, uma vez que o Sistema de Conta Única de Depósitos Judiciais e Extrajudiciais no âmbito do Estado de Goiás obedeceu ao procedimento nela contido, desde então. Proponho, assim, a modulação dos efeitos de declaração de inconstitucionalidade, nos termos do disposto no art. 27 da Lei n. 9.868/99, de modo a que a decisão produza efeitos 60 (sessenta dias) após o seu trânsito em julgado, tempo hábil à organização do Estado de Goiás no que tange ao recolhimento de custas judiciais e extrajudiciais".

Vê-se, portanto, que o Tribunal apenas concedeu prazo para o cumprimento da decisão.

A modulação de efeitos é própria da declaração de inconstitucionalidade, já que, tendo a lei presunção de constitucionalidade, a sua confirmação não altera o estado de coisas anteriormente existente, não havendo razão para qualquer tipo de restrição aos efeitos da decisão. Esse é, inclusive, o entendimento do Supremo Tribunal Federal.

Com efeito, a modulação da eficácia da declaração de constitucionalidade (modulação invertida) foi rejeitada na ADI n. 1.040-9.[423] Nesse julgamento, o Tribunal declarou a constitucionalidade da exigência temporal de dois anos de Bacharelado em Direito como requisito para a inscrição em concurso público para ingresso nas carreiras do Ministério Público da União. Instado a se manifestar, em embargos de declaração, a respeito do cabimento da atribuição de efeitos prospectivos à decisão, decidiu o Tribunal pela impossibilidade de tal medida, em virtude da "inversão do princípio da presunção de constitucionalidade das leis".

422. ADI n. 3.458-8, Tribunal Pleno, Rel. Min. Eros Grau, *DJ* 28.3.2008.

423. ED na ADI n. 1.040-9, Tribunal Pleno, Rela. Ministra Ellen Gracie, *DJ* 1.9.2006.

Como afirmou a Ministra Ellen Gracie em seu voto, "a pretensão envolve completa inversão da presunção de constitucionalidade das leis, dogma fundamental de nosso ordenamento jurídico".

Em outro caso, no entanto, o Tribunal restringiu os efeitos da declaração de constitucionalidade. De fato, na ADI n. 3.756-1, o Tribunal analisou a impugnação do inciso II do § 3º do art. 1º e dos incisos II e III do art. 20 da Lei Complementar n. 101/2000 – Lei de Responsabilidade Fiscal –, que versavam sobre a aplicação dos limites globais das despesas com pessoal também ao Poder Legislativo Distrital. Sustentava-se, na referida ação, a inconstitucionalidade da aplicação das normas da Lei de Responsabilidade Fiscal ao Distrito Federal, sob a alegação de que este teria poderes iguais aos dos Municípios, e a referida lei se aplicaria apenas aos Estados.[424] Em suma, objetivava-se afastar a aplicação das limitações de gastos com pessoal, aplicáveis aos Estados e ao Distrito Federal.

O Tribunal, depois que salientou a peculiaridade do Distrito Federal no que se refere às suas competências e aos seus serviços, entendeu que ele estaria mais próximo da estruturação dos Estados-membros que da arquitetura constitucional dos Municípios, especialmente em razão da igualdade de tratamento com os Estados em relação à competência concorrente (art. 24), à intervenção (art. 34), aos Poderes estatais (inciso I do art. 29), ao número de deputados distritais, à duração dos respectivos mandatos e aos subsídios dos parlamentares (§ 3º do art. 32) e à legitimação para a propositura de ação direta de inconstitucionalidade, entre outros aspectos. Em razão desses argumentos, o Tribunal rejeitou a declaração de inconstitucionalidade, assegurando, portanto, a constitucionalidade do dispositivo impugnado. Mesmo assim, modulou a declaração de "constitucionalidade", por entender que haveria a necessidade de um prazo para a adaptação do Distrito Federal à decisão. Para tanto, o Tribunal, em decisão proferida em embargos de declaração, considerou que "não há como exigir que o Poder Legislativo do Distrito Federal se amolde, de modo retroativo, ao julgado da ADI n. 3.756, porquanto as despesas com pessoal já foram efetivamente realizadas, tudo com base na Decisão n. 9.475/2000, do TCDF, e em sucessivas diretrizes orçamentárias".[425] No seu voto, o Ministro Carlos Britto registrou que o Tribunal de Contas do Distrito Federal vinha dispensando ao Distrito Federal o mesmo tratamento atribuído aos Municípios, isto é, permitindo

424. ADI n. 3.756-1, Rel. Min. Carlos Britto, *DJ* 19.10.2007.

425. ED na ADI n. 3.756-1, Tribunal Pleno, Rel. Min. Carlos Britto, *DJ* 23.11.2007.

o limite de 6% com gastos com pessoal, ao contrário do percentual de 3%, aplicável aos Estados. Além disso, o Distrito Federal, com base na interpretação então atribuída pelo Tribunal de Contas, já tinha realizado operações de crédito com instituições nacionais e estrangeiras, sendo nunca ter havido óbice por parte da Secretaria do Tesouro Nacional do Ministério da Fazenda, da Procuradoria Nacional e do Senado Federal, por eventual descumprimento dos limites pertinentes. Em razão disso, asseverou o Ministro Relator que não haveria "como fazer o moinho orçamentário retroceder; ou seja, não há como fazer refluir essa água orçamentária, porque a verdade é que durante os sete anos de existência da lei esse percentual extrapolante foi praticado. Agora, foi praticado – eu entendo – de boa-fé, devido a que lastreado numa autorização formal do Tribunal de Contas do Distrito Federal, assim como em leis de diretrizes orçamentárias" (item 12). Em razão desses argumentos, o Tribunal decidiu exigir o cumprimento da decisão, "contando-se impreterivelmente os dois quadrimestres, previstos no art. 23 da referida lei, da data da publicação da ata de julgamento do mérito da presente ação direta de inconstitucionalidade" (item 15). Desse modo, o que o Tribunal fez foi declarar a inconstitucionalidade da norma impugnada, dando um prazo para o cumprimento da decisão.

C-4) Análise crítica

a) Da modulação em geral

Note-se, inicialmente, que nos casos acima analisados o fundamento das decisões não foi, a rigor, o princípio da proteção da confiança: em nenhum momento o Tribunal examinou a confiabilidade da base da confiança (se as leis municipais, os atos administrativos ou os atos processuais mereciam, ou não, confiança), se houve confiança (se os Municípios e os munícipes conheciam, podiam confiar e efetivamente confiaram nas leis municipais, nos atos administrativos e nos atos processuais), se houve exercício da confiança (se os cidadãos praticaram atos de disposição da liberdade e do patrimônio causalmente vinculados com as leis municipais, com os atos administrativos e com os atos processuais) e se houve frustração (se, tendo havido exercício da confiança, a surpresa foi grande e injustificada). Nada disso foi analisado. Os casos, a rigor, sequer envolviam uma contraposição entre Estado e cidadão. O que o Tribunal fez foi aplicar o princípio da segurança jurídica no seu sentido objetivo, como norma objetiva, abstrata e protetiva de interesses coletivos, que serve, portanto, como instrumento de proteção "das confianças" ou do "conjunto de confianças" no ordenamento jurídico. No entendimento do Tribunal – e empregando outras palavras –, a eficácia declaratória da decisão afetaria a própria *credibilidade institucional* do Direito como pressuposto do exercício *potencial* do conjunto de liberdades, especialmente pela quantidade de atos praticados sob o amparo da legislação anterior.

Não por outro motivo, o Ministro Joaquim Barbosa, no seu voto a respeito de caso envolvendo recálculo de valores a serem repassados pelo Estado do Rio de Janeiro aos Municípios, asseverou: "Creio ser esse um dos casos em que me parece razoável, justificada a aplicação do art. 27, porque é um caso típico, é uma *questão federativa, não há interesses individuais*, não estaremos outorgando privilégios a A, B ou C – é uma *questão institucional*"[426] (grifos nossos). Declarar a inconstitucionalidade "seria sacrificar as populações mais carentes" – asseverou o Ministro Gilmar Mendes.

Como apontaram os Ministros no caso de repasse de valores orçamentários, "há situações *extremas*" (Ministro Carlos Britto); "penso tratar-se de um caso típico e com consequências *gravíssimas* para a população" (Ministra Carmem Lúcia); "as consequências são seriíssimas", "estamos aqui diante de um *caso-limite* de ponderação" (Ministro Gilmar Mendes – grifos nossos).[427]

O que faltou expressamente na fundamentação das decisões foi a análise da integralidade do princípio da segurança jurídica, especialmente no seu aspecto temporal (passado, presente e futuro). Além disso, a presunção de grandes efeitos foi feita, na maior parte dos casos, sem qualquer tipo de comprovação ou, mesmo, fundamentação racional que pudesse indicar a sua razoável presunção. Em alguns casos, essa repercussão pode ser presumida, como na criação de um Município; em outros, porém, essa eficácia negativa não é tão evidente, como na admissão de funcionários sem concurso. Constata-se, igualmente, uma ausência de análise da aparência de legalidade da medida: quando o Tribunal deixa de examinar se havia aparência de constitucionalidade no momento da prática de ato posteriormente havido como inconstitucional, corre o risco de manter a eficácia de atos que foram praticados sabidamente contra a Constituição. Ao fazê-lo, o Tribunal está encorajando a prática futura de novas inconstitucionalidades. Preserva a segu-

426. RE n. 401.953-1, Tribunal Pleno, Rel. Min. Joaquim Barbosa, *DJ* 21.9.2007, voto do Min. Joaquim Barbosa, p. 467 do acórdão.

427. RE n. 401.953-1, Tribunal Pleno, Rel. Min. Joaquim Barbosa, *DJ* 21.9.2007, pp. 469 e 471 do acórdão.

rança jurídica no passado, incentivando a insegurança jurídica em maior medida no futuro. É importante ter em conta, sempre, que, se é verdade que a decisão de manter efeitos de atos inválidos tem a finalidade de evitar efeitos negativos para a segurança jurídica, a própria decisão de manter tais efeitos também provoca os mesmos efeitos negativos. Como observa Tamanaha, a manutenção de efeitos para atos contrários ao Direito igualmente produz efeitos que se contrapõem aos princípios do Estado de Direito e da segurança jurídica, como estimular o descumprimento dos contratos e a falta de manutenção da palavra, aumentar a incerteza com relação ao cumprimento de leis e contratos, encorajar práticas econômicas inaceitáveis, aumentar a ineficiência econômica, entre outros fatores.[428] Com isso se quer apenas dizer que a decisão de manter os efeitos de atos inválidos com base no princípio da segurança jurídica deve analisar *todos* os efeitos decorrentes da inversão da consequência normal pelo descumprimento das normas: a mesma segurança jurídica que pode ser usada para manter leis contrárias à Constituição com a finalidade de proteger a confiança de alguns que confiaram na validade de leis cuja constitucionalidade era presumida também pode ser utilizada com o fim de proteger a confiança de outros que confiaram na aplicação da consequência prevista para o descumprimento das leis contrárias à Constituição; a mesma segurança jurídica que pode ser utilizada para manter contratos inválidos com o objetivo de preservar a boa-fé das partes que atuaram acreditando na sua validade também pode ser usada com o fim de proteger a confiança das partes que confiaram na aplicação das consequências previstas para os casos de invalidade. Em suma, a manutenção de atos ou de efeitos de atos inválidos com base na segurança jurídica é ambígua: tanto a declaração de inconstitucionalidade, com pronúncia de nulidade, quanto a declaração de incompatibilidade, sem declaração de nulidade, produzem efeitos com relação à cognoscibilidade, à confiabilidade e à calculabilidade do Direito. Sendo assim, as decisões que se valem dessa técnica decisória não podem utilizar a segurança jurídica sem defini-la e sem analisar todos os efeitos que lhe digam respeito. O uso da segurança jurídica como fundamento decisório sem a sua definição e sem a delimitação dos tipos e da extensão de *todos* os efeitos é incompatível com o princípio do Estado de Direito e, por paradoxal que isso possa parecer, com o próprio princípio da segurança jurídica.

428. Brian Z. Tamanaha, *Law as a means to an end – Threat to the Rule of Law*, Cambridge, Cambridge University Press, 2006, p. 230.

Apesar disso, a maioria das decisões considerou situações excepcionais em que, primeiro, o afastamento dos efeitos pretéritos efetivamente causaria instabilidade institucional; segundo, a manutenção dos referidos efeitos não prejudicava o cidadão, antes o favorecia; a manutenção dos efeitos passados, pela anormalidade da situação e pela espécie de modulação feita, não constituía incentivo à prática de novas inconstitucionalidades. Note-se que, no que se refere aos casos em que a manutenção poderia significar o encorajamento à prática futura de atos inconstitucionais, a modulação dos efeitos foi parcimoniosa: a criação de Municípios sem a observância da lei federal foi assegurada por 24 meses; o ingresso na carreira pública sem concurso foi mantido apenas por 6 meses. Faltou ao Tribunal, porém, examinar em que medida a legislação anterior tinha, ou não, aparência de legitimidade. Isso porque, assim não o fazendo, a manutenção dos efeitos dos atos anteriores encoraja a produção de novos atos estatais inválidos.

As considerações anteriores a respeito da tipologia dos casos de modulação de efeitos pelo Supremo Tribunal Federal, somadas ao exame da jurisprudência do Tribunal Constitucional alemão a respeito do tema, permitem chegar a algumas conclusões.

O Supremo Tribunal Federal pode declarar a incompatibilidade de uma lei com a Constituição sem pronunciar a sua nulidade quando a lei tiver por objetivo a promoção de um ideal constitucional cuja realização é determinada pela instituição de um princípio e, com isso, houver a possibilidade de promoção gradual desse ideal, a liberdade para o legislador escolher um entre todos os meios necessários à sua promoção e, por conseguinte, a falta de competência para o Poder Judiciário eliminar o efeito positivo, embora insuficiente, produzido pela lei incompatível com a Constituição.

Isso, porém, não ocorre quando a Constituição, em vez de impor a realização de fins sem a predeterminação dos meios, institui regras de competência – é precisamente o caso da CF/88. Ao contrário da Lei Fundamental alemã, ela optou por instituir um sistema rígido por meio do qual o poder dos Entes Federados para a instituição de tributos é delimitado por meio de regras de competência que definem os aspectos materiais da hipótese de incidência.[429] Nesses casos, a declaração de compatibilidade não pode ser usada, porque não estão presentes os seus pressupostos, só restando a declaração de nulidade da lei. Como lembra

429. Geraldo Ataliba, *República e Constituição*, 3ª ed., São Paulo, Malheiros Editores, 2011, pp. 168-169.

Seer, quando a declaração de nulidade da lei restabelecer o estado de constitucionalidade, como é o caso da usurpação de regras de competência, não há lugar para a declaração de incompatibilidade.[430] A possibilidade de declaração de incompatibilidade só surge com a presença dos requisitos anteriormente mencionados. Eles, todavia, não estão presentes no caso da instituição de tributos cujas hipóteses estão regradas na CF/88, pelos seguintes motivos.

Em primeiro lugar, a declaração de compatibilidade não pode ser utilizada porque não há *dever de ação* estatal. No caso de regras de competência para a instituição de tributos, elas apenas atribuem o poder para a instituição e para o aumento de tributos. O poder, porém, pode ou não ser exercido, de acordo com a autonomia do Ente Federado. Em outras palavras, não há, no caso de regras de competência tributárias, imposição constitucional determinando a busca de um ideal, mas apenas a outorga de um poder, que pode, ou não, ser exercido, e o seu não-exercício não implica inconstitucionalidade. Bem diferentemente do que ocorre com a atribuição de tarefas estatais (*Verfassungsaufträge*) ou de deveres de proteção de direitos fundamentais (*Schutzpflichte*): nesses casos o Estado tem o dever de adotar meios adequados e necessários que contribuam para a promoção dos ideais constitucionais.

Em segundo lugar, a declaração de compatibilidade não pode ser usada porque não há *liberdade de configuração material da ação* estatal. No caso de regras de competência tributárias, os aspectos materiais de incidência da regra legal de tributação já estão predeterminados, não podendo o legislador livremente escolher qualquer meio dentre aqueles necessários para a promoção de um ideal constitucionalmente estabelecido. Como há predeterminação do meio, inexiste possibilidade de promoção gradual de um estado de coisas cuja realização é determinada pela instituição do princípio constitucional, nem liberdade para o legislador escolher entre todos os meios necessários à promoção do fim. O Estado não tem nem dever nem liberdade de ação, o que afasta a utilização da declaração de incompatibilidade de lei sem pronúncia da sua nulidade. Lembre-se, por oportuno, que a normatização por meio de regras atende, ela própria, aos ideais de cognoscibilidade e de calculabilidade do ordenamento jurídico, pela promoção dos ideais de acessibilidade, de inteligibilidade, de previsibilidade e de vinculação do Direito. Violar uma regra é uma forma elíptica de violar a segurança jurídica, sendo a

430. Roman Seer, "Rechtsschutz in Steuersachen", in Klaus Tipke e Joachim Lang, *Steuerrecht*, 19ª ed., Köln, Otto Schmidt, 2008, § 22, n. de margem 285, p. 1.089.

manutenção excepcional dos seus efeitos só viável quando a realização global da própria segurança jurídica assim o exigir.

De fato, a declaração de compatibilidade não pode ser usada quando a lei objeto de controle de constitucionalidade consubstancia uma forma de exercício de competência prevista em regra constitucional. Isso porque, nesse caso, não surgem as duas referidas consequências que permitem a sua adoção: possibilidade de promoção gradual de um estado de coisas e liberdade para o legislador escolher qualquer meio dentre os necessários para promovê-lo. Vale dizer: como a Constituição, em vez de apenas impor a realização de um fim, estabelece o meio a ser adotado, não há margem de configuração para o legislador a respeito do meio a ser escolhido, cabendo a este último escolher o meio predeterminado pela Constituição e ao Poder Judiciário a verificação sobre se a competência foi exercida conforme a regra constitucional. Afinal, "a liberdade do legislador a respeito da decisão sobre qual possibilidade deve ser realizada pressupõe que a própria Lei Fundamental já não tenha tomado essa decisão".[431] Desse modo, não pode ser transposta para o Direito brasileiro a tese de que, no caso da eficácia das decisões do Tribunal Judicial, a Constituição deixou um amplo espaço para que o julgador possa, ele mesmo, encontrar uma decisão política conformadora.[432]

A falta de graduabilidade do fim e a inexistência de liberdade de configuração eliminam a possibilidade de o Poder Judiciário promover uma ponderação destinada a manter a norma inquinada de inconstitucional. Nessa linha, observa Blüggel: "Especialmente uma tarefa constitucional obrigatória permite restringir a liberdade de configuração do legislador de tal modo que a inconstitucionalidade somente pode ainda ser afastada por meio da eliminação da (parte da) lei inconstitucional".[433] Em outras palavras, fica claro que, se a Constituição instituir uma regra de competência cujo exercício depende apenas da configuração de uma hipótese material que prevê um conceito, não cabe ao Poder Judiciário adotar uma declaração de incompatibilidade, pelo simples fato de que, nesse caso, não há nem graduabilidade do fim, nem liberdade de configuração, só restando a declaração de nulidade da lei.

431. Jens Blüggel, *Unvereinbarkeitserklärung statt Normkassation durch das Bundesverfassungsgericht*, Berlin, Duncker und Humblot, 1998, pp. 41-42.

432. Georg Seyfarth, *Die Änderung der Rechtsprechung durch das Bundesverfassungsgericht*, Berlin, Duncker und Humblot, 1998, p. 294.

433. Jens Blüggel, *Unvereinbarkeitserklärung statt Normkassation durch das Bundesverfassungsgericht*, Berlin, Duncker und Humblot, 1998, pp. 41-42.

Em terceiro lugar, a declaração de compatibilidade não pode ser utilizada, porque a declaração de nulidade não deixa de restaurar o estado de constitucionalidade. Como visto, para se declarar a incompatibilidade sem a pronúncia da nulidade é preciso que a ponderação entre os efeitos provenientes da declaração de nulidade da lei e os efeitos decorrentes da declaração de compatibilidade da lei, tendo como parâmetro a Constituição na sua inteireza, revele que a eliminação da lei não restaura o estado de constitucionalidade exigido pela Constituição, antes o prejudica. Isso, porém, não ocorre no caso de regras de competência tributárias: como o Estado não tem o dever de agir, nem a liberdade para tanto, a própria declaração de nulidade da lei restabelece o estado de constitucionalidade. A eliminação da lei apenas conduz à falta de exercício de competência tributária, que, de resto, não é inconstitucional.

As considerações precedentes demonstram que no caso de regras de competência tributárias faltam os requisitos para a utilização da declaração de incompatibilidade de lei sem pronúncia da sua nulidade, de acordo, pelo menos, com os fundamentos tradicionais de utilização decorrentes do princípio da igualdade e do dever de proporcionalidade. Como, entretanto, a decisão por um ou por outro tipo de declaração de constitucionalidade envolve uma ponderação entre os efeitos jurídicos (*Rechtsfolge*) ou efeitos concretos (*Realfolge*) decorrentes da declaração de inconstitucionalidade, com pronúncia de nulidade, e aqueles advindos da declaração de incompatibilidade, sem pronúncia de nulidade, resta ainda indagar: há mais efeitos positivos que negativos na manutenção de uma lei tributária inconstitucional?

É o que se passa a responder.

b) Da modulação no Direito Tributário

No caso das leis tributárias, as justificativas que inicialmente podem ser empregadas para a manutenção dos efeitos de uma lei inconstitucional estão relacionadas aos efeitos que a declaração de nulidade presumidamente produz relativamente a determinados princípios constitucionais, notadamente os princípios da segurança jurídica e do equilíbrio orçamentário. Nesse sentido, portanto, é necessário responder sucessivamente a duas perguntas: Pode a segurança jurídica ser usada pelo Estado para manter lei tributária inconstitucional? Podendo a segurança jurídica ser utilizada, como fica o seu sopesamento diante de outros valores?

A segurança jurídica, tal como posta na CF/88, não pode ser usada pelo Estado para suportar a restrição dos direitos fundamentais de liberdade. A essa conclusão se chega com base nos seguintes argumentos.

Em primeiro lugar, porque a segurança jurídica é princípio protetivo de direitos individuais frente ao Estado, e não instrumento de aumento do poder do Estado, como ficou assentado na parte relativa ao exame dos seus fundamentos. Essa conotação individualista e protetiva da segurança jurídica exterioriza-se pela forma e pelo conteúdo dos seus fundamentos. Pela forma, na medida em que os fundamentos da segurança jurídica, especialmente no Direito Tributário, são *direitos e garantias individuais*, com conotação protetiva, sendo que algumas garantias são até mesmo autointituladas de "limitações ao poder de tributar"; *princípios administrativos*, com conotação restritiva do exercício arbitrário do poder; e *princípios estruturantes*, com conotação igualmente limitativa do poder e protetiva dos direitos individuais. Pelo conteúdo, já que os fundamentos, como previsão de comportamentos ou de ideais, implicam ou pressupõem a segurança em favor dos direitos de liberdade pelo indivíduo. Isso significa dizer que a segurança jurídica "ergue-se", por dentro da Constituição, a partir de normas protetivas de direitos individuais e limitativas da atividade estatal. O seu conteúdo, portanto, não pode ignorar a sua fonte. Se a construção da segurança jurídica, como ideal maior, é feita por indução a partir de ideais menores, o ideal maior deverá conservar a orientação dos ideais que lhe deram origem. Enfim, a segurança jurídica é princípio objetivo em favor dos cidadãos (embora nem sempre em favor de determinado cidadão), e não em favor do Estado.

Em segundo lugar, porque, mesmo que não se aceite esse caráter protetivo *geral* da segurança jurídica em favor do cidadão, ainda assim a segurança jurídica é concretizada *setorialmente*, no âmbito do Direito Tributário, com caráter ainda mais flagrante de proteção de direitos individuais, de um lado, e de limitação da atividade estatal, de outro. Com efeito, os fundamentos indiretos da segurança jurídica, na parte relativa à sua fundamentação por meio de indução a partir de regras tributárias, são intitulados, pela própria Constituição, como "limitações ao poder de tributar", com conotação flagrantemente protetiva dos direitos de liberdade do contribuinte. A segurança jurídica *tributária* é princípio objetivo em favor do cidadão, e não em favor do Estado.

Em terceiro lugar, porque, quando o assunto é a proteção da expectativa ou o afastamento da surpresa, a CF/88 contém regras protetivas dos direitos individuais frente ao Estado. Basta, para esse efeito, lembrar, de um lado, que a Constituição protege o direito adquirido, o ato jurídico perfeito e a coisa julgada em favor do cidadão, não havendo no ordenamento constitucional qualquer tipo de regra em favor do Estado;

de outro, que ela afasta a surpresa também em benefício do contribuinte por meio de "limitações ao poder de tributar", igualmente não havendo similar para proteger os interesses do Estado. Em suma, a segurança jurídica tem regrada a sua aplicação reflexiva relativamente à *proteção de expectativas* em favor dos cidadãos, e não do Estado.

Registre-se, por oportuno, que a caracterização da segurança jurídica como princípio objetivo protetivo dos cidadãos não lhe outorga caráter estritamente individualista. Como anteriormente mencionado, a presente tese sustenta que a segurança jurídica se ergue com base em fundamentos normativos diretos e indiretos tanto por operações de dedução quanto de indução. Esses fundamentos atribuem-lhe, é certo, uma dimensão protetiva de direitos fundamentais. Essa dimensão, no entanto, não pode ser qualificada de individualista, porquanto, além de aquela não afastar a assunção de riscos por atos de responsabilidade do contribuinte, não elimina algum grau de incerteza decorrente da impossibilidade de garantia da segurança por meio da previsibilidade total da atividade estatal.[434]

Uma questão tormentosa é a de saber se o Estado pode valer-se do princípio da proteção da confiança. Alguns autores – como Kirchhof – defendem a existência de uma espécie de "proteção da confiança orçamentária" (*Budgetärer Dispositionsschutz*).[435] Seu fundamento estaria nos dispositivos constitucionais em razão dos quais se poderiam deduzir "necessidades de planejamento orçamentário e financeiro confiável" (*Erfordernisse verläßlicher Finanz- und Haushaltsplanung*), nos dizeres do Tribunal Constitucional alemão.[436] A ideia subjacente a esse suposto princípio estaria no fato de que, ao auferir receita decorrente de impostos, o Estado adquiriria o direito a executar um planejamento financeiro e decisório que não poderia ser futuramente frustrado, por exemplo, com a declaração de inconstitucionalidade do tributo com efeito retroativo que implicasse o dever de restituição dos tributos cobrados indevidamente. O "princípio da proteção da atuação orçamentária" seria uma espécie de imagem espelhada do princípio da proteção da confiança do particular nos atos estatais.[437]

434. Ricardo Lodi Ribeiro, *A Segurança Jurídica do Contribuinte*, Rio de Janeiro, Lumen Juris, 2008, p. 263.

435. Paul Kirchhof, in *Schrifte des Instituts Finanzen und Steuern*, Bonn, n. 362, 1998, p. 28.

436. *BVerfGE* 87, 153 (178 e ss.); *BVerfGE* 93, 121 (148); 165 (178).

437. Klaus-Dieter Drüen, "Haushaltsvorbehalt bei der Verwerfung verfassungswidriger Steuergesetze?", *FR* 6, p. 291, 1999. Andreas Ortmann, *Die Finanz-*

Sobre esse ponto, há duas grandes questões a serem respondidas. De um lado, é preciso saber se o tal "princípio da proteção da atuação orçamentária" encontra fundamento constitucional no aspecto subjetivo do princípio da segurança jurídica ou, mesmo, se pode ser baseado no aspecto objetivo do referido princípio. De outro lado, é preciso saber se, caso ele possa, de algum modo, ser relacionado ao princípio da segurança jurídica, qual é a repercussão que a sua consideração pode ter para a manutenção de uma norma inconstitucional. A primeira pergunta será respondida neste capítulo, ficando a segunda para o capítulo posterior, em que é analisada a modulação de efeitos de decisões com base na segurança jurídica.

Como foi visto acima, o citado princípio pressupõe uma base da confiança, uma confiança, o exercício de uma confiança e a sua posterior frustração. Os fundamentos principais do princípio da proteção da confiança são os direitos fundamentais. Sendo assim, logo de saída existe um empecilho fundamental para a identificação do mencionado princípio como uma espécie do princípio da proteção da confiança: o Estado não tem direitos fundamentais, antes possui o dever de concretizá-los; os direitos fundamentais pressupõem um "substrato pessoal", vinculado à dignidade humana, inexistente no caso do Estado.[438] Não por outro motivo que o princípio da proteção da confiança serve de limitação em favor do cidadão e contra o Estado, e não em favor do Estado e contra o cidadão.[439] A essa constatação se chega pelo exame dos direitos fundamentais como sendo direitos "individuais" ou "do cidadão". Vale dizer: os direitos fundamentais são instrumentos de defesa contra a atuação estatal, criando deveres de proteção em favor do indivíduo, e não o contrário.[440] Essa orientação protetiva é reforçada no âmbito do Direito Tributário, em que os direitos fundamentais de igualdade e de propriedade e as regras de irretroatividade e de anterioridade foram positivados como "limitações ao poder de tributar".

Além disso, o princípio da proteção da confiança pressupõe que dele faça uso quem se submete ao Direito e, tendo nele confiado, seja

wirksamkeit verfassungsrechtlicher Entscheidungen im Spiegel der Rechtsprechung des Bundesverfassungsgerichts, Baden-Baden, Nomos, 2007, pp. 641 e 651.

438. Christoph Louven, *Problematik und Grenzen rückwirkender Rechtsprechung des Bundesarbeitsgerichts*, München, Beck, 1996, p. 251.

439. Johannes Mainka, *Vertrauensschutz im öffentlichen Recht*, Bonn, Ludwig Röhrscheid, 1963, pp. 30-31.

440. Gertrude Lübbe-Wolff, *Die Grundrechte als Eingriffsabwehrrechte. Struktur und Reichweite der Eingriffsdogmatik im Bereich staatlicher Leistungen*, Baden-Baden, Nomos, 1988, pp. 75 e ss.

por ele posteriormente surpreendido. Isso significa que o princípio da proteção da confiança pressupõe que o seu usuário seja submetido *externamente* ao Direito. Ora, enquanto o cidadão recebe o Direito como algo que lhe é externo e que limita e condiciona os seus atos de disposição, o Estado, por meio do Poder Legislativo, tem, em contraposição, a tarefa de dar forma ao próprio Direito. Em razão disso – como ressalta Drüen –, falta ao Estado aquilo que é essencial à aplicação do princípio da proteção da confiança: a possibilidade de ter a sua atuação surpreendida, em sentido negativo, pelo comportamento de uma *outra* pessoa.[441] É precisamente por isso que a estranhamente denominada proteção da "confiança orçamentária" traz consigo o perigo de manter em favor do Estado a inconstitucionalidade de uma lei cuja edição é de sua própria e inteira responsabilidade, fazendo com que o Estado, digamos assim, seja beneficiário da própria ilicitude – o que viola um dos consectários do princípio da boa-fé, que é a cláusula *tu quoque*: o sujeito violador de uma norma não pode, sem abuso, exercer a situação jurídica que essa mesma norma lhe atribuiu.[442] Não sendo assim, corre-se o risco de uma proteção ilimitada da confiança orçamentária, baseada em uma tributação inconstitucional, pelo simples fato de que a falta de cobrança de um tributo inconstitucional sempre, por definição, implicará perda de receita.

Não se afigura correto, portanto, sustentar que o Estado, unitariamente compreendido, é surpreendido com a declaração de nulidade de uma lei. À diferença do particular, que se sujeita ao ato administrativo, sem participar da sua concepção, sem ter poder para sua edição (planejando as suas atividades com base na lei e nos atos administrativos que lhe são *impostos*), sem qualquer ingerência sobre o fator criador do risco, o Estado, como um todo, institui as normas e edita os próprios atos. Enquanto o particular se sujeita ao fator de risco, o Estado o cria; enquanto o particular atua exercendo liberdade própria e se sujeitando ao poder alheio, o Estado atua restringindo liberdade alheia e exercendo poder próprio outorgado pela Constituição. Ora, não há surpresa quando o risco é gerado pela própria atuação soberana daquele que a alega: a surpresa depende da ausência de relação de causalidade entre a ação feita e a mudança ocorrida. Sem isso não há surpresa, mas conhecimento, ou dever de conhecimento, do porvir. Não há relação de confiança consigo próprio.

441. Klaus-Dieter Drüen, "Haushaltsvorbehalt bei der Verwerfung verfassungswidriger Steuergesetze?", *FR* 6, p. 291, 1999.

442. Ana Paula Oliveira Ávila, *A modulação de efeitos temporais pelo STF no controle de Constitucionalidade*, Porto Alegre, Livraria do Advogado, 2009, p. 155.

Por fim, é preciso igualmente ter em conta que a proteção da confiança se fundamenta na proteção dos direitos fundamentais, ao passo que a "proteção da confiança orçamentária" pressupõe exatamente o contrário: a restrição dos direitos fundamentais. Só se coloca a questão de saber se há proteção da confiança estatal depositada na constitucionalidade das receitas auferidas quando elas são declaradas inconstitucionais. Caso contrário, a discussão a respeito da sua manutenção sequer surge. Isso, porém, somente ocorre no plano do Direito Tributário quando alguma regra constitucional de competência é violada e uma ilegítima restrição de direito fundamental é causada. Sendo assim, à proteção da confiança orçamentária corresponde uma restrição de direitos fundamentais. A manutenção de tributo inconstitucional – como será visto adiante – importa a restrição dos direitos fundamentais, cuja eficácia, no período da cobrança do tributo inconstitucional, fica suspensa. Em outras palavras, a proteção da confiança orçamentária cobra o preço da restrição excessiva dos direitos fundamentais, e, também por isso, ela é incompatível com o postulado da proibição de restrição excessiva dos direitos fundamentais.[443]

Essas considerações já são suficientes para concluir que o suposto "princípio da proteção da confiança orçamentária" não pode ser identificado com o princípio da proteção da confiança, nem mesmo ser nele baseado. Proteção da confiança – repita-se, com Machado Derzi – somente o privado pode reivindicar.[444]

Resta saber, ainda assim, se o mencionado princípio pode ser baseado no aspecto objetivo da segurança jurídica. Em outras palavras, é preciso saber se a confiança estatal na obtenção da receita proveniente de tributos pode ser identificada como um elemento integrante da estabilidade ou da credibilidade do Direito. Nesse caso, não será qualquer efeito financeiro desfavorável que irá representar algum impacto na continuidade da atividade financeira do Estado, mas somente efeitos que possam abalar o sistema de financiamento público nos seus fundamentos (*in seinen Grundlagen*), situando-se, pois, em uma espécie de "ponto existencial crítico" (*existenzielle Engpässe*) ou gerando "efeitos financeiros catastróficos" (*catastrophic effects*) para o Estado, como menciona a

443. Klaus-Dieter Drüen, "Haushaltsvorbehalt bei der Verwerfung verfassungswidriger Steuergesetze?", *FR* 6, p. 291, 1999.

444. Misabel de Abreu Machado Derzi, *Modificações da jurisprudência no Direito Tributário*, São Paulo, Noeses, 2009, p. 495.

jurisprudência da Comunidade Econômica Europeia.[445] Mesmo nesse aspecto, porém, o referido "princípio da proteção da confiança orçamentária" não pode ser baseado na segurança jurídica.

Como foi visto acima, o aspecto objetivo da segurança jurídica diz respeito à estabilidade e à credibilidade do ordenamento jurídico como um todo, não tendo relação quer com a sua manifestação concreta, quer com a sua eficácia subjetiva, envolvendo algum problema de validade. Ora, sendo assim, a manutenção de norma inconstitucional, em vez de ser suportada, é contrariada pela exigência de credibilidade institucional do Direito, já que postula não a obediência ao Direito, mas a manutenção dos efeitos decorrentes da sua violação pelo próprio autor da regra inconstitucional cujos efeitos se pretende manter. Como afirma acertadamente Seer, a manutenção de norma inconstitucional – especialmente quando os efeitos financeiros são expressivos, pela ausência de consequências negativas decorrentes da violação constitucional – funciona como um encorajamento à edição de novas normas inconstitucionais: se o Estado edita norma inconstitucional, mas tira vantagem dos seus efeitos, terá encorajada a edição de nova norma inconstitucional.[446] Daí também a afirmação do Ministro Joaquim Barbosa, no AgR no AI n. 557.237, no seguinte sentido:

> "Pondero que, em matéria tributária, a aplicação de efeitos prospectivos à declaração incidental de inconstitucionalidade demanda um grau ainda mais elevado de parcimônia, portanto é um truísmo afirmar que os valores arrecadados com a tributação se destinam ao emprego em finalidades públicas. (...). Evidentemente, a possibilidade que o sistema jurídico confere ao Supremo Tribunal Federal para modular no tempo os efeitos da declaração de inconstitucionalidade e a destinação do produto da arrecadação não podem redundar na imunização do Estado ao dever de zelar pela validade das normas jurídicas que cria, favorecendo assim a especulação legal".[447]

445. Roman Seer e Jörg Peter Müller, "Begrenzung der Wirkungen seiner Richtersprüche dur den EuGH", *IWB* n. 5, Gruppe 2, Fach 11, p. 261, 2008. Christian Waldhoff, "Recent developments relating to the retroactive effect of decisions of the ECJ", in *Common Market Law Review* 46, p. 2, 2009 (manuscrito).

446. Roman Seer e Jörg Peter Müller, "Begrenzung der Wirkungen seiner Richtersprüche dur den EuGH", *IWB* n. 5, Gruppe 2, Fach 11, p. 264, 2008.

447. AgR no AI n. 557.237, 2ª Turma, Rel. Min. Joaquim Barbosa, *DJ* 26.10.2007, pp. 2.059-2.060 do acórdão. No mesmo sentido: AgR no RE n. 487.567, 2ª Turma, Rel. Min. Eros Grau, *DJ* 7.12.2007; AgR no RE n. 650.000-4, 2ª Turma, Rel. Min. Joaquim Barbosa, *DJ* 28.9.2007; AgR no RE n. 273.074-2, 2ª Turma, Rel. Min. Cézar Peluso, *DJe* 29.2.2008.

Lembre-se, ainda, que a segurança jurídica, em virtude dos seus fundamentos, impede o enquadramento do conceito de prejuízo financeiro no conceito de segurança jurídica, mesmo – insista-se – quando esse prejuízo for elevado. O princípio do Estado de Direito, como o seu próprio nome ilustra, é contrário à mantença de atos contrários ao Direito. Além disso, os seus componentes axiológicos são restringidos quando há a conservação de efeitos de atos ilegais.[448] Com efeito, a cognoscibilidade e a calculabilidade da atuação estatal são negativamente afetadas, na medida em que tal mantença serve de incentivo à prática de novos atos ilegais, fazendo com que o cidadão não possa saber se o Poder Executivo irá futuramente agir conforme ou contrário ao Direito, apostando na manutenção futura da eficácia do ato irregular; a dignidade humana é restringida, tendo em vista que o indivíduo já não pode ser responsável pelos atos que ele sabia ou poderia razoavelmente saber contrários ao Direito, pois não fica mais tão claro o que é contrário e conforme ao Direito; a arbitrariedade estatal é incentivada, pela ausência de critérios objetivos reguladores da atividade estatal; o controle de constitucionalidade dos atos estatais fica igualmente prejudicado, porque, no fundo, os atos irregulares não são controlados; finalmente, a uniformidade de tratamento dos cidadãos fica comprometida, porquanto, dependendo dos efeitos atribuídos, aqueles alcançados pela decisão serão tratados de um modo, e os que não o forem serão de outro. O princípio da moralidade estatal contrapõe-se, igualmente, à preservação de atos contrários ao Direito. Esse princípio, como já examinado, exige comportamento leal, sério e fundamentado do Estado. Ora, a ação contrária ao Direito é desleal, especialmente quando a ilicitude do ato praticado é inicialmente conhecida.

Por fim, todos os outros fundamentos fazem com que o conceito de segurança jurídica, especialmente o conceito de segurança jurídico-tributária, seja um conceito protetivo do cidadão em face do Estado, e não protetivo do Estado em face do cidadão. Por essas razões, a segurança jurídica, tal como posta na CF/88, não pode ser usada pelo Estado para, por meio da declaração de compatibilidade da lei, sem pronúncia da sua nulidade, suportar restrição dos direitos fundamentais de liberdade. A sua previsão constitucional o impede.

Convém ressaltar, também, que o uso que o Tribunal Constitucional alemão tem excepcionalmente feito da segurança jurídica como

448. Robert Summers, "A formal theory of the rule of law", in idem *Essays in Legal Theory*, Dordrecht, Kluwer, 2000, p. 169.

justificativa para a declaração de incompatibilidade da lei violadora da Constituição é para proteger a liberdade do cidadão, e não para restringi-la. Isso foi feito, na concepção original, quando a declaração da nulidade iria produzir um vácuo jurídico ou um estado de incerteza com a base jurídica necessária para a estabilidade de alguma situação. Algum direito fundamental, cujo exercício depende de lei, com a sua nulidade, não poderia ser exercido, pelo vácuo legal decorrente. E, com isso, haveria uma situação de incerteza com relação ao exercício passado desse mesmo direito. Em outras palavras, a segurança jurídica não seria usada para restringir liberdades pelo Estado, mas para proteger o seu exercício pelo cidadão.

Todas essas ponderações relativas à segurança jurídica aplicam-se igualmente à tentativa de declarar a incompatibilidade de lei sem pronúncia da sua nulidade, para não frustrar planos orçamentários já apresentados. A proteção de expectativa relativamente ao orçamento não é fundamento independente da segurança jurídica, senão que mera aplicação reflexiva no que diz respeito ao objeto da expectativa – expectativa relativamente ao orçamento. Ora, como já afirmado, a segurança jurídica tem regrada a sua aplicação reflexiva relativamente à *proteção de expectativas* em favor do cidadão, e não do Estado. Perda de arrecadação não se subsume ao conceito constitucional de segurança jurídica.

O exposto até aqui demonstra que a previsão do art. 27 da Lei n. 9.868/98, que permite que o Supremo Tribunal Federal, ao declarar a inconstitucionalidade de lei ou de ato normativo, e "tendo em vista razões de segurança jurídica ou de excepcional interesse social", possa restringir os efeitos daquela declaração ou decidir que ela só tenha eficácia a partir de seu trânsito em julgado ou de outro momento que venha a ser fixado, não pode ser usada pelo Estado para, por meio da declaração de compatibilidade da lei sem pronúncia da sua nulidade, manter a cobrança de tributo inconstitucional. Em suma, a segurança jurídica não pode ser utilizada como justificativa em favor do Estado para manter a eficácia pretérita de lei tributária instituidora de tributo tanto no seu aspecto subjetivo quanto no seu aspecto objetivo.

Em razão dessas considerações, não há, a rigor, espaço para os argumentos utilizados pelo Ministro Gilmar Mendes no AgR no RE n. 442.309-9, em que ele enquadrou o conceito "repercussão financeira" no conceito de "grave lesão à ordem pública" e este último no conceito de "segurança jurídica". O Ministro, no julgamento do recurso extraordinário, só indeferiu o pedido de modulação de efeitos porque entendeu como "não demonstrada a repercussão econômica, a gravíssima lesão à ordem pública ou à segurança jurídica, bem como a qualquer outro princípio constitucional relevante para o caso". No seu voto no agravo regimental, o Ministro referiu:

> "Com relação à alegada lesão à ordem pública, o Município do Rio de Janeiro não logrou demonstrar a ameaça que eventualmente se levantava em desfavor daquela Prefeitura, ao alegar que, em razão da declaração de inconstitucionalidade com efeitos *ex tunc*, e tendo em vista o elevado montante econômico das ações, poderia ver comprometida a capacidade do Município de prestar seus serviços públicos básicos. Portanto, tendo em vista que o prejuízo de lesão não foi demonstrado, não entendo cabível, no presente caso, a modulação de efeitos, conforme ressaltei na decisão agravada" (p. 389 do acórdão).[449]

Essa decisão, portanto, equipara "prejuízo financeiro" à "segurança jurídica", inclusive como têm feito a jurisprudência e a doutrina estrangeiras.[450] Esse paralelo, porém, é incompatível com o conjunto de fundamentos do princípio da segurança jurídica: ele garante a confiabilidade e a calculabilidade do Direito, com base na sua cognoscibilidade, de modo protetivo em favor do cidadão e frente ao Estado. Prejuízo financeiro decorrente do dever de restituição de tributos inconstitucionais nada tem a ver com segurança jurídica, muito menos com a segurança jurídico-tributária. Nesse aspecto são preciosas as palavras de Carrazza:

> "O mero interesse arrecadatório não pode fazer tábua rasa da igualdade, da legalidade, da anterioridade, enfim, dos direitos constitucionais dos contribuintes.
>
> "Nem mesmo o objetivo, em tese louvável, de solucionar os 'problemas de caixa' das pessoas políticas tem força bastante para subverter os princípios fundamentais do sistema constitucional tributário brasileiro, que deitam raízes, em última análise, no próprio *princípio da segurança jurídica*."[451]

449. AgR no RE n. 442.309-0, 2ª Turma, Rel. Min. Gilmar Mendes, *DJ* 14.12.2007. Sobre o mesmo assunto, ver: AgR no AI n. 557.237-4, 2ª Turma, Rel. Joaquim Barbosa, *DJ* 26.10.2007; AgR no RE n. 487.567-5, 2ª Turma, Rel. Min. Eros Grau, *DJ* 7.12.2007; AgR no AI n. 681.730-7, 2ª Turma, Rel. Min. Celso de Mello, *DJ* 14.12.2007; AgR no AI n. 650.000-4, 2ª Turma, Rel. Min. Joaquim Barbosa, *DJ* 28.9.2007. Por todos, ver: AgR no RE n. 273.074-2, 2ª Turma, Rel. Min. Cézar Peluso, *DJ* 29.2.2008.

450. Horatia Muir Watt, "*Never say never*: *post-scriptum* comparatif sur la rétroativité des revirements de jurisprudence", in Bertrand Seiller (org.), *La rétroactivité des décisions du juge administratif*, Paris, Economica, 2007, p. 66.

451. Roque Antonio Carrazza, *Curso de Direito Constitucional Tributário*, 30ª ed., São Paulo, Malheiros Editores, 2015, pp. 583-585.

Mesmo que se admitisse, apenas para argumentar, que "razões de segurança jurídica" pudessem ser utilizadas para manter efeitos passados de leis tributárias contrárias à Constituição, ainda assim permaneceria a indagação, a que ora se pretende responder: Como deveria ser feita essa comparação entre os efeitos advindos da nulidade da lei ou aqueles decorrentes da sua manutenção?

A decisão final para afastar ou para manter os efeitos pretéritos de uma lei é resultado de uma ponderação de efeitos: comparam-se os efeitos decorrentes caso fosse a lei declarada inconstitucional com os efeitos que surgiriam caso fosse declarada apenas incompatível com a Constituição. É preciso saber qual dos dois efeitos promove mais a Constituição – a nulidade da lei (*Nichtigkeit*) ou a sua manutenção (*Normerhaltung*).[452] A constatação de que a decisão é resultado de uma ponderação e que tem como objeto os efeitos concretos da lei não explica, porém, aquilo que é o mais importante: qual é o parâmetro da ponderação, e como esse parâmetro deve ser utilizado.

Com efeito, nos casos em que o Tribunal Constitucional alemão, por exemplo, mantém os efeitos pretéritos de uma lei, alegando que a declaração da sua nulidade criaria uma situação de insegurança e favoreceria mais a restrição que a promoção da Constituição, não fica claro se a avaliação dessa situação de insegurança é feita tomando por base apenas o passado ou também o futuro. Aqui, todavia, reside o nó da questão, conforme a tese defendida neste trabalho: a segurança jurídica ou é inteira, ou não é; a sua inteireza não está apenas na coincidência das suas dimensões (segurança do e pelo Direito, frente ao Direito, de direitos, como um direito e no Direito), mas na consideração sintética e equilibrada das suas perspectivas – passado, presente e futuro. Como rigorosamente pontifica Machado Derzi, com base em Heidegger, a análise do tempo deve ser quadridimensional: passado, presente e futuro, e a unidade dessas três dimensões.[453]

A respeito disso, não se pode considerar a restrição à segurança jurídica, como princípio constitucional protetivo do indivíduo e destinado a garantir um estado de confiabilidade e de previsibilidade do ordenamento jurídico, baseado na sua cognoscibilidade, apenas de maneira pontual e sob a perspectiva retrospectiva, mas segundo uma avaliação global

452. Jens Blüggel, *Unvereinbarkeitserklärung statt Normkassation durch das Bundesverfassungsgericht*, Berlin, Duncker und Humblot, 1998, p. 151.

453. Misabel de Abreu Machado Derzi, *Modificações da Jurisprudência no Direito Tributário*, São Paulo, Noeses, 2009, p. 197.

e simultaneamente momentânea (presente), retrospectiva (passado) e prospectiva (futuro). Explique-se.

Quando se decide declarar a incompatibilidade de uma lei com a Constituição sem pronunciar a sua nulidade, consideram-se os efeitos negativos que a nulidade traria caso fossem eliminados os seus efeitos pretéritos. Isso, porém, funciona quando o legislador, ainda que tendo atuado em desacordo com a Constituição, promoveu, de algum modo, *o próprio dispositivo constitucional que lhe serviu de fundamento de atuação*: o legislador pretendia garantir acesso à Justiça, mas "obedeceu insatisfatoriamente" à *imposição* constitucional; queria promover a igualdade por meio da capacidade contributiva, mas "cumpriu a menor" o seu *dever* constitucional, do qual não podia se afastar; tinha o objetivo de reparar trabalhos obrigatórios, mas "acatou pouco" o ordenamento constitucional, de que não lhe era lícito se desincumbir; quis fazer uma revisão geral dos salários, mas "cumpriu pouco" a *tarefa* constitucional que lhe fora imposta – e assim por diante. Em todos os casos, porém, o legislador tinha o dever de agir, e o fez promovendo, em algum grau, a Constituição, embora tenha agido contrariamente a esta pela relação que criou ou pela diferenciação que deixou de fazer. Por isso, a declaração de nulidade da lei restringiria ainda mais o ideal constitucional que a sua manutenção: não haveria Justiça gratuita *alguma* para proteger o acesso à jurisdição, não haveria instrumento *algum* para promover a igualdade por meio da capacidade contributiva, não existiria *nenhuma* indenização para garantir a reparação por trabalhos obrigatórios, não haveria salário *algum* para remunerar o trabalho prestado – e assim sucessivamente. E manter a lei inconstitucional não incentivaria o futuro descumprimento da Constituição, mas o seu oposto: a elaboração futura de lei totalmente de acordo com a Constituição.

Esse quadro, contudo, não surge no caso da manutenção da cobrança de tributo instituído em desacordo com a Constituição. É que, nesse caso, o legislador não promove, de nenhum modo, *o próprio dispositivo constitucional que lhe serviu de fundamento de atuação*: ele simplesmente o descumpre, exercendo poder que não lhe foi outorgado.[454] Não há nenhum grau de cumprimento da norma constitucional, que, aliás, não lhe impõe um dever, mas apenas lhe outorga competência, que pode, ou não, ser exercida, sem que o seu exercício configure desrespeito à Constituição. E manter a lei inconstitucional não incentivaria a elabo-

454. Roman Seer, "Rechtsschutz in Steuersachen", in Klaus Tipke e Joachim Lang, *Steuerrecht*, 19ª ed., Köln, Otto Schmidt, 2008, § 22, n. de margem 285, p. 1.089.

ração futura de lei totalmente de acordo com a Constituição, mas, precisamente, o seu futuro descumprimento. É que, não havendo qualquer consequência para o exercício ilegítimo do poder de tributar, o Estado não se vê compelido a atuar dentro do âmbito de poder que lhe foi reservado pela Constituição: o exercício legítimo e o exercício ilegítimo do poder têm o mesmo resultado – asseguram a cobrança do tributo. Sendo assim, manter os efeitos da lei inconstitucional tem o efeito de encorajar o Estado a editar nova lei inconstitucional no futuro.[455] Lembre-se, sempre, que o Estado não apresenta, tecnicamente, "direito a tributos", muito menos "tributos inconstitucionais" – com a vênia para o oximoro –, mas algo diverso: "competência para instituir tributos constitucionais", com o perdão para o pleonasmo.

É precisamente aqui que entra em cena a necessidade de exame da segurança jurídica também sob o ângulo prospectivo. Isso porque a comparação entre os efeitos advindos da nulidade da lei ou aqueles decorrentes da sua manutenção envolve questões relacionadas à inteligibilidade, à confiabilidade e à previsibilidade do Direito após a prolação da decisão de constitucionalidade. A alegação para a manutenção da lei está normalmente associada à falta de promoção de outros ideais constitucionais: com a perda da arrecadação – diz-se –, os recursos, que seriam, por exemplo, utilizados para fomentar a educação ou para proteger a segurança (externa, física) dos cidadãos, deixarão de ser arrecadados ou deverão ser devolvidos, e, com isso, esses ideais deixarão indiretamente de ser promovidos.

Entretanto, quando o objeto do controle de constitucionalidade é uma lei que institui um tributo inconstitucional, não se está apenas diante de uma opção entre anular a lei, deixando de promover outros ideais constitucionais, ou mantê-la, assegurando indiretamente aquela promoção. Está-se, também, diante da seguinte escolha: validar o comportamento arbitrário do Estado, incentivando-o a novamente adotá-lo no futuro, mediante a alegação de eventual e incerta promoção indireta de outros fins; invalidar o comportamento arbitrário do Estado, desincentivando-o a novamente adotá-lo no futuro, mediante a constatação de violação direta e certa de regra de competência. Na verdade, o juízo de manutenção ou de anulação da lei envolve uma escolha entre a *certeza do descumprimento* direto de uma regra autorizadora da atuação estatal e a *incerteza do cumprimento* indireto de outro princípio supostamente justificador da manutenção dos efeitos da atuação estatal. Mais

455. Roman Seer e Jörg Peter Müller, "Begrenzung der Wirkungen seiner Richtersprüche dur den EuGH", *IWB* n. 5, Gruppe 2, Fach 11, p. 264, 2008.

ainda: é uma opção entre certeza e incerteza, entre prova e alegação. E, nesse caso, manter a validade da norma inconstitucional é fazer uma opção pela "incerteza do correto" em detrimento da "certeza do errado". É trocar a segurança de ontem pela insegurança de hoje e de amanhã. E, ao fazê-lo – eis o ponto –, promove-se a insegurança jurídica presente e futura, pela perda de vinculatividade e de eficácia jurídica do Direito. Como acentua von Arnauld, um Direito que fica apenas no papel e que não oferece nenhuma segurança para a condução da vida não é um Direito seguro.[456]

Manter os efeitos de lei tributária inconstitucional produz ainda mais um efeito devastador relativamente à insegurança do presente e do futuro. É que a alegação para se manter a validade da lei é a de que, quanto maior for a arrecadação, tanto mais os princípios serão promovidos, e, quanto maior a perda, tanto menos os princípios serão promovidos. Como as leis tributárias, na sua eficácia geral preponderante, promovem efeitos restritivos dos direitos de liberdade e de propriedade, quanto mais alta a carga tributária e, portanto, maior a arrecadação, tanto maior é a restrição dos direitos fundamentais dos contribuintes. No entanto – e aqui começa a perversão do raciocínio –, quanto maior a arrecadação, e, portanto, a restrição dos direitos fundamentais, tanto maior será a perda de arrecadação com a declaração de nulidade da lei tributária. Se a perda de arrecadação puder, então, funcionar como justificativa para a manutenção da lei que a viabiliza, quanto maior for a perda arrecadatória, maiores serão as chances de a lei ser mantida. Com isso, porém, estar-se-á aceitando, necessariamente, que, quanto maior for a restrição aos direitos fundamentais, maior a chance de a lei promotora da restrição ser mantida. Vale dizer: quanto maior for a inconstitucionalidade da lei, maior a chance de esta ser declarada constitucional! Aqui a licenciosidade do raciocínio se completa: quanto mais inconstitucional a lei, mais constitucional ela é. Aceitar esse tipo de argumentação é não apenas admitir que o Direito não vincula; é incentivar também a sua violação, além de brincar com a razão. É institucionalizar, em termos vulgares, o "princípio do quanto pior, melhor". É, enfim – e considerando os propósitos deste trabalho –, fomentar a insegurança do Direito, pelo Direito, frente ao Direito e dos direitos. É, por mais paradoxal que possa parecer, aceitar, promover e incentivar a insegurança jurídica usando seu próprio nome em vão. E nenhuma decisão viola mais a Constituição que aquela que incentiva a sua própria e contínua

456. Andreas von Arnauld, *Rechtssicherheit*, Tübingen, Mohr Siebeck, 2006, p. 355.

violação. É no mínimo curioso o argumento de se manter os efeitos de lei inconstitucional, no âmbito ora discutido, por meio da alegação de que a Constituição, desse modo, será mais promovida que restringida. O uso do critério financeiro a fim de se manter efeitos passados de leis inconstitucionais é – como bem aponta Moes – incompatível com a dogmática dos direitos fundamentais.[457]

Não bastasse, o raciocínio ora questionado ainda conduz o Estado a confiar tanto mais na manutenção dos efeitos da lei instituidora de tributo inconstitucional quanto maior for a arrecadação decorrente da sua cobrança.[458] Ora bem, esse argumento, além de diretamente mais violar que promover a segurança jurídica, como já exposto, acarreta dois outros problemas.

De um lado, conduz à restrição excessiva do direito fundamental à proteção judicial. Isso porque, caso não seja preservado o pedido feito no processo precursor e nos processos paralelos já iniciados, o contribuinte simplesmente não terá respeitado o seu direito de acesso ao Poder Judiciário: aquele ganhará o processo, perdendo-o; a Fazenda perdê-lo-á, ganhando-o – por mais paradoxal que isso possa parecer. Esse tipo de decisão, portanto, viola o direito fundamental de acesso ao Poder Judiciário.[459] Esse raciocínio – quem ganha, perde, e quem perde, ganha – inverte totalmente a lógica do próprio Direito, que postula a sua obediência. Um Direito que postula a sua violação não é Direito. A tortuosidade do argumento fica evidente se pensarmos no absurdo de um litígio de Direito Privado em que o autor deixa de ganhar a ação porque, embora tenha razão, o exercício do seu direito irá provocar prejuízo no patrimônio do réu.[460] Assim, fica claro que a manutenção do tributo inconstitucional milita contra a eficácia mínima do Direito, que também é, como visto, um dos elementos do princípio da segurança jurídica. Qualquer ingresso de ação judicial pressupõe uma prognose de vantagens e desvantagens, que, com a manipulação dos efeitos das

457. Christoph Moes, "Die Anordnung der befristeten Fortgeltung verfassungswidriger Steuergesetze durch das Bundesverfassungsgericht", *StuW* 1, p. 32, 2008.

458. Klaus-Dieter Drüen, "Haushaltsvorbehalt bei der Verwerfung verfassungswidriger Steuergesetze?", *FR* 6, p. 290, 1999.

459. Roman Seer e Jörg Peter Müller, "Begrenzung der Wirkungen seiner Richtersprüche dur den EuGH", *IWB* n. 5, Gruppe 2, Fach 11, pp. 264 e 266, 2008. Klaus-Dieter Drüen, "Haushaltsvorbehalt bei der Verwerfung verfassungswidriger Steuergesetze?", *FR* 6, pp. 290-291, 1999.

460. Christoph Moes, "Die Anordnung der befristeten Fortgeltung verfassungswidriger Steuergesetze durch das Bundesverfassungsgericht", *StuW* 1, p. 31, 2008.

decisões, fica totalmente alterada: na ausência de critérios seguros a respeito dos efeitos, toda ação judicial transforma-se num "jogo de loteria" (*Lotteriespiel*).[461]

De outro lado, a manutenção de efeitos passados de lei que instituiu tributo inconstitucional ainda promove a restrição excessiva de direitos fundamentais. De fato, como a manutenção dos referidos efeitos, quando admissível, demanda uma ponderação entre os efeitos decorrentes da nulidade e aqueles advindos da manutenção da lei, a consideração do interesse orçamentário conduz a um bloqueio da atividade de ponderação: como o prejuízo financeiro e a suposta surpresa orçamentária, por definição, sempre existirão no caso da declaração de inconstitucionalidade da cobrança de tributos, a harmonização entre interesses públicos e privados fica, antes mesmo de a ponderação se iniciar, bloqueada.[462] Isso faz com que os direitos fundamentais de liberdade, que devem ser objeto de proteção estatal – ou que devem ser, no mínimo, objeto de consideração –, terminem sendo ilimitadamente restringidos.

Em face dessas considerações, fica evidente que tal manutenção de efeitos no caso da instituição de obrigações tributárias mais restringe que promove a segurança jurídica: ao manter os efeitos passados da norma inconstitucional, pretendendo proteger a segurança jurídica *no passado*, restringe-se, ainda em maior medida, a segurança jurídica *no futuro*, pelo incentivo à edição de novas normas inconstitucionais e, portanto, pelo estímulo à restrição da eficácia e da calculabilidade do Direito. Uma vez mais, vale recordar uma das teses centrais deste trabalho: ou a segurança jurídica é inteira, ou não é segurança jurídica; pretender realizar a segurança jurídica com base em um aspecto de um elemento de uma das suas dimensões, sem atenção aos outros aspectos do mesmo ou de outros elementos da mesma ou de outra dimensão, não é realizar o princípio da segurança jurídica; é restringi-lo. Em suma, ainda que se aceite, equivocadamente, que o prejuízo financeiro possa ser compatível com a dimensão passada e objetiva da segurança jurídica, como exigência de estabilidade e de credibilidade do Direito, ainda assim ele não é conciliável com as outras dimensões, presente e futura, da segurança jurídica. Em outras palavras, na melhor das hipóteses (repita-se, errônea), o pre-

461. Roman Seer, "Rechtsschutz in Steuersachen", in Klaus Tipke e Joachim Lang, *Steuerrecht*, 19ª ed., Köln, Otto Schmidt, 2008, § 22, n. de margem 289, p. 1.091. Christoph Moes, "Die Anordnung der befristeten Fortgeltung verfassungswidriger Steuergesetze durch das Bundesverfassungsgericht", *StuW* 1, p. 34, 2008.

462. Klaus-Dieter Drüen, "Haushaltsvorbehalt bei der Verwerfung verfassungswidriger Steuergesetze?", *FR* 6, p. 291, 1999.

juízo financeiro só é suportável com parte da segurança jurídica – nunca com a segurança jurídica inteira.

A atribuição de efeitos futuros à decisão de inconstitucionalidade de lei tributária é ainda irreconciliável com os direitos fundamentais de liberdade e de propriedade. Isso fica claro quando se analisam a função e a eficácia dos direitos fundamentais. Eles assumem a função de *normas objetivas*, bem como de *direitos subjetivos*. Quando são violados, eles funcionam como *direitos de defesa*, com a finalidade de afastar restrições do Estado e dos particulares, e como *deveres de proteção*, com o objetivo de obrigar o Estado a adotar os comportamentos necessários à sua proteção.[463] Assim, se eles não foram violados, os direitos fundamentais funcionam como *normas de prevenção* contra a violação dos bens jurídicos, estados ou sujeições por eles protegidos (*Präventionsnormen*). Se eles foram violados, eles funcionam como *normas de restituição* ou *de restabelecimento* dos bens jurídicos, estados ou sujeições por eles protegidos (*Restitutionsnormen*).[464] Acrescente-se a isso o fato de a Constituição postular a sua obediência, os direitos fundamentais terem eficácia imediata e vincularem os três Poderes (art. 5º, § 1º, da CF/88) e não poderem ser modificados nem por emenda constitucional (art. 60, § 4º). Qualquer tipo de violação de direitos fundamentais, sejam eles de liberdade, de propriedade, de igualdade ou mesmo de proteção judicial, é incompatível com a Constituição. Daí a afirmação de Habscheidt, digna de reprodução:

> "Com isso, para que haja proteção efetiva dos direitos fundamentais para todo cidadão atingido por uma restrição inconstitucional de direitos fundamentais, é preciso, em decorrência da Constituição, que em cada caso o estado de coisas, existente sem a restrição inconstitucional, seja restabelecido. A pretensão de restabelecimento não é assim apenas reflexo da decisão normativamente excludente do Tribunal Constitucional, mas, em vez disso, diz respeito ao próprio núcleo da proteção dos direitos fundamentais na situação a respeito da qual o controle judicial afirmou a restrição".[465]

Em outras palavras – e isto é decisivo –, o restabelecimento do estado protegido pelos direitos fundamentais não é decorrência da decisão: é

463. Johannes Dietlein, *Die Lehre von den grundrechtlichen Schutzpflichten*, 2ª ed., Berlin, Duncker und Humblot, 2005, pp. 34 e ss.

464. Gerhardt Habscheidt, *Der Anspruch des Bürgers auf Erstattung verfassungswidriger Steuern*, Köln, Otto Schmidt, 2003, p. 13.

465. Idem, ibidem.

consequência normativa dos próprios direitos fundamentais. Não se trata – insista-se – de algo que possa ser submetido à discricionariedade do Tribunal. É algo implicitamente normatizado pela própria Constituição. Em razão disso, quando é editada uma lei tributária inconstitucional, surge, para o atingido, a pretensão de restabelecer o estado protegido como se a lei inconstitucional jamais tivesse sido editada.[466]

Esse argumento, válido para os direitos fundamentais em geral, adquire ainda maior relevância no caso do direito fundamental à proteção judicial (art. 5º, XXXV). Se a própria CF/88 estabeleceu que "a lei não excluirá da apreciação do Poder Judiciário lesão ou ameaça a direito", esse direito fundamental à proteção judicial de direitos não pode ser afastado por meio de decisões que admitam lesões a direito. A proteção judicial – como acertadamente afirma Seer – "não é simplesmente uma adição (*Additum*), que se agrega ao direito fundamental material do contribuinte, mas parte do próprio direito subjetivo de proteção do direito fundamental".[467]

Por fim, é preciso registrar que a modulação dos efeitos temporais da declaração de inconstitucionalidade ainda faz com que o Supremo Tribunal Federal mantenha a cobrança de tributos sem lei.[468] Assim procedendo, a decisão do Tribunal que mantém a cobrança de tributo inconstitucional termina, por via transversa, provocando resultados incompatíveis com a CF/88. Em primeiro lugar, a decisão permite a instituição pelo Poder Legislativo de tributo sem base em lei, em afronta à regra constitucional de legalidade (art. 150, II). Mesmo sem lei, o tributo é cobrado. Em segundo lugar, a própria decisão pretende ser o fundamento para a cobrança do tributo, o que não só também viola a referida regra de legalidade como, ainda, malfere o princípio da separação dos Poderes (art. 2º). Em terceiro lugar, ela suspende a eficácia dos direitos fundamentais de liberdade, de propriedade e de proteção judicial, por subtrair, destes, tanto a eficácia limitadora da atividade estatal quanto a eficácia garantidora de um conjunto mínimo de bens jurídicos cuja disponibilidade é condição mesma da sua eficácia, em contradição com a garantia de eficácia imediata dos direitos fundamentais (art. 5º, § 1º) e com a im-

466. Gerhardt Habscheidt, *Der Anspruch des Bürgers auf Erstattung verfassungswidriger Steuern*, cit., p. 15.

467. Roman Seer, "Defizite im finanzgerichtlichen Rechtsschutz – zugleich eine kritische Auseinandersetzung mit dem 2. FGO-Änderungsgesetz vom 19.12.2000", *StuW*, p. 3.

468. Gerhardt Habscheidt, *Der Anspruch des Bürgers auf Erstattung verfassungswidriger Steuern*, Köln, Otto Schmidt, 2003, p. 35.

possibilidade de sua modificação sequer por emenda constitucional (art. 60, § 4º). Daí se declarar que a modulação dos efeitos de declaração de inconstitucionalidade de leis tributárias oneratórias significa a suspensão injustificada dos direitos fundamentais.[469] A manutenção dos efeitos, em outras palavras, faz com que as normas definidoras dos direitos e das garantias fundamentais – mesmo os direitos que não são de natureza social e dependentes de prestação em dinheiro, em vez de terem "aplicação imediata" – tenham "eficácia condicionada à inexistência de alegado rombo orçamentário, conforme decisão do Supremo Tribunal Federal". Há, por assim dizer, uma monetarização da segurança jurídica e, indiretamente, dos próprios direitos fundamentais, aplicados sob reserva orçamentária.[470] Nesse aspecto, calha repetir as sábias palavras de Carrazza: "Ocorre, porém, que, em nome da comodidade e do aumento da arrecadação do Poder Público, não se pode fazer ouvidos moucos aos reclamos dos direitos subjetivos dos contribuintes, assegurados, como visto, pela própria Constituição. Um desses direitos é o de ser tributado pela pessoa política competente e da forma pontuada pela Lei Magna".[471] Aceitar a suspensão da eficácia dos direitos fundamentais em nome da segurança jurídica implica, pois, transformar a aplicação imediata, cujo sentido está justamente na ausência de permeio entre o disposto na Constituição e o aplicado concretamente, em aplicação suspensa, contrariamente aos ditames constitucionais.

Por último, a manutenção dos efeitos de leis oneratórias contrárias à Constituição contrapõe-se ao princípio do Estado de Direito. Esse princípio, para garantir universalidade e para afastar a arbitrariedade do Estado, exige que a sua atuação seja governada por regras gerais, claras, conhecidas, relativamente constantes no tempo, prospectivas e não-contraditórias.[472] Pois bem, quando o Estado edita uma lei contra a Constituição mas, mesmo assim, os seus efeitos são mantidos, a atua-

469. Gerhardt Habscheidt, *Der Anspruch des Bürgers auf Erstattung verfassungswidriger Steuern*, Köln, Otto Schmidt, 2003, p. 39. Klaus Tipke, "Rezenzion" (Gerhardt Habscheidt, *Der Anspruch des Bürgers auf Erstattung verfassungswidriger Steuern*), *StuW* 2, p. 189, 2004.

470. Wolfgang Meyer, "Die Rückwirkung von Bundesgesetzen – ein Problem des Übermaßes?", in Hermann Butzer *et alii* (orgs.), *Organisation und Verfahren im sozialen Rechtsstaat. FS für Friedrich E. Schnapp zum 70. Geburtstag*, Berlin, Duncker und Humblot, 2008, p. 162.

471. Roque Antonio Carrazza, *Curso de Direito Constitucional Tributário*, 30ª ed., São Paulo, Malheiros Editores, 2015, p. 478.

472. Jeremy Waldron, "The rule of law in contemporary liberal theory", *Ratio Juris*, v. 2, n. 1, p. 84, 1989.

ção estatal termina seguindo de forma inversa os ideais do princípio do Estado de Direito: em vez de o Estado ser governado por regras gerais, termina sendo governado por normas individuais provenientes do Poder Judiciário; no lugar de ser governado por normas claras, culmina sendo dirigido por normas obscuras, graças à ausência de critérios intersubjetivos que permitam identificar o que é permitido e o que é obrigatório; em vez de ser regulado por normas conhecidas, ele acaba tendo sua atuação limitada por normas desconhecidas, já que inexistentes ao tempo da prática e incapazes de serem conhecidas nesse momento; no lugar de ele ser regulado por regras constantes no tempo, é dirigido por regras que se alteram conforme os interesses e os valores protegidos no momento da decisão; em vez de ser regulado por regras prospectivas, o Estado é regulado por normas retrospectivas, porquanto só existentes no momento da prolação da decisão, e não no momento da atuação estatal. E tudo isso se contrapõe, ainda, à instituição de um sistema universal e não-arbitrário, na medida em que a atuação estatal termina sendo regulada de maneira circunstancial, sem que haja limites jurídicos claros e efetivos. Em suma, a modulação dos efeitos de leis inconstitucionais oneratórias tem, frente ao princípio do Estado de Direito, um espaço muito estreito, já que, no lugar de instituir um governo limitado por regras editadas antecipadamente, permite um governo limitado por decisões fixadas posteriormente.

Todas as considerações precedentes demonstram que a modulação de efeitos é técnica decisória cuja compatibilidade com os princípios do Estado de Direito e da segurança jurídica é muito, muito, mas muito restrita. Toda modulação de efeitos temporais da declaração de inconstitucionalidade envolve uma contradição do Direito consigo mesmo: ao manter o que lhe é contrário, o Direito como que devora a si próprio, tal como uma cobra que engole sua própria cauda. Ela envolve, por assim dizer, não um Direito Constitucional, mas um Direito Inconstitucional.[473] Equivoca-se, pois, Medeiros quando admite a expectativa financeira do Estado como critério para afastar a eficácia declaratória da decisão de inconstitucionalidade.[474]

Por fim, é preciso lembrar, para os adeptos de uma teoria consequencialista da interpretação, que a consideração das consequências, se

473. Klaus-Dieter Drüen, "Haushaltsvorbehalt bei der Verwerfung verfassungswidriger Steuergesetze?", *FR* 6, p. 294, 1999.

474. Rui Medeiros, *A Decisão de inconstitucionalidade – Os autores, o conteúdo e os efeitos da decisão de inconstitucionalidade*, Lisboa, Universidade Católica, 1999, p. 715.

admitida, deveria ser antecedida de uma série de indagações, como as seguintes: Consequências com relação ao quê – às regras (quais?), aos princípios (quais?) ou ao conjunto de regras e de princípios (em que medida e com base em qual perspectiva)? Consequências medidas de que modo? Consequências em que sentido – fático, normativo, valorativo? Consequências em relação a qual período – ontem, hoje, amanhã? Consequências para quem – para o destinatário, para o Estado, para a sociedade? Essas indagações, às quais poderiam ser somadas outras, apenas indicam que a avaliação das consequências de uma decisão é só aparentemente isenta de controvérsias. Isso sem falar no peso dos argumentos consequencialistas dentro da teoria jurídica da argumentação.[475] A abertura da decisão à consideração das consequências – como alerta Machado Derzi – "supõe uma outra série infinita de possibilidades, abertas à escolha do operador do Direito, sobre a teoria econômica ou sociológica a adotar, pois nenhuma unanimidade existe nem nas ciências explicativas, nem tampouco nas Ciências do espírito, que possa assegurar a certeza dos efeitos a serem desencadeados".[476] Em suma, uma teoria decisional consequencialista, desprovida de uma rigorosa delimitação das consequências que se deseja empregar, é totalmente incompatível com o princípio da segurança jurídica, pela absurda incerteza que a sua manipulação propicia.[477] Admitir – com a permissão para uma metáfora, inspirada na obra de Becker – um "consequencialismo invertebrado" no Direito é aceitar a Justiça como sendo uma simples caixa de Pandora, da qual tudo se pode retirar.

Insista-se, por fim, no fato de que a modulação de efeitos de decisões de inconstitucionalidade inverte a lógica do próprio Direito. De fato, a estrutura de uma regra jurídica é composta de uma hipótese e de uma consequência. Para o destinatário isso significa que ele pode prever que, agindo de determinado modo, irá sofrer determinada consequência. Para o julgador essa estrutura hipotético-condicional funciona como um elemento condutor da sua decisão: quando *X*, e *X* foi feito, devo decidir

475. Humberto Ávila, "Juristische Theorie der Argumentation", in Andreas Heldrich *et alii* (orgs.), *FS für Claus-Wilhelm Canaris zum 70. Geburtstag*, München, Beck, 2007, pp. 963-989. Ana Paula Oliveira Ávila, *A modulação de efeitos temporais pelo STF no controle de constitucionalidade*, Porto Alegre, Livraria do Advogado, 2009, pp. 119 e 171.

476. Misabel de Abreu Machado Derzi, *Modificações da jurisprudência no Direito Tributário*, São Paulo, Noeses, 2009, p. 171.

477. Misabel de Abreu Machado Derzi, *Modificações da jurisprudência no Direito Tributário*, cit., pp. 173 e 216.

Y; e quando *X*, e *não-X* foi feito, então, devo decidir *Z*.[478] Note-se que, nesse esquema normativo, a decisão tomada pelo julgador não é produto da comparação entre o efeito programado pelo legislador e o efeito que o julgador quer programar, nem é resultado da substituição de um efeito por outro. O julgador não usa os efeitos como razão da decisão, nem compara o efeito do programa condicional com outros efeitos. A eficácia normativa é aquela previamente definida pelo legislador. A modulação altera precisamente esse raciocínio decisional, por meio da equiparação das decisões nos dois casos: quando *X*, e *X* foi feito, decido *Y*; mas quando *X*, e *não-X* foi feito, *também* decido *Y*! Desse modo, *X* e *não-X* têm a mesma consequência – isto é, comportamentos diferentes têm consequências iguais. Note-se que, nesse caso, a decisão tomada pelo julgador é resultado da comparação entre o efeito programado pelo legislador e o efeito que o julgador quer programar. O julgador, em outras palavras, usa os efeitos prováveis da decisão como razão de decidir, invertendo a eficácia normativa previamente definida pelo legislador. Essa inversão, ao contrário do que ocorre no caso de decisões relativas a situações consolidadas – em que o julgamento resulta da consideração de elementos internos e anteriores do próprio comportamento do destinatário ou da sua qualificação –, advém da apreciação de elementos externos e posteriores ao comportamento do destinatário. Essas observações – repita-se – não afastam a utilização do mecanismo de modulação de efeitos em todos os casos. Elas, contudo, reforçam a ideia de que ele deve ser utilizado com elevadíssima parcimônia, por contrariar elementos fundamentais do próprio Estado de Direito.

Tendo em vista o exposto, a modulação dos efeitos temporais das declarações de inconstitucionalidade deve atentar para os seguintes requisitos materiais e procedimentais.

C-5) *Requisitos para a modulação de efeitos*

a) Pressupostos

Excepcionalidade do caso objeto de decisão:

O caso objeto de modulação eficacial deve ser realmente excepcional. Essa excepcionalidade deve estar vinculada à dificuldade de repetitividade do caso no futuro. Toda manutenção de efeitos passados de leis inconstitucionais envolve um "contrassentido": como a norma

478. Niklas Luhmann, *Ausdifferenzierung des Rechts. Beiträge zur Rechtssoziologie und Rechtstheorie*, Frankfurt am Main, Suhrkamp, 1999, p. 140.

constitucional, que deveria ter sido respeitada, foi violada, mas os efeitos da violação não foram desencadeados, a transgressão constitucional é, ainda que indiretamente, incentivada, pela ausência de consequências decorrentes da violação. Sendo assim – e utilizando uma linguagem mais afeita ao tema da segurança jurídica –, toda manutenção de efeitos de leis inconstitucionais envolve um conflito interno entre as dimensões temporais da própria segurança jurídica: mantém-se a segurança jurídica no passado, pela preservação da intangibilidade dos atos praticados ou dos efeitos produzidos, mas, ao mesmo tempo, restringe-se a segurança jurídica no futuro, pelo incentivo à prática de novo ato inconstitucional.

E precisamente por causa desse conflito interno entre as dimensões da própria segurança jurídica que a atribuição de efeitos prospectivos às decisões de inconstitucionalidade só pode ser feita em casos excepcionais, assim entendidos – eis o ponto crucial – aqueles casos de difícil repetitividade no futuro. Assim – e ficando nos exemplos já examinados pelo Supremo Tribunal Federal –, não há risco (ou ele é pequeno) de o Município cuja criação, embora inconstitucional, foi mantida ser novamente criado; não há risco (ou ele é ínfimo) de o número de vereadores de um Município, declarado incompatível com a Constituição, ser novamente alterado. No entanto – e aqui reside o perigo de maior insegurança jurídica –, o aparelhamento de quadros administrativos sem concurso, embora seja mantido em um caso, pode ser repetido em outros. A manutenção dos efeitos de ato inconstitucional relativamente a casos repetitíveis é um incentivo à violação futura da Constituição. Viola-se a segurança jurídica em medida maior do que se a protege.

O Supremo Tribunal Federal, em regra, tem atribuído efeitos prospectivos a várias de suas decisões sem examinar, específica e fundamentadamente, o risco de eficácia perversa dessa técnica com relação ao futuro. Isso, inclusive, motivou a afirmação do Ministro Cézar Peluso de que "o Tribunal está ficando muito leniente com a inconstitucionalidade em matéria de funcionalismo público".[479] É preciso, no entanto, reconhecer que uma parte dos Ministros tem verbalizado grande preocupação com os efeitos futuros da banalização da modulação de efeitos, como comprovam alguns trechos de votos. O Ministro Maurício Corrêa destacou que, "como aqui já se advertiu, essa solução, se generalizada, traz também o perigo de estimular a inconstitucionalidade";[480] o Ministro Marco Aurélio, no caso de manutenção da criação irregular de um Município, asseverou

479. ADI n. 3.819-2, Tribunal Pleno, Rel. Min. Eros Grau, *DJ* 28.3.2008, p. 403 do acórdão.

480. ADI n. 1.102, Rel. Min. Maurício Corrêa, *DJ* 17.11.95.

que, "placitada a criação desse Município ao arrepio do que se contém na Constituição Federal, a porta ficará aberta para endossarmos, em conflito evidente com a Carta da República, a criação de outros Municípios";[481] o referido Ministro, agora no caso relativo à instituição de lei por autoridade incompetente, afirmou que, "salvando durante certo período – como se a Constituição nesse período não tivesse estado em vigor – o diploma legal, estimulamos as assembleias a elaborar leis que não guardam harmonia com a Constituição Federal";[482] o Ministro Cézar Peluso, ao julgar o caso de admissão de funcionários públicos estaduais sem concurso público, ponderou a circunstância de se estar "abrindo um precedente que justificará aos Estados, aos Municípios e à União criar normas inconstitucionais, deliberadamente, na justa expectativa de que o Tribunal, amanhã ou depois, lhes permita sobrevivência!";[483] a Ministra Ellen Gracie, no caso de ingresso sem concurso na carreira pública, afirmou que a "preocupa que uma decisão nossa possa sinalizar, de alguma forma, às autoridades do Estado de Minas Gerais como uma autorização a prolongar a não-contratação de defensores devidamente concursados, como os há".[484] Essa preocupação dos julgadores é fundamental, pois a jurisprudência constitucional, indiretamente, possui efeito disciplinador (*Disziplinierungseffekt*).[485]

O decisivo de toda essa argumentação é demonstrar que a segurança jurídica é ambivalente. Essa constatação deveria ser observada em todos os julgamentos. Em atenção ao que foi examinado no capítulo relativo ao conteúdo da segurança jurídica, é preciso ter sempre em mente que há vários aspectos, elementos e dimensões da segurança jurídica. Desconsiderá-los é desconsiderar a própria segurança jurídica. Sendo assim, não se pode, simplesmente, fazer apelo à segurança jurídica, utilizando-a como fundamento para alterar os efeitos de uma declaração de inconstitucionalidade, sem que se diferencie e que se considere essa sua multidimensionalidade. E considerar, adequadamente, essa multidimensionalidade envolve fazer uma espécie de "sopesamento interno" da própria segurança jurídica, especialmente com a finalidade de saber se

481. ADI n. 2.240-7, Tribunal Pleno, Rel. Min. Eros Grau, *DJ* 3.8.2007, p. 337 do acórdão.

482. ADI n. 3.458-8, Tribunal Pleno, Rel. Min. Eros Grau, *DJ* 28.3.2008, p. 378 do acórdão.

483. ADI n. 3.819-2, Tribunal Pleno, Rel. Min. Eros Grau, *DJ* 28.3.2008, p. 401 do acórdão.

484. ADI n. 3.819-2, Tribunal Pleno, Rel. Min. Eros Grau, *DJ* 28.3.2008, p. 452 do acórdão.

485. Georg Seyfarth, *Die Änderung der Rechtsprechung durch das Bundesverfassungsgericht*, Berlin, Duncker und Humblot, 1998, p. 294.

a manutenção dos efeitos pretéritos de lei ou de ato inconstitucional não termina provocando "mais" insegurança que segurança jurídica.

Inexistência de inconstitucionalidade manifesta do ato impugnado:

A aparência de legitimidade do ato impugnado é requisito do princípio da proteção da confiança: para que haja confiança digna de proteção é preciso que a base da confiança seja merecedora de fé do destinatário. A ausência de aparência de legitimidade não exclui a intangibilidade do ato. Isso porque essa intangibilidade pode decorrer não da eficácia subjetiva do princípio da segurança jurídica, mas da sua dimensão objetiva: há casos em que, embora o ato inicial não merecesse confiança, outros elementos – como o tempo – podem ter contribuído para a consolidação de uma situação de fato que não mais pode permanecer ou que deve ser futuramente alterada.

Como já visto, o Supremo Tribunal Federal, quando se utiliza do mecanismo da modulação de efeitos, não usa, a rigor, o princípio da proteção da confiança, cuja aplicação demandaria a comprovação da existência de uma base da confiança, da confiança propriamente dita, do exercício efetivo e causalmente vinculado da confiança e da frustração da confiança. Essas questões não podem ser analisadas no controle concentrado de constitucionalidade, e nem no controle difuso, quando o Tribunal pretende modular os efeitos da declaração incidental de inconstitucionalidade, tendo em vista outros casos que não aquele submetido a julgamento. A aparência de legitimidade também pode, porém, ser requisito de aplicação da dimensão objetiva do princípio da segurança jurídica quando o Tribunal examina a repercussão, comprovada ou presumida, da decretação da nulidade para o "conjunto de confianças" ou para a "credibilidade do ordenamento jurídico". A razão dessa necessidade reside na avaliação global do princípio da segurança jurídica.

Com efeito – e como já acima afirmado –, toda declaração de eficácia prospectiva envolve um contrassentido: a ausência de atribuição de consequências à violação da Constituição, sendo repetível o caso, funciona como incentivo à reprodução da sua violação. Pois bem, para que isso não ocorra, ou para que tenha menos chance de suceder, a modulação de efeitos só pode ser adotada nos casos em que a legitimidade do comportamento era plausível, isto é, quando o destinatário da regra não podia nem devia saber da inconstitucionalidade do seu comportamento. Se ele sabia ou podia saber da antijuridicidade da sua conduta, manter os seus efeitos significa prestigiar o descumprimento doloso da Constituição. Excetuando os casos em que o longo transcurso de tempo possa funcionar como fator estabilizador e modificador da valorização da ilicitude inicial, nos outros – quer aqueles envolvendo a proteção subjetiva de posições individuais pelo princípio da proteção da confiança, quer aqueles outros abrangendo a garantia objetiva de situações transindividuais pelo princípio da permanência do ordenamento jurídico – o ato impugnado deve revestir-se de aparência de legitimidade, pois não sendo assim mantém-se a segurança jurídica *passada*, incentivando em maior medida a insegurança jurídica *futura*. A manutenção dos efeitos do ato ilícito quando a sua ilegitimidade é originalmente conhecida ainda se mostra incompatível com o princípio do Estado de Direito, infenso à manutenção de atos que lhe são contrários, bem como inconciliável com o princípio da moralidade, que, ao exigir a adoção de condutas sérias, leais e motivadas, não tolera a manutenção de atos praticados dolosamente contra a ordem jurídica.

Nesse ponto, a jurisprudência do Supremo Tribunal Federal deve ser aperfeiçoada. Embora o Tribunal manifeste elevada preocupação com o incentivo à conduta inconstitucional, em muitas passagens dos seus julgados, mantém atos que se sabia ou se devia saber inconstitucionais no momento da sua prática. Por exemplo, na ADI n. 3.660-2, o Tribunal declarou a inconstitucionalidade da destinação dos valores recolhidos a título de custas e emolumentos a pessoas jurídicas de Direito Privado, pela violação ao princípio da isonomia e pelo desvirtuamento da destinação constitucionalmente prevista para as taxas. No entanto, "tendo em vista razões de segurança jurídica e de excepcional interesse social", atribuiu à declaração de inconstitucionalidade efeitos a partir de data futura. O problema é que – conforme afirmação do Ministro Joaquim Barbosa: "A posição do Tribunal quanto a este tipo de inconstitucionalidade é conhecida de longa data" (p. 67 do acórdão).[486] Eis, pois, o problema: modulam-se os efeitos com base na segurança jurídica (em um dos seus aspectos), causando insegurança jurídica (em todos os seus outros aspectos). Exatamente por isso que a flexibilização das alternativas decisórias do Tribunal Constitucional, por mais paradoxal que possa parecer, termina "pesando finalmente sobre a segurança jurídica. Como manifestação da jusestatalidade (*Rechtsstaatlichkeit*), a segurança jurídica exige também precisamente que as consequências jurídicas de uma decisão do Tribunal Constitucional Federal devam ser previsíveis e calculáveis para os destinatários".[487]

486. ADI n. 3.660-2, Tribunal Pleno, Rel. Min. Gilmar Mendes, *DJ* 13.3.2008.

487. Roman Seer, "Die Unvereinbarkeitserklärung des BVerfG am Beispiel seiner Rechtsprechung zum Abgabenrecht", *NJW* 5, p. 291, 1996.

b) Finalidades

Restauração do "estado de constitucionalidade":

A atribuição de efeitos prospectivos deve ter o objetivo de restaurar a constitucionalidade. É preciso sempre lembrar: o Supremo Tribunal Federal é o "guardião da Constituição", e a sua função é assegurar a constitucionalidade das leis.[488] Esse é o sistema implantado pela CF/88 por meio dos seus arts. 102 e ss. Pois bem, se a declaração de nulidade restaurar a violação da decisão, deve-se declará-la. Isso ocorre nos casos em que são violadas regras de competência: a violação consiste no exercício do poder de tributar fora do âmbito material constitucionalmente permitido. A declaração de nulidade da lei restabelece a constitucionalidade. Somente se a declaração de nulidade não restaurar o estado de constitucionalidade é que o Supremo Tribunal Federal pode usar o mecanismo de modulação dos efeitos temporais da declaração de inconstitucionalidade.

Esse requisito é de extrema importância, pois, não sendo ele observado, perde-se de vista a própria função regular do controle de constitucionalidade, passando o Supremo Tribunal Federal de "guardião da Constituição" a "guardião da violação da Constituição". Precisamente por isso que a manutenção dos efeitos passados só pode ser feita quando não houver outro meio de se restaurar a constitucionalidade. Sendo isso verdadeiro, porém, a declaração de inconstitucionalidade com efeitos prospectivos assume caráter subsidiário: ela só pode ser adotada se outros meios não puderem ser utilizados, dentre os quais pode ser ressaltada a criação de prazos ou de regras de transição. Insista-se em um ponto: toda vez que o Tribunal mantém a eficácia de norma inconstitucional, cuja nulidade restauraria o estado de constitucionalidade suspenso com a sua edição, em vez de possibilitar a manutenção do estado de constitucionalidade, viabiliza a manutenção do estado de inconstitucionalidade.[489]

Andou bem o Supremo Tribunal Federal, portanto, ao fixar prazos para que o Poder Legislativo ou o Poder Executivo pudessem adotar medidas destinadas a sanar a inconstitucionalidade: quando examinou a criação de Municípios sem intermediação de lei complementar, o Tribunal declarou a inconstitucionalidade do ato impugnado, mas garantiu a sua vigência pelo prazo de 24 meses até que o legislador

488. Oliver W. Lembcke, *Hüter der Verfassung*, Tübingen, Mohr Siebeck, 2007, p. 134.

489. Gerhardt Habscheidt, *Der Anspruch des Bürgers auf Erstattung verfassungswidriger Steuern*, Köln, Otto Schmidt, 2003, p. 31.

estadual pudesse estabelecer novo regramento;[490] ao analisar o ingresso na carreira de Defensor Público por provimento derivado, o Tribunal manteve defensores ilegalmente investidos apenas pelo período de 6 meses, sem a sua efetivação, com a finalidade de permitir a renovação do quadro de defensores;[491] ao examinar a lei estadual, de iniciativa do Poder Executivo, versando sobre o depósito judicial, o tribunal decidiu pela inconstitucionalidade da lei impugnada e efetuou modulação de efeitos, de modo a que a decisão produzisse efeitos 60 dias após o seu trânsito em julgado e permitisse tempo hábil ao recolhimento de custas judiciais e extrajudiciais;[492] ao decidir sobre a aplicação das normas da Lei de Responsabilidade Fiscal ao Distrito Federal, o Tribunal exigiu o cumprimento da decisão, contando-se impreterivelmente os 2 quadrimestres da data da publicação da ata de julgamento do mérito;[493] ao julgar a atuação da Defensoria Pública na defesa dos próprios servidores, o Tribunal declarou a inconstitucionalidade da norma infraconstitucional porém manteve os seus efeitos até o final do ano da prolação da decisão, para dar um tempo para que o legislador pudesse disciplinar a matéria.[494]

Todos esses casos revelam um modo muito temperado de declaração de inconstitucionalidade, pois, em vez de fazer *tábula rasa* da modulação de efeitos, o Tribunal não apenas declarou a inconstitucionalidade, desvalorando juridicamente a conduta antijurídica, como encontrou um meio capaz de preservar os direitos fundamentais que seriam afetados com a decretação de nulidade retroativa e de manter a inevitável inconstitucionalidade pelo tempo *estritamente necessário* para o restabelecimento do estado de constitucionalidade violado. A regra, portanto, é no sentido de que a eficácia prospectiva integral deve ser excluída sempre que houver outro meio para restabelecer o estado de constitucionalidade violado. Ainda que admitida a modulação, deve-se escolher, dentre os meios disponíveis, aquele que melhor restabelece o estado de constitucionalidade, se declaração de incompatibilidade com atribuição de reforma legislativa com efeito *ex tunc* ou *ex nunc*, com ou sem fixação de prazo, com ou sem regras de transição.

490. ADI n. 2.240-7, Tribunal Pleno, Rel. Min. Eros Grau, *DJ* 3.8.2007; ADI n. 3.316, Tribunal Pleno, Rel. Min. Eros Grau, *DJ* 29.6.2007; ADI n. 3.489, Tribunal Pleno, Rel. Min. Eros Grau, *DJ* 3.8.2007; ADI n. 3.689, Tribunal Pleno, Rel. Min. Eros Grau, *DJ* 29.6.2007.

491. ADI n. 3.819-2, Tribunal Pleno, Rel. Min. Eros Grau, *DJ* 28.320.08.

492. ADI n. 3.458-8, Tribunal Pleno, Rel. Min. Eros Grau, *DJ* 28.3.2008.

493. ADI n. 3.756-1, Tribunal Pleno, Rel. Min. Carlos Britto, *DJ* 19.10.2007.

494. ADI n. 3.022-1, Tribunal Pleno, Rel. Min. Joaquim Barbosa, *DJ* 4.3.2005.

Não se pode, contudo, atribuir a eficácia prospectiva, no controle concentrado de constitucionalidade, sem previamente verificar se a questão não deve melhor ser tratada pelos eventuais prejudicados no controle difuso de constitucionalidade. Nesse sentido – e a título de exemplo –, decidiu o Supremo Tribunal Federal no RE n. 105.789: a nova qualificação do tempo de serviço, anos depois de averbado e de haver produzido efeitos pecuniários em favor do magistrado, viola a garantia constitucional da irredutibilidade de vencimentos, que torna "intangível o direito que já nasceu e não pode ser suprimido", não se tratando "apenas de direito adquirido". Em razão disso, e mesmo considerando a declaração de inconstitucionalidade do dispositivo que, à época, motivou o cômputo do tempo de serviço, "tal garantia supera o efeito *ex tunc* da declaração de inconstitucionalidade da norma".[495] Isso significa dizer que o Supremo Tribunal Federal, quando declarou a inconstitucionalidade da norma que motivou o cômputo do tempo de serviço pelo requerente, não efetuou qualquer modulação de efeitos na ocasião, deixando, todavia, para que cada prejudicado, se fosse o caso, pudesse ter garantidos os seus direitos por meio do acesso individual ao Poder Judiciário.

Essa ressalva é muito importante. O Supremo Tribunal Federal, já no controle concentrado de constitucionalidade, não deve antecipar-se em toda e qualquer situação, excluindo a eficácia da declaração de inconstitucionalidade relativamente a casos que não conhece e a respeito dos quais não tem como comprovar se houve, efetivamente, o preenchimento dos requisitos necessários à comprovação de quaisquer das modalidades de intangibilidade de situações individuais, seja por razões objetivas decorrentes do transcurso do tempo (prescrição, decadência), da consolidação jurídica (direito adquirido, ato jurídico perfeito, coisa julgada, fato gerador ocorrido) ou fática de situações (situação consolidada pelo tempo), seja por razões subjetivas, decorrentes do exercício, concreto e juridicamente orientado, da liberdade e da propriedade (proteção da confiança). Ora, a configuração de todos esses casos depende de prova concreta, não podendo, portanto, ser objeto de consideração direta e abstrata no controle concentrado de constitucionalidade. O que pode, sim, ser feito nesse controle é o afastamento da eficácia pretérita da decisão apenas e tão somente quando os efeitos negativos da decretação de nulidade, além de extensos e intensos, já puderem ser, com segurança, razoavelmente presumidos por parte do Tribunal. Vale dizer: só no caso em que a decretação de nulidade da norma impugnada causar

495. RE n. 105.789-1, 2ª Turma, Rel. Min. Carlos Madeira, *DJ* 9.5.86.

grande insegurança jurídica objetiva, a ponto de afetar a estabilidade institucional e a credibilidade do Direito, é que o Tribunal poderá atribuir efeitos prospectivos à decisão. Em todos os outros casos, somente o exame concreto é que poderá indicar a presença dos requisitos indispensáveis à intangibilidade de situações individuais por razões objetivas ou subjetivas. Isso explica a afirmação constante do voto da Ministra Ellen Gracie por ocasião da tentativa de a Procuradoria-Geral da República, em embargos de declaração, suscitar a atribuição de efeitos prospectivos à decisão que declarou a constitucionalidade da exigência temporal de dois anos de Bacharelado em Direito como requisito para a inscrição em concurso público para ingresso nas carreiras do Ministério Público da União, sob o argumento de que vários procuradores teriam sido empossados, bem como exercido as suas atribuições sem o preenchimento do requisito: "Ademais, tenho por manifestamente incabível, na via eleita, o exame de situação concreta de membros do Ministério Público Federal que se beneficiaram de decisões judiciais que teriam julgado a inconstitucionalidade da norma em comento". Explica também a ressalva do Ministro Carlos Britto de que "esses casos fronteiriços, delicados, serão resolvidos ou no âmbito administrativo ou nos processos de índole subjetiva, ou seja, no controle difuso de constitucionalidade".[496]

Não adotando essa cautela de evitar o exame, no controle concentrado de constitucionalidade, daquilo que, nesse controle, não pode ser objeto de comprovação, estará o Supremo Tribunal Federal não apenas adentrando em questões individuais e concretas insuscetíveis de serem avaliadas com segurança judicativa como, igualmente, estará assegurando a intangibilidade de situações individuais sem saber se elas, de fato e de direito, existem. O Tribunal estará julgando, com o perdão da expressão, "no escuro" – em nome da segurança jurídica, porém sem segurança jurídica alguma.

Proteção direta da segurança jurídica objetiva e indireta dos direitos fundamentais:

A modulação de efeitos deve constituir um meio de preservar a segurança jurídica em toda a sua amplitude, especialmente pela estabilidade institucional do ordenamento jurídico. Essa estabilidade, porém, não pode ser relacionada meramente a questões financeiras. Ela deve dizer respeito à proteção da credibilidade do ordenamento jurídico, no

496. ED na ADI n. 1.040-9, Tribunal Pleno, Rela. Ministra Ellen Gracie, *DJ* 1.9.2006.

sentido de que a decretação de nulidade terminaria afetando de forma negativa, comprovada ou presumidamente, um sem-número de pessoas, cujos direitos fundamentais terminariam por ser desnecessariamente restringidos e cuja confiança no ordenamento, globalmente considerada, seria fortemente afetada. Sendo assim – e prosseguindo na utilização dos casos já julgados pelo Supremo Tribunal Federal –, a decretação de nulidade retroativa da criação de um Município afetaria não apenas a situação institucional da organização municipal, como também os direitos dos cidadãos beneficiados com serviços públicos já prestados, as atividades administrativas já concluídas e as atividades de polícia já consolidadas; a decretação de nulidade retroativa da composição da Câmara de Vereadores dos Municípios provocaria efeitos não somente com relação à situação institucional do Ente Federativo, mas igualmente aos direitos dos cidadãos beneficiados com leis já editadas.

Sobre o assunto, é preciso lembrar que a modulação de efeitos surgiu na Alemanha para tornar intangíveis efeitos de normas posteriormente declaradas inconstitucionais que haviam instituído tratamentos vantajosos aos cidadãos, embora desiguais ou desproporcionais. Nesses casos, a decretação de nulidade apenas excluiria parte dos efeitos positivos de um dever de proteção instituído pela própria Constituição. Em linguagem mais singela, a decretação de nulidade *ab initio* apenas tiraria a "parte boa" da lei, sem restabelecer o estado de constitucionalidade. Em grande parte dos casos analisados, o Supremo Tribunal Federal seguiu essa direção: declarou a inconstitucionalidade da criação de Municípios sem prejuízo dos atos já praticados, em virtude dos serviços e dos atos administrativos praticados em benefício dos cidadãos;[497] declarou a inconstitucionalidade da contratação de defensores públicos sem concurso, sem prejuízo dos atos até então praticados em benefício direito à proteção judicial dos direitos dos representados;[498] declarou a inconstitucionalidade da atuação da Defensoria Pública na defesa dos próprios servidores, preservando os atos praticados na defesa dos representados até então.[499] Em todos esses casos, dois foram os fatores que motivaram a manutenção dos efeitos pretéritos: diretamente, a preservação institucional; indiretamente, a garantia de direitos.

497. ADI n. 2.240-7, Tribunal Pleno, Rel. Min. Eros Grau, *DJ* 3.8.2007; ADI n. 3.316, Tribunal Pleno, Rel. Min. Eros Grau, *DJ* 29.6.2007; ADI n. 3.489, Tribunal Pleno, Rel. Min. Eros Grau, *DJ* 3.8.2007; ADI n. 3.689, Tribunal Pleno, Rel. Min. Eros Grau, *DJ* 29.6.2007.

498. ADI n. 3.819-2, Tribunal Pleno, Rel. Min. Eros Grau, *DJ* 28.3.2008.

499. ADI n. 3.022-1, Tribunal Pleno, Rel. Min. Joaquim Barbosa, *DJ* 4.3.2005.

Recorde-se que a segurança jurídica foi conceituada neste trabalho como norma-princípio que exige dos Poderes Legislativo, Executivo e Judiciário a adoção de comportamentos que contribuam mais para a existência, *em benefício dos cidadãos e na sua perspectiva*, de um estado de confiabilidade e de calculabilidade do e pelo Direito, com base na sua cognoscibilidade, como instrumento garantidor do *respeito à sua capacidade* de, sem engano, frustração ou surpresa, plasmar com dignidade o seu presente e fazer um planejamento estratégico juridicamente informado do seu futuro. Prejuízos financeiros decorrentes da cobrança de tributos inconstitucionais não se enquadram, portanto, no conceito de segurança jurídica tal como está posta na CF/88.

Sendo assim, somente se pode adotar a modulação da eficácia temporal da declaração de inconstitucionalidade quando a decretação de nulidade não restabelecer o estado de constitucionalidade e quando a eficácia dos próprios direitos fundamentais assim o exigir. Por isso que aquelas decisões do Supremo Tribunal Federal em matéria federativo-institucional não restringem os direitos fundamentais; antes os protegem. A mesma situação, porém, não ocorre no caso de leis que criam obrigações tributárias: a manutenção da sua eficácia, além de permitir a cobrança de tributo sem lei, mas por decisão judicial, termina por suspender temporariamente a eficácia dos direitos fundamentais de liberdade, de propriedade e de proteção judicial.

É preciso, de qualquer modo, atentar para o princípio da igualdade.[500] A modulação de efeitos deve ser mecanismo de supremacia da ordem constitucional, nunca instrumento da sua transgressão. A modulação deve, pois, ser afastada se dela resultar grave e injustificado tratamento diferenciado. Foi precisamente o que ocorreu no caso em que o Supremo Tribunal Federal, ao analisar se o legislador ordinário poderia fixar prazos de decadência e de prescrição, excluiu da eficácia da decisão os contribuintes que já haviam efetuado o pagamento.[501] Aqueles que obedeceram à lei foram prejudicados; os que a descumpriram, ou discutiram a sua eficácia, foram beneficiados – embora ambos estivessem, relativamente à hipótese legal tributária, na mesma situação. Isso explica a posição forte de Machado Derzi demonstrando que somente os tolos contribuintes adimplentes suportaram nos seus ombros o peso da tributação.[502]

500. Andreas Vonkilch, *Das Intertemporale Privatrecht*, Wien, Springer, 1999, p. 317.

501. RE n. 560.626, Tribunal Pleno, Rel. Min. Gilmar Mendes, *DJe* 5.12.2008.

502. Misabel de Abreu Machado Derzi, *Modificações da jurisprudência no Direito Tributário*, São Paulo, Noeses, 2009, p. 527.

Evitar "grave" ameaça à segurança jurídica:

Como a atribuição de efeitos prospectivos à decisão envolve a superação da regra de nulidade e um contrassentido relativamente à obediência à Constituição, não é qualquer tipo de instabilidade institucional ou de afetação da credibilidade do ordenamento jurídico que pode justificar a sua utilização. Apenas nos casos em que a decretação de nulidade da norma impugnada causar *elevado* estado de insegurança jurídica é que estará justificada a atribuição de efeitos prospectivos. Não sendo assim, haverá um barateamento do postulado da supremacia da Constituição e, com isso, um incentivo à prática de atos inconstitucionais.

O Supremo Tribunal Federal normalmente segue tal entendimento. O Ministro Gilmar Mendes, na AC n. 189, esclareceu que a exceção à regra da nulidade só não tem aplicação "nos casos em que se revelar absolutamente inidônea para a finalidade perseguida (casos de omissão; exclusão de benefício incompatível com o princípio da igualdade), bem como nas hipóteses em que a sua aplicação pudesse trazer danos para o próprio sistema jurídico constitucional (grave ameaça à segurança jurídica)".[503] O Ministro Joaquim Barbosa, no AI n. 557.237, realçou a necessidade de excepcionalidade da situação ensejadora de modulação de efeitos, que se "caracteriza pelo risco *extremo* à segurança jurídica ou ao interesse social" (grifo nosso).[504] Adotando a linguagem utilizada nesta obra, o Supremo Tribunal Federal só pode adotar efeitos prospectivos quando a decretação de nulidade não restabelecer o estado de constitucionalidade, na linha seguida pelo Tribunal Constitucional Federal alemão, ou quando ela causar elevada insegurança.

A análise dos requisitos e das finalidades da modulação de efeitos revela que a sua utilização – como se preconiza nesta tese – não é fruto de uma mera ponderação entre os efeitos (negativos) da declaração de nulidade (*ex tunc*) e os efeitos (positivos) da declaração de incompatibilidade (*ex nunc*), como preconiza Medeiros.[505] Sustenta-se haver requisitos sem os quais, independentemente da referida ponderação, não se deve falar em modulação de efeitos. Trata-se, assim, de um modelo excepcional de

503. AC/MC/QO n. 189, Tribunal Pleno, Rel. Min. Gilmar Mendes, *DJ* 27.8.2004.

504. AgR no AI n. 557.237, 2ª Turma, Rel. Min. Joaquim Barbosa, *DJ* 26.10.2007.

505. Rui Medeiros, *A Decisão de inconstitucionalidade – Os autores, o conteúdo e os efeitos da decisão de inconstitucionalidade*, Lisboa, Universidade Católica, 1999, p. 703.

modulação condicionada à observância de requisitos e à consecução de finalidades, sem cuja presença está previamente afastada a modulação.

c) Procedimento

Garantia do contraditório a respeito da modulação:

Procedimentalmente, é preciso ter atenção para o fato de que a modulação de efeitos envolve uma questão diversa da de fundo discutida no processo: não se discute o mérito da questão, mas, em vez disso, os efeitos da decisão. Em razão disso, é indispensável que a questão da modulação dos efeitos seja objeto de um debate distinto do da questão de mérito: como as razões são diferentes e não têm relação necessária com os argumentos relativos ao mérito, deve o julgador ouvir as partes relativamente à própria modulação.[506] Exatamente por esse motivo que os procedimentos de modulação de eficácia das decisões da Corte Europeia de Justiça envolvem a paralisação do julgamento, com a consequente oitiva das partes a respeito, especificamente, da eficácia da decisão.[507]

Em razão disso, é incompatível não apenas com o princípio do contraditório, mas igualmente com o próprio princípio da segurança jurídica, julgar de inopino a modulação de efeitos, sem que ambas as partes possam sobre esta última, expressa e amplamente, se manifestar. Não se quer afirmar, com isso, que o Ministro Relator, ou qualquer um dos julgadores, não possa invocar a questão. Quer-se, em vez disso, dizer que, levantada a questão, deve esta ser discutida contraditória e especificamente, por envolver matéria diversa da inicialmente trazida aos autos. Andou mal, portanto, o Supremo Tribunal Federal no caso em que, ao analisar se o legislador ordinário poderia fixar prazos de decadência e de prescrição, excluiu da eficácia da decisão os contribuintes que já haviam efetuado o pagamento, sem que ambas as partes tivessem se manifestado sobre a questão.[508] Elucidativa, a esse respeito, a discussão suscitada no julgamento a respeito do pedido expresso de modulação: "Entendo que não é necessário, porque, quando se coloca a questão constitucional, já está implícita esta possibilidade" (Ministro Gilmar Mendes); "Só que

506. Nicolas Molfessis (org.), *Les revirements de jurisprudence. Rapport remis à Monsieur le Premier Président Guy Canivet. Groupe de Travail*, Paris, Litec, 2005, pp. 21 e 30.

507. Christian Waldfhoff, "Recent developments relating to the retroactive effect of decisions of the ECJ", in *Common Market Law Review* 46, p. 3, 2009 (manuscrito).

508. RE n. 560.626, Tribunal Pleno, Rel. Min. Gilmar Mendes, *DJe* 5.12.2008.

devia ter sido objeto de sustentação oral oportuna" (Ministro Cézar Peluso); "Um dos advogados, ontem, fez referência ao pedido de modulação expressamente; se o outro advogado não quis fazer..." (Ministro Menezes Direito).

Como, porém, a discussão a respeito da modulação de efeitos abrange questão normativamente diferente daquela discutida no mérito, é preciso enfrentá-la de modo apartado, garantindo-se o direito de ampla defesa mediante a suspensão do julgamento, para que ambas as partes possam enfrentá-la por meio da adequada defesa da sua posição.[509]

Preservação da eficácia retroativa para o caso precursor, os casos paralelos e os não abrangidos pela decadência:

A atribuição de efeitos prospectivos inclusive para o caso precursor (*Anlaßfall*) e para os casos em andamento (*Parallelfälle*) conduziria à restrição excessiva do direito fundamental de proteção judicial: o autor da ação, que motivou o pronunciamento do Tribunal, receberia – como se diz na Alemanha – "pedra, em vez de pão" (*Stein, statt Brot*), obtendo, por isso, uma "vitória de Pirro", despida de efeito prático. Do ponto de vista constitucional, entretanto, o problema não é apenas a falta de efeitos práticos, mas a restrição dos direitos fundamentais de proteção judicial e de liberdade.

Manter os efeitos pretéritos da lei inquinada de inconstitucional é negar o pedido feito pelo autor, suprimindo-lhe o direito fundamental de proteção judicial e, indiretamente, de liberdade: se uma das eficácias dos direitos fundamentais é a eficácia de defesa, a falta de eliminação da inconstitucionalidade requerida impede que a ação judicial limite o exercício do poder quando ele indevidamente restringe a liberdade.[510] Daí a preocupação do Ministro Sepúlveda Pertence no caso em que um Município pretendia receber a sua participação na partilha na arrecadação de um imposto estadual: "Então dir-se-á que o direito adquirido pelo qual luta o Município há 10 anos não vale nada".[511] Exatamente por isso que o caso precursor não pode, de modo algum, ser abrangido pela eficácia prospectiva total. Isso também vale para todas as outras ações em curso.

509. Andreas Vonkilch, *Das Intertemporale Privatrecht*, Wien, Springer, 1999, p. 319.

510. Roman Seer, "Die Unvereinbarkeitserklärung des BVerfG am Beispiel seiner Rechtsprechung zum Abgabenrecht", *NJW* 5, p. 290, 1996.

511. RE n. 401.953-1, Tribunal Pleno, Rel. Min. Joaquim Barbosa, *DJ* 21.9.2007, p. 472 do acórdão.

Aplicação segura da modulação de efeitos com base na segurança jurídica:

A utilização da declaração de inconstitucionalidade sem pronúncia de nulidade, também conhecida como declaração de mera incompatibilidade constitucional, envolve, como se viu, uma exceção: mantêm-se efeitos de ato inconstitucional no lugar de decretar a sua nulidade. Como refere o Ministro Gilmar Mendes, em expressão atécnica do ponto de vista da Teoria do Direito, porém materialmente correta: "Portanto, o *princípio* da nulidade continua a ser *regra* também no Direito brasileiro".[512] Quais são, todavia, os casos em que essa regra será excepcionada? Não se trata de questão que diga respeito apenas ao devido processo legal. Trata-se de indagação que se refere ao próprio princípio da segurança jurídica: se não há clareza, inteligibilidade e calculabilidade mínimas do cidadão-jurisdicionado a respeito de quando haverá decretação de nulidade e quando haverá utilização de outro mecanismo de atribuição de eficácia das decisões no controle de constitucionalidade, não há segurança jurídica no sentido de segurança do e pelo Direito. Isso explica a afirmação de Seer relativamente ao controle errático e indefinido efetuado na Alemanha, cuja reprodução é oportuna:

> "Nem os cidadãos nem a Administração podem assim em alguma medida estimar se o Tribunal Constitucional Federal alemão vai reagir por meio de uma declaração de inconstitucionalidade na forma de declaração de nulidade, de uma declaração de incompatibilidade com dever de reforma *ex tunc* ou *ex nunc*, de uma declaração de incompatibilidade com ou sem fixação de prazo, isto é, com ou sem regras de transição, ou de um apelo ao legislador com ou sem fixação de prazo. Se as decisões do Tribunal Constitucional Federal alemão não devem tornar-se um incalculável jogo de loteria, faz-se necessária uma dogmática compreensível".[513]

Precisamente nesse sentido é que a própria utilização da modulação de efeitos precisa estar conforme ao princípio da segurança jurídica. Isso, no entanto, só ocorrerá se o Supremo Tribunal Federal, mais que se manter fiel à regra, somente a superando em casos efetivamente excepcionais, no mínimo:

(a) Fundamentar (expressamente) qual é a norma constitucional cuja utilização está servindo de justificativa para a manutenção dos efeitos pre-

512. ADI n. 2.240-7, Tribunal Pleno, Rel. Min. Eros Grau, *DJ* 3.8.2007. Sobre o assunto, conferir: *RTJ* 87/758, 89/367, 146/461, 164/506.

513. Roman Seer, Die Unvereinbarkeitserklärung des BVerfG am Beispiel seiner Rechtsprechung zum Abgabenrecht", *NJW* n. 5, p. 291, 1996.

téritos do ato inconstitucional; justificar (expressamente) o afastamento da regra da nulidade *ex tunc* do ato inconstitucional.

(b) Justificar (expressamente) a necessidade imperiosa do afastamento da regra de nulidade *ex tunc* do ato inconstitucional para a manutenção do estado de constitucionalidade.

(c) Comprovar (documental ou presumidamente, quando possível) os efeitos negativos decorrentes da decretação da nulidade *ex tunc* do ato inconstitucional para o estado de constitucionalidade.

Sem a observância desses requisitos, o controle de constitucionalidade não é minimamente calculável e, portanto, compatível com o próprio princípio da segurança jurídica. Sem isso, as decisões judiciais terminam sendo uma espécie de "roleta processual" (*prozessuales Roulette*)[514] ou um simples "jogo de risco" (*Vabanque-Spiel*).[515]

§ 2º. Eficácia normativa: a "segurança de realização"

I – Considerações iniciais

Só há segurança jurídica se o Direito for, em alguma medida, capaz de providenciar efetiva orientação.[516] Se as normas que o cidadão conhece simplesmente não são minimamente obedecidas, a rigor, o conhecimento normativo não funciona como instrumento para que o cidadão possa realizar um planejamento estratégico juridicamente orientado do seu futuro. Daí se afirmar que a eficácia é condição para a segurança jurídica.[517] Eficácia jurídica, assim entendida não a eficácia social efetiva, mas a qualidade de produzir – em maior ou menor grau, mas em algum – efeitos jurídicos.[518]

514. Roman Seer, "Gewerbesteuer im Visier des Verfassungsgerichts – Anmerkungen zu dem Vorlagebeschluß des FG Niedersachsen vom 24.6.1998", *FR* 1998, p. 1.022, 1998.

515. Ernst Benda e Eckart Klein, *Lehrbuch des Verfassungsprozessrechts*, 2ª ed., Heidelberg, C. F. Müller, 2001, n. de margem 96.

516. Joseph Raz, "The rule of law and its virtue (1977)", in *The Authority of Law. Essays on Law and Morality*, Oxford, Oxford, 1979, p. 218.

517. Antonio Enrique Perez Luño, *La Seguridad Jurídica*, Barcelona, Ariel, 1991, p. 26. Federico Arcos Ramírez, *La seguridad jurídica: una teoría formal*, Madrid, Dykinson, 2000, p. 44.

518. Eros Roberto Grau, *A Ordem Econômica na Constituição de 1988*, 16ª ed., São Paulo, Malheiros Editores, 2014, p. 322. Tércio Sampaio Ferraz Jr., "Irretroatividade e jurisprudência judicial", in Tércio Sampaio Ferraz Jr., Roque Antonio Carrazza e Nelson Nery Júnior (orgs.), *Efeito "ex nunc" e as decisões do STF*, São Paulo, Manole, 2008, p. 16.

Quando se afirma que a segurança jurídica depende da eficácia não se está sustentando que só há previsibilidade quando houver eficácia social, isto é, quando as consequências previstas forem efetivamente aplicadas. Isso porque, se o indivíduo tiver a informação antecipada de que determinadas normas não são regularmente aplicadas pelos órgãos decisores e, portanto, determinadas normas não são efetivas, ainda assim – e exatamente por isso – ele terá capacidade de antecipar a consequência atribuível a determinados atos ou fatos: consequência nenhuma. Se o não-funcionamento do ordenamento jurídico for pontual e regular, portanto, e se o cidadão tiver conhecimento desse não-funcionamento, o seu grau de calculabilidade não diminui; antes, aumenta. Com razão afirma Gometz que em muitos casos o indivíduo pode melhor prever as consequências jurídicas de um ato ou de um fato tomando em consideração a informação de que uma determinada norma, embora válida e relevante para o caso examinado, é regularmente inobservada. Nessa hipótese o conhecimento da falta de efetividade pontual de um ordenamento jurídico globalmente efetivo aumenta o grau de previsibilidade do indivíduo, desde que a informação a respeito da falta de efetividade seja pública e regular.[519] Desse modo, por mais paradoxal que possa parecer, a falta de efetividade é instrumento de previsibilidade.

Essa falta de eficácia jurídica também pode ocorrer por falta da regulamentação de uma lei, quando esta é necessária para a sua aplicação. Inexistindo a indispensável regulamentação, o cidadão pode prever que as consequências da lei não regulamentada não se efetivarão, aumentando, paradoxalmente, a sua capacidade de calculabilidade do ordenamento jurídico.[520]

As observações precedentes têm, de um lado, a finalidade de deixar claro que a eficácia jurídica, aqui descrita como condição para a segurança jurídica, não é aquela pontual e regular de uma norma jurídica específica, mas a eficácia jurídica do ordenamento jurídico no seu conjunto, capaz de comprometer a existência do próprio Estado de Direito.[521] Eficácia jurídica como coatividade, como teor de normatividade, conforme anota Carvalho.[522] De outro, as considerações têm o objetivo

519. Gianmarco Gometz, *La certezza giuridica come prevedibilità*, Torino, Giappichelli, 2005, p. 266.

520. Anne-Laure Valembois, *La constitutionnalisation de l'exigence de sécurité juridique en Droit Français*, Paris, LGDJ, 2005, p. 129.

521. Idem, pp. 129 e 200.

522. Paulo de Barros Carvalho, "O princípio da segurança jurídica no campo tributário", *RDT* 94, p. 22, São Paulo, 2006.

de demonstrar que a eficácia jurídica aqui referida não diz propriamente respeito ao nexo causal entre o comportamento dos cidadãos e o conteúdo das normas (efetividade social), nem mesmo ao estado psíquico dos cidadãos relativamente a sua ação ter sido guiada pelo Direito (efetividade psíquica), mas, em vez disso, à expectativa geral de que o Direito válido será regularmente eficaz.[523] Mais precisamente ainda: a eficácia jurídica aqui referida diz respeito às condições abstratamente previstas em um dado ordenamento, como existência de um Poder Judiciário acessível por instrumentos processuais previamente definidos e composto de julgadores dotados de determinadas prerrogativas também abstratamente estabelecidas, que permitem presumir uma eficácia regular do Direito. Em suma, trata-se, no sentido aqui estipulado, de uma eficácia eminentemente jurídica: não uma efetividade de fato, mas uma aspiração de eficácia baseada em condições jurídicas.[524] Essas condições jurídicas tanto podem dizer respeito a normas que vertam sobre o modo de aplicação de outras como a normas ou a instituições que protejam a aplicação de outras normas. Tem razão Torres quando afirma que é a própria segurança jurídica que compreende as garantias principiológicas processuais e institucionais enumeradas ao longo da Constituição.[525]

É sobre estas que se passa a dissertar.

II – Direito à proteção judicial

Para que se possa falar em segurança jurídica como confiabilidade do Direito é preciso que o cidadão tenha direito ao devido processo legal. Bem por isso a CF/88 garantiu que "ninguém será privado da liberdade ou de seus bens sem o devido processo legal" (art. 5º, LIV).[526]

O devido processo legal é o reflexo procedimental da própria positivação dos direitos fundamentais: a atribuição de um direito pressupõe a atribuição de meios destinados a protegê-lo. Quem dá o fim, dá o meio.

523. Federico Arcos Ramírez, *La seguridad jurídica: una teoría formal*, Madrid, Dykinson, 2000, p. 46.

524. Franz-Xaver Kaufmann, *Sicherheit als soziologisches und sozialpolitisches Problem*, 2ª ed., Stuttgart, 1973, p. 103.

525. Ricardo Lobo Torres, "Liberdade, segurança e justiça", in Paulo de Barros Carvalho (org.), *Justiça Tributária*, São Paulo, Max Limonad, 1998, p. 687.

526. Sérgio Luiz Wetzel de Mattos, *Devido Processo Legal e Proteção de Direitos*, Porto Alegre, Livraria do Advogado, 2009, pp. 202 e ss. Michael Koch, *Die Grundsätze des intertemporalen Rechts im Verwaltungsprozess – Vertrauensschutz im verwaltungsgerichtlichen Verfahren*, Berlin, Duncker und Humblot, 2009, p. 110.

Direito subjetivo sem processo seria um mero *flatus vocis* do legislador.[527] Mesmo assim, a CF/88 estabeleceu expressamente o devido processo legal como matriz geradora de instrumentos implícitos destinados a proteger os direitos fundamentais. Mais ainda, a própria Constituição instituiu, expressamente, vários dos seus corolários, como a proibição de juízos de exceção e o princípio do juiz natural (art. 5º, XXXVII e LIII), a igualdade (art. 5º, *caput*), em cujo âmbito se situa a paridade de armas, o contraditório e a ampla defesa, com os meios e com os recursos a ela inerentes (art. 5º, LV), a inadmissibilidade de provas obtidas por meios ilícitos (art. 5º, LVI) e a fundamentação das decisões (art. 94, IX).[528] Com isso, regrou, antecipadamente, eventuais conflitos, fortalecendo as referidas garantias. Registre-se que esse regramento dos direitos fundamentais processuais significa – ao contrário do que pode à primeira vista parecer – um fortalecimento desses mesmos direitos. Chamar as garantias de princípios, como normas carecedoras de ponderação horizontal, seria atribuir-lhes uma *capitis deminutio*, desconsiderando o seu estatuto privilegiado na ordem constitucional.[529]

Para o tema em pauta o que importa é que a própria CF/88 se encarregou de "assegurar um direito assegurador de direitos". Em outras palavras, a Constituição instituiu um instrumento de confiabilidade da ordem jurídica.

III – Pressupostos de proteção judicial

A) Institucionais

O direito de defesa depende da existência de condições institucionais capazes de permitir, em geral, a sua efetivação. Nesse sentido, três são as condições necessárias: Poder Judiciário independente, acesso ao Poder Judiciário e universalidade da jurisdição.[530]

527. Ronnie Preuss Duarte, *Garantia de acesso à Justiça. Os Direitos Processuais fundamentais*, Coimbra, Coimbra, 2007, p. 17.

528. Carlos Alberto Alvaro de Oliveira, *Do Formalismo no Processo Civil*, 3ª ed., São Paulo, Saraiva, 2009, pp. 80 e 102 e ss. Idem, "O formalismo valorativo no confronto com o formalismo excessivo", *RF* 388, pp. 11-28, separata, Rio de Janeiro, s.d.

529. Ronnie Preuss Duarte, *Garantia de Acesso à Justiça. Os Direitos Processuais Fundamentais*, Coimbra, Coimbra, 2007, p. 96.

530. Roque Antonio Carrazza, *Curso de Direito Constitucional Tributário*, 30ª ed., São Paulo, Malheiros Editores, 2015, p. 502. Leandro Paulsen, *Segurança jurídica, certeza do Direito e Tributação*, Porto Alegre, Livraria do Advogado, 2006, p. 60.

A independência do Poder Judiciário é prevista implicitamente no princípio da separação dos Poderes (art. 2º), bem como garantida por meio da sua autonomia administrativa e financeira (art. 99). Essas previsões criam condições organizacionais que permitem pressupor a capacidade do Poder Judiciário de "fazer valer" a ordem constitucional.

O acesso ao Poder Judiciário é igualmente condição indispensável para a eficácia do ordenamento jurídico.[531] Por isso mesmo que, de um lado, a CF/88 assegurou a todos (art. 5º), independentemente do pagamento de taxas (inciso XXXIV), o direito de petição aos Poderes Públicos em defesa de direitos ou contra a ilegalidade ou o abuso de poder (alínea "a") e a obtenção de certidões em repartições públicas, para a defesa de direitos e para o esclarecimento de situações de interesse pessoal (alínea "b"). E, para quem não dispõe de condições financeiras, a CF/88 estabeleceu que "o Estado prestará assistência jurídica integral e gratuita aos que comprovarem insuficiência de recursos" (inciso LXXIV).

Além do acesso, é preciso que o Poder Judiciário não se exima de tomar decisão sobre qualquer tipo de lesão ou ameaça a direito (inciso XXXV). Nenhuma lei ou ato administrativo poderá criar obstáculos ao conhecimento e ao julgamento de questão que possa influir na realização dos direitos previstos na Constituição.

Essas duas garantias – de acesso ao Poder Judiciário e de universalidade da jurisdição – funcionam como meios para que o conteúdo das regras gerais e abstratas possa ter a chance de ser institucionalmente concretizado, caso não seja espontaneamente cumprido. Ora, considerando que a segurança jurídica exige um estado de confiabilidade do Direito, de modo que o cidadão possa, sem frustração nem surpresa, livre e autonomamente, assegurar os efeitos jurídicos da liberdade exercida no passado, é preciso que aquele tenha condições de fazer com que a sua liberdade juridicamente exercida ontem seja respeitada hoje. E, para que isso ocorra, é preciso que haja procedimentos institucionalizados capazes de assegurar os direitos exercidos no passado. Daí a imprescindibilidade das garantias de acesso ao Poder Judiciário e de universalidade da jurisdição: sem a existência de um Poder institucionalizado e independente para assegurar direitos não há um mínimo de confiabilidade do Direito como capacidade institucional de o Direito assegurar direitos e expectativas; mas se, mesmo havendo esse Poder, não houver a universalidade de acesso a *todos* sobre *toda* e *qualquer* lesão ou ameaça de

531. Joseph Raz, "The rule of law and its virtue (1977)", in *The authority of Law. Essays on Law and Morality*, Oxford, Oxford, 1979, p. 217.

lesão a direito, igualmente não haverá condições mínimas de proteção de direitos e expectativas.

Com essas considerações quer-se, tão só, demonstrar a relação essencial existente entre os princípios da universalidade da jurisdição e da segurança jurídica: aquele é pressuposto institucional para a existência deste; reversamente, este é pressuposto normativo para a existência daquele.

B) Processuais

Além de condições institucionais, é preciso que estejam presentes condições processuais. Em primeiro lugar, é necessário haver um juiz natural. Sem que o julgador preexista ao caso a julgar não há condições gerais para que os direitos sejam efetivamente assegurados. Exatamente por isso que a CF/88, dentre os direitos e as garantias individuais, previu, no seu art. 5º, que "não haverá juízo ou tribunal de exceção" (inciso XXXVII) e que "ninguém será processado nem sentenciado senão pela autoridade competente" (inciso LIII).[532]

Em segundo lugar, o juiz deve ser imparcial, no sentido de ter qualidades cuja existência faça presumir sua equidistância aos interesses das partes. Para tanto, a Constituição estabelece, primeiro, o ingresso na carreira de Juiz por concurso público (art. 93). Segundo, ela prevê uma série de garantias aos julgadores, de modo a favorecer a sua independência: vitaliciedade, inamovibilidade e irredutibilidade de subsídio (art. 95). Terceiro, ela estabelece vedações para afastar o risco de parcialidade, como a proibição de exercer, ainda que em disponibilidade, outro cargo ou função, salvo uma de Magistério, de receber, a qualquer título ou pretexto, custas ou participação em processo, de dedicar-se à atividade político-partidária, de receber, a qualquer título ou pretexto, auxílios ou contribuições de pessoas físicas, entidades públicas ou privadas, ressalvadas as exceções previstas em lei, de exercer a Advocacia no Juízo ou Tribunal do qual se afastou, antes de decorridos três anos do afastamento do cargo por aposentadoria ou por exoneração (art. 95, parágrafo único). O conjunto dessas previsões permite pressupor, em geral, a imparcia-

532. Roque Antonio Carrazza, *Curso de Direito Constitucional Tributário*, 30ª ed., São Paulo, Malheiros Editores, 2015, pp. 502-505. Sérgio Luiz Wetzel de Mattos, *Devido processo legal e proteção de direitos*, Porto Alegre, Livraria do Advogado, 2009, pp. 218 e ss. Thomas Roth, *Das Grundrecht auf den gesetzlichen Richter*, Berlin, Duncker und Humblot, 2000, pp. 26 e ss. e 203 e ss.

lidade dos julgadores, cuja existência possibilita que os direitos sejam efetivamente assegurados.

Em terceiro lugar, os atos processuais devem ser objeto de intimação e os julgamentos devem ser públicos. Sem isso, a rigor, o cidadão nem tem como se defender.[533] A CF/88, nesse aspecto, estabelece que os julgamentos deverão ser públicos (art. 93, IX), assim como prevê a regra da publicidade dos atos processuais, só restringível quando a defesa da intimidade ou o interesse social o exigirem (art. 5º, LX). É também por isso que a CF/88, no art. 37, previu a publicidade como sendo um princípio geral da Administração Pública. Sem que as partes sejam informadas a respeito dos atos praticados no processo e sobre os elementos dele constantes elas não têm como se manifestar sobre os elementos fáticos e jurídicos existentes no processo e ver os seus argumentos considerados. Em razão disso, o inciso V do art. 2º da Lei n. 9.784/99 exigiu divulgação oficial dos atos administrativos, ressalvadas as hipóteses de sigilo previstas na Constituição; o inciso II do art. 3º garantiu ao administrado o direito de ter ciência da tramitação dos processos administrativos em que tenha a condição de interessado, de ter vista dos autos, de obter cópias de documentos neles contidos e de conhecer as decisões proferidas; e o art. 26 regulou, minuciosamente, os requisitos de validade da intimação.

Em quarto lugar, as decisões devem ser devidamente fundamentadas, isto é, racionalmente construídas, escritas e com base no ordenamento jurídico.[534] Bem nessa linha, a CF/88 estabeleceu que "todos os julgamentos dos órgãos do Poder Judiciário serão públicos, e fundamentadas todas as decisões, sob pena de nulidade, podendo a lei limitar a presença, em determinados atos, às próprias partes e a seus advogados, ou somente a estes, em casos nos quais a preservação do direito à intimidade do interessado no sigilo não prejudique o interesse público à informação" (art. 93, IX) e que "as decisões administrativas dos Tribunais serão motivadas e em sessão pública, sendo as disciplinares tomadas pelo voto da maioria absoluta de seus membros" (art. 93,

533. Roque Antonio Carrazza, *Curso de Direito Constitucional Tributário*, 30ª ed., São Paulo, Malheiros Editores, 2015, p. 529.

534. Roque Antonio Carrazza, *Curso de Direito Constitucional Tributário*, 30ª ed., São Paulo, Malheiros Editores, 2015, p. 562. José Carlos Vieira de Andrade, *O dever de fundamentação expressa dos actos administrativos*, Coimbra, Almedina, 1992, pp. 228 e ss. Joaquín Álvarez Martínez, *La Motivación de los actos tributarios*, Madrid, Marcial Pons, 1999, pp. 29 e ss. Ralph Christensen e Hans Kudlich, *Theorie richterlichen Begründens*, Berlin, Duncker und Humblot, 2001, pp. 55 e ss. e 430 e ss.

X). Em virtude disso, o art. 2º da Lei n. 9.784/99 estabeleceu, dentre os princípios processuais, o princípio da motivação e o inciso VII do mesmo artigo exigiu a indicação dos pressupostos de fato e de direito que determinarem a decisão. Não bastasse, o art. 50 da citada lei regulou detalhadamente o dever de motivação, estabelecendo, no seu § 1º, que a motivação deve ser explícita, clara e congruente, podendo consistir em declaração de concordância com fundamentos de anteriores pareceres, informações, decisões ou propostas, que, neste caso, serão parte integrante do ato.

Em quinto lugar, devem ser garantidos o contraditório e a ampla defesa. Sem que o cidadão possa contraditar as alegações da outra parte e sem que ele possa se utilizar de todos e quaisquer meios para se defender, a rigor, não se pode falar em direito fundamental de defesa. Nessa linha, a CF/88 garantiu: "aos litigantes, em processo judicial ou administrativo, e aos acusados em geral são assegurados o contraditório e ampla defesa, com os meios e recursos a ela inerentes" (art. 5º, LV). Nesse rol incluem-se o direito de apresentar manifestações e de produzir provas e de vê-las adequadamente consideradas pelo julgador. Bem por isso, também, a CF/88 já cuidou de tornar inadmissíveis no processo as provas obtidas por meios ilícitos (art. 5º, LVI). Nessa direção, o inciso II do art. 3º da Lei n. 9.784/99 garantiu ao administrado o direito de formular alegações e de apresentar documentos antes da decisão, os quais serão objeto de consideração pelo órgão competente.

Veja-se que todos os requisitos até aqui analisados foram previstos em regras constitucionais. Embora todos eles pudessem ser reconstruídos como implicações do direito fundamental de petição, ou mesmo como implicações lógicas dos próprios direitos fundamentais, o fato é que, para não deixar qualquer dúvida, a CF/88 regrou esses requisitos de forma expressa. Ao fazê-lo, enrijeceu sua aplicação: essas garantias não podem ser objeto de afastamento mediante ponderação horizontal destinada a flexibilizá-las em razão de interesses variados, ainda que públicos. Novamente, a CF/88 optou por um sistema de previsibilidade.

Mas, para evitar que a previsão de algumas garantias, em vez de caráter exemplificativo, pudesse adquirir foros de taxatividade, a própria CF/88, como visto acima, garantiu que "ninguém será privado da liberdade ou de seus bens sem o devido processo legal" (art. 5º, LIV). Isso significa que todos os meios necessários à efetividade do direito de defesa devem ser garantidos, mesmo que não expressamente previstos pela Constituição. Assim, além das garantias do acesso ao Poder Judiciário, do direito de petição, do juiz natural e imparcial, da publicidade e da fundamentação dos atos processuais, a Constituição também garantiu todas as outras que, por implicação, apresentem-se concretamente necessárias à defesa, ainda que não abstratamente previstas. Para não deixar dúvida da exemplificatividade das garantias, muitas vezes confundida com taxatividade, a CF/88 previu diretamente o devido processo legal como matriz geradora de outras garantias não expressas.

IV – Instrumentos de proteção judicial

Para que os direitos previstos sejam assegurados não basta a existência de condições institucionais e processuais. É preciso, igualmente, que o cidadão disponha de instrumentos processuais de defesa dos seus direitos, tanto preventivos quanto repressivos.

Nesse sentido, a CF/88 previu, de um lado, o mandado de segurança como instrumento "para proteger direito líquido e certo, não amparado por *habeas corpus* ou *habeas data*, quando o responsável pela ilegalidade ou abuso de poder for autoridade pública ou agente de pessoa jurídica no exercício de atribuições do Poder Público" (art. 5º, LXIX). De outro, garantiu mandado de injunção para os casos em que "a falta de norma regulamentadora torne inviável o exercício dos direitos e liberdades constitucionais e das prerrogativas inerentes à nacionalidade, à soberania e à cidadania" (art. 5º, LXXI).

Para o tema ora tratado, importa apenas registrar que esses instrumentos de defesa funcionam como condições gerais para que o cidadão, em geral, e o contribuinte, em particular, possam assegurar, por meio do Poder Judiciário, a efetividade dos seus direitos. A Constituição – como anota Carrazza – não apenas concedeu direitos fundamentais: ela previu meios de assegurá-los.[535] Se a confiabilidade é a exigência de que a liberdade exercida ontem seja respeitada hoje, sem condições institucionais e processuais para assegurar direitos não há que se falar em segurança jurídica.

Até aqui examinaram-se as condições de existência da segurança jurídica relativamente ao passado, isto é, os requisitos de respeitabilidade da liberdade exercida no passado. Agora, é preciso analisar quais são as condições para a existência de segurança jurídica relativamente ao futuro – ou, noutro dizer, quais são os elementos cuja presença é indispensável para que se possa considerar, amanhã, respeitada a liberdade juridicamen-

535. Roque Antonio Carrazza, *Curso de Direito Constitucional Tributário*, 30ª ed., São Paulo, Malheiros Editores, 2015, p. 473.

te exercida hoje. Trata-se – como acentua Arcos Ramírez – de demonstrar a importância do passado para, desde o presente, prever o futuro.[536]

Seção 3. Calculabilidade normativa e o problema da mudança: "segurança de transição do presente ao futuro" pela anterioridade, pela continuidade e pela vinculatividade normativa

§ 1º. Considerações iniciais

O paradigma da segurança jurídica como certeza de conteúdo conduz à compreensão da sua dimensão futura como previsibilidade absoluta. Seguro é o Direito que pode ser antecipado – o que ocorreria quando o cidadão-contribuinte pudesse prever, com exatidão, quais são as consequências futuras de atos praticados no presente. Tal compreensão, no entanto, parte de pressupostos já afastados na primeira parte deste trabalho. É que, como o Direito depende de processos argumentativos, a previsão absoluta é inatingível. Costuma-se afirmar, com alguma ironia, que é difícil fazer previsão, especialmente sobre o futuro, ou que só tem certeza quem está mal-informado, justamente para, vulgarmente, ilustrar essa impossibilidade. Em virtude disso, em vez de previsibilidade, a segurança jurídica exige a realização de um estado de calculabilidade.

Calculabilidade significa a capacidade de o cidadão antecipar as consequências alternativas atribuíveis pelo Direito a fatos ou a atos, comissivos ou omissos, próprios ou alheios, de modo que a consequência efetivamente aplicada no futuro se situe dentro daquelas alternativas reduzidas e antecipadas no presente. Sua previsão é bem-sucedida quando a decisão adotada se enquadra no âmbito das alternativas interpretativas antecipáveis e nas consequências abstratamente previstas e capazes de verificação mediante critérios e estruturas argumentativas.

Como a calculabilidade é vinculada à realização dos direitos de liberdade e de dignidade, aquela deve envolver a capacidade do cidadão de verificar as linhas de ação de modo a poder, com autonomia e responsabilidade, escolher aquilo que vai fazer. Por isso mesmo ela diz respeito à capacidade daquele de conhecer os sentidos possíveis da norma a que vai obedecer e de controlar a concretização a ser dada a esta pelo Poder Executivo e pelo Poder Judiciário, não apenas relativamente à reação efetiva dos órgãos decisores quanto a atos praticados ou fatos ocorridos, mas também à sua reação presumível caso fossem investidos do poder

536. Federico Arcos Ramírez, *La seguridad jurídica: una teoría formal*, Madrid, Dykinson, 2000, p. 38.

de decidir relativamente a atos que poderiam ter sido praticados ou a fatos que poderiam ter ocorrido. Em razão disso, a calculabilidade exige determinada extensão e profundidade.[537]

A profundidade quantificativa ou dimensão vertical da antecipação diz respeito à efetividade, à exatidão e à extensão no tempo da previsão. Existe alto grau de calculabilidade das consequências normativas futuras quando o indivíduo está em condições de verificar um *número reduzido de consequências* compreensíveis dentro de um *período razoável*, assim entendido aquele que permite uma tomada de decisão relativamente a efetuar um planejamento estratégico juridicamente orientado da ação. A extensão ou a dimensão horizontal da antecipação faz referência à difusão da segurança entre uma classe considerada de previsores. Há alto grau de calculabilidade das consequências normativas futuras quando a maior parte dos contribuintes está em condições de constatar o referido número reduzido de consequências compreensíveis dentro de um período razoável.

A calculabilidade foi definida como a capacidade de antecipar o *espectro de consequências* alternativamente aplicáveis a atos ou a fatos e o *espectro de tempo* dentro do qual a consequência será efetivamente aplicada. Considerando que a calculabilidade, como elemento parcial da segurança jurídica, é instrumento para que o indivíduo seja capaz de planejar e de conceber o seu futuro, aumentando o seu âmbito de livre ação, o espectro de consequências normativas atribuíveis a atos ou a fatos não pode ser muito amplo, as alternativas não podem ser muito discrepantes entre si e o espectro de tempo dentro do qual haverá uma confirmação da consequência aplicável também não pode ser muito extenso.[538] Isso porque se existirem incalculáveis consequências, muito diferentes entre si, o indivíduo não tem como, com autonomia e com liberdade, fazer um planejamento estratégico juridicamente informado do seu futuro. É que, havendo alternativas muito disparatadas entre si, ocorrendo qualquer uma delas haverá não apenas surpresa, mas surpresa intensa. O essencial é que a Constituição instituiu – como destaca Ataliba – um clima radicalmente avesso à surpresa, sendo a previsibilidade um desígnio constitucional magno.[539]

537. Gianmarco Gometz, *La certezza giuridica come prevedibilità*, Torino, Giappichelli, 2005, pp. 13, 205 e 208.

538. Gianmarco Gometz, *La certezza giuridica come prevedibilità*, cit., p. 232.

539. Geraldo Ataliba, *República e Constituição*, 3ª ed., São Paulo, Malheiros Editores, 2011, p. 170.

Em razão dessas considerações, deve-se definir a calculabilidade como um estado de coisas em que o cidadão tem, em grande medida, a capacidade de *antecipar* e de *medir* o espectro *reduzido* e *pouco variável* de consequências atribuíveis abstratamente a atos, próprios e alheios, ou a fatos e o espetro *reduzido* de tempo dentro do qual a consequência definitiva será aplicada.

Precisamente em razão dessas considerações é que se podem delimitar quais os meios necessários à promoção do estado de calculabilidade do ordenamento jurídico. Para que o contribuinte esteja em condições de antecipar o número reduzido de consequências compreensíveis dentro de um período razoável atribuíveis pelo Direito a fatos ou a atos, comissivos ou omissos, próprios ou alheios, de modo a que a consequência efetivamente aplicada no futuro se situe dentro daquelas alternativas reduzidas e previstas, é preciso que as mudanças sejam antecipáveis, que não sejam bruscas e que se situem dentro de parâmetros dos quais os Poderes não podem se afastar. Em outras palavras, só haverá calculabilidade se houver anterioridade, continuidade e vinculatividade. Todos esses elementos mantêm relação com a duração do tempo, que liga o passado e o futuro, tornando o passado (que não é mais) algo interessante, e o futuro (que ainda não ocorreu), um crédito.[540]

Uma questão interessante é a de saber se são as *normas* ou o *ordenamento jurídico* que devem ser calculáveis ou se são as *decisões judiciais* que o devem ser. A definição do objeto da calculabilidade depende de um acordo semântico – tudo depende do foco de análise. As decisões judiciais, em um sistema de separação de Poderes, não são proferidas senão a respeito de textos normativos preexistentes a respeito dos quais possam ser reconstruídos sentidos normativos mínimos. Em outras palavras, as decisões judiciais fazem referência a normas abstratas anteriores. Sendo assim, tanto se pode afirmar que o objeto da calculabilidade são as normas – cujo conteúdo final, a ser declarado pelo Poder Judiciário, o cidadão deve ser capaz de prever como sendo um daqueles situados dentro das alternativas interpretativas da norma jurídica –, quanto se pode dizer que o objeto da calculabilidade são as decisões judiciais, cujo conteúdo deve corresponder às possibilidades hermenêuticas previstas na norma jurídica. Trata-se, como se vê, de uma questão estipulativa: tanto se pode afirmar que calculabilidade é das decisões quanto das normas, pois ambas são coimplicadas.

540. Tércio Sampaio Ferraz Jr., "Anterioridade e irretroatividade no campo tributário", *RDDT* 56, p. 125, São Paulo, 2001.

§ 2º. *Anterioridade normativa: a "segurança de eficácia" pela postergação de efeitos*

I – Anterioridade de exercício financeiro

A alínea "b" do inciso III do art. 150 da CF/88 estabelece que os impostos não poderão ser exigidos no mesmo exercício financeiro em que tenha sido editada a lei que os instituiu ou que os aumentou. Tal regra garante a antecipação da mudança normativa ou, pelo menos, a sua calculabilidade, porquanto auxilia para que os contribuintes possam contar com a possibilidade de mudança normativa no final do exercício financeiro. Diz-se isso porque a regra da anterioridade pode significar a antecipação em apenas um dia do momento da cobrança do novo tributo, caso seja a lei que o institui ou que o aumenta editada no final do exercício financeiro. Nesse caso, se não garante antecipação daquilo que será aplicado, essa regra, pelo menos, proporciona previsão daquilo que pode vir a ser alterado. Não assegura previsibilidade, mas oferece calculabilidade, que, se não elimina a incerteza, pelo menos evita a surpresa.[541]

Interessa destacar, no entanto, que a ideia de anterioridade está atrelada à noção de duração: a salvaguarda contra a surpresa exige periodicidade, de modo a permitir certa consistência ao presente. A exigência de anterioridade, portanto, periodiza o tempo e lhe dá sentido de uma unidade, protegendo – na arguta observação de Ferraz Jr. – os eventos que dentro dela acontecem contra alterações legais que ocorram no período.[542] Ataliba igualmente afasta a tributação, com base na exigência de anterioridade, sobre todos os fatos formativos do fato imponível, na sua mais lata compreensão, afastando, por incompatível com o princípio da segurança jurídica, interpretações, baseadas em tecnicismos, no sentido de que o fato gerador não se teria consumado.[543]

A importância da regra da anterioridade já foi objeto de julgamento pelo Supremo Tribunal Federal. No ano de 1993, foi editada a Emenda Constitucional n. 3, por meio da qual se previu competência para a União Federal instituir o imposto sobre movimentação financeira. Ela, no entanto, estabeleceu, no § 2º do seu art. 2º, que quanto ao imposto não

541. Francisco Pinto Rabello Filho, *O princípio da anterioridade da lei tributária*, São Paulo, Ed. RT, 2002, p. 83. Ricardo Lodi Ribeiro, *A segurança jurídica do contribuinte*, Rio de Janeiro, Lumen Juris, 2008, p. 211.

542. Tércio Sampaio Ferraz Jr., "Anterioridade e irretroatividade no campo tributário", *RDDT* 56, p. 125, São Paulo, 2001.

543. Geraldo Ataliba, "Segurança do Direito, tributação e anterioridade", *RDT* 27-28, p. 71, São Paulo, 1984.

se aplicaria o art. 150, III, "b", da CF/88. No mesmo ano foi editada a Lei Complementar n. 77, instituindo o referido imposto. A sua cobrança, porém, foi prevista para o mesmo exercício. Em razão disso, o Supremo Tribunal Federal declarou, de um lado, a inconstitucionalidade da própria Emenda Constitucional, pela violação à proibição de modificação de cláusulas pétreas (art. 60, § 4º), em cujo rol incluiu a garantia de anterioridade de exercício. De outro, também declarou a inconstitucionalidade da Lei Complementar n. 77/93, sem redução de texto, no ponto em que determinou a incidência do tributo no mesmo ano (art. 28).[544]

Dentre outros aspectos que poderiam ser salientados desse julgamento, merece destaque a consideração da regra da anterioridade como cláusula pétrea protegida pela intangibilidade material prevista no § 4º do art. 60 da CF/88. Porque a anterioridade é uma garantia prevista na alínea "b" do inciso III do art. 150 e porque ela é instrumento de calculabilidade do Direito, a sua consideração como cláusula pétrea funciona como uma forma de atribuir fundamentalidade direta aos regramentos da segurança jurídica estabelecidos pelo texto constitucional, como é o caso das regras da irretroatividade e da legalidade, e indireta, à própria segurança jurídica.

Além de decidir sobre a qualificação da regra de anterioridade, o Supremo Tribunal Federal também, e mais recentemente, decidiu sobre a sua extensão. Até a MC na ADI n. 2.325, o Supremo Tribunal Federal aplicava o entendimento manifestado na Súmula n. 615, segundo a qual a revogação da isenção no curso do exercício tornava o tributo imediatamente exigível, sem que a sua cobrança precisasse aguardar até o início do exercício seguinte ao da sua instituição ou do seu aumento. Tal compreensão partia do pressuposto de que "instituição e aumento" só se verificavam quando houvesse tributo novo ou elevação de alíquota, situações que não ocorreriam nem no caso de revogação de benefício fiscal, nem na hipótese de modificação de critérios de dimensionamento do cálculo dos créditos nos impostos não-cumulativos. Esse entendimento, no entanto, pelo menos em sede cautelar, foi modificado na ação direta acima referida.[545]

Nesse julgamento o Tribunal analisava as modificações introduzidas pela Lei Complementar n. 102/2000, que criou limitações ao creditamento nas operações que envolviam ativo permanente, energia elétrica

544. ADI n. 939, Tribunal Pleno, Rel. Min. Sydney Sanches, *DJ* 18.3.94.

545. ADI/MC n. 2.325, Tribunal Pleno, Rel. Min. Marco Aurélio, *DJ* 6.10.2006.

e telecomunicação: no caso de ativo permanente, sob a vigência da Lei Complementar n. 97/96, o contribuinte podia aproveitar imediatamente todos os créditos decorrentes da sua aquisição, mas depois da alteração legislativa apenas 1/48 (um quarenta e oito avos) por mês; no caso de operações envolvendo energia elétrica e serviços de telefonia, sob a vigência Lei Complementar n. 87/96, todo contribuinte tinha direito de se creditar de todo o imposto incidente na sua aquisição, mas com a modificação legislativa somente os que desenvolvem atividades industriais foram autorizados. Em suma, embora não tenha havido aumento direto da carga tributária por meio da elevação de alíquota, houve acréscimo indireto, já que a restrição no direito ao crédito conduziu a um aumento no valor do débito a pagar.

Em razão disso, o Tribunal, por unanimidade, apreciando a extensão da regra da anterioridade, deferiu em parte a medida cautelar para, mediante interpretação conforme a Constituição e sem redução de texto, afastar a eficácia do art. 7º da Lei Complementar n. 102/2000 no tocante à inserção do § 5º do art. 20 da Lei Complementar n. 87/96 e às inovações introduzidas no art. 33, II, da referida lei, bem como à inserção do inciso IV.

Tal oscilação jurisprudencial, ainda que provisória, foi no sentido de proteger a segurança jurídica por meio da calculabilidade da carga tributária. Semelhante argumento, que serve contra o aumento *direto* da tributação, também se presta para a sua elevação *indireta*: nos dois casos surpreende-se o contribuinte com uma carga tributária com a qual não podia nem devia contar. É precisamente essa a função da regra da anterioridade – o meio para garantir a suave mudança do Direito presente para o Direito futuro, permitindo, com isso, maiores condições para que o cidadão possa planejar, com autonomia e dentro dos limites do Direito, o seu futuro.

Não andou bem, no entanto, o referido Tribunal quando julgou a prorrogação da contribuição provisória sobre movimentação financeira, afastando a aplicação da regra da anterioridade sob o argumento de que a prorrogação não equivaleria à instituição de tributo. Ora, se a regra da anterioridade visa a evitar a surpresa, tal dissociação entre instituição e prorrogação revela-se de todo imprópria. Havendo surpresa, que a regra visa a evitar, tem-se a instituição, pouco importa se sob o nome de prorrogação.[546]

546. Leandro Paulsen, *Segurança jurídica, certeza do Direito e tributação*, Porto Alegre, Livraria do Advogado, 2006, p. 156.

Essa regra da anterioridade de exercício para instituição e para aumento de tributos é excepcionada pelo § 1º do mesmo art. 150, segundo o qual tal proibição não se aplica aos tributos previstos nos arts. 148, I (empréstimo compulsório para atender a despesas extraordinárias, decorrentes de calamidade pública, de guerra externa ou sua iminência), 153, I (imposto sobre a importação de produtos estrangeiros) e II (imposto sobre a exportação, para o exterior, de produtos nacionais ou nacionalizados), IV (imposto sobre produtos industrializados) e V (imposto sobre operações de crédito, câmbio e seguro, ou relativas a títulos ou valores mobiliários), e 154, II (impostos extraordinários na iminência ou no caso de guerra externa).

Os tributos excepcionados da regra da anterioridade são, pois, ou aqueles relacionados ao comércio exterior ou aqueles relativos a casos realmente extraordinários.

Os primeiros merecem a exceção em virtude de a sua delimitação estar atrelada à liberdade de configuração do Poder Executivo de dirigir a Economia e de atingir finalidades extrafiscais, havendo, assim, justificativa para a sua eficácia imediata. Os segundos legitimam a exceção em virtude da situação de anormalidade, causadora de despesas cujo financiamento não pode ser impedido pela prorrogação da cobrança para o exercício seguinte ao da sua instituição ou seu aumento.

II – Anterioridade nonagesimal

A CF/88 também veda a cobrança de tributos antes de decorridos 90 dias da data em que haja sido publicada a lei que os instituiu ou que os aumentou, sem prejuízo da já mencionada anterioridade de exercício. Isso significa que a anterioridade nonagesimal é um *plus* relativamente àquela do exercício.

Essa regra específica de anterioridade também é excepcionada pelo § 1º do mesmo art. 150, segundo o qual tal proibição não se aplica aos tributos previstos nos arts. 148, I (empréstimo compulsório para atender a despesas extraordinárias, decorrentes de calamidade pública, de guerra externa ou sua iminência), 153, I (imposto sobre a importação de produtos estrangeiros), II (imposto sobre a exportação, para o exterior, de produtos nacionais ou nacionalizados), III (imposto sobre renda e proventos de qualquer natureza) e V (imposto sobre operações de crédito, câmbio e seguro, ou relativas a títulos ou valores mobiliários), e 154, II (impostos extraordinários na iminência ou no caso de guerra externa), nem à fixação da base de cálculo dos impostos previstos nos arts. 155, III (imposto sobre a propriedade de veículos automotores), e 156, I (imposto sobre a propriedade predial e territorial urbana).

Novamente, os tributos excepcionados da regra da anterioridade são aqueles relacionados ao comércio exterior ou a casos realmente extraordinários. A previsão constitucional, no entanto, inseriu o imposto sobre a renda e, no tocante à base de cálculo, os impostos sobre a propriedade de veículos e a propriedade urbana. Esses tributos são qualificados de tributos periódicos, pois são referentes ao exercício financeiro, de modo que o importante é a sua alteração dar-se até o final do exercício. O dispositivo constitucional apenas impede que, modificado o imposto no final do exercício, como confirma a prática brasileira, não possa aquele ser cobrado logo a partir do primeiro dia útil do exercício seguinte.

No que toca ao tema em pauta, todas essas exceções, à primeira vista, poderiam parecer contrárias à segurança jurídica. Entretanto, por paradoxal que isso possa parecer, elas servem de instrumento de calculabilidade do Direito e, pois, de segurança jurídica. Isso porque elas permitem que o contribuinte saiba quais são os tributos que podem ser exigidos no curso do próprio exercício, de modo que, embora aquele não possa prever com exatidão qual deles será mudado, nem quando, pode, pelo menos, incluir no seu cálculo jurídico a possibilidade de determinadas mudanças em determinados tributos. Isso significa, em outras palavras, que a existência de exceções abstratas favorece o ideal de calculabilidade, na medida em que reduz o espectro de mudanças possíveis, fazendo com que o Direito futuro, embora não totalmente previsível, situe-se dentro de alternativas mais reduzidas e antecipáveis, pelo menos abstrata e geralmente. A abertura de exceções concretas em razão do indeterminável interesse público, a respeito de qualquer tributo, seria um mecanismo muito mais distante da segurança jurídica que o instituído pela CF/88, pois legitimaria mudanças futuras sem qualquer tipo de contorno limitador.

III – Anterioridade razoável

O fato de a CF/88 exigir um interstício entre a data da publicação e a da eficácia apenas para alguns tributos não quer dizer que quanto a todos os outros não deva haver prazo algum. É precisamente aqui que entra em cena a eficácia direta integrativa do princípio da segurança jurídica.

O princípio da segurança jurídica exige um estado de calculabilidade, para cuja realização é necessária a capacidade de antecipação e de medição de um espectro reduzido e pouco variável de consequências atribuíveis abstratamente a atos, próprios e alheios, ou a fatos. Precisamente por isso que, independentemente de previsão constitucional ou legal específica, uma mudança que aumente drasticamente a carga tributária necessariamente deverá vir acompanhada de mecanismos de temperança da modificação. Um desses mecanismos, ao lado das regras de transição, é a fixação de um prazo razoável entre a data da publicação da norma modificativa e o início da sua eficácia. Esse prazo serve para permitir que o destinatário possa preparar-se para a vindoura mudança, sem ser pego desprevenido. Quanto maior o efeito da mudança, do ponto de vista dos direitos fundamentais de liberdade e de propriedade, maior deverá ser o prazo concedido.

Não por outro motivo que a Lei Complementar n. 95/98 – editada no exercício da competência legislativa constitucionalmente reservada à lei complementar para dispor sobre a elaboração, redação, alteração e consolidação das leis (art. 59, parágrafo único, da CF/88) – estabeleceu que "a vigência da lei será indicada de forma expressa e de modo a contemplar prazo razoável para que dela se tenha amplo conhecimento, reservada a cláusula 'entra em vigor na data de sua publicação' para as leis de pequena repercussão" (art. 8º). Veja-se que a própria lei mencionou "prazo razoável" para que se tenha "amplo conhecimento", restringindo a eficácia imediata apenas para as leis que tenham "pequena repercussão". São precisamente essas as prescrições decorrentes da exigência de calculabilidade do Direito: o destinatário precisa ter um prazo para se adaptar à mudança, devendo este ser tanto maior quanto maior for a repercussão da alteração legislativa para o exercício dos direitos fundamentais de liberdade e de propriedade.

§ 3º. Continuidade normativa: A "segurança rítmica" pela suavidade e pelas regras de transição

Na parte destinada ao exame da exigência de confiabilidade do Direito, em que se examinou a dimensão dinâmica da segurança jurídica com foco na transição do passado ao presente, foi investigado o dever de permanência pela durabilidade do ordenamento jurídico: só um ordenamento estável, que não seja substancial e constantemente modificado, pode garantir um ambiente favorável ao exercício das liberdades. A durabilidade do ordenamento jurídico é, digamos, a exigência decorrente da dimensão objetiva da segurança jurídica orientada para o passado. Pois bem, o dever de continuidade, no sentido aqui estipulado, é a obrigação advinda da dimensão objetiva da segurança jurídica orientada para o futuro.[547] Essa orientação para o futuro não elimina o fato de que a exigência de continuidade, como as demais relacionadas à segurança jurídica, visa a relacionar o passado, o presente e o futuro. Nesse ponto, é precisa a afirmação de Cavalcanti Filho no sentido de que "há sempre continuidade na vida jurídica, compondo-se o passado com o presente, e mesmo antecipando o futuro".[548]

Assim, uma das decorrências do dever de continuidade normativa é a graduabilidade de mudança.[549] Existe um estado de calculabilidade do Direito quando o cidadão tem, em grande medida, a capacidade de antecipar e de medir o espectro reduzido e pouco variável de consequências atribuíveis abstratamente a atos, próprios e alheios, ou a fatos e o espetro reduzido de tempo dentro do qual a consequência definitiva será aplicada. A exigência de calculabilidade, portanto, não impede mudanças.[550] Ela apenas é contrária a um tipo de mudança que fuja do espectro material e temporal de consequências antecipáveis pelo contribuinte e que termine por frustrar a confiança daqueles que, com apoio nas normas jurídicas então em vigor, tomaram decisões, adotaram condutas, optaram por um tipo de negócio, e assim por diante – como pontifica Carrazza.[551] Navarro Coelho esclarece com exatidão o argumento: "Que as mutações sejam inevitáveis, ninguém duvida. O que se pretende, porém, é que não sejam tumultuárias e nada convincentes, pois precisam guardar respeito aos princípios diretores do sistema jurídico, ser razoáveis e dotadas de racionalidade (*ratio*)".[552]

Sendo assim, o que a exigência de calculabilidade por meio da continuidade do ordenamento jurídico afasta são mudanças bruscas e

547. Johanna Hey, *Steuerplanungssicherheit als Rechtsproblem*, Köln, Otto Schmidt, 2002, p. 190.

548. Theophilo Cavalcanti Filho, *O problema da segurança no Direito*, São Paulo, Ed. RT, 1964, p. 153.

549. L. Lombardi, *Saggio sul Diritto Giurisprudenciale*, Milano, Giuffrè, 1967, p. 587.

550. Eros Roberto Grau, *O Direito posto e o Direito pressuposto*, 9ª ed., São Paulo, Malheiros Editores, 2014, p. 185. Federico Arcos Ramírez, *La seguridad jurídica: una teoría formal*, Madrid, Dykinson, 2000, p. 265. Johanna Hey, *Steuerplanungssicherheit als Rechtsproblem*, Köln, Otto Schmidt, 2002, p. 193.

551. Roque Antonio Carrazza, "Segurança jurídica e eficácia temporal das alterações jurisprudenciais – Competência dos Tribunais Superiores para fixá-la – Questões conexas", in Tércio Sampaio Ferraz Jr. *et alii* (orgs.), *Efeito "ex nunc" e as Decisões do STF*, São Paulo, Manole, 2008, p. 61.

552. Sacha Calmon Navarro Coelho, "Segurança jurídica e mutações legais", in Valdir de Oliveira Rocha (org.), *Grandes Questões Atuais do Direito Tributário* 10, São Paulo, Dialética, 2006, p. 402.

drásticas. Bruscas são aquelas alterações que não são, de modo algum, antecipáveis e que, por isso mesmo, surpreendem o destinatário, que com aquelas não contava, nem podia contar. Drásticas são aquelas mudanças que, embora antecipáveis quanto à ocorrência, são bastante intensas nos seus efeitos. Nesse sentido, a calculabilidade impede não apenas as mudanças bruscas, ainda que não drásticas, mas igualmente as alterações drásticas, mesmo que não bruscas.

Quando há uma norma vigente que bruscamente é modificada por outra, que institui uma nova consequência normativa, bastante diversa e mais restritiva que aquela prevista pela norma anterior, há perda de estabilidade para o ordenamento jurídico, visto que os cidadãos terminam surpreendidos pela modificação, pois, confiando na estabilidade temporal do ordenamento jurídico, têm enganada a sua expectativa de que a norma anterior iria continuar vigendo.[553] Daí decorrer da exigência de continuidade normativa o dever de evitar mudanças abruptas, desconexas ou inconsistentes, temperando a mudança e atribuindo ao Direito um ritmo estável.[554] Isso não quer dizer – reitere-se – que o Direito deva tornar-se imutável; quer dizer, em vez disso, que a mudança deverá causar o menor trauma, a menor comoção, às relações jurídicas passadas.[555] Isso significa, portanto, que o princípio da segurança jurídica exige – no dizer de Zimmer – uma gestão prudencial do tempo no Direito.[556] Como lembra figurativamente Ost, assim como a Música e a Dança, o Direito é ritmo e medida.[557]

Essa obrigatoriedade de moderação na alteração traz grandes implicações práticas. No tocante às leis, é a própria segurança jurídica que exige a instituição de um prazo razoável entre a publicação da inovação

553. Anne-Laure Valembois, *La constitutionnalisation de l'exigence de sécurité juridique en Droit Français*, Paris, LGDJ, 2005, p. 240.

554. Rudolf Mellinghoff, "Vertrauen in das Steuergesetz", in Heinz-Jürgen Pezzer (org.), *Vertrauensschutz im Steuerrecht. Deutsche Steuerjuristische Gesellschaft* 27, Köln, Otto Schmidt, 2004, p. 26. Anna Leisner, *Kontinuität als Verfassungsprinzip*, Tübingen, Mohr Siebeck, 2002, pp. 412 e ss. François Ost, *Le temps du Droit*, Paris, Odile Jacob, 1999, p. 334.

555. Celso Antônio Bandeira de Mello, *Curso de Direito Administrativo*, 33ª ed., São Paulo, Malheiros Editores, 2016, p. 125.

556. Willy Zimmer, "Constitution et sécurité juridique – Allemagne", *Annuaire International de Justice Constitutionnelle 1999*, Paris, Economica, 2000, p. 101.

557. François Ost, "Conclusions générales: le temps, la Justice et le Droit", In Simone Gaboriau e Hélène Pauliat (orgs.), *Le Temps, la Justice et le Droit*, Limoges, Pulim, 2003, pp. 358-359.

e a sua eficácia e o estabelecimento de regras de transição entre o regime jurídico anterior e o novo.

O mesmo ocorre com relação aos atos administrativos e aos atos normativos. Ainda que tais atos estejam vinculados à lei, da qual não podem se afastar, eles igualmente não podem surpreender os destinatários com mudanças de entendimento, no âmbito de competência da Administração. Sendo assim, também as mudanças administrativas, além de só poderem verter para fatos ocorridos após a sua introdução, devem vir acompanhadas de prazos de adaptação e de regras de transição quando provocarem restrição aos direitos fundamentais dos destinatários. O princípio da segurança jurídica gera, assim, o direito a um regime de transição justo.[558]

E, finalmente, também a atividade judicial, quando exteriorizadora de mudança de orientação, deve, além de ter eficácia prospectiva nos casos em que a eficácia declaratória for comprometer a credibilidade institucional do Direito ou for frustrar atos de disposição legitimamente praticados com base na orientação abandonada, conter prazos ou regras de transição, para evitar a brusquidez e a gravidade da mudança.

O essencial, de tudo quanto se disse a respeito da continuidade, é que esta é elemento essencial da segurança jurídica: somente com relações e com instituições duradouras pode o indivíduo planejar responsavelmente a sua vida.[559]

§ 4º. Vinculatividade normativa pela limitação, tempestividade e proibição de arbitrariedade

I – Limitação normativa

A) Limites estruturais

A-1) Regras e sua aplicação

A constatação, *sic et simpliciter*, feita no momento em que se analisou a exigência de inteligibilidade do Direito, no sentido de que as regras favorecem a segurança jurídica, não pode, no entanto, esconder o fato de que, a rigor, a cognoscibilidade e a calculabilidade não são fornecidas

558. Patrícia Baptista, "A tutela da confiança legítima como limite ao exercício do poder normativo da Administração Pública – A proteção às expectativas legítimas dos cidadãos como limite à retroatividade normativa", *RDE* 3, p. 171, Rio de Janeiro, 2006.

559. Helmut Coing, *Grundzüge der Rechtsphilosophie*, 5ª ed., Berlin, Walter de Gruyter, 1993, p. 149.

exclusivamente pelas regras propriamente ditas, mas pelo modo como elas são aplicadas. A instituição de uma regra, é verdade, *postula* a sua maior rigidez, inflexibilidade e intransigência relativamente a razões que não estejam cristalizadas na sua hipótese, pois, apesar de ela dever ser reconstruída a partir de um dispositivo, mesmo assim possui algum significado, intersubjetivamente consensuado, que lhe permite transmitir conteúdos prescritivos, ainda que esses conteúdos possam ser aperfeiçoados pelo contexto aplicativo.[560] A rigor, porém, embora a instituição de uma regra postule uma maior constrição para o aplicador, ela não define totalmente a intensidade dessa constrição, se maior, se menor ou se nenhuma. Como assevera Habermas, nenhuma regra regula a sua própria aplicação.[561] Kant já fizera a mesma constatação ao afirmar que a subsunção das regras depende de uma regra sobre a própria subsunção, o que poderia conduzir a discussão a um regresso ao infinito.[562] Gadamer, na mesma linha de raciocínio, também antecipadamente observara que o elemento essencial do processo hermenêutico é a aplicação concreta das regras, e não simplesmente a sua interpretação abstrata.[563]

Dessa maneira, uma regra à qual o aplicador atribua pouca relevância, uma *rule of thumb* (ou regra prática ou aproximativa) – que, como tal, pode ser descartada no ato de aplicação –, embora seja pretensamente uma regra, por não servir de razão para a ação e por não constranger o aplicador, não proporciona calculabilidade alguma, visto que o destinatário, embora tenha conhecimento da sua existência, da sua vigência e do seu conteúdo, não tem certeza de que ela será realmente aplicada ao caso previsto em sua hipótese.

Sendo verdadeiro que as regras não determinam sua própria aplicação, mas é algo que, vertendo sobre elas, a define, o incremento da segurança jurídica não advém, a rigor, da instituição de um sistema de regras, mas, sim, da existência de uma concepção aplicativa do sistema de regras que incorpore *algum grau de resistência* relativamente a outros fatores que não aqueles considerados em sua hipótese.[564] Dizendo

560. Federico Arcos Ramírez, *La seguridad jurídica: una teoría formal*, Madrid, Dykinson, 2000, pp. 230 e 244.

561. Jürgen Habermas, *Faktizität und Geltung*, Darmstadt, Wissenschaftliche Buchgesellschaft, 2002, p. 244.

562. Kant, *Kritik der reinen Vernunft*, 2ª ed., 1787, in *Kants Werke*, Berlin, Walter de Gruyter, 1967, p. 131.

563. Hans-Georg Gadamer, *Wahrheit und Methode*, Tübingen, Mohr Siebeck, 1990, v. 1, p. 320, e v. 2, p. 106.

564. Frederick Schauer, *Playing by the Rules*, Oxford, Clarendon, 1998, p. 128.

de outro modo: não são as regras que, automaticamente, proporcionam maior previsibilidade, mas "regras sérias" que o fazem, assim entendidas aquelas que são compreendidas e aplicadas como verdadeiros limites à atuação estatal.[565]

Nesse sentido, ainda que determinado sistema seja composto de regras, elas podem ser valoradas de modo variável relativamente à constrição que oferecem ao aplicador: como normas que podem, ou não, ser consideradas, sem vincular nem constranger normativamente o julgador (modelo particularista puro de aplicação de regras); como normas que devem ser consideradas mas que, havendo um motivo, que pode ser buscado pelo próprio julgador, podem ser afastadas (modelo particularista sensível às regras); como normas que devem ser consideradas mas que, havendo um motivo particularmente grave, que deve ser trazido pela parte interessada, podem ser justificadamente superadas (modelo positivista presumido ou ético de aplicação das regras); como normas que devem ser consideradas de maneira rígida, sem possibilidade de afastamento (modelo formalista puro de aplicação das regras).[566]

Em outras palavras, e com a permissão para o uso de metáforas representativas de modelos ideais de aplicação de regras, estas podem ser consideradas como *meras diretivas não-vinculantes nem constritivas*, semelhantes àquelas fitas de papel que aguardam os corredores no final das competições e que com um simples empurrão são afastadas; como *prescrições de tênue vinculação e constrição*, como os obstáculos pelos quais devem passar os competidores da corrida na modalidade de salto com barreiras, que com algum esforço podem ser superados; como *prescrições de elevada vinculação e constrição*, semelhantes ao obstáculo que cada competidor deve superar na modalidade de salto com vara e que somente com grande esforço podem ser ultrapassados; finalmente, como *prescrições de máxima vinculação e constrição*, semelhantes a um muro de um presídio de segurança máxima, intransponível.

Essas observações apenas procuram dizer que não são – rigorosamente falando – as regras que definem com exclusividade a existência ou o aumento de segurança jurídica. O que define esse aumento é o modo como se determina que deva ser a sua aplicação. Em outras pa-

565. Frederick Schauer, *Thinking like a lawyer: a new introduction to legal reasoning*, Cambridge, Harvard University Press, 2009, pp. 71 e ss.

566. Frederick Schauer, *Playing by the Rules*, Oxford, Clarendon, 1998, pp. 93 e ss.

lavras, não são as regras, mas sim as "regras das regras", que verdadeiramente contribuem, ou não, para a realização da segurança jurídica.[567] Nesse quadro, e por mais curioso que isso possa parecer, são incompatíveis com a segurança jurídica tanto o modelo particularista puro quanto o modelo formalista puro de aplicação das regras: o primeiro porque, em um modelo em que as regras são meras diretivas descartáveis, não há como o cidadão conhecer a regra que será futuramente aplicável, o que impede a existência de um mínimo de inteligibilidade e de calculabilidade do Direito; o segundo porque, em um modelo em que as regras são prescrições insuperáveis, mesmo em casos trágicos, há não apenas uma tendência à desobediência, que contribui para a perda de efetividade do Direito: existe também um obstáculo para que o Direito se amolde às circunstâncias e, com isso, possa ter maior estabilidade no tempo. Apenas, portanto, os modelos intermediários (modelo particularista sensível às regras e modelo positivista presumido ou ético de aplicação das regras) são conciliáveis com as exigências de cognoscibilidade, de confiabilidade e de calculabilidade do Direito. Não por outro motivo que Esser inseriu como elemento do princípio da segurança jurídica, ao lado da proteção judicial e da segurança do tráfico, a *autonomia*: somente normas que signifiquem, para os destinatários, uma autêntica limitação externa à sua vontade é que podem garantir um mínimo de segurança.[568] Em outras palavras, as regras só cumprem a sua função se forem, normalmente, peremptórias, excludentes de deliberação e aplicadas de forma independente do seu conteúdo – como já advertira Hart.[569]

Nesse ponto constata-se que é o próprio princípio da segurança jurídica que serve de critério para definir o modelo a ser adotado na aplicação das regras. Não se trata – insista-se – de uma opção filosófica ou ideológica, mas, sim, de uma opção normativa: se o ordenamento jurídico – como é o caso do brasileiro – atribui fundamentalidade ao princípio da segurança jurídica, não se podem admitir nem um modelo particularista nem um modelo formalista de aplicação das regras. Sendo assim, tanto a exaltação da equidade (como critério máximo de aplicação

567. Larry Alexander e Emily Sherwin, *The rule of rules*, Durham, Duke, 2001, pp. 26 e 96 e ss.

568. Josef Esser, "Realität und Ideologie der Rechtssicherheit in positiven Systemen", in Siegfried Hohenleiter *et alii* (orgs.), *FS für Theodor Rittler*, Aalen, 1957, p. 14.

569. Herbert L. A. Hart, "Commands and authoritative legal reasons", in Joseph Raz (org.), *Authority*, New York, New York University Press, 1990, p. 102.

das regras), quanto a consideração da ponderação de princípios (como modelo preponderante de aplicação normativa) são concepções incompatíveis com o princípio da segurança jurídica, posto inconciliáveis com um mínimo de cognoscibilidade, de confiabilidade e de calculabilidade do Direito. O essencial, por ora, é que o modelo de ordenamento jurídico compatível com os princípios do Estado de Direito e da segurança jurídica é um modelo baseado em regras capazes de guiar a média dos comportamentos e controlar, especialmente, o exercício do poder por parte do Estado.[570]

Por fim, no que se refere às regras de competência, sua função é precisamente limitar o exercício do poder estatal por meio da alocação de poder, sendo esta obtida por meio da circunscrição desse poder aos fatos descritos nas hipóteses constitucionalmente traçadas. Fora desse âmbito o poder estatal inexiste.[571] Para o tema ora tratado, significa que o contribuinte poderá saber, de antemão, que a sua liberdade e que a sua propriedade só poderão ser restringidos por meio da tributação daqueles fatos. As regras de competência são, portanto, instrumentos fundamentais de segurança jurídica.

Por esse motivo, embora não diretamente, os riquíssimos estudos da doutrina brasileira a respeito dos aspectos das regras da tributação serviram, indiretamente, para limitar e alocar o poder de tributar e, com isso, para garantir segurança jurídica. Os trabalhos sobre as hipóteses de incidência das regras de tributação e sobre a sua estrutura lógica – pode-se tranquilamente afirmar – eram, sobretudo, sobre segurança jurídica nos aspectos de cognoscibilidade e de calculabilidade do Direito. Nesse âmbito, algumas obras fundamentais devem ser ressaltadas, pela sua importância histórica e atual: *Teoria Geral do Direito Tributário*, de Becker;[572] *Fato Gerador da Obrigação Tributária*, de Falcão;[573] *Isenções Tributárias*, de Maior Borges;[574] *Hipótese de Incidência Tributária*,

570. Brian Z. Tamanaha, *On the rule of Law*, Cambridge, Cambridge University Press, 2004, p. 97.

571. Roque Antonio Carrazza, *Curso de Direito Constitucional Tributário*, 30ª ed., São Paulo, Malheiros Editores, 2015, p. 591.

572. Alfredo Augusto Becker, *Teoria Geral do Direito Tributário*, São Paulo, Saraiva, 1963, pp. 288 e ss.

573. Amílcar de Araújo Falcão, *Fato gerador da obrigação tributária*, 3ª ed., São Paulo, Ed. RT, 1974, p. 32 (1ª ed., Rio de Janeiro, Financeiras, 1964).

574. José Souto Maior Borges, *Teoria geral da isenção tributária*, 3ª ed., 3ª tir., São Paulo, Malheiros Editores, 2011, pp. 21, 77 e 179 (1ª ed., São Paulo, Sugestões Literárias, 1969).

de Ataliba;[575] *Teoria da Norma Tributária*, de Carvalho;[576] *Teoria Geral do Tributo, da Interpretação e da Exoneração Tributária*, de Navarro Coelho.[577] A par de inúmeros méritos – como o de imprimir dignidade científica aos estudos tributários por meio da clareza da linguagem, da consistência lógica e da coerência argumentativa –, tais obras, no que interessa aqui mais de perto, demonstraram que a obrigação tributária só surge com a ocorrência dos fatos descritos na hipótese de incidência da regra da tributação, sem cujas adequada compreensão científica, baseada na imparcialidade e na racionalidade, e correta interpretação jurídica, fundada na vinculação à lei, há arbitrariedade estatal – e, portanto, insegurança jurídica.

Nesse aspecto, não se podem igualar todos os tipos de regra. Embora elas tenham a característica comum de descrever comportamentos obrigatórios, permitidos e proibidos e exigir, para a sua aplicação, um exame de correspondência conceitual, centrado na sua finalidade, entre o conceito da sua hipótese e o da situação fática, nem todas têm a mesma finalidade e a mesma função. As regras de competência, cuja função primordial é limitar o poder, mediante a alocação e a descrição do seu âmbito material, possuem a finalidade de garantir segurança jurídica. Sendo assim, o exercício do poder fora do âmbito por aquelas delimitado é inválido. Elas são, por assim dizer, definitivas, no sentido de não poderem ser superadas, pois o exame da sua finalidade, em vez de permitir a ampliação ou a restrição teleológicas, impede o seu alargamento. Outras regras, porém – como o são as regras procedimentais –, apresentam finalidades substanciais, podendo, conforme o caso, permitir uma ampliação teleológica quando a sua hipótese, cotejada com a sua finalidade, revelar a necessidade de abrangência de fatos não inicialmente previstos.

A-2) *Princípios e sua aplicação*

A constatação – também feita na parte deste trabalho relativa à cognoscibilidade do Direito – de que um sistema jurídico composto exclusivamente de princípios é inconciliável com a segurança jurídica não

575. Geraldo Ataliba, *Hipótese de incidência tributária*, 6ª ed., 16ª tir., São Paulo, Malheiros Editores, 2016, pp. 51 e ss. (1ª ed., São Paulo, Ed. RT, 1973).

576. Paulo de Barros Carvalho, *Teoria da norma tributária*, São Paulo, LAEL, 1974, pp. 111 e ss.

577. Sacha Calmon Navarro Coelho, *Teoria Geral do tributo, da interpretação e da exoneração tributária*, São Paulo, Dialética, 2003, pp. 88 e ss. (1ª ed., São Paulo, Ed. RT, 1982).

significa nem que os princípios não devam ser importantes instrumentos de segurança jurídica, nem que eles não possam ser aplicados de modo seguro. Haveria até mesmo uma contradição performativa, examinando o princípio da segurança jurídica, em concluir pela insegurança necessária em qualquer tipo de manipulação dos princípios.

Quando existem muitas fontes normativas geradoras de múltiplas regras, nem sempre compatíveis entre si, os princípios devem funcionar como critérios interpretativos unificadores, porque o sentido das regras deverá ser harmonizado com o conteúdo dos princípios mais gerais, e assim até se chegar aos princípios estruturantes de determinado ordenamento jurídico, de modo a que seja escolhido aquele sentido da regra que seja mais fortemente suportado pelos princípios constitucionais.[578] No exercício dessas funções, interpretativa e aglutinadora, os princípios funcionam como instrumentos de segurança jurídica, visto que eliminam sentidos incompatíveis com as finalidades cuja realização determinam, diminuindo, portanto, o leque de sentidos semânticos válidos de acordo com determinado ordenamento jurídico – com o quê contribuem para o incremento da sua cognoscibilidade e da sua calculabilidade. Daí assistir razão a García de Enterría quando, depois de citar o antigo aforismo de que *de multido legum, unum ius*, afirma que os princípios funcionam como nódulos de condensação de valores ético-sociais e centros de organização de instituições jurídicas, servindo, com isso, de valiosos critérios de interpretação das regras, sendo tanto mais valiosos quanto mais numerosas, ocasionais, incompletas e cambiantes estas forem.[579] Os princípios, relativamente ao sistema jurídico, exercem uma função centrífuga, no sentido de que a interpretação é dominada pela sua força.[580] Também por isso que eles exercem uma função essencial relativamente à própria segurança jurídica, como a cognoscibilidade e a calculabilidade do Direito: como as regras são muito numerosas, é, a rigor, impossível conhecer todos os detalhes de um ordenamento jurídico; como, porém, as regras devem ser reconduzidas a poucos princípios fundamentais, a sua compreensão já permite que os cidadãos saibam que a solução dada pelas regras não poderá discrepar daquela fornecida pelos princípios.

578. Claus-Wilhelm Canaris, *Systemdenken und Systembegriff in der Jurisprudenz: entwickelt am Beispiel des deutschen Privatrechts*, 3ª ed., Berlin, Duncker und Humblot, 1983, pp. 17 e 88 e ss.

579. Eduardo García de Enterría, *Justicia y seguridad jurídica en un mundo de leyes desbocadas*, Madrid, Civitas, 1999, p. 105.

580. Eros Roberto Grau, *A Ordem Econômica na Constituição de 1988*, 16ª ed., São Paulo, Malheiros Editores, 2014, p. 165.

A interpretação do Direito como integridade, no sentido de que a interpretação de qualquer regra não poderá se afastar de uma linha narrativa fornecida por poucos princípios morais – como sustenta Dworkin –, ou a sua compreensão em torno de princípios sistematicamente aglutinadores – como defende Canaris – são formas de demonstrar o papel fundamental dos princípios na diminuição da discrepância interpretativa.[581]

A constatação de que um sistema jurídico composto exclusivamente de princípios é incompatível com a segurança jurídica também não pode significar que aqueles são incompatíveis com o princípio da segurança jurídica ou que eles não podem ser aplicados de modo seguro. De fato, não são os princípios que são incompatíveis com a segurança jurídica, mas sim a sua aplicação acriteriosa e arbitrária. O fenômeno é o mesmo daquele concernente às regras, apenas de modo invertido: as regras não proporcionam automaticamente segurança jurídica, porém determinado tipo de aplicação de regras é que assim o faz; os princípios não deixam automaticamente de incrementar segurança jurídica, contudo é determinado tipo de aplicação de princípios que o ocasiona. Em outras palavras, não são os princípios, mas sim as "normas dos princípios", que contribuem, ou não, para a realização da segurança jurídica.

Nesse quadro, é incompatível com a segurança jurídica um modelo desestruturado de ponderação de princípios, porque em um modelo em que os princípios são ponderados sem que se saiba "como" nem "por quê" não há como o cidadão conhecer, mesmo *a posteriori*, a norma aplicável e a ser supostamente aplicada – o que afasta a existência de um mínimo de cognoscibilidade e de calculabilidade do Direito. Sendo assim, haverá uma aplicação tanto mais compatível com a segurança jurídica quanto mais consistentemente o aplicador indicar os princípios objeto de ponderação (pré-ponderação), mais transparentemente efetuar a ponderação (ponderação) e mais estruturadamente fundamentar a ponderação feita (pós-ponderação). Isso ocorrerá quando são justificados, dentre outros, os seguintes elementos: (I) a razão da utilização de determinados princípios em detrimento de outros; (II) os critérios empregados para se definir o peso e a prevalência de um princípio sobre outro e a relação existente entre esses critérios; (III) o procedimento e o método que serviram de avaliação e de comprovação do grau de promoção de um princípio e o grau de restrição de outro; (IV) a comensurabilidade dos

581. Ronald Dworkin, *Law's Empire*, Cambridge, Belknap, 1986, p. 176. Claus-Wilhelm Canaris, *Systemdenken und Systembegriff in der Jurisprudenz: entwickelt am Beispiel des deutschen Privatrechts*, 3ª ed., Berlin, Duncker und Humblot, 1983, pp. 17 e 88 e ss.

princípios cotejados e o método utilizado para fundamentar essa comparabilidade; (V) quais os fatos do caso que foram considerados relevantes para a ponderação e com base em que critérios eles foram juridicamente avaliados.[582] Sem a observância desses fatores não pode haver calculabilidade, por não poder o cidadão minimamente ver respeitada a sua liberdade exercida no presente por meio do controle da aplicabilidade das normas no futuro.

B) Limites formais e materiais aos Poderes

B-1) Considerações iniciais

Calculabilidade do Direito é o estado em que o cidadão tem, em grande medida, a capacidade de antecipar e de medir o espectro reduzido e pouco variável de consequências atribuíveis abstratamente a atos, próprios e alheios, ou a fatos e o espectro reduzido de tempo dentro do qual a consequência definitiva será aplicada. Um dos elementos que reduz a extensão e a intensidade das mudanças é a vinculatividade do Direito, tanto interna quanto externa, relativamente aos três Poderes.

O Poder Legislativo está, de um lado, externamente vinculado à ordem constitucional, especialmente às regras de competência e aos princípios constitucionais, bem como aos precedentes com força vinculante. Sua atuação não pode ultrapassar esses contornos. Da mesma forma, ainda que haja uma margem de configuração e uma liberdade de fixação das premissas na edição de leis, o seu conteúdo também não está sujeito ao acaso: antes está vinculado ao ordenamento constitucional. De outro lado, o Poder Legislativo também está internamente vinculado à sua própria atuação, pois igualmente não pode adotar em um momento critérios legislativos de diferenciação entre os contribuintes para em outro momento deles se afastar sem qualquer justificativa, sob pena de malversar o princípio da igualdade. Dito de outro modo, a atividade legislativa está constrangida interna e externamente, o que reduz a extensão e a intensidade das mudanças futuras, permitindo que o contribuinte possa, em grande medida, calcular o Direito futuro.

Igualmente, o Poder Executivo está, de um lado, externa e diretamente vinculado tanto à lei quanto aos precedentes com força vinculante e externa e indiretamente vinculado ao ordenamento constitucional,

582. Matthias Jestaedt, "Die Abwägungslehre – ihre Stärken und ihre Schwächen", in Otto Depenhauer *et alii* (orgs.), *Staat im Wort – FS für Josef Isensee*, Heidelberg, C. F. Müller, 2007, pp. 265 e 267.

especialmente às regras e aos princípios que condicionam a sua atuação. A sua atividade, portanto, não pode discrepar nem dos contornos legais e judiciais, nem dos limites constitucionais. Desse modo, embora haja uma margem de configuração, maior ou menor, da atividade administrativa, decorrente de apreciações técnicas ou de âmbitos discricionários, ela não pode ser, de modo algum, aleatória. De outro lado, o Poder Executivo está internamente vinculado à sua própria atuação passada, não podendo, sem justificativa, abandoná-la, sob pena de violação ao princípio da igualdade no tempo. Isso significa dizer que a atividade administrativa está constrangida interna e externamente, o que reduz a extensão e a intensidade das possíveis mudanças futuras, fazendo com que o contribuinte possa, em larga medida, calcular o Direito futuro.

O mesmo fenômeno ocorre com o Poder Judiciário. Ele está, de um lado, externamente vinculado ao ordenamento constitucional, tanto às regras e aos princípios que condicionam a sua atuação quanto às regras e aos princípios cuja concretização legislativa e administrativa lhe incumbe controlar. Assim, embora exista uma margem de apreciação quanto à definição dos sentidos normativos compatíveis com as regras constitucionais e quanto à determinação dos meios adequados e necessários à realização dos princípios constitucionais, a atividade judicial também não pode ser casuísta e arbitrária, portanto vinculada ao ordenamento constitucional que lhe incumbe aplicar. De outro lado, o Poder Judiciário está internamente vinculado à sua própria atuação passada, também não podendo, sem justificativa, abandoná-la, sob pena de violação ao princípio da igualdade no tempo, nem modificá-la sem respeito às situações consolidadas com base na orientação anterior. Isso quer dizer que a atividade judicial está igualmente constrangida interna e externamente, o que reduz a extensão e a intensidade das mudanças futuras permitidas, favorecendo uma maior calculabilidade do Direito.

Devido à sua importância para a existência de um estado de calculabilidade do Direito, cada uma dessas limitações será analisada separadamente.

B-2) *Limites à atividade do Poder Legislativo*

a) Externa

O princípio democrático e as regras de competência atribuem ao Poder Legislativo uma margem de configuração e de fixação de premissas para concretizar a ordem constitucional. Cabe, pois, ao legislador a prerrogativa de definir o conteúdo das normas gerais e abstratas. Essa prerrogativa, no entanto, submete-se às regras e aos princípios constitucionais.

No que toca às regras constitucionais, elas não apenas estabelecem requisitos formais para a atividade do Poder Legislativo: elas – e o que é mais importante para o tema ora tratado – também limitam materialmente o conteúdo das leis, notadamente em matéria tributária. Uma das particularidades da CF/88 é o fato de que esta atribui poder por meio de *regras* de competência. Em vez de deixar para o legislador infraconstitucional, por lei ordinária ou complementar, cumprir tal tarefa, ela própria decidiu fazê-lo. E, no lugar de partilhar poder por meio de princípios, fixando apenas um fim a ser atingido, deixando de delimitar o âmbito de poder apto a ser exercido, ela resolveu fazê-lo por meio de *regras*, cuja característica principal é a de descrever o comportamento permitido, proibido ou obrigatório. Dentre todas as funções das regras, uma delas adquire destaque para o tema ora tratado: a alocação de poder. Ao alocar poder, as regras visam a neutralizar o principal problema decorrente do seu exercício: o seu uso ilimitado. A alocação de poder tributário dá-se, pois, por meio de regras que descrevem fatos tributáveis, de modo que só há poder de tributar sobre fatos cujos conceitos se enquadrem nos conceitos previstos nessas regras; e, inversamente, não há poder algum de tributar sobre fatos cujos conceitos não se emoldurem nos conceitos previstos nessas regras. Daí serem intransponíveis os limites conceituais previstos nas regras de competência – fora deles não há poder de tributar. Não por acaso que o Supremo Tribunal Federal, ao se pronunciar sobre as regras de competência, asseverou que o intérprete "não deve ir além dos limites semânticos, que são intransponíveis".[583]

Desse modo, a própria CF/88 estabelece regras, que podem ser reconstruídas como uma conjugação entre uma hipótese e uma consequência e que definem, direta ou indiretamente, os vários aspectos relacionados a cada uma dessas partes. Quanto à hipótese, pode-se reconstruir qual é o comportamento previsto (aspecto material), o período compreendido (aspecto temporal) e o espaço abrangido (aspecto espacial) pela competência de cada Ente Federado. E quanto à consequência pode-se igualmente verificar quem são os sujeitos ativo e passivo (aspecto pessoal) e qual o montante da obrigação (aspecto quantitativo).[584] A expressão "regra-matriz de incidência" designa os elementos essen-

583. RE n. 71.758, Tribunal Pleno, Rel. Min. Thompson Flores, *DJ* 31.8.73.

584. Paulo de Barros Carvalho, *Curso de Direito Tributário*, 21ª ed., São Paulo, Saraiva, 2009, p. 263.

ciais da regra de tributação e possui a finalidade de permitir a identificação e o conhecimento aprofundado da sua unidade irredutível mediante a apresentação de uma esquematização formal operativa e prática.[585]

A particularidade da CF/88 está precisamente em descrever os aspectos materiais das hipóteses de incidência. Para a maioria dos tributos, especialmente os impostos, excepcionadas as taxas e algumas contribuições, a Constituição descreve quais são os fatos que podem ser objeto de tributação, quer por meio da previsão direta de conceitos, quer mediante a incorporação indireta de conceitos pré-constitucionais infraconstitucionais. A CF/88, quando utiliza um termo sem conceituá-lo de modo diverso, termina por incorporar o conceito que é utilizado no Direito infraconstitucional vigente antes da sua promulgação. Também a esse respeito tem decidido repetidamente o Tribunal Pleno do Supremo Tribunal Federal: ao julgar a instituição da contribuição social sobre o faturamento, decidiu que tal conceito seria aquele estabelecido no Direito infraconstitucional pré-constitucional, a saber, o conceito de faturamento previsto no Decreto-lei n. 2.397/87 em conjunto com a Lei das S.A. (receita bruta proveniente da venda de mercadorias e da prestação de serviços como atividade operacional);[586] ao analisar a incidência da contribuição social sobre a folha de salário, sobre as remunerações pagas a administradores, avulsos e autônomos, decidiu que o conceito de "salário" seria aquele instituído no Direito infraconstitucional pré-constitucional, a saber, o conceito previsto na Consolidação das Leis do Trabalho (remuneração paga pelo empregador ao empregado, assim considerado aquele que mantém vínculo contínuo de subordinação com seu empregador);[587] ao examinar a instituição do imposto sobre circulação de mercadorias sobre a importação de mercadorias por pessoa física, decidiu que o conceito de mercadoria seria aquele estabelecido no Direito infraconstitucional pré-constitucional, a saber, o conceito de mercadoria previsto no Código Comercial (coisa móvel que possa ser objeto de comércio por quem exerce mercancia com habitualidade);[588] ao analisar a instituição do imposto sobre serviços relativamente aos contratos de locação, decidiu que o conceito de serviço seria aquele previsto no Direito infraconstitucional pré-constitucional, qual seja, o conceito de obrigação

585. Idem, p. 381.

586. RE n. 150.755-1, Tribunal Pleno, Rel. Min. Carlos Velloso, Rel. para o acórdão Min. Sepúlveda Pertence, *DJ* 20.8.93.

587. RE n. 166.772-9, Tribunal Pleno, Rel. Min. Marco Aurélio, *DJ* 16.12.94.

588. RE n. 203.075-9, 1ª Turma, Rel. Min. Ilmar Galvão, Rel. para o acórdão Min. Maurício Corrêa, *DJ* 29.10.99.

de fazer previsto no Código Civil (esforço humano empreendido em benefício de outrem).[589]

Enfim, a Constituição põe conceitos ou pressupõe conceitos: *põe* conceitos quando expressamente indica as propriedades conotadas pelos termos que emprega; *pressupõe* conceitos quando incorpora conceitos estabelecidos no Direito infraconstitucional pré-constitucional, dentro do espaço permitido pelas regras de competência, tributárias e gerais, da atual ordem constitucional. Dos dois modos, pouco importa, a Constituição fixa — para usar a expressão utilizada pelo Supremo Tribunal Federal — "balizas constitucionais" que não podem ser ultrapassadas pelo legislador tributário.[590]

Em razão disso, esses conceitos não podem ser objeto de alteração pelo Poder Legislativo. Assim, apesar de os Municípios poderem tributar autonomamente os serviços, eles só podem tributar comportamentos humanos economicamente apreciáveis e criadores de vantagens a terceiros. Embora os Estados possam tributar com autonomia as hipóteses de incidência do imposto sobre circulação de mercadorias, só poderão tributar a esse título a transferência de propriedade de bens móveis inseridos no mercado econômico. Ainda que a União Federal tenha poder para instituir o imposto sobre a renda, só poderá tributar a esse título os acréscimos patrimoniais ocorridos em determinado período não muito longo nem muito curto. Esses exemplos, aos quais outros poderiam ser somados, apenas indicam que a CF/88 estabelece balizas conceituais que não podem ser transpostas pelo legislador. A liberdade de configuração do legislador deverá transitar nesse âmbito normativo. Para a exigência de calculabilidade, essa limitação material reduz o espectro de atuação legislativa, permitindo que o cidadão tenha, em grande medida, a capacidade de antecipar e de medir a tributação futura. De novo, embora o contribuinte não possa prever exatamente as suas obrigações tributárias futuras, tem condições de calcular os limites dentro dos quais essas obrigações irão forçosamente se situar.

O poder previsto nas regras de competência, no entanto, não pode ser exercido senão de acordo com os princípios constitucionais aplicáveis ao tributo em questão. Esses princípios estabelecem tanto limites máximos da tributação quanto critérios a serem levados em conta na

589. RE n. 116.121-3, Tribunal Pleno, Rel. Min. Octávio Gallotti, Rel. para o acórdão Min. Marco Aurélio, *DJ* 25.5.2001.

590. RE n. 116.121-3, Tribunal Pleno, Rel. Min. Octávio Gallotti, Rel. para o acórdão Min. Marco Aurélio, *DJ* 25.5.2001, voto do Min. Marco Aurélio, p. 705.

configuração da obrigação tributária. Como já foi dito acima, nem todos os tributos mencionados na Constituição estão descritos do mesmo modo, nem se destinam à realização da mesma finalidade: há tributos cujos requisitos estão previstos, mas os fatos não estão ainda prescritos, como é o caso das taxas (art. 145, II); há tributos que, em vez de terem sua hipótese de fato descrita, apresentam os seus pressupostos de fato prescritos, como é o caso das contribuições de intervenção no domínio econômico e dos empréstimos compulsórios (arts. 148 e 149); mesmo alguns impostos, embora tenham aspectos bastante detalhados pela Constituição, possuem âmbitos de indeterminação bastante expressivos, como é o caso do imposto sobre a renda (art. 153).[591] Todas essas observações servem para evidenciar que, embora as regras de competência funcionem como preciosos limites à atuação estatal e, como tais, como instrumentos de calculabilidade do Direito, precisam ter os seus contornos continuamente fechados por meio da atividade doutrinária e jurisprudencial.

No caso dos limites, nenhuma obrigação tributária poderá provocar efeitos que restrinjam excessivamente os direitos fundamentais de liberdade, de propriedade e de igualdade, sob pena de infringirem o postulado da proibição de excesso, decorrente do núcleo essencial inviolável de cada um desses direitos. A CF/88, para deixar claro esse limite implícito à ordem de direitos fundamentais, vedou, expressamente, a instituição de tributos com efeito de confisco (art. 150, IV).[592] Embora não se possa, com exatidão, definir qual é o limite máximo da tributação, a existência propriamente dita do limite já funciona como fator de calculabilidade, porquanto estabelece um espectro máximo dentro do qual as obrigações tributárias poderão ser instituídas.

No caso dos critérios, as obrigações tributárias deverão ser configuradas assegurando tratamento igual entre os contribuintes que se encontrem na mesma situação (art. 150, II) e garantindo a graduação das obrigações tributárias com finalidade fiscal conforme a capacidade econômica dos contribuintes (art. 145, § 1º). Do mesmo modo, ainda que não se possam antecipar exatamente as consequências tributárias concretas a que os contribuintes estarão sujeitos no futuro, pode-se, com base nos princípios da tributação, calcular os critérios a serem necessariamente utilizados na configuração das obrigações concretas.

591. Ricardo Lobo Torres, "Legalidade tributária e riscos sociais", *RDDT* 59, pp. 101 e 103, São Paulo, 2000.

592. Cassiano Menke, *A proibição aos efeitos de confisco no Direito Tributário*, São Paulo, Malheiros Editores, 2008, pp. 110 e ss.

As considerações anteriores servem para demonstrar que as regras e os princípios constitucionais funcionam como fatores de calculabilidade, visto que reduzem o espectro de possibilidades de atuação do Poder Legislativo quanto ao conteúdo futuro das obrigações tributárias. Como consequência, o contribuinte tem maior liberdade para configurar o seu presente em razão das fronteiras materiais já constitucionalmente fixadas para o exercício do poder de tributar.

b) Interna

O Poder Legislativo também está internamente vinculado à sua própria atuação.[593] Tendo o Poder Legislativo adotado, no presente, determinados critérios de diferenciação entre os contribuintes, ele não pode, no futuro, afastar-se desses critérios sem qualquer justificativa. Essa limitação decorre do princípio da igualdade, que, quando analisado em perspectiva temporal, é denominado de *dever de coerência*.[594]

Se o legislador, por exemplo, escolheu determinado critério para fixar o valor do salário para efeito previdenciário, com a finalidade de garantir subsistência para os destinatários, ele não pode, presente a mesma finalidade, escolher outro critério, sob pena de violar o dever de igualdade. É o caso da fixação de um valor para salário previdenciário e outro para o limite de isenção do imposto sobre a renda. Se ambos os valores servem para atingir a mesma finalidade – que é garantir as condições necessárias para uma sobrevivência digna –, não pode o legislador, sem um motivo justificador para a modificação, escolher valores diferentes. Se o legislador, em outro exemplo, utilizou a sua liberdade de configuração em favor da instituição de um tributo não-cumulativo, ainda que essa não-cumulatividade não fosse determinada pela Constituição, não poderá afastar-se do critério de tributação eleito, a não ser que tenha um motivo justificador para esse distanciamento.

593. Christoph Degenhart, *Systemgerechtigkeit und Selbstbindung des Gesetzgebers als Verfassungspostulat*, München, Beck, 1976, pp. 29 e ss. Idem, "Maßtabsbildung und Selbstbindung des Gesetzgebers als Postulat der Finanzverfassung des Grundgesetzes. Die Entscheidung des Bundesverfassungsgerichts zum Länderfinanzausgleich", *ZG* 15, pp. 79-90, 2000. Franz-Joseph Peine, *Systemgerechtigkeit – Die Selbsbindung des Gesetzgebers als Maßstab der Normenkontrolle*, Baden-Baden, Nomos, 1985, pp. 105 e ss. Joachim Burmeister, "Selbstbindung der Verwaltung. Zur Wirkkraft des rechtsstaatlichen Übermaßverbots, des Gleichheitssatzes und des Vertrauensschutzprinzips", *DÖV* 34, pp. 503-512, 1981.

594. Michael Reinhardt, *Konsistente Jurisdiktion*, Tübingen, Mohr Siebeck, 1997, p. 499.

Esses exemplos, aos quais outros poderiam ser agregados, apenas servem para demonstrar que a própria igualdade, também por vezes referida como justiça sistemática (*Systemgerechtigkeit*) ou coerência (*Folgerichtigkeit*), cria limites à liberdade de configuração do Poder Legislativo. Assim, mesmo que, inicialmente, o legislador tenha liberdade para definir os contornos precisos da tributação, uma vez exercida essa liberdade por meio da escolha de determinado critério, ele deverá servir de base de comparação entre os contribuintes para a configuração de todo o regime legal tributário.

Relativamente à exigência de calculabilidade, o dever de igualdade no tempo também repercute de modo a reduzir a extensão e a intensidade das mudanças futuras, pela vinculação do legislador à sua atuação passada.

B-3) Limites à atividade do Poder Executivo

a) Externa

O Poder Executivo está vinculado, primordialmente, à lei e aos atos que tenham a mesma força, como os demais instrumentos normativos primários e os precedentes com força vinculante. A CF/88, sobre isso, é enfática: o art. 2º prevê o princípio da separação dos Poderes, o qual garante independência e harmonia entre os Poderes Legislativo, Executivo e Judiciário; o art. 5º estabelece a regra de legalidade, ao prever que "ninguém será obrigado a fazer ou deixar de fazer alguma coisa senão em virtude de lei"; o art. 37 institui os princípios da Administração Pública, dentre os quais inclui a legalidade; o inciso I do art. 150 prevê a regra de legalidade tributária, exigindo que os tributos só possam ser instituídos ou aumentados por meio de lei.

Em razão disso, toda a atividade administrativa está vinculada ao que dispõe a lei. Não só está vedada a cobrança de tributos sobre atividades que não se enquadrem no arquétipo legal, como também está proibida a utilização de presunções, de ficções e de provas indiciárias como elementos comprovadores da suposta ocorrência do fato gerador.[595] O essencial, enfim, é que o Poder Executivo sofre uma heterovinculação.[596] Daí se falar em *primazia da lei*: quando houver conflito entre um

595. Roque Antonio Carrazza, *Curso de Direito Constitucional Tributário*, 30ª ed., São Paulo, Malheiros Editores, 2015, pp. 546 e ss. Leonardo De Paola, *Presunções de ficções no Direito Tributário*, Belo Horizonte, Del Rey, 1997, pp. 76 e ss.

596. Maximilian Wallerath, *Die Selbstbindung der Verwaltung. Freiheit und Gebundenheit durch den Gleichheitssatz*, Berlin, Duncker und Humblot, 1968, p. 20.

ato administrativo ou normativo editado pela Administração e uma lei, em matéria que lhe é reservada pela Constituição, deve-se dar primazia ao comando legal. Para o tema aqui examinado, essa vinculação reduz o campo de ação administrativa, diminuindo o universo de consequências normativas que podem ser atribuídas aos atos praticados pelos contribuintes. E à redução do campo de ação administrativa corresponde uma demarcação da zona permitida para a ação dos particulares.

Indiretamente, o Poder Executivo também está vinculado ao ordenamento constitucional, especialmente às regras e aos princípios que condicionam a sua atuação. A CF/88 também é, nesse aspecto, bastante rica, pois prevê uma série de regras de competência ao Poder Executivo, desde já prevendo autoridades, órgãos, matérias e fontes que podem participar do processo de concretização constitucional (arts. 18 e ss. e 37 e ss.).

b) Interna

O Poder Executivo igualmente está vinculado à sua própria atuação passada, não podendo, sem justificativa, abandoná-la, sob pena de violação ao princípio da igualdade no tempo.[597] Mesmo nos casos em que possa haver algum âmbito de discricionariedade, uma vez tendo ela sido exercida e continuamente firmada, a Administração não mais pode dela se afastar, salvo com um motivo para tanto.

Nesses casos, a prática constante da Administração termina por fixar diretrizes relativamente ao seu entendimento que não podem ser simplesmente desprezadas no futuro, em razão do princípio da igualdade. Autovinculação da Administração significa, portanto, a vinculação da Administração, no âmbito das próprias possibilidades valorativas, relativamente ao esquema de diferenciação por ela anteriormente estabelecido, com a consequência de não poder, sem justificativa, dele se afastar no tocante aos casos iguais.[598] A ideia subjacente à autovinculação da Administração reside no fechamento de espaços valorativos em razão da sua concretização anterior pela própria Administração. Uma vez tendo atuado de um modo, não pode a Administração, para casos iguais, atuar de outro. A autovinculação nada mais é, portanto, que a vinculação decorrente das concretizações materiais de heterovinculações anterior-

597. Wolfgang Hoffmann-Riem, "Selbstbindung der Verwaltung", *VVDStRL* 40, pp. 187-239, 1982.

598. Maximilian Wallerath, *Die Selbstbindung der Verwaltung. Freiheit und Gebundenheit durch den Gleichheitssatz*, Berlin, Duncker und Humblot, 1968, p. 19.

mente fixadas pela Administração. O afastamento da posição anterior, sem justificativa, importa tratamento desigual para contribuintes que se encontram na mesma situação, qualificando a atuação administrativa como arbitrária.[599]

No âmbito do Direito Tributário, o próprio Código Tributário Nacional, por exemplo, estabelece, no seu art. 100, que os contribuintes que observarem as normas complementares administrativas (os atos normativos expedidos pelas autoridades administrativas; as decisões dos órgãos singulares ou coletivos de jurisdição administrativa, a que a lei atribua eficácia normativa; as práticas reiteradamente observadas pelas autoridades administrativas; os convênios que entre si celebrem a União, os Estados, o Distrito Federal e os Municípios) terão excluídas a imposição de penalidades, a cobrança de juros de mora e a atualização do valor monetário da base de cálculo do tributo. Trata-se de uma forma, ainda que atenuada, de obrigar a Administração a manter-se vinculada às posições anteriormente firmadas. No âmbito do processo administrativo federal, o art. 2º da Lei n. 9.784/99 exige que a Administração atue segundo a moralidade e os padrões éticos de probidade, de decoro e de boa-fé, dentro de cujos conceitos se situa a obrigação de não contrariar os próprios atos (*venire contra factum proprium*).[600]

Um dos tipos de vinculação administrativa é o decorrente da prática administrativa, consolidada pela continuidade uniforme de posicionamento da Administração, também representada pela figura da "cadeia de atos administrativos" (*Kette-Verwaltungsakte*). Essa prática vincula a Administração quando nesta puder ser identificada uma posição concludente relativamente a determinada matéria, de modo a que a Administração não possa desta última se afastar sem violar o princípio da boa-fé. Ela, porém, deixa de vincular-se quando houver questões específicas não examinadas nos casos passados que consolidaram a prática, sendo, por isso, inviável que o particular pretenda que a Administração se comporte no futuro exatamente como se comportou no passado, sem que existam outros elementos, relacionados à proteção da confiança, que criem distintas vinculações.[601]

Além da autovinculação decorrente do princípio da igualdade, também existem outras vinculações advindas de posições firmadas pela

599. Idem, p. 35.

600. Sobre o assunto, no Direito alemão, ver: Kyrill-A. Schwarz, *Vertrauensschutz als Verfassungsprinzip*, Baden-Baden, Nomos, 2002, p. 140.

601. Johanna Hey, *Steuerplanungssicherheit als Rechtsproblem*, Köln, Otto Schmidt, 2002, p. 739.

Administração anteriormente. Nesse âmbito contam, especialmente, as seguintes: os contratos, por meio dos quais a Administração firma determinados compromissos relativamente a determinado caso ou a determinada relação jurídica; ou a consulta administrativa (*Zusage*), mediante a qual a Administração responde ao administrado, relativamente a um caso concreto, como irá decidir no futuro.[602] Em ambos os casos, no entanto, a Administração não está vinculada relativamente a outros casos porque decidiu de determinado modo para um; ela está vinculada àquele, em razão dos princípios da segurança jurídica, da moralidade e da boa-fé, nos casos em que o particular, em razão da manifestação administrativa, praticou atos de disposição dos seus direitos de liberdade e de propriedade.[603]

No âmbito do processo administrativo tributário federal, os arts. 46 e ss. do Decreto n. 70.235/72 preveem a possibilidade de o contribuinte formular consulta sobre dispositivos da legislação tributária aplicáveis a fato determinado, estabelecendo – para o que ora importa – que nenhum procedimento fiscal será instaurado contra o sujeito passivo relativamente à espécie consultada, a partir da apresentação da consulta até o trigésimo dia subsequente à data da ciência. Veja-se que tal disposição, que apenas protege o contribuinte, diz respeito à eficácia da própria consulta, sem – é claro – nada dizer com relação à eventual modificação da consulta por entender a Administração que esta foi respondida de forma inadequada. Nessas hipóteses, a eficácia do princípio da segurança jurídica irá provocar a vinculação da Administração nos casos em que, em razão da consulta, o particular praticou atos de disposição dos direitos fundamentais de liberdade ou de propriedade. A consulta, do ponto de vista do contribuinte, só tem sentido se ela vincular a Administração e, por isso, puder permitir um âmbito protegido de exercício dos direitos fundamentais. Sendo assim, ainda que a resposta à consulta seja declarada nula, mesmo assim deve haver proteção, com base no princípio da proteção da confiança e da boa-fé.[604]

602. Maximilian Wallerath, *Die Selbstbindung der Verwaltung. Freiheit und Gebundenheit durch den Gleichheitssatz*, Berlin, Duncker und Humblot, 1968, p. 19. Beatrice Dalichau, *Askünfte und Zusagen der Finanzverwaltung*, Bielefeld, Erich Schmidt, 2003, pp. 29 e ss. Wilfried Fiedler, *Funktion und Bedeutung öffentlich-rechtlicher Zusagen im Verwaltungsrecht*, Heidelberg, C. F. Müller, 1997, pp. 31 e ss.

603. Johanna Hey, *Steuerplanungssicherheit als Rechtsproblem*, Köln, Otto Schmidt, 2002, p. 700.

604. Johanna Hey, *Steuerplanungssicherheit als Rechtsproblem*, cit., pp. 707 e 715.

***B-4)** Limites à atividade do Poder Judiciário*

a) Externa

Em um sistema de separação dos Poderes, a atividade do Poder Judiciário consiste em reconstruir significações de dispositivos estabelecidos pelo Poder Legislativo, além de examinar a ocorrência dos fatos, por meio de uma série de atos concatenados destinados a dizer o Direito. Não é o caso de ingressar na interminável discussão a respeito de o Poder Judiciário "declarar" ou "constituir" normas. Trata-se, em vez disso, e tão somente, de demonstrar que os pontos de partida utilizados pelo Poder Judiciário são as disposições normativas estabelecidas pelo Poder Legislativo. Embora se admita, portanto, que os textos normativos legais não encapsulem normas, mas apenas estabeleçam núcleos de significação mais ou menos determinados, que precisam ser argumentativamente contextualizados do ponto de vista fático e normativo para adquirirem pleno sentido, o Poder Judiciário deve usá-los como pontos de referência para a aplicação do Direito. Tal vinculação não apenas decorre do princípio da separação dos Poderes (art. 2º da CF/88), que exige atuação judicial adstrita aos comandos originários do Poder Legislativo: ela advém, também, da própria regra da legalidade (arts. 5º, I, e 150, II, da CF/88), que impede que as obrigações tributárias possam ser baseadas direta e exclusivamente em decisões judiciais.

É preciso realçar que todas as considerações feitas a respeito da necessidade de afastamento da surpresa, em geral, recobram importância no âmbito do Direito Processual. Isso porque os direitos fundamentais, na sua eficácia de defesa relativamente a intervenções estatais, também repelem a surpresa no âmbito dos procedimentos, sejam eles administrativos ou judiciais.[605] Sendo assim, o cidadão não pode ser, no curso do processo, surpreendido com medidas que frustrem expectativas ou que causem embaraço, direto ou indireto, aos seus direitos de ampla defesa e contraditório, como juntada de prova sem vista ou introdução de argumento novo no julgamento de segundo grau.

b) Interna

Como o julgador interpreta fatos que são anteriores à sua decisão, a interpretação sempre verte sobre fatos ocorridos anteriormente, e, nesse sentido estrito, é declaratória. Assim, o cidadão não tem como prever exatamente qual é a decisão interpretativa a ser judicialmente dada, por-

605. André Graumann, *Vertrauensschutz und strafprozessuale Absprachen*, Berlin, Duncker und Humblot, 2006, pp. 488 e ss.

que esta só é dada no momento em que a decisão é proferida.[606] Segundo essa compreensão, toda decisão judicial, além de retroativa, é imprevisível; se irretroatividade e previsibilidade são elementos do princípio da segurança jurídica, toda decisão judicial é contrária a este último.

Como foi visto acima, nesta obra não se defende o conceito de segurança jurídica como norma que impõe a realização de um estado ideal de previsibilidade pela certeza absoluta por meio da capacidade do cidadão de antecipar exatamente a única solução correta. Em vez disso, sustenta-se que o princípio da segurança jurídica apenas exige a realização de um estado de calculabilidade por meio da elevada capacidade de prever o número reduzido de alternativas decisórias e o espectro de tempo em que a decisão a seu respeito será tomada. Segundo o entendimento aqui sustentando, portanto, nem toda decisão judicial é retroativa ou imprevisível e, por isso, contrária ao princípio da segurança jurídica.

A aplicação do princípio da segurança jurídica no âmbito jurisprudencial requer, portanto, uma análise particular. A prática jurisprudencial é, em certo sentido, vocacionada para a mudança e para a incoerência: como, no processo ordinário, o julgador analisa o caso que lhe é apresentado pelas partes, a sua visão é orientada pela justiça particular, e não pela justiça geral; como cada novo caso pode apresentar uma experiência recalcitrante capaz de conduzir a uma regra individual com base no postulado da razoabilidade, a prática jurisprudencial pode levar a um estado de desuniformidade. Esse particularismo e essa ausência de estabilidade podem ser contrários aos ideais de cognoscibilidade, de confiabilidade e de calculabilidade que compõem o princípio da segurança jurídica. Isso, porém, não ocorre de maneira necessária. É que, se a prática jurisprudencial, a par de obedecer a regras processuais de uniformização e de generalização, também for autolimitada, com base no princípio da igualdade, aos seus próprios precedentes, ela será compatível com o princípio da segurança jurídica.[607]

Essa autovinculação decorre da exigência de tratar igualmente casos iguais. A lei deve valer para todos igualmente, mediante a aplicação uniforme a todos os casos que se enquadrem em seus termos.[608] Portan-

606. Anne-Laure Valembois, *La constitutionnalisation de l'exigence de sécurité juridique en Droit Français*, Paris, LGDJ, 2005, p. 88.

607. Michael Reinhardt, *Konsistente Jurisdiktion*, Tübingen, Mohr Siebeck, 1997, pp. 461 e ss. Wilhelm Hartz, "Mehr Rechtssicherheit im Steuerrecht. Ziele, Wege, Grenzen". *StbJb*, 1965/1966, p. 117.

608. Roque Antonio Carrazza, *Curso de Direito Constitucional Tributário*, 30ª ed., São Paulo, Malheiros Editores, 2015, p. 493. Christoph Eduard Ziegler, *Selbstbindung der Dritten Gewalt*, Frankfurt am Main, Peter Lang, 1993, pp. 98 e 241.

to, ainda que "cada caso seja um caso", incumbe ao Poder Judiciário aplicar de modo uniforme os seus próprios precedentes, estendendo para os casos futuros o mesmo tratamento dado aos passados quando entre estes existirem as mesmas circunstâncias relevantes de fato. Isso não significa que o Poder Judiciário não possa afastar-se dos seus precedentes. Significa, tão só, que, tendo sido adotada uma linha decisória, ele só possa dela se afastar quando houver razões justificativas suficientes para tanto.[609]

O importante para o tema ora versado é que a referida autovinculação aos próprios precedentes funciona como fator de calculabilidade do Direito pelo ganho em previsibilidade da atuação do Poder Judiciário. Ao restringir a atuação futura com base na atuação passada, o princípio da igualdade reduz o espectro e a variabilidade das consequências atribuíveis a atos praticados pelo contribuinte.

Outro fator interno de redução da extensão e da intensidade das decisões futuras advém da estrutura hierarquizada do Poder Judiciário, de um lado, e da vinculação formal de alguns precedentes judiciais, de outro.

A estrutura hierarquizada do Poder Judiciário decorre, entre outros fatores, do fato de existirem órgãos competentes para decidir, em última instância, sobre determinadas matérias. Assim, compete ao Supremo Tribunal Federal julgar, em recurso extraordinário, as violações a normas constitucionais (art. 102), e ao Superior Tribunal de Justiça julgar, em recurso especial, as causas decididas, em única ou em última instância, pelos Tribunais Regionais Federais ou pelos Tribunais dos Estados, do Distrito Federal e Territórios, quando a decisão recorrida contrariar tratado ou lei federal, ou negar-lhes vigência, ou der a lei federal interpretação divergente da que lhe haja atribuído outro Tribunal (art. 103, III, "a" e "c"). Essas competências funcionam como expedientes de uniformização do entendimento do Poder Judiciário, na medida em que conduzem decisões díspares a uma unidade interpretativa final. Do ponto de vista do contribuinte, tais expedientes servem como fatores de calculabilidade, notadamente porque reduzem o âmbito de extensão das decisões proferidas pelo Poder Judiciário.

A vinculação formal dos precedentes judiciais deriva de normas jurídicas que expressamente atribuem força vinculativa a determinados tipos de decisão. No controle concentrado de constitucionalidade, as decisões definitivas de mérito, proferidas pelo Supremo Tribunal Federal,

609. Rainer Riggert, *Die Selbstbindung der Rechtsprechung durch den allgemeinen Gleichheitssatz (Art. 3 I GG)*, Berlin, Duncker und Humblot, 1993, p. 124.

nas ações diretas de inconstitucionalidade e nas ações declaratórias de constitucionalidade, produzirão eficácia contra todos e efeito vinculante relativamente aos demais órgãos do Poder Judiciário e à Administração Pública direta e indireta, nas esferas federal, estadual e municipal (art. 102, § 2º, da CF/88). No controle difuso de constitucionalidade, há duas hipóteses de vinculação formal. Se o Supremo Tribunal Federal declarar, incidentalmente e em caráter definitivo, a inconstitucionalidade de uma lei, pode o Senado Federal suspender sua execução (art. 52, X). O Supremo Tribunal Federal pode, ainda, de ofício ou por provocação, por meio de decisão de dois terços dos seus membros, após reiteradas decisões sobre matéria constitucional, aprovar súmula que, a partir de sua publicação na imprensa oficial, terá efeito vinculante em relação aos demais órgãos do Poder Judiciário e à Administração Pública direta e indireta, nas esferas federal, estadual e municipal, bem como proceder à sua revisão ou ao seu cancelamento, na forma estabelecida em lei (art. 103-A). Tal súmula tem, exatamente, o objetivo de fixar uma interpretação uniforme do Poder Judiciário a respeito da validade, interpretação e eficácia de normas determinadas acerca das quais haja controvérsia atual, entre órgãos judiciários ou entre estes e a Administração Pública, que acarrete grave insegurança jurídica e relevante multiplicação de processos sobre questão idêntica (art. 103-A, § 1º). A uniformidade de entendimento é garantida pelo instrumento da reclamação: do ato administrativo ou da decisão judicial que contrariar a súmula aplicável ou que indevidamente a aplicar caberá reclamação ao Supremo Tribunal Federal, que, julgando-a procedente, anulará o ato administrativo ou cassará a decisão judicial reclamada e determinará que outra seja proferida, com ou sem a aplicação da súmula, conforme o caso (§ 3º).

O decisivo, neste ponto, é que a vinculação formal de determinadas decisões do Poder Judiciário também funciona como fator de calculabilidade, porque os outros órgãos do Poder Judiciário daquelas não poderão se afastar – o que faz reduzir a variabilidade das decisões futuras, ampliando o âmbito de previsibilidade e, com este, o de liberdade do particular.

É importante que se diga, no entanto, que a função uniformizadora das súmulas não pode impedir a análise das particularidades de casos concretos vindouros, sob pena não só de retirar a independência do julgador como, ainda, de atentar contra o próprio princípio da igualdade, que impõe o tratamento diverso para casos diferentes.[610] Isso se deve

610. Roque Antonio Carrazza, *Curso de Direito Constitucional Tributário*, 30ª ed., São Paulo, Malheiros Editores, 2015, p. 538.

ao fato de que a súmula, por mais paradoxal que isso possa parecer, é uma generalização de decisões, com cujas razões se mantém vinculada e das quais não pode, por isso, ser "descolada" – como alerta Machado Derzi.[611] Isso significa, em outras palavras, que existe uma face não-vinculante das súmulas vinculantes.[612]

II – Tempestividade: a "segurança de definição" pela duração razoável do processo

A exigência de calculabilidade do Direito não é satisfeita apenas quando o cidadão tem, em grande medida, a capacidade de antecipar e de medir o espectro reduzido e pouco variável de consequências atribuíveis abstratamente a atos, próprios e alheios, ou a fatos. Ela depende, igualmente, de um lapso de tempo não muito longo dentro do qual a consequência definitiva será aplicada.

A essa exigência temporal de resolutividade chega-se considerando a própria finalidade do ideal de calculabilidade: o seu objetivo é fornecer condições para que o cidadão não seja nem frustrado nem surpreendido no exercício dos seus direitos fundamentais de liberdade e de propriedade. Porque a finalidade da calculabilidade é garantir um âmbito normativo dentro do qual o cidadão possa exercer com liberdade e com autonomia os seus direitos fundamentais e porque a calculabilidade é a capacidade de antecipar, em grande medida, as consequências alternativas a que o cidadão estará sujeito, o transcurso excessivo de tempo entre a previsão e a sua confirmação transforma a possibilidade de calcular efeitos futuros na certeza de nunca assim os definir.

Com efeito, se o cidadão pode saber tanto as consequências reduzidas atribuíveis à prática de um ato quanto o significado dessas consequências, mas não tem condições de saber, nem minimamente, o espectro de tempo dentro do qual será definida a consequência efetivamente aplicável, termina não conseguindo ter condições de saber qual daquelas consequências será efetivamente executada pelos órgãos estatais. Em virtude disso, deve-se conceituar a calculabilidade como sendo a capacidade de antecipar e de medir o espectro reduzido e pouco

611. Misabel de Abreu Machado Derzi, *Modificações da jurisprudência no Direito Tributário*, São Paulo, Noeses, 2009, pp. 261, 290 e 292.

612. Ana Paula Oliveira Ávila, "A face não-vinculante da eficácia vinculante das declarações de inconstitucionalidade", in Humberto Ávila (org.), *Fundamentos do Estado de Direito – Estudos em homenagem a Almiro do Couto e Silva*, São Paulo, Malheiros Editores, 2005, p. 211.

variável de consequências atribuíveis abstratamente a atos ou a fatos e o espetro reduzido de tempo dentro do qual a consequência definitiva será *efetivamente* aplicada. A indefinição relativamente às consequências definitivas não pode durar período tão longo a ponto de se tornar, a própria indefinição, causa para a inação.

É preciso ressaltar que a calculabilidade é tanto maior quanto mais extenso for o período por aquela atingido. Se um contribuinte pode, em 2011, prever o número reduzido de consequências jurídicas a serem imputadas aos seus atos até 2030, ele tem maiores condições de fazer um planejamento em longo prazo, o que não ocorre se a sua previsão alcançar um período muito curto.[613] O mesmo sucede com relação ao estabelecimento das consequências definitivas: se o cidadão discute judicialmente qual das alternativas interpretativas é a correta e o processo por meio do qual ela será definida não tem tempo para terminar ou demora um período muito longo para tanto, aquele também não consegue planejar com segurança, pela perpetuação do estado de indefinição.

Exatamente por isso que a CF/88 assegura a todos, nos âmbitos judicial e administrativo, a razoável duração do processo e os meios que garantam a celeridade de sua tramitação (art. 5º, LXXVIII). E também por isso que ela garante a inviolabilidade da coisa julgada (art. 5º, XXXV). Com isso, a Constituição exige, de um lado, a celeridade da definição e, de outro, a sua definitividade. Ao fazê-lo, ela própria termina por estabelecer um ideal de calculabilidade, caracterizado, precisamente, por um estado em que o cidadão possa planejar livre e autonomamente o seu futuro por meio do conhecimento antecipado das consequências a que estará sujeito e do tempo dentro do qual estas serão definitivamente definidas.

A consideração da exigência de duração razoável do processo como consectário da dimensão dinâmica do princípio da segurança jurídica traz algumas consequências. Uma delas diz respeito à inércia dos órgãos julgadores para julgar causas tributárias. Nesse sentido, se a exigência de calculabilidade impõe um prazo razoável para a solução, não havendo justificativa para o atraso, senão a mera inércia, pode-se sustentar – como o fazem certeiramente Bottallo e Carrazza – que, embora não regrada diretamente pelo Código Tributário Nacional, a prescrição intercorrente (assim qualificada a perda do direito de executar o crédito pela demora injustificada em julgar o processo administrativo por mais

613. Gianmarco Gometz, *La certezza giuridica come prevedibilità*, Torino, Giappichelli, 2005, p. 239.

de cinco anos) decorre do próprio princípio da segurança jurídica e da exigência constitucional de duração razoável do processo.[614]

III – Proibição de arbitrariedade

Até aqui examinou-se a vinculatividade do Direito como fator de calculabilidade: as regras existentes e as decisões tomadas hoje vinculam o exercício do poder amanhã, a não ser que ocorra uma justificativa para a mudança. Nesse sentido, é o princípio da igualdade, na sua dimensão temporal, que permeia a exigência de manutenção futura de decisões passadas: inexistindo uma razão justificadora para a mudança, as decisões passadas devem ser mantidas no futuro, pois do contrário ou elas não deveriam ter sido tomadas, por ausência de justificação, ou, se havia essa justificação, persistindo esta no tempo, a decisão não pode ser modificada.[615] A vinculatividade do Direito repercute, assim, sobre o conteúdo do Direito futuro, permitindo que o cidadão possa saber que o Direito de amanhã, inexistindo razões justificadoras de uma mudança, será igual ao de hoje.

A maior calculabilidade do Direito, porém, não está apenas relacionada à manutenção futura das normas presentes com base no princípio da igualdade. Ela também está associada à aplicação autônoma do princípio da igualdade no sentido de que, embora inexistindo norma presente digna de permanência futura, ainda assim o exercício do poder de legislar não é totalmente discricionário, porque o cidadão não poderá ser tratado de forma diferente, a não ser que haja uma razão justificadora para tanto. Isso significa que o cidadão, apesar de não poder saber qual será o conteúdo futuro do Direito, sabe que este não poderá ser arbitrário – o que reduz, significativamente, a liberdade para a sua configuração.[616]

614. Eduardo Domingos Bottallo, *Curso de Processo Administrativo Tributário*, 2ª ed., São Paulo, Malheiros Editores, 2009, p. 164. Roque Antonio Carrazza, *Curso de Direito Constitucional Tributário*, 30ª ed., São Paulo, Malheiros Editores, 2015, p. 532.

615. Fabian Lindeiner, *Willkür im Rechtsstaat? Die Willkürkontrolle bei der Verfassungsbeschwerde gegen Gerichtsentscheidungen*, Berlin, Duncker und Humblot, 2002, pp. 194 e 222.

616. Federico Arcos Ramírez, *La seguridad jurídica: una teoría formal*, Madrid, Dykinson, 2000, p. 52. Fabian Lindeiner, *Willkür im Rechtsstaat? Die Willkürkontrolle bei der Verfassungsbeschwerde gegen Gerichtsentscheidungen*, Berlin, Duncker und Humblot, 2002, p. 116.

A proibição de arbitrariedade, portanto, funciona como fator de calculabilidade do Direito, pois, ainda que não capacite o cidadão a prever exatamente o conteúdo futuro do Direito, pelo menos demarca, negativamente, os limites da sua configuração, já que afasta qualquer tipo de regulação futura desprovida de justificação. A segurança jurídica funciona, assim – como pontifica Carrazza –, para que os contribuintes não fiquem à mercê do arbítrio das pessoas políticas.[617] Afinal, as regras abstratas não podem ser manipuladas quando aplicadas, como assevera Villegas.[618] Sabendo que o Direito de amanhã, além de não poder, brusca nem injustificadamente, se afastar do Direito de hoje, não poderá ser arbitrário – no sentido de meramente caprichoso, sem respaldo em razões objetivas e motivadas –, o cidadão tem maiores condições de livre e autonomamente plasmar o seu futuro. Como assevera Ataliba, "a segurança dos direitos e a fixação destes em leis impessoais e genéricas impedem peremptoriamente o emprego caprichoso dos instrumentos do poder".[619] De fato, um Direito arbitrário, porque aplicado com base no capricho ou em veleidades pessoais, traz consigo o germe da insegurança e da desordem.[620] O Direito até pode ser modificado, desde que haja uma justificação, devidamente fundamentada, de maneira mais rigorosa, para tal alteração.[621] A proibição de arbitrariedade é, portanto, parte integrante do conceito de segurança jurídica. Equivocou-se, portanto, a Constituição espanhola ao exigir a observância da segurança jurídica e ao proibir a arbitrariedade, como se esses dois elementos pudessem ser conceitualmente separados.[622]

Poder-se-ia afirmar que, devendo cada caso ser analisado em suas particularidades, as decisões não poderiam servir de precedentes para outros casos. Tal concepção, no entanto, negligencia o fato de que em cada decisão deve haver uma razão universalizável para outros casos.

617. Roque Antonio Carrazza, *Curso de Direito Constitucional Tributário*, 30ª ed., São Paulo, Malheiros Editores, 2015, p. 442. No mesmo sentido: Rubén Asorey, "Seguridad jurídica y Derecho Tributario", *RDT* 52, p. 42, São Paulo, 1990.

618. Héctor Villegas, "Principio de seguridad jurídica en la creación y aplicación del tributo", *RDT* 66, p. 15, São Paulo, s.d.

619. Geraldo Ataliba, "Segurança do Direito, tributação e anterioridade", *RDT* 27-28, pp. 51-75, São Paulo, 1984.

620. Theophilo Cavalcanti Filho, *O problema da segurança no Direito*, São Paulo, Ed. RT, 1964, p. 171.

621. Misabel de Abreu Machado Derzi, *Modificações da Jurisprudência no Direito Tributário*, São Paulo, Noeses, 2009, p. 287.

622. José L. Mesquita del Cacho, *Seguridad jurídica y sistema cautelar*, v. 1, "Teoría de la Seguridad Jurídica", Barcelona, Bosch, 1989, p. 82.

Assim, a razão de decidir deve servir de parâmetro para outros casos futuros e, por meio da abstração e da universalização, deve formar expectativas normativas para o futuro, garantindo certa isonomia na solução de conflitos similares.[623]

Todas as considerações anteriores conduzem à conclusão de que o princípio da segurança jurídica é complexo e multifacetado, admitindo mais de uma forma explicativa. De fato, pode-se explicá-lo tanto como uma norma que exige a realização de três ideais parciais paralelos (inteligibilidade, confiabilidade e previsibilidade), quanto como uma norma que prescreve a concretização de um ideal maior (confiabilidade), que pressupõe a existência de determinadas condições (inteligibilidade e vinculatividade) e que exige a realização de determinados ideais parciais (estabilidade e previsibilidade). Preferiu-se a segunda opção, porque não só indica os ideais parciais cuja realização é determinada pelo princípio da segurança jurídica, como também explica as relações existentes entre eles. Segurança jurídica, aqui, pode ser definida como um princípio constitucional que determina a busca de um ideal de confiabilidade pela estabilidade e pela previsibilidade do ordenamento jurídico, com base na sua inteligibilidade e na sua vinculatividade.

Procurou-se, ao longo desta obra, não apenas organizar esses ideais parciais cuja realização é determinada pelo princípio da segurança jurídica, mas também indicar quais são os comportamentos que, uma vez adotados, provocam efeitos que contribuem para a sua realização gradual. Vale dizer: este texto explicou os fins cuja realização é determinada pelo princípio da segurança jurídica e indicou os meios necessários a essa realização. Com isso, buscou mais que ganhar em poder explicativo: pretendeu ganhar em efetividade.

Completado o exame do conteúdo do princípio da segurança jurídica, é preciso, agora, passar ao exame da sua eficácia.

623. Misabel de Abreu Machado Derzi, *Modificações da jurisprudência no Direito Tributário*, São Paulo, Noeses, 2009, p. 184.

Título II

Eficácia da Segurança Jurídica (Ou quais os efeitos e o peso da Segurança Jurídica?)

Mas a segurança jurídica não é o único nem o decisivo valor que o Direito deve realizar. Junto com a segurança jurídica entram antes dois outros valores: conformidade a fins e justiça. (Gustav Radbruch, "Gesetzliches Unrecht und übergestzliches Recht", Anhang 3, in *Rechtsphilosophie. Studienausgabe*, 2ª ed., Heidelberg, C. F. Müller, 2003 (1ª ed., 1932), p. 216)

Quem, porém, entende como possível a segurança jurídica, não pode se fechar ao conhecimento de que apenas uma segurança jurídica relativa é alcançável, que existem limites insuperáveis de controle e de previsão e de rigorosa construção conceitual. Trata-se, na verdade, apenas da questão de saber até que ponto a tentativa de atingir a segurança jurídica pode e deve ser racionalmente feita por meio de previsível determinação, de uma questão de medida, portanto. (Max Rümelin, *Die Rechtssicherheit*, Tübingen, Mohr Siebeck, 1924, p. 60)

> O principal problema da segurança jurídica, que chegou à ciência e apresentou as maiores dificuldades à política legislativa em todos os tempos e em todos os âmbitos, especialmente no ramo do Direito Privado, é a conciliação entre aquilo que está estabelecido em regras gerais e aquilo que se conforma às circunstâncias do caso individual, entre o Direito rigoroso e o Direito equânime. (Max Rümelin, *Die Rechtssicherheit*, Tübingen, Mohr Siebeck, 1924, p. 57)

> É nesse poderoso e plástico contexto que o homem se agita, almejando segurança e receando-se de seus excessos; reclamando ordem e temendo-lhe o peso desmedido; seduzido pela certeza e perplexo diante de suas imobilidades manietadoras; pugnando por justiça, mas com desconfiança das formas estereotipadas das distorções e da rotina. Mas não haverá desespero, antes uma firme confiança, se nos convencermos de que é naquela perplexidade criadora, desafiando a liberdade e o poder de síntese do espírito, que se funda a dignidade do homem. (Miguel Reale, "Prefácio", in Theophilo Cavalcanti Filho, *O problema da segurança no Direito*, São Paulo, Ed. RT, 1964, p. VI).

A palavra "eficácia" pode fazer referência à capacidade de produzir efeitos jurídicos (eficácia jurídica) bem como dizer respeito à efetiva observância ou à obediência dos comandos normativos pelos destinatários (efetividade). A investigação que ora se faz é centrada na eficácia jurídica da segurança jurídica como princípio jurídico, e não como fato, valor, ideal político ou elemento definitório do Direito.

A eficácia jurídica do princípio da segurança jurídica, por sua vez, envolve duas grandes questões. A primeira diz respeito à sua *função normativa*, isto é, ao modo como aquele produz efeitos relativamente a outras normas ou referentemente ao comportamento humano. A segunda questão refere-se à sua *força normativa*, isto é, ao modo como aquele se posiciona no confronto com outras normas. A função normativa do princípio da segurança jurídica é relativa. Isso porque a configuração da sua *qualidade normativa* e das suas várias *funções eficaciais* depende da perspectiva por meio da qual aquele é analisado.

Em primeiro lugar, se o princípio da segurança jurídica for investigado na sua relação com princípios que impõem a realização de um estado de coisas ainda mais amplo, aquele assume o papel de *subprincípio* e exerce uma *função eficacial definitória* relativamente a esses ideais. Nessa relação e nessa perspectiva, ele assume uma posição de inferioridade analítica, concretizando-se a interpretação "de baixo para cima". É o que ocorre na relação que o princípio da segurança jurídica mantém com o princípio do Estado de Direito: o princípio da segurança jurídica, como subprincípio, concretiza definitoriamente aquilo que, de modo mais largo, é estabelecido pelo sobreprincípio do Estado de Direito.[1]

Em segundo lugar, se o princípio da segurança jurídica for examinado na sua ligação com princípios que impõem a realização de ideais mais restritos, aquele exerce a posição de *sobreprincípio* e desempenha diferentes funções relativamente a esses ideais: *função eficacial interpretativa*, quando serve de parâmetro para interpretar os subprincípios; *função eficacial bloqueadora*, quando funciona a fim de impedir a aplicação concreta de um dos subprincípios que se revelam pontualmente incompatíveis com o estado de coisas mais amplo; *função eficacial integrativa*, quando serve de instrumento para preencher o vácuo decorrente do afastamento pontual de um subprincípio. Nessa relação, e sob essa perspectiva, ele assume uma posição de superioridade analítica, ficando "acima" dos ideais menos amplos. É o que ocorre na relação que o princípio da segurança jurídica mantém com os princípios da legalidade (como ideal de previsibilidade da atuação estatal), da irretroatividade (como ideal de regulação jurídica para casos futuros) e da proteção da confiança (como ideal de proteção de atos de disposição causalmente vinculados a atuações estatais anteriores). De fato, o princípio da segurança jurídica, como sobreprincípio, serve de parâmetro interpretativo para se redefinir aquilo que, de modo mais restrito, é estabelecido pelos seus subprincípios, ou de norma capaz de bloquear a aplicação de um subprincípio e, subsequentemente, de integrar o vácuo derivado do bloqueio.

Essa posição prevalente também pode ocorrer com relação a regras (muitas vezes denominadas de princípios, pela sua importância), como é o caso da regra da legalidade (para cobrar tributos, é preciso lei em sentido estrito), da irretroatividade tributária (a lei deve ser anterior à ocorrência do fato gerador) e da anterioridade de exercício (para cobrar o tributo em um ano, a lei instituidora ou modificadora deve ter sido publicada até o final do exercício anterior). Questão interessante é a de saber se, nesse caso, o princípio da segurança jurídica ainda pode ser

1. Philip Kunig, *Das Rechtsstaatsprinzip*, Tübingen, Siebeck, 1986, pp. 163, 390 e ss. Delf Buchwald, *Prinzipien des Rechtsstaats*, Aachen, Shaker, 1996, pp. 181 e ss. Katharina Sobota, *Das Prinzip Rechtsstaat*, Tübingen, Siebeck, 1997, p. 422.

tecnicamente qualificado de sobreprincípio, visto que a relação vertical se estabelece entre um princípio e uma regra.

Ressalte-se que, em uma perspectiva vertical em duas direções tanto "para cima", relativamente ao sobreprincípio do Estado de Direito, quanto "para baixo", referentemente aos subprincípios que os densificam normativamente, o princípio da segurança jurídica assume uma posição de "princípio intermediário" (*Zwischenprinzip*).[2]

Em terceiro lugar, se o princípio da segurança jurídica for perscrutado na atuação direta, sem entremeio de qualquer norma, quer princípio, quer regra, ele exerce a qualidade de *princípio* e desempenha diretamente uma *função eficacial integrativa*, preenchendo o vácuo originário deixado pela ausência de regras ou de princípios que regulem especificamente a situação.

Como o princípio da segurança também exerce função de sobreprincípio, seria possível empregar essa terminologia para todos os casos. No entanto, a rigor, não se pode pensar em um sobreprincípio senão na sua relação com os seus subprincípios. Sobreprincípio sem subprincípio é uma contradição em termos. Se "sobre" significa ficar "em cima" ou "por cima" de alguma coisa, não se pode pensar em uma relação normativa dessa qualidade sem uma norma embaixo. Desse modo, quando essa função eficacial é exercida, a norma está atuando na qualidade de princípio, embora possa assumir, em outras relações, tanto a qualidade de subprincípio quanto de sobreprincípio.

Diante das considerações anteriores, surge a indagação: a segurança jurídica, como norma, "é" subprincípio, sobreprincípio ou princípio? A resposta precisa é "depende": se a segurança jurídica é analisada na sua eficácia direta, assume a posição de *princípio*, pois não predetermina um meio, mas sim um ideal de coisas cuja realização depende da escolha de um meio necessário e adequado; se a segurança jurídica é examinada na sua relação com outras normas e, portanto, na sua eficácia indireta, ora pode assumir a qualidade de *subprincípio*, se a perspectiva de análise for aquela que examina a sua relação com uma norma que estabelece um ideal mais amplo a ser atingido, ora pode exercer o papel de sobreprincípio, se o ângulo de investigação for aquele que envolver a sua ligação com normas que fixem ideais menos amplos. A ideia é simples: se a dimensão normativa depende de uma relação, sem definir esta, não se pode determinar aquela. Desse modo, a segurança jurídica, como norma jurídi-

2. Andreas von Arnauld, *Rechtssicherheit*, Tübingen, Mohr Siebeck, 2006, p. 666.

ca, é princípio intermediário (*Zwischenprinzip*) relativamente aos princípios que lhe são axiologicamente sobrejacentes (*Hauptprinzipien*), como o princípio do Estado de Direito, e os subprincípios que os concretizam (*Unterprinzipien*), como os princípios da legalidade e da irretroatividade.[3]

As considerações anteriores servem, de um lado, para demonstrar que não há uma qualificação da segurança jurídica que possa ser considerada a única correta, tendo em vista a sua multidimensionalidade como norma jurídica (subprincípio, sobreprincípio e princípio) e a sua multifuncionalidade na produção de efeitos (funções eficaciais diretas e indiretas). A sua única dimensão normativa inalterável é a de princípio jurídico. Daí o emprego dessa denominação ao longo deste trabalho, o que de modo algum implica o desconhecimento da sua dimensão de subprincípio ou de sobreprincípio.

Certamente, a força normativa do princípio da segurança jurídica examina a sua eficácia no confronto com outras normas. Tradicionalmente, afirma-se que os princípios possuem eficácia *prima facie*, traduzida pela sua aptidão à ponderação com outras normas com as quais entra em conflito e pela possibilidade de cedência frente a princípios que, diante do caso concreto, apresentem maior peso.[4] Recentemente, alguns autores têm feito referência à eficácia *pro tanto*, caracterizada pela capacidade de os princípios, mesmo submetidos ao processo de ponderação, manterem a sua força até o final do processo de aplicação.[5] A respeito disso, é importante saber qual é a força do princípio da segurança jurídica quando este entra em conflito com outras normas, especialmente no sentido de examinar se ele pode ser descartado em favor de outro princípio cujo peso se entenda superior diante do caso concreto.

São essas duas importantes questões relativas à eficácia do princípio da segurança jurídica – função normativa e força normativa – que passam a ser analisadas.

3. Andreas von Arnauld, *Rechtssicherheit*, Tübingen, Mohr Siebeck, 2006, p. 666.

4. Robert Alexy, *Theorie der Grundrechte*, 2ª ed., Frankfurt am Main, Suhrkamp, 1994, pp. 88 e ss. (trad. brasileira: *Teoria dos Direitos Fundamentais*, trad. de Virgílio Afonso da Silva, 2ª ed., 4ª tir., São Paulo, Malheiros Editores, 2015, pp. 103 e ss).

5. Shelly Kagan, *The Limits of Morality*, Oxford, Clarendon, 1989, p. 17.

Capítulo I

Função normativa

Seção 1. Como princípio

§ 1º. *Na dimensão de subprincípio: função eficacial definitória*

Na sua relação com princípios que impõem a realização de um estado de coisas ainda mais amplo, o princípio da segurança jurídica assume a posição de *subprincípio* e exerce uma *função eficacial definitória* relativamente a esse ideal. É precisamente o que ocorre na sua relação com o princípio do Estado de Direito: como esse princípio estabelece um ideal de juridicidade da atuação estatal, para cuja realização é necessário existir um estado de cognoscibilidade, de confiabilidade e de calculabilidade do Direito, o princípio da segurança jurídica como que densifica materialmente parte do conteúdo do princípio do Estado de Direito.

Nessa função, a referência ao Direito, que é feita pelo princípio do Estado de Direito, não é de qualquer um, mas sim de um Direito inteligível, estável, previsível. Isso significa, em outras palavras, que o subprincípio da segurança jurídica funciona como definidor de elementos genéricos estabelecidos pelo sobreprincípio do Estado de Direito.[1]

§ 2º. *Na dimensão de sobreprincípio*

I – Função eficacial interpretativa

Na relação com os seus subprincípios ou com as regras que o concretizam, o princípio da segurança jurídica exerce uma função eficacial interpretativa: dentre os seus vários sentidos possíveis, deve o intérprete escolher aquele que seja mais fortemente suportado pelo sobreprincípio da segurança jurídica. Daí a afirmação de Carrazza no sentido de que os princípios, de que é exemplo o da segurança jurídica, funcionam como

1. Katharina Sobota, *Das Prinzip Rechtsstaat*, Tübingen, Mohr Siebeck, 1997, pp. 164 e ss.

"vetores para soluções interpretativas".[2] Maior Borges é, na mesma linha, elucidativo: "A segurança jurídica é, então, como uma bússola a nortear a exegese constitucional e a integração da Constituição Federal pela legislação ordinária, rumo à sua efetividade e concretização".[3]

Assim, a regra da legalidade não reserva a qualquer lei a tarefa de instituir ou de aumentar tributos, mas sim a uma lei que assegure cognoscibilidade, confiabilidade e calculabilidade do Direito. Desse modo, a lei exigida pela regra da legalidade não poderá ser demasiadamente indeterminada, não poderá abranger fatos passados na sua hipótese e não poderá elevar imediata e drasticamente a carga tributária sem um período e sem regras de transição. A segurança jurídica *densifica*, por assim dizer, a lei exigida pela regra de legalidade.

A regra da irretroatividade tributária, do mesmo modo, quando axiologicamente conectada com o sobreprincípio da segurança jurídica, termina por afastar a tributação que surpreenda o exercício dos direitos fundamentais de liberdade e de propriedade, servindo de critério interpretativo notadamente naqueles casos em que não se sabe, exatamente, se o fato gerador ocorreu ou não conforme a legislação infraconstitucional. A segurança jurídica como que *qualifica* o significado de efeito retroativo.

Esses dois exemplos, aos quais outros poderiam ser agregados, apenas servem para demonstrar que o princípio da segurança jurídica, na sua relação vertical com as normas que o concretizam, serve de critério interpretativo a fim de lhes atribuir significado compatível com os ideais de cognoscibilidade, de confiabilidade e de calculabilidade do Direito.

II – Função eficacial reconfiguradora

Como o princípio da segurança jurídica envolve ideais que nem sempre fluem em uma mesma direção, podem surgir situações em que um dos seus elementos concretizadores se apresente incompatível com a unidade dos estados cuja realização é por aquele exigida. Nesses casos, como será adiante examinado, ocorre uma espécie de conflito da segurança jurídica consigo mesma: a promoção conjunta dos ideais que

2. Roque Antonio Carrazza, *Curso de Direito Constitucional Tributário*, 30ª ed., São Paulo, Malheiros Editores, 2015, p. 1.189.

3. José Souto Maior Borges, "Segurança jurídica: sobre a distinção entre competências fiscais para orientar e autuar o contribuinte", *RDT* n. 100, p. 24, São Paulo, s.d.

compõem a segurança jurídica exige que um elemento específico tenha a sua eficácia pontualmente bloqueada – melhor, reconfigurada.

É o caso, por exemplo, dos benefícios fiscais concedidos sem a observância da regra da legalidade, mas em razão dos quais o particular exerceu atos onerosos de disposição dos seus direitos fundamentais de liberdade e de propriedade: apesar da inobservância da regra da legalidade, pode-se, eventualmente, manter a validade do benefício fiscal, tendo em vista o princípio da proteção da confiança. Nessa hipótese, o sobreprincípio da segurança jurídica, equilibrando os seus subelementos, *reconfigura* pontualmente a aplicação de um deles (cognoscibilidade) em proveito da realização em maior medida dos outros (confiabilidade e calculabilidade).

III – Função eficacial integrativa derivada

Uma das funções do princípio da segurança jurídica é suprir lacunas que eventualmente sejam geradas na aplicação dos seus subprincípios.[4] Trata-se, portanto, de uma função eficacial subsidiária, ou de retaguarda, que se manifesta, por exemplo, nos casos em que as regras constitucionais de irretroatividade, previstas na letra "a" do inciso III do art. 150 e no inciso XXXVI do art. 5º, da CF/88, ou não se aplicam ou não são suficientes para assegurar um estado de confiabilidade e de calculabilidade do Direito, com base na sua cognoscibilidade.

Assim, por exemplo, quando o contribuinte ainda não tenha consumado o fato gerador, nem tenha praticado ato ou fato que produza ato jurídico perfeito ou gere direito adquirido, porém, mesmo assim, tenha disposto dos seus direitos de liberdade e de propriedade de tal modo que uma mudança brusca, drástica e desleal lhe cause irreversíveis e graves prejuízos, o princípio da segurança jurídica, na sua eficácia reflexa, irá tornar intangíveis os seus direitos. Em outras palavras, o princípio da segurança jurídica atua onde as regras expressas que o concretizam se revelam insuficientes. Trata-se, portanto, de uma atuação subsidiária com eficácia integrativa.[5]

IV – Função eficacial de blindagem

Cada um dos subprincípios ou das regras concretizadoras do sobreprincípio da segurança jurídica tem atuação autônoma relativamente ao

4. Anne-Laure Valembois, *La Constitutionnalisation de l'exigence de sécurité juridique en Droit français*, Paris, LGDJ, 2005, p. 398.

5. Ibidem, p. 232.

seu âmbito material de aplicação. Ainda assim, ao manterem conexão com ele, cada subelemento termina recebendo uma espécie de reforço valorativo no sentido de incorporarem a fundamentalidade do sobreprincípio que definem. A regra da anterioridade, por exemplo, adquire contornos de garantia fundamental na relação que mantém com o sobreprincípio da segurança jurídica. O princípio da proteção da confiança se eleva à categoria de norma fundamental pela relação valorativa mantida com o sobreprincípio da segurança jurídica – e assim por diante.

Pode-se falar, portanto, em uma espécie de função eficacial de blindagem: o sobreprincípio da segurança jurídica atua, resguardado da modificabilidade dos seus subprincípios e reforçando a sua eficácia e das suas regras concretizadoras. A fundamentalidade do sobreprincípio como que é transferida, pela conexão axiológica existente, aos subprincípios e às regras que normativamente o densificam.

V – Função eficacial de suporte

Os subprincípios, quando a sua interpretação é suportada pelo sobreprincípio da segurança jurídica, têm reforçada a sua eficácia no confronto com eventuais princípios colidentes. Quando há um autêntico conflito entre princípios, faz-se uma ponderação entre eles, no sentido de se estabelecerem regras concretas de prevalência por meio da atribuição de um peso a cada um deles. É precisamente nessa atribuição de peso que o sobreprincípio da segurança jurídica exerce a função eficacial de suporte.

Com efeito, um dos elementos que configuram o peso a ser atribuído a cada um dos princípios colidentes é a sua relação com princípios que recebam, pelo ordenamento constitucional, a qualificação de "fundamental". Porque o princípio da segurança jurídica é um dos elementos do princípio do Estado de Direito, positivado como um princípio constitucional fundamental (art. 1º), e porque ele próprio é inserto no catálogo de direitos e de garantias fundamentais (art. 5º, *caput*), pode-se afirmar que o ordenamento constitucional atribui, à segurança jurídica, o qualificativo de norma fundamental. Pois bem, como o princípio da segurança jurídica é concretizado por meio de subprincípios e de regras, estes também adquirem, pela relação que mantêm com o sobreprincípio que densificam, o caráter de fundamentais. Quando entrarem em conflito com outros princípios, esses subprincípios, digamos, não colidem sozinhos, mas serão suportados por um sobreprincípio fundamental e, por isso, possuem um peso abstrato maior, que só pode ser concretamente invertido com um *ônus adicional* de argumentação.

A função eficacial de suporte do sobreprincípio da segurança jurídica traduz-se, assim, na atribuição de um peso maior aos subprincípios que o concretizam, quando entrarem em conflito com outros princípios, ou em uma rigidez aplicativa maior, no caso das regras. O essencial é que a eficácia do subprincípio ou da regra, tendo na "retaguarda" o sobreprincípio da segurança jurídica, altera-se: o sobreprincípio exerce uma função de suporte (*Stützungsfunktion, application de renfort*) relativamente às normas que lhe são axiologicamente subjacentes.[6]

VI – Função eficacial rearticuladora

O sobreprincípio da segurança jurídica é a "síntese equilibrada" dos seus subprincípios, de modo que cada um tenha o seu valor em razão dos outros.[7] O referido sobreprincípio não é, portanto, apenas a soma dos elementos que o concretizam. Fosse assim, ele não precisaria estar previsto, mesmo que indiretamente.[8] Daí se afirmar que ele, em vez de um princípio, é uma espécie de "esquema de princípio" (*schème de principe*), no qual se inserem diferentes combinações de exigências contraditórias, possuindo, ainda, uma eficácia atrativa e otimizadora dessas exigências, por meio do reforço da sua visibilidade e da integração dos seus efeitos.[9]

Não por outro motivo que ele é definido, relativamente aos seus subprincípios (ou princípios derivados), como um sobreprincípio ou como uma supernoção (*Überbegriff*).[10] Na qualidade de sobreprincípio, ele exerce, na expressão francesa cunhada por Mathieu, uma função de princípio "reagrupador" (*fédérateur*) ou "matricial" (*matriciel*).[11]

6. Andreas von Arnauld, *Rechtssicherheit*, Tübingen, Mohr Siebeck, 2006, p. 667.

7. Antonio Enrique Perez Luño, *La seguridad jurídica*, Barcelona, Ariel, 1991, p. 29.

8. César García Novoa, *El principio de seguridad jurídica en materia tributaria*, Madrid, Marcial Pons, 2000, p. 39.

9. Loïc Azoulai, "La valeur normative de la sécurité juridique", in Laurence Boy, Jean-Baptiste Racine e Fabrice Siiriainen (orgs.), *Sécurité juridique et Droit Économique*, Bruxelles, Larcier, 2008, pp. 27, 35.

10. Anne-Laure Valembois, *La Constitutionnalisation de l'exigence de sécurité juridique en Droit français*, Paris, LGDJ, 2005, p. 188. Willy Zimmer, "Constitution et sécurité juridique – Allemagne", *Annuaire International de Justice Constitutionnelle 1999*, Paris, Economica, p. 91.

11. Bertrand Mathieu, "Constitution et sécurité juridique – France". *Annuaire International de Justice Constitutionnelle 1999*, Paris, Economica, p. 156. Idem, "Pour une reconnaissance de 'principes matriciels' en matière de protection consti-

Por meio do seu funcionamento e em decorrência da sua "matriz", não só são criados novos subprincípios como também lhes são atribuídos novos sentidos, decorrentes da relação gerada entre o sobreprincípio e os subprincípios.[12] Ele é, por assim dizer, um princípio "fundador".[13] Como afirma Valembois, a ideia de "matriz" implica a ideia de transmissão de um patrimônio genético entre o princípio matricial e os subprincípios, proibindo-se desse modo uma espécie de "mutação genética" do subprincípio. Mais importante ainda do que isso, o sobreprincípio ou princípio matricial não é simplesmente a soma dos seus subprincípios, nem estes são uma mera especialização daquele.[14] O essencial é que, nesse quadrante, o princípio da segurança jurídica é um plexo articulado de princípios e não um princípio único e uniforme. Por esse motivo é que Torres utiliza a expressão "princípios de segurança jurídica", englobando, em seu conteúdo, uma plêiade de princípios e de subprincípios.[15]

A função eficacial rearticuladora do sobreprincípio da segurança jurídica representa, pois, uma espécie de eficácia agrupadora e redimensionadora que aquele exerce relativamente aos subprincípios. Por exemplo, o princípio da proteção da confiança não pode servir de instrumento para tornar intangíveis efeitos jurídicos nos casos em que essa intangibilidade puder servir de estímulo para a prática futura de atos ilícitos, pois, nessa hipótese, estar-se-ia protegendo a segurança jurídica na sua dimensão passada de confiabilidade, em prejuízo da sua dimensão futura de calculabilidade. Isso significa, em outras palavras, que a conexão do princípio da proteção da confiança com o sobreprincípio da segurança jurídica provoca a *ressignificação normativa*, no sentido de que, se isoladamente pudesse ter um significado, em perspectiva conjunta acaba tendo outro.

tutionnelle des droits de l'homme", *Recueil Dalloz Sirey*, n. 27, p. 211, 1995. Sobre o assunto, ver: Andreas von Arnauld, *Rechtssicherheit*, Tübingen, Mohr Siebeck, 2006, p. 691.

12. Xavier Philippe, "Constitution et sécurité juridique", *Annuaire International de Justice Constitutionnelle 1999*, Paris, Economica, 2000, pp. 73, 77. Bertrand Mathieu, "Pour une reconnaissance de 'principes matriciels' en matiére de protection constitutionnelle des droits de l'homme", *Recueil Dalloz Sirey*, n. 27, p. 211, 1995.

13. Blaise Knapp, "Constitution et sécurité juridique – Suisse", *Annuaire International de Justice Constitutionnelle 1999*, Paris, Economica, 2000, p. 261.

14. Anne-Laure Valembois, *La Constitutionnalisation de l'exigence de sécurité juridique en Droit français*, Paris, LGDJ, 2005, p. 397.

15. Ricardo Lobo Torres, "Limitações ao poder impositivo e segurança jurídica", in Ives Gandra da Silva Martins (org.), *Limitações ao poder impositivo e segurança jurídica*, São Paulo, Ed. RT/CEU, 2007, p. 63.

A função eficacial rearticuladora consiste, assim, no *rearranjo significativo* que o sobreprincípio provoca em cada um dos subprincípios que o concretizam.

§ 3º. Na dimensão de princípio: função eficacial integrativa originária

A segurança jurídica, na sua dimensão normativa de princípio, exerce a função de estabelecer um estado ideal de coisas para cuja realização é necessária a adoção de comportamentos que provocam efeitos que contribuem para a sua promoção. Como o princípio da segurança jurídica exige a realização dos estados de cognoscibilidade, de confiabilidade e de calculabilidade do Direito, é preciso adotar condutas cujos efeitos contribuam para a sua promoção. A função eficacial integrativa originária nada mais é do que a função que o princípio da segurança jurídica desempenha ao criar regras que servirão de meio para a realização dos ideais cuja realização é por ele determinada.

Assim, por exemplo, para se atingir um estado de cognoscibilidade, é preciso existir acessibilidade e inteligibilidade das normas, o que se consegue mediante a publicação das leis e a determinação material das hipóteses legais de incidência. Para atingir um estado de confiabilidade, é preciso haver estabilidade normativa, o que se obtém por meio do respeito ao direito adquirido, às situações consolidadas e às expectativas legítimas. Para se realizar um estado de calculabilidade, é preciso haver anterioridade e continuidade do Direito, o que se obtém por meio da postergação da eficácia das normas e da instituição de regras de transição.

Em suma, a função eficacial integrativa originária consiste no papel desempenhado pelo princípio da segurança jurídica na geração de regras comportamentais cujos efeitos contribuem para a promoção dos estados ideais de cognoscibilidade, de confiabilidade e de calculabilidade do Direito.

Seção 2. Como princípio concretizado em regra

A segurança jurídica é um princípio jurídico e, como tal, experimenta as funções eficaciais anteriormente referidas. Como já foi demonstrado anteriormente, a CF/88, ao contrário de outras Constituições, regrou a segurança jurídica em diversos setores: ou protegendo, por exemplo, a coisa julgada, o direito adquirido e o ato jurídico perfeito, ou proibindo a retroatividade das leis tributárias relativamente à ocorrência do fato gerador.

Nesses casos, em vez de constituir um elemento para ser objeto de ponderação, na qualidade de princípio, a segurança jurídica é concretizada constitucionalmente por meio de regras que, como tais, não se submetem a uma mera ponderação horizontal.[16] A importância dessas regras está em criar uma rigidez aplicativa que não pode ser afastada, por meio de ponderação, pela consideração de razões muitas vezes qualificadas de superiores, como ocorre em outros sistemas jurídicos em que não há qualquer tipo de regramento.

Seção 3. Como direito subjetivo

A eficácia objetiva do princípio da segurança jurídica pode experimentar, do ponto de vista concreto e subjetivo, um "direito à segurança". Esse direito nada mais é do que o princípio da segurança jurídica na sua eficácia reflexiva: porque é uma norma jurídica, o princípio da segurança jurídica cria, ainda que indiretamente, obrigações e proibições para o Estado, as quais podem ser judicialmente requeridas pelo cidadão, quando houver legitimação processual para tanto.[17] O cidadão pode, no controle difuso de constitucionalidade, alegar a inconstitucionalidade de uma lei que viola o princípio da segurança jurídica, por exemplo, por não conter regras de transição ou por atentar contra expectativas legítimas. O que aquele não pode – e só neste sentido, mas somente neste, porque tal princípio não é um direito subjetivo – é exigir políticas públicas específicas e gerais para garantir segurança jurídica.[18]

Como o direito subjetivo decorre do princípio da segurança jurídica e a aplicação desse princípio envolve um exame de compatibilidade vertical entre aquele e a outra norma, a tutela judicial terá por objeto

16. Federico Arcos Ramírez, *La seguridad jurídica: una teoría formal*, Madrid, Dykinson, 2000, p. 70. Almiro do Couto e Silva, "O princípio da segurança jurídica (proteção à confiança) no Direito Público brasileiro e o direito da Administração Pública de anular os seus próprios atos: o prazo decadencial do art. 54 da Lei do Processo Administrativo da União (Lei n. 9.784/99)", *RDA*, n. 237, p. 273, Rio de Janeiro, 2004.

17. César García Novoa, *El principio de seguridad jurídica en materia tributaria*, Madrid, Marcial Pons, 2000, pp. 41-42. Federico Arcos Ramírez, *La seguridad jurídica: una teoría formal*, Madrid, Dykinson, 2000, p. 74.

18. Bertrand Mathieu, "Constitution et sécurité juridique – France". *Annuaire International de Justice Constitutionnelle 1999*, Paris, Economica, 2000, p. 175. Id. "La sécurité juridique: un principe constitutionnel *clandestin mais* efficient", in Patrick Fraisseix (org.), *Mélanges Patrice Gélard – Droit Constitutionnel*, Paris, Montchrestien, 1999, p. 302.

uma norma, ou a aplicação de uma norma que se possa qualificar de "insegura" e que terá por objetivo a declaração de invalidade de tal norma.[19]

19. César García Novoa, *El principio de seguridad jurídica en materia tributaria*, Madrid, Marcial Pons, 2000, p. 45.

Capítulo 2

Força normativa

Seção 1. Conflitos internos

Como o princípio da segurança jurídica exige a realização conjunta de *vários* estados de coisas, uns intermediários, outros finais, que não necessariamente coincidem, pode ocorrer que, em razão de um caso a decidir, surja uma espécie de conflito da segurança jurídica consigo própria, no sentido de que a promoção de *um* estado de coisas implique a restrição de *outro* que se apresente concreta e diametralmente oposto.[1] É o caso, por exemplo, em que a busca do ideal de cognoscibilidade do Direito por meio da declaração de nulidade da norma inferior incompatível com a superior conduz à restrição do ideal de confiabilidade do Direito por meio do desprezo das situações jurídicas que eventualmente tenham sido legitimamente adquiridas precisamente com base na referida norma inferior; ou do caso em que a busca do ideal de confiabilidade por meio da declaração de intangibilidade de norma ilegal provoca a restrição dos ideais de cognoscibilidade e de calculabilidade por meio da proibição de se discutir a violação à regra da legalidade obedecida pela coletividade.[2]

Esses exemplos revelam que pode haver um conflito dentro dos próprios ideais que compõem, no seu conjunto, o princípio da segurança jurídica – é, pois, uma espécie de tensão axiológica interna, para usar a expressão cunhada por Perez Luño.[3] A solução está em equilibrar esses estados ideais de modo que a busca da segurança jurídica implique um

1. Sylvia Calmes, *Du principe de protection de la confiance légitime en Droits allemand, communautaire et français*, Paris, Dalloz, 2001, p. 116.

2. Anne-Laure Valembois, *La Constitutionnalisation de l'exigence de sécurité juridique en Droit français*, Paris, LGDJ, 2005, pp. 68-69. Loïc Azoulai, "La valeur normative de la sécurité juridique", in Laurence Boy, Jean-Baptiste Racine e Fabrice Siiriainen (orgs.), *Sécurité juridique et Droit Économique*, Bruxelles, Larcier, 2008, p. 36.

3. Antonio Enrique Perez Luño, *La seguridad jurídica*, Barcelona, Ariel, 1991, p. 69. Federico Arcos Ramírez, *La seguridad jurídica: una teoría formal*, Madrid, Dykinson, 2000, p. 69.

incremento no seu conjunto, isto é, que a utilização do princípio da segurança jurídica como fundamento de uma dada decisão conduza a uma realização média maior dos estados ideais que o compõem do que o contrário. Isso justifica, mais uma vez, o conceito de segurança jurídica adotado neste trabalho, e aqui sintetizado: uma norma-princípio que exige a adoção de comportamentos que contribuam *mais* para a existência de um estado de confiabilidade e de calculabilidade *do* e *pelo* Direito, com base na sua cognoscibilidade.

Seção 2. Conflitos externos

§ 1º. Tipologia

I – Eficácia "prima facie"

A eficácia *prima facie* pode ter dois sentidos. Em primeiro lugar, pode significar uma força inicial que posteriormente se dissipa. Essa conotação é a indicada pela própria expressão "à primeira vista". Esse fenômeno ocorre quando um princípio, que à primeira vista parecia aplicável e com alguma força, no final se revela *inaplicável* e, por isso, sem força normativa alguma sobre a situação. Uma razão *prima facie* aparenta ser uma razão, contudo na verdade não é razão alguma ou deixa de ter qualquer peso para a resolução de uma dada situação.[4] Princípio *prima facie* significa, nessa acepção, princípio que parecia ser, porém, de fato, não é aplicável. Esse é o caso dos supostos conflitos entre o princípio da proteção da esfera privada e da liberdade de imprensa. Afirma-se que, dependendo do caso, um princípio se sobrepõe ao outro, por meio de um processo de ponderação, mediante o qual se atribui um peso maior a um em detrimento de outro. Assim, se a notícia a respeito de um político a ser publicada em um jornal dissesse respeito a algo que ele faz na sua vida privada, o princípio da liberdade de imprensa estaria sendo invocado para se sobrepor ao princípio da proteção da esfera privada. Se, entretanto, a notícia fosse concernente ao exercício da função pública por parte do referido político, dever-se-ia atribuir primazia ao princípio da liberdade de imprensa em detrimento do princípio da esfera privada. Na verdade, todavia, o conflito, tal como está apresentado, está mal posto. Quando a notícia disser respeito à vida privada do político, aplica-se o princípio da proteção da esfera privada, em cujo âmbito se enquadra a situação, e não se aplica o princípio da liberdade de imprensa, por tratar-se de notícia que não merece publicação ou que não diz respeito ao público.

4. Shelly Kagan, *The Limits of Morality*, Oxford, Clarendon, 1989, p. 17.

E quando a notícia disser respeito à vida pública do político, aplica-se o princípio da liberdade de imprensa, em cujo âmbito se enquadra a situação, e não se aplica o princípio da proteção da esfera privada, por tratar-se de notícia que não se refere à esfera privada. Assim, o conflito é, na verdade, meramente aparente, pois deixa de suceder em face da *falta de aplicabilidade* de um dos princípios. O conflito entre princípios só existe se ambos forem igualmente aplicáveis.[5] Nesses casos, no entanto, um dos princípios, que parecia aplicável, revelou-se inaplicável. Daí se falar em eficácia *prima facie* como força aparente ou força somente "à primeira vista". Essa força, insista-se, não significa que o princípio aplicado tenha mais peso; quer dizer, unicamente, que ele será aplicado e o outro, não.

Nesse sentido específico, evidentemente o princípio da segurança jurídica não tem eficácia *prima facie*, pois ele sempre deve estar presente, em maior ou em menor grau, sendo aplicável a todas as manifestações institucionais do Direito.

A eficácia *prima facie* pode significar, em segundo lugar, que determinado princípio não tem uma eficácia definitiva, no sentido de que aquilo que ele determina deve ser finalmente seguido, porém apenas relativa, no sentido de que as suas razões devem ser ponderadas, diante do caso concreto, com razões fornecidas por outros princípios. Nesse conflito, pode um princípio ter a sua eficácia *afastada* no caso de ser atribuído peso maior a outro princípio colidente.[6] Pode-se afirmar, assim, que a eficácia *prima facie* qualifica as qualidades de *ponderabilidade* e de *descartabilidade* dos princípios. Diante disso, indaga-se: o princípio da segurança jurídica pode ser descartado frente a outros princípios no processo de ponderação? Tal como está definido neste trabalho, a resposta é *não*.

Com efeito, o princípio da segurança jurídica, entendido como norma que estabelece os ideais de cognoscibilidade, de confiabilidade e de calculabilidade do Direito, nunca pode ser descartado. O que pode ocorrer é algo sutilmente diverso: em alguns casos, um *elemento* de um dos seus *ideais*, de uma de suas *dimensões*, pode ser diferentemente calibrado, em virtude da sua relação com outros ideais de diferentes dimensões. Assim, por exemplo, no caso de manutenção de efeitos passados de

5. Riccardo Guastini, *L'Interpretazione dei documenti normativi*, Milano, Giuffrè, 2004, p. 217.

6. Robert Alexy, *Theorie der Grundrechte*, 2ª ed., Frankfurt am Main, Suhrkamp, 1994, pp. 88 e ss. (trad. brasileira: *Teoria dos Direitos Fundamentais*, trad. de Virgílio Afonso da Silva, 2ª ed., 4ª tir., São Paulo, Malheiros Editores, 2015, pp. 103 e ss.).

atos administrativos inválidos, em virtude da consolidação de situação de fato, um elemento (inteligibilidade normativa) de um ideal (cognoscibilidade), de uma dimensão (estática), é diversamente configurado em razão de outro elemento (intangibilidade), de outro ideal (estabilidade), de outra dimensão (dinâmica) da segurança jurídica. A segurança jurídica, na unidade dos seus ideais, nunca é objeto de afastamento completo. O que ocorre é a aplicação em menor medida de um elemento em favor da aplicação em maior medida de outro(s).

Mesmo nos casos aqui definidos como de conflitos externos, o princípio da segurança jurídica não é objeto de afastamento completo. Quando se afirma que a segurança jurídica cede em favor da justiça, por exemplo, o que ocorre é a restrição de um dos seus elementos, de um dos seus aspectos, de uma de suas dimensões, mantendo-se intactas outras. Sendo assim, não se pode atribuir ao princípio da segurança jurídica a eficácia *prima facie* no sentido estrito de norma capaz de ter a sua eficácia afastada por completo, diante do caso concreto, em razão do maior peso do princípio colidente – isso, definitivamente, não ocorre.

A única possibilidade de qualificar de eficácia *prima facie* a força normativa do princípio da segurança jurídica seria definir, em terceiro lugar, a eficácia *prima facie* não como denotadora da *descartabilidade* diante de princípios colidentes, mas como a *restringibilidade* diante de outros princípios. Nesse sentido estrito, seria possível afirmar que o princípio da segurança jurídica seria objeto de *restrição* em determinados casos. Mesmo nesse sentido, porém, cabe indagar se o princípio como tal é restringido ou se ele, em vez disso, apenas assume uma *conformação distinta* em determinados casos em razão do arranjo específico dos seus ideais parciais.

Pois bem, nos casos anteriormente comentados, a segurança jurídica assume a função de sobreprincípio. Como a problemática gira em torno da relação entre o sobreprincípio e os subprincípios, toda a questão se resume a saber se o sobreprincípio é restringido quando um dos seus subprincípios também o é. Assim, quando se protege a confiança legítima, como forma de intangibilidade protegida pela exigência de estabilidade do ordenamento jurídico, está-se, ao mesmo tempo, afastando a consequência normativa que deveria ser aplicada no caso de descumprimento da norma imediatamente aplicável e, com isso, limitando a exigência de identificabilidade normativa, como forma de inteligibilidade garantida pela exigência de cognoscibilidade do ordenamento jurídico. Em resumo, reprime-se um elemento em favor de outro da própria segurança jurídica ou, noutra linguagem, contém-se um subprincípio em favor de outro subprincípio do mesmo sobreprincípio da segurança jurídica. Diante disso, surge a questão: quando isso ocorre, restringe-se apenas o subprincípio, permanecendo incólume o sobreprincípio, ou, diferentemente, sempre que se limita um subprincípio está-se, ao mesmo tempo, restringindo o sobreprincípio?

A resposta a essa importante indagação depende de um acordo semântico. Há, pelo menos, duas respostas possíveis, dependendo do modo como for definido o sobreprincípio. De um lado, se o sobreprincípio da segurança jurídica for definido como a *soma dos subprincípios*, toda vez que um subprincípio for limitado, o sobreprincípio também o será. Assim, quando se restringe o suposto princípio da legalidade em nome do sobreprincípio da segurança jurídica, não se está limitando apenas o subprincípio, mas uma parte do sobreprincípio e, portanto, ele próprio. Nessa perspectiva de entendimento, toda restrição a um subprincípio é automaticamente uma restrição ao sobreprincípio.

De outro lado, se o sobreprincípio da segurança jurídica for definido como *algo diverso da soma dos seus fundamentos e dos seus subprincípios*, nem sempre que os tradicionalmente denominados subprincípios forem restringidos, o sobreprincípio também o será.

Aqui, é preciso uma explicação. Esta obra faz uma diferença entre fundamentos, elementos e formas de concretização da segurança jurídica. *Fundamentos* da segurança jurídica são aquelas normas em razão das quais, por dedução ou por indução, é possível construir os ideais de cognoscibilidade, de confiabilidade e de calculabilidade do Direito. Na parte relativa a esse ponto, foi construída a teia normativa a partir da qual é erguido o princípio da segurança jurídica. São fundamentos da segurança jurídica, por exemplo, as regras da legalidade, da irretroatividade e da anterioridade. *Elementos* da segurança jurídica são os estados ideais parciais cuja realização é por ele determinada. São elementos da segurança jurídica os ideais de cognoscibilidade, de confiabilidade e de calculabilidade do Direito. *Formas de concretização* da segurança jurídica são os meios, abstratamente previstos ou não pelo ordenamento jurídico, adequados e necessários à promoção dos ideais que a compõem. A intimação e a publicação são, por exemplo, formas de concretização do ideal de cognoscibilidade do Direito. O essencial, de tudo quanto se disse, é que não se podem confundir fundamentos, elementos e formas de concretização da segurança jurídica.

Dessa maneira, a regra da legalidade tributária é fundamento da segurança jurídica, porque a partir dela e em conjunto com outros elementos se pode construir um ideal de cognoscibilidade do Direito. Esse ideal pode ser concretizado por meio da legalidade e de outras formas. Assim, a regra de legalidade, embora seja fundamento, no ordenamento brasileiro, e uma forma de concretização da segurança jurídica, não é, a rigor, o seu elemento – é, pois, a cognoscibilidade o elemento. Isso também ocorre com a intimação. Ela é forma de concretização da exigência de cognoscibilidade, que é elemento da segurança jurídica, porém não é o seu elemento, pois há outras formas de concretização da cognoscibilidade, como, por exemplo, a divulgação pela *Internet* no caso de decisões administrativas.

Algo similar se dá com a dignidade humana. Ela é fundamento da segurança jurídica porque, não podendo o cidadão ser tratado como objeto, a aplicação das normas deve envolver a respeitabilidade ao exercício da liberdade individual. Ela é *fundamento*, contudo não é *elemento* da segurança jurídica. Enfim, não se podem confundir fundamentos e formas de concretização com os elementos da segurança jurídica.

Com isso, quer-se dizer que o sobreprincípio da segurança jurídica, tal como foi definido nesta obra, é a *unidade* dos ideais de cognoscibilidade, de confiabilidade e de calculabilidade do Direito, que constituem os seus subprincípios ou elementos. Nenhum desses subprincípios possui uma medida de realização previamente definida. Assim, no caso da manutenção de efeitos de ato administrativo ilegal em razão de situação consolidada ou na hipótese de manutenção de efeitos passados de lei posteriormente declarada inconstitucional em virtude da proteção da confiança, a rigor, não se está afastando o "princípio da legalidade" como subprincípio da segurança jurídica. A legalidade é fundamento e forma de concretização da segurança jurídica, mas não o seu elemento. O que se está fazendo é calibrar a aplicação de um dos seus elementos (cognoscibilidade) na sua relação concreta com os outros (confiabilidade e calculabilidade). Pode-se afirmar, com isso, que os ideais parciais não são *restringidos*, mas, apenas, diferentemente *configurados* na sua relação interna em razão de uma situação concreta. Empregando metáforas, os ideais parciais da segurança jurídica poderiam ser comparados aos pneus de um automóvel. A sua calibragem depende do peso do veículo. Dependendo do caso, os pneus traseiros recebem calibragem diversa da recebida pelos dianteiros. Não seria correto afirmar que os pneus são "restringidos" quando recebem calibragem menor. Seria adequado declarar, tão só, que eles foram inflados diferentemente conforme a sua relação com os demais e a sua função concreta. A segurança jurídica poderia ser igualmente comparada a um balão plástico: quando ele é comprimido de um lado, o ar contido em um lado apenas se desloca para outro. Não seria exato dizer que o balão foi restringido quando comprimido com a mão. Melhor seria dizer que ele foi *diferentemente* moldado, pois continua com igual massa, apenas diversamente configurada. A segurança jurídica, para usar um último exemplo metafórico, também poderia ser comparada a um bloco úmido de argila que pode ser amassado e modelado. Quando uma de suas partes é comprimida, a massa afinada de uma parte simplesmente migra para outra. Não seria rigoroso afirmar que a argila é restringida quando é moldada de modo não-uniforme, até porque a sua massa continua rigorosamente a mesma.

Todas essas afirmações têm o propósito de demonstrar que o princípio da segurança jurídica, ao contrário de outros princípios, não pode ser afastado ou descartado no processo de aplicação. Como princípio que serve de fundamento de validação normativa e de instrumento de realização de outras normas, ele funciona como um *pressuposto* do Direito, sobre o qual se assentam as demais normas. Com a vênia para o uso da já desgastada metáfora da balança, a segurança jurídica não corresponderia aos objetos colocados sobre os seus pratos, que melhor representariam os princípios substanciais, como os de liberdade e de solidariedade; ela também não representaria o fiel da balança, que seria mais bem associado à própria justiça; ela igualmente não seria o elo entre os pratos, melhor identificado com os postulados da proporcionalidade e da concordância prática; a segurança jurídica seria, em vez disso, a *base* da balança, sobre a qual aquela se fixa e da qual depende o seu próprio funcionamento. Do mesmo modo como uma balança não pode funcionar sem estar fixada em uma base, também não se pode conceber o Direito sem segurança jurídica (no sentido definitório) e sem o princípio da segurança jurídica (no sentido normativo). Poder-se-ia, igualmente, utilizar a também antiga metáfora da edificação, em que os princípios são representados pelas suas vigas-mestras. Nessa idealização, o princípio da segurança jurídica, mais do que uma das vigas, poderia ser assimilado aos tijolos sem os quais nenhuma delas pode ser construída. Essas figurações, em suma, apenas visam a demonstrar que o princípio da segurança jurídica até pode assumir diferentes contornos, ser diversamente calibrado e distintamente concretizado, mas afastado, nunca.

Evidentemente que tudo quanto se afirmou depende de acordos semânticos a respeito do que significa “eficácia”, “princípio”, “sobreprincípio”, “*prima facie*”, e assim por diante. Mesmo assim, o que se quer ressaltar é que a segurança jurídica, embora seja um princípio, por ser uma norma que estabelece a busca de um estado ideal de coisas sem apontar de antemão o meio necessário à sua realização, não apresenta a eficácia *prima facie* que alguns princípios possuem, quer no sentido de norma pontualmente inaplicável (eficácia *prima facie* como força normativa dissipável), quer no sentido de norma concretamente afastável (eficácia *prima facie* como força normativa afastável), quer, ainda, no sentido de norma restringível na sua unidade (eficácia *prima facie* como força normativa restringível). A única possibilidade de entender que o sobreprincípio da segurança jurídica é restringível, é compreendê-lo não como uma unidade diferente das suas partes, mas como soma delas. Como, no entanto, este trabalho sustenta ser a segurança jurídica, na qualidade de sobreprincípio, algo diverso da mera soma dos seus subprincípios, a rigor, não se pode admitir que seja aquele restringido, mesmo que – repita-se – essa concepção dependa de acordos semânticos inafastáveis. Tal conclusão possui repercussões de duas ordens.

De um lado, demonstra que os princípios, como categorias normativas, não podem ser definidos em razão da sua propriedade *prima facie*, quando entendida como a suscetibilidade de inaplicação ou de afastamento ou a restrição diante de princípios colidentes. Se é verdade que alguns princípios podem ser objeto de restrição ou mesmo de afastamento em face de princípios colidentes, como é o caso do princípio da liberdade, outros princípios, embora sendo princípios por exigirem a realização de um estado ideal de coisas sem a prefixação de um meio, não podem ser descartados, como o princípio do Estado de Direito e o princípio do devido processo legal. O caráter *prima facie* dos princípios, nos sentidos aqui enumerados, não é elemento definitório, mas sim contingente dos princípios jurídicos.

De outro lado, essas considerações indicam que o princípio da segurança jurídica tem uma eficácia diversa, enquanto serve de pressuposto para o funcionamento do próprio Direito e para a realização dos princípios de liberdade, de igualdade e de dignidade. Sendo assim, é preciso buscar outra qualificação para a eficácia do princípio da segurança jurídica, distinta das comumente adotadas pela doutrina. É o que se propõe ora a fazer.

II – Eficácia "pro tanto"

Alguns autores, em contraposição à eficácia *prima facie*, utilizam a expressão *pro tanto*. Uma razão *pro tanto* é aquela que pode ser superada por razões contrárias, mas permanece importante até o fim do processo de aplicação. Ao contrário de uma razão *prima facie*, que pode parecer ser uma razão, porém no final não ter peso algum, uma razão *pro tanto* é aquela que, embora não seja decisiva, mantém a sua força.[7] Diante disso, surge a pergunta: o princípio da segurança jurídica possui eficácia *pro tanto*? Depende.

Com efeito, se a eficácia *pro tanto* é definida como aquela que, conquanto não seja decisiva, mantém a sua força até o final, pode-se afirmar que o princípio da segurança jurídica possui tal eficácia: ele mantém seu peso até o final do processo aplicativo, não podendo ser afastado diante de outro princípio. Tal eficácia pode também ser definida como a propriedade inerente a uma razão que pode ser superada por outra e, portanto, ser considerada no confronto entre razões, sem, contudo, ter peso decisivo.[8] Nessa acepção, o princípio da segurança jurídica, como segurança do Direito, não possui tal eficácia, pois ele não pode ser afastado. Ele pode ser mais ou menos calibrado e diferentemente configurado, por meio da garantia de mais ou menos cognoscibilidade, confiabilidade e calculabilidade. Como tal, na sua inteireza, entretanto, não pode ser descartado.

Todas as considerações anteriores demonstram que o princípio da segurança jurídica não se enquadra adequadamente nas definições eficaciais tradicionais *prima facie* e *pro tanto*. Um dos motivos está no fato de que essas qualificações destinam-se a representar *conflitos* ou *concorrências* entre razões e, no caso do princípio da segurança jurídica, não se está, rigorosamente falando, nem diante de uma razão, nem diante de um autêntico e tradicional conflito. Com efeito, o princípio da segurança jurídica, como segurança do Direito, não é uma *razão* a ser sopesada com outras, mas sim um "princípio-condição" ou "princípio-pressuposto" para a aplicação de outras normas – regras e princípios. Ele também, como foi sustentando acima, não entra em um *confronto* por meio do qual ele termina sendo restringido (se entendido como algo diverso da mera soma das suas partes); no entanto serve de pressuposto para o funcionamento das normas em função das quais surgirá o confronto, ao assumir determinada configuração, dependendo da situação.

O princípio da segurança jurídica é, pois, uma norma portadora de uma eficácia *sui generis* no quadro principiológico, uma espécie de norma-condição ou norma-estrutura, sem cuja eficácia mínima as

7. Shelly Kagan, *The Limits of Morality*, Oxford, Clarendon, 1989, p. 17. Wlodek Rabinowicz, "Peczenik's passionate reason", in Aulis Aarnio *et alii* (orgs.), *On Coherence Theory of Law*, Lund, Juristförlager, 1998, p. 21.

8. Shelly Kagan, *The Limits of Morality*, Oxford, Clarendon, 1989, pp. 70-71.

outras normas também deixam de ser minimamente eficazes – é, pois, a norma das normas. Mas não uma norma que estrutura a aplicação das outras, fornecendo critérios formais ou materiais, como ocorre com o postulado aplicativo da proporcionalidade. Ela é, em vez disso, uma norma que estabelece condições de existência, de validade e de eficácia das outras. Sua eficácia é, digamos, definitiva, porém não-uniforme: *definitiva* porque não pode ser afastada por princípios contrários; *não-uniforme* porque os estados parciais não são aplicados da mesma forma nem com a mesma intensidade, para todos os casos, mas em totalidades organizadas e sintetizadas em uma unidade a cada novo caso. Com a permissão para o uso de uma metáfora, pode-se usar a figura do jogo de xadrez para ilustrar o funcionamento do princípio da segurança jurídica. Tal jogo depende de uma série de regras, como a de que o jogo se desenvolverá em um tabuleiro com 64 casas, envolverá dois jogadores, um jogador deverá jogar com as peças de uma cor e o outro com as de outra cor, cada jogador terá dezesseis peças divididas entre um rei, uma dama, duas torres, dois bispos, dois cavalos e oito peões, a dama poderá movimentar-se em qualquer número de casas na horizontal, vertical ou em qualquer uma das diagonais, o cavalo movimentar-se-á em forma de "L", e assim por diante. Nesse exemplo, o princípio do Estado de Direito determina que o jogo deve ser jogado com base em regras e que estas devem ser seguidas por todos os jogadores e pelo julgador. O princípio da segurança jurídica, a seu turno, estabelece que as regras devem ser claras, estáveis e previsíveis. Assim, por exemplo, as peças e as casas do tabuleiro devem ter cores diferentes que permitam a sua identificação pelos jogadores, como preto e branco, mas não como branco e bege; as regras devem ser anunciadas antes de o jogo iniciar ou antes de cada movimento das peças, e não depois de aquele ter iniciado ou de os movimentos terem sido feitos; as regras devem ser inteligíveis, como aquela que estabelece que o cavalo deve ser movimentado na forma de "L", especificamente por duas casas em uma direção e outra na perpendicular, podendo "saltar" por cima de outras, e não, simplesmente, na forma de "L", sem qualquer ulterior especificação de conteúdo, e assim sucessivamente. O princípio da segurança jurídica, portanto, não propriamente fornece os pressupostos do jogo ou mesmo as suas normas, mas, em vez disso, institui os *pressupostos de funcionamento* das normas do jogo. Ele é a norma a respeito do funcionamento das normas, com a ulterior finalidade – não se perca nunca isto de foco – de garantir a respeitabilidade aos jogadores como seres humanos.

III – Condição estrutural

Se são verdadeiras as considerações anteriores, as categorias *prima facie* e *pro tanto* revelam-se inadequadas para a representação da sua eficácia, pois são concebidas – seguindo no uso da metáfora – para o conflito entre as peças, e não para o funcionamento das regras que regulam a sua movimentação. Insista-se em um ponto: o princípio da segurança *jurídica* diferencia-se de outros princípios por verter sobre o próprio Direito. Ele é, por assim dizer, um "princípio de intermediação", visto que estabelece *condições funcionais* para os princípios e para as regras que compõem o ordenamento jurídico, ainda que essas condições sirvam de instrumento, mediato, de garantia da respeitabilidade do ser humano. Ele, por essa razão, não se situa no mesmo nível paralelo ao das outras normas, mas em outro nível analítico, estabelecendo as condições para o seu funcionamento. É precisamente nesse ponto que surge o motivo da inadequação das categorias *prima facie* e *pro tanto*: ambas são concebidas para se definir os efeitos de princípios que se ombreiam, posto colocados paralelamente no mesmo nível. Ora bem, se o princípio da segurança jurídica, como aqui sustentado, não se "põe a par" com outros princípios, porque com estes não rivaliza nem compete, fica claro que as referidas categorias são impróprias para definir a sua eficácia. Há, assim, uma espécie de *incomensurabilidade* entre o princípio da segurança jurídica e os demais, no sentido de que eles, a rigor, não podem ser diretamente comparados, porque, embora sejam princípios, posto demandarem a realização de ideais sem preconfiguração dos meios a eles necessários, não possuem as mesmas propriedades nem cumprem as mesmas funções. Incomensurabilidade, como afirma Sunstein, "ocorre quando os bens relevantes não podem ser alinhados em uma única métrica sem provocar violência em nossos julgamentos considerados a respeito de como esses bens são melhor caracterizados".[9] Alinhar bens incomensuráveis equivaleria, com a vênia para mais uma metáfora, como a perguntar se o "círculo" é mais importante que o "amarelo", ou se o "bonito" é mais valioso que o "pesado", ou se Beethoven é melhor que Elvis Presley. Como corretamente refere Chang, "Se itens são incomparáveis, nada afirmativo pode ser dito sobre qual é a relação valorativa existente entre eles".[10] O que agrava a incomensurabilidade

9. Cass Sunstein, "Incommensurability and kinds of valuation: some applications in Law", in Ruth Chang (org.), *Incommensurability, incomparability and practical reason*, Cambridge, Harvard University Press, 1997, p. 238.

10. Ruth Chang, "Introduction", in idem, *Incommensurability, incomparability and practical reason*, Cambridge, Harvard University Press, 1997, p. 4.

do princípio da segurança jurídica relativamente aos outros princípios não é apenas o seu valor, incapaz de paralelismo com outros, mas sim as suas funções relacionais: como ele *funda* e *instrumentaliza* as outras normas, não se situa no mesmo nível analítico delas, o que impede a mera comparação e afasta a rivalidade pressuposta pela ponderação horizontal entre princípios colidentes.

Em face dessas considerações, a figura mais próxima da sua eficácia seria a de uma espécie de "condição estrutural" (*structural constraint*), empregada para ilustrar aquelas condições que não podem ser afastadas no conflito entre razões.[11] Fica claro, pois, que o princípio da segurança jurídica, na definição rigorosa de Carrazza, é um princípio *pressuposto* dos demais.[12] Ele é, enfim, um *requisito funcional* do Direito, na feliz expressão de Palombella, indicador de requisitos que não são declináveis, que não podem faltar, caso o Direito pretenda conservar a sua razão de ser, que é a de guiar os comportamentos, de consolidar expectativas, de solucionar conflitos de interesse e de produzir ordem social.[13] Por esses motivos, convém repetir a certeira afirmação de Maior Borges, quanto à proibição de o princípio da segurança jurídica ser objeto de não-aplicação, em qualquer instância:

> "Um dos princípios fundamentais sobreleva, *porque não deve, a pretexto algum, ser desconsiderado (desaplicado)*. Trata-se da segurança jurídica, sem a qual o Brasil não poderia sequer se definir como Estado Democrático de Direito (CF, art. 1º, *caput*). Deveras: tão importante é a segurança jurídica, na arquitetônica do sistema constitucional, que a Constituição Federal a enuncia já no seu "Preâmbulo", assim como no art. 5º, *caput*. Segurança é direito e garantia fundamentais, *não sendo possível desconsiderá-la em qualquer nível de aplicação infraconstitucional*, isto é, nas leis e regulamentos fiscais e até nos atos de sua execução."[14]

Talvez por essa particularidade do princípio da segurança jurídica, Bandeira de Mello enfatize que o referido princípio, "se acaso não é o

11. Robert Nozick, *Anarchy, State and Utopia*, Oxford, Blackwell, 1975 (1974), pp. 30-32.

12. Roque Antonio Carrazza, *Curso de Direito Constitucional Tributário*, 30ª ed., São Paulo, Malheiros Editores, 2015, p. 68.

13. Gianluigi Palombella, *Dopo la Certezza – Il Diritto in Equilibrio tra Giustizia e Democrazia*, Bari, Dedalo, 2006, pp. 9-10.

14. José Souto Maior Borges, "Segurança jurídica: sobre a distinção entre competências fiscais para orientar e autuar o contribuinte", *RDT*, n. 100, p. 20, São Paulo, s. d. Grifo nosso.

maior de todos os princípios gerais de direito, como acreditamos que efetivamente o seja, por certo é um dos maiores dentre eles".[15]

§ 2º. Casos

I – Segurança jurídica "vs." justiça

Como observa Grau, a tensão entre os princípios, como oposição ou contradição, é própria ao sistema jurídico.[16] Por isso Cavalcanti Filho e Torres mencionam o eterno e dramático conflito entre segurança e justiça.[17] Habermas, igualmente, menciona a constante tensão entre segurança e correção.[18]

A respeito da possibilidade de tensão entre a segurança jurídica e outro princípio, como o da justiça, é preciso fazer antes algumas delimitações. É que se pode tanto compreender a segurança jurídica como antitética à ideia de justiça quanto parte integrante dela própria. É o que faz Radbruch: de um lado, considera que, ao lado da segurança jurídica, há outros dois valores que devem ser preservados, a saber, a conformidade a fins (*Zweckmäßigkeit*) e justiça (*Gerechtigkeit*); de outro lado, reconhece que a segurança jurídica assume uma posição intermediária entre a conformidade a fins e a justiça, pois ela é exigida pelo bem comum e também pela justiça. Suas palavras são elucidativas:

> Que o Direito seja seguro, que ele não seja aqui e agora de um jeito, amanhã e lá interpretado e aplicado de outro jeito, é ao mesmo tempo uma exigência da justiça.[19]

A existência de conflito entre justiça e segurança depende, portanto, da prévia definição de um e outro princípio. É o que assevera Nelles:

15. Celso Antônio Bandeira de Mello, *Curso de Direito Administrativo*, 33ª ed., São Paulo, Malheiros Editores, 2016, pp. 89-90, 127.

16. Eros Roberto Grau, *Ensaio e discurso sobre a interpretação/aplicação do Direito*, 4ª ed., São Paulo, Malheiros Editores, 2006, pp. 52, 196.

17. Theophilo Cavalcanti Filho, *O problema da segurança no Direito*, São Paulo, Ed. RT, 1964, p. 75. Ricardo Lobo Torres, "Liberdade, Segurança e Justiça", in Paulo de Barros Carvalho (org.), *Justiça tributária*, São Paulo, Max Limonad, 1998, p. 703. No mesmo sentido: Wilhelm Hartz, "Mehr Rechtssicherheit im Steuerrecht, Ziele, Wege, Grenzen", *StbJb*, p. 81, 1965/1966; Andreas von Arnauld, *Rechtssicherheit*, Tübingen, Mohr Siebeck, 2006, p. 666.

18. Jürgen Habermas, *Faktizität und Geltung*, Darmstadt, Wissenschaftliche Buchgesellschaft, 2002, pp. 245, 270.

19. Gustav Radbruch, "Gesetzliches Unrecht und übergestzliches Recht", *Anhang 3,* in *Rechtsphilosophie. Studienausgabe*, 2ª ed., Heidelberg, C. F. Müller, 2003 (1932), p. 216.

"Dependendo da compreensão dos conceitos, segurança jurídica e justiça podem ser vistas como unidade ou como pares contrários".[20]

Com efeito, de um lado, se a justiça é definida como princípio maior que já engloba elementos relacionados com a estabilidade do ordenamento jurídico, e a definição de segurança jurídica também envolve esse elemento, o conflito fica excluído, pois esta passa a fazer parte daquela. Essa conotação explica as afirmações de Cavalcanti Filho e Maior Borges, no sentido de que a segurança, ela própria, é instrumento da justiça, ou de Couto e Silva, para quem a segurança jurídica não é algo que se contraponha à justiça, mas a própria justiça.[21] De outro lado, se a segurança jurídica é definida como um princípio que, imbricado com a exigência de igualdade, envolve a proibição de tratamento arbitrário, e a definição de justiça também incorpora esse elemento, a tensão fica igualmente afastada.

Quer-se com isso dizer que a delimitação dos conflitos externos do princípio da segurança jurídica com outros princípios pressupõe adequada e prévia definição desses mesmos princípios. Sem a delimitação das fronteiras conceituais de cada princípio não se pode equacionar a ideia mesma de conflito, já que a oposição verdadeira, e não meramente aparente, pressupõe a diferenciação dos elementos conflitantes. Sem isso, cai-se em um mero jogo de palavras tão corriqueiro quanto despercebido.

Nessa direção, se os deveres advindos do princípio da segurança jurídica não apenas englobarem exigências de cognoscibilidade e de confiabilidade, mas também prescrições relativas à própria aceitabilidade moral das normas, como propõe Peczenik, a segurança jurídica já engloba a própria justiça.[22] Daí ser mais correto falar em conflito aparente entre segurança e justiça. No entanto, pode-se conceber um conflito externo do princípio da segurança jurídica com o princípio da justiça se as exigências decorrentes do primeiro, além de absolutas,

20. Marcus Nelles, *Sumum ius summa iniuria?* Ottilien, EOS, 2004, pp. 136-137.

21. Theophilo Cavalcanti Filho, *O problema da segurança no Direito*, São Paulo, Ed. RT, 1964, p. 75. José Souto Maior Borges, "O princípio da segurança jurídica na criação e aplicação do tributo", *RDDT*, n. 22, p. 26, São Paulo, 1997. Almiro do Couto e Silva, "Princípios da legalidade da Administração Pública e da segurança jurídica no Estado de Direito contemporâneo", *Revista da Procuradoria-Geral do Estado do Rio Grande do Sul, Cadernos de Direito Público*, v. 27, n. 57, suplemento, p. 14, 2003.

22. Aleksander Peczenick, *On Law and Reason*, Dordrecht, Kluwer, 1989, p. 31.

forem vinculadas ao ordenamento em geral, para a maioria dos casos e para a maioria das pessoas (segurança jurídica como segurança do Direito ou pelo Direito para todos ou para a maioria), e os deveres do segundo forem atrelados a manifestações normativas pontuais, para determinado caso e para determinada pessoa (justiça como equidade). Nessa hipótese, pode-se falar em conflito entre segurança e justiça, porquanto a primeira, nesse sentido específico, configura um impeditivo à realização da segunda.[23]

Com efeito, se a segurança jurídica for concebida, no aspecto material, como mera exigência de previsibilidade do Direito e, no aspecto justificativo, como possuindo valor em si, o máximo que ela pode fazer é, como lembra Arcos Ramírez, tornar a injustiça previsível.[24] Daí a constatação de que a concepção de segurança jurídica, além de envolver todas as suas dimensões, deve ser materialmente vinculada a direitos fundamentais. Do contrário, como refere Peczenik, estar-se-ia aceitando que, no governo nazista, os judeus teriam grande segurança jurídica, porque poderiam prever, com absoluta certeza, que seriam discriminados.[25] Alguns autores, em perspectiva sutilmente diversa, procuram evidenciar que, mesmo quando há injustiça, a existência de segurança jurídica traz vantagens *adicionais* aos cidadãos, no sentido de que estes podem adotar ações estratégicas, tentando evitar práticas ainda mais injustas. Essa constatação revelaria um valor intrínseco da própria segurança, não no sentido de se defender ou de se justificar a injustiça, mas no sentido, bem específico, de se defender e justificar a segurança jurídica mediante a demonstração de que um sistema injusto com segurança jurídica é melhor do que um sistema injusto sem segurança jurídica – essa parece ser, pois, a posição de MacCormick.[26] Nesse sentido estrito, a segurança jurídica, em um sistema injusto, teria a função de evitar injustiças maiores.[27] Ou, nas palavras de Summers, daria ao cidadão a oportunidade justa de obedecer a uma lei injusta, o que revelaria, de algum modo, o valor moral intrínseco da segurança jurídica.[28]

23. Federico Arcos Ramírez, *La seguridad jurídica: una teoría formal*, Madrid, Dykinson, 2000, p. 117.

24. Ibidem, p. 163.

25. Aleksander Peczenick, *On Law and Reason*, Dordrecht, Kluwer, 1989, p. 31.

26. Neil MacCormick, *Legal Reasoning and Legal Theory*, Oxford, Clarendon, 1978, p. 63.

27. Federico Arcos Ramírez, *La seguridad jurídica: una teoría formal*, Madrid, Dykinson, 2000, p. 170.

28. Robert Summers, *Lon L. Fuller*, Londres, Edward Arnold, 1984, p. 66.

Essas ponderações demonstram que o conflito entre a segurança jurídica e a justiça depende de uma definição estreita de ambos os princípios. Assim, se a primeira envolver apenas a exigência de cognoscibilidade, de confiabilidade e de calculabilidade, sem qualquer componente valorativo particular, e se a segunda envolver apenas a justiça individual, enquanto exigência de equidade na aplicação das normas gerais, pode-se conceber um conflito entre os referidos princípios.[29] Esse entendimento, no entanto, desconsidera que a segurança jurídica também envolve um valor moral intrínseco relacionado com a justiça, e esta última também abrange tanto uma perspectiva geral quanto uma perspectiva particular. Sendo assim, melhor falar em *conexão* entre os princípios da segurança jurídica e da justiça do que propriamente em oposição. Machado, com razão, define o conflito como aparente antagonismo.[30] Pode-se, no máximo, entender existente uma *polaridade*, porém nunca uma verdadeira *antinomia* entre ambas.[31] Quando se mantém um ato inconstitucional, em nome da segurança jurídica, não se está afastando a justiça em favor da segurança, mas é a própria configuração específica da segurança jurídica que se revela, no caso, a solução justa.[32]

Seja como for, o essencial foi registrado por Cavalcanti Filho: "um direito incerto é também um direito injusto".[33] Porque o princípio da segurança jurídica, como se sustenta neste trabalho, é um "princípio pressuposto", como caracterizador dos estados ideais que precisam estar disponíveis para a eficácia dos outros princípios, sem segurança jurídica não há realmente como falar em justiça. Segurança não é renúncia à justiça, mas sua promoção.[34] Em razão disso, como pontifica Carvalho, "a segurança das relações jurídicas é indissociável do valor justiça...".[35]

29. Gerhard Robbers, *Gerechtigkeit als Rechtsprinzip*, Baden-Baden, Nomos, 1980, p. 63.

30. Hugo de Brito Machado, "Os princípios da anterioridade e da irretroatividade das leis tributárias e a publicação da lei", *Cadernos de Direito Tributário e Finanças Públicas*, n. 8, p. 107, São Paulo, 1994.

31. Marcus Nelles, *Sumum ius summa iniuria?* Ottilien, EOS, 2004, p. 140.

32. Almiro do Couto e Silva, "Princípios da legalidade da Administração Pública e da segurança jurídica no Estado de Direito contemporâneo", *Revista da Procuradoria-Geral do Estado do Rio Grande do Sul, Cadernos de Direito Público*, v. 27, n. 57, suplemento, p. 14, 2003.

33. Theophilo Cavalcanti Filho, *O problema da segurança no Direito*, São Paulo, Ed. RT, 1964, p. 81.

34. José L Mezquita del Cacho, *Seguridad jurídica y sistema cautelar*, v. 1: *Teoría de la seguridad jurídica*, Barcelona, Bosch, 1989, p. 7.

35. Paulo de Barros Carvalho, *Curso de Direito Tributário*, 21ª ed., São Paulo, Saraiva, 2009, p. 166.

E por essas razões, Machado Derzi, com perfeição, afirma que a segurança jurídica "é valor fundamental, mas não está em questão ou em conflito, por ser prévio ou pressuposto evidente sem o qual não se pode alcançar a justiça".[36]

II – Segurança jurídica "vs." finalidades estatais

Podem ser concebidos, igualmente, outros conflitos, como aquele entre o princípio da segurança jurídica e o princípio do Estado Social ou da solidariedade social. Uma hipótese pontual seria aquela resultante do exame de constitucionalidade de uma lei ordinária que institui uma contribuição social, com a finalidade de financiar a Seguridade Social, mas fora do âmbito material previsto na regra constitucional de competência que outorga poder à União Federal para instituir contribuições sociais na referida situação. Em razão disso, haveria uma espécie de conflito entre o princípio da segurança jurídica, concretizado por uma regra de competência destinada a tornar claro, estável e previsível o Poder Estatal, e o princípio da solidariedade social, justificador dos meios necessários ao financiamento da seguridade social. Haveria, em suma, um conflito entre segurança jurídica e solidariedade.[37]

Um olhar mais atento, no entanto, demonstra que a relação entre segurança jurídica e solidariedade não é de oposição, mas sim de complementação. A segurança social, sobretudo como mecanismo de garantia do mínimo existencial, é instrumento de criação ou de manutenção de condições materiais para o exercício da liberdade, do mesmo modo que a segurança jurídica é meio para criação ou para manutenção de condições formais para o exercício dos direitos fundamentais da liberdade. Além disso, como os recursos são escassos e a solidariedade é dever de todos, e não apenas do Estado, ela depende do uso da liberdade para aproveitar outros modos para a sua realização. Em outras palavras, segurança jurídica e segurança social, bem como liberdade e solidariedade, não são opostos paralelos e isolados, mas sim são complementos imbricados e dependentes.[38] Afinal, quem não é livre não pode ser solidário.[39]

36. Misabel de Abreu Machado Derzi, *Modificações da jurisprudência no Direito Tributário*, São Paulo, Noeses, 2009, p. 608.

37. Karl-Peter Sommermann, *Staatsziele und Staatszielbestimmungen*, Tübingen, Mohr Siebeck, 1997, pp. 326 e ss.

38. Hans Michael Heinig, *Der Sozialstaat im Dienst der Freiheit*, Tübingen, Siebeck, 2008, pp. 586-587.

39. Andreas von Arnauld, *Rechtssicherheit*, Tübingen, Mohr Siebeck, 2006, p. 112.

As considerações precedentes reforçam a ideia sustentada nesta monografia no sentido de que a segurança jurídica não está em uma posição de oposição aos outros princípios, mas em uma relação de pressuposição que, se não afasta o conflito, pelo menos o redimensiona integralmente. A sua eficácia não é uma eficácia ordinária, quer porque ele não pode ser afastado diante de razões contrárias, porém meramente reconfigurado diante de situações particulares, quer porque ele se manifesta como condição estrutural do funcionamento do próprio Direito, em geral, e das suas manifestações normativas, em particular. As várias manifestações do princípio da segurança jurídica, no entanto, não podem impedir de se vislumbrar a sua *unidade funcional*.[40]

Essa unidade se revela, precisamente, no fato de que o princípio da segurança jurídica, ao contrário dos outros princípios, que vertem diretamente sobre a realidade fática, verte sobre uma realidade jurídica que, por sua vez, irradia os seus efeitos sobre a realidade fática. Sendo assim, algumas perguntas, que são postas a respeito de outros princípios, não fazem sentido quando direcionadas ao princípio da segurança jurídica. As qualificações eficaciais, como *prima facie* ou *pro tanto*, são respostas para princípios que entram, direta e horizontalmente, em conflito, e correm o risco de perder a sua eficácia ou de tê-la restringida. No entanto, porque o princípio da segurança jurídica é uma norma que institui condições estruturais para o funcionamento de outras normas, ele não se situa no mesmo nível analítico que estas, sendo tecnicamente inapropriado utilizar a mesma nomenclatura para qualificar a sua força normativa. Desse modo, continuar indagando a respeito da existência ou não de eficácia *prima facie* ou *pro tanto* para o caso do princípio da segurança jurídica é como tentar procurar pela resposta certa para a pergunta errada. O princípio da segurança jurídica, insista-se, não está no mesmo plano dos outros princípios e das outras regras cuja validade ele funda e cuja eficácia ele instrumentaliza. Com a permissão para nova metáfora, enquanto os outros princípios são a luz, o princípio da segurança jurídica é a energia sem a qual a luz não é produzida. A iluminação pode ser produzida em uma ou em outra direção, para clarear este ou aquele objeto, com este ou aquele propósito, mas, sem que haja energia, luz nenhuma existirá.

No final da primeira parte desta obra, a segurança jurídico-tributária foi conceituada como uma norma-princípio que exige dos três Poderes a

40. Anne-Laure Valembois, *La Constitutionnalisation de l'exigence de sécurité juridique en Droit français*, Paris, LGDJ, 2005, p. 12.

adoção de comportamentos que contribuam mais para a existência, em benefício dos contribuintes e na sua perspectiva, de um elevado estado de cognoscibilidade, de confiabilidade e de calculabilidade no Direito, centrado na controlabilidade jurídico-racional das estruturas argumentativas reconstrutivas de normas gerais e individuais, como instrumento garantidor do respeito à sua capacidade de, sem engano, frustração, surpresa ou arbitrariedade, plasmar digna e responsavelmente o seu presente e fazer um planejamento estratégico juridicamente informado do seu futuro.

No final desta segunda parte, é preciso incluir, nesse conceito de segurança jurídica, os elementos relativos ao seu conteúdo e à sua eficácia. Nesse desiderato, pode-se afirmar que a segurança jurídica é um *princípio que, exercendo várias funções eficaciais e argumentativas relativamente a normas que lhe são supra e infraordenadas, serve de pressuposto funcional para a produção e para a aplicação do Direito, não podendo ser jamais integralmente afastado.*

A fusão e a simplificação de ambos os conceitos permitem reconceituar a segurança jurídica como um princípio-condição, garantidor de um estado de respeitabilidade dos direitos fundamentais do cidadão--contribuinte e de moderação da atuação estatal por meio da controlabilidade jurídico-racional das estruturas argumentativas reconstrutivas de normas gerais e individuais. Dando-se um passo a mais para simplificar esse novo conceito, poder-se-ia simplesmente dizer que o princípio da segurança jurídica é um princípio garantidor da respeitabilidade do contribuinte-como-cidadão.

Ressalte-se, ainda, que o princípio da segurança jurídica, mais do que afastar, negativamente, a arbitrariedade, serve para, positivamente, garantir respeitabilidade ao contribuinte como cidadão. Como princípio, portanto, ele *limita* e *dirige* a atuação estatal, introduzindo, nas suas entranhas, a consideração pelo exercício dos direitos fundamentais. Além disso, é preciso enfatizar que essa respeitabilidade, como consideração do contribuinte como cidadão, não apenas visa a garantir deferência pelo que ele *faz*, para permitir que ele possa, com responsabilidade e autonomia, *ser*, mas também pelo que ele *argumenta* fazer e pretende ser. Sem que o contribuinte possa, por meio da adequada avaliação e da consideração dos seus argumentos, contrapor-se às pretensões estatais e participar da concretização do Direito, não há segurança jurídica como segurança *no* Direito. Consequentemente, o princípio da segurança jurídico-tributária, em uma síntese final, é o *princípio da transparente respeitabilidade do contribuinte como cidadão racional.*

Essas considerações esclarecem, assim, a importância *sem par* do princípio da segurança jurídica no quadro de princípios. Por isso mesmo que se pode afirmar, em uma expressão singela, que ele é um *protoprincípio* – o princípio dos princípios, a norma das normas, a *norma normarum* no quadro das espécies normativas, aquela que não só *funda*, mas também *instrumentaliza* as demais.

Pois bem, com esta monografia objetivou-se construir, na sua inteireza, a arquitetura do princípio da segurança jurídica no âmbito do Direito Tributário, desde a sua conceituação e fundamentação, passando pelo seu conteúdo, tanto estático quanto dinâmico, até chegar à sua eficácia. Com este capítulo, chegou-se ao último ponto da obra. Não se alcançou, entretanto, o seu fim. É que este trabalho, como foi afirmado logo no seu início, é um esforço contínuo de se construir meios intersubjetivamente controláveis, a fim de se promover a segurança jurídica. Schrimm-Heins afirma que a "busca pela segurança assemelha-se a um *perpetuum mobile*; ela nunca chega ao destino".[41] Algo semelhante pode ser dito com relação ao princípio da segurança jurídica: a construção científica dos seus elementos, dimensões e eficácias, quando parece estar no fim, revela-se, graças à sua complexidade, apenas no começo.

41. Andrea Schrimm-Heins, "Gewissheit und Sicherheit: Geschichte und Bedeutungswandel der Begriffe 'certitudo' und 'securitas'" (Teil 1), *Archiv für Begriffsgeschichte*, v. 34, p. 213, 1991.

CONCLUSÕES E TESES

Fazer uma obra e reconhecê-la má depois de feita é uma das tragédias da alma. Sobretudo é grande quando se reconhece que essa obra é o melhor que se podia fazer. (Fernando Pessoa, *O livro do desassossego*, São Paulo, Companhia das Letras, 1999, p. 230)

A segurança jurídica é um ideal normativo de *primeira grandeza* em qualquer ordenamento jurídico, especialmente no ordenamento pátrio. Essa importância revela-se ainda maior no âmbito do Direito Tributário: os ideais protegidos pelo princípio da segurança jurídica apresentam um relevo especial no subsistema tributário e possuem um sentido *mais protetivo*, em razão da existência de normas específicas e enfáticas no Sistema Tributário Nacional, que servem de instrumento para se garantir a inteligibilidade do Direito pela determinabilidade das hipóteses de incidência (regra da legalidade e sistema de regras de competência), a confiabilidade do Direito pela estabilidade no tempo (regra de reserva de competência para lei complementar regular prescrição e decadência), pela vigência (regra de proibição de retroatividade) e pelo procedimento (regras expressas de abertura do subsistema tributário a direitos e a garantias nele não previstos, como é o caso das proteções ao direito adquirido, à coisa julgada e ao ato jurídico perfeito), e a calculabilidade do Direito pela não-surpresa (regra da anterioridade).

O essencial é que a Constituição Brasileira, mais do que exigir a promoção do princípio da segurança jurídica, corporifica-o pela preocupação, do início ao fim, com os ideais de cognoscibilidade, de confiabilidade e de calculabilidade normativas, tal é a ênfase que atribui à limitação do poder, inclusive e especialmente de tributar, e à garantia dos direitos fundamentais, notadamente no âmbito do Direito Tributário. Esses ideais, no entanto, não podem ser sequer discernidos, muito menos realizados, sem um processo de progressiva redução da sua indeterminação. A eficácia de um princípio jurídico e, em particular, do princípio da segurança jurídico-tributária, não se dá por proclamação dos seus ideais, mas sim pela decomposição analítica das dimensões, dos aspectos e dos elementos que o compõem. Princípio jurídico é, acima de tudo, norma carecedora de decomposição conceitual – se não for "desembrulhado", com a desagregação das suas diversas partes constituintes, não há como conhecer a sua natureza, as suas proporções, as suas funções ou as suas relações. Nesse processo de redução a elementos simples, contudo, não apenas a compreensão do princípio da segurança jurídica requer mudança: a própria definição de Direito, que se pretende qualificar de seguro, por meio do qual se tenciona realizar a segurança ou no seio do qual se almeja garantir segurança, precisa ser transformada.

A compreensão do Direito como um *objeto previamente dado*, e cuja existência é totalmente independente das atividades concernentes à sua aplicação, conduziu ao exame da segurança jurídica pelo viés quase exclusivo da exigência da determinação das hipóteses normativas, da qual é consectária a idolatria do assim denominado princípio da tipicidade fechada no Direito Tributário. Tal entendimento, no entanto, restringiu a discussão da segurança jurídica a fatores sem dúvida importantes, mas unicamente ligados à estrutura da linguagem, dos quais decorreram não apenas intermináveis discussões a respeito da sua determinação, como também, de modo refletido, incansáveis debates sobre a sua incapacidade de fornecê-la.

Essa percepção da segurança jurídica, centrada na *determinação normativa*, deve, assim, ceder passo a um entendimento fundado na controlabilidade semântico-argumentativa. Nesse modo de compreender, ela deixa de ser *propriedade do Direito*, para ser *algo a ser buscado no Direito*, mediante processos de legitimação, de determinação, de argumentação e de fundamentação normativas, capazes de enfrentar os problemas ontologicamente inerentes ao Direito – problemas de prova, de qualificação, de interpretação e de relevância. Mais do que um *Direito seguro*, tem-se um *direito à segurança jurídica*, não como algo presenteado pelos dispositivos normativos – como se fora unicamente um objeto a ser meramente desvelado por meio de método discursivo circunscrito à descrição da linguagem –, mas como algo a ser buscado por meio de um método metadiscursivo destinado à organização e à estruturação da *experiência* concernente ao *uso* da linguagem. A segurança jurídica, nessa perspectiva, deixa de ser *garantia de conteúdo* a ser *encontrada* por meio de fatores exclusivamente linguísticos para se transformar em *garantia de respeito* a ser *construída* por intermédio de elementos semântico-argumentativos.

É precisamente nessa novel significação que a segurança jurídica revela-se, com mais clareza, como instrumento de realização dos valores de liberdade, de igualdade e de dignidade: *de liberdade*, porque quanto maior for o acesso material e intelectual do cidadão-contribuinte relativamente às normas a que deve obedecer, e quanto maior for a sua estabilidade, tanto maiores serão as suas condições de conceber o seu presente e de planejar o seu futuro; *de igualdade*, porque quanto mais gerais e abstratas forem as normas, e mais uniformemente elas forem aplicadas, tanto maior será o tratamento isonômico do cidadão-contribuinte; *de dignidade*, porque quanto mais acessíveis e estáveis forem as normas, e mais justificadamente elas forem aplicadas, com tanto mais intensidade se estará tratando o cidadão-contribuinte como um ser capaz de se autodefinir autonomamente, quer pelo respeito presente da sua autonomia exercida no passado, quer pela consideração futura da sua autonomia praticada no presente. No âmbito do Direito Tributário, tal compreensão evidencia a segurança jurídica como instrumento imprescindível de realização dos princípios de liberdade, especialmente de liberdade de exercício de atividade econômica, assim como de igualdade e de dignidade humana. O princípio da segurança jurídica é, desse modo, o princípio da respeitabilidade do contribuinte como cidadão.

A segurança jurídica, nessa ressignificação, não se consuma, em linha reta, em um *ponto*, mas, obliquamente, em um *espectro* de gradual realização. Essa gradualidade, contudo, não é uniforme, nem unidirecional: o ideal maior (segurança jurídica) é a soma de ideais parciais (cognoscibilidade, confiabilidade e calculabilidade normativas). Esses ideais parciais podem interagir na mesma direção bem como em direções diversas, de tal modo que, por exemplo, a proteção da segurança sob um viés (como busca de confiabilidade por meio da estabilidade dos atos normativos) provoque perda de segurança sob outra perspectiva (como busca de calculabilidade por meio da vinculatividade dos atos normativos). Cada um dos ideais parciais, é preciso dizer, pode ser analisado sob diferentes perspectivas. Por exemplo, pode-se analisar a inteligibilidade do ordenamento jurídico para a sociedade em geral ou para os operadores do Direito; relativamente ao passado, ao presente ou ao futuro; e assim sucessivamente. Nesse sentido, cada ideal parcial precisa de uma análise média dos subelementos que internamente se relacionam.

A segurança jurídica, consequentemente, é sempre o resultado de uma análise de vários fatores, sob mais de uma perspectiva. Não se trata, por assim dizer, de um princípio que determine a realização de um estado uniforme, mas, sim, não-uniforme, cabendo ao intérprete, primeiro, dissecar esses elementos e, segundo, dimensioná-los para, por fim, verificar a promoção ou não do seu conjunto, em maior medida. A falta dessa investigação facilmente permite que, em nome da segurança jurídica, seja causado o seu oposto: a insegurança jurídica. Daí se ter afirmado, do início ao fim deste estudo, e reafirmar-se agora, que a segurança jurídica ou é inteira, ou não é segurança: cabe ao aplicador, primeiro, examinar cada um dos elementos das suas várias dimensões para, depois, verificar se eles estão sendo mais promovidos do que restringidos.

Essas considerações evidenciam que o princípio da segurança jurídica só superficialmente é mero princípio formal, em sentido pejorativo, desatrelado de princípios materiais fundamentais. Na verdade, ele é pressuposto normativo para a eficácia da ordem de princípios, especialmente daqueles que dizem respeito ao desenvolvimento do ser humano como ser autônomo e racional. O princípio da segurança jurídica *funda* a validade e *instrumentaliza* a eficácia das outras normas jurídicas. Ele é, por essa razão, a norma das normas – a sua condição estrutural. Essas funções, de fundamento e de instrumentalização, todavia, não apenas fazem referência a aspectos estáticos das normas, mas também a aspectos dinâmicos, esses relativos tanto à transição do passado ao presente, e do presente ao futuro, quanto – e isto é decisivo – à transição do nível abstrato ao nível concreto de aplicação do Direito.

Na sua exigência de cognoscibilidade, o princípio da segurança jurídica visa a servir de instrumento de orientação do contribuinte, de modo a impedir que este, pautando a sua ação no Direito, venha a *enganar-se* com relação ao que faz. No seu ideal de confiabilidade, ele se destina a garantir a estabilidade do Direito e das suas concretizações, preservando o passado no presente e evitando que o contribuinte seja *frustrado* com referência ao que fez. E no seu objetivo de calculabilidade, ele favorece a continuidade do Direito, resguardando o futuro no presente, e impedindo que o contribuinte seja *surpreendido* com relação ao que está fazendo. O princípio da segurança jurídica, portanto, ao se destinar a arredar o engano, a frustração e a surpresa, corporifica o ideal de *respeitabilidade* do contribuinte. Esse ideal, no entanto, só se realiza com *inteligibilidade*, *lealdade* e *suavidade* da atuação estatal. O conjunto desses ideais materializa, a seu turno, um ideal maior de *moderação* estatal. O princípio da segurança jurídica exige, consequentemente, a *respeitabilidade da ação do contribuinte por meio da moderação estatal*.

Não basta, contudo, que o contribuinte seja respeitado: é preciso que ele possa *ver-se sendo respeitado* e *atuar argumentativamente nessa respeitabilidade*. Nesse aspecto, o princípio da segurança jurídica ultrapassa a sua função essencial de garantir respeito pela *ação* individual para, *pari passu*, revelar-se como instrumento da respeitabilidade da argumentação utilizada pelo cidadão para enfrentar problemas de prova, de qualificação, de interpretação e de relevância dos elementos relativos à sua ação. Desse modo, fica claro que o princípio da segurança jurídico-tributária é o princípio da respeitabilidade da ação e da argumentação do cidadão-contribuinte. Ele exige, assim, a *transparente* respeitabilidade da ação do contribuinte, e *da argumentação que lhe é concernente*, por meio da moderação estatal. Essa moderação, por sua vez, requer o tratamento do contribuinte como um ser humano racional, livre e autônomo. Isso demanda, pois, que o contribuinte seja tratado como *cidadão*.

Só assim ele poderá, juridicamente orientado, *conceber* o seu presente e *plasmar* o seu futuro. O princípio da segurança jurídica é, por assim dizer, a *face jurídica* da dignidade humana, que, ao exigir a visibilidade da respeitosa transição do passado ao presente, e do presente ao futuro, impede que o Direito se volte contra quem nele confiou e que com a sua contribuição agiu. Ele estabelece, assim, as condições, temporais e aplicativas, de funcionamento do Direito, sem as quais este último não respeita o contribuinte como ser humano e como cidadão e, por isso, deixa de ser instrumento de *civilidade* no trato e de *decência* na atuação. Pode-se afirmar, por consequência, que o princípio da segurança jurídica fixa *as condições aplicativo-temporais do funcionamento humano e civilmente comprometido do Direito Tributário*.

Conjugando-se as considerações anteriores, pode-se definir, sinteticamente, o princípio da segurança jurídica como *o princípio que, sobre fundar a validade e instrumentalizar a eficácia das normas jurídicas, exige a transparente respeitabilidade da ação do cidadão-contribuinte, e da argumentação que lhe é concernente, por meio da moderação estatal*.

Esta obra chegou a várias conclusões capazes de demonstrar as funções, não-ombreadas por outros princípios, que a segurança jurídico-tributária desempenha no ordenamento jurídico. Especificá-las todas, uma a uma, seria uma injustificável demasia. Por isso só cabe, neste momento, sumarizar algumas conclusões gerais, cuja importância transcende os meros aspectos pontuais já especificados ao longo deste texto.

1.1 A segurança jurídica, na sua acepção normativa preponderante, é *norma-princípio*, pois estabelece um estado de coisas que deve ser buscado mediante a adoção de condutas que produzam efeitos que contribuam para a sua promoção gradual. A sua aplicação exige o cotejo de uma norma (princípio da segurança jurídica) com outra norma (norma legal, administrativa ou judicial), residindo o seu caráter distintivo na *interposição de uma norma* entre a norma superior e a realidade fática: ao contrário de um princípio material, que exige a correlação entre os efeitos de um comportamento e o estado de coisas que ele determina realizar, o princípio da segurança jurídica exige a correlação entre os efeitos de uma norma e o estado de coisas cuja realização ele estabelece.

1.2 A acepção normativa prevalente da segurança jurídica, aqui salientada, não exclui a existência de outras dimensões normativas, portadoras de diversas funções eficaciais. Nesse sentido, a segurança jurídica, além de um princípio jurídico, pode manifestar-se como um *princípio concretizado legislativamente em regra*, como é o caso tanto da regra que proíbe a retroatividade tributária quanto da regra que protege o direito adquirido, o ato jurídico perfeito e a coisa julgada; um *princípio concretizado jurisprudencialmente em regra*, de que são exemplos as normas individuais editadas por decisões judiciais que versam sobre a proteção da confiança legítima ou sobre a intangibilidade de situações individuais em razão do longo transcurso do tempo; uma *metanorma de interpretação e aplicação de outras normas*, como é o caso da regra que proíbe a aplicação de analogia no âmbito do Direito Tributário; um *direito subjetivo decorrente da aplicação reflexiva do próprio princípio da segurança jurídica*, como são os direitos individuais garantidos pelo Poder Judiciário com base no denominado princípio da proteção da confiança.

2.1 O conteúdo do princípio da segurança jurídica não tem como ser analisado senão por meio de uma *perspectiva analítica* capaz de reduzir a ambiguidade e a vagueza dos seus elementos constitutivos e de indicar os seus vários aspectos: o *material* (segurança jurídica em que sentido?), o *objetivo* (segurança jurídica do quê?), o *subjetivo* (segurança jurídica para quem, na visão de quem e por quem?), o *temporal* (segurança jurídica quando?), o *quantitativo* (segurança jurídica em que medida?) e o *justificativo* (segurança jurídica para que e por quê?). Cada um desses aspectos carece, internamente, de uma série de questionamentos, cujo conjunto, ao final, irá indicar quais são os sentidos possíveis de segurança jurídica.

2.2 Tal perspectiva de análise é imprescindível no Direito Tributário, quer para definir o conteúdo da segurança jurídica nesse âmbito normativo, quer para evitar que, em seu nome, sejam buscadas outras finalidades que com ela não se identificam, como é o caso da manutenção da arrecadação proveniente da cobrança de tributos, utilizada, por exemplo, no controle de constitucionalidade como fundamento para a mantença dos efeitos pretéritos de lei tributária declarada inconstitucional pelo Supremo Tribunal Federal.

3.1 Dentre os sentidos possíveis atribuíveis à segurança jurídica como norma-princípio, será o *ordenamento jurídico* que irá indicar quais são as acepções, dentre aquelas analiticamente discerníveis, que devem ser escolhidas para compor os seus aspectos estruturantes, por meio do exame da sua *superestrutura* (o conjunto) e da sua *estrutura* constitucional (as partes).

3.2 O exame do ordenamento jurídico é indispensável não apenas para demonstrar que a segurança jurídica não possui idêntico conteúdo em todos os países, como também para evidenciar que, no âmbito do Direito Tributário, ela tem uma densidade igualmente diversa — mais protetiva do contribuinte e garantidora do respeito pelo exercício dos seus direitos fundamentais, como ressaltam as normas constitucionais que instituem "limitações ao poder de tributar" ou preveem "garantias asseguradas aos contribuintes".

4.1 A análise da *superestrutura* constitucional revela que a CF/88 não é apenas uma Constituição que protege a segurança jurídica, mas também uma Constituição que consubstancia a própria segurança jurídica: por ser mais uma Constituição regulatória do que principiológica, ela insiste em estabelecer quais são as autoridades competentes, quais são os atos a serem editados, quais são os conteúdos a serem regulados, quais são os procedimentos a serem seguidos, quais são as matérias a serem tratadas, favorecendo, com essas prescrições, os ideais de cognoscibilidade, de confiabilidade e de calculabilidade normativas.

4.2 Tais ideais se revelam ainda com maior nitidez e protetividade no Sistema Tributário Nacional, que engloba um conjunto de normas destinado a prever *quais* são os tributos que podem ser instituídos (impostos, taxas, contribuições de melhoria, empréstimos compulsórios, contribuições sociais, de intervenção e de fiscalização profissional), *como* devem ser cobrados (por meio de lei e com previsão em leis complementares dos elementos essenciais dos impostos constitucionalmente discriminados), *quando* podem ser exigidos (a partir do exercício seguinte ou de noventa dias após a edição da lei instituidora, sempre sobre fatos ocorridos após essa edição) e *em que medida* podem restringir os direitos fundamentais dos contribuintes (nunca aquém nem além do necessário à sua eficácia).

5.1 O exame da *estrutura* constitucional demonstra que a segurança jurídica é princípio positivo inequívoco da CF/88, já que esta última a protege diretamente, ao "assegurar a segurança" como "direito" e como "valor" ou ao regrar a sua eficácia reflexiva por meio da proteção do direito adquirido, do ato jurídico perfeito e da coisa julgada, e, indiretamente, ao prever comportamentos cuja adoção promove os ideais de calculabilidade e de confiabilidade que compõem a segurança jurídica ou ao estabelecer ideais, amplos, restritos ou específicos, cuja realização pressupõe ou implica a existência desses mesmos ideais; revela que a

CF/88 não apenas garante a segurança jurídica, como ainda a protege em várias das suas dimensões, isto é, como segurança *do* Direito, *pelo* Direito, *frente ao* Direito, *dos* direitos e *como* um direito; indica que a CF/88 não só protege a segurança jurídica em todas as suas manifestações como também o faz, atribuindo-lhe elevada *importância* no ordenamento constitucional, pelo *modo* como a segurança jurídica é garantida pelo todo e pelas partes do ordenamento constitucional, pela *insistência* com que a CF/88 a protege, pela *independência* dos seus fundamentos e pela *eficácia recíproca* desses mesmos fundamentos; denota, por fim, que a CF/88 protege a segurança jurídica *em favor do cidadão* e *frente ao Estado*.

5.2 A análise da estrutura do Sistema Tributário revela, com clareza, que as normas tributárias — princípios e regras — protegem, insistentemente, os ideais que compõem a segurança jurídica: ao prever o conceito de tributo, as espécies tributárias, as regras de competência tributária, as limitações ao poder de tributar, as fontes do Direito Tributário e ao instituir alguns princípios, como os princípios da isonomia e da transparência fiscal, a Constituição estabelece *o que* pode e *o que não* pode ser tributado, bem como o *modo* como deverá ser configurada a tributação, privilegiando, com isso, o ideal de *cognoscibilidade do Direito Tributário*, pela acessibilidade, abrangência e clareza das suas normas; ao proibir a retroatividade tributária e ao assegurar o direito adquirido, o ato jurídico perfeito e a coisa julgada, a Constituição prescreve *quando* a tributação poderá produzir efeitos, instituindo, desse modo, o ideal de *confiabilidade do Direito Tributário*, pela permanência do ordenamento jurídico e pela intangibilidade de determinadas situações nele anteriormente fundadas; ao estabelecer a regra da anterioridade tributária, o princípio da isonomia em matéria tributária e os princípios processuais aplicáveis aos procedimentos e aos processos tributários, de que são exemplo os princípios do devido processo legal e da duração razoável do processo, a Constituição permite que o contribuinte possa *antecipar* e *medir* as consequências que serão atribuídas aos seus atos e aos atos da Administração, favorecendo, desse modo, o ideal de *calculabilidade do Direito Tributário*, pela anterioridade e continuidade do ordenamento jurídico.

6.1 Essa conotação protetiva da segurança jurídica, embora não necessariamente individualista, dá-se pela forma e pelo conteúdo dos seus fundamentos: *pela forma*, visto que os fundamentos consubstanciam direitos e garantias individuais, com significado defensivo, princípios administrativos, com sentido restritivo do exercício arbitrário do poder, e princípios estruturantes, com conotação igualmente limitativa do poder e protetiva dos direitos individuais; *pelo conteúdo*, já que os fundamentos, como previsão de comportamentos ou de ideais, implicam ou pressupõem a segurança em favor dos direitos de liberdade e de dignidade dos cidadãos-contribuintes.

6.2 No Direito Tributário, a referida conotação protetiva da segurança jurídica é reforçada igualmente pela forma e pelo conteúdo das normas constantes do Sistema Tributário: *pela forma*, porque as normas constitucionais utilizam as expressões "limitações ao poder de tributar" e "garantias asseguradas aos contribuintes", com conotação visivelmente garantidora dos direitos individuais dos contribuintes frente ao poder de tributar; *pelo conteúdo*, tendo em vista os já referidos ideais de cognoscibilidade, de confiabilidade e de calculabilidade normativas que as normas tributárias direta ou indiretamente protegem.

7.1 A palavra "segurança" na CF/88 qualifica-se como *segurança jurídica*, porque o art. 1º institui um Estado Democrático de Direito destinado a "assegurar a segurança como valor", referindo-se a um objetivo social que ultrapassa a dimensão meramente psicológica ou física; porque o art. 5º, ao garantir o "direito à segurança" ao lado do direito à liberdade, à igualdade e à propriedade – que são qualificados como valores sociais objetivos, e não meramente estados psicológicos individuais –, conduz à proteção da segurança de modo paralelo à garantia desses outros valores; porque, entre os direitos fundamentais catalogados pelos incisos do art. 5º, há vários relativos quer à segurança física e individual (proteção da residência e garantia do *habeas corpus* contra restrições abusivas da liberdade), quer às exteriorizações específicas da liberdade (liberdade de manifestação do pensamento, de consciência e de crença, de expressão intelectual, artística, científica e de comunicação ou de associação para fins lícitos), o que pressupõe a amplitude maior da previsão do *caput* do mencionado artigo.

7.2 No âmbito do Direito Tributário, o caráter *jurídico* da segurança fica ainda mais límpido, especialmente porque no Sistema Tributário a Constituição enfatiza aspectos ligados à qualidade do Direito (pelas regras de competência e pelas regras de legalidade, de anterioridade e de irretroatividade) e aos modos de proteção de direitos (pelas garantias "asseguradas aos contribuintes" e pelos princípios processuais aplicáveis à matéria tributária, como são os princípios do devido processo legal e da duração razoável do processo, sem prejuízo de outras garantias mais específicas, como a do mandado de segurança).

8.1 O *aspecto material* da segurança jurídica, relativo ao termo "segurança", denota um estado de cognoscibilidade, de confiabilidade e de calculabilidade: de *cognoscibilidade*, em vez de determinação, em razão da indeterminação congênita da linguagem e da dependência do Direito a critérios e argumentos indispensáveis ao processo necessário à sua determinação e concretização; de *confiabilidade*, em vez de imutabilidade, visto que a CF/88, a par de prever cláusulas pétreas, que tornam mais difícil a mudança, mas pressupõem a sua possibilidade, também prevê o princípio do Estado Social de Direito, o qual exige que o Estado cumpra a sua função planificadora e indutora da sociedade, realizando mudanças sociais, especialmente por meio da distribuição da riqueza; de *calculabilidade*, em vez de previsibilidade (absoluta), porque, apesar de a CF/88 conter uma série de regras destinadas a permitir uma antecipação da ação estatal, como são os casos das regras da legalidade e de anterioridade, a natureza do Direito, vertido este em linguagem indeterminada e dependente de processos argumentativos para a reconstrução de sentidos, impede a existência de univocidade semântica dos seus enunciados.

8.2 Esses estados ideais de cognoscibilidade, de confiabilidade e de calculabilidade normativas também são visíveis no âmbito do Direito Tributário: de *cognoscibilidade*, no lugar de determinação, pelas mesmas razões ligadas à linguagem, mas também por razões referentes à própria realidade que as espécies tributárias visam a regular, algumas das quais, como as contribuições de intervenção no domínio econômico ou mesmo determinadas taxas, incapazes, pela realidade que visam a regular, de atingir o mesmo grau de determinação na sua concretização quando confrontadas com outras espécies tributárias tradicionais, como os impostos; de *confiabilidade*, em vez de imutabilidade, visto que o Sistema Tributário, ao prever a irretroatividade tributária e ao abrir o subsistema tributário a outras garantias, dentre as quais se situam aquelas que protegem o direito adquirido, o ato jurídico perfeito e a coisa julgada, pressupõe a possibilidade de modificação do ordenamento jurídico, desde que obedecendo a determinados limites e a determinadas regras de transição; de *calculabilidade*, em substituição à previsibilidade (absoluta), porque o referido Sistema, precisamente porque limita a mudança, pressupõe que ela seja feita, com a condição de que o contribuinte não seja nem surpreendido nem enganado.

9.1 A indicação desses estados ideais, ao contrário dos ideais de determinação, de imutabilidade e de previsibilidade, revela que a concepção de segurança jurídica segue uma concepção de Direito que intermedeia as concepções objetivistas e argumentativas: o Direito não é nem um objeto previamente dado, cujo conteúdo dependa, exclusivamente, de atividades cognoscitivas reveladoras de sentidos predeterminados, nem uma atividade cuja realização deriva, unicamente, de estruturas argumentativas a serem reveladas apenas no posterior processo decisional, mas sim uma composição entre atividades semânticas e argumentativas – a atividade do operador do Direito parte de reconstruções de significados normativos por meio de regras de argumentação, porém tem a sua aplicação dependente de postulados hermenêuticos e aplicativos reveladores de elementos normativos e fáticos, de modo que a segurança jurídica deixa de ser uma mera exigência de predeterminação para consubstanciar um dever de controlabilidade racional e argumentativa.

9.2 Tal compreensão tem elevada importância no Direito Tributário, notadamente para demonstrar que a segurança jurídica, nesse âmbito normativo, não pode ser identificada com a (nem exaurida pela) exigência de determinação das hipóteses normativas, doutrinariamente identificada com o denominado princípio da tipicidade cerrada, devendo, em vez disso, abranger outros elementos ligados não apenas à clareza e à inteligibilidade das normas tributárias, mas, igualmente, à sua aplicação uniforme e não-arbitrária nos procedimentos e nos processos tributários. Essa novel e mais ampla percepção da segurança jurídica no campo do Direito Tributário não elimina a importância de aspectos ligados à determinação da norma (segurança de conteúdo); ela contribui, no entanto, para agregar a esses aspectos outros que são igualmente importantes para a visão integral da segurança jurídico-tributária, como é o caso daqueles concernentes à existência, à vigência e à eficácia das normas tributárias (segurança de existência, de vigência e de eficácia), à mudança das normas tributárias no tempo (segurança de transição), à aplicação das normas tributárias por meio de procedimentos administrativos ou processos administrativos ou judiciais (segurança de realização), à continuidade de regimes jurídico-tributários (segurança rítmica) e ao próprio tempo de resolução de litígios envolvendo matéria tributária (segurança de definição). Somente a conjugação equilibrada de todas essas fases é que permite a plena eficácia da segurança jurídico-tributária.

10.1 Quanto ao *aspecto material*, referente à palavra "jurídica", a Constituição indica a possibilidade de vários significados, dependendo da perspectiva adotada: segurança *do Direito*, porque, ao instituir as regras da legalidade, da anterioridade e da irretroatividade, ela estabeleceu condições para que o próprio Direito se torne seguro, mediante a clareza dos seus enunciados e a antecipação das suas normas, e, ao prever os princípios da moralidade e da publicidade, erigiu a fundamentação e a publicação como requisitos de validade das normas jurídicas; *pelo Direito*, porque, ao instituir, no seu art. 1º, um Estado Democrático, destinado a "assegurar a segurança como valor", ela estabelece que o Direito deve servir de *instrumento assecuratório* da segurança; *frente ao Direito*, já que a atuação estatal, que só pode se dar por meio do exercício de poderes previstos em regras de competência e por meio das fontes e dos procedimentos previstos pelo Direito, não pode atingir direitos que o particular tenha adquirido ou assegurado conforme ao Direito; *de direitos*, já que as proteções, pelo art. 5º, XXXVI, do direito adquirido, do ato jurídico perfeito e da coisa julgada traduzem a eficácia reflexiva do princípio da segurança jurídica, orientada a determinado sujeito e a determinado caso concreto, garantindo o exercício de determinados direitos; *como um direito*, porquanto a eficácia reflexiva do princípio objetivo da segurança jurídica faz surgir, para determinado sujeito, o direito a determinado comportamento estatal sem o qual os estados de cognoscibilidade, de confiabilidade e de calculabilidade não se concretizam minimamente; *no Direito*, tendo em vista que a segurança jurídica, tal como foi defendida nesta obra, não possui o seu núcleo na exigência de conhecimento de conteúdos total e previamente determinados, mas sim na controlabilidade de estruturas argumentativas exigidas na reconstrução e na aplicação de sentidos fático-normativos.

10.2 Esses vários significados também se reproduzem no âmbito do Direito Tributário, pois há normas que privilegiam a segurança *do Direito*, por verterem sobre a qualidade que as normas tributárias devem possuir ou sobre os efeitos que elas podem produzir (regras de legalidade, de anterioridade e de irretroatividade); normas que enfatizam a segurança *pelo Direito*, por assegurarem direitos aos contribuintes (regras que protegem o direito adquirido, o ato jurídico perfeito, a coisa julgada ou que preveem a isonomia tributária, inclusive pelo critério da capacidade econômica) ou garantirem procedimentos ou processos destinados a proteger os direitos dos contribuintes (regras que estabelecem as garantias da ampla defesa e do contraditório, o uso do mandado de segurança e do *habeas data*); normas tributárias que atentam para a segurança *frente ao Direito*, por estabelecerem competências, autoridades, procedimentos ou fontes necessários ao exercício do poder de tributar (regras de competência, regras de legalidade, de anterioridade e de irretroatividade, regra que proíbe a utilização de tributo com efeito de confisco); normas tributárias que estabelecem uma *segurança de direitos*, por serem denominadas de "garantias", de que são exemplo as garantias do direito adquirido, do ato jurídico perfeito e da coisa julgada, mas também por instituírem critérios gerais para a configuração da tributação de acordo com manifestações relativas aos contribuintes (princípios da isonomia e da capacidade contributiva, regra que determina o respeito aos direitos fundamentais e às garantias dos contribuintes); normas tributárias que preveem a segurança *como um direito*, na medida em que atestam a sua orientação protetiva do contribuinte em face do exercício do poder de tributar pelo Estado (limitações ao poder de tributar e direitos fundamentais individuais). Do mesmo modo, todas essas acepções, quando conjugadas em uma perspectiva unitária baseada, por sua vez, em uma concepção semântico-argumentativa do Direito, demonstram que a segurança jurídico-tributária não deve ser buscada apenas no conteúdo prévio e abstrato das normas, mas no próprio processo de realização do Direito Tributário.

11.1 Quanto ao *aspecto objetivo* da segurança jurídica, ele revela a segurança *do ordenamento*, porque vários princípios, como é o caso do Estado de Direito ou do Estado Social de Direito, dizem respeito ao conjunto do ordenamento jurídico e não a uma manifestação particular sua; *de uma norma* tanto *geral*, porque várias regras impõem condições de validade para a criação normativa, como é o caso da regra tributária de proibição de retroatividade, quanto *individual*, porque várias regras protegem situações individuais garantidas por sentença ou por ato administrativo, como é o caso da regra que protege o ato jurídico perfeito, a coisa julgada e o direito adquirido; *de um comportamento*, notadamente estatal, tendo em vista que a CF/88, além de instituir os princípios da publicidade e da moralidade, ainda contém uma série de regras, procedimentais e materiais, que favorecem o conhecimento e a fundamentação da atividade estatal.

11.2 Tal amplitude também é revelada no âmbito do Direito Tributário, dada a existência de normas que protegem a segurança *do ordenamento e da sua aplicação*, como é o caso das regras de legalidade, de anterioridade e de irretroatividade, e das regras e dos princípios atinentes aos procedimentos e aos processos tributários; *de uma norma geral*, como é o caso das regras relativas às fontes do Direito Tributário, especialmente a regra constitucional de reserva de lei complementar para a instituição de normas gerais; *de uma norma individual*, de que são exemplo as garantias da coisa julgada e do direito adquirido; *de um comportamento estatal*, tendo em vista os princípios que regulam a atuação estatal, como são os casos dos princípios da moralidade, da impessoalidade e da transparência estatal, inclusive fiscal.

12.1 Quanto ao *aspecto subjetivo* referente ao(s) sujeito(s) que a deve(m) garantir, devem os Poderes Legislativo, Executivo e Judiciário assegurá-la: *o Poder Legislativo*, porque a CF/88 contém regras sobre a instituição de normas, como é o caso das regras de legalidade, de anterioridade e de irretroatividade, impondo a esse Poder o dever de criar obrigações por meio de lei formal, de prever fatos destinados a ocorrer após determinado período e de alcançar situações ocorridas apenas após a edição das leis; o *Poder Executivo*, porque a CF/88 estabelece normas concernentes à aplicação uniforme da legislação, como é o caso do princípio da igualdade, e à obediência das regras estabelecidas pelo Poder Legislativo, como exemplifica a regra da legalidade; *o Poder Judiciário*, tendo em vista que a CF/88, a par de exigir a instituição de regras a serem uniformemente aplicadas, contém uma série de regras destinadas à fundamentação e à publicidade da atividade judicial.

12.2 Essa amplitude do aspecto subjetivo da segurança jurídica igualmente se evidencia no campo do Direito Tributário, já que também nesse ramo ela deverá ser assegurada pelos três Poderes: *pelo Poder Legislativo*, porque o Sistema Tributário contém regras de competência a ele destinadas e princípios que delimitam, formal e materialmente, o exercício do poder de tributar, assim como prevê as regras de legalidade, de anterioridade e de irretroatividade, que impõem a esse Poder o dever de criar obrigações tributárias de determinado modo e com determinada eficácia; *pelo Poder Executivo*, porque o referido Sistema contém tanto normas sobre a atuação estatal, especialmente os princípios dirigidos à Administração Pública, quanto normas que, indiretamente, vinculam a atuação administrativa ao disposto em lei, daí derivando a eficácia executiva dos regulamentos e a limitação material para a instituição de obrigações acessórias; *pelo Poder Judiciário*, considerando que o mencionado Sistema estabelece princípios processuais igualmente aplicáveis ao processo administrativo e ao processo judicial, bem como prevê garantias que poderão ser usadas preventiva ou repressivamente na defesa dos contribuintes, como é o caso do mandado de segurança em matéria tributária.

13.1 Quanto ao *aspecto subjetivo* referente ao beneficiário, ela se destina a proteger o *contribuinte*, já que as normas constitucionais têm como objetivo, de um lado, permitir a antecipação da atuação estatal, como comprovam os princípios da moralidade e da publicidade; de outro, têm como finalidade permitir o conhecimento das consequências atribuíveis aos atos praticados pelo contribuinte, como ilustra o conjunto de regras de competência e as regras da anterioridade e da irretroatividade tributárias.

13.2 A finalidade de proteger o contribuinte fica também salientada pela consideração da estrutura do Sistema Tributário, composto notadamente de regras de competência e de garantias asseguradas ao contribuinte, dentro e fora do subsistema tributário, muitas das quais inclusive definidas como "limitações ao poder de tributar".

14.1 Quanto ao *aspecto subjetivo* referente ao sujeito que serve de parâmetro aferidor da segurança, deve haver segurança jurídica na perspectiva do *cidadão comum*, visto que o princípio do Estado de Direito pressupõe o conhecimento das normas por todos os cidadãos, inclusive como instrumento de sua participação democrática, e os princípios da publicidade e da moralidade não apresentam qualquer tipo de destinatário específico, antes se dirigindo a todos os cidadãos.

14.2 Tal ênfase na perspectiva do contribuinte também é clara no âmbito do Direito Tributário. De um lado, há normas que proíbem que os contribuintes sejam surpreendidos (regras da anterioridade tributária de exercício e nonagesimal), enganados (regra de irretroatividade tributária), injustificadamente desigualados (princípio da isonomia em matéria tributária), excessivamente onerados (proibição de tributo com efeito de confisco) ou arbitrariamente beneficiados (regra de legalidade específica para a concessão de benefícios fiscais). De outro, há normas que determinam o respeito aos direitos individuais dos contribuintes (princípio da capacidade contributiva com a ressalva expressa de respeito aos direitos individuais), preveem garantias (regra de abertura do subsistema tributário a outras garantias "asseguradas ao contribuinte") ou estabelecem direitos à informação (princípio da transparência fiscal e garantia do *habeas data*). Todas essas normas instituem uma espécie de "óptica-cidadã" no âmbito da tributação.

15.1 Quanto ao *aspecto subjetivo* relativo à extensão subjetiva buscada pela segurança, para saber se há segurança jurídica para o indivíduo ou de um direito seu, ou para a coletividade, ou do ordenamento jurídico como um todo, é preciso examinar o contexto: a segurança jurídica pode ser tanto considerada um princípio objetivo do ordenamento jurídico, quanto pode experimentar uma aplicação reflexiva relativamente a um sujeito específico.

15.2 Essa ambivalência da segurança jurídica também se verifica em matéria tributária: ela tanto pode ser examinada como princípio objetivo do ordenamento jurídico, como demonstram os vários requisitos de validade e de eficácia das normas tributárias em geral (regras de legalidade, de anterioridade e de irretroatividade tributárias e regra de reserva de lei complementar para a edição de normas gerais), quanto pode ser analisada na sua eficácia garantidora de um direito do contribuinte, como evidenciam as regras que já protegem, em nível abstrato, aspectos individuais da aplicação reflexiva do princípio da segurança jurídica (regras de proteção do direito adquirido, do ato jurídico perfeito e da coisa julgada).

16.1 Quanto ao *aspecto temporal*, deve-se buscar segurança jurídica do passado, do presente e do futuro: *do presente*, porque a CF/88 estabelece regras para a criação do Direito, de maneira a permitir que o cidadão possa conhecer as normas às quais deve obedecer no exercício atual das suas atividades; *do passado*, porque a CF/88 estabelece normas que protegem situações já resguardadas pelo próprio Direito no passado, como as garantias do direito adquirido, da coisa julgada e do ato jurídico perfeito; *do futuro*, porque a CF/88 estabelece normas sobre o caráter vinculativo do Direito, com a finalidade de fazer com que o cidadão possa saber hoje qual é o grau de vinculatividade das normas amanhã.

16.2 O exame do aspecto temporal da segurança jurídica também indica, no âmbito do Direito Tributário, a importância de uma análise integral e equilibrada dos três tempos: *do presente*, porque o Sistema Tributário estabelece quais são os fatos dignos de tributação, por meio das regras de competência tributária e das regras de imunidade, quais são os procedimentos a serem adotados para a sua cobrança, mediante as regras de legalidade e de reserva de lei complementar, instituindo, com isso, uma espécie de segurança de orientação do contribuinte; *do passado*, porque o referido Sistema contém normas que preveem quando as normas tributárias podem produzir efeitos, assegurando que elas só podem verter sobre fatos que irão ocorrer após a sua edição, por meio da proibição de retroatividade tributária; *do futuro*, porque o mesmo Sistema institui normas que afastam a surpresa do contribuinte, como é o caso da regra da anterioridade e das normas que dirigem a atuação estatal, que não poderão desbordar dos seus contornos, como são os casos dos princípios atinentes à Administração Pública, de que é espécie a Administração tributária.

17.1 Quanto ao *aspecto quantitativo* da segurança jurídica deve-se garantir segurança total, no sentido de que a segurança jurídica deve ser *mais* promovida do que restringida. Como ela não envolve apenas um ideal uniforme, mas também um *complexo multiforme de ideais*, podem surgir reconfigurações internas, relativamente a vários de seus aspectos: ao se assegurar a estabilidade do Direito por meio da proteção da expectativa legítima de uma pessoa, pode-se comprometer tanto a inteligibilidade do Direito para os demais cidadãos, que não terão certeza com relação àquilo que é permitido ou proibido pelo ordenamento jurídico, quanto a vinculatividade do Direito, pois um princípio formal irá perder pontualmente a sua efetividade; ainda ao se preservar a estabilidade de uma expectativa legítima, protege-se a segurança do passado, porém compromete-se a segurança do futuro, porque se pode estimular a aposta de que atos contrários ao Direito possam ter os seus efeitos protegidos pela sustentação de uma situação consolidada.

17.2 No âmbito do Direito Tributário, essa necessidade de exame integral da segurança jurídica é particularmente importante, tendo em vista que muitas normas tributárias, ainda que editadas sem as formalidades previstas, podem produzir efeitos intensos e extensos no plano dos direitos fundamentais dos contribuintes e no plano da própria atuação estatal, como é o caso da concessão de benefícios fiscais estaduais onerosos e fruídos durante longo período, mas sem a obrigatória previsão em lei e em convênio interestadual.

18.1 Quanto ao *aspecto justificativo* da segurança jurídica, ela deve ser entendida como um *instrumento de realização de outros fins*: de um lado, dos direitos fundamentais de liberdade e de propriedade, visto que, sem estabilidade e sem calculabilidade da atuação estatal, o indivíduo não tem como exercer o direito de autodeterminação livre da sua vida digna; de outro lado, das finalidades estatais, tendo em vista que o exercício da ação e do planejamento estatal, a médio e a longo prazos, pressupõe uma permanência das regras válidas.

18.2 Esse caráter instrumental é ainda mais visível no âmbito do Direito Tributário, porquanto, no Sistema Tributário Nacional, os princípios e as regras relacionados à segurança jurídica, instituídos como "garantias" e como "limitações ao poder de tributar", assumem feição protetiva em favor do contribuinte e não em favor do Estado. Ao exercer seus direitos fundamentais de liberdade e de propriedade, o contribuinte, muitas vezes, age motivado, orientado ou mesmo dirigido por normas tributárias, com cuja validade contava, não se podendo simplesmente negar esse caráter indutor das normas tributárias para o próprio exercício das atividades econômicas.

19.1 Pode-se conceituar a segurança jurídica como sendo uma *norma-princípio que exige, dos Poderes Legislativo, Executivo e Judiciário, a adoção de comportamentos que contribuam mais para a existência, em benefício dos cidadãos e na sua perspectiva, de um estado de confiabilidade e de calculabilidade jurídicas, com base na sua cognoscibilidade, por meio da controlabilidade jurídico-racional das estruturas argumentativas reconstrutivas de normas gerais e individuais, como instrumento garantidor do respeito à sua capacidade de – sem engano, frustração, surpresa e arbitrariedade – plasmar digna e responsavelmente o seu presente e fazer um planejamento estratégico juridicamente informado do seu futuro*.

19.2 O conceito de segurança jurídico-tributária (ou de segurança jurídica no Direito Tributário) não difere do conceito geral de segurança jurídica, apenas enfatiza e realça o caráter eminentemente protetivo que a segurança assume nesse âmbito normativo, em virtude da existência de normas tributárias que instituem uma *perspectiva defensiva* dos direitos fundamentais dos contribuintes, porém em equilíbrio com uma moderada atuação estatal no exercício do poder de tributar.

20.1 Tal conceito revela que o princípio da segurança jurídica possui duas dimensões: a estática e a dinâmica. A dimensão *estática* diz respeito ao *problema do conhecimento* do Direito, ao seu saber, ou à *questão da comunicação* no Direito, e revela quais são as *qualidades* que ele deve possuir para que possa ser considerado "seguro" e, com isso, possa servir de *instrumento de orientação* ao cidadão, em geral, e ao contribuinte, em especial. Em contrapartida, a dimensão *dinâmica* refere-se ao *problema da ação* no tempo e prescreve quais são os ideais que devem ser garantidos para que o Direito possa "assegurar" direitos ao cidadão e, com isso, possa servir-lhe de *instrumento de proteção*.

20.2 No âmbito do Direito Tributário, essas duas dimensões também se manifestam, havendo normas que dizem respeito à dimensão estática da segurança jurídica, como é o caso daquelas que dispõem sobre o conteúdo (regra de legalidade) ou sobre a abrangência das normas tributárias (regra de reserva de lei complementar para edição de normas gerais), ou à sua dimensão dinâmica, de que são exemplos as normas que garantem estabilidade a determinadas situações (regra protetiva do direito adquirido, do ato jurídico perfeito e da coisa julgada e regra da irretroatividade tributária) ou as normas que protegem a anterioridade e a continuidade da ordem jurídica (regra de anterioridade tributária e princípio da isonomia em matéria tributária).

21.1 *Cognoscibilidade* significa um estado de coisas em que os cidadãos possuem, em elevada medida, a capacidade de compreensão, material e intelectual, de estruturas argumentativas reconstrutivas de normas gerais e individuais, materiais e procedimentais, minimamente efetivas, por meio da sua acessibilidade, abrangência, clareza, determinabilidade e executoriedade.

21.2 No âmbito do Direito Tributário há várias normas concernentes ao conhecimento das normas tributárias pelos contribuintes, de modo a assegurar-lhes a denominada "segurança de orientação" por meio do seu acesso, sua abrangência, sua clareza e sua determinação: há normas tributárias que regulam, direta ou indiretamente, a previsão dos tributos (regras que estabelecem as espécies tributárias, regras de competência tributária, princípios que instituem critérios da tributação e normas que definem as fontes do Direito Tributário), o nascimento da obrigação tributária (regra de legalidade e regra de reserva de lei complementar para determinadas matérias), a interpretação da legislação tributária (regra da legalidade que, indiretamente, proíbe o uso da analogia para criar novas obrigações tributárias), a constituição do crédito tributário (regra da legalidade que, indiretamente, exige a determinação do crédito baseada apenas na previsão legal) e a sua extinção (regra de reserva de lei complementar para instituir normas gerais de Direito Tributário, especialmente sobre prescrição e decadência tributários).

22.1 A *confiabilidade* significa o estado ideal em que o cidadão pode saber *quais* são as mudanças que podem ser feitas e quais as que não podem ser realizadas, evitando, dessa forma, que os seus direitos sejam *frustrados*. Essa confiabilidade só existe se o cidadão puder ver assegurados, hoje, os efeitos que lhe foram garantidos pelo Direito ontem, o que depende da existência de um estado de intangibilidade de situações passadas, de durabilidade do ordenamento jurídico e de irretroatividade de normas presentes.

22.2 No campo do Direito Tributário há numerosas normas relativas à credibilidade das normas tributárias, destinadas a assegurar aos contribuintes a denominada "segurança de transição do passado ao presente" por meio da estabilidade e da eficácia normativas: há normas tributárias que regulam, direta ou indiretamente, a interpretação e a aplicação da legislação tributária (regra da irretroatividade tributária, que proíbe a modificação de critérios jurídicos na aplicação da legislação), a constituição do crédito tributário (regra da irretroatividade que indiretamente determina a aplicação da lei vigente no momento da ocorrência do fato gerador e afasta a aplicação de novos critérios sobre fatos ocorridos antes da sua edição, regra de reserva de lei complementar para instituir normas gerais de Direito Tributário, inclusive sobre obrigação tributária e lançamento tributário).

23.1 A *calculabilidade* significa o estado ideal em que o cidadão pode saber *como* e quando as mudanças podem ser feitas, impedindo que aquele seja *surpreendido*. Essa calculabilidade só existe se o cidadão puder controlar, hoje, os efeitos que lhe serão atribuídos pelo Direito amanhã, o que só ocorre se o cidadão tem, em grande medida, a capacidade de, aproximadamente, antecipar e medir o espectro reduzido e pouco variado de critérios e de estruturas argumentativas definidoras de consequências atribuíveis, heterônoma e coativamente ou autônoma e espontaneamente, a atos, próprios e alheios, ou a fatos, ocorridos ou passíveis de ocorrerem, controversos ou incontroversos, e o espectro razoável de tempo dentro do qual a consequência definitiva será aplicada.

23.2 No campo do Direito Tributário, há várias normas relativas à continuidade das normas tributárias, cujo objetivo é assegurar ao contribuinte a intitulada "segurança de transição do presente ao futuro" por meio da anterioridade e da continuidade das modificações e da força vinculante das suas normas, gerais e individuais: há normas tributárias que regulam o objeto e o modo da tributação, permitindo que o contribuinte possa medir o espectro da futura tributação, que antecipam os efeitos futuros das leis tributárias, como é o caso da regra da anterioridade, e que regulam a fiscalização do cumprimento das obrigações tributárias (princípios aplicáveis ao procedimento e ao processo tributários, como o princípio do devido processo legal e as regras de fundamentação e publicação dos atos e decisões).

24.1 A reunião das duas dimensões – estática e dinâmica – do princípio da segurança jurídica permite demonstrar que este busca garantir, no seu conjunto, um estado ideal de respeitabilidade do ser humano, infenso ao engano, à frustração, à surpresa e à arbitrariedade, protegendo, com isso, a respeitosa transição do passado ao presente e do presente ao futuro, elementos esses que conduzem a reconceituá-la como um *princípio-condição, garantidor de um estado de respeitabilidade dos direitos fundamentais do cidadão-contribuinte e de moderação da atuação estatal por meio da controlabilidade jurídico-racional das estruturas argumentativas reconstrutivas de normas gerais e individuais*, ou simplesmente como um *princípio garantidor da respeitabilidade do contribuinte como cidadão*.

24.2 O conceito proposto de segurança jurídico-tributária promove um deslocamento em vários aspectos da discussão, envolvendo a segurança jurídica: no lugar de um conceito de segurança jurídica exclusivamente vinculado à certeza por meio do conhecimento da determinação prévia e abstrata de hipóteses legais e aferível mediante a descrição da linguagem, em que o Direito é mera criação de um Poder e precede, como algo totalmente dado, a sua própria atividade aplicativa, apresenta-se um conceito de segurança jurídica centrado no controle argumentativo e constatável graças ao uso da linguagem, por meio do conhecimento de critérios e de estruturas hermenêuticas, e no qual o Direito é produto da experiência e resulta da conjugação de aspectos objetivos e subjetivos inerentes à sua aplicação. Ultrapassa-se a compreensão da segurança jurídica como *garantia de conteúdo*, baseada no paradigma da determinação, para uma segurança jurídica como *garantia de respeito*, fundada no paradigma da controlabilidade semântico-argumentativa e cuja realização depende de elementos, de dimensões e de aspectos a serem conjuntamente avaliados.

25.1 Relativamente à proteção da confiança, a existência da base da confiança depende do exame de vários critérios a respeito de elementos que interagem entre si, sempre vinculados, de um lado, aos direitos fundamentais de liberdade, de propriedade e de igualdade e, de outro, aos princípios ligados à atividade estatal, não podendo a ausência de lei afastar, por si só, a produção de efeitos dos benefícios, devendo-se considerar, relativamente aos atos normativos que os concederam, o grau de permanência, de individualidade, de onerosidade, de eficácia no tempo, de realização das finalidades, de aparência de legitimidade, de dependência dos destinatários e de indução comportamental.

25.2 No âmbito do Direito Tributário, a aplicação do denominado princípio da proteção da confiança tem enorme relevância no plano da concessão de benefícios fiscais que, eventualmente, não tenham observado as formalidades exigidas pela Constituição, como é o caso de benefícios concedidos sem lei específica e sem a previsão em convênio interestadual. Nessas hipóteses, não apenas o aspecto formal deverá ser considerado; os outros elementos deverão ser avaliados, como os graus de permanência, de individualidade, de onerosidade, de eficácia no tempo, de realização das finalidades, de aparência de legitimidade, de dependência dos destinatários e de indução comportamental atrelados ao benefício fiscal. Somente mediante a observância conjunta e equilibrada de todos esses elementos é que se poderá atentar simultaneamente para a atuação estatal e para o exercício de direitos fundamentais no plano do Direito Tributário, evitando o engano e a surpresa de quem, legitimamente, confiou na validade dos atos normativos.

26.1 A questão de saber se o exercício da liberdade é ou não requisito indispensável para a proteção da confiança se resolve verificando, primeiro, qual é o *tipo de estabilidade* pretendida, se referente ao ordenamento jurídico como um todo, com base na face objetiva do princípio da segurança jurídica, que exige durabilidade normativa (confiabilidade por meio da permanência) e desenvolvimento normativo estável, moderado e consistente (calculabilidade por meio da continuidade), ou se relativa a uma situação concreta, com base na aplicação reflexiva do princípio da segurança jurídica, que veda restrições injustificadas no exercício passado de liberdade juridicamente orientada (confiabilidade por meio da proteção da confiança); segundo, e como consequência, se a estabilidade pretendida está ou não fundamentada nos direitos fundamentais individuais.

26.2 No setor do Direito Tributário, esses dois tipos de estabilidade podem ser buscados e protegidos. Há situações em que, pela consideração dos efeitos indiretos produzidos pelo benefício fiscal e pelo exame dos terceiros de boa-fé atingidos, a manutenção do benefício fiscal, notadamente para o passado, desempenha uma função essencial para a própria credibilidade do ordenamento jurídico. Noutras situações, independente desses elementos, o contribuinte poderá ter praticado atos de disposição dos seus direitos fundamentais de liberdade e de propriedade, de modo que a mantença do benefício fiscal é condição para a confiabilidade do contribuinte no ordenamento jurídico, bem como é requisito para que a atuação estatal não seja geradora de surpresa ou de engano.

27.1 Quanto maiores forem os encargos causados, maior a duração da eficácia da base e mais difícil for a reversão dos efeitos produzidos, mais intensa será a restrição nos direitos fundamentais de propriedade e de liberdade do cidadão, e, portanto, maior será a protetividade da confiança e maiores deverão ser as justificativas para o seu afastamento.

27.2 A consideração desses elementos é essencial para ultrapassar a análise meramente formal dos benefícios fiscais, centrada exclusivamente na regularidade formal da atuação estatal, em favor de uma investigação conjunta tanto da atuação estatal, e da sua moderação, quanto do exercício dos direitos fundamentais pelo contribuinte, e da sua intensidade, muitas vezes existente para também promover finalidades públicas.

28.1 Todos os elementos do princípio da proteção da confiança (base da confiança, confiança, exercício da confiança e frustração da confiança) têm que estar presentes, mas a fraca intensidade de um deve ser compensada pela alta intensidade de outro, de modo que, na média, possa ser possível afirmar a densidade mínima dos seus pressupostos.

28.2 Essa avaliação conjunta e equilibrada de todos os elementos do princípio da proteção da confiança deslocam a análise dos efeitos dos benefícios fiscais do nível abstrato para o nível concreto, de modo a permitir uma análise tanto da atuação estatal quanto do exercício dos direitos fundamentais.

29.1 Relativamente à proibição de retroatividade, quando se tratar de ato consumado no passado (direito adquirido, ato jurídico perfeito, coisa julgada e fato gerador tributário ocorrido), a retroatividade é proibida por regra, sendo, no caso, excluído qualquer tipo de ponderação horizontal; quando o fato normativamente previsto tiver se iniciado, mas ainda não concluído ou consumado segundo a legislação e, por isso, não for capaz de ser protegido pelas regras de irretroatividade, será então necessário verificar a ocorrência dos pressupostos configuradores do princípio da proteção da confiança, capaz de afastar a retroatividade imprópria ou a referência retroativa a situações de fato preexistentes, devendo-se considerar existente um estado de protetividade da confiança quando o conjunto dos seus elementos estiver previsto em maior medida, assim entendido o caso em que o baixo grau de presença de um elemento for compensado pelo alto grau de presença de outros.

29.2 A "regra de irretroatividade vinculada ao fato gerador" apenas tem por finalidade afastar a ponderação horizontal sobre situações abrangidas por sua hipótese de incidência (fatos geradores cuja ocorrência está conexa aos atos de disposição do contribuinte), sem, no entanto, excluir que, fora dela, possa haver proteção do contribuinte: quando os atos praticados tiverem sido concluídos de acordo com a previsão legal, há proteção, relativamente a fatos geradores, pelo disposto na letra “a” do inciso III do art. 150 e, no restante, pelo disposto no inciso XXXVI do art. 5º, de modo que mesmo nos casos em que não há ato ou fato consumado no passado, pode haver atos de disposição dos contribuintes e condutas estatais que justifiquem o afastamento dos efeitos retrospectivos da legislação.

30.1 O problema da retroatividade deixa de ser apenas um problema de relacionamento de normas no tempo (Direito Intertemporal) e passa a ser um problema de não-restrição arbitrária de direitos fundamentais e de atuação estatal leal e justificada: retroativa não é apenas a norma que alcança *fato gerador* consumado, mas também a norma que alcança *disposição consumada em razão da hipótese de incidência vigente no momento da sua adoção*, assim entendida aquela que não mais pode ser revertida por reação do contribuinte.

30.2 Por meio dessa nova forma de análise da retroatividade tributária, o núcleo do seu exame deixa de ser a verificação da ocorrência ou não de fatos, para ser a verificação do exercício (e da medida deste exercício) dos direitos fundamentais. A nomenclatura de fatos geradores continuados, vista como superada pela consideração sempre pontual da ocorrência de fatos de acordo com hipóteses normativas, recobra sua importância e justifica um reexame sob a óptica dos direitos fundamentais.

31.1 A modificação dos atos administrativos não depende da sua invalidade, mas da intensidade da atuação do contribuinte baseada na sua confiança e na intensidade da restrição que a sua modificação irá causar, não se podendo decretar a nulidade de uma atuação administrativa pelo simples fato de que ela é, do ponto de vista formal, contrária ao Direito.

31.2 No âmbito do Direito Tributário, a mudança administrativa não mais pode ser vista como sendo resultado de uma mera análise de conveniência e de oportunidade da Administração. Ela deve, em vez disso, ser resultado da conjugação da atuação administrativa e da atuação do contribuinte, razão pela qual, quando houver confiança legítima, somente a revogação para o futuro, agregada de regras de transição, poderá harmonizar os interesses públicos com os interesses privados.

32.1 O exame da modificação jurisprudencial e dos seus efeitos depende da sua própria definição. Esta pode ser definida como conflito direto entre duas decisões válidas, eficazes e definitivas, referentes ao mesmo objeto, razão pela qual não se pode confundir mudança jurisprudencial com a inovação ou com a divergência. Não basta, contudo, haver mudança para haver proteção. Esta só deve ser garantida quando houver atos de disposição de direitos fundamentais com base em decisão modificada que se podia acreditar definitiva sobre a área de competência do órgão julgador.

32.2 No âmbito do Direito Tributário, a mudança jurisprudencial assume importância ímpar quando o contribuinte pratica atos de disposição de direitos fundamentais com base em decisão judicial que é posteriormente alterada. Nesse caso, será preciso investigar a presença da base de confiança, caracterizada pela vinculatividade e pela pretensão de permanência, da confiança legítima do contribuinte, da prática de atos de disposição de direitos fundamentais orientados na decisão modificada e da frustração intensa da confiança pela decisão modificadora. Presentes esses elementos, somente o caso concreto irá indicar se será a eficácia prospectiva da decisão modificadora ou as regras de transição que irão harmonizar o dever de permanência com a necessidade de mudança do ordenamento jurídico.

33.1 A modulação de efeitos no controle de constitucionalidade, embora permitida, é restrita, dependendo de determinados pressupostos (excepcionalidade do caso objeto de decisão e inexistência de inconstitucionalidade manifesta do ato impugnado), finalidades (restauração do "estado de constitucionalidade", proteção direta da segurança jurídica objetiva e indireta dos direitos fundamentais, afastamento de "grave" ameaça à insegurança jurídica) e procedimentos (garantia do contraditório a respeito da modulação, preservação da eficácia retroativa para o caso precursor, os casos paralelos e os não abrangidos pela decadência, aplicação segura da modulação de efeitos com base na segurança jurídica).

33.2 A modulação de efeitos para manter os efeitos pretéritos de leis tributárias declaradas inconstitucionais não pode ser geralmente feita com base no princípio da segurança jurídica, em face do caráter protetivo do contribuinte diante do Estado que esta assume no âmbito do Direito Tributário. A declaração de inconstitucionalidade da lei tributária, ao contrário de outras leis garantidoras de direitos fundamentais, restabelece imediatamente o estado de constitucionalidade antes violado, não havendo razão para não decretar a sua invalidade. Além disso, a mantença dos efeitos de lei tributária inconstitucional elimina o caráter de resistência dos direitos fundamentais e a eficácia mínima do princípio da universalidade da jurisdição.

34.1 A segurança jurídica, tal como prevista na CF/88, além de não poder ser usada pelo Estado para suportar restrição dos direitos fundamentais de liberdade, não pode justificar a manutenção de efeitos, no caso da instituição de obrigações tributárias, pois tal procedimento mais restringe do que promove a segurança jurídica: ao manterem-se os efeitos passados da norma inconstitucional, pretendendo proteger a segurança jurídica *no passado*, restringe-se, ainda em maior medida, a segurança jurídica *no futuro*, pelo incentivo à edição de novas normas inconstitucionais e, portanto, pelo estímulo à restrição da eficácia e da calculabilidade do Direito.

34.2 No âmbito do Direito Tributário, a manutenção de efeitos passados de leis tributárias inconstitucionais estimula a edição futura de novas leis inconstitucionais, pelo inevitável efeito financeiro causado por qualquer norma tributária: se o impacto financeiro da declaração de inconstitucionalidade, com efeito *ex tunc*, for fundamento para a modulação de efeitos da decisão, quanto maior for esse impacto, maior será a chance de os efeitos da lei serem mantidos. Assim, quanto mais restritiva for a lei tributária, maior será o impacto financeiro causado; e quanto maior for este impacto, tanto maior será a chance de a lei ser considerada constitucional. Esse raciocínio perverso faz com que, quanto "mais inconstitucional" for a lei tributária, maior seja a chance de ela ser considerada constitucional. Esse modo de compreender, além de manifestamente contrário ao próprio princípio da segurança jurídica, também contradita os mais elementares requisitos do Estado de Direito, além da própria racionalidade do ser humano.

35.1 A segurança jurídica pressupõe a existência de condição de realização das normas nas quais o cidadão confiou para praticar atos de disposição dos seus direitos fundamentais. Essa "segurança de realização" depende tanto do direito fundamental à proteção judicial quanto de pressupostos institucionais sem os quais essa proteção não tem como se efetivar. O princípio do devido processo legal, como consectário lógico procedimental da própria eficácia dos direitos fundamentais, irá estabelecer as condições sem as quais o cidadão não tem condições de se defender da atuação estatal restritiva dos seus direitos.

35.2 No plano do Direito Tributário, a "segurança de realização" pressupõe a presença de mecanismos efetivos de defesa do contribuinte contra qualquer tipo de restrição dos seus direitos fundamentais, seja no âmbito do procedimento de fiscalização, seja no seio do próprio processo administrativo ou judicial. Sem as garantias inerentes ao devido processo legal (juiz natural imparcial, intimação e publicação, contraditório, ampla defesa, inadmissibilidade de provas ilícitas, fundamentação expressa, racional e motivada das decisões, possibilidade de recurso), não há como efetivar o princípio da segurança jurídica no âmbito do Direito Tributário. E sem as condições institucionais da independência do Poder Judiciário, de acesso ao Poder Judiciário e do dever de decisão sobre qualquer questão a ele submetida, igualmente não há como ser efetivada a defesa do contribuinte frente ao poder de tributar.

36.1 A segurança jurídica exige a segurança da transição do presente ao futuro por meio da anterioridade, da continuidade e da vinculatividade normativas. Somente por meio dessas garantias é que o cidadão poderá ver assegurada, no futuro, a sua liberdade exercida no presente, sem surpresa ou engano.

36.2 No âmbito do Direito Tributário, essas exigências repercutem, especialmente, na necessidade de *moderação* da alteração das normas tributárias: a mudança de qualquer regime jurídico somente pode ser considerada compatível com os direitos fundamentais dos contribuintes quando estiverem presentes regras de transição e cláusulas de equidade capazes de harmonizar a necessidade de mudança com o dever de respeitabilidade da atuação passada do contribuinte.

37.1 A segurança jurídica ainda exige que a atuação estatal futura mantenha coerência com a atuação estatal passada, salvo se houver uma razão justificadora do abandono das regras anteriormente aplicadas, sempre mediante a edição de regras de transição e de cláusulas de equidade.

37.2 No âmbito do Direito Tributário, a exigência de continuidade normativa pela proibição de arbitrariedade impede que o Estado adote princípios diretivos de determinado regime jurídico-tributário para, depois e sem qualquer justificativa, abandoná-los, sem que, com isso, viole o princípio da segurança jurídica.

38.1 A eficácia jurídica do princípio da segurança jurídica envolve a sua *função normativa*, na acepção do modo como ele produz efeitos relativamente a outras normas ou referentemente ao comportamento humano, e a *força normativa*, no sentido da forma como aquele se posiciona no confronto com outras normas. A função normativa do princípio da segurança jurídica é relativa, visto que a configuração da sua *qualidade normativa* e das suas várias *funções eficaciais* depende da perspectiva por meio da qual ele é analisado.

38.2 Essas funções eficaciais se reproduzem no âmbito do Direito Tributário, pois também nesse setor normativo será preciso verificar qual a força normativa da segurança e quais as suas funções eficaciais. Dado o caráter fundante do princípio da segurança jurídica para a validade das normas tributárias, sua força normativa não poderá jamais ser afastada por completo.

39.1 Se o princípio da segurança jurídica for investigado na sua relação com princípios que impõem a realização de um estado de coisas ainda mais amplo, aquele assume o papel de *subprincípio* e exerce uma *função eficacial definitória* relativamente a esse ideal. Nessa relação e nessa perspectiva, ele assume uma posição de inferioridade analítica, concretizando-se a interpretação "de baixo para cima". É o que ocorre na relação que o princípio da segurança jurídica mantém com o princípio do Estado de Direito.

39.2 Em matéria tributária, a relação do princípio da segurança jurídica com o princípio do Estado de Direito é fundamental, especialmente para afastar interpretações que terminem por manter atos contrários ao Direito sem a presença de outros elementos capazes de justificar essa manutenção.

40.1 Se o princípio da segurança jurídica for examinado na sua ligação com princípios que impõem a realização de ideais mais restritos, aquele exerce a posição de *sobreprincípio* e desempenha diferentes funções relativamente a esses ideais: *função eficacial interpretativa*, quando serve de parâmetro para interpretar os subprincípios; *função eficacial bloqueadora*, quando funciona para impedir a aplicação concreta de um dos subprincípios que se revela pontualmente incompatível com o estado de coisas mais amplo; *função eficacial integrativa*, quando serve de instrumento para preencher o vácuo decorrente do afastamento pontual de um subprincípio.

40.2 É o que ocorre, no âmbito do Direito Tributário, na relação que o princípio da segurança jurídica mantém com os princípios da legalidade (como ideal de previsibilidade da atuação estatal), da irretroatividade (como ideal de regulação jurídica para casos futuros) e da proteção da confiança (como ideal de proteção de atos de disposição causalmente vinculados a atuações estatais anteriores): o princípio da segurança jurídica, como sobreprincípio, serve de parâmetro interpretativo para redefinir aquilo que, de modo mais restrito, é estabelecido pelos seus subprincípios, ou de norma capaz de bloquear a aplicação de um subprincípio e, subsequentemente, integrar o vácuo derivado do bloqueio.

41.1 Se o princípio da segurança jurídica for perscrutado na atuação direta, sem entremeio de qualquer norma, quer princípio, quer regra, ele exerce a qualidade de *princípio* e desempenha diretamente uma *função eficacial integrativa*, preenchendo o vácuo originário deixado pela ausência de regras ou de princípios que regulem especificamente a situação.

41.2 Em matéria tributária, a função eficacial integrativa evidencia a desnecessidade de regras infraconstitucionais estabelecendo requisitos indispensáveis à cognoscibilidade, à confiabilidade e à calculabilidade normativas, bastando a eficácia direta do próprio princípio da segurança jurídica para assegurar condições de validade e de eficácia de normas tributárias gerais e individuais.

42.1 Se a segurança jurídica é examinada na sua relação com outras normas e, portanto, na sua eficácia indireta, ora pode assumir a qualidade de *subprincípio*, se a perspectiva de análise for aquela que examina a sua relação com uma norma que estabelece um ideal mais amplo a ser atingido, ora pode exercer o papel de *sobreprincípio*, se o ângulo de investigação for aquele que envolver a sua ligação com normas que fixem ideais menos amplos.

42.2 No âmbito do Direito Tributário, o princípio da segurança jurídica serve tanto de elemento concretizador do princípio do Estado de Direito, especialmente para afastar atos contrários ao Direito que não respeitem a separação dos Poderes, a hierarquia normativa, a clareza e o conhecimento prévio das normas, quanto de elemento definidor de outros ideais mais restritos, notadamente aqueles concernentes à legalidade e à irretroatividade na aplicação das normas tributárias.

43.1 A CF/88 regrou a segurança jurídica em diversos setores, ou protegendo, por exemplo, a coisa julgada, o direito adquirido e o ato jurídico perfeito, ou proibindo a retroatividade das leis tributárias relativamente à ocorrência do fato gerador. Nesses casos, em vez de se constituir um elemento para ser objeto de ponderação, na qualidade de princípio, a segurança jurídica é concretizada constitucionalmente por meio de regras que, como tais, não se submetem a uma mera ponderação horizontal.

43.2 Esse regramento da segurança jurídica assume relevo no Direito Tributário com a finalidade de afastar meras ponderações horizontais destinadas a afastar a coisa julgada em matéria tributária ou a justificar a utilização, no processo tributário, de provas ilícitas. O regramento da segurança jurídica em determinadas matérias funciona como reforço da eficácia de garantias asseguradas ao contribuinte que nem a consideração de finalidades estatais arrecadatórias ou persecutórias poderá afastar.

44.1 A eficácia objetiva do princípio da segurança jurídica pode experimentar, do ponto de vista concreto e subjetivo, um "direito à segurança", que nada mais é do que o princípio da segurança jurídica na sua eficácia reflexiva.

44.2 No plano do Direito Tributário, o direito à segurança jurídica, se não permite a exigência de políticas tributárias gerais, reservadas ao âmbito de competência do Poder Legislativo e do Poder Executivo, pelo menos possibilita a exigência de manifestações pontuais destinadas a assegurá-la em determinadas situações, especialmente pelo afastamento da surpresa e do engano na atuação estatal.

45.1 Como o princípio da segurança jurídica exige a realização conjunta de *vários* estados de coisas, uns intermediários, outros finais, que não necessariamente coincidem, pode ocorrer que, em razão de um caso a decidir, surja uma espécie de conflito da segurança jurídica consigo, no sentido de que a promoção de *um* estado de coisas implique a restrição de *outro* estado de coisas que se apresente concreta e diametralmente oposto. A solução está em *equilibrar* esses estados ideais de modo que a busca da segurança jurídica provoque um incremento no seu conjunto, isto é, que a utilização do princípio da segurança jurídica como fundamento de uma dada decisão conduza a uma realização média maior dos estados ideais que o compõem do que o contrário.

45.2 No campo do Direito Tributário, a utilização do princípio da segurança jurídica não poderá jamais implicar na sua restrição em maior medida, não apenas considerando o passado, o presente e o futuro, mas também examinando conjuntamente os seus aspectos estáticos e dinâmicos. A segurança jurídica, insista-se, ou é inteira, ou não é segurança jurídica.

46.1 O princípio da segurança jurídica, entendido como norma que estabelece os ideais de cognoscibilidade, de confiabilidade e de calculabilidade do Direito, nunca pode ser descartado. O que pode ocorrer é que, em alguns casos, um *elemento* de um dos seus *ideais* de uma de suas *dimensões* pode ser diferentemente calibrado, em virtude da sua relação com os ideais de outra dimensão, porém a segurança jurídica, na unidade dos seus ideais, nunca é objeto de afastamento completo. O que ocorre é a aplicação em menor medida de um elemento em favor da aplicação em maior medida de outro(s).

46.2 A segurança jurídica, embora seja um princípio, por ser uma norma que estabelece a busca de um estado ideal de coisas sem apontar de antemão o meio necessário à sua realização, não tem a eficácia *prima facie* que alguns princípios possuem, quer no sentido de norma pontualmente inaplicável (eficácia *prima facie* como força normativa dissipável), quer no sentido de norma concretamente afastável (eficácia *prima facie* como força normativa afastável), quer, ainda, no sentido de norma restringível na sua unidade (eficácia *prima facie* como força normativa restringível).

47.1 O princípio da segurança jurídica é uma norma portadora de uma eficácia *sui generis* no quadro principiológico, uma espécie de norma-condição ou norma-estrutura, sem cuja eficácia mínima as outras normas também deixam de ser minimamente eficazes. Ele é um "princípio de intermediação", pois estabelece *condições funcionais* para os princípios e para as regras que compõem o ordenamento jurídico.

47.2 No âmbito do Direito Tributário, a consideração do princípio da segurança jurídica como princípio que condiciona a validade e instrumentaliza a eficácia das normas tributárias permite demonstrar que ele não poderá ser afastado integralmente, mesmo a pretexto da realização de finalidades públicas, quer sejam elas relacionadas à arrecadação, quer sejam elas referentes à fiscalização das obrigações tributárias, quer principais, quer acessórias.

48.1. O princípio da segurança jurídico-tributária assume um caráter *especial*, pois há normas específicas e enfáticas, no Sistema Tributário Nacional, que servem de instrumento para se garantir inteligibilidade do Direito, pela determinabilidade das hipóteses de incidência (regra da legalidade e sistema de regras de competência); a confiabilidade do Direito pela estabilidade no tempo (regra de reserva de competência para lei complementar regular prescrição e decadência), pela vigência (regra de proibição de retroatividade) e pelo procedimento (regras expressas de abertura do subsistema tributário a direitos e a garantias nele não previstos, como é o caso das proteções ao direito adquirido, à coisa julgada e ao ato jurídico perfeito); a calculabilidade do Direito, pela não-surpresa (regra da anterioridade).

48.2 Essas normas específicas como que dão um *caráter de resistência* ou de *proteção* aos ideais cuja realização é determinada pelo princípio da segurança jurídica. Tal caráter revela-se, por exemplo, na redefinição do princípio da irretroatividade e na rediscussão da utilização da modulação no âmbito do Direito Tributário.

49.1 Os bens jurídicos restringidos pela concretização da relação obrigacional tributária podem reclamar uma protetividade ainda mais acentuada, porque, dependendo do objeto, da intensidade e da finalidade da restrição de direitos fundamentais, o princípio da segurança jurídica deve ser considerado de uma forma ainda mais protetiva, especialmente naqueles casos em que houve atos de disposição dos direitos fundamentais de liberdade e de propriedade, cujo desrespeito implica tratar o cidadão-contribuinte como mero objeto.

49.2 O *caráter de resistência* ou de *proteção* que o princípio da segurança jurídica assume no Direito Tributário não é, portanto, uniforme: ele é abstratamente maior pela existência de normas abstratas que atribuem um caráter geralmente protetivo; concretamente, no entanto, deverá ser tanto maior, quanto mais brusca e drasticamente forem restringidos os direitos fundamentais de liberdade, de propriedade, de igualdade e de dignidade do cidadão-contribuinte.

50.1 O princípio da segurança jurídica é um princípio-condição, garantidor, de um lado, de um estado de respeitabilidade dos direitos fundamentais do cidadão-contribuinte e, de outro, de um ideal de moderação da atuação estatal. A sua definição como um princípio preservador da respeitabilidade da ação e da argumentação do contribuinte como cidadão racional, provoca uma extraordinária mudança na própria análise do Direito Tributário: a validade, a vigência e a eficácia das normas tributárias não podem mais ser analisadas sob o ângulo exclusivo da sua estrutura formal, do seu alcance semântico ou da sua relação intertemporal; esses elementos precisam ser investigados, em vez disso, sob uma perspectiva que conjugue equilibradamente o modo, o ritmo e a intensidade do exercício dos direitos fundamentais com o modo, o ritmo e a intensidade da atuação estatal.

50.2 Essa compreensão do princípio da segurança jurídica como princípio que, sobre fundar a validade e instrumentalizar a eficácia das normas tributárias, não só limita e dirige a atuação estatal como assegura e respeita os direitos fundamentais do contribuinte e a argumentação a eles concernente, permite que o próprio Direito Tributário deixe de ser um Direito centrado no exercício do poder pelo Estado, para ser, sobretudo, um Direito jusfundamentalmente comprometido.

REFERÊNCIAS BIBLIOGRÁFICAS

AARNIO, Aulis. *Reason and Authority*. Dartmouth: Ashgate, 1997.

__________. *The Rational as Reasonable*. Dordrecht: Reidel, 1987.

ALEXANDER, Larry; SHERWIN, Emily. *The Rule of Rules*. Durham: Duke, 2001.

ALEXY, Robert. *Theorie der Grundrechte*. 2ª ed. Frankfurt am Main: Suhrkamp, 1994; trad. para o português de Virgílio Afonso da Silva. *Teoria dos Direitos Fundamentais*. 2ª ed., 4ª tir. São Paulo: Malheiros Editores, 2015.

__________. *Theorie der juristischen Argumentation*. Frankfurt am Main: Suhrkamp, 1983.

ALLORIO, Enrico. "La certezza del Diritto dell'Economia". *Rivista del Diritto dell'economia*, pp. 1.198-1.212, 1956.

ALPA, Guido. "La certezza del Diritto nell'età dell'incertezza". Napoli: Scientifica, 2006.

ALTMEYER, Sabine. *Vertrauensschutz im Recht der Europäischen Union und im deutschen Recht*. Baden-Baden: Nomos, 2003.

ÁLVAREZ MARTÍNEZ, Joaquín. *La motivación de los actos tributarios*. Madrid: Marcial, 1999.

ALVARO DE OLIVEIRA, Carlos Alberto. *Do Formalismo no Processo Civil*. 3ª ed. São Paulo: Saraiva, 2009.

__________. "O formalismo-valorativo no confronto com o formalismo excessivo". *Revista Forense*, p. 388, pp. 11-28, separata, s. d.

AMARO, Luciano. *Direito Tributário brasileiro*. 15ª ed. São Paulo: Saraiva, 2009.

ANTUNES ROCHA, Cármen Lúcia. "O princípio da coisa julgada e o vício de inconstitucionalidade". In ANTUNES ROCHA, Cármen Lúcia (org.). *Constituição e segurança jurídica: direito adquirido, ato jurídico perfeito e coisa julgada. Estudos em homenagem a José Paulo Sepúlveda Pertence*. Belo Horizonte: Fórum, 2004, pp. 165-191.

ARCOS RAMÍREZ, Federico. *La seguridad jurídica: una teoría formal*. Madrid: Dykinson, 2000.

von ARNAULD, Andreas. *Rechtssicherheit*. Tübingen: Mohr Siebeck, 2006.

ARNDT, Hans-Wolfgang. "Das Rechtsstaatsprinzip". *JuS*, n. 27, pp. L41-L44, 1987.

__________. *Probleme rückwirkender Rechtsprechungsänderung*. Frankfurt: Athenäum, 1974.

ASOREY, Rubén. "Seguridad jurídica y Derecho Tributário". *RDT*, n. 52, pp. 26-53, São Paulo, 1990.

ATALIBA, Geraldo. *Sistema constitucional tributário brasileiro*. São Paulo: Ed. RT, 1968.

__________. *Hipótese de incidência tributária*. 6ª ed., 16ª tir. São Paulo: Malheiros Editores, 2016.

__________. *República e Constituição*. 3ª ed. São Paulo: Malheiros Editores, 2011.

__________. "Segurança do Direito, tributação e anterioridade". *RDT*, ns. 27-28, pp. 51-75, São Paulo, 1984.

ÁVILA, Ana Paula Oliveira. *A modulação de efeitos temporais pelo STF no controle de constitucionalidade*. Porto Alegre: Livraria do Advogado, 2009.

__________. "A face não-vinculante da eficácia vinculante das declarações de inconstitucionalidade". In ÁVILA, Humberto (org.). *Fundamentos do Estado de Direito – Estudos em homenagem a Almiro do Couto e Silva*. São Paulo: Malheiros Editores, 2005, pp. 199-216.

ÁVILA, Humberto. "Juristische Theorie der Argumentation". In HELDRICH, Andreas *et alii* (orgs.). *FS für Claus-Wilhelm Canaris zum 70. Geburtstag*. München: Beck, 2007, pp. 963-989.

__________. *Teoria dos princípios – Da definição à aplicação dos princípios jurídicos*. 17ª ed. São Paulo: Malheiros Editores, 2016.

__________. "A Separação dos Poderes e as Leis Interpretativas Modificativas de Jurisprudência Consolidada". In MACHADO DERZI, Misabel Abreu (coord.). *Separação de Poderes e Efetividade do Direito Tributário*. Belo Horizonte: Del Rey, 2010, pp. 51-66.

AZOULAI, Loïc. "La valeur normative de la sécurité juridique". In BOY, Laurence; RACINE, Jean-Baptiste; SIIRIAINEN, Fabrice (orgs.). *Sécurité Juridique et Droit Économique*. Bruxelles: Larcier, 2008, pp. 25-41.

BALEEIRO, Aliomar. *Direito Tributário brasileiro*. 11ª ed. atual. por MACHADO DERZI, Misabel de Abreu. Rio de Janeiro: Forense, 1999.

BANDEIRA DE MELLO, Celso Antônio. *Curso de Direito Administrativo*. 33ª ed. São Paulo: Malheiros Editores, 2016.

__________. "Legalidade e Moralidade". *RDT*, n. 69, pp. 180-185.

BANKOWSKI, Zenon. *Living Lawfully: Love in Law and Law in Love*. Dordrecht: Kluwer, 2001.

BAPTISTA, Patrícia Ferreira. *Segurança jurídica e proteção da confiança legítima – Análise sistemática e critérios de aplicação no direito administrativo brasileiro*. Tese de Doutoramento USP, 2006, inédita.

__________. "A tutela da confiança legítima como limite ao exercício do poder normativo da Administração Pública – A proteção às expectativas legítimas dos cidadãos como limite à retroatividade normativa". *RDE*, n. 3, pp. 155-181, Rio de Janeiro, 2006.

BARROSO, Luís Roberto. "Em algum lugar do passado: segurança jurídica, Direito Intertemporal e o novo Código Civil". In ANTUNES ROCHA, Cármen Lúcia (org.). *Constituição e segurança jurídica: direito adquirido, ato jurídico perfeito e coisa julgada. Estudos em Homenagem a José Paulo Sepúlveda Pertence*. Belo Horizonte: Fórum, 2004, pp. 137-163.

________. "A segurança jurídica na era da velocidade e do pragmatismo". *RTDP*, pp. 52-64, São Paulo, 2003.

BARTH, Heinrich. "Rechtssicherheit und Gerechtigkeit". *Sammlung deutscher Juristentag*. Berlin, v. 2, pp. 137-148, 1936.

BARZOTTO, Luis Fernando. *Filosofia do Direito – Os conceitos fundamentais e a tradição jusnaturalista*. Porto Alegre: Livraria do Advogado, 2009.

BAUER, Hartmut. "Anpassungsflexibilität im öffentlich-rechtlichen Vertrag". In HOFFMANN-RIEM, Wolfgang; SCHMIDT-AßMANN, Eberhard (orgs.). *Innovation und Flexibilität des Verwaltungshandelns*. Baden-Baden: Nomos, 1994, pp. 245-288.

BECK, Ulrich. *Risikogesellschaft*. Frankfurt am Main: Suhrkamp, 1986.

BECKER, Alfredo Augusto. *Teoria geral do Direito Tributário*. São Paulo: Saraiva, 1963.

BECKER, Hans Joachim. "Rücknahme fehlerhafter begünstigender Verwaltungsakte und Rückforderung ohne Rechtsgrund gewährter Leistungen. Entwicklung und Probleme in der neueren Rechtsprechung des Bundesverwaltungsgerichts". *DÖV*, n. 26, pp. 379-389, 1973.

BECKER, Werner; BUR, Helmut. "Die Ungewissheit im Steuerrecht, Einzelprobleme bei vorläufigen Steuerbescheiden". *INF*, pp. 454, 1994.

BEERMANN, Johannes. *Verwirkung und Vertrauensschutz im Steuerrecht*. Münster: Waxmann, 1991.

BEN MERZOUK, Emma. "La fausse consécration du principe de sécurité juridique". *Recueil Dalloz* 79, 2003, pp. 2.722-2.725.

BENDA, Ernst; KLEIN, Eckart. *Lehrbuch des Verfassungsprozessrechts*. 2ª ed. Heidelberg: C. F. Müller, 2001.

BENDIX, Ludwig. "Das Problem der Rechtssicherheit. Zur Einführung des Relativismus in die Rechtsanwendungslehre (1914)". In WEISS, Manfred (org.). *Zur Psychologie der Urteilsfähigkeit des Berufsrichters und andere Schriften*. Neuwied und Berlin, 1968, pp. 159-205.

BERKA, Walter. "Vertrauensschutz im Verwaltungsvollzug. Zur vertrauensschützenden Funktion des Verwaltungsverfahrens". In FUNK, Bernd-Christian *et alii* (orgs.). *Staatsrecht und Staatswissenschaften in Zeiten des Wandels, FS für Ludwig Adamovich zum 60. Geburtstag*. Wien, 1992, p. 22.

BERMEJO VERA, José. *El declive de la seguridad jurídica en el ordenamiento plural*. Madrid: Civitas, 2005.

BERNUZ BENEITEZ, Maria José; PÉREZ CEPEDA (orgs.). *La tensión entre libertad y seguridad – una aproximación sociojurídica*. Rioja: Universidad de La Rioja, 2006.

BIERWEILER, Alexia. *Soziale Sicherheit als Grundrecht in der Europäischen Union*. Stuttgart: Boorberg, 2007.

BIRK, Dieter. "Kontinuitätsgewähr und Vertrauensschutz". In PEZZER, Heinz-Jürgen (org.). *Vertrauensschutz im Steuerrecht. Deutsche Steuerjuristische Gesellschaft*. v. 27. Köln: Otto Schmidt, 2004, pp. 11 e ss.

BIROCCHI, Italo. *Alla ricerca dell'ordine. Fonti e cultura giuridica nell'età moderna*. Torino: Giappichelli, 2002.

BLANCKE, Hermann-Josef. *Vertrauensschutz im deutschen und europäischen Verwaltungsrecht*. Tübingen: Mohr Siebeck, 2000.

BLECKMANN, A. "Vom subjektiven zum objektiven Rechtsstaatsprinzip". *JöR*, t. 36, p. 1, 1987.

BLÜGGEL, Jens. *Unvereinbarkeitserklärung statt Normkassation durch das Bundesverfassungsgericht*. Berlin: Duncker und Humblot, 1998.

BOBBIO, Norberto. "La certezza del diritto é un mito?". In *Rivista Internazionale di Filosofia del Diritto*, n. 28, 1951, p. 150.

BOISSARD, Sophie. "Comment garantir la stabilité des situations juridiques individuelles sans priver l'autorité administrative de tous moyens d'action et sans transiger sur le respect du principe de légalité? Le difficile dilemme du juge administratif". *Cahiers du CC*, n. 11, 2001, pp. 70-81.

BORGMANN, Olaf. "Mehr Rechtssicherheit im Steuerrecht und der Verlust der Gewaltenteilung im Steuerrecht". *Stbg*, p. 392.

BOTTALLO, Eduardo Domingos. *Curso de Processo Administrativo Tributário*. 2ª ed. São Paulo: Malheiros Editores, 2009.

BOULOIS, Jean. "Quelques observations à propos de la sécurité juridique". In CAPOTORTI, Francesco *et alii* (orgs.). *Du Droit International au Droit de l'intégration. Liber Amicorum Pierre Pescatore*. Baden-Baden: Nomos, 1987, pp. 53-58.

BOURS, Jean-Pierre. "Sécurité juridique et Droit Fiscal". In *Les Cahiers de l'Institut d'études sur la Justice*, n. 4 Bruxelles (Sécurité juridique et fiscalité), pp. 31-63, 2003.

BRACKER, Susanne. *Kohärenz und juristische Interpretation*. Baden-Baden: Nomos, 2000.

BRASSLOFF, Stephan. *Die Rechtssicherheit. Eine Studie aus dem Gebiete der allgemeinen Rechtslehre*. Wien und Leipzig, 1928.

BRÄUNIG, Anja. *Die Gestaltungsfreiheit des Gesetzgebers in der Rechtsprechung des Bundesverfassungsgerichts zur deutschen Wiedervereinigung*. Berlin: Duncker und Humblot, 2007.

BRISCHKE, Hans-Jürgen. "Heilung fehlerhafter Verwaltungsakte im verwaltungsgerichtlichen Verfahren. Durch Nachholen der Begründung, Nachschieben von Gründen, Umdeutung, Ergänzung von Ermessenerwägungen und förmliche Änderung oder Ergänzung des streitbefangenen Verwaltungsaktes". *DVBl*, n. 117, pp. 429-434, 2002.

BROCKMEYER, Hans Bernhard. "Rückwirkung von Steuergesetzen – Wie weit reicht der Gestaltungsspielraum des Gesetzgebers?". *Harzburger Steuerprotokoll 1998*. Köln, 1999, p. 43.

BRÖHMER, Jürgen. *Transparenz als Verfassungsprinzip*. Tübingen: Mohr Siebeck, 2004.

BRUGGER, Winfried. "Gewährleistung von Freiheit und Sicherheit im Lichte unterschiedlicher Staats- und Verfassungsverständnisse". *VVDStRL*, v. 63, Berlin, pp. 101-147, 2004.

BÜCHNER-UHDER, Willi; POPPE, Ebehard. “Rechtssicherheit, Geborgenheit und garantierte Menschenrechte”. *StuR*, v. 35, 1986, pp. 675-682.

BUCHWALD, Delf. *Prinzipien des Rechtsstaats*. Aachen: Shaker, 1996.

BURDEAU, Georges. “Essai sur l’évolution de la notion de loi en Droit français”. *Archives de Philosophie du Droit*, 1939.

BURGHART, Axel. “Das verfassungswidrige aber nicht nichtige Gesetz – ungültig aber wirksam?”. *NVwY*, n. 17, 1998, pp. 1.262-1.265.

BURMEISTER, Joachim. “Grenzen rückwirkender Verschärfung der Besteuerungspraxis aufgrund einer Veränderung der Auslegung (veranlagungs-) steuerrechtlicher Vorschriften durch die Finanzverwaltung und – gerichte”. In WENDT, Rudolf *et alii* (orgs.). *Staat, Wirtschaft, Steuern, FS für Karl Heinrich Friauf zum 65 Geburtstag*. Heidelberg, 1996, p. 759.

_________. “Selbstbindung der Verwaltung. Zur Wirkkraft des rechtsstaatlichen Übermaßverbots, des Gleichheitssatzes und des Vertrauensschutzprinzips”. *DÖV*, n. 34, 1981, pp. 503-512.

_________. *Vertrauensschutz im Prozeßrecht – Ein Beitrag zur Theorie vom Dispositionsschutz des Bürgers bei Änderung des Staatshandelns*. Berlin: De Gruyter, 1979.

BYDLINSKI, Franz. “Allgemeines Gesetz und Einzellfallgerechtigkeit”. In STARCK, Christian (org.). *Die Allgemeinheit des Gesetzes*. Göttingen, 1987, pp. 49-75.

CABRILLAC, Rémy. *Les codifications*. Paris: PUF, 2002.

CALAMANDREI, Piero. “La certezza del diritto e le responsabilità della dottrina”. In *Rivista di Diritto Commerciale*, v. 1, 1942, p. 341.

CALLIESS, Christian. “Gewährleistung von Freiheit und Sicherheit im Lichte unterschiedlicher Staats- und Verfassungsverständisse”. *DVBl*, n. 118, 2003, pp. 1.096-1.105.

_________. “Die Staatsaufgabe der Äußeren Sicherheit im Wandel: Staats theoretische Grundlagen und völkerrechtliche Konsequenzen”. In CALLIESS, Christian (org.). *Äußere Sicherheit im Wandel – Neue Herausforderungen an eine alte Staatsaufgabe*. Baden-Baden: Nomos, 2005, pp. 13-32.

CANARIS, Claus-Wilhelm. *Systemdenken und Systembegriff in der Jurisprudenz: entwickelt am Beispiel des deutschen Privatrechts*. 3ª ed. Berlin: Duncker und Humblot, 1983.

_________. *Die Vertrauenshaftung im deutschen Privatrecht*. Munchen: Beck, 1971.

CANAZARO, Fábio. *Lei Complementar Tributária na Constituição de 1988*. Porto Alegre: Livraria do Advogado, 2005.

CARCASSONNE, Guy. “Societé de Droit contre État de Droit”. In *L’État de Droit. Mélanges en l’honneur de Guy Braibant*. Paris: Dalloz, 1996.

CARMIGNANI. *Teoria delle leggi della sicurezza soziale*. v. 1. Pisa, 1831.

CARNELUTTI, Francesco. “Certezza, autonomia, libertá, diritto”. *Dir. Economia*, n. 2, 1956, pp. 1.185-1.197.

_________. "La certezza del Diritto". *Rivista de Diritto Civile*, n. 20, 1942, p. 81.

CARRAZZA, Roque Antonio. *Curso de Direito Constitucional Tributário*. 30ª ed. São Paulo: Malheiros Editores, 2015.

_________. "Segurança jurídica e eficácia temporal das alterações jurisprudenciais – Competência dos Tribunais Superiores para fixá-la – Questões conexas". In FERRAZ JÚNIOR, Tércio Sampaio *et alii* (orgs.). *Efeito "ex nunc" e as decisões do STF*. São Paulo: Manole, 2008, pp. 33-73.

CARVALHO, Paulo de Barros. "O princípio da segurança jurídica no campo tributário". *RDT* 94, pp. 21-31.

_________. *Curso de Direito Tributário*. 21ª ed. São Paulo: Saraiva, 2009.

_________. *Teoria da norma tributária*. São Paulo: LAEL, 1974.

_________. "Segurança jurídica e modulação dos efeitos". *Revista da Fundação Escola Superior de Direito Tributário*, n. 1, Porto Alegre, 2008, pp. 203-216.

_________. *Direito Tributário, linguagem e método*. São Paulo: Noeses, 2008.

_________. "O princípio da anterioridade em matéria tributária". *RDT* 63, p. 104, s. d.

CHANG, Ruth. "Introduction". In CHANG, Ruth (org.). *Incommensurability, incomparability and practical reason*. Cambridge: Harvard, 1997, pp. 1-34.

CHEVALLIER, Jacques. *L'État de Droit*. 2ª ed. Paris: Montchrestien, 1994.

CHRISTENSEN, Ralph; KUDLICH, Hans. *Theorie richterlichen Begründens*. Berlin: Duncker und Humblot, 2001.

CONZE, Werner. "Sicherheit, Schutz". In BRUNNER, Otto; CONZE, Werner; KOSELLECK, Reinhart (orgs.). *Geschichtliche Grundbegriffe*. Stuttgart, v. 5, 1984, pp. 831-862.

CORREIA, J. M. Sérvulo. *Legalidade e autonomia contratual nos contratos administrativos*. Coimbra: Almedina, 1987.

CORSALE, Massimo. *Certeza del Diritto e crisi di legitimità*. Milano: Giuffrè, 1979.

COTTA, Sergio. "La certezza del Diritto. Una questione da chiarire". *RDC* 39, v. 1, 1993, pp. 317-326.

COURET, Alain. "La sécurité financière". In BOY, Laurence; RACINE, Jean-Baptiste; SIIRIAINEN, Fabrice (orgs.). *Sécurité juridique et Droit Économique*. Bruxelles: Larcier, 2008, pp. 363-379.

COUTO E SILVA, Almiro do. "Princípios da legalidade da Administração Pública e da segurança jurídica no Estado de Direito contemporâneo". *Revista da Procuradoria-Geral do Estado do Rio Grande do Sul. Cadernos de Direito Público*, v. 27, n. 57, suplemento, 2003, pp. 13-31.

_________. "O princípio da segurança jurídica (proteção à confiança) no Direito Público Brasileiro e o Direito da Administração Pública de anular os seus próprios atos: o prazo decadencial do art. 54 da Lei do Processo Administrativo da União (Lei n. 9.784/99)". *RBDP* 6, Porto Alegre, 2004, pp. 7-59.

_________. "Os indivíduos e o Estado na realização de tarefas públicas". *RDA* 209, 1997, pp. 43-70.

_________. "Problemas jurídicos do planejamento". *RDA* 170, 1987, pp. 1-17.

_________. "Privatização no Brasil e o novo exercício de funções públicas por particulares. Serviço público 'à brasileira'?" *Revista da PGE – Cadernos de Direito Público* 57, 2004, pp. 199-226.

DALICHAU, Beatrice. *Askünfte und Zusagen der Finanzverwaltung*. Bielefeld: Erich Schmidt, 2003.

DAVID, Eugen. "Rechtssicherheit in der postmodernen Individualistengesellschaft". In SCHLUEP, Walter R. *et alii* (orgs.). *Recht, Staat und Politik am Ende des zweiten Jahrtausends. FS für Arnold Koller*. Bern, 1993, pp. 25-30.

DEGENHART, Christoph. "Vertrauensschutz im sozialen Rechtsstaat". *DÖV*, 1972, p. 25.

_________. *Systemgerechtigkeit und Selbstbindung des Gesetzgebers als Verfassungspostulat*. München: Beck, 1976.

DELLA VALLE, Eugenio. *Affidamento e certezza del Diritto Tributario*. Milano: Giuffrè, 2001.

DELPÉRÉE, Francis; RASSON-ROLDAND, Anne; VERDUSSEN, Marc. "Constitution et sécurité juridique – Belgique". *Annuaire International de Justice Constitutionnelle 1999*. Paris: Econômica, 2000, pp. 119-130.

DENGO, Atílio. "Irretroatividade tributária e modo de aplicação das regras jurídicas". *RDDT* 124, 2006, p. 24.

_________. *Contributo para uma teoria da irretroatividade tributária*. Tese de Doutoramento UFRGS, 2008, inédita.

DENNINGER, Erhard. "Rechtsstaat oder *Rule of Law* – Was is das heute?". In PRITTWITZ, Cornelius *et alii* (orgs.). *FS für Klaus Lüderssen*. Baden-Baden: Nomos, 2002, pp. 41-54.

DEPENHEUER, Otto. *Vertrauensschutz durch Eigentum*. Karlsruhe: Versicherungswirtschaft, 2007.

DIETLEIN, Johannes. *Die Lehre von den grundrechtlichen Schutzpflichten*. 2ª ed. Berlin: Duncker und Humblot, 2005.

DOUET, Frédéric. *Contribution à l'étude de la sécurité juridique en droit interne français*. Paris: LGDJ, 1997.

DOURADO, Ana Paula. *O princípio da legalidade fiscal – Tipicidade, conceitos jurídicos indeterminados e margem de livre apreciação*. Coimbra: Almedina, 2007.

DRÜEN, Klaus-Dieter. "Haushaltsvorbehalt bei der Verwerfung verfassungswidriger Steuergesetze?". *FR*, n. 6, 1999, pp. 289-294.

DUARTE, Ronnie Preuss. *Garantia de acesso à Justiça. Os direitos processuais fundamentais*. Coimbra: Coimbra Editora, 2007.

DUBS, Hans. "Richterrecht und Rechtssicherheit". *SJZ*, n. 87, 1991, pp. 293-297.

_________. *Praxisänderungen. Eine methodologische Untersuchung über die Stellung des Richters zum eigenem Präjudiz auf Grund von Entscheidungen des schweizerischen Bundesgerichts*. Basel: Helbing & Lichtenhahn, 1949.

DUONG, Lémy. "La sécurité juridique et les standards du droit économique: la notion de raisonnable". In BOY, Laurence; RACINE, Jean-Baptiste; SIIRIAINEN, Fabrice (orgs.). *Sécurité juridique et Droit Économique*. Bruxelles: Larcier, 2008, pp. 207-233.

DWORKIN, Ronald. *Law's Empire*. Cambridge: Belknap, 1986.

ECKHOFF, Rolf. *Rechtsanwendungsgleichheit im Steuerrecht*. Köln: Otto Schmidt, 1999.

ENDICOTT, Timoty A. O. "Law is necessarily vague". *Legal Theory*, n. 7, 2001, pp. 379-380.

_________. "The Impossibility of the Rule of Law". *Oxford Journal of Legal Studies*, v. 19, n. 1, 1999, pp. 4-19.

_________. *Vagueness in Law*. Oxford: OUP, 2003.

ENGEL, Christoph. *Planungssicherheit für Unternehmen durch Verwaltungsakt*. Tübingen: Mohr Siebeck, 1992.

ESSER, Josef. "Realität und Ideologie der Rechtssicherheit in positiven Systemen". In HOHENLEITER, Siegfried *et alii* (orgs.). *FS für Theodor Rittler*. Aalen, 1957, pp. 13-20.

EVERS, Adalbert; NOWOTNY, Helga. *Über den Umgang mit Unsicherheit. Die Entdeckung der Gestaltbarkeit von Gesellschaft*. Frankfurt am Main: Suhrkamp, 1987.

FALCÃO, Amilcar de Araújo. *Fato gerador da obrigação tributária*. 3ª ed. São Paulo: Ed. RT, 1974 (1ª ed. Rio de Janeiro: Edições Financeiras, 1964).

FARBER, Daniel; SHERRY, Suzanna. *Desperately seeking certainty: the misguided quest for constitutional foundations*. London: The University of Chicago, 2002.

FARJAT, Gérard. "Observations sur la sécurité juridique, le lien social et le droit économique". In BOY, Laurence; RACINE, Jean-Baptiste; SIIRIAINEN, Fabrice (orgs.). *Sécurité juridique et droit économique*. Bruxelles: Larcier, 2008, pp. 43-71.

FAVOREU, Louis. "Une convention collective peut-elle comporter des dispositions à caractère rétroatif?". In *D*. 1995-1, C. 82.

FELIX, Günther. "Von den Grenzen der Rückwirkung im Steuerrecht". *KÖSDL*, 1981, p. 4.178.

_________. "Rechtssichere Gesetzanwendung und Steuerplanung". *DStJG*, v. 5, Sp 99, 1982.

_________. "Nur Kontinuität statt Vertrauensschutz bei belastender Änderunge der Steuerrechtsprechung?". *KÖSDL*, 1989, p. 7.689.

FELTES, Thomas. "Akteure der Inneren Sicherheit: Vom Öffentlichen zum Privaten". In LANGE, Hans-Jürgen; OHLY, H. Peter; REICHERTZ, Jo (orgs.). *Auf der Suche nach neuer Sicherheit – Fakten, Theorien und Folgen*. Wiesbaden: VS, 2008, pp. 105-114.

FERRAJOLI, Luigi. "The past and the future of the rule of law". In COSTA, Pietro; ZOLO, Danilo (orgs.). *The Rule of Law – History, Theory and Criticism*. Dordrecht: Springer, 2007, pp. 323-352.

FERRAZ JÚNIOR, Tércio Sampaio. "Segurança jurídica e normas gerais tributárias". *RDT* 17-18/51-56, 1981.

_________. "Anterioridade e irretroatividade no campo tributário". *RDDT* 56/123-131, 2001.

_________. "Segurança jurídica, coisa julgada e justiça". *Revista do Instituto de Hermenêutica Jurídica*, v. 1, n. 3, Porto Alegre, 2005, pp. 262-278.

_________. "Coisa julgada em matéria tributária e as alterações sofridas pela legislação da contribuição social sobre o lucro (Lei n. 7.689/88)". *RDDT* 125/91, 2006.

_________. "Irretroatividade e jurisprudência judicial". In FERRAZ JÚNIOR, Tércio Sampaio; CARRAZZA, Roque; NERY JÚNIOR, Nelson (orgs.). *Efeito "ex nunc" e as decisões do STF*. São Paulo: Manole, 2008, pp. 1-32.

FERREIRA FILHO, Manoel Gonçalves. *Estado de Direito e Constituição*. 4ª ed. São Paulo: Saraiva, 2007.

FERRERO LAPATZA, J. J. "Reflexiones sobre Derecho Tributario y técnica jurídica". *REDF* 85, 1995.

_________. "El principio de seguridad jurídica en la creación y aplicación del tributo". *CT* 1968, p. 52.

FIEDLER, Winfried. *Funktion und Bedeutung öffentlich-rechtlicher Zusagen im Verwaltungsrecht*. Heidelberg, 1977.

FIGUEIREDO, Lúcia Valle. "Planejamento, Direito Tributário e Segurança Jurídica". *RTDP* 12/11-15, 1995.

FRANÇA, Limongi. *Direito Intertemporal brasileiro*. 2ª ed. São Paulo: Ed. RT, 1968.

FRÄNDBERG, Ake. "Retroactivity, Simulactivity, Infraactivity". In BJARUP, Jes; BLEGVAD, Mogens (orgs.). *Time, Law and Society*. *ARSP*, v. 64. Stuttgart: Franz Steiner, 1995, pp. 55-70.

FRANK, Jerome. *Law and the Modern Mind*. New Brunswick: Transaction, 2009 (1ª ed. New York: Brentano's Inc., 1930; 2ª ed. rev. New York: Coward-McCann, 1949).

FRIAUF, Karl Heinrich. "Steuerrechtsänderungen und Altinvestitionen. Zum Verfassungsgebot der steuerlichen Investitionssicherheit". *StbJb*, 1986-1987, p. 279.

FRISON-ROCHE, Marie-Anne; BARANÈS, William. "Le principe constitutionnel de l'acessibilité e de l'intelligibilité de la loi". *Recueil Dalloz* 176, 2000, pp. 361-368.

FROMONT, Michel. "Le principe de sécurité juridique". *AJDA* 52, 1996, pp. 178-184.

FULLER, Lon. *The Morality of Law*. New Haven: Yale University Press, 1964.

_________. *Anatomy of law*. Connecticut: Greenwood, 1968.

GADAMER, Hans-Georg. *Wahrheit und Methode*. Tübingen: Mohr Siebeck, v. 1, 1990 (*Hermeneutik*), v. 2, 1993 (*Ergänzungen, Register*).

GARCÍA DE ENTERRÍA, Eduardo. *Justicia y seguridad jurídica en un mundo de leyes desbocadas*. Madrid: Civitas, 1999.

GARCÍA MANRIQUE, Ricardo. *El valor de la seguridad jurídica*. México: Fontanamara, 2007.

GARLICKI, Leszek. "Constitution et sécurité juridique – Pologne". *Annuaire International de Justice Constitutionnelle 1999*. Paris: Econômica, 2000, pp. 239-247.

GAST, Brigitte. "Das Präjudiz als Rechtsquelle im Steuerrecht". In FELIX, Günther (org.). *Von der Auslegung und Anwendung der Steuergesetze, FS für Armin Spitaler zum 60. Geburtstag*. Stuttgart, 1958, p. 111.

GEIGER, Theodor. *Vorstudien zu einer Soziologie des Rechts*. 4ª ed. Berlin: Duncker und Humblot, 1987.

GEMER, Traudel. "Mehr Rechtssicherheit im Steuerrecht". *Stbg*, 1989, p. 232.

GERMANN, Oscar Adolf. "Rechtssicherheit (1935)". *Methodische Grundfragen*. 6. Aufsätze. Basel, 1946, pp. 54-77.

GESSNER, Volkmar. "Globalization and Legal Certainty". In GESSNER, Volkmar; BUDAK, Ali Cem (orgs.). *Emerging Legal Certainty: empirical Studies on the Globalisation of Law*. Dartmouth, 1999, pp. 427-450.

GIANFORMAGGIO, Letizia. "Certezza del diritto". In DICIOTTI, Enrico; VELLUZZI, Vito (orgs.). *Filosofia del diritto e ragionamento giurídico*. Torino: Giappichelli, 2008.

__________. *Eguaglianza, donne e Diritto*. Bologna: Il Mulino, 2005.

__________. "Certezza del Diritto". In *Studi sulla giustificazione giuridica*. Torino: Giuppichelli, 1986.

GIANNINI, Massimo S. "Certezza pubblica". *Enciclopedia del Diritto*. v. 6. Milano: Giuffrè, pp. 769-792.

GIGANTE, Marina. *Mutamenti nella regolazione dei rapporti giuridici e legittimo affidamento*. Milano: Giuffrè, 2008.

GODOI, Marciano Seabra de. "O quê e o porquê da tipicidade tributária". In RIBEIRO, Ricardo Lodi; ROCHA, Sérgio André (orgs.). *Legalidade e Tipicidade no Direito Tributário*. São Paulo: Quartier Latin, 2008, pp. 72-97.

GOMES CANOTILHO, José Joaquim. *Direito Constitucional e Teoria da Constituição*. 7ª ed. 6ª reimp. Coimbra: Almedina, 2004.

GOMETZ, Gianmarco. *La certezza giuridica come prevedibilità*. Torino: Giappichelli, 2005.

GÖRISCH, Christoph. "Die Inhalte des Rechtsstaatsprinzips". *JuS*, n. 37, 1997, pp. 988-992.

GÖRING, General Hermann. "Die Rechtssicherheit als Grundlage der Volksgemeinschaft". In FRANK, Hans (org.). *Schriften der Akademie für Deutsches Recht*. Hamburg: Hanseatische Verlagsanstalt, 1935.

GRAU, Eros Roberto. *Ensaio e discurso sobre a interpretação/aplicação do Direito*. 4ª ed. São Paulo: Malheiros Editores, 2006 (7ª ed. refundida com o título *Por que tenho medo dos juízes*, 2016).

_________. *A Ordem Econômica na Constituição de 1988.* 16ª ed. São Paulo: Malheiros Editores, 2014; 17ª ed., 2015.

_________. *O Direito posto e o Direito pressuposto*. 9ª ed. São Paulo: Malheiros Editores, 2014.

GRAUMANN, André. *Vertrauensschutz und strafprozessuale Absprachen*. Berlin: Duncker und Humblot, 2006.

GRIMM, Dieter. "Normenflut – eindämbar?". *Die Verfassung und die Politik. Einsprüche in Störfällen*. München: Beck, 2001, pp. 151-157.

GROLL, Klaus-Michael. *In der Flut der Gesetze: Ursachen, Folgen, Perspectiven*. Düsseldorf: Droste, 1985.

GROMITSARIS, Athanasius. "Neue Entwicklungen des Vertrauensschutzes bei Rücknahme und Rückforderung europarechtsrelevanter Beihilfen". *ThürVBl.*, n. 9, 2000, pp. 97-101.

GUASTINI, Riccardo. *L'Interpretazione dei documenti normativi*. Milano: Giuffrè, 2004.

GUCKELBERGER, Annette. *Die Verjährung im Öffentlichen Recht*. Tübingen: Mohr Siebeck, 2004.

GÜNTHER, Klaus. "Universalistische Normbegründung und Normanwendung in Recht und Moral". In *Generalisierung und Individualisierung im Rechtsdenken. ARSP*, n. 45. Stuttgart: Franz Steiner, 1992, pp. 36-76.

GURLIT, Elke. *Verwaltungsvertrag und Gesetz*. Tübingen: Mohr Siebeck, 2000.

GUSY, Christoph. "Gewährleistung von Freiheit und Sicherheit im Lichte unterschiedlicher Staats- und Verfassungsverständnisse". *VVDStRL*, Berlin, v. 63, 2004, pp. 153-188.

GUTIERREZ, Monica Madariaga. *Derecho Administrativo y seguridad jurídica*. Santiago do Chile: Editoria Jurídica de Chile, 1965.

HABERMAS, Jürgen. *Faktizität und Geltung*. Darmstadt: Wissenschaftliche Buchgesellschaft, 2002.

HANF, Dominik. "Der Vertrauensschutz bei der Rücknahme rechtswidriger Verwaltungsakte als neuer Prüfstein für das Kooperationsverhältnis zwischen EuGH und BVerfG". *ZaöRV*, n. 59, 1999, pp. 51-52.

HART, H. L. *The Concept of Law*. Oxford: Clarendon, 1991 (1ª ed. 1961).

_________. "Commands and authoritative legal reasons". In RAZ, Joseph (org.). *Authority*. New York: New York University Press, 1990, pp. 92-114.

HARTZ, Wilhelm. "Mehr Rechtssicherheit im Steuerrecht. Ziele, Wege, Grenzen". *StbJb*, 1965-1966, pp. 75-133.

HASSEMER, Winfried. "Zum Spannungsverhältnis von Freiheit und Sicherheit". *Vorgänge*, Separata n. 3, 2002, pp. 10-15.

HAYEK, Friedrich A. *The Constitution of Liberty*. Oxford: Clarendon, 1961.

HEIDINGER, Gerald. "Rechtsstaat und Rückwirkungsverbot im Steuerrecht". *ÖStZ*, 1995, p. 92.

HEINIG, Hans Michael. *Der Sozialstaat im Dienst der Freiheit*. Tübingen: Siebeck, 2008.

________. "Vertrauen in das fehlerhafte Steuergesetz". In PEZZER, Heinz--Jürgen (org.). *Vertrauensschutz im Steuerrecht. Deutsche Steuerjuristische Gesellschaft*. v. 27. Köln: Otto Schmidt, 2004, pp. 91-127.

HERZOG, Roman. "Normenflut. Mehr Rechtssicherheit im Steuerrecht". In HERZOG, Roman (org.). *Staat und Recht im Wandel. Einreden zur Verfassung und ihrer Wirklichkeit*. Goldbach, 1993, pp. 173-185.

HEY, Johanna. *Steuerplanungssicherheit als Rechtsproblem*. Köln: Otto Schmidt, 2002.

HILLGRUBER, Christian; GOOS, Christoph. *Verfassungsprozessrecht*. 2ª ed. Heidelberg: C. F. Müller, 2006.

van HOECKE, Mark. "Time and Law. Is it the nature of law to last? A conclusion". In OST, François; van HOECKE, Mark (orgs.). *Temps et Droit. Le Droit a-t-il pour vocation de durer?* Bruxelles: Bruylant, 1998, pp. 451-469.

HOFFMANN-RIEM, Wolfgang. "Ermöglichung von Flexibilität und Innovationsoffenheit im Verwaltungsrecht: einleitende Problemskizze". In HOFFMANN-RIEM, Wolfgang; SCHMIDT-AßMANN, Eberhard (orgs.). *Innovation und Flexibilität des Verwaltunshandelns*. Baden-Baden: Nomos, 1994, pp. 9-66.

________. "Selbstbindung der Verwaltung". *VVDStRL*, n. 40, 1982, pp. 187-239.

von HOLLEUFFER, Carl Eschwin Albert. *Rechtssicherheit, unabhängige Justiz, ministerielle Cabinets-Justiz im Fürstenthum Schwarzburg-Sonderhausen*. Dessau, 1864, p. 101.

HORN, Hans-Detlef. *Experimentelle Gesetzgebung unter dem Grundgesetz*. Berlin: Duncker und Humblot, 1989.

HORVATH, Estevão. *O princípio do não-confisco no Direito Tributário*. São Paulo: Dialética, 2002.

von HUMBOLDT, Wilhelm. *Über die Grenzen der Wirksamkeit des Staates* (1792). 2ª ed. Heidelberg: Carl Winter, 1954.

HUSSERL, Gehart. *Recht und Zeit*. Frankfurt am Main: Vittorio Klostermann, 1995.

ILIOPOULOS-STRANGAS, Julia. *Rückwirkung und Sofortwirkung*. Baden--Baden: Nomos, 1987.

von IPSEN, Jörn. *Rechtsfolgen der Verfassungswidrigkeit von Norm und Eizelakt*. Nomos: Baden-Baden, 1980.

________. "Verbindlichkeit, Bestandkraft und Bindungswirkung von Verwaltungsakten". *Verwaltung*, n. 17, 1984, pp. 169-195.

ISENSEE, Josef. "Vertrauensschutz für Steuervorteile. Ein Folgeproblem der Wirtschaftslenkung durch Steuer des § 3a EStG". In KIRCHHOF, Paul; OFFERHAUS, Klaus; SCHÖBERLE, Horst (orgs.). *Steuerrecht, Verfassungsrecht, Finanzpolitik, FS für Franz Klein*. Köln, 1994, pp. 611-630.

JACHMANN, Monika. "Zur verfassungsrechtlichen Zulässigkeit rückwirkender Steuergesetze". *ThürVBl*, 1999, p. 269.

JAHRREIß, Hermann. *Berechenbarkeit und Recht*. Leipzig: Theodor Weicher, 1927.

JENETZKY, Johannes. "Die Misere der Steuerverwaltung. Über die Wirklichkeit der Steuerrechtsanwendung durch die Steuerbehörden". *StuW*, 1982, pp. 273-285.

JESTAEDT, Matthias. "Die Abwägungslehre – ihre Stärken und ihre Schwächen". In DEPENHAUER, Otto *et alii* (orgs.). *Staat im Wort – Festschrift für Josef Isensee*. Heidelberg: C. F. Müller, 2007, pp. 265-267.

JORI, Mario; PINTORE, Anna. *Manuale di Teoria Generale del Diritto*. 2ª ed. Torino: Giappichelli, 1995.

JURATOWITCH, Ben. *Retroactivity and the Common Law*. Oxford: Hart, 2008.

JUSTEN FILHO, Marçal. "O princípio da moralidade pública e o Direito Tributário". *RTDP* 11/44-58, 1995.

KAFKA, Franz. *Zur Frage der Gesetze – Fragment*. 1920-1922.

KAGAN, Shelly. *The Limits of Morality*. Oxford: Clarendon, 1989.

KÄHLER, Lorenz. *Strukturen und Methoden der Rechtsprechungsänderung*. Baden-Baden: Nomos, 2004.

KAISER, Joseph. "Der Plan als Institut des Rechtsstaats und der Markwirstchaft". In KAISER, Joseph H. (org.). *Planung II: Begriff und Institut des Plans*. Baden-Baden, 1966, pp. 11-28.

KANT, Immanuel. "Kritik der reinen Vernunft" (2ª ed. 1787). In *Kants Werke*. Berlin: Walter de Gruyter, 1967.

KAUFMANN, Arthur. "Die ontologische Struktur des Rechts". In KAUFMANN, Arthur (org.). *Die ontologische Begründung des Rechts*. Darmstadt: Wissenschaftliche Buchgesellschaft, 1965, pp. 470-508.

KAUFMANN, Franz-Xaver. *Sicherheit als soziologisches und sozialpolitisches Prolem. Untersuchungen zu einer Wertidee hochdifferenzierter Gesellschaften*. 2ª ed. Stuttgart, 1973.

KEIL, Ulrich. *Die Systematik privarechtlicher Rechtsprechungsänderungen*. Tübingen: Mohr Siebeck, 2007.

KELSEN, Hans. *Reine Rechtslehre*. 1ª ed. Leipzig und Wien: Franz Deuticke, 1934.

__________. "Reine Rechtslehre". *Studienausgabe der 1. Auflage 1934*. In JESTAEDT, Matthias (org.). Tübingen: Siebeck, 2008.

__________. *Reine Rechtslehre*. 2ª ed. Wien: Franz Deuticke, 1960.

KIRCHHOF, Paul. "Rechtsstaatliche Anforderungen an den Rechtsschutz in Steuersachen". *DStJG*, n. 18, 1995, p. 17.

__________. "Kontinuität und Vertrauensschutz bei Änderungen der Rechtsprechung". *DStR*, n. 27, 1989, pp. 263-270.

__________. "Verwalten und Zeit Über gegenwartsbezogenes, rechtzeitiges und zeitgerechtes Verwalten". In *Stetige Verfassung und politische Erneuerung*: Keip, 1995, p. 73.

________. "Der Auftrag des Grundgesetzes zur Erneuerung des Steuerrechts". *Stbg*, 1998, p. 385.

________. "Rückwirkung von Steuergesetzen". *StuW*, 2000, pp. 221-231.

________. "Vertrauensschutz im Steuerrecht". In PEZZER, Heinz-Jürgen (org.). *Vertrauensschutz im Steuerrecht. Deutsche Steuerjuristische Gesellschaft*. v. 27. Köln: Otto Schmidt, 2004, p. 1.

KISSEL, Otto Rudolf. "Gedanken zur Rechtssicherheit". In HERZOG, Roman; RUDOLF, Otto Rudolf Kissel; REITER, Heinrich (orgs.). *Gesetz und Ri chterspruch in der Verfassungsordnung der Bundesrepublik Deutschland*. Stuttgart, 1990, pp. 15-24.

KLAPPSTEIN, Verena. *Die Rechtsprechungsänderung mit Wirkung für die Zukunft*. Berlin: Duncker und Humblot, 2009.

KLECATSKY, Hans R.; WALZEL von WIESENTREU, Thomas E. "Rechtsstaat und Vertrauensschutz. Rechtssoziologisch und staatstheoretische Anmerkungen zu einem komplexen Begriff". In FUNK, Bernd-Christian *et alii* (orgs.). *Der Rechtsstaat von neuen Herausforderungen. FS für Ludwig Adamovic*. Wien, 2002, pp. 259-281.

KNAPP, Blaise. "Constitution et sécurité juridique – Suisse". *Annuaire International de Justice Constitutionnelle 1999*. Paris: Economica, 2000, pp. 261-271.

KOCH, Michael. *Die Grundsätze des intertemporalen Rechts im Verwaltungsprozess – Vertrauensschutz im verwaltungsgerichtlichen Verfahren*. Berlin: Duncker und Humblot, 2009.

KÖHL, Harald. "Vertrauen als zentraler Moralbegriff?". In HARTMANN, Martin; OFFE, Claus (orgs.). *Vertrauen: Die Grundlage des sozialen Zusammenhalts*. Frankfurt: Campus, 2001, pp. 114-140.

KORINEK, Karl. "Überschaubarkeit der Rechtsordnung als Bedingung für deren Effizienz. Kritische Gedanken zur Situation der österreichischen Rechtsordnung". In MANTL, Wolfgang (org.). *Effizienz der Gesetzesproduktion. Abbau der Regelungsdichte im internationalen Vergleich*. Wien, 1995, pp. 233-237.

KÖTTER, Matthias. *Pfade des Sicherheitsrechts. Begriff von Sicherheit und Autonomie im Spiegel der sicherheitsrechtlichen Debatte der Bundesrepublik Deutschland*. Baden-Baden: Nomos, 2008.

KOZINSKI, Alex. "What I Ate for Breakfast and Other Mysteries of Judicial Decision Making". In O'BRIEN, David M. (org.). *Judges on Judging*. New Jersey: Chatham, 1997, pp. 71-76.

KRAWIETZ, Werner. "Rechtstheorie und Rechtsstaatlichkeit". In KRAWIETZ, Werner; SAMU, Mihály; SZILÁGYI, Péter (orgs.). *Rechtstheorie, Sonderhaft – Verfassungsstaat, Stabilität und Variabilität des Rechts im modernen Rechtssystem*. v. 26, t. 3. Berlin: Duncker und Humblot, 1995, pp. 435-461.

KREBS, Walter. "Rechtliche und reale Freiheit". In PAPIER, Hans-Jürgen; MERTEN, Detlef (orgs.). *Handbuch der Grundrechte*. v. 2. Heidelberg: C. F. Müller, 2006.

KREIBICH, Roland. *Der Grundsatz von Treu und Glauben im Steuerrecht*. Heidelberg: C. F. Müller, 1992.

KRIELE, Martin. "Grundrechte und demokratischer Gestaltungsspielraum". In KIRCHHOF, Paul; ISENSEE, Josef (orgs.). *Handbuch des Staatsrechts*. v. 5. Heidelberg: C. F. Müller, 1992, § 110, n. de margem 65, pp. 134 e ss.

KUNIG, Philip. *Das Rechtsstaatsprinzip*. Tübingen: Siebeck, 1986.

_________. "Der Rechtsstaat". In BADURA, Peter; DREIER, Horst (orgs.). *FS 50 Jahre Bundesverfassungsgericht. Klärung und Fortbildung des Verfassungsrechts*. v. 2. Tübingen, 2001, pp. 421-444.

LAFAY, Fabien. *La Modulation du Droit par le Juge*. t. 1-2. Aix-en-Provence: PUAM, 2006.

LAGERPETZ, Olli. "Vertrauen als geistiges Phänomen". In HARTMANN, Martin; OFFE, Claus (orgs.). *Vertrauen: Die Grundlage des sozialen Zusammenhalts*. Frankfurt: Campus, 2001, pp. 85-113.

LAMBERT, Pierre. "Le principe général de la sécurité juridique et les validations législatives". *Les Cahiers de l'Institut d'études sur la Justice*, n. 4 *(Sécurité juridique et fiscalité*). Bruxelles: Bruyant, 2003, pp. 4-13.

LECHNER, Hans; ZUCK, Rüdiger. *Bundesverfassungsgerichtsgesetz*. 5ª ed. München: Beck, 2006.

LEGRAND, P. "Comparer". In *Le Droit Comparé: aujourd'hui et demain*. Paris: Societé de Législation Comparée, 1995, pp. 37 e ss.

LEHNER, Moris. "Das Rückwirkungsproblem im Spiegel der Abschnittsbesteuerung". In KIRCHHOF, Paul; SCHMIDT, Karsten; SCHÖN, Wolfgang (orgs.). *FS für Arndt Raupach. Steuer- und Gesellschaftsrecht zwischen Unternehmerfreiheit und Gemeinwohl*. Köln: Otto Schmidt, 2006, pp. 67-79.

LEISNER, Anna. *Kontinuität als Verfassungsprinzip*. Tübingen: Mohr Siebeck, 2002.

LEISNER, Walter. "Abwägung über all – Gefahr für den Rechtsstaat". *NJW*, 1997, p. 3.289.

_________. "Das Gesetzesvertrauen des Bürgers. Zur Theorie der Rechtsstaatlichkeit und der Rückwirkung der Gesetze". In BLUMENWITZ, Dieter; RANDELHOFER, Albrecht (orgs.). *FS für Friedrich Berger*. München, 1973, pp. 273-297.

LEMBCKE, Oliver W. *Hüter der Verfassung*. Tübingen: Mohr Siebeck, 2007.

LIEBER, Tobias. *Discursive Vernunft und formelle Gleichheit*. Tübingen: Mohr Siebeck, 2007.

LIÈVRE-GRAVEREAUX, Amélie. *La rétroactivité de la loi fiscale: une necessité en matière de procédures*. Paris: Harmattan, 2007.

LILIE, Hans. *Obiter dictum und Divergenzausgleich in Strafsachen*. Köln: Carl Heymanns, 1993.

LIMBACH, Jutta. *Ist die kollektive Sicherheit der Feind der individuellen Freiheit?* Köln: Carl Heymanns, 2002.

LINDEINER, Fabian. *Willkür im Rechtsstaat? Die Willkürkontrolle bei der Verfassungsbeschwerde gegen Gerichtsentscheidungen*. Berlin: Duncker und Humblot, 2002.

LOMBARDI, L. *Saggio sul Diritto Giurisprudenciale*. Milano: Giuffrè, 1967.

LOPEZ DE OÑATE, Flavio. *La certezza del Diritto*. Milano: Giuffrè, 1968.

LOSER, Peter. *Die Vertrauenshaftung im schweizerischen Schuldrecht*. Bern: Stämpfli, 2006.

LOUVEN, Christoph. *Problematik und Grenzen rückwirkender Rechtsprechung des Bundesarbeitsgerichts*. München: Beck, 1996.

LOUVEN, Klaus. "Vertrauen in staatliches Handeln. Wie steht es um die Verlässlichkeit unserer Rechtsordnung?". *ZRP*, 1997, p. 312.

LÖWER, Wolfgang. "Steuerpflicht trotz verfassungswidriger Steuernormen?". *StVj*, 1991, p. 97.

LÜBBE, Christiane. *Grenzen der Rückwirkung bei Rechtsprechungsänderungen*. Frankfurt am Main: Peter Lang, 1998.

LÜBBE-WOLFF, Gertrude. *Die Grundrechte als Eingriffsabwehrrechte. Struktur und Reichweite der Eingriffsdogmatik im Bereich staatlicher Leistungen*. Baden-Baden: Nomos, 1988.

LUCHAIRE, François. "La sûreté, droit de l'homme ou sabre de M. Prudhomme?". *RDP*, 1989, p. 609.

LUHMANN, Niklas. *Vertrauen – Ein Mechanismus der Reduktion sozialer Komplexität.* 4ª ed. Stuttgart: Lucius & Lucius, 2000 (1ª ed. 1968).

__________. "Vertrautheit, Zuversicht, Vertrauen. Probleme und Alternativen". In *Vertrauen: Die Grundlage des sozialen Zusammenhalts*. Frankfurt: Campus, 2001, pp. 143-160.

__________. *Ausdifferenzierung des Rechts – Beiträge zur Rechtssoziologie und Rechtstheorie*. Frankfurt am Main: Suhrkamp, 1999.

LUZZATI, Claudio. *La vaghezza delle norme*. Milano: Giuffrè, 1990.

MaCCORMICK, Neil. *Legal Reasoning and Legal Theory*. Oxford: Clarendon, 1995 (1978).

__________. "Der Rechtsstaat und die Rule of Law". *JZ*, n. 39, 1984, pp. 65-70.

__________. "Diritto, 'Rule of Law', e democrazia". In COMANDUCCI, Paolo; GUASTINI, Riccardo (orgs.). *Analisi e Diritto*. Torino: Giappichelli, 1994, pp. 189-209.

__________. "Rhetoric and Rule of Law". In DYZENHAUS, David (org.). *Recrafting the Rule of Law.*

__________. *The Limits of Legal Order*. Oxford: Hart, 1999, pp. 163-177.

MACHADO, Hugo de Brito. *Curso de Direito Tributário*. 28ª ed., 2007; 37ª ed. São Paulo: Malheiros Editores, 2016.

__________. "Os princípios da anterioridade e da irretroatividade das leis tributárias e a publicação da lei". *Cadernos de Direito Tributário e Finanças Públicas* 8/107-112, 1994.

MACHADO DERZI, Misabel de Abreu. "Mutações, complexidade, tipo e conceito, sob o signo da segurança e da proteção da confiança". In TORRES, Heleno Taveira (org.). *Estudos em homenagem a Paulo de Barros Carvalho*. São Paulo: Saraiva, 2007, pp. 245-284.

________. "A família e o Direito Tributário". *RDT* 65/162, s. d.

________. *Direito Tributário, Direito Penal e tipo*. São Paulo, Ed. RT, 1988.

________. "Princípio da segurança jurídica". *RDT* 64/185-187, s. d.

________. "A irretroatividade do Direito, a proteção da confiança, a boa-fé e o RE n. 370.682-SC". In ROCHA, Valdir de Oliveira (org.). *Grandes questões atuais do Direito Tributário*. v. 11. São Paulo: Dialética, 2007, pp. 299-325.

________. *Modificações da jurisprudência no Direito Tributário*. São Paulo: Noeses, 2009.

________. "Mutações jurisprudenciais, em face da proteção da confiança e do interesse público no planejamento da receita e da despesa do Estado". In FERRAZ, Roberto (org.). *Princípios e Limites da Tributação 2 – Os princípios da ordem econômica e a tributação*. São Paulo: Quartier Latin, 2009, pp. 729-754.

MAFFINI, Rafael. *O princípio da proteção substancial da confiança no Direito Administrativo brasileiro*. Porto Alegre: Verbo Jurídico, 2007.

MAINKA, Johannes. *Vertrauensschutz im öffentlichen Recht*. Bonn: Ludwig Röhrscheid, 1963.

MAIOR BORGES, José Souto. "O princípio da segurança jurídica na criação e aplicação do tributo". *RDDT* 22/24-29, 1997.

________. *Curso de Direito Comunitário*. São Paulo: Saraiva, 2005.

________. "Segurança jurídica: sobre a distinção entre competências fiscais para orientar e atuar o contribuinte". *RDT* 100/19-26, s. d.

________. *Obrigação tributária – Uma introdução metodológica*. São Paulo: Saraiva, 1984; 3ª ed., São Paulo, Malheiros Editores, 2015.

________. *Teoria geral da isenção tributária*. 3ª ed., 3ª tir. São Paulo: Malheiros Editores, 2011.

________. "Limites constitucionais e infraconstitucionais da coisa julgada tributária (contribuição social sobre o lucro)". *Cadernos de Direito Tributário e Finanças Públicas* 27/170-194, 1999.

MANEIRA, Eduardo. *Direito Tributário – Princípio da não-surpresa*. Belo Horizonte: Del Rey, 1994.

MARINONI, Luiz Guilherme. *Coisa julgada inconstitucional*. São Paulo: Ed. RT, 2008.

MARMOR, Andrei. *Law in the age of pluralism*. Oxford: OUP, 2007.

________. *Interpretation and Legal Theory*. Clarendon: Oxford, 1992.

________. "An Essay on the Objetivity of Law". In BIX, Brian (org.). *Analysing Law – New Essays in Legal Theory*. Oxford: Clarendon, 1998, pp 3-31.

________. *Positive Law and Objective Values*. Oxford: Clarendon, 2001.

MARTINS-COSTA, Judith. *A boa-fé no Direito Privado*. São Paulo: Ed. RT, 1999.

_________. "Almiro do Couto e Silva e a re-significação do princípio da segurança jurídica na relação entre Estado e cidadãos". In ÁVILA, Humberto (org.). *Fundamentos do Estado de Direito – Estudos em homenagem a Almiro do Couto e Silva*. São Paulo: Malheiros Editores, 2005, pp. 120-148.

MATHIEU, Bertrand. "Constitution et sécurité juridique – France". *Annuaire International de Justice Constitutionnelle 1999*. Paris: Economica, 2000, pp. 155-192.

_________. "La sécurité juridique: un principe constitutionnel clandestin mais efficient". In FRAISSEIX, Patrick (org.). *Mélanges Patrice Gélard – Droit Constitutionnel*. Paris: Montchrestien, 1999, pp. 301-305.

_________. "Pour une reconnaissance de 'principes matriciels' en matiére de protection constitucionnelle des droit de l'homme". *Recueil Dalloz Sirey* 27, pp. 211-212, 1995.

MAURER, Hartmut. "Kontitnuitätsgewähr und Vertrauensschutz". In ISENSEE, Josef; KIRCHHOF, Paul (orgs.). *Handbuch des Staatsrechts*. v. 3. 2ª ed. § 60. Heidelberg: Müller, 1996.

MAYER, Mathias. *Untermaß, Übermaß und Wesensgehaltsgarantie*. Baden-Baden: Nomos, 2005.

MEDAUAR, Odete. "Segurança jurídica e confiança legítima". In ÁVILA, Humberto (org.). *Fundamentos do Estado de Direito – Estudos em homenagem a Almiro do Couto e Silva*. São Paulo: Malheiros Editores, 2005, pp. 114-119.

MEDEIROS, Rui. *A decisão de inconstitucionalidade – Os autores, o conteúdo e os efeitos da decisão de inconstitucionalidade*. Lisboa: Universidade Católica, 1999.

MEDICUS, Dieter. "Über die Rückwirkung von Rechtsprechung". *NJW*, 1999, p. 2.577.

_________. "Neues zur Rückwirkung von Rechtsprechung". *WM*, 1997, p.

MELLINGHOFF, Rudolf. "Vertrauen in das Steuergesetz". In PEZZER, Heinz-Jürgen (org.). *Vertrauensschutz im Steuerrecht. Deutsche Steuerjuristische Gesellschaft*. v. 27. Köln: Otto Schmidt, 2004, pp. 25-53.

MENDES, Gilmar. *Jurisdição Constitucional*. 3ª ed. São Paulo: Saraiva, 1999.

_________. "Anteprojeto de lei sobre processo e julgamento da ação direta de inconstitucionalidade e da ação declaratória de constitucionalidade". *Cadernos de Direito Constitucional e Ciência Política* 29/24-36, 1999.

MENKE, Cassiano. *A proibição aos efeitos de confisco no Direito Tributário*. São Paulo: Malheiros Editores, 2008.

MENZEL, Andreas. *Grundfragen der Verwirkung dargestellt insbesondere anhand des Öffentlichen Rechts*. Frankfurt am Main: Peter Lang, 1987.

MERTENS, Bernd. *Gesetzgebungskunst im Zeitalter der Kodifikationen*. Tübingen: Mohr Siebeck, 2004.

MESQUITA DEL CACHO, José L. *Seguridad jurídica y sistema cautelar*. v. 1. *Teoría de la seguridad jurídica*. Barcelona: Bosch, 1989.

MEẞERSCHMIDT, Klaus. *Gesetzgebungsermessen*. Baden-Baden: Nomos, 2000.

MEYER, J. *Conversations-Lexicon*. v. 8. Zweite Abteilung.

MIRANDA, Jorge. *Manual de Direito Constitucional*. v. 1. Coimbra: Almedina, 2003.

MODERNE, Frank. "Actualité des principes généraux du droit". *RFDA*, 1998, p. 506.

MOES, Christoph. "Die Anordnung der befristeten Fortgeltung verfassungswidriger Steuergesetze durch das Bundesverfassungsgericht". *StuW*, n. 1, 2008, pp. 27-36.

von MOHL, Robert. "Die Geschichte und Literatur der Staatswissenschaften". In *Monographien dargestellt*. v. 1. Erlangen, 1855.

_________. *Staatsrecht, Völkerrecht, Politik*. v. 1. Tübingen, 1860.

MOLFESSIS, Nicolas (org.). *Les revirements de jurisprudence*. Rapport remis à Monsieur le Premier Président Guy Canivet. Grupe de Travail. Paris: Litec, 2005.

_________. "Combattre l'insécurité juridique ou la lutte du système juridique contre lui-même". In *Sécurité juridique et complexité du Droit*. Conseil d'État. *Rapport Public 2006. Études et documents*, n. 57. Paris: Documentation française, 2006, pp. 391-398.

MÖLLERS, Christoph. *Gewaltenteilung*. Tübingen: Mohr Siebeck, 2005.

_________. *Die drei Gewalten*. Göttingen: Velbrück, 2008.

MOREIRA ALVES, José Carlos. "Direito Adquirido". *Fórum Administrativo*, n. 15, 2002, pp. 579 e ss.

MORLOK, Martin. "Begriff und Phänomen der Normenerosion im Bereich des öffentlichen Rechts". In FROMMEL; GESSNER (orgs.). *Normenerosion*. Baden-Baden, 1996.

MÖSTL, Markus. *Die staatliche Garantie für die öffentliche Sicherheit und Ordnung*. Tübingen: Mohr Siebeck, 2002.

MUCKEL, Stefan. *Kriterien des verfassungsrechtlichen Vertrauensschutzes bei Gesetzesänderungen*. Berlin: Duncker und Humblot, 1989.

MÜLLER-GRUNE, Sven. *Der Grundsatz von Treu und Glauben im Allgemeinen Verwaltungsrecht*. Hamburg: Kovac, 2006.

MUÑAGORRI, Ignacio; PEGORARO, Juan (orgs.). *La relación seguridad--inseguridad en centros urbanos de Europa y América Latina*. Madrid: Dykinson, 2004.

MÜNCH, Christof. "Rechtssicherheit als Standortfaktor. Gedanken aus Sicht der vorsorgenden Rechtspflege". In WEBER, Albrecht (org.). *Währung und Wirtschaft. Das Geld im Recht. FS für Hugo J. Hahn*. Baden-Baden: Nomos, 1997, pp. 673-695.

von MÜNCH, Ingo. "Rechtsstaat versus Gerechtigkeit?". *Staat*, n. 33, 1994, pp. 165-184.

_________. "Zum Rückzug des Gesetzes aus dem Rechtsstaat. Anmerkung". *ZLR*, n. 28, 2001, pp. 574-576.

MÜNCH, Richard. "Zwischen Normenerosion und Normenwandel: Rechtsentwicklung als dynamischer Prozeß". In FROMEL; GESSNER (orgs.). *Normenerosion*, pp. 147-167.

NAVARRO COELHO, Sacha Calmon. "Princípios retores da tributação: legalidade e tipicidade". *RDT* 33/198-207, 1985.

__________. *Teoria geral do tributo, da interpretação e da exoneração tributária*. São Paulo: Dialética, 2003.

__________. "Segurança jurídica e mutações legais". In ROCHA, Valdir de Oliveira (org.). *Grandes questões atuais do Direito Tributário*. v. 10. São Paulo: Dialética, 2006, pp. 402-431.

__________. *Curso de Direito Tributário*. 9ª ed. Rio de Janeiro: Forense, 2006.

NELLES, Marcus. *Sumum ius summa iniuria?* Ottilien: EOS, 2004.

NEUFANG, Bernd; ABENHEIMER, Arno. "Vertrauensschutz bei Rechtsprechungsänderungen am Beispiel der Mieteinbauten". *INF*, 1998, p. 513.

NEUMANN, Franz. "Über die Voraussetzungen und den Rechtsbegriff einer Wirtschaftsverfassung". In *Wirtschaft, Staat, Demokratie*. Frankfurt am Main: Suhrkamp, 1978, pp. 76 e ss.

__________. "Der Funktionswandel des Gesetzes im Recht der bürgerlichen Gesellschaft". In *Demokratischer und autoritärer Staat – Studien zur politischen Theorie*. Frankfurt am Main: Europäische Verlagsanstalt, 1967, pp. 31 e ss.

NEVES, Marcelo. *Entre Têmis e Leviatã: uma relação difícil – O Estado Democrático de Direito a partir e além de Luhmann e Habermas*. São Paulo: Martins Fontes, 2006.

NOVAIS, Jorge Reis. *Os princípios constitucionais estruturantes da República Portuguesa*. Coimbra: Coimbra Ed., 2004.

NOVOA, César García. *El principio de seguridad jurídica en materia tributaria*. Madrid: Marcial Pons, 2000.

NOZICK, Robert. *Anarchy, State and Utopia*. Oxford: Blackwell, 1975 (1974).

NUNNER-WINKLER, Gertrud. "Normenerosion". In FROMEL; GESSNER (orgs.). *Normenerosion*, pp. 15-32.

OFFE, Claus. "Wie können unseren Mitbürgern vertrauen?". In HARTMANN, Martin; OFFE, Claus (orgs.). *Vertrauen: Die Grundlage des sozialen Zusammenhalts*. Frankfurt: Campus, 2001, pp. 241-294.

ORTMANN, Andreas. *Die Finanzwirksamkeit verfassungsrechtlicher Entscheidungen im Spiegel der Rechtsprechung des Bundesverfassungsgerichts*. Baden-Baden: Nomos, 2007.

OSSENBÜHL, Fritz. *Die Rücknahme fehlerhafter begünstigender Verwaltungsakte*. 2ª ed. Berlin: Walter de Gruyter, 1965.

__________. "Vertrauensschutz im sozialen Rechtsstaat". *DÖV*, n. 25, 1972, pp. 25-36.

__________. "Selbstbindung der Verwaltung". *DVBl*, n. 96, 1981, pp. 857-865.

OST, François. *Le Temps du Droit*. Paris: Odile Jacob, 1999.

_________. "L'heure du jugement. Sur la rétroactivité des décisions de justice. Vers un droit transitoire de la modification des règles jurisprudentielles". In OST, François; van HOECKE, Mark (orgs.). *Temps et Droit. Le Droit a-t-il pour vocation de durer?* Bruylant, 1999, p. 93.

_________. "L'instantané ou l'institué? L'institué ou l'instituant? Le Droit a-t-il pour vocation de durer?". In OST, François; van HOECKE, Mark (orgs.). *Temps et Droit. Le droit a-t-il pour vocation de durer?* Bruxelles: Bruylant, 1998, pp. 7-14.

_________. "Conclusions générales: le temps, la Justice et le Droit". In GABORIAU, Simone; PAULIAT, Hélène (orgs.). *Le Temps, la Justice et le Droit.* Limoges: Pulim, 2003.

PACTEAU, Bernard. "La sécurité juridique, un principe que nous manque?". *AJDA*, n. 20, 1995, pp. 151 e ss.

_________. "Comment aménager la rétroactivité de la justice? Sécurité juridique, sécurité juridictionnelle, sécurité jurisprudencielle". In SEILLER, Bertrand (org.). *La rétroactivité des décisions du juge administratif*. Paris: Economica, 2007, pp. 113-130.

PALOMBELLA, Gianluigi. *Dopo la Certezza – Il Diritto in Equilibrio tra Giustizia e Democrazia*. Bari: Dedalo, 2006.

DE PAOLA, Leonardo. *Presunções e ficções no Direito Tributário*. Belo Horizonte: Del Rey, 1997.

PAULSEN, Leandro. *Segurança jurídica, certeza do Direito e tributação*. Porto Alegre: Livraria do Advogado, 2006.

PECES-BARBA, Gregório. "La seguridad jurídica desde la Filosofía del Derecho". *Anuario de Derechos Humanos*, n. 6, 1990, pp. 215-229.

PECZENICK, Aleksander. *On Law and Reason*. Dordrecht: Kluwer, 1989.

_________. *"Scientia Juris". Legal Doctrine as Knowledge of Law and as a Source of Law.* Dordrecht: Springer, 2005.

PEINE, Franz-Joseph. *Systemgerechtigkeit – Die Selbsbindung des Gesetzgebers als Maßstab der Normenkontrolle*. Baden-Baden: Nomos, 1985.

PEREZ, Jesus Gonzales. *El principio general de la buena fe en el Derecho Administrativo*. 2ª ed. Madrid: Civitas, 1983.

PEREZ LUÑO, Antonio Enrique. *La seguridad jurídica*. Barcelona: Ariel, 1991.

PESSOA, Fernando. *Livro do Desassossego*. São Paulo: Companhia das Letras, 1997.

PESSOA DE MENDONÇA, Maria Luiza Vianna. *O princípio constitucional da irretroatividade da lei – A irretroatividade da lei tributária*. Belo Horizonte: Del Rey, 1996.

PETERMANN, Franz. *Psychologie des Vertrauens*. 3ª ed. Göttingen: Hogrefe, 1996.

PETERS, Hans. "Rechtsstaat und Rechtssicherheit". In *Recht – Staat – Wirtschaft*, III, 1951, pp. 66-77.

PETIT, Jacques. *Les conflits de lois dans le temps en Droit Public français*. Paris: LGDJ, 2002.

PEZZER, Heinz-Jürgen (org.). *Vertrauensschutz im Steuerrecht. Deutsche Steuerjuristische Gesellschaft*. t. 27. Köln: Otto Schmidt, 2004.

PFERSMANN, Otto. "Constitution et sécurité juridique – Autriche". *Annuaire International de Justice Constitutionnelle 1999*. Paris: Economica, 2000, pp. 109-117.

PHILIPPE, Xavier. "Constitution et sécurité juridique – Afrique du Sud". *Annuaire International de Justice Constitutionnelle 1999*. Paris: Economica, 2000, pp. 71-90.

PIEROTH, Bodo. *Rückwirkung und Übergangsrecht*. Berlin: Duncker und Humblot, 1981.

__________; SCHLINK, Bernhard. *Staatsrecht II: Grundrechte*. 23ª ed. Heidelberg: C. F. Müller, 2007.

PIZZORUSSO, Alessandro; PASSAGLIA, Paolo. "Constitution et sécurité juridique – Italie". *Annuaire International de Justice Constitutionnelle 1999*. Paris: Economica, 2000, pp. 199-225.

POHL, Heike. *Rechtsprechungsänderung und Rückanknüpfung*. Berlin: Duncker und Humblot, 2005.

POSCHER, Ralf. "Die Würde des Menschen ist unantastbar". *JZ*, n. 59, 2004, pp. 756-762.

PREISER, Friedrich. "Rechtsstaatswidrige Rechtsunsicherheit. Vorschläge zur Erzielung von Rechtsunsicherheit". *DVBl*, n. 83, 1968, pp. 545-549.

PÜTTNER, Günter. "Vertrauensschutz im Verwaltungsrecht". *VVDStRL*, v. 32, 1974, p. 204.

RABELLO FILHO, Francisco Pinto. *O princípio da anterioridade da lei tributária*. São Paulo: Ed. RT, 2002.

RABINOWICZ, Wlodek. "Peczenik's passionate reason". In AARNIO, Aulis *et alii* (orgs.). *On Coherence Theory of Law*. Lund: Juristförlager, 1998, pp. 17-23.

RACINE, Jean-Baptiste; SIIRIAINEN, Fabrice. "Sécurité juridique et droit écomique. Propos introdutifs". In BOY, Laurence; RACINE, Jean-Baptiste; SIIRIAINEN, Fabrice (orgs.). *Sécurité juridique et droit économique*. Bruxelles: Larcier, 2008, pp. 5-21.

RADBRUCH, Gustav. "Gesetzliches Unrecht und übergesetzliches Recht". *SJZ*, 1946, p. 105.

__________. *Rechtsphilosophie*. Studienausgabe. 2ª ed. Heidelberg: C. F. Müller, 2003 (1ª ed. 1932).

RAITIO, Juha. *The Principle of Legal Certainty in EC Law*. Dordrecht: Kluwer, 2003.

RANDAK, Michael. "Bindungswirkung von Verwaltunsakten". *JuS*, 1992, pp. 33-39.

RAWLS, John. *A Theory of Justice*. Cambridge: Belknap, 1971.

RAZ, Joseph. "The Rule of Law and its Virtue" (1977). In *The Authority of Law. Essays on Law and Morality*. Oxford: Oxford, 1979, pp. 210-229.

_________. *The Morality of Freedom*. Oxford: Clarendon, 1986.

_________. *Practical Reason and Norms*. New Jersey: Princeton, 1990.

REALE, Miguel. *Revogação e anulamento do ato administrativo*. 2ª ed. Rio de Janeiro: Forense, 1980.

_________. *Filosofia do Direito*. 12ª ed. São Paulo: Saraiva, 1987.

_________. "Prefácio". In CAVALCANTI FILHO, Theophilo. *O problema da segurança no Direito*. São Paulo: Ed. RT, 1964.

RECASENS SICHES, L. *Filosofía del Derecho*. México: Porrúa, 1959.

_________. *Tratado General de Filosofía del Derecho*. México: Porrúa, 1961.

REINHARDT, Michael. *Konsistente Jurisdiktion*. Tübingen: Mohr Siebeck, 1997.

REIS, Patrice. "Les méthodes d'interprétation, analyse formelle, analyse substancielle et sécurité juridique". In BOY, Laurence; RACINE, Jean-Baptiste; SIIRIAINEN, Fabrice (orgs.). *Sécurité juridique et Droit Économique*. Bruxelles: Larcier, 2008, pp. 189-205.

RIBEIRO, Ricardo Lodi. *A segurança jurídica do contribuinte*. Rio de Janeiro: Lumen Juris, 2008.

_________. "Legalidade tributária, tipicidade aberta, conceitos indeterminados e cláusulas gerais tributárias". *RDA* 229/313-333, 2002.

_________. "A proteção da confiança legítima do contribuinte". *RDDT* 145/99-115, 2007.

RIGGERT, Rainer. *Die Selbstbindung der Rechtsprechung durch den allgemeinen Gleichheitssatz (Art. 3 I GG)*. Berlin: Duncker und Humblot, 1993.

RIPPERGER, Tanja. *Ökonomik des Vertrauens*. 2ª ed. Tübingen: Mohr Siebeck, 2003.

RIVA, Enrico. *Wohlerworbene Rechte – Eigentum – Vertrauen*. Bern: Stämpfli, 2007.

ROBBERS, Gerhard. *Gerechtigkeit als Rechtsprinzip*. Baden-Baden: Nomos, 1980.

ROCHA, Sérgio André. "Existe um princípio da tipicidade no Direito Tributário?". *RDDT* 136/68-79, 2007.

ROCHA, Valdir de Oliveira. *A Consulta Fiscal*. São Paulo: Dialética, 1996.

ROELLECKE, Gerd. "Ein Rechtsbegriff der Planung". In PFEIFFER, Gerd *et alli* (orgs.). *FS für Heiny Rohwedder*. München, 1994, pp. 425-440.

ROMAGNOSI. *Assunto primo della scienza del diritto naturale*. 3ª ed. 1832.

RORIVE, Isabelle. *Le Revirement de Jurisprudence*. Bruxelles: Bruylant, 2003.

ROSA, Hartmut; SCHEUERMANN, William. "Introduction". In ROSA, Hartmut; SCHEUERMANN, William (orgs.). *High-speed society: social acceleration, Power and modernity*. Pennsylvania: The Pennsylvania State University Press, 2009.

ROSE, Gerd. "Rückwirkende Steuerrechtsprechung und Steuerplanungssicherheit". *Stbg*, 1999, p. 401.

ROTH, Thomas. *Das Grundrecht auf den gesetzlichen Richter*. Berlin: Duncker und Humblot, 2000.

ROUBIER, Paul. *Le droit transitoire: conflits des lois dans le temps*. Paris: Dalloz, 1929-1933 (1ª ed. 2. vs.), 1960 (2ª ed. 1 v.), 2008 (reimpressão da 2ª ed.).

________. *Théorie générale du Droit*. 2ª ed. Paris: Sirey, 1951.

RUDOLF, Walter. "Sicherheit und Grundrechte". In BRENNER, Michael *et alii* (orgs.). *Der Staat des Grundgesetzes – Kontinuität und Wandel. FS für Badura*. Tübingen, 2004, pp. 463-476.

RÜMELIN, Max. *Die Rechtssicherheit*. Tübingen: Mohr Siebeck, 1924.

SACHS, Michael. *Verfassungsprozessrecht*. 2ª ed. Frankfurt am Main: Recht und Wirtschaft, 2007.

SANGMEISTER, Bernd. "Die Bedeutung der Kontinuität höchstrichterlicher Rechtsprechung". *BB*, 1989, p. 396.

________. "Das Bundesverfassungsgericht und das Verfassungsrecht". *StuW*, v. 2, 2001, pp. 176 e ss.

SARLET, Ingo Wolfgang. "A eficácia do direito fundamental à segurança jurídica: dignidade da pessoa humana, direitos fundamentais e proibição de retrocesso social no Direito Constitucional brasileiro". In ANTUNES ROCHA, Cármen Lúcia (org.). *Constituição e segurança jurídica: direito adquirido, ato jurídico perfeito e coisa julgada. Estudos em homenagem a José Paulo Sepúlveda Pertence*. Belo Horizonte: Fórum, 2004, pp. 85-129.

von SAVIGNY, Friedrich Carl. *Vom Beruf unserer Zeit für Gesetzgebung und Rechtswissenschaft*. Heidelberg: Mohr und Zimmer, 1814.

SCHAUER, Frederick. *Thinking like a lawyer: a new introduction to legal reasoning*. Cambridge: Harvard University Press, 2009.

________. *Profiles, probabilities and stereotypes*. Cambridge: Belknap, 2003.

________. *Playing by the rules*. Oxford: Clarendon, 1998.

SCHEFFELT, Michael. *Die Rechtsprechungsänderung. Ein Beitrag zu methodischen und verfassungsrechtlichen Grundlagen und zur Anwendung der Ergebnisse im Verwaltungsrecht*. Konstanz: Hartung-Gorre, 2001.

SCHLAICH, Klaus; KORIOTH, Stephan. *Das Bundesverfassungsgericht – Stellung, Verfahren, Entscheidungen*. 7ª ed. München: Beck, 2007.

SCHMIDT, Reiner. "Flexibilität und Innovationsoffenheit im Bereich der Verwaltungsmaßstäbe". In HOFFMANN-RIEM, Wolfgang; SCHMIDT-AßMANN, Eberhard (orgs.). *Innovation und Flexibilität des Verwaltungshandelns*. Baden-Baden: Nomos, 1994, pp. 67-110.

SCHMIDT-AßMANN, Eberhard. "Verwaltungsverfahren". In KIRCHHOF, Paul; ISENSEE, Josef (orgs.). *Handbuch des Staatsrechts*. 2ª ed. v. 3. Heidelberg: C. F. Müller, 1996, pp. 623-651.

________. "Flexibilität und Innovationsoffenheit als Entwicklungsperspektiven des Verwaltunsrechts". In HOFFMANN-RIEM, Wolfgang; SCHMIDT-AßMANN, Eberhard (orgs.). *Innovation und Flexibilität des Verwaltungshandelns*. Baden-Baden: Nomos, 1994, pp. 407-423.

SCHOCH, Friedrich. "Der Verwaltunsakt zwischen Stabilität und Flexibilität". In HOFFMANN-RIEM, Wolfgang; SCHMIDT-AßMANN, Eberhard (orgs.). *Innovation und Flexibilität des Verwaltungshandelns*. Baden-Baden: Nomos, 1994, pp. 199-244.

SCHOLZ, Franz. *Die Rechtssicherheit*. Berlin: Walter de Gruyter, 1955.

SCHOUERI, Luís Eduardo. *Normas tributárias indutoras e intervenção econômica*. Rio de Janeiro: Forense, 2005.

________. "Segurança jurídica e normas tributárias indutoras". In RIBEIRO, Maria de Fátima (org.). *Direito Tributário e segurança jurídica*. São Paulo: MP, 2008, pp. 117-146.

________. "Segurança na ordem tributária nacional e internacional: tributação do comércio exterior". In BARRETO, Aires Fernandino *et alii* (orgs.). *Segurança jurídica na tributação e Estado de Direito*. São Paulo: Noeses, 2005, pp. 375-406.

________. "Tributação e indução econômica: os efeitos econômicos de um tributo como critério para sua constitucionalidade". In FERRAZ, Roberto (org.). *Princípios e Limites da Tributação 2 – Os Princípios da Ordem Econômica e a Tributação*. São Paulo: Quartier Latin, 2009, pp. 140-164.

SCHRIMM-HEINS, Andrea. "Gewissheit und Sicherheit: Geschichte und Bedeutungswandel der Begriffe 'certitudo' und 'securitas'" (Teil 1). *Archiv für Begriffsgeschichte*, v. 34, 1991, pp. 123-213.

________. "Gewissheit und Sicherheit: Geschichte und Bedeutungswandel der Begriffe 'certitudo' und 'securitas'" (Teil 2). *Archiv für Begriffsgeschichte*, v. 35, 1992, pp. 115-213.

SCHÜTZ, Anton. "How aufarbeiten 'Liquid Society'? Zygmunt Bauman's Wager". In PRIBÁN, Firi (org.). *Liquid Society and Its Law*. Aldershot: Ashgate, 2007, pp. 42-60.

SCHWEER, Martin; THIES, Barbara. *Vertrauen als Organisationsprinzip*. Bern: Hans Huber, 2003.

SEABRA DE MOURA, Frederico Araújo. *Lei Complementar Tributária*. São Paulo: Quartier Latin, 2009.

SEER, Roman. "Defizite im finanzgerichtlichen Rechtsschutz – zugleich eine kritische Auseinandersetzung mit dem 2. FGO-Änderungsgesetz vom 19.12.2000". *StuW*, 2001, pp. 3-18.

________. MÜLLER, Jörg Peter. "Begrenzung der Wirkungen seiner Richtersprüche zur den EuGH". *IWB*, n. 5, Gruppe 2, Fach 11, 2008, pp. 255-268.

________. "Rechtsschutz in Steuersachen". In TIPKE, Klaus; LANG, Joachim (funds.). *Steuerrecht*. 19ª ed. Köln: Otto Schmidt, 2008, § 22, n. de margem 285-291, pp. 1089-1092.

________. "Die Unvereinbarkeitserklärung des BVerfG am Beispiel seiner Rechtsprechung zum Abgabenrecht". *NJW*, v. 5, 1996, pp. 285 ss.

________. "Gewerbesteuer im Visier des Verfassungsgerichts – Anmerkungen zu dem Vorlagebeschluß des FG Niedersachsen vom 24.6.1998". *FR*, 1998, pp. 1022 e ss.

SEILLER, Bertrand. "Le procès de la rétroactivé'. In SEILLER, Bertrand (org.). *La rétroactivité des décisions du juge administratif*. Paris: Economica, 2007, pp. 15-32.

SENDLER, Horst. "Grundrechte auf Widerspruchfreiheit der Rechtsordnung?". *DVBl*, 110, 1995, pp. 978- 985.

_________. "Mehr Gesetze, weniger Rechtsgewährung?". *DVBl*, 15.9.1995, pp. 979.

SEYFARTH, Georg. *Die Änderung der Rechtsprechung durch das Bundesverfassungsgericht*. Berlin: Duncker und Humblot, 1998.

SILVA, José Afonso da. "Constituição e Segurança Jurídica". In ANTUNES ROCHA, Cármen Lúcia (org.). *Constituição e segurança jurídica: direito adquirido, ato jurídico perfeito e coisa julgada. Estudos em homenagem a José Paulo Sepúlveda Pertence*. Belo Horizonte: Fórum, 2004, pp. 15-30.

SILVA VELLOSO, Carlos Mário. "O princípio da irretroatividade da lei tributária". *RTDP* 15/13-23, 1996.

SMITH, Eivind. "Constitution et sécurité juridique – Norvège". *Annuaire International de Justice Constitutionnelle 1999*. Paris: Economica, 2000, pp. 231-237.

SOBOTA, Katharina. *Das Prinzip Rechtsstaat*. Tübingen: Siebeck, 1997.

SOMMERMANN, Karl-Peter. *Staatsziele und Staatszielbestimmungen*. Tübingen: Mohr Siebeck, 1997.

SOUSA, Rubens Gomes de. *Compêndio de legislação tributária*. Edição póstuma. São Paulo: Resenha Tributária, 1975.

STELZER, Manfred. "Was leistet das Prinzip Rechtssicherheit? Bemerkungen zur Rücknahme rechtswidriger Verwaltunsakte nach § 48 VwVfG". *Verwaltung* n. 30, 1997, pp. 139-160.

_________. *Das Wesensgehaltsargument und der Grundsatz der Verhältnismäßigkeit*. Wien: Springer, 1991.

STERN, Klaus. "Der Rechtsstaat". *Kölner Universitätsreden*. Krefeld: Scherpe, 1971.

STÖTZEL, Martin. *Vertrauensschutz und Gesetzesrückwirkung*. Frankfurt am Main: Peter Lang, 2002.

STÜDEMANN, Klaus. "Rechtsunsicherheit als betriebswirtschaftliches Problem". In KORTSFLEISCH, Gert (org.). *Wissenschaftsprogramm und Ausbildungsziele der Betriebswirtschaftslehre*. Berlin, 1971, pp. 101-132.

SUMMERS, Robert. *Lon L. Fuller*. Londres: Edward Arnold, 1984.

_________. "A Formal Theory of the Rule of Law". In SUMMERS, Robert. *Essays in Legal Theory*. Dordrecht: Kluwer, 2000, p. 169 (originalmente: *Ratio Juris*, v. 6, n. 2, 1993, pp. 127-142).

SUNSTEIN, Cass. "Incommensurability and kinds of valuation: some applications in Law". In CHANG, Ruth (org.). *Incommensurability, incomparability and practical reason*. Cambridge: Harvard, 1997, pp. 234-254.

SYPNOWICH, Christine. "Utopia and the Rule of Law". In DYZENHAUS, David (org.). *Recrafting the Rule of Law – The Limits of Legal Order*. Oxford: Hart, 1999, pp. 178-195.

SZCZEKALLA, Peter. *Die sogenannten grundrechtlichen Schutzpflichten im deutschen und europäischen Recht*. Berlin: Duncker und Humblot, 2002.

TAMANAHA, Brian Z. *Law as a Means to an End – Threat to the Rule of Law*. Combridge: Cambridge University Press, 2006.

_________. *On The Rule of Law*. Cambrige: Cambridge University Press, 2004.

THEODORO JÚNIOR, Humberto. "Notas sobre sentença, coisa julgada e interpretação". *RePro* 167/124, 2009.

TIPKE, Klaus. "Rezensionen". HABSCHEIDT, Gerhardt. "Der Anspruch des Bürgers auf Erstattung verfassungswidriger Steuern". Köln: Otto Schmidt, 2003). *StuW*, n. 2, 2004, pp. 187-190.

TORRES, Ricardo Lobo. "Segurança jurídica e as limitações ao poder de tributar". In FERRAZ, Roberto (org.). *Princípios e limites da tributação*. São Paulo: Quartier Latin, 2007, pp. 429-445.

_________. "Limitações ao poder impositivo e segurança jurídica". In SILVA MARTINS, Ives Gandra da (org.). *Limitações ao poder impositivo e segurança jurídica*. São Paulo: Ed. RT/CEU, 2007, pp. 61-77.

_________. "Liberdade, Segurança e Justiça". In CARVALHO, Paulo de Barros (org.). *Justiça tributária*. São Paulo: Max Limonad, 1998, pp. 679-705.

_________. "Valores e princípios constitucionais tributários". *Tratado de Direito Constitucional Financeiro e Tributário*. v. 2. Rio de Janeiro: Renovar, 2005.

_________. "A legitimação dos direitos humanos e os princípios da ponderação e da razoabilidade". In TORRES, Ricardo Lobo (org.). *Legitimação dos direitos humanos*. 2ª ed. Rio de Janeiro: Renovar, 2007, pp. 467-520.

_________. "O orçamento na Constituição". *Tratado de Direito Constitucional Financeiro e Tributário*. 3ª ed. Rio de Janeiro: Renovar, 2008.

_________. "O princípio da tipicidade no Direito Tributário". In RIBEIRO, Ricardo Lodi; ROCHA, Sergio André (orgs.). *Legalidade e Tipicidade no Direito Tributário*. São Paulo: Quartier Latin, 2008, pp. 137-184.

_________. *O direito ao mínimo existencial*. Rio de Janeiro: Renovar, 2009.

_________. "Interação entre princípios constitucionais tributários e princípios da ordem econômica". In FERRAZ, Roberto (org.). *Princípios e limites da tributação 2 – Os princípios da ordem econômica e a tributação*. São Paulo: Quartier Latin, 2009, pp. 491-516.

_________. *Normas de interpretação e integração do Direito Tributário*. 3ª ed. Rio de Janeiro: Renovar, 2000.

TROPER, Michel. "Le concept d'État de Droit". *L'État de droit. Cahiers de philosophie politique et juridique*, n. 24, 1993, pp. 25-40.

UECKER, Stefan. *Die Rationalisierung des Rechts*. Berlin: Wissenschaftler Verlag, 2005.

UHLRICH, Hanns. "La sécurité juridique en droit économique allemand: observations d'un privatiste". In BOY, Laurence; RACINE, Jean-Baptiste; SIIRIAINEN, Fabrice (orgs.). *Sécurité juridique et Droit Économique*. Bruxelles: Larcier, 2008, pp. 73-100.

UMBACH, Dieter; CLEMENS, Thomas; DOLLINGER, Franz-Wilhelm. *Bundesverfassungsgerichtsgesetz*. 2ª ed. Heidelberg: C. F. Müller, 2005.

URBINA, Sebastián. *Legal Method and the Rule of Law*. Dordrecht: Kluwer, 2002.

VALEMBOIS, Anne-Laure. *La Constitutionnalisation de l'exigence de sécurité juridique en Droit français*. Paris: LGDJ, 2005.

VALVERDE, Gustavo Sampaio. *Coisa julgada em matéria tributária*. São Paulo: Quartier Latin, 2004.

VEDEL, Georges. "Discontinuité du Droit Constitutionnel et continuité du Droit Administratif: le rôle du juge". In *Le juge et le Droit. Mélanges offerts à Marcel Waline*. v. 2. Paris: LGDJ, 1974, p. 779.

VIEIRA, José Roberto. "Medidas provisórias tributárias e segurança jurídica: a insólita opção estatal pelo 'viver perigosamente'". In BARRETO, Aires Fernandino *et alii* (orgs.). *Segurança jurídica na tributação e Estado de Direito*. São Paulo: Noeses, 2005, pp. 317-373.

VIEIRA DE ANDRADE, José Carlos. *O dever de fundamentação expressa dos actos administrativos*. Lisboa: Almedina, 1992.

VIETS, Bodo. *Rechtsprechungsänderung und Vertrauensschutz*. Bern: Herbert Lang, 1976.

VILLA, Vittorio. *Construtivismo e teorie del Diritto*. Torino: Giappichelli, 1999.

VILLEGAS, Héctor. "Principio de seguridad jurídica en la creación y aplicación del tributo". *RDT* 66/7-16, s. d.

VOGEL, Klaus. "Rechtssicherheit und Rückwirkung zwischen Vernunftrecht und Verfassungsrecht". *JZ*, n. 43, 1988, p. 833.

__________. "Rückwirkung: eine festgefahrene Diskussion. Ein Versuch, die Blockade zu lösen". In SCHLAICH, Klaus *et alii* (orgs.). *FS für Martin Heckel zum 70. Geburtstag*. Tübingen: Mohr Siebeck, 1999, pp. 875-884.

__________. WALDHOFF, Christian. *Grundlagen des Finanzverfassungsrechts*. Heidelberg: C. F. Müller, 1999.

VONKILCH, Andreas. *Das Intertemporale Privatrecht*. Wien: Springer, 1999.

VOSSKUHLE, Andreas. "Der Wandel von Verwaltungsrecht und Verwaltungsprozessrecht in der Informationsgesellschaft". In HOFFMANN-RIEM, Wolfgang; SCHMIDT-ASSMANN, Eberhard. *Verwaltungsrecht in der Informationsgesellschaft*. Baden-Baden, 2000, pp. 349-404.

WALDHOFF, Christian. "Recent developments relating to the retroactive effect of decisions of the ECJ". In *Common Market Law Review*, n. 46, 2009, pp. 1-18 (manuscrito).

__________. "Vertrauensschutz im Steuerrechtsverhältnis". In PEZZER, Heinz-Jürgen (org.). *Vertrauensschutz im Steuerrecht. Deutsche Steuerjuristische Gesellschaft*, v. 27. Köln: Otto Schmidt, 2004, pp. 129-160.

WALDMANN, Peter. "Rechtsunsicherheit, Normenpluralismus und soziale Anomie in Latein-amerika". *VRÜ*, n. 31, 1998, pp. 427-439.

WALDRON, Jeremy. "The Rule of Law in Contemporary Liberal Theory". *Ratio Juris*, v. 2, n. 1, 1989, pp. 79-96.

WALLERATH, Maximilian. *Die Selbstbindung der Verwaltung. Freiheit und Gebundenheit durch den Gleichheitssatz*. Berlin: Duncker und Humblot, 1968.

WATT, Horatia Muir. "'Never say never': post-scriptum comparatif sur la rétroativité des revirements de jurisprudence". In SEILLER, Bertrand (org.). *La rétroactivité des décisions du juge administratif*. Paris: Economica, 2007, pp. 60-72.

WEBER, Max. *Wirtschaft und Gesellschaft*. Frankfurt am Main: Zweitausendeins, 2008.

WEBER-DÜRLER, Beatrice. *Vertrauensschutz im öffentlichen Recht*. Basel/ Frankfurt am Main: Helbing & Lichtenhahn, 1983.

WEINBERGER, Ota. *Norm und Institution*. Wien: Manz, 1988.

WETZEL DE MATTOS, Sérgio Luiz. *Devido processo legal e proteção de direitos*. Porto Alegre: Livraria do Advogado, 2009.

WIEDEMANN, Herbert. "Rechtssicherheit – ein absoluter Wert? Gedanken zum Bestimmtheitserfordernis zivilrechtlicher Tatbestände". In PAULUS, Gotthard *et alli* (orgs.). *FS für Karl Larenz*. München: Beck, 1973, pp. 199-215.

WIELAND, Joachim. "Solidarität gegen Vertrauen". *StVj*, 1992, p. 97.

WISSMANN, Hinnerk. *Generalklauseln – Verwaltungsbefugnisse zwischen Gesetzmäßigkeit und offenen Normen*. Tübingen: Mohr Siebeck, 2008.

WÜRTERBERGER, Th. "Rechtliche Optimierungsgebote oder Rahmensetzungen für das Verwaltungshandeln?". *VVDStRL*, n. 58, 1999, p. 139.

XAVIER, Alberto. *Os princípios da legalidade e da tipicidade da tributação*. São Paulo: Ed. RT, 1978.

_________. *Tipicidade da tributação, simulação e norma antielisiva*. São Paulo: Dialética, 2001.

YANNAKOPOULOS, Constantin. *La notion de droits acquis en Droit Administratif français*. Paris: LGDJ, 1997.

ZANELLA DI PIETRO, Maria Sylvia. "Os princípios da proteção à confiança, da segurança jurídica e da boa-fé na anulação do ato administrativo". In MOTTA, Fabrício (org.). *Direito Público Atual: Estudos em homenagem ao Professor Nélson Figueiredo*. Instituto de Direito Administrativo de Goiás (IDAG). Belo Horizonte: Fórum, 2008, pp. 295-316.

ZIEGLER, Christoph Eduard. *Selbstbindung der Dritten Gewalt*. Frankfurt am Main: Peter Lang, 1993.

ZILVETTI, Fernando Aurélio. "Tipo e linguagem: a gênese da igualdade na tributação". In RIBEIRO, Ricardo Lodi; ROCHA, Sérgio André (orgs.).

Legalidade e tipicidade no Direito Tributário. São Paulo: Quartier Latin, 2008, pp. 30-51.

ZIMMER, Willy. "Constitution et sécurité juridique – Allemagne". *Annuaire International de Justice Constitutionnelle 1999*. Paris: Economica, 2000, pp. 91-107.

ZUCK, Rüdiger. "Überregulierung durch Gesetzgebung und Rechtsprechung". *Universitas*, n. 51, 1997, pp. 736-745.

* * *

00899

GRÁFICA PAYM
Tel. [11] 4392-3344
paym@graficapaym.com.br

Paulo Nogueira Batista Jr.

ESTILHAÇOS

AVARÉ

2024

CONTRACORRENTE

Travessa Vergílio de Araújo Valim, 167
Avaré - SP - Brasil I CEP 18707 815
www.editoracontracorrente.com.br
contato@editoracontracorrente.com.br

EDITORES
Camila Almeida Janela Valim
Gustavo Marinho de Carvalho
Rafael Valim
Walfrido Warde
Silvio Almeida

EQUIPE EDITORIAL
COORDENAÇÃO DE PROJETO: Erick Facioli
PREPARAÇÃO DE TEXTO: Beatriz Duarte Lopes
REVISÃO E REVISÃO TÉCNICA: Amanda Dorth
DIAGRAMAÇÃO: Gisely Fernandes
CAPA: Maikon Nery

EQUIPE DE APOIO
Carla Vasconcelos
Regina Gomes
Nathalia Oliveira
Geovanna Sales

Dados Internacionais de Catalogação na Publicação (CIP)
(Câmara Brasileira do Livro, SP, Brasil)

Batista Jr., Paulo Nogueira
Estilhaços / Paulo Nogueira Batista Jr. -- Avaré, SP : Editora Contracorrente, 2024.

Bibliografia.
ISBN 978-65-5396-202-6

1. Contos brasileiros 2. Crônicas brasileiras
I. Título.

24-216092 CDD-B869.3 - B869.8

Índices para catálogo sistemático:

1. Contos : Literatura brasileira B869.3
2. Crônicas : Literatura brasileira B869.8

Eliane de Freitas Leite - Bibliotecária - CRB 8/8415

@editoracontracorrente
Editora Contracorrente
@ContraEditora
Editora Contracorrente

À minha mãe.

SUMÁRIO

INFÂNCIA E SEUS DESASTRES

À MODA DE NELSON RODRIGUES

ARTE, FILOSOFIA, CULTURA

APRESENTAÇÃO

Ce qu'on appelle communément "avoir du souffle", c'est être prolixe.

Emil Cioran[1]

Sem a coragem, a sabedoria é estéril.

Baltasar Gracián[2]

Este livro, querido leitor ou leitora, é diferente de quase tudo que tenho escrito até hoje. A não ser em crônicas publicadas na imprensa ao longo dos anos e em especial nas apresentações de livros anteriores, em que me dava o direito de transcender a temática econômica, não tratei das questões que são o foco aqui. Vão aparecer pouco os meus temas habituais – economia, política, relações internacionais, Brasil. Pode ser? Espero que o leitor ou leitora concorde, e não pare de ler aqui. Não sei por que exatamente, mas faço questão da leitora, em especial. Sem excluir ninguém, evidentemente.

---

1 "O que se chama comumente 'ter fôlego', é ser prolixo" (CIORAN, Emil. *Pensées étranglées*. Paris: Gallimard, 1969, p. 42).

2 GRACIÁN, Baltasar. *A arte da prudência*. Porto Alegre: L&PM, 2019, p. 10.

Desde os meus tempos de China, onde vivi até fins de 2017, tenho feito anotações esparsas, na forma de sentenças, aforismos e crônicas. Pedaços, fragmentos ou *estilhaços* de um futuro livro. Acabei me fixando na palavra mais dramática – estilhaços. Queria chamar o livro de "Estilhaços do coração". No entanto, uma das primeiras leitoras não gostou do título. Achou a referência a "coração" apelativa, sentimental, novelesca. Outra amiga caiu na gargalhada quando soube do título. Fiz sondagem nas redes e a maioria preferiu "Estilhaços", com vários rejeitando o título alternativo como piegas.

Cortei então, relutantemente, a palavra "coração". A relutância tem as suas razões – razões do coração que "a própria razão desconhece", como disse um grande filósofo francês que não tinha receio de lançar mão do coração! Bem sei que Pascal tem todos os direitos, mas enfim... Hesitei. Como cortar tranquilamente o coração, se o lado afetivo é fundamental neste livro – e até mais importante do que o seu lado fragmentário? Não queria, entretanto, que o livro fosse parar nas seções de autoajuda ou literatura sentimental! E cedi (mas o leitor ou leitora percebe, claro, que ressuscitei aqui o título original!).

Um livro romântico?

Estes "Estilhaços" dizem respeito, em parte, à arte, ao artista e ao sofrimento – ao sofrimento que é inseparável da beleza. Adianto que tratarei quase sempre só de um tipo de arte e de um tipo de artista – do romantismo, em especial do romantismo tardio, e do artista romântico, e não do artista iluminado ou iluminista. Em outras palavras, de Wagner, e não de Mozart. De *Lohengrin*, e não da *Flauta Mágica*. Por inclinação afetiva, não por um argumento qualquer. Se pudesse apresentar este livro em uma frase, diria com algum exagero que ele é uma longa digressão sobre o romantismo. Um exagero, certamente, mas o seu fio condutor é mesmo o apego a essa forma de ver o mundo e sentir a vida. O romantismo talvez desempenhe neste livro o papel que o nacionalismo, um parente próximo, desempenhou no meu livro anterior.[3]

Não sem contrapesos, porém. A inclinação ao emotivo e às extravagâncias do coração não exclui uma compreensão real, vivenciada, dos problemas, limites e exageros do romantismo. Por isso, a rejeição do romantismo também está presente nestas páginas. Afinal, o que é o romantismo senão um descolamento da realidade? E a realidade não se vinga? Em política, por exemplo, o romantismo é um grande perigo, como demonstrou espetacularmente o maior dos políticos românticos – Adolf Hitler, ele que começou aos 12 anos a sua paixão vitalícia pelas óperas de Wagner,[4] e justamente por *Lohengrin* que Thomas Mann considerava o "ápice do romantismo".[5] O romantismo, assim como o nacionalismo, tem o seu lado sombrio.

Assim, é preciso também ser antirromântico ou pelo menos pós-romântico. À moda de Heinrich Heine, porém – um crítico romântico do romantismo, talvez o maior, certamente o mais

---

3 BATISTA JR., Paulo Nogueira. *O Brasil não cabe no quintal de ninguém*: bastidores da vida de um economista no FMI e nos BRICS e outros textos sobre nacionalismo e nosso complexo de vira-lata. 2ª ed. São Paulo: LeYa Brasil, 2021.

4 HITLER, Adolf. *Mein Kampf*. München: Zentralverlag der NSDAP, 1941, p. 15. Sobre o papel da arte em Hitler e no nazismo, ver o extraordinário livro de Frederic Spotts: *Hitler and the power of aesthetics*. Londres: Pimlico, 2003.

5 "*Gipfel der Romantik*", mais especificamente o prelúdio e a ária *Einsam in trüben Tagen*. Thomas Mann, "*Wagner und kein Ende*", carta a Emil Pretorius de 1949, publicada em MANN, Thomas. *Essays*: Musik und Philosophie. vol. 3. Editado por Hermann Kurzke. Frankfurt am Main: Fischer Taschenbuch, 1978, p. 144.

inspiradamente romântico.[6] A eloquência de Heine superava a eloquência dos românticos que atacava, e a ele dediquei uma crônica.[7]

Uma empreitada tardia?

O que você tem nas mãos, leitor ou leitora, é uma empreitada tardia, talvez tardia demais, de alcançar outros temas, que sempre me atraíram, desde os 17 anos pelo menos, mas que só nos anos recentes encontrei ânimo para enfrentar com mais persistência, deixando um pouco de lado o Brasil, com seus dramas e qualidades. Entendo que tentei fazer muito pelo nosso país, nem sempre com sucesso, geralmente sem sucesso. Ainda estou tentando e continuarei até o fim da vida. No entanto, o Brasil não é tudo – e este livro é um esforço, precário que seja, de tratar de outros temas que sempre foram próximos do meu coração.

Continuo pensando, entretanto, que o nosso país tem condições de trazer e até mesmo, posso dizer?, está *destinado* a trazer uma mensagem especial não só para os brasileiros, não só para nossos vizinhos, mas para o mundo inteiro. O nosso projeto nacional deve ser também um projeto *universal*, como percebi nos anos recentes – paradoxalmente, quando o país estava em seu ponto mais baixo. Esse tema da universalidade do Brasil aparece aqui, ainda que só secundariamente, em duas crônicas sobre o que chamei de "destino planetário" do Brasil.[8] Ou seja, o meu romantismo nacional meio místico, meio messiânico passa muito bem, obrigado. A intenção original era dar um descanso ao Brasil, mas ele se intromete, sem ser chamado, em diferentes passagens e registros, inclusive como se vê nesta apresentação.

---

6 O seu maior ataque à escola romântica está em *Die romantische Schule*, primeira publicação 1833, reproduzido em *Heinrich Heines sämtliche Werken in vier Bänden*. Herausgegeben von Otto F. Lachmann. Leipzig: Philipp Reclam, sem data, terceiro volume, pp. 116-237.

7 Neste livro, pp. 229-233.

8 Ver, pp. 257-272.

Insisto um pouco mais no tema. Dostoievski profetizou que a Rússia traria uma "palavra nova" para o mundo – e de fato trouxe no século 20 e neste início do século 21, mesmo que de forma polêmica e tumultuada. Não pode o Brasil, de forma diferente e talvez mais promissora, trazer uma palavra nova no século 21? Uma mensagem de cooperação, solidariedade e tolerância. Mensagem necessária agora, talvez mais do que nunca, para uma humanidade que se vê ameaçada por guerras, por pandemias, pela crise climática e pela pobreza em que tantos vivem.

Faço uma pausa e releio o parágrafo anterior. Essas frases devem ser tomadas *cum grano salis*. Corto? É tão fácil expressar "bons sentimentos", tão simpático, tão demagógico, não é mesmo? Mas não quero cortar. E prossigo.

Românticos e realistas, extravagâncias e sonhos

Muito do que escrevo sobre o Brasil é extravagante, arbitrário e sonhador, tenho consciência disso. Mas algum país alcançou influência internacional sem o sentimento romântico de que é capaz de trazer uma palavra nova ao mundo? E, convenhamos, só os românticos mudam as coisas. Como dizia Fernando Pessoa, por palavras parecidas (estou citando de memória), os realistas podem ser excelentes diretores de fábricas de pregos, ou coisa parecida, mas só os românticos, os sonhadores, os emotivos movem montanhas.

Aí temos uma dificuldade. Os brasileiros são pragmáticos, um dos povos mais pragmáticos que conheci. A verdade é que nós, brasileiros, nem sempre estamos à altura do Brasil. "Nem sempre" é concessão minha. Melhor dizer: "raramente". E deixo à inteligência e sensibilidade do leitor ou leitora desvendar essa distinção paradoxal entre "Brasil" e "brasileiros" – distinção que remonta a De Gaulle, que já separava a "França" dos "franceses".[9]

---

9 DE GAULLE, Charles. *Mémoires de Guerre*: L'Appel 1940-1942. Paris: Librairie Plon, 1954, p. 5. Remonta também a Keynes que, ao referir-se

Como indiquei, essas reflexões sobre o Brasil derivam, em parte, de Dostoievski, que sempre foi muito apegado à ideia de que a Rússia estava predestinada a influir decisivamente no curso da história mundial. Foi Nelson Rodrigues, aliás, que chamou atenção para essa parte da obra de Dostoievski e, muito especialmente, para o que ele disse em 1880 sobre outro gênio russo, Pushkin. Num discurso arrebatado e comovente, que levou o país inteiro às lágrimas, Dostoievski tomou Pushkin como ponto de partida para falar da grandeza da Rússia e seu destino universal.[10] Proferido pouco antes da sua morte, esse discurso pode ser visto como uma espécie de testamento.

Há semelhanças entre a Rússia e o Brasil, percebidas por diversos brasileiros desde o século passado: são dois países grandes, imensos, na verdade, porém relativamente atrasados e, talvez por isso mesmo, capazes de perceber o que os países ricos, acomodados na sua riqueza e nos seus privilégios, dominados pelo egoísmo e por um racionalismo estreito e estéril, sempre têm dificuldade de sentir: a unidade essencial da humanidade e a necessidade de construir um projeto que inclua todos, sem exceção, projeto baseado não apenas na razão, como também e sobretudo no *coração*. Grandes brasileiros, como Gilberto Freyre e Celso Furtado, pensaram o Brasil nesses termos, embora sem extravagâncias românticas e, que eu lembre, sem invocar a Rússia.

Há muito me pergunto: quem seria o Dostoievski brasileiro? O próprio Nelson Rodrigues? Poderia ter sido. O nosso grande

---

a Clemenceau, Primeiro-Ministro francês durante e logo após a Primeira Guerra, escreveu que "ele tinha uma ilusão – a França; e uma desilusão – a humanidade, inclusive os franceses". (KEYNES, John Maynard. *The Economic Consequences of the Peace*. Londres e Basingstoke: Macmillan & Cambridge University Press, [1919] 1984, p. 20).

10 "Pushkin (A Sketch)", discurso proferido em 1880 e reproduzido em DOSTOIEVSKI, Fiódor. *A Writer's Diary*. Editado por Gary Saul Morson. Illinois: Northwestern University Press, 2009, pp. 491-505.

dramaturgo e cronista nasceu, entretanto, na época errada. Quando ele chegou a seu auge criativo como cronista, nos anos 1960 e 1970, o Brasil vivia sob uma ditadura militar, rejeitada em grande parte do mundo. Mesmo assim, talvez tenha sido quem mais se aproximou disso. Cheguei a pensar que, no Brasil, Dostoievski poderia tomar a forma de um político. Talvez Lula? Mas o pragmatismo arraigado e a oratória nem sempre inspirada do nosso Presidente parecem afastá-lo desse papel. Brizola teria sido mais capaz de fazê-lo, quem sabe?, porém foi sufocado e nunca chegou à Presidência. A sua voz sequer se ouvia, tal era a censura nos meios de comunicação, numa época em que as redes sociais não existiam para furar o cerco dos jornais e televisões.

Enfim, como se nota, o meu já mencionado romantismo nacional continua reverberando. E, como se nota também por essas considerações, não consigo me desvencilhar facilmente do apego ao Brasil. Quer eu queira, quer não, há uma continuidade mais ou menos evidente com meus livros anteriores, especialmente com aqueles ancorados em vivências e sofrimentos das minhas passagens pelo setor público, nos anos 1980 e vinte e cinco anos depois.[11]

Wagner, Suassuna

Mas chega de Brasil! Tudo isso era para perguntar: já tenho crédito para mudar de assunto? Pode ser que não. Mas, enfim, tento assim mesmo, com atraso, a duras penas, um outro caminho.

Por isso mesmo, me emocionou reler há algum tempo, e me emociona de novo agora neste instante, a passagem dos *Mestres Cantores* de Wagner, em que Hans Sachs, o personagem central da ópera, mestre cantor de meia idade, reflete sobre o passar do tempo

11 O já mencionado *Brasil não cabe no quintal de ninguém* e um mais antigo, de forte vibração romântica, *Da crise internacional à moratória brasileira*, publicado pela editora Paz e Terra, em 1988.

e as épocas da vida. Respondendo à pergunta de um jovem, que procurava saber a diferença entre uma bela canção e uma canção de mestre, Hans Sachs respondeu:

Mein Freund! In holder Jugendzeit,
wenn uns von mächt'gen Trieben
zum sel'gen ersten Lieben
die Brust sich schwellet
hoch und weit,
ein schönes Lied zu singen
mocht vielen da gelingen:
der Lenz, der sang für sie

Kam Sommer, Herbst und Winterzeit
viel Not und Sorg im Leben,
manch' ehlich Glück daneben,
Kindtauf', Geschäfte, Zwist und Streit:
wem's dann noch will gelingen
ein schönes Lied zu singen,
seht: Meister nennt man die![12]

Com ajuda de Peter Naumann, fiz uma tradução com perda da rima, mas não do sentido e ritmo:

> Meu amigo! Na bela época da juventude/movidos por fortes instintos /para os bem-aventurados primeiros amores/o peito se enche alto e amplo/para cantar uma bela canção/ muitos conseguem/a Primavera canta por eles.
>
> Vem o Verão, o Outono, o Inverno/ problemas, preocupações na vida/alguma felicidade no casamento também/batizados,

12 WAGNER, Richard. *Die Meistersinger von Nürnberg*. Texte, Materialen, Kommentare. Editado por Attila Csampai e Dietmar Holland. Hamburg: Rowohlt Taschenbuch Verlag, 1981, p. 109.

> negócios, contendas e discórdias:/aos que ainda conseguem/ cantar uma bela canção/ Vejam: a esses chamamos mestres!

Ode à criatividade que sobrevive ao Tempo. "Cantar uma bela canção", tardiamente, foi a intenção. Se consegui ou não, não cabe a mim dizer, mas deixo, esperançoso, a questão nas suas mãos, leitor ou leitora – sem pretender, em nenhum momento, o título de mestre.

Conto uma vantagem, porém. A maior homenagem que recebi na vida foi ter sido tema de um artigo do grande artista brasileiro Ariano Suassuna que, em 1999, publicou artigo na *Folha de S.Paulo*, a meu respeito, sob o título "Um economista". Nele, Suassuna disse algo que muito me sensibilizou: que eu escrevia "muito bem". Mas ressalvou que, sendo economista, as minhas palavras tinham uma "autoridade" que não teriam as de "um simples escritor". Ora, ser um "simples escritor" vale muito mais para mim do que ter a autoridade de um economista – especialmente se um gigante como Suassuna diz que este simples economista escreve "muito bem". Não tenho pela profissão que segui o apreço que Suassuna, distante das mazelas dos economistas, parecia ter.

Nietzsche, uma segunda vida

"O que não devo às minhas insônias!", disse Nietzsche. Sem querer me comparar a ele, poderia dizer o mesmo. Ao longo da vida, fui até *cultivando* a insônia. Durante a noite e as madrugadas, fui criando uma *segunda vida*, vida em que me dedicava a assuntos não relacionados à economia, à política, ao trabalho pelo Brasil. Leituras, releituras, anotações. Até que a insônia fugiu do controle e começou a abalar seriamente a primeira vida e mesmo a saúde. Tive que tratá-la, como autopreservação. Não esqueço, porém, o que a insônia me proporcionou e, apesar do tratamento, ainda me proporciona.

Há muito tempo, um aluno da FGV me disse que a melhor parte dos meus livros eram as apresentações. Pode bem ser. Uma razão talvez fosse, justamente, que nas apresentações eu me permitia desviar das preocupações habituais do economista e tratar de questões mais amplas. Isso aparece, acredito, na apresentação de *O Brasil não cabe no quintal de ninguém*, que aponta claramente para o livro que agora publico.

A gestação foi demorada. Como disse, comecei os *Estilhaços* por volta de 2016/2017, quando ainda morava na China, e o livro foi se arrastando, progredindo muito devagar, tanto que escrevi outros dois no meio tempo.[13] Por que a demora? Inicialmente, porque o trabalho no Banco dos BRICS, em Xangai, me absorvia e até atormentava. Mas o principal motivo foi a dificuldade de escrever sobre temas novos e inusitados para mim e, com isso, o receio de ser mal-recebido. Outra razão para não terminar é que me desagrada o trabalho de revisão, seleção, cortes, ainda mais em se tratando de textos mais pessoais. E continuava com as anotações esparsas ao acaso, ao ritmo do coração. A minha tendência problemática é não cortar e querer aproveitar o máximo do que está feito. Receita para escrever mal, bem sei. Mas nunca acreditei muito em Stefan Zweig para quem até mesmo obras primas clássicas sofriam de gigantismo, tendo chegado a ponto de dizer que *A Montanha Mágica* de Thomas Mann teria se beneficiado de cortes radicais...[14] Uma barbaridade, a meu juízo – sem pretender com isso insinuar que este modesto livro não pudesse ter, sim, se beneficiado de cortes implacáveis. (E, sem hipocrisia, digo abertamente que essa última frase foi digitada na esperança de que o leitor ou leitora venha a discordar, se possível veementemente).

Não escrevi, como já se vê, um trabalho acadêmico, ainda que haja vestígios disso aqui e ali. Os *Estilhaços* não têm nem as vantagens e nem as desvantagens desse tipo de trabalho. Está mais

---

13 Além do já mencionado *O Brasil não cabe no quintal de ninguém*, publiquei *The BRICS and the financing mechanisms they created*: progress and shortcomings. Londres: Anthem Press, 2022.

14 ZWEIG, Stefan. *Die Welt von Gestern*: Erinnerungen eines Europäers. Frankfurt am Main: Fischer Taschenbuch Verlag, 1970, pp. 363/364.

próximo do diletantismo. Reconheço as fragilidades que essa abordagem traz – superficialidade, improvisações, contradições. Em defesa do livro, digo, apenas, que ele reflete décadas de vivências, reflexões, leituras, filmes e música. E o diletantismo, dependendo das circunstâncias não traz também as suas vantagens? Não permite arriscar, romper barreiras entre disciplinas, exercer a criatividade, evitar as inibições derivadas do esforço de organização e da busca sistemática de fontes, comprovações, referências?

Repetições, cor, coração

Nos últimos anos, em certas fases, abandonei-me a mim mesmo, fiquei só, completamente só. Como aconteceu com muitos brasileiros, a combinação bolsonarismo/pandemia favoreceu a solidão. Isso me deu condições de fazer uma espécie de mergulho interior, nas lembranças, nos amores, nas vivências do espírito, no sofrimento percorrido. Pensando sempre, entretanto, na vida viva e no que está ainda por vir, no presente, no futuro – sobretudo no presente que sempre tem de estar "em revolta contra o resto do tempo", para evocar o título daquele filme alemão.[15]

Meu repertório é limitado. Trechos de autores queridos, por exemplo, podem aparecer mais de uma vez – citados, em geral, de cor, de coração. Mas, afinal, o que seria de nós sem a repetição? Cada um tem as suas mais ou menos fixas. E, como dizia Nelson Rodrigues, tudo que é dito uma vez, e uma única vez, permanece rigorosamente inédito – exemplo, aliás, de frase que já citei centenas de vezes.

Faço um pedido, aliás. A leitura entra no sangue. Este livro certamente contém ecos desses autores queridos, talvez paráfrases, até plágios involuntários, resultantes de décadas de leitura e releitura

15 *Der Angriff der Gegenwart auf die übrige Zeit*. Direção de Alexander Kluge. Alemanha, 1985.

de autores aforismáticos como Nietzsche, Pascal, La Rochefoucauld, Pessoa e Cioran. Só posso pedir que me avisem, se algum for identificado. Bem sei que o plágio, como disse Wilde, é a forma mais sincera de homenagem. Não gostaria, contudo, de estar incorrendo nesse tipo de homenagem. Por que não citar, quando cabe a citação? Mas, sabe?, acontece nas melhores famílias. Pessoa, por exemplo, repetiu quase *ipsis litteris* uma frase de Nietzsche sem citá-lo. Mostro daqui a pouco.

Citar, especialmente de cor, é uma forma de agradecer. Citações de memória tendem à imprecisão; refletem, contudo, uma apropriação profunda do que foi lido um dia.[16] Tentei, mas nem sempre consegui remeter ao texto original e localizar as passagens relembradas. Mas, o que foi que eu disse, leitor, leitora? Este não é um livro acadêmico; não me venham, portanto, pedir notas de rodapé a cada instante.

Cor, coração, etimologia reveladora, como muitas. O que fica, no final das contas, é o que toca o afetivo, o que chamamos metaforicamente de coração. Não só metaforicamente. O coração não bate, não pulsa mais forte, não acelera a cada choque emocional? Quando fui a Moscou pela primeira vez em 1977, com 22 anos, andava meio perdido pelo centro da cidade. Procurava a Praça Vermelha, mas tomei o caminho errado e acabei percorrendo sem querer o imenso percurso em torno do Kremlin. Quando dobrei uma esquina dei de cara, pela primeira vez, com a maravilhosa Catedral de São Basílio – aquela que quase toda a população mundial pensa que é o Kremlin, mas que está fora dele, em frente à Praça Vermelha. O meu coração

---

16 Por exemplo, a obra ensaística de Thomas Mann, que costumava ressaltar a importância de reconhecer as dívidas intelectuais e artísticas, está coalhada de *Gedächtnszitate*, citações de memória, muitas delas não localizáveis. Ver os comentários de Hermann Kurzke aos textos de Mann em MANN, Thomas. *Essays*: Politik. vol. 2. Editado por Hermann Kurzke. Frankfurt am Main: Fischer Taschenbuch, 1978; MANN, Thomas. *Essays*: Musik und Philosophie. vol. 3. Editado por Hermann Kurzke. Frankfurt am Main: Fischer Taschenbuch, 1978, respectivamente pp. 337-382 e pp. 267-299.

disparou. Um momento que não esqueço e que mostra porque o coração tem as conotações que tem. E é preciso ter sempre 22 anos em algum lugar do coração.

À medida que o livro foi avançando, fui me dando conta de que partes dele estavam assumindo a forma de um diário. Não, ou nem sempre, de acontecimentos ou de reflexões. Sobretudo de sentimentos. Daí que, sim, o título original do livro – com a referência piegas a "coração" – era apropriado. Não o restabeleço porque a sua supressão acaba valorizando mais o coração. Implícito, tímido, meio renegado, ele pesa mais do que escancarado na capa.

Porém, não é só isso. "Estilhaços" dizem respeito a afetos, paixões, coração, mas também a estilhaços de balas, tiros, guerras – outro tema presente no livro em diferentes formas. Daí também a escolha da sentença de Gracián como epígrafe para esta apresentação com a referência a coragem sem a qual "a sabedoria é estéril". Coragem que, por etimologia, também remete a coração – por onde se vê que tudo se liga.

Estilo e linguagem

Uma questão de estilo e linguagem, que não se apresenta em outras línguas, por exemplo no inglês. Como me referir a você que me lê neste instante? "Leitor"? É regra do português, e também de outras línguas, que prioriza o masculino numa época em que esse tipo de coisa é, com razão, crescentemente rejeitado. Melhor seria: "leitor(a)" ou talvez "leitor ou leitora"? Parece desajeitado, pode quebrar o estilo, sem contar que não capta outras designações de gênero. Enfim, você que me lê (estou tentando escapar neste parágrafo do problema que descrevo aqui) talvez não imagine as dificuldades que enfrenta um escritor, qualquer um. Acabei evitando impor uma regra e optei por variar a designação, dependendo do contexto.

Outro problema da língua portuguesa, que também aparece no alemão, no espanhol e no italiano, porém não no inglês e no francês.

A feiura da palavra "mulher", assim como "*Frau*", "*mujer*", "*moglie*", em contraste com a sonoridade de "*woman*", "*femme*". Ora, uma parte considerável deste livro reflete justamente a fascinação por *elas*, linda palavra que não pode, entretanto, ser usado em todos os contextos. Recorrer a "fêmea"? Possível às vezes, mas nem sempre, pois pode resvalar para a vulgaridade. Uma pena, enfim, que elas sejam designadas pela palavra "mulher".

Antepassados poéticos e políticos

Volto ao Brasil por um instante. Não é fácil esquecê-lo, mesmo temporariamente, pois representa um mandato, uma tarefa de vida, dedicação de corpo e alma para ajudar nosso país a realizar o seu potencial. No meu caso, assim como de outros brasileiros, esse mandato tem uma origem familiar, algo que é passado de pai para filho, às vezes por diversas gerações. Meu pai, Paulo Nogueira Batista, foi um proeminente servidor do Estado e defensor da nação ao longo de toda a sua vida. O seu pensamento, de grande relevância para o Brasil do século 21, está bem representado em uma coletânea dos seus trabalhos publicada por iniciativa de Samuel Pinheiro Guimarães.[17]

Neste livro, porém, tentei dar vazão ao que poderia chamar de uma veia literária. Acredito, talvez erradamente, que ela também exista em mim. Nada menos que três dos meus bisavós foram poetas, todos pelo lado paterno. O lado materno, a família Pinheiro de Minas Gerais, é mais político. Do lado paterno, uma bisavó, Anna Nogueira, cearense, e um bisavô, Sabino Baptista, paraibano, formaram um casal de poetas, dando origem ao nome Nogueira Batista. Sabino foi

17 BATISTA JR., Paulo Nogueira (Coord.). *Paulo Nogueira Batista*: pensando o Brasil – ensaios e palestras. Brasília: Fundação Alexandre Gusmão, 2009.

um dos fundadores da Padaria Espiritual, em Fortaleza, na virada do século 19 para o 20, um movimento precursor do modernismo.[18]

Destaco Anna, em especial, uma poetisa brilhante, nascida em 1870, abolicionista, que escrevia e publicava desde jovem numa época em que as mulheres tinham função estritamente doméstica. Corta-me o coração saber que ela não teve em vida o merecido reconhecimento, nem mesmo na nossa família. Para que o leitor ou leitora faça uma ideia do seu talento, seleciono um trecho de um dos seus muitos poemas, "Visão da cegueira", escrito aos 87 anos de idade, quando ela estava ameaçada pela perda da visão:

> Jesus! Que triste notícia:/Cega não posso ficar/Minhas tarefas diárias/quem as irá acabar?
>
> Tanta coisa começada/Tanta coisa por fazer/roupa branca a remendar/livros queridos a ler...
>
> E as leituras preferidas? Os meus livros de oração/O doce, Santo Evangelho/E do Cristo a Imitação (...)
>
> E os poetas prediletos? Jorge de Lima, Vigny?/Murilo, Manuel Bandeira/Verlaine, Charles Péguy?
>
> Não mais ver a luz do sol/Nem as estrelas do céu...? Ver tudo como se fosse/ Coberto por denso véu...[19]

Linda simplicidade da forma, das palavras e das ações! O ritmo regular e a rima confirmam a repetição dos gestos. E com

---

18 MAIA, Maria Thereza Baptista Bandeira. *Cadeiras na calçada*. Florianópolis: Áprika Produção em Arte, 1998, pp. 31-47 e 57-93. Sobre a Padaria Espiritual ver, por exemplo, AZEVEDO, Sânzio de. *A padaria espiritual e o simbolismo no Ceará*. Fortaleza: UFC, Casa de José de Alencar/Programa Editorial, 1996; e, também, MOTA, Leonardo. *A padaria espiritual*. 2ª ed. Fortaleza: UFC, Casa de José de Alencar, 1994.

19 BAPTISTA, Anna Nogueira. *Versos*. Rio de Janeiro: Edigraf, 1964, pp. 79-81.

que facilidade flui o verso, como notou Luzilá Gonçalves Ferreira, em ensaio sobre ela.[20]

O terceiro bisavô poeta, Francisco Eutychio Galvão de Freitas, outro nordestino, militar, escreveu também muitos versos, inclusive este poema emotivo, de bela sonoridade, repleto de aliterações, que transcrevo:

> Antes de ver-te, amor, eu já te via,/E antes de te amar, eu já te amava,/E antes de te falar, já te falava,/E antes de te ouvir, eu já te ouvia!
>
> Se antes de assim querer-te, eu te queria,/É que em meu coração se desenhava/Um ideal que há muito se formava. No qual todo o seu ser se resumia!/
>
> E como poderei nunca esquecer-te,/Quando há muito te via antes de ver-te,/Quando muito te amava antes de amar-te?...
>
> Quando desse ideal puro d'outrora, no peito – palpitante – sinto agora/O objeto que busquei por toda parte?[21]

Suicidou-se aos 33 anos, em 1905 – desfecho romântico – para abreviar a agonia de uma tuberculose, doença na época incurável.[22] Em nossa família por parte de pai, aliás, há um suicida em cada geração – a minha e as seguintes, menos corajosas, não deram sequência

20 FERREIRA, Luzilá Gonçalves. "Tens asas como as aves e as falenas...". *Portal de Periódicos* UFSC. Disponível em: https://periodicos.ufsc.br/index.php/travessia/article/download/17200/15774/53001. Acessado em: 27.07.2024. Anna foi descoberta no final do século 20 por pesquisadoras nordestinas que buscavam recuperar a poesia feminina esquecida. Agradeço a meu primo, Luiz Eduardo Nogueira Lerina, que me enviou o texto sobre Anna e deu outras informações a respeito da nossa bisavó. Ele está finalizando um livro sobre ela, com o título "Em busca de Anna".

21 Reproduzido em MAIA, Maria Thereza Baptista Bandeira. *Cadeiras na calçada*. Florianópolis: Áprika Produção em Arte, 1998, pp. 99/100.

22 MAIA, Maria Thereza Baptista Bandeira. *Cadeiras na calçada*. Florianópolis: Áprika Produção em Arte, 1998, pp. 144-146.

à tradição sinistra. Mas deixo isso de lado. Eis o que queria dizer: é esse pedaço da família, o literário, não o político, que aparece mais aqui, não em poemas, mas em reflexões e textos sobre cultura, arte, filosofia e, até mesmo, timidamente, em alguns contos.

E, no entanto, reparem de novo como tudo se liga. O nosso antepassado político mais importante, João Pinheiro da Silva, bisavô por parte de mãe, foi governador de Minas Gerais e teria sido, provavelmente, Presidente da República, dentro do revezamento Minas/São Paulo, a chamada política do café-com-leite, se não tivesse morrido no exercício do cargo.[23] Juscelino Kubitschek, que era seu admirador declarado, escreveu sobre ele em carta a Israel Pinheiro, um dos seus filhos, dizendo: "Só tivemos em Minas um político filósofo. E este foi aquele do qual você recebeu o nome".[24] Essa inclinação à filosofia aparece, de fato, nas publicações de João

---

23 Ver, por exemplo, BARBOSA, Francisco de Assis. "João Pinheiro e seu ideal republicano". *In*: ______ (Coord.). *Ideias políticas de João Pinheiro*: cronologia, introdução, notas bibliográficas e textos selecionados. Brasília/Rio de Janeiro: Senado Federal e Fundação Casa de Rui Barbosa/MEC, 1980, pp. 58-62.

Ver, também, DULCI, Otávio. "João Pinheiro e as origens do desenvolvimento mineiro". *In*: GOMES, Ângela de Castro (Coord.). *Minas e os fundamentos do Brasil moderno*. Belo Horizonte: Editora UFMG, 2005, p. 133.

24 Carta de Juscelino Kubitschek a Israel Pinheiro, Nova York, 10 de janeiro de 1966, da qual tomei conhecimento, por coincidência, justamente quando escrevia esta apresentação. Na carta enviada logo após a eleição de Israel para governador de Minas, JK escreveu também que se lembrava muito "das palavras que o seu pai lhe transmitia e sei que dentro delas a sua linha política terá a mesma grandeza que em outros tempos singularizou a ação de João Pinheiro". Escrita no exílio, em um momento de desesperança e sofrimento, a carta tem interesse histórico para além das referências a João Pinheiro e merece ser lida na íntegra. Está reproduzida em: ZAGHETTO, Sonia. "JK e a saudade do Brasil". *Soniazaghetto.com*, 27 out. 2020. Disponível em: https://soniazaghetti.com/2020/10/27/jk-e-a-saudade-do-brasil/. Acessado em: 12.06.2024.

Pinheiro. Também pelo lado materno, portanto, existe a ligação com o pensamento e a filosofia.[25]

Reflexão, memória, fantasia

O que foi se configurando aos poucos durante a demorada elaboração deste livro, sem que tivesse sido planejado dessa maneira, foi uma combinação meio desajeitada de reflexão, memória e fantasia, com os três elementos aparecendo quase sempre misturados. Isso criou alguma dificuldade para classificar certos textos e distribuí-los entre os capítulos, especialmente aqueles em que se mesclam pensamentos e lembranças com invenção pura e simples. Não é um livro premeditado, o que talvez seja uma vantagem. A sua leitura não precisa seguir uma sequência determinada; ele pode ser lido aos pedaços, de maneira aleatória, da mesma forma em que foi feito. Há passagens, já vou avisando, que teriam sido suprimidas se eu fosse o intelectual sofisticado que jamais serei. Canções, trechos simples, talvez vulgares. Deixei ficar, pois não tinha razão Cioran quando dizia que "o refinamento é um sinal de vitalidade deficiente, na arte, no amor e em tudo"?[26]

Organizei o livro, *a posteriori*, por tópicos – a mulher, arte e filosofia, lembranças, infância, alguns contos – creio, entretanto, que a artificialidade dessas subdivisões logo ficará evidente. Não há partes estanques; as memórias se misturam com a arte, os contos com as lembranças, a vivência com a imaginação.

Nada disso é surpreendente. É sempre tênue a linha que separa lembrança e imaginação. As lembranças invadem a ficção. E essa,

---

25 Ver a coletânea de textos de João Pinheiro em: BARBOSA, Francisco de Assis (Coord.). *Ideias Políticas de João Pinheiro*: cronologia, introdução, notas bibliográficas e textos selecionados. Brasília/Rio de Janeiro: Senado Federal e Fundação Casa de Rui Barbosa/MEC, 1980, pp. 69-396.

26 CIORAN, Emil. *Pensées étranglées*. Paris: Gallimard, 1969, p. 32.

por sua vez, invade as lembranças, falseando-as. Na história dos povos como na pessoal, a lembrança seleciona, omite e modifica. Mesmo assim, asseguro que o que aparece aqui como lembrança – de amores, da infância ou de outras partes da vida – segue estritamente o que a memória reteve, sem acréscimos, sem floreios. Nem sempre contei tudo, por discrição, mas só contei o que me ficou como factual – sempre consciente da célebre advertência de Nietzsche: "não há fatos, só interpretações".[27]

A advertência é célebre, mas não inatacável. Com mero deslocamento de uma palavra, ela vira: "há fatos, não só interpretações" – redação tão semelhante em forma, mas oposta em conteúdo e talvez mais verdadeira do que a original. Curiosamente, Fernando Pessoa escreveu a mesma frase, ligeiramente modificada para: "não há factos, há só interpretação de factos", sem referência a Nietzsche,[28] o que mostra que grandes autores também cometem plágios involuntários. Observe-se, porém, que na formulação de Pessoa há uma diferença sutil – "não há fatos, mas intepretação de fatos" e, portanto, existem, sim, fatos – interpretados. Uma contradição talvez deliberada.

A parte de aforismos e também outras partes do livro têm um quadro de referência conceitual e emocional que remete a

---

27 "*Gegen den Positivismus, welcher bei dem Phänomen stehen bleibt 'es giebt nur Thatsachen', würde ich sagen: nein, gerade Thatschen giebt es nicht, nur Interpretationen*" (Fragmento póstumo). (COLLI, Giorgio; MONTINARI, Mazzino (Coord.). *Friedrich Nietzche, Nachgelassene Fragmente, 1885-1887*. München: Deutscher Taschenbuch Verlag/de Gruyter, 1988, p. 315). Sobre fatos e interpretações em Nietzsche ver PREBISCH, Lucía Piossek. "Interpretação: arbitrariedade ou probidade filológica?" *In*: MARTON, Scarlett (Coord.). *Nietzsche abaixo do Equador*: a recepção na América do Sul. São Paulo: Sendas e Veredas, 2006, pp. 19-37.

28 PESSOA, Fernando. *Sobre Portugal*: introdução ao problema nacional. Recolha de textos por Maria Isabel Rocheta e Maria Paula Morão, introduzida e organizada por Joel Serrão. Lisboa: Ática, 1978, p. 5.

alguns pensadores e artistas, não muitos, quase todos citados nesta apresentação, como Nietzsche, Schopenhauer, Machado de Assis, Wagner, Heine, Dostoievski, Nelson Rodrigues, Fernando Pessoa, Thomas Mann, Cioran, entre outros, que volto a mencionar agora sem obedecer a nenhuma ordem cronológica ou de importância. Conhecer esses autores, ou alguns deles, ajuda a sintonizar-se com o livro, mas não é condição indispensável para tal. O que vai aqui escrito reflete, ecoa, mas não pressupõe para sua compreensão o contato prévio com eles.

O eterno feminino

"*Das Ewig-Weibliche zieht uns hinan*" (o eterno feminino nos leva para o alto), escreveu Goethe.[29] É o que acontece, espero, neste livro. A figura feminina aparece em toda parte – nos aforismos, nas crônicas e lembranças, nos contos.

Pode-se ter, não digo muitas, mas algumas paixões amorosas na vida. Na crônica, "Uma Paixão", pergunto, sem muita convicção, se as que sobrevivem não seriam as que não se realizam, as não retribuídas? Estas ficariam para sempre perfeitas, intocadas, imunes ao abrasivo do cotidiano e do tempo. Cintilam como estrelas distantes. Distantes, porém, e por isso mesmo sem conteúdo, sem realidade, incomparáveis aos amores reais, vividos. Imaginação nenhuma substitui a vivência.

Muito mais importante, por isso, é a crônica sobre o encontro com Lia, a minha segunda mulher,[30] no qual uma bíblia vermelha desempenha papel crucial. A vida aparece ali como uma mistura estranha de acidentes, casualidades e encadeamentos precários. Por

---

29 GOETHE, Johann Wolfgang von. *Faust*: der Tragödie zweiter Teil. (Coleção Bilingue de Clássicos Estrangeiros). Paris: Aubier Montagne, [1832] 1980, p. 258.

30 Neste livro, pp. 121-130.

outro lado, forças obscuras parecem, às vezes, conduzir a sucessão de acontecimentos. Ao final, ficamos sem saber se a vida é puro acaso ou destino ou uma combinação incompreensível dos dois.

A criança

O título geral das crônicas sobre a infância – A infância e seus desastres – pode parecer um exagero, uma dramatização artificial. Cheguei a pensar em "Infância e seus incidentes" ou "Infância e seus contratempos". No entanto, isso seria adotar o ponto de vista do adulto, do adulto que já esqueceu que foi criança. O que a um adulto insensível parece mero incidente, contratempo ou dissabor é para a criança nada mais nada menos do que um desastre, uma calamidade.

Qualquer infância, por mais protegida, por mais privilegiada, é sempre e em toda parte uma experiência considerável, marcante, às vezes traumática – mesmo as infâncias mais seguras, mais resguardadas e imunes aos desastres da pobreza e da desagregação familiar. O que costuma traumatizar é a falta de amor, de atenção, o isolamento da criança, que não consegue ser ouvida, sequer se expressar. Na criança, recorde-se, tudo adquire proporções, por um lado, gigantescas e, por outro, misteriosas, incompreensíveis. Entrar no mundo é sempre um sofrimento.

Acusações de antissemitismo

A parte de crônicas inclui homenagens a dois escritores judeus admiráveis, o italiano Primo Levi e, sobretudo, o alemão Heinrich Heine. Nas duas destaquei o que eles passaram por conta das perseguições aos judeus, no século 19 e, mais ainda, no genocídio no século 20. Essas crônicas foram escritas em 2019 e 2021. A crônica sobre Heine é dedicada a Lavínia, que viria a ser minha companheira, e que sugeriu na época o título – "A arte salva". Menciono as datas porque no final de 2022 e de novo um ano depois, irromperam ondas de acusações de antissemitismo contra mim por causa de publicações que fiz em redes sociais. Como ocorreu com muitos outros, a crítica a Israel ou a judeus proeminentes e a referência à força e influência do *lobby* sionista foram atacadas como antissemitas e até nazistas. Os judeus, como disse Saramago, tornaram-se rentistas do holocausto. Campanhas orquestradas de difamação combinam-se com ações na Justiça para tentar intimidar e calar vozes críticas.

No meu caso, uma multidão de desavisados e, sobretudo, inimigos políticos de direita aderiram levianamente às acusações. Fui atacado, nas redes, na televisão e na imprensa, sistematicamente e sem piedade. Suportei tudo, não digo com equanimidade, mas sem vacilar. Não pedi desculpas e reiterei, as críticas que deram origem às acusações caluniosas. A Confederação Israelita Brasileira decidiu ir à Justiça contra mim, mas a acusação de antissemitismo foi arquivada pela Justiça, sem que tenha sido necessário me ouvir.

Há muitos incidentes desse tipo. O *lobby* sionista, no Brasil, nos Estados Unidos, e em outros países, tenta estigmatizar como antissemitas os críticos de Israel e mostra as suas garras permanentemente. Por estranho que pareça, até a existência desse *lobby* é posta em dúvida e considerada uma "teoria da conspiração". Mas quem duvidava da sua existência talvez não as tenha mais depois do muito que fez esse *lobby* para apoiar o comportamento criminoso de Israel na faixa de Gaza, desde outubro de 2023.

El Cid, campeador

O Brasil aparece pouco neste livro, como disse, mas não poderia ficar de fora. Incluí entre as crônicas alguns textos sobre nosso país como nação cultural. Duas delas, já mencionadas, sobre o nosso destino planetário são meio delirantes, reconheço. Mas não é pelo sonho, até pelo delírio que se chega ao âmago das coisas?

Na parte sobre o Brasil, faço uma homenagem a meu pai, que morreu prematuramente aos 64 anos, em 1994, e ainda se comunica comigo (ou assim parece). A homenagem, se situa num contexto bem determinado, que talvez não tenha ficado inteiramente claro na crônica.[31] Ocorre que, durante o governo Fernando Henrique Cardoso, de triste memória, os Estados Unidos resolveram se aproveitar da debilidade do Presidente brasileiro para fazer novas exigências na área nuclear, área crucial não só para o desenvolvimento econômico, como também – frise-se – para a defesa e a segurança nacional. Queriam os americanos que o Brasil assinasse um protocolo adicional ao Tratado de Não Proliferação das Armas Nucleares – o TNP, que o procônsul FHC havia assinado, mansamente, em 1996. Este protocolo permitiria novas e mais detalhadas inspeções nas instalações nucleares brasileiras, trazendo um duplo risco – o de roubo de tecnologia e o de obstruir o desenvolvimento, pacífico ou não, da energia nuclear no Brasil. Estimulado, escrevo *tongue in cheek*, por "mensagens" recebidas do pai morto, fiz um escarcéu na mídia e nos contatos que podia mobilizar. Creio que dei uma pequena contribuição para que esse protocolo não fosse assinado. Até hoje, salvo engano, não vigora no caso do Brasil. Precisaremos, em algum momento, sair do TNP, mas deixo esse assunto de lado.

Disse *tongue in cheek*, mas nem tanto. A verdade é que meu pai, por meu intermédio, às vezes ganha batalhas mesmo depois de morto, tal como El Cid, Campeador.[32] O leitor ou leitora conhece essa figura lendária? Caso não conheça, conto a estória telegraficamente (estou me estendendo demais). Durante a Reconquista da Península Ibérica, El Cid, guerreiro castelhano, se destacava pela coragem e ferocidade na luta contra os mouros. Temido pelos inimigos, a sua presença, por si mesma, já abria clarões nas hostes adversárias. Ocorre que El Cid foi ferido mortalmente em uma batalha. A guerra

---

31 Ver, pp. 249-252.

32 Relatei outra batalha desse tipo em *O Brasil não cabe no quintal de ninguém*: bastidores da vida de um economista brasileiro no FMI e nos BRICS e outros textos sobre nacionalismo e nosso complexo de vira-lata. 2ª ed. São Paulo: LeYa, 2021, pp. 134-138.

precisava continuar e os espanhóis resolveram colocar o cadáver do herói em cima do seu cavalo, amparando-o como foi possível. Essa presença fez toda diferença – e mais uma batalha foi vencida. Daí que se diz que El Cid vencia batalhas até depois de morto.

Não me perguntem se a estória é totalmente verídica. Nem se El Cid era o herói irretocável da lenda. Todo povo precisa de lendas, mitos, meias-verdades. Fernando Pessoa bem sabia disso e, na poesia e na prosa, dedicou-se a cantar os mitos portugueses – inclusive o de Dom Sebastião, mais próximo a nós brasileiros, e também relacionado à luta contra os mouros.[33] Longe de mim desfazer do trabalho do historiador científico, da sua busca obstinada da verdade e dos fatos, nos arquivos e em outras fontes confiáveis. Mas isso não é tudo.

Dou outro exemplo para encerrar essa digressão – a carta testamento de Getúlio Vargas. Imediatamente após o suicídio, a imprensa e a oposição udenistas declararam que a carta era apócrifa, fabricada para propósitos políticos. Alguns historiadores deram apoio, pelo menos parcial, a essas alegações. A versão dos fatos que prevalece, até onde sei, é que ela foi redigida, sim, em parte por um assessor do Presidente, mas com base em suas anotações e aprovada por ele poucos dias antes do suicídio.[34] Pairam dúvidas sobre o que ocorreu exatamente. Mas não importa tanto. A carta testamento capta, a meu ver, a essência do que ele pensou, fez e desejou para nosso país – ele que foi provavelmente, o maior Presidente da história

---

33 Ver, neste livro, p. 237.

34 Ver, por exemplo, SILVA, Hélio. *O pensamento político de Vargas*. Com a colaboração de Maria Cecília R. Carneiro. Porto Alegre: L&PM, 1980, pp. 139-141; NETO, Lira. *Getúlio 1945-1954*: da volta pela consagração popular ao suicídio. São Paulo: Companhia das Letras, 2014, pp. 345/346; e LAMARÃO, Sérgio. "Carta testamento". *Atlas Histórico do Brasil*, FGV CPDOC. Disponível em: https://atlas.fgv.br/verbete/5759. Acessado em: 12.06.2024.

do Brasil. O seu maior concorrente, Lula, ainda tem que trabalhar para se igualar a ele.

Sobre Lula, um último comentário *en passant*. Devemos muito a ele, nem preciso dizer. Foi bem-sucedido nos seus primeiros dois mandatos, sobretudo no segundo. Suportou depois, com paciência e heroísmo, uma perseguição implacável. Salvou-nos de uma reeleição desastrosa de Bolsonaro. E enfrenta no seu terceiro mandato condições adversas e uma herança pesadíssima. Mas não se deve sucumbir ao culto da personalidade, como fazem muitos na esquerda. Lula tem limitações, como todo mundo. Uma delas, talvez uma das principais: confia demais na intuição. A sua intuição é fora do comum. Contudo, se intuição bastasse, estaríamos acreditando até hoje que o sol gira em torno da terra, como dizia Paulo Pereira Lira, outro grande brasileiro, esquecido como tantos, que foi Presidente do Banco Central no governo Geisel, e com quem muito aprendi quando jovem. Sendo eu mesmo, desde sempre, romanticamente inclinado a valorizar a intuição, fui atingido em cheio pela observação de Paulo Lira e por isso ela não me saiu da memória até hoje.

Digitava esses parágrafos sem sentir de imediato que o Brasil está de novo se intrometendo demais aqui. Paciência, o Brasil é como um coração para mim, que não para de bater, que não para de pensar – quando se deve, como dizia Pessoa, "deixar o pensar na cabeça".

Para terminar

Esta apresentação está ficando longa demais, prolixa, contrariando o aforismo de Cioran escolhido como epígrafe. Apresso-me então a concluir. Duas observações finais.

Ao relembrar, sem pseudônimos, alguns episódios, às vezes dolorosos, fiquei preocupado em causar constrangimentos. E, no entanto, o tempo passa e as lembranças antes polêmicas, antes candentes, se suavizam e ficam inofensivas ou menos ofensivas. Podem ser recapituladas à vontade, sem disfarces, quase sempre sem pseudônimos. Sim, mas para dar o devido valor ao passado, é preciso *ressuscitá-lo*, relembrá-lo com novo ânimo, nova energia. E sofrer de novo.

Devo dizer que as crônicas e lembranças nem sempre representam o que penso hoje, e isso vale mesmo para algumas bem recentes. Ao relê-las, vi que já não penso da mesma maneira, discordo de mim mesmo aqui e ali. Mantive, porém. É quase como se um personagem estivesse falando, não eu mesmo.

Na maneira de ver a relação homem/mulher, por exemplo. Já não a vejo como antes. Em algumas passagens, há muita ênfase no plural (mulheres/amores) por oposição ao singular (mulher/amor). Bem sei que a beleza feminina, aquela que passa, simplesmente passa, em sua variedade fascinante, pode comover – e muito. Mas amor só existe, afinal, no singular. Como compreendi, tardiamente, na relação com minha companheira atual, Lavínia. Nelson Rodrigues não era em sua vida prática nenhum exemplo edificante nesse particular, mas dizia mesmo assim que quem não compreende que o amor se realiza em uma única mulher, e só nela, está condenado ao mais completo abandono e solidão.

Estou nas suas mãos

Era isso, querido leitor ou leitora, que pretendia dizer a título de introdução. Se tivesse uma noção mais apurada do ridículo, não teria publicado talvez este livro *sui generis*. Estou com o coração na mão, confesso. Fiz o meu melhor. Mas o meu melhor é suficiente? Deixo a pergunta nas suas mãos carinhosas.

O que me faz lembrar de uma cena maravilhosa do romance *Tess of the D'Urbervilles*, de Thomas Hardy, lindamente recuperada por Roman Polanski, no filme *Tess*, com Nastassja Kinski no papel principal. Recapitulo rapidamente. Tess recebe uma proposta de casamento, mas tem um segredo terrível que pode arruinar tudo. Incapaz de falar a respeito, escreve uma carta a ele, contando tudo

– carta que termina dilacerada, assim: "*I pray, I hope, I love you*" ("Rezo, espero, te amo").

Toda confissão, inclusive esta que ora concluo, é sempre acompanhada de uma prece e da esperança de acolhida.

Florianópolis e São Paulo,
setembro de 2023 a maio de 2024.

Post scriptum: Este livro já estava no prelo, quando morreu minha mãe, a quem ele havia sido dedicado. A presença dela em várias partes do livro e na própria dedicatória adquiriu, assim, um significado ainda mais especial.

CAPÍTULO I

AFORISMOS

QUASE FILOSOFIA

A frágil vontade de viver. Do que depende? Da capacidade de se iludir, de suspender o julgamento e a descrença. Da disposição de manter a consciência – no duplo sentido de *Gewissen* (consciência moral) e *Bewusstsein* (consciência intelectual) – *dentro de certos limites.*

Pascal e Unamuno. Fé agonizante a de Pascal, como seria, séculos depois, a de Miguel de Unamuno. Unamuno que se enganava um pouco dizendo: "Fé que não duvida é fé morta". Contra a maré montante do ceticismo racionalista a fé luta em vão e retrocede sem parar.

O vazio. A vida só tem sentidos atribuídos, inventados, criados *ex nihilo*. E com isso se diz muito. Mais do que muitos conseguem aceitar com o coração. Pascal, por exemplo, escreveu que o vazio dos espaços infinitos o aterrorizava. Em contraste, Nietzsche, mais corajoso, juntava todos os pedaços do coração para "diante de abismos, dançar ainda".

Humano, humano demais. Nada que é humano me é estranho, lema de Terêncio, preferido de Marx – este herdeiro do humanismo. O contrário, porém, não é mais verdadeiro? Tudo que é humano é estranho – e repugna! O ser humano ainda tem que progredir muito antes de ser posto em um pedestal qualquer. E a humanidade progride por acaso? Já dizia Nietzsche: como poderia a humanidade progredir, se ela sequer existe?

Próximo distante. Compaixão, solidariedade e empatia são quase ficções, ilusões que nos impedem de encarar a dura realidade do nosso isolamento. Sintomático que Cristo mande amar o próximo como a si mesmo. O amor-próprio é que nos ensinaria a amar os outros.

A forma breve se aproxima do silêncio, a sabedoria suprema.

Desejo, realização. O desejo é sempre superior à sua satisfação, *post coitum omne animal triste est* (depois do coito todo animal é triste). O que se deve desejar não é a realização do desejo, mas a sua irrupção, mantida em suspenso.

Contra argumentos não há fatos.

O triunfo da semi-inteligência. As imperfeições do mundo... Um exemplo, entre muitos: a acidentada trajetória dos inteligentes, dos inteligentes que têm apenas inteligência e a quem falta a sensibilidade prática para a vida. O sucesso não é dos tolos, por suposto. Mas não é tampouco dos inteligentes. A inteligência em excesso gera resistências, despeito, invejas – no mínimo incompreensão. E uma certa incapacidade congênita para a vida real. A verdade é que o sucesso está reservado aos *semi-inteligentes*, aqueles que guardam um pé na canoa da esmagadora maioria que não liga duas ideias, aqueles que têm a sabedoria prática de não afrontar a massa ignara com exageros de sutileza e capacidade. Uma amorosa e modesta semi-inteligência, eis a chave para o sucesso no mundo tal como ele é.

Deus sobrevive – como recurso retórico.

Silêncio, sabedoria suprema. A sabedoria, que menospreza conceitos, abstrações, definições, conduz, pouco a pouco, ao silêncio. Silêncio como consciência da futilidade de toda palavra.

Pascal *versus* Descartes. O mais impressionante em Pascal é a luta comovente contra a razão, contra a inteligência – em defesa de uma fé frágil, marcada por hesitações, por dúvidas dilacerantes. A dúvida que vale ouro – a de Pascal, não a de Descartes. Descartes, como notou Nietzsche, nem sabia duvidar direito. A dúvida metódica não resiste nem ao exame friamente racional.

Uma exigência inviável. A rigor, ninguém se coloca no lugar de ninguém. E nisso está o começo e o fim de toda nossa desgraça.

A lucidez de não ter lucidez alguma.

Denúncias reveladoras. Quanto do que Nietzsche denunciou não parece, *with the benefit of hindsight*, confissão ou autocrítica! Não é por acaso que "denunciar" pode ser sinônimo de "revelar".

Contra a civilização. A verbalização, forma da comunicação limitada, é dominante nos povos "civilizados", nos povos em que a razão prevalece. Treinados a pensar logicamente, a respeitar os fatos, ficam como que escravizados pela palavra, perdem acesso a outras formas de compreensão e interação. Nos povos "atrasados", a verbalização é desprezada, serve, em geral, de última instância. Antes dela, vem a comunicação corporal, pelo olhar, pela postura, pelos gestos, pela energia, pela música. Seja como for, como última ou primeira instância, a verbalização oferece uma clareza ilusória, não raro mentirosa, pois as palavras, pretensamente unívocas, também guardam ambiguidades e mistérios.

Os sensíveis não precisam viver intensamente, talvez nem possam. Os toscos é que dependem de estímulos exteriores fortes.

Holzwege. Impossibilidades atuais: o espírito renascentista; a interdisciplinaridade; tratados; totalizações.

Tirania. A descrença se impõe às gerações recentes de forma avassaladora, tirânica mesmo. A suspensão da descrença já não é possível, nem mesmo temporariamente.

Quantidade em qualidade. Por uma dessas ironias de que estão repletas a vida e a história, o pragmatismo em excesso acaba se revelando pouco pragmático. Para ser plenamente eficaz, o pragmatismo precisa de uma capa de pureza desinteressada, nobres valores, elevados propósitos – de hipocrisia, em suma.

Mishima. Traço interessante do antigo espírito japonês: a total falta de compromisso com o bom-senso.

Uma conjectura. Nunca mera improvisação, nunca mero desespero, o suicídio é longamente preparado no coração.

Órfãos. Somos todos filhos de um mesmo Deus inexistente.

O maior argumento contra a existência de Deus. A criança solitária, atormentada, escapa para dentro de si.

Um desmentido, uma prova. O sofrimento das crianças não só desmente a existência de Deus como prova a do Diabo.

Pascal, pré-romântico. Porque Pascal merece uma atenção toda especial, em especial neste livro? Por vários motivos, inclusive estes, destacadamente. Ele foi um precursor do romantismo e abriu, por isso mesmo, uma controvérsia paradigmática com Descartes. Inaugurou a resistência romântica, cristã, medieval à ascensão do racionalismo e da ciência. E com que habilidade se agarrou nos pontos fracos dos adversários. Escolheu, acertadamente, Descartes como alvo principal.

Temperamento *versus* experiência. O temperamento, com sua eterna tendência a repetir, derrota com certa facilidade as lições da experiência. O que é, afinal, a experiência, sempre anacrônica, sempre superada, em face do impulso irresistível da vontade?

A primeira pergunta. Por que algo, e não a simples inexistência de tudo, de toda e qualquer coisa?

Compulsão. A pior forma de decepção é a que reconhecemos como resultado da nossa tendência a repetir erros.

Múltiplos aspectos da repetição. A repetição como instrumento didático. A repetição como recurso poético, retórico. A repetição para efeito cômico. A repetição que transforma um achado em lugar-comum.

Primeira pessoa do singular? É preciso saber usá-la, na fala como na escrita. Com moderação pode funcionar e até impressionar. O mau uso é mais frequente, expõe a vaidade descontrolada, tosca e, no limite, ridícula.

Basquiat. Toda coroa é uma *coroa de espinhos.*

Um animal. Outra definição possível do homem: o animal que se esconde, o que melhor sabe se ocultar e camuflar. Seu instrumento principal de disfarce: a linguagem – linguagem que só ao olhar inocente parece mero meio de comunicação.

Nietzsche dizia que era, sim, importante revalorizar o mundo sensível, mas, ao mesmo tempo, *espiritualizar os sentidos.* Tarefa para o filósofo-artista. Mais de cem anos depois, a valorização do mundo sensível, material, corporal está dada, não precisa mais de defensores, *elle va sans dire.* Já a espiritualização dos sentidos...

No campo sexual, por exemplo, prevalece o pornográfico, não o erótico; a perversão, não a fantasia.

Uma virtude ultra suspeita. Valorizada em contraponto à volubilidade oportunista, a coerência não é, a rigor, virtude que se apresente. Constância ao longo de um tempo em que tudo muda? Cobrado em um debate por suas mudanças de pensamento, Keynes retrucou: "*When circumstances change, I change my views, don't you?*" E, Wilde, mais certeiro: "a coerência é a virtude dos que carecem de imaginação".

Olhar para dentro. Boa parte das intuições e afirmações dos grandes pensadores, até mesmo as taxativas, derivam de um método frágil, altamente questionável – a introspecção. Amostra unitária, portanto. Só é viável, em certa medida, porque todos nós, por mais extraordinários e especiais que sejamos, ou julguemos ser, participamos de um mesmo substrato humano.

Nada substitui o tempo. O tempo histórico, a longa duração é o que permite a acumulação de cultura, o refinamento, a sofisticação. Não há atalhos para a grande cultura e a grande beleza.

Kant e seus descaminhos. Embora de forma desnecessariamente tortuosa e penosa, Kant ajudou a dar alguns passos à frente. Na Estética Transcendental, por exemplo, onde relativiza espaço e tempo. Na Dialética da Razão Pura, outro exemplo, onde antecipa Hegel, onde Hegel foi buscar inspiração. Pontos fracos: a enumeração tediosa e arbitrária das faculdades da razão pura, criticada de forma ferina por Schopenhauer. E, principalmente, a Crítica da Razão Prática, talvez a pior tentativa da história de resgatar a existência de Deus.

Poucas coisas são mais obscenas do que a exibição de bons sentimentos.

Mestre e discípulos. Não é dos críticos e inimigos que o pensador precisa ser protegido, mas dos seus seguidores – das suas simplificações, das caricaturas, dos desvios, da sua infinita capacidade de esvaziar e rebaixar. Daí a importância de beber diretamente nas fontes, sem intermediários.

A objetividade não é alcançável e não seria *desejável* se o fosse.

Estilhaços. A vida não forma um todo, nunca é uma totalidade coerente, organizada. Não pode, assim, ser retratada senão aos pedaços. Fragmentos, sempre. Ou estilhaços, como estes. Tratados e romances, nunca. A forma longa está sempre a um milímetro do tédio – tédio contra o qual, dizia Nietzsche, *até os deuses lutam em vão.*

Escolhas, destinos. Os condicionamentos são tantos e tão profundos, que as escolhas não ficam, na prática, indistinguíveis da pura fatalidade? O que o sistema judiciário pune, são os crimes ou *o criminoso*? Os atos do criminoso ou a sua compulsão ao crime? Qualquer indivíduo carrega vida afora uma reputação, positiva ou manchada, porque as pessoas, em sua maioria, percebem intuitivamente que o comportamento é constituído por compulsões. Acredita-se, no fundo, que somos o que somos, que não escolhemos e dificilmente conseguimos nos regenerar.

Os praticantes da lógica formal não entendem bem a lógica alternativa, dita dialética, que a eles parece mera confusão mental. E não deixam de ter certa razão? A dialética, sobretudo quando acompanhada de um cipoal de conceitos ou palavras, não serve às vezes para obscurecer questões e oferecer pseudo-soluções a problemas insolúveis ou intratáveis?

Toda grande obra é repetitiva. A insistência decorre da necessidade de transmitir algo novo, inusual. Desafio para todo escritor que pretenda inovar: repetir, repetir, repetir – sem cair, contudo, na monotonia. Difícil, mas não impossível. O caminho é variar, com arte, com estilo as formas de expressão da nova mensagem.

Fatos, interpretações. Qualquer um consegue tagarelar sobre a "construção" dos fatos e a maneira pela qual elementos alheios ao supostamente fático interferem nessa construção, tornando-os dependentes de escolhas e opiniões subjetivas, incertas. No dia a dia da ciência, fala-se descuidadamente de "variáveis observáveis", sem reconhecer que, a rigor, elas também são construídas, mesmo simples séries históricas. Só positivistas ingênuos acreditam que essas variáveis são "dados" que se oferecem a nosso exame, diretamente, não adulterados. O máximo que se pode dizer é que elas se aproximam mais do *status* de "dados" que as variáveis construídas, derivadas a partir delas por modelos e depurações de diferentes tipos.

Entretanto, essa relativização, ainda que verdadeira, parece problemática neste tumultuado início de século 21 em que ignorantes poderosos pregam a "pós-verdade", "fatos alternativos" e se animam a questionar as ciências sem conhecimento e sem cerimônia.

Nietzschianos enfrentam, assim, essencialmente a mesma dificuldade que gerações anteriores enfrentaram. Em face do nazismo, um nietzschiano como Thomas Mann, por exemplo, foi obrigado a recuar para a defesa morna, sem coração, do iluminismo e da democracia, como ele mesmo reconhecia em momentos de autoironia. E a reavaliar Nietzsche à luz da experiência histórica, vale dizer, à luz de Hitler.

Objetividade sagrada. A disseminada influência dos espíritos estreitamente objetivos pode ser combatida, limitada, mas nunca superada. Nem que se pudesse formar uma frente superampla de espíritos artísticos, religiosos, filosóficos, místicos e sofísticos. O respeito supersticioso pela objetividade é uma das pragas que nos legou o fim da Idade Média.

Fervor. Assim eram resolvidas as contendas nos conventos medievais: nada de votações ou exames de provas e contraprovas, vencia quem defendia os seus argumentos com mais convicção e energia.

Estabilidade ilusória. A constância inventada por meio de palavras e conceitos é uma necessidade apenas prática, sem validade teórica. Convenções, não realidades.

Marx não produziu ciência a-histórica, assim como nenhum pensador, mesmo os maiores. Ele é, sem dúvida, um monumento histórico. Mas *histórico*. Muito do que escreveu, provavelmente a maior parte, não sobreviveu ao efeito corrosivo do tempo. Isso em nada diminui a sua grandeza, mas impede, claro, que seja tomado como guia ou pedra de toque para questões posteriores à sua época.

O homem é um animal, talvez racional. Erro do idealismo em suas diferentes formas – não aceitar que, para bem e para mal, o humano é um animal. Animal, em primeiro lugar e antes de tudo!

A existência do Diabo não é muito mais evidente que a de Deus?

Expressar um sentimento, negativo ou positivo, é reforçá-lo *ipso facto* – para si e para os outros.

Os velhos querem impor a sua decadência aos jovens – e chamam isso de “conselhos da experiência”.

Liberdade como ilusão. Há menos liberdade no mundo do que se imagina. A que serve atribuir realidade a essa ilusão? Sartre, por exemplo, postula que negar a liberdade é uma forma de "má-fé", de fugir à responsabilidade pelas nossas escolhas, formulação que oculta um moralismo sorrateiro. O ser humano, livre por hipótese, sobrecarregado por essa postulação, vive, ao contrário, dominado por imposições externas, condicionantes de vários tipos e, sobretudo, por coações e compulsões *internas* – herdadas, inatas ou transmitidas pela educação e pelo meio. Daí os acertos e méritos, os erros e vícios se repetirem, independentemente da nossa avaliação dos seus efeitos, mesmo quando negativos, mesmo quando pesadamente negativos. O delinquente ou criminoso ou simplesmente o infrator moral agem todos contra seus interesses.

Segue que não há reabilitação. A ilusão da liberdade permite punir, porém. Essa é a sua função prática. Atribuir liberdade permite punir com o sentimento injusto de que se está fazendo justiça.

Uma singularidade do brasileiro: muito jogo de cintura, pouca espinha dorsal.

Publicação póstuma – perfeita desculpa para divulgar a desordem natural do pensamento.

A filosofia alemã no seu suposto auge, de Kant a Hegel, é uma monstruosidade estilística – e só por aí já fracassa redondamente.

"Os conceitos existem apenas como contrastes" (Lao Tse) – um duplo paradoxo: aponta para a centralidade do contraste servindo-se de um paradoxo – a *existência* do conceito.

O verdadeiro e seu oposto – também verdadeiro.

Como tomar decisões? Deitado, nunca. Sentado, talvez. De pé, melhor. Em movimento, o ideal.

Humanidade/vizinhança. Mais difícil do que falar grandiosamente sobre o mundo, a humanidade e outras abstrações solenes é escrever com alguma veracidade sobre a vida numa pequena rua de um subúrbio qualquer.

Coerente demais para ser verdadeiro. O valor do fragmentário inclui certamente o de facilitar incoerências e ambiguidades, já que, afinal, como dizia Cioran por outras palavras, tudo que é coerente carece de realidade prática, de *vida*.

Joan Robinson, Conceição Tavares. Fenômenos não fazem escola.

Ilusões perdidas. Quando se chega a ponto de proclamar que a vida precisa de ilusões, mitos, mentiras, a partida já não estaria perdida, irremediavelmente perdidas? As ilusões só sustentam a vida enquanto *não são percebidas* como tal. Quando o véu é rompido, não ficamos reduzidos à vida em toda a sua crueza? E como restaurar a mágica perdida?

A questão não seria então, como notava Nietzsche, quanta verdade suporta o homem? Resta-nos como antídoto e refúgio, a arte – último reduto das ilusões, mas reduto apenas temporário, mera *suspension of disbelief.*

O solipsismo, de uma forma ou outra – apanágio da humanidade.

Vestígios da noite. Já não sabemos o que é religião. Temos, quando muito, momentos religiosos, breves reconexões com uma tradição morta, mediadas frequentemente pela arte. No geral, a omnipresença da razão crítica inibe e só permite, quando muito, suspensões temporárias da descrença. Nesses momentos fugidios, a alma ultrapassa as muralhas da razão e se reconecta com a noite das crenças religiosas. *Oh, sink hernieder Nacht des Glaubens!*

As exigências de segurança e certeza levam à imobilização do pensamento e da vida.

Sócrates, não se limitando a refutar teses, mas refutando também *pessoas*, angariou com o tempo ampla coligação de inimigos.

A vida dos outros. Os chineses, atentos à máxima de Bismarck, nada aprendem com a própria experiência – só com a dos outros.

Quem prevalece. Alguns poucos sabem pensar sem verbalizar. A maioria precisa se expressar para pensar. A minoria, dissimulada, prevalece quase sempre.

Vida ameaçada. A busca dos alicerces da religião, da política, da ciência e da vida leva ao niilismo, pois não há fundamento racional para nada! A busca é, em si mesma, equivocada, perigosa para a vida, pois parte do pressuposto falacioso e da esperança infundada de que a racionalidade, *que só vigora dentro de uma esfera estreita*, possa oferecer fundamento à vida.

Sócrates propõe uma armadilha aos atenienses. Devoção, diz ele, não significa adesão cega às tradições da pólis. Ela permite a tentativa, por meio do questionamento metódico, de entender as suas bases racionais. Os atenienses perceberam, de certo, a que abismos essa tentativa levaria...

Assim como a aspiração religiosa sobrevive à morte da religião, a aspiração filosófica sobrevive à morte da filosofia.

Amar o próximo – exigência irrealista, desumana.

Educação pelo exemplo, tanto estética como moral. O exemplo tem uma vitalidade orgânica e natural, algo que as construções conceituais e os compêndios nunca alcançam.

Quem escutar? Primordialmente os adversários – e não os correligionários. O adversário desafia, questiona. O correligionário confirma e fortalece nossos erros e preconceitos. Aumenta, assim, nossa vulnerabilidade.

Para cada "gênio incompreendido" existe uma legião de idiotas que sofrem de autoestima em excesso.

Qualquer civilização cabe nos abismos da história.

Hardhearted, hardheaded idealism. Quem percorrer as páginas deste livro poderá talvez pensar que o autor é um idealista. Terá se enganado se o pensou. Para ser idealista, faltam-me capacidade de autoengano e o apego a doces ilusões. E, no entanto, pode-se ser idealista, pelo menos um pouco, *malgré soi-même*. É que as ilusões nunca são inteiramente superadas, apenas ficam em segundo plano, levando uma vida envergonhada, como que clandestina. Sobrevivem às vezes como "incuráveis", no sentido da observação de Ludwig Marcuse que dizia que "o tempo não cura nada, apenas deixa o incurável em segundo plano".

Em todo caso, o idealismo remanescente deveria ser de tipo especial. Não poderia se apresentar, ingenuamente, se como se nada tivesse acontecido, como se as velhas ilusões pudessem ainda vigorar. Precisamos de um *hardheaded, hardhearted idealism*, com estômago para submeter planos, desejos, sonhos ao crivo implacável da razão.

Sem ressecá-los, porém. O coração deve ser contido, controlado – mas não *silenciado*. Tensão difícil de administrar.

O avanço da civilização acarreta perda de impulso vital. A vida precisa de um elemento de barbárie.

Enigma. Há sempre algo de irrefletido na vontade de agir e mesmo no simples desejo de continuar em vida. Que mistério, em verdade, a vontade de viver!

Título certeiro. Um dos livros de Cioran se chama: *Do inconveniente de ter nascido*. Não me recordo de outro autor que tenha conseguido resumir no título de um livro, com tanta clareza, a sua mensagem central.

Em defesa de algum "positivismo". Em tempos de pós-verdade e "fatos alternativos", é preciso reconhecer que, no campo científico, o direito à livre opinião não passa do direito de se expor ao ridículo.

Superioridade do tático sobre o estrategista – menos evidente e reconhecida do que a análoga superioridade do prático sobre o teórico, do instintivo sobre o reflexivo.

A experiência protege, mas resseca.

A descrença é consequência e não causa da inação.

Nossas? As nossas qualidades e defeitos, vícios e virtudes, não são tão nossas quanto imaginamos, mas elementos de um essência humana comum. O universo humano é mais homogêneo do que se pensa, somos menos originais do que imaginamos.

Ciência e democracia. A ciência não é terreno para a livre expressão de opiniões, sendo como é essencialmente antidemocrática. Mas também não é o terreno de certezas inatacáveis. Consenso científicos são quase sempre fabricados ou, na melhor das hipóteses, temporários.

Speaks volumes. Diz muito, mas muito mesmo sobre o mundo anglo-americano que, em inglês, "palavra de quatro letras" (*four-letter word*) seja sinônimo de palavrão, quando a palavra mais importante, a mais sublime – amor – é ela mesma, em inglês, assim como em português e espanhol, uma palavra de quatro letras...

"Disciplina" – termo inadequado e enganoso para designar os ramos do conhecimento científico. Não há propriamente disciplina na vanguarda criadora, e sim improvisação, imaginação, desordem.

Nacionalismo internacionalista. É próprio do nacionalismo aberto, de tipo superior, mostrar-se capaz não só de respeitar, mas também de admirar e até *amar* outras nações – conciliando essa admiração amorosa com o amor pela pátria.

O que é o espírito científico? Tão ou mais importante do que comprovar é refutar. E o mais importante de tudo – estar aberto para refutar suas próprias teorias, desejos e preconceitos. Quanto mais queridas e atraentes, maior a necessidade de submetê-las impiedosamente ao crivo da razão e dos testes empíricos. Para ser cientista é preciso ser implacável – e em primeiro lugar consigo mesmo.

Primeira e segunda naturezas. A "segunda natureza" – a cultural, a imaginária, a acrescentada – é diferente, mas não independente da primeira. Não sobrevive sem ela. O amor, por exemplo, sobrevive apenas como ruína aos instintos e à paixão sexual.

Pearl Buck. Os americanos de antigamente, mais ingênuos, mais ignorantes, iam até os confins da Terra para confirmar, sorridentes, que os seres humanos são todos essencialmente iguais e, em especial, para concluir que todos somos *middle Americans* em potencial.

Abstrato, concreto. Reduzir o sofrimento à sua essência abstrata e, ao mesmo tempo, preservá-lo como vivência – vivência de carne, nervos, sangue. Possível? Sim, afinal, o que são vivências, sangue, nervos, carne senão abstrações? – abstrações mascaradas de vivência concreta, abstrações para remeter à vida concreta. Concreto – outra palavra para abstrato. Todas as formas de indicar o concreto são necessariamente abstratas.

Relatividade do tempo. O tempo, não mais visto como absoluto, não mais capitalizado, desemboca em todo tipo de paradoxo: saudades do futuro, nostalgia do presente, antecipações do passado, tudo ao mesmo tempo. Passado, presente, futuro em convívio forçado, em qualquer "momento".

Valor do presente, nostalgia do presente. Forma infalível de valorizar o presente, de colocá-lo no pedestal em que merece estar – vê-lo como passageiro, imaginá-lo como *passado*, sentir a saudade com que dele nos lembraremos um dia.

Hiper-realismo. Reconhecer fracassos exige uma dose brutal de realismo – um realismo de que a maioria não dispõe.

Ação, reflexão. O agir tem sempre algo de impensado. Quem pensa bem, de modo completo, examinando as questões por todos os ângulos, até as suas últimas consequências – esse aí nem sai de casa.

Unamuno. Supremo egoísmo daqueles que procuram imortalizar-se nos filhos, imortalizar-se não só na carne, mas no espírito.

Não contentes de trazer ao mundo, ainda transmitem instruções, valores e todo um mandato. Unamuno menciona essa dupla faceta do papel reservado aos filhos, mas em chave positiva, com aprovação, como algo natural, compreensível e, pior, como comprovação ou pelo menos ilustração da sua tese central – a de que o ser humano é consumido por um desejo de imortalidade e agoniza nele.

A carga que o pai impõe ao filho! Não só faz viver, sem consulta prévia, um ser que talvez preferisse nem nascer se pudesse escolher, como ainda lhe transmite, na verdade impõe, valores e tarefas só por acaso afinadas com suas inclinações naturais – uma fonte inesgotável de frustração, desperdício e sofrimento.

A Verdade, com v maiúsculo. "Eu sou a verdade, o caminho e a vida", disse Cristo. A proclamação suscitou respostas radicalmente diferentes ao longo dos séculos. Em tempo real, de Pilatos, um cético, um racionalista, esgotado em seus esforços de mediação entre Cristo, ameaçado, e a turba judaica – erguendo os braços aos céus: "O que é a verdade?" De Unamuno, católico fervoroso, febril, agoniado: "Mas não seria a verdade inimiga da vida?" – pergunta essencial que só poderia mesmo vir do portador de uma fé que duvida, e nisso se mostra *viva*. E dostoievski, sem concessões: "Se me provassem que, apesar de tudo, Cristo não está com a verdade, eu ficaria com Cristo e contra a verdade".

Contra Descartes. Não se vai longe o suficiente rejeitando a dúvida metódica e todo o racionalismo, mas conservando impensadamente a busca de "ideias claras e distintas". Clareza é ilusão, desvantagem, limitação, como assinalaram Nietzsche e Cioran. Ou seria por acaso que os oráculos eram obscuros, ambíguos?

A razão não deixa sobreviventes.

Uma verdade inconveniente. Nada é mais destrutivo do convívio social do que a propensão a dizer a verdade. E o apego excessivo e desmedido à verdade é considerado, com razão, um dos piores vícios e uma das formas mais abomináveis de grosseria. Uma falta de tato, na melhor das hipóteses. Bem dizia Mark Twain: a verdade é preciosa, tão preciosa que deve ser economizada.

Esperanças, crenças, sonhos – livrai-nos desses impostores, amém.

Desordem do pensamento submetido ao capricho da vontade, vigor do pensamento livre da consciência e de amarras formais.

Da desordem nasce a luz.

Náusea da eternidade – o maior argumento contra a alma imortal.

Os inimigos do iluminismo – grupo heterogêneo que inclui desde gênios românticos até políticos homicidas.

Pedaços, fragmentos, estilhaços. Valor do texto fragmentado – mais realista, reflete a fragmentação da vida. Qualquer sistema é um artificialismo.

Corpo, corpo, corpo. O corpo é a fonte de todo prazer – e de todo vício. A virtude é um cansaço do corpo. O espírito é o cansaço do corpo.

Olhar-se no espelho – tarefa difícil de empreender de forma sincera, brutalmente sincera.

História da filosofia – um paradoxo. A filosofia não tem história, notou Althusser, ela não evolui, gira eternamente em torno dos mesmos problemas fundamentais. Por isso mesmo, a história da filosofia é, paradoxalmente, mais relevante do que qualquer história das ciências, do que a história daquelas disciplinas que, contrariamente à filosofia, exibem algo que se possa chamar de progresso. A história da física, por exemplo, para um físico atuante talvez não seja mais do que uma curiosidade. Nas disciplinas que avançam e mostram alguma evolução, a sua história é deixada em segundo plano, a cargo de acadêmicos de menor capacidade e criatividade. No limite, um inventário de velharias superadas.

Voluntarismo crítico? É desse oxímoro que precisamos? Defender os instintos contra a ação corrosiva da razão? Lançar mão da razão para conter o impulso destrutivo dos instintos?

Há vários motivos para rebaixar a razão. Um deles é reconhecer que a razão tem alcance limitado, como argumentou Kant. Outro, é vê-la cercada do irracional por todos os lados, como em Schopenhauer e Freud. Ainda outro, perceber que a razão, mesmo dentro dos seus limites, traz verdades temíveis, destrói as camadas de proteção da vontade de viver.

O projeto de Kant. Como é paradoxal, até infantil, o projeto de Kant: colocar a razão no seu lugar, definir os seus limites, mas inventar um outro caminho, não puramente racional, para restaurar todas as ilusões perdidas da moral e da religião. O truque, o *sleight of hand*, já presente na Crítica da Razão Pura, é desarmar a tentativa da razão de minar as bases da moral e da religião, decretando a sua incapacidade de opinar no terreno das questões essenciais. Mas é falsa a simetria das antinomias da razão pura, postuladas por ele. A razão, friamente aplicada, pende contra Deus, contra a imortalidade da alma e contra a moral. Kant foi uma figura retrógrada. Simulou aceitar as luzes, mas rejeitou suas conclusões e tentou instaurar um novo obscurantismo – "a razão prática".

A nova razão – a prática –, reduzida à sua essência, se resume ao seguinte. As conclusões da razão são desagradáveis e perigosas, minam a ordem moral e social. Vamos então tirá-la de cena e chamar ao palco uma razão prática, *pragmática* no pior sentido, disposta a contemporizar com os preconceitos milenares da religião e da moral cristã.

Mas a nova catedral não fica de pé, como notou Schopenhauer. Para ele, o essencial é ter coragem de aceitar que a razão desarma as tradições milenares e nos deixa desamparados, ao fim e ao cabo.

Se Deus não existe, tudo é permitido, diria Dostoievski depois, por palavras semelhantes, pela boca de um dos seus personagens. A operação intelectual de Kant, exposta com toda a prolixidade possível, em péssimo estilo, pode ser resumida apelando para a linguagem do romancista russo: como é inconcebível que tudo possa ser permitido, Deus existe, sim. Figura frágil a desse Deus, reduzido a um postulado da razão prática.

Reino dos céus, transcendência? O "reino dos céus" nada mais é, dizia Nietzsche, do que a expressão de uma vida decadente, frágil, uma válvula de escape, uma fuga para o alto. Parece bonito: "fuga para o alto" – mas "o alto" não existe. Transcendência é promessa vazia e, portanto, contraproducente, nefasta. Transcender é abandonar a única vida que existe, em favor de uma construção arbitrária, de uma mera consolação.

***Amor fati* – tarefa sobre-humana.** O que a clarividência nos mostra, o que nos revela o trabalho realista e corrosivo da razão não é agradável, nem animador, nem consolador. Séculos de desilusão o demonstram abundantemente. Como exclamou Pessoa – Deus, religião, redenção, reforma social, revolução – de todas essas ilusões nascemos órfãos, irremediavelmente órfãos. E Cioran resumiu tudo quando disse que clarividência equivale a uma maldição. Não há esforço de reconstrução ideológica que nos restitua o sentimento perdido. O esforço sobre-humano postulado por Nietzsche – e aqui entra talvez o seu "super-homem" – é justamente suportar o sofrimento, suportar a verdade, sem renegar a clarividência, sem refugiar-se em outro mundo e outra vida, ou num futuro social utópico. Em outras palavras: afirmando a vida como ela é – e "à beira de abismos dançar ainda". A tarefa do super-homem é o *amor fati*.

Contra Unamuno. Terrível é a consciência da inevitabilidade da morte. Viver supõe deixar esse destino em segundo plano. E, no entanto, a vida só é concebível como *finita*, acompanhada justamente dessa certeza de que a morte dela nos libertará algum dia. Para esse dilema só há uma fuga: nunca nascer.

Feminino/Masculino. Muito, mas muito mesmo do que dizemos sobre a mulher se aplica a nós, homens, *ipsis litteris*.

Combate desigual. A alma pouco pode contra o corpo e sua força gravitacional.

Sinal de esgotamento da filosofia. Quando a filosofia, insegura das suas prerrogativas, impressionada pelo progresso das ciências, progresso que dispensa a sua ajuda e orientação, quando ela se contenta em refluir para a teoria do conhecimento, para a epistemologia, o que temos senão o sinal seguro do seu esgotamento? A filosofia da ciência é a antessala do fim da filosofia. Relegada a essa condição secundária, os seus impulsos originais se transferem para as ciências humanas, onde levam vida clandestina, envergonhada – a filosofia fica então reduzida a digressões e inserções ilegítimas, que se misturam ao trabalho do historiador, do economista, do sociólogo.

Buscar a saúde sempre – inclusive a de não ter lucidez!

Não condenar como "irracionalista" quem apenas tenta colocar a razão no devido lugar!

Monoteísmo politeísta. O politeísmo, mais colorido, mais divertido do que o monoteísmo, ressurge em algumas religiões monoteístas, por exemplo, no catolicismo e na igreja ortodoxa, pela proliferação de santos, anjos e figuras equivalentes, encarregadas algumas delas da tarefa suspeita da intercessão – intercessão logicamente incompatível com a omnipotência do Deus único. Mas a proliferação de entidades sagradas e atuantes quebra o tédio do monoteísmo.

Pascal, sabiamente, constatava: "A origem de toda infelicidade humana vem de uma coisa só: a incapacidade de permanecer em repouso, dentro de um quarto". ("*Tout le malheur des hommes vient d'une seule chose, qui est de ne savoir pas demeurer en repos, dans une chambre*"). Aversão ao tédio – fonte inesgotável de todos os pecados e de todas as transgressões.

Para uma teoria da fragmentação. O único sistema possível é a ausência de sistema.

Flertar com a doença e seus charmes? – risco que só devem correr aqueles que têm o que Nietzsche chamava de "grande saúde".

A filosofia não pode fazer mais do que sobrevoar o vasto e crescente campo do conhecimento humano. Sobrevoar apenas – está condenada, portanto, à superficialidade.

Dormindo com o inimigo. Por que os sofistas se mostraram presas fáceis para Sócrates? Fundamentalmente retóricos, caíram, porém, na tentação de prestar homenagem à argumentação racional. Colocaram-se, assim, inocentemente, no campo do seu inimigo natural.

Diante da pergunta, cética, civilizada de Pilatos – O que é a verdade? – Cristo recolheu-se ao silêncio.

A verdade para Cristo não era objetiva, impessoal. Tanto que dizia: "*Eu* sou a verdade, o caminho e a vida". A sua concepção de verdade é expressa na primeira pessoa do singular.

Benditos sejam os erros. Os erros são mais interessantes e elucidativos do que os acertos. Aprende-se mais estudando as falácias, os descaminhos do raciocínio e os subterfúgios paralógicos do que estudando as regras do correto pensar. O que seria de Sócrates sem os sofistas?

Alma é figura de linguagem.

De mil e uma maneiras, a tecnologia encolhe o espaço e acelera o espaço; aproxima os distantes, distancia os presentes – no limite, destrói a presença.

Estudar, ensinar. Estudar é absorver convenções, definições, jargão, estruturas conceituais – sem que esse aprendizado iniba, porém, a disposição de criar, a audácia de inovar. E ensinar bem é deixar claro o arbitrário, o convencional de tudo que se ensina – arte de ensinar sem tolher.

Dismal science. A economia honra o seu antigo epíteto, *the dismal science*, a ciência lúgubre ou sombria, num duplo sentido.

No sentido original, tal como usado por Carlyle, por oferecer explicações pretensamente científicas, meras justificativas ideológicas para as chagas sociais do capitalismo industrial do século 19. Mas é *dismal* também em outro sentido mais perene – por não oferecer explicações plenamente convincentes para quase nada. Conservando até hoje o sentido original de ideologia apologética, é também a ciência deplorável, deficiente não só na antecipação do futuro, mas até nas análises retrospectivas.

Hobsbawm. É preciso saber usar a linguagem descritiva de forma cautelosa, apropriada às ciências sociais e históricas, e lançar mão de expressões e palavras que reflitam o caráter tentativo do conhecimento nessas áreas, indicando incerteza ou aproximação. Não só em textos, como em conferências ou entrevistas. Porém, com agilidade e estilo – sob pena de cair no pedantismo e provocar tédio. Eric Hobsbawm, de quem fui aluno em Londres na década de 1970, fazia isso com maestria. As suas aulas, de tão precisas no enunciado, tão claras e devidamente qualificadas, já soavam como textos prontos para publicação.

História bem contada do pensamento. A complexidade da ciência leva, às vezes, cientistas em fim de carreira a dedicar-se, com sucesso, à história da sua disciplina. Kindleberger, Robbins e Schumpeter, principalmente esse último, não seriam exemplos notáveis na área da economia? Já incapazes de acompanhar o desenvolvimento científico nas suas fronteiras, voltam-se para a recapitulação – e brilham!

Identidades. Uma utilidade das tautologias – realçar. Fatos reais, por exemplo. Tautologias expressivas podem ser uma forma eficaz, persuasiva, de repetição.

Pascal em seu labirinto. A religião não pode ser fundamentada pela razão. A existência de Deus é incerta à luz da razão. *Dieu sensible au coeur, non à la raison*, nota Pascal, sem deixar de reconhecer que o coração também não oferece certezas. Deus se oculta, em última análise, também para o coração. Que passa a depender de sinais, milagres, esperanças. Hoje, com o avanço do desencantamento, já nem a isso se pode recorrer.

O eclético é sempre um indeciso. Vê méritos em todos os lados – e hesita.

Apologia. A condenação de Sócrates à morte – uma última e ineficaz reação de Atenas ao arauto da sua desagregação. Reação contraproducente, que sela o destino da pólis decadente. Platão compreende que a condenação deu a Sócrates e a sua mensagem um realce incontrastável e cuida de relatar em detalhe o julgamento e a morte.

Um parentesco comprometedor. Do ângulo socrático-platônico, o sofista é o tipo mais perigoso, inclusive por sua proximidade. Daí que os seus esforços se concentrem em demarcar o terreno, em valorizar a filosofia em detrimento da aparência de filosofia.

Saber cortar. Por que dizer em uma página, o que pode ser dito em um parágrafo? Em um parágrafo, o que pode ser dito em uma frase? Em uma frase, o que pode ser dito em uma palavra? Para que a palavra, se o silêncio basta?

Princípio taoísta de sabedoria – iluminar sem ofuscar. No taoísmo, já aparece a tendência tipicamente chinesa de colocar o indivíduo no seu lugar, subordinado ao coletivo.

Amor à verdade. Pascal escreveu: para alcançar a verdade é preciso amá-la. Observação contraintuitiva para uma cultura mergulhada no racionalismo. A busca da verdade precisa mobilizar afetos – e não apenas os recursos rotineiros do raciocínio e da pesquisa. Na teoria positivista do conhecimento – as paixões, os afetos, os laços emocionais são obstáculos na busca da "verdade objetiva". Uma teoria do conhecimento elaborada por quem não sabe como acontece a criação do conhecimento na prática.

Colonização linguística. Determinadas expressões e frases-feitas são importadas para a língua natal, em geral do inglês, de maneira desajeitada e canhestra. Uma forma ridícula de aparentar sofisticação. A língua receptora pouco ou nada ganha, perde em geral, com a absorção servil de pedaços da língua imperial.

O que esconde todo eclético? O ecletismo, muito elogiado pelos práticos e não por acaso, requer uma certa incapacidade de teorizar. As teorias, semi-compreendidas, são combinadas com mais inocência e menos escrúpulos.

Cientistas filósofos. O cientista, enquanto cientista, não é filósofo, não se substitui ao filósofo, embora possa ter a sua filosofia, até sofisticada, e ter as suas pretensões de pensador. As suas opiniões extra científicas, entretanto, têm valor apenas relativo. Quando adquire renome na sua área, um cientista adquire também certa legitimidade para tratar de outros e mais vastos temas. Passa a falar fora da sua especialidade, e não apenas de metodologia ou teoria do conhecimento científico, áreas mais próximas, mas de política, ética e até metafísica. Einstein foi um caso notável. Disse muitas coisas simpáticas e muitas interessantes. Publicou até livros de filosofia e ética. Nesses campos, porém, as suas opiniões, ainda que reforçadas pelo prestígio, pela confiança na sua inteligência e pelas suas contribuições ao progresso da ciência, não são necessariamente de grande valia e originalidade. Por exemplo, a sua célebre observação: "Quanto mais estudo, mais me convenço de como é tênue a linha que separa a física da metafísica" – um pouco populista, agradou muito espírito religioso e até anticientífico, mas pouco ou nada acrescenta à questão dos limites entre a ciência e a filosofia. Impressiona como argumento de autoridade – por quem diz e não pelo que foi dito.

O contador como "tipo ideal". Vive das identidades, das definições, num mundo seguro de convenções preestabelecidas. Vive?

Uma advertência lapidar. Em Brecht, um personagem aponta os riscos das novas doutrinas científicas: "*Schluss, Galilei, Schluss! Nehmt einem tollen Hund den Maulkorb ab, dann beisst er*". (Vamos parar com isso, Galileu! Se tiramos de um cão furioso a focinheira, ele morde). A Santa Inquisição estava tão longe da verdade?

Contra um preconceito racionalista. Tomar consciência debilita os instintos vitais e a criatividade. Como poderia curar?

O que prova a vontade de acreditar? Nada, rigorosamente nada.

Ambiguidade retórica. A retórica tem flexibilidades e destrezas que escapam à lógica habitual. Tem, por assim dizer, lógica própria, difícil de codificar. É um campo, portanto, ambíguo. Serve ao gênio, como serve ao charlatão.

A retórica extremada, sinal de fraqueza. Quem a ela recorre precisa intoxicar-se para agir.

Os dados estatísticos são os piores "fatos". Têm uma aura de inquestionabilidade que raramente alcançam os "fatos" designados apenas verbalmente.

Ciência, conhecimento, ousadia. O cientista inovador precisa saber ousar, e erigir em lema – Saiba ousar! Inversão curiosa – que muda tudo – do lema de Kant: "Ouse saber!" (*sapere aude*!).

Rigor mortis. A pesquisa histórica, afirma-se rotineiramente, tira partido da distância no tempo, da perspectiva histórica que só vem com o passar das décadas e até dos séculos. Com o tempo perde-se, entretanto, o calor, a vida, a energia dos acontecimentos históricos. Por isso, alguns relatos contemporâneos dos grandes eventos são tão mais interessantes do que trabalhos acadêmicos elaborados com distanciamento e rigor. Nesses últimos, os acontecimentos são como que conservados em formol. Um exemplo da história do pensamento: como são vivos, emocionados e certeiros os escritos de Georg Brandes sobre Nietzsche, então desconhecido, que o professor dinamarquês, extasiado, acabara de descobrir! Muito mais interessantes do que a maior parte do que se escreveria depois sobre Nietzsche com a frieza e objetividade que só o tempo permite.

Pascal contra Descartes. Pascal não opunha ao racionalismo de Descartes um irracionalismo, uma rejeição da razão. Não pregava submeter o pensamento à emoção, a razão ao coração, o raciocínio às intuições. O coração, dizia, tem *razões* que a própria razão desconhece.

O coração não é irracional, não quer ir contra a razão (ou não deve), mas quer que a razão o respeite e não tente submetê-lo ou tirá-lo de cena.

Nietzsche contra Sócrates. A retórica mais insidiosa é aquela que não se apresenta como tal, nem se reconhece como tal. Não por outra razão, Nietzsche chamava Sócrates de "o grande sedutor".

Por não ter fundamento último, a vontade de viver é sempre vulnerável.

Argumentar extensamente, entrar em detalhes, explicar, repetir – é sintoma de *fraqueza*, de falta de confiança.

Afirmar sem argumentar revela força, fé, confiança, autoconfiança.

Hipertrofia da consciência, no duplo sentido da palavra – cognitivo e moral – tem como contrapartida atrofia do impulso vital.

A lógica, levada ao extremo, às suas últimas consequências, é a grande inimiga da vida, da frágil vontade de viver.

Contra Heráclito. Tudo passa, nada permanece igual. Mas esse "tudo" que passa é composto de "algos" passageiros. E esses "algos" que passam, também permanecem, ainda que modificados, ainda que transtornados. Não poderiam ser designados como "algo", se assim não fosse.

Um exemplo, recorrendo ao próprio Heráclito: não te banharás duas vezes no mesmo rio. O rio mudou, não é mais exatamente o mesmo. Tu mudaste, não és mais o mesmo. Mas algo no rio e em ti permanecem, e só por isso podemos designá-los com as mesmas palavras, como aquele rio onde te banhas pela segunda vez.

Essa constância, mesmo relativa, é criada, porém, pelas palavras. Nós a inventamos! Por meio das palavras, imaginamos algo que sobrevive ao fogo do Tempo. E, assim, Heráclito guarda razão.

Contra Parmênides. A mudança dada pelos sentidos não é ilusão. Não cabe ignorá-la a pretexto de chegar a essências estáveis, imutáveis – mortas.

A busca por essências é a negação irrealista das aparências. Desemboca na negação da vida.

Parmênides se desespera com a transitoriedade de tudo e recorre a uma razão estática para negar toda a realidade que os sentidos, sem raciocínio, nos oferecem. Um precursor do niilismo.

Anula tudo para ficar com algo eterno – esse eterno, porém, é uma abstração vazia, inócua.

E, no entanto, o fluxo do devir só é compreensível se contrastado à noção de constância, de imutabilidade. Heráclito precisa de Parmênides. Parmênides, de Heráclito. Quem está, portanto, mais próximo da verdade?

Duvidar da dúvida. Um dos equívocos fundamentais de Descartes – adotar a dúvida como princípio constitutivo do método de filosofar – *sem duvidar da própria dúvida.* Em outros termos, sem parar para considerar o *valor* da dúvida como princípio fundamental do conhecimento e, sobretudo, da *vida.*

Sonho bem modesto, nem esse se realizou? Viver, disse o poeta, é lenta e calma desilusão.

Questão de lógica. Deus não existe, pois existência é atributo de seres finitos.

Deus, concebível apenas como ser limitado, nem omnipresente, nem omnisciente, nem omnipotente. Um deus, não o Deus.

Uma vida desprovida de qualquer sentido – a isso estamos todos condenados, resignados ou não.

Reclamar da falta de sentido da vida, com certo estilo, ainda é uma forma de dar-lhe um fiapo de significado.

A revolta do presente contra o resto do tempo. Perversão conservadora – supervalorização do passado; perversão progressista – supervalorização do futuro. Entre uma e outra, desaparece o presente.

Determinação e indeterminação da história. A história é, ao mesmo tempo, o reino da causalidade e o da causalidade. A semelhança das duas palavras não seria, assim, casual. O inevitável e o acidental, o necessário e o contingente se revezam. Os fatos se encadeiam, sim, mas não de modo inexorável.

História em excesso sufoca. A história do pensamento pode sufocar a sua evolução. As mentes inovadoras percebem intuitivamente que dedicar-se demais ao passado da disciplina mina o ímpeto criativo e pode ser um caminho para a esterilidade. Difícil encontrar um pensador criativo que tenha sido, ao mesmo tempo, um historiador importante da sua disciplina. Schumpeter é uma exceção, talvez a única, ou das poucas, no campo da economia. Inovadores tendem a ser diletantes em matéria de história do pensamento.

Inversão copernicana. Os argumentos é que fundamentam os fatos, não o contrário.

Tragédia grega. A luta contra o destino irrita os deuses e acelera a sua realização.

O aprendizado conflita com as fatalidades do temperamento.

O que é uma língua nacional? Fala-se pejorativamente em "frase feita". Elas são, porém, elementos constitutivos de toda a língua, com algumas reaparecendo em mais de uma língua por importação ou assimilação de modos estrangeiros de falar – de falar e de *pensar*. As línguas não são apenas coleções de palavras ou de regras gramaticais e de sintaxe, mas também frases prontas, blocos de frases. Por esse e outros motivos, inclusive a própria conformação das palavras por meio de metáforas e lembranças locais ou nacionais, é que a língua nunca é apenas forma, pois carrega *conteúdos*, formas de falar e pensar, detritos do passado, valores, *preconceitos*. O nacionalismo linguístico de certos povos, dos franceses até recentemente, tem cabimento, portanto! E cabe, naturalmente, falar em línguas imperiais – o latim e o inglês, por exemplo. Tem todo cabimento, em especial, a resistência ao uso indiscriminado e pedante de termos estrangeiros, importados de línguas imperiais, para os quais há sinônimos nacionais perfeitamente aceitáveis quanto a significado e sonoridade. Como também tem cabimento o apego às esquisitices da língua nacional e às suas vantagens historicamente estabelecidas – o alemão como língua filosófica, por exemplo, para bem e para mal! O inglês, outro exemplo, para economia, finanças e informática.

Panfletos ao vento. A tendência a considerar os problemas *sub specie aeternitas*, do ângulo da eternidade, não leva a um esvaziamento progressivo do pensamento? Ao fim e ao cabo, fica-se com abstrações, os últimos vestígios da realidade evaporada – para lançar mão de uma expressão de Nietzsche. O mergulho no concreto e no passageiro, *in vece*, produz paradoxalmente o duradouro e até o eternamente válido. Era a esperança de Keynes que, em certo momento da vida, declarou-se impaciente com os tratados e dizia preferir "*throw pamphlets to the wind, and achieve immortality by accident, if at all*".

Destruição. De que valem as lições da experiência diante de um Tempo que tudo transtorna, tudo transforma.

Kant *at his bes*t. A parte mais interessante, menos característica, menos *kantiana* da Crítica da Razão Pura – as antinomias da razão pura. Sem deixar de ser quem é, sem abandonar a sua habitual *pesanteur*, Kant aponta ali para Hegel, ameaça desfazer-se da lógica formal e aproximar-se da dialética. O seu objetivo era todo outro, como se sabe: abrir caminho para a razão prática e a restauração da ética cristã, ameaçada pela erosão dos seus fundamentos provocada pela razão pura.

Kant arma toda uma pesada estrutura conceitual para lidar com problemas antigos, já enfrentados paradigmaticamente por Pascal, por exemplo, no seu confronto com Descartes. Pascal tentava resolver os dilemas da razão pura, ou seus equivalentes, recorrendo não a uma imaginária e fantasiosa "razão prática", mas a um velho conhecido nosso – o coração. Deus sensível ao coração, não à razão, dizia ele.

Mas a verdade é que a solução de Pascal, retomada de outra forma por Unamuno, não resolve no fim das contas os impasses decorrentes do triunfo da razão. Comove sem convencer. Reconforta, mas não devolve a confiança perdida.

Kant *at his worst*. O procedimento de Kant – inventar faculdades, virtudes, conceitos, categorias. Forma falsa, e pretensiosamente falsa, de enfrentar os problemas existenciais e filosóficos. Além de arbitrária, a lista de faculdades e virtudes postuladas nada acrescenta de concreto à solução dos problemas. Cria-se um catálogo artificial, que sobrepõe às questões originais camadas inúteis de conceituação. Como aquele personagem de Molière, que explicava o sono pela existência de uma "virtude dormitiva".

Nem sequer o conceito. Já se quis demonstrar a existência de Deus pela existência do conceito de Deus. Mas "Deus" é mais analogia ou extrapolação do que conceito. A rigor, nem o conceito existe.

Nem budismo, nem barbárie. Nietzsche dizia: não se trata de extinguir as paixões, mas de espiritualizá-las.

Regra prática de vida – manter a lucidez dentro de limites estreitos, reduzindo-a ao estritamente necessário para a sobrevivência prática.

Preconceitos, injustamente condenados – são afinal a pré-condição de toda experiência possível.

A felicidade, se existe, é menos questão fática do que de imaginação, de *força da imaginação*. Por isso, talvez, Camus tenha dito: "*Il faut imaginer Sysiphe heureux*" (É preciso imaginar Sísifo feliz). Vale dizer: é preciso imaginar-se feliz, saber arrancar pedaços iluminados das entranhas da realidade trágica.

Niilismo diário. Saber estar a esmo – sem tarefas, sem planos, sem esperanças.

O conceito e sua trajetória. Todo conceito inovador começa bem e brilha em mãos pioneiras. Mas isso não dura. Logo cai em mãos menos hábeis, mais propensas ao simplismo. E aí começam o mau uso, as repetições, os exageros, as caricaturas e as deformações. Ao final dessa *via crucis*, o conceito torna-se uma simples palavra, às vezes de ordem.

Ilusão real. Esperança futura? Os comunistas do século 20 pressupunham um ser humano que não existe – ainda?

Contra Engels. No final, descobriu-se que o "socialismo científico" também era utópico.

A mais importante frase apócrifa da história do pensamento: "O maior argumento contra a existência de Deus é o sofrimento das crianças", atribuída a Dostoievski, parece nunca ter sido dita por ele. Fica o argumento sem o respaldo de um grande nome, mas nem por isso menos verdadeiro.

Taxonomia – útil, mas não sem desvantagens. As mentes taxonômicas (Kant, um exemplo notável) confundem, às vezes, teoria com taxonomia. A teoria deve ter um fundo explicativo – algo que vai além da mera classificação estática, das tipologias, das taxonomias. A taxonomia é descritiva, tende à simplificação. A teoria se aventura no campo do incerto, das relações funcionais, das conjecturas. A taxonomia serve sobretudo para construir dicionários e livros-texto. A taxonomia procura fixar, delimitar; a teoria imagina, cria.

Hegel consagrou as contradições. Antes condenadas como incompatíveis com o pensamento e a verdade, passam a ser signos da realidade. Por seu turno, o que é apenas lógico, passa a ser visto como implausível, coerente demais para realmente existir.

Economia. Como pode uma ciência que mal e mal consegue explicar o passado, ter a pretensão de prever o futuro? Para os economistas, não só o futuro, mas até o passado é imprevisível.

Repetição, uma arte. A repetição cumpre várias funções e tem efeitos diferentes. Pode educar, pode divertir, pode entediar. Uma delas, não a menor, é a persuasão, pois uma forma eficaz de convencer é repetir essencialmente a mesma mensagem, com variações de forma e de estilo. Todos os escritores e pensadores recorrem a esse expediente. Nas grandes questões, onde reina a incerteza, o que prevalece é a persuasão, não a demonstração. Quando a demonstração é possível, a repetição é dispensável. Mas nas questões de vida ou morte, como recorrer a demonstrações? É pela repetição, disfarçada por efeitos variados, que o leitor vai absorvendo a mensagem, se deixando levar sem nem sentir. O leitor ou o súdito. Goebbels, como se sabe, já dizia, uma mentira mil vezes repetida...

Não agir. Nada fazer é uma forma, não raro infalível, de progredir na vida. Pode ser a fórmula do sucesso. Quantas nulidades se consagram, fazendo exatamente isto: nada! Os frenéticos, os inquietos não entendem isso – e fracassam.

Fatos? O clássico desprezo dos filósofos pelos fatos é mais do que justificado. Hegel respondia, insolente, a um crítico raso: "se os fatos não confirmam a teoria, pior para os fatos". Nietzsche chegava a negar a sua existência, ao dizer que "fatos é que não existem mesmo, só interpretações", contrapondo-se expressamente ao positivismo. Os fatos, elaborações mais ou menos sofisticadas, mais ou menos complexas, são construções da razão, e não existem em estado puro. Os chamados fatos inquestionáveis se reduzem a trivialidades ou a tautologias disfarçadas. Para além do óbvio e do que depende de meras convenções, é que navega a teoria, olimpicamente superior à suposta realidade fática.

Irrelevância da filosofia. Em Kant, a filosofia caminha, sem sentir, para se tornar mera teoria do conhecimento, para a irrelevância, portanto. "Sem sentir" porque o propósito de Kant não era liquidar a filosofia, mas desarmar uma razão que tendia inexoravelmente a negar a existência de Deus. Daí a necessidade de circunscrevê-la ao campo da experiência possível, delimitá-la no espaço e no tempo, acessível aos sentidos.

Restauração da metafísica. Quando se compreende que a razão mesmo cerceada, mesmo estritamente limitada ao campo da experiência possível não é apodítica, não consegue gerar certezas e seguranças, a metafísica pode renascer, sem complexo de inferioridade em relação às ciências, antes consideradas exatas.

Um cadáver. Antes motivo para angústias, aflições, perseguições, a reflexão sobre Deus pode agora ser feita com serenidade, como quem realiza uma autópsia.

Quando a vida precisa do socorro da filosofia é que já não vive naturalmente, sem esforço, sem justificativas.

Cultivar dúvidas? Ter muitas dúvidas, sempre; sabendo, porém, que as mais importantes, e não só as metafísicas, são incontornáveis.

Papel da vontade. Diante de dúvidas insanáveis quem resolve é a vontade, não a razão, não a experiência.

A consciência não é páreo para o orgulho, nem para vaidade.

Encenação – muito do que se apresenta como filosofia é pouco mais do que jogo de palavras.

Falsos filósofos, falsos cientistas. Restringir-se à teoria do conhecimento, à metodologia científica ou a história do pensamento – diferentes formas de fugir do assunto, de evitar a verdadeira filosofia e a verdadeira ciência.

Espírito de síntese – A preferência pelas formas breves é uma forma de respeitar o leitor/ouvinte. A brevidade não tributa a sua paciência. E não subestima a sua inteligência. Não cansa, não ofende.

Moderação – falsa sabedoria. A moderação que vem com a idade não é propriamente sabedoria, ou experiência acumulada, mas simplesmente cansaço, perda de élan vital.

Em Kant, o estilo depõe contra o autor.

Um pouco de lógica pedestre. A que absurdos leva a razão pura e desgovernada! Tentou-se argumentar que a presença do conceito de Deus no espírito humano, do conceito de um Ser Supremo e de uma perfeição a que nada corresponde na natureza, seria a prova cabal da sua existência. Entendi bem? Note-se que o conceito de Deus é abrangido por um mais amplo, o de Ser. Esse enquadramento definicional não inviabiliza automaticamente a crença em Deus? Pelo menos em um Deus pessoal, com traços e ações específicas – criador do mundo, benevolente, juiz justo que recompensa e pune, que socorre seus filhos? Sobra um conceito super amplo, mas perfeitamente vazio – o de Ser Supremo, o de divindade omnipresente e indeterminada.

Inclinação à polêmica, dificuldade de suportar o tédio e os pontos mortos da vida. Uma fraqueza.

Razão limitada. Colocar limites à razão à moda de Kant não é suficiente. Não é apenas a razão filosófica que gira em falso. Também é limitada, contestável a razão que confia na ciência e nos seus preceitos – mesmo quando permanece rigorosamente dentro do que Kant chamava de limites da experiência possível.

Objetivamente, a vida não tem sentido. Mas de que vale uma objetividade que esvazia a vida, que enfraquece a vontade de viver?

A vida ora nos dá a sensação de ser governada (ou desgovernada) por um acaso cego, ora de obedecer a forças ocultas. O que parece mera coincidência pode ser mais do que isso? Ou as concatenações que estabelecemos são apenas uma ordenação fantasiosa do acaso puro?

A consciência amortece, neutraliza – mata.

Realidades irreais. O que chamamos de realidade nem sempre é mesmo real, mas apenas o "real" que lembramos ou o que antecipamos – um tão inexistente e irreal quanto o outro.

Quando a resistência romântica à razão se estende ao coração, o que sobra?

Coerência é flor de estufa.

Contra quem? Um pensador não pode ser compreendido sem levar em conta a que pensadores ele se contrapõe, quem ele contradiz, contra quem se rebela. Tomado isoladamente, no vácuo, estaticamente por assim dizer, qualquer pensamento permanece obscuro, impenetrável, talvez insípido. Os pensadores, assim como os conceitos, só existem como contrastes.

Quem foi Freud? Para ser resgatá-lo plenamente é preciso ver Freud como filósofo, literato e mesmo ficcionista – não como cientista ou psicanalista apenas e, muito menos, como terapeuta. O que contraria, aliás, a sua autopercepção – ele que se via e queria ser visto como cientista, como fundador de uma nova ciência, de um novo ramo da medicina. Foi agraciado no fim da vida, em 1930, com o Prêmio Goethe de Literatura, ao passo que, sintomaticamente, nunca venceu o Prêmio Nobel de Medicina para o qual foi indicado, entretanto, nada menos que 12 vezes! Traumatizado, segundo alguns relatos biográficos, Freud precisou se conformar com a impossibilidade de alcançar um Nobel "científico", com a dificuldade de ser aceito como cientista, com a resistência da comunidade científica a considerar a psicanálise como verdadeira ciência.

Freud e certa filosofia alemã. Sempre ansioso em carimbar a si mesmo e a psicanálise com o rótulo de "científico", Freud procurou apagar os rastros da influência de Schopenhauer e Nietzsche. Nem tanto por causa do que Harold Bloom chamou de "*anxiety of influence*", mas por obediência ao que parece ter sido um preconceito cientificista. O parentesco da psicanálise freudiana com Schopenhauer e Nietzsche é meio óbvio, entretanto. Vontade, impulsos vitais, de um lado; desejos, id, de outro. As diferenças de linguagem disfarçam o parentesco conceitual.

Preconceito racionalista em Freud: Trazer à consciência "cura". Como se a consciência tivesse um papel reparador.

Nietzsche e Schopenhauer, Marx e Hegel. Nietzsche e Marx têm pelo menos um ponto em comum: procederam por inversão, fizeram as suas "inversões copernicanas na filosofia", a exemplo do que havia feito Kant à sua maneira. Marx rejeitou o idealismo de Hegel, mas aceitou o seu método dialético. Nietzsche abandonou a condenação pessimista da existência presente em Schopenhauer, mas manteve a estrutura conceitual básica em que a Vontade, ainda que ressignificada, aparece como realidade subjacente a tudo.

Cioran e Nietzsche. Em Cioran, aparece claramente a *anxiety of influence*, expressão cunhada por Harold Bloom para designar o receio do pensador ou artista de estar em dependência excessiva de um precursor. No caso de Cioran, a dependência em relação a Nietzsche. Entre os dois pensadores, há mais do que parentesco – a presença direta e até avassaladora do antecessor, inclusive no *estilo*, aforismático, incisivo, agressivo, iconoclasta. Nietzsche renasce em Cioran.

Nietzsche contra Descartes. O *es denkt* (pensa-se) de Nietzsche, contraposto por ele ao *je pense* (eu penso) de Descartes, está mesmo muito mais próximo de como efetivamente transcorre o pensamento. O elemento de deliberação, de volição suposto por Descartes, e mesmo a própria noção de "eu" não passam de frutos da imaginação.

Tese e antítese, ambas vazias. O que significa Ser? Rigorosamente Nada.

O ocaso da filosofia. A veneração pela filosofia, disciplina tão frágil, tão cheia de arbitrariedades, é sintoma de atraso de uma civilização. O tempo da filosofia passou. Ainda que se procure, em ações defensivas, de retaguarda, argumentar que ela ensina a pensar, a organizar ideias e procedimentos. Esse tipo de defesa é de alcance limitada, pois reduz o que sobra da filosofia a uma metodologia científica ou do conhecimento.

Quem faz a história do pensamento? Mentes criativas, filósofos, cientistas ou artistas, raramente se destacam como historiadores do pensamento, da ciência ou da arte. Em geral, não sabem muito dos seus predecessores, raramente os conhecem em profundidade, e neles só enxergam o que prenuncia ou prepara o próprio trabalho criativo. Marx, por exemplo, quando se voltou para a história do pensamento econômico, limitou-se essencialmente a discursar sobre as "Teorias da Mais-Valia", elogiando ou condenando economistas ou pensadores recentes e remotos por sua capacidade ou incapacidade de alcançar a visão "correta" da questão tal como formulada por ele mesmo.

Sabedoria. O discernimento é uma das primeiras vítimas fatais do envelhecimento.

O pior argumento em favor da existência de Deus é aquele que deduz a existência do conceito.

Traço problemático do espírito filosófico – a audácia de generalizar, a despeito da incerteza radical, a partir de amostras estreitas, cientificamente indefensáveis. Em outras palavras e parafraseando Keynes, a coragem irresponsável de *throw theories to the wind and achieve truth by accident, if at all.*

Contra Descartes. A vaidade, e não o bom senso, é o que há de mais bem distribuído entre os humanos.

Irreversibilidade. Uma vez instalada, a lucidez se agarra e se torna difícil de ejetar.

Deslocamento de finalidade. A falta de vocação real para o trabalho científico, combinada com o desejo desencaminhado ou a pretensão vaidosa de produzir ciência, gera simulacros e distorções variadas. Aí vemos, por exemplo, um economista com vocação para político, contaminando o seu trabalho com ideologia barata e preconceitos partidários. Ou um cientista social com vocação filosófica, a misturar sociologia com teorizações vagas, de cunho geral, sem pesquisa empírica. Ou longos tratados sobre as condições e possibilidades da ciência, sua história e realizações etc., etc. Tudo gente que almeja tocar um instrumento, digamos flauta, piano, violoncelo ou mesmo um simples e franciscano triângulo, mas não tem a menor noção de ritmo ou melodia, nem o mais remoto talento musical. Ciência é como música, requer trabalho duro, também talento e inclinação natural.

Le moi haïssable. Muitas das críticas pertinentes e agudas que um escritor bota no papel, como uma espécie de desabafo, só são possíveis porque ele encontra dentro de si, sem mediações, as características lamentáveis, às vezes repugnantes, que depois se disporá a criticar. Pode não o fazer como autocrítica, não importa. Ele sabe.

Nem do corpo nem da alma. A imortalidade, não só do corpo como da alma, é inconcebível. A terra e os céus ficariam infestado de sobreviventes.

A coerência não é própria das coisas, mas uma aspiração, uma *imposição* da mente.

Ai dos reflexivos! Não sabem o que é a vida, nunca saberão o que é viver. "A vida não examinada não merece ser vivida". Que figurão disse esta solene barbaridade? Sócrates, quem mais? A compulsão a refletir é um indício da incapacidade de viver.

Sêneca: Tranquilidade da alma – cansaço, apatia, morte.

ARTE, ARTISTAS, SOFRIMENTO

Música. Quando Nietzsche diz: "Sem a música, a vida seria um erro, um cansaço, um exílio", percebe-se quanto *sofrimento* há por trás dessa frase?

Um sedutor. O artista – sedutor, fantasioso, volátil – sempre perigoso para os outros. Na vida real, o comum dos mortais deve evitá-lo, sempre que possível.

O papel inestimável do artista para os mortais, e por isso ficam-lhe eternamente gratos – saber contar, saber expressar o sofrimento, sofrimento que nos seres comuns vive em estado bruto. O artista, mais sensível, mais propenso a sofrer esse sofrimento comum a todos, encontra formas de elevá-lo, de valorizá-lo, de mostrar que ele pode ter algum *sentido*.

Portanto, regra de sabedoria prática – amar a arte, mas manter distância do artista.

Don Juan – uma tipologia incompleta. Tipos de Don Juan, da vida real e imaginária. O Don Juan doente, compulsivo sexual. O Don Juan impotente – o tipo talvez mais paradoxal: ameaçado pela impotência, busca a variedade para manter-se estimulado, para lutar contra a sua frágil pulsão sexual. O Don Juan romântico, da *Tondichtung* de Richard Strauss, em busca sofrida e inútil da mulher perfeita. O Don Juan mozartiano, alegre, despreocupadamente vidrado em muitas mulheres – o Don Giovanni da ópera. O Don

Juan prudente, que procura na variedade uma forma de se proteger contra o risco maior de decepção amorosa quando se depende de uma só mulher. O Don Juan aflito, que busca na aceitação de um grande número de mulheres uma compensação pela falta de amor da parte da mãe, a mulher original – caso do personagem principal de *O Homem que amava as Mulheres*, do filme e do livro de François Truffaut.

Não cabe ao artista raciocinar. O artista deve *mostrar apenas* e explicar o mínimo possível. A explicação falseia, restringe. Erro de Truffaut, portanto, ao oferecer a chave para entender o personagem central do *Homem que amava as mulheres*: ele não seria quem foi – explicou – um homem irremediavelmente fascinado por tantas mulheres, se tivesse tido mais sucesso com a própria mãe.

Nada une mais uma mulher e um homem do que abismos emocionais complementares.

Comparação entre Kant e Stendhal em Nietzsche. Nietzsche, que era, também, um artista, discutiu a ideia de beleza na sua *Genealogia da Moral.* O que é a beleza? perguntou. "Contemplação desinteressada", como propôs Kant, o não artista *par excellence*? Nunca. Antes: "Promessa de felicidade", como escreveu Stendhal, que falava com vivência de causa. Contraste elucidativo de opiniões! A quem confiar a beleza? Ao professor que classifica e organiza? Ou ao artista que vive e sofre a beleza?

Instrumentos de sedução e encantamento. As palavras! Saber dizer, saber escrever! Como tudo, é prática, prática e mais prática. A base de tudo é a leitura. A leitura, mais do que a escuta, ensina melhor a escrever e mesmo a falar – e a escrever como quem fala, com a naturalidade sedutora e simulada de quem simplesmente conversa.

A vida precisa ser *imaginada*.

Suicídio. Os japoneses! Se não existissem, teriam que ser inventados. Certa vez, um jovem admirador de Yukio Mishima postou-se em frente à sua casa, a uma respeitosa distância, e lá ficou.

Dia e noite, sol e chuva. Até que o grande escritor o fez entrar. Tens direito a uma só pergunta, disse Mishima. E o rapaz, serenamente: Para quando o seu suicídio?

Autoengano. Nascer órfão de ilusões, como dizia Pessoa, e ainda assim viver delas de alguma forma misteriosa. Tirar o élan vital de ilusões perdidas.

"A canção da vida". Interessante figura a do cineasta alemão Werner Herzog. É dele um depoimento que expressa bem a aversão do artista ao lugar-comum. Poucos expressaram de forma tão clara essa resistência do artista, visceral, incansável às trivialidades tão queridas do grande público. Em 2002, Herzog publicou longo depoimento ao escritor especializado em cinema Paul Cronin (*Herzog on Herzog*, Faber & Faber, Londres). Na conclusão do livro, Cronin pergunta: "Algum conselho final para seu público?" O cineasta contou então que assistira a um documentário de homenagem a Katherine Hepburn, atriz de quem ele até gostava. Infelizmente, revelou-se que ela cultivava poses e sentimentos duvidosos. No final, ela aparece sentada em um rochedo à beira do oceano e uma voz pergunta: "Ms. Hepburn, o que a senhora gostaria de passar para as novas gerações?" A atriz engole seco, os seus olhos começam a marejar, ela demora a responder, como se estivesse pensando profundamente. Aí ela olha diretamente para a câmara e diz: "Escutem a canção da vida". Assim termina o documentário.

Herzog virou-se então para o entrevistador e disse: "Paul, eu agora olho diretamente para você e digo: '*Don't you ever listen to the song of life!*' (Nunca, em nenhuma hipótese, escute a canção da vida!)".

Arte e vida. A arte, na relutância de apenas inventar e imaginar, vampiriza a vida. A vida, na ânsia de embelezar e estilizar, vampiriza a arte. Ambas ganham com a recíproca falsificação.

Já avisava Wilde: O paradoxo está para o espírito, como o vício para o corpo. O gosto excessivo pelo paradoxo seria então sinal de inclinação à imoralidade? Um amante dos paradoxos, como

Unamuno, não poderia ser, jamais, um cristão fielmente ortodoxo. Daí que se pode caracterizá-lo, ironicamente, como cristão nietzschiano, se algo assim é possível como realidade humana.

Espírito científico – disposição para ver o que nos desagrada. **Espírito artístico** – capacidade de estilizar o que nos fere.

Dostoievski, pensador caótico, sobre o diabo: o Diabo não existia até que o homem o criou – à sua imagem e semelhança. Pascal dizia que Deus dava sinais da sua existência – mas que era preciso ter coração para senti-los. Mas a verdade não é que o mundo dá muito mais sinais da existência do Diabo do que de Deus? A prova menos convincente da existência de Deus é a que procura encontrá-lo na natureza.

Lento aprendizado. O homem aprende pouco, quase nada no convívio amoroso com as mulheres, mesmo longo, mesmo intenso. Primeiro, porque cada mulher é um ser todo especial, com virtudes e vícios muito particulares. Segundo, e sobretudo, porque o aprendizado fica sempre obstruído pelo impacto da sedução, pela luz ofuscante que a mulher emite naturalmente, como quem respira.

Palavra como ruído. As palavras devem ser reconhecidas pelo que são – também como obstáculo ao conhecimento. Importância, portanto, do silêncio, da música, das artes plásticas – de tudo que prescinde da palavra para se expressar.

O paradoxo do artista. O paradoxo do comediante, apontado por Diderot, transcende o palco do teatro e se estende às artes em geral. O artista lida com emoção e sentimentos na condição de *sujeito*, e não de objeto. Não pode ser apenas sensível e emotivo, deve ter a *inteligência da emoção* e dos meios de suscitá-la. O seu talento reside em manipular, despertar, criar emoções. A sensibilidade fica com o público. É o público, não o artista, que deve sentir e se emocionar. O artista é o *cientista da emoção*. Deve conhecê-la por dentro, esquadrinhar a sua dinâmica e os seus artifícios, e ter a capacidade de controlá-la sempre, nunca se deixando levar ou dominar por ela.

Estilo e ideias. No escritor, a exuberância do estilo, contrastada com a escassez de ideias, é sinal de vida empobrecida. Ao contrário, deficiências e desordem de estilo, acompanhadas de exuberância de ideias, são sinais de vida profunda, atormentada. Um exemplo do primeiro caso – Vitor Hugo. Um exemplo do segundo – dostoievski.

O verdadeiro artista não calcula. Brilha naturalmente, sem premeditação.

Impulso artístico, impulso sexual. O talento é uma habilidade indiferenciada, raramente se limita a uma arte apenas, e se desdobra, mutável, em diferentes campos. Pode ser comparado ao impulso sexual que, ilusões sentimentais à parte, também não tem endereço certo e único.

Ecoando Nietzsche. O artista *conquista pelo sofrimento* o direito de transcender o bem e o mal.

Ambiguidade do senso comum. Pode ser o ordinário, o encontradiço, o vulgar – aquilo que a arte evita como o diabo, a cruz. Mas pode ser o universal compartilhado, que permite a transmissão de valores, conhecimento, verdades. A base da ciência, portanto. A isso aludia Descartes no *Discurso do Método*. Por aí se vê que o espírito artístico e o científico são essencialmente antagônicos.

Onde o verdadeiro artista se revela. Sintomático do espírito do artista é a relutância, quase um pudor, de falar da própria arte.

A mulher mais fascinante é a que seduz sem cálculo, por instinto, como quem simplesmente existe, sem atentar para o impacto que produz.

Pessoa. Uma sucessão de gerações, desde o século 19 pelo menos, nasceu órfã de todas as consolações, transcendentais ou não. E, como dizia Pessoa, ficamos todos sós, sem amparo, entregues à desolação de sentir-se viver. Sobrou algo? Talvez a beleza e a arte, agora sobrecarregadas, como nunca, com a missão de tornar a vida suportável.

Mas é uma solidão acompanhada, como se nota. Se estamos todos sós, já não estamos completa e desesperadamente sós. Um solitário encontra no outro eco, compreensão, apoio. Vozes ressoam no deserto e se encontram.

Esperança? A esperança, reconhecida como traiçoeira, como fonte de sofrimento, estigmatizada como totalmente inútil e sobretudo nociva por pensadores como Schopenhauer, tem mesmo assim a estranha mania de persistir, submetida que seja a decepções recorrentes. Somos constituídos de tal maneira que, como escreveu Thomas Hardy, numa passagem difícil de traduzir em sua bela simplicidade, "*each of us (...) has some dream, some affection, at least some remote and distant hope which, though perhaps starving to nothing, still lives on, as hopes will*" ("cada um de nós (...) tem algum sonho, algum afeto, pelo menos alguma esperança remota e distante que, morrendo de fome talvez, continua ainda vivendo, como é próprio das esperanças"). Abandoná-las não é morrer em vida?

Ambiguidade da escrita. À escrita faltam entonação, sonoridade, gestos. Na ausência deles, recorre-se a sutilezas de redação e a pontos de exclamação, negrito, itálicos, e até caixa alta (o que equivale a gritar). Mas nada substitui a voz.

Uma sugestão simples. Os pontos de interrogação ou exclamação de cabeça para baixo, no início da frase, como em espanhol, deveriam ser universalizados. Boa forma de mimetizar um pouco a entonação na linguagem escrita.

Madame Bovary. Viciar-se na arte, nos seus encantos e nos seus relatos dramáticos é despreparar-se para a vida e seus tempos mortos.

Quem escreve. O que importa não é o tema, mas o autor. Dostoievski discorrendo sobre algum autor russo obscuro e esquecido vale mais a pena do que um escritor qualquer às voltas com questões de vida ou morte.

Arte é essencialmente dramatização da vida. Nunca mera reprodução, mas também nunca invenção *ex nihilo*.

Enraizada no real, a arte se torna verossímil e, portanto, interessante.

Paradoxo perspicaz. Dostoievski, segundo Lenin, foi "um escritor superlativamente ruim". Nota-se, de fato, a construção estranha, truncada, o estilo descuidado. E, no entanto, tudo *perpassado por um fluxo misterioso de emoção*, que é o que afinal faz o grande escritor e o diferencia da mediania, da mediocridade dos que escrevem apenas corretamente.

Princípio artístico e retórico. Valorizar o subentendido, nunca esvaziar as entrelinhas.

Não convidar espíritos meramente analíticos, não-artísticos, a opinar sobre arte, a teorizar e filosofar a respeito. O resultado é sempre pífio e a arte nada ganha com isso. Reservar esse campo não digo necessariamente aos próprios artistas, mas a espíritos artísticos, àqueles que *precisam* da arte.

Pressuposto social da arte. A grande arte e a grande beleza pressupõem não só grandes artistas, mas também um público artístico, uma sociedade que aprendeu a venerar a arte e a beleza. Bem dizia Wilde que a performance do público também é fundamental. A Grécia antiga, pré-socrática, tal como retratada por Nietzsche, seria o exemplo de uma sociedade artística até a medula, gloriosamente construída para criar e amar a criação.

A vida até tenta, mas não consegue imitar a arte.

A arte até tenta, mas não consegue imitar a vida.

A espontaneidade feminina é uma fantasia cuidadosamente elaborada.

A viúva desejada. Atrativo da viúva em outros tempos. Para Machado de Assis, por exemplo. Sexualmente experiente, mas sem pecado. Tarimbada, mas sem deslizes.

Contra o realismo. Pelo caminho do realismo, a arte derrota o seu propósito, que é agir como sedução para a vida, como "promessa de felicidade" no dizer de Stendhal.

A verdade do artista. É característico do artista certo desprezo pelos fatos. Mais que desprezo, *hostilidade*. Oscar Wilde se insurgia contra "*the monstrous worship of facts*" (a veneração monstruosa dos fatos). Werner Herzog contrapunha os fatos, a "verdade do contador", pedestre, prosaica, à "verdade extática" do artista.

A contribuição singular de Pollock – mostrar que se deve pintar *com o corpo inteiro*.

Regra de estilo: buscar uma autenticidade insincera.

Também há beleza na desilusão.

Paradoxos, contradições, ironias – artifícios contra a retidão intelectual. Não por acaso, são comparados às transgressões morais. Wilde personificou a fusão entre o paradoxo e o pecado. Personificação dolorosa e fatal.

Wilde, artista até a medula – diante do tribunal, dançou ainda!

Na arte, só nela, a consolação que a religião não consegue mais dar.

Coração oposto ao mundo. O artista precisa sempre de proteção, compreensão, compaixão.

Inversão. A vida existe porque a arte não basta. Observação tão interessante quanto, talvez mais verdadeira do que a frase original, atribuída a Gullar, mas presente já em Pessoa.

Beleza não é, nunca foi critério de verdade. Muita teoria atraente termina, infelizmente, refutada, inviabilizada pela experiência às vezes insípida, por testes empíricos às vezes mais ou menos pedestres. Uma pena. Mas não foi em parte por isso que Platão inventou a sua tríade?

Estilização do sofrimento, abandono da criança. Reich-Ranicki escreveu que Heine estilizava o sofrimento para poder suportá-lo. As crianças não têm esse recurso. Não é por isso mesmo, por não poder estilizar o sofrimento, que elas sofrem mais? A dor delas é maior, existe em estado bruto, sem poder ser elaborada. Por isso, toda criança tem que ser observada de perto, atentamente, para que seus pontos de sofrimento possam ser detectados e aliviados. A criança sofre e tem, às vezes, vergonha de sofrer. Não pede socorro. E padece.

Quem realiza. Nada de decisivo se faz no mundo pelas mãos dos realistas e dos cínicos. O realismo não passa, em geral, de um parente respeitável do conformismo. O que acontece de essencial depende daqueles que conservam, em algum lugar, alguma coisa da inocência iluminada da infância.

Simples, emotivo. A simplicidade, no sentido de ausência de afetação e artifícios, não é atributo essencial do grande escritor? Do grande artista em geral? As complicações não devem surgir de fora, mas sim da matéria tratada e da interação entre o artista e a sua temática, de modo natural. Não devem ser acrescentadas como adorno ou para simular sofisticação.

O artista é essencialmente simples e emotivo. Não inventa, vê. Não analisa, retrata. Não simula, sofre – ainda que essa simplicidade e emotividade sejam submetidas, sempre, ao crivo implacável da autocrítica.

Compare-se, por exemplo, *Vertigo* com *O ano passado em Marienbad*. Este último é obscuro, cheio de alegorias, complexo, intelectualizado, pretensioso – um fracasso artístico. Já *Vertigo*, uma obra-prima, tem enredo inteligível, ainda que retorcido e implausível. Hitchcock apela ao coração, não ao entendimento. A complexidade do filme, talvez não inteiramente intencional, deriva das camadas emocionais subjacentes à história de amor, suspense e tragédia. *Vertigo* é, por um lado, o ápice do romantismo no cinema e, por outro, uma denúncia implacável desse mesmo romantismo. Nele, o amor romântico, lindamente retratado, é depois desmascarado, exposto sem piedade no que tem de fabricado, perigoso e cruel. Mas sobrevive mesmo assim, mesmo ferido, mesmo acusado dos piores crimes e das ilusões mais nocivas.

Duas fraquezas diametralmente opostas – o fascínio pelo amor romântico e a pulsão sexual indiscriminada. O fascínio por *ela*; a atração por *elas*.

Ela – o maior argumento a favor da existência de Deus.

Inconsciência do artista. O artista não quer e nem precisa saber a origem e natureza dos seus impulsos criadores. Não cabe a ele *dissecá-los*. E "dissecar" como metáfora do procedimento analítico não é revelador do que tem de hostil à criatividade?

Inclinação do artista – abandonar qualquer pretensão de sequenciamento, de ordenamento lógico em favor da espontaneidade paradoxal que *simula* a vida.

Decadência decadente. Até a decadência já não é mais a mesma. Ela própria decai com todo o resto, como todo o resto. Antigamente, a decadência tinha o seu estilo. Era possível e até corriqueiro decair com arte e elegância. Em escritores como Thomas Mann, a decadência é toda uma arte sofisticadamente elaborada.

Espírito de síntese. O conto mais curto do mundo, atribuído a Hemingway: "Um anúncio de jornal: 'Sapatos de bebê, nunca usados'".

O amor romântico, mesmo unilateral – a armadilha a que se referia Zaratustra.

Para além da ilusão romântica. O amor não é natural, não é instinto, mas uma força da nossa *segunda* natureza – uma construção elaborada e sedimentada pela educação, pela cultura e pela *arte*.

Dois tipos de talento. Talento romântico, talento amaldiçoado. Não sobrevive sem sofrimento. As fases sombrias são pré-condição para as fases criativas. Compra-se com lágrimas e martírio a capacidade de criar.

Já o talento natural é talento abençoado. Sobrevive e se desenvolve sem dramas. Não há fases sombrias – a não ser aquelas desencadeadas por fatos externos. As fases criativas são compradas com alegria e celebração.

Em uma fórmula, Wagner *versus* Mozart – sutilmente contrapostos por Hitchcock e Bernard Herrmann em *Vertigo*.

Quem vê ou revê o filme com coração aberto haverá de perceber a polaridade. A trilha de musical Bernard Hermann evoca Wagner, em especial *Tristão e Isolda*, e vai nos envolvendo e guiando aos poucos para o amor romântico de Scottie (James Stewart) por Madeleine/Judie (Kim Novak, no auge da beleza). Quando ela morre tragicamente, ele mergulhado em depressão profunda, internado, recebe a visita de uma amiga, mulher normal, Midge, que o ama sinceramente, mas que justamente por ser normal não pode suscitar o amor dele. Ela descobre que Scottie está sendo tratado, sem sucesso aparente, por musicoterapia. E é Mozart que é invocado para curar. Midge compreende tudo instintivamente, procura o médico responsável, expressa descrença no tratamento e arremata, sofrida: *And, doctor, I don't think Mozart will help at all.* (E, doutor, não acredito que Mozart vá ajudar em nada).

Amor romântico não é amor propriamente. A paixão amorosa é autorreferenciada, até solipsista. No amor romântico, tal como retratado, por exemplo, por Truffaut, em *A História de Adele H.*, o objeto do amor é mero objeto, mera projeção. No limite é quase como se o outro nem existisse ou levasse uma vida paralela, indiferente, funcionando como simples pretexto em que se ancora a *vontade de amar* – impulso indiferenciado que se agarra a quem aparece no momento propício.

Um sobrevivente. O romantismo tardio alemão não se esgotou em sua época. Sobreviveu e pulsou, para bem e para mal, na arte e na política do século 20. Inspirou realizações, inspirou desastres. E sobrevive ainda. Mas não na Alemanha, "normalizada", traumatizada pelos seus excessos.

Uma forma de morrer. Também se morre de excesso de luz.

Nietzsche, Kafka, Wilde. "Para que o arco não se quebre – para isso existe a arte", disse Nietzsche. Para sinalizar gratidão e respeito deveríamos capitalizar a palavra "arte" – como se faz com todo substantivo em alemão. Em vez disso, deixamos os artistas, até os melhores, à míngua. Abandonados à própria sorte, ficam mendigando patrocínio aos burocratas semicivilizados de empresas públicas e privadas. Ou presos a empregos burocráticos, que consomem o seu tempo e energia. Mas até dessas pedras o verdadeiro artista sabe tirar algum proveito. Do seu emprego burocrático em uma empresa de seguros, Kafka extraiu toda uma linguagem e um ambiente. E Wilde, encarcerado, tirou do cárcere, a *Ballad of Reading Gaol.*

A ilusão romântica – a pior, a mais perigosa. Mesmo assim, mesmo reconhecida como tal, é ilusão cultivada, acalentada, com carinho e persistência – Deus tenha piedade de nós!

Depois do massacre. O artista romântico estiliza e romanceia o sofrimento *já vivido* – a distância permite. Não se pense que, sendo humano, ele consiga romancear o sofrimento *enquanto acontece.*

Romantismo – Cristianismo para ateus. Nacionalismo – Romantismo na política.

Perplexidade do gênio romântico. Diante do gênio clássico, iluminado, o gênio romântico indaga, espantado: "Como é possível alcançar com a naturalidade de quem respira o que só alcanço pelos caminhos tortuosos do sofrimento?"

Educação sexual. Como ainda faz falta uma verdadeira educação sexual, uma educação *para o amor sexual*, que guie e aprimore os instintos sem reprimi-los, sem tentar civilizá-los!

Oscar Wilde. O paradoxo está para o pensamento como a perversão para o corpo, dizia Oscar Wilde por palavras parecidas. O paradoxo acrescenta ao prazer do espírito como a perversão acrescenta ao prazer do corpo.

Realismo irrealista. A falta de realismo dos realistas! Não levam em conta a importância real da ilusão. "*Humankind cannot bear too much reality*", diz T.S. Eliot, colocando a advertência na boca de um passarinho.

Imaginação *versus* vivência. Os que não são imaginativos precisam vivenciar. E não há problema nisso. O que é a imaginação, afinal, comparada à vivência?

Aprender a viver sem romance. Caminho para uma existência sem sofrimento – para uma *não-existência.*

Superioridade do artista. O subentendido, sempre mais forte – na arte como na vida. O que coloca o professor, treinado a tudo explicar, em desvantagem automática. Não por outra razão, "professoral" é defeito. Antididata por natureza e instinto, o artista recorre sempre ao indireto, a insinuações. Provoca, estimula, incita. Nunca sacrifica o estilo à acessibilidade.

O romantismo é um realismo. O romantismo é o elogio do sofrimento. Reconhece o sofrimento omnipresente e o valoriza. Assim, e a contrassenso do que se diz, o romantismo é o que há de mais realista!

Todgeweihtes Herz. O romântico se inclina ao sombrio, ao soturno. Coração dedicado à morte.

Última trincheira. Agarrar-se à arte como última defesa contra o colapso da vontade de viver.

A pior forma de romantismo. Sem inteligência, o romantismo degenera facilmente em sentimentalismo. Wilde fez a sátira desses bons sentimentos, descrevendo o burguês de poucas luzes que aquece o coração estreito com subliteratura sentimental e outros recursos baratos. O romantismo é mais do que a inteligência, e até se opõe a ela, mas não pode dela prescindir.

Sofrimento real – o sofrimento brutalmente real é o das crianças. Sofrimento não adulterado, sem compensações reais ou imaginárias, sem consolações.

Sofrimento como atitude – o dos intelectuais. Sartre teria confessado no fim da vida que não sabia, por experiência própria, o que realmente era a angústia...

Descaminhos. A arte não se dobra a fins políticos. Não tem propósitos educativos nem edificantes. Não ensina moral e bons costumes. A arte é apenas a defesa da frágil, sempre ameaçada vontade de viver.

Rejeição sintomática. Faz parte do desencantamento, também conhecido como "morte lenta", rejeitar o romantismo e as seduções do coração.

Romantismo letal. É perigoso quando um temperamento essencialmente artístico migra, com sucesso, para a política. Hitler, o exemplo mais impressionante disso, era um artista fracassado. Só voltou-se para a política depois do insucesso nas artes. O seu parentesco com o romantismo, embora bem claro, nem sempre é registrado e incomoda em especial quem acredita ingenuamente que o romantismo é um passeio no parque. Pode parecer incongruente, mas a verdade é que poucos líderes políticos, talvez nenhum, foram tão profundamente ligados à arte e ao romantismo. Wagner era uma fixação para ele. Pode-se até dizer que, sem Wagner, o fenômeno Hitler é difícil de conceber. Não por acaso, foi nessa música que ele encontrou a trilha sonora para o nazismo.

Nietzsche atirou no que viu e acertou no que não viu quando rompeu estrepitosamente com Wagner.

Encenar não basta. Duplo sentido do verbo *to act* em inglês; significa agir e representar. "*But stage blood is not enough*" (Sangue de palco não basta), disse Mishima. O artista, cansado de simular, anseia por ação direta.

Românticos e pragmáticos. Os verdadeiros românticos se fantasiam às vezes de pragmáticos. Uma forma de autoproteção.

Os verdadeiros pragmáticos se fantasiam às vezes de românticos. Uma forma de autopromoção.

Sofrer, sofrer, sofrer – condição para escrever bem. Não queira ser artista, avisou Dostoievski – a menos que tenha capacidade de suportar sofrimento, aquela mesma capacidade que, como notou Nietzsche, determina também a hierarquia entre os homens.

O fascínio pelas mulheres, tão natural, é um obstáculo a que se desenvolva o essencial – o amor por *ela*, a que é única e insubstituível.

Glorificação do cristianismo. O romantismo ocidental, enraizado no cristianismo, dificilmente prospera, a não ser talvez como mimetismo vazio, fora do âmbito da civilização europeia, pan-europeia, trans europeia. O que é o cristianismo original sem a valorização e mesmo glorificação do sofrimento – a começar pela paixão, pela crucificação de Cristo? Cristo na cruz, sofrendo, agonizando, é a sua imagem fundadora.

Cristianismo depois de Deus. O romantismo do século 19 em diante é o cristianismo ainda possível depois da morte de Deus.

O coração, tão incerto, vacilante, volátil, merece a confiança que nele depositava Pascal? Que nele depositam os românticos de todas as épocas?

Pascal, precursor do romantismo. Está tudo lá: sofrimento, sensibilidade, coração, resistência à razão.

De onde vem a criação artística? Da capacidade de ver cores, ritmos, sons onde o não-artista nada vê, nada ouve, nada sente.

Savoir vivre – defender os instintos, os rompantes, as paixões contra os efeitos corrosivos da lucidez, da repetição e da rotina.

Estação antirromântica. Como se pode preferir o verão, com seus dias longos, indecentemente longos?

Amor e sexo. A triste realidade, totalmente não-romântica, antirromântica, é a indiferenciação do impulso sexual, que vem de dentro e busca, sem critérios muito determinados, sem exclusividade, alvos exteriores. Assim, o sexo não é normalmente a expressão do amor, ainda que possa sê-lo em momentos felizes.

Uma manobra. Na literatura, incoerência assumida é passar da ficção à lembrança, deslizar da terceira para a primeira pessoa, ou seja, mudar de tonalidade na mesma composição.

Digressões. O movimento digressivo não é só da crônica, mas um recurso de que se pode valer o ensaio, o ensino, a conferência, o romance e mesmo a poesia e a música. A digressão não é, afinal, senão um recurso contra o tédio associado ao discurso linear, às sequências lógicas ou cronológicas. Antes perder o fio da meada do que o interesse do leitor, ouvinte ou espectador.

A justa medida. Não se pode renunciar à repetição, que serve desde sempre a propósitos variados, ao cômico, ao ensino, à ênfase. Para além de certo ponto, porém, ela gera enfado, rejeição, desgaste. A verdade é que, repetido em excesso, o melhor verso, a melhor sentença, a melhor linha melódica, vira lugar-comum.

"Esprit de finesse", s'il vou plait! A razão analítica ou "o espírito de geometria", como diria Pascal, é essencialmente incapaz de dar conta de certos assuntos. Veja-se, por exemplo, como Spinoza aborda o amor. A sua definição chega a parecer simples ironia: "O amor é a alegria conjuntamente à ideia de causa externa". A amada, designada como "causa externa", fica irreconhecível. É o que sempre acontece: o geômetra *disseca* e, por isso mesmo, não sabe lidar com assuntos como amor, arte, beleza, vida.

Herói romântico falhado – duplo pleonasmo. Se não é romântico, dificilmente será herói. Se não é falhado, dificilmente será romântico.

Truman Capote, a sangue frio. Todo verdadeiro artista está além do bem e do mal – e sofre com isso.

Sofrimento autoinfligido. Não saber suportar os pontos mortos da vida é lançar-se em aventuras – e sofrer.

Segunda natureza. Sem literatura, amor seria sexo. E ponto.

Uma vida plena, transbordante, sem pontos mortos, sem vazios. A música, às vezes, sugere que ela é concebível.

O sofrimento eleva, refina, *embeleza.* Quem é feliz, apenas feliz, não sabe de nada e nem vai a lugar nenhum.

Viagem/destino. Processo/resultado. Trotsky e Kaváfis diziam o mesmo, cada um à sua maneira. Trotsky, aforismaticamente: "O processo é tudo; resultados, nada". O poeta grego, invocando Ulisses: "*When you start on your journey to Ithaca,/then pray that the road be long,/ full of adventure, full of knowledge*". (Quando partires em viagem para Ítaca/reze que seja longa a estrada, / cheia de aventuras, cheia de conhecimento). Destino, resultados, chegada, morte. Viagem, processo, presente, vida.

Ela – o maior motivo para viver.

Céu de Brasília. O sol poente irrompe de repente em dezenas de tons de vermelho, laranja, amarelo, roxo – mas por um instante apenas.

1 – Blaise Pascal

2 – Heinrich Heine

3 – Fiódor Dostoievski

4 – Richard Wagner

5 – Friedrich Nietzsche

6 – Machado de Assis

7 – Thomas Mann

8 – Fernando Pessoa

9 – Nelson Rodrigues

10 – François Truffaut

11 – Maria da Conceição Tavares

Créditos: Acervo histórico Unicamp

12 – Anna Nogueira Baptista, poeta, bisavó, com seus bisnetos. Na segunda fila, terceiro da esquerda para a direita, Luiz Philipe, meu primo, primeiro marido de Lia e pai das minhas enteadas (atrás de mim)

13 – Sabino Baptista, bisavô, com outros poetas da Padaria Espiritual. Sentado, na primeira fila, o terceiro da esquerda para a direita

14 – Francisco Euthycio Galvão de Freitas, bisavô, poeta

15 – João Pinheiro da Silva, bisavô, presidente de Minas Gerais

16 – Paulo Nogueira Batista, pai, e Elmira Helena Pinheiro Nogueira Batista, mãe, com seus dois primeiros filhos, Paulo e João

17 – Elmira Helena e Paulo, com os filhos Paulo, João, Olavo e a filha Maria Isabel

18 – Andrew Burpee, colega de classe em Ottawa, no Canadá, 1966, primeiro da esquerda para a direita na segunda fila (na minha frente)

19 – Com Lia em Xangai, 2016

20 – Com a família em Florianópolis, 2018. Em sentido horário, Mariana, Guga, Isabela, Lia, Antônio, Luíza, Helena, Luiz Felipe e Maria Augusta

21 – Com os cinco netos em Florianópolis, 2022. Da esquerda para a direita, Helena, Vicky (no colo) Maria Augusta e Luiz Felipe. No chão, Antônio

21 – Com Lavínia, Chapada dos Veadeiros, Goiás, 2023

CAPÍTULO II

CRÔNICAS E LEMBRANÇAS

A MULHER COMO MÚSICA, ILUSÃO, MIRAGEM

A EPÍSTOLA DE SÃO PAULO (LIA)

Nem tudo tem explicação. O encadeamento de causas e efeitos é sempre repleto de lacunas e pontos insondáveis. "Encadeamento" nem é a palavra certa. A história que vou contar parece em parte inexplicável. Conjecturas podem ser feitas, não mais do que isso. Mas isso importa, afinal? Não é no *chiaroscuro* que reside o charme, o interesse da vida? Da vida como ela é. E não da vida explicada, digerida, empobrecida nos manuais e nas memórias artificialmente organizadas *a posteriori*.

1998. Ano que mudaria a minha vida para sempre. Aconteceu assim. Naquele ano, no dia 29 julho, completavam-se cem anos do nascimento do meu avô paterno, Olavo. Uma das suas filhas, Thereza, resolveu comemorar a data lançando um livro sobre a família e reunindo a todos, de todos os cantos do Brasil, em Florianópolis, onde ela morava. E lá vieram, juntar-se ao ramo de Santa Catarina, os familiares de São Paulo, Rio de Janeiro e outros lugares. Uma massa feliz e ululante.

Eu morava na época em São Paulo e não queria ir. Por pouco, muito pouco mesmo, não escapei a meu destino. Ninguém escapa a seu destino, dirá o leitor, se for mais inclinado ao fatalismo. Não sei. O fato é que *eu* não escapei. E foi só por causa da insistência da minha mãe, que não sossegou enquanto não garantiu a minha presença. Estava em processo de separação da minha primeira mulher,

Coca, triste e deprimido com isso. A mãe dela viera, inclusive, a São Paulo, ficando hospedada conosco para ajudar com as providências práticas da separação.

Uma curiosidade é que os motivos da insistência da minha mãe incluíam a vaidade. É que ela preparara um discurso caprichado para Florianópolis e fazia questão que todos os filhos assistissem, como percebi depois. E, de fato, o discurso seria brilhante, no tom e na medida certa, arrancando aplausos calorosos da família, em plena igreja. Outra filha de Olavo, Suzana, enciumada com o sucesso da cunhada, e que não estava inscrita para falar, acabou subindo ao palco e improvisando um discurso, até bom, sobre a sua relação com o pai, mas excessivamente autocentrado. Pequeno detalhe cômico.

Mas estou me perdendo do assunto. Naquela igreja, durante a missa rezada em homenagem a meu avô, aconteceu um fato que se mostraria revelador. Ou assim pareceria. O padre pediu a cada um dos Olavos da família, eram vários, que lessem trechos da Bíblia. Coube a meu sobrinho Olavinho, então com dez anos, ler a passagem que mais me impressionou e que eu, ignorante da Bíblia, não conhecia. Era a Epístola de São Paulo aos Coríntios sobre o amor, como me disse o padre depois da missa.

Transcrevo aqui:

> 1 Ainda que eu falasse as línguas dos homens e dos anjos, e não tivesse amor, seria como o metal que soa ou como o sino que tine.
>
> 2 E ainda que tivesse o dom da profecia, e conhecesse todos os mistérios e toda a ciência, e ainda que tivesse toda a fé, de maneira tal que transportasse os montes, e não tivesse amor, nada seria.
>
> 3 E ainda que distribuísse toda a minha fortuna para sustento dos pobres, e ainda que entregasse o meu corpo para ser queimado, e não tivesse amor, nada disso me aproveitaria.

> 4 O amor é sofredor, é benigno; o amor não é invejoso; o amor não trata com leviandade, não se ensoberbece,
>
> 5 Não trata com indecência, não busca os seus interesses, não se irrita, não suspeita mal;
>
> 6 Não se alegra com a injustiça, porém se alegra com a verdade;
>
> 7 Tudo sofre, tudo crê, tudo espera, tudo suporta.
>
> 8 O amor nunca falha; porém, ainda que haja profecias, desaparecerão; ainda que haja línguas, cessarão; ainda que haja ciência, desaparecerá;
>
> 9 Porque, em parte conhecemos, e em parte profetizamos;
>
> 10 Mas, quando vier o que é perfeito, então o que o é em parte desaparecerá.
>
> 11 Quando eu era menino, falava como menino, sentia como menino, discorria como menino; mas, logo que cheguei a ser homem, acabei com as coisas de menino.
>
> 12 Porque agora vemos por espelho, em enigma, mas então veremos face a face; agora conheço em parte, mas então conhecerei como também sou conhecido.
>
> 13 Agora, pois, permanecem estas três: a fé, a esperança, o amor; porém, a maior destas é o amor.

Em algumas traduções, usa-se “caridade” no lugar de “amor”. A versão lida pelo Olavinho naquele dia trazia, porém, a palavra no meu entender mais certa e mais apropriada para aquele momento que se aproximava e se anunciava aos poucos – amor. Interessante, também, que essa epístola traga a célebre imagem – vemos o mundo em enigma, em inglês, lindamente, *through a glass darkly*. Isso precisa ser retido. Nada fica totalmente claro nesta história ao final.

Amor, sim, não caridade, porque durante a missa eu observara uma moça loura, linda, linda, de beleza estonteante, com três meninas adolescentes ou pré-adolescentes. Não as conhecia. Seriam irmãs? Ou mãe e filhas? Alguma prima? Virei para olhá-la mais de uma vez. Não podia saber que estava encontrando a Lia, ela que seria a minha segunda mulher, e as minhas futuras enteadas e filhas do coração, Mariana, Luíza e Isabela.

A homenagem ao avô Olavo se desdobrava em duas etapas. A segunda, na casa da Paula, filha de Thereza, reuniria todos para jantar e para o lançamento do livro sobre a família. Quando lá cheguei, o que queria era identificar a linda desconhecida. Fiquei sabendo que se tratava de Lia, a viúva de um primo-irmão, Philipe, que havia morrido jovem, três anos antes, de doença muito rara. Como eu tinha pouco contato com ele na fase adulta e só viera a Florianópolis uma única vez nos anos 1970, não conhecia a sua mulher e três filhas. Ela era, portanto, uma quase-cunhada; e as meninas, sobrinhas. Laços de família que reforçaram a atração e facilitaram a aproximação.

Tempos depois, aliás, um professor, Arthur Barrionuevo, colega meu na Fundação Getúlio Vargas de São Paulo, ao saber desses laços de família com Lia, comentou às gargalhadas: "Você é Nelson Rodrigues até na vida pessoal! Não respeita nem as cunhadas...".

Eu estava saindo sem filhos e, sobretudo, sem as desejadas *filhas*, de um longo casamento. E pensei: está aí um encaixe perfeito para mim. Como diria depois à Lia e às meninas, me apaixonei pelas quatro ao mesmo tempo! Lia sorria, cética, pensando que era apenas um namorado novo, querendo agradar. Não, era verdade, e ela perceberia com o passar do tempo.

Mas não quero me adiantar no relato. Volto ao jantar. De maneira um tanto descuidada, fiquei o máximo que pude perto dela. Saberia depois que Luíza, a filha do meio, sempre um pouco ciumenta, comentou com a mãe: "Esse primo do pai não sai de perto de ti!" Ela foi simpática e receptiva, deu conversa e não me evitou em momento algum. Há filmes da festa em que eu apareço, olhando sempre para ela, fascinado. Amor à primeira vista.

Quando me despedi dela, já estava nas nuvens. Indaguei sem disfarçar nada, se nos veríamos de novo no dia seguinte, em algum outro evento da família, ela sorriu e indicou que achava improvável.

Ah, se fosse possível congelar o tempo naquela noite, se fosse possível congelar o olhar naquela cena, que guardo tão claramente na memória do coração. E, no entanto, é possível, sim, de certa forma. Não é exatamente o que estou fazendo agora ao recapitular tudo em detalhes?

Mas a história não é uma simples história de amor. Ela tem aspectos estranhos, inusitados mesmo. Estranhos, mas não sombrios. Chego neles.

Voltei a São Paulo sem reencontrá-la. Aí ocorreu a primeira coisa estranha. Fui buscar em minha biblioteca uma Bíblia de capa vermelha, presente do meu pai, que morrera alguns anos antes. Eu nunca a lera, ficara ignorada na estante. Ele era católico e, em consideração às minhas inclinações nietzschianas, o presente veio com uma dedicatória defensiva, que mencionava a importância cultural e estética da Bíblia. Reli a dedicatória e fui procurar a epístola. Surpresa: era o único trecho marcado a lápis por ele! Arrepiei.

Aqui preciso lembrar algo que já aparece em meu livro anterior[1] e, também, em outro texto do presente livro.[2] Dos mortos queridos, o meu pai é o único que parece se comunicar comigo, em momentos críticos, pessoais ou profissionais. Minha avó materna, Marina, que foi uma segunda mãe, nunca o fez.

O contexto parecia deixar clara a mensagem do pai. O seu dedo apontava, imaginei, na direção da Lia e das três meninas. Depois me

1 BATISTA JR., Paulo Nogueira. *O Brasil não cabe no quintal de ninguém*: bastidores da vida de um economista brasileiro no FMI e nos BRICS e outros textos sobre nacionalismo e nosso complexo de vira-lata. 2ª ed. São Paulo: LeYa, 2021, pp. 137 e 516-518.

2 "A usina nuclear do meu pai", neste livro, pp. 248-252.

lembraria que ele era padrinho de batismo do seu sobrinho Philipe, e sempre ocupado com seu trabalho de diplomata e homem público, não lhe dera muita atenção. Nem a ele, nem à Lia e nem às filhas. A própria Lia me contaria depois, com uma ponta de ressentimento. Agora, sobrecarregado talvez também por certo sentimento de culpa, o pai pedia que eu fosse acudir no seu lugar? Mas o principal talvez fosse a sua preocupação em me ver bem encaminhado na vida amorosa, eu que fracassara no primeiro casamento. Outro detalhe: a mensagem viera pela boca do Olavinho, considerado na família como muito parecido com meu pai quando criança; e as fotografias realmente mostravam isso.

A dificuldade estava em como reencontrar a Lia. Não tinha nem o telefone dela. E nunca tinha oportunidades de ir a Florianópolis ou cercanias. Mas outro sinal, fantasiado de forma não muito crível, de "coincidência". Naquele segundo semestre de 1998, o que nunca ocorrera antes, tive três convites para palestras na cidade dela! Deus estava do meu lado? Ou era o pai que trabalhava a meu favor?

Aceitei todos os convites, inclusive um ou outro que normalmente não aceitaria, e saí em busca dela. Não queria recorrer à família para evitar falatório, mas consegui, não me lembro como, o telefone dela. E marcamos alguns encontros. Jantamos num restaurante tradicional da cidade, Macarronada Italiana, ela deslumbrante, vestida de preto, ombros de fora, elegantemente provocativa. Fiquei até meio sem ação com tanta beleza e ela, percebendo, sorria, charmosa. Quando elogiei, desajeitado, o vestido dela, ela retrucou: "É isso mesmo que você quer dizer?", me deixando um pouco sem graça. Ah, leitor, a beleza inigualável de um começo de romance!

As viagens repetidas a Florianópolis naqueles meses ofereceram várias oportunidades de nos conhecermos e aproximarmos. Eu ia devagar. A minha mãe, sabendo da minha aproximação com a Lia e dos meus antecedentes um pouco duvidosos com mulheres, já me advertira, severa: "Vê se não vai fazer estrago na família; essas meninas já sofreram muito!" Levei a advertência a sério e tomei muito cuidado. No início, saíamos só os dois. Depois, as meninas começaram a participar um pouco, sinal da acolhida que a Lia me dava.

Os encontros com ela foram realmente inesquecíveis. Noutra ocasião, jantamos no Fedoca na Lagoa da Conceição, restaurante que hoje está em outro bairro. Ao deixarmos o local, chegamos a uma encruzilhada na estrada. Ela, dirigindo, volta-se para mim: "Quer fazer mais alguma coisa?" Meu coração acelerou. Fomos então para um show ao vivo ali perto, uma boa banda *cover* dos Beatles. Ainda não havíamos nos beijado, eu estava tomando, como eu disse, todo o cuidado com ela. Creio que foi naquela noite, porém, que ela quis deixar claro que os meus cuidados estavam um pouco *over*. Ao me deixar na porta do hotel, ela desligou o motor do carro, com isso praticamente dizendo: me beija! Eu, surpreso, bati em retirada. Escapuli. Vergonhoso, tanto mais que no dia seguinte seguiria para um fim de semana numa praia da Ilha, Costão do Santinho, sem ela, a sós.

Mal consegui dormir naquela noite. No dia seguinte, que deu em chuvoso, cancelei o Costão, e liguei para ela. Passamos o dia inteiro juntos, percorrendo diferentes praias da Ilha e do Continente. Com chuva e tudo, foi um passeio mágico. Ela me apresentando a meu destino. Ficou suspenso no tempo aquele instante em que paramos no mirante da curva da linda estrada que liga a Praia do Morro das Pedras à Praia da Armação, do lado do Oceano. Passei por lá de novo, pela primeira vez depois de quase 25 anos, e aquele instante suspenso voltou – e com que força!

Naquela noite, aconteceu o nosso primeiro beijo. Fomos a uma boate, que acho que não existe mais. Casa lotada, mais de gente jovem. Começamos a dançar. Aproveitamos uma música lenta, para chegar ao primeiro beijo, o meu corpo contra o dela. Dali fomos ao hotel para a nossa primeira e tão esperada noite. O meu amor era tanto que chegou a inibir o meu impulso sexual. Mas tudo se completou bem, maravilhosamente bem. A primeira de milhares e milhares de noites de amor e intimidade, que viriam ao longo dos mais de 20 anos em que ficaríamos juntos.

Escrevo tudo isso quando estou justamente completando a separação com ela. Mas não quero entrar nessa tristeza. Retorno uma última vez ao passado luminoso, aos dias de sol e céu azul. Ao amor abençoado no céu e na terra. Ao nosso primeiro verão, o de 1999, que foi de viagens pelo litoral catarinense, Garopaba, Praia do Rosa, e à serra Gaúcha, Gramado, Canela. Ela, sempre linda, reluzia ao meu olhar. Inteligente, bem-humorada, nossas conversas eram sempre ótimas, interessantes, instigantes. Eu flutuava, simplesmente flutuava. E ela era sensual e atirada. Combinava romance com entrega sexual. A fêmea perfeita, a companheira ideal.

Assim foi naquele início ensolarado, deslumbrante, inesquecível.

Florianópolis, agosto de 2022.

UMA DEMONSTRAÇÃO

Sem o fascínio pela mulher com sua beleza e arsenal de sedução, o que seria a vida? Tomo emprestado, mais uma vez, o que disse Nietzsche sobre a música: sem a mulher, a vida seria um erro, um cansaço, um exílio. Nietzsche, um misógino, errou de endereço.

Como pode, aliás, um pensador exaltar a vida e rejeitar a mulher? Mais coerente que Nietzsche foi Schopenhauer, que era misógino e pessimista, não valorizava a mulher e era hostil à vida.

O leitor dirá que estou exagerando e fantasiando, que sobra retórica e falta realismo, que afinal a mulher é apenas e tão somente um lado do humano, com todos, ou muitos dos defeitos que o humano tem. E poderá até se animar a listar defeitos e limitações especificas do gênero feminino.

Entendo, mas não concordo. Não há exagero da minha parte. E demonstro.

Imagine a seguinte cena, leitor. Você está ali sentado, à beira da calçada, tranquilo, ligeiramente entediado. De repente, não mais do que de repente, ela vem e passa. Preparada, consciente da sua força. Elegante. De preferência de saia e salto alto.

E caminha, suave. Não, não caminha, não! Desliza. Em câmera lenta. Você sofre o impacto e nota que todas as suas configurações com o universo se redefinem num instante. O planeta se ilumina. Todo o resto se apaga. Fica em segundo plano.

E ela passa, dobrando a esquina aos poucos.

Acabou. O que resta dessa passagem deslumbrante e fugidia? Você, transfigurado.

Quod erat demonstrandum.

NOVA GESTÃO

Uma pequena história. Como quase todo solteiro ou descasado, ele era um sujeito basicamente mal administrado: roupa meio fora de moda, cabelo mal cortado, casa desorganizada etc. Até que ela apareceu. Mulher prática e decidida, também sedutora e linda, aplicou-lhe imediatamente várias "reformas estruturais". Foi uma maravilha. Em pouco tempo, ele ficou outro. Aos que elogiavam sua súbita e visível melhora, ele respondia, orgulhoso: "Nova gestão, nova gestão!"

Infelizmente, como dizem os economistas em seus momentos mais inspirados, "não existe almoço grátis". Com o passar dos meses, foram aparecendo as "condicionalidades", exigências e interferências. Ele se viu pouco a pouco na situação daqueles governos que, obrigados a recorrer ao FMI, insistem, mesmo assim, em reafirmar a sua soberania.

Começou a reclamar. Tentou fazer que ela compreendesse o quanto ele prezava a sua independência. Não houve jeito. Quando ela declarou, sorridente: "Você é independente, mas não autônomo", ele não entendeu bem a distinção, porém sentiu que estava irremediavelmente perdido.

Ah, leitor, como sabemos, a lógica pedestre e corriqueira dos homens nunca foi páreo para as sutilezas sinuosas da lógica feminina.

Em 1960, perguntaram a Churchill o que ele achava da previsão de que as mulheres estariam mandando no mundo em 2000. Ele retrucou, resignado: "*They still will, will they?*"

Agora um parágrafo um pouco acaciano, só para leitores do sexo masculino. A distinção entre independência e autonomia pode parecer sofística e manipulativa, mas tem a sua razão de ser. Independência é todo um aparato de formalismos, bandeiras, hinos e cerimônias. Já autonomia é algo mais prático e concreto. Por exemplo, sob a presidência de Fernando Henrique Cardoso, o Brasil continuou independente, mas perdeu boa parte da sua autonomia, da sua capacidade de moldar o próprio futuro. Ficamos, em larga medida, à mercê de variáveis externas e interesses estrangeiros. Na prática, o então Presidente da República do Brasil tornou-se uma espécie de procônsul da "Pax Americana". E o país não se saiu nada bem, como sabemos.

Bem que De Gaulle recomendava: "Faça tudo, absolutamente tudo que estiver a seu alcance para preservar a autonomia de decisão". Conselho que vale para os países, mas vale também para os homens em sua relação com o doce e implacável imperialismo das mulheres.

DESCARTES (OU UM ELOGIO ÀS MULHERES)

Nada mais enganoso do que o racionalismo inaugurado por Descartes. Por métodos que parecem serenamente lógicos, o filósofo chega a verdadeiros absurdos, a conclusões totalmente descabeladas. Compartilho as restrições que Pascal fazia a ele, como fica claro em outras partes deste livro.

Veja-se, para dar um exemplo entre muitos, as frases iniciais da sua obra mais conhecida – O *Discurso do Método*: "A coisa mais bem distribuída no mundo é o bom-senso. (...) O que chamamos de bom-senso ou razão é naturalmente igual entre os homens".

Por convenção, hoje totalmente superada, homem entra aí como referência a humanos, incluindo, portanto, a mulher. Da mesma maneira, Aristóteles definia, tranquilamente, o homem como animal racional. Aplicadas expressamente à mulher, as frases lapidares de Aristóteles e Descartes revelam mais claramente todo o seu absurdo. Ou não?

Afinal, convenhamos, nada mais distante do racional, do bom-senso do que a maravilhosa figura feminina. Algumas resistem a esse imperativo da natureza e tentam se equiparar ao homem. Só atrapalham. Mas não adianta nada e pouco importa; a natureza feminina é sempre hostil à lógica, à razão e a tudo que se faz passar por bom-senso.

Não pense, leitor ou leitora, que estou aqui fazendo alguma restrição à mulher. Ao contrário, essa hostilidade à lógica e à razão é um dos pontos fortes dela e uma das suas grandes e inestimáveis contribuições à civilização. A mulher, por esses atributos, coloca, na verdade, *limites* à civilização, limites necessários e verdadeiramente vitais. Mantém, assim, a espécie vinculada a suas origens selvagens e animais.

O elogio à mulher está me saindo meio torto, eu sei. Mas prossigo. Eis o queria dizer: o polo feminino nos mantém sempre ligados à nossa base instintiva e nos protege contra as falácias aristotélicas e cartesianas, que buscam na razão, no pensamento o traço distintivo e principal do humano. O humano é tão sentimento, instinto, intuição, selvageria quanto é lógica, razão, pensamento, civilização. E é graças em grande parte à influência avassaladora da mulher, que o nosso lado racional não esmaga o instintivo.

Eu sei que muitas mulheres lerão com profundo desagrado e até revolta o que acabo de escrever. Paciência. Vai assim mesmo.

UMA PAIXÃO

Foi um grande amor, uma verdadeira paixão. A pior forma de amor – o amor não-correspondido. E a melhor forma de amor – o que não se realiza e permanece intacto na fantasia. O nome dela ficará em segredo. Não quero causar constrangimentos. Ela é discreta e certamente não gostaria de figurar de forma ambígua em crônica duvidosa.

Se este relato chegar a seus olhos, ela haverá de se reconhecer na figura feminina anônima. Ou talvez não. Ainda que seja a recordação de um grande amor, de uma paixão, o relato não deixa de ser ácido, de conter críticas a ela, talvez pesadas demais, talvez injustas. E, como se sabe, autocrítica nunca foi o forte de ninguém.

Tudo se passava mais dentro da minha cabeça do que na realidade. Banal, eu sei, mas foi assim. O que me fez voltar a pensar nela foi ter revisto esses dias um filme daquela época – *A mulher do lado*, de François Truffaut. Filme que alimentou, e ainda alimenta, as minhas fantasias amorosas. Sejamos realistas: o amor, romântico ou não, é também uma construção cultural, que começa no livro, no filme, na poesia – e migra depois para a vida real. Madame Bovary e seus desastres, por exemplo, não existiriam sem a meia dúzia de romances baratos e fantasiosos que ela leu, encantada. Não importa. O reconhecimento de que o amor é uma invenção não tira sua força.

Mas fecho o parêntese e volto a ela. Voltei a encontrá-la algumas vezes em anos recentes, falamos volta e meia por telefone, mas nada disso reacende o passado. Não por acaso. Ela ainda está muito bonita, depois de todos esses anos. Continua charmosa, atraente. Não é isso. É que tudo que aconteceu naquela época representou, antes de tudo, o triunfo da ficção sobre a realidade, da imaginação sobre os fatos.

Havia, a bem da verdade, uma certa dificuldade em conciliá-la com meu sonho romântico. Ela era linda, realmente linda. Sabia encantar e seduzir. Lembro um dia, uma bela tarde de sol, numa praia na Barra da Tijuca, ela de biquini branco, dourada de sol, jogando frescobol – como aquilo me abalou. Foi uma comoção difícil de colocar em palavras.

Linda, linda, porém excessivamente pragmática e, para ser sincero, com um toque de oportunismo que mesmo na época eu tinha dificuldade de não perceber. Assim, por exemplo, foi chocante a noite em que a levei para ver, justamente, *A mulher do lado*. Eis o que aconteceu. O leitor ou leitora talvez não tenha visto o filme, ou se viu talvez não lembre bem. Basta dizer que em determinado momento, na garagem de um supermercado, a heroína, representada por Fanny Ardant desmaia, simplesmente desmaia, quando recebe de chofre, inesperadamente, um beijo de um namorado por quem tivera paixão arrebatadora, representado por Gérard Depardieu.

Pois não é que ela riu! Gelei. Fiquei realmente decepcionado. Em retrospecto, me ocorre pensar que o riso tenha sido de nervoso. Quem já não? Eu mesmo em momentos penosos – inclusive quando da doença fatal da minha avó materna, Marina, a quem sempre fui desde pequeno superligado. Mas me envergonha lembrar disso – e volto a ela. Aos meus olhos ingenuamente românticos, ela se redimiu, entretanto, quando fomos outra vez ao cinema para ver um grande filme argentino, hiper-romântico também, *Camila*, dirigido por María Luisa Bamberg. E dessa vez ela chorou copiosamente.

Um aspecto lamentável, entretanto, é que nesse dia ela estava com um namorado e eu com outra mulher, que era inclusive sua amiga. Como pode? Imperdoável. Não conseguia me decidir entre e o desejo de viver um grande amor e a condição de homem que se interessava por muitas mulheres, como o personagem desse outro filme de Truffaut, *O homem que amava as mulheres* – também paradigmático para mim e que também revi recentemente.

O leitor está vendo a minha imaturidade na época? Era uma coisa sem pé nem cabeça. Constrangedora, mesmo. Como querer viver um grande amor e, ao mesmo tempo, namorar uma amiga da mulher amada? E não só essa. Outras também, na mesma época. As minhas chances com ela, que talvez já não fossem muito grandes (não posso saber ao certo), diminuíam, claro, com esse comportamento escandalosamente errático e inconsistente.

As canções daquela época também me fazem pensar nela. Por exemplo, uma que diz "*As soon as foreover is gone, I'll be over you*". As canções abrem fendas geológicas de emoção. São ingênuas, mas e daí? Como diz o personagem de Fanny Ardant na *Mulher do Lado*, doente de amor em um hospital, as canções dizem a verdade, "*et plus eles sont bêtes plus ellles disent la verité*" (e quanto mais tolas, mais dizem a verdade). Pois bem, na época, eu gostava muito de escutar canções napolitanas interpretadas por Luciano Pavarotti, em especial *Passione*, canção que expressava todo o ímpeto ardoroso da minha paixão por ela. Transcrevo aqui a letra no original em napolitano:

Cchiù luntana me staje, cchiù vicino te sento
chi sa a cchistu momento tu a ca piense, che faje?
Tu m'he mise dint'e vvene, 'nu veleno ca è ddoce
nun me pesa 'sta croce, ca je trascino pe' tte

Te voglio, te penso, te chiammo
te veco, te sento, te sonno
è 'n 'anno, ce piense ca è 'n 'anno
ca 'st 'uocchie nun ponno cchiù pace truvà?

E cammino e cammino, ma nun saccio a ddo' vaco
je so' sempe 'mbriaco, e nun bevo maje vino
Aggio fatto 'nu voto 'a Madonna d'a neve
si me passa 'sta freva, oro e perle Le do.

Valendo-me de uma tradução para o italiano, tento traduzir para o português, o que é mais difícil por ser uma língua mais distante da original:

Quanto mais longe estás, mais próxima te sinto/
quem sabe o que estás agora pensando, fazendo/
Me colocaste nas veias um veneno tão doce/
Não me pesa esta cruz/Que carrego por ti

Te quero, te penso, te chamo/te vejo, te sinto, te sonho/
Faz ano, figura-te um ano/que esses meus olhos não encontram mais paz

E caminho e caminho/mas não sei aonde vou/
estou sempre 'mbriagado, mas vinho não tomo/
Fiz até um voto à Madona da neve/Se me passa esta febre, ouro e pérolas Lhe dou.

A dificuldade maior está no segundo verso. Para não quebrar o ritmo da sequência – *Te voglio, te penso, te chiammo* – forcei a barra, introduzi inexistentes "te penso" e "te sonho".

A letra, linda em si mesma, fica espetacular quando combinada com a música. Ouça, leitor ou leitora, na voz de Pavarotti.

"Não me pesa esta cruz que carrego por ti". Ela sabia tirar partido dessa paixão, mantendo-a aquecida, sem se comprometer. Imagine, leitor, que ela chegou a me dar uma fita cassete, que tenho até hoje em algum lugar, chamada *Perhaps Love*, cantada por Plácido Domingo. Golpe baixo. Eu, ainda jovem, mal sabia lidar com as mulheres e suas manobras e truques. Minha mãe, ácida e experiente, a quem confidenciei um pouco minhas agruras amorosas, decretou, recorrendo a uma expressão francesa, antiga, provavelmente *démodée*, que resumia tudo: "É uma *allumeuse*".

Mas eu persistia, apesar dos conselhos negativos e das dúvidas que eu mesmo tinha. Ah, o amor que não se realiza, volto a dizer, é quase invulnerável! Não está submetido ao desgaste inevitável da realidade, ao abrasivo do cotidiano. Fica lá, intocado, e continua, continua. Foram anos. Foi o que aprendi: o amor que não se realiza é o mais forte, o mais perfeito. Nada como a distância para manter o amor vivo. E bem dizia dostoievski, que o próximo só pode ser amado à distância. A proximidade, o convívio são fatais para o amor e para a paixão.

As minhas dúvidas, que eram muitas, não me faziam desanimar, não faziam a paixão perder seu brilho. E eu me dizia, parafraseando Unamuno, que amor que não duvida é amor morto.

A frase parafraseada de Unamuno é "fé que não duvida é fé morta". É falsa, dizia ele, a suposta superioridade do conhecimento sobre a fé, da ciência sobre a religião, das certezas sobre as crenças. Falsa em certo sentido, claro. O ponto é que tudo que é fundamental na vida está sujeito a grandes incertezas e riscos. As grandes questões, não só as metafísicas, mas as da vida mesmo, da vida pessoal e da vida social, são obscuras, avessas à segurança e à clareza. A começar pelo amor, justamente. Quem busca segurança e certeza no amor, deve recomeçar a busca em outro lugar. Não há amor que dê garantias totais. Como pode então haver vida sem confiança, sem fé? E fé, escreveu Unamuno, "fé é virilidade".

Mas estou divagando e já me alonguei demais. Como terminou tudo isso? Bem, a verdade é que não terminou.

Não terminou.

ELA, SEMPRE ELA[1]

Queria escrever um pouco, leitora, sobre um tema crucial: você! Sim, você mesma que possa estar me lendo neste momento. Em outras palavras, a mulher. O que seríamos sem você? Volto a parafrasear Nietzsche: o que ele disse da música, pode-se dizer – e com mais razão – da mulher: sem ela, a vida seria um erro, um cansaço, um exílio.

Nietzsche, um misógino por excelência, jamais concordaria com esse uso da sua bela declaração de amor à música. Mas vá lá: hoje em dia qualquer um enfia, sem a menor cerimônia, os piores "cacos" no meio da obra dos maiores gênios. E, convenhamos, a declaração de amor à mulher não é nenhum "caco". É mais do que merecida. Afinal, o sabor, a graça, a beleza, a leveza, o ritmo, a intensidade, a variedade das nossas vidas dependem de você, leitora.

Ultimamente, as mulheres parecem não mais aceitar esse papel vital (da boca para fora, pelo menos). Não querem ser decorativas. A beleza não é o mais importante, dizem. Querem ser bem-sucedidas, respeitadas profissionalmente e contribuir para o progresso social e econômico. Tudo bem, tudo bem. Mas, convenhamos, como dizia Nelson Rodrigues, ser bonita, charmosa e elegante também é serviço público! Sempre foi. Não vamos diminuir a já reduzida alegria

1 Publicada originalmente em *O Globo*, em 9 de junho de 2017.

no mundo impedindo, por meio de restrições e preconceitos, que a mulher impeça a vida de ser um erro, um cansaço, um exílio.

A leitora conhece François Truffaut? Um dos seus filmes, "O homem que amava as mulheres", conta a história de um homem fascinado pelas mulheres. Fala, portanto, de todos os homens. Em determinado momento, o personagem resolve escrever um livro sobre suas memórias amorosas e nele inclui uma descrição deslumbrante da irrupção das mulheres com a chegada da primavera:

> Como certos animais, as mulheres praticam a hibernação. Durante quatro meses, elas desaparecem, e ninguém as vê. Com os primeiros raios de sol do mês de março, como elas tivessem combinado ou como se tivessem recebido uma ordem de mobilização, elas surgem às dezenas nas ruas em vestidos leves e salto alto. Então, a vida recomeça.

Perfeito. Truffaut foi um grande artista e seus filmes merecem ser vistos e revistos.

Paro um momento e releio o que escrevi. Corrijo aqui e ali. Ficou bem, creio, mas vejo que estou resvalando para a celebração da mulher no plural. A verdade é que a mulher sonha ser amada e celebrada no *singular*, como única, como grande e único amor. E o homem que perde isso de vista está fadado a morrer na mais triste e completa solidão.

Repare, leitora, neste pequeno verso de Fernando Pessoa, parte de um poema que cito na íntegra em outra crônica deste livro:

> O amor, quando se revela,/ Não se sabe revelar/ Sabe bem olhar p'ra ela / Mas não lhe sabe falar/ Quem quer dizer o que sente/ Não sabe o que há de dizer/ Fala: parece que mente/ Cala: parece esquecer.

Linda simplicidade do poema! Pessoa começa no plano geral, enunciando uma tese: "O amor, quando se revela, não se sabe revelar", mas – e aí vem o interessante – afunila imediatamente no particular: "sabe bem olhar p'ra *ela*". Ela – não a mulher em geral, não as mulheres no plural, mas uma mulher em particular, aquela que podemos designar por essa pequena palavra – ela – tão rica em conotações afetivas e amorosas.

Pequena palavra mágica que cada um de nós há de associar sempre a uma mulher determinada, única e insubstituível.

A PRINCESA DO POVO (DIANA)[1]

Nietzsche escreveu:

> O velho Deus, todo "espírito", todo perfeição, vagueia por seu jardim; no entanto, ele se entedia. Contra o tédio, até mesmo os deuses lutam em vão. Que faz ele? Inventa o homem – o homem é divertido. Mas eis que o homem também se entedia. (...) Deus criou então outros animais. Primeiro erro de Deus: o homem não achou os animais divertidos – dominava-os, nem queria ser "animal". Consequentemente, Deus criou a mulher. E, de fato, o tédio chegou dessa maneira ao fim.

Agitada, turbulenta, a princesa Diana era o próprio antídoto contra o tédio. Ela combinava beleza, elegância e charme com alma, sensibilidade e compaixão. Foi estabelecendo aos poucos uma ligação emocional profunda com o povo britânico e de outros países.

Boa parte da sua ação social, saberíamos depois da sua morte, era conduzida longe dos holofotes. Em Londres, Diana costumava visitar abrigos para viciados em drogas, prostitutas e outros. Numa noite gelada de inverno, em 1994, a princesa estava sendo esperada por cerca de 40 pessoas em um desses abrigos, como relataria logo

---

1 Versão reescrita de crônica publicada originalmente na *Folha de S.Paulo*, em 30 de agosto de 2007.

após a sua morte o assistente social encarregado de dirigi-lo. Enquanto a aguardavam, um rapaz de 20 e poucos anos começou a fazer ameaças contra a princesa, chegando a dizer que ela e o resto da família real deveriam ser fuzilados.

Bem. De repente, entra a princesa, iluminando o ambiente. Por ironia, a primeira pessoa em que ela põe os olhos é justamente o tal rapaz. Para alarme geral, ela caminha na sua direção. E pergunta: "Seu nome é Ricky, não é? Eu não lhe encontrei quando você estava dormindo na rua, no Strand, há algum tempo?" Emocionado, o rapaz conseguiu balbuciar: "É isso mesmo, estou tentando me refazer agora". Poucos meses antes de morrer, Diana voltou ao abrigo, trazendo os dois filhos para ajudar a preparar uma refeição para as pessoas que lá residiam.

Diana era amada pela população, mas não pela família real, como se sabe. Um ano antes da sua morte, a rainha Elizabeth II retirou-lhe o direito de usar o título de "sua alteza real", causando consternação. "Não se incomode, mãe", disse William, então com 14 anos, "eu lhe devolverei o título quando for rei".

A morte da princesa provocou uma comoção na Inglaterra. Na missa de corpo presente, na abadia de Westminster, houve um instante que merece ser relembrado. A igreja estava lotada. Nas primeiras fileiras, a família real e as demais autoridades. Uma multidão acompanhava a missa do lado de fora, por alto-falantes. O irmão mais moço de Diana discursava em sua homenagem, com palavras inspiradas e comoventes. Em certo momento, ele disse:

> Diana era a própria essência da compaixão, do dever, do estilo, da beleza. (...) Ela tinha uma nobreza natural e no último ano provou que não precisava de nenhum título real para continuar a gerar a sua forma particular de mágica.

Silêncio nas primeiras fileiras. Mas o povo aglomerado do lado de fora respondeu com uma explosão apaixonada de aplausos.

Apanhados pelos que estavam na parte de trás da igreja, os aplausos foram sendo repassados, percorreram a nave como uma onda, chegando até as filas da frente, para constrangimento da rainha.

A monarquia inglesa quase veio abaixo.

INFÂNCIA E SEUS DESASTRES

UM PENSAMENTO NATALINO[1]

Outro dia, voando de Florianópolis para Congonhas, tive uma regressão proustiana e lembrei-me de alguns episódios de infância. Quero contar um deles.

Quando tinha nove, dez anos, a minha família morava em Ottawa, no Canadá, e eu mantinha um diário. Chegando a São Paulo, revirei gavetas e encontrei o tal diário (eu guardo tudo). Ele tem o formato de livro, capa dura, cor vermelho-berrante, com uma inscrição em letras douradas: "*Five swinging years*".

Estava trancado, e a sua chave, perdida. Acabei arrombando o fecho. Era como eu me lembrava. O diário tinha uma pequena entrada para cada um dos 365 dias de cinco anos. Influenciado por esse formato, sentia-me na obrigação de escrever todo dia alguma coisa. Saía-me então o seguinte: "Neve caiu" (várias vezes); "brinquei com meus irmãos" (outras tantas); "arrumei meus livros na estante". Pior: "Nada de importante" (dezenas e dezenas de vezes). E mais esta: "Começaram as aulas"; e no dia seguinte: "Segundo dia de aula"!

Tornara-me um minidiscípulo do filósofo e economista liberal inglês Jeremy Bentham, que adotava como divisa: "*Nulla dies sine*

---

1 Publicado originalmente na *Folha de S.Paulo*, em 21 de dezembro de 2006.

linea" (nenhum dia sem uma linha) e que, segundo Karl Marx, tendo empilhado montanhas de volumes nessa base, passou a ser o escritor que, em todos os países e em todas as épocas, mais tirou partido do lugar-comum. Uma de suas obras chama-se, aliás, "Defesa da Usura", o que me leva a supor que ele faria grande sucesso com os bancos brasileiros e a tenebrosa turma da bufunfa.

Um dia, a minha mãe (investigativa como toda mãe) invadiu o meu diário. Talvez frustrada por não ter encontrado nenhum segredo e nada de muito útil para seus propósitos pedagógicos, disparou a crítica severa: "Diário não é para isso; é para escrever pensamentos, reflexões".

A crítica calou fundo, eu lembro bem. Devo ter espremido o cérebro. Algum tempo depois, no dia 13 de dezembro de 1964, apareceu a seguinte anotação: "Hoje tive um pensamento. Que no Natal nós não devemos pensar só em presentes. Nós devemos pensar em Jesus"!!

Não começou nada bem a minha carreira de pensador.

O BONECO DE NEVE[1]

Posso contar outro episódio de infância? Tenho pensado muito na minha infância ultimamente. Não sei por quê. Outro dia, caminhando pela Melo Alves, passei em frente a uma escolinha e vi a placa: "Temos vagas para crianças de três anos" – tive vontade de me matricular imediatamente.

Dos nove aos 11 anos, fui aluno da *Rockcliffe Park Public School*, em Ottawa, no Canadá, a escola que me deixou as lembranças mais vívidas. O colégio era em si mesmo uma pequena comunidade, que cumpria todo um ciclo anual de atividades. Na primeira grande nevada do ano, realizava-se durante o recreio um concurso de esculturas de neve. As crianças participavam com grande empenho. No meu primeiro inverno canadense, fiquei numa situação deplorável. Brasileiro nato e hereditário, neve nunca fora o meu forte.

Aí um colega me salvou. Preciso fazer um parêntese e descrever rapidamente a figurinha. Era um garoto canadense, alto, dentuço, de óculos de fundo de garrafa. O seu nome era Andrew Burpee. Sempre bem-humorado, vivia repetindo a seguinte e péssima piada: "*There is nothing worse than a broken pen, except two broken pen*" (Não há nada pior do que uma caneta quebrada, exceto duas canetas quebradas) – e ria sozinho.

---

1 Publicado originalmente na *Folha de S.Paulo*, em 11 de janeiro de 2007.

Começou o recreio e lá estava eu, desorientado, cercado de neve por todos os lados. O Andrew se aproximou e disse: "Vamos fazer juntos". A minha contribuição foi principalmente empilhar e carregar a neve. O menino canadense fez um boneco que era uma pequena obra-prima.

Voltamos para a classe. Havia caixas de som, instaladas em todas as salas de aula, por meio das quais o diretor da escola, Mr. Redfern, podia se comunicar com os professores e alunos. Horas depois, Mr. Redfern anunciou o resultado da comissão julgadora: "Primeiro lugar: Andrew Burpee e Paul Batista".

Foi uma consagração. Os nossos companheiros de classe nos cumprimentaram com entusiasmo. Comparecemos os dois ao gabinete do diretor para receber uma barra de chocolate cada um. Na volta, mais palmas e cumprimentos. No recreio seguinte, já éramos celebridades totais.

No início, ainda fiquei um pouco constrangido. Mas, com o passar das horas, a consciência do mérito foi se instalando firmemente em mim.

Aceitava os cumprimentos com satisfação e orgulho. A situação era um pouco como a daquele personagem de um conto de Machado de Assis, que se impressionara muito com a frase ouvida de um conhecido: "O Brasil é uma criança que está engatinhando; só começará a andar quando tiver muitas estradas de ferro".

Reencontrando o tal conhecido algum tempo depois, o personagem relembra a frase: "Como dizíamos, o Brasil está engatinhando; só andará com estradas de ferro". Mais tarde, já eleito deputado, encontra novamente o conhecido e lê o exórdio de um discurso que pretendia proferir na Câmara: "E aqui repetirei o que, há alguns anos, dizia eu a um amigo: o Brasil é uma criança que engatinha; só começará a andar quando estiver cortado de estradas de ferro".

Bem. Cheguei em casa no fim do dia na condição de escultor consagrado. Corri para contar a história à minha mãe. Ela ouviu tudo e soltou um único comentário: "Aposto que o menino canadense fez tudo". O meu pequeno castelo de cartas desabou instantaneamente.

Terminou aí a minha carreira de artista.

INFÂNCIA[1]

Como o leitor sabe, gosto muito de Nelson Rodrigues, principalmente do cronista. Veja, por exemplo, esta pérola, retirada das suas *Primeiras Confissões*: "Sempre digo que o adulto não existe; o homem ainda não conseguiu ser adulto, ou melhor – o que há de adulto, no homem, é uma pose. O que vale mesmo é o menino que está enterrado nas nossas entranhas".

Nada mais certo, nada mais verdadeiro. "O tempo não cura nada", dizia Ludwig Marcuse, "só tira o incurável do centro das atenções". O que existe realmente é a criança sofrendo, atormentada, dentro de cada um de nós. Pode até haver infâncias felizes e perfeitas, leitor, mas eu duvido. A criança é sempre um pobre ser indefeso, que não manda nada, submetida aos caprichos dos pais, levada ao bel-prazer de um canto para outro.

Conheci em Florianópolis um senhor, de uns 60 anos, também chamado Nelson, que dizia que, por mais que tentasse, não conseguia ser feliz. Tinha aparentemente tudo – mulher, filhos, família, profissão, boa condição financeira. Mas eis a sua história: filho de mãe solteira, ficou órfão aos cinco anos. Foi então criado pela avó que morreu quando ele tinha doze anos. Aí foi passando de primo

1 Versão reescrita de crônica publicada originalmente em *O Globo*, em 16 de outubro de 2015.

em primo, parente em parente, até o serviço militar. Meio século depois, a criança abandonada continuava sofrendo dentro dele.

Mas ele fez questão de ressalvar: "Há muita gente de boa índole no mundo". O seu abandono era tanto que ele se animava a pedir conselhos a estranhos. E recebia muitas vezes ajuda valiosa. Veja, leitor, a solidão dessa criança – pedia orientação a desconhecidos!

A história dele me fez pensar em Dostoievski, que quando tinha nove anos, em pânico por causa do que supunha ser a perseguição por um lobo, foi socorrido por um camponês chamado Marey. A surpreendente ternura do homem enquanto fazia o sinal da cruz sobre a criança reconfortada ficou na memória de Dostoievski a vida inteira. Para ele, as memórias de infância eram muito importantes, como fica claro em alguns dos seus personagens. Por exemplo, Dostoievski faz Alesha Karamazov dizer, no final do romance, que as pessoas falam muito em educação, mas que a melhor educação de todas talvez seja alguma memória bela, sagrada, preservada da infância.

Mas, enfim, são clarões de luz na escuridão que costuma ser a infância. Contam que quando eu era bem pequeno, tinha talvez três ou quatro anos, algum problema me fez protestar: "Deus não me botou no mundo para sofrer!" Os adultos acharam graça, que menino inteligente etc. Mas não viam o mais importante: ali estava uma criança que padecia (e as menores coisas fazem uma criança sofrer).

Me ocorre dizer que, aos três ou quatro anos, eu estava a caminho daquele que, segundo disse Dostoievski, pela boca de outro de seus personagens, é o maior argumento contra a existência de Deus – o sofrimento das crianças.

A CRIANÇA[1]

Em crônica anterior,[2] me dirigi diretamente às leitoras. Não quero abusar da sua paciência, leitora, mas tenho outro assunto relativamente urgente. Naquela crônica, o meu tema foi você mesma – a mulher. Nesta, queria falar da criança – ou seja, do homem.

Schopenhauer (como Nietzsche, um misógino radical) dizia que as mulheres eram "crianças grandes: uma espécie de estágio intermediário entre a criança e o homem, que é, este sim, o adulto de verdade". Bem, atribuir ao homem – logo a quem! – a condição de "adulto de verdade" é totalmente falso. Mas vamos admitir que, sendo crianças grandes, as mulheres estejam bem-posicionadas para entender o homem que, via de regra, nunca deixa de ser – criança, íntima e profundamente. E é isso que, para além de todos os recursos de sedução e encantamento, dá à mulher poder de compreensão e, em última instância, *controle* sobre o homem.

Volto a falar daquele filme do Truffaut, *O homem que amava as mulheres*. O protagonista, Bertrand Morane, é fascinado pelas mulheres, vive e respira para elas. Numa determinada cena, ele está numa loja de departamentos e nota uma linda loura passando

---

1 Crônica publicada originalmente em *O Globo*, em 23 de junho de 2017.

2 "Ela, sempre ela", neste livro, pp. 141-143.

de vestido justo e salto alto. Ele a acompanha a certa distância, siderado, até que ela para diante de um painel de anúncios e prega uma oferta de *babysitting*. Bertrand arranca o bilhete e telefona contratando o serviço.

A moça aparece na casa dele, no horário combinado. Ele, agitado, nervoso, oferece chá ou café, e se dirige à cozinha. Ela sente algo estranho no ar, entra no quarto para ver a criança e encontra debaixo das cobertas um boneco! Indignada, interpela o impostor: "O que é isso? Onde está a criança?" Ele hesita um pouco e depois responde sem sorrir, sem ironia, com certo desamparo: "Bem, a criança sou eu...". E consegue conquistá-la.

A leitora sabe, de certo, que a experiência infantil é a chave para os segredos e impasses da vida adulta. Se a infância é infeliz, a criança geme dentro de nós vida afora. Truffaut – algo inusitado para um artista – chegou a explicar didaticamente o seu personagem, amparando-se no psicanalista Bruno Bettelheim. Segundo Truffaut, uma frase de Bettelheim serviria de denominador comum aos amores de Bertrand: "Revelou-se, afinal, que ele nunca teve grande sucesso com a própria mãe".

O insucesso com a primeira mulher compromete, de saída, toda as relações posteriores. Resulta, por exemplo, na incomunicabilidade. A criança fica cerceada na capacidade de expressar os seus sentimentos, em primeiro lugar para a própria mãe. Os seus sofrimentos podem ser triviais quando olhados "objetivamente", pelos olhos de um adulto – mas que dimensão adquirem para uma criança pequena!

Ao sofrimento em si, se soma a vergonha de estar sofrendo – como se a criança já pudesse ver o seu sofrimento "objetivamente", como irrelevante, e mesmo ridículo, mas nem por isso conseguisse deixar de sofrer, até intensamente, durante longos períodos. Sem dizer nada a ninguém, lá fica o pequeno, abandonado, refugiado nos seus brinquedos, livrinhos, ou num mundo de fantasia qualquer.

Com a criança, como costumo dizer, é preciso estar sempre atento aos pontos ocultos de sofrimento. E encorajá-la a falar sobre os seus medos e padecimentos, sem constrangimento. Legitimar, em outras palavras, o seu sofrimento, mesmo nas questões aparentemente ínfimas que podem, mesmo assim, atormentá-la e traumatizá-la.

Subitamente, me dou conta, leitora, de que estou ensinando o Padre-Nosso ao vigário. Tarde demais, vai assim mesmo.

A PRIMEIRA COMUNHÃO[1]

Gosto muito de recontar episódios de infância. Quem não? A pequena história que vou contar é de uma criança atormentada – mas não me queixo, de jeito nenhum. O que somos, afinal, cada um de nós, senão o resultado de embates e sofrimentos que vivenciamos e superamos (ou não) desde a infância profunda? Há que valorizá-los e guardá-los carinhosamente no coração. Por outro lado, é triste, sem dúvida, ver uma criança sofrer. Dostoievski, por exemplo, julgava irrefutável a falta de sentido do sofrimento das crianças e disso derivava o absurdo de toda a realidade histórica. Mas, enfim, deixo o leitor ou a leitora com essa dúvida, e começo.

O ano é 1962. Brasília começava. Era o semiárido, com terra vermelha por toda parte. Andávamos de bota de cano alto por causa das cobras. Aos sete anos, estava matriculado em uma pequena escola católica à beira do Lago Paranoá. Um dos coleguinhas, filho de um diplomata italiano, chegava no colégio a cavalo, e fazia grande sucesso. A escola era de madeira e, quando chovia forte, caía água dentro da sala de aula. Eu era apaixonado por uma lourinha, de olhos azuis, chamada Linda, nome a que ela fazia jus (o nome é um presságio, diziam os romanos), mas a tratava muito mal – uma antecipação infantil das complexidades do amor.

---

1 Versão resumida deste texto foi publicada na *Carta Capital*, em 22 de fevereiro de 2019.

Naquela época, as crianças faziam a primeira comunhão já nessa idade, com sete ou oito anos. Era um acontecimento importante, antecedido de preparação. Preparação precária, porém. No fundo, era muito cedo. Não sabíamos direito o que estava acontecendo.

Aqui entra em cena um personagem que poderia ter saído diretamente do *Primo Basílio*, do Eça de Queiroz: uma babá portuguesa, Maria Helena, que era um perigo para as crianças. Meus irmãos e eu passávamos um cortado com ela. Perversa e manipulativa, sabia apavorar com ameaças e histórias fantasiosas. É a velha história, comum em famílias brasileiras de classe média e alta, naquela época e depois: os pais, muito ocupados, deixavam as crianças à mercê de empregadas, por vezes, tenebrosas. Certo dia, pouco tempo antes da cerimônia, Maria Helena lançou a advertência sinistra: "A hóstia é o corpo de Cristo – se você mastigar, vai para o inferno!"

Instalou-se um drama que duraria, por estranho que pareça, vários anos. Claro que outra criança, mais despreocupada, poderia até tirar de letra. Mas eu não. Passei a viver um duplo problema – sofria com a ameaça levantada pela babá, mas tinha ao mesmo tempo vergonha de estar sofrendo, e não conseguia falar com ninguém a respeito. Ainda ensaiei insinuar o problema para a minha mãe: "Já sei como comungar sem mastigar a hóstia – vou engolir direto". Não deu certo; ela não percebeu a angústia do filho.

Chegou o dia – meninas e meninos, de branco, inclusive Linda, claro, recebiam a primeira comunhão, solenemente, das mãos do padre. Igreja lotada por familiares. Dei um vexame. Tentei engolir a hóstia e me engasguei; tive que ser socorrido com tapas nas costas e outras providências. Pior: acabei mastigando a hóstia! Ao constrangimento público, somou-se o medo do inferno.

A partir de então, a cada domingo, o mesmo drama. Não encontrava meio de comungar sem mastigar a hóstia. Mudamos para Nova York (meu pai era diplomata) e a novela continuava. Ainda me lembro, em *Saint Patrick's*, na Quinta Avenida, de passar pela mesma aflição. Tentava novas técnicas: por exemplo, deixar a hóstia dissolver, mas, nervoso, a boca ressecada, a hóstia acabava grudada no céu da boca! Passei a não me confessar para ter pretexto para não comungar. Mas fugir da confissão dava lugar a novos dramas de consciência.

Acredite, leitor(a), não estou exagerando – o problema, aparentemente ridículo, era verdadeiramente enorme. Por isso, sempre digo e repito: com as crianças é essencial estar atento aos pontos ocultos de sofrimento. Ainda me lembro da seguinte situação tragicômica (trágica na época, cômica em retrospecto) quando nos mudamos para Ottawa, no Canadá, creio que em 1966. Minha mãe chega feliz em casa e anuncia que, em recepção diplomática, conhecera o Núncio Apostólico, embaixador da Santa Sé, Monsenhor Pignedoli (lembro o nome até hoje): "Meu filho, você vai ser o coroinha nas missas que ele reza para o corpo diplomático todo domingo". Entrei em pânico. Não sei se o leitor(a) sabe, mas o coroinha é sempre o primeiro a comungar! Segundo minha mãe, Pignedoli era um possível futuro Papa – e quase seria mesmo no final da década de 1970 –, o que só aumentava a minha responsabilidade.

Tudo isso a criança enfrentava sozinha, agora já com dez ou 11 anos, sem coragem de compartilhar com ninguém. Mais tarde, ainda em Ottawa, uma prima, chamada Marília, que tinha 18 ou 19 anos e, coincidentemente, o mesmo apelido que minha mãe – Neném – passou algum tempo hospedada lá em casa. Aproximei-me dela aos poucos e resolvi, então, abrir para ela o coração de par em par, esperando talvez que ela intercedesse junto à minha mãe, não sei bem. Mas, de novo, não funcionou. Provavelmente inibido e envergonhado, com alguma dificuldade talvez de me expressar bem em português (estávamos àquela altura havia uns três anos em países de língua inglesa), não consegui transmitir à prima a dimensão do problema. Marília era ótima pessoa, carinhosa, mas não deu bola. Fiquei na mesma. De retorno ao Brasil, por volta de 1968, ainda lembro dos padres do colégio Santo Inácio, no Rio de Janeiro, reclamando que eu era um dos poucos que nunca me confessava...

O estranho é que não me lembro exatamente como o problema foi superado. Isso me faz pensar em um dos grandes filmes, talvez o melhor filme de Alfred Hitchcock: *Vertigo* ("Um corpo que cai"). Na cena inicial, o protagonista, um policial perseguindo criminosos nos telhados de São Francisco, fica de repente pendurado na beirada de um edifício e vê um colega que tenta salvá-lo despencar para a morte. Traumatizado, sofrendo de aguda vertigem, é obrigado a aposentar-se precocemente por invalidez. A partir dessa vulnerabilidade, constrói-se toda uma trama maravilhosa. Mas o curioso, notou um analista arguto do filme, é que Hitchcock não mostra como o protagonista conseguiu se salvar da queda fatal no começo da história. Assim, é como se ele ficasse, a nossos olhos, ao longo do filme inteiro, eternamente suspenso, submetido à vertigem permanentemente.

Minha mãe, para quem acabo de ler este texto e que, em outros tempos, talvez discordasse veementemente, disse com um sorriso cético: "O passado somos nós que fabricamos, com as recordações que nos agradam ou não". E acrescentou: "Vão pensar que você ficou biruta".

AS CRIANÇAS DE FOSSOLI[1]

Impressionou-me, leitor ou leitora, ensaio publicado no caderno de cultura da *Folha de S.Paulo* pelo cientista político Renato Lessa[2] sobre um escritor célebre, mas que eu desconhecia – Primo Levi, judeu italiano que sobreviveu a Auschwitz e foi um dos expoentes de um gênero: a literatura de testemunho, o relato dos sobreviventes à experiência do horror. Comecei a ler alguns dos seus livros, inclusive os poemas.

Os escritos enraizados em vivências sempre têm mais peso e apelo emocional. Isso vale, também, para as obras de arte em geral e, por isso, talvez se possa dizer que a realidade é a forma mais perfeita de ficção. O escritor, o artista em geral não precisam, a rigor, inventar nada – apenas recuperar lembranças e lançar luz sobre a experiência vivida.

Não é o que fazem os grandes escritores, os grandes artistas? Não inventam, nem fabricam propriamente. Procuram ancorar-se na realidade que viveram diretamente, que sentiram na própria carne, por assim dizer – ainda que as obras não sejam estritamente autobiográficas, como são as de Levi. Esse processo de elaboração

---

1 Publicado originalmente na revista *Carta Capital*, em 23 de agosto de 2019.

2 "A química de Primo Levi", 24 de julho de 2019.

foi retratado de forma maravilhosamente vívida no filme de Pedro Almodóvar, *Dor e Glória*. Espero que o leitor ou leitora tenha visto o filme, que trata das dores e dos abismos do processo criativo e constitui, segundo Almodóvar, o seu projeto mais pessoal.

Quando assisti *Dor e Glória*, lembrei-me imediatamente de um episódio do fim da vida de Dostoievski, contado por Dmitri Merejkóvski, um dos mais importantes romancistas e críticos literários russos do século passado. Com quinze anos, ele começara a escrever poemas, e seu pai, ao encontrar Dostoievski por acaso em um jantar, teve a suprema ousadia de pedir uma opinião sobre os escritos do filho. Em fragmento autobiográfico, Merejkóvski relembrou a visita ao apartamento minúsculo do romancista, a sala de estar apertada, cheia de exemplares do recém-publicado *Os Irmãos Karamázov*, o escritório também apertado, em que ele estava sentado corrigindo provas tipográficas. Constrangido, gaguejando, o rapaz leu seus versos infantis. Dostoievski ouviu em silêncio, visivelmente aborrecido. "Fraco, ruim, não vale nada", disse ele, por fim. E soltou a frase que se tornaria famosa: "Para escrever bem, é preciso sofrer, sofrer!" Interessante, também, foi a resposta protetora do pai: "Que não escreva melhor então; não quero que sofra".

No ensaio de Renato Lessa, tocaram-me em especial as referências aos textos de Levi sobre o campo de concentração de Fossoli, aldeia perto de Carpi onde se fazia a triagem dos prisioneiros destinados à deportação. Levi relata como as mães cuidavam dos filhos às vésperas do transporte final para Auschwitz, como elas preparavam com esmero as provisões para a viagem, davam banho, arrumavam suas malas e lavavam suas roupas. "Ao alvorecer", lembra Levi, "o arame farpado estava cheio de roupinhas penduradas para secar", imagem de impacto, observa Lessa, que tem altíssimo poder de retenção. E Levi prossegue: "Elas não esqueciam as fraldas, os brinquedos, os travesseiros, todas as pequenas coisas necessárias às crianças e que as mães conhecem tão bem".

Ao transcrever essas frases, reencontrei a emoção que senti quando da primeira leitura. Posso cometer, leitor/leitora, a suprema ousadia, comparável à do pai de Merejkóvski, de dizer que me identifiquei com as crianças de Fossoli? É que o relato de Levi me jogou de volta para momentos da minha própria infância. Meu pai era diplomata e ficava, infelizmente, pouco tempo em cada posto. Quase nunca morávamos mais de dois anos na mesma cidade. Meus irmãos e eu éramos seguidamente "deportados" para outra cidade, outro país, outra língua. Nosso pequeno mundo vinha abaixo de repente e lá íamos nós, transportados, às vezes no meio do ano letivo, para nova escola, em novo país e para um idioma que não sabíamos. Era terrível. A cada mudança, porém, nossa mãe tinha o cuidado de colocar todos os nossos brinquedos, livros, revistinhas, apetrechos diversos, até fiapos de coisas, num grande baú azul-claro. Quando a mudança chegava na nova casa, com que alegria abríamos o baú e reencontrávamos todos os nossos pequenos elos com a vida anterior! Os objetos têm uma força que não pode ser subestimada.

A representação do sofrimento intenso ressoa em nós de forma especialmente aguda quando remete, de alguma forma, a situações que todos nós vivemos, ainda que em escala muito menor. E assim se estabelece o elo entre os casos extremos, as grandes tragédias e a vida corriqueira, os dramas de que ninguém escapa.

À MODA DE NELSON RODRIGUES

NELSON RODRIGUES OUTRA VEZ[1]

Um dia, estava no Supremo, na esquina da Consolação com a Oscar Freire, em São Paulo, quando um senhor se levantou da mesa, atravessou o restaurante e me abordou: "Sou seu leitor e tenho uma cobrança: você precisa falar mais do Nelson Rodrigues".

Adorei a cobrança e prometi atendê-la. Realmente, não são poucos os leitores que se afeiçoam às fixações dos cronistas. Com o passar do tempo, fui chegando à conclusão de que sem três ou quatro ideias fixas, absolutamente estáveis e recorrentes, não há autor que consiga sobreviver na memória do público.

Há uma dificuldade, porém. Nelson Rodrigues tem sido uma presença tão constante, tão obsessiva nos meus textos que as suas estórias, frases e anedotas começam a escassear. Eu sei que o próprio Nelson costumava dizer que a repetição é fundamental. "As coisas que são ditas uma única vez, e só uma vez, permanecem rigorosamente inéditas", repetia sempre. Mas a repetição tem os seus limites. O que fazer?

Eis que acontece o inesperado. Fui a um jantar organizado pela Lilian Witte Fibe em homenagem ao Armando Nogueira. Duas personalidades extraordinárias, o homenageado e a anfitriã. Quem

---

1 Publicado originalmente na *Folha de S.Paulo*, em 31 de agosto de 2000.

só conhece a Lilian dos seus tempos de TV Globo, não faz ideia da figura. Com a sua combinação de beleza e inteligência, ela brilha e solta faíscas em todas as direções. "É uma força da natureza", disse um dos presentes, visivelmente fascinado.

Mas estou me desviando do assunto. Não era da Lilian e dos seus encantos que eu queria falar. Queria era contar que o Armando Nogueira, sabendo da minha obsessão, desfiou algumas estórias novas sobre o Nelson! Conto uma delas.

Certa vez, o Nelson e o Otto Lara Resende caminhavam pela avenida Atlântica, lá pelo idos da década de 1960 ou início dos 70, por aí. O Otto virou-se para ele e disse: "Nelson, você anda escrevendo uns artigos muito reacionários e está indo longe demais". E o Nelson: "Meu querido, você está esquecendo que eu sou um ex-covarde; as esquerdas ululantes não vão impedir que eu diga as três ou quatro verdades que eu trago aqui no peito".

O Otto insistiu: "Tome cuidado! O ambiente está carregado, um desses extremistas de esquerda pode até assassiná-lo".

O Nelson, parou, pensativo e perguntou: "Você realmente acha, ó Otto, que eu posso ser assassinado?" O amigo confirmou e o Nelson então pediu: "Se eu morrer, você escreve um artigo a meu respeito?" O Otto prometeu que sim e o Nelson arrematou: "Mas eu vou lhe pedir uma coisa: exagera, viu, exagera!"

O leitor, se for fiel e tiver boa memória, pode reclamar. Afinal, não é a primeira vez que conto esse episódio. Verdade. Mas, leitor, o que foi que acabei de dizer sobre a necessidade de repetir?

A repetição se justifica, inclusive, por ser o episódio muito característico. O Otto também foi uma figura fora do comum, menos nos textos do que nas conversas e bate-papos. Mas era um cauteloso. Nelson, ao contrário, batia de frente com os preconceitos morais e políticos dos seus contemporâneos. Brigou com a esquerda, que era na época uma verdadeira potência, especialmente nos meios artísticos e culturais. Por outro lado, revoltava os moralistas e conservadores com a galeria de pulhas, canalhas e depravados que retratava em suas peças e contos. Foi censurado e perseguido.

O seu apetite de aplausos e elogios era brutal, como ele próprio admitia. Apesar disso, não teve medo de ficar isolado. E por isso está vivo até hoje. Já o prudente Otto sobrevive principalmente como personagem das crônicas e peças do próprio Nelson.

Vendo-me vidrado nas histórias que o Armando contava, a Lilian farejou uma inconsistência e fez uma pergunta que ao leitor talvez já tenha ocorrido. "Como pode alguém com os seus antecedentes políticos e ideológicos gostar tanto do Nelson Rodrigues, um reacionário público e notório, defensor da ditadura militar, fã do Médici etc.?" Reconheço a inconsistência, e tento explicá-la.

Tudo remonta à infância. Lá pelos meus doze, treze anos, eu já era um leitor fiel das crônicas esportivas e políticas do Nelson. A paixão comum pelo Fluminense abriu o caminho. Mas depois me interessei mais e mais pelos outros temas do nosso cronista. Não entendia quase nada, mas lia, fascinado pela sua música verbal, os ataques, ironias e deboches contra figuras como Sartre e Godard, ícones da esquerda mundial, mas totalmente desconhecidos para o menino que eu era.

Nessa época, Sartre esteve no Brasil e declarou: "O marxismo é a filosofia insuperável do nosso tempo", provocando grande sensação nos círculos intelectuais. O Nelson comentou: "Os gênios têm o direito adquirido de dizer grandes e solenes bobagens".

E não estava coberto de razão? O marxismo, assim como o liberalismo, são filosofias políticas e econômicas do século 19.

Um dos grandes dramas do século 20 foi justamente a longa sobrevida de ideologias econômicas do século anterior. A demora em superá-las explica, por exemplo, a Grande Depressão dos anos 1930, que resultou em larga medida do apego às normas do liberalismo econômico e do padrão-ouro. Também explica, ou pelo menos ajuda a entender, a penosa trajetória do “socialismo real” e do planejamento econômico centralizado, que durante tanto tempo envolveu boa parte da humanidade em uma experiência tumultuada, dolorosa e, afinal, fracassada.

Há trinta ou quarenta anos, isso era mais controvertido do que é hoje. Só profetas como o Nelson enxergavam o óbvio ululante e tinham coragem de proclamá-lo aos quatro ventos.

REVISITANDO O TRIUNFO DO IDIOTA

Volto a um fenômeno que me impressiona cada vez mais: o avanço avassalador, verdadeiramente irresistível dos cretinos de todos os naipes, estilos e inclinações. É um dos traços fundamentais do nosso tempo.

Não há exagero nessa avaliação. A tendência é antiga e de caráter global. Creio que o primeiro a discuti-la de forma sistemática foi o filósofo espanhol Ortega y Gasset. Depois, Nelson Rodrigues desenvolveu o tema, com mais verve e uma linguagem mais informal, em crônicas publicadas nos anos 1960 e 1970. Desde então, o "triunfo do idiota" (expressão cunhada, se não me engano, pelo próprio Nelson) só fez se consolidar. O fenômeno se enraizou por toda parte, tornando-se por isso quase imperceptível. Há gerações inteiras que não conhecem outro mundo.

Na "era da globalização", o idiota triunfa quase sem limites e restrições. Há terrenos particularmente propícios à sua ação: a televisão, as redes sociais e a política, por exemplo. Mas não há área que escape. O idiota é hoje sofisticadíssimo. Publica livros, dá conferências, escreve artigos, é consultado a toda hora (dá pena ver jornalistas inteligentes entrevistando, por dever de ofício, idiotas matriculados e consagrados).

A quem tudo isso talvez pareça uma caricatura discutível e de gosto duvidoso, lembro, por exemplo, a Presidência dos Estados Unidos, ainda a maior potência do planeta, presente de uma forma ou de outra em todas as regiões do mundo.

Pois bem. Se George W. Bush e Donald Trump foram Presidentes dos Estados Unidos, tudo, absolutamente tudo é possível.

Nesse ambiente, demonstrar algum talento, alguma sensibilidade ou alguma inteligência é uma temeridade. O homem de talento ainda pode ter sucesso, até muito sucesso, mas com uma condição: deve fantasiar-se de idiota e fazer as concessões mais constrangedoras ao gosto dominante. Esses "falsos idiotas" vivem, imagino, angústias tremendas. Mas, graças a eles, o mundo ainda não entrou em colapso. O Presidente americano está sempre cercado (assim espero) de "falsos idiotas" por todos os lados, em permanente operação de *damage control*.

No terreno das ideias, um dos maiores sintomas do triunfo do idiota foi a popularidade do debate sobre a "globalização". A popularidade do tema já não é a mesma do que foi nos anos 1990 e na primeira década do século 21. Seja como for, por algum motivo misterioso, quando se trata de escrever ou falar sobre esse assunto, a vulgaridade se desencadeia em todas as suas potencialidades e virtualidades. Como notou certa vez o economista norte-americano Paul Krugman, pessoas incapazes de seguir um argumento analítico ou de empreender pesquisas empíricas consistentes adquirem uma fluência extraordinária quando abordam o tema da "globalização".

Chegaram a anunciar que a "globalização" significava o declínio inexorável do Estado nacional e o fim das fronteiras. Na América Latina, inclusive no Brasil, esse mito teve ampla difusão na década de 1990. Serviu de cortina de fumaça para processos de desnacionalização que ocorreram na maior parte da região. Nas décadas mais recentes, com as evidências cada vez mais claras do fracasso do modelo "globalizante", as suas versões mais extremadas caíram em descrédito. Agora, até os idiotas percebem que os países bem-sucedidos não negligenciaram a defesa e o aperfeiçoamento do seu Estado nacional nem confiaram a sua sorte aos movimentos da economia global ou à solidariedade internacional.

Veja, leitor, o caso da Argentina. A nossa querida vizinha é uma das principais, talvez a principal, vítima dessa ideologia da "globalização". Poucos países foram tão longe na cessão unilateral de aspectos essenciais da autonomia da política econômica nacional. No campo monetário e cambial, a Argentina regrediu, entre 1991 e 2001, ao *currency board* (conselho da moeda) concebido no século 19 para as colônias africanas, asiáticas e caribenhas da Inglaterra e de outras metrópoles europeias.

Não obstante o seu evidente anacronismo, o modelo adotado pela dupla Menem-Cavallo era elogiado, *urbi et orbi* (mais um sintoma do triunfo do idiota) e apontado, inclusive no terreno monetário e cambial, como exemplo a ser imitado por países como o Brasil, a Rússia e diversos outros. Se fizéssemos um levantamento cuidadoso da profusão de encômios que a Argentina mereceu nos anos 1990, muitas instituições respeitáveis e muitos gênios econômicos e financeiros, inclusive aqui no Brasil, ficariam com a imagem que melhor lhes convém: a de idiotas.

Mas quem fez o grande papelão foram, sem dúvida, os governantes argentinos. Na fase de agonia do modelo, o Ministro Domingo Cavallo, em busca de apoio dos EUA e do FMI, lançou o apelo patético:

> A Argentina é uma das economias emergentes que mais claramente embarcaram na globalização e adotaram as reformas que os especialistas viam como necessárias para obter os benefícios da inserção na economia global. Seria realmente trágico, não apenas para a Argentina, mas para a economia global, caso se concluísse que a experiência da Argentina foi

> inútil e não funcionou para os argentinos ou para o resto do mundo.[1]

Como se sabe, o apelo caiu no vazio e a Argentina mergulhou na sua mais grave crise. Assim são tratados os países que caem no canto da sereia da "globalização" e da solidariedade internacional.

Lição para idiotas.

1 Entrevista ao *Financial Times*, em 9 de agosto de 2001.

DESCONHECIDO ÍNTIMO[1]

Estou de passagem por São Paulo, cidade em que vivi 17 anos. Sinto muita falta daqui – não propriamente da cidade, devo dizer, mas do meu antigo bairro, Cerqueira César, que fica perto dos Jardins (estou neste momento no bairro, escrevendo à mão).

A passagem por aqui me traz muitas lembranças, entre as quais uma que vou relatar. Bem próximo do meu edifício havia um bar/restaurante muito popular chamado "Supremo", exatamente na esquina da Oscar Freire com a Consolação. Um dos donos era o Roberto Suplicy, irmão do meu querido amigo Eduardo Suplicy. O "Supremo" era a minha segunda casa e o meu segundo escritório. Quando queria mudar de ambiente, lá ia eu com jornais, livros, documentos e relatórios. Ficava horas e horas, geralmente sozinho com meus papéis. Como carioca, uma das coisas que me agradavam no "Supremo" é que ele tinha certo ar de Rio de Janeiro, lembrava o "Bar Lagoa" ou o "Bar Luiz".

O "Supremo" não existe mais. Fechou há muitos anos, lamentavelmente. No lugar, colocaram uma loja medonha. Passei por lá agora há pouco e fiquei parado um instante contemplando a decadência daquela esquina das minhas lembranças.

---

1 Publicado originalmente em agosto de 2012.

Mas, enfim, eis o que eu queria contar. Um dia, marquei encontro no "Supremo" com o Rubens Ricupero, ex-Ministro da Fazenda do governo Itamar Franco. Escolhemos uma mesa de janela, virada para o lado da Consolação, e ficamos conversando animadamente. Ricupero começou a desfiar histórias do Plano Real. Ele foi Ministro da Fazenda na época do lançamento do Plano e tem realmente muito o que contar.

De repente, um sujeito se aproxima, coloca a mão no meu ombro e declara, com amplo sorriso: "Também sou economista, não quero perder essa conversa de jeito nenhum. Posso sentar-me um pouco?" Era o que o Nelson Rodrigues chamava de "desconhecido íntimo". O Ricupero, porém, acreditando talvez que se tratava de amigo meu, precipitou-se e concordou com o pedido.

O "desconhecido íntimo", por definição, não tem limites nem inibições. O sujeito passou a participar da nossa conversa com entusiasmo. Lançava perguntas e observações variadas com irrefreável desenvoltura. Mostrava-se fascinado com a figura do Ricupero, por quem nutria admiração evidente. Todo mundo gosta de plateia e o entusiasmo do "desconhecido íntimo" contagiou o Ricupero que, ligeiramente envaidecido, dominava a conversa com sua inteligência e verve. Assim continuamos, por meia hora ou mais, até que o Ricupero, alegando outro compromisso, despediu-se e saiu.

Miquei com o "desconhecido íntimo". Ele pediu mais uma cerveja e declarou, com ênfase: "Uma cabeça, uma cabeça esse Roberto Campos!"

CAFURINGA[1]

O passado sempre tem razão, dizia Nelson Rodrigues. Certíssimo! E por quê? A meu ver, porque só aquilo que sobrevive intacto na memória, em meio à sucessão tumultuada dos acontecimentos, é que tem peso e valor real. Tudo passa, só algumas coisas ficam – e a essas chamamos "passado".

Outro dia, lembraram-me do Cafuringa, jogador que marcou época no Fluminense. Foi um jornalista do UOL, Adriano Wilkinson, que publicou bela homenagem a ele. As novas gerações provavelmente não conhecem essa grande figura do futebol carioca e brasileiro, que jogou nas décadas de 1960 e 1970. Era um ponta-direita genial do Fluminense, driblador exímio, um "Garrincha sem grife", para usar expressão do jornalista.

Tinha uma limitação grave, entretanto: não sabia finalizar. Driblava o time adversário inteiro, brilhava sempre, dava verdadeiro shows, lembrava realmente o Garrincha. Só que não fazia gols. Era penoso o contraste entre a extraordinária habilidade do jogador e a sua enorme dificuldade de concluir. Criou-se uma espécie de trauma. Em 336 jogos pelo Fluminense, ele fez apenas 26 gols, segundo a Wikipédia.

---

1 Crônica publicada originalmente em *O Globo*, 10 de novembro de 2017.

Cafuringa era um caso célebre, notório. A torcida do Fluminense sofria com ele, acompanhava o seu drama passo-a-passo. Eu, tricolor de coração, sofria junto. Era torcedor fanático, morava no Rio e ia muito aos estádios. Mas mesmo torcedores de outros times acompanhavam, com interesse e simpatia, a agonia do Cafuringa. Afinal, o Brasil buscava naquela época um sucessor para Garrincha, e Cafuringa era uma possibilidade e uma esperança.

O problema foi ficando cada vez mais grave. Tornou-se assunto obrigatório dos comentaristas esportivos e das conversas entre torcedores. A cada jogo do Fluminense, a expectativa geral era só uma: será que hoje o Cafuringa marca?

Um jogo em especial ficou marcado na minha lembrança. Foi no Maracanã, com estádio lotado. Logo no começo da partida, Cafuringa fez uma das suas jogadas típicas: driblou todo mundo, mas chutou para fora. O de sempre: jogada sensacional, finalização bisonha. Logo em seguida, outro lance semelhante. Toda a torcida do Fluminense (e até a torcida do outro time) levantava os braços para o céu (e Deus, lá de cima, respondia: calma, calma).

Aí aconteceu o momento inesquecível. Cafuringa fez outra linda jogada, atravessando a defesa adversária. O goleiro saiu do gol para fechar o ângulo, só que, dessa vez, ele colocou a bola no fundo das redes!

Foi uma explosão. O leitor não imagina a emoção que tomou conta do Maracanã naquele instante. Foi tão forte, mas tão forte que, até hoje, mais de 50 anos depois, me emociono outra vez ao relembrá-la. Quando Cafuringa correu para o lado das arquibancadas em que estava a torcida do Fluminense e se ajoelhou em agradecimento, o estádio inteiro nadava em lágrimas.

Quem sabe existe aí algum leitor extraviado por aqui que lembra desse jogo e da figura romântica do Cafuringa? Não sei por que essa história me toca tanto. Os caminhos da memória são às vezes misteriosos. Talvez Cafuringa tenha alguma relação simbólica com os brasileiros e o Brasil – um país talentoso, criativo, espontâneo, mas que não consegue, simplesmente não consegue finalizar direito o que inicia.

E permanecemos, enquanto nação, uma obra essencialmente incompleta, inacabada.

UMA BOA IDEIA[1]

O brasileiro tem muitas qualidades, sem dúvida. Entre elas, entretanto, não figura a densidade histórica. O que são os nossos 500 e poucos anos de existência? Quase nada. Um sopro perto das civilizações milenares da China ou da Índia. É até covardia comparar. Mesmo a "velha" Europa, que a alguns parece um museu a céu aberto, é jovem em comparação com China ou Índia.

O tempo conta muito, leitor. Conta para países como conta para pessoas. É o óbvio, mas a nossa época tem predisposição arraigada a valorizar o novo, o jovem e até o pueril. Uma vez perguntaram a Nelson Rodrigues que conselho daria para os jovens. "Envelheçam! Rápida e urgentemente!", disparou o grande cronista.

Bom conselho. Sem tempo não há sutileza, refinamento ou civilização. Pode até haver crianças-prodígio, mas não há "países-prodígio". Os países precisam ir cultivando laboriosamente, de geração em geração, com dedicação e sacrifício, os elementos que vão formando aos poucos uma cultura nacional profunda.

Considere-se, por exemplo, a celebrada civilização ocidental. Há muitas razões para celebrá-la, mas uma das maiores desgraças da história mundial talvez tenha sido a expansão da Europa, em escala

---

1 Publicado originalmente em O *Globo*, em agosto de 2015.

planetária, sobretudo depois da Revolução Industrial iniciada na Inglaterra no final do século 18. Essa revolução tecnológica colocou meios militares sem precedentes nas mãos de povos relativamente primitivos. Primitivos, porém, arrogantes e imbuídos de uma "missão civilizatória". O estrago foi imenso.

A China, por exemplo, derrotada nas infames "guerras do ópio" com a Inglaterra, em meados do século 19, foi obrigada a aceitar sem restrições o comércio do ópio, controlado pelos ingleses. Iniciou-se assim a abertura forçada do país aos europeus. Estabeleceu-se um regime semicolonial, dando início ao que os chineses, com grande ressentimento, denominam "um século de humilhação".

Estou exagerando? Talvez. Não quero fazer muita carga contra os europeus. Afinal, o ser humano é sempre um desastre em qualquer lugar e época. Mas, se o leitor quiser formar uma ideia do primitivismo dos ingleses no auge do seu poder, por volta de 1850, que assista a um filme de Mike Leigh (diretor inglês, aliás) chamado *Mr. Turner.* É um retrato impiedoso, realmente arrasador, da barbárie da vida e dos hábitos no país hegemônico daquela época.

A Europa é uma grande referência para o Brasil, claro. O nosso país deve muito de suas raízes e cultura a Portugal e alguns outros países europeus. As elites brasileiras, por longo tempo, formaram-se nos ensinamentos e tradições europeias. A França era tudo para a geração dos nossos avós. Eu mesmo, por formação, gosto e inclinação, sou muito mais eurocêntrico do que a maioria dos brasileiros da minha geração.

Mas outros povos têm uma perspectiva diferente, talvez mais interessante. Os indianos, por exemplo. Como se sabe, poucos povos conheceram tão de perto o imperialismo britânico. Certa vez, perguntaram a Mahatma Ghandi o que ele pensava da civilização ocidental. A sua resposta entrou para a história: "Seria uma boa ideia".

FINGINDO-SE DE IDIOTA – PARA SOBREVIVER[1]

O nível da política no Brasil deixa a desejar, como diria um inglês das antigas que por aqui aportasse. A observação, discreta, comedida, seria bem-vinda. Em tempos de *overstatement*, temos que recuperar a arte do *understatement*, não é mesmo? O inglês teria de reconhecer, diga-se de passagem, que a sua observação se aplica também ao Reino Unido, onde um Boris Johnson chegou a ser Primeiro-Ministro.

Mas não adianta. A arte do *understatement* dificilmente será restaurada. O rebaixamento dos padrões intelectuais, éticos e estéticos é fenômeno profundo e antigo. Estamos indo de mal a pior. Antigamente, reclamava-se do baixo nível da televisão brasileira, por exemplo. Pois bem, considerando o que se vê por aí hoje em dia, "A Praça é Nossa" ou "Domingo Legal" são de uma sofisticação só comparável à das obras completas de Shakespeare.

O nosso rebaixamento foi longamente gestado, com contribuições domésticas e estrangeiras. Salta aos olhos o peso do componente importado. Sem a contribuição estrangeira, dificilmente teríamos

1 Crônica publicada originalmente na revista *Carta Capital*, em 26 de julho de 2019.

chegado tão longe. A antiga tendência a mimetizar americanos e europeus está se fazendo sentir outra vez, agora com consequências deploráveis e verdadeiramente dramáticas.

Tudo isso foi diagnosticado por grandes brasileiros, e entre eles destaco, mais uma vez, Nelson Rodrigues, que volta e meia se referia ao "triunfo do idiota". Esse triunfo era tal, já nos anos 60 e 70 do século passado, que o grande cronista advertia para o surgimento irrefreável dos "falsos idiotas" – de homens e mulheres que, em todas as áreas, simulavam a cretinice com esmero e perfeição. Chegavam a babar na gravata, sempre que necessário, sem qualquer inibição ou constrangimento. Isso por uma razão simples e cristalina: *para se proteger*. É que os idiotas, reunidos em sólida e massacrante maioria, não toleravam qualquer esgar de inteligência, cultura ou sensibilidade. Quem insistia em resistir ao idiota triunfante, acabava massacrado. O simples instinto de sobrevivência levava, portanto, a que o número de idiotas parecesse muito maior do que realmente era.

O quadro se reproduz agora com tintas mais fortes e de forma ainda mais generalizada. O número de idiotas aumentou, e as suas oportunidades de se fazer ouvir aumentaram exponencialmente com as redes sociais. A sua virulência é maior. E ocuparam todos os espaços. Na política, na mídia, nos mercados, nas famílias. Estreitou-se drasticamente o espaço da sensibilidade e da inteligência. Os falsos idiotas não podem se descuidar e têm que caprichar nos disfarces e na habilidade. Qualquer distração pode ser fatal. Para respirar e trocar ideias, sem máscaras, só em sigilo, na calada da noite, à luz de archotes.

O leitor dirá que são falsas novidades, que a referida simulação sempre existiu, que habilidade sempre foi um requisito do sucesso social. Sem dúvida, mas não vamos perder de vista que *habilidade é uma virtude de quinta categoria*. Os especialmente inteligentes, os mais imaginativos e sensíveis, tendem naturalmente à inabilidade. Se a habilidade é agora indispensável à sobrevivência, condição para não ser exterminado, tudo fica muito difícil para eles. É preciso imaginar o esforço que têm de fazer os melhores para exercer essa habilidade que não lhes vem naturalmente, a energia que se dispende em simular uma cretinice que não se tem.

O preço do disfarce é alto. Como dizia Fernando Pessoa, a máscara acaba se apegando ao rosto. "Quando quis tirar a máscara", diz o verso do heterônimo Álvaro de Campos, "estava pegada à cara./ Quando a tirei e me vi ao espelho,/ Já tinha envelhecido".

O falso idiota corre o risco real de acordar, um dia, e perceber que a sua idiotice já não é mais tão fabricada, já não precisa ser totalmente inventada. Os verdadeiros idiotas, os originais, não adulterados, não passam, desnecessário frisar, por esse processo doloroso, pois já nascem autentica e triunfantemente cretinos.

Para não definhar, a inteligência e a sensibilidade precisam, como tudo, ser praticadas ao ar livre, à luz do sol. Precisam da troca, da interação, precisam perceber que não estão sós no mundo. Por isso, faço aqui, leitor/leitora, o meu apelo, solene e enfático: não se entregue por completo à prática da habilidade e da simulação. E continue dando sinais de vida, sempre que possível.

COMO (NÃO) ESCREVER

Os meus leitores mais antigos, se ainda estão vivos e saudáveis, haverão de ter notado a total e indesculpável ausência nas minhas crônicas recentes de uma figura fundamental – o grande cronista brasileiro Nelson Rodrigues. Alguns desses leitores, imagino, levantam os braços aos céus, clamando: "Como pode? Como pode?" Outros devem ter desistido de mim. Pois, de fato, houve época em que o referido cronista dominava e valorizava quase todos os meus textos. Mesmo quando não era expressamente mencionado, a sua voz se fazia sentir na forma e no ritmo em que eu escrevia, na informalidade da linguagem, na maneira de simular uma simples conversa com o leitor, na tendência a digressões mais ou menos arbitrárias

Só um outro cronista exibia tamanha (ou até maior) ligação com Nelson Rodrigues, o falecido cineasta Arnaldo Jabor. Jabor tinha o privilégio de ter sido amigo dele e chegava a ponto de psicografá-lo em crônicas memoráveis, ressuscitando a voz, o estilo e as opiniões daquele que era para ele, como é para mim, um guru inigualável.

Bem sei que esse negócio de guru está totalmente superado. As novas gerações se orgulham de ter opiniões próprias e valorizam a sua criatividade. Qual o quê! Aplica-se a eles, *mutatis mutandis*, a célebre observação de Keynes: "As grandes ideias, corretas ou não, são mais duradouras do que se pensa. Homens práticos, que se acreditam isentos de qualquer influência intelectual, são geralmente meros escravos de algum pensador defunto". Certos mortos sobrevivem, mesmo quando não nomeados.

Faço uma pausa. Consegui juntar Keynes e Nelson Rodrigues. Um feito. Mas como continuar esta crônica?

Vejamos. Será que cabe mais um teco na turma da bufunfa ou alguns de seus integrantes? Sempre há motivos. Não quero, contudo, baixar o nível, já modesto, desta pequena crônica. Direi apenas que uma das coisas que aprendi na vida é que existe uma dissociação quase total entre inteligência e sensibilidade, de um lado, e a aptidão para acumular dinheiro, de outro. Há endinheirados que são de uma burrice estonteante e, se bobear, babam bovinamente na gravata. É como se a dedicação a assuntos financeiros provocasse uma perda progressiva de massa cerebral.

Volto a Nelson Rodrigues. Qual era um dos seus segredos como escritor? Dirigir-se diretamente ao leitor, em linguagem coloquial, com imagens certeiras e marcantes. E, repito, escrevendo como quem fala, ou melhor, simulando na linguagem escrita as cores e variações da linguagem falada. Nada de solenidade, nada da falsa sofisticação de certos intelectuais. Os escritores medianos e convencionais como que vestem casaca antes de sentar-se para escrever. Nelson, ao contrário, despia o seu texto de todo jargão, de enfeites e artificialismo. E recorria sempre a expressões corriqueiras, ao jargão das ruas.

Duas ressalvas, porém. Primeira: espontaneidade não significa dispensar uma cuidadosa revisão do texto para ajustar argumentos, estilo, escrita. A espontaneidade, volto a dizer, é em parte simulada. O primeiro jato espontâneo da escrita é quase sempre repleto de defeitos, lacunas e inconsistências. A revisão corta, completa, faz a rigorosa autocrítica, reescreve e faz o indispensável polimento final.

Segunda ressalva: a linguagem, ainda que coloquial, informal, não pode cair no lugar-comum. O artista, caro leitor, foge sempre do lugar-comum. Um exemplo: um artista não escreveria assim a frase anterior: o artista foge do lugar-comum "como o diabo da cruz".

Nunca e jamais. O espírito artístico rejeita instintivamente tudo que é proverbial. Pode até resvalar aqui e ali para o lugar-comum, mas só por instantes, pois sabe perfeitamente que nada mais entediante, nada mais antiestético do que a frase feita ou a metáfora surrada. Quase diria que a aversão ao lugar-comum é o que define o artista e o separa *ad eternum* do homem comum.

Fundamental também, acrescento, é evitar demonstrações indecentes de vaidade. Por exemplo, nunca se deve falar de supostas invenções ou ideias próprias. A propósito, conto para encerrar um pequeno episódio de uma visita de Einstein ao Brasil.

Foi em 1925. O grande físico percorria os pontos de interesse turístico do Rio de Janeiro acompanhado de um grupo de intelectuais e jornalistas locais. Um deles era o então jovem Austregésilo de Athayde, uma solene nulidade, que seria depois, por longo tempo, Presidente da Academia Brasileira de Letras. Entusiasmado, Austregésilo anotava furiosamente tudo que Einstein dizia. Em certo momento, não se conteve e perguntou: “Não anotas, mestre, tuas ideias?” E Einstein: “Mas como, meu filho, se só tive uma?”

ARTE, FILOSOFIA, CULTURA

PROFISSIONAIS E AMADORES[1]

Lembrei-me outro dia de uma frase provocativa, que não sei se é do Tom Jobim ou do Vinícius ou de alguém do grupo deles. É a seguinte: "O Brasil é um país tão pouco profissional, mas tão pouco profissional, que aqui até as prostitutas gozam".

A frase pode parecer uma crítica ao país – e talvez seja mesmo. Mas eu entendo que é um elogio. Ou uma crítica ambígua, na pior das hipóteses.

O *Maestro*, filme excepcional do grande diretor polonês Andrzej Wajda ilustra bem esse ponto. A estória está centrada na contraposição entre um velho maestro, consagrado internacionalmente, e um jovem e ambicioso maestro de província. O velho rege a orquestra como quem respira, trata os músicos com afeto, serenidade e naturalidade, estimulando-os sempre e levando-os a compartilhar o seu entusiasmo. O jovem é um torturado, em permanente conflito consigo mesmo e com os músicos. Conhece música em profundidade, empenha-se e sacrifica-se pelo trabalho. Mas tudo lhe sai aos trancos e barrancos, com enormes sofrimentos e dificuldades. Trata os músicos com impaciência e de maneira autoritária. Os seus conflitos com a orquestra são permanentes e vão se agravando ao longo do

1 Publicado originalmente na *Agência Carta Maior*, em 28 de abril de 2005.

filme. A diferença entre os dois maestros talvez possa ser resumida assim: para o velho, a música é um fim em si mesmo; para o jovem, um meio para alcançar fama, influência, poder.

Muitos anos depois de ter realizado o filme, Wajda estava lendo *A Lanterna Mágica* de Ingmar Bergman e ficou feliz ao se deparar com a seguinte passagem: "No filme *O Maestro*, Wajda mostra que é impossível fazer música sem amor". E Wajda comenta: "Em poucas palavras, o grande mestre do cinema revelou de maneira certeira tudo o que eu quis dizer em *O Maestro*".

A observação de Bergman deve ser generalizada: nada de importante pode ser feito sem amor. Com o passar dos anos, muitos profissionais vão se acomodando e apodrecendo aos poucos, presos às rotinas, regras e procedimentos padronizados e repetitivos da atividade que escolheram e que, talvez, amaram um dia. Passam a olhar com desconfiança e desprezo o entusiasmo, os impulsos e os arroubos típicos do "deplorável amadorismo".

E, no entanto, "amador" e "amor" têm a mesma raiz. É sintomático que a palavra tenha adquirido conotação pejorativa. "Amador", aquele que ama. "Profissional", aquele que não ama? Que não ama o que faz?

Longe de mim querer fazer aqui um elogio do diletantismo e da improvisação pura e simples. Ninguém quer passar por uma ponte construída por amadores (hoje em dia é preciso explicar tudo!).

Eis o que quero dizer: se quiser sair da mediocridade, todo profissional, qualquer que seja a sua área, deve lutar, a vida inteira, para conservar o seu lado amador e diletante. Se quiser continuar vivo e criativo, deve defender, com unhas e dentes, o seu lado afetivo, imaturo e até infantil contra o desgaste brutal provocado pelo tempo, pelo dia a dia e pelos outros, que são, como dizia Sartre, "o inferno".

E o Brasil? Que Deus o conserve na sua condição singular de país em que até a mais antiga das profissões é exercida por amadoras.

ESPONTANEIDADE ELABORADA[1]

O leitor talvez saiba da minha obsessão por Nelson Rodrigues, em especial por suas crônicas. Cheguei a publicar um livro intitulado *A Economia como ela é...* – em alusão e homenagem à famosa série de contos *A Vida como ela é...* Quem acompanha o que escrevo haverá de crer que a minha cultura literária começa e acaba em Nelson Rodrigues.

E não estará muito longe da verdade. Foi com ele que aprendi, entre outras coisas, a escrever para um público leigo, não especializado. É muito mais difícil do que talvez possa parecer. Clareza e simplicidade não vêm de graça. "Reclamam que a minha linguagem é pobre", disse Nelson Rodrigues certa vez, "não fazem ideia do esforço que faço para empobrecê-la".

Eis aí uma grande realidade – a espontaneidade na escrita exige todo um esforço de desconstrução. Todos nós carregamos nas costas não sei quantos vícios de redação, poses, noções de estilo, frases prontas ou semiprontas, ideias feitas – ideias pseudo-sofisticadas, porém feitas, rigorosamente feitas. O jargão especializado e o linguajar obscuro escondem, não raro, a inépcia e a falta de imaginação.

---

1 Publicado originalmente em *O Globo*, em 25 de dezembro de 2010.

Custa muito alcançar, por exemplo, uma escrita coloquial e conversar, simplesmente conversar com o leitor. A versão escrita da linguagem falada não é reprodução pura e simples. É imitação trabalhada, burilada, estilizada.

Não há atalhos. Bem sei que a maioria dos cronistas acredita na simplicidade e procura conquistar o leitor nessa base. Imagina que o segredo é dar vazão às próprias intuições, sentar na frente do computador e mandar ver. O resultado, em geral, é a propagação da banalidade e do lugar-comum.

Ora, o leitor não especializado não é idiota. O respeito ao leitor recomenda certo cuidado. A espontaneidade precisa, portanto, ser minimamente elaborada. "Espontaneidade elaborada" – um oximoro verbal, evidentemente. E, no entanto, é disso que se trata.

Outro dia, estava relendo O *Caso Wagner* de Nietzsche e topei com a citação da seguinte observação paradoxal de François Talma, ator de teatro francês do final do século 18 e início do século 19: "O que deve funcionar como verdadeiro, não pode ser verdadeiro". Em outras palavras, só o artificial pode parecer verdadeiro e convencer como verdade. Em geral, a naturalidade do artista é mera superfície.

A frase de Talma, segundo Nietzsche, encerra toda a psicologia do ator. Mas ela tem, acredito, uma aplicação muito mais ampla – nem que seja porque somos todos, em maior ou menor grau, artistas de teatro. Vivemos em pleno teatro do mundo, dizia Rousseau, "*occupés du soin de s'y faire admirer*" (ocupados em ser admirados). O amor ao palco é a coisa mais bem distribuída do mundo (e não o bom-senso ou a racionalidade, como sustentava Descartes).

O próprio Nelson Rodrigues declarou, taxativo: "Que fazemos nós desde que nascemos senão teatro – autêntico, válido, incoercível teatro". O texto escrito não escapa a essa regra.

Nada deveria ser improvisado. A pausa é uma artificio, um traço dramático. Assim, a hesitação. Assim, a ênfase. Assim, a digressão e a divagação. São recursos que produzem o efeito da autenticidade ou da realidade sem serem verdadeiramente autênticos, espontâneos, reais. Entre o impulso inicial e a publicação cabe todo um cuidado de rever, repensar, reler, rescrever.

Tudo pode ser simples. Mas o escritor, mesmo de modestas crônicas, deve evitar as armadilhas da improvisação, da sinceridade, da espontaneidade não trabalhada. E fugir do lugar-comum como da peste.

VIVER, SER FELIZ (TOM JOBIM)[1]

Tive o privilégio de conhecer Tom Jobim, mais para o final da sua vida. Ele era casado com a Ana, prima por parte de pai, e se entrosou bem com nossa família.

Ainda me lembro do Tom, na casa dos meus pais em Nova York, final dos anos 1980, repassando no piano seu repertório de composições, horas a fio, com a maior alegria, a pedido dos numerosos parentes da Aninha. O meu pai era representante do Brasil na ONU e na sua residência havia um belo piano de cauda, comprado, aliás, com a orientação do próprio Tom.

O nosso pessoal não tinha cerimônia e abusava muito da paciência dele. O momento de maior constrangimento foi quando ele acompanhou, a pedido, sem demonstrar desconforto, alguém da família cantando "Garota de Ipanema" totalmente fora do tom. Foi medonho. Mas, enfim, como ele mesmo escreveu, "no peito do desafinado...".

Na época eu tentava, sem grande sucesso, namorar uma brasileira de origem libanesa que morava em Nova York. Ela era linda, linda, muito parecida com a Audrey Hepburn (todas as libanesas – não sei por que – são maravilhosas). Trouxe a maravilha para ouvir o Tom.

---

1 Publicado originalmente em *O Globo*, em 26 de dezembro de 2014.

Das músicas dele a minha preferida sempre foi “Este teu olhar”. Você não faz ideia, leitor, do efeito que fazia a “Audrey Hepburn” emoldurada pela música do Tom! “Este teu olhar/quando encontra o meu/fala de umas coisas que eu nem posso acreditar”. Toda a infelicidade entre o homem e a mulher decorre de não se poder ficar neste olhar, eternamente.

Lembrei-me de repente de uma crônica do Nelson Rodrigues, “Analfabetos do Amor”, a penúltima que ele publicou: “Um simples olhar, de uma luz mais viva, um sorriso leve é quanto basta para que dois seres experimentem a esperança de uma comunhão docemente infinita”. Mas esse olhar, continuava ele, é normalmente uma promessa que não se cumpre. O namoro abre uma fase de perspectivas inquietantes. Começam as brigas de namorados, tão comuns, obrigatórias mesmo. E os pequenos atritos vão aos poucos ferindo e destruindo o sentimento amoroso.

Mas volto ao Tom. Como se sabe, ele passava boa parte do tempo em Nova York, onde tinha um apartamento próximo ao Central Park, mas nunca teve grande afinidade com os americanos e não se sentia totalmente em casa nos Estados Unidos.

Um dia, ele estava no Rio de Janeiro, conversando com o Vinicius de Moraes quando este de repente declarou: “O importante é viver, não ser feliz”. O Tom ficou extasiado. Deu os proverbiais arrancos triunfais de cachorro atropelado. “Vinicius, volto para Nova York amanhã e vou fazer toda uma música em torno dessa sua frase!”, prometeu.

Passaram-se alguns dias, telefona o Tom: “Vinicius, a sua frase não deu certo. O meu produtor americano quer mudá-la para: o importante é viver e ser feliz”...

SE DEUS NÃO EXISTE... (KANT)

Ayn Rand, com fidelidade duvidosa, resolveu parafrasear Kant: "Se a verdade os mata, deixe-os morrer". A frase, radical e impiedosa, não seria provavelmente endossada por Kant, pelo menos não nesse formato. Ela é parente do radicalismo que levou a Robespierre, Saint Just e o Terror. Kant era admirador de Rousseau e seguiu com vivo interesse e, que eu saiba, algum entusiasmo os primeiros movimentos da Revolução Francesa – para depois se assustar com o Terror.

O impressionante na paráfrase de Rand é o traço de intolerância autoritária, típica de certo tipo de temperamento – aquele que se pretende radicalmente científico ou racional. A verdade acima de tudo, custe o que custar – até a vida! A vida dos que não podem suportá-la vale menos do que a Verdade – e aqui sente-se a necessidade de capitalizar o substantivo, como se faz obrigatoriamente em alemão. *Wahrheit über alles* (A Verdade acima de tudo).

Admirável coragem! Ao mesmo tempo, quanto empobrecimento e embrutecimento da vida. A vida pode, em sã consciência, dispensar os véus protetores da fé, da confiança, das convicções, da maquiagem, da arte e – por que não o dizer? – da mentira pura e simples? A verdade não raro conflita com a vontade de viver. Pode ameaçar a vida – ou pelo menos esvaziá-la de qualquer sentido.

Nietzsche, em certas fases da sua vida, pautava-se pela percepção de que o homem precisa das suas ilusões para viver. E compreendia que a razão, a consciência e, sobretudo, a moral ameaçavam e danificavam a vontade de viver.

A máxima atribuída a Kant, como paráfrase, é tão irrealista que nem ele próprio conseguiria se ater a ela. Ao fim e ao cabo, procurou um refúgio no que ele chamou de "Razão Prática" por oposição à "Razão Pura". A *Crítica da Razão Pura* desembocou em aporias perigosas. A Razão Pura, deixada à própria sorte, não conseguia oferecer respostas às questões fundamentais. Defrontado com a percepção de que as verdades da Razão Pura – ou as suas indeterminações – colocavam em dúvida as bases da moral, da ética e, em última análise, a ordem social, Kant construiu todo um castelo de areia, a *Crítica da Razão Prática*, uma estrutura complexa, mas extremamente precária, que mereceu a cintilante sátira de Schopenhauer. (Ainda me lembro de com 18 ou 19 anos ler a crítica de Schopenhauer à *Crítica da Razão Prática* e me emocionar com a beleza do ataque).

Dostoievski, mais realista, mais impiedoso do que Kant, concluiu pela boca de um dos seus personagens: "Se Deus não existe, tudo é permitido". Antecipando essa conclusão desordeira, Kant já havia buscado a curiosa inversão de raciocínio que está na base da *Crítica da Razão Prática*: como tudo não pode ser permitido, Deus existe! A lei moral, supostamente inquestionável, passaria a ser o fundamento para a existência de Deus, incerta à luz da Razão Pura.

A tentativa não fez escola...

E bem fez Heine de debochar do professor alemão:

> *Zu fragmentarish ist Welt und Leben!/ Ich will mich zum deutschen Professor begeben./Der weiss das Leben zusammenzusetzen,/ Und er macht ein verständlich System daraus;/ mit seinen Nachtmützen und Schlafrockfetzen/Stopft er die Lücken des Weltenbaus.*

Traduzo, com sacrifício da rima, mas não do ritmo e do sentido:

> O mundo e a vida são fragmentários demais/ Vou recorrer ao professor alemão. /Ele vai saber recompor a vida/ e dela fazer um sistema que entendo;/ com seus gorros e farrapos de roupão/ ele preenche as lacunas do edifício global.

CORAÇÃO[1]

Para Lia

Coração, palavra emblemática. Ocupa, desde sempre, o lugar de metáfora para tudo que há de afetivo, sentimental, impulsivo em nós – pela simples razão de que o coração palpita mais forte a cada choque emocional que recebemos, a cada risco que tomamos, a cada momento de beleza. Em todas as línguas, coração tem conotações desse tipo. Como soa bonito em italiano, por exemplo, *cuore*, ou em francês, *coeur*, ou mesmo nas línguas germânicas, geralmente mais ásperas – *heart* em inglês, *Herz* em alemão.

Na poesia, na literatura, na canção, o coração aparece e reaparece como elemento central. É quase um sinônimo de beleza e, como ela, flutua ambivalente entre a verdade e o poder. Em certas manifestações, submete-se ao poder, serve seus propósitos escusos, e até criminosos, sem – paradoxalmente – desvirtuar-se. Paradoxo intrigante. Em todos seus descaminhos, o coração permanece fiel a si mesmo.

O verdadeiro artista sobrevive – intacto, em última análise – a todas as catástrofes morais e políticas a que possa ter se associado.

---

1 Crônica publicada originalmente em *O Globo*, em 25 de novembro de 2016.

Richard Wagner, Richard Strauss, Gustav Gründgens, Wilhelm Furtwängler, Herbert von Karajan, todos eles artistas geniais, colaboraram com o nazismo. Wagner que foi, como se sabe, de longe o compositor predileto de Hitler, serviu de trilha sonora para o partido nazista, mas acabou se recuperando dessa associação comprometedora. Todos os mencionados, sem exceção, são hoje fervorosamente admirados. O artista, sendo como é guardião maior das coisas do coração, acaba perdoado, cedo ou tarde.

Há uma passagem maravilhosa em que Nietzsche introduz a palavra coração, com belo efeito dramático, para culminar uma reflexão sobre o que significa o reino dos céus para Cristo e os primeiros cristãos. Aliás, a passagem consta de *Anticristo – Maldição contra o Cristianismo*, livro de Nietzsche em que coexistem, estranhamente, violentos ataques ao cristianismo com trechos que revelam compreensão comovida da mensagem de Cristo.

O reino dos céus, escreveu ele, não é algo que está "acima da terra" ou que vem "depois da morte". Está, por assim dizer, além do espaço e do tempo. O próprio conceito de morte natural está ausente do Evangelho. A "hora da morte" não é uma noção cristã – a "hora", o tempo, a vida física e suas crises sequer existem para Cristo, diz Nietzsche. E arremata: "O 'reino de Deus' não é algo que se aguarde, não tem ontem nem depois de amanhã, não virá em mil anos – é a experiência de um coração; está em toda parte, não está em parte alguma...".

Veja, leitor, o que significa escrever bem. Eis o artista. E Nietzsche ele mesmo deu a talvez melhor definição (que já citei um milhão de vezes) do que é ser artista: considerar como conteúdo mesmo da arte e da vida aquilo que os não artistas denominam "forma".

DOIS TIPOS DE GÊNIO (WAGNER E MOZART)[1]

A figura do gênio, do talento extremado, admite variações. Mas um tipo concentra a atenção a ponto de ofuscar os demais: o gênio conturbado e turbulento – que poderíamos chamar de "gênio romântico".

Wagner, por exemplo. Toda a sua obra foi construída no modo agônico, em meio a angústias e incertezas. A sua correspondência revela um homem torturado por dúvidas quanto ao seu valor como músico, como artista. Mesmo depois de *Lohengrin*, mesmo depois de *Tristão e Isolda*, mesmo depois de *Os Mestre Cantores de Nuremberg*! Nesse tipo de artista, a obra se realiza como autossuperação. E a beleza como que pressupõe o sofrimento.

Numa chave menor, mais discreta, menos tumultuada, temos Tchekhov, que escreveu um dia a seguinte frase marcante, profundamente autobiográfica: "A insatisfação consigo mesmo é a fonte de todo verdadeiro talento". Poderia ter escrito talvez: "de todo talento construído, penosamente construído, à custa de sacrifícios". Toda a sua vida foi uma luta para abrir espaço para a prática da escrita.

Entendido como valorização ou até glorificação do sofrimento, o romantismo marca nossa cultura ocidental, desde suas raízes cristãs. E marca de tal maneira que é fácil perder de vista que o gênio romântico não é o único, que há outro tipo de gênio, oposto ao

1 Publicado originalmente em *O Globo*, em 17 de fevereiro de 2017.

romântico, mais natural, talvez mais saudável, mais ligado às raízes da vida. Refiro-me ao que poderíamos chamar de gênio clássico ou iluminista.

Mozart talvez seja o exemplo mais notável. Nele, desde a infância profunda, a musicalidade parecia fluir naturalmente, sem sobressaltos, contorções ou angústias. Um músico iluminado, desde o início.

Um episódio ficou na minha lembrança. Quando se preparava a estreia de *Don Giovanni*, em Praga, o tenor escalado para o papel de Don Ottavio não dava conta da ária "Il mio tesoro intanto". Faltavam um ou dois dias, e Mozart se recusava a simplificá-la. Como se resolveu o impasse? Mozart compôs logo outra, mais simples, igualmente maravilhosa: "Dalla sua pace"! As duas árias estão incorporadas à versão final de *Don Giovanni*, a que é apresentada até hoje em todo o mundo.

Veja, leitor, como é imprópria a frase de Tchekhov, como ela empalidece quando referida a Mozart – um artista nato. Quando criança ou adolescente deixava transparecer em suas composições uma compreensão de sentimentos e situações que uma pessoa naquela idade não poderia ter vivenciado ou sofrido. Compunha, por assim dizer, por presságios, pressentia vivências que só mais tarde poderia viver.

Superioridade do gênio clássico? Pode ser. E, no entanto, o romantismo ressoa dentro de nós, e a sua atração persiste e sobrevive à análise e à crítica. Como escreveu Fernando Pessoa, no *Livro do Desassossego*:

> A maior acusação ao romantismo não se fez ainda: é a de que ele representa a verdade interior da natureza humana. Os seus exageros, os seus ridículos, os seus poderes vários de comover e de seduzir, residem em que ele é a figuração exterior do que há mais dentro na alma.

BELEZA COMO MANDAMENTO[1]

Posso falar de arte e artistas outra vez? Espero que haja leitores e leitoras, mesmo poucos, que se interessem pela figura singular e tão fundamental do artista. Ou quem sabe dou sorte e há um ou outro artista aí fora, extraviado neste texto?

Queria começar com duas grandes almas russas – Dostoievski e Tolstoi. Artistas até o fundo mais remoto da alma, sucumbiam, volta e meia, à tentação de ser mais do que artistas. Pousavam então de líder religioso (Tolstoi), jornalista e publicista (dostoievski), moralista (os dois) e pensador social (os dois). Em todos esses papéis foram geralmente bem-sucedidos – mas sobretudo enquanto *artistas*.

Não sei se o leitor me entende. Em Tolstoi, a pregação religiosa aparece como performance artística, ainda que talvez prejudicada pela interferência sincera de outras preocupações. Nas mãos de Dostoievski, o texto jornalístico não informa nem opina propriamente, mas traz muitos momentos de beleza e brilho retórico. Como pensador social, Dostoievski foi, em determinada fase da vida, obscurantista e retrógrado, mas mesmo esses seus textos políticos fascinam pela música verbal, pela verve, pelas imagens.

Sempre me pareceu que o artista verdadeiro sacrifica qualquer "conteúdo", qualquer "coerência" por uma bela frase, por um belo

1 Publicado originalmente em *O Globo*, em 4 de agosto de 2017.

gesto, por um belo efeito plástico ou cênico. Como dizia Oscar Wilde, "coerência é a virtude dos que não têm imaginação". Dos não-artistas, portanto.

O que distingue o artista é a busca incondicional da beleza, em detrimento da verdade, do equilíbrio, do bom-senso, da ética, da saúde e até da própria vida. (Tolstoi, em certas fases, discordaria veementemente). Além disso, leitor, o artista é, em geral, um pobre ser ameaçado, precariamente instalado no mundo. E, se faz concessões, corre o risco de se desvirtuar, de perder o rumo.

Assim, o artista *precisa* sacrificar, ou deixar em segundo plano, a verdade e a moral. A objetividade e os bons princípios são temas para outros tipos humanos, para o cientista e para o sacerdote, respectivamente. Para o artista, o "conteúdo" enquanto tal não existe propriamente. Nietzsche expressou isso, com perfeição, quando escreveu que só se é artista, verdadeiramente, quando se trata aquilo que os não-artistas chamam de "forma" como o conteúdo mesmo da coisa.

Quando um artista migra para outros terrenos (ciência, moral, filosofia, pensamento social, crítica literária) o que acaba dominando, em última análise, é a expressão da beleza. Para o verdadeiro artista, a beleza é o único mandamento. Para bem e para mal, ela interfere o tempo todo. E a obra artística resvala para a mentira, para o engano, para a fabulação. Tangencia a imoralidade, o crime, a perversão.

Paro um instante. Sinto que posso estar ferindo algum leitor ou leitora mais sensível, mais idealista, talvez mais jovem. Ressalvo então: a verdade e a moral podem, sim, coincidir com a beleza, podem aparecer juntas e se reforçar mutuamente. Mas não como regra geral. Há beleza na verdade, há beleza na bondade, mas é uma beleza ligeiramente suspeita aos olhos do verdadeiro artista e da verdadeira beleza. A beleza subordinada a outros valores, exercendo função decorativa para a ciência, para a moral, para a política ou para a fé, fica na condição de elemento complementar de atividades essencialmente estranhas ao artista, à arte e à beleza.

SOFRIMENTO E BELEZA[1]

Ao voltar ao Brasil, em fins de 2017, depois de mais de dez anos no exterior, senti certo estranhamento – mais do que estranhamento, repulsa. Sei que a palavra é muito forte, hesitei em usá-la, mas o Brasil estava irreconhecível. Nem parecia o mesmo país.

Claro, naqueles anos todos, nunca havia perdido contato com o país. Vinha aqui com frequência a trabalho, mantinha contato com familiares, amigos, e não podia falar em surpresa. Mas a verdade é que, na distância, sofria menos.

Não quero me deter nesse sofrimento agora. Quero falar, leitor(a), de uma pequena vitória da nossa língua portuguesa – vitória imaginária, de certo, mas vitória mesmo assim. E vitória sobre a língua de Shakespeare, o que – convenhamos – não é pouco.

Começo com o próprio Shakespeare que, em *Otelo*, saiu-se com o seguinte: "*To mourn a mischief that is past and gone/ Is the next way to draw new mischief on*".

Bonito verso, sem dúvida. Mas veja agora, leitor, a tradução para o português, de autoria de Onestaldo de Pennafort Caldas:

1 Publicado originalmente em *O Globo*, em 24 de novembro de 2017.

"Lamentar uma dor passada, no presente, é criar outra dor e sofrer novamente".[2]

Na nossa língua, o verso ganha, acredito, em sonoridade e beleza, não é mesmo? Dor passada/no presente/outra dor/sofrer novamente. A versão portuguesa é mais adaptação do que simples tradução. Quem a fez sacrificou a fidelidade literal ao texto, e recriou o verso em outras bases. Privilegiou a música das palavras, deixando de lado o sentido exato do original em inglês. Saiu uma pequena joia.

Mas vamos olhar o verso um pouco mais de perto. O que há de verdade nesse lampejo de beleza? É válida a exortação a não reviver dores passadas?

Talvez não. O que faz o artista, por exemplo, senão reviver o sofrimento? Difícil imaginar beleza que não esteja, de alguma forma, enraizada no sofrimento e na repetição do sofrimento.

Enraizada, por certo, no sofrimento *passado*, já vivido, recuperado na lembrança. O sofrimento, em si, enquanto vivência atual, é rigorosamente mudo – como uma criança abandonada, que não tem palavras para dizer o que sente. Só depois, com o passar do tempo, a vida se recupera misteriosamente. E o artista é aquele que transforma a experiência do sofrimento em canto, música, arte, beleza.

A arte é sempre a lembrança de uma dor vivida. Bem dizia Dostoievski: "Para escrever bem, é preciso sofrer, sofrer". Por isso

---

2 Há outras traduções do mesmo verso para o português, como me contou Peter Naumann, mas nenhuma chega aos pés da de Onestaldo. Por exemplo: "Chorar depois, de salvo, uma desgraça/É chamar outra ainda mais feia e grossa" (autoria de Carlos Alberto Nunes). Outro exemplo: "Lamentar um infortúnio que está morto e enterrado/é dar o passo certo na direção de atrair para si novo infortúnio" (Beatriz Viégas-Faria). Ou ainda: "Pois lamentar o mal que já passou/É quase que pedir um novo mal" (Barbara Heliodora). Repare, leitor(a), que as três alternativas à de Onestaldo são não só inferiores, como canhestras. Traduzir poesia é uma arte em si mesma.

tão poucos escrevem realmente bem. Poucos se dispõem a mergulhar no sofrimento.

O mais significativo na observação de Dostoievski talvez seja a repetição da palavra sofrer. O artista sofre, primeiro, como simples ser humano – para depois reviver o sofrimento enquanto artista e transfigurá-lo em beleza para todos.

Beleza para todos, beleza que redime e resgata o sofrimento de todos.

RAZÃO, CORAÇÃO (DESCARTES E PASCAL)[1]

Há razões de sobra para ler os clássicos. Uma delas é de ordem prática: um livro que é lembrado décadas e até séculos depois da sua publicação, algum significado há de ter. Mais vale ficar com ele do que se perder em mil leituras duvidosas de obras recém-publicados.

O Discurso do Método, de Descartes, e *Os Pensamentos*, de Pascal, escritos no século 17, estão entre esses livros que sobrevivem aos séculos. São eternos, eu diria, especialmente o de Pascal, se o eterno estivesse ao alcance do humano.

Não é incomum contrapor esses dois pensadores. A contraposição remonta ao próprio Pascal. De uma geração posterior, referia-se criticamente a Descartes, em diversas passagens: “Descartes inútil, incerto. Enfatiza demais a razão, aprofunda demais a ciência”, dizia.

Mas o antagonismo entre os dois não pode ser reduzido a um confronto entre razão e sentimento. A crítica de Pascal às pretensões da razão, ao que ele chamava de “espírito de geometria”, e a sua defesa do “espírito de sutileza (*finesse*)”, não o levavam ao irracionalismo, a um romantismo exacerbado *avant la lettre*.

---

1 Publicado originalmente na *Carta Capital*, em 7 de fevereiro de 2018.

O aforismo mais conhecido de Pascal – "O coração tem razões que a própria razão desconhece" – não é revelador? O coração tem *razões*. São razões de outra ordem, de certo, inacessíveis à razão propriamente dita, mas razões mesmo assim.

O coração não quer ir contra a razão, mas quer ser respeitado por ela, quer que ela reconheça os próprios limites e desista de tentar submetê-lo, tirá-lo de cena ou tratá-lo como anacronismo medieval.

Em Pascal, tudo isso é preparação de terreno para a apologia do cristianismo em face da maré montante da descrença e do racionalismo. A religião, admite ele, não pode ser fundamentada racionalmente. A existência de Deus é incerta à luz da razão. "Deus", diz ele, "é sensível ao coração, não à razão". Só que a fé em Deus não é irracional, e sim razoável, defensável à luz da razão, uma "aposta" sensata.

Um argumento, levantado apenas de passagem por Pascal, me parece essencial. No terreno da religião e da metafísica, a razão não oferece certezas. Quem anseia por elas, deve dirigir-se ao campo próprio da "geometria" – metonímia para as ciências abstratas, fundadas na matemática.

Mas o campo da "geometria" é estreito – mais estreito do que parecia a pensadores como Descartes e talvez mesmo Pascal. Com a "geometria" não se vai longe, pois – e aqui talvez o essencial – *todas* as grandes questões humanas, *não apenas as metafísicas*, escapam à razão abstrata.

Descartes depositava esperanças de modelar o progresso do pensamento nas ciências matemáticas, onde ele encontrava certezas, pontos de apoio sólidos – em contraste com a proliferação desordenada de opiniões na filosofia, marcada por controvérsias, correntes, seitas.

Mas a ineficácia da "geometria" não se circunscreve à órbita das angústias religiosas e filosóficas. Ela se faz sentir nas indeterminações da própria ciência, que tampouco alcança as certezas pretendidas por Descartes. Isso vale até para as ciências da natureza, não mais conhecidas como "exatas". Das ciências humanas nada preciso dizer.

Mais importante: quanto da nossa vida pede fé, confiança – necessariamente e sem qualquer garantia? A começar pelo amor, que não existe sem confiança – confiança não demonstrada, mas objeto de fé. Toda empreitada vital exige um mínimo de confiança, de disposição de apostar. Uma carreira política, por exemplo. Ou um investimento empresarial: quanto mais ambicioso e complexo, mais confiança, mais *animal spirits* requer. Assim, o argumento de que a religião e a filosofia não oferecem certezas, não as invalida.

A esgrima de Pascal contra o racionalismo, o ceticismo, a descrença disfarçam toda uma angústia, toda uma agonia. A polêmica é aguda, ajuda, mas não consola, não satisfaz, não nos tira do desamparo, pois *o coração também não oferece certezas*. Deus se oculta, em última análise, também para o coração. Que passa a depender de esperanças, sinais, milagres.

Pascal abala os dogmáticos, os racionalistas, os céticos, mas não oferece uma base segura – e nem tenta esconder que não o consegue. Ao fim e ao cabo, ficamos com o seu *cri de coeur*: "O silêncio eterno dos espaços infinitos me apavora".

SONHOS (FERNANDO PESSOA)[1]

Já disse, e repito: não sou um sonhador. Cético de temperamento, parece-me até meio ridícula, ligeiramente demagógica e sentimental, a frequente referência a sonhos e à necessidade de sonhar. E, no entanto,...

Manoel Bomfim, um dos grandes pensadores brasileiros (injustamente esquecido como são muitos grandes brasileiros – enquanto, diga-se de passagem, não poucos trastes e mediocridades são celebrados intensamente), Bomfim dizia que uma nação precisa inventar os seus próprios sonhos, sonhar os seus sonhos plausíveis.

Sonhos *plausíveis* – inspirados de alguma forma, ainda que tênue ou não tão evidente, na realidade histórica e atual da nação. Temos que sonhar nossos sonhos, sonhados por nós, cultivar nossas próprias imagens, nossas próprias noções de beleza, verdade e valor, dizia ele por outras palavras.

Bonito. Mas aí é que se abre o alçapão. Sonhos podem ser perigosos. Certo tipo de sonho, justamente os plausíveis que desejava Bomfim. O sonho possível carrega em si a possibilidade da decepção e do sofrimento.

---

1 Uma versão condensada desta crônica foi publicada na revista *Carta Capital*, em 9 de julho de 2021.

E, por essa via, chego ao verdadeiro assunto desta pequena crônica – um outro gênio da nossa raça, este verdadeiramente monumental. Refiro-me, leitor, ao grande, imenso, gigantesco Fernando Pessoa. A poesia, como sabemos, resiste tenazmente à tradução. Se Pessoa tivesse escrito em francês ou inglês (até escreveu nesta última língua, mas pouco), seria conhecido e venerado no planeta inteiro. Ele deixa na poeira, a meu ver, muitos luminares da literatura francesa ou anglo-americana. Quantos deles parecem realmente minúsculos ao lado do poeta português!

Não só por sua poesia, que é fulgurante, mas também por sua prosa. E dela retiro uma observação acurada sobre dois tipos de sonhos. Vamos passar a palavra a ele diretamente. Diz Pessoa, ou o heterônimo Bernardo Soares, no *Livro do Desassossego*:

> Tenho mais pena dos que sonham o provável, o legítimo, e o próximo, do que dos que devaneiam sobre o longínquo e o estranho. Os que sonham grandemente, ou são doidos e acreditam no que sonham e são felizes, ou são devaneadores simples, para quem o devaneio é a música da alma, que os embala sem lhes dizer nada. Mas o que sonha o possível tem a possiblidade real da verdadeira desilusão. Não me pode pesar muito o ter deixado de ser imperador romano, mas pode doer-me o nunca ter sequer falado à costureira que, cerca das nove horas, volta sempre à esquina da direita. O sonho que nos promete o impossível já nisso nos priva dele, mas o sonho que nos promete o possível intromete-se com a própria vida e delega nela sua solução. Um vive exclusivo e independente; o outro submisso das contingências do que acontece.

Maravilhoso, não? A relação ambivalente com o sonho permeia a sua obra, também a poética. Por exemplo, no lindo poema "Manhã dos outros!", que sei de cor e cheguei a tentar, quando morava em Washington, traduzir para o inglês para benefício de alguns amigos estrangeiros:

> Manhã dos outros! Ó sol que dás confiança/ Só a quem já confia! / É só à dormente, e não à morta esperança/ Que acorda o teu dia.

E aí vem o verso cintilante:

> A quem sonha de dia e sonha de noite, sabendo/ Todo sonho vão, / Mas sonha sempre, só para sentir-se vivendo/ e a ter coração.
>
> A esses raias sem o dia que trazes, ou somente/ Como alguém que vem/ Pela rua, invisível ao nosso olhar consciente, / Por não ser-nos ninguém.

Em inglês, ficou assim o verso central:

> *To those that dream by day and dream by night, knowing / that all dreams are vain/ But go on dreaming, just to feel what it´s like to be alive/ And to have a heart.*

Falei em "amigos estrangeiros". Não queria dar pinta de quem explora a poesia para fins espúrios e extra poéticos. Mas a verdade é que a tentativa de tradução foi para uma namorada estrangeira, linda, linda, mas por desgraça totalmente ignorante da bela língua portuguesa.

Mas volto ao poema. Vê-se, claramente, que a morta esperança não está tão morta assim. E que continua sonhando de dia e de noite, sonhando sempre, mesmo *declarando* todo sonho vão, por saber que a vida e o coração deixam de existir propriamente sem a capacidade de sonhar.

Já estou resvalando para uma defesa meio ingênua do sonho. Na verdade, o mais interessante, tanto no texto como no poema de Pessoa, é o embate, dentro da mesma alma, entre o impulso de sonhar e a resistência a ele. Ou em outros termos, talvez mais precisos: o conflito entre a vontade de sonhar e a incapacidade de fazê-lo plenamente, com o coração inteiro. A sua obra está eivada de paradoxos ou hesitações desse tipo, sempre carregadas de conotações emotivas.

Dou outro exemplo, também retirado do *Livro do Desassossego*, este do âmbito da política, sobre a dualidade sincero/insincero ou ilusão/realismo prático:

> O governo do mundo começa em nós mesmos. Não são os sinceros que governam o mundo, mas também não são os insinceros. São os que fabricam em si uma sinceridade real por meios artificiais e automáticos; essa sinceridade constitui a sua força, e é ela que irradia para sinceridade menos falsa dos outros. Saber iludir-se bem é a primeira qualidade do estadista. Só aos poetas e aos filósofos compete a visão prática do mundo, porque só a esses é dado não ter ilusões. Ver claro é não agir.

Raramente encontrei um parágrafo tão brilhante, tão iluminado por paradoxos certeiros! Não são os sinceros nem os insinceros que lideram. A sinceridade do estadista é fabricada e real ao mesmo tempo. E, contrariamente ao senso comum, a visão realista do mundo não é do estadista, mas do poeta e do filósofo, cuja clarividência, entretanto, impede a ação. Enfim, repito, um gênio da nossa raça.

Talvez esteja me perdendo do assunto inicial. Mas nem tanto. Em relação a sonhos, cabe a mesma ambivalência. Os sonhos plausíveis de Bomfim são fonte de equívocos, desastres e decepções. Mas sem eles o que sobra da vida? Ela não se esvazia? Sonhar não pede coragem? E o ceticismo pode ser, no fundo, sintoma de perda de vitalidade. Talvez uma forma de covardia.

E, assim, continuamos. Mesmo sabendo ou proclamando todo sonho vão, vamos sonhando, de dia e de noite, sonhando sempre, para sentir-nos vivendo e a ter coração.

A ARTE SALVA – CRÔNICA SOBRE UM POETA ALEMÃO (HEINE)[1]

Para Lavínia

A língua alemã é uma pátria mesmo para aqueles a quem a tolice e a maldade negam uma pátria.

Heinrich Heine

Há uma frase de Nietzsche que merece ser lembrada: "*Wir haben die Kunst, damit wir an der Wahrheit nicht zugrunde gehen*". (A arte existe para que a verdade não nos destrua). Precisamos dela hoje mais do que nunca. E arte realista, diga-se de passagem, é um equívoco do começo ao fim.

Mas esta crônica não é sobre Nietzsche, que também foi poeta, mas sobre outro poeta alemão – Heinrich Heine. Na verdade, judeu alemão, da primeira metade do século 19, da primeira geração de judeus emancipados, ainda muito perseguidos, ainda muito discriminados. E no século seguinte, como sabemos, tudo isso ficaria inacreditavelmente pior.

1 Uma versão condensada desta crônica foi publicada na revista *Carta Capital*, em 16 de abril de 2021.

Nietzsche pensava certamente em Heine quando escreveu, *tongue in cheek*, para provocar os antissemitas do seu tempo, que a melhor mistura possível era entre alemães e judeus. Há outros exemplos notáveis – Marx, Freud, Einstein, Kafka (judeu tcheco, mas que escrevia em alemão e fazia parte do espaço cultural alemão), Rosa Luxemburgo, Hannah Arendt, Stefan Zweig, Otto Maria Carpeaux, Roberto Schwarz, entre muitos. Não estou aqui fazendo diferença entre judeus alemães e austríacos, por motivos óbvios. Tento usar "judeu" e "alemão" em sentido mais cultural do que étnico-racial. Até porque, ao longo dos séculos, os judeus se miscigenaram muito com os diferentes povos europeus. E os alemães, por sua vez, incluindo os austríacos, também se misturaram muito com celtas e latinos, de um lado, e eslavos e húngaros, do outro. Para encontrar a célebre pureza "ariana" é preciso olhar mais para o Norte, para a Escandinávia. Lá encontramos povos germânicos mais puros, que nos legaram, entretanto, bem menos do que os miscigenados alemães. Mas fecho esse parêntese e volto a Heine.

Nunca me saiu da lembrança o dia em que conheci Heine. Eu era desde os 17 anos um leitor voraz de Nietzsche. Não entendia grande coisa, mas adorava mesmo assim. (Continuo falando de Nietzsche, mas chego a Heine em seguida). Pois bem, Nietzsche tinha Heine em altíssima conta, chegando a escrever em sua autobiografia intelectual, *Ecce Homo*:

> O conceito mais alto de poeta foi Heine quem me ofereceu. Procuro em vão em todos os reinados dos milênios por uma música tão doce e apaixonada. Ele tinha aquela crueldade divina sem a qual não consigo conceber a perfeição. E como manejava o alemão!

Esses elogios rasgados despertaram a minha curiosidade.

Em 1977, com 22 anos, eu estudava em Londres e passeava um dia pelas livrarias de Tottenham Court Road. (Nem acredito que já tive 22 anos um dia, um terço da idade que tenho hoje!). Topei por acaso com um pequeno livro de poemas de Heine (que tenho até hoje) e, abrindo ao acaso, encontrei o seguinte poema (que sei de cor até hoje). Recito, primeiro, o original porque, como já observou alguém, poesia é por definição o que escapa à tradução:

> *Herz, mein Herz, sei nicht beklommen,/Und ertrage dein Geschick./Neuer Frühling gibt zurück,/Was der Winter dir genommen.*
>
> *Und wieviel ist dir geblieben!/Und wie schön ist noch die Welt!/Und, mein Herz, was dir gefällt,/Alles, alles darfst du lieben!*

Traduzo assim:

> Coração, meu coração, não fiques aflito,/E suporte o teu destino/Nova primavera devolverá/O que o inverno te tomou.
>
> E quanto ainda te resta!/E como é belo ainda o mundo!/E, meu coração, o que te agradar,/Tudo, tudo podes amar!

Foi amor à primeira vista. Tornei-me então leitor voraz de Heine também.

Abro outro pequeno parêntese. Antes que o leitor pense que estou fazendo aqui uma exibição de cultura, quero confessar lisamente que a minha cultura é muito limitada, mas muito mesmo. Assim, por exemplo, mal li Shakespeare (só os sonetos), quase nada de Proust, apenas partes da Divina Comédia, de Flaubert só Madame Bovary, de Zola só a carta aberta em defesa de Dreyfus, quase nada de Goethe e Schiller, pouco de Vitor Hugo, quase nada de Saramago, nada de Castro Alves, nada de Drummond, nada de Guimarães Rosa. Só consigo me dedicar a autores que despertam o meu afeto e o meu entusiasmo. Heine está entre eles.

Repare, leitor, no final do poema acima transcrito. Quando o li pela primeira vez, em pé, na livraria de Tottenham Court Road, o verso me conduziu inconscientemente a esperar o verbo "ter" no fecho. Lindo que tenha aparecido em vez disso o verbo "amar", não é mesmo? Não me esqueço da emoção que esse fecho produziu em mim há mais de 40 anos!

Muito da poesia de Heine é mais sofrida, desesperançada. Como notou o grande crítico literário Marcel Reich-Ranicki (outro extraordinário judeu alemão, nascido na Polônia), Heine "estilizava a sua dor para poder suportá-la". A observação de Reich-Ranicki, que reli recentemente, foi que me deu vontade de escrever esta crônica.

Heine estilizava sua dor de forma cintilante. Terminou um poema assim:

> *Gut ist der Schlaf, der Tod ist besser – freilich/Das beste wäre, nie geboren sein.*
>
> (Bom é o sono, melhor a morte – claro/Melhor mesmo seria nunca ter nascido).

Outro verso:

> *Zwecklos ist mein Lied. Ja, zwecklos/Wie die Liebe, wie das Leben,/Wie der Schöpfer samt der Schöpfung!*
>
> (Sem sentido é a minha canção. Sim, sem sentido/Como o amor, como a vida/Como o criador e toda a sua criação!)

Heine era um romântico, mas um romântico *défroqué*, excomungado, como notou um crítico francês na época. Ele tomava distância dos exageros e dos ridículos do romantismo. Fez crítica feroz à escola romântica alemã, em livro polêmico, mas justamente celebrado. Um romântico ambivalente, e por isso mesmo mais interessante.

Em outro poema, ele se vale da figura mitológica de Atlas para escrever:

> *Ich unglückselger Atlas, eine Welt, /Die ganze Welt der Schmerzen, muss ich tragen,/Ich trage Unerträglilches, und brechen/Will mir das Herz im Leibe.*
>
> *Du stolzes Herz! du hast es ja gewollt!/Du wolltest glücklich sein, unendlich glücklich/Oder unendlich elend, stolzes Herz,/ Und jetzo so bist du elend.*
>
> (Eu, Atlas infeliz, carrego um mundo/o mundo inteiro de dores, devo carregar/ Suporto o insuportável/e o coração quer se partir dentro do meu peito.
>
> Coração orgulhoso! foi o que quiseste! /Querias ser feliz, infinitamente feliz/Ou infinitamente infeliz, coração orgulhoso, /E agora és infeliz).

Peço desculpas, leitor. Fiz o meu melhor para dar uma ideia do que foi Heine para quem não lê alemão. Mas o meu melhor, a bem da verdade, é fraco. Não consegui dar senão uma pálida ideia da beleza da sua obra. Deve haver por aí traduções muito melhores do que essas que improvisei aqui. Talvez não para o português, mas para o francês ou para o espanhol.

Tive a sorte na vida de poder aprender alemão na Alemanha, quando adolescente. E como vale a pena saber a bela língua alemã! Nem que seja apenas para ler Heine no original. Queria, também, saber russo para ler Pushkin e dostoievski no original. Mas aí já é pedir demais.

COMO CONHECI FERNANDO PESSOA[1]

Volto a falar do grande, do imenso Fernando Pessoa, desta vez para contar como cheguei a ele. A maneira como conheci Pessoa, uma das minhas grandes paixões, foi um tanto estranha, devo dizer. Estranha, mas de alguma forma aparentada com ele mesmo – ele que, em verso célebre e já um pouco desgastado pelo excesso de citação, escreveu que "o poeta é um fingidor/ finge tão completamente/ que chega a fingir que é dor/ a dor que deveras sente".

Antes de entrar na estória propriamente, faço um breve preâmbulo. Quando morava em Genebra, aos 16/17 anos, tive aulas particulares de português e literatura, em preparação para o vestibular brasileiro. Estamos em 1971/1972. A professora era a poeta Marly Oliveira, muito talentosa, que mereceria ser mais conhecida. Na época, esposa de um diplomata brasileiro, ela se casaria anos depois com João Cabral de Melo Neto. Não era linda, mas tinha traços bonitos e uma vasta cabeleira negra. E quando começava a falar, com voz aveludada e sedutora, produzia um impacto! Ela era amiga próxima de Clarice Lispector, por quem tinha veneração. "Clarice", dizia, "não é como você ou eu, Paulinho. É um gênio!" E ela gostava muito de falar de Fernando Pessoa – um trecho dele

1 Uma versão mais curta desta crônica foi publicada na revista *Carta Capital*, em 18 de março de 2022.

ficou na minha memória desde então: "Todo cais é uma saudade de pedra", recitava ela com voz calculadamente grave e sonora. Mas a verdade é que, naquele tempo, a professora me impressionava muito mais do que os versos de Pessoa que ela recitava.

Passou. Num primeiro momento, Pessoa bateu e escorreu. Só vários anos depois é que o encontro com ele se deu. E, em circunstâncias, insólitas, que passo a relatar.

Tudo começou com uma namorada que tive dos 18 aos 22 anos. Não sei se devo dizer o nome dela, pois a estória talvez não a deixe tão bem. Acho que não devo. Ela morreu no final de 2020, de câncer, e uns seis meses antes da sua morte (ela nem sabia que estava ou ficaria doente), tivemos uma longa conversa por telefone, depois de décadas sem nos falarmos. Recapitulei com ela o episódio que vou contar, com cuidado, gentilmente, e ela, sabendo da minha propensão à narrativa, me fez prometer que se algum dia escrevesse a respeito, não daria o nome dela.

Vou rebatizá-la como Celina. Bem, confesso que ela sofria nas minhas mãos. Nelson Rodrigues dizia que aos 18 anos um homem não sabe nem como se diz bom-dia a uma mulher e que, por isso, todo homem deveria nascer com 30 anos feitos. (Ou mais, digo eu). Em retrospecto, percebo que eu era pernóstico e pedante. Meus desafetos dirão que ainda sou. Mas posso garantir – aos 18 anos, era muito pior. Cheio de livros, leituras, filmes, citações, o efeito que eu produzia sobre ela era massacrante, intimidador. Celina era culta e lia muito. Inteligente, sabia se defender. Mas, insegura, não lidava bem com a avalanche cultural que eu desencadeava.

Estamos agora em Brasília por volta de 1973/1974. Um dia ela me disse, timidamente: "Sabe, eu escrevo". Fiquei logo interessado, mas ela não queria mostrar de jeito nenhum. "Não está bom, preciso melhorar" etc., mas eu insistia e insistia, e não sosseguei enquanto ela não cedeu. Acabou me trazendo certo dia um texto dela sobre um marinheiro que naufragou e, perdido numa ilha, recriou a terra natal na imaginação. Texto curto, simplesmente maravilhoso. Fiquei impressionado, mas ela me fez prometer que não mostraria a ninguém porque "não estava pronto", "não gostava tanto do texto" etc. Abriu uma exceção apenas para a namorada do meu irmão João, chamada Denise, uma gaúcha linda, de olhos verdes, inteligente e charmosa, que estudava literatura na UnB. Lembro-me tão bem do impacto que o texto causou sobre a Denise. A inveja brotou incontrolável no seu rosto. Refeita do susto, ela se pôs a fazer diversas correções e sugestões que Celina ouviu pacientemente. (Não estou gostando de usar um pseudônimo, mas paciência).

O tempo foi passando e eu pedia sempre que ela escrevesse mais textos ou me mostrasse outros que tivesse escrito. Com muita relutância, ela aparecia com mais alguns, mas nada chegava aos pés do texto sobre o marinheiro naufragado. E o assunto morreu.

Anos depois, remexendo gavetas, dei de cara com o texto dela sobre o marinheiro, esquecido lá no meio de papéis. Reli. Impressionante! Mas pensei, com convicção: "Ela não escreveu isso". Aí dei uma tremenda prensa nela, tão forte que ela, embora com medo, acabou confessando que não era dela, e sim de Fernando Pessoa! Imaturo e inseguro, fiquei revoltado. Se ela me mentia assim, como confiar em qualquer coisa que me dissesse? Sofri. Não percebia que, pelos motivos antes mencionados, eu era corresponsável pelo elaborado fingimento. Elaborado porque ela fora desencavar de dentro de uma peça de teatro não muito conhecida de Pessoa o trecho fulgurante sobre o marinheiro.

Tudo passa. A mágoa passou. E depois de algum tempo nos divertíamos lembrando das várias correções da Denise a Fernando Pessoa!

Fui atrás da obra dele. E passei de um encantamento a outro – *Mensagem*, os heterônimos Álvaro de Campos, Alberto Caeiro e Ricardo Reis, *O Livro do Desassossego* e tantas outras obras, de poesia e prosa. Aprendi de cor, e ainda sei, vários dos seus poemas.

Alguns exemplos, entre centenas. Sobre Dom Sebastião: "Sem a loucura que é o homem/ Mais que a besta sadia,/ Cadáver adiado que procria?" E aquele poema "Aniversário", de Álvaro de Campos, que começa: "No tempo em que festejavam o dia dos meus anos,/ Eu era feliz e ninguém estava morto", para fazer todo um percurso maravilhoso e terminar assim: "Hoje já não faço anos./Duro./ Somam-se me dias./Serei velho quando o for./Mais nada./Raiva de não ter trazido o passado roubado na algibeira!.../O tempo em que festejavam o dia dos meus anos!"

Ou ainda aquele pequeno poema cintilante sobre o amor, que vai aqui na íntegra:

O amor, quando se revela,
Não se sabe revelar.
Sabe bem olhar p'ra ela,
Mas não lhe sabe falar.

Quem quer dizer o que sente
Não sabe o que há de dizer.
Fala: parece que mente...
Cala: parece esquecer...

Ah, mas se ela adivinhasse,
Se pudesse ouvir o olhar,
E se um olhar lhe bastasse
P'ra saber que a estão a amar!

Mas quem sente muito, cala;
Quem quer dizer quanto sente
Fica sem alma nem fala,
Fica só, inteiramente!

Mas se isto puder contar-lhe
O que não lhe ouso contar,
Já não terei que falar-lhe
Porque lhe estou a falar...

Repare, leitor, na simplicidade genial. O poema começa com uma afirmação geral, uma espécie de tese: "O amor quando se revela...". Mas de repente afunila rapidamente e desce como uma águia para *ela*, palavra que remete a uma mulher particular, que cada um de nós irá associar a uma certa mulher, única, inconfundível.

Quem sou eu para dizer isso, mas arrisco mesmo assim: Fernando Pessoa é um dos grandes gênios da literatura mundial de todos os tempos. Só não é mais conhecido porque escreveu em português, nossa belíssima língua, que não tem, entretanto, o impacto internacional do francês, do espanhol, do alemão e, sobretudo, do inglês.

Vale a pena saber português, repito pela enésima vez, só para ler Pessoa no original.

UM POUQUINHO DE BRASIL

DORITA

Dorita, das minhas tias a preferida, foi a última sogra do Tom Jobim, que se casou com a filha dela, Ana, em 1978. Inteligente, boêmia e divertida, Dorita logo se tornou amiga do Tom, do Vinicius de Moraes e de outros da turma. E, de vez em quando, frequentava com eles os restaurantes e bares do Leblon.

Uma vez, Dorita me contou um pequeno episódio. Estavam lá, em algum lugar no Leblon, Tom, Vinicius, Dorita e Ana, quando entra no local o Ibrahim Sued com amigos. Ibrahim Sued, hoje esquecido, era um jornalista e colunista social do jornal *O Globo*, ultraconhecido no Rio de Janeiro e no Brasil inteiro (numa época em que o Rio ainda era a caixa de ressonância do país). Ibrahim se aproximou da mesa do Tom e do Vinicius para trocas barulhentas e efusivas de saudações e abraços. O colunista e seu séquito seguiram para outra mesa. Então, alguém, talvez a própria Dorita, pergunta ao Vinicius: "Afinal, que tal esse Ibrahim?" E o Vinicius: "É uma boa pessoa, mas não vale nada".

Dorita me fez prometer que eu não publicaria essa história, não por causa do Ibrahim, que já havia morrido àquela altura, mas por causa dos filhos dele, que ela conhecia. Não cumpri a promessa, como se vê, e não é nem a primeira vez que a conto publicamente. Na primeira vez que o fiz, tirei uma conclusão que não quero endossar agora. Disse que era esse justamente o problema do Brasil, país com muitas "pessoas boas que não valem nada". Mas não é justo nem verdadeiro. Não quero me juntar aos inúmeros depreciadores do Brasil, que são eles mesmos brasileiros, em sua esmagadora maioria, portadores incuráveis do complexo de Narciso às avessas, Narcisos que cospem na própria imagem – uma variante da metáfora do complexo de vira-lata, ambas criadas pelo Nelson Rodrigues.

E digo mais: a *boutade* do Vinicius, irresponsável como podem ser as *boutades*, não foi justa com o Ibrahim, um descendente de imigrantes pobres que subiu na vida pelo próprio esforço e se tornou nacionalmente conhecido. Ele saiu do anonimato, aliás, com uma célebre fotografia em que flagrou Otávio Mangabeira, um líder da União Democrática Nacional, a UDN, beijando de forma abjeta a mão do general americano Dwight Eisenhower, que visitava o Brasil logo depois de se consagrar como comandante das forças aliadas no front ocidental na Segunda Guerra Mundial. A UDN, registro de passagem, era uma antepassada histórica do PSDB de Fernando Henrique Cardoso, entreguista e americanófila até a medula. E Otávio Mangabeira vem a ser avô do grande filósofo brasileiro, Roberto Mangabeira Unger, que dele não herdou, porém, subserviência aos americanos.

Volto um instante ao Ibrahim Sued. Ele era, registre-se, espirituoso e criativo. Como colunista, inventou ou adaptou uma série de bordões que, à força de repetição, se tornaram célebres: "Em sociedade tudo se sabe", "Olho vivo, que cavalo não desce escada", "*Sorry*, periferia", "Os cães ladram e a caravana passa" – este último dirigido a seus numerosos detratores. A elite decadente do Rio de Janeiro tinha desprezo pelo filho de imigrantes árabes pobres. Ibrahim tentou um dia entrar para o Country Club de Ipanema e levou bola preta. Ficou triste, mas deu a volta por cima: entrou para um clube um pouco menos esnobe, o Gávea Golf Club, em São Conrado. E nunca mais falou do Country em suas colunas e programas de televisão. Era Gávea, Gávea e mais Gávea.

Esnobismo é mesmo uma das piores pragas. Meu pai, ele mesmo de família modesta e que sofrera quando jovem alguma discriminação por causa disso, sempre dizia que, paradoxalmente, a palavra esnobe, derivada de *snob*, tinha origem no italiano – *senza nobilitá*, sem nobreza. Merecida etimologia.

Mas era da Dorita que eu estava falando. E conto para encerrar mais uma pequena história dela. A família do meu pai tem muita gente interessante, mas a Dorita sempre se destacou. Certa vez, comemorávamos em São Paulo o aniversário de 80 anos de outra tia, a Thereza, também muito querida. Reuniram-se para jantar, em grande quantidade, espalhados por várias mesas, seus irmãos e primos, além de filhos, netos, sobrinhos e sobrinhos-netos. Ocasião alegre. Houve diversos discursos da ala mais jovem em homenagem à aniversariante, que pendiam, porém, para o emotivo e o tradicional. Sentado ao lado da Dorita e sabendo que ela falava com graça e originalidade, fiz o apelo insistente: "Pede a palavra, por favor!" Ela hesitou um pouco mas acabou se levantando e falando o seguinte:

> Eu não ia dizer nada, mas o Paulinho ficou me perturbando. Conto uma história. Uma vez um judeu polonês conversava em Nova York com um amigo, também judeu, e disse: "Tenho um tio que mora na Polônia, tem 80 anos, e faz sexo todo dia". O amigo duvidou. "Mas, te digo", repetiu, "todo santo dia!" Como o amigo insistisse em desacreditar, ele teve que explicar: "É que ele não sabe que tem 80 anos!"

Dorita sentou-se frustrada. É que quase ninguém rira. E ela para mim, sorrindo com a sua habitual ironia: "Eu te falei, não adianta. Eles nem sabem o que é sexo".

IDEIAS? *VADE RETRO*!

Não sei se tem lugar neste livro a figura sinistra do bufunfeiro. Em todo caso, vou incluir e aqui vai. Serei breve para não poluir estas páginas com elementos repulsivos.

Como sabem os meus leitores, a turma, talvez melhor (como sugeriu um leitor) a *turba* da bufunfa, não pensa propriamente. Adere firmemente, contudo, a alguns princípios fundamentais de prudência e convívio. Entre eles aquele que estabelece que nada pior, nada mais nocivo para a saúde financeira de um país, em especial de suas instituições bancárias, do que a circulação de ideias – ideias de qualquer tipo, mas especialmente de cunho econômico.

O leitor duvida? Pois que observe os economistas prestigiados pela turba. O seu traço mais notável é a total ausência de qualquer ideia. Não há nem vestígios disso. O discurso deles é regido pela mais estrita repetição dos chavões aceitos no momento pela bufunfa nacional e, sobretudo, internacional. E a repetição mecânica de clichês torna dispensável a articulação de ideias.

Não vou dar exemplos práticos para não individualizar um fenômeno que é de grande amplitude social. Para o bufunfeiro-padrão o essencial é nunca primar pela originalidade, antes o contrário. Só assim podem ser considerados nos meios financeiros. E os jornais e televisões estarão então sempre prontos a acolher os seus pontos de vista. Em outras palavras, e se o leitor me permite o lugar comum, trata-se de fugir de ideias como o diabo foge da cruz.

Coisa curiosa, os bufunfeiros, economistas ou não, costumam ser gordos, gordos de rotunda e generosa circunferência. Segundo teoria hoje ultrapassada, a gordura sobe ao cérebro e dificulta a circulação das ideias. Tanto melhor! É exatamente o que se busca e não haverá de ser inteiramente por acaso que muitos bufunfeiros são também obesos.

Mas não vou insistir nesse aspecto estritamente folclórico e correr o risco de ser acusado de gordofobia. Para qualquer situação, a resposta de qualquer bufunfeiro será sempre a mesma: os malefícios do risco fiscal. "Mas sempre e invariavelmente?", poderia perguntar, espantado, o leitor. Sim, sempre e invariavelmente! Há sempre riscos e esses são sempre fiscais.

O problema, claro, de dar espaço para esse tipo de figura é a monotonia, o que ameaça os índices de audiência dos nossos canais televisivos e a circulação dos nossos valorosos jornais. Mas, enfim, o mais importante é resguardar as instituições da influência perniciosa das ideias.

Uma consideração final. Vamos ser justos e equilibrados. A turba da bufunfa tem a sua sabedoria, deve-se reconhecer. Afinal, a experiência histórica mostra, de fato, que economistas com ideias podem ser perigosos e até destrutivos. Veja-se o famigerado Plano Collor, para mencionar o pior exemplo. Muito melhor fiar-se na figura inofensivamente bovina do bufunfeiro-padrão. Antes o tédio e a mediocridade do que aventuras e experimentos impensados.

A USINA NUCLEAR DO MEU PAI[1]

Se o leitor me perguntasse: "Você acredita em vida após a morte?", eu responderia: "Não". E, no entanto,...

Bem sei que o assunto conduz facilmente ao ridículo. Pensei em me cercar de Shakespeare ("Há mais coisas entre o céu e a terra...") ou de Einstein ("A tênue linha que separa a física da metafísica..."). Mas vou deixar de lado os dois gênios e as suas frases já surradas pelo excesso de uso. Invoco apenas o nosso gênio nacional, Nelson Rodrigues, que dizia, com muita razão, que só os cretinos completos e acabados não conseguem ser ridículos de vez em quando.

Dei essa pequena volta para relatar um episódio estranho, meio místico, que aconteceu comigo há pouco e guarda relação com um assunto que está na primeira página dos jornais, quase todo o dia, nos últimos dias.

Na quinta-feira retrasada fui a Porto Alegre para uma conferência. Tarde livre, saí para passear um pouco pelas ruas do centro, acompanhado de uma amiga, Marta Cioccari, que pode dar testemunho da verdade do que vou contar. Paramos em frente a uma dessas mesas colocadas nas calçadas para vender livros usados e

---

1 Versão ampliada de crônica publicada originalmente na *Folha de S.Paulo*, em 8 de abril de 2004.

outros objetos. Aí acontece o seguinte: um desconhecido, um homem de uns 30 anos que estava ao meu lado, uma pessoa simples, um "popular" como se diz, dirige-se a mim de repente e mostra um dos livros expostos, que me passara despercebido. O título do livro: *A usina nuclear do meu pai*. Não quis dar trela, temendo uma maluquice qualquer, e tratei de seguir caminho.

Andei uns 20 metros, pensei um pouco e estanquei. Resolvi voltar para comprar o livro. Estranha coincidência. O sujeito não me conhecia; visivelmente não era um leitor de jornais ou um interessado em temas econômicos. Mesmo na hipótese remota de que tivesse me reconhecido, nunca poderia saber que o meu pai havia o negociador do acordo Brasil-Alemanha e o condutor do programa nuclear brasileiro nos anos 1970.

O leitor provavelmente pouco ou nada sabe a esse respeito. Em 1975, durante o governo Geisel, o Brasil iniciou um programa nuclear em cooperação com a Alemanha Ocidental. O programa tinha finalidades pacíficas, mas era ambicioso: envolvia a transferência e absorção de tecnologias sofisticadas e sensíveis, a construção de uma série de usinas nucleares para geração de energia elétrica, a produção de equipamentos em território nacional e o domínio pelo Brasil do ciclo completo do combustível nuclear, entre outros aspectos. Apesar da oposição cerrada dos Estados Unidos e da União Soviética, o Brasil e a Alemanha foram adiante. O meu pai estava à frente das negociações pelo lado brasileiro.

Nos primeiros anos, o programa desenvolveu-se conforme o planejado. Porém, no governo Figueiredo, com a crise da dívida externa e as dificuldades financeiras do país, os planos teuto-brasileiros começaram a parecer ambiciosos demais. Ao mesmo tempo, a necessidade de buscar socorro financeiro em Washington abriu espaço para que o governo dos Estados Unidos minasse o programa nuclear brasileiro. O programa foi sofrendo sucessivos cortes e adiamentos. O meu pai acabou pedindo demissão e voltou à sua casa, o Itamaraty, onde ainda desempenharia tarefas importantes nas negociações comerciais do GATT (o antecessor da OMC) e nas Nações Unidas, como representante brasileiro. Morreu em 1994, repentinamente, quando estava ainda em plena atividade – e aflito com a crescente subordinação do Brasil ao chamado Consenso de Washington, aquele conjunto de regras e políticas que os países desenvolvidos não aplicam, mas exportam para os incautos da periferia.

Fiquei cismado. Folheei o livro (um romance futurista escrito em 1985, cujo enredo começa em 1998) e fiquei na mesma. Contei o estranho episódio a alguns amigos. Sexta-feira passada foi meu aniversário, e a minha mãe reuniu os familiares de São Paulo para um jantar. Contei a história outra vez. E perguntei: está acontecendo alguma coisa na área nuclear? Ninguém sabia de nada.

Desde que meu pai morreu, não acompanho mais essa questão. Não voltei ao assunto nem quando o governo Fernando Henrique Cardoso tomou a decisão de aderir ao discriminatório Tratado de Não-Proliferação Nuclear, em 1998, abandonando as posições defendidas pelo Brasil desde que esse tratado foi proposto no final da década de 1960.

No domingo veio a resposta. Um dos principais jornais dos Estados Unidos, o *Washington Post*, publicou em primeira página, reportagem que levantou suspeitas da existência de um programa nuclear de caráter bélico no Brasil. A reportagem caiu como uma bomba. Desde segunda-feira, o tema nuclear, que ficara quase sempre em segundo plano durante todos esses anos, passou a frequentar a primeira página dos principais jornais brasileiros, não raro como principal notícia.

O governo dos Estados Unidos está novamente tentando cercear a atuação do Brasil nesse terreno. Porta-vozes do governo Bush, em declarações anônimas, manifestam o desejo de enquadrar o programa nuclear do Brasil e submetê-lo a controle internacional mais detalhado. Na segunda-feira, o *Financial Times*, de Londres, previu que "o governo de esquerda do Brasil" sofrerá "pressões internacionais crescentes nas próximas semanas" para permitir inspeções mais completas das suas instalações nucleares.

O correspondente da *Folha de S.Paulo* em Nova Iorque transmitiu declarações sintomáticas de um especialista em América Latina do Brookings Institute, um dos principais *think-tanks* norte-americanos. Segundo esse especialista, "aparentemente há pessoas na administração Lula que são muito nacionalistas" e têm uma "atitude típica dos anos 1970".

Alguém precisa avisar os nossos irmãos do Norte de que o Brasil está tentando mudar. Foi-se o tempo – esperemos que para não voltar – em que uma tecnocracia pró-EUA dava as cartas em praticamente todas as áreas do governo FHC. Estamos levantando a cabeça outra vez, em matéria nuclear e em outras áreas.

***

O leitor já terá percebido onde queria chegar. O meu pai é o único que, lá de um possível outro mundo, parece se comunicar volta e meia comigo, em sonhos ou de outras maneiras. Não foi a primeira nem a última vez.

Duas maneiras de ver esses incidentes estranhos. A mais emocionante e, de certo, mais apelativa: como exemplos de comunicação entre vivos e mortos. A mais desencantada: como efeito da força da percepção subjetiva, que vive em mim desde sempre, de ter herdado as preocupações do meu pai, em especial com o Brasil e sua independência.

O leitor haverá de ter notado, de qualquer modo, o paralelo entre as duas interpretações. Ou não? O que temos, afinal, nos dois casos senão vida após a morte?

OLAVO SETÚBAL[1]

O leitor pode estranhar o tema desta crônica. É notório que as minhas relações com os integrantes do sistema financeiro são frias e distantes, marcadas por alguma aversão recíproca. Olavo Setúbal foi o único banqueiro com quem mantive contato ao longo dos anos. Por exemplo, no Conselho da Fiesp, no tempo de Mario Amato, e no Fórum da Gazeta Mercantil, no início da década de 1990. Depois, quando eu ainda morava em São Paulo, ele me chamava, volta e meia, para almoçar na sede do Itaú. Não concordávamos em quase nada, devo dizer, mas isso não o desanimava, e ele continuava me convidando.

O brasileiro, dizia Nelson Rodrigues, é muito aberto ao monólogo. Dr. Olavo não era tipicamente brasileiro nesse particular. Gostava de polêmicas e de dialogar com seus opositores. Ele não mudava um milímetro de opinião, é verdade, mas não posso reclamar – eu também não.

Era um homem culto e com visão aguçada das pessoas. Uma vez me disse: "Alguns aqui no banco acham que você é comunista. São uns ignorantes. Você é gaullista". Exatamente. Gosto de lembrar uma passagem das *Memórias de Guerra* de Charles de Gaulle,

---

1 Versão pontualmente atualizada de crônica publicada na *Folha de S.Paulo*, em 2 de setembro de 2008.

passagem célebre, em que ele escreveu que sempre se fizera "uma certa ideia da França".[2] Também sempre acreditei que nós, brasileiros, devemos nos fazer "uma certa ideia do Brasil". Também devemos pensar o Brasil como destinado a ocupar uma posição de destaque no mundo, dos pontos de vista político, econômico e cultural. Parafraseando De Gaulle, se nos acontece a infelicidade de ver a trajetória do país marcada pela mediocridade, devemos considerar que estamos diante de uma anomalia absurda, imputável às falhas dos brasileiros, e não ao Brasil.

Olavo Setúbal não compartilhava, é claro, desses impulsos nacionalistas, talvez românticos. Tinha espírito público, mas a sua visão do Brasil era muito mais cética e desencantada. Costumava dizer, às vezes com certa exasperação: "Vocês esquecem do essencial: a questão do poder". E repetia, com o seu vozeirão: "O poder é a questão central!" Passava então a discorrer sobre a inutilidade de se contrapor aos Estados Unidos. "Eu construí esse império" – e apontava com orgulho para os prédios do Centro Empresarial Itaú – "mas eu não me iludo: perto dos bancos americanos, o Itaú não representa grande coisa".

Isso foi há algum tempo. Depois da crise financeira de 2008-2009, o quadro mudou um pouco. Enquanto os bancos americanos atravessavam gravíssima instabilidade, os nossos continuaram sólidos e poderosos – até demais, como já tive ocasião de ressaltar. Quando me mudei para Washington, em 2007, todos esses meus sentimentos se fortaleceram. Com a distância, o meu nacionalismo romântico se acentuou. Não esqueço leitor, das nossas mazelas: a pobreza, o atraso educacional, a vergonhosa concentração da renda. Mas o Brasil tem qualidades incomuns. Uma delas: no Brasil, os adversários raramente se transformarem inimigos. As diferenças de opinião não costumam descambar para o ódio e a agressão pessoal. Pelo

---

2 DE GAULLE, Charles. *Mémoires de Guerre, L'Appel 1940-1942*. Paris: Librairie Plon, 1954, p. 5.

menos não antigamente, antes do golpe contra Dilma Rousseff e da ascensão do bolsonarismo. Não sei se na Argentina, por exemplo, um economista com as minhas características preservaria, ao longo de anos, o diálogo com um empresário como Olavo Setúbal.

Fernando Pessoa já discorria sobre essas diferenças entre nós, brasileiros, e nossos vizinhos hispânicos. "A fatal desvantagem da psicologia espanhola", escreveu ele,

> parece ser a sua tendência para a divisão. Isto vê-se muito claramente na América do Sul. Enquanto a parte portuguesa, enorme como é no seu território, se conservou una sob o nome de Brasil, a parte espanhola dividiu-se em várias repúblicas. (...) O separatismo parece ser, por qualquer razão desconhecida, uma maneira de ser espanhola. (...) [Já] o português (usando a palavra num sentido suficientemente lato para incluir os brasileiros) mantém a sua tendência orgânica para a unidade e a coesão.

Essa unidade e coesão, ainda que relativas como tudo, é um patrimônio que o Brasil precisa conservar a todo custo.

BRASIL, PAÍS-PLANETA (OU SAUDADES DO FUTURO)[1]

Ultimamente, tenho pensado muito no papel planetário do Brasil – não só com a cabeça, mas também com o coração. Isso pode parecer estranho, quando se considera o ponto baixíssimo em que nos encontramos, dentro e fora de casa. Reconheço que é mesmo estranho. Mas nosso país, leitor, vai sobreviver a isso e tem que pensar grande. Não pode cuidar apenas de si mesmo e da sua vizinhança imediata.

Estou exagerando? Não creio. O Brasil teve, ou começou a ter, em tempo não muito distante, exatamente esse papel planetário. Eu mesmo participei disso, no âmbito do FMI, do G20 e dos BRICS, e sei do que estou falando. O que vou escrever, hoje, está ancorado não apenas em desejos ou projetos, mas também em *vivências*. Convido o leitor a passar ao largo da nossa conjuntura deplorável e voltar os olhos para o futuro. Também do futuro se pode ter saudades.

Megalomania e nanomania

Bem sei que toda vez que o Brasil procura se comportar à altura da sua dimensão e do seu potencial, ergue-se, sinistro, o coro das vozes discordantes, céticas ou derrotistas. Denuncia-se, muito mais

---

1 Publicado originalmente no *Jornal GGN*, em 26 de julho de 2021.

dentro do que fora do país, não raro com agressividade, a suposta megalomania de projetos nacionais brasileiros.

Ora, ora, francamente! Megalomania? Ao contrário! O brasileiro sofre de nanomania, como notou Celso Amorim. Exatamente isso: nanomania, mania de ser pequeno, termo que talvez tenha sido cunhado por ele mesmo.

O nosso problema nunca foi uma suposta mania de grandeza. Aliás, nem tem cabimento falar nisso. O Brasil é grande – objetivamente falando. Nem precisamos, portanto, ter mania de ser o que já somos.

O que nos falta, claro, é a dimensão subjetiva da grandeza, a autoconfiança que transforma a grandeza objetiva, factual em uma realidade completa. Mas a base objetiva e factual é de uma abundância clamorosa.

Permita, leitor, que eu me repita um pouco, antes de entrar propriamente no assunto deste artigo. É que a repetição costuma ser um recurso absolutamente essencial. Já dizia Nelson Rodrigues que tudo aquilo que não é repetido, com insistência, com determinação e com descaro, permanece rigorosamente inédito. Seguindo essa recomendação, tenho então apontado incansável e obsessivamente para o óbvio ululante: o Brasil é um dos gigantes do mundo. Temos o quinto maior território, a sexta maior população e a oitava economia do planeta. O Brasil faz parte de um grupo de apenas cinco países, junto com os Estados Unidos, a China, a Índia e a Rússia, que integram as listas das dez maiores nações em termos de PIB, extensão geográfica e habitantes. Não foi por outra razão que batizei o meu livro mais recente de *O Brasil não cabe no quintal de ninguém*.

Esses dados de tão óbvios nem precisariam ser mencionados, muito menos insistentemente. Nem seria necessário que um economista brasileiro escrevesse um livro com esse título. É a nossa nanomania que torna a insistência inescapável, ou pelo menos desculpável.

Isso tudo a título de introdução. Eis o que eu realmente queria dizer: ao Brasil está reservado um destino planetário e, por isso, não podemos pensar apenas em nós mesmos e nossos vizinhos próximos. Messiânico? Que seja. Mas tento explicar.

Europa, Estados Unidos, China

Começo pelo quadro mundial. Há um vácuo escandaloso no planeta. Nenhuma das principais potências, apesar dos seus méritos, consegue oferecer uma visão de mundo convincente.

A Europa, por exemplo, é uma maravilha. Que continente! Quanta cultura, história, beleza e variedade! E, no entanto, envelheceu. Não tem mais o mesmo vigor, nem a mesma criatividade. Enquanto em países como o Brasil tudo está por se fazer, na Europa o peso do passado esmaga as gerações presentes. Preconceituosa e fechada, *repliée sur soi même*, a Europa sequer se interessa, realmente, pelo resto do mundo. Defensiva e agarrada a suas conquistas e seus privilégios, pouco oferece, pouco inventa em benefício dos outros. Eu mesmo vi como no FMI e no G20, os europeus, em bloco, resistiam tenazmente à reforma das instituições internacionais.

Os Estados Unidos são inegavelmente uma grande nação, que já deu e ainda dará muito para o desenvolvimento da civilização. Sem ter cultura e história tão antigas e tão ricas quanto às da Europa, os americanos compartilham com os europeus valores, tradições, princípios. E, também, alguns receios fundamentais. Temem o fim da hegemonia duramente conquistada no século 20. Lidam mal com a perda gradual de expressão econômica e demográfica, em face da ascensão dos países de economia emergente, especialmente a China. No meu convívio com os americanos, no FMI e no G20, pude notar como é difícil, às vezes impossível, trabalhar em cooperação com eles. Mesmo quando há acordo nos temas em discussão! Prevalece do lado americano uma atitude arrogante e uma certa mania de se autodesignar líder mundial e pretender, com frequência, impor seus pontos de vista.

Isso muda com Biden? Ele está se esmerando em recuperar a coesão interna do país, erodida por décadas de políticas econômicas e sociais de cunho neoliberal e pelos tumultos ocasionados por seu antecessor imediato. Tem plena consciência de que atacar as desigualdades, injustiças e ineficiências que se acumularam nos últimos 40 anos é condição *sine qua non* para enfrentar o desafio representado pela China. Ao fazer esse esforço interno, Biden rompe com políticas regressivas e manda uma mensagem positiva para o mundo.

Infelizmente, a essa altura, já ficou claro que uma coisa é a sua política interna, inovadora e louvável, e outra a sua política externa, marcada pelos vícios e egoísmos arraigados da potência imperial. Solidariedade, justiça e desenvolvimento para dentro. Imperialismo, hostilidade ou indiferença para fora. É isso mesmo? Não quero ser injusto nem preconceituoso, mas a política internacional de Biden não escapa por enquanto dos trilhos tradicionais. Até gostaria de poder dizer o contrário. Mas como? Para citar apenas um exemplo: até agora Biden não deu um passo sequer para relaxar a política de embargo em relação a Cuba, intensificada no período Trump.

E a China? Ela tem condições de ocupar o vácuo deixado pelas potências tradicionais? De oferecer uma mensagem nova para o mundo? Os chineses, assim como os europeus e americanos, têm qualidades – e não são poucas. São notáveis a sua disciplina, capacidade de trabalho, dedicação, sentido de coletividade e patriotismo. Os chineses se orgulham, com toda razão, do sucesso estrondoso do país ao longo das mesmas quatro décadas em que grande parte do Ocidente empacou no atoleiro neoliberal. A China, diga-se de passagem, nunca comprou o "Consenso de Washington" que tanto sucesso fez aqui na América Latina. A coesão que falta aos Estados Unidos sobra na China (talvez seja até excessiva).

E, no entanto, apesar de algumas iniciativas de impacto, notadamente a Rota da Seda, como ainda é estreita e pouco criativa a agenda internacional da China! Tanto no FMI, como no G20 e nos BRICS, pude observar como os chineses concentram seus esforços em poucos pontos-chave, que julgam do seu interesse, e deixam o resto mais ou menos em segundo plano. Isso deve mudar, acredito, mas não de uma hora para outra.

Nos anos mais recentes, com Xi Jinping no comando, perdeu-se um aspecto que me parecia importante – um certo cuidado, uma certa humildade no trato com outros países. O sucesso talvez tenha subido um pouco à cabeça. Nota-se agora certa arrogância, certo chauvinismo. A China, ainda mais do que antes, tem dificuldade em despertar a confiança de outros países e, em especial, dos seus vizinhos. Não tem liderança e hegemonia asseguradas nem mesmo no Leste da Ásia. Há muita inveja, intriga e propaganda anti-China, sem dúvida, mas os chineses também fomentam as reações negativas a eles no exterior.

O papel planetário do Brasil

Mas era do Brasil que queria falar. Como fica então o nosso país nesse quadro internacional? Pois bem, prepare-se, querido leitor, para uma declaração bombástica: o Brasil destina-se por sua própria história e formação a exercer um papel singular, a trazer uma mensagem de esperança, generosidade e união para o planeta inteiro.

O texto já está ficando longo demais e preciso tentar ser mais direto. Por circunstâncias da vida, coube-me viver grande parte do tempo no exterior. E cedo pude perceber as grandes qualidades do brasileiro em comparação com outros povos – vivacidade, alegria, cordialidade, afetuosidade, doçura, criatividade, capacidade de inventar e improvisar, entre outras. Desde 2015, e sobretudo desde 2019, fomos jogados na negação disso tudo. O brasileiro já nem se reconhece mais. Mas não é em alguns poucos anos que se consegue destruir o espírito de um povo. E é justamente desse espírito que o planeta está precisando, urgentemente, para fazer face a suas crises econômicas, sociais, climáticas e de saúde pública.

A nossa história nos prepara para exercer naturalmente um papel planetário. O Brasil é um país universal na sua própria origem e formação. Para cá confluíram os povos originários, oriundos da Ásia, os portugueses, os africanos, outros povos europeus, italianos, espanhóis, alemães etc. A maior população japonesa fora do Japão está no Brasil. A população brasileira de origem libanesa é maior do que a população inteira do Líbano. Salvador é a maior cidade negra fora da África, superada em número de habitantes por apenas quatro ou cinco cidades do outro lado do Atlântico Sul. O Brasil, em suma, contém o planeta dentro de si mesmo.

Quase diria: não é só que o Brasil não cabe no quintal de ninguém, mas é o mundo que cabe no nosso quintal. Mas isso já seria arrogância, algo que o brasileiro sabe bem evitar. Não é que o mundo cabe no nosso quintal. Ele está *dentro de nós*, na nossa história, na nossa formação, no nosso sangue. O mundo nos constituiu.

Nem preciso frisar que esse papel internacional do Brasil depende da retomada de um projeto nacional de desenvolvimento, que começa com o resgate do próprio povo brasileiro, resgate que precisa ser consubstanciado na geração de empregos e oportunidades e na luta contra a desigualdade, a pobreza e a injustiça dentro do país. Esse resgate tem que tomar a forma de uma verdadeira ofensiva, um movimento em marcha forçada, concentrado no tempo e apoiado em experiências bem-sucedidas na área social.

Mas o ponto que queria frisar é que o nosso projeto nacional de desenvolvimento não poderá ser apenas nacional, estreito e egoísta. Nacional, sim, mas não apenas nacional. Brasileiro, sim, mas não fechado e excludente. O projeto brasileiro haverá de ser nacional e universal ao mesmo tempo. É o nosso destino.

Estou usando aqui a palavra destino *cum grano salis*. O Brasil pode perfeitamente continuar infiel a esse destino. E deixar, assim, uma imensa lacuna no planeta.

A nossa vivência

A quem duvide disso tudo e queira desqualificar o que estou dizendo como mero delírio, utopia ou devaneio tenho apenas o seguinte a dizer: o Brasil já mostrou, na prática, insisto, que tem condições de caminhar nessa direção. Foi o que vimos há pouco tempo, entre 2003 e 2010, durante os dois mandatos de Lula e, em menor medida, no governo Dilma. O Brasil já foi, como disse na época Chico Buarque, um país que não falava grosso com a Bolívia e nem piava fino com os Estados Unidos. Tratava todos com cuidado e consideração. Mais do que isso: começou a atuar em todos os quadrantes do mundo, trazendo sempre uma palavra de paz, justiça e congraçamento. Eu morava no exterior durante a maior parte desse tempo e posso testemunhar da influência crescente do Brasil e do respeito e da simpatia que suscitávamos.

Mais do que testemunha fui, em determinadas áreas, participante ativo dessa ascensão brasileira, no âmbito do FMI, do G20 e dos BRICS. Tínhamos energia, leitor, para nos preocuparmos até com temas remotamente ligados a interesses imediatos do país. Por exemplo: a Islândia estava sendo injustiçada por outros europeus? Lá estávamos nós para ajudar os islandeses a se defender no FMI. A Grécia era massacrada pela Alemanha e outros europeus? Lá estávamos nós para denunciar e criticar, em detalhe, os absurdos do ajustamento econômico imposto aos gregos. Os países pequenos e frágeis precisavam de uma atenção especial? Lá estávamos nós para construir iniciativas e mecanismos de atuação em defesa desses países dentro do FMI. Os países de língua portuguesa, da África e da Ásia, estavam abandonados e negligenciados? Lá estávamos nós para tentar auxiliá-los e, se possível, trazê-los para dentro do nosso grupo no FMI.

Nos grandes temas então, de interesse imediato e estratégico do Brasil, a atuação brasileira subia aos mais altos níveis de governo, ao Ministro da Fazenda, ao Ministro das Relações Exteriores e ao Presidente ou à Presidenta da República. Por exemplo: o G7, composto apenas pelos principais países desenvolvidos, se mostrava estreito demais para enfrentar os desafios da crise internacional? Lá estávamos nós para ajudar, e em certos momentos, liderar o movimento para transformar o G20 em foro de líderes e colocá-lo no lugar do G7 como principal instância de cooperação internacional. O Banco Mundial e outros bancos multilaterais mostravam-se intrusivos, lentos e defasados? Lá estávamos nós, junto com os outros BRICS, para criar um banco multilateral, o Novo Banco de Desenvolvimento, desenhado para inaugurar um novo padrão de financiamento do desenvolvimento, focado na sustentabilidade social e ambiental e fundado no respeito aos países em desenvolvimento e às suas estratégias nacionais. O FMI resistia a reformas em sua governança? Lá estávamos nós, de novo com os BRICS, para criar um fundo monetário próprio capaz de atuar de forma independente.

Mencionei apenas exemplos da minha esfera de atuação imediata. O Brasil fez muito mais no campo internacional. Muitas das nossas iniciativas ainda não frutificaram ou ficaram pelo caminho depois que o Brasil mergulhou na sua crise política e econômica. Estávamos apenas começando e cometemos, certamente, muitos erros. Mas ninguém estranhava que o Brasil estivesse presente e atuante em quase todas as grandes questões internacionais. É o que se espera de um país-gigante como o nosso.

É verdade, também, que a súbita ascensão do Brasil contrariou interesses e despertou inquietações e ciúmes em algumas partes do mundo desenvolvido, notadamente nos Estados Unidos, ainda que isso nem sempre se manifestasse claramente. E essas inquietações deram lugar a ações externas que explicam, em parte, as nossas desgraças atuais – como ficou claro nas informações que têm vindo à tona no passado mais recente. Temos que proteger melhor os nossos flancos e a nossa retaguarda da próxima vez.

Retomar o papel planetário do Brasil é retomar um projeto de gerações anteriores de brasileiros que souberam pensar grande. Celso Furtado, por exemplo, encerrou conferência pronunciada na USP em 2000, com o seguinte apelo aos jovens brasileiros:

> Temos que preparar a nova geração para enfrentar grandes desafios, pois se trata, de, por um lado, preservar a herança

> histórica da unidade nacional, e, por outro, continuar a construção de uma sociedade democrática aberta às relações externas. (...) Numa palavra, podemos afirmar que o Brasil só sobreviverá como nação se se transformar numa sociedade mais justa e preservar a sua independência política. Assim, o sonho de construir um país capaz de influir no destino da humanidade não se terá desvanecido.

Sobrevivemos!

Vou terminando este texto que me saiu longo demais. Espero que o leitor tenha chegado até aqui. Apesar de todos os argumentos e explicações, talvez tenha ficado, mesmo, meio delirante. Paciência. Não é, afinal, pelo delírio que se chega ao fundo das coisas? E nem me parece tanto delírio assim reconhecer que o Brasil tem condições, dimensão e experiência para atuar de forma decisiva, positiva e solidária nas grandes questões que preocupam o mundo hoje – na crise ambiental, no combate à miséria e à fome, no combate a pandemias presentes e futuras.

Entendo perfeitamente que afirmações como as que fiz possam despertar desconfiança e ceticismo. Sofremos e estamos sofrendo muito, eu sei. A destruição foi grande – e ela continua. Mas, como escreveu Nietzsche: "Da escola de guerra da vida – o que não nos mata nos torna mais fortes". Sobrevivemos e estamos nos preparando para dar a volta por cima. Em retrospecto, nossos tormentos recentes e atuais serão lembrados, acredito, como a provação que tivemos que atravessar para nos preparar melhor e de forma mais profunda para o papel planetário a que estamos destinados.

Releio o que escrevi. Está muito emotivo. Carreguei demais nas tintas? Acho que não. Mas veremos.

A ROTA DA BOA ESPERANÇA[1]

O texto anterior a este tratou do que chamei de "destino planetário do Brasil". Extravagante, eu sei. Mas vale a pena, talvez, insistir no tema. O brasileiro está precisando de alento. Delirei um pouco, eu sei. É o que tende mesmo a acontecer – quando alguém sonha sozinho, o sonho pode degenerar em delírio. Mas quando muitos sonham juntos, ah, aí o delírio pode virar realidade.

O leitor quer um exemplo de como o Brasil pode cumprir seu destino planetário? Vou recorrer a uma ideia do Saturnino Braga, um daqueles brasileiros que sabem pensar grande e que, em meio à tormenta, não perdeu a confiança no Brasil. *Ognuno sa navigare col buon vento*, dizem os italianos. O desafio é vencer tempestades.

Antes da pandemia, participei com Saturnino de uma mesa de debates no Rio de Janeiro sobre a Nova Rota da Seda, aquela grandiosa iniciativa chinesa, lançada em 2013, que consiste essencialmente de uma coleção de projetos de infraestrutura. O nome da iniciativa carrega todo um simbolismo histórico, ao evocar as antigas rotas de comércio entre a Ásia e a Europa numa época em que a China era a economia mais desenvolvida e poderosa do mundo. A Nova Rota da Seda não se circunscreve às áreas originais e alcança, também, a África e a América Latina.

---

1 Publicado originalmente no *Jornal GGN*, em 9 de agosto de 2021.

Todos falavam com admiração da iniciativa chinesa, quando de repente o nosso Saturnino resolveu inovar. E saiu-se com uma daquelas belas improvisadas que o brasileiro, como poucos, consegue produzir. Por que não, perguntou ele, uma iniciativa brasileira – uma Nova Rota da Boa Esperança, que uniria as Américas, a Europa, a África e a Ásia? O Brasil refaria, assim, o caminho das Grandes Navegações Portuguesas. Este seria o lema que poderia abrigar e energizar todo um conjunto de projetos e programas de desenvolvimento na América Latina, na África e na Ásia, impulsionados pelo Brasil.

A ideia ressoou em mim porque há muito alimentava o sentimento de que o nosso país é, na verdade, o herdeiro natural do espírito que moveu a aventura global de Portugal nos séculos 15 e 16. Em Washington, cheguei a ensaiar essa ideia, em pequena escala, ao trazer para nosso grupo no FMI países de língua portuguesa da África e da Ásia. Estávamos refazendo, eu dizia na época, *tongue in cheek*, a trajetória das Grandes Navegações.

Portugal, vítima do complexo de vira-lata

Antes de desenvolver um pouco a ideia do Saturnino, preciso abrir um rápido parêntese sobre Portugal. O brasileiro, em geral, pouco sabe, pouco entende de Portugal. O que é um absurdo arrematado, por duas razões pelo menos.

A primeira razão, óbvia, é que os portugueses, junto com outros povos, nos constituíram. Mais do que isso: Portugal liderou a criação desse imenso país que viria a ser o Brasil. E nos legou, entre outras coisas, a bela língua nacional – para o meu gosto mais bonita, diga-se de passagem, em várias das pronúncias brasileiras do que na da sua pátria original.

A segunda razão é que Portugal foi uma nação realmente extraordinária. Aquele pequeno país, numa da pontas da Europa, transformou-se em vanguarda da expansão mundial da civilização europeia. Lançou-se ao Oceano Atlântico, percorreu o litoral da

África, descobriu o caminho para as Índias, contornando o temível Cabo das Tormentas, rebatizado Cabo da Boa Esperança pelo rei João II. E chegou não só à Índia, mas à China e ao Japão. De quebra, atravessou o Atlântico e criou o Brasil.

O brasileiro sempre teve alguma dificuldade de se dar conta da importância de Portugal para nós e para o mundo. Antigamente, o mais comum era um simples desprezo, expresso nos lamentos do tipo "pena que não fomos colonizados pelos holandeses ou pelos franceses", "pena que eles não conseguiram fincar pé no Rio de Janeiro, em São Luís e em Pernambuco". O nosso destino teria sido outro, imaginava-se. Só faltava transformar Calabar (um precursor do marreco de Maringá) em herói nacional. O que se escondia por trás disso (e nem se escondia muito) era um velho conhecido nosso – o indefectível complexo de vira-lata. O desprezo por Portugal era, no fundo, uma faceta da tendência nacional à autodepreciação.

Mais recentemente, surgiu outra maneira de atacar os portugueses. Em certos círculos, a tendência é estigmatizá-los como invasores, colonizadores, escravocratas e genocidas. Tratam de reescrever a história do ponto de vista dos derrotados e escravizados. É um esforço legítimo, que permitirá uma visão muito mais completa e justa da nossa formação nacional. Só não podemos perder de vista que Portugal está em nós, no nosso sangue, na nossa cultura, como estão os africanos, os povos originários e outros povos que para cá vieram. Renegar Portugal é renegar um pedaço enorme do Brasil e da nossa história.

Fiquei sabendo que até em Portugal a sanha "descolonizadora" se faz sentir e há quem peça a remoção daquele célebre monumento às Grandes Navegações em Lisboa, "O Padrão dos Descobrimentos", um dos emblemas da cidade. Não vai vingar. O dia em que Portugal deixar de se orgulhar do seu passado glorioso será exatamente o fim. Pode fechar para balanço.

A melhor introdução à grandeza de Portugal talvez seja o livro *Mensagem* de Fernando Pessoa, uma das poucas obras publicadas por ele em vida e dedicada, em grande parte, à aventura marítima portuguesa. "O mar com fim", escreveu Pessoa, "será grego ou romano: o mar sem fim será português". Na minha ignorância selvagem de brasileiro, só fui me dar conta da grandeza de Portugal quando travei conhecimento com essa obra de Pessoa.

Mensagem é uma maravilha do primeiro ao último verso. Veja, leitor, por exemplo, o poema "Horizonte":

> Ó mar anterior a nós, teus medos
> Tinham coral e praias e arvoredos.
> Desvendadas a noite e a cerração,
> As tormentas passadas e o mistério,
> Abria em flor o Longe, e o Sul sidério
> Splendia sobre as naus da iniciação.
>
> Linha severa da longínqua costa
> Quando a nau se aproxima ergue-se a encosta
> Em árvores onde o Longe nada tinha;
> Mais perto, abre-se a terra em sons e cores:
> E, no desembarcar, há aves, flores,
> Onde era só, de longe a abstracta linha.
>
> O sonho é ver as formas invisíveis
> Da distância imprecisa, e, com sensíveis
> Movimentos da esp'rança e da vontade,
> Buscar na linha fria do horizonte
> A árvore, a praia, a flor, a ave, a fonte
> Os beijos merecidos da Verdade.

Faço aqui um apelo ao leitor: não deixe de ler ou reler *Mensagem*, livro indispensável para entender a nossa história e, também, o nosso futuro.

Brasil, herdeiro das Grandes Navegações Portuguesas

Volto, então, ao nosso destino planetário e à ideia do Saturnino. Portugal, país pequeno, diluído na União Europeia, talvez só possa permanecer fiel a seu passado em aliança com o Brasil. Não tem mais a energia e o impulso de antes. Já nosso país, um dos gigantes do mundo, tem tudo para retomar o espírito das Grande Navegações Portuguesas. Esse é o sentido da brilhante metáfora do Saturnino.

O que poderia ser a Nova Rota da Boa Esperança? A exemplo da iniciativa chinesa, poderia tomar a forma de um conjunto de projetos e programas de infraestrutura e de desenvolvimento sustentável formulados e/ou financiados pelo Brasil em colaboração com outras nações latino-americanas, africanas e asiáticas. O foco seria o desenvolvimento adaptado às exigências do século 21 – um desenvolvimento fundado, portanto, na sustentabilidade não só econômico-financeira, mas também social e ambiental. A questão climática faria com que a questão da economia verde assumisse papel central na Nova Rota da Boa Esperança.

Temos para isso instrumentos que podem ser mobilizados ou recuperados. O BNDES, a Embrapa, as empreiteiras e outras empresas brasileiras com presença internacional. Temos no Itamaraty um corpo diplomático de excelência que ajudaria a abrir caminho para a iniciativa. O Banco dos BRICS, se for capaz de ampliar o número de seus países-membros, também pode ser dinamizado para ajudar a financiar projetos e programas da Rota da Boa Esperança – até porque foi o primeiro banco de multilateral de desenvolvimento a ter a questão ambiental inscrita no seu Convênio Constitutivo.

Repare, leitor, no nome da iniciativa – “Boa Esperança”. O Brasil deve ser o portador de uma mensagem nova de solidariedade, respeito e igualdade entre as nações. Entre os grandes países, volto a dizer, só o Brasil, por suas características, sua história e sua formação singular, está talhado para trazer essa mensagem de esperança para todos.

O que nos cabe fazer é transformar o que pode parecer mero delírio em realidade. Trata-se, como escreveu Pessoa, de sonhar as formas invisíveis e buscar na linha fria do horizonte, com esperança e vontade, a árvore, a praia, a flor, a ave, a fonte – os beijos merecidos da Verdade.

CHATGPT ARRASANDO[1]

Gosto de falar, de vez em quando, com os meus leitores mais antigos. Nem sei se de fato existem e se ainda estão vivos e alertas, e talvez fique falando sozinho. Mas imagino que esta pequena crônica chegará a alguns deles. Então, eis o que queria perguntar a vocês: será que se lembram de um sobrinho criativo e algo folclórico que figurou em alguns artigos e também, de passagem, no meu livro mais recente, *O Brasil não cabe no quintal de ninguém*? Pois ele vai ser o personagem central hoje. Antes, porém, é melhor fazer uma rápida recapitulação para situar o personagem nas suas "circunstâncias sociais e históricas", como diria um sociólogo ou historiador das antigas.

Trata-se de um rapaz inteligente e possuidor de um grande senso de humor. Quando ingressou, há mais de dez anos, como estagiário num banco de investimento em São Paulo, sofreu, entretanto, uma fulminante conversão ao ideário da turma da bufunfa. Bem que sei que este grupo não tem propriamente ideias e, assim, "ideário" é um termo impróprio. Mas como todo agrupamento socioeconômico, a turma da bufunfa cultiva seus conceitos ou, melhor dizendo, preconceitos. Pois o sobrinho passou a defender, com fervor, todos esses preconceitos. Encantou-se, por exemplo, com "a taxa de juro

1 Publicado originalmente na *Revista Fórum*, em 8 de março de 2024.

de equilíbrio", aquela variável não observável, leitor, inferida por modelos, que supostamente determina o nível adequado dos juros, isto é, aquele que assegura a convergência da inflação para determinadas metas. Essa taxa de equilíbrio serve, na verdade, para o despropósito de justificar os juros pornográficos que o Banco Central praticava naquela época e quase sempre pratica. Com o entusiasmo dos novatos, o sobrinho argumentava insistentemente que os "modelos" mostravam inequivocamente que a taxa Selic de equilíbrio seria de 10% ao ano em termos reais!

Passou. Atualmente, este sobrinho é um empresário de sucesso na área educacional, revelando-se uma das poucas pessoas da família que sabem ganhar dinheiro. A nossa família, dominada por políticos (honestos) e artistas, é uma verdadeira negação em matéria financeira. Paulinho é uma exceção. Não havia dito que ele é meu xará? Esqueci. Ele é quase meu homônimo, o que me causava alguns constrangimentos, devo dizer. O motivo é que ele costumava mandar cartas aos jornais e publicar alguns artigos, sempre assinados Paulo Nogueira Batista, São Paulo, SP, ocasiões em que desancava a esquerda e atacava conhecidos meus, às vezes duramente. Eu, que também morava em São Paulo na época, tinha que sair explicando que o autor das cartas e artigos não era eu, e sim um sobrinho neoliberal. Depois de muita reclamação minha, hoje ele assina Paulo Batista.

Enfim, vamos ao ponto. No aniversário da minha mãe, que completou 94 anos há pouco, reuniu-se a família toda, numerosa, feliz e barulhenta. Paulinho não podia faltar e nem a sua mania de dar volta e meia uns tecos no tio progressista. Dessa vez, escolheu um caminho que se mostraria um pouco constrangedor para ele. Constrangedor, mas pedagógico.

O que aconteceu foi emblemático e impressionante, pelo menos para uma pessoa como eu, que faz parte de uma geração que acompanha com certa dificuldade o rápido progresso tecnológico do século 21. O incidente que passo a relatar revela, acredito, o imenso potencial da inteligência artificial.

Ocorre que, em maio do ano passado, fui apresentado de maneira ultra simpática a essa nova tecnologia. O jornalista Pedro Cafardo, do *Valor Econômico*, perguntou ao ChatGPT quem eram os dez maiores economistas brasileiros de todos os tempos. E publicou os resultados.[2] Entre os dez maiores, para a minha surpresa, figurava o meu nome como décimo da lista. Era o lanterninha, mas dei mesmo assim os proverbiais arrancos triunfais de cachorro atropelado, como diria Nelson Rodrigues. Mas houve mais. O jornalista repetiu a pergunta ao ChatGPT e o meu nome voltou a aparecer, desta vez em sexto lugar! Apenas outros quatro economistas (Celso Furtado, Mario Henrique Simonsen, Maria da Conceição Tavares e João Paulo dos Reis Velloso) apareceram nas duas listas, ambas encabeçadas por Furtado, realmente o nosso maior economista,[3] o que conferia certa plausibilidade às respostas da inteligência artificial.

O meu nome, entretanto, realmente destoava. Devo reconhecer. Meu sobrinho, assim como outros familiares neoliberais e bolsonaristas, haviam recebido com grande ceticismo a lista do ChatGPT. Paulinho resolveu então, para divertimento geral, repetir a pergunta: "Quem são os dez maiores economistas brasileiros de todos os tempos?" Leitor, não é que voltei a aparecer, agora como quinto colocado! A minha fé na inteligência artificial crescia de cinco em cinco minutos.

Mas o sobrinho não se deu por vencido. Fez nova pergunta: "Quais são os critérios para a elaboração da lista?" O ChatGPT

---

2 CAFARDO, Pedro. "Os dez maiores economistas brasileiros, segundo a IA". *Valor Econômico*, 23 mai. 2023. Disponível em: https://valor.globo.com/brasil/coluna/os-dez-maiores-economistas-brasileiros-segundo-a-ia.ghtml. Acessado em: 12.06.2024.

3 Publiquei há pouco um ensaio sobre ele: "O legado de Celso Furtado". *Revista de Economia Política*, São Paulo, vol. 44, nº1 , jan./mar. 2024.

deu resposta sensata e defensiva, esclarecendo que considera uma combinação de fatores, incluindo contribuições acadêmicas, influência nas políticas econômicas brasileiras, publicações relevantes e reconhecimento internacional. Ressalvou, contudo, que a seleção é subjetiva, podendo variar de acordo com os critérios de cada pessoa.

Paulinho insistiu outra vez: "Mas Paulo Nogueira Batista Jr. não é uma figura menor?" Pergunta ligeiramente insolente. Vejam, entretanto, a resposta do ChatGPT! Foi um tapa com luva de pelica:

> Ele é frequentemente reconhecido por suas contribuições significativas para a economia brasileira, tanto em termos acadêmicos quanto em sua carreira internacional. Ocupou cargos importantes em instituições financeiras internacionais, como o Fundo Monetário Internacional (FMI) e o Banco dos Brics (Banco de Desenvolvimento dos Brics). Além disso, suas análises econômicas e críticas políticas têm impacto considerável no debate público sobre questões econômicas no Brasil.

Não pense, leitor, que estou aqui fabulando e contando vantagem. Foi exatamente assim. Tenho os *prints* do diálogo e posso mostrá-los.

Mas o melhor ainda estava por vir. Paulinho tentou uma última pergunta, também meio insolente: "Mas ele não é antissemita?" A resposta foi acachapante:

> Não há evidências substanciais para afirmar que Paulo Nogueira Batista Jr. seja antissemita. Ele é conhecido por suas opiniões políticas e críticas às políticas econômicas internacionais, especialmente em relação a instituições financeiras globais como o FMI. No entanto, é importante separar críticas políticas legítimas de acusações infundadas de preconceito. É crucial basear-se em informações verificáveis e em fontes confiáveis ao fazer avaliações sobre indivíduos públicos.

Nocaute! Uma pequena aula. O sobrinho neoliberal rodopiou e beijou a lona. Aí o assunto morreu rapidinho (há poucos progressistas na família). Mas convenhamos, para além dos aspectos estritamente folclóricos, pessoais e familiares, não é incrível o desempenho da inteligência artificial? Nesse episódio, ressalte-se, o aplicativo não se limitou a coletar informações na rede, como às vezes se afirma para desqualificá-lo. Ao responder, o ChatGPT foi ponderado e se deu ao luxo de dar algumas lições ao humano.

A verdade é que a inteligência artificial tende mesmo a deixar a natural no chinelo. Cada vez mais. No fundo, é a repetição de um padrão histórico recorrente e conhecido em suas linhas gerais. Inovações aumentam a produtividade do trabalho humano, beneficiando os consumidores. Uma parte expressiva desses consumidores, porém, compete com a nova tecnologia e acaba desempregada.

Com a inteligência artificial, todas as atividades intelectuais rotineiras, e mesmo as não rotineiras, correm o risco de se tornar redundantes. Difícil imaginar uma área que não sofra ou venha a sofrer o seu impacto – como sempre, benéfico para os usuários e prejudicial para aqueles que ficam obsoletos.

Imagine, por exemplo, leitor que a *Carta Capital*, onde mantenho uma coluna quinzenal, decida me desempregar. Lança o tema da sua preferência e pede ao ChatGPT ou outro aplicativo semelhante: "Escreva um artigo à moda de Paulo Nogueira Batista sobre esse tema". O artigo sairá mais rapidamente e talvez melhor do que os meus próprios textos.

Meio assustador. Só nos resta esperar que a inteligência artificial também tenha limites ou que saibamos administrar o seu impacto disruptivo na economia e na sociedade. E, em especial, que o seu progresso não seja tão rápido e profundo que a leve a descobrir que, de fato, como desconfia meu sobrinho, não faz sentido me incluir no top 10 dos economistas brasileiros.

MARIA DA CONCEIÇÃO TAVARES[1]

A comoção provocada pela morte de Maria da Conceição Tavares é mais uma demonstração da força incontrastável da sua personalidade vulcânica. Ela impressionava não só pelo seu conhecimento e inteligência, mas também – e nisso era insuperável – pela verve e eloquência.

O Brasil teve dois grandes oradores nas décadas recentes – ela e Brizola. Quando Conceição pegava a palavra – e especialmente quando conseguia conter um pouco seus rompantes – ela brilhava intensamente e deixava marcas inesquecíveis. Ainda me lembro dela num evento em Buenos Aires, nos anos 1980, irritada com o radicalismo dos argentinos, exclamando: "Vocês são uns românticos alemães!" para depois desenvolver toda uma argumentação em favor da moderação e do equilíbrio. Observação agudamente perspicaz a dela. Quem conhece a Argentina e o romantismo alemão há de concordar que existe, sim, um parentesco que ajuda a entender a atração pelo abismo dos nossos queridos vizinhos.

Em outra ocasião, presenciei um debate dela com estudantes da Universidade Federal do Rio de Janeiro. Pressionada por intervenções hiper esquerdistas da plateia, ela explodiu: "A ideologia é

1 Publicado originalmente em *Terapia Política*, em 14 de junho de 2024.

uma plataforma precária!" Advertência fundamental. Conceição não deixava de ser ela mesma uma ideóloga, como é natural, mas nos ensinava que sem estudo, conhecimento e ciência não se chega nem na esquina.

Esses dois episódios são reveladores de um traço do seu caráter. Conceição era um paradoxo ambulante – defendia a cautela com o máximo de exaltação, pregava a moderação aos berros. Só quem a conhecia um pouco mais de perto sabia que a sua fúria retórica escondia uma personalidade essencialmente moderada.

Conto mais um episódio revelador. Em 1987, eu fazia parte de uma pequena equipe de assessores do Ministro da Fazenda, Dilson Funaro – outro gigante, diga-se de passagem – que preparava no maior sigilo a moratória da dívida externa.[2] Apesar dos nossos cuidados, à medida que se aproximava a data marcada para a suspensão dos pagamentos, começaram a ocorrer alguns vazamentos. Os rumores chegaram aos ouvidos dela, que na época assessorava o Ministro do Planejamento, João Sayad, deixando-a preocupada, para não dizer alarmada. Conceição saiu em busca de informações. Chegando no Ministério da Fazenda, ela topa comigo no corredor que levava à sala do Ministro Funaro. Ela agarra meu braço com força, quase me derrubando, e dispara: "Paulinho, vocês não pensam que vão fazer a moratória, não é mesmo?" E me olhava fixamente, cravando os olhos nos meus. Eu não queria mentir, fiz cara de paisagem e desconversei, dizendo algo como: "Fique tranquila, a questão da dívida está sendo tratada com todo cuidado". Ela bufou e seguiu em frente, passo firme, a caminho talvez de interpelar o próprio Dilson Funaro.

Era assim Conceição Tavares: trovejava e relampejava, parecia uma alucinada às vezes, mas se mostrava cuidadosa e ponderada nos momentos críticos. Por isso sempre digo: cuidado com os mansos,

---

2 Relatei as circunstâncias em que se deu e os passos tomadas para essa moratória em livro publicado na época, *Da crise internacional à moratória brasileira*. Rio de Janeiro e São Paulo: Paz e Terra, 1988.

os discretos, os que raramente levantam a voz. Esses é que tomam as Bastilhas de assalto.

Destaco mais um aspecto notável da trajetória dela. Lembre-se, leitor ou leitora, que duas circunstâncias limitaram muito a sua repercussão pública. Primeira: nunca teve cargos de relevo no governo federal. Em determinado momento, nos anos 1990, creio que Conceição teve a pretensão de tornar-se Presidente do Banco Central. "Temos que tirar o Banco Central das mãos dos bandidos", bradava. Não conseguiu. Desde então, esse cargo foi ocupado quase sempre por figurinhas carimbadas do mercado financeiro. Conceição ficou de fora e nunca teve a projeção automaticamente conferida por funções de destaque na área econômica do governo.

Outra circunstância adversa: ela foi mandada para a "Sibéria" pela mídia tradicional. E para sempre. Sofreu uma espécie de exilo interno. Nunca voltou das estepes geladas. Raramente era entrevistada, os seus artigos quase nunca chegavam às páginas dos jornais, a sua voz não chegava à rádio e muito menos à televisão.

Apesar disso, apesar da censura sistemática, apesar de não galgar posições no governo, a voz de Conceição ecoava forte por todo o país. Era admirada, respeitada e temida. Ai de quem se descuidasse na presença dela! Qualquer deslize ou inconsistência suscitava reações fulminantes. Eu mesmo, quando a encontrava, tomava o máximo de cuidado para não dizer nada de remotamente controvertido e desencadear alguma explosão.

Com o surgimento das redes sociais, a sua projeção se ampliou. A mídia convencional perdeu o seu monopólio e pessoas como Conceição puderam participar mais do debate público. Muitos que ainda não a conheciam ficaram deslumbrados com o seu brilho, capacidade polêmica e vasto conhecimento – não só de economia, mas de política, história e cultura. Viram o seu compromisso inabalável com o Brasil. E, ao mesmo tempo, a sua indignação com as injustiças sociais e a extrema desigualdade na distribuição da renda e da riqueza no nosso país. Gravações das suas aulas, palestras e entrevistas viralizaram.

Ela vem sendo intensa e merecidamente homenageada nos últimos dias. Porém, muitos dos que falam elogiosamente sobre Conceição, postam fotos com ela e lamentam a sua morte pouco ou nada têm a ver com o seu pensamento e a sua pregação. Lágrimas de crocodilo. Ela teria recebido essas homenagens a patadas.

Machado de Assis dizia de um recém-falecido, pela boca de um dos seus personagens: "Está morto, podemos homenageá-lo à vontade". Só lamento que Conceição não tenha sido ainda mais reconhecida e homenageada em vida.

CAPÍTULO III

CONTOS E MINICONTOS

O REVISOR

Estava eu, posto em sossego, quando me chegou às mãos uma mensagem extravagante. Era assim:

> Prezado senhor,
>
> Venho por meio desta confiar-lhe a tarefa mais importante da sua já longa e bem-sucedida trajetória de editor – publicar, sem demora, sem hesitações, o livro que lhe envio em anexo. Trata-se – deixo toda modéstia de lado – da maior obra de não-ficção do século 21. Nela o autor – uso aqui a terceira pessoa, pois o livro, por estranho que possa parecer, escreveu-se a si mesmo, com pouca ou nenhuma intervenção consciente da minha parte. Vê-se que nem cabe falar em modéstia, a rigor.
>
> O meu papel, num segundo momento, foi mais de revisor, e mesmo essa revisão foi feita com muita circunspecção, posto que o texto, as suas origens, a sua natureza, escapavam em larga medida à minha limitada compreensão.
>
> Sendo assim, ocorre-me acrescentar que a publicação pode ser anônima ou pseudônima. Será mais justo e mais apropriado.
>
> O importante é que seja rápida e que a editora não se arvore a rever ou emendar o texto. Basta corrigir eventuais erros de digitação ou português.
>
> Sinceramente,
>
> O revisor

Julguei de início que era uma simples piada. Levada a sério, a mensagem era a mais arrogante que já recebera de um autor. Quando comecei a ler, porém, logo fiquei impressionado, para não dizer deslumbrado. Um autor desconhecido produzira uma obra-prima, e sabia disso.

Como descrever a sensação que a leitura proporcionava? O texto, lindamente escrito, passava de um tema a outro com maestria, com sutileza, com elegância. À variedade de tópicos e temas correspondia a variedade de escrita e estilos. O autor era um virtuose. Combinava, paradoxalmente, um estilo e uma voz próprios, com uma capacidade camaleônica de variar o tom e o registro. Em suma, era uma obra fulgurante, singular, diferente de tudo que havíamos publicado até então – um verdadeiro *tour de force*.

Publicamos. Sem demora, sem hesitação. Foi um sucesso instantâneo. O público e a crítica acolheram o livro sem reservas, ou sem reservas importantes. Os críticos, às vezes surpresos com a descoberta, tentavam se situar e fazer paralelos com escritores consagrados, mas acabavam reconhecendo a profunda originalidade do texto.

O revisor nunca apareceu. Nem para reivindicar direitos autorais – o que foi, claro, de uma coerência perfeita.

UM QUASE AMOR

As circunstâncias em que um homem primeiro encontra uma mulher podem marcar o casal para sempre, para bem e para mal. No caso que passo a contar, para mal. Tentaram lutar contra o começo adverso, mas em última análise sem sucesso. O começo consagra ou inviabiliza o amor, de modo quase fatal. Ou assim parece.

Conheceram-se numa casa noturna, eufemismo para prostíbulo. Ele, cliente mais ou menos regular. Ela, garota de programa. Era uma linda mulher. Impressionava ao primeiro relance de olhar. Brasileira, mas parecia argentina. Clara, esguia, não muito alta, mas cheia de curvas, a falsa magra, aquela que surpreende e às vezes atrai mais do que a voluptuosa.

Rapidamente, chegaram a conversas mais íntimas, mais francas. Ele se animou a perguntar se ela usava o próprio nome ou pseudônimo. Ela contou que era o dela mesmo, pois a tentativa de usar nome falso gerara um incidente desagradável. Uma noite, na pizzaria Guanabara, no Leblon, com colegas de faculdade, ela esbarra num cliente sem noção, que a cumprimenta, em alto e bom som, pelo pseudônimo! Foi difícil se desvencilhar dele, alegando confusão de pessoa, pois o idiota insistia, causando estranheza e suspeitas gerais. A partir daí, passou a usar o nome verdadeiro – Michelle.

Ela não era nada propensa a hipocrisias e fingimentos. Contava com franqueza coisas pesadas que outras esconderiam. Por exemplo, que aceitava ser contratada para orgias. Mas não gostava. E não por restrições morais, mas porque, mais atraente do que as outras, explicava com naturalidade, sem se gabar, acabava sendo solicitada desproporcionalmente pelos homens. Atendia muitos na mesma noite, sem com isso ganhar muito mais, dizia sorrindo e sem afetação. A relação custo/benefício ia para o espaço. Depois que ele soube dessas aventuras, chegou a contratar, poucas vezes, outras meninas para trios com ela. Ela nunca se negava, mas não valia a pena, era nela que ele queria focar, a outra acabava meio supérflua.

Os encontros com Michelle, sempre na casa noturna, não deixavam de ser realmente emocionantes – para ele e para ela. O nexo monetário estava lá, mas era como se não fosse registrado e percebido, pelo menos não por ele ou nem sempre. Quando o via chegando no ambiente, ela se levantava do lugar em que estava e abandonava tudo o que estivesse fazendo para lançar-se, fêmea ansiosa, a seu encontro. E precipitava-se nos seus braços. Uma vez, a sua pressa foi tanta que chegou a pisar-lhe o pé com força com a ponta de um salto agulha. Ele, por sua vez, depois de algum tempo, só aparecia lá para encontrá-la. Se não a encontrasse, raramente (restrição realista) ficava com outra garota. Era ela que ele sempre queria e preferia.

O primeiro encontro foi assim: ele estava na área comum da casa, já em tratativas com uma loira bonita, quando ela começou a disputá-lo, não muito discretamente, com olhares e movimentos sensuais. E passava diante dele, devagar, lânguida. E como passava! Ele deu um jeito de se desvencilhar o mais gentilmente possível da outra e foi até ela. Grande decisão! Conversaram e beberam um pouco e foram para um dos quartos na parte de cima da casa.

Um sonho. O encaixe foi perfeito. Desde o beijo na boca até a consumação total do amor. E assim continuaram os encontros, com a regularidade que a vida dele permitia, pois residia em outra cidade. Era uma benção disfarçada, dizia ele a ela, sorrindo: "Estaria quebrado se morasse na mesma cidade que você". E, de fato, a casa não era nada barata. Mas era um enquadramento perfeito para ela e as outras garotas. Tudo era bem pensado para seduzir. As meninas, sempre de salto alto, vestidas com cuidado, cuidadosamente selecionadas por sua beleza e juventude, com muito corpo, pernas, braços, colo à mostra, faziam verdadeiro estrago. E obedeciam a certas regras. Não podiam ser inibidas e, por exemplo, sexo oral era obrigatório. Concorrência desleal com as mulheres oficiais e suas restrições e nojos. Entregavam-se sem pressa, eram gentis e femininas. Por outro lado, estavam protegidas por regras de segurança, e não ficavam sujeitas a abusos e maus tratos.

Em resumo, o cenário era de ilusão, fabricada com esmero para enredar os homens. E era importante, acrescente-se, não sair do cenário. A sua primeira decepção com ela, e uma das poucas, ocorreu justamente numa noite em que saíram inadvertidamente juntos, sem planejar, do cenário armado. Quando deixou a casa, topou com ela na rua, procurando um táxi. Ela se despediu o mais rápido possível, mas não antes que ele a visse, pela primeira vez, desarrumada, sem maquiagem e, sobretudo, sem o salto que era um fetiche para ele e que escondia a sua estatura não tão alta. Disfarçou a decepção, mas sentiu um pouco o golpe.

Foi bobagem, uma pequena desilusão. Os homens são dependentes demais de todo o aparato feminino de fantasia e ilusão. Por essas e outras razões, aliás, é que homem e mulher não devem morar juntos, ou pelo menos, quando possível, não dividir quarto e banheiro.

Deixo essas praticidades de lado e volto ao principal, ao mais intrigante. Era amor, afinal, o que existia entre ela e ele? Quase, quase! Um afeto tão forte era praticamente indistinguível do que costumamos chamar de amor.

Se não chegavam a pensar no afeto como amor propriamente isso se devia, talvez, ao que comecei dizendo no início. Era uma relação que teve princípio em circunstâncias adversas, visceralmente antirromânticas. Às vezes, esses contrastes brutais produzem efeitos inesperados e levam a um amor pleno. Mas não foi o que ocorreu entre eles.

Houve até um incidente triste, um mal-entendido que deixou marcas nela. Não sei bem por que ele criou certa vez a expectativa de que se encontrariam fora da casa noturna como casal, para jantar ou algo assim. Ele não foi buscá-la, porém. E soube, depois, por outra menina da casa, que ela ficara profundamente sentida e decepcionada com o furo.

A relação caminhava para o fim, na verdade. Ela, já com trinta e poucos anos, buscava uma saída daquela vida. Contou um dia que recebera uma proposta de casamento de um cliente, um americano-coreano, e que estava cogitando aceitá-la. Acabou não aceitando e continuaram a se encontrar como sempre. Ela fez também tentativas de ganhar dinheiro de outras formas, montando uma pequena empresa de cozinha para entrega a domicílio, mas o sucesso não foi tão grande e ela continuava presa à prostituição. Ele registrava os sinais de cansaço dela, não com ele, e sim com a vida que levava, mas por egoísmo e falta de folga financeira nada fazia para ajudá-la. E ela prática, realista e orgulhosa, nada pedia. Mesmo assim, o quase amor continuava.

O preço do seu egoísmo viria, entretanto. Uma noite, ela anuncia que recebera uma outra proposta de casamento, de um brasileiro que residia nos Estados Unidos, e que dessa vez iria aceitá-la. Não sei ao certo, se já desiludida com a distância dele, ela ainda quis dar uma última chance, ou se simplesmente informou a decisão que tudo mudaria.

O último encontro foi muito sentido, realmente muito, tanto para ele quanto para ela. Ela disse com emoção visível que todos os encontros entre eles tinham sido especiais, sem exceção. Mas que agora a vida dela seria outra. E pediu, por favor, que não mais fizesse contato com ela.

E assim foi. Nunca mais se viram ou se falaram. Pouco ou nada resiste à distância no tempo e no espaço. Fim do quase romance. Ele pensa nela, mas cada vez menos. Ela pensa nele, mas cada vez menos também.

UM AMOR DE VERDADE

Uma história de amor. Como todas, com começo, meio e fim. Em muitos momentos felizes, ela parecia ser tudo na vida dele, tudo até onde é humanamente possível, até onde alcança a nossa humana imperfeição. Ele fez da família dela a dele, adotou a cidade dela como dele, seguiu suas preferências, até expressões e um pouco da forma de falar. Não se anulou, manteve sua personalidade no essencial, resistindo a tentativas de incorporação total ao Império que ela governava com doçura e mão de ferro. Ela sabia ser amorosa, mas era também forte e autoritária, tinha ideias firmes sobre o que se deve ou não fazer na vida e no dia a dia, principalmente no dia a dia. Ele, de temperamento egoísta, também não era fácil. O leitor pode bem imaginar que o abrasivo do cotidiano se fazia sentir ali com toda a sua impiedosa intensidade.

Antes de entrar na história propriamente dita, abro aqui um rápido parêntese, talvez inusitado, um tanto duvidoso, meio piegas. Pode parecer uma divagação arbitrária, mas é pertinente, acredito, para o relato que virá depois. As canções simples, até ingênuas, sempre parecem dizer a verdade sobre o amor, as suas alegrias e os seus desastres, não é mesmo? Uma obra-prima do romantismo, o filme *A Mulher do Lado*, de François Truffaut, retrata essa verdade simples, talvez simplória, de maneira, a meu ver, bonita, sentida. Mathilde, a heroína representada por Fanny Ardant, se recupera no hospital de um colapso nervoso provocado por uma crise amorosa. Diz ela a Bertrand, seu companheiro de paixão infeliz:

> *J'écoute uniquement les chansons, parce qu'elles disent la vérité. Plus elles sont bêtes, plus elles sont vraies. D'ailleurs, elles ne sont pas bêtes. Qu'est-ce qu'elles disent? Elles disent: "Ne me quitte pas... Ton absence a brisé ma vie" ou "Je suis une maison vide sans toi... Laisse-moi devenir l'ombre de ton ombre"... ou bien "Sans amour, on est rien du tout".*
>
> (Eu só escuto canções, porque elas dizem a verdade. Quanto mais bobas, mais verdadeiras. E o que dizem elas? Dizem: "Não me deixe"... "A sua ausência destruiu a minha vida"... ou "Eu sou uma casa vazia sem você..." ou ainda "Sem amor, não somos nada").

Bertrand se assusta. Fica claro pela fala emotiva que, diferentemente do que se poderia talvez esperar, Mathilde não estava a caminho da "cura", isto é, de libertar-se da paixão romântica.

Em outro momento do filme, Mathilde diz a Bertrand: "*Autrefois, tu me disais: 'Une histoire d'amour doit avoir un début, un milieu et une fin'. Dieu sait comme j'étais malheurese quand tu repetais ça!*" (Antigamente, você me dizia: 'Uma história de amor deve ter um começo, um meio e um fim'. Deus sabe com ficava infeliz quando você repetia isso!).

Ela, doente, agarrada ao amor romântico, não quer reconhecer o fim e não pode, assim, recomeçar. O fim do amor conduz, em última instância, ao fim da vida. "*On me dit de tourner cette page. Mais elle pèse 100 kilos!*", exclama a heroína durante uma sessão infrutífera de psicanálise. ("Dizem para eu virar essa página. Mas ela pesa 100 quilos!"). Pesa 100 quilos na imaginação doentia dela. A metáfora se torna real e pesa fatalmente como doença real e letal.

Mas fecho esse parêntese que me saiu mais longo do que planejava. É que o filme tem, como disse, certo parentesco, inclusive como contraste, com a história que estou contando. Volto então ao amor de verdade. Ele foi intenso e teve muitos instantes brilhantes, muitos mesmos. Mas, ao mesmo tempo, pode-se perceber em retrospecto que aquela história de amor tinha muitas vulnerabilidades e estava fadada a terminar um dia. Era um amor condenado, por assim dizer. E a separação foi sendo longamente preparada. A história é trivial. O fim estava de certa forma inscrito no começo. Inusitadamente, as fontes de infelicidade apareceram nos primeiros dias, mesmo nos primeiros dias de encantamento e beleza, nos *halcyon days*, nos dias felizes e sublimes de todo começo da relação amorosa.

Ele era romântico, mas instável, volúvel. Ela, pragmática, mas insegura e inclinada ao ciúme. Ambos culpados, ambos inocentes. Ambos agressores, ambos vítimas – cada um à sua maneira. Uma tragédia, pois havia amor. Havia, não. Ainda há, até hoje, até sempre, e *ça va sans dire*, pois como dizia Nelson Rodrigues, o amor não acaba – e se acaba, não era amor.

A combinação era explosiva. A curiosidade dele era insaciável. A beleza dela, inegável, até impressionante, não satisfazia a sua busca incansável de variedade. A beleza das outras mulheres! Lá estavam elas – para impressionar e desestabilizar qualquer um, e principalmente alguém com as propensões e a volubilidade dele. E começaram os olhares. Ela tentou, fez o possível, para ensiná-lo a olhar. Foi didática. Explicou até que ponto o olhar era admissível. "Olha, mas sem fixar o olhar", ela explicava, sofrida.

E logo vieram traições reais e completas. A primeira abriu uma ferida que nunca mais se fecharia. Ela não esqueceu, não perdoou. Não sei se tentou realmente.

Nos anos que se seguiram, mesmo quando não era invocada, a traição estava sempre presente, como sombra maligna, desencadeando irritações, impaciências, pequenos e grandes conflitos e desentendimentos. Ele criaria uma palavra para caracterizar os desencontros – desafinidades. O neologismo era perfeito para descrever as desavenças mais brandas do casal. Com o passar do tempo, as peculiaridades dele, as menores, apenas por serem dele, tipicamente dele, davam nos nervos dela. Quando a sua volubilidade ameaçava ou parecia ameaçá-la com novas infidelidades, mesmo que totalmente imaginárias, davam-se cenas de violência e agressão verbal e até física. Não faltaram ameaças de suicídio dela, crises de depressão – problemas que abalavam o casal e a família inteira. Havia situações perigosas, tanto para ele como para ela. Certa vez, ela deu uma pancada mais forte na cabeça dele, com um objeto pontiagudo, provocando um sangramento interno no olho esquerdo. Ferimento metafórico, pois tudo começava, por assim dizer, na infidelidade do olhar!

Mas, por incrível que possa parecer, a esperança de que tudo se acertaria, persistia tanto nele como nela. Ele chegou a escrever um verso, deslavadamente otimista:

> Amor imperfeito,
> Corações fragmentados,
> Até os seus defeitos
> Mantém o dois lado-a-lado

A rima imperfeita ecoava a imperfeição do amor. O verso era uma alusão ao fato reconhecido pelos dois, analisado e reanalisado com ajuda de terapia, de que eles ficavam presos um ao outro, apesar de tudo, também pelo negativo, pelo emaranhamento que existia de alguma forma do lado dela e do dele. O "apesar", mais uma vez, escondia o "porquê", como dizia Fernando Pessoa.

Apesar dos riscos e do estrago que a infidelidade produzia, ele ciscava. A resolução de não mais olhar para o lado, tomada de forma enfática depois de crises duras e sofridas, não resistia à ação do Tempo, assim mesmo com *t* maiúsculo. A beleza é um veneno, um doce veneno, não é? A variedade das formas e de tipos de beleza feminina é uma atração magneticamente feroz para o homem. "*Das Ewig-Weibliche zieht uns hinan*" (o eterno feminino nos leva para o alto), dizia Goethe. Ou não seria mais realista dizer que o eterno feminino nos puxa para baixo, para o instintivo, para o animal? E assim ele ia buscando, cada vez mais, fora do casamento o que nele não conseguia encontrar – sexo, conversas, afeto. Outras mulheres davam a ele o que ela já não podia ou queria dar. O sexo, tão intenso nos primeiros anos, cedeu à ação corrosiva desse Tempo, que nada deixa intacto. Mas não era mesmo só questão de sexo. Também fazia falta, a ela e a ele, o carinho dos primeiros tempos. E falta fazia também o diálogo sobre temas da vida, da família e do trabalho. Estabelecera-se a tristemente a famosa solidão a dois. Mas antes fosse apenas solidão. O que havia era um convívio forçado, muitas vezes desagradável, de rejeição e desrespeito à vida e às inclinações do outro. Os atritos se multiplicavam. Com o passar do Tempo, desapareceram ou diminuíram as grandes crises, as traições e deslealdades dele, as violências e depressões dela. Ficou outra coisa, não digo pior, mas desagradável e mais constante – os pequenos conflitos, as brigas, as rusgas, as mesquinharias do convívio forçado de pessoas que continuam juntas, mas se distanciaram na alma. Para sempre.

Sobreviveram, entretanto. Não sem riscos, não sem danos, não sem sofrimento, como disse. Quando veio a separação, a pergunta que os dois poderiam se fazer, cada um por seu lado, era: Como, Deus meu, demoramos tanto a reconhecer que o casamento não podia continuar? Que a relação falira? Que já estávamos separados sem reconhecê-lo? É o que acontece tantas vezes: reconhecer e aceitar o fracasso é sempre difícil, às vezes impossível.

Mas não houve fracasso, na verdade. Como poderia haver? Se tantas boas memórias ficaram, de tempos de amor, carinho, afeto, sexo, dos instantes mais intensos do começo do amor? E das canções que marcaram aquele início? Como a de Phil Collins, que tem esses versos de bela aliteração:

Anytime you want to, you can turn me on to
Anything you want to, anytime at all
When I kiss your lips, oh I start to shiver
Can't control the shivering inside
(...)

> *When I'm in your arms, nothing seems to matter*
> *My whole world could shatter, I don't care.*
> A qualquer hora que queira, você pode me transformar em/ qualquer coisa que queira, a qualquer hora/Quando beijo seus lábios, começo a tremer/não consigo controlar o estremecimento por dentro.
> (...)
> Quando estou nos seus braços, nada parece importar, meu mundo inteiro poderia estilhaçar-se, eu não ligo.[1]

Ficaram, também, as lembranças dos momentos de cumplicidade dos anos que vieram depois. E, sobretudo, ficaram as filhas, os genros e os netos. Uma família de verdade.

Eles não se falam mais. Mas acredito que voltarão a se falar cedo ou tarde, carinhosamente, como duas pessoas que já se amaram um dia e continuam querendo bem um ao outro.

***

Era isso que queria contar. Uma história comum. Sim, comum, pois falei de um amor de verdade, com começo, com meio e com fim. Mas, repare, um amor *de verdade* que luta, se debate, *agoniza* para não reconhecer que, por ser mesmo verdadeiro, tem começo, tem meio e tem fim. Reconhecer essa verdade aparentemente simples, aparentemente trivial, custa caro, arranca pedaços. Os amantes emergem extenuados, com cicatrizes para o resto da vida. Mas tudo passa.

À luz de um amor verdadeiro, como parece extravagante, meramente romântica, a afirmação de Nelson Rodrigues de que o amor não acaba – e que se acaba não era amor. Acaba, sim, morre um dia como tudo que é vivo. Só não acaba no *coração*, que está

---

1 *A groovy kind of love* (1988). Como quase sempre, a tradução de versos é precária. Mas repare, leitor ou leitora, que a tradução preserva um pouco a aliteração transferindo-a de "t" para "q".

além do tempo e do espaço, não acaba no sentido de que continua reverberando, mas de outra forma, totalmente diferente. Já não mais como amor, mas como lembrança carinhosa, como um afeto renovado que a distância agora permite.

Permita-me, leitor ou leitora, acrescentar uma breve reflexão final. O amor seria uma irrupção, uma espécie de vulcão em súbita atividade, que nos pega de supetão, nos surpreende e arrasta tudo que vê pela frente? Mesmo? Preconceito do romantismo! Para além da ilusão romântica, o amor é uma falsa força da natureza. Ou melhor: não é só, nem principalmente, isso. É uma força da natureza, sim, mas antes da nossa *segunda* natureza – uma construção maravilhosa e lindamente elaborada pela educação, pela cultura e pela *arte*.

O relato que acabo de fazer, ainda mais com o título "Um amor de verdade", suscitará a suspeita de que vampirizei a vida real, como fazem os contadores de histórias de todos os tempos. Qual é, afinal, a relação entre realidade e fantasia na literatura de ficção, ou na literatura que se faz passar por ficção e copia, imita, explora a vida vivida. O escritor costuma se proteger de críticas desse tipo – não foi assim que ocorreu, a imaginação interferiu etc. –, alegando que a obra não é autobiográfica, mas inventada, que é ficção, não realidade. A resposta talvez seja tão pobre, ou até mais pobre que a crítica. Quando se afasta da realidade, o escritor entra em zona de alto risco. A imaginação é, em geral, muito inferior à realidade. Por isso, o artista precisa viver, *sofrer*, antes de escrever. Elizabeth Bishop, por exemplo, só pôde escrever ou completar seu poema magistral – *One art* – sobre a arte de perder, depois de sofrer perdas catastróficas na vida. O candidato a ficcionista, quando meramente imagina, constrói estruturas fantasiosas e repletas de falhas e lacunas. A imitação é mais segura e certeira, pois preserva algo das infinitas e ocultas conexões que dão à realidade uma consistência e um sabor que a literatura raramente alcança. A literatura puramente imaginada sempre se aproxima da subliteratura. Em resumo: para que fantasia, se temos a realidade? Para que imaginar, se podemos *viver*?

A DÚVIDA

Ela apareceu linda, elegante, mas também com um traço de vulgaridade. Com a mistura, ficava mais instigante, mais atraente. Criava uma dúvida no espírito dos homens que dela se aproximavam. Era uma profissional? Ou simples amadora? Teria que ser contratada? Ou conquistada?

A dúvida atiçava o interesse. A única forma de saber era chegar mais perto. E quanto mais próxima, mais fascinante ela se mostrava. À imagem se somava o perfume de fêmea e, depois, vencidas aos poucos as resistências, a pele macia, o sabor dos lábios, da boca e do corpo.

Ela se abria aos poucos, dissipando a dúvida inicial. Era uma amadora deliciosa, experiente. Nela se combinavam os atributos presentes em doses variadas em toda mulher. De um lado, charme, reticência, doçura. De outro, sensualidade, gosto por sexo, um toque de selvageria.

Mergulhei. De cabeça. A atração por ela não demorou a virar uma espécie de fixação. Nem me incomodei com isso. Entreguei-me à obsessão. Pensava sempre nela. Queria estar sempre a seu lado. O resto da vida foi reduzido à condição de meras pausas e intervalos entre nossos encontros. E eu cobria, feliz, todas as suas necessidade e desejos. De afeto, de amor, de sexo.

E de dinheiro. Gastava sem hesitação e limites, tentando agradá-la de todos os jeitos. Ela correspondia, dobrando-se a meus caprichos e desejos, sem hesitação e limites. E vinham os carinhos, os afetos e a abertura total. Um sonho. Ela se submetia com gosto, de modo primitivo, primordial. A atração era sincera e recíproca. Ela sorvia o meu dinheiro, como eu a sua beleza.

O perigo era evidente. Algo tão intenso podia durar? Tanta perfeição era possível? Tinha meios, mas não eram ilimitados. A restrição financeira se faria sentir cedo ou tarde. Mais cedo do que tarde, dada a voracidade dela. Os gastos começavam a pesar. Mas nada parecia mudar na nossa relação.

De repente, veio-me à lembrança uma conversa que entreouvi há muitos anos na rua entre dois rapazes, entregadores ou funcionários de loja. "Sabe a diferença entre sexo pago e sexo gratuito?", perguntou um deles. E, diante do silêncio do outro, respondeu, sorrindo: "Sexo gratuito é mais caro!"

Caiu a ficha. A amadora cintilante não era nem mais nem menos do que uma superprofissional.

A FORÇA DA ROTINA, A FORÇA DOS OBJETOS

Quando é que ele se lembrava dela? Com frequência. Às vezes, quando morando agora sozinho, se dedicava à louça, à cozinha, à casa. A força dos objetos e das atividades diárias! Voltavam à tona os pequenos gestos que ela habitualmente fazia e que ele observava, distraído, mas absorvendo-os mecanicamente em algum recanto da memória. E as recomendações que ela repetia quando conseguia mobilizar um pouco do seu apoio para as tarefas domésticas. Como a maneira correta de lavar os pratos, deslocando o dedo que os segura para evitar lacunas na limpeza. Ou o cuidado com a pia para evitar a acumulação de detritos no cano. Ou, com o mesmo intuito, o gesto de bater duas ou três com a tampa do ralo na lixeira. Ou a maneira correta de posicionar o papel higiênico no suporte. Enfim, todo um conjunto de disciplinas que mantêm a casa e a vida em ordem.

E pensava, sem maldade: foi isso que sobrou do casamento? Lembranças da rotina de casa? Das recriminações que sofria por relutar a ajudar, por ajudar mal, por estar sempre lendo ou trabalhando? Talvez. Nos anos finais de convívio, não sobrara muito mais. Não por causa dela, ou dele. Por culpa dos dois – e de ninguém.

Nada demais. Um pouco perturbadora, porém, a dificuldade que ele tinha de remover manchas dos pratos. Talvez pela qualidade da água? Ou limpeza descuidada? Seja o que for, mesmo sabendo que absolutamente ninguém notaria, acontecia-lhe de lavar duas, às vezes três vezes o mesmo prato até se dar por satisfeito.

Manchas – velha metáfora para culpas.

ARQUIVOS DE DEUS

Admite explicação a antiga perplexidade sobre os males do mundo e a dificuldade de conciliá-los com um Deus benevolente? Talvez não se faça ideia de como funciona o Céu. Os humanos, cada vez mais numerosos e sempre deficientes, dão trabalho. Deus é obrigado a acompanhar muitos assuntos e indivíduos ao mesmo tempo, sem cessar. Para tal, mantém arquivos detalhados sobre cada uma de suas criaturas humanas – arquivos administrados por um exército de funcionários.

Ocorre que só Deus é perfeito no Céu. Volta e meia um funcionário relapso omite informações ou mistura arquivos, levando à punição do inocente e à premiação do culpado.

A retificação dos erros pode demorar. Às vezes, só chega *post mortem* – ou nem isso.

REFERÊNCIAS BIBLIOGRÁFICAS

AZEVEDO, Sânzio de. *A padaria espiritual e o simbolismo no Ceará*. Fortaleza: UFC, Casa de José de Alencar/Programa Editorial, 1996.

BARBOSA, Francisco de Assis (Coord.). *Ideias políticas de João Pinheiro*: cronologia, introdução, notas bibliográficas e textos selecionados. Brasília/Rio de Janeiro: Senado Federal e Fundação Casa de Rui Barbosa/MEC, 1980.

BARBOSA, Francisco de Assis. "João Pinheiro e seu ideal republicano". *In*: ______ (Coord.). *Ideias políticas de João Pinheiro*: cronologia, introdução, notas bibliográficas e textos selecionados. Brasília/Rio de Janeiro: Senado Federal e Fundação Casa de Rui Barbosa/MEC, 1980.

BAPTISTA, Anna Nogueira. *Versos*. Rio de Janeiro: Edigraf, 1964.

CAFARDO, Pedro. "Os dez maiores economistas brasileiros, segundo a IA". *Valor Econômico*, 23 mai. 2023. Disponível em: https://valor.globo.com/brasil/coluna/os-dez-maiores-economistas-brasileiros-segundo-a-ia.ghtml. Acessado em: 12.06.2024.

CIORAN, Emil. *Pensées étranglées*. Paris: Gallimard, 1969.

COLLI, Giorgio; MONTINARI, Mazzino (Coord.). *Friedrich Nietzche, Nachgelassene Fragmente, 1885-1887*. München: Deutscher Taschenbuch Verlag/de Gruyter, 1988.

DE GAULLE, Charles. *Mémoires de Guerre*: L'Appel 1940-1942. Paris: Librairie Plon, 1954.

DOSTOIEVSKI, Fiódor. *A Writer's Diary*. Editado por Gary Saul Morson. Illinois: Northwestern University Press, 2009.

DULCI, Otávio. "João Pinheiro e as origens do desenvolvimento mineiro". *In*: GOMES, Ângela de Castro (Coord.). *Minas e os fundamentos do Brasil moderno*. Belo Horizonte: Editora UFMG, 2005.

GOETHE, Johann Wolfgang von. *Faust*: der Tragödie zweiter Teil. (Coleção Bilingue de Clássicos Estrangeiros). Paris: Aubier Montagne, [1832] 1980.

GRACIÁN, Baltasar. *A arte da prudência*. Porto Alegre: L&PM, 2019.

HEINE, Heinrich. *Heinrich Heines sämtliche Werken in vier Bänden*. Herausgegeben von Otto F. Lachmann. vol. 3. Leipzig: Philipp Reclam, [s.d.].

HITLER, Adolf. *Mein Kampf*. München: Zentralverlag der NSDAP, 1941.

KEYNES, John Maynard. *The Economic Consequences of the Peace*. Londres e Basingstoke: Macmillan & Cambridge University Press, [1919] 1984.

LAMARÃO, Sérgio. "Carta testamento". *Atlas Histórico do Brasil*, FGV CPDOC. Disponível em: https://atlas.fgv.br/verbete/5759. Acessado em: 12.06.2024.

MAIA, Maria Thereza Baptista Bandeira. *Cadeiras na calçada*. Florianópolis: Áprika Produção em Arte, 1998.

MANN, Thomas. *Essays*: Musik und Philosophie. vol. 3. Editado por Hermann Kurzke. Frankfurt am Main: Fischer Taschenbuch, 1978.

______. *Essays*: Politik. vol. 2. Editado por Hermann Kurzke. Frankfurt am Main: Fischer Taschenbuch, 1978.

MOTA, Leonardo. *A padaria espiritual*. 2ª ed. Fortaleza: UFC, Casa de José de Alencar, 1994.

NETO, Lira. *Getúlio 1945-1954*: da volta pela consagração popular ao suicídio. São Paulo: Companhia das Letras, 2014.

PESSOA, Fernando. *Sobre Portugal*: introdução ao problema nacional. Recolha de textos por Maria Isabel Rocheta e Maria Paula Morão, introduzida e organizada por Joel Serrão. Lisboa: Ática, 1978.

PINHEIRO, João; BARBOSA DE ASSIS, Francisco. "João Pinheiro e seu ideal republicano". *In*: BARBOSA DE ASSIS, Francisco (Coord.). *Ideias políticas de João Pinheiro*: cronologia, introdução, notas bibliográficas e textos selecionados. Brasília/Rio de Janeiro: Senado Federal e Fundação Casa de Rui Barbosa/MEC, 1980.

PREBISCH, Lucía Piossek. "Interpretação: arbitrariedade ou probidade filológica?" *In*: MARTON, Scarlett (Coord.). *Nietzsche abaixo do Equador*: a recepção na América do Sul. São Paulo: Sendas e Veredas, 2006.

SILVA, Hélio. *O pensamento político de Vargas*. Com a colaboração de Maria Cecília R. Carneiro. Porto Alegre: L&PM, 1980.

SPOTTS, Frederic. *Hitler and the power of aesthetics*. Londres: Pimlico, 2003.

WAGNER, Richard. *Die Meistersinger von Nürnberg*. Texte, Materialen, Kommentare. Editado por Attila Csampai e Dietmar Holland. Hamburg: Rowohlt Taschenbuch Verlag, 1981.

ZAGHETTO, Sonia. "JK e a saudade do Brasil". *Soniazaghetto.com*, 27 out. 2020. Disponível em: https://soniazaghetti.com/2020/10/27/jk-e-a-saudade-do-brasil/. Acessado em: 12.06.2024.

ZWEIG, Stefan. *Die Welt von Gestern*: Erinnerungen eines Europäers. Frankfurt am Main: Fischer Taschenbuch Verlag, 1970.

A Editora Contracorrente se preocupa com todos os detalhes de suas obras! Aos curiosos, informamos que este livro foi impresso no mês de novembro de 2024, em papel Pólen Natural 80 g/m².

ÍNDICE ONOMÁSTICO